Droit des obligations

THÉMIS

COLLECTION FONDÉE PAR MAURICE DUVERGER

THÉMIS DROIT

SOUS LA DIRECTION DE

CATHERINE LABRUSSE-RIOU

Professeur émérite de l'Université Paris I

et

DIDIER TRUCHET

Professeur à l'Université Panthéon-Assas (Paris II)

MURIEL FABRE-MAGNAN

Professeur à l'École de droit de la Sorbonne

Université de Paris I (Panthéon-Sorbonne)

Droit des obligations

1 – Contrat et engagement unilatéral

PRESSES UNIVERSITAIRES DE FRANCE

ISBN 978-2-13-059484-0
ISSN 0768-0910
Dépôt légal - 1re édition : 2007, septembre
3e édition mise à jour : 2012, juillet

6, avenue Reille, 75014 Paris

Sommaire

SOUS-PARTIE I

LA DÉFINITION DU CONTRAT

SOUS-PARTIE II

LA FORMATION DU CONTRAT

TITRE 1

L'existence du contrat

TITRE 2

La validité du contrat

SOUS-PARTIE III
L'EXÉCUTION DU CONTRAT

TITRE 1
L'obligation d'exécuter le contrat

TITRE 2

Les sanctions de l'inexécution du contrat

SECONDE PARTIE

LA VOLONTÉ D'UN SEUL : L'ENGAGEMENT UNILATÉRAL

Introduction générale

1 | La notion d'obligation

Est obligé celui qui est contraint de faire quelque chose même s'il ne le veut pas ou ne le veut plus. Quelque chose est obligatoire lorsque l'on ne peut s'y soustraire sans conséquences, et en particulier sans engager sa responsabilité. L'étymologie insiste sur cette contrainte : le mot « obligation » vient en effet du préfixe *ob* (devant, pour, à cause de, en échange de) et du verbe *ligare* (attacher, lier). L'idée se retrouve dès le premier sens attesté du terme, qui est un sens juridique : l'obligation était ainsi pour les Romains un *vinculum juris,* c'est-à-dire un lien de droit, les *vinculi* étant également les chaînes ou les fers permettant de retenir un prisonnier. Le sens courant du verbe « obliger », qui signifie directement « contraindre, forcer à », apparaît plus tardivement, à la fin du XVe siècle[1]. Même le sens plus récent, apparu au XVIe siècle, de « créer une dette de gratitude » (« je suis votre obligé »), marque l'idée d'être tenu de faire quelque chose en vertu d'un sentiment moral de reconnaissance.

En droit, une obligation est définie plus précisément comme un lien entre deux ou plusieurs personnes, en vertu duquel l'une d'entre elles est tenue envers une ou plusieurs autres de faire quelque chose. Une obligation implique dès lors au moins deux personnes, celui qui doit (le débiteur, tenu d'une dette), et celui à qui l'on doit (le créancier, titulaire d'une créance). Le lien d'obligation a ainsi deux faces, selon le côté d'où

1. Robert, *Dictionnaire historique de la langue française*, dir. Alain Rey.

on l'observe : du côté du débiteur (du côté passif) l'obligation est une dette, tandis que du côté du créancier (du côté actif) elle est une créance ; mais il s'agit des deux aspects de la même obligation. La notion d'obligation présente toujours cette ambivalence : parfois elle vise plutôt la dette, ce que le débiteur s'est engagé à faire ou à donner [1], et parfois elle vise aussi la créance, et est alors dénommée droit « personnel » (ou droit de créance), dans la mesure où elle confère au créancier un droit contre une personne, par opposition aux droits « réels » (la propriété par exemple) qui sont des pouvoirs juridiquement protégés sur des choses.

Si l'obligation est essentiellement un lien, certaines d'entre elles peuvent devenir des biens. Certaines créances acquièrent en effet une valeur patrimoniale et peuvent devenir cessibles au même titre qu'un autre bien : tel est le cas par exemple d'un bon du trésor, qui est juridiquement une obligation de l'État envers son détenteur, ou encore d'une action qui est, techniquement, une créance de l'actionnaire contre la société.

La définition de l'obligation comme un lien entre deux ou plusieurs personnes laisse ouverte la question de la nature de ce lien, qui est plus ou moins contraignant selon le type d'obligation. On distingue à cet égard les obligations juridiques des obligations simplement morales. Entre les deux existent des obligations dites « naturelles ».

1. LES OBLIGATIONS JURIDIQUES

Dans les obligations juridiques, le lien qui unit le créancier et le débiteur est un lien de droit (*vinculum juris*), ce qui signifie que le créancier peut en réclamer l'exécution forcée devant les tribunaux ; l'obligation est dite en ce sens « exécutoire ».

Si le débiteur n'exécute pas spontanément ses obligations, les juges pourront le condamner, soit à exécuter de force l'obligation convenue, soit à verser au créancier des dommages-intérêts, c'est-à-dire une somme d'argent destinée à compenser le préjudice qu'il subit du fait du non-respect par le débiteur de ses obligations.

Le Code civil ne présente pas de théorie générale des obligations juridiques. Les obligations ne font pas même l'objet d'un livre distinct mais se trouvent, avec d'autres matières, dans le livre III intitulé « Des différentes manières dont on acquiert la propriété », ce qui est un intitulé inexact dans la mesure où certaines obligations n'ont pas pour objet de

1. V. l'art. 1111 C. civ. qui évoque le cas où l'obligation a été contractée par contrainte.

transférer la propriété, mais d'obliger à faire ou à ne pas faire quelque chose ; on trouve ici une trace supplémentaire de l'individualisme du Code et de son attachement à la propriété. Plusieurs articles du Code civil concernent cependant les obligations en général, indépendamment de leur source, et constituent ainsi ce que l'on appelle souvent le régime général des obligations. L'objet du présent ouvrage, et de son second volume[1], est d'étudier ces obligations juridiques : en particulier leur source et leur régime.

2. LES OBLIGATIONS MORALES

Les obligations morales sont celles qui relèvent du for intérieur, de la conscience individuelle, et dont l'exécution forcée ne peut être obtenue devant les tribunaux. On emploie alors parfois le terme de « devoir » plutôt que celui d'« obligation » pour marquer l'absence de sanction juridique[2].

Ces obligations ou devoirs peuvent relever des règles de politesse ou de courtoisie (rendre une invitation à dîner ou ne pas arriver chez quelqu'un les mains vides), du civisme (aller voter, tout au moins dans les pays où précisément le vote n'est pas juridiquement obligatoire), de l'honneur, de la religion, etc., tous ordres normatifs sur lesquels la société n'entend pas ouvertement avoir prise. La sanction de ces devoirs ne peut pas être judiciaire : elle demeure dans le for interne, avec une sanction – la mauvaise conscience – qui ne sera souvent pas proportionnée à la faute, mais à la sensibilité de son auteur (comme le disait Jean Rostand, « il est des âmes salissantes : un rien y fait tâche »[3]) ; la sanction est aussi extérieure, sociale (l'opprobre, la mise à l'index), et celle-ci peut être parfois plus contraignante et aussi plus injuste que la sanction juridique.

Enfin certains devoirs généraux pèsent sur tout un chacun. Pour certains d'entre eux, formulés de façon négative (ne pas causer de dommage à autrui, ne pas détériorer les biens publics, etc.), leur violation peut être juridiquement sanctionnée. Il n'en demeure pas moins qu'il n'y a toujours pas à proprement parler « obligation » dans la mesure où celle-ci implique un lien entre deux personnes, c'est-à-dire l'existence

1. *Les obligations, 2. Responsabilité civile et quasi-contrat*, PUF, « Thémis droit », 2e éd., 2010.
2. J. Carbonnier, *Droit civil*, t. 4, *Les obligations*, PUF, « Thémis », 22e éd., 2000, n° 7. *Contra*, J.P. Chazal, Les nouveaux devoirs des contractants. Est-on allé trop loin ?, in *La nouvelle crise du contrat*, dir. de Ch. Jamin et D. Mazeaud, Dalloz, « Thèmes et commentaires », 2003, 99.
3. *Pensées d'un biologiste*, Stock, 1954.

d'un créancier déterminé ; il n'y aura d'obligation au sens juridique du terme que lorsque, un tel devoir ayant été violé, une personne déterminée aura en conséquence subi un dommage dont elle pourra demander réparation [1].

3. LES OBLIGATIONS NATURELLES

Les obligations naturelles se trouvent en quelque sorte entre les obligations juridiques et les obligations purement morales. Il est alors possible d'« aller à leur recherche des deux côtés à la fois » [2]. Il peut s'agir en effet tout d'abord d'une obligation morale ayant une consistance particulière et qui accède dès lors au moins partiellement à la vie juridique (ex. : un devoir moral de subvenir aux besoins d'une personne en dehors des cas d'obligation alimentaire prévus par la loi, par exemple entre frères et sœurs), ou au contraire d'une obligation à l'origine juridique mais qui ne l'est plus car elle est éteinte pour une raison ou pour une autre (parce qu'elle est prescrite, ou encore parce qu'elle a été annulée pour une raison purement technique). Le point commun de toutes ces hypothèses est que, si le débiteur n'est pas juridiquement lié, il doit, en conscience, se sentir obligé. Par exemple des héritiers légaux peuvent se sentir moralement tenus d'exécuter les dernières volontés exprimées par le défunt, même si celles-ci sont restées purement verbales et sont donc juridiquement sans aucune force obligatoire : il y a dans ce cas obligation naturelle de respecter lesdites volontés [3].

Le régime juridique des obligations naturelles découle de ces idées. L'obligation naturelle n'est pas une obligation juridique si bien que le créancier ne peut en demander l'exécution forcée devant les tribunaux : il ne dispose donc d'aucune action en justice pour réclamer paiement d'une obligation naturelle. Ainsi, la dette une fois prescrite, le créancier

1. Pothier appelait ces devoirs généraux des « obligations imparfaites » : « on appelle obligations imparfaites », disait-il (*Traité des obligations*, 1re partie, art. prélim.), « les obligations dont nous ne sommes comptables qu'à Dieu, et qui ne donnent aucun droit à personne d'en exiger l'accomplissement : tels sont les devoirs de charité, de reconnaissance... ».

2. La formule est de J. Carbonnier, *Droit civil*, t. 4, *Les obligations*, PUF, « Thémis », 22e éd., 2000, n° 7.

3. Civ. 1re, 22 juin 2004, n° 01-14031 ; *D.* 2004, 2953, note M. Nicod ; *AJ famille*, 2004, 405, obs. F. Bicheron ; *RTD civ.* 2005, 397, obs. J. Mestre et B. Fages : « Si une disposition de dernière volonté purement verbale est nulle de plein droit, elle peut cependant, comme constituant une obligation naturelle, servir de cause à une obligation civile valable » ; Civ. 1re, 4 janv. 2005, n° 02-18904 ; *RTD civ.* 2005, 397, obs. J. Mestre et B. Fages, où le légataire s'était engagé à partager par moitié avec son frère les biens qui lui avaient été légués par celui qui était en fait leur « grand-père », même si le lien juridique n'avait jamais été établi.

ne peut plus poursuivre le débiteur devant les tribunaux pour en obtenir le paiement forcé.

Le devoir moral que l'obligation naturelle manifeste peut cependant accéder à la vie juridique dans deux hypothèses.

a) Tout d'abord en cas de *paiement volontaire* : lorsqu'il y a exécution volontaire par le débiteur d'une obligation naturelle, il n'y a pas de répétition (= restitution) possible[1]. Le terme « volontaire » signifie qu'il n'y a eu aucune erreur du *solvens* (celui qui a payé, au sens large d'exécuter quelque chose) : celui-ci savait qu'il n'était pas juridiquement tenu[2], donc qu'on n'aurait pas pu le poursuivre devant les tribunaux, mais il paye tout de même spontanément, mû par un sentiment de devoir (et non pas par une intention libérale : il n'y a pas donation mais paiement[3]). Il n'est alors pas juridiquement autorisé à se repentir ultérieurement de sa bonne action. Ainsi, celui qui paye volontairement une dette prescrite ne pourra ensuite en réclamer la restitution. Le droit reconnaît donc une certaine valeur juridique à l'obligation, puisque le paiement de celle-ci ne peut être restitué : il n'y a pas paiement indu et nulle action en répétition de l'indu n'est donc possible[4].

b) En second lieu, s'il y a *engagement de payer sa dette* par le débiteur (même purement oral, dès lors que le créancier arrive à en faire la preuve). Un tel engagement, à la condition toujours d'avoir été pris de façon volontaire et consciente, transforme l'obligation naturelle en une obligation juridique qui est donc désormais exécutoire devant les tribunaux. Selon la formule de la Cour de cassation, « l'engagement unilatéral

1. V. le cas de parents ayant volontairement hébergé leur fils et qui ne peuvent réclamer ultérieurement le versement d'une pension car, en agissant ainsi, « ils se sont volontairement acquittés d'une obligation naturelle non sujette à répétition » : Civ. 1re, 5 avr. 1993, n° 90-21734.

2. Pour l'hypothèse inverse, Civ. 1re, 12 juill. 1994, n° 92-13375 : « attendu qu'après avoir relevé, par des motifs non critiqués, que M. L... n'était plus tenu d'une obligation légale d'entretien à l'égard de ses enfants devenus majeurs, la cour d'appel a pu retenir que, soumis à une procédure de paiement direct, dont Mme S... avait refusé de donner mainlevée, M. L... n'avait pas effectué les paiements litigieux en pleine connaissance de cause et avec la volonté d'acquitter une obligation naturelle, de sorte qu'il était bien-fondé à en poursuivre la répétition. »

3. Com. 11 févr. 1992, n° 88-18708, qui rappelle que, à la différence d'une obligation naturelle, le don manuel procède d'une intention libérale dont la réalité doit être retenue par le juge.

4. Civ. 1re, 21 nov. 2006, n° 04-16370; *RTD civ.* 2007, 119, obs. J. Mestre et B. Fages, qui reproche à la cour d'appel d'avoir accueilli une action en répétition de l'indu, « sans tenir compte de la manifestation expresse de volonté de M. X... de prendre un engagement de restitution d'honoraires à l'égard de M. Y..., contenue dans une correspondance du 1er février 1997, suivie de plusieurs remboursements des honoraires perçus pendant la période d'association de cinq ans, alors qu'il n'était plus tenu par la convention d'association initiale, ce qui suffisait à établir l'existence d'une obligation naturelle qui s'est muée en obligation civile ».

pris en connaissance de cause d'exécuter une obligation naturelle [transforme] celle-ci en obligation civile »[1]. Si par exemple deux concubins de longue date se séparent, et que l'un d'eux prend l'engagement de verser à l'autre une pension mensuelle, les tribunaux pourront le forcer à payer s'il revient sur sa promesse : celle-ci aura transformé l'obligation naturelle en une obligation juridique[2]. De même, dans l'hypothèse précitée où les héritiers légaux se seraient engagés à respecter une dernière volonté du défunt exprimée de façon purement verbale, celle-ci doit désormais être exécutée[3]. Ainsi encore, un père biologique qui s'engage volontairement à verser à son fils[4], une somme mensuelle jusqu'à la fin de ses études, a pu vouloir exécuter un devoir de conscience et transformé une obligation naturelle en une obligation civile[5]. Il faut cependant qu'un véritable engagement ait pu être caractérisé[6].

L'engagement de payer trouve sa cause dans l'obligation naturelle préexistante (celle-ci a donc une certaine consistance juridique), ce qui suffit à justifier civilement la nouvelle obligation. Il n'y a pas à proprement parler novation, au sens technique du terme, car celle-ci exige qu'une obligation civile prenne la place d'une autre obligation civile, alors qu'en l'espèce l'obligation civile née de l'engagement volontaire de payer prend la place d'une obligation naturelle dépourvue de caractère exécutoire[7].

Dans la suite de ce livre, dès lors qu'il sera fait référence à une obligation sans autre précision, c'est d'une obligation juridique qu'il s'agira, c'est-à-dire une obligation dont l'exécution forcée peut être demandée devant les tribunaux.

1. Civ. 1re, 4 janv. 2005, n° 02-18904 ; *RTD civ.* 2005, 397, obs. J. Mestre et B. Fages.
2. Pour un engagement de payer une pension alimentaire à un ex-conjoint : Civ. 2e, 9 mai 1988, n° 86-18561.
3. Civ. 1re, 22 juin 2004 et Civ. 1re, 4 janv. 2005, précités.
4. Le lien de filiation n'était pas juridiquement établi dans la mesure où le fils s'était désisté de son action en recherche de paternité précisément sur la foi de la promesse de son père de l'aider financièrement.
5. Civ. 1re, 3 oct. 2006, n° 04-14388 ; *RTD civ.* 2007, 119, obs. J. Mestre et B. Fages.
6. Ce qui n'est pas le cas dans Civ. 1re, 23 mai 2006, n° 04-19099 ; *RTD civ.* 2007, 120, obs. J. Mestre et B. Fages, qui énonce « qu'ayant souverainement estimé que de l'ensemble du comportement de M. X..., à défaut de tout écrit en ce sens, il ne résultait aucun engagement volontaire implicite ou explicite de ce dernier à poursuivre, sans limitation de temps, l'aide financière octroyée à Mme de Y... dans les dix mois qui ont suivi leur dernière rupture, la cour d'appel a pu en déduire que son devoir de conscience ne s'était pas transformé en obligation civile ».
7. Civ. 1re, 10 oct. 1995, n° 93-20300 ; *D.* 1997, 85, note N. Molfessis : « La transformation – improprement qualifiée novation – d'une obligation naturelle en obligation civile, laquelle repose sur un engagement unilatéral d'exécuter l'obligation naturelle, n'exige pas qu'une obligation civile ait elle-même préexisté à celle-ci. »

2 | Les sources des obligations

La question des sources est celle de savoir pourquoi et comment on peut se trouver juridiquement obligé envers autrui. Le droit des obligations a pour objet d'étudier toutes ces sources possibles d'obligations. Dans d'autres traditions juridiques, en particulier dans les pays de *Common Law*, le droit des obligations n'est pas une discipline autonome. Droit des contrats (*Law of Contracts*) et droit de la responsabilité civile (*Law of Torts*) ne sont pas étudiés ensemble, ni même de façon parallèle, au motif qu'ils concerneraient tous deux des obligations [1], même si, plus récemment (et en réalité par imitation des droits continentaux), quelques rares manuels anglais ou américains s'intitulent *Law of Obligations.*

Plusieurs classifications des sources des obligations sont possibles.

1. LA LOI, LE CONTRAT, LE QUASI-CONTRAT, LE DÉLIT ET LE QUASI-DÉLIT

Selon la présentation la plus classique, une personne ne peut être obligée envers une autre que lorsque l'une ou l'autre de ces cinq sources est présente : la loi, un contrat, un quasi-contrat, un délit ou enfin un quasi-délit. Il faut en réalité aujourd'hui ajouter une sixième source d'obligation : l'engagement unilatéral.

La loi tout d'abord est bien évidemment source d'obligations. Ce terme est ici pris dans son sens le plus large, c'est-à-dire comme englobant toutes les sources générales du droit, qu'elles soient étatiques (toutes les sources écrites – dont la loi dans son sens formel, *i.e.* la loi parlementaire – ainsi que la jurisprudence) ou non (coutume). Mais étudier toutes les hypothèses où la loi oblige à faire quelque chose reviendrait à étudier toutes les branches du droit : le droit civil, le droit du travail, le droit pénal ou encore le droit fiscal contiennent des obligations mises à la charge des particuliers. Cette première source d'obligation est donc nécessairement mise partiellement de côté et est étudiée dans toutes les matières du droit.

1. B. Rudden, Pothier et la Common Law, in *Robert-Joseph Pothier, d'hier à aujourd'hui*, dir. J. Monéger, Economica, 2001, 101, qui rappelle que le fameux *Traité des Obligations* de Pothier avait été traduit en Angleterre par les termes *Obligations or Contracts.*

Le contrat est également source d'obligations. Dans une première approche, un contrat est un accord de volontés entre deux ou plusieurs personnes ayant pour objet et pour effet de créer des obligations, donc précisément d'être source d'obligations. Les contrats sont multiples et variés, de la vente au prêt, en passant par le contrat de travail ou encore la transaction. Au sein même d'un type de contrat, il peut y avoir des différences de régime importantes, par exemple entre la vente d'une baguette de pain et celle d'un immeuble ou d'un logiciel. Le droit des obligations étudie plus précisément le droit *commun* des contrats, c'est-à-dire l'ensemble des règles communes applicables à tous les types de contrat. Les contrats concrets sont ensuite étudiés dans le droit des contrats dits «spéciaux» (appelé parfois le droit des contrats civils et commerciaux) qui détaille les autres règles applicables à chaque contrat précis en plus du droit commun des contrats.

Un quasi-contrat est, comme son nom l'indique, presque un contrat : «c'est quasiment un contrat», disait au XIXe siècle Demolombe. Il a les mêmes effets qu'un contrat (il crée des obligations), la même force obligatoire qu'un contrat (on peut en poursuivre l'exécution forcée devant les tribunaux), en d'autres termes il ressemble à un contrat, mais n'en est pourtant pas un. Il lui manque en effet l'élément essentiel du contrat qui est l'accord de volontés. Le quasi-contrat est un fait de l'homme dont il va résulter des obligations.

Un délit est un fait illicite et intentionnel, ce dernier qualificatif signifiant que non seulement l'acte a été voulu, mais également ses conséquences. En cas de dommage causé par ce délit, l'auteur de cet acte (ou parfois celui qui est responsable pour lui) sera tenu d'une obligation de réparer ce dommage. Il s'agit ici d'un délit au sens civil du terme, différent du sens pénal où le délit est, au sens général, synonyme d'infraction, et, dans un sens plus précis, vise la catégorie d'infractions intermédiaire entre les contraventions et les crimes.

Un quasi-délit est un fait illicite mais non intentionnel, c'est-à-dire commis sans l'intention de causer le dommage, mais par imprudence ou négligence. Il conduit, comme le délit, à l'obligation de réparer intégralement le dommage causé. Le droit des délits et des quasi-délits constitue ce que l'on appelle le *droit de la responsabilité civile.*

Enfin un *engagement unilatéral* est une manifestation unilatérale de volonté par laquelle son auteur entend souscrire une obligation vis-à-vis d'autrui (avant que celui-ci l'accepte, car il y aura à ce moment-là contrat).

Il n'est pas sûr que cette présentation des différentes sources d'obligations soit pertinente. En effet, dans les délits, les quasi-délits, et même les quasi-contrats, la source de l'obligation est non pas la volonté (comme dans le contrat), mais bien la loi[1]. C'est la loi qui pose le principe de l'obligation (par exemple celle de réparer les dommages causés par sa faute) et c'est elle aussi qui en donne la mesure (par exemple la réparation intégrale du préjudice causé). Toutes ces obligations sont donc des obligations légales. Elles sont certes déclenchées par un fait qui est souvent volontaire (par exemple un paiement dans les quasi-contrats), mais c'est le cas de bien d'autres obligations légales : l'obligation de payer ses impôts est ainsi déclenchée par le fait d'avoir gagné de l'argent.

2. LES ACTES JURIDIQUES ET LES FAITS JURIDIQUES

Dans une autre classification possible, une obligation peut naître d'un acte juridique ou d'un fait juridique.

Un *acte juridique* est une manifestation de volonté destinée à produire des effets de droit. Plus précisément, l'acte juridique peut avoir deux significations, selon qu'il vise une opération juridique concrète (le *negotium*) ou simplement le document matériel, l'écrit, qui en rend compte (l'*instrumentum*). Un contrat est un acte juridique dans la mesure où il a pour objet et pour effet de créer des obligations. Dans sa partie générale, le Code civil allemand, le *Bürgerlichesgesetzbuch* (BGB), élabore une théorie générale de l'acte juridique (§ 104 à 185), applicable notamment au contrat (le droit japonais, inspiré du droit allemand, fait de même). Le Code civil fait l'inverse et élabore une théorie générale du contrat, applicable, *mutatis mutandis*, à tous les actes juridiques et en particulier aux actes juridiques unilatéraux (le testament par exemple).

Un *fait* est dit *juridique* lorsqu'il produit des effets de droit. Il peut s'agir d'un fait de l'homme (la naissance d'un enfant, un accident de la circulation), mais également d'un fait de la nature (une inondation par exemple, qui va déclencher une obligation des assureurs de couvrir certains dégâts). Le plus souvent, à la différence des actes juridiques, les conséquences juridiques n'ont pas été directement voulues même si le fait l'a été (on a voulu mettre au monde un enfant mais pas dans le but d'avoir à l'entretenir ; même pour les délits, qui sont des actes intention-

1. V. les travaux préparatoires du Code civil : « Dans les contrats, c'est le consentement mutuel des parties contractantes qui produits entre elles l'obligation. Dans les quasi-contrats, au contraire, comme dans les délits et les quasi-délits, l'obligation, ainsi que je l'ai déjà observé, résulte d'un fait ; c'est la loi qui le rend obligatoire » (M. Treilhard, *in* P. A. Fenet, *Recueil complet des travaux préparatoires du Code civil*, t. 13, Paris, 1827, 465).

nels, c'est le dommage qui a été voulu et non pas directement l'obligation de réparer). Si, parfois, les conséquences juridiques ont été voulues et même visées (on détruit volontairement sa voiture pour toucher la prime d'assurance), il y a toujours *fait* juridique et non pas *acte* juridique, dans la mesure où les conséquences juridiques découlent non pas de l'expression de la volonté mais uniquement de la réalisation du fait. Les délits, les quasi-délits et les quasi-contrats sont ainsi des faits juridiques : l'obligation (de réparer le dommage ou de restituer l'enrichissement) naît du fait survenu (le dommage ou l'enrichissement) et non pas de l'expression de la volonté.

La distinction entre les actes et les faits juridiques entraîne peu de conséquences. La principale d'entre elles concerne la preuve : la preuve des faits juridiques est libre, elle peut se faire par tous moyens, tandis que celle des actes juridiques est réglementée, au moins en droit civil (en droit commercial en revanche, elle est libre à l'égard des commerçants). Au regard du droit des obligations, la distinction n'est donc pas déterminante[1].

3. LES DISTRIBUTIONS ET LES ÉCHANGES

Il est une autre classification possible des sources d'obligations, selon les types de justice auxquels elles doivent être soumises.

Dans sa célèbre *Éthique à Nicomaque* (écrit en 335 avant J.-C.), Aristote distinguait principalement deux types de justice (in Livre V intitulé « Théorie de la justice ») : la justice distributive, propre aux répartitions ou aux distributions, et la justice réparatrice ou corrective, propre aux échanges (dite encore justice commutative ou justice des commutations, c'est-à-dire des échanges)[2].

Lorsqu'il y a lieu de procéder à une répartition ou à une distribution (de biens ou de choses, mais aussi de droits ou de devoirs), la justice doit être distributive. Il y a lieu en effet de distribuer de façon juste les

1. Elle est pourtant érigée en *summa divisio* dans l'avant-projet Catala, où il est indiqué, dès l'art. 1101, que « les obligations naissent d'actes ou de faits juridiques ». Pour la critique de ces dispositions, v. G. Rouhette, Regard sur l'avant-projet de réforme du droit des obligations, *RDC* 2007/4, 1379.

2. En réalité, Aristote envisageait un troisième type de justice, la justice de réciprocité proportionnelle, souvent oubliée, car en fait elle n'est pas annoncée dans le passage introductif. Sur ce troisième type de justice, v. Cl. Herrenschmidt, *Les trois écritures. Langue, nombre, code*, Gallimard, 2007, spéc. p. 293 et s., qui explique que cette justice concerne les transactions, mais sous l'angle de la justice générale, car elle enrôle tous les membres d'une communauté ; il s'agit donc d'une certaine façon de la justice sociale en général, relative à la façon dont les relations humaines se tissent dans une société.

honneurs, la fortune ou les devoirs entre les citoyens, non pas nécessairement de façon égalitaire, mais toujours proportionnellement à des vertus ou à des situations particulières : il s'agit donc d'une justice géométrique, puisque l'on doit procéder à des divisions, à des rapports (avantages distribués par rapport au mérite par exemple). La justice distributive est principalement celle que doit suivre la loi, chargée de répartir les biens et les charges entre les citoyens.

Du fait de la vie en société, les individus sont également continuellement en relation les uns avec les autres, et il va en résulter des transferts de valeurs et autres échanges divers entre eux. Ces échanges relèvent de ce qu'Aristote appelle la justice réparatrice, corrective ou commutative. Celle-ci consiste à rétablir un équilibre rompu entre deux personnes, soit que l'une ait transmis à l'autre un bien ou une richesse, soit au contraire qu'elle lui ait causé un dommage. Dans les deux cas, il s'agit de rétablir la balance et d'obliger l'une des parties à verser à l'autre l'équivalent de ce qu'elle lui a par ailleurs retiré. Il s'agit cette fois-ci d'une justice arithmétique puisqu'il n'y a plus lieu de procéder à des opérations de rapport (divisions), mais à des opérations d'addition ou de soustraction : si A a remis 100 à B, B lui doit à son tour 100 ; si A a causé à B un dommage de 100, il doit lui verser 100.

Le droit des obligations apparaît ainsi clairement comme le droit des échanges ou des commutations, par opposition au droit des distributions. En d'autres termes, il est celui de la justice corrective ou commutative qui, comme l'énonce Aristote, « règle les rapports des citoyens entre eux ». Dès lors, si l'obligation de réparer les dommages injustement causés à autrui peut être qualifiée, tout comme l'obligation de payer ses impôts, d'obligation légale, seule la première relève de la justice commutative (justice réparatrice), tandis que la seconde relève de la justice distributive (répartition des charges sociales).

Une sous-distinction peut être faite dans le domaine de la justice commutative, donc dans le droit des obligations, selon que les échanges ont été ou non volontaires.

4. LES ÉCHANGES VOLONTAIRES ET LES ÉCHANGES INVOLONTAIRES

Aristote énonçait que la justice corrective ou réparatrice « règle les rapports des citoyens entre eux, et dans les relations volontaires et dans les relations involontaires ». Le droit des obligations se trouve en effet fondamentalement divisé entre les relations volontaires et les relations involontaires, c'est-à-dire entre les obligations voulues (le propriétaire d'un appartement le loue contre le paiement d'un loyer) et celles qui sont subies (une personne blesse quelqu'un dans un accident et doit réparer le dommage causé). C'est aussi d'une certaine façon le plan du Livre troisième du Code civil (« Des différentes manières dont on acquiert la propriété ») qui distingue les « contrats » (titre III intitulé « Des contrats ou des obligations conventionnelles en général » et titres V et suivants consacrés à certains types particuliers de contrats) « des engagements qui se forment sans convention » (titre IV), c'est-à-dire sans accord de volontés, la notion regroupant les quasi-contrats, les délits et les quasi-délits.

La question des sources des obligations consistant à rechercher les différentes façons de créer des obligations, elle a à voir avec l'engagement, qui est l'acte par lequel on se lie, l'obligation étant plus précisément le résultat de cet engagement, c'est-à-dire le lien créé. La division la plus essentielle consiste ainsi à distinguer selon que l'engagement est volontaire ou involontaire. Dans le premier cas, l'engagement naît de la volonté d'une ou plusieurs personnes, tandis que dans le second, il a sa source dans la loi, même s'il est déclenché par un fait de l'homme. On retrouve donc ici sous une autre forme la catégorie auparavant écartée des obligations légales. Le fondement même de l'engagement varie selon la source de l'obligation : s'il peut, dans le premier cas, être cherché au moins partiellement dans la volonté (je suis engagé parce que je l'ai voulu), il faut, dans les engagements involontaires, justifier l'engagement par un autre principe de justice (une faute, un dommage, un enrichissement, etc.). La loi n'est certes pas absente des engagements volontaires et, en particulier, du contrat, dans la mesure où c'est elle qui oblige à respecter la parole donnée ; mais ce n'est pas la loi qui énonce l'essentiel du contenu de l'obligation, lequel relève de la liberté des parties. Dans les engagements involontaires, c'est au contraire la loi qui détermine pour l'essentiel le contenu même de l'obligation et aussi sa mesure.

Dans le Code civil, les seuls engagements volontaires envisagés de façon générale sont les contrats, c'est-à-dire les accords de deux ou plusieurs volontés en vue de créer des obligations (première partie). Pourtant, la volonté d'un seul peut parfois également être source d'obligations : c'est la question de l'engagement unilatéral (seconde partie).

ÉTAT DES QUESTIONS

BIBLIOGRAPHIE

Le droit des obligations étant en grande partie un droit jurisprudentiel, on citera en tout premier lieu le très précieux ouvrage sur *Les grands arrêts de la jurisprudence civile* (cité *Grands arrêts*) initiés par H. Capitant et poursuivis par F. Terré et Y. Lequette, Dalloz, en 2 vol. (le droit des obligations figurant dans le second vol., 12e éd., 2008). *Adde*, plus récemment, R. Desgorces, H. Aubry, E. Naudin, *Les grandes décisions de la jurisprudence civile*, PUF, Thémis droit, 2011. La matière se réfère également à de très nombreux adages et maximes, à propos desquels on trouvera toujours un grand intérêt à se reporter à l'ouvrage classique de H. Roland et L. Boyer, *Adages du droit français*, Litec, 4e éd., 1999 ; *adde*, par les deux mêmes auteurs, les *Locutions latines du droit français*, Litec, 4e éd., 1998. P. A. Fenet, *Recueil complet des travaux préparatoires du Code civil*, t. 13 sur le titre III du livre III du Code civil, Paris, 1827.

Principaux manuels ou traités anciens :

Pour le XVIIIe siècle, les deux ouvrages ayant le plus influencé le Code civil sont ceux de Jean Domat (1625-1696), *Les lois civiles dans leur ordre naturel*, 1689-1694, et de Pothier (1699-1772), not. son *Traité des obligations*, 1761.

Pour le XIXe siècle, on peut citer, en suivant les classifications proposées par Bonnecase, les auteurs qui ont, dans leur traité, suivi l'ordre des articles du Code civil (Marcadé, Demante et Colmet de Santerre, Larombière, ou Troplong), ceux qui n'ont plus commenté article par article tout en respectant les titres, chapitres et sections du Code civil (Duranton, Demolombe, Toullier, ou Taulier), et enfin les seuls qui se sont hasardés à un plan original, Aubry et Rau, tout en présentant leur 1re édition de 1838 comme une simple traduction (elle était déjà en réalité bien plus) d'un ouvrage allemand écrit par Zachariae qui s'était lui-même affranchi du plan du Code allemand (à l'époque le Code civil, puisque le BGB n'a été adopté qu'en 1900). Enfin Baudry-Lacantinerie, qualifié de « dernier des exégètes » (J. Brèthe de la Gressaye, Souvenirs d'un civiliste, *RTD civ.* 1975, 661), qui a dirigé un traité théorique et pratique de droit civil en 29 vol. à compter de 1895. *Adde* F. Laurent, *Principes de droit civil français*, t. 16 et 17 sur les obligations, 4e éd., 1887 ; F. C. de Savigny, *Le droit des obligations*, trad. T. Hippert, Paris, Durand & Pedone Lauriel, 1873.

Pour le XXe siècle : L'ouvrage de Aubry et Rau, dont ils avaient publié eux-mêmes trois rééditions successives (jusqu'à 1879), a continué d'être édité : 5e éd. par Bartin, terminée en 1923 (t. IV sur les obligations), connue pour les longues notes de Bartin qui préférait ne pas toucher au texte principal ; 6e éd., par P. Esmein, t. VI sur les obligations, 1951 ; 7e éd. commencée en 1964 par André Ponsard ; 8e éd., 1989 dir. A. Ponsard et I. Fadlallah, t. VI-2 (*Responsabilité délictuelle*) par N. Dejean de la Batie ; R. Saleilles, *La théorie générale de l'obligation*, 1914, préf. H. Capitant, La Mémoire du droit, 2001 (titre originaire : *Étude sur la théorie générale de l'obligation d'après le premier projet de Code civil pour l'Empire allemand*, Paris, 1890) ; R. Demogue, *Traité des obligations en général*, 7 vol., 1923-1933 ; du même auteur, *Les notions fondamentales du droit privé* (essai critique : pour servir d'introduction à l'étude des obligations), Libr. Nouv. de Dr. et de Jurispr., 1911, fac-sim. La Mémoire du droit, 2001 ; Beudant et Lerebours-Pigeonnière, *Cours de droit civil français*, 1934, t. VIII, IX, IX *bis*, par G. Lagarde, R. Perrot et R. Rodière ; M. Planiol et G. Ripert, *Traité pratique de droit civil français*, sur les obligations t. VI et VII, le premier par P. Esmein, 2e éd., 1952, et le second par P. Esmein, J. Radouant, G. Gabolde, 2e éd., 1954 ; E. Gaudemet, *Théorie générale des obligations*, par H. Desbois et J. Gaudemet, 1937 (réimpr. 1965) ; Marty et Raynaud, *Les obligations*, 2 vol., 2e éd. par Ph. Jestaz, t. I : *Les sources*, 1988 ; t. II : *Le régime*, 1989 ; Ripert et Boulanger, *Traité élémentaire de droit civil de Planiol*, t. II, 1957 ; J. Ghestin, *Traité de droit civil*, LGDJ : *Le contrat : formation*, par J. Ghestin, 3e éd., 1993 ; *Les effets du contrat*, par J. Ghestin, Ch. Jamin et M. Billiau, 3e éd., 2001 ; *Le régime des créances et des dettes*, par J. Ghestin, M. Billiau et G. Loiseau, 2005 ; H., L., J. Mazeaud et F. Chabas, *Leçons de droit civil*, t. II, 1er vol., *Obligations (théorie générale)*, Montchrestien, 9e éd., 1998 ; B. Starck, par H. Roland et L. Boyer, *Les obligations*, Litec, t. 2 : *Contrats*, 6e éd., 1998 ; J. Carbonnier, *Droit civil*, t. 4 : *Les obligations*, PUF, « Thémis », 22e éd., 2000 ; A. Sériaux, *Droit des obligations*, PUF, « Droit fondamental », 2e éd., 1998.

Principaux manuels ou traités à jour :

Uniquement sur le droit des contrats : Ch. Atias, *Précis élémentaire de contentieux contractuel*, Libr. Univ. Aix-en-Provence, 4e éd., 2008 ; J. Flour, J.-L. Aubert et É. Savaux, Armand Colin, coll. « U », *Les obligations*, en 3 vol., 1 : *L'acte juridique*, 14e éd., 2010 ; Ch. Larroumet, *Droit civil*, t. III, *Les obligations, le contrat*, Economica, 6e éd., 2007. *Adde*, plus concis, J.-L. Aubert, *Le contrat*, Dalloz, « Connaissance du droit », 3e éd., 2005 ; Ph. Delebecque et F.-J. Pansier, *Droit des obligations*, Litec, « Objectif droit », *Contrat et quasi-contrat*, 5e éd., 2010. *Adde* F.-X. Testu, *Contrats d'affaires*, Dalloz, 2010.

Sur le droit des obligations en général : A. Bénabent, *Les obligations*, Montchrestien, Domat, 12e éd., 2010 ; B. Fages, *Droit des obligations*, LGDJ, « Manuel », 3e éd., 2011 ; D. Fenouillet et Ph. Malinvaud, *Droit des obligations*, Litec, 11e éd., 2010 ; Ph. Malaurie, L. Aynès et Ph. Stoffel-Munck, *Les obligations*, Defrénois, 4e éd., 2009 ; S. Porchy-Simon, *Les obligations*, Dalloz-Sirey, HyperCours, 6e éd., 2010 ; A. Sériaux, *Manuel de droit des obligations*, PUF, « Droit fondamental », 2006 ; F. Terré, Ph. Simler et Y. Lequette, *Les obligations*, Précis Dalloz, 10e éd., 2009. *Adde*, plus concis, R. Cabrillac, *Droit des obligations*, Cours Dalloz, 9e éd., 2010 ; L. Grynbaum, *Droit civil. les obligations*, Hachette supérieur, 2007 ; E. Jeuland, *Droit des obligations*, Montchrestien, focus droit, 3e éd., 2009 ; J.-P. Scarano, *Dictionnaire de droit des obligations*, Ellipses, 2004.

Pour une revue de la jurisprudence : v. les chroniques publiées à la *Revue des contrats (RDC)*, à la *Revue trimestrielle de droit civil (RTD civ.)*, au *Recueil Dalloz (D.)*, au *Juris-classeur périodique*, éd. générale (*JCP G*), à la revue *Contrats, concurrence, consommation* (*CCC*), au *Répertoire du notariat Defrénois* (*Defrénois*), à la revue *Les Petites Affiches (LPA)*, à la *Revue Lamy de droit civil (RLDC)*, ou encore à la revue *Droit et patrimoine* (*Dr. & patr.*).

Pour une revue du droit des contrats des différents pays de l'Union européenne, ainsi que sur le droit de l'Union européenne : v. la *European Review of Contract Law (ERCL)*, co-dirigée par S. Grundmann, H. Collins, M. Fabre-Magnan, M. Hesselink, V. Roppo, et éditée par de Gruyter ; la revue a été fondée en 2005 et paraît quatre fois par an ; *adde* les chroniques de droit européen des contrats (UE et CEDH) et de droit comparé des contrats de la *RDC* ainsi que les chroniques de droit de l'Union européenne et de droits fondamentaux de la *RTD civ.*

Sur l'obligation : G. Forest, *Essai sur la notion d'obligation en droit privé*, Dalloz, 2012, préf. F. Leduc, selon lequel la créance et la dette représentent, en réalité, deux éléments distincts, ne se situant pas sur le même plan : la dette, qui relève du droit objectif, est une norme individuelle de comportement déterminant l'activité à laquelle le débiteur est astreint, tandis que la créance, qui constitue un droit subjectif, est un titre d'appropriation (droit de recevoir la prestation) et un titre d'exécution (droit d'exiger l'exécution de la prestation); F. Rouvière, L'obligation comme garantie, *RTD civ.* 2011, 1, qui déduit de sa conception que la dette est l'ensemble des biens sur lesquels la garantie a une emprise, la créance l'objet même de la garantie, et le lien la garantie en tant que telle qui confère aux deux éléments précédents leur unité; Y. Picod, *V°* Obligations, *Rép. civ. Dalloz*, janv. 2009; *Arch. phil. dr.*, t. 44, Dalloz, 2000, consacré à *L'obligation*, et not. J. Gaudemet sur la naissance de la notion, 19; G. Pieri, Obligation, *Arch. phil. dr.*, t. 35, *Vocabulaire fondamental du droit*, Sirey, 1990, 221; M. Villey, Métamorphoses de l'obligation, *Arch. phil. dr.* 1970, p. 287; R. Brugeilles, Le droit et l'obligation, ou le rapport juridique, *RTD civ.* 1909, 293. Sur les sources des obligations, *Le renouvellement des sources du droit des obligations*, Ass. H. Capitant, Lille, Litec, 1997; N. M. K. Gomaa, *Théorie des sources de l'obligation*, LGDJ, 1968, préf. J. Carbonnier; J. L. Sourioux, Introduction au cours de droit des obligations, in *Clés pour le siècle*, Trav. Univ. Panthéon-Assas, LGDJ, 2000, 507. Plus largement, E. Jeuland, L'énigme du lien de droit, *RTD civ.* 2003, 455, qui définit le lien à la fois comme attachement incorporel et comme reconnaissance d'une altérité : « comme accrochage et distance ».

Sur les obligations naturelles : M. Coudrais, L'obligation naturelle : une idée moderne?, *RTD civ.* 2011, 453, qui montre toutes les richesses que recèle la notion et qui lui permettraient de résoudre certaines difficultés juridiques contemporaines; M. Gobert, *Essai sur le rôle de l'obligation naturelle*, th. Paris, 1956; G. Ripert, *La règle morale dans les obligations civiles*, LGDJ, 1949; J. Flour, La notion d'obligation naturelle et son rôle en droit civil, *Trav. Assoc. H. Capitant*, t. VII, 1952, Journ. canad., Dalloz, 1956, 813; J.-J. Dupeyroux, Les obligations naturelles, la faute et le droit, *Mélanges J. Maury*, Dalloz, 1960, t. II, 321; M. Rotondi, Quelques considérations sur le concept d'obligation naturelle et sur son évolution, *RTD civ.* 1979, 1.

ANTHROPOLOGIE

a) Le don et l'échange. — Les recherches anthropologiques montrent que la forme la plus primitive d'obligation consiste à devoir rendre ce que l'on a reçu par don. Marcel Mauss (1872-1950), neveu et disciple de Durkheim, a ainsi magnifiquement montré comment les opérations de dons et de contre-dons sont à l'origine de l'échange (première conclusion : le don est « la forme archaïque de l'échange »; il permet de contenir la violence des rapports sociaux) et donc du contrat (Essai sur le don, forme et raison de l'échange dans les sociétés archaïques, in *Sociologie et anthropologie*, PUF, « Quadrige », publié pour la première fois dans *L'Année sociologique*, seconde série, 1923-1924, t. I). Mauss a surtout décrit l'institution du *potlatch*, qu'il appelle un « fait social total » (le phénomène étant à la fois juridique, économique, religieux et même esthétique ou morphologique, et ne pouvant se réduire à un simple utilitarisme), et qu'il a observé principalement dans les tribus du nord-ouest américain et dans certaines du nord américain, en Mélanésie et en Papouasie. Il s'agit d'un système de « prestations totales », « de type agonistique» : l'honneur, le prestige, le «*mana*», imposent d'abord, à l'occasion de fêtes liées à des événements particuliers (mariage, naissance d'enfant, mais aussi maladie par ex.), de se séparer du plus grand nombre de richesses possibles, voire en les détruisant; les choses ainsi données conservent leur «hau» (l'esprit de la chose) qui va obliger leur bénéficiaire à donner à son tour, avec même plus de largesse encore, sous peine de perdre son «mana», son autorité. L'institution du *potlatch* implique ainsi indissociablement l'obligation de donner, de recevoir et de rendre. *Adde* Cl. Lévi-Strauss, *Introduction à l'œuvre de Marcel Mauss (Sociologie et anthropologie)*, 1950; G. Davy, *La foi jurée, étude sociologique du problème du contrat*, th. lettres, Paris, 1922; A. Kojève, *Esquisse d'une phénoménologie du droit*, Gallimard, 1981, 559 et s., qui réexamine l'institution du potlatch comme origine de l'obligation. Même le situationniste R. Vaneigem, dans son célèbre *Traité de savoir-vivre à l'usage des jeunes générations* (Gallimard, essai), consacrait un chapitre (chap. VIII) à «Échange et don».

Adde : J.-M. Poughon, *Histoire doctrinale de l'échange*, LGDJ, «Bibl. de droit privé», 1987, préf. J.-P. Baud; A. Bardet-Blanvillain, *L'échange*, th. Paris II, 2002; Ph. Fontaine, *L'échange*, Ellipses, philo, 2002. En droit positif, c'est le quasi-contrat qui permet de faire naître une obligation, non d'une parole ou d'un échange de paroles, mais d'un transfert matériel de valeurs.

Sur le don : M. Godelier, *L'énigme du don*, Fayard, 1996; J. Derrida, *L'éthique du don*, Éd. Métailié-Transition, 1992; A. Caillé, *Anthropologie du don. Le tiers paradigme*, Desclée de Brouwer, 2000; du même auteur, De l'idée de contrat. Le contrat comme don à l'envers (et réciproquement), in *La nouvelle crise du contrat*, Ch. Jamin et D. Mazeaud (dir.), Dalloz, «Thèmes et commentaires», 2003, 27; D. Cefaï et A. Mahé, Échanges rituels de dons, obligation et contrat. Mauss, Davy et Maunier : trois perspectives de sociologie juridique, *L'Année sociologique*, 1998, vol. 48, 209.

Pour l'accent mis plutôt sur la notion de dette comme fondement de la vie éthique, N. Sarthou-Lajus, *L'éthique de la dette*, PUF, «Questions», 1997, qui montre que la dette révèle un rapport asymétrique, une structure de dépendance permettant l'émergence de la subjectivité; l'éthique de la dette est ainsi une éthique de la finitude qui réfute la prétention de la subjectivité à être parfaite suffisance à soi et prend en compte la précarité de la condition humaine. Sur le rôle anthropologique de la dette, Ch. Malamoud, *La dette*, Éd. EHESS, 1980; *Lien de vie, nœud mortel. Les représentations de la dette en Chine, au Japon et dans le monde indien*, dir. Ch. Malamoud, Éd. EHESS, 1988, dont son article sur «dette et devoir».

b) Les paroles et les actes. — La distinction entre les engagements volontaires et les engagements involontaires peut se traduire, d'un point de vue anthropologique, par une distinction entre les paroles et les actes. En France, l'engagement par la promesse, c'est-à-dire par la parole, a longtemps été l'engagement par excellence; le Code civil en garde la trace, qui réserve la part minime aux engagements qui se forment sans convention (un seul titre, le titre IV, sur l'ensemble du livre III; s'y ajoute aujourd'hui le titre IV *bis* codifiant, en 1998, la responsabilité du fait des produits défectueux). Le «délictuel» est présenté comme la catégorie résiduelle, puisqu'elle se définit comme ce qui n'est pas dans la catégorie principale du «contractuel» (ce sont, comme le dit le titre IV du livre III du Code civil, «des engagements qui se forment sans convention»); le «délictuel» est d'ailleurs synonyme d'«extracontractuel» (la responsabilité délictuelle est ainsi dite également responsabilité «extracontractuelle», le qualificatif étant même expressément entré dans le Code civil : à l'article 2270-1 en 1985, et également à l'article 1386-18 en 1998). Loysel, au XVIIe siècle, disait déjà dans sa formule restée célèbre qu'« on lie les bœufs par les cornes, et les hommes par les paroles ». Mais l'engagement naît aujourd'hui très souvent de la nécessité d'assumer les conséquences de ses agissements, quelle que soit l'intention qu'on ait eue : les délits, quasi-délits et quasi-contrats sont ainsi devenus une source importante d'obligations. La parole est ici prise au sens de la manifestation d'une volonté, de toute forme de langage, d'un *logos*. Des paroles prononcées peuvent en effet parfois naître aussi des engagements involontaires, lorsqu'elles ont pu causer un dommage à autrui (diffamation ou injure par exemple). La parole est enfin toute expression de volonté, laquelle peut être orale ou écrite (Amadou Hampâté Bâ disait que « l'écrit, c'est de la parole couchée sur le papier ») et même résulter tacitement d'un certain comportement. A. Leroi-Gourhan, *Le geste et la parole*, Albin Michel, I. *Technique et langage* (1re éd., 1964), II. *La mémoire et les rythmes* (1re éd., 1965).

Les statuts respectifs des paroles et des actes diffèrent selon les cultures, et notamment entre l'Orient et l'Occident. A. Supiot, La relativité du contrat en questions, in *La relativité du contrat*, Trav. Ass. H. Capitant, LGDJ, 2000, 190, qui rappelle que le Verbe occupe dans la culture occidentale une place centrale (v. prologue de l'Évangile selon saint Jean dont la première phrase énonce : « Au commencement était le Verbe et le Verbe était avec Dieu et le Verbe était Dieu. Il était au commencement avec Dieu. Tout fut par lui et sans lui rien ne fut ») ; il montre que la Parole est également centrale en Afrique noire et en Chine, mais que c'est seulement en Occident que « l'on a pensé qu'à l'image de Dieu, tout homme pouvait disposer pour son propre compte de la puissance législatrice du Verbe et enfermer l'avenir dans des paroles »; « là où l'Occident fait pleine confiance au verbe explicite, le Japon ne se fie qu'à l'acte lui-même » : l'engagement s'y exprime donc davantage par des actes que par des paroles. Du même auteur, *Homo Juridicus. Essai sur la fonction anthropologique du droit*, Seuil, 2005, chap. 3. *Adde* M. Diawara, *L'empire du verbe et l'éloquence du silence. Vers une anthropologie du discours dans les groupes dits dominés au Sahel*, Cologne, Koeppe, 2003.

Adde Ch. Atias et P. Strock, Un aspect de la théorie de l'acte juridique : énoncer, décrire, obliger, *Mélanges Philippe le Tourneau*, Dalloz, 2008.

c) Obligation et liberté. — Nos cultures occidentales sont fondées sur une conscience exacerbée des droits et un oubli croissant (pour ne pas dire un rejet épidermique) des devoirs. Cette revendication de liberté sans limite rejaillit nécessairement sur la perception des obligations. Sur cette problématique, B. Bernardi, *Le principe d'obligation*, Vrin, Éd. EHESS, 2007, qui montre comment, de Bodin à Rousseau, la question centrale de l'obligation est celle de savoir comment obliger une volonté libre, et s'interroge sur le point de savoir comment fonder aujourd'hui un lien social d'obligation dans une société où s'épuise le pouvoir de cohésion et où s'affirme de plus en plus haut la liberté de chacun de ses membres.

SOCIOLOGIE

Dans sa thèse de doctorat, soutenue en 1893 et intitulée « De la division du travail social », Durkheim entend classer les règles juridiques d'après les différentes sanctions qui y sont attachées. Il en est selon lui de deux sortes : « les unes consistent essentiellement dans une douleur, ou, tout au moins, dans une diminution infligée à l'agent ; elles ont pour objet de l'atteindre dans sa fortune, ou dans son honneur, ou dans sa vie, ou dans sa liberté, de le priver de quelque chose dont il jouit. On dit qu'elles sont répressives » ; « quant à l'autre sorte, elle n'implique pas nécessairement une souffrance de l'agent, mais consiste seulement dans la *remise des choses en état*, dans le rétablissement des rapports troublés sous leur forme normale, soit que l'acte incriminé soit ramené de force au type dont il a dévié, soit qu'il soit annulé, c'est-à-dire privé de toute valeur sociale » (*in* Livre premier « La fonction de la division du travail », chap. premier « Méthode pour déterminer cette fonction ») ; contrairement à ce que soutient Durkheim par la suite, tout le droit civil n'est pas contenu dans la seconde branche. Le droit des obligations lui-même oscille entre les deux objets ; la responsabilité civile et le contrat contiennent des obligations pécuniaires et des remises en état.

HISTOIRE

a) L'origine du terme « obligation ». — L'utilisation du terme *« obligatio »* est attestée depuis longtemps. On le trouve chez Cicéron, en 54 avant J.-C., dans les *Epistulae ad M. Brutum*, I, 18, 3 : *« Est... gravior difficilior animi et sententiae... pro altero quam pecuniae obligatio »* (il est plus grave et plus difficile d'être obligé par les sentiments et la pensée d'autrui que d'une somme d'argent). Il existe deux définitions célèbres de l'obligation. La première se trouve dans le Digeste, plus précisément dans Paul (D., 44, 7, 3) : *« Obligationum substantia non in eo consistit, ut aliquod corpus nostrum faciat aut servitutem nostram faciat, sed ut alium nobis osbstringat ad dandum aliquid vel faciendum vel praestandum »* (la substance des obligations ne consiste pas à faire nôtre le bien ou la servitude d'autrui mais à contraindre autrui à nous donner, à faire ou à nous « prester » quelque chose). La seconde définition se trouve dans les *Institutes* de Justinien (3, 13) : *« Obligatio est iuris vinculum, quo necessitate adstringimur alicuius solvendae rei secundum nostrae civitatis iura »* (l'obligation est un lien de droit, par lequel nous sommes contraints à la nécessité de payer la prestation due vis-à-vis de quelqu'un selon le droit de notre cité). Si l'obligation est un lien de droit (*vinculum juris*), ainsi qu'il est dit dans les *Institutes*, il n'est pas exclu que le lien ait également été historiquement un lien d'ordre matériel, attachant physiquement le débiteur ou son garant au créancier : J.-Ph. Lévy et A. Castaldo, *Histoire du droit civil*, Précis Dalloz, 1re éd., 2002, n° 440, 1°, qui en donnent quelques indices.

b) Les classifications des sources des obligations. — Dans les *Institutes* (3, 88), Gaius énonce que les obligations naissent soit d'un contrat (*ex contractu*), soit d'un délit (*ex delicto*). Il procède ainsi à une théorisation de la notion de contrat puisque, jusque-là, on considérait de façon isolée quatre catégories d'actes licites (les obligations *re, verbis, litteris* et *consensu*) que Gaius regroupe sous l'intitulé d'obligation contractuelle. Ailleurs (dans son traité des *res cottidianae*, appelé par la suite, en raison de la grande admiration qui leur était portée, les *Aurei*, c'est-à-dire les Livres d'or, cf. D., 44, 7, 1), Gaius utilise une distinction cette fois-ci tripartite, en énonçant que les obligations peuvent naître d'un contrat (*ex contractu*), d'un délit (*ex malificio*), ou enfin de *variae causarum figurae* (« diverses figures de causes »), qui sont les cas où le débiteur est tenu comme en vertu d'un contrat (*quasi ex contractu*) ou comme en vertu d'un délit (*quasi ex malificio*) ; le terme «figurae» évoque en effet une comparaison, une image. Selon une doctrine aujourd'hui dominante, plusieurs textes ont en réalité été remaniés, notamment à l'époque post-classique. Mais les différences du dernier texte de Gaius peuvent aussi s'expliquer par le fait que les *Institutes* étaient un ouvrage de simplification destiné aux étudiants débutants. En outre, c'est à cette époque que se fixe la notion de contrat, et il fallait donc une troisième catégorie pour accueillir ce qui n'en faisait plus partie (sur cette explication et ces discussions, J.-Ph. Lévy et A. Castaldo précités, 650). Enfin dans les *Institutes* (III, 13), on trouve la classification quadripartite que l'on connaît encore aujourd'hui entre les sources des obligations, lesquelles peuvent naître d'un contrat ou comme d'un contrat (*quasi ex contractu*), d'un délit ou comme d'un délit (*quasi ex maleficio*). Mais celle-ci est ensuite délaissée avant d'être reprise par Pothier qui y ajoute la loi comme cinquième source d'obligations.

THÉORIE JURIDIQUE

a) Les commutations et les distributions. — V. la thèse remarquable de F. Chénedé, *Les commutations en droit privé, Contribution à la théorie générale des obligations*, Economica, 2008, préf. A. Ghozi. L'auteur précise la distinction des commutations (tous les transferts de valeurs : de biens ou de services, bilatéraux ou unilatéraux) et des distributions (qui opèrent un partage de valeurs entre une pluralité de participants), et en déduit une typologie des contrats-échange et des contrats-partage. Il démontre que la distinction fondamentale du droit des obligations est celle entre les commutations volontaires et les commutations involontaires, et en particulier que le régime et les effets des obligations dépendent de leur source.

b) L'obligation distinguée de la dette. — C'est à l'Allemand Brinz que reviendrait d'avoir proposé, dès 1874 (J.Ph. Lévy et A. Castaldo, *Histoire du droit civil*, Précis Dalloz, 2002, n° 436, p. 644), de distinguer dans l'obligation entre le lien (*obligatio, Haftung*) et la dette elle-même, c'est-à-dire la prestation déterminée (*debitum, Schuld*), la seconde conception supposant une économie où circulent des choses. V. Maillet, *La théorie du Schuld et du Haftung en droit romain. Exposé et examen critique*, th. Aix-en-Provence, 1944; Popa, *Les notions de debitum [Schuld] et d'obligatio [Haftung] et leur application en droit français moderne*, th. Paris, 1935; Comparato, *Essai d'analyse dualiste de l'obligation en droit privé*, th. Paris, 1963; Pelet, *La théorie dualiste de l'obligation et son application en droit suisse*, th. Lausanne, 1937. La distinction fut reprise sous d'autres termes (Cornil, in *Mélanges Girard*, 1912, I, 199 et s., qui oppose le devoir à l'engagement). Une obligation complète suppose la réunion des deux éléments, mais on peut concevoir une *Schuld* sans *Haftung*, c'est-à-dire une dette sans obligation (*i.e.* sans contrainte), comme c'est le cas dans l'obligation naturelle; à l'inverse on peut parfois envisager une *Haftung* sans *Schuld*, c'est-à-dire l'existence d'une action possible en paiement sans dette, comme dans le cas d'un engagement de caution par exemple. La distinction est souvent traduite comme une opposition entre le rapport d'obligation et le pouvoir de contrainte (J. Carbonnier, *Les obligations*, «Thémis», 22e éd., 2000, n° 313, p. 554).

Une autre traduction possible, plus adaptée aux débats contemporains, serait sans doute d'opposer l'obligation comme «lien» (*obligatio, Haftung*) et l'obligation comme «bien» (*debitum, Schuld*), qui est utilisée en particulier par A. Sériaux, *Droit des obliga-*

tions, PUF, « Droit fondamental », 2e éd., 1999, qui oppose « l'obligation envisagée en tant que lien » (p. 577) à « l'obligation envisagée en tant que bien » (p. 737) ; il n'utilise cependant pas la distinction afin d'envisager la cession de contrat ou de créance, et étudie uniquement, sous la rubrique de l'obligation comme « bien », les actions obliques et pauliennes, l'obligation comme bien visant selon lui le « titre juridique » que possède le créancier à l'encontre du débiteur. *Adde* Ch. Krampe, L'obligation comme bien, droit français et allemand, in *L'obligation, Arch. phil. dr.*, Dalloz, 2000, 205. Là encore, certaines obligations pourraient n'être pas des biens, si elles sont trop personnelles notamment. Et si toutes les obligations sont des liens, certaines, qui sont particulièrement vouées à circuler, pourraient être davantage perçues comme des biens. Y. Emerich, *La propriété des créances. Approche comparative*, LGDJ, « Bibl. dr. privé », 2006, préf. F. Zénati ; E. Bayer, La propriété du contrat, *LPA* 2006, n° 43, p. 6.

La crise financière a cependant montré les limites de l'assimilation sans nuances des créances à des propriétés comme les autres. Sur cette critique, v. A. Supiot, Contribution à une analyse juridique de la crise économique de 2008, *Rev. intern. du trav.*, vol. 149, n° 2 (2010), p. 165, disponible sur le site Internet du BIT <www.ilo.org/public/french/revue/download/pdf/s1supiot.pdf> : « de même que le roi Midas transformait en or tout ce qu'il touchait, de même le marché total métamorphose tout en ressource économique. [...] Longtemps cantonné aux travailleurs, ce processus d'objectivation des êtres humains s'est étendu à toute espèce de créancier ou de débiteur grâce aux techniques les plus récentes de titrisation. Ces techniques permettent non seulement de métamorphoser un lien personnel en bien négociable, mais encore de faire disparaître toute trace des personnes engagées dans ce lien » ; « un monde réduit aux choses est un monde où personne ne répond plus de rien. Et, de fait, l'un des effets les plus ravageurs de ces nouveaux “produits” financiers a été de permettre aux prêteurs de ne plus avoir à répondre du risque financier inhérent à toute opération de crédit ».

Adde S. Prigent, Le dualisme dans l'obligation, *RTD civ.* 2009, 401, qui développe la distinction entre le devoir et l'engagement.

c) Les obligations légales. — C'est Pothier qui, au XVIIIe siècle, envisage à côté des quatre sources d'obligations issues des compilations de Justinien les obligations qui naissent de la loi, par exemple celles qui naissent des rapports de propriété ou de parenté. Mais nous avons vu pourquoi l'ajout de cette catégorie vient perturber la classification : les obligations délictuelles, quasi délictuelles, et même quasi contractuelles sont en effet aussi des obligations légales. Le Code civil s'inspire cependant comme souvent de Pothier en reprenant, dans son article 1370, la catégorie des obligations légales, mais en la restreignant. Il y a en effet pour le Code civil trois types d'engagements : ceux qui se forment par une convention et ceux qui « se forment sans qu'il intervienne aucune convention, ni de la part de celui qui s'oblige, ni de la part de celui envers lequel il est obligé », cette deuxième catégorie devant, aux termes de l'article 1370, se diviser à son tour en deux : parmi les engagements qui se forment sans convention, il y a en effet d'une part ceux qui « résultent de l'autorité seule de la loi » et d'autre part ceux qui « naissent d'un fait personnel à celui qui se trouve obligé ». Le Code énonce que « les premiers sont les engagements formés involontairement, tels que ceux entre propriétaires voisins, ou ceux des tuteurs et des autres administrateurs qui ne peuvent refuser la fonction qui leur est déférée », tandis que les seconds « naissent d'un fait personnel à celui qui se trouve obligé » (ce sont les quasi-contrats, les délits et les quasi-délits). Il n'est pas sûr que la division soit parfaitement convaincante : ne choisit-on pas plus son voisin que celui à qui on cause un accident de la circulation? Pourquoi l'engagement envers son voisin serait-il plus involontaire que celui envers la personne à qui on cause un dommage? L'obligation vis-à-vis du propriétaire voisin ne naît-elle pas également « d'un fait personnel à celui qui se trouve obligé », l'acte d'achat de la maison? L'étude des obligations légales mériterait certainement d'être approfondie.

Elle se trouve en outre aujourd'hui renouvelée avec le mouvement de contractualisation de la société (v. *infra*). Une nouvelle question apparaît en effet, consistant à savoir si toute obligation légale pourrait être reprise par un contrat. V. A. Supiot, Un faux dilemme : la loi ou le contrat, *Dr. soc.* janv. 2003, 68-69, qui prend l'exemple du Plan d'aide au retour à l'emploi (PARE) et de l'affaire dite des recalculés. Dans le cadre de la mise en œuvre de ce plan, des chômeurs avaient signé avec les ASSEDIC des conventions les soumettant à certaines obligations en échange de l'attribution d'une aide financière. Ultérieurement, un protocole repris par une convention, puis un arrêté ministériel modifièrent les durées d'indemnisation, ce qui privait certains chômeurs de toute allocation. Les juridictions du fond furent partagée. Dans un arrêt du 31 janv. 2007 (n° 04-19464; *D.* 2007, 505, obs. A. Fabre; *JCP G* 2007, act., n° 86, et *JCP E*, 1546, obs. P. Morvan; *RTD civ.* 2007, 332, obs. J. Mestre et B. Fages; *D.* 2007, 1469, note Ch. Willmann; *RDC* 2007/4, 1085, obs. J. Rochfeld), la Cour de cassation jugea que le PARE n'avait pas valeur contractuelle, dans la mesure où « le PARE signé par chacun des demandeurs d'emploi ne contenait aucun engagement de l'ASSEDIC de leur verser l'allocation d'aide au retour à l'emploi pendant une durée déterminée et que le taux et la durée de leur indemnisation résultaient de décisions d'admission au bénéfice de cette allocation prononcées par l'ASSEDIC, en application de l'article 36 du règlement annexé à la convention ». L'argument ne convainc pas. C'est uniquement en contrepartie de l'engagement de l'ASSEDIC de verser les allocations que les chômeurs ont accepté de conclure des PARE et de prendre eux-mêmes certains engagements puisqu'on leur disait que telle était désormais la condition pour obtenir des indemnités. Il ne faut pas s'étonner de la perte de légitimité de l'État si on vient ensuite leur expliquer que, contrairement à toutes les apparences (et à leur croyance légitime), l'État ne s'était engagé à rien. La perte de valeur de la parole donnée conduit nécessairement à une perte de confiance. La question s'était posée de savoir si le chômeur était obligé de signer un PARE pour avoir droit aux allocations, ce qui aurait été une condition nouvelle à l'indemnisation du chômage, que les partenaires sociaux n'auraient pas eu droit d'ajouter aux conditions limitativement prévues par la loi. Le Conseil d'État, saisi de la question, a estimé que ce plan ne créait pas d'obligations nouvelles à la charge du demandeur d'emploi (CE, 11 juil. 2001, *RJS* 10/01 n°s 1157 et 1168). Comme l'énonce A. Supiot, « si l'on admet que le PARE est bien un contrat, la position adoptée par le Conseil d'État signifie qu'une obligation de contracter peut être implicitement contenue dans une obligation légale. Dès lors que l'obligation de recherche d'emploi est imposée par la loi, ce ne serait rien y ajouter que d'en faire l'objet d'un contrat. Voilà qui ouvre évidemment de vastes perspectives au contrat, qu'aucune digue n'empêcherait de se répandre dans l'immense domaine des obligations légales. Mais voilà aussi qui montre que le contrat ne sort pas indemne de la contractualisation d'une obligation légale. Celle-ci s'accompagne en effet nécessairement d'obligations de contracter qui bousculent, c'est le moins qu'on puisse dire, le principe de la liberté contractuelle ».

La question s'est posée également avec la charte des thèses, document type arrêté par chaque Université signé tout à la fois par l'étudiant commençant une thèse de doctorat et l'enseignant dirigeant ses travaux, qui reprenait de façon explicite les obligations statutaires des enseignants-chercheurs (ceux-ci les avaient-ils perdues de vue?). Le Conseil d'État, dans un arrêt du 21 nov. 2001 (*RTD civ.* 2002, 93), a refusé de donner une quelconque valeur juridique à ces chartes, le contrat n'ayant pas à interférer avec le statut des enseignants : selon la haute juridiction administrative, «s'il est prévu qu'au moment de son inscription le doctorant signe avec le directeur de thèse la charte arrêtée par l'Université, une telle indication indique simplement que les intéressés ont pris connaissance de ce document et n'a pas pour objet et ne pourrait d'ailleurs avoir légalement pour effet d'établir une relation de nature contractuelle entre les signataires». Le rappel est opportun dans la mesure où ce document contenait de nombreuses obligations statutaires des professeurs, lesquels ne sont certainement pas dans une relation contractuelle avec leurs étudiants. La charte est néanmoins souvent rédigée comme un contrat, et demeure typique du mouvement de contractualisation de la société.

Pour le «contrat de responsabilité parentale» prévu par la loi du 31 mars 2006 pour l'égalité des chances, v. J. Rochfeld, *RDC* 2006/3, 665 et F. Rolin, *RDC* 2006/3, 849. Selon le nouvel art. L. 222-4-1 du C. de l'action soc. et des familles : «En cas d'absentéisme scolaire [...], de trouble porté au fonctionnement d'un établissement scolaire ou de toute autre difficulté liée à une carence de l'autorité parentale, le président du conseil général [...] propose aux parents ou au représentant légal du mineur un contrat de responsabilité parentale [...]. Ce contrat rappelle les obligations des titulaires de l'autorité parentale et comporte toute mesure d'aide et d'action sociales de nature à remédier à la situation [...].» Là aussi, les juges finiront sans doute par nous expliquer que ces contrats n'en sont pas, sauf que l'enjeu n'est pas ici le même car aucun droit ou avantage n'est prévu pour les parents, mais seulement des sanctions en cas d'inexécution de leurs obligations (not. la suspension du versement de tout ou partie des prestations afférentes à l'enfant).

Ces contrats qui rappellent des obligations légales ou statutaires ont pu être qualifiés de contrats «pédagogiques» (J. Rochfeld, D'une nouvelle manifestation du contrat pédagogique? Le contrat d'accueil et d'intégration, *RDC* 2008/2, 193). Ils sont à relier aussi aux mentions purement informatives dans les contrats, v. *infra*.

d) La place de la règle morale dans les obligations civiles. — Si l'on distingue les obligations juridiques des obligations morales, cela n'est pas à dire pour autant que les deux registres ne s'influencent pas, voire ne se recoupent pas. De nombreuses obligations juridiques relèvent ainsi également d'un devoir moral. V. le classique G. Ripert, *La règle morale dans les obligations civiles*, 1929, dont les analyses ont imprégné la doctrine. *Adde* R. Savatier, *Des effets et des sanctions du devoir moral*, th. Poitiers, 1916; L. de Naurois, Obligation juridique et obligation morale, *Rev. dr. canon*. 1982, 107. Morale et droit, *Rev. jur. Centre-Ouest* 1992, n° 11 ; Kellerhals *et al.*, L'éthique du contrat, du rapport entre l'intégration sociale et la morale juridique populaire, *L'Année sociologique* 1993, 125. Plus récemment, S. Darmaison, *Le contrat moral; contribution à l'étude de la règle morale dans les obligations civiles*, th. Paris II, 1999.

e) Le fondement de l'obligation naturelle. — Ripert, dans sa *Règle morale*, a accrédité l'idée que le fondement de l'obligation naturelle devait être trouvé dans le devoir moral qui accède pour cette raison même à la sphère juridique. Comme l'a cependant montré R. Savatier (th. précitée), c'est souvent par hostilité que la loi retire à une obligation son caractère exécutoire pour en faire une «simple» obligation naturelle (par ex. les dettes de jeu). Il n'en demeure pas moins que, dans tous les cas où il y a une obligation naturelle, c'est en conscience que le débiteur devait se sentir tenu.

L'obligation naturelle fait penser au droit naturel. Sur ce rapprochement, J. Carbonnier, t. 4, *Les obligations*, PUF, «Thémis», 22e éd., 2000, p. 32, qui cite l'Italien Oppo (*Adempimento e liberalità*, 1947), selon lequel le droit positif prend en considération, dans l'obligation naturelle, un autre ordre normatif que le sien. Il y a bien, avec l'obligation naturelle, l'idée d'un autre ordre que la règle simplement posée, et un mécanisme donnant sens et effet juridique à la conscience morale.

f) Obligation et volonté. — En principe l'obligation comme le devoir ne peuvent exister que pour ce qui relève du domaine de la volonté. Kant, *Doctrine de la vertu*, Introduction, XII, c, De l'amour des hommes, Vrin, 1968, trad. Philonenko : «L'amour est une affaire de *sentiment* et non de *volonté*, et je ne peux aimer parce que je le *veux*, encore moins parce que je le *dois* (être mis dans la nécessité d'aimer); il s'ensuit qu'un *devoir d'aimer* est un non-sens» (souligné par Kant). C'est ainsi quand l'amour a disparu qu'on parle en termes de devoir conjugal. *Adde* A. Rieg, *Le rôle de la volonté dans l'acte juridique en droit civil français et allemand*, LGDJ, «Bibl. dr. privé», 1961, préf. R. Perrot. Il n'y a pas d'obligation juridique lorsque l'accomplissement de celle-ci est impossible, car la volonté n'a plus alors aucune prise sur le cours des choses : à l'impossible nul n'est tenu (*impossibilium nulla obligatio*). Une obligation impossible ne pourra dès lors être valablement souscrite. Si en revanche l'obligation était initialement possible mais ultérieurement ne l'est plus, le débiteur pourra être déchargé. Il faudra certes apprécier l'impossibilité : de façon absolue (personne ne pourrait exécuter l'obligation) ou relative (l'obligation serait théoriquement possible, mais pas pour celui qui l'a souscrite)?

POLITIQUE JURIDIQUE

Les dettes de jeu. Les dettes de jeu pourraient être citées dans la catégorie des obligations naturelles, dans la mesure où si le Code civil en prévoit un régime spécifique, celui-ci est fort proche de celui des obligations naturelles. L'art. 1965 C. civ. prévoit ainsi qu'en principe «la loi n'accorde aucune action pour une dette du jeu ou pour le paiement d'un pari» si bien que le gagnant d'un jeu ou d'un pari ne peut réclamer en justice le paiement forcé de son gain et, s'il intente une telle action, l'autre pourra lui opposer l'«exception de jeu» paralysant son action. Mais, comme pour toutes les obligations naturelles, si le perdant paie volontairement ses dettes, il ne pourra prétendre à répétition des sommes versées (art. 1967 : «Dans aucun cas, le perdant ne peut répéter ce qu'il a volontairement payé, à moins qu'il n'y ait eu, de la part du gagnant, dol, supercherie ou escroquerie»). En revanche, cette fois-ci contrairement au régime juridique classique des obligations naturelles, la jurisprudence fait application de l'art. 1965 non seulement à la dette de jeu elle-même, mais encore à la promesse de payer une dette de jeu : une telle promesse n'a pas davantage de force juridique que la dette elle-même, et l'engagement volontaire de payer ne transforme pas la dette morale en obligation civile.

Le Code civil a toujours prévu des exceptions à ce principe. C'est parce que les jeux et paris étaient considérés comme immoraux que le droit ne devait accorder aucune action pour le paiement de ce type de dette. Mais certains jeux avaient trouvé grâce aux yeux des rédacteurs du Code civil. Selon l'art. 1966 C. civ., «Les jeux propres à exercer au fait des armes, les courses à pied ou à cheval, les courses de chariot, le jeu de paume et autres jeux de même nature, qui tiennent à l'adresse et à l'exercice du corps, sont exceptés de la disposition précédente.» «Néanmoins» ajoute le second alinéa, «le tribunal peut rejeter la demande, quand la somme lui paraît excessive». Même si certains des jeux visés par cette disposition semblent tombés en désuétude, la formulation de l'article permet, par analogie, d'accorder une action pour tous les jeux «qui tiennent à l'adresse et à l'exercice du corps» par opposition aux purs jeux de hasard n'impliquant aucun raisonnement ni aucun calcul de combinaison. Crim., 16 mars 1905, *DP* 1905, 1, 533, qui, pour cette raison, refuse de donner une action pour des paris faits par des personnes extérieures au jeu. La cour d'appel de Paris a en revanche appliqué l'article 1966 au jeu de billard (10 juil. 1902, *S.* 1902, 2, 301).

Pour ne pas décourager le jeu qui permet de renflouer ses caisses, l'État a étendu l'exception de l'article 1966 à certains jeux autorisés et réglementés, tels ceux pratiqués par les casinos : ces jeux n'ayant plus une cause illicite puisqu'ils sont autorisés, ils échappent de ce fait à l'application de l'article 1965 C. civ. si bien que le paiement forcé des dettes qui en sont issues peut être poursuivi devant les tribunaux (la solution a été admise par une Chambre mixte dans un arrêt du 14 mars 1980, n° 79-90154 : «La tenue des jeux de hasard au casino de Deauville est autorisée par la loi et réglementée par les pouvoirs publics, et cet établissement est habilité à recevoir les chèques»; *adde* Civ. 1re, 18 janv. 1984, n° 82-11656). Dès lors, le casino qui peut accepter des chèques peut également en poursuivre le recouvrement (même arrêt). Mais le casino ne doit tout de même pas inciter à la débauche en poussant le client à aller au-delà de ses moyens et ne doit pas par exemple faire au joueur des prêts ou des avances dans le seul but de lui permettre de poursuivre le jeu (et ses pertes). En d'autres termes, la jurisprudence étend l'exception de jeu au prêt qui sert à alimenter celui-ci si bien que le perdant pourra à nouveau se prévaloir de l'exception de jeu de l'article 1965 s'il démontre que la dette se rapporte à des prêts consentis par le casino pour alimenter le jeu (Civ. 1re, 31 janv. 1984, n° 82-15904; Civ. 1re, 20 juil. 1988, n° 86-18995; Civ. 1re, 22 nov. 1988, n° 87-11885). Toute vente de plaques contre un chèque ne constitue pas nécessairement une avance et ne caractérise pas toujours un prêt : il n'en est ainsi que s'il est établi que le casino savait pertinemment, lors de la remise de ce chèque, que celui-ci n'était pas provisionné (Civ. 1re, 18 janv. 1984, n° 82-11656; Civ. 1re, 20 juil. 1988, n° 86-18995; Crim., 15 nov. 1993, n° 93-80205; Civ. 1re, 30 juin 1998, n° 96-17789); ou alors lorsque le personnel du casino fait remplir au client, lors de son arrivée, un chèque en blanc qu'il lui fait ultérieurement compléter en fonction du montant de ses pertes : là encore il y a crédit destiné à alimenter le jeu (Civ. 1re, 11 mai 1999, n° 97-17367); lorsqu'en revanche le casino a autorisé son client à n'établir qu'un seul chèque en fin de soirée plutôt qu'une série de chèques successifs chaque fois qu'il allait chercher des jetons, il y a simple «accord de commodité» et non pas prêt de la part du caissier, si bien que le casino peut poursuivre le paiement de sa dette (Civ. 1re, 3 mai 1988, n° 86-16859); quant au paiement par carte de crédit, il n'est pas illégal en soi indépendamment du point de savoir dans quelles conditions et à quelles fins la dette a été contractée (Civ. 1re, 3 déc. 1996, n° 94-21713).

Sur les conséquences de l'annulation d'un contrat de jeu : Civ. 2e, 22 févr. 2007, n° 06-10131; *D.* 2007, 2709, note C. Golhen.

Un contentieux pourrait être élevé sur la notion même de «jeu» qui n'est pas toujours au-delà de toute discussion : quelqu'un ayant joué et perdu en bourse pourrait ainsi invoquer l'exception de jeu pour ne pas payer ses dettes ; mais la bourse est un jeu que l'État autorise et ne décourage pas, c'est le moins qu'on puisse dire.

PREMIÈRE PARTIE

L'accord des volontés : le contrat

Le contrat est une première façon de créer un lien juridique d'obligation. Plus précisément, il est la façon de créer volontairement un tel lien, c'est-à-dire de s'engager de son propre gré.

On parle souvent du « contrat » au singulier, mais il n'existe pas un contrat unique et abstrait, qui servirait de modèle et qui pourrait être isolé des autres contrats. Tout contrat est au contraire un contrat « spécial », c'est-à-dire concret, particulier : une vente, un prêt, un contrat de travail, un bail, un mandat, etc. Le droit français a cependant forgé, à partir du fameux titre III du livre III du Code civil (*Des contrats ou des obligations conventionnelles en général*), une théorie générale du contrat qui constitue un droit commun des contrats, c'est-à-dire un ensemble de règles applicables à tous les contrats quels qu'ils soient. Chaque contrat est ainsi régi par ce droit commun des contrats, réglementation de base à laquelle s'ajoutent les règles spéciales propres à chaque contrat particulier (droit de la vente, droit du louage, etc.), qui constituent autant de titres distincts du Code civil (sans parler même des législations spéciales non codifiées).

ÉTAT DES QUESTIONS

BIBLIOGRAPHIE

Pour quelques ouvrages généraux sur l'évolution ou la théorie des contrats : J. Rochfeld, Notion n° 7 : le contrat, in *Les grandes notions du droit privé*, PUF, Thémis droit,

2011, 425 et s., qui envisage le contrat comme « un échange économique égalitaire de l'instant », puis comme « un lieu d'inscription du pouvoir, de la sphère sociale et de la durée » ; G. Lewkowicze et M. Xifaras (dir.), *Repenser le contrat*, Dalloz, 2009 ; *La nouvelle crise du contrat*, dir. Ch. Jamin et D. Mazeaud, Dalloz, « Thèmes et commentaires », 2003 ; *La relativité du contrat*, trav. Ass. H. Capitant, LGDJ, 2000 ; *Le droit contemporain des contrats*, coord. L. Cadiet, Paris, Economica, 1987, préf. G. Cornu ; *Le contrat aujourd'hui : comparaisons franco-anglaises*, dir. D. Tallon et D. Harris, LGDJ, « Bibl. dr. privé », 1987 ; *L'évolution contemporaine du droit des contrats*, Journ. R. Savatier, PUF, 1986, et not. J. Mestre, L'évolution du contrat en droit privé français, 41. *Adde* G. Morin, *La révolte du Droit contre le Code. La révision nécessaire des concepts juridiques (contrats, responsabilité, propriété)*, Sirey, 1944.

Pour quelques articles : S. Grundmann, The Future of Contract Law, *ERCL* 2012, 490, qui soutient que le droit des contrats deviendra, dans les prochaines décennies, essentiellement européen en substance, méthode et style, et que les clauses contractuelles standard, la protection des consommateurs et la non-discrimination en seront trois éléments clefs ; Y. Lequette, La pensée humaniste de Gérard Cornu en droit des contrats, in *Hommage à G. Cornu*, Dalloz, 2009, 35 ; D. Mazeaud, Le nouvel ordre contractuel, *RDC* 2003, 295 ; Loyauté, solidarité, fraternité : la nouvelle devise contractuelle ?, in *Mélanges F. Terré*, Dalloz-PUF, J.-Cl., 1999, 603 ; G. Alpa, Les nouvelles frontières du droit des contrats, *Études J. Ghestin*, LGDJ, 2001, 1 ; Ph. Malaurie, Le droit civil français des contrats à la fin du XXe siècle, *Mélanges M. Cabrillac*, Litec, 1999, 187 ; Ch. Atias, Restaurer le droit du contrat, *D.* 1998, chron., 139 ; C. Thibierge-Guelfucci, Libres propos sur la transformation du droit des contrats, *RTD civ.* 1997, 357 ; F. Terré, Le contrat à la fin du XXe siècle, *Rev. sc. mor. et pol.* 1995, 299 ; D. Tallon, L'évolution des idées en matière de contrats, *Droits*, n° 12, 1990, 81 ; Ph. Le Tourneau, Quelques aspects de l'évolution du droit des contrats, *Mélanges P. Raynaud*, Dalloz-Sirey, 1985, 349 ; A. Sériaux, Le futur contractuel, *Le droit et le futur*, PUF, 1985, 77. Comp. L. Josserand, Aperçu général des tendances actuelles de la théorie des contrats, *RTD civ.* 1937, 1 ; G. Morin, Les tendances actuelles de la théorie des contrats et les relations du réel et du concept, *RTD civ.* 1937, 553 ; G. Cornu, L'évolution du droit des contrats en France, *Journées SLC* 1979, 447. *Adde* L. Rolland, Les figures contemporaines du contrat et le Code civil du Québec, *McGill Law Journal*, vol. 44, n° 4, 1999, 903.

Pour la pratique contractuelle (la négociation, la rédaction, etc.), V. surtout J.-M. Mousseron, *Technique contractuelle*, Francis Lefebvre, 4e éd., 2010, par P. Mousseron, J. Raynard et J.-B. Seube.

Adde le fameux cours de doctorat de Gérard Cornu de 1977, *Regards sur le titre III du livre III du Code civil*.

Sur les rapports entre droit commun et droits spéciaux des contrats : Ch. Goldie-Genicon, *Contribution à l'étude des rapports entre le droit commun et le droit spécial des contrats*, LGDJ, « Bibl. dr. privé », 2009, préf. Y. Lequette, qui montre les faiblesses actuelles du droit commun des contrats concurrencé par des droits spéciaux (droit communautaire, droits et libertés fondamentales) et dans le même temps instrumentalisé par les juges pour servir les intérêts pris en charge par ces droits spéciaux ; elle plaide alors pour un renouveau du droit commun, qui passe par une meilleure résolution des «conflits» entre droit commun et droit spécial qui ne conduirait pas à écarter systématiquement le premier au profit du second.

DROIT COMPARÉ

Pour quelques ouvrages et articles de droit étranger en langue française :

– *Sur le droit allemand* : M. Pédamon, *Le contrat en droit allemand*, LGDJ, 2e éd., 2004; Cl. Witz et F. Ranieri, *La réforme du droit allemand des obligations*, SLC, 2004; F. Ferrand, *Droit privé allemand*, Précis Dalloz, 2007; Cl. Witz, *Droit privé allemand*, I : *Actes juridiques, droits subjectifs*, LGDJ, 1992; Cl. Witz, *La nouvelle jeunesse du BGB insufflée par la réforme du droit des obligations, D.* 2002, chron., 3156; Aspects de droit allemand, le nouveau droit allemand des obligations, *RID comp.* 2002-4; *adde* en anglais, sur la réforme du droit des obligations, S. Grundmann et S. Uhlig, German Contract Law - Nearly a Decade After the Fundamental Reform in the Schuldrechtsmodernisierung, *ERCL* 2011, 78; S. Grundman et F. Ochmann, German Contract Law Five Years after the Fundamental Contract Law Reform in the Schuldrechtsmodernisierung, *ERCL* 4/2007, 450; du même auteur, Germany and the Schuldrechtsmodernisierung 2002, *ERCL* 1/2005, 129.

– *Sur le droit anglais* : R. David et D. Pugsley, *Les contrats en droit anglais*, LGDJ, 1998; J.-Cl. Montanier et G. Samuel, *Le contrat en droit anglais*, PU Grenoble, 1999.

– *Sur le droit américain* : A. Levasseur, *Le contrat en droit américain*, Dalloz, « Connaissance du droit », 1997.

– *Sur le droit chinois* : X.-Y. Li-Kotovtchikhine, Le nouveau droit chinois des contrats internationaux, *JDI* 2002, 113, qui présente la loi unique sur les contrats du 15 mars 1999 entrée en vigueur le 1er octobre 1999; elle abroge les trois lois auparavant en vigueur sur les contrats et réalise l'unification du droit des contrats internes et internationaux. Le législateur s'est inspiré des sources internationales, en particulier des principes d'Unidroit et de la Convention de Vienne.

– *Sur le droit OHADA* : L'Organisation pour l'Harmonisation en Afrique du Droit des Affaires (OHADA) a été créée par le Traité relatif à l'Harmonisation du Droit des Affaires en Afrique signé le 17 octobre 1993 à Port-Louis et révisé à Québec au Canada, le 17 octobre 2008. V. le texte de ces traités sur le portail de l'OHADA : http://www.ohada.com/. Ont été adoptés un Acte uniforme relatif au droit commercial général ainsi qu'un Acte uniforme révisé portant organisation des sûretés, mais un projet de droit des contrats a également été élaboré sous la direction du Professeur belge Marcel Fontaine. Il est disponible sur Internet : v. http://www.unidroit.org/french/legalcooperation/OHADA%20act-f.pdf. *Adde* M. Fontaine, L'avant-projet d'Acte uniforme OHADA sur le droit des contrats : vue d'ensemble, disponible aussi sur Internet (http://www.unidroit.org/english/publications/review/articles/2008-1&2/203-215.pdf). Plus généralement, *Encyclopédie du droit OHADA*, dir. P.G. Pougoué, Lamy, 2011.

– *Sur le droit québécois* : J.-L. Baudoin et P.-G. Jobin, *Les obligations*, Yvon Blais, 2005; V. Karim, *Les obligations*, Montréal, Wilson & Lafleur, 2002; P.-G. Jobin, La modernité du droit commun des contrats dans le Code civil du Québec : quelle modernité ?, *RID comp.* 2000-1, 49.

– *Sur le droit tunisien :* Livre du centenaire du Code des obligations et des contrats 1906-2006, Centre publ. Univ., Tunis, 2006.

Adde P. Wery (dir.), *Le droit des obligations contractuelles et le bicentenaire du Code civil*, colloque Louvain, La Charte, 2004.

Pour quelques articles présentant des droits étrangers des contrats en langue étrangère :

– *Sur le droit espagnol :* E. Roca Trias et B. Fernandez Gregoraci, The Modern Law of Obligations in the Spanish High Court, *ERCL* 2009, 45.

– *Sur le droit hongrois :* L. Vékas, About Contract Law in the New Hungarian Civil Code, *ERCL* 2010, 95.

– *Sur le droit italien :* G. Afferni, Italy (National Developments), *ERCL* 2008, 460.

– *Sur le droit polonais :* J. Pisulinski, Die Evolution des polnischen Vertragsrechts. Aktuelle Lage und Zukunft, *ERCL* 2010, 319.

– *Sur le droit portugais :* A. Cristas, Portuguese Contract Law : The search for regimes unification ?, *ERCL* 2009, 357.

– *Sur le droit roumain :* Zum neuen Rumänischen Zivilgesetzbuch - Vertragsrechtlicher Teil, *ERCL* 2010, 197.

– *Sur le droit serbe :* M. Djurovic, Serbian Contract Law : its development and the new Serbian Civil Code, *ERCL* 2011, 65.

Sur l'enseignement du droit des contrats à la lumière du droit comparé : v. le très stimulant article de P. Ancel, Dénationaliser l'enseignement du droit civil ? Réflexions autour d'une expérience québécoise, *RTD civ.* 2011, 701.

POLITIQUE LÉGISLATIVE

a) L'avant-projet Catala *de réforme du droit des obligations et de la prescription.* — Le Pr Pierre Catala avait réuni un groupe d'universitaires afin de réfléchir à une réforme des articles du Code civil relatifs au droit des obligations et à la prescription. Leur projet a été publié à la documentation française en 2006. Il est disponible sur le site de l'Ass. H. Capitant, avec des traductions en plusieurs langues (http://www.henricapitant.org/spip.php?article47), et not. une traduction anglaise : J. Cartwright et S. Whittaker, La réforme du droit des obligations traduite en anglais, *D.* 2007, entretien, 712. P. Catala, Bref aperçu sur l'avant-projet de réforme du droit des obligations, *D.* 2006, 535.

Pour des commentaires : J. Cartwright, S. Vogenauer et S. Whittaker (dir.), *Reforming the French Law of Obligations*, Hart Publishing, 2008, et la version française *Regards comparatistes sur l'avant-projet de réforme du droit des obligations et de la prescription*, SLC, 2010 ; n° spéc. *RDC* 2006/1 sur *La réforme du droit des contrats : projet et perspectives* (actes colloque 25 oct. 2005) ; G. Rouhette, Regard sur l'avant-projet de réforme du droit des obligations, *RDC* 2007/4, 1371-1426 ; C. Pérès, *RDC* 2006/2, 281, qui parle d'un Code civil « doctrinal ». *Adde* S. Brissy, L'avant-projet de réforme du droit des obligations : une source d'évolution pour le droit du travail ?, *Dr. soc.* 2007, 8.

Pour des réflexions européennes et comparatistes sur ce projet : *RDC* 2006/1, et not. 131, D. Tallon, Teneur et valeur du projet appréhendé dans une perspective comparative ; 135, H. Beale, La réforme du droit français des contrats et le « droit européen des contrats » : perspective de la *Law Commission* anglaise ; 147, B. Fauvarque-Cosson, La réforme du droit français des contrats : perspective comparative ; 167, O. Lando, L'avant-projet de réforme du droit des obligations et les Principes du droit européen du contrat : analyse de certaines différences ; *adde* n° spéc. *RDC* 2007/4, not. 1427, M. Lehmann, Le projet Catala et le droit allemand, 1445, J. S. Bergé, Le droit européen et les sources généralistes du droit des contrats : altérité, concurrence et influence.

Un groupe de travail a été nommé à la Cour de cassation, présidé par M. Pierre Sargos, qui a remis son rapport (*Rapport du groupe de travail de la Cour de cassation sur l'avant-projet de réforme du droit des obligations et de la prescription*) en juin 2007. Cet excellent et stimulant rapport propose des amendements de nature à moderniser le droit français et à réinscrire le projet Catala dans un contexte européen, ce qui est aujourd'hui une nécessité. Ainsi, le rapport suggère de supprimer la notion de cause, d'admettre, en précisant strictement les conditions, la théorie de l'imprévision, ou encore de revaloriser la bonne foi ainsi que l'office du juge en droit des contrats.

b) L'avant-projet de la Chancellerie. — Suite au rapport précité du groupe de travail de la Cour de cassation, une commission avait été nommée au ministère de la Justice pour proposer une réforme du droit des contrats. Le projet reprenait des éléments de l'avant-projet Catala, mais, suivant la ligne de la Cour de cassation, l'idée (bienvenue) était d'harmoniser davantage le droit français des contrats avec les autres droits européens et en particulier de s'inspirer des projets européens existants, surtout les Principes du droit européen des contrats, et le projet de Cadre commun de référence, sur lesquels v. *infra*.

Un premier projet globalement bien fait avait été diffusé. Comme souvent les projets contemporains, il était plus doctrinal : un chapitre préliminaire théorisait ainsi les sources des obligations (en reprenant cependant la classique et inutile distinction entre les actes et les faits juridiques) ; un premier chapitre contenait des « définitions », dont plusieurs étaient améliorées par rapport à l'actuel Code civil (ainsi de la définition du contrat à titre onéreux, qui est « celui en vertu duquel chacune des parties entend recevoir de l'autre un avantage en contrepartie de celui qu'elle procure » et se distingue ainsi désormais du contrat synallagmatique) et certaines catégories nouvelles étaient introduites et définies (le contrat-cadre, défini comme « un accord par lequel les parties conviennent de relations contractuelles dont elles déterminent les caractéristiques essentielles. Des conventions d'application en précisent les modalités d'exécution, notamment la date, la quantité, la qualité et le prix des prestations », ou le contrat d'adhésion, qui « est celui dont les stipulations essentielles, soustraites à la discussion, ont été unilatéralement déterminées à l'avance ») ; enfin un deuxième chapitre introduisait opportunément des « principes directeurs » : celui de la liberté contractuelle (« Chacun est libre de contracter ou de ne pas contracter », et « la liberté contractuelle emporte celle de choisir son cocontractant, ainsi que celle de déterminer le contenu et la forme du contrat »), de la bonne foi (« Chacune des parties est tenue d'agir de bonne foi »), de la force obligatoire du contrat (principe particulièrement bien rédigé puisqu'au traditionnel : « Le contrat légalement formé s'impose aux parties qui ne peuvent ni le révoquer ni le modifier unilatéralement » est ajouté un fort utile et fort précieux principe d'exécution forcée de l'obligation qui permet de le renforcer et de lutter contre les attaques de principes concurrents inadmissibles tels que celui de l'*efficient breach of contract* (v. *infra*) : « Chacune d'elles peut exiger de son cocontractant l'exécution de son obligation telle qu'elle a été prévue par le contrat ») et enfin, plus curieusement, un principe de non-contradiction excessivement doctrinal (« Une partie ne peut agir en contradiction avec ses déclarations et comportements antérieurs sur la foi desquels son cocontractant s'est légitimement fondé »).

D'autres innovations intéressantes auraient permis de moderniser le droit français des contrats. V. le débat organisé par la *RDC* 2009/1, 265, sur le thème de « La réforme du droit français des contrats en droit positif ». Pour des critiques de ce projet, v. not. A. Ghozi et Y. Lequette, La réforme du droit des contrats : brèves observations sur le projet de la chancellerie, *D.* 2008, 2609 ; R. Cabrillac, Le projet de réforme du droit des contrats. Premières impressions, *JCP G* 2008, I, 190. Pour des articles plutôt favorables, v. not. J. Mestre, Une très heureuse initiative, *RLDC* oct. 2008, 3 ; D. Mazeaud, Réforme du droit des contrats : haro, en Hérault, sur le projet !, *D.* 2008, 2675 ; ou encore notre entretien avec J. Béghin et H. Béranger, Un très bon projet, *JCP G* 2008, I, 199.

Ce premier projet ayant été vivement critiqué par une partie de la doctrine, notamment sur ses points innovants (not. les principes directeurs), un second projet a été proposé par la Chancellerie en décembre 2008, beaucoup plus timide et conservateur. Le chapitre sur les principes directeurs a été supprimé, ainsi que celui consacré à l'exécution du contrat. La notion d'intérêt au contrat a été également abandonnée, de même que la résolution anticipée du contrat. On en revient donc à un projet franco-français, classique et rassurant. Ce n'est pas ainsi que la France pourra à nouveau reprendre l'initiative en Europe. Il est de toutes façons fort probable que, d'ici quelques années, le projet de Code européen des contrats voit réellement le jour. D'ici là, on peut faire confiance aux juges pour trouver tout de même dans les quelques articles proposés de quoi maintenir leur jurisprudence audacieuse des récentes années. De même, on ne voit pas pourquoi ériger la bonne foi en principe directeur du contrat aurait été si dangereux, et les juges auront, s'ils en ont la volonté, la même liberté avec l'article prévoyant que « Les contrats doivent être formés et exécutés de bonne foi ». Ils auront également une assez grande marge d'intervention avec le nouvel article sur l'imprévision.

Toute réforme semblant finalement risquée, la Chancellerie préfère en retarder l'adoption en nommant encore une autre Commission pour faire encore d'autres propositions. V. déjà, sur le précédent projet, L. Aynès, A. Bénabent et D. Mazeaud, Projet de réforme du droit des contrats : éclosion ou enlisement ?, *D.* 2008, 1421. *Adde* F. Rome, Le droit des contrats à l'Assemblée nationale : du grand n'importe quoi !, *D.* 2011, 1961.

c) Propositions du groupe de travail dirigé par François Terré. — Après le projet Catala et celui de la Chancellerie, un troisième projet a été publié : *Pour une réforme du droit des contrats*, Réflexions et propositions d'un groupe de travail sous la direction de François Terré, Dalloz, 2009.

L'ouvrage contient des rapports faits par différents auteurs et qui se concluent chacun par une proposition de texte. Cet excellent projet pourrait là aussi servir de base à une réforme du droit des contrats qui commence à tarder. Plusieurs propositions modernisent là encore opportunément le droit des contrats et l'insèrent dans un cadre davantage européen. Le projet respecte en outre un juste équilibre entre les principes de liberté et de sécurité, et a clairement en vue une idée de justice contractuelle. On peut citer les articles 4 et 59 introduisant un contrôle de l'atteinte aux libertés fondamentales par contrat, l'article 92 qui accueille la théorie de l'imprévision, les articles 57 et suivants qui remplacent les notions d'objet et de cause par des exigences précises relatives au contenu du contrat, l'article 66 qui introduit la lésion qualifiée, ou encore l'article 105 qui pose en principe l'exécution forcée du contrat. Sur ce projet, D. Mazeaud, Réforme du droit des contrats, *RDC* 2009/471.

DROIT DE L'UNION EUROPÉENNE

a) Vers un Code européen des contrats ? L'adoption d'un Code européen des contrats se concrétise. Certains groupes ont tenté de se positionner au mieux dans cette course dont les enjeux sont à la fois de pouvoir (not. celui d'imposer son propre droit) et aussi narcissiques (attacher son nom à cette œuvre). Sur une critique et une analyse de ces tentatives, Th. Genicon, Commission européenne et droit des contrats : «*Quousque tandem abutere patientia nostra?*»..., *RDC* 2011/3, 1050; Y. Lequette, Quelques remarques à propos du projet de Code civil européen de M. von Bar, *D.* 2002, chron., 2202; du même auteur, Vers un Code civil européen?, in *Pouvoirs,* n° 107, 2003, 97; C. Jauffret-Spinosi, Le Code civil à l'épreuve des directives communautaires et des principes relatifs au contrat (principes européens du contrat et principes Unidroit), in *Mélanges X. Blanc-Jouvan*, SLC, 2005, 297; dans le même ouvrage, D. Mazeaud, Faut-il avoir peur d'un droit européen des contrats?, 309. *Adde* Le titre III du livre III du Code civil a-t-il un avenir européen?, Débat publié à la *RDC* 2011/1, 229.

Plusieurs voix s'étaient fait entendre pour prendre le temps de la réflexion : D. Blanc et J. Deroulez, La longue marche vers un droit européen des contrats, *D.* 2007, 1615; G. Cornu, Un Code civil n'est pas un instrument communautaire, *D.* 2002, chron., 351; Ph. Malaurie, Le Code civil européen des obligations et des contrats. Une question toujours ouverte, *JCP G* 2002, I, 110; Ph. Malinvaud, Réponse – hors délai – à la Commission européenne : à propos d'un Code européen des contrats, *D.* 2002, 2452; B. Dauner-Lieb, Vers un droit européen des obligations?, *RID comp.* 2004, 559.

D'autres voix, not. celles de comparatistes, voulaient au contraire voir le mouvement achevé : D. Tallon, Vers un droit européen des contrats, in *Mélanges Colomer*, 1993, 464; Les principes pour le droit européen des contrats : quelles perspectives pour la pratique?, *Defrénois* 2000, art. 37182, 683; C. Witz, Plaidoyer pour un code européen des obligations, *D.* 2000, chron., 80; G. Alpa, Les nouvelles frontières du droit des contrats, *RID comp.* 1998, p. 1015; J. Basedow, Un droit commun des contrats pour le Marché commun, *RID comp.* 1998, 7; A. Chamboredon, La «texture ouverte» d'un Code européen du droit des contrats, *JDI* 2001, 5. Des nuances sont toutefois perceptibles chez les partisans de la codification : R. Sacco, Non, oui, peut-être, in *Mélanges Christian Mouly,* 1998, liv. I, 163; ou encore B. Fauvarque-Cosson, Faut-il un Code civil européen?, *RTD civ.* 2002, 463.

Le débat est immense dans les autres pays européens. Pour quelques articles en langue étrangère : M. Hesselink, The politics of a European civil Code, *European Law Journal,* 2004, 675; C. Joerges, The europeanisation of private law as rationalisation process and as a contest of legal discipline, *Rev. europ. dr. privé* 1995, n° 3, 175; B. M. Markesinis, Why a Code is not the best way to advance the cause of European Legal Unity, *Rev. europ. dr. privé* 1998, n° 5, 519; G. Alpa, Il codice civile europeo, *Contratto e Impresa Europa*, 1999, p. 695; C. A. Cannata, Il diritto romano et gli attuali problemi d'unificazione del diritto europeo, in *Studi in memoria di Giambattista Impallomeni*, Milan, Giuffrè, 1999, 41.

La Commission avait proposé, le 12 février 2003, un plan d'action intitulé «Un droit européen des contrats plus cohérent», puis avait lancé, dans le cadre du 6ᵉ PCRD (les programmes-cadres de recherche et de développement sont des grands programmes de recherches lancés au niveau européen), un appel d'offres pour l'élaboration d'un Code civil européen intitulé «Towards a European Contract Law».

Le groupe dirigé par Ch. von Bar remporta l'appel d'offres lancé par la Commission européenne, et leur projet de Cadre commun de référence a été publié : v. *infra.*

Sur le droit européen des contrats : v. les débats de *la RDC* 2011/3, 1027 et s. sur «L'Europe contractuelle, encore et toujours!», et la suite à la *RDC* 2011/4, 1361 et s.;

D. Mazeaud, Le droit européen des contrats et ses influences sur le droit français, *ERCL* 2010, 1 ; B. Fauvarque-Cosson, Droit européen des contrats : bilan et perspectives pour la prochaine décennie, *RDC* 2010/1, 316; débats *RDC* 2009/2, 767, sur le thème «Quel droit européen des contrats pour l'Union européenne?»; *Droit européen du contrat et droits du contrat en Europe. Quelles perspectives pour quel équilibre?*, dir. G. Wicker, Litec, 2008; L'avenir du droit des contrats, Entretien avec Ole Lando, *D.* 2008, 904; D. Blanc, Droit européen des contrats : un processus en voie de dilution, *D.* 2008, chron., 564; F. Rome, Droit européen des contrats : requiem ou renaissance?, *D.* 2008, 2649; B.Fauvarque-Cosson, Droit européen des contrats : les offres sont faites, les dés non encore jetés, *D.* 2008, 556; S. Amrani Mekki et B.Fauvarque-Cosson, Panorama de droit des contrats, *D.* 2008, 2965; D. Blanc et J. Deroulez, La longue marche vers un droit européen des contrats, *D.* 2007, 1615; P. Rémy-Corlay, L'acquis communautaire : les avancées, *RTD civ.* 2005, 350; D. Staudenmayer, Le plan d'action de la Commission européenne concernant le droit européen des contrats, *JCP G* 2003, 1, 127; du même auteur, Un instrument optionnel en droit européen des contrats?, *RTD civ.* 2003, 629; N. Charbit, L'esperanto du droit? La rencontre du droit communautaire et du droit des contrats, *JCP G* 2002, I, 100; H. J. Sonnenberger, L'harmonisation ou l'uniformisation européenne du droit des contrats sont-elles nécessaires? Quels problèmes suscitent-elles? Réflexions sur la Communication de la commission de la CE du 11 juillet 2001 et la Résolution du Parlement européen du 15 novembre 2001, *Rev. crit. DIP* juil.-sept. 2002, 405.

Plus largement sur un Code civil européen : v. H. Collins, *The European Civil Code. The Way Forward*, CUP, 2008, qui plaide pour un Code civil européen, non pas tant pour faciliter le commerce trans-frontières que pour établir les fondations d'un réseau de relations civiles entre Européens et aider à l'élaboration d'une Europe politique qui pour l'instant rencontre des résistances; v. le compte-rendu par R. Sefton-Green, *Modern Law Review*, 2009, 683; pour un développement de sa thèse sur l'aspect "constitutionnel" d'un droit privé européen, H. Collins, The European Economic Constitution and the Constitutional Dimension of Private Law, *ERCL* 2009, 71.

b) Projet de Cadre commun de référence (DCFR). — L'avenir (proche) laisse ainsi entrevoir un Code européen des contrats. Les travaux du groupe dirigé par Ch. von Bar qui a remporté l'appel d'offres de la Commission européenne ont été publiés : *Principles, Definitions and Model Rules of European Private Law, Draft Common Frame of Reference (DCFR)*, préparés par le *Study Group on a European Civil Code (SGECC)* et le *Research Group on EC Private Law* (Acquis Group), dir. Ch. von Bar, E. Clive et H. Schulte-Nölke, Sellier, 2008, et version définitive mars 2009.

Le projet n'est sans doute pas parfait, mais il est sur plusieurs points meilleur que le droit positif français actuel qu'il moderniserait fort opportunément. Il s'inspire très largement des Principes du droit européen des contrats dont il reprend de nombreuses dispositions. Il contient des innovations intéressantes, par exemple sur l'élargissement du vice de violence. Il constitue surtout, ce qui était une gageure, un équilibre assez réussi entre les différentes traditions, en particulier de droit continental et de droit anglais. Il a certes fallu pour cela créer quelques néologismes sans doute compréhensibles par personne (not. la notion de «*juridical act*»), mais ce sont là des critiques légères car, à nouveau, l'ensemble est équilibré : on retrouve ainsi de nombreuses règles d'inspiration très française, par exemple l'importante directive générale d'interprétation des contrats (art. 8, 101), ou encore la notion d'erreur qui conserve une large portée à l'inverse de la tradition anglaise. Le projet pose également plusieurs principes directeurs. Ainsi, celui de l'autonomie des parties (*party autonomy*), prévu à l'art. 1, 102, posant le principe de la liberté contractuelle dans le cadre du principe de bonne foi ; également le principe de la force obligatoire du contrat (art. 1, 103, *Binding effect*) ; il insiste aussi sur le principe de non-discrimination auquel est consacré tout un chapitre (art. 2, 101 à 2, 105). Sur ces principes, v. S. Whittaker, The Optional Instrument of European Contract Law and Freedom of Contract, *ERCL* 2012, 371 ; J. W. Rutgers, The European Economic Constitution, Freedom of Contract and the DCFR, *ERCL* 2009, 95 ; H. Eidenmüller, Party Autonomy, Distributive Justice and the Conclusion of Contracts in the DCFR, ERCL 2009, 109 ; J. Neuner, Protection Against Discrimination in European Contract Law, *ERCL* 1/2006, 35.

On peut penser que les juges nationaux s'en empareront, chacun avec leur culture propre. Sur le papier en effet, si les règles d'inspiration anglaise apparaissent toujours plus « libérales », au sens français du terme (donnant par exemple plus de place à la liberté contractuelle et moins de pouvoir au juge), les juges français trouveront dans le projet de quoi l'adapter aux litiges qu'ils ont à régler (la bonne foi y est ainsi plus répandue qu'il n'y paraît). Il faut bien comprendre en effet que les contrats qu'ont à juger les tribunaux anglais sont souvent des contrats d'affaires internationaux opposant des parties d'égale force (compte tenu du coût exorbitant d'un procès devant la Cour Suprême du Royaume-Uni, anciennement Chambre des Lords, aucun « petit » contrat n'a de chance d'y accéder), alors que les juges français sont amenés à trancher des litiges très divers, opposant souvent des parties de force inégale, d'où une plus grande nécessité de rééquilibrage ; les « grands » contrats d'affaires s'échappent quant à eux au contraire vers l'arbitrage.

Le projet est bien sûr rédigé en anglais, ce monolinguisme contribuant à faire oublier la tradition juridique romano-canonique ; v. cependant, cherchant les origines romaines de ces projets, R. M. Rampelberg, *Repères romains pour le droit européen des contrats*, LGDJ, 2005. Il a cependant été depuis traduit en français par un groupe mené par J. Ghestin : *RDC* 2010/1, 213. *Adde* O. Lando, La contribution française au droit européen du contrat, *RDC* 2009/2, 729 ; G. Rouhette, La contribution française au projet de cadre commun de référence, *RDC* 2009/2, 739.

L'Europe d'aujourd'hui pèche par déficit démocratique et politique : elle est gouvernée comme si elle n'était encore qu'une Union économique, guidée par les seuls objectifs d'efficacité économique et de liberté des marchés. Le leitmotiv de la Commission dans tous ses projets d'unification consiste à invoquer les prétendues exigences du commerce transfrontière. En réalité, de nombreux enjeux sont politiques et impliqueraient des choix décidés par des procédures démocratiques. V. C. Pérès, Livre vert de la Commission européenne : les sources contractuelles à l'heure de la démocratie participative, *RDC* 2011/1, 13, qui s'interroge sur le caractère démocratique du processus ; elle rappelle ainsi notamment que le Conseil d'État a lui-même dressé le constat que « Bruxelles est aujourd'hui, avant Washington, la ville au monde qui compte le plus de groupes de pression, de représentants d'organisations non gouvernementales et de cabinets de lobbying (...). On recense plus de 15 000 lobbyistes pour 25 000 fonctionnaires » (v. Rapport CE 2007, L'administration française et l'Union européenne. Quelles influences ? Quelles stratégies ?, Doc. fr. 2007, 287) ; H. Claret et G. Pignarre, Les méthodes de la Commission : à quoi sert-il de convaincre quand on a déjà contraint ?, *D.* 2011, 1981.

On peut au demeurant douter des compétences de l'Union européenne en la matière. Celle-ci fonde en effet son action en la matière notamment sur l'article 114 du Traité sur le fonctionnement de l'Union européenne (TFUE) qui donne compétence au Parlement européen et au Conseil pour arrêter les mesures relatives au rapprochement des dispositions législatives, réglementaires et administratives des États membres qui ont pour objet l'établissement et le fonctionnement du marché intérieur. Mais le droit des contrats a bien d'autres enjeux que cet enjeu marchand, au demeurant jamais démontré, et on peut douter de ce que le principe de subsidiarité soit ainsi respecté. Sur cette critique, v. V. Heuzé, De la compétence de la loi du pays d'origine en matière contractuelle ou l'anti-droit européen, in *Mélanges Paul Lagarde*, Dalloz, 2005, 393 ; B. Fauvarque-Cosson, La compétence de la Communauté européenne pour harmoniser le droit des contrats – une analyse empirique, *RDC* 2005/4, 1215, qui conclut que cette compétence ne peut pas être déniée d'emblée ; plus sceptique, A. Marais, *RDC* 2006/4, 1276. Une comparaison avec le droit américain serait intéressante, car en vertu de la *Commerce Clause* prévue à l'article 8 de la Constitution américaine, le Congrès américain n'a de pouvoir généraux qu'en ces matières limitativement énumérées, le reste relevant du pouvoir des différents États : il a fallu alors, là aussi, avoir une interprétation extensive de ces matières pour pouvoir justifier de la compétence de la Fédération.

Cette Europe technocratique produit également une novlangue européenne, où l'on parle par exemple de contrats B2B (*business to business*, c'est-à-dire les contrats d'une entreprise avec une autre entreprise) ou B2C (*business to consumer*, c'est-à-dire les contrats conclus avec des consommateurs).

Sur le projet de Cadre commun de référence : v. le n° spéc. *ERCL* 2011/2, ayant pour thème « A European Optional Contract Law Policy Choices » et comprenant les rubriques suivantes : « Due process, legitimacy and competence » ; « Between business law and consumer law » ; « Consumer contract law first », et « The optional code and its philosophy - pros and cons » ; v. déjà le n° spéc. de cette même revue, 2008/3 ; B. Fauvarque-Cosson, Précisions sur le projet de droit européen des contrats, *RDC* 2011/3, 1045 ; S. Vogenauer, Common Frame of Reference and UNIDROIT principles of International Commercial Contracts : Coexistence, Competition, or Overkill of Soft Law ?, *ERCL* 2010, 143 ; actes colloque SECOLA des 6 et 7 juin 2008 à Barcelone, *in* n° spéc. *ERCL* 2008/3 ; R. Schulze (dir.), *Common Frame of Reference and Existing EC Contract Law*, Sellier, 2008 ; R. Schulze et T. Wilhelmsson, From the Draft Common Frame of Reference towards European Contract Law Rules, *ERCL*, 2008/2, 154 ; B. Fauvarque-Cosson, L'élaboration du cadre commun de référence : regards comparatifs sur les travaux académiques, *RDC* 2008/2, 527 ; Ch. Mak, The Constitution of a Common Frame of Reference for European Contract Law, *ERCL* 2008, 553 ; O. Lando, The Structure and the Legal Values of the Common Frame of Reference (CFR), *ERCL* 2007, 245 ; H. Beale, The Future of the Common Frame of Reference, *ERCL* 2007, 257 ; du même auteur, The European Commission's Common Frame of Reference Project, *ERCL* 2006, 303 ; Ch. von Bar, Coverage and Structure of the Academic Common Frame of Reference, *ERCL* 2007, 350 ; A. Somma (dir.) *The Politics of the Draft Common Frame of Reference*, Wolters Kluwer, 2009 ; S. Grundmann, European Contract Law(s) of What Colour ?, *ERCL* 2005, 184.

Adde, publiés par la Société de législation comparée (SLC), le vol. 6 : *Terminologie contractuelle commune*, qui éclaire les différences de terminologie sur les concepts fondamentaux des droits européens des contrats (contrat, obligation, devoir, acte juridique, fait juridique, règles impératives et ordre public, bonne foi, la faute, le manquement, le préjudice, les dommages-intérêts, l'indemnité, l'anéantissement du contrat) ; et le vol. 7 : *Principes contractuels communs*, qui propose des principes directeurs du droit européen des contrats, et un projet de règles contractuelles modèles.

c) Les suites du projet de Cadre commun de référence. — Dans un premier temps tout au moins, le temps que les esprits s'habituent, le projet de Code européen devrait rester facultatif. Toujours dans l'idée de n'effrayer personne, le Parlement européen ne parle d'ailleurs pas de Code mais d'« instrument » et de « boîte à outils » (qui n'en voudrait pas ?) : *Résolution du Parlement européen du 3 septembre 2008 sur le Cadre commun de référence pour le droit européen des contrats*, P6–TA (2008) 0397 ; *RDC* 2009/1, 229, obs. A. Marais. Il est clair cependant qu'un Code apparaîtra dans un très proche avenir. Ainsi, dans une résolution du 23 mars 2006 intitulée : « sur le droit européen des contrats et la révision de l'acquis : la voie à suivre » (2005/2022(INI)), le Parlement européen avoue que « même si la Commission nie que tel est son objectif, il est clair que de nombreux chercheurs et intéressés travaillant au projet sont persuadés que le résultat final sera, à terme, un code européen des obligations, voire un véritable Code civil européen et que, quoi qu'il en soit, l'initiative en cours est d'ores et déjà la plus importante dans le domaine du droit civil ». Sur cette résolution, obs. A. Marais, *RDC* 2006/4, 1276.

La Commission européenne, prétendant cependant en être encore au stade de la réflexion, a nommé, par décision du 26 avril 2010, un groupe d'experts afin d'élaborer une proposition de cadre commun de référence dans le domaine du droit européen des contrats. Il en est résulté un projet soumis à consultation publique intitulé « Étude de faisabilité pour un futur instrument de droit européen des contrats ».

Parallèlement, le 1er juillet 2010, elle a adopté un livre vert « relatif aux actions envisageables en vue de la création d'un droit européen des contrats pour les consommateurs et les entreprises », prévoyant sept options possibles pour l'avenir du droit européen des contrats. V. *Le livre vert « relatif aux actions envisageables en vue de la création d'un droit européen des contrats pour les consommateurs et les entreprises ». Contributions du LEJEP*, dir. O. Deshayes, Lextenso, 2011 ; C. Pérès, Livre vert de la Commission européenne : les sources contractuelles à l'heure de la démocratie participative, *RDC* 2011/1, 13.

Laissant ainsi le projet de Cadre commun de référence dans un flou juridique destiné à rassurer les partisans du maintien de droits des contrats nationaux, et profitant de ce que la doctrine concentre son attention sur lui, l'Union européenne avance par ailleurs ses pions de façon rapide et concrète. V. Y. Lequette, Le code européen est de retour, RDC *2011/3, 1028. La marche à l'unification forcée se fait en effet par pièces détachées qu'il ne restera plus qu'à assembler : les premières étapes sont le droit de la consommation et le droit de la vente.*

d) Directive 2011/83/UE du Parlement européen et du Conseil du 25 octobre 2011 relative aux droits des consommateurs. — La proposition de directive-cadre du Parlement européen et du Conseil du 8 octobre 2008 relative aux droits des consommateurs, 2008/0196 (COD), a finalement été adoptée.

Plusieurs directives existaient en la matière, ce qui posait certes quelques problèmes de cohérence. La nouvelle directive regroupe quatre directives : elle modifie la directive 93/13/CEE du Conseil et la directive 1999/44/CE et abroge la directive 85/577/CEE et la directive 97/7/CE. En réalité, certaines dispositions sont si générales qu'elles semblent viser tout le droit de la consommation, ce qui conduirait, *de facto*, à une sorte de Code européen de la consommation.

D'autant que les quatre directives contenaient des clauses minimales, laissant les États membres libres de maintenir ou d'adopter des règles de protection des consommateurs plus strictes, tandis que la nouvelle directive est d'harmonisation maximale, c'est-à-dire que les États membres ne peuvent plus maintenir ou proposer, dans le domaine couvert par la future directive, de règles différentes de celles du texte, qu'elles soient plus protectrices ou moins protectrices pour le consommateur. Contrairement au projet, l'article 4 du chapitre I de cette directive n'est pourtant plus intitulé « Harmonisation complète » mais, de façon apparemment plus neutre, « niveau d'harmonisation ». Il y est néanmoins posé que « Les États membres s'abstiennent de maintenir ou d'introduire, dans leur droit national, des dispositions s'écartant de celles fixées par la présente directive, notamment des dispositions plus strictes ou plus souples visant à assurer un niveau différent de protection des consommateurs, sauf si la présente directive en dispose autrement ». Le remplacement du coercitif « ne peuvent maintenir ou introduire », par le « s'abstiennent de maintenir ou d'introduire » n'est qu'une illusion de souplesse.

Cette harmonisation forcée contraindra donc, une fois de plus, les pays protégeant davantage les consommateurs, comme la France, à réviser leur protection à la baisse. V. D. Mazeaud, Le droit de la consommation est-il un droit social ou un droit économique?, *RLD concur.* 2007, 142. Pour un exemple de ce qu'implique l'harmonisation maximale, CJCE, 23 avr. 2009, *RDC* 2010/1, 18, obs. J. Rochfeld. *Adde* J. Rochfeld, L'européanisation des sources du droit des contrats : de l'influence des directives d'harmonisation maximale, de nouveau, et des limites éventuelles à la contrainte qu'elles imposent, *RDC* 2011/2, 397.

Le prétexte est, comme d'habitude, de diminuer les coûts et d'améliorer le marché. Est mise en avant aussi la promotion de la « confiance » du consommateur. V. le Livre vert de la Commission européenne sur la révision de l'acquis communautaire en matière de protection des consommateurs, 8 févr. 2007, p. 8; pour un commentaire, J. Rochfeld, De la « confiance » du consommateur ou du basculement d'un droit de protection de la partie faible à un droit de régulation du marché, in Approche critique du vocabulaire du droit européen : la confiance, *LPA* 16 févr. 2009, n° 33, p. 7.

Bibliographie : G. Paisant, La directive du 25 octobre 2011 relative aux droits des consommateurs, *JCP G* 2012, doctr., 62; N. Reich, EU Strategies in Finding the Optimal Consumer Law Instrument, *ERCL*, 2012, 1; A. Astaix, Vente à distance et démarchage à domicile : publication de la directive, *D.* 2011, 2926; C. Aubert de Vincelles, Naissance d'un droit communautaire de la consommation, *RDC* 2009, 578; G. Paisant, Proposition de directive relative aux droits des consommateurs, avantage pour les consommateurs ou faveur pour les professionnels?, *JCP G* 2009, I, 118; G. Howells et R. Schulze (dir.), *Modernising and Harmonising Consumer Contract Law : With Reference to the Planned Horizontal Consumer Contract Directive*, Sellier, 2009; J. S. Bergé, La corrélation « droit européen » et « droit des contrats » (À propos de la proposition de directive relative aux droits des consommateurs), *RDC* 2009/2, 697; C. Aubert de Vincelles, Naissance d'un droit commun communautaire de la consommation, *RDC* 2009/2, 578; G. Paisant, *JCP G* 2009, I, 118; S. Whittaker, Unfair Contract Terms and Consumer Guarantees : the Proposal for a Directive on Consumer Rights and the Significance of "Full Harmonisation", *ERCL* 2009, 223; M. Hesselink, The Consumer Rights Directive and the CFR :

two worlds apart?, *ERCL* 2009, 290; C. Twigg-Flesner et D. Metcalfe, The proposed Consumer Rights Directive - less haste, more thought?, *ERCL* 2009, 368; G. Raymond, Le Livre vert sur le droit communautaire de la consommation, CCC 2007, étude 5; G. Paisant, La révision de l'acquis communautaire en matière de protection des consommateurs, *JCP G* 2007, I, 152; *Livre vert sur le droit européen de la consommation. Réponses françaises*, SLC 2007.

e) Proposition de règlement du Parlement européen et du Conseil du 11 octobre 2011 relatif à un droit commun européen de la vente, 2011/0284 (COD). — L'une des sept options proposées par la Commission européenne, consistait en un « règlement instituant un instrument facultatif de droit européen des contrats ». C'est cette voie qu'ont finalement choisie les institutions européennes mais en limitant le projet de règlement au droit de la vente : il s'agit cependant de commencer à faire passer le Cadre commun de référence, selon la méthode bien connue du cheval de Troie (en ce sens, Th. Genicon, Commission européenne et droit des contrats : « *Quousque tandem abutere patientia nostra?* »..., *RDC* 2011/3, 1050). La notion de vente est cependant largement entendue puisqu'elle est définie, par l'article 2, comme « tout contrat en vertu duquel un professionnel (« le vendeur ») transfère ou s'engage à transférer la propriété des biens à une autre personne (« l'acheteur »), et l'acheteur paie ou s'engage à en payer le prix; il comprend les contrats portant sur la fourniture de biens à fabriquer ou à produire, et exclut les contrats de vente sur saisie ou impliquant l'exercice de la puissance publique »; elle comprend donc aussi certains contrats d'entreprise au sens du droit français.

Le règlement serait directement applicable dans tous les États membres. Il ne contient cependant que 16 articles, qui sont uniquement des dispositions générales telles que des définitions ou encore le champ d'application des nouvelles règles. Les règles substantielles de droit contractuel figurent quant à elles dans l'annexe I, laquelle comprend cette fois-ci 186 articles. Ces règles seront optionnelles, c'est-à-dire qu'elles seront subordonnées au choix des parties de les appliquer à leur contrat. C'est en réalité sans doute le professionnel qui optera pour ce droit de la vente transfrontière puisqu'il est précisé, à l'article 9, que « le professionnel est tenu d'avertir le consommateur d'appliquer ce droit, avant la conclusion du contrat, en lui remettant de façon bien visible l'avis d'information figurant à l'annexe II ». L'acheteur qui souhaite le bien offert pourra-t-il réellement refuser et le vendeur sera-t-il contraint malgré tout de lui vendre? Rien n'est moins sûr.

Le règlement aurait ainsi pour effet de mettre à la disposition des contractants, dans chaque État membre, un droit de la vente alternatif (concurrent) au droit national. Ceci étant dit, ce droit optionnel ne pourrait être choisi « que si le vendeur du bien ou le fournisseur du contenu numérique est un professionnel » (art. 7). Et si les deux parties contractantes sont des professionnels, il ne peut s'appliquer que « si au moins l'une d'elles est une petite ou moyenne entreprise » (PME), c'est-à-dire une entreprise employant moins de 250 personnes et dont le chiffre d'affaires annuel ou le bilan total ne dépasse pas un certain montant (même art.). Il n'a donc vocation à s'appliquer qu'entre un professionnel d'une part et un consommateur ou une PME d'autre part, et non pas aux relations entre grosses entreprises. Il ne s'applique en outre en principe qu'aux contrats transfrontières tels que définis à l'article 4. Mais, sur ces deux points, les États membres pourraient cependant décider d'en élargir le champ d'application (art. 13).

Les règles substantielles proposées reprennent par larges pans les dispositions du projet de CCR. Elles forment ainsi en réalité un droit général des contrats avec des principes généraux (liberté contractuelle, bonne foi et loyauté, coopération), des règles d'interprétation, des obligations d'information, une procédure de conclusion du contrat, des vices du consentement (erreur, dol, menaces, exploitation déloyale), des dispositions sur les clauses contractuelles abusives, ou encore des règles relatives à l'inexécution ou au changement de circonstances. Il s'agit ainsi en définitive d'un « quasi-Code européen des contrats ».

La Commission des affaires européennes de l'Assemblée nationale, examinant ce projet le 7 décembre 2011, a conclu à un rejet de la proposition de règlement, mais a ajouté qu'elle « estime néanmoins que, sous réserve d'un examen détaillé de nature politique et technique, les dispositions qu'elle propose pour le DCEV peuvent servir de base à une « boite à outils » à la disposition des États membres comme du législateur communautaire » (v. les comptes-rendus disponibles sur le site de l'Assemblée nationale).

Sur cette proposition de règlement : v. les actes du colloque organisé par l'association du Master 2 de droit privé général de Paris 2, « Le projet de droit commun européen de la vente : menace ou opportunité pour le modèle contractuel français ? », *RDC* 2012 ; G. Paisant, La proposition d'un droit commun de la vente ou l'espéranto contractuel de la Commission européenne, *JCP G* 2012, I, 560 ; B. Fauvarque-Cosson, Vers un droit commun européen de la vente, *D.* 2012, chron., 34 ; C. Aubert de Vincelles, Premier regard sur la proposition d'un droit commun européen de la vente, *JCP G* 2011, act. 1376.

ÉPISTÉMOLOGIE JURIDIQUE

L'épistémologie juridique a été créée, explorée et développée en France par Ch. Atias : v. sa particulièrement stimulante *Épistémologie juridique*, Précis Dalloz, 2002 (sous le même titre, PUF, « Droit fondamental », 1985) ; du même auteur, *Théorie contre arbitraire*, PUF, « Les voies du droit », 1987 ; *Épistémologie du droit*, PUF, « Que sais-je ? », 1re éd. 1994.

a) La théorie générale du contrat, mythe ou réalité ? Tel est le titre de la thèse d'Éric Savaux, LGDJ, « Bibl. dr. privé », 1997, préf. J. L. Aubert. L'auteur montre que ce que la doctrine nomme la « théorie générale du contrat » est en réalité presque toujours le droit commun du contrat, c'est-à-dire l'ensemble des règles *positives* applicables à toutes les conventions, entretenant ainsi le mythe de la positivité de la théorie générale du contrat. En réalité selon lui, une telle théorie relèverait de la science du droit et devrait, par exemple, expliquer ce qui justifie le caractère obligatoire des conventions. Si la remarque est juste, elle réduit un peu la portée et l'ambition des textes du Code civil qui contiennent indiscutablement une certaine vision du contrat et non pas seulement une addition de règles positives. En outre, il y a bien tout de même l'idée d'une théorie, c'est-à-dire d'une construction abstraite qui réunit sous de mêmes concepts et lignes directrices un ensemble de règles diverses. Selon ce que l'on vise, on pourra alors parfois parler de théorie générale du contrat même s'il est vrai que, le plus souvent, il sera préférable d'employer l'expression de « droit commun du contrat ». *Adde* J. Waline, La théorie générale du contrat en droit civil et en droit administratif, *Études J. Ghestin*, LGDJ, 2001, 964.

b) La crise du contrat. — C'est bien connu, les crises sont cycliques, et c'est donc à juste titre que l'on parle périodiquement de crise du contrat. V. déjà A. Barreyre, *L'évolution et la crise du contrat. étude synthétique et critique*, th. Bordeaux, impr. Bière, 1937; puis H. Batiffol, La «crise du contrat» et sa portée, *Arch. ph. dr.*, t. XIII, Sirey, 1968, 13, tandis que, pour nuancer l'idée de «déclin» du contrat, M. Vasseur écrivait sur «Un nouvel essor du concept contractuel : les aspects juridiques de l'économie concertée et contractuelle», *RTD civ.* 1964, 5. *La nouvelle crise du contrat*, dir. Ch. Jamin et D. Mazeaud, Dalloz, «Thèmes et commentaires», 2003. *Adde* P.-Y. Gautier, Crise du contrat... ou crise du juge et de la doctrine?, *RDC* 2003, 277. Sur la crise en général, *Droit de la crise : crise du droit? Les incidences de la crise économique sur l'évolution du système juridique*, 5e journ. R. Savatier, Poitiers, oct. 1995, PUF, 1997.

Introduction

LE DROIT DES CONTRATS

Chapitre 1

L'HISTOIRE DU DROIT DES CONTRATS

Dans l'enseignement du droit, l'étude du contrat en général, c'est-à-dire du droit commun du contrat, précède celle des contrats spéciaux (la vente, le bail, le prêt, etc.) qui sont soumis à des règles particulières en sus des règles applicables à tous les contrats. L'histoire du droit des contrats pourrait se résumer en un mouvement inverse : ce sont d'abord des contrats concrets, des contrats nommés, qui sont apparus et se sont vus reconnaître une force juridique, avant même que ne soit admise une notion unitaire et abstraite de contrat.

1 | Le droit romain

Le droit romain a été en réalité très divers. Celui que l'on retient en général est un droit romain tardif, un droit romain redécouvert, et non pas le droit romain de la haute Antiquité, ni celui de la période républicaine qui s'est achevée vers la fin du Ier siècle avant Jésus-Christ, ni même celui de la période impériale qui s'est écoulée jusqu'au VIe siècle après notre ère. Durant toutes ces époques, le droit romain était particulièrement casuistique et procédural, et en réalité beaucoup plus proche de la *Common Law* que des droits continentaux. En particulier, le droit romain est un droit *des* contrats, c'est-à-dire des différentes formes contractuelles reconnues par le droit, et non pas un droit *du* contrat, tel que nous le connaissons depuis le Code civil. En outre, en droit romain comme en *Common Law*, le droit n'existe que si une action est préalablement reconnue ; en d'autres termes, le droit naît de l'action (selon l'adage du droit anglais, *« remedies precede rights »*), tandis qu'en droit français et déjà en droit canon médiéval, l'action en justice existe dès lors que le droit est reconnu, et c'est donc l'action qui naît du droit. Enfin le droit romain est un droit très formaliste, où un contrat n'acquiert de valeur juridique que s'il se moule dans un rituel et dans des formalités très précises, au contraire du principe actuel selon lequel le contrat se forme par la seule rencontre des volontés (principe du consensualisme). Il faudra attendre les grandes codifications de Justinien (VIe siècle apr. J.-C.) pour ouvrir la voie à des représentations abstraites et théoriques du contrat.

1. LA NAISSANCE DU DROIT ROMAIN

Dans sa première période (Rome a, selon la légende, été fondée en 753 av. J.-C.), c'est-à-dire pendant la royauté et encore pendant les premiers siècles de la République (qui commence vers 387-386 av. J.-C.), le droit est avant tout religieux, énoncé par les prêtres. De la monarchie romano-étrusque et du droit archaïque ne nous sont parvenus que très peu d'éléments, principalement sans doute la célèbre loi des XII tables terminée en 453 av. J.-C., gravée sur la pierre et affichée au forum. Le droit qui y est contenu est encore primitif et sévère (cf. not. la fameuse loi du Talion, « œil pour œil, dent pour dent »). Les Romains pratiquaient alors déjà de nombreux contrats mais sans en faire la synthèse et, en particulier, sans parvenir à l'idée même de contrat. Au début de la République, le terme *contractus* n'existe pas encore. On parle plutôt de *gesta* ou d'*acta*, c'est-à-dire de gestes ou d'actes qui, s'ils revêtent une certaine forme, pourront avoir quelques effets obligatoires. La toute puissance du formalisme est en effet le trait caractéristique de la période. La plupart des actes juridiques se formaient par le prononcé de paroles solennelles, souvent accompagnées de l'accomplissement de certains gestes, par exemple la *manus injectio*, sorte de mainmise par le créancier sur la personne du débiteur (il peut l'emmener chez lui pour en faire son prisonnier, voire son esclave) et qui lui permettait de faire exécuter sa créance.

Parmi les actes, celui qui est demeuré le plus célèbre (peut-être parce qu'il fut le plus controversé) est le *nexum*, au départ sorte de prêt d'argent à intérêt mais qui s'est transformé, progressivement, en procédé de création d'obligations (portant toujours sur une somme d'argent). Le *nexum* se formait par l'accomplissement d'un rite, plus précisément « par l'airain et la balance » (*per aes et libram*), c'est-à-dire par une cérémonie de pesée d'un lingot d'airain. Ce type d'acte était très contraignant puisque, si le débiteur ne s'acquittait pas, il pouvait être enchaîné (*nexus*) et contraint à travailler comme esclave de son débiteur.

D'un point de vue procédural, les seules actions en justice admises (et donc les seuls droits reconnus) sont limitativement énumérées et strictement réglementées : c'est ce qu'on appelle les actions de la loi, qui sont toutes très formalistes.

2. LE DÉVELOPPEMENT DU DROIT ROMAIN

L'évolution du droit fut surtout rendue possible par un assouplissement considérable de la procédure, car en droit romain c'est le droit qui naît de l'action et non l'inverse. Vers la fin de la République (l'Empire commence avec Auguste en 27 apr. J.-C.), les magistrats, notamment les préteurs, ont remplacé les prêtres (le passage du prêtre au préteur fut décrit par Pomponius dans le titre préliminaire du Digeste) et ce que nous nommons aujourd'hui la doctrine (autrefois dénommés les prudents) acquiert un rôle important. Surtout, en 242 apparaît le préteur pérégrin chargé de dire le droit entre étrangers et aussi de régler les litiges entre Romains et pérégrins. Le préteur prit alors quelques distances avec le formalisme strict des actions de la loi réservées aux citoyens romains pour créer de nouvelles formules, c'est-à-dire de nouvelles possibilités d'action dans les conditions plus souples définies par lui : c'est ce que l'on appela la procédure « formulaire ». L'évolution s'accentua lorsque ces formules furent divulguées, notamment par Flavius (scribe de Appius Claudius Caecus), vers le milieu du Ve siècle, ce qui permit au droit d'être connu, discuté, et de se séculariser. Les plébéiens obtinrent même qu'un magistrat spécifique leur soit réservé : ce fut le tribun de la plèbe. Alors qu'avant n'existaient que des actions de droit strict (*actiones stricti juris*), dans lesquelles le juge était très lié, apparurent les actions de bonne foi (*judicia bonae fidei*) qui donnaient au juge une bien plus grande liberté d'appréciation pour juger de ce qui était bien et équitable, par exemple pour prendre en considération l'intention des parties.

De nouveaux actes juridiques apparaissent alors, dont la validité est toujours subordonnée à l'accomplissement de formes. On opposait ces actes formels aux simples conventions (*conventio*) ou pactes (*pactum*), engagements purement consensuels sans aucune forme et auxquels le droit n'accordait aucune action. Selon la formule d'Ulpien reprise au Digeste, *« ex nudo pacto nulla nascitur actio »* (du pacte nu, c'est-à-dire revêtu d'aucune forme, ne naît aucune action, Ulpien, D., 2, 14, *De pactis*, 7, 4 et Paul, *Sent.*, 2, 14, 1). Les actes formels reconnus par le droit peuvent être regroupés en trois types.

a) Les *acta verbis.* Les *acta verbis* sont des actes qui se forment par le prononcé formel de paroles solennelles. Plusieurs types d'engagements pouvaient se prendre ainsi par la parole. Les deux principaux étaient le *votum* et la *stipulatio*, souvent appelée la *sponsio*. Le *votum* était le vœu qui engageait un individu par rapport à une divinité (la *fides*, c'est-à-dire la foi, garante de l'engagement) et qui prenait le nom de serment lorsqu'il était fait de façon réciproque, synallagmatique, c'est-à-dire vis-à-vis d'un autre et non plus d'un dieu (mais la *fides* en demeurait toujours garante). La *stipulatio* ou *sponsio* était un acte par lequel un débiteur devait donner ou faire quelque chose pour un créancier. Son domaine était donc très général, faisant penser à ce que deviendra plus tard le contrat. *Stricto sensu*, la *stipulatio* désigne les paroles prononcées par le créancier, tandis que la *sponsio* est la promesse solennelle faite par le débiteur. Ce type d'acte ne pouvait se faire qu'entre citoyens romains qui s'échangeaient ainsi leur parole. L'un devait prononcer les paroles : *« spondesne... ? »* (promets-tu ?), ce à quoi l'autre répondait : *« spondeo »* (je promets). Un acte similaire existait qui pouvait se faire avec des non-Romains (des pérégrins) : la *fidepromissio*, dans laquelle les paroles prononcées devenaient : *« promitisne ? »* (promets-tu ?), *« promito »* (je promets).

b) Les *acta litteris.* Les *acta litteris* requerraient la rédaction d'un écrit, une inscription dans un registre. On en connaît un modèle particulier qui est l'*expensilatio*, qui apparaît, semble-t-il, à partir de l'habitude des pères de famille de consigner leurs comptes dans des livres de caisse, et qui a fini par matérialiser des obligations vis-à-vis des créanciers indiqués. L'*expensilatio* assure la transformation d'une obligation antérieure afin de simplifier des comptes ou de changer de débiteur. L'*expensilatio* n'était valable que dans le *jus civile*, et donc pour les citoyens romains. Les pérégrins pouvaient également faire certains actes *litteris* comme le *chirographum* (lettre rédigée à la première personne qui se reconnaît débitrice) ou le *sungrapha* (reconnaissance de dette rédigée à la troisième personne devant témoins).

c) Les *acta re*. Les *acta re* sont les obligations qui naissent par la remise d'une chose. Le plus ancien est le *mutuum*, qui est une sorte de prêt amical de consommation. On peut citer aussi, un peu plus tardivement, la fiducie, par laquelle celui qui reçoit la propriété d'une chose s'oblige à la rendre, ou tout au moins à s'en dessaisir dans des circonstances déterminées (elle servait ainsi souvent de sûreté au créancier qui s'obligeait à rendre la chose à son débiteur une fois que celui-ci aurait acquitté sa dette).

Si les contrats demeurent pour la plupart des contrats nommés, formels, qui se forment par des paroles, des actes, ou des écrits, les formules deviennent moins formalistes. Le prêteur admet même de nouvelles formules qui permettent d'obtenir des actions pour d'autres pactes. Surtout, apparaissent de nouveaux contrats, en particulier les premiers contrats consensuels, qui se forment par le seul échange des consentements. Leur nombre est au départ limitativement fixé – il s'agit de la vente, du louage, du mandat et de la société –, mais leur importance économique est considérable. La liste en est d'ailleurs ultérieurement élargie. De nouveaux contrats réels sont également admis (par exemple le *commodatum* ou prêt à usage gratuit, le *depositum* ou dépôt, ou encore le *pignus*, c'est-à-dire le gage). À côté des contrats nommés sont même progressivement admis les contrats innommés.

La notion de contrat commence alors à pouvoir être théorisée. C'est d'ailleurs dans la période classique qu'apparaît le substantif *« contractus »*, même si c'est avec un sens encore fluctuant, dans la mesure où il désigne parfois tous les actes juridiques et parfois au contraire seulement les contrats synallagmatiques dont la notion apparaît également ; ce n'est que plus tard encore, vers le IIe siècle, que la notion de contrat est liée à celle de consentement.

3. LES COMPILATIONS JUSTINIENNES

L'empereur Justinien régna à Byzance de 527 à 565, date de sa mort. Il entreprit une grande codification du droit qui sera appelée, au moins à partir du XVIe siècle, le *Corpus juris civilis*, et qui comprend quatre recueils, dont deux sont particulièrement précieux pour le droit des obligations : le *Digeste* (appelé aussi les *Pandectes* ou compilations), dans lequel furent recueillis et codifiés les extraits des jurisconsultes les plus célèbres depuis le début de l'Empire, notamment Gaius, Ulpien, Paul et Papinien, et les *Institutes*, manuel inspiré de celui de Gaius, destiné à donner une vision simplifiée du droit à l'attention des étudiants. Seul un manuscrit de ces compilations fut trouvé. Il fut conservé à Pise, d'où le nom de *Littera pisana*, et conquis par les Florentins victorieux des Pisans en 1406. Il fut alors couramment appelé la Florentine, et est toujours conservé à la bibliothèque de Florence.

Le droit qui ressort des compilations justiniennes est un droit abstrait et théorisé, souvent éloigné du droit concret et procédural pratiqué pendant des siècles par les Romains. Selon certains historiens, plusieurs passages auraient même été rajoutés plus tard, par des théoriciens de divers pays et notamment libanais.

On y trouve quoi qu'il en soit des passages particulièrement précieux pour le droit des contrats. Gaius par exemple dénombre quatre types de contrats, selon que ceux-ci naissent *re, verbis, litteris* ou *consensu* (*Gaius*, 3, 89, et également *Inst.*, 3, 13, *De obl.*, 2). De même, selon une célèbre classification attribuée à Paul (D., 19, 5, 5), les contrats peuvent toujours être rattachés à l'un des quatre grands types suivants : les contrats *do ut des* (je donne afin que tu donnes), *do ut facias* (je donne afin que tu fasses), *facio ut des* (je fais afin que tu donnes), *facio ut facias* (je fais afin que tu fasses). Sont ainsi reconnus les contrats innommés, mais ils ne peuvent être invoqués devant les tribunaux que s'ils ont une cause, ce qui signifie à l'origine que l'une des parties doit avoir exécuté son obligation. L'autre a alors une action en exécution (action *praescriptis verbis*), ou une action en résolution permettant d'obtenir restitution de sa prestation.

2 | Le droit médiéval

La période médiévale est cruciale pour notre droit en général, et pour le droit des contrats en particulier.

Durant l'époque franque et les invasions barbares, les usages germaniques viennent à se mêler au droit romain, et, pour les contrats, on note plutôt un retour au formalisme et aux rituels. Cela reste vrai pendant tout le haut Moyen Âge – qui s'étend du règne de Clovis (de 481 à 511) jusqu'à l'an 1000 – marqué par un recul du consensualisme, surtout dans le Nord.

La redécouverte du droit romain au XIIe siècle provoquera ensuite une rupture, correspondant à la renaissance du droit savant qui influencera aussi les praticiens. Le droit romain enseigné est en réalité remanié par les commentateurs médiévaux qui, par leurs gloses (d'où leur nom de « glossateurs »), c'est-à-dire les petites notes écrites sur les manuscrits entre les lignes du texte ou plus souvent dans ses marges, ont considérablement enrichi les textes romains. Ceux-ci reprennent la fameuse formule d'Ulpien sur le pacte nu d'où ne peut naître aucune action, pour élaborer la théorie des vêtements (*vestimenta*) du pacte, que Bartole (au XIVe siècle) utilise toujours, et qui permettent de valider celui-ci. On distingue au total six catégories de vêtements dont quatre correspondent aux catégories romaines : la parole (contrats *verbis*), l'écriture (contrats *litteris*), la remise (contrats *re*), et même le consentement, dans les contrats consensuels comme la vente ; Azon y ajoute, vers la fin du XIIe siècle la *cohaerentia*, pacte adjoint à un contrat, dont il dit que, « n'ayant pas de vêtement propre, il va se blottir sous le vêtement d'un autre », et l'*interventus rei*, qui correspond au cas où une chose est remise après le consentement, c'est-à-dire qu'une des parties exécute son engagement. Pour tenter d'expliquer que le consentement pouvait être considéré comme un vêtement, alors même que traditionnellement le pacte nu se définissait précisément comme un simple consentement, le plus célèbre glossateur Accurse, auteur de la Grande Glose (mise en ordre de toutes les autres gloses, achevée vers 1227-1230), expliqua que certains pactes, ceux qui sont vus avec faveur par le droit et qui sont « gras et chauds » (*cum favorabiles et pingues et calidi*) pouvaient se contenter d'un vêtement « léger » (*tenuis vestis*), certes élégant mais un peu froid (*minus frigidum*).

Au Moyen Âge, le droit des contrats subit surtout l'influence déterminante du droit canonique. Les Évangiles prohibaient le serment, mais l'Église finit tout de même par le réglementer. Le décret de Gratien au XIIe siècle énonçait que Dieu ne fait pas la différence entre un serment et une simple parole, et le droit canonique élabora la théorie des « péchés de la langue » (mensonge, parjure, faux serment). Selon l'Église, le mensonge est un péché que commet celui qui ne respecte pas sa parole et ses engagements. Peu importe dès lors le formalisme : le simple accord oblige. En 1234 furent publiées les Décrétales de Grégoire IX ainsi que certains canons anciens ; parmi ceux-ci, le canon *Antigonus* reproduisait une décision rendue en 348 à Carthage où il était dit : « Que la paix soit conservée, que les pactes soient observés » (*pax servetur, pacta custodiantur*) qui sera appliqué progressivement même devant les tribunaux séculiers.

Quant au droit coutumier, il rend compte également dès le XIIIe siècle de l'avancée du consensualisme : on trouve ainsi dans les coutumiers des formules telles que « toutes convenances sont à tenir » (Beaumanoir), ou encore « convenances accordées par bonnes mœurs font le marché, non pas la paumée, et le cœur doit suivre la parole » (Jostice et Plet).

3 | L'ancien droit

Le consensualisme semble acquis : Loysel (1536-1617), qui avait entrepris, dans ses célèbres *Maximes et institutes coutumières* de 1607, de résumer tout le droit en formules ramassées et frappantes, énonce ainsi qu'« on lie les bœufs par les cornes et les hommes par les paroles » ; l'adage ajoute : « et autant vaut une simple promesse ou convenance [c'est-à-dire une convention, un accord sans aucune forme] que les stipulations du droit romain ». Mais demeure la conscience des dangers du consensualisme, liés à la trop grande facilité de l'engagement. Comme le dit le dicton populaire, « Belle promesse fait fol lié », et Eusèbe de Laurière mettra en note de son exemplaire de l'ouvrage de Loysel, sous la maxime citée, les deux vers suivants : « Comme les bœufs par les cornes on lie – Aussi les gens par leurs mots font folie. »

L'école du droit naturel achève l'évolution vers le consensualisme. L'institution du contrat est centrale chez Grotius (1583-1645), et celui-ci est défini comme une obligation à laquelle on a consenti. De la même façon, Pufendorf (1622-1694) met au rang des maximes les plus importantes du droit naturel « que chacun doit tenir inviolablement sa parole ». Les nouveaux principes sont formulés dans des règles désormais acquises : « *Pacta sunt servanda* » (on doit respecter les pactes, c'est-à-dire toutes les promesses, même dénuées de forme), règle que cite Suarez, ou encore « *Solus consensus obligat* » (le seul consentement oblige).

Domat (1625-1696) et Pothier (1699-1772), inspirateurs directs du Code civil, adoptent définitivement des définitions consensualistes du contrat. Pour Pothier par exemple, la convention est « le consentement de deux ou plusieurs personnes pour former entre elles quelque engagement ou pour en résoudre un précédent ou le modifier », tandis que le contrat est « l'espèce de convention qui a pour objet de former un engagement ». De même pour Domat, « les conventions sont les engagements qui se forment par le consentement mutuel de deux ou de plusieurs personnes qui se font entre elles une loi d'exécuter ce qu'ils promettent » ; et il ajoute que « toutes les conventions nommées ou innommées ont toujours leur effet et elles obligent à ce qui est convenu ».

Dans le Code civil, il n'est même pas précisé que les contrats se forment par le seul échange des consentements tant la règle paraissait acquise. Elle n'est énoncée que pour certains contrats où la solution aurait pu se discuter : l'article 1703 dispose ainsi que « l'échange s'opère par le seul consentement, de la même manière que la vente ». Le Code précise également que les contrats innomés sont soumis aux mêmes règles que les contrats nommés (art. 1107). On peut certes penser que la référence aux « conventions » dans l'article 1134 (« les conventions légalement formées tiennent lieu de lois à ceux qui les ont faites ») s'entend précisément, comme en droit romain, des simples accords dénués de tout formalisme, et que l'article reconnaît donc expressément leur force obligatoire.

ÉTAT DES QUESTIONS

BIBLIOGRAPHIE

Ouvrages généraux d'histoire du droit civil : Pour un exposé de l'évolution historique générale, A. Wijffels, *Introduction historique au droit*, PUF, Thémis, 2010, qui passe en revue la France, l'Allemagne et l'Angleterre ; J.M. Carbasse, *Introduction historique au droit*, PUF, « Droit fondamental », 1998 (qui traite de l'héritage romain, de l'ancien droit, et de la naissance du droit contemporain), puis son *Manuel d'introduction historique*, même coll., 2011 ; C. Lovisi, *Introduction historique au droit*, Cours Dalloz, 2011. Plus précisément sur l'histoire des différentes matières du droit civil, en particulier des obligations, J.-Ph. Lévy et A. Castaldo, *Histoire du droit civil*, Précis Dalloz, 2e éd., 2010. *Adde* J. Bart, *Histoire du droit privé, de la chute de l'Empire romain au XIXe siècle*, Montchrestien, 1998 ; J.-L. Halpérin, *Histoire du droit privé français depuis 1804*, PUF, « Droit fondamental », 1996 ; P. Ourliac et J.-L. Gazzaniga, *Histoire du droit privé français, de l'An mil au Code civil*, Paris, Albin Michel, 1985 ; B. Schmidlin et C. A. Cannata, *Droit privé romain*, not. le t. II : *Obligations, successions, procédure*, coll. jurid. romande, Payot Lausanne, 2e éd., 1991.

Plus précisément sur l'histoire des obligations : D. Deroussin, *Histoire du droit des obligations*, Economica, 2007 ; J.-Ph. Lévy, *Histoire des obligations*, Les Cours du droit, 1995 ; J.-L. Gazzaniga, *Introduction historique au droit des obligations*, PUF, « Droit fondamental », 1992 ; R. Robaye, *Le droit romain*, t. 2 : *Obligations, contrats, responsabilité contractuelle*, Academia et Bruyant, « Pedasup », 2e éd., 2002 ; R. Zimmermann, *The Law of Obligations. Roman Foundations of the Civilian Tradition*, 1re éd., Juta & Co, Ltd, 1990. *Adde* R. M. Rampelberg, *Repères romains pour le droit européen des contrats*, LGDJ, 2005.

Sur le droit romain. Sur le droit romain antique, Girard, *La loi des XII Tables*, Londres, 1914. Plus généralement : J. Macqueron, *Histoire des obligations. Le droit romain*, cours poly., réimpr. Aix-en-Provence, 2e éd., 1975 ; C. Accarias, *Précis de droit romain*, t. 2, fasc. 2 (1874) et 3 (1876) ; E. Cuq, *Manuel des institutions juridiques des Romains*, 2e éd., 1928 ; P. F. Girard, *Manuel élémentaire de droit romain*, 1re éd., 1895, 8e et dernière éd., 1929, revue et mise à jour par F. Senn (réimpr. Topos Verlag et Duchemin, 1978) ; R. Monier, *Manuel élémentaire de droit romain*, t. II sur *Les obligations*, 5e éd., 1954 (réimpr. Scientia Verlag, 1970) ; J. Gaudemet, *Droit privé romain*, Précis Domat-Montchrestien, 2000. *Adde*, comprenant en outre l'ancien droit : A. E. Giffard et R. Villers, *Les obligations en droit romain et dans l'ancien droit français*, Précis Dalloz, 1958, rééd. R. Villers 1997 ; G. Lepointe et R. Monier, *Les obligations en droit romain et dans l'ancien droit français*, Sirey, 1954 ; P. Ourliac et J. de Malafosse, *Droit romain et ancien droit*, 3 vol., vol. I sur *Les obligations*, PUF, « Thémis », 2e éd., 1969. *Adde* P. Vernet, *Textes choisis sur la théorie des obligations en droit romain*, éd. Durand, 1865. Pour quelques ouvrages fondamentaux en langue étrangère : outre le livre de R. Zimmermann déjà cité, A. Guarino, *Diritto privato romano*, Naples, Jovene, 1997 ; M. Kaser, *Das römische Privatrecht*, I. *Das alrömische, das vorklassische und das klassiche Recht*, 1re éd., Munich, 1955, et 2e éd., 1971 ; II. *Die nachklassischen Entwicklungen*, 1re éd., Munich, 1959, et 2e éd., 1975. *Adde* la rubrique « droit des obligations » de la chronique de droit romain de la *Revue historique de Droit français et étranger (RHD).*

Sur l'influence du droit romain en Europe : R. Zimmermann, Roman law and european legal unity, in *Towards a European Civil Code*, Ars Aequi Libri, Kluwer Law Intern., 2e éd., 1998, 21 ; R. Knütel, L'unité du droit en Europe et le droit romain, *RHD*, 1998, 125, suivie, p. 166, d'une bibliographie complémentaire établie par J.-P. Coriat ; *Le droit romain et sa réception en Europe*, actes d'un colloque publiés aux Éd. H. Kupiszewski et W. Wolodkiewicz, Varsovie, 1978 ; P. Vinogradoff, *Roman Law in Medieval Europe*, 1929, reprint en 1968 puis 1994, préf. P. Stein ; H. Ankum, Diritto romano nel diritto delle obbligazioni nel nuovo codice civile olandese del 1992, in *Studi in memoria di Giambattista Impallomeni*, Milan, Giuffrè, 1999, 1.

Pour les autres droits antiques : G. Cardascia, J. Imbert et R. Monier, *Histoire des institutions et des faits sociaux, des origines à l'aube du Moyen Âge*, Paris, 1955 ; L. Gernet, Le droit de la vente et la notion de contrat en Grèce d'après M. Pringsheim, *RHD*, 1951, 560 ; H. J. Wolff, La structure de l'obligation contractuelle en droit grec, *RHD*, 1966, 566 ; L. Germain, Les origines helléniques de la notion de contrat, in *Mélanges Kayser*, t. I, 471 ; A. Weinggort, Volonté et acte formel dans la structure juridique de l'obligation contractuelle en droit talmudique, *RHD* 1986, 191.

Sur le droit canonique : Histoire du droit et des institutions de l'église en Occident, dir. G. le Bras ; A. Sériaux, *Droit canonique*, PUF, « Droit fondamental » ; C. Casagrande et S. Vecchio, *Les péchés de la langue : discipline et éthique de la parole dans la culture médiévale*, Paris, 1991, préf. J. Le Goff. Sur l'admission par les Pères de l'Église et le droit canonique de la valeur de la parole donnée et du principe *« ex nudo pacto actio oritur »* (du pacte nu naît une action, formule inverse de celle du droit romain), F. Spies, *De l'observation des simples conventions en droit canonique*, th. Nancy, Sirey, 1928 ; son étude est suivie « De quelques recherches concernant l'influence du principe canonique de l'observation des simples conventions sur le droit coutumier français », où il montre que, malgré quelques atténuations de la règle classique dès le XIIIe siècle, ce n'est qu'au XVIe siècle qu'est vraiment acquise la force obligatoire des simples conventions, *i.e.* de la valeur du simple échange des consentements, not. chez Dumoulin. *Adde* P. Legendre, *L'amour du censeur, essai sur l'ordre dogmatique*, Le Seuil, « Le Champ freudien », 1974 (nouv. éd. 2005), 133, qui rappelle « l'efficacité de la doctrine du péché pour asseoir un concept aussi banal que le contrat, concept promis au développement le plus prodigieux ». *Adde* J. Roussier, *Le fondement de l'obligation contractuelle dans le droit classique de l'église*, th. Paris, Domat-Montchrestien, 1933 ; P. Legendre, *La pénétration du droit romain dans le droit canonique classique de Gratien à Innocent IV (1140-1254)*, th. Paris, Jouve, 1964.

Plus précisément *sur l'Ancien droit* (en dehors des ouvrages comprenant également le droit romain et cités ci-dessus) : A. Esmein, *Études sur les contrats dans le très ancien droit français*, Paris, 1883, éd. Larose et Forcel, égal. *Nouv. Rev. hist. dr. franç. et étrang.*, nov.-déc. 1880 et janv.-févr. 1881 ; G. Lebras, La concorde des droits savants dans le domaine du contrat, in *Études d'histoire du droit dédiées à M. Auguste Dumas*, Annales fac. Aix, 1950, série n° 43, 147 ; A. Dumas, *Histoire des obligations dans l'ancien droit français*, cours poly., réimpr. Aix-en-Provence, 1972 ; P.-C. Timbal, *Les obligations contractuelles à travers la jurisprudence du parlement de Paris (XIIIe-XIVe siècles)*, 2 vol., Éd. du CNRS, 1973 et 1977 ; E. Desmons, Le consensualisme de Grotius dans le droit de la guerre et de la paix, in *Le droit des Modernes (XIVe-XVIIIe siècle)*, dir. S. Rials, LGDJ, 1994, 53 ; G. Augé, Le contrat et l'évolution du consensualisme chez Grotius, in *Arch. phil. dr.*, t. XIII, *Sur les notions de contrat*, Sirey, 1968, 99 ; J.-L. Gazzaniga, Domat et Pothier. Le contrat à la fin de l'Ancien Régime, *Droits* 1990, n° 12, 37.

Sur le Code civil, il est toujours précieux de consulter les travaux préparatoires, Fenet, *Recueil complet des travaux préparatoires du Code civil*, 1828.

Adde J. Gordley, *The Philosophical Origins of Modern Contract Doctrines*, OUP, Clarendon Law Series, 1991, qui entend démontrer que l'origine des droits modernes des contrats, qui sont aujourd'hui construits sur des modèles très semblables de par le monde, peut être trouvée au XVIe et tout début du XVIIe siècle, lorsqu'un petit groupe de théologiens et de juristes basés en Espagne tentèrent de synthétiser les textes romains avec la théologie morale de Thomas d'Aquin et les principes de la philosophie aristotélicienne ; les concepts fondamentaux et les doctrines avec lesquelles nous sommes aujourd'hui familiers seraient une simplification de la synthèse à laquelle ils aboutirent ; ces auteurs sont connus des historiens comme étant ceux de la scolastique tardive ou de l'école espagnole du droit naturel ; il s'agit principalement de Francesco de Vitoria, Diego de Covarruvias, Domingo de Soto, Luis de Molina et Léonard Lessius ; leur travail fut ensuite popularisé, aux XVIIe et XVIIIe siècle par les membres de l'école du droit naturel, Hugo Grotius, Samuel Pufendorf et Jean Barbeyrac, puis par Domat et Pothier ; c'est de là que viennent nos théories du contrat où la volonté et le consentement jouent un rôle central. Du même auteur, *Foundations of Private Law : Property, Tort, Contract, Unjust Enrichment*, OUP, 2006, et la recension de cet ouvrage par A. Wijffels, *ERCL* 1/2008, 81.

HISTOIRE

a) Généalogie du mot « contrat ». — W. Wolodkiewicz, Contrahere – contractum – contractus dans le droit romain classique, in *Le droit romain et sa réception en Europe*, actes d'un colloque, éd. H. Kupiszewski et W. Wolodkiewicz, Varsovie, 1978, 295; G. Grosso, La conception du contrat dans le droit romain et son influence dans les droits modernes, *ibid.*, 87. Le verbe *« contrahere »* existe en droit romain, avec le sens de l'action de se lier juridiquement, mais non pas vraiment le substantif *« contractus »*; les juristes romains utilisent plutôt le terme général d' *« obligatio »*, ou alors les noms propres à chaque contrat (*emptio, locatio*, etc.). La notion de « contrat » semble cependant apparaître chez trois grands juristes de l'époque romaine : Labéon, Pédius et Gaius. C'est à Labéon, juriste de l'école proculienne, que l'on prête d'avoir tenté la première construction de la notion de contrat. Il est cité par Ulpien dans le Digeste (D., 50, 16, 19), comme distinguant *« quod quaedam «agantur», quaedam «gerantur», quaedam «contrahantur» »*, puis plus loin les termes *« actum », « contractum », « gestum »*. Il n'est pas sûr cependant que le terme *« contractus »* soit utilisé par Labéon, *« contractum »* pouvant aussi bien être en être l'accusatif que le participe de *« contrahere »*. Ce qui est clair c'est qu'il y a trois sortes d'activités qui peuvent aboutir à des effets juridiques : les actes, les gestes, et les « contrats ». Ulpien transmet également l'opinion de Pédius, juriste de la fin du Ier siècle, début du IIe (*D.*, 2, 14, 1, 3), qui disait notamment que *« nullum esse contractum, nullam obligationem, quae non habeat in se conventionem, sive re, sive verbis fit »* (il n'y a pas de contrat, ni d'obligation, s'il n'y a pas une convention [c'est-à-dire un accord des parties, un consentement dépourvu de forme et donc traditionnellement dénué de valeur juridique] qu'il soit *« re »* ou *« verbis »*). Là encore ce texte fut soupçonné par certains d'avoir été falsifié par les compilateurs mais fut admis par d'autres comme étant une manifestation du développement de la doctrine du contrat dans le droit classique romain. Pédius va plus loin que Labéon en affirmant le rôle de l'accord des parties, donc du consentement, exigé pour la validité de tous les contrats, même ceux traditionnellement admis comme la *stipulatio (« nam et stipulatio quae verbis fit, nisi habeat consensum, nulla est »)*, liant ainsi pour la première fois la notion de contrat à celle de consentement. J.-Ph. Lévy et A. Castaldo, *Histoire du droit civil*, Précis Dalloz, 1re éd., 2002, n° 438, p. 647. *Adde* A. Magdelain, *Le consensualisme dans l'édit du préteur*, Sirey, 1958. C'est sans doute seulement Gaius qui identifie clairement la notion de contrat en en faisant, comme il a été vu, une des sources des obligations, aussi bien dans les *Institutes* (3, 88) que dans les *Res cottidianae* (D., 44, 7, 5).

Sur la maxime *Pacta sunt servanda* : J. Barmann, Pacta sunt servanda, Considérations sur l'histoire du contrat consensuel, *RID comp.* 1961, 18; F. Spies, *De l'observation des simples conventions en droit canonique,* Sirey, 1928, qui cite comme origine de la maxime le canon Antigonus des Décrétales de Grégoire IX rendu en 348 : *« Pax servetur, pacta custodiantur »*.

Sur le contrat innomé : P. Collinet, *L'invention du contrat innommé : le responsum d'Ariston (Dig. 2, 14, 7, 2) et la question de Celsus (Dig. 12, 4, 16)*, extrait du Capitolium, Istanbul, 1936, qui, s'interrogeant sur la date d'invention du contrat innommé, rejette l'opinion de « la doctrine conservatrice [qui] la rapportait à Labéon », et aussi « la doctrine extrémiste [qui] la recule jusqu'à Justinien ou jusqu'aux maîtres œcuméniques de Beyrouth »; selon Collinet, l'invention est due à Ariston (*Ulp. l.* 4 ad ed., D., 2, 14, *de pact.*, 7, 2). Il est certes toujours délicat d'analyser de façon rétrospective les textes romains, et le fait de pouvoir citer un texte romain à l'appui d'une solution moderne ne signifie pas toujours nécessairement que les Romains avaient déjà cette solution. M. Villey, Préface historique à l'étude des notions de contrat, *Arch. ph. dr.* 1968, t. 13, 1.

b) *Fas* et *jus.* — Primitivement, les Romains ne distinguaient pas le *jus* (droit) et le *fas* (la religion). Dès lors que les rites avaient été accomplis, celui qui n'exécutait pas son obligation pouvait subir des sanctions religieuses. Mais la distinction fut assez rapidement admise (P. F. Girard, *Manuel élémentaire de droit romain*, 1re éd., 1895, 8e et dernière éd., 1929, revue et mise à jour par F. Senn (réimpr. Topos Verlag et Duchemin, 1978), p. 1). P. Noailles, *Fas et jus, études de droit romain*, Paris, Les Belles Lettres, 1948 (ouvrage posthume), préf. G. Le Bras et, du même auteur, *Du droit sacré au droit civil*, Cours de droit romain approfondi 1941-1942 (égal. publié à titre posthume), Sirey, 1949, av.-propos H. Lévy-Bruhl, qui montre que le droit civil romain s'est développé sur un droit sacré qui s'est progressivement laïcisé ; la manifestation rituelle dans sa nature primitive était en effet un acte religieux, et elle conserve en droit romain la trace la plus formelle de l'époque où le droit n'était pas encore laïcisé et où les règles qui devaient plus tard donner naissance au droit civil étaient encore du domaine du *fas*, de la religion. Selon Noailles, la laïcisation est un fait accompli à l'époque des XII Tables (*op. cit.*, p. 10). *Adde* E. Benveniste, *Le vocabulaire des institutions indo-européennes, 2. pouvoir, droit, religion*, Les éditions de minuit, Le sens commun, 1969. Sur les délits religieux, Mommsen, *Droit public romain*, 8 vol., 1889-1895, vol. 3, p. 56 et s.

Sur le serment, R. Verdier (dir.), *Le serment*, t. II, *Théories et devenir*, CNRS, 1991.

COMMON LAW

L'histoire des contrats en droit de Common Law. Cette histoire est intéressante. D. J. Ibbetson, *A Historical Introduction to the Law of Obligations*, OUP, 1999 (2e tirage 2001) ; A. W. Simpson, *A History of the Common Law of Contract : The Rise of the Action of Assumption*, OUP, 1992 ; P. S. Atiyah, *The Rise and Fall of Freedom of Contract*, OUP, 1979 ; *An Introduction to the Law of Contract*, Oxford, Clarendon Press, 4e éd., 1989. Ce droit étant à l'origine essentiellement processuel, comme le droit romain, il fallait trouver une forme d'action (*form of action*) pour assurer le caractère exécutoire des promesses échangées par le contrat, le principe étant que le seul échange de promesses n'est pas obligatoire. Les cours royales ne pouvaient être saisies que sur présentation d'un *writ* représentant une action particulière. La première action possible aurait été celle de *covenant*, née en Angleterre vers la fin du XIIe siècle ; mais cette voie fut sans issue car il fut fermement jugé que l'action requérait que le demandeur produisît un sceau écrit. Une seconde tentative fut l'action de *debt*, permettant de recouvrer une somme d'argent versée à quelqu'un ; mais là encore cette action ne pouvait se développer pour servir à assurer l'exécution des promesses en général, car le fondement de l'action n'était pas tant l'existence d'une promesse que la tradition d'une chose, en particulier d'une somme d'argent, à une autre personne. L'action de *trespass* fut également explorée, propre aux hypothèses où le demandeur a subi un dommage, dans sa personne ou dans ses biens. De cette action dériva l'action d'*assumpsit* (qui signifie en latin « il a assumé », « il s'est engagé ») qui est l'origine la plus directe du droit des contrats. Vers le début du XVe siècle, cette action permettait de se plaindre lorsqu'une personne s'était engagée à faire quelque chose et qu'elle le faisait de façon dommageable. Par exemple un entrepreneur s'obligeait à construire une maison parfaitement solide et il construit en réalité une maison pleine de défauts. Mais au début, cette action nécessitait que la promesse ait été mal exécutée. L'action d'*assumpsit* ne pouvait en revanche pas être intentée lorsque la promesse n'avait pas été exécutée du tout, par exemple l'entrepreneur n'avait pas construit la maison. Cette seule promesse non exécutée ne pouvait permettre d'aller en justice, sauf si une forme avait été respectée, et que la promesse avait été faite sous sceau. Mais progressivement les juges essayèrent d'aller plus loin. Ils admirent que la *consideration* pouvait remplacer l'exigence d'un sceau et, surtout, certaines promesses furent déclarées exécutoires (*actionable*) dès l'échange des promesses, et avant même tout début d'exécution. Pour des développements sur l'évolution du concept de *consideration*, H. Collins, *The Law of Contract*, LexisNexis, Butterworths, 4e éd., 2003, 58 et s. Pour une explication de cette évolution fondée sur la *reliance*, c'est-à-dire la foi faite à la promesse d'autrui, A. Farnsworth, *Changing your Mind, The Law of Regretted Decisions*, Yale Univ. Press, 1998 : l'auteur insiste sur le très grand pas qui fut franchi lorsque, à la fin du XVIe siècle, l'action fut accordée dès l'échange des promesses, même si aucune *reliance* n'avait encore eu lieu, c'est-à-dire qu'aucune des parties n'avait encore rien fait sur la foi de la promesse de l'autre. Fuller and Perdue, *The Reliance Interest in Contract Damages*, 46 *Yale L. Journ.*, 52 (1936). De cette origine, demeure en droit anglais l'accent mis sur le préjudice (*detriment*) causé par l'inexécution des obligations plus que sur l'engagement contractuel luimême en tant qu'échange de consentements.

Chapitre 2

LES PRINCIPES DIRECTEURS DU DROIT DES CONTRATS

Outre le principe général de justice, le contrat est soumis aux principes de la liberté, de la force obligatoire et de la bonne foi.

1 | La liberté contractuelle

La liberté contractuelle est le principe premier du droit des contrats. Son contenu et sa valeur sont pourtant encore incertains.

1. LE CONTENU DU PRINCIPE DE LIBERTÉ CONTRACTUELLE

a) La liberté de contracter. — La liberté contractuelle est, comme la liberté syndicale par exemple, une liberté positive mais aussi négative : la liberté de contracter ou de *ne pas* contracter. Par le contrat, des obligations sont volontairement souscrites, et chacun peut donc choisir de ne pas contracter.

Il est cependant des limites à cette liberté de contracter ou de ne pas contracter.

Il y a d'abord des *contrats interdits.* On peut citer, parmi maints exemples, celui du pacte civil de solidarité (qui est un contrat : v. art. 515-1 C. civ.), dont la conclusion est interdite entre certaines personnes, soit qu'elles aient entre elles un lien de parenté jugé trop proche (par ex. entre ascendants et descendants en ligne directe), soit qu'elles soient déjà engagées dans les liens du mariage ou d'un autre PACS (art. 515-2 C. civ.). On peut citer encore le cas des administrateurs personnes physiques d'une société anonyme qui, sauf exception, ne peuvent se faire cautionner ou se voir consentir de prêt par celle-ci (art. L. 225-43 C. com.).

Il y a également, et même de plus en plus, des *contrats imposés*. Pour pratiquer certaines activités, il est ainsi obligatoire de souscrire un contrat d'assurance (par ex. pour conduire une voiture automobile). De même, il est aujourd'hui obligatoire de conclure un PARE (plan d'aide au retour à l'emploi) pour pouvoir toucher des allocations de chômage.

b) Le libre choix du cocontractant. — La liberté contractuelle comporte la faculté de choisir librement son contractant. La Cour de cassation a l'occasion de le rappeler et précise que cette liberté implique la faculté de ne pas motiver le choix de tel contractant plutôt que tel autre, et même celle de ne pas communiquer les critères selon lesquels ce choix est exercé. Le Conseil constitutionnel a également affirmé la valeur constitutionnelle du principe de libre choix de ses collaborateurs découlant de la liberté d'entreprendre[1].

Il est cependant des limites à cette liberté de choix. Le libre choix ne doit pas devenir une discrimination illicite, fondée sur des raisons que le droit prohibe et qui ouvre alors droit à réparation. De même, la protection des consommateurs justifie que soit interdit le refus de vente ou d'effectuer une prestation de services. Même entre professionnels, les juges sont parfois très sévères, puisqu'ils exigent que le refus de contracter, par exemple le refus d'admettre une société dans un réseau de distribution sélective, soit motivé par des critères de choix objectifs, ce qui limite la liberté de choix du cocontractant. La Cour de cassation limite aussi la liberté de refuser un contractant, en particulier lorsqu'il s'agit plus précisément du refus de renouveler un contrat. La question rejoint celle des offres au public où l'offrant ne peut parfois plus refuser de contracter. De fait, la liberté de choisir son cocontractant est également limitée en présence d'un monopole de droit ou de fait.

c) La libre détermination du contenu du contrat. — La liberté contractuelle comprend aussi, toujours en principe, la possibilité de déterminer le contenu du contrat envisagé, c'est-à-dire de définir soi-

1. Décision n° 88-244 DC du 20 juillet 1988.

même lcs termes de son engagement. Les parties peuvent ainsi convenir librement de toutes sortes de montages ou de clauses sur mesure, et les juges doivent suivre les indications précises des parties.

Le principe est donc la liberté contractuelle, et les juges déduisent de l'article 6 du Code civil selon lequel « on ne peut déroger, par des conventions particulières, aux lois qui intéressent l'ordre public et les bonnes mœurs » qu'*a contrario*, tout ce qui n'est pas défendu est permis et entre dans le cadre de la liberté contractuelle[1].

Cette liberté trouve ainsi en revanche une limite dans le nécessaire respect de l'ordre public et des bonnes mœurs puisque l'article 6 précité interdit certains contrats et certaines clauses. Ne peuvent ainsi être incluses dans le contrat des dispositions contraires à des principes jugés fondamentaux, c'est-à-dire nécessaires au bon ordre et la morale sociale, sous peine de nullité et même de condamnation à des dommages-intérêts pour celui qui aurait effectué un montage contractuel frauduleux.

On peut plus précisément distinguer entre trois types de règles, selon la place laissée à la liberté individuelle : les règles *impératives*, qui s'imposent aux parties et auxquelles elles ne peuvent donc déroger par leur volonté individuelle et des conventions particulières ; les règles *supplétives*, qui ne s'appliquent qu'en l'absence de volonté contraire exprimée par les parties ; et enfin les règles que l'on appelle parfois *dispositives*, car elles sont à la disposition des parties qui peuvent choisir de les rendre applicables en exprimant expressément leur volonté en ce sens. Les trois types de règles ont leur rôle propre. Les règles impératives indiquent les choix de société fondamentaux d'une époque. Les règles supplétives servent souvent à diminuer ce que les économistes appellent les « coûts de transaction », c'est-à-dire en particulier les coûts de négociation du contrat : elles constituent en effet autant de points sur lesquels les parties n'ont pas besoin de discuter dès lors qu'elles n'entendent pas y déroger. Les règles dispositives peuvent avoir ce même rôle, mais dans des domaines où l'on ne pouvait supposer *a priori* l'accord des parties pour adopter la règle proposée, dans la mesure où celle-ci ne correspond pas nécessairement à la volonté du plus grand nombre. Ainsi, en matière de régimes matrimoniaux, de nombreux modèles sont définis et proposés par le législateur, les parties pouvant choisir de les adopter par un contrat passé devant notaire : il en est ainsi par exemple du régime de

1. Ainsi, « les dispositions de l'article 9 du code civil, seules applicables en matière de cession de droit à l'image, à l'exclusion notamment du code de la propriété intellectuelle, relèvent de la liberté contractuelle », et une Cour d'appel peut donc valider un contrat par lequel une mannequin professionnel se livre à des séances de prises de photographies et cède, dans certaines limites, le droit de les exploiter » : Civ. 1re, 11 déc. 2008, n° 07-19494 ; *RDC* 2008/2477, obs. Y. M. Laithier.

la communauté universelle ou encore du régime de la séparation de biens, régimes qui sont ainsi mis à la disposition des époux ; en l'absence de choix positif de leur part d'un autre régime matrimonial, le régime supplétif de la communauté réduite aux acquêts (c'est-à-dire aux biens acquis pendant le mariage) leur sera appliqué.

De fait, la libre détermination du contenu du contrat est également limitée lorsque le cocontractant est en position de force pour imposer ses propres termes dans un contrat dit « d'adhésion » : celui qui veut conclure n'a d'autre choix que d'accepter les clauses imposées.

Les limites légales à la libre détermination du contenu du contrat ne sont pas que négatives (prohibition de certains contenus). Il arrive aujourd'hui de plus en plus souvent, notamment en matière de droit de la consommation, que le législateur impose au professionnel un certain contenu en l'obligeant à insérer, dans ses contrats, des clauses protectrices des consommateurs, en particulier des clauses rappelant à ceux-ci leurs droits.

2. LA VALEUR DU PRINCIPE DE LIBERTÉ CONTRACTUELLE

Le principe de liberté contractuelle a-t-il valeur constitutionnelle ou « simplement » législative ? L'enjeu de la qualification est important, puisque, en principe, une règle à valeur constitutionnelle ne peut être modifiée que par une révision de la Constitution, alors que le législateur est habilité à modifier une règle qui n'aurait « que » valeur législative. La distinction est cependant un peu plus subtile car, s'agissant des libertés publiques, il est admis que celles-ci puissent être licitement encadrées et limitées par le législateur même si elles ont une valeur constitutionnelle. La valeur constitutionnelle de la liberté d'entreprendre n'est ainsi pas un obstacle à la possibilité pour le législateur d'y apporter des limites, par exemple lorsqu'il réglemente l'accès à une profession ou qu'il pose certaines exigences pour l'exercice d'une activité. De même, selon la formulation célèbre du préambule de la Constitution de 1946, « Le droit de grève s'exerce dans le cadre des lois qui le réglementent ». L'affirmation de la valeur constitutionnelle d'un principe perd alors un peu de son intérêt si ce n'est qu'elle invite le législateur à n'y déroger qu'avec beaucoup plus de circonspection.

Dans un premier temps, le Conseil constitutionnel dénia toute valeur constitutionnelle au principe de la liberté contractuelle ; il décida ainsi, le 3 août 1994, qu'« aucune norme de valeur constitutionnelle ne garantit le principe de la liberté contractuelle». Cette affirmation pouvait *a priori* surprendre. Certes au cours du XXe siècle, les exceptions législatives à la liberté contractuelle se sont multipliées, révélant ainsi que le législateur ne serait pas lié par des principes supérieurs. À nouveau cependant, l'affirmation de la valeur constitutionnelle d'une liberté n'est pas un obstacle à ce que des exceptions soient posées par le législateur. En outre et surtout, il est douteux que le législateur ait une entière liberté pour réglementer les contrats, et celui-ci est au contraire tenu par certains principes qui ne peuvent dès lors qu'avoir valeur supra-législative. Le législateur ne pourrait ainsi pas échapper à la censure du Conseil constitutionnel s'il interdisait à une catégorie générale de personnes de contracter ou au contraire les obligeait à le faire : certains principes supérieurs s'imposent donc à lui. On pouvait ainsi s'étonner de ce que la liberté contractuelle ne méritât pas le même statut que la liberté d'entreprendre, car les mots employés à propos de celle-ci dans la décision précitée du 16 janvier 1982 auraient pu, *mutatis mutandis*, être dits de celle-là.

En réalité, la position du Conseil constitutionnel pouvait se comprendre par le fait que, comme on le verra à de nombreuses reprises, la liberté contractuelle favorise souvent les forts, tandis que l'interdiction par la loi de certaines clauses ou dispositions permet de protéger les faibles[1]. Il ne fallait donc pas priver le législateur d'un instrument de politique législative et celui-ci ne devait donc pas être interdit par principe d'intervenir sur le contenu des contrats.

Le Conseil constitutionnel a nuancé par la suite sa position pour tenir compte de ces deux objectifs contradictoires. Ainsi, dans une décision du 20 mars 1997, il affirma que si «le principe de liberté contractuelle n'a pas en lui-même valeur constitutionnelle», sa méconnaissance peut néanmoins être invoquée devant lui «dans le cas où elle conduirait à porter atteinte à des droits et libertés constitutionnellement garantis». Le Conseil constitutionnel pouvait donc exercer sa censure dès lors que l'atteinte portée à la liberté contractuelle conduisait à violer une autre liberté à valeur constitutionnelle – la liberté d'entreprendre par exemple, ou encore la liberté d'exercer une activité professionnelle.

Enfin le Conseil constitutionnel a franchi le pas en conférant directement à la liberté contractuelle une valeur constitutionnelle : celle-ci

1. Comme le disait Lacordaire, dans une formule restée célèbre : «entre le fort et le faible, entre le riche et le pauvre, entre le maître et le serviteur, c'est la liberté qui opprime, et la loi qui affranchit» (52e conférence de Notre-Dame, du 16 avril 1848).

découle en effet désormais selon lui de l'article 4 de la Déclaration des droits de l'homme et du citoyen[1].

Si la liberté de contracter ou de ne pas contracter relève bien du principe général de liberté, la nécessité que le législateur respecte les contrats en cours relève plus directement du principe de sécurité juridique. Dans une décision du 13 janvier 2003, le Conseil constitutionnel a ainsi logiquement ajouté l'article 16 de la Déclaration des droits de l'homme et du citoyen comme fondement de la protection de la liberté contractuelle, dans son aspect plus précis de protection de l'économie des contrats en cours[2].

En définitive, la liberté contractuelle se voit désormais reconnaître directement une valeur constitutionnelle, avec la même formule que celle utilisée pour la liberté d'entreprendre, et autorisant donc une intervention mesurée du législateur. Pour y déroger, ce dernier doit cependant justifier d'« un motif d'intérêt général suffisant », pour reprendre les termes du Conseil constitutionnel, et l'atteinte doit être proportionnée à l'objectif visé. La formule est suffisamment générale pour pouvoir être interprétée différemment selon les différentes composantes de la liberté contractuelle, car certaines sont plus intangibles que d'autres. La liberté de ne pas contracter est ainsi sans doute davantage protégée que la sécurité des contrats, et le motif requis pour y déroger sera dès lors plus exigeant.

2 | La force obligatoire du contrat

La force obligatoire du contrat est également un principe fondateur du contrat et elle est même de l'essence du contrat : en d'autres termes,

1. Décision n° 2000-437 DC du 19 décembre 2000 relative à la loi de financement de la sécurité sociale pour 2001 : selon le Conseil, le dispositif institué par le législateur « n'apporte pas à la liberté contractuelle qui découle de l'article 4 de la Déclaration des droits de l'homme et du citoyen une atteinte contraire à la Constitution » (§ 37). V. déjà la décision n° 98-401 DC du 10 juin 1998 relative à la loi d'orientation et d'incitation relative à la réduction du temps de travail, où le Conseil retient que « le législateur ne saurait porter à l'économie des conventions et contrats légalement conclus une atteinte d'une gravité telle qu'elle méconnaisse manifestement la liberté découlant de l'article 4 de la Déclaration des droits de l'homme et du citoyen de 1789 » (§ 29).

2. Décision n° 2002-465 DC du 13 janvier 2003 sur la loi relative aux salaires, au temps de travail et au développement de l'emploi. Selon cette décision, « le législateur ne saurait porter aux contrats légalement conclus une atteinte qui ne soit justifiée par un motif d'intérêt général suffisant sans méconnaître les exigences résultant des articles 4 et 16 de la Déclaration des droits de l'homme et du citoyen de 1789 ».

un accord non obligatoire ne pourrait pas être juridiquement qualifié de contrat. L'article 1134, alinéa 1er du Code civil l'énonce clairement : « Les conventions légalement formées tiennent lieu de lois à ceux qui les ont faites. »

Une question théorique centrale consiste à savoir pourquoi un contrat est obligatoire : c'est la question du fondement de la force obligatoire du contrat. Plusieurs réponses ont été successivement apportées à cette question. L'une d'entre elles ne doit pas être retenue au détriment des autres, mais les quatre concourent au contraire ensemble à la justification de cette force obligatoire.

1. L'EXPLICATION PAR LA TOUTE PUISSANCE DE LA VOLONTÉ : L'AUTONOMIE DE LA VOLONTÉ

La réponse à la question de la force obligatoire du contrat est souvent recherchée du côté du débiteur, de celui qui s'engage, et l'explication proposée est la théorie dite de l'autonomie de la volonté. Dire que la volonté est autonome signifie qu'elle peut se donner à elle-même sa propre loi (du grec *autonomos*, composé de *auto*, soi-même, et *nomos*, la règle, équivalent du latin *lex*). L'hétéronomie suppose au contraire que la loi soit imposée de l'extérieur. La théorie de l'autonomie de la volonté explique donc la force obligatoire du contrat par la toute puissance de la volonté qui peut se donner à elle-même sa propre loi et par là même se contraindre. L'individu est obligé parce qu'il l'a voulu et il n'est obligé que dans la mesure où il l'a voulu. On trouve trace de cette explication dans l'article 1134 du Code civil selon lequel si les conventions légalement formées « tiennent lieu de loi », c'est seulement à « ceux qui les ont faites », suggérant ainsi que la force obligatoire du contrat vient de la volonté propre des parties s'étant données cette loi. Cette idée se retrouve dans plusieurs adages classiques tels que *« Tu patere legem quam ipse fecisti »* (subis les conséquences de la loi que tu as toi-même faite). La justification de la toute puissance ainsi donnée à la volonté réside en outre dans l'idée selon laquelle le contrat ne peut qu'être juste s'il est laissé à la libre détermination des parties. C'est le sens de la célèbre expression de Fouillée, juriste du XIXe siècle : « Qui dit contractuel, dit juste »[1].

1. Sur cette formule, v. J.-F. Spitz, « Qui dit contractuel dit juste » : quelques remarques sur une formule d'Alfred Fouillée, *RTD civ.* 2007, 281.

Cette explication ne suffit cependant pas à rendre compte de la force obligatoire du contrat.

Historiquement tout d'abord, la théorie de l'autonomie de la volonté n'est apparue qu'au XIXe siècle, et ce dans la doctrine internationaliste. On en trouve aussi souvent trace dans les travaux de Kant, bien que cette filiation soit aujourd'hui discutée. Quoi qu'il en soit, de nombreux contrats étaient obligatoires dès le droit romain, bien avant donc que l'explication de l'autonomie de la volonté ne soit proposée.

L'argument de la toute puissance de la volonté est aussi souvent écarté au motif que si la volonté était toute-puissante, elle devrait pouvoir se lier mais aussi se délier : la volonté passée de s'engager ne devrait en effet pas prévaloir sur la volonté présente de ne pas exécuter. En d'autres termes, si seule la volonté individuelle se donnait sa propre loi, elle devrait pouvoir se désengager aussi facilement qu'elle s'était engagée. La justification de la force obligatoire du contrat ne pourrait donc pas résider dans la seule volonté de celui qui s'oblige.

Enfin d'un point de vue philosophique, il n'est pas nécessaire de passer par la toute puissance de la volonté, fût-elle subordonnée à la raison comme chez Kant, pour expliquer la liberté. Il faudrait sans doute au contraire pouvoir d'abord être certain de l'existence de la liberté pour apprécier s'il est possible de vouloir.

Le Conseil constitutionnel a jugé à plusieurs reprises qu'il n'existe aucun principe à valeur constitutionnelle dit de l'« autonomie de la volonté ». Cette position est sage, dans la mesure où, n'étant pas un principe juridique de droit positif, il était impossible de lui reconnaître une quelconque valeur positive et, en particulier, une valeur constitutionnelle. Le principe de l'autonomie de la volonté n'est qu'une des explications philosophiques possibles de la liberté contractuelle et surtout de la force obligatoire du contrat. Pour la même raison et contrairement à ce que le Conseil constitutionnel a affirmé dans quelques décisions plus anciennes, l'autonomie de la volonté ne peut être incluse dans les principes fondamentaux du régime des obligations civiles et commerciales visés par l'article 34 de la Constitution.

La doctrine semble aujourd'hui s'accorder pour rejeter la théorie de l'autonomie de la volonté qu'elle avait longtemps unanimement admise. Il ne faudrait pas cependant passer à un autre extrême. Le rôle de la volonté demeure de l'essence du contrat et son critère le plus sûr : le contrat est en effet le mode volontaire de souscription d'obligations. C'est la particularité même (et certes le paradoxe) de la liberté contractuelle, d'être une liberté de se lier et donc d'abandonner une partie de sa liberté. Le droit des contrats demeure imprégné de cette volonté des parties, qui est par exemple le guide de l'interprétation des contrats : à la différence de certains droits étrangers, c'est ainsi la recherche de la commune intention des parties qui sera déterminante plus encore que les termes exprimés dans le contrat.

Il est vrai cependant que le seul examen de la volonté de celui qui s'oblige ne suffit pas à expliquer pourquoi il ne peut se délier. En d'autres termes, la volonté est une condition nécessaire mais non pas suffisante de la force obligatoire du contrat. Il faut alors au moins prendre en considération le destinataire de la parole donnée.

2. L'EXPLICATION PAR LES ATTENTES LÉGITIMES DU DESTINATAIRE DE LA PROMESSE

Si le promettant ne peut se délier une fois qu'il a exprimé sa volonté, c'est que cette volonté, par son expression même, s'est transformée en parole : dès lors, elle ne relève plus du seul for interne et de l'autonomie, mais est entrée dans le for externe, participant ainsi naturellement du lien social.

Dans d'autres systèmes juridiques, on explique ainsi la force obligatoire des contrats en se plaçant non pas du côté de celui qui promet mais plutôt de celui auquel la promesse est faite : c'est la célèbre théorie de la *reliance*, développée en Angleterre et aux États-Unis (v. surtout Atiyah, qui a généralisé et théorisé les remarques de Fuller sur ce point) mais aussi en Italie (travaux de Gino Gorla, notamment). Selon cette explication, la promesse oblige parce que quelqu'un a légitimement cru qu'elle serait tenue : le Droit doit protéger les attentes, tout au moins lorsqu'elles sont légitimes, c'est-à-dire veiller à ce qu'elles ne soient pas déçues. La théorie de la *reliance* (concept que l'on peut traduire approximativement par celui d'« attentes légitimes ») est intéressante en ce que, contrairement à la théorie de l'autonomie de la volonté, elle n'ignore pas que le droit est toujours un lien, et que la promesse ne peut donc pas obliger si elle n'est pas destinée à autrui. Ce n'est au demeurant pas tant la volonté elle-même qui marque la naissance de l'obligation que l'expression de cette volonté, sa communication, laquelle implique nécessairement l'existence d'autrui : il faut pour lier les hommes des « paroles », comme le rappelle la célèbre formule de Loysel : « On lie les bœufs par les cornes et les hommes par les paroles. »

Une première critique a cependant pu être apportée à cette explication. Si en effet c'est vraiment la confiance légitime du destinataire de la promesse que le droit veut protéger, pourquoi cette promesse est-elle obligatoire dès qu'elle a été acceptée, c'est-à-dire dès l'échange des consentements, sans que son destinataire ait à démontrer qu'il a subi une perte en raison de la foi qu'il lui avait accordée? Très vite, cette critique fut écartée. Comme l'expliqua Lon Fuller aux États-Unis il y a plus de cinquante ans, pour encourager la *reliance*, il faut dispenser de sa preuve. Si le destinataire d'une promesse devait démontrer le préjudice qu'il a subi en comptant sur celle-ci pour pouvoir en faire admettre le caractère obligatoire, il s'empresserait, de façon souvent fictive, de faire des actes qui lui serviraient à caractériser ultérieurement un tel préjudice. L'échange des consentements est le moment le plus tôt où le destinataire de la promesse peut légitimement compter dessus. Le consentement joue donc le rôle essentiel d'un substitut de la *reliance* : c'est bien la *reliance* qui compte, mais le consentement permet de fixer avec certitude un moment, afin d'éviter les litiges et les discussions sans fin.

Une seconde critique plus sérieuse est apportée à la théorie de la *reliance* qui, cette fois-ci, n'a pas été surmontée. On lui reproche en effet sa circularité : le Droit devrait protéger les attentes du créancier au motif que celui-ci a pu légitimement croire qu'elles seraient respectées, mais celui-ci n'a pu légitimement croire qu'elles seraient respectées que si le Droit les protège; or on ne peut, sans circularité, présupposer le caractère obligatoire de la promesse pour ensuite l'expliquer.

L'explication ne doit néanmoins pas être totalement écartée et elle sera retrouvée dans plusieurs règles ponctuelles.

3. L'EXPLICATION POSITIVISTE : LA CONFORMITÉ DU CONTRAT À LA LOI

Plusieurs auteurs, rejetant la théorie de l'autonomie de la volonté, proposent une interprétation plus positiviste de la force obligatoire du contrat. Le contrat serait obligatoire parce que la loi en dispose ainsi. C'est en effet l'article 1134 du Code civil qui pose cette force obligatoire du contrat. L'explication est couramment dénommée «positiviste» car elle est conforme à théorie de la «pyramide des normes» exposée par Kelsen : le contrat qui s'insère dans cette pyramide trouve sa force obligatoire dans la norme qui lui est supérieure, c'est-à-dire dans la loi. M. Rouhette a repris et développé cette idée, en la résumant par l'amusante formule selon laquelle «on contracte des dettes comme on contracte les fièvres : par un décret d'une puissance supérieure»[1]. En résumé, la force obligatoire du contrat ne viendrait pas tant de la volonté que du système juridique. La preuve en serait le Code civil lui-même dont l'article 1134 pose le principe de la force obligatoire des contrats, tout en n'octroyant celle-ci qu'aux contrats «légalement formés», refusant ainsi clairement de reconnaître la toute puissance de la volonté. Toujours selon une comparaison frappante, le rôle de la volonté dans les contrats serait assimilable à celui qu'elle a lorsque l'on veut allumer la lumière : c'est la volonté qui décide d'appuyer sur le bouton ou de conclure un contrat, mais la force obligatoire comme la lumière vient d'ailleurs.

Il n'est certes guère contestable que la force obligatoire du contrat découle du système juridique et, en dernier ressort, de l'État qui est garant du système. Cette explication rend compte du fait incontestable qu'il n'y a pas de droit, et notamment pas de contrat, sans une nécessaire part d'hétéronomie : c'est ce que rappelle, en droit positif français, l'article 1134 du Code civil.

Il s'agit cependant là d'une évidence qui ne suffit pas à analyser le contrat. Dire que le contrat tire sa force obligatoire de la loi n'explique pas pourquoi il est juste que le contrat oblige et pourquoi il faut lier les hommes par leurs paroles. La question demeure de savoir pourquoi lorsque l'on appuie sur le commutateur électrique la lumière s'allume.

4. L'EXPLICATION ANTHROPOLOGIQUE

L'explication positiviste implique que le droit pourrait décider que les contrats ne sont pas obligatoires : il suffirait pour cela d'abroger ou de modifier l'article 1134 du Code civil.

Pourtant, une société dans laquelle les parties ne pourraient pas poursuivre l'exécution forcée des contrats devant les tribunaux ne serait pas viable bien longtemps, au sens anthropologique du terme. Plus personne ne pourrait faire confiance à l'autre, et il n'y aurait de contrat qu'à exécution instantanée et simultanée des obligations convenues. Aucun des cocontractants ne s'aviserait en effet d'exécuter le premier sachant que si l'autre n'assume pas à son tour ses obligations, il ne pourra en référer aux tribunaux et perdra donc ce dont il s'était trop hâtivement séparé. Le droit qui a en charge l'institution de la société

1. Ces idées ont été développées dès sa fameuse thèse de doctorat : *Contribution à l'étude critique de la notion de contrat*, Paris, 1965.

doit dès lors rendre les contrats obligatoires. Le cœur de l'explication réside ainsi dans l'idée de protéger la confiance, et l'on retrouve donc ici la nécessaire considération des attentes légitimes du destinataire de la promesse. Le droit international public en est une preuve où on voit que les États doivent, pour coexister pacifiquement, exécuter les conventions et traités qu'ils ratifient, bien qu'il n'existe aucun principe supranational édictant de façon générale cette force obligatoire. En résumé, il ne peut y avoir de société sans obligation de respecter les contrats, que cette obligation soit imposée par le droit ou par un autre système de normes.

3 | La bonne foi

Le Code civil dispose, à l'article 1134 alinéa 3, que les conventions « doivent être exécutées de bonne foi ». Les parties à un contrat doivent en effet avoir une certaine ligne de conduite dans leurs relations. Mais plus qu'un comportement ponctuel qui peut être exigé des parties, la bonne foi est un véritable principe qui imprègne tout le droit des contrats.

1. LA NOTION DE BONNE FOI

La bonne foi peut recevoir deux acceptions, selon le verbe qui l'accompagne : la bonne foi est d'abord un état d'esprit (« être » de bonne foi) mais aussi une façon d'agir, de se comporter (« agir » de bonne foi). On parle parfois dans plusieurs pays européens de bonne foi « subjective » (l'état d'esprit) ou « objective » (la norme de conduite), et la notion renvoie non seulement à l'attitude des parties mais encore à une norme d'interprétation du contrat.

Une personne *est* de bonne foi lorsqu'elle ne feint pas d'ignorer ce qu'elle sait pertinemment. Un possesseur de bonne foi par exemple est un possesseur qui ignore qu'il n'a pas de titre légitime : notamment un acheteur qui ne sait pas que son contrat de vente est nul.

Une personne *agit* de bonne foi lorsqu'elle se comporte de façon loyale vis-à-vis de son partenaire, sans chercher à l'abuser. Par exemple un créancier qui adresse une mise en demeure de payer à son débiteur pendant les vacances n'agit pas de bonne foi : il ne met pas réellement son partenaire en mesure d'exécuter ses obligations. En droit des contrats, c'est plutôt cette seconde acception qui est utilisée : la bonne foi est alors un élément d'interprétation du contrat permettant d'imposer aux parties un certain comportement. Pendant longtemps, le concept de bonne foi fut très peu mobilisé par les tribunaux, si bien qu'on n'en voyait guère l'utilité. Mais à partir de la seconde moitié du XXe siècle, les juges en ont déduit de très nombreuses obligations pour les contractants : devoir de probité, d'honnêteté, obligation d'information du cocontractant, devoir de coopération, etc. De plus en plus, les juges imposent, au nom de cette bonne foi, une certaine justice contractuelle. Ils exigent ainsi une assistance entre les contractants, en vertu de laquelle la partie forte doit aider la partie faible, au besoin même en lui donnant des armes contre elle. Le débiteur doit aussi faire tout ce qui est nécessaire pour que son créancier puisse jouir pleinement des dispositions contractuelles stipulées, et ne doit pas le mettre dans une situation impossible. Les juges du fond n'hésitent pas à mettre, derrière la bonne foi, davantage encore qu'une ligne de conduite entre les cocontractants : ceux-ci devraient également avoir en vue, au-delà de leurs intérêts individuels, un certain souci de l'intérêt général [1] (v. état des questions).

La bonne foi, comme la plupart des règles générales de comportement des parties (loyauté, probité, etc.), n'est pas à proprement parler une obligation au sens d'une prestation que l'une des parties devrait à l'autre et qui s'épuiserait dans son accomplissement même; il s'agit plutôt d'une exigence générale entre les parties qui imprègne toutes leurs relations, et notamment la façon d'exécuter leurs obligations. Elle est aussi un guide pour l'interprétation du contrat. Cependant, dès lors que le manquement à la bonne foi pourrait vider l'une des prestations de toute utilité, il permet d'obtenir la résolution du contrat pour inexécution.

2. LE DOMAINE DE LA BONNE FOI : LA FORMATION ET L'EXÉCUTION DU CONTRAT

Le projet de Code civil de l'an VIII précisait que « les conventions doivent être *contractées* et exécutées de bonne foi » mais, pour des rai-

1. Nancy, 26 sept. 2007, *RTD civ.* 2008, 295, obs. B. Fages; *RLDC* 2008, n° 2969, note O. Cachard, qui énonce qu'« au-delà des intérêts particuliers de chacun, une recherche de l'intérêt commun (voire du bien commun) doit animer les contractants » et que « l'éthique individualiste doit céder partiellement le pas à une justice contractuelle, faite de solidarité »; les parties doivent dès lors reprendre les négociations « dans l'intérêt général de la réduction des émissions de gaz à effet de serre ».

sons de forme, la version définitive de l'article 1134 s'est cantonnée au seul terrain de l'exécution. Il paraissait en réalité évident que les parties devaient être de bonne foi lors de la formation du contrat et il semblait donc inutile de le préciser expressément.

Dans la formation du contrat, la bonne foi oblige à un comportement loyal vis-à-vis du futur partenaire, à ne pas chercher à l'inciter, contre son intérêt, à conclure un contrat. Les vices du consentement sont si développés en droit français que tout comportement de mauvaise foi peut être sanctionné à travers eux : il n'est donc pas nécessaire d'invoquer en outre la bonne foi. La Haute Juridiction a alors affirmé que «l'obligation de bonne foi suppose l'existence de liens contractuels»[1], ce qui est sans doute excessivement restrictif, la bonne foi imprégnant également la formation de ces liens[2].

Dans l'exécution du contrat, les juges se sont largement servis de la règle générale de l'article 1134 alinéa 3 du Code civil afin de guider la conduite des cocontractants. La bonne foi doit alors inspirer tant l'exécution de ses propres obligations que l'exigence de l'exécution par l'autre de ses obligations. Le contractant doit ainsi d'abord exécuter de bonne foi ses propres obligations : il doit essayer de procurer à son cocontractant la satisfaction que celui-ci peut légitimement attendre et non pas par exemple prétendre exécuter ses obligations en respectant la lettre du contrat, tout en sachant pertinemment que son partenaire avait autre chose en vue. Le contractant doit également être de bonne foi dans l'exécution qu'il réclame de la part de son cocontractant : il doit par exemple prendre en considération les intérêts légitimes de ce dernier et ne pas exiger un mode d'exécution qu'il sait contraignant pour celui-ci, alors qu'un autre plus léger serait tout aussi satisfactoire.

Les juges n'hésitent plus à se servir de la bonne foi pour imposer aux parties des obligations qu'elles n'avaient pas expressément prévues. L'article 1134, al. 3 sert ainsi, parallèlement à l'article 1135, à un certain «forçage» du contrat. On peut citer par exemple la jurisprudence qui, cherchant à atténuer les effets du refus de principe de l'imprévision, impose aux contractants de renégocier leur contrat en cas d'important déséquilibre survenu au cours de son exécution.

1. Civ. 3e, 14 sept. 2005, n° 04-10856; *D.* 2006, 761, note D. Mazeaud; *JCP G* 2005, II, 10173, note G. Loiseau; *RTD civ.* 2005, 776, obs. J. Mestre et B. Fages; *RDC* 2006, 314, obs. Y.-M. Laithier et 811, obs. G. Viney; *Dr. & patrimoine*, janv. 2006, 87, obs. L. Aynès; *Defrénois* 2006, art. 38327, note M. Tchendjou.

2. La Cour de cassation vise au demeurant parfois «l'obligation de contracter de bonne foi» : v. ainsi Civ. 1re, 13 mai 2003, n° 01-11511; Civ. 1re, 26 nov. 1991, n° 90-14978 (qui vise même l'article 1134 al. 3).

La Cour de cassation entend cependant mettre une limite à ce pouvoir, et juge que « si la règle selon laquelle les conventions doivent être exécutées de bonne foi permet au juge de sanctionner l'usage déloyal d'une prérogative contractuelle [1], elle ne l'autorise pas à porter atteinte à la substance même des droits et obligations légalement convenus entre les parties » [2]. Les juges pourraient ainsi sanctionner l'usage déloyal d'une clause résolutoire (c'est ce qu'ils font), mais pas priver un cocontractant, même de mauvaise foi, du bénéfice de sa créance, par exemple d'une garantie de passif. De même, ils pourraient obliger les parties à renégocier un contrat devenu déséquilibré par suite d'une modification des circonstances économiques, mais non pas modifier les obligations convenues.

On peut comprendre que la Cour de cassation souhaite qu'une créance ne puisse être paralysée pour manquement à la bonne foi, mais la formule utilisée semble exagérément doctrinale et large. Lorsque l'exercice d'une clause est paralysée pour mauvaise foi (par exemple une clause résolutoire), il en résulte bien une modification des droits et obligations des parties. De même lorsque les juges imposent une obligation de renégocier. La Cour de cassation admet au demeurant qu'une action en responsabilité contractuelle soit intentée contre un contractant déloyal, et les dommages-intérêts accordés peuvent ainsi, indirectement, modifier les obligations respectives des parties [3].

La bonne foi est ainsi largement exigée dans l'exercice, par les parties, de leurs droits et obligations. Cependant, certaines prérogatives contractuelles fondées sur un pur formalisme protecteur peuvent être exercées sans que celui qui les invoque ait à démontrer sa bonne foi [4].

1. Sur cette notion, v. not. D. Fenouillet, La notion de prérogative, Instrument de défense contre le solidarisme ou technique d'appréhension de l'unilatéralisme, *RDC* 2011, 644.

2. Com., 10 juill. 2007, n° 06-14768 ; *Rapport*, 436 ; *Grands arrêts*, n° 164 ; *RTD civ.* 2007, 773, obs. B. Fages ; *D.* 2007, 2839, obs. Ph. Stoffel-Munck, 2844, obs. P.-Y. Gautier et 2972, obs. B. Fauvarque-Cosson ; *RDC* 2007, 1107, obs. L. Aynès et 1110, obs. D. Mazeaud ; *RLDC* 2008, n° 46, p. 6, note Ph. Delebecque ; *Defrénois* 2007, art. 38667, n° 61, obs. É. Savaux ; *JCP G* 2007, II, 10154, note D. Houtcieff ; *Dr. & patr.* 2007, n° 162, p. 94, obs. P. Stoffel-Munck ; *Cont. conc. consom.* 2007, comm. 294, L. Leveneur ; *RTD com.* 2007, 786, obs. P. Le Cannu et B. Dondero ; *Bull. Joly* 2007, 1187, obs. A. Couret. Avec la même formule, mais ajoutant que la règle selon laquelle les conventions doivent être exécutées de bonne foi n'autorise pas non plus le juge à s'affranchir des dispositions impératives du statut des baux commerciaux : Civ. 3e, 9 déc. 2009, n° 04-19923 ; *RTD civ.* 2010, 476, obs. B. Fages ; *D.* 2010, 476, note J. Billemont ; *Gaz. Pal.* 4 avr. 2010, 20, note D. Houtcieff ; *RDC* 2010, 561, obs. Y.-M. Laithier puis obs. D. Mazeaud, et 666, obs. J.-B. Seube ; *RDC* 2011/2, 687, obs. L. Aynès.

3. Civ. 3e, 21 mars 2012, n° 11-14174 ; *RDC* 2012/3, obs. Y.M. Laithier.

4. V. ainsi Civ. 2e, 25 févr. 2010, n° 09-11352 ; *RDC* 2010/3, 814, obs. Y.M. Laithier, qui juge que « selon l'article L. 132-5-1 du code des assurances, dans sa rédaction applicable en l'espèce, la proposition d'assurance ou de contrat doit comprendre un projet de lettre destiné à faciliter l'exercice de la faculté de renonciation ; que l'entreprise d'assurance doit, en outre, remettre, contre récépissé une note d'information sur les dispositions essentielles du contrat et notamment sur les conditions d'exer-

3. LA PREUVE DE LA BONNE FOI

Aux termes de l'article 2268 du Code civil, « La bonne foi est toujours présumée, et c'est à celui qui allègue la mauvaise foi à la prouver ». C'est donc à celui qui prétend qu'un contractant s'est comporté de mauvaise foi d'en apporter la démonstration. Si par exemple une clause du contrat donne un pouvoir à l'un des contractants, il peut en faire usage et c'est à l'autre de prouver que celui-ci était contraire à la bonne foi.

ÉTAT DES QUESTIONS

BIBLIOGRAPHIE

Sur la justice sociale et le droit des contrats : M. W. Hesselink, *CFR & Social Justice*, Sellier, 2008 et, du même auteur et avec le même titre, *ERCL* 2008, 248 ; A. Somma (dir.), *Giustizia sociale e mercato nel diritto europeo dei contratti*, Giappichelli Editore, Torino, 2007 ; n° spéc. *ERCL* 2/2006 ; B. Lurger, The Future of European Contract Law between Freedom of Contract, Social Justice, and Market Rationality, *ERCL*, 4/2005, 442. Pour des propositions en faveur de davantage de justice sociale en droit des contrats, v. le Manifeste pour une justice sociale en droit européen des contrats, *European Law Journal*, 2004, 653, republié in *RTD civ.* 2005, 713. *Adde* A. Supiot, *L'esprit de Philadelphie. La justice sociale face au marché total*, Seuil, 2010.

Sur la liberté contractuelle : v. l'ouvrage fondamental de P. S. Atiyah, *The Rise and Fall of Freedom of Contract*, Oxford, 1979, qui montre l'évolution vers la régression de la liberté contractuelle ; dans ses travaux ultérieurs, l'auteur a toutefois constaté un regain de la liberté contractuelle à partir des années 1980. Adde *The Fall and Rise of Freedom of Contract*, dir. F. H. Buckley, Duke Univ. Press, 1999 ; M. J. Trebilcock, *The Limits of Freedom of Contract*, Cambridge Mass., 1992 ; Roscoe Pound, Liberty of Contract, 18 *Yale L. J.*, 454 (1909).

En France, les travaux parus autour de la première moitié du XXe siècle ont tous mis l'accent sur les limites apportées à l'époque à la liberté contractuelle. G. Ripert, *Les limites à la liberté contractuelle, Répétitions écrites de droit civil approfondi et comparé*, 1929-1930 ; L'ordre économique et la liberté, in *Recueil en l'honneur de F. Gény*, t. II, Sirey, 1934, 347 ; L. Josserand, Le contrat dirigé, *DH* 1933, chron., 89 ; L. Josserand, La publicisation des contrats, in *Recueil en l'honneur d'E. Lambert*, t. III, 1938, 143 ; A. Rouast, Le respect des engagements librement consentis et le contrat dirigé, in *Semaine sociale de France*, 1938, 343 ; A. Rouast, Le contrat dirigé, in *Mélanges N. Sugiyama*, Tokyo, 1940, 317 ; E. Gounot, La liberté des contrats et ses justes limites, in *La*

cice de la faculté de renonciation ; que le défaut de remise des documents et informations ainsi énumérés entraîne de plein droit la prorogation du délai de renonciation ; que l'exercice de cette faculté est discrétionnaire pour l'assuré *dont la bonne foi n'est pas requise* ».

liberté et les libertés dans la vie sociale, Semaines sociales de France, XXXe session (Rouen), 1938, 321 ; Les dernières étapes du dirigisme contractuel : le contrat forcé et le contrat légal, *DH* 1940, chron., 5 ; P. Durand, La contrainte légale dans la formation du rapport contractuel, *RTD civ.* 1944, 73 ; R. Morel, Le contrat imposé, in *Études G. Ripert*, t. II, LGDJ, 1950, 116 ; G. Durry, *Les restrictions conventionnelles au libre choix de la personne du cocontractant*, th. Paris, 1957 ; Trav. Ass. H. Capitant, t. I, 1945 : *L'intervention de l'état dans les contrats*, Journ. belges (Dalloz, 1946).

Pour des références plus récentes : P.-Y. Gahdoun, *La liberté contractuelle dans la jurisprudence du Conseil constitutionnel*, Dalloz, coll. « Nouvelle bibliothèque de thèses », 2008, préf. D. Rousseau, qui distingue la protection constitutionnelle des contrats en cours (« la pérennité contractuelle ») de la protection constitutionnelle des contrats à venir (« l'impulsion contractuelle ») ; M.-L. Izorche, La liberté contractuelle, in *Droits et libertés fondamentaux*, R. Cabrillac, M.-A. Frison-Roche et Th. Revet (dir.), Dalloz, 2008. *Adde* n° spéc. *AJDA* 1998, n° 9, not. : Ch. Brechon-Moulenes, La liberté contractuelle des personnes publiques, 643 ; E. Picard, La liberté contractuelle des personnes publiques constitue-t-elle un droit fondamental ?, 651 ; Ph. Terneyre, La liberté contractuelle est-elle un droit fondamental ? Le point de vue constitutionnel, 667 ; B. Stirn, La liberté contractuelle, droit fondamental en droit administratif, 673 ; L. Leveneur, La liberté contractuelle en droit privé, 676 ; D. Lamèthe, L'innovation contractuelle, *D.* 2008, 1152. *Adde* M. Pena, Les origines historiques de l'article 6 du Code civil, *RRJ* 1992-2, 500.

Pour certains domaines particuliers : D. Porrachia, *La réception juridique des montages conçus par les professionnels*, PUAM, 1998 ; J.-Y. Chabanne, *La liberté contractuelle et le droit fiscal*, th. Toulouse, 1999 ; Y. Guyon, Liberté contractuelle et droit des sociétés, *RJ com.* 2003, n° 4, 147 ; B. Oppetit, La liberté contractuelle à l'épreuve du droit de la concurrence, *Rev. sc. mor. pol.* 1995, 241 ; J. M. Mousseron, Un principe de départ : la liberté contractuelle, in Entreprise et progrès. De nouveaux espaces à la liberté contractuelle, *JCP E* 1995, suppl. n° 2, 5 ; M. Armand-Prevost et D. Richard, Le contrat déstabilisé (de l'autonomie de la volonté au dirigisme contractuel), *JCP G* 1979, I, 2952.

Sur la distinction des règles supplétives et impératives : C. Pérès-Dourdou, *La règle supplétive*, LGDJ, 2004, préf. G. Viney, qui montre que la distinction entre règles impératives et règles supplétives n'est pas une *summa divisio* des rapports que la volonté individuelle entretient avec la liberté, cette dernière pouvant s'exprimer, non pas seulement en écartant un modèle proposé, mais également en choisissant positivement une règle légale qui n'était pas impérative ; elle soutient aussi, de façon peut-être plus discutable, que la règle supplétive est la solution dont l'ordre juridique considère qu'elle est la meilleure de toutes et exprime donc une normalité idéale, un modèle à reproduire ; il en est en réalité souvent différemment, en droit du travail par exemple, où la notion est beaucoup utilisée et constitue au contraire un minimum peu satisfaisant que les parties sont ainsi incitées à améliorer ; de même, en droit des successions, la règle supplétive est simplement celle qui est censée correspondre à la volonté du plus grand nombre.

Sur l'autonomie de la volonté : L'ouvrage de référence est celui d'E. Gounot, *Le principe de l'autonomie de la volonté en droit privé français. Contribution à l'étude critique de l'individualisme juridique*, th. Dijon, 1912 ; paradoxalement, Gounot l'écrivit précisément pour critiquer la thèse de l'autonomie de la volonté, qui était selon lui le signe, comme le titre de son ouvrage l'indique, de l'individualisme juridique de son temps. *Adde* R. Tison, *Le principe de l'autonomie de la volonté dans l'ancien droit français*, th. Paris, Domat-Montchrestien, 1931 ; V. Ranouil, *L'autonomie de la volonté, naissance et évolution d'un concept*, PUF, 1980, préf. J. Ph. Lévy; D. Terré-Fornacciari, L'autonomie de la volonté, *Rev. sc. mor. pol.* 1995, 255 ; J.-P. Chazal, *L'autonomie de la volonté et la « libre recherche scientifique », RDC* 2004/3, 621 ; X. Martin, Nature humaine et Code Napoléon, *Droits*, 1985, n° 2, qui montre que les rédacteurs du Code civil n'avaient aucune intention de promouvoir les volontés individuelles, dans la mesure où ils n'avaient guère une vision optimiste de la nature humaine; il cite Bonaparte qui énonçait que « Dans l'état de société, l'homme ne fait *presque rien* par le pur mouvement de sa volonté »; du même auteur, De l'insensibilité des rédacteurs du Code civil à l'altruisme, *Rev. hist. dr. franç. étrang.* 1982, spéc. 610; Fondements politiques du Code Napoléon, *RTD civ.* 2003, 247, spéc. 262, où il montre la volonté des rédacteurs du Code civil de rétablir la probité dans les contrats; pessimistes sur la nature humaine, ils n'ont certainement pas voulu rendre hommage aux volontés individuelles ou consacrer leur autonomie. *Adde* H. Muir Watt, "Party Autonomy" in international contracts : from the makings of a myth to the requirements of global governance, *ERCL* 2010, 250; A. Colombi Ciacchi, Party Autonomy as a Fundamental Right in the European Union, *ERCL* 2010, 303.

Sur la confiance (ou les attentes) légitime(s) (et aussi sur l'estoppel du droit anglais) : C. Maréchal, L'*estoppel* à la française consacré par la Cour de cassation comme principe général du droit, *D.* 2012, chron., 167; Approche critique du vocabulaire du droit européen : la confiance, *LPA* 16 févr. 2009, n° 33; V.-L. Bénabou et M. Chagny, *La confiance en droit privé des contrats*, Dalloz, 2008; B. Fauvarque-Cosson (dir.), *La confiance légitime et l'estoppel*, SLC, vol. 4, 2007; S. Calmes, *Du principe de protection de la confiance légitime en droits allemand, communautaire et français*, Dalloz, 2001, préf. D. Truchet; X. Dieux, *Le respect dû aux anticipations légitimes d'autrui. Essai sur la genèse d'un principe général de droit*, Bruylant, LGDJ, 1995, préf. M. Hanotiau, av.-pr. P. van Ommeslaghe; O. Moreteau, *L'*estoppel *et la protection de la confiance légitime (éléments d'un renouveau du droit de la responsabilité) – droit anglais et français*, th. Lyon, 1990; P. Lokiec, Le droit des contrats et la protection des attentes, *D.* 2007, 321; B. Fauvarque-Cosson, L'*estoppel*, concept étrange et pénétrant, *RDC* 2006/4, 1279; D. Mazeaud, La confiance légitime et l'estoppel, *RID comp.* 2/2006, 363; M.-P. Peis-Hitier, De la croyance légitime comme critère de définition des quasi-contrats, *LPA* 25 janv. 2006, 8; A. Meinertzhagen-Limpens, La *reliance* dans le droit de la *common law* des contrats, in *Mélanges P. Van Ommeslaghe*, Bruylant, 2001, 173; H. Muir Watt, *Reliance* et définition du contrat, in *Dialogues avec M. Jeantin*, Dalloz, 1999, 57; A. Chirez, *De la confiance en droit contractuel*, th. Nice, 1977; E. Lévy, La confiance légitime, *RTD civ.* 1910, 717; J.-L. Sourioux, La croyance légitime, *JCP G* 1982, I, 3058.

Sur la bonne foi : S. Tisseyre, *Le rôle de la bonne foi en droit des contrats. Essai d'analyse à la lumière du droit anglais et du droit européen*, PUAM, 2012, préf. M. Fabre-Magnan, qui soutient que si traditionnellement la bonne foi sert à faire respecter la procédure contractuelle, la notion permet aujourd'hui d'influer sur la substance du contrat, en conduisant à l'annihilation de certaines clauses ou au contraire à l'accroissement du contenu contractuel; J.-F. Romain, *Théorie critique du principe général de bonne foi en droit privé. Des atteintes à la bonne foi, en général, et de la fraude en particulier*, Bruxelles, Bruylant, 2000; R. Desgorces, L*a bonne foi dans le droit des contrats : rôle actuel et perspectives*, th. Paris II, 1992; R. Vouin, *La bonne foi, notion et rôle actuels en droit privé français*, LGDJ, 1939, préf. J. Bonnecase; F. Gorphe, Le principe de la bonne foi, th. Paris, 1928; G. Loiseau, Le contrat, la bonne foi et la personne, *D.* 2007, 1480; G. Flécheux, Renaissance de la notion de bonne foi et de loyauté dans le droit des contrats, *Études J. Ghestin*, LGDJ, 2001, 341 ; *La bonne foi*, Trav. Ass. H. Capitant, t XLIII, 1992, Journ. louisianaises (Litec, 1994), rapp. franc. A. Bénabent et P. Jourdain ; Ph. Le Tourneau, *Rép. civ.* v° Bonne foi ; G. Lyon-Caen, De l'évolution de la notion de bonne foi, *RTD civ.* 1946, 75 ; Ph. Pinsolle, Distinction entre le principe de l'estoppel et le principe de bonne foi dans le droit du commerce international, *JDI* 1998, 905. *Adde* R. Zimmermann et S. Whittaker (dir.), *Good Faith in European Contract Law. The Common Code of European Private Law*, CUP, 2000 ; J. Beatson et D. Friedmann (dir.), *Good Faith an Fault in Contract Law*, Oxford, Clarendon Press, 1995.

Sur les prérogatives contractuelles : v. les débats de la *RDC* 2011/2, 639 et s. sur Les prérogatives contractuelles.

Sur le raisonnable : G. Khairallah, Variété : Le « raisonnable » en droit privé français, développements récents, *RTD civ.* 1984, 439 ; Fortier, Le contrat du commerce international à l'aune du raisonnable, *JDI* 1996, 315 ; F. Diesse, La bonne foi, la coopération et le raisonnable dans la Convention des Nations Unies relative à la vente internationale de marchandises, *JDI* 2002 ; L. Flament, Le raisonnable en droit du travail, *Dr. soc.* 2007, 16.

Sur les relations entre contrat et autopoïèse : M. Coutu, Contrat et autoréférence en droit suivant Gunther Teubner : une « méprise constructive » ?, *Rev. interdisc. ét. jurid.* 1998, 1.

HISTOIRE

La *Fides.* La Fides était dans la Rome antique une déesse (elle était l'équivalent d'un « dieu des serments » : J. Bayet, cité par J.-Ph. Lévy et A. Castaldo, *Histoire du droit civil*, Précis Dalloz, 1re éd., 2002, p. 663), dont le culte remonterait au roi Numa, qui fit de la *fides* une divinité ayant son siège dans la main droite des citoyens. P. F. Girard, *Manuel élémentaire de droit romain*, 1re éd., 1895, 8e et dernière éd., 1929, par F. Senn, réimpr. Topos Verlag et Duchemin, 1978, p. 517, qui cite Tite-Live, 1, 21 : *« Et soli fidei solemne instituit [Numa]... significantes fidem tutandam, sedemque ejus etiam in dextris sacratam esse »* ; selon le texte complet, « Numa n'institua de cérémonie annuelle qu'en l'honneur de la seule *Fides* ; il enjoignit aux flamines de se rendre à son sanctuaire sur un char à deux chevaux et de célébrer le culte la main enveloppée jusqu'au bout des doigts, afin de signifier que la bonne foi doit être protégée et que son siège est sacré jusque dans la main droite » (V° *Fides* de l'*Encyclopaedia Universalis*, par J.-P. Brisson). Alors qu'antérieurement on ne pouvait prêter un serment valable qu'en touchant l'autel, on put le faire désormais en mettant sa main droite dans la main de l'autre. C'est avec le développement du christianisme que la *fides* en vint à désigner la « croyance » religieuse qui donna ensuite la notion moderne de « foi ». *Adde* G. Freyburger, *Fides. Étude sémantique et religieuse depuis les origines jusqu'à l'époque augustéenne*, Les belles lettres, 1986 ;

DROIT COMPARÉ

a) La notion de bonne foi. — Contrairement à notre très nette tendance à vouloir universaliser la signification de nos catégories juridiques, celle de la bonne foi varie selon les cultures juridiques. L'exemple le plus frappant est sans doute de savoir si, lorsque l'on est de bonne foi, on doit respecter la lettre ou l'esprit du contrat. La question est source d'exaspération sans fin notamment entre les Anglais et les Français. Pour ces derniers en effet, la tendance est très nettement d'empêcher les parties de se réfugier derrière la lettre du contrat pour échapper à son esprit : Com., 20 oct. 1998, n° 96-10259. Le contrat conclu avec la société American Express prévoyait qu'en cas de délivrance d'une carte de crédit à la demande d'une personne morale, celle-ci demeurait responsable des retraits effectués par son titulaire ; un préposé indélicat ayant conservé sa carte après avoir quitté son entreprise, celle-ci fit opposition ; la Cour de cassation, en visant notamment l'article 1134 alinéa 3, reproche à la cour d'appel qui avait fait une simple application du contrat, de ne pas avoir recherché si la société American Express avait, « après avoir reçu opposition à son utilisation, mis en œuvre tous les moyens en sa disposition pour éviter que des retraits et ordres de paiement soient effectués ». *Adde* Civ. 3e, 6 juin 1984, n° 83-10946, où la Cour de cassation rejette le pourvoi contre un arrêt d'appel qui avait refusé de faire jouer la clause résolutoire prévue au contrat au seul motif que l'une des parties n'avait pas payé la somme symbolique de 1 F pourtant expressément stipulée ; selon la Cour de cassation, l'arrêt « retient que l'application de la clause résolutoire viderait de sa substance l'accord des parties » et que « la clause résolutoire n'a pas été invoquée de bonne foi ». De même, ne satisfait pas aux exigences de l'article 1134, alinéa 3 du Code civil, la cour d'appel qui ne recherche pas, comme il lui était demandé, si l'ensemble des circonstances dans lesquelles la légataire universelle du vendeur d'un immeuble en viager a poursuivi contre sa mère, qui en était l'acquéreur, le recouvrement de sommes échues depuis plus de douze ans sans protestation de la crédirentière qui avait, en outre, accepté deux augmentations successives du montant annuel des arrérages, n'excluait pas la bonne foi dans la mise en œuvre de la clause résolutoire (Civ. 1re, 16 févr. 1999, n° 96-21997).

Les obligations des parties ne sont en outre pas limitées aux seules obligations expressément stipulées dans le contrat (cf. obs. préc. J. Mestre, *RTD civ.* 1999, 390 et s.). Dans les droits anglais et américain au contraire, l'exégèse est essentielle, et il sera jugé de mauvaise foi d'essayer de s'échapper de la lettre du contrat pour arguer de la volonté réelle des parties. La littérature donne des exemples de l'exécution à la lettre des contrats. On se souvient du célèbre *Marchand de Venise*, de Shakespeare, où Portia, habillée en docteur de droit civil, vient au procès sauver Antonio à qui Shylock réclame, comme convenu, une livre de sa chair en garantie de la dette non payée de Bassanio : le billet n'allouant qu'« une livre de chair » (*a pound of flesh*), Portia interprète qu'il ne lui alloue pas un iota de sang (*no jot of blood*), et que Shylock peut donc prélever sa livre de chair mais que si, en la taillant, il fait couler une goutte de sang, ou prélève seulement de la valeur d'un cheveu de plus qu'une livre, ses terres et ses biens seront confisqués par les lois de Venise. Il n'est évidemment pas pour autant possible d'en déduire que les Anglais ou les Américains ignoreraient la notion de bonne foi, elle est simplement interprétée de façon différente. *Adde* P. Legrand, La leçon d'Apollinaire, in *Fragments of Law as Culture*, Deventer, W. E. J. Tjeenk Willink, 1999, 118, qui insiste sur ces différentes appréhensions de la bonne foi pour montrer les limites de l'unification des droits. Dans le même sens, G. Teubner, Legal irritants : Good faith in british law or how unifying law ends up in new divergences, *Modern Law Rev.* 1998, n° 61, 11.

Quant au droit allemand, il accorde à la notion de bonne foi une importance bien plus grande encore que le droit français (§ 242 du BGB qui vise la notion de *Treu und Glauben*). B. Jaluzot, *La bonne foi dans les contrats. étude comparative de droit français, allemand et japonais*, Dalloz, « nouv. bibl. thèses », 2001, préf. F. Ferrand.

Pour une comparaison de la bonne foi dans les différents pays européens, R. Zimmermann et S. Whittaker (dir.), *Good Faith in European Contract Law*, CUP, 2000.

Adde la thèse de M. W. Hesselink sur la bonne foi en droit privé européen, publiée en hollandais avec un résumé en anglais, 1999 ; l'auteur met en lumière trois fonctions de la bonne foi que l'on retrouve dans les principaux droits européens des contrats : interpréter le contrat, le compléter (surtout par des devoirs tels que les devoirs de loyauté, d'information, etc.), corriger ou limiter les pouvoirs des contractants (prohibition de l'abus de droit, etc.) ; dès lors, il soutient que la bonne foi n'est pas une norme mais le « porte-parole » de nouvelles règles ; on ne peut donc pas dire qu'une décision est fondée sur la bonne foi : en réalité, cette décision est fondée sur la nouvelle règle mise au jour ; la présence d'une clause générale de bonne foi ne serait pas obligatoire dans un Code européen dès lors que l'on reconnaîtrait directement au juge le pouvoir d'interpréter le contrat, d'y inclure de nouvelles obligations, ou encore de limiter le pouvoir des parties ; du même auteur, Good Faith, in *Towards a European Civil Code*, Kluwer, 2e éd., 1998, 285.

b) Le fondement de la force obligatoire du contrat. — Dans le droit de *Common Law* aussi, les théories les plus anciennes sont celles qui recherchent le fondement de la force obligatoire du contrat du côté de l'auteur des promesses. V. en particulier la *promissory theory* de Charles Fried (*Contract as Promise : A Theory of Contractual Obligation*, Cambridge, Mass., Harvard Univ. Press, 1981) qui considère que l'échange de promesses fait librement est le cœur du droit des contrats. Même lorsque les tribunaux interviennent dans les contrats, par exemple pour les compléter, cela ne va pas à l'encontre de la théorie du contrat comme promesse, comme volonté, car si les parties avaient plutôt choisi de s'exprimer sur les points incomplets, les juges les auraient alors suivies (Fried, 69-73). Cette théorie insiste sur le nécessaire laisser-faire en matière contractuelle, la volonté des parties étant le meilleur garant de la justice du contrat. R. A. Epstein, In defense of the contract at will, 51 *U. Chi. L. Rev.*, 947 (1984).

D'autres cherchent au contraire l'explication de la force obligatoire des contrats en dehors des promesses (*Non-Promissory Principles*). P. S. Atiyah, *An Introduction to the Law of Contract*, Oxford, Clarendon Press, 1995, qui fonde la force obligatoire du contrat sur la *reliance* ; du même auteur, *Essays on Contracts*, OUP, 1986, Clarendon paperbacks, 1988. Un auteur, Grant Gilmore, soutient alors la thèse de « la mort du contrat » au motif que les principes de justice qui ne tiennent pas compte des promesses ont avalé le droit des contrats : Grant Gilmore, *The Death of Contract* (1974). Selon Gilmore, c'est la *reliance* qui est devenue le principal critère du contrat. Par exemple l'article 90 du *Restatement (second) of Contracts* (codification des règles jurisprudentielles du droit des contrats, opérée sous la direction de plusieurs auteurs, afin notamment d'en faciliter la connaissance) rend exécutoires des promesses qui ont entraîné une *reliance* raisonnable, même en l'absence de *consideration* (c'est-à-dire très approximativement de contrepartie), au contraire de l'article 75 qui garde comme critère principal du contrat celui de Holmes (critère du *bargained-for-exchange consideration*). Pour une critique du livre de Gilmore, Richard E. Speidel, An essay on the reported death and continued vitality of contract, 27 *Stan. L. Rev.*, 1161 (1975). De même, en Italie, Gino Gorla a proposé de déplacer l'explication de la force obligatoire du contrat du débiteur au créancier, en mettant l'accent sur la confiance de ce dernier : G. Gorla, *Il contratto. Problemi fondamentali trattati con il metodo comparativo e casistico*, t. I, Milan, Giuffrè, 1954 ; du même auteur,

Le contrat dans le droit continental et en particulier dans le droit français et italien, Turin, Inst. études europ., 1958.

c) Les « clauses générales ». — L'expression est courante dans les droits européens, par exemple en droit anglais (*general clauses*) ou en droit italien (*clausole generale*). Elle vise les notions générales qui ne sont pas explicitées par le législateur et délèguent par conséquent une grande marge d'interprétation aux juges, en particulier la notion de bonne foi. V. l'un des volumes des travaux de Secola (*Society of European Contract Law) : General Clauses and Standards in European Contract Law. Comparative Law,* EC *Law and Contract Law Codification*, dir. S. Grundmann et D. Mazeaud, Kluwer, 2006.

THÉORIE JURIDIQUE

a) Les devoirs des cocontractants. — C'est un des points où la doctrine et la jurisprudence se sont révélés les plus imaginatifs, découvrant et théorisant de nouveaux devoirs pesant sur les cocontractants dans l'espoir sans doute de rendre plus juste le droit des contrats. La bonne foi et la loyauté semblant avoir livré tous leurs secrets (ce n'est qu'une apparence), et d'autres principes encore ont été théorisés. D. Mazeaud, Le nouvel ordre contractuel, *RDC* 2003, spéc. 310 et s. ; J.-P. Chazal, Les nouveaux devoirs des contractants. Est-on allé trop loin ?, in *La nouvelle crise du contrat*, dir. Ch. Jamin et D. Mazeaud, Dalloz, « Thèmes et commentaires », 2003, 99. Le droit des contrats n'échappant pas aux modes ambiantes, on a même parlé d'« éthique » des contrats. Th. Revet, L'éthique des contrats en droit interne, in *Éthique des affaires : de l'éthique des entrepreneurs au droit des affaires*, dir. J.-Y. Naudet, Libr. Univ. Aix-en-Provence, 1997, 207 ; déjà B. Oppetit, Éthique et vie des affaires, in *Mélanges André Colomer*, Litec, 1993, 319. C'est ainsi la façon d'agir des cocontractants, leur comportement, qui est contrôlé. B. Fages, *Le comportement du contractant*, th. Aix-en-Provence, PUAM, 1997, préf. J. Mestre. Le Doyen Carbonnier s'étonnait « qu'à une époque où le mariage s'était peut-être trop transformé en contrat, certains aient rêvé de transformer tout contrat en mariage » (*Les obligations*, PUF, « Thémis », 22e éd., 2000).

Il y eut d'abord le devoir de *coopération* : Y. Picod, L'obligation de coopération dans l'exécution du contrat, *JCP G* 1998, I, 3318 ; F. Diesse, Le devoir de coopération comme principe directeur du contrat, *Arch. ph. dr.*, t. 43, Dalloz, 1999, 259 ; Y. Picod, Un nouveau contrat nommé : le contrat de coopération commerciale, in *Mélanges en l'honneur de Philippe le Tourneau*, Dalloz, 2007.

Le devoir de *collaboration* entre contractants est aujourd'hui également unanimement reconnu (J. Mestre, *RTD civ.* 1986, 101) ; selon les Principes du droit européen des contrats, il est même l'un des deux « devoirs généraux », à côté de la bonne foi : c'est ainsi que, selon l'article 1 :202 de ces Principes, « chaque partie doit à l'autre une collaboration qui permette au contrat de produire son plein effet ».

De façon plus générale encore, est reconnu un devoir de *loyauté* (Y. Picod, *Le devoir de loyauté dans l'exécution du contrat*, LGDJ, « Bibl. dr. privé », 1989, préf. G. Couturier) qui peut varier selon les contrats. Il est par ex. très développé en droit du travail. A. Teissier, *La loyauté dans les relations individuelles de travail*, th Paris II, 1997 ; D. Corrignan-Carsin, Loyauté et droit du travail, in *Mélanges Blaise*, 1995, 125. La suspension du contrat de travail provoquée par la maladie ou l'accident ne dispense pas le salarié de son obligation de loyauté : Soc. 6 févr. 2001, n° 98-46345, et 10 mai 2001, n° 99-40584 ; *RTD civ.* 2001, 880, obs. J. Mestre et B. Fages.

Plus récemment, est apparu le devoir (utopique?) de *fraternité*. C. Thibierge-Guelfucci, Libres propos sur la transformation du droit des contrats, *RTD civ.* 1997, 357 ; D. Mazeaud, Loyauté, solidarité, fraternité : la nouvelle devise contractuelle?, in *Mélanges F. Terré*, Dalloz-PUF, J.-Cl., 1999, 603 ; G. Flécheux, Renaissance de la notion de bonne foi et de loyauté dans le droit des contrats, in *Études J. Ghestin*, LGDJ, 2001, 341. De l'autre côté de l'Atlantique, C. D. Gonthier, Liberty, Equality, Fraternity : The forgotten leg of the trilogy or fraternity : The unspoken third pillar of democracy, *McGill Law Journal*, 2000, vol. 45, 567.

D'autres devoirs renvoient plus précisément à des principes directeurs du contrat.

b) Les principes directeurs du droit des contrats. — Régulièrement, la doctrine – en particulier les « thésards » – relit tout le droit des contrats à la lumière d'un nouveau principe général. À la différence des devoirs des contractants, ces principes directeurs mettent davantage l'accent sur le contenu du contrat. Doctrine et jurisprudence s'influencent mutuellement. Certains arrêts paraissent ainsi inspirés de ces théories doctrinales auxquelles ils fournissent en retour matière à théoriser. Sur l'emploi de l'expression « principes directeurs », courant en procédure civile, L. Cadiet, Une justice contractuelle, l'autre, *Études J. Ghestin*, LGDJ, 2001, 177.

Il y aurait ainsi des principes de *transparence* (N. Vignal, *La transparence en droit privé des contrats, Approche critique de l'exigence*, PUAM, 1998, préf. J. Mestre ; F. Riem, *La notion de transparence dans le droit de la concurrence*, L'Harmattan, 2002, préf. L. Boy), d'*égalité* (D. Berthiau, *Le principe d'égalité et le droit civil des contrats*, LGDJ, « Bibl. dr. privé », 1999, préf. J.-L. Sourioux), de *modération* (S. Reifegerste, *L'obligation de minimiser le dommage*, PUAM, 2002, préf. H. Muir Watt), de *stabilité* (J.-M. Do Carmo Silva, *La stabilité du contrat*, th. Toulouse, 2001), ou encore de *pérennité* (A. S. Lavefve-Laborderie, *La pérennité contractuelle*, LGDJ, « Bibl. dr. privé », 2005, préf. C. Thibierge). Nous n'insisterons ici que sur les principaux d'entre eux. Ces principes sont souvent très théoriques et excessivement abstraits, lorsque c'est des droits concrets qui seraient plus utiles à la partie faible : droit à une action en justice (notamment à une action de groupe), droit à un bien de qualité, durable, etc. Sur cette thèse, v. notre article in « Le projet de droit commun européen de la vente : menace ou opportunité pour le modèle contractuel français ? », actes du colloque organisé par l'association du Master 2 de droit privé général de Paris 2, *RDC* 2012.

c) L'utile et le juste. — Il faut d'abord citer « l'utile et le juste » que Jacques Ghestin propose depuis fort longtemps comme principes directeurs du contrat : Le juste et l'utile dans les contrats, *Arch. phil. dr.*, t. 26, 1981, 35 ; sous le même titre, in *D.* 1982, chron., 1 ; La notion de contrat au regard de la diversité de ses éléments variables, Rapport de synthèse, in *La relativité du contrat*, Trav. Ass. H. Capitant, Nantes, LGDJ, 2000, 223 ; *adde* F. Terré, L'inutile et l'injuste, in *Études J. Ghestin*, LGDJ, 2001, 865.

d) Le principe de proportionnalité. — Il y eut ensuite le principe de proportionnalité. S. Pech-Le Gac, *La proportionnalité en droit privé des contrats*, LGDJ, « Bibl. dr. privé », 2000, préf. H. Muir Watt ; *Le principe de proportionnalité et le droit*, colloque Paris V, *LPA* 1998, n° 117 du 30 sept. 1998, introd. M. Béhar-Touchais ; Y. Auguet, Au nom de la cause (...), vive la généralisation du critère de proportionnalité! *Dr. & patr.*, n° 91, mars 2001, 33; I. Cornesse, *La proportionnalité en droit du travail*, Litec, 2001, préf. P.-H. Antonmattei. En réalité, derrière ce terme, ce qui est surtout visé est la recherche sinon d'un équilibre entre les prestations échangées par les parties, au moins le contrôle d'une absence de déséquilibre manifeste. La notion de proportionnalité est en réalité bien plus subtile et bien plus riche que la simple idée d'équilibre. En outre, même ainsi entendue, la proportionnalité n'est sans doute pas le terme le plus approprié. Deux grandeurs sont proportionnelles entre elles lorsqu'elles sont dans un certain rapport relatif entre elles : une prestation cinq fois moins grande qu'une autre est ainsi proportionnelle à cette dernière (dans une proportion de 1 à 5). Certes la proportion peut également être un rapport jugé satisfaisant entre deux choses, et c'est plutôt en ce sens qu'il faudrait l'entendre. Il n'en reste pas moins que l'exigence d'une absence de déséquilibre manifeste serait plus claire. Il est indéniable que le droit des contrats a évolué vers un contrôle plus poussé de l'équilibre des prestations, la jurisprudence utilisant à cet effet plusieurs techniques, classiques et moins classiques. Pour un bilan complet, D. Mazeaud, Les nouveaux instruments de l'équilibre contractuel. Ne risque-t-on pas d'aller trop loin?, *La nouvelle crise du contrat*, dir. Ch. Jamin et D. Mazeaud, Dalloz, «Thèmes et commentaires», 2003, 135. La question mérite effectivement d'être posée de savoir si l'on ne va pas trop loin. En effet, ériger la proportionnalité en principe de la formation des contrats reviendrait à permettre au juge d'intervenir dès lors que les prestations échangées ne sont pas équilibrées, ce qui n'est pas sans modifier radicalement la conception classique de la cause et du contrat. En outre, l'assertion traditionnelle que le juge n'a pas à vérifier l'équilibre des prestations est en pratique nuancée dans la mesure où, en présence d'un déséquilibre manifeste, les juges sauront toujours trouver dans les vices du consentement de quoi rectifier les injustices les plus flagrantes. Lorsqu'un contractant ne reçoit pas de contrepartie suffisante par rapport à son propre engagement, il y a fort à parier qu'il s'est trompé, qu'il a été trompé ou qu'il a été contraint, et le remède est alors tout trouvé. Point n'est alors besoin d'un «principe» de proportionnalité.

Adde, parmi une abondante littérature, V. Lasbordes, *Les contrats déséquilibrés*, PUAM, 2000, préf. C. Saint-Alary-Houin; L. Fin-Langer, *L'équilibre contractuel*, LGDJ, «Bibl. dr. privé», 2002, préf. C. Thibierge; débat sur La protection des professionnels contre les déséquilibres contractuels significatifs, *RDC* 2009/3, 1257 et s.; Ch. Jamin, Commentaire de la loi du 1er juillet 1996 sur la loyauté et l'équilibre des relations commerciales, *RTD civ.* 1996, 1010. V. déjà D. Andronesco, *L'inégalité des prestations dans le contrat*, th. Paris, 1922; M.-A. Perot-Morel, *De l'équilibre des prestations dans la conclusion du contrat*, Dalloz, 1961, préf. R. Nerson; J. Maury, *Essai sur le rôle de la notion d'équivalence en droit civil français*, th. Toulouse, 1920. Pour un examen en *Common Law*, J. Gordley, Equality in Exchange, *California Law Review*, déc. 1981, 1587, republié in *Contract Law*, dir. L. Alexander, Dartmouth, 1991, vol. 2, 3; *adde* J.-L. Baudouin, Justice et équilibre : la nouvelle moralité contractuelle du droit civil québécois, *Études J. Ghestin*, LGDJ, 2001, 29. Pour le droit public, L. Vidal, *L'équilibre financier du contrat dans la jurisprudence administrative*, th. Paris I, 2003, qui montre comment, en dépit d'un environnement juridique et économique prompt à favoriser le déséquilibre des relations contractuelles, l'équilibre demeure l'état vers lequel tend «naturellement» le contrat administratif, pour la raison que celui-ci ne remplit son office, dont la promotion de l'intérêt général, que s'il garantit et préserve une harmonieuse répartition des droits et obligations des cocontractants.

Pour l'analyse du terme en droit du travail : B. Geniaut, *La proportionnalité dans les relations du travail*, Dalloz, 2009, préf. A. Jeammaud; I. Cornesse, *La proportionnalité en droit du travail*, Litec, 2001, préf. P.H. Antonmattei.

Le terme de « proportionnalité » est en revanche mieux adapté à d'autres hypothèses du droit des contrats, où il s'agit effectivement de contrôler l'existence d'un certain rapport (mais pas nécessairement d'égalité) entre deux grandeurs : un tel contrôle est par exemple usuel en matière d'exception d'inexécution ou de résolution (la sanction doit être proportionnée à l'inexécution : pour l'exception d'inexécution, Civ. 1re, 18 juil. 1995, n° 93-16338). La notion est également adaptée à des cas jurisprudentiels plus récents : ainsi par ex. le débiteur ne doit pas s'engager au-delà de ce que ses ressources lui permettent, où l'on voit bien qu'il s'agit d'un *ratio* entre les deux grandeurs; une banque par exemple exigera en moyenne que les remboursements dus n'excèdent pas 1/3 des revenus (Civ. 1re, 27 juin 1995, *RTD civ.* 1996, 385); la caution ne doit pas s'engager de façon disproportionnée par rapport à ses revenus, sous peine de remise en cause de la garantie ou au moins d'attribution de dommages-intérêts à la caution (Com., 17 juin 1997, *JCP E* 1997, II, 1007, note D. Legeais); l'étendue de la clause de non-concurrence ne doit pas être disproportionnée par rapport à l'objet du contrat liant le salarié à son employeur sous peine de nullité de celle-ci (Com., 4 janv. 1994, n° 92-14121, ou encore Com., 16 déc. 1997, n° 96-10859); pour une disproportion entre l'obligation d'approvisionnement exclusif et le pourcentage des ventes du fournisseur sur l'ensemble du marché, Com., 13 mai 1997, *Estée Lauder c/ Parfumerie Jerbo*, n° 95-14035; *JCP G* 1999, I, 114, 369; *adde* Douai, 22 mai 1997, *RTD civ.* 1998, 102. Dans tous ces cas, il ne s'agit pas en réalité de contrôler un équilibre ou une absence de déséquilibre manifeste entre les prestations échangées. Les deux termes de la comparaison sont en effet non pas les deux obligations réciproques, mais l'une des obligations et une autre donnée (patrimoine du débiteur, pourcentage des ventes du fournisseur, objet du contrat, etc.). Il s'agit donc en réalité de vérifier que l'un des engagements n'est pas démesuré (cette exigence est ainsi en réalité relative non pas à la notion de cause, mais à la notion d'objet).

e) Le principe de cohérence. — On peut citer encore le principe de cohérence. D. Houtcieff, *Le principe de cohérence en matière contractuelle*, PUAM, 2001, préf. H. Muir Watt, qui entend montrer que de nombreuses règles et institutions du droit positif des contrats – l'interdiction des conditions potestatives, les obligations fondamentales, la force obligatoire de certains documents publicitaires, etc. – s'expliquent en réalité par un principe de cohérence; il ne doit en effet pas y avoir de contradiction flagrante dans les déclarations de volonté des contractants, ni dans les documents contractuels; un devoir de cohérence est également imposé aux contractants dans leurs comportements à l'égard d'autrui; les contractants ne peuvent en effet pas toujours légitimement changer brutalement d'attitude, que ce soit dans la formation du contrat (dans les offres notamment) ou dans l'exécution du contrat (par ex. dans la mise en œuvre de clauses résolutoires).

Ce principe comprend ainsi principalement *l'interdiction de se contredire au détriment d'autrui* (*L'interdiction de se contredire au détriment d'autrui*, dir. M. Béhar-Touchais, Economica, 2001). Ce principe a été introduit dans la version 2004 des *Principes d'Unidroit*, dont le nouvel article 1.8, intitulé « Interdiction de se contredire », dispose que « Une partie ne peut agir en contradiction avec une attente qu'elle a suscitée chez l'autre partie lorsque cette dernière a cru raisonnablement à cette attente et a agi en conséquence à son désavantage ». La formation est très inspirée du droit anglais et notamment de l'important principe de la *reliance* et de la technique de l'*estoppel* (sur lequel v. *supra*). Le principe de non-contradiction, principe de base de la raison, n'est pas nouveau ; c'est l'histoire classique du pot emprunté que l'on rend cassé : « Je ne te l'ai jamais emprunté », et en plus « quand tu me l'as remis il était déjà cassé ». Les avocats y font très attention dans le jeu de leurs demandes subsidiaires.

L'Assemblée plénière de la Cour de cassation a récemment refusé de faire de ce principe une règle intangible. Elle a en effet affirmé de façon solennelle « que la seule circonstance qu'une partie se contredise au détriment d'autrui n'emporte pas nécessairement fin de non-recevoir » (27 févr. 2009, n° 07-19841 ; *RDC* 2009/3, 1019, obs. G. Viney ; *D.* 2009, 1245, note D. Houtcieff) ; elle censure ainsi la Cour d'appel qui, pour déclarer les demandes irrecevables, avait relevé que la demanderesse n'avait pas cessé de se contredire au détriment de ses adversaires, et avait retenu que ce comportement devait être sanctionné, « en vertu du principe suivant lequel une partie ne peut se contredire au détriment d'autrui (théorie de l'*estoppel*) ».

La jurisprudence donne néanmoins quelques exemples où un comportant contradictoire a pu être sanctionné. Civ. 1re, 14 nov. 2001, *RTD civ.* 2002, 93, obs. J. Mestre et B. Fages : « Attendu que l'emprunteur, qui détermine l'établissement de crédit à verser les fonds au vendeur au vu de la signature par lui du certificat de livraison du bien, n'est pas recevable à soutenir ensuite, au détriment du prêteur, que le bien ne lui avait pas été livré. » Si un contractant a toléré un certain comportement de la part de son cocontractant, même contraire aux dispositions du contrat, il ne peut brutalement vouloir en revenir à la lettre du contrat : Com., 8 déc. 2009, n° 08-17749; *RTD civ.* 2010, 105, obs. B. Fages, qui reproche à la Cour d'appel de n'avoir pas recherché, « comme elle y était invitée, si la société Marini Silvano qui avait indiqué penser que les manquements de la société Amg2R duraient depuis deux ans, n'avait pas toléré ce comportement en sorte qu'elle ne pouvait plus s'en prévaloir pour refuser d'indemniser son agent » ; *adde* Paris, 5e ch. A, 15 juin 2005, *RTD civ.* 2005, 592, obs. J. Mestre et B. Fages. Le contractant ne doit pas non plus se contredire : c'est ainsi que celui qui en première instance s'est plaint de la rupture abusive des pourparlers en première instance ne peut, devant les juges d'appel, réclamer des dommages-intérêts pour inexécution fautive du contrat en soutenant cette fois-ci qu'il s'était valablement formé (Paris, 5 avr. 2002, *RTD civ.* 2002, 802, obs. J. Mestre et B. Fages). De même, celui qui demande la résolution du contrat, ayant pour conséquence sa disparition rétroactive, ne peut dans le même temps demander son exécution (Civ. 1re, 5 juil. 2005, n° 04-15808 ; *RDC* 2006/2, 312, obs. D. Mazeaud).

Il n'est néanmoins pas interdit de changer d'avis. Ainsi, « le contractant victime d'une inexécution a la faculté de modifier son option entre poursuivre soit l'exécution de la vente, soit sa résolution tant qu'il n'a pas été statué sur sa demande initiale par une décision passée en force de chose jugée » (Civ. 3e, 25 mars 2009, n° 08-11326 ; *RTD civ.* 2009, 317, obs. B. Fages ; *RDC* 2009/3, 1004, obs. Th. Genicon). De même, les contractants peuvent, d'un commun accord, renoncer à un précédent contrat (Com., 30 nov. 2004, n° 02-10286 ; *Bull. Joly* 2005, 379, note P. Mousseron) même s'il faut que l'intention de renoncer soit clairement caractérisée (ce qui n'est pas le cas dans Civ. 1re, 1er mars 2005, n° 03-10456 ; *D.*, 2005, 883, obs. X. Delpech ; *RTD civ.* 2005, 392, obs. J. Mestre et B. Fages). De même, un contractant d'abord indulgent vis-à-vis de son partenaire peut à partir d'un certain moment décider qu'il est temps de sévir. Com., 17 juil. 2001, n° 98-19258 ; *RTD civ.* 2002, 94, obs. J. Mestre et B. Fages : « La circonstance que le concédant n'ait pas usé de sa faculté contractuelle de résiliation en raison des impayés précédents ne le privait pas du droit de s'en prévaloir par la suite»; Com., 28 sept. 2004, n° 02-21522; *RTD civ.* 2005, 129, obs. J. Mestre et B. Fages.

À la condition bien sûr de ne pas le faire de façon excessivement brutale (v. la jurisprudence sur les clauses résolutoires), c'est-à-dire finalement d'être de bonne foi et loyal... C'est d'ailleurs souvent sur le fondement de l'obligation d'exécuter le contrat de bonne foi que les juges imposent une certaine cohérence dans le comportement. Com., 8 mars 2005, n° 02-15783; *RDC* 2005/4, 1015, obs. D. Mazeaud; *RLDC* juil.-août 2005, 5, note D. Houtcieff; *RTD civ.* 2005, 391, obs. J. Mestre et B. Fages : une banque faisait fonctionner plusieurs comptes d'un même client de façon indépendante, et ce malgré une clause d'unité de comptes; en particulier, l'un des comptes étant débiteur, elle exerça une saisie sur un autre compte débiteur; elle chercha cependant ensuite à se prévaloir de la clause d'unité de compte pour refuser son concours en raison d'un solde global désormais négatif; la cliente se vit alors déboutée par la cour d'appel de sa demande en réparation sur le fondement de la responsabilité contractuelle mais, la Cour de cassation censure cet arrêt au visa de l'article 1134, alinéa 3, du Code civil : «en statuant ainsi après avoir relevé que la banque avait mis en demeure la société de payer le solde débiteur du seul compte en dollars et donné suite à une saisie sur les avoirs figurant sur le compte en francs, ce dont il résultait qu'en dépit de la signature d'une convention d'unité de compte, la banque, qui, en faisant fonctionner les comptes litigieux comme des comptes indépendants, avait adopté un comportement incompatible avec l'application de la convention litigieuse, dont elle a revendiqué ensuite le bénéfice, avait manqué à son obligation de l'exécuter de bonne foi, la cour d'appel n'a pas tiré les conséquences légales de ses constatations». Civ. 3e, 28 janv. 2009, n° 07-20891; *RDC* 2009/3, 999, obs. D. Mazeaud, et 1019, obs. G. Viney; *RTD civ.* 2009, 317, obs. B. Fages où, au visa de l'article 1134 alinéa 3, la Cour de cassation énonce qu'un assureur ne peut se prévaloir de la nature décennale des désordres pour exiger de son assuré le versement de primes majorées puis contester la garantie correspondante pour voir appliquer une garantie moins onéreuse pour lui.

Le moins que l'on puisse dire est donc que la jurisprudence manque encore un peu de cohérence en la matière. Pour un bilan : D. Mazeaud, Rapport français, in *La confiance légitime et l'estoppel*, dir. B. Fauvarque-Cosson, SCL, vol. 4, 2007, 247; du même auteur, *RDC* 2009/3, 999 et 1019, obs. G. Viney.

Certains projets de réforme du droit des contrats envisagent de donner une portée plus importante au principe de cohérence, en rendant ce devoir autonome par rapport à l'obligation de bonne foi. Ainsi le projet proposé par le groupe dirigé par François Terré, dont l'article 6 prévoit qu'«une partie ne peut agir en contradiction avec ses déclarations et comportements antérieurs sur la foi desquels son cocontractant s'est légitimement fondé».

f) Le solidarisme contractuel. — Une partie de la doctrine défend un principe de solidarisme. Ch. Jamin, Plaidoyer pour le solidarisme contractuel, *Études J. Ghestin*, LGDJ, 2001, 441; *Le solidarisme contractuel : un regard franco-québécois*, 9e Conf. Albert Mayrand, éd. Thémis, 2005, 3; D. Mazeaud, Loyauté, solidarité, fraternité : la nouvelle devise contractuelle?, *Mélanges F. Terré*, Dalloz-PUF, J.-Cl., 1999, 603; H. Muir Watt, Analyse économique et perspective solidariste, in *La nouvelle crise du contrat*, dir. Ch. Jamin et D. Mazeaud, Dalloz, «Thèmes et commentaires», 2003, 183; A.-S. Courdier-Cuisinier, *Le solidarisme contractuel*, Litec, J.Cl., 2006, préf. E. Loquin; L. Grynbaum et

M. Nicod (dir.), *Le solidarisme contractuel : mythe ou réalité?* Le concept a été redécouvert et repris de Léon Bourgeois, *Solidarité*, Paris, A. Colin, 1896. Ces auteurs se réfèrent principalement à René Demogue, qui, dans une phrase maintes fois citée, affirmait que le contrat est « une petite société où chacun doit travailler dans un but commun qui est la somme (ou davantage) des buts individuels poursuivis par chacun, absolument comme la société civile ou commerciale » (*Traité des obligations en général*, t. 6, 1932, § 3). La notion apporte indiscutablement quelque chose par rapport aux autres principes et notamment à la bonne foi. Cette dernière sert en effet principalement à contrôler la façon d'agir des contractants : on les sanctionne s'ils n'ont pas dit tout ce qu'ils savaient, ou encore s'ils ont essayé de tirer profit indûment du contrat au détriment de leur cocontractant ; ce n'est qu'indirectement que la bonne foi a parfois permis de contrôler, non plus seulement la façon d'agir des contractants, mais encore le contenu de leur contrat, l'équilibre des prestations convenues et échangées. Or l'évolution du droit des contrats vers la fin du XXe siècle a consisté, sinon à renverser, du moins à atténuer le principe classique selon lequel le juge ne contrôle pas l'équilibre des prestations échangées. Le nouveau principe contient ainsi des virtualités nouvelles par rapport à la bonne foi en ce qu'il exige des cocontractants un comportement qui va au-delà de la seule loyauté, et impose plutôt une entraide, plus exactement un rééquilibrage du contrat au profit du plus faible. Le contrat peut certainement être un instrument de pouvoir d'un contractant sur un autre, et l'aliénation volontaire être contraignante (sur le contrat comme instrument d'asservissement des volontés et de normalisation des comportements, A. Supiot, Un faux dilemme : la loi ou le contrat?, *Dr. soc.* janv. 2003, spéc. 67). Le solidarisme marque la volonté que l'on pourrait qualifier de politique de prêter davantage attention à la partie faible. Elle pourrait être explorée davantage, dans la mesure où la solidarité ne s'est en réalité pas arrêtée à L. Bourgeois et a connu des développements majeurs depuis, et notamment durant tout le XXe siècle (A. Supiot, Les mésaventures de la solidarité civile (Pacte civil de solidarité et systèmes d'échanges locaux), *Dr. soc.* 1999, 64). Pour une critique très fine de la pauvreté du sens donné au mot « solidarisme » et, en particulier, pour son absence de lien avec le véritable sens de la solidarité, M. Mignot, *RRJ* 4/2004, 2153. Le concept se réfère à une tradition plus ancienne et plus large : P. Dubois, *Le solidarisme*, th. Lille II, 1985 ; N. Arnaud et A. J. Arnaud, Une doctrine de l'État tranquillisante : le solidarisme juridique, *Genèse et déclin de l'état, Arch. ph. dr.*, t. 21, 1976, 131. Pour une critique générale de cette doctrine, Y. Lequette, Bilan des solidarismes contractuels, *Mélanges offerts à Paul Didier*, Economica, 2008, 247.

Le droit des contrats peut avoir une fonction distributive et non pas seulement commutative : H. Collins, *The Law of Contract*, LexisNexis, Butterworths, 4e éd., 2003, spéc. 23 et s. ; du même auteur, *Regulating Contracts*, OUP, 1999, spéc. partie 4 : Distributive tasks of regulation ; A. T. Kronman, Contract law and distributive justice, 89 *Yale L. J.*, 1980, 472 ; R. W. Gordon, Maccaulay, Macneil, and the discovery of solidarity and power in contract law, *Wis. L. Rev.*, 1985, 565 ; D. Kennedy, Distributive and paternalist motives in contract and tort law, with special reference to compulsory terms and unequal bargaining power, *Maryland Law Rev.*, 1982, vol. 41, 563.

g) Bonne foi et abus de droit. — La bonne foi est une forme d'honnêteté ou de loyauté, dans un état d'esprit ou dans un comportement. Elle permet au juge de sanctionner certains actes des contractants. Il s'agit là d'un moyen de contrôle très général car tous les faits et gestes des contractants peuvent être jugés à son aune. Durant les vingt dernières années, le droit des contrats a vu également une utilisation croissante de la notion d'abus de droit, notion née au tournant du siècle dernier avec des histoires célèbres de piques et de dirigeables, et qui trouve aujourd'hui son domaine de prédilection en droit des contrats où les juges l'utilisent très fréquemment, souvent même de façon abusive. La Cour de cassation a en effet donné une définition très extensive de cette notion, et bien que des critères généraux aient été proposés par la doctrine, la jurisprudence donne à voir un tableau beaucoup plus impressionniste. L'abus de droit fait partie de ces mécanismes correcteurs généraux du droit dont on peut essayer de faire une théorie mais qui, en pratique, nécessitent précisément une certaine souplesse, si bien que la Cour de cassation veille farouchement à ce que ses critères en demeurent incertains.

L'abus de droit est une autre forme de contrôle que la bonne foi. En particulier, son utilisation suppose au préalable, quoi qu'en ait dit Planiol dans une formule restée célèbre (« Le droit cesse où l'abus commence »), l'existence d'un droit ; pas nécessairement d'un droit subjectif, mais d'un droit dont les limites sont précisément tracées, par la loi ou même par le contrat (J. Ghestin et G. Goubeaux, *Introduction générale*, collab. M. Fabre-Magnan, LGDJ, 4e éd., 1994). Plus le critère de l'abus de droit est large et plus le droit en question est relatif ; à l'inverse, l'utilisation d'un critère très strict et rarement présent comme l'intention de nuire renforce le caractère absolu du droit en question, et il n'est ainsi pas étonnant par exemple que ce soit ce dernier critère que l'on trouve le plus fréquemment utilisé en matière de droit de propriété.

En matière d'indétermination du prix dans les contrats, on a vu la jurisprudence utiliser successivement l'un puis l'autre de ces deux mécanismes correcteurs classiques (v. *infra*). Dans les premiers arrêts Alcatel du 29 nov. 1994, la Cour de cassation, visant not. l'al. 3 de l'art. 1134, jugea que la référence à un tarif était désormais admissible et ne rendait pas pour autant le prix nécessairement indéterminable, dès lors que le contractant n'avait pas « abusé de l'exclusivité qui lui était réservée pour majorer son tarif dans le but d'en tirer un profit illégitime, et ainsi méconnu son obligation d'exécuter le contrat de bonne foi ». Dès l'année suivante, le 1er déc. 1995, statuant en Ass. plén., la C. cass. modifia sa jurisprudence en retenant désormais que le contrôle ne se ferait plus sur le fondement de la bonne foi mais sur celui de l'abus de droit, en cas d'« abus dans la fixation du prix ». On a expliqué de plusieurs façons le passage du fondement de la bonne foi à celui de l'abus de droit (par ex. parce que la notion d'abus de droit, contrairement à celle de bonne foi, serait contrôlée par le juge : J. Ghestin, *JCP G* 1996, II, 22565). Il ne peut être justifié par la volonté de passer du terrain de la formation à celui de l'exécution du contrat puisque la bonne foi aurait pu aussi bien permettre de contrôler l'exécution de ses obligations par le contractant. Les termes exprès de l'art. 1134 al. 3 peuvent fournir une explication. Il résulte en effet de la formulation de ce texte que ce sont les obligations des contractants qui doivent être exécutées de bonne foi. Or le contractant qui dispose du pouvoir de fixer unilatéralement le prix dans un contrat n'a nullement l'obligation d'agir ainsi et il pourrait très bien finalement choisir un autre mode de fixation du prix ou même s'en remettre à son cocontractant. L'abus de droit s'applique en revanche à ce type d'hypothèse. Le contractant s'est vu en effet reconnaître par la nouvelle jurisprudence non pas une obligation mais une prérogative, une faculté, en d'autres termes un droit : celui de fixer unilatéralement le prix. S'il fait usage de cette prérogative, il doit alors rester dans certaines limites et ne pas détourner son nouveau pouvoir, sinon le juge ne pourra que reconnaître que le contrat ne peut plus recevoir normalement exécution, et c'est pourquoi la solution opportune est de l'ordre de la résiliation pour l'avenir.

En définitive, passer d'un contrôle de la bonne foi à un contrôle de l'abus de droit exige, au passage, de reconnaître un véritable droit à l'un des contractants. On comprend alors le succès de l'abus de droit toutes ces dernières années en matière de contrats : si en effet on a dû, pour assurer la survie et l'adaptation du contrat, accorder toujours plus de prérogatives individuelles – c'est-à-dire de droits – à chacun des contractants, l'abus de droit devenait ainsi le mécanisme de contrôle par nature le plus adapté.

Ce n'est pas à dire pour autant que l'exercice d'un droit ne puisse pas être contrôlé sur le fondement de la bonne foi, comme on le voit par exemple en matière de clauses résolutoires (v. *infra*). Il y a dans l'abus de droit l'idée d'un dépassement d'un droit, au sens où le droit est d'une certaine façon détourné, que ce soit pour nuire à autrui, ou même simplement pour en profiter indûment. *Contra*, Ph. Stoffel-Munck, *L'abus dans le contrat. Essai d'une théorie*, th. Aix-Marseille, 1999, p. 273, selon lequel il y a abus de droit lorsque l'on apprécie « la civilité de celui qui agit », et non pas lorsque l'on examine « la légitimité du droit dont il use ». Il y a cependant selon nous dans l'abus de droit plus qu'une incivilité, et qu'on peut aller jusqu'à qualifier d'illégitimité, même si son auteur est bien titulaire du droit en cause. Celui qui abuse d'un droit fait parfois plus que l'utiliser dans des conditions répréhensibles : il y a d'une certaine façon dépassement des limites du droit. Or précisément, lorsque le débiteur entend mettre en œuvre la clause résolutoire dans des conditions déloyales, il n'essaie pas d'obtenir plus – ou autre chose – que ce à quoi il a droit : nul ne conteste que les conditions conventionnellement prévues de mise en œuvre de la clause sont remplies et il n'y a donc pas à proprement parler d'abus de droit. En revanche, la façon dont il s'y prend pour obtenir l'exécution de la lettre du contrat est répréhensible et contraire à une attitude loyale et correcte entre cocontractants. Il y a donc bien dans cet exemple exécution du contrat de mauvaise foi.

L'abus de droit, qui suppose l'existence d'un droit dont est titulaire le contractant, est ainsi plus adapté lorsqu'une prérogative unilatérale est accordée à un contractant. La bonne foi a davantage vocation à intervenir lorsque l'exécution des obligations contractuelles est en jeu ; lorsque le contractant n'a pas un comportement loyal soit dans l'exécution de ses propres obligations, soit dans la façon dont il cherche à réaliser les droits que lui confère le contrat. Avec la bonne foi, les juges contrôlent les circonstances de l'utilisation du droit plus que le contenu du droit lui-même. Pour plus de développements, M. Fabre-Magnan, L'obligation de motivation dans les contrats, *Études J. Ghestin*, LGDJ, 2001, 301.

PRATIQUE JUDICIAIRE

a) La bonne foi. — Il faudrait faire une analyse casuistique de ce que les juges du fond qualifient de bonne ou de mauvaise foi. Les arrêts de la Cour de cassation en donnent quelques exemples. Est ainsi de mauvaise foi le propriétaire bailleur d'immeubles d'habitation qui ne peut ignorer être débiteur du coût de la consommation d'eau et qui s'abstient de vérifier que cette fourniture lui avait bien été facturée (Civ. 1re, 23 janv. 1996, n° 93-21414), ou encore le vendeur d'un véhicule dont il est établi qu'il était intervenu sur le système de freinage et en avait masqué les défaillances (Civ. 1re, 21 juil. 1987, n° 84-15987). De façon plus novatrice encore, la Cour de cassation juge désormais que n'exécute pas de bonne foi son contrat celui qui, connaissant les difficultés de son cocontractant, ne prend pas des mesures concrètes pour le mettre en mesure d'exécuter ses propres obligations (affaire *Chevassus-Marche*, Com. 24 nov. 1998, n° 96-18357, et, dans le même sens, l'arrêt *Huard*, Com. 3 nov. 1992, n° 90-18547; sur ces deux arrêts v. *infra*). Sur l'abondante jurisprudence relative à l'appréciation de la bonne foi dans la mise en œuvre d'une clause résolutoire, v. *infra*.

La bonne foi joue un rôle très large dans l'exécution des contrats, mais n'exonère pas néanmoins le débiteur de toute sanction. Civ. 3e, 24 sept. 2003, n° 02-12474; *RTD civ.* 2003, 707, obs J. Mestre et B. Fages; *RDC* 2004/3, 644, obs. D. Mazeaud. Une cour d'appel avait rejeté la demande tendant à faire constater le jeu d'une clause résolutoire car le débiteur avait effectué des paiements substantiels après l'expiration du délai fixé par le commandement de payer, apurant même l'intégralité de sa dette, ce qui, selon les juges du fond, témoignait de sa bonne foi; dès lors, accueillir la prétention de la demanderesse «constituerait une atteinte au principe d'exécution de bonne foi des conventions»; la Cour de cassation censure cependant cet arrêt au motif qu'«en cas d'inexécution de son engagement par le débiteur sa bonne foi est sans incidence sur l'acquisition de la clause résolutoire». Selon les commentateurs de l'arrêt (*RTD civ.* 2003, p. 708), la solution se justifierait car «si l'article 1134, alinéa 3, du Code civil impose la bonne foi dans l'exécution des conventions, il ne peut concerner que le créancier qui applique – exécute – la clause résolutoire, et non le débiteur qui prétend l'écarter. Ce dernier, par hypothèse, n'exécute rien. Pas plus ses obligations que la clause». Mais c'est bien dans l'exécution de son obligation de payer que le débiteur avait montré sa bonne foi et, si la cour d'appel ne devait pas en tirer de conséquences, c'est simplement parce que le jeu de la clause résolutoire est automatique; en outre, si le débiteur peut être sanctionné lorsqu'il exécute ses obligations de mauvaise foi, sa bonne foi ne le protège pas de toutes les sanctions, notamment précisément lorsqu'elles sont automatiques.

b) L'autonomie personnelle. — La Cour européenne des droits de l'homme a introduit une notion d'autonomie personnelle, qui «peut s'entendre au sens du droit d'opérer des choix concernant son propre corps»; plus même, «la faculté pour chacun de mener sa vie comme il l'entend peut également inclure la possibilité de s'adonner à des activités perçues comme étant d'une nature physiquement ou moralement dommageables ou dangereuses pour sa personne» (*Pretty c/ Royaume-Uni*, 29 avr. 2002, §66, la formule ayant été textuellement reprise dans *K. A. et A. D. c/ Belgique*, 17 févr. 2005, *JCP G* 2005, I, 159, n° 12, obs. F. Sudre). Sur la notion d'autonomie personnelle, M. Levinet, La notion d'autonomie personnelle dans la jurisprudence de la cour européenne des droits de l'homme, *Droits*, n° 49/2, 2009, 3 et s.; F. Sudre, *Droit européen et international des droits de l'homme*, PUF, 8e éd., 2006, §229 *bis*; F. Sudre, J.-P. Marguénaud, J. Andriantsimbazovina, A. Gouttenoire, M. Levinet, *Les grands arrêts de la Cour européenne des droits de l'homme*, PUF, «Thémis», 4e éd., 2007, 452.

Pour une critique de cette notion, incontestable en elle-même mais discutable dans la portée que lui donne la CEDH, v. nos deux chroniques : Le sadisme n'est pas un droit de l'homme, *D.* 2005, chron., 2973, republié dans la *Revue Conférence*, printemps 2006, 265; égal. Le domaine de l'autonomie personnelle. Indisponibilité du corps humain et justice sociale, *D*, 2008, chron., 31; *adde* la controverse sur l'autonomie personnelle et la liberté du consentement, *Droits*, n° 49/1, 2009, 3 et s. La Cour impose notamment, à travers cette notion, des choix de société ou des choix de politique économique ou sociale pour lesquels elle n'a pas de légitimité. V. ainsi *Sørensen et Rasmussen c/ Danemark* du 11 janv. 2006, où elle remet en cause le modèle social danois qui serait contraire aux droits de l'homme!

PRATIQUE JURIDIQUE

a) Le contrat forcé. — Le Code pénal prohibe les envois forcés (art. R. 635-2), c'est-à-dire «le fait d'adresser à une personne, sans demande préalable de celle-ci, un objet quelconque accompagné d'une correspondance indiquant que cet objet peut être accepté contre versement d'un prix fixé ou renvoyé à son expéditeur, même si ce renvoi peut être fait sans frais pour le destinataire». V. art. 285-1 C. civ. qui, pour le logement familial, permet au juge d'ordonner qu'il soit concédé à bail à l'un des deux conjoints. *Adde* Josserand, Le contrat forcé et le contrat légal, *D.* 1940, chron., 1; P. Durand, La contrainte légale dans la formation du rapport contractuel, *RTD civ.* 1944, 73.

b) Le refus de contracter. — O. Barret, Variations autour du refus de contracter, *Mélanges J.-L. Aubert*, Dalloz, 2005, 3; J.-C. Serna, *Le refus de contracter*, LGDJ, «Bibl. dr. privé», 1967, préf. J. Carbonnier; H. D. Cosnard, Le refus de vente, *RTD com.* 1962, 187; R. L. Morel, Du refus de contracter opposé en raison de considérations personnelles, *RTD civ.* 1908, 289. L'ord. du 1er déc. 1986 prévoyait encore dans son article 30 la prohibition du refus de vente ou de prestation de services. Mais une loi du 1er juillet 1996 sur la loyauté et l'équilibre des relations commerciales abrogea cette disposition. Le refus de vente cessait d'être illicite mais uniquement dans les rapports entre professionnels. Vis-à-vis des consommateurs il demeure prohibé : Cf. art. L. 122-1 C. cons. On peut rapprocher du refus de contracter les refus de renouveler un contrat : dans le bail à ferme (art. L. 411-46 nouv. C. rural), dans le bail commercial (art. 8 du décret-loi du 30 sept. 1953), dans le bail d'habitation (art. 54 de la loi du 1er sept. 1948).

c) Les discriminations. — On peut lier au refus de contracter les discriminations dans les contrats : C. Bourgeon, Pratiques discriminatoires et ventes directes, *RDC* 2007/2, 513; J.-P. Desideri, Les discriminations dans le choix de son cocontractant, *Dr. & patr.* 1998, n° 60, 52; *Personne et discrimination : perspectives historiques et comparées*, dir. M. Mercat-Bruns, Dalloz, 2006. Outre l'interdiction générale sur le fondement de l'art. 6 C. civ., de nombreuses lois particulières viennent interdire les discriminations dans certains types de contrats. V. loi de modernisation sociale 17 janv. 2002 qui, modifiant l'art. 1er de la loi du 6 juil. 1989 tendant à améliorer les rapports locatif, ajoute qu'«aucune personne ne peut se voir refuser la location d'un logement en raison de son origine, son patronyme, son apparence physique, son sexe, sa situation de famille, son état de santé, son handicap, ses mœurs, son orientation sexuelle, ses opinions politiques, ses activités syndicales ou son appartenance ou sa non-appartenance vraie ou supposée à une ethnie, une nation, une race ou une religion déterminée». La charge de la preuve est facilitée pour le demandeur qui n'a qu'à présenter «des éléments de fait laissant supposer l'existence d'une discrimination directe ou indirecte» pour que pèse sur la partie défenderesse «de prouver que sa décision est justifiée». Le juge forme alors sa conviction après avoir ordonné, en cas de besoin, toutes les mesures d'instruction qu'il estime utiles. Sur la discrimination à l'entrée des discothèques, dévoilée par la pratique du *testing*,

Crim. 11 juin 2002, *RTD civ.* 2002, 498, obs. J. Mestre et B. Fages, qui examinent également les pratiques du *scoring* (ratios établis par les banques pour prendre leur décision d'octroyer ou non un prêt) et du *ranking* (notation des salariés afin de décider des augmentations de salaire). Pour la sanction pénale des discriminations, cf. art. 225-1 du Code pénal, régulièrement modifié pour admettre de nouveaux types de discrimination (la loi du 16 nov. 2001 relative à la lutte contre les discriminations a ajouté la discrimination en fonction de l'apparence physique, du patronyme, de l'orientation sexuelle ou de l'âge, tandis que la loi du 4 mars 2002 sur les droits des malades a ajouté la discrimination en fonction des caractéristiques génétiques). *Adde* le nouvel art. L. 11321 C. travail (ancien art. L. 122-45).

Le projet de Cadre commun de référence introduit tout un chapitre consacré à la non-discrimination dans les contrats (chap. 2). Il prévoit que les parties ont un droit de ne pas être discriminées (c'est-à-dire de ne pas être traitées moins favorablement qu'une autre personne) en raison de leur sexe, ou de leur origines ethniques ou raciales. Le texte inclut dans la discrimination le harcèlement sexuel qui porte atteinte à la dignité de la personne. La charge de la preuve est facilitée dans la mesure où toute personne qui s'estime discriminée a simplement à apporter la preuve des faits qui font présumer une telle discrimination : c'est ensuite à l'autre partie de prouver qu'il n'y a pas eu une telle discrimination. Ce texte est bien pauvre, théoriquement et pratiquement. V. le débat organisé par la *RDC*, 2010/4 et notre contribution sur «Totems et tabous en matière de discrimination», 1433.

PHILOSOPHIE DU DROIT

La procéduralisation du droit des contrats. Les théoriciens du droit opposent justice substantielle et justice procédurale. La justice substantielle pose une règle matérielle (par exemple les prestations dans un contrat doivent être équilibrées), tandis que la justice procédurale se contente de veiller au bon respect des procédures (par exemple la bonne information des parties au contrat), en espérant qu'il en résultera ainsi un contrat juste. On connaît l'exemple proposé aux enfants pour partager un gâteau entre deux personnes : soit on le coupe en deux parts égales (justice substantielle), soit on adopte la règle que celui des deux qui coupe le gâteau n'est pas celui qui choisit sa part (justice procédurale, avec un résultat certes plus hasardeux, celui qui choisit pouvant, par tempérament, prendre la plus petite ou la plus grosse part). Pour prendre une autre image liée à la circulation automobile, les feux rouges sont de la justice substantielle, tandis que les ronds-points représentent la justice procédurale. L'idée philosophique de justice procédurale est due en grande partie au philosophe allemand Jürgen Habermas qui, dans sa *Théorie de l'agir communicationnel*, entend refonder rationnellement les présuppositions et les règles générales de l'éthique (éd. originale, 1981, *Theorie des kommunikativen Handels*, t. I, *Rationalité de l'agir et rationalisation de la société*, trad. J.-M. Ferry, Fayard, 1987, t. II, *Pour une critique de la raison fonctionnaliste*, trad. J.-L. Schlegel, Fayard, 1987). Le but de sa démonstration est de retrouver comment il est possible de fonder en raison des commandements et des normes. Selon Habermas, les énoncés éthiques comme les énoncés juridiques ont besoin d'une légitimation qui peut être donnée par la voie procédurale de la discussion (*Morale et communication*, Francfort, 1983, trad. fr., Cerf, 1986). L'essence de la normativité ne réside ainsi plus dans la conformité de ces énoncés avec un ordre préalable, ni même dans la raison, il n'y a pas en effet de devoir-être abstrait ou universel : la norme est celle qui résulte du consensus des intersubjectivités. Pour un résumé de la philosophie de Habermas, S. Goyard-Fabre, *Les fondements de l'ordre juridique*, PUF, « L'interrogation philosophique » ; J. Lenoble, Droit et communication : Jürgen Habermas, in *La force du droit. Panorama des débats contemporains*, dir. P. Bouretz, Esprit, « Série philosophique », 1991, 163. Cette nouvelle éthique de la discussion et du consensus fait aujourd'hui de nombreux émules. *Démocratie et procéduralisation du droit*, dir. Ph. Coppens et J. Lenoble, Bruxelles, Bruylant, 2000 ; J. de Munck et J. Lenoble, Droit négocié et procéduralisation, in *Droit négocié, droit imposé ?*, dir. P. Gérard, F. Ost et M. van de Kerchove, Fac. univ. Saint-Louis, Bruxelles, 1996, 171 ; B. Frydman, Négociation ou marchandage ? De l'éthique de la discussion au droit de la négociation, *ibid.*, 231 ; *Les transformations de la régulation juridique*, dir. J. Clam et G. Martin, LGDJ, « Droit et société », 1998. On retrouve l'idée de justice procédurale chez F. A. Hayek (*Droit, législation et liberté*, t. 2, PUF, 1986, 81 et s.) et aussi chez J. Rawls (*Théorie de la justice*, trad. C. Audard, Le Seuil, 1987, spéc. 37-48, 91-115 et 168-180). On avait été prévenus de l'importance qu'allaient prendre les discours dans la société (M. Foucault, *L'ordre du discours*, Gallimard, 1976). Mais l'éthique de discussion ne peut suffire à la légitimation du droit. Elle renouvelle d'abord l'erreur des économistes classiques qui posaient l'hypothèse d'individus parfaitement égaux et rationnels sans laquelle il n'y a pas de justice possible de la discussion. Surtout, l'acquiescement à la norme ne peut suffire à la valider. Il ne suffirait pas qu'un employeur et un salarié soient d'accord pour lever l'interdiction de dépasser un certain temps de travail, ou, pour prendre un exemple jugé par les tribunaux, le fait que des personnes de petite taille aient pu consentir à la pratique du « lancer de nains » (et même revendiquer de pouvoir y participer au nom de leur dignité de pouvoir travailler) n'a pas constitué un obstacle à la qualification de pratique contraire à la dignité humaine (CE, 27 oct. 1995, Commune de Morsang-sur-Orge).

Il n'est pas sûr que la procéduralisation ait complètement gagné le droit français des contrats. On y voit également pour l'instant une tendance au contraire à la revalorisation de la « substance », des contenus, par rapport aux formes. Pour une vision d'ensemble du droit privé européen, qui suivrait un même mouvement de la forme vers la substance, v. M. W. Hesselink, *The New European Legal Culture*, Kluwer, 2001, spéc. p. 37 et s. où il décrit le « Shift from form to substance ». On peut certes toujours dire que le contrôle des consentements au moment de la formation du contrat relève d'un contrôle procédural : on espère qu'une juste procédure aboutira à un contrat juste ; mais c'est l'idée fort ancienne du « qui dit contractuel dit juste » ; le contrôle de la cause et de l'objet, en ce qu'elle concerne le contenu du contrat, est plutôt un contrôle substantiel, un contrôle du résultat auquel a abouti la procédure de formation du contrat. Pour des applications de la justice procédurale au droit des contrats, Ph. Jouary, *Contribution à l'étude de la valeur en droit privé des contrats*, th. Paris I, 2002, 192 et s. ; M. Mekki, *L'intérêt général et le contrat. Contribution à une étude de la hiérarchie des intérêts en droit privé*, LGDJ, « Bibl. dr. privé », 2004, préf. J. Ghestin, spéc. 1235 et s.

Pour le constat de la « procéduralisation du contrat », L. Cadiet, Les jeux du contrat et du procès, *Mélanges Farjat*, éd. Frison-Roche, 1999, 23 ; Une justice contractuelle, l'autre, *Mélanges J. Ghestin*, LGDJ, 2001, 177. Pour une analyse des liens entre contrat et procédure, L. Weiller, *La liberté procédurale du contractant*, PUAM, 2004, préf. J. Mestre.

ANTHROPOLOGIE

a) Le lien contractuel. — G. Davy, *La foi jurée, étude sociologique du problème du contrat*, thèse lettres, Paris, 1922, qui montre que le contrat ne s'est pas constitué en créant de toutes pièces des liens d'obligation qui lui fussent propres mais qu'il a au contraire commencé par emprunter, quitte à les adapter ensuite à son but particulier, les seuls liens d'obligation qui existaient, c'est-à-dire des liens statutaires, ceux du statut familial et matrimonial, et ceux d'une sorte de statut international qui régissait les rapports de certains groupes sociaux ; G. Tarde, *Les transformations du droit, étude sociologique*, F. Alcan, Paris, 1893, republié en 1994, Berg International, p. 121 nouv. éd. Aujourd'hui à nouveau, le contrat semble parfois avoir des conséquences sur l'état des personnes, et il devient alors nécessaire de réfléchir sur les incompatibilités entre contrats ou entre un contrat et certaines positions ou statuts (C. Labrusse-Riou, Les personnes, in *La relativité du contrat*, Trav. Ass. H. Capitant, Nantes, LGDJ, 2000, 13 ; De quelques apports du droit des contrats au droit des personnes, in *Études J. Ghestin*, LGDJ, 2001, 499). Le PACS en est un exemple patent, puisque la conclusion en est interdite à certaines personnes qui sont dans un lien de parenté trop proche, ou qui sont déjà mariées par ailleurs, alors même qu'il n'est, aux termes de la loi, qu'un contrat (art. 515-1 C. civ.). Le lien personnel apparaît plus particulièrement dans certains contrats, notamment ceux que les Américains nomment les « contrats relationnels ». O. Flipo-Bouchaara, *Le lien contractuel*, th. Orléans, 2001. Sur le rôle de la volonté, G. Davy, préc., 7 : « Si c'est la volonté, et la volonté individuelle, qui apparaît, au terme de l'évolution, comme maîtresse et bénéficiaire du contrat, il n'en est pas ainsi à l'origine. Si nous nous référons aux deux points de départ que nous avons donnés à la formation du contrat [relations de famille et relations de phratrie], nous voyons que ni d'un côté ni de l'autre la volonté individuelle n'intervient. On peut même dire que la relation contractuelle qui, une fois formée, aura pour essence de lier les volontés individuelles, commence par ne pas même les concerner. » *Adde* Ph. Chiappini, L'origine communautaire et sacramentelle des liens juridiques, *Mélanges Jean-Luc Aubert*, Dalloz, 2005, 409 ; E. Jeuland, L'énigme du lien de droit, *RTD civ.* 2003, 455.

b) Contrat et pacte. — Historiquement, plus précisément en droit romain, le pacte (pacte nu) était l'accord non revêtu d'une forme et par conséquent dépourvu de caractère exécutoire. Il en est resté l'idée que le pacte serait plus souple, plus informel, que le contrat. B. Alibert, *Le pacte en droit privé, D.*, 1996, chron., 73. D'un autre côté, le pacte renvoie à un lien plus fort que le droit lui-même, lien de fraternité ou lien de sang, qui est en réalité indissoluble. Le droit traditionnel utilisait le terme (ex : les pactes sur succession future), le droit moderne continue, notamment précisément pour les liens personnels (ex : le pacte civil de solidarité). A. Chapelle, Les pactes de famille en matière extra-patrimoniale, *RTD civ.* 1984, 411.

c) Force obligatoire du contrat et magie. — Dans certaines formes primitives de contrat, celui-ci tirait sa force obligatoire de la magie. V. Huvelin, Magie et droit individuel, *Année sociologique*, 1905-1906, 1 et s. Noailles, *Du droit sacré au droit civil*, 1949 ; L. Gernet, *Anthropologie de la Grèce antique*, 1968, 175 et s. *Adde* C. Faralli, *Diritto e magia*, Milan, 1982. De la magie, le fondement est ensuite passé au religieux, la promesse étant garantie par le serment fait à Dieu, Magdelain, *Essai sur les origines de la sponsio*, th. Paris, 1943.

ANTHROPOLOGIE DOGMATIQUE

La reféodalisation de la société. — L'anthropologie dogmatique, mise en lumière par Pierre Legendre (not. ses *Leçons* publiées chez Fayard, ou encore *De la société comme texte, Linéaments pour une anthropologie dogmatique*, Fayard, 2001), s'intéresse au rôle du droit dans l'institution de l'homme et de la société, rôle dogmatique qui, dans nos sociétés occidentales, a pris la place de la Religion pendant la période cruciale du Moyen Âge. Cet auteur a posé l'hypothèse de la reféodalisation de la société (Remarques sur la reféodalisation de la France, in *Études G. Dupuis*, LGDJ, 1997, 201) qui a ensuite été développée par A. Supiot (not. Un faux dilemme : la loi ou le contrat?, *Dr. soc.* janv. 2003, 59 et s., spéc. 66 et 71 ; La fonction anthropologique du droit, Entretien publié dans la revue *Esprit*, janv. 2001, 151 ; La contractualisation de la société, intervention à l'Université de tous les savoirs, in *Qu'est-ce que l'humain?, Université de tous les savoirs*, dir. Y. Michaud, vol. 2, Odile Jacob, 2000, 157 ; *adde* son dernier livre, *L'esprit de philadelphie. La justice sociale dans le marché total*, Seuil, 2010). Selon ce dernier auteur, la contractualisation de la société signifie certes un déclin de la souveraineté du législateur mais non pas au profit de la liberté contractuelle qui se trouve elle-même programmée par une normalisation des comportements et une instrumentalisation des sources du droit (*Dr. soc.* janv. 2003, spéc. 67 et s.) ; le phénomène marquerait un retour à une structure féodale de la société et donc du lien social. En premier lieu, la loi se décharge des éléments concrets pour ne plus s'intéresser qu'aux principes généraux et aux procédures, et c'est le contrat qui se trouve alors devoir organiser la relation personnelle concrète entre les individus. Dans le même temps, le contrat, en prenant en charge les relations personnelles entre les individus, organise de nouvelles formes d'allégeance, de domination, et donc de pouvoir, dans la liberté contractuelle de façade : on le voit par exemple très nettement dans les réseaux dont la prolifération est aujourd'hui soulignée (F. Ost et M. van de Kerchove, *De la pyramide au réseau?, pour une théorie dialectique du droit*, Fac. univ. Saint-Louis, 2002). Dans ce contexte, l'apparition des notions de fraternité ou de solidarisme en droit des contrats ne doit pas être analysée comme une résurgence de la moralité entre cocontractants (l'explication reste ainsi bien trop positiviste et surtout individualiste) mais plutôt comme un signe supplémentaire de cette reféodalisation du lien social : c'est le contrat qui a en charge de réglementer le lien personnel entre les personnes et, plus fondamentalement, de garantir et de tisser le lien social. A. Supiot, La relativité du contrat en questions, in *La relativité du contrat*, Trav. Ass. H. Capitant, Nantes, LGDJ, 2000, 183 et s. C'est dans ce cadre qu'on voit aussi apparaître de plus en plus d'obligations de contracter, liées au phénomène de contractualisation de la société. J.-L. Respaud, *L'obligation de contracter dans le contrat-cadre de distribution*, th. Montpellier, 2000. D'un point de vue psychologique, on pourrait supposer que ce qui est volontairement accepté est moins ressenti comme une contrainte (*volenti non fit injuria*). En réalité, la contrainte est peut-être moins apparente mais elle n'en est pas moins réelle. C. Labrusse-Riou, qui explique que « le rêve de la « transformation du droit en régulation, en autorégulation, rêve d'un ordre spontané, naturel, [masque], lui aussi, le rapport de forces, la violence disséminée entre des mains multiples, et même consentie » (L'humain en droit : réalité, fiction, utopie? «, in *Vers la fin de l'homme*, dir. Ch. Hervé et J.-J. Rozenberg, de boeck, 2006, p. 166, reproduit in Ecrits de bioéthique, PUF, « Quadrige essais », 2007).

Chapitre 3

LES FONCTIONS DU DROIT DES CONTRATS

1 | La fonction économique du droit des contrats

Dans la lignée de l'analyse économique néo-classique, certains auteurs ont commencé à s'intéresser au droit et à en proposer une analyse économique : ce fut le mouvement *Law and Economics.* D'autres mouvements, sur la base d'un renouvellement des fondements de l'analyse économique classique, proposent de nouveaux modèles; ces courants ne sont plus exclusivement tournés vers le droit, mais les résultats de leurs travaux peuvent intéresser les juristes, en particulier de droit des contrats.

1. L'ANALYSE ÉCONOMIQUE DU DROIT

L'analyse économique du droit est, à l'origine, un mouvement doctrinal américain né à la fin des années 1950. Ce mouvement, d'inspiration néo-classique et libérale, fut mené au départ par des économistes [1], rejoints progressivement par des juristes. Il a donné lieu depuis à un nombre impressionnant d'articles, de revue [2] et d'ouvrages, aux États-

1. De nombreux eurent le «prix Nobel» pour leurs travaux : Gary Becker, Ronald Coase, ou encore Friedrich von Hayek.

2. *Journal of Law and Economics* publié à l'Université de Chicago ; *Journal of Legal Studies,* dont le 1er rédacteur en chef fut Richard Posner ; ou le *Journal of Law, Economics and Organization*, créé en 1985 à l'Université de Yale.

Unis d'abord puis dans d'autres pays. Bien que de nouvelles analyses économiques prennent aujourd'hui de l'ampleur, le mouvement de l'analyse économique du droit (*Economic Analysis of Law*), plus directement orienté vers l'analyse du droit positif, reste encore particulièrement prégnant et largement dominant parmi les juristes anglo-américains.

La première école a été menée par Richard Posner[1], dont le principal ouvrage, intitulé *Economic Analysis of Law*, a été publié pour la première fois en 1972 et est régulièrement réédité depuis. L'analyse économique du droit s'intéresse à l'efficacité des règles de droit. Elle étudie comment la règle de droit oriente le comportement des individus et dans quelle mesure elle atteint ses objectifs sans être détournée par ces mêmes individus. Le soubassement théorique est l'analyse micro-économique[2] dont le modèle vise à accroître l'utilité totale de la société, définie comme la somme des utilités individuelles. Un des principaux axiomes de l'analyse micro-économique est celui de la rationalité des agents économiques. L'homme, *homo economicus*, est un individu rationnel qui poursuit certains objectifs tout en sachant gérer ses contraintes. Dès lors, si son environnement (notamment juridique) se modifie, l'agent économique rationnel va modifier son comportement. Les agents économiques sont supposés être caractérisés par des préférences ou des objectifs qu'ils visent à atteindre tout en respectant des contraintes limitant les choix possibles. L'objectif est alors d'apprécier si les règles de droit permettent de maximiser les utilités individuelles et d'atteindre les objectifs fixés par la société. Presque toutes les branches du droit ont été concernées par cette analyse (propriété, contrat, responsabilité, famille, pénal, etc.). L'analyse économique du droit pénal par exemple voit le criminel comme un agent parfaitement rationnel, faisant un arbitrage entre les perspectives de gain résultant de son infraction et les risques pris (sanction encourue, tempérée par la probabilité d'être arrêté) avant de décider de commettre ou non le délit envisagé. C'est avec le même type d'argument que des professeurs de droit théorisèrent la justification de la torture[3].

1. Richard A. Posner, né en 1939, a enseigné pendant plus de dix ans à l'Université de Chicago qui fut et qui demeure à la pointe de l'analyse économique du droit. En 1981, il fut nommé à la cour d'appel des États-Unis (7e circuit), qu'il présida de 1993 à 2000.

2. Ainsi appelée car elle étudie les comportements des agents économiques tels que les individus, les producteurs, par opposition à l'analyse macro-économique dont le but est d'expliquer comment se déterminent des quantités agrégées (la production, l'investissement, ou la consommation) et des indices globaux (le taux d'inflation ou encore le taux de chômage).

3. C'est ainsi que le même Richard Posner énonça dans un article paru en 2002 dans *The New Republic*, que « si les enjeux sont suffisamment élevés, la torture est permise. Aucune personne qui douterait de cela ne devrait être en position de responsabilité » (*if the stakes are high enough, torture is permissible. No one who doubts that this is the case should be in a position of responsibility*). *Adde*

Le contrat a pu être analysé dans cette optique. Il permet en effet d'atteindre un des objectifs de l'analyse économique : que les choses aillent vers leur usage le plus valorisé. Or si deux parties s'échangent quelque chose par contrat, c'est que chacune d'entre elles aura une satisfaction supérieure à posséder la chose qu'elle reçoit que celle dont elle accepte de se séparer : l'utilité globale de la société, entendue comme la somme de ces utilités individuelles, sera donc accrue d'autant. Mais le contrat ne doit être validé que s'il est efficace, c'est-à-dire s'il permet à chacun des contractants d'être, après le contrat, dans une situation qui lui est plus favorable. C'est également en termes d'efficacité que l'on doit rechercher quelle sanction doit être accordée en cas d'inexécution (v. *infra* la théorie de l'inexécution efficace du contrat).

Plusieurs critiques peuvent être formulées sur l'analyse économique du droit. La principale est sans doute que puisque l'efficacité d'une règle est mesurée uniquement en termes de coûts, ne sont prises en considération que les données qui peuvent être évaluées monétairement, ce qui conduit à donner une importance démesurée à l'argent et fausse les résultats. Si par exemple l'analyse économique du droit conduit à dire qu'une partie a parfois intérêt à violer ses obligations, c'est en oubliant que, si elle agit ainsi, elle aura du mal dans l'avenir à trouver des cocontractants. En outre, toute cette analyse économique repose comme on l'a vu sur le modèle de l'agent économique parfaitement éclairé et rationnel, qui sait toujours comment optimiser ses choix, modèle peu réaliste qui conduit, là encore, à fausser les résultats. C'est principalement cette dernière critique qui a conduit à un renouvellement de l'analyse économique classique.

D'autres courants d'analyse économique peuvent avoir un intérêt pour les juristes et en particulier pour l'analyse des contrats. Il en est ainsi du courant « néo-institutionnaliste » désigné parfois d'ailleurs comme le mouvement de l'« économie des contrats » dans la mesure où il met le contrat au cœur de ses analyses.

2. LE COURANT NÉO-INSTITUTIONNALISTE

Le courant institutionnaliste a été initié au début du XXe siècle aux États-Unis principalement par trois auteurs : John Rogers Commons (juriste), Thorstein Veblen (économiste) et Wesley Clair Mitchell (statis-

les références citées par «M. Terestchenko, *Du bon usage de la torture, ou comment les démocraties justifient l'injustifiable*, La découverte, 2008.

ticien). Le courant est désormais incarné par Oliver E. Williamson sous le nom de « néo-institutionnalisme «. Il est ainsi appelé car il est le prolongement de l'école institutionnaliste américaine du début du XXe siècle qui s'intéressait également à la question des institutions, prises au sens large des modes d'organisation des activités économiques.

Ce mouvement entendait rompre avec le corpus néo-classique et, en particulier, avec les hypothèses traditionnelles sur l'*homo economicus* comme agent parfaitement rationnel et informé, et avec l'individualisme méthodologique. En réalité, les individus ne disposent pas de toutes les informations, et leur rationalité est limitée : ils ont dès lors des comportements plus complexes que ce que décrit la théorie classique. On peut ainsi relever des comportements « opportunistes » et égoïstes, principalement de deux sortes : un opportunisme *ex ante* (selon des phénomènes de « sélection adverse », un contractant ne va pas révéler toutes les informations qu'il détient) ou un opportunisme *ex post* (asymétrie d'information postérieure à la conclusion du contrat, dans la mesure où le contractant, le salarié par exemple, va pouvoir acquérir des informations que n'aura pas son employeur ; c'est ce qu'on appelle parfois le « hasard moral »).

Leur problématique essentielle est celle de savoir comment, dans ce contexte, gérer au mieux la coordination entre les individus, c'est-à-dire l'ajustement de leurs décisions individuelles. C'est dans ce cadre qu'ils s'intéressent aux modalités de conclusion des contrats. Par rapport à la micro-économie classique, qui se concentrait surtout sur le marché, ces auteurs mettent au centre de leurs analyses les organisations, entendues au sens large (l'entreprise, mais aussi tout autre type d'organisation, des hôpitaux par exemple), et aussi précisément les contrats, puisqu'il s'agit d'analyser les transactions et les échanges. L'entreprise est désormais conçue comme un mode de coordination différent du marché. Le problème essentiel est alors d'étudier l'efficacité comparée des différentes formes de structure et d'organisation possibles (*contract governance structure*), par exemple d'apprécier les différents types possibles de contrats de travail dans une entreprise, toujours dans l'idée de choisir le plus efficace.

Le point de départ de ce courant est constitué par les deux articles très célèbres de Ronald Coase : *The Problem of Social Cost*, publié en 1960 dans le *Journal of Law and Economics*, qui marque d'ailleurs de façon générale le point de départ de l'analyse économique du droit et, plus particulièrement pour cette seconde école, le livre de Coase paru en 1937 intitulé *The Nature of the Firm*[1]. Dans cet ouvrage, Coase se demandait pourquoi certains échanges se font sur le marché et d'autres hors du marché. Il prenait l'exemple des mouvements de salariés qui dépendent parfois du marché (des prix) et parfois de la volonté de l'entrepreneur. Selon lui, si certaines transactions se font hors marché, c'est qu'elles sont « coûteuses à réaliser ». Certaines transactions ont des coûts importants, par exemple de négociation, de recherche, etc. (c'est ce qu'on appelle les « coûts de transaction », notion centrale dans cette analyse) : il faut s'entendre sur les relations à établir, éventuellement renégocier, etc. Tout cela demande des investissements en temps et en argent, si bien que l'on a parfois intérêt à sortir de la coordination marchande.

L'analyse se concentre, dans la lignée des travaux de Coase, sur les coûts de transaction et leur effet sur le choix des structures et de l'organisation des entreprises. La vision de l'entreprise développée par Williamson est cependant beaucoup moins hiérarchique que chez Coase, celle-ci étant plutôt perçue comme un ensemble de contrats bilatéraux, comme un « nœud de contrats »[2]. L'objectif principal est de diminuer les coûts de transaction qui entravent la performance des marchés, et d'adopter donc la structure qui permet le mieux d'atteindre cet objectif. Pour chaque activité, la question consiste à choisir s'il vaut mieux l'internaliser (par exemple rachat d'un fabricant de biens dont l'entreprise a besoin) ou au contraire se fournir sur le marché. Cette décision dépend, selon Williamson, de trois éléments principaux : 1 / les coûts de transaction liés au marché, qui engendrent des coûts *ex ante* (rédaction, négociation, recherche de partenaires, coûts d'information, coûts de mise en place d'une garantie, etc.) et aussi *ex post* (coûts de l'exécution du contrat, éventuellement de l'adaptation du contrat au changement de circonstances, etc.) ; 2 / la spécificité des actifs convoités (à un moment donné ou sur un territoire donné, une firme par exemple, les gens ont un savoir-faire, une compétence propre qu'on ne trouve pas en abondance sur le marché) qui va intervenir sur la façon de gérer le contrat sur le long terme (il y a en effet, après conclusion du contrat, une « transformation fondamentale », car si, avant la conclusion du contrat, il y avait une situation de concurrence, ensuite il s'agit plutôt d'un monopole bilatéral, car le cocontractant formé partage une richesse dont on devra se priver si la relation est rompue) ; 3 / enfin le troisième

1. V. égal. R. Coase, *The Firm, the Market and the Law*, The Univ. of Chicago Press, 1988.
2. *The Firm as a Nexus of Treaties*, M. Aoki, B. Gustafsson et O. E. Williamson (dir.), London, Sage Publ., 1990.

élément à prendre en considération est la fréquence des transactions (si on doit acheter un actif, même très spécifique, seulement une fois, il n'est guère utile d'internaliser la fabrication).

La conclusion, qui était déjà en germe chez Coase, est que plus les coûts de transaction sont élevés, plus on a intérêt à les internaliser, c'est-à-dire les faire dépendre d'une structure hiérarchique ou d'une firme. Mais ce n'est pas le seul élément. Il faut aussi regarder la spécificité des actifs échangés (plus une transaction concerne des actifs spécifiques et plus on a intérêt à l'internaliser pour maîtriser ces situations) et aussi la fréquence des transactions (plus la transaction est fréquente et plus on peut envisager de l'internaliser). Il en résulte ainsi des orientations sur les modes de gouvernance des entreprises et des stratégies de choix graduées entre le marché et l'internalisation, c'est-à-dire la firme (qu'il appelle la solution de la gouvernance unifiée). Il y a entre les deux solutions extrêmes des solutions intermédiaires telles que la gouvernance bilatérale (les deux parties sont autonomes mais elles ont engagé toutes les deux des moyens importants, et n'ont donc pas intérêt à briser le contrat : par exemple un gros client qui assure un véritable chiffre d'affaires et qui a lui-même investi chez son fournisseur) ou trilatérale (un contrat est conclu, par exemple avec un architecte, mais sous le regard d'un expert qui va aider à son exécution).

Selon ces auteurs, les gens préfèrent en général être liés sur le long terme car cela diminue les coûts (il n'est pas nécessaire de trouver d'autres partenaires, et on connaît déjà les termes de l'accord). En outre, le contrat à long terme assure une certaine stabilité de la relation, les parties n'ayant pas à craindre des changements trop importants ou trop brutaux, dans les prix par exemple, même si, dans certains cas au contraire, elles préfèrent ne pas s'engager sur un trop long terme pour ne pas être liées par des prix qui se révéleraient finalement désavantageux.

Les travaux de Williamson sont donc intéressants pour le droit des contrats dans la mesure où ils soulignent l'importance des transactions et des contrats sur l'évolution des entreprises et de leur structures. On a parfois pu douter du point de savoir s'ils remettaient réellement en question les présupposés de l'*homo economicus* : en effet, les calculs et raisonnements auxquels doivent procéder les chefs d'entreprise pour apprécier le mode de gestion le plus efficace supposent un degré important de conscience et de rationalité. Enfin le grief demeure de la difficulté de calculer les coûts (ici les coûts de transaction), et de l'appauvrissement qui découle de la réduction de toutes relations humaines à des coûts monétaires.

2 | La fonction politique du droit des contrats

Le droit en général et le droit des contrats en particulier jouent certainement un rôle politique. Ils ont à gérer des rapports de pouvoir, des rapports de force, et la loi pourra décider dans une plus ou moins grande mesure de rééquilibrer ces rapports et même de protéger des « classes sociales » particulières (les salariés, les consommateurs, les locataires, etc.).

La lecture « politique » du droit, et notamment du droit des contrats, est assez fréquente aux États-Unis. Le courant « réaliste » des années 1930 et 1940 avait déjà insisté sur le fait que les juges devraient prendre du recul par rapport à la rigidité des règles, et s'occuper davantage de considérations concrètes et du résultat de leurs décisions : par exemple au lieu de s'intéresser aux conditions techniques de formation des contrats (existence d'une contrepartie, etc.), ils devraient s'interroger sur le pouvoir de chaque partie dans la négociation, sur leur qualité, sur l'objet du litige, etc. L'analyse politique a été renouvelée dans les années 1970 par le mouvement des *Critical Legal Studies*, né à l'Université de Harvard aux États-Unis[1]. Pour les partisans de ce mouvement, le droit des contrats sert à renforcer l'individualisme. Les juges devraient en réalité s'interroger davantage sur l'opportunité d'un échange, sur l'inégalité entre les parties, ou encore sur la capacité réelle des parties à donner leur consentement au-delà des maigres règles sur les incapacités. En résumé, la liberté contractuelle marquerait en réalité le choix politique vis-à-vis des classes favorisées puisqu'elle préserve ainsi leur liberté d'opprimer les faibles.

En France, le droit des contrats permet tout autant de jouer un rôle politique, mais la doctrine en parle moins[2]. Il y eut pourtant un

1. V. en particulier D. Kennedy, Freedom and Constraint in Adjudication : A Critical Phenomenology, Journal of Legal Education, vol. 36, 1986, republié in D. Kennedy, *Legal Reasoning : Collected Essays*, The Davies Group.

2. V. cependant Ch. Jamin, Quelle nouvelle crise du contrat ? Quelques mots en guise d'introduction, in *La nouvelle crise du contrat*, dir. Ch. Jamin et D. Mazeaud, Dalloz, 2003, 7, qui soutient que la crise actuelle du contrat est une montée de la critique libérale de la théorie sociale du contrat qui s'est construite dans la seconde moitié du XXe siècle et il analyse certaines évolutions jurisprudentielles et légales à la lumière de cette grille d'analyse politique. *Adde* le *Manifeste pour une justice sociale en droit européen des contrats*, in *European Law Journal*, 2004, 653, republié in *RTD civ.* 2005, 713.

mouvement « critique » français, à peu près contemporain du mouvement éponyme américain[1], et plusieurs auteurs justifient leurs propositions par la volonté politique de protéger la partie faible. Le rôle des juges est à cet égard déterminant. Certes le législateur, émanation de la souveraineté nationale, détient la légitimité politique d'entreprendre des réformes dans un sens ou dans un autre. Mais les juges peuvent aussi, à travers leur large marge d'interprétation, orienter la jurisprudence dans un sens ou dans un autre : plus ou moins protecteur, plus ou moins libéral, etc. Les traditions sont à cet égard différentes : en France, les juges ayant, de par leur mode de désignation, une légitimité non pas politique mais technique, il apparaîtrait contestable qu'ils s'arrogent un pouvoir politique qui pourrait le cas échéant contrer les choix issus de la souveraineté nationale. Néanmoins, ils ont de fait un certain pouvoir d'orientation, même si celui-ci demeure encadré. Certaines motivations de la Cour de cassation sont ainsi directement inspirées de raisons de politique sociale. Pour prendre un exemple tiré du droit de la distribution, les juges ont pu sanctionner un concédant d'automobiles dont la marque connaissait quelques difficultés qui avait imposé à ses concessionnaires des sacrifices financiers conduisant à la faillite de l'un d'entre eux, alors que lui-même ne s'était pas imposé des efforts semblables, et avait même distribué des dividendes aux actionnaires[2]. De même, les juges ont une certaine marge d'appréciation dans l'interprétation des notions générales telles que la force majeure ou encore l'abus de droit. La Cour de cassation peut ainsi, en admettant plus ou moins largement de telles qualifications, libérer plus ou moins facilement le débiteur et accueillir plus ou moins ses difficultés concrètes : elle pourrait décider un jour que le chômage ou même la maladie grave sont des cas de force majeure ; elle peut également, sur le fondement de l'abus de droit, limiter

1. V. le « manifeste » du mouvement critique en France : M. Bourjol, Ph. Dujardin, J.-J. Gleizal, A. Jeammaud, M. Jeantin, M. Miaille, J. Michel, *Pour une critique du droit. Du juridique au politique*, Maspero et PU de Grenoble, 1978. S'appuyant principalement sur le matérialisme historique et dialectique, le mouvement se donnait comme projet scientifique l'étude des rapports juridiques resitués dans la totalité sociale, ce qui devait déboucher sur une remise en cause du pouvoir de la classe dominante dans les sociétés capitalistes.

2. Com., 15 janv. 2002, n° 99-21172 ; *RTD civ.* 2002, 294, obs. J. Mestre et B. Fages : « Ayant... relevé que la société France Motors... avait pris des mesures imposant des sacrifices à ses concessionnaires, eux-mêmes fragilisés, au point de mettre en péril la poursuite de leur activité, l'arrêt retient que le concédant ne s'est pas imposé la même rigueur bien qu'il disposât des moyens lui permettant d'assumer lui-même une part plus importante des aménagements requis par la détérioration du marché, puisque, dans le même temps, il a distribué à ses actionnaires des dividendes prélevés sur les bénéfices pour un montant qui, à lui seul, s'il avait été conservé, lui aurait permis de contribuer aux mesures salvatrices nécessaires en soulageant substantiellement chacun de ses concessionnaires. »

plus ou moins les droits des propriétaires ou des créanciers[1]. Dans de nombreux domaines est ainsi perceptible une « politique » jurisprudentielle : en droit du travail par exemple, de façon assez immédiate, mais aussi en matière de baux, de contrats commerciaux (concession, franchise, etc.), ou encore de contrats de consommation. Une attention est ainsi portée, dans les projets de réforme du droit des contrats, au pouvoir qui est octroyé au juge (par exemple en matière d'imprévision) : les partisans de la liberté contractuelle (et de ceux qui ont les moyens d'exercer celle-ci pleinement) sont alors réticents à toute intervention du juge qui viendrait remettre en cause les stipulations des parties, et ce au nom de la défense de la sécurité juridique : pour les plus faibles, la sécurité juridique requiert cependant au contraire que le contrat déséquilibré soit remis en cause.

Le droit des contrats a ainsi certainement une fonction politique, comme le droit en général, mais il ne se résume pas à cela.

3 | La fonction anthropologique du droit des contrats

Le droit des contrats a aussi une fonction anthropologique[2]. Dans d'autres cultures, l'obligation ou le devoir naissent principalement de la place occupée, dans la famille ou dans la cité[3]. Dans nos cultures occidentales, le contrat est une source importante d'obligations et donc de lien entre les personnes. On peut même noter un mouvement de contractualisation de la société (v. état des questions).

1. Civ. 1re, 7 févr. 2006, n° 03-15394 ; *D.* 2006, 1796, note A. Penneau ; *RTD civ.* 2006, 763, obs. J. Mestre et B. Fages, qui reproche aux juges du fond de ne pas avoir recherché si le crédirentier d'une maison en viager n'avait pas abusé de son droit en exigeant l'application stricte du contrat prévoyant la possible conversion d'une partie de la rente en une obligation de soins pesant sur les débirentiers ; en effet, suite à un accident subi par l'épouse débirentière, cette obligation de soin était devenu trop lourde pour eux, et le crédirentier ne semblait en avoir fait la demande que dans le but de se procurer un moyen d'obtenir la résolution de la vente.

2. Selon la formule d'Alain Supiot : *Homo Juridicus. Essai sur la fonction anthropologique du droit*, Seuil, 2005, Points Essais 2009.

3. V. ainsi, pour le Japon, l'ouvrage de Ruth Benedict, *Le Chrysanthème et le sabre*, 1re éd., 1946, désormais en poche chez Picquier, qui examine notamment les obligations dans la famille ou vis-à-vis de l'empereur.

Henry Sumner Maine, juriste et sociologue anglais (1822-1888), avait d'ailleurs donné sa loi d'évolution des sociétés humaines, appelée loi de Maine : *from status to contract*, c'est-à-dire que l'on serait passé du statut au contrat, d'une société où les rapports entre hommes découlent objectivement et légalement, de leur position relative au sein d'un groupe, à un état où ces rapports naissent de leur volonté libre[1]. D'autres ont soutenu l'inverse[2], comme le juriste et sociologue Gabriel Tarde[3].

En réalité, dans nos cultures, ce n'est pas tant le lien qui est important dans le contrat, au sens de la relation à maintenir avec son cocontractant, que l'échange opéré par le contrat ; c'est ainsi qu'on pourra, en droit, exiger du cocontractant qu'il paye ce qui a été convenu, même si l'exécution à la lettre du contrat aura pour conséquence de le mettre dans une situation dramatique (v. *infra* sur l'imprévision). Les contrats de longue durée se développent cependant, ce qui est plus propice à instituer une relation entre les contractants dont on déduira certaines conséquences juridiques (par exemple sur les modalités de reconduction du contrat). On n'en est pas encore comme dans d'autres cultures (par exemple dans certains pays d'Afrique) où un contrat, même purement

1. *Ancient Law. Its Connection with the Early History of Society and Its Relation to Modern Idea*, 1861, trad. fr. Courcelle Seneuil, *L'ancien droit considéré dans ses rapports avec l'histoire des sociétés primitives et avec les idées modernes*, Paris, Durand et Pédone, Guillaumin, 1874, où il dit : « Peu de personnes observent assez médiocrement pour ne pas voir que, dans les cas innombrables où l'ancien droit fixait d'une manière irrévocable la position d'un homme dès sa naissance, le droit moderne lui permet de la créer lui-même par des conventions » (p. 289). Dans le même sens, G. Davy, *La foi jurée, étude sociologique du problème du contrat*, th. lettres, Paris, 1922, spéc. p. 6.

2. A. Kojève, *Esquisse d'une phénoménologie du droit*, Gallimard, 1981, p. 568 et s., qui commente la loi de Maine en expliquant qu'à certains égards, l'évolution juridique va du contrat au statut ; mais comme il l'admet par ailleurs en l'oubliant ensuite, « tout contrat présuppose un statut quelconque, à savoir pour le moins celui qui fait des contractants des sujets de droit, des personnes juridiques » (567 in fine). V. encore J. Carbonnier, *Flexible droit*, titre III, chap. XX, « De la contribution que la sociologie juridique peut apporter au droit du contrat », qui remarque que, dans la période moderne, on a cherché à enfermer l'évolution du contrat dans une loi à peu près inverse de la loi de Maine qui se formulerait ainsi : « le droit volontaire précède le droit imposé » ; la ligne générale d'évolution en matière de contrat serait « le développement de l'ordre public, le rétrécissement de la liberté contractuelle » ; « décadence de l'autonomie de la volonté, socialisation du contrat », a-ton souvent entendu, mais, nous dit le doyen Carbonnier, la sagesse impose sans doute de renoncer à formuler des lois générales prétendant rendre raison de toute l'évolution.

3. G. Tarde, *Les transformations du droit, étude sociologique*, F. Alcan, 1893, republié en 1994, Berg International, chap. V intitulé « Obligations », où Tarde énonce qu'« il y a une vérité partielle et relative dans l'idée de Sumner-Maine sur l'absence primitive de contrats » (p. 112 nouv. éd.) ; « Ce n'est pas précisément par la proportion des obligations contractuelles et non contractuelles que les phases primitives du droit contrastent avec les suivantes ; c'est par la source, presque exclusivement vitale au début, presque uniquement sociale à la fin, des obligations formées avec ou sans contrat » (p. 121).

patrimonial (un bail par exemple), entraînera la naissance d'un lien personnel entre les cocontractants les obligeant à entretenir ce lien.

En droit français, le contrat a un rôle important à jouer dans l'institution de la confiance : dans la mesure où les tribunaux veillent à l'exécution des obligations convenues, il permet de se fier à la parole donnée. Tel n'est plus le cas lorsque l'on laisse au débiteur la faculté d'apprécier s'il est ou non toujours dans son intérêt d'exécuter (v. *infra* sur l'*efficient breach of the contract*). L'État doit garantir la parole donnée par chacun des contractants pour que le contrat puisse être, pour ces derniers, un acte de prévision [1].

ÉTAT DES QUESTIONS

COMMON LAW

La doctrine anglo-américaine débat de façon passionnée de théorie du contrat. Le constat n'est pas étonnant dans la mesure où la *Common Law* est fondamentalement un droit des juges et du contrat, là où les droits continentaux et en particulier le droit français sont un droit de la loi. Parmi une doctrine très abondante, v. le précieux ouvrage de Robert A. Hillman, *The Richness of Contract Law, An Analysis and Critique of Contemporary Theories of Contract Law*, Kluwer Academic Publishers, 1997, qui passe en revue les différentes théories relatives au droit des contrats; du même auteur, The crisis in modern contract theory, 67 *Tex. L. Rev.*, 103, 1988. H. Collins, *Regulating contracts*, OUP, 1999, qui examine les objectifs et les effets du droit des contrats; D. Kimel, *From Promise to Contract, towards a Liberal Theory of Contract*, Hart publishing, 2003. Pour quelques ouvrages collectifs : Peter Benson (dir.), *The Theory of Contract Law*, New Essays, CUP, 2001, not. chap. 5 : M. Eisenberg, *Three Theories in Contract Law*; P. Linzer (dir.), *A Contracts Anthology*, Anderson Publish. Co., 2e éd., 1995, qui contient un article de P. Atiyah, Contracts, Promises and the law of obligations, publié pour la première fois, *in* 94 L. *Q. Rev.* 193, 199, 1978; *Perspectives on Contract Law*, anthologie des principaux articles en la matière, par Randy E. Barnett, Little, Brown & Company, 1995. Pour quelques articles : S. A. Smith, Towards a Theory of Contract, *Oxford Essays in Jurisprudence*, 4th series, OUP, 2000, 107; Jay M. Feinman, The significance of contract theory, 58 *U. Cin. L. Rev.* 1283, 1990; J. Smillie, Is the security of contract worth pursuing? Reflections on the function of contract law, *Journal of contract law*, 2000, vol. XVI, nº 1-2, 148; Morton J. Horwitz, The historical foundations of modern contract law, 87 *Harv. L. Rev.* 917, 944, 1974. Mis à part quelques courants minoritaires, dont celui des *Crits*, le courant dominant (*mainstream*) prône une analyse libérale et la prédominance de l'économie et de l'efficacité. L. Kaplow et S. Shavell, Principles of Fairness versus Human Welfare, in *Harvard Law Review*, févr. 2001, qui veulent démontrer que

1. H. Lécuyer, Le contrat, acte de prévision, in *Mélanges F. Terré*, Dalloz-PUF, J.-Cl., 1999, 643.

l'efficacité est plus importante que les concepts traditionnels de justice. Pour le Canada, P.-A. Crépeau, La fonction du droit des obligations, *McGill Law Journal*, vol. 43, 1998, 729.

ANALYSE ÉCONOMIQUE

Bibliographie. V. S. Bollée, Y.-M. Laithier et C. Pérès (dir.), *L'efficacité économique en droit*, Economica, Études juridiques, 2010 ; Les prévisions contractuelles à l'épreuve de la crise économique, débats, *RDC* 2010/1, 379 et s. ; T. Sachs, *La raison économique en droit du travail. Contribution à l'étude des rapports entre le droit et l'économie*, th. Paris X, 2009. *Adde* J.F. Gaudreault-Desbiens, La critique économiste de la tradition romano-germanique, *RTD civ.* 2010, 683, qui montre que contrairement à ce que soutiennent les rapports *Doing business*, le droit continental n'est pas congénitalement inapte à l'efficacité économique et à la bonne gouvernance, mais que les juristes de tradition romaniste auraient néanmoins intérêt à s'ouvrir à d'autres disciplines, en particulier à l'économie.

Sur l'analyse économique du droit, E. Mackaay et S. Rousseau, *Analyse économique du droit*, Dalloz, « Méthodes du droit », 2008, dont la première partie présente les outils de base de l'analyse économique, et la seconde partie les applique à certains domaines (droits réels, responsabilité extracontractuelle, contrat, propriété intellectuelle, etc.) ; l'ouvrage analyse l'économie générale du contrat (la liberté de contracter et ses limites, la finalité du droit des contrats), la formation du contrat (consentement, capacité, prestations, cause, ordre public et causes abusives) et enfin l'exécution du contrat ; E. Mackaay, *L'analyse économique du droit*, I : *Fondements*, Thémis (Montréal) et Bruylant (Bruxelles), 2000 ; T. Kirat, *Économie du droit*, La Découverte, « Repères », 1999, qui rend compte des différents mouvements de l'analyse économique. Sur l'analyse économique comparée : *Comparative Law and Economics*, dir. G. De Geest et R. Van den Bergh, en 3 vol. (dont le 2e sur la propriété, la responsabilité et les contrats), Edward Elgar Publish., 2004.

Le mouvement « Law and Economics » provient principalement des États-Unis, où il domine la pensée actuelle du droit des contrats. En langue anglaise, parmi une bibliographie surabondante, v. l'ouvrage pionnier de Richard A. Posner, *Economic Analysis of Law*, Wolters Kluwer, Aspen Casebook Series, 8e éd., 2010 ; R. Cooter et T. Ulen, *Law and Economics. United States edition*, Prentice Hall, 6e éd., 2011 et l'*International edition*, Pearson, 6e éd., 2011 ; W. Z. Hirsch, *Law and Economics, An Introductory Analysis*, 3e éd., Academic Press Inc., 1999 ; D. Friedman, *Law's Order, What Economics Has to Do with Law and Why it Matters*, Princeton Univ. Press, 2000 ; M. D. Adler et Éric A. Posner, *Cost-Benefit Analysis : Legal, Economic, and Philosophical Perspectives*, 2001. *Adde* P. Newman (dir.), *The New Palgrave Dictionary of Economics and the Law*, London, MacMillan, 1998.

Plus précisément sur le droit des contrats : F. Chirico, The Function of European Contract Law - An Economic Analysis, *ERCL* 2009, 399 ; F. Gomez, The Harmonisation of Contract Law through European Rules : A Law and Economics Perspective, *ERCL* 2008, 89 ; V. Goldberg, *Framing Contract Law, An Economic Perspective*, Harvard Univ. Press, 2007 ; A. T. Kronman et R. A. Posner, *The Economics of Contract Law*, Boston, Little, Brown & Cie, 1979. Pour des articles, D. A. Farber, Contract law and modern economic theory, 78 *Nw. U. L. Rev.*, 303, 1983 ; L. A. Kornhauser, An introduction to the economic analysis of contract remedies, 57 *U. Colo. L. Rev.*, 683, 1986 ; J. L. Harrison, Trends and traces : A preliminary evaluation of economic analysis in contract law, *Ann. Surv. Am. L.*, 73, 1988 ; en français, P. Garello, Les économistes et le contrat, *Mélanges Ch. Mouly*, Litec, 1998, liv. I, 37 ; actes du colloque intitulé L'analyse économique du droit des contrats : outil de comparaison, facteur d'harmonisation, *Gaz. Pal.*, 2005. Plusieurs critiques de ces analyses ont été formulées qui rejoignent celles du modèle néoclassique dont les présupposés sont jugés irréalistes : il en est ainsi de la supposée rationalité totale des individus, ou encore de la pleine transparence des marchés. R. C. Ellickson, Bringing culture and human frailty to rational actors : A critique of classical law and economics, 65 *Chi.-Kent L. Rev.*, 23, 1989 ; P. G. Monateri, La nature des anges et des hommes économiques (l'arrière-plan théologique des théories sur la rationalité des agents économiques), in *Mélanges Christian Mouly*, Litec, 1998, liv. I, 123.

Sur les liens entre contrat et économie : Ch. Jamin (dir.), *Droit et économie des contrats*, LGDJ, 2008 ; M.-A. Frison-Roche, Contrat, concurrence, régulation, *RTD civ.* 2004, 451 ; J.-M. Bahans, *Théorie générale de l'acte juridique et droit économique*, th. Bordeaux, 1998. *Adde* débat « Contrat et marché » *RDC* 2006, 1317.

Pour quelques articles traitant d'économie, mais en dehors de la perspective « Law and Economics » : B. Oppetit, Le rôle du juge en présence de problèmes économiques en droit civil français, in *Trav. Ass. H. Capitant*, t. 22, 1970, 185 ; J.-M. Poughon, Une constante doctrinale : l'approche économique du contrat, *Droits*, 1990, n° 12, *Le contrat*, 47 ; P.-Y. Gautier, Contre Bentham : l'inutile et le droit, *RTD civ.* 1995, 797 ; A. Sériaux, Droit et économie : sur l'unité de deux disciplines, *RRJ* 2000, n° 2, 887. *Adde* G. Farjat, *Droit économique*, PUF, « Thémis », 2e éd., 1982 ; V. déjà L. Josserand, Comment les textes de loi changent de valeur au gré des phénomènes économiques, *Études H. Capitant*, Dalloz, 1939, 369.

L'après-guerre et l'irruption de la théorie de l'équilibre général et du marché parfait marquent une grande rupture dont on prend de plus en plus conscience aujourd'hui. L'institutionnalisme d'avant-guerre a, quant à lui, davantage de liens avec le droit public et les services d'intérêt collectif (il y a des proximités frappantes entre les travaux de John Commons [1862-1945] et ceux de Léon Duguit, par ex. sur les services collectifs). Thorstein Corei, *L'économie institutionnaliste. Les fondateurs,* Economica, 1995 ; L. Bazzoli, Économie politique de John R. Commons, *Essai sur l'institutionnalisme en sciences sociales*, L'Harmattan, « Études d'économie politique », 2000.

Les principaux ouvrages de Williamson sont : *Markets and Hierarchies : Analysis and Antitrust Implications*, New York, The Free Press, 1975 ; *The Economic Institutions of Capitalism – Firms, Markets, Relational Contracting*, New York, The Free Press, 1985 (trad. fr. *Les institutions de l'économie*, InterÉditions, 1994, préf. M. Ghertman) ; *Economic Organization – Firms, Markets and Policy Control*, New York Univ. Press, 1986 ; du même auteur, *The Mechanisms of Governance*, OUP, 1996.

Dans le prolongement des travaux de Williamson sur la gouvernance des contrats : F. Möslein et K. Riesenhuber, Contract Governance - A Draft Research Agenda, *ERCL* 2009, 248.

Pour un survol des théories de l'entreprise, et not. du courant néo-institutionnaliste, B. Coriat et O. Weinstein, *Les nouvelles théories de l'entreprise*, Livre de poche, 1995. Ce mouvement de l'économie des contrats est bien représenté en France parmi les économistes : v. travaux de Cl. Ménard (*L'économie des organisations*, La Découverte, 1992) ou E. Brousseau (*L'économie des contrats*, PUF, « L'économie en liberté », 1993).

Parmi les juristes français, l'utilisation de l'analyse économique se développe dans les thèses de doctorat. V. les pionniers : Ch. Atias (dir.), L'analyse économique du droit, *RRJ* 1987-2, n° spéc., 409, ou les travaux de H. Muir Watt, Analyse économique et perspective solidariste, *La nouvelle crise du contrat*, dir. Ch. Jamin et D. Mazeaud, Dalloz, «Thèmes et commentaires», 2003, 183; «Law and economics» : quel apport pour le droit international privé?, in *Études J. Ghestin*, LGDJ, 2001, 685. *Adde* E. Brousseau, L'économiste, le juriste et le contrat, *Études J. Ghestin*, LGDJ, 2001, 153. Une des raisons de la timidité initiale était sans doute le libéralisme affiché du mouvement *Law and Economics.* J.-P. Dupuy, L'individu libéral, cet inconnu : d'Adam Smith à Friedrich Hayek, in *Individu et justice sociale autour de John Rawls*, Le Seuil, «Points Politique», 1988, 73; *Libéralisme et justice sociale. Le sacrifice et l'envie*, Hachette Littératures, 1992. Celui-ci semble être aujourd'hui entré dans les mœurs.

a) La théorie des jeux. — Elle a beaucoup été utilisée dans les différentes sciences sociales. Elle consiste à analyser les relations humaines comme des relations de jeux, pour montrer comment une stratégie parfaitement rationnelle de part et d'autre peut conduire à des situations désavantageuses pour les deux joueurs. Le plus célèbre est le *dilemme du prisonnier*, inventé par Tucker en 1950. Deux individus sont appréhendés par la police et interrogés séparément sur le déroulement des faits délictueux; chacun se voit promettre que, s'il dénonce l'autre, il recouvrera la liberté, tandis que son complice pourra être condamné à trois ans de prison; mais si les deux s'accusent mutuellement, leurs témoignages se neutraliseront l'un l'autre mais ils écoperont alors chacun de deux ans; enfin s'ils refusent de collaborer et de dénoncer l'autre, ils ne pourront être condamnés que pour un délit mineur passible de un an. Pour chaque joueur, le raisonnement est similaire : s'il suppose que l'autre ne va pas le dénoncer, il vaut mieux qu'il opte lui-même pour la dénonciation car il sera alors libéré au lieu de faire un an; s'il suppose au contraire que l'autre va le dénoncer, il a également intérêt à opter pour la dénonciation car il n'aura alors que deux ans au lieu de trois. Chacun des joueurs raisonnant de la même façon, les deux vont se dénoncer mutuellement et écoper de deux ans chacun, alors qu'ils auraient eu tout intérêt à s'entendre pour refuser de collaborer, et chacun n'aurait alors eu que un an. La situation la plus agressive, qui est celle adoptée par les parties, aboutit aussi à la solution globalement la plus désavantageuse. D'où l'intérêt supposé de la collaboration et de la confiance entre les parties, et finalement du droit des contrats. Sur les réflexions que l'on peut en tirer pour le droit, M. van de Kerchove et F. Ost, *Le droit ou les paradoxes du jeu*, PUF, «Les voies du droit», 1992.

b) La théorie de l'agence. — B. Coriat et O. Weinstein, *Les nouvelles théories de l'entreprise*, Le Livre de poche, 1995, spéc. 93; F. Fournier, *L'agence commerciale*, Litec, 1998, préf. D. Ferrier; G. Charreaux, La théorie positive de l'agence : une synthèse de la littérature, *De nouvelles théories pour gérer l'entreprise*, Economica, «Gestion», 1987, préf. A.-Ch. Martinet, 21. *Adde* E. Mackaay, *L'analyse économique du droit*, I : *Fondements, op. cit.*, 95 et s.).

La théorie de l'agence est le courant le plus individualiste et sans doute le plus proche des analyses néoclassiques. Le terme «agence» est un anglicisme, l' *«agency»* étant en anglais une délégation ou un mandat (le terme est par exemple utilisé en droit anglais de la responsabilité du fait d'autrui, le *principal* étant le garant et l'*agent* celui dont il est responsable), mais il est ici entendu dans un sens plus large que la seule représentation du droit civil. Un problème d'« agence » se pose chaque fois qu'une personne va dépendre, dans une certaine mesure, de l'action d'une autre qu'il ne peut totalement surveiller. Toute action collective pose en effet des difficultés : il y a des risques en effet de comportements de « cavalier seul » (*free rider*), qui est l'hypothèse où un des membres du groupe cherche à profiter sans effort des opportunités qui s'offrent à lui et en particulier du travail des autres, ou de « bastion » (*hold out*), où une partie va bloquer toute décision collective jusqu'à obtenir un avantage particulier. Le problème peut être réglé notamment par l'adoption d'une structure hiérarchique du groupe où un dirigeant est nommé. Mais cette structure pose à son tour le problème de l'*agence*, qui tient au fait que l'agent (celui qui a reçu délégation) a une marge de manœuvre par rapport à celui qui lui donne délégation (le « principal »). Le problème de cette marge de manœuvre (« espace d'action discrétionnaire »), c'est que le bien-être des deux dépend de l'action de l'agent. Le « principal » a dès lors des difficultés à apprécier la véritable action de son agent, son rôle dans l'obtention des résultats (bons ou mauvais). Les économistes ont ainsi beaucoup étudié le travail en équipe (cf. les travaux de Alchian et Demsetz, *American economic Review* 1972, Production-Information Cost and Economic Organization).

Contrairement à l'analyse classique qui reposait sur le modèle de l'individu rationnel pleinement éclairé, l'accent est ici mis sur le problème du manque d'information du « principal ». Les questions d'asymétries d'information peuvent intervenir à deux moments dans les transactions économiques : 1 / L'asymétrie peut d'abord intervenir *ex ante*, c'est-à-dire avant la signature du contrat et est désignée par le terme de « sélection adverse » : le « principal » ne connaît pas avec exactitude les caractéristiques de ce qu'il va acheter ou de la personne qu'il va recruter. L'exemple classique chez les économistes est celui des marchés d'occasion pris par Akerlof (The market for « lemons » : Quality uncertainty and the market mechanism, *Quarterly Journal of Economics*, août 1970) pour démontrer qu'un marché où l'information est imparfaite conduit à une inefficacité de ce marché ; il prend l'exemple du marché automobile, et suppose que les acheteurs présents sur ce marché connaissent seulement la moyenne de la qualité de toutes les voitures offertes sur le marché, c'est-à-dire que lorsqu'un acheteur s'informe sur la qualité de la voiture, le vendeur a le droit de toujours répondre : « excellente » ; dans ce cas, dit-il, les acheteurs ne sont plus prêts à payer que le prix correspondant à cette qualité moyenne, si bien que les vendeurs de voitures de meilleure qualité se retirent du marché, car ce prix est trop faible en comparaison des caractéristiques de leurs biens ; or un tel retrait affecte la qualité moyenne des voitures sur le marché et donc le prix offert par les acheteurs et donc d'autres vendeurs se retirent, etc. ; une telle situation est inefficace, car les acheteurs seraient prêts à payer davantage pour avoir une meilleure voiture. Les solutions possibles à ce problème peuvent être légales ou alors plus techniques : par le mécanisme du « filtre » par exemple (le « principal » propose à l'agent deux types de contrat, par exemple un salaire fixe moyen ou un salaire plus bas mais avec des commissions importantes, et l'agent révélera son caractère par le choix qu'il fera) ou encore de la « révélation » (l'agent prend l'initiative de révéler une information sur ses qualités, par exemple son diplôme, ou encore par des échantillons). 2 / L'asymétrie peut également intervenir *après* la signature du contrat. On parle ici de « hasard moral » (ou aléa moral). Le problème est pour le « principal » de contrôler l'agent et les informations dont celui-ci va disposer. Une des solutions les plus couramment recommandées consiste à intéresser les salariés aux résultats afin qu'ils aient intérêt à prendre de bonnes décisions.

La théorie de l'agence comprend deux branches : une branche *positive*, qui étudie les mécanismes réellement mis en œuvre par les agents économiques pour pallier ces problèmes d'asymétrie d'information, et s'intéresse plus particulièrement aux relations entre les managers salariés et les actionnaires, aux entreprises publiques et aux relations de travail (v. surtout P. Milgrom, J. Roberts, en 1997, livre sur « Économie, organisation et management », De Boeck Université, également Alchian, Demsetz, M. Jensen, W. Meckling (1976), un gros article sur « Theory of the firm, managerial behaviour, agency cost and ownership structure », *Journal of financial economics*) et une branche *normative*, qui étudie d'un point de vue plus théorique les contrats optimaux (le « principal » cherche en effet à maximiser son profit sous les deux contraintes que sont la contrainte de participation : il doit organiser le système de rémunération de telle sorte que l'agent doit avoir intérêt à travailler chez lui, et la contrainte d'incitation : le système de rémunération doit être tel que l'agent va agir dans le sens des intérêts du « principal »); les principaux auteurs de ce courant dit de la « nouvelle micro-économie » sont français (J.-J. Laffont, Tirolo et Guesnerie) et américains (Harris, Grossman).

La critique formulée contre la théorie de l'agence est que, malgré une certaine relativisation du modèle classique, les hypothèses posées demeurent orthodoxes : en particulier, l'individu est un *homo economicus* dont les choix, une fois éclairés, sont parfaitement rationnels.

c) L'économie des conventions. — Ce mouvement s'est développé en France dans les années 1980. Il propose une vision de l'entreprise mais aussi plus largement de la société. V. *L'économie des conventions. Méthodes et résultats*, t. I : Débats, dir. F. Eymard-Duvernay, La Découverte, 2006.

Il est composé d'auteurs d'horizons différents (économie, gestion, mais aussi histoire ou philosophie), comme André Orléan (*L'économie des conventions*, PUF, 1994, republié « Quadrige », 2004, avec une préface sur « L'économie des conventions, définitions et résultats »), Olivier Favereau (not. Marchés internes, marchés externes, *ibid.* ; L'école des conventions, in *Revue économique*, numéro spéc., 1980), ou encore, venus plus précisément de l'histoire des catégories statistiques (construction sociohistorique), F. Émard-Duvernay (Conventions de qualité et formes de coordination, *ibid.*), Robert Salais et Laurent Thévenot (qui ont codirigé : *Le travail. Marchés, règles, conventions*, Paris, INSEE, Economica, 1986; L'analyse économique des conventions du travail, *Revue économique*, 40 (2), mars 1989); également Jean-Pierre Dupuis (Convention et common knowledge, *Revue économique*, 40 (2), mars 1989), qui s'intéresse plus précisément à la philosophie politique et à la théorie de la justice. V. en particulier leur article « manifeste », « L'économie des conventions », coécrit par ces six auteurs, *Revue économique*, 40 (2), mars 1989. Davantage centrés sur la gestion, v. les travaux de Pierre-Yves Gomez (Des règles du jeu pour une modélisation conventionnaliste, *Rev. franç. d'écon.*, n° été 1994) qui portent plus précisément sur le Modèle conventionnaliste des organisations (MCO). Certains travaux sont enfin plus sociologiques, en particulier ceux de Luc Boltanski et Laurent Thévenot, dont l'ouvrage de référence est intitulé *Les économies de la grandeur*, dont deux versions furent publiées : une première version parue aux PUF en 1987 et une version un peu simplifiée parue en 1991 chez Gallimard (sous le titre : *De la justification : les économies de la grandeur*). Quelques auteurs américains sont parfois utilisés (D. K. Lewis, *Convention : A Philosophical Study*, Harvard Univ. Press, 1969, ou encore H. Liebenstein,

Beyond Economic Man, Harvard Univ. Press, 1976, mais les principaux représentants de ce mouvement sont français.

Là encore, ces théories peuvent inspirer les juristes de droit des contrats. Ces économistes retiennent en effet qu'« aujourd'hui, la catégorie fondamentale de l'analyse économique n'est plus la marchandise mais le contrat » (O. Favereau et P. Picardi, *Contrats et pratiques contractuelles : approches pluridisciplinaires*, Sociologie du travail, 1996, 441). V. ainsi O. Favereau, Qu'est-ce qu'un contrat ? La difficile réponse de l'économie, in *Droit et économie des contrats*, dir. Ch. Jamin, LGDJ, 21.

Ce courant s'intéresse, à partir de l'observation des économies réelles, aux formes non marchandes (sociales) de coordination des actions individuelles, qui ne sont pas gouvernées par des logiques concurrentielles mais n'en concourent pas moins au fonctionnement et à l'efficacité des économies de marché. Il s'agit de se livrer à une analyse pragmatique des conditions de réussite d'une coordination entre plusieurs acteurs ou personnes. L'idée centrale est qu'on ne peut comprendre ces problèmes de coordination des comportements sans prendre en compte les « conventions » communes adoptées. Ces « conventions », concept clé de ces analyses, sont définies comme l'acceptation implicite par les acteurs de règles de pensée ou de conduite qui sont socialement construites (et non imposées par la nature) et qui vont permettre aux individus de savoir comment se comporter dans des situations données sans avoir recours à un calcul privé. L'exemple type donné est celui des conventions d'entraide dans le monde paysan : quand l'un aide l'autre, il ne se demande pas le prix de sa prestation ou le profit qu'il va en tirer ; il s'en remet simplement à la convention d'entraide qui prévaut, car ils appartiennent à un monde social commun : en d'autres termes, ils ne calculent pas. Williamson a critiqué cet exemple en soutenant qu'il y a en réalité calcul dans la mesure où celui qui aide espère obtenir la réciproque. Mais les conventionnalistes répondent que c'est nier la spécificité de ce type de conventions d'entraide et le fait qu'ils ne vont pas sur le marché pour acheter cette aide. En outre (not. Orléan) il n'y a pas calcul économique pur puisque lorsque le voisin vient entretenir le champ, on ne peut sortir d'une problématique du pari : c'est qu'il estime que son partenaire se sent tenu par les mêmes moteurs que lui ce qui suppose une culture commune qu'on ne peut comprendre si on reste dans l'analyse économique classique. Les économistes des conventions ne cherchent pas à expliquer l'irrationnel mais à expliquer différemment, c'est-à-dire par le social, des comportements courants. Pour une analyse juridique de l'entraide, C. Guyot-Chavanon, *L'entraide en droit privé*, th. Bordeaux, 2003 ; E. N. Martine, La notion d'entraide agricole, in *Études H. Blaise*, Economica, 1985, 343.

Contrairement à l'analyse micro-économique classique, ces auteurs intègrent la rationalité limitée des agents économiques et élargissent l'analyse au-delà des seules relations interindividuelles ; ils développent les recherches sur le contexte collectif de ces relations : la société, la culture, ou les groupes, considérés traditionnellement comme hors du champ de l'économie. Les conventionnalistes proposent d'endogénéiser ces formes collectives de coordination et d'en faire un objet d'étude. Le débat est alors ouvert avec les autres sciences sociales qui s'intéressent aux mêmes objets : sociologie, psychologie, droit, philosophie, etc., et ces auteurs utilisent par exemple les travaux du philosophe John Rawls ou de l'économiste Amartya Sen. Il n'est pas possible en effet selon eux de comprendre la coordination sans étudier le cadre commun de l'action des individus qui est toujours présent, ne serait-ce qu'une certaine confiance dans les institutions de l'État de droit. Le rôle central est ainsi donné dans ces analyses aux formes collectives, désignées par des vocabulaires différents : le «contexte commun d'interprétation» (R. Salais); les «dispositifs cognififs collectifs» (O. Favereau); le «corps commun de connaissances» (A. Orléan); les «principes de mesure communs» (F. Émard-Duvernay); ou encore les «catégories de pensée communes» (P.-Y. Gomez). La notion d'institution est donc au centre de ces analyses : O. Favereau et al., Des raisons de l'efficacité supérieure d'un ordre institutionnel sur l'ordre marchand, *Revue du MAUSS*, n° 33, 1re sem. 2009, 285.

Les conventions sont également étudiées de façon dynamique, afin de comprendre comment se constitue la logique collective d'une convention, comment elle se stabilise, et éventuellement comment elle se modifie. Les conventions naissent d'une adhésion librement consentie des individus, mais la règle qu'elles posent est le plus souvent arbitraire. L'exemple toujours donné (pris à Shelling) est celui de la conduite sur l'île déserte : des automobilistes arrivent et sont dans l'incertitude quant aux règles de conduite qui prévalent sur cette île (conduite à droite ou à gauche); une convention va alors naître pour supprimer cette incertitude; pour la déterminer, la seule stratégie rationnelle consiste à imiter le comportement des automobilistes que l'on va croiser (mimétisme rationnel des acteurs), et la multiplication des croisements va permettre de dégager une règle collective qui est purement arbitraire, c'est-à-dire à droite ou à gauche. La théorie des conventions explique ensuite comment celles-ci se stabilisent (par le développement et la cohérence de ses signaux) ou se modifient (not. sous l'effet de la suspicion).

L'économie des conventions, plus particulièrement dans son versant sociologique, cherche à expliquer les principes qui fondent la convention, par exemple les principes d'entraide. Ces principes conventionnels diffèrent d'une convention à une autre et ils peuvent être rattachés à des modèles généraux de coordination différents. Boltanski et Thévenot ont ainsi proposé une construction de ces différents modèles, appelés les différentes «cités» ou «mondes de coopération». Ils en identifient six : le monde domestique (la famille, les relations personnelles, le capital de réputation, l'entraide, etc.); le monde de l'inspiration (qui valorise la création, les comportements artistiques, l'éthique du désintéressement); le monde industriel (celui de l'efficacité, de la productivité); le monde de l'opinion; le monde civique; enfin le monde marchand. Ils pensaient à un 7e monde, écologique (la «cité verte»), mais qui semble avoir été abandonné. Les questions soulevées sont les problèmes classiques de la sociologie : comment passer d'un monde à l'autre? Est-ce que l'on a tous des compétences égales pour évoluer dans n'importe quel monde?, etc.

Une notion est particulièrement intéressante pour les juristes de droit des contrats : celle de contrat «incomplet». En effet, les conventionnalistes expliquent que, dans un contexte où les acteurs ont une rationalité limitée, les contrats d'échange économique ne peuvent être qu'incomplets, car il est impossible de déterminer *ex ante* l'ensemble des états du monde à venir. Les agents ont des limites cognitives (ils ne peuvent tout savoir à l'avance), et les conventions sont alors une solution à ce problème central de l'incomplétude des contrats. La convention, plutôt que de définir une relation *en extension* (ce qui est le rêve du contrat complet), propose de la définir *en compréhension* (ce qui veut dire que plutôt que définir l'ensemble des comportements, on s'entend sur le contexte lui-même, sur une communauté de valeurs qui va guider le comportement des acteurs grâce à l'imprévu. La convention d'entraide va permettre de remédier à des événements imprévisibles (une tempête par ex.) pour laquelle il n'aurait pas été possible de prévoir un contrat. G. K. Hadfield, Problematic relations : Franchising and the law of incomplete contracts, 42 *Stan. L. Rev.*, 927, 1990; E. Brousseau, Did the common law biased the economics of contract and may it change?, *Law and Economics in Civil Law Countries*, vol. 6, Elsevier, 2001. La théorie des contrats incomplets est d'ailleurs très utilisée par les juristes américains de droit des contrats (not. le mouvement «relationniste»). Le droit positif français laissait traditionnellement peu de place à cette idée. Le contrat incomplet risquait fort de tomber sous le coup de l'annulation pour indétermination de l'objet ou du prix. Les contrats de longue durée se multipliant, l'incomplétude des contrats est davantage acceptée et, parallèlement, des instruments sont forgés pour permettre de les compléter : la difficulté est d'éviter la lourdeur de la nécessité d'un consentement mutuel tout en ne livrant pas l'une des parties à l'arbitraire de l'autre. O. Favereau a développé l'idée de «relation en compréhension» : le contrat est toujours complet, car il se fonde sur une description utilisant des règles générales; tant que les événements ou actions entrent dans la description couverte par ces règles, l'engagement des volontés peut dès lors se poursuivre.

Il faudrait comparer les présupposés de l'analyse économique ainsi développée avec ceux du droit des contrats. La première raisonne en priorité sur un individu opportuniste dont il n'est pas sûr cependant qu'il soit si éloigné du contractant de droit civil : la vision du cocontractant portée par les rédacteurs du Code civil était en effet également assez pessimiste.

D'autres notions peuvent être utilisées par les juristes, not. celles de comportement «opportuniste» ou «resquilleur», c'est-à-dire de parasite ou cavalier seul (*free rider*). D. Friedmann, Unjust enrichment, pursuance of self interest and the limits of free riding, 36 *Loyola of Los Angeles L. Rev.*, 831, 2003. Pour une utilisation en droit français de la distribution, S. Lebreton, *L'exclusivité contractuelle et les comportements opportunistes. étude particulière aux contrats de distribution*, Litec, «Bibl. dr. entr.», 2002, préf. M. Pédamon, av.-propos J. Monéger.

THÉORIE JURIDIQUE

a) Le mouvement des «Critical Legal Studies». Le rôle politique du droit des contrats est beaucoup théorisé dans la doctrine américaine, en particulier par le mouvement de l'analyse critique du droit (*Critical legal studies*, par abréviation les *«Crits»* ou encore *«CLS»*), qui s'oppose explicitement aux auteurs du *mainstream*, c'est-à-dire de la «doctrine dominante» (*mainstream* signifie textuellement «principal courant», «courant dominant»), en général libérale. Le mouvement des «crits» est mené par des auteurs comme Duncan Kennedy, Roberto M. Unger, Robert W. Gordon, Morton J. Horwitz, ou encore Katharine A. MacKinnon. Il est né à Harvard où plusieurs de ces auteurs enseignaient. Il s'inspire ouvertement des travaux de Foucault ou des travaux de Derrida sur la déconstruction (Clare Dalton, An Essay in the Deconstruction of Contract Doctrine, 94 *Yale L. J.*, 997, 1985), bien plus connus outre-Atlantique qu'en France, spécialement des juristes. Ce mouvement entend analyser et déconstruire le rôle politique du droit en général, et trouve aussi à s'appliquer en droit des contrats.

C'est surtout sur la prédictibilité des règles que les deux mouvements s'opposent. Selon le *mainstream*, même si les règles ont une marge de souplesse, les juges ne sont tout de même pas libres de faire n'importe quoi et sont encadrés par un certain nombre de principes. Le droit des contrats est ainsi relativement certain et cohérent, même dans les « hard cases », c'est-à-dire les cas difficiles, pour lesquels il n'y a pas de jurisprudence établie ; même si parfois plusieurs résultats sont possibles, les juges n'ont pas une liberté absolue dans la mesure où ils sont tenus par des principes. À côté de cela, les partisans des *Critical Legal Studies* soutiennent que le droit des contrats est flou et indéterminé, qu'il contient de nombreux principes divergents, ce qui laisse aux juges la possibilité de décider chaque cas comme ils le veulent, en fonction de leurs propres valeurs et préjugés. Selon les « crits », le droit des contrats sert à légitimer un conservatisme social, alors qu'il devrait être utilisé pour promouvoir un progrès social ; ils prennent alors pour projet de se débarrasser des mythes propagés par la doctrine libérale. Pour une discussion de ce thème de la légitimation, John Stick, Charting the development of critical legal studies, 88 *Colum. L. Rev.*, 407, 1988.

Il est vrai que le *mainstream* aux États-Unis est assez libéral, utilisant des arguments que l'on retrouve chez les partisans de l'analyse économique du droit, disant que si l'on intervient davantage pour protéger la partie faible, par exemple les locataires, cela ne sera pas sans conséquences : les propriétaires augmenteront les loyers ou seront réticents à louer leurs biens ce qui, dans les deux cas, ne sera finalement pas favorable pour les locataires que l'on voulait protéger. En outre, selon le *mainstream*, c'est davantage au droit fiscal ou bancaire d'assurer la redistribution des richesses, car ces droits peuvent poser des règles générales, alors qu'il serait injuste de s'en prendre, dans un litige particulier, au plus riche des deux. Charles Fried par exemple, dans son livre *Contract as Promise : A theory of Contractual Obligation*, 1981, 105, affirme qu'« il n'y a aucune raison pour laquelle un commerçant au détail ou un employeur devrait assumer une charge plus lourde... que disons un chirurgien esthétique à Beverly Hill qui gagne dix fois plus, juste parce que le chirurgien n'a jamais d'occasion d'être en relation avec les pauvres et les chômeurs ». La menace est claire : si dans un litige on favorise les pauvres face aux riches, le salarié face à l'employeur, plus personne n'aura intérêt à contracter avec les pauvres, qui seront donc encore plus misérables. Pour une critique de l'analyse économique du droit, D. Kennedy, Law-and-economics from the perpective of critical legal studies, *in* P. Newman (dir.), *The New Palgrave Dictionary of Economics and the Law*, London, MacMillan, 1998, 465.

Les principaux partisans du mouvement critique américain proclament que le mouvement serait mort en 1992, laissant place à une « école » critique, toujours basée à Harvard. Il inspire cependant encore d'autres courants tels que les courants féministes ou encore ceux qui travaillent sur les théories du langage.

Pour quelques articles : Duncan Kennedy, Distributive and paternalist motives in contract and tort law, with special reference to compulsory terms and unequal bargaining power, 41 *Md. L. Rev.*, 563, 1982 ; The political stakes in « merely technical » issues of contract law, *European Review of Private Law*, 2001, 7, où D. Kennedy montre que même les questions les plus techniques (« simplement techniques ») du droit des contrats, telles que par exemple comment traiter l'offrant qui commet une erreur, ou encore le contractant qui interrompt l'exécution du contrat, qui ne sont pas des questions ayant une grande portée politique ou économique (cela ne fait pas partie, pour les gens, des questions dont doit se préoccuper la politique), voient tout de même s'échanger des arguments idéologiques et rhétoriques qui entrent en résonance avec les enjeux politiques ; D. Kennedy et F. Michelman, Are property and contract efficient ?, 8 *Hofstra Law Review*, 711, 1980 ; Jay M. Feinman, The significance of contract theory, 58 *U. Cin. L. Rev.*, 1283, 1990 ; du même auteur, Critical approaches to contract law, 30 *UCLA L. Rev.*, 829, 1983 ;

Girardeau A. Spann, A critical legal studies perspective on contract law and practice, *Ann. Surv. Am.*, 1988, liv. 223.

Sur le mouvement en général, v. le manifeste de Roberto M. Unger, *The Critical Legal Studies Movement*, Harvard Univ. Press, 1986 ; M. Kelman, *Guide to Critical Legal Studies*, Harvard Univ. Press, 1987 ; P. Fitzpatrick et A. Hunt (dir.), *Critical Legal Studies*, Basil Blackwell, 1987 ; A. C. Hutchinson and P. J. Monahan, Law, politics, and the critical legal scholars : The unfolding drama of American legal thought, 36 *Stan. L. Rev.*, 199, 1984. Dans une revue française : P. Gabel, *Critical Legal Studies* et la pratique juridique : la conception de la culture juridique et de la pratique du droit comme interventions culturelles, *Droit et Société*, 1997, 36/37, 379.

b) La contractualisation de la société. — V. surtout A. Supiot, La contractualisation de la société, intervention à l'Université de tous les savoirs, in *Qu'est-ce que l'humain ?*, dir. Y. Michaud, vol. 2, Odile Jacob, 2000, 157 et s. ; La fonction anthropologique du droit, *Esprit*, janv. 2001, 151 et s. ; égal. Un faux dilemme : la loi ou le contrat ?, *Dr. Soc.* janv. 2003, 59, où il montre que si effectivement il y a un déclin de la souveraineté du législateur, cela n'est pas au profit du contrat, la liberté contractuelle se trouvant au contraire programmée et les conventions asservies. S. Chassagnard-Pinet et D. Hiez (dir.), deux ouvrages : *Approche critique de la contractualisation*, LGDJ, « Droit et société », n° 16, 2007, et *Approche renouvelée de la contractualisation*, PUAM, 2007. *Adde* M. Mekki, *L'intérêt général et le contrat. Contribution à une étude de la hiérarchie des intérêts en droit privé*, LGDJ, « Bibl. dr. privé », 2004, préf. J. Ghestin, spéc. 1055 sur l'émergence d'une société contractuelle ; J.-G. Belley, Le contrat comme phénomène d'internormativité, *Le droit soluble. Contributions québécoises à l'étude de l'internormativité*, dir. J.-G. Belley, LGDJ, 1996, préf. J. Carbonnier ; *Changement social et droit négocié. De la résolution des conflits à la conciliation des intérêts*, dir. A. Pirovano, Economica, 1988. Le contrat connaît alors de très nombreux nouveaux usages (*Le contrat. Usages et abus d'une notion*, dir. S. Erbès-Seguin, Desclée de Brouwer, 1999) et se voit assigner de nouvelles fonctions (L. Boy, Les « utilités » du contrat, *LPA* n° 109, 10 sept. 1997). G. Morin, *La loi et le contrat. La décadence de leur souveraineté*, F. Alcan, 1927 ; L. Josserand, L'essor moderne du concept contractuel, in *Recueil en l'honneur de François Gény*, t. II, Sirey, 1934, 333. *Adde*, en droit anglais, H. Collins, *The Law of Contract*, LexisNexis, Butterworths, 4e éd., 2003, spéc. chap. 6 : The contractualization of social life, 94.

Le phénomène se donne à voir dans de très nombreuses branches du droit.

En *droit public*, le mouvement est très net. La loi a pendant longtemps été le symbole du commandement et de la souveraineté (O. Beaud, *La puissance de l'état*, PUF, « Léviathan », 1994), et l'instrument juridique type de gouvernement était de façon générale l'acte unilatéral. C'est aujourd'hui par contrat que l'État doit souvent faire accepter sa loi. Pour un constat très clair du mouvement, v. Rapport public du Conseil d'État, *Le contrat, mode d'action publique et de production des normes*, Doc. fr., 2008 ; pour un commentaire, C. Pérès, Du contrat public en général et du « rescrit contractuel » en particulier, *RDC* 2009/1, 17. *Adde* F. Julien-Laferrière, Contractualisation versus institutionnalisation de l'action publique, in *Contrat ou institution : un enjeu de société*, dir. B. Basdevant-Gaudemet, LGDJ, 2004, 47 ; L. Richer, La contractualisation comme technique de gestion des affaires publiques, *AJDA* 2003, 973 ; R. Denoix de Saint-Marc, La question de l'administration contractuelle, *AJDA* 2003, 970 ; plus généralement, *Droit négocié, droit imposé ?*, dir. P. Gérard, F. Ost et M. van de Kerchove, Fac. Univ. Saint-Louis,

Bruxelles, 1996. On a ainsi les contrats de plan État-Régions, les contrats de ville, etc. Parmi de très nombreux articles : J. Caillosse, Sur la progression en cours des techniques contractuelles d'administration, *Le droit contemporain des contrats*, coord. L. Cadiet, Economica, 1987, 89; C. Garbar, Les personnes, discussion, *La relativité du contrat*, Trav. Ass. H. Capitant, Nantes, LGDJ, 2000, 45; J.-P. Gaudin, Le sens du contrat dans les politiques publiques, *Esprit*, févr. 2001, 112; J. D. Dreyfus, Actualité des contrats entre personnes publiques, *AJDA*, n° spéc juil.-août 2000, 75; N. Poulet-Gibot Leclerc, La contractualisation des relations entre les personnes publiques, *RFDA* 1999, 551; M. Hecquard-Theron, La contractualisation des actions et des moyens publics d'intervention, *AJDA* 1993, 451; La contractualisation corporatiste de la formation et de la mise en œuvre du droit, *L'état propulsif. Contribution à l'étude des instruments d'action de l'état*, Publisud, 1991, 181; La contractualisation du droit dans l'État-providence, *Normes juridiques et régulation sociale*, dir. F. Chazel et J. Commaille, LGDJ, « Droit et société », 1991, 139; F. Moderne, L'évolution récente du droit des contrats administratifs : les conventions entre personnes publiques, *RFDA*, n° spéc. mai-juin 1984, 1. V. déjà A. de Laubadère, Administration et contrat, *Mélanges Brèthe de la Gressaye*, 1964, 453. Pour quelques livres : J. P. Gaudin, *Gouverner par contrat*, Presses fond. nat. sc. po, 1999; Ch.-A. Morand, *Le droit néo-moderne des politiques publiques*, LGDJ, 1999; *Les métamorphoses de la régulation politique*, dir. J. Commaille et B. Jobert, LGDJ, « Droit et société », 1998, not. R. Salais, Action publique et conventions : état des lieux, 55. Pour des constats plus anciens : M. Vasseur, Un nouvel essor du concept contractuel : les aspects juridiques de l'économie concertée et contractuelle, *RTD civ.* 1964, 5; Jacquot, Les interventions économiques de l'État par voie contractuelle en France (renaissance du phénomène contractuel), Trav. Fac. dr. Liège, 1971. Sur les modifications qui en résultent sur le rapport au service public : J. Amar, *De l'usager au consommateur de service public*, PUAM, 2001, préf. A. Ghozi. Le Conseil d'État a cependant requalifié en actes unilatéraux réglementaires des conventions conclues entre les caisses nationales d'assurance maladie et des syndicats de praticiens au motif que l'arrêté ministériel approuvant la convention leur conférait « les effets juridiques qui s'attachent à un acte réglementaire » : CE, sect. 18 févr. 1977, Hervouët, 2 arrêts, *L.* 98 et CE, sect. 17 mars 1997, *synd. médecins d'Aix et région*, *L.* 171; R. Romi, La requalification par le juge des actes négociés en actes unilatéraux. Archaïsme paradoxal ou technique d'avenir?, *AJDA* 1989, 9; M. H. Sinkondo, La notion de contrat administratif : acte unilatéral à contenu contractuel ou contrat civil de l'Administration?, *RTD civ.* 1993, 239.

En *droit de la famille*, il y avait toujours eu des contrats entre époux (P. Julien, *Les contrats entre époux*, LGDJ, « Bibl. dr. privé », 1962, préf. P. Kayser; G. Cornu, Le contrat entre époux, *RTD civ.* 1953, 461; G. Morin, Les ventes entre époux, in *Mélanges en hommage à André Breton et Fernand Derrida*, Dalloz, 1991, 259), mais le mouvement est aujourd'hui général. *La contractualisation de la famille*, dir. D. Fenouillet et P. de Vareilles-Sommières, Economica, 2001; X. Labbée, *Les rapports juridiques dans le couple sont-ils contractuels?*, PU du Septentrion, 1996, préf. J. Hauser; S. Thouret, Les accords relatifs à la prestation compensatoire en matière de divorce après la loi du 30 juin 2000, *Procédures* août-sept. 2001, n° 13, 5; Ch. Lesbats, *Les accords de volontés entre époux dans le divorce*, th. Nantes, 1999; M. Giacopelli-Mori, L'autonomie de la volonté dans les conventions entre époux divorcés, *RTD civ.* 2001, 505; M.-T. Meulders-Klein, Le démariage consensuel, *RTD civ.* 1995, 559; J. Vidal, Les conventions de divorce, in *Mélanges P. Raynaud*, Dalloz, 1985, 805; R. Tendler, Les pactes de séparation amiable,

D. 1979, chron., 263. Le PACS a encore renouvelé la question : L.-A. Femenia, Le contrat après la décision du Conseil constitutionnel du 9 novembre 1999 relative au pacte civil de solidarité, *RRJ*, 2002-3, 1199 ; F. Dekeuwer-Defossez, PACS et famille. Retour sur l'analyse juridique d'un contrat controversé, *RTD civ.* 2001, 529 ; G. Raymond, PACS et droit des contrats, *Dr. famille* oct. 2000, chron., n° 14. *Adde* G. Khairallah, Les « partenariats organisés » en droit international privé (propos autour de la loi du 15 novembre 1999 sur le pacte civil de solidarité), *Rev. crit. DIP* 2000, 317. De façon plus générale, H. Lécuyer, *Droit des obligations et droit patrimonial de la famille*, th. Paris II, 1996.

En *droit des personnes* : C. Filiponne, *La contractualisation des droits de la personnalité*, PUAM, 2003, préf. Ph. Delebecque ; G. Loiseau, *Le nom, objet d'un contrat*, LGDJ, 1997, préf. J. Ghestin. Le contrat prend une emprise croissante dans le domaine du vivant : Fl. Bellivier et Ch. Noiville, *Contrats et vivant*, LGDJ, 2006, introd. C. Labrusse-Riou ; des mêmes auteurs, chronique régulière « Contrat et vivant » à la *RDC* en particulier *RDC* 2007/2, 493 (les collections d'échantillon biologiques entre propriété et contrat) ; *RDC* 2007/3, 917 (1992-2007 : les quinze ans du contrat de bioprospection, un anniversaire en demi-teinte).

En *droit judiciaire*, domaine traditionnel de l'ordre public, le contrat a également fait sa place : Y. M. Serinet, *RDC* 2007/2, 434 ; *Le conventionnel et le juridictionnel dans le règlement des différends*, dir. P. Ancel et M.-C. Rivier, Economica, « Études juridiques », 2001 ; A. S. Chrétien, *Contrat et action en justice*, th. Nantes, 2000 ; L. Cadiet, Les jeux du contrat et du procès : esquisse, *Mélanges G. Farjat*, éd. Frison-Roche, 1999, 23 ; Une justice contractuelle, l'autre, *Études J. Ghestin*, LGDJ, 2001, 177 ; Y. Muller, *Le contrat judiciaire en droit privé*, th. Paris I, 1995 ; S. Ousmanou, *Les conventions relatives au procès. Essai d'une contractualisation du procès*, th. Rennes, 1996 ; F. Ruellan, Les marc. Pour une justice plurielle dans le respect du droit, *JCP G* 1999, I, 135. *Adde* L. Cadiet et E. Jeuland, *Droit judiciaire privé*, LexisNexis, 2011.

En *droit du travail* : Ch. Bessy, *La contractualisation de la relation de travail*, LGDJ, « Droit et société », 2007, qui analyse, avec une approche interdisciplinaire, la diversité des pratiques contractuelles des entreprises et leur évolution en lien avec les transformations contemporaines du droit du travail ; *La contractualisation du droit social*, dir. Ph. Auvergnon, Comptrasec, 2003 ; Ch. Radé, La figure du contrat dans le rapport de travail, *Dr. soc.* 2001, 802 ; J.-E. Ray, Du tout-État au tout-contrat, *Dr. soc.* 2000, 574.

En *droit pénal* : F. Alt-Maes, La contractualisation du droit pénal. Mythe ou réalité ?, *Rev. sc. crim.* 2002, 501 ; Contractualisation de la procédure pénale et liberté procédurale du parquet, *D.* 2008, 1035.

c) Contrat et intérêt général. — Le contrat peut être amené à prendre en considération des objectifs d'intérêt général.

V. J.-L. Bodiguel, Ch.-A. Garbar et A. Supiot (dir.), *Servir l'intérêt général*, PUF, « Les voies du droit », 2000, qui examine la question de savoir si le fait de travailler au service d'un intérêt général, que ce soit dans le public ou dans le privé, justifie des droits et des devoirs particuliers ; sont ainsi examinées les fonctions de médecin, de journaliste, ou encore les métiers de la poste ou des télécommunication.

Adde M. Mekki, *L'intérêt général et le contrat. Contribution à une étude de la hiérarchie des intérêts en droit privé*, LGDJ, « Bibl. dr. privé », 2004, préf. J. Ghestin, qui montre comment la validité du contrat est conditionnée par l'intérêt général, défini comme le résultat d'une hiérarchie entre les intérêts publics et/ou privés, hiérarchie selon lui justifiée sur la base d'une grille de valeurs substantielles prédéterminées jugées essentielles à un moment donné dans un espace donné ; il distingue l'intégration « dogmatique », qui se fait prioritairement par la technique de l'ordre public, et l'intégration « pragmatique » découlant d'une procéduralisation de l'intérêt général, et permettant de prendre davantage en compte les effets réels du contrat sur son environnement juridique, par exemple par un contrôle de proportionnalité ou encore par l'application du principe de loyauté.

d) Contrat et pouvoir. — Le contrat devient plus que jamais un instrument de pouvoir. V. P. Lokiec, *Contrat et pouvoir, essai sur les transformations du droit privé des rapports contractuels*, LGDJ, « Bibl. dr. privé », 2004, préf. A. Lyon-Caen. Le pouvoir discrétionnaire semble alors reculer au profit du pouvoir fonctionnel : sur cette hypothèse, A. Supiot, Les nouveaux visages de la subordination, *Dr. soc.* 2000, 132.

e) L'efficacité du contrat. — L'efficacité joue aujourd'hui comme un mot-fétiche, brandi pour mettre fin aux discussions. Sa définition est pourtant on ne peut plus relative, dans la mesure où est efficace quelque chose « qui produit l'effet qu'on en attend » (*Le Grand Robert*). Il s'agit donc de juger de l'adéquation entre des moyens et une fin. Mais quel effet attend-on ? Et surtout qui détermine la fin ? Pour laquelle des deux parties les moyens utilisés doivent-il être efficaces ? On se doute bien qu'aucune des réponses n'est en réalité ni évidente ni neutre. Pour celui qui souhaite se rétracter, l'efficacité consiste bien à pouvoir le faire.

La preuve que le mot ne veut rien dire dans l'absolu, c'est qu'il est utilisé et revendiqué par des auteurs partisans de solutions opposées, par exemple en matière de promesses unilatérale de vente (v. *infra* sur ce débat). Ainsi, les partisans de l'exécution en nature soutiennent que sans l'exécution forcée, les promesses ne sont « que du vent » (B. Fages, note sous Civ. 3e, 11 mai 2011, *RTD civ.* 2011 p. 532), et qu'il faudrait donc impérativement aller « vers une restauration de l'efficacité de la promesse unilatérale de vente » (intitulé de la note de L. Aynès sous l'arrêt du 8 septembre 2010, *Defrénois*, 15 novembre 2010, n° 19, p. 2123). À son tour, l'un des soutiens de la jurisprudence de 1993 et de la sanction par des dommages-intérêts revendique « l'efficacité de la rétractation de la promesse de contracter » (D. Mainguy, « L'efficacité de la rétractation de la promesse de contracter », *RTD civ.* 2004 p. 1). V. notre article sur L'engagement du promettant : engagement au contrat préparatoire, in « Jurisprudence et doctrine : quelle efficacité pour les avant-contrats ? », *RDC* 2012/2.

Adde M. Mekki, Les doctrines sur l'efficacité du contrat en période de crise, *RDC* 2010/1, 383.

PRATIQUE JURIDIQUE

a) La place du droit des contrats dans la vie des affaires. — Il faudrait faire des études sociologiques pour voir si le droit des contrats est ou non appliqué dans la vie des affaires. Les parties à d'importants contrats, notamment internationaux, cherchent le plus souvent à échapper aux tribunaux étatiques, par souci de discrétion principalement. Elles n'échappent pas pour autant au droit des contrats, ou plus exactement à un droit des contrats fait de principes généraux plus ou moins communs à différentes cultures, et appliqué par les arbitres.

Selon le mouvement américain dit des «empiristes», les études pratiques montreraient que le droit des contrats est largement inappliqué. Dans la pratique, c'est-à-dire dans la vie des affaires, les contractants se soucieraient peu du droit des contrats, et seraient de toutes les façons réticents à aller devant les tribunaux. Sur le long terme, ce serait donc les relations individuelles et la culture des affaires qui importeraient et non pas les règles précises du droit des contrats. David M. Trubeck, Where the action is : Critical legal studies and empiricism, 36 *Stan. L. Rev.*, 575, 1984; Stewart Macaulay, An empirical view of contract, *Wis. L. Rev.*, 465, 1985.

Le courant «relationniste», mené par Ian R. Macneil, reprend ces analyses, et en particulier les conclusions d'une étude sociologique menée par S. Macaulay, The use and the non use of contracts in the manufacturing industry, *The Practical Lawyer*, 1963, vol. 9, 13-40 : cette étude montrait que les hommes d'affaires appliquent un droit des contrats très souple : la conclusion de leurs contrats est très peu formelle (par téléphone par ex.) et ils sont réticents à une planification trop complète de l'exécution de leur contrat qui entrave l'adaptation de celui-ci aux nouvelles circonstances. Du même auteur, An empirical view of contract, *Wisconsin Law Review*, 1985, 471.

b) La place des minorités en droit des contrats. — Le droit des contrats, comme l'ensemble du droit, a été examiné par le mouvement féministe aux États-Unis. Selon certaines femmes, le droit des contrats serait fondé sur des bases référentielles typiquement masculines. Il serait en particulier abstrait et rigide, alors que la méthode féministe est plutôt subjective, contextualiste, et qu'elle s'attache davantage à la spécificité des espèces, ou encore au compromis. Carol Gilligan, *In a Different Voice : Psychological Theory and Women's Development*, 1982; Mary J. Frug, Rescuing impossibility doctrine : A postmodern feminist analysis of contract law, 140 *U. Penn. L. Rev.*, 1029, 1992; du même auteur, Re-reading contracts : A feminist analysis of a contract casebook, 34 *Am. U. L. Rev.*, 1065, 1985. Ces auteurs («auteures» devrait-on dire, car les hommes ne sont guère autorisés à s'aventurer sur ces terres) sont également réticentes vis-à-vis des standards, dans la mesure où les juges les interpréteraient de façon «machiste». Luncida Finley, Breaking women's silence in law : The dilemma of the gendered nature of legal reasoning, 64 *Notre Dame L. Rev.*, 886, 1989; Carrie Menkel-Meadow, Mainstreaming feminist legal theory, 23 *Pac. L. J.*, 1943 (1992). Ces analyses ne sont pas reprises en France (on ne s'en plaindra pas); v. cependant, pour une tentative d'incursion, M.-C. Belleau, Les théories féministes : droit et différence sexuelle, *RTD civ.* 2001, 1. Certains auteurs s'interrogent également sur la place qu'accorde le droit des contrats aux autres minorités, notamment ethniques, dans les *«racial studies»* (une revue porte expressément ce nom : *Ethnic and Racial Studies*).

Ces considérations commencent à être introduites dans nos droits, notamment par le biais du droit européen. Ainsi, le projet de Cadre commun de référence prévoit-il tout un chapitre sur les discriminations en droit des contrats, en mettant en avant la race et le genre, rebaptisés, selon les goûts des Européens, en sexe et ethnie : l'article 2 :101 de ce projet énonce ainsi «qu'une personne a un droit de ne pas être discriminée en fonction de son sexe ou de son origine ethnique ou raciale, en relation avec un contrat ou un autre acte juridique dont l'objet est de permettre l'accès à, ou de fournir des biens, d'autres actifs, ou des services qui sont disponibles pour le public». Sur ce projet, v. notre critique : Totems et tabous en matière de discriminations, *RDC* 2010/4, 1433.

ANTHROPOLOGIE

D. Warnotte, *Les origines sociales de l'obligation contractuelle*, Bruxelles, 1927 ; P. Amselek, L'évolution générale de la technique juridique dans les sociétés occidentales, in *L'état propulsif. Contribution à l'étude des instruments d'action de l'état*, préf. Ch.-A. Morand, Publisud, 1991, spéc. 152 ; E. Gavin-Millan, Étude anthropologique de la tradition dans les contrats réels, *RRJ* 1996-4, 1141.

Sur le pacte et le serment dans l'Inde ancienne, Ch. Malamoud, Le corps contractuel des dieux, in *Cuire le monde, rite et pensée dans l'Inde ancienne*, La Découverte, 1989, 225 et s.

Chapitre 4

LES SOURCES DU DROIT DES CONTRATS

1 | La hiérarchie des sources en droit des contrats

1. LES SOURCES CONSTITUTIONNELLES DU DROIT DES CONTRATS

La Constitution française n'étant consacrée qu'à l'organisation des pouvoirs publics, à la différence de certaines constitutions étrangères, les différentes matières du droit n'y sont pas abordées. L'article 34 énonce cependant que « la loi détermine les principes fondamentaux[1] : [...] des obligations civiles et commerciales ». Le Conseil constitutionnel a ainsi jugé que l'« autonomie de la volonté des contractants » ainsi que l'« immutabilité des conventions » constituaient des principes fondamentaux des obligations civiles au sens de l'article 34 précité.

Une évolution importante s'est produite depuis la fameuse décision du Conseil constitutionnel du 16 juillet 1971 (concernant la liberté d'association) qui a donné valeur constitutionnelle au préambule de la Constitution de 1958, dit préambule-gigogne car il se réfère d'une part

1. On sait que, dans la Constitution de 1958, le législateur se voyait confier un domaine d'attribution (la compétence de droit commun étant celle du pouvoir réglementaire : art. 37). L'article 34 détermine ainsi, de façon limitative, quelques domaines dans lesquels « la loi fixe les règles » et d'autres dans lesquels elle ne fait que déterminer les « principes fondamentaux », le pouvoir réglementaire étant ensuite chargé de préciser ces principes pour les rendre applicables. Le droit des contrats fait donc partie de cette deuxième catégorie.

à la Déclaration des droits de l'homme et du citoyen de 1789, et d'autre part au préambule de la Constitution de 1946, lequel à son tour réaffirme solennellement « les principes fondamentaux reconnus par les lois de la République » et proclame certains principes « particulièrement nécessaires à notre temps ». Tout cela a pu fournir matière à l'établissement de principes généraux à valeur constitutionnelle, surtout depuis la réforme de 1974 ayant élargi les modalités de saisine du Conseil constitutionnel en l'ouvrant à l'opposition et en multipliant ainsi les occasions de recours.

Le Conseil a ainsi rendu plusieurs décisions concernant le droit des contrats. Il a ainsi, comme nous l'avons vu, protégé le principe de liberté contractuelle Dans la décision sur la loi relative au pacte civil de solidarité, il a également donné valeur constitutionnelle au droit de résiliation unilatéral des contrats à durée indéterminée [1]. Il a enfin limité l'application de la loi nouvelle aux contrats en cours (v. *infra*).

L'introduction de la question prioritaire de constitutionnalité par la réforme constitutionnelle du 23 juillet 2008 est certainement de nature à promouvoir encore davantage la constitutionnalisation du droit privé [2]. De nombreux droits et libertés à valeur constitutionnelle pourraient ainsi, indirectement, contraindre le législateur en matière contractuelle : par exemple le principe de dignité de la personne humaine, l'interdiction des discriminations, ou encore le droit de propriété. On peut ainsi penser que le Conseil sera amené à constitutionnaliser d'autres droits et libertés, par exemple autour du nécessaire respect de la vie privée ou personnelle.

En outre, dans un second temps, le développement des droits et libertés à valeur constitutionnelle pourrait inciter les juges à en faire directement application, notamment pour juger de la validité des contrats, la constitutionnalisation du droit des contrats concurrençant alors sa "fondamentalisation" qui résulte de l'exploitation des ressources de la convention européenne des droits de l'homme (v. *infra*).

1. Décision n° 99-419 DC du 09 novembre 1999 : « si le contrat est la loi commune des parties, la liberté qui découle de l'article 4 de la Déclaration des droits de l'homme et du citoyen de 1789 justifie qu'un contrat de droit privé à durée indéterminée puisse être rompu unilatéralement par l'un ou l'autre des contractants, l'information du cocontractant, ainsi que la réparation du préjudice éventuel résultant des conditions de la rupture, devant toutefois être garanties ».

2. V. C. Pérès, La question prioritaire de constitutionnalité et le contrat, *RDC* 2010/2, 539.

2. LES SOURCES INTERNATIONALES DU DROIT DES CONTRATS

A / Les sources internationales stricto sensu

Aux termes de l'article 55 de la Constitution de 1958, les traités ou accords régulièrement ratifiés ou approuvés ont, dès leur publication, une autorité supérieure à celle des lois, sous réserve de leur application réciproque par les autres États signataires. Le droit des contrats, c'est-à-dire ici plus précisément le droit commun des contrats, est encore essentiellement national, même si de nombreux projets existent tendant à dégager un droit européen des contrats.

S'agissant plus précisément du droit international privé français des contrats, il est aujourd'hui régi par le règlement « Rome I » adopté le 17 juin 2008 (v. *infra*). C'est donc sur la base des principes issus de ce règlement que le juge français détermine aujourd'hui la loi compétente pour régir le contrat qui lui est soumis.

En outre, si le droit commun des contrats n'a pas fait l'objet de conventions internationales, il en va autrement de certains contrats spéciaux qui, en pratique, ont une importance considérable. Ainsi, depuis le 1er janvier 1988, est entrée en vigueur en France la convention de Vienne sur la vente internationale de marchandises du 11 avril 1980 négociée dans le cadre de l'ONU. Cette convention contient des règles substantielles qui s'appliquent « aux contrats de vente de marchandises entre des parties ayant leur établissement dans des États différents lorsque ces États sont des États contractants ou lorsque les règles du droit international privé mènent à l'application de la loi d'un État contractant ». Le droit de la vente issu du Code civil est donc écarté au profit de cette convention lorsque les règles du droit international privé ont désigné le droit français comme droit applicable à une vente internationale de marchandises. Sont cependant exclues du domaine de la convention les ventes « de marchandises achetées pour un usage personnel, familial ou domestique », c'est-à-dire pour l'essentiel les ventes aux consommateurs. Cette convention a été ratifiée par une quarantaine d'États (les principales puissances économiques mondiales, à l'exception toutefois du Japon et du Royaume-Uni).

Les grands contrats d'affaire échappent de toutes les façons souvent aux tribunaux et même aux droits étatiques : ainsi lorsque les arbitres désignés appliquent la *lex mercatoria*, ensemble de principes généraux applicables aux contrats internationaux et transcendant les différentes cultures juridiques, et dont la Cour de cassation a admis qu'ils font partie du droit[1].

B / Les sources européennes

Il faut distinguer le droit issu de l'Union européenne du droit de la Convention européenne des droits de l'homme élaboré dans le cadre du Conseil de l'Europe.

a) L'influence de l'Union européenne sur le droit des contrats. — Le contrat étant le principal instrument des relations économiques, il n'est pas étonnant que, dès le début, la Communauté économique européenne (devenue ensuite Union européenne) ait exercé une influence importante sur le droit des contrats. Il en est ainsi notamment des traités constitutifs, en premier lieu du traité de Rome[2].

De très nombreuses directives européennes concernent ainsi des aspects de droit des contrats, par exemple la publicité mensongère, les relations entre consommateurs et professionnels, ou encore les moyens de paiement. S'agissant du droit commun des contrats, on aura surtout l'occasion d'examiner de près la directive du 25 juillet 1985 relative à la responsabilité du fait des produits défectueux (qui concerne les relations du producteur avec son contractant, l'acheteur du produit, mais aussi avec les tiers), transposée en France par la loi du 19 mai 1998, ou encore la directive du 5 avril 1993 visant à harmoniser la réglementation des clauses abusives dans les pays de l'Union européenne, transposée en France par une loi du 1er février 1995. De très nombreuses directives touchent également des types de contrats particuliers (directives sur les voyages à forfait, le contrat d'assurance, ou encore le contrat d'agent commercial). Ces directives sont obligatoires dans leurs objectifs mais requièrent, pour leur application en droit interne, d'être « transposées », c'est-à-dire d'être reprises dans une norme nationale.

Il existe également, pour certains types de contrats importants, des règlements européens, cette fois-ci directement applicables en droit interne sans nécessité de transposition. Il existe ainsi des règlements

1. Civ. 1re, 22 oct. 1991, *Valenciana*, n° 89-21528 : « En se référant à «l'ensemble des règles du commerce international dégagées par la pratique et ayant reçu la sanction des jurisprudences nationales», l'arbitre a statué en droit ainsi qu'il en avait l'obligation conformément à l'acte de mission. »

2. J.-S. Bergé, Les cinquante ans du traité de Rome instituant la Communauté européenne et le contentieux contractuel, *RDC* 2007/3, 897.

d'exemption qui autorisent, tout en les réglementant très précisément, certaines ententes ou accords d'exclusivité (par ex. en matière de distribution de véhicules automobiles) qui seraient sinon contraires au principe de libre circulation.

En présence de contrats de consommation ou de contrats d'affaires, il est aujourd'hui nécessaire de vérifier s'il n'existe pas de dispositions européennes prévoyant quelque réglementation particulière. Se profile, avant un Code européen des contrats, un Code européen de la consommation [1].

Il faudrait à présent que l'Union européenne oublie qu'elle était originellement une Union purement économique afin que soient modifiés l'esprit et l'objectif des textes européens, et surtout leur interprétation par la Cour de justice européenne. En effet, dans une perspective purement marchande et économique, toute réglementation du droit des contrats et surtout toute protection de la partie faible sont perçues comme une entrave à la libre circulation et à la libre concurrence. Dans une perspective politique au contraire, chaque pays devrait pouvoir choisir le niveau de protection qu'il entend accorder à certaines catégories – les consommateurs par exemple – sans être tenu de s'en tenir à un strict minimum au motif de ne pas léser ses producteurs dans une concurrence européenne, voire mondiale. La Cour de justice européenne a cependant rendu plusieurs arrêts inquiétants, notamment en matière de responsabilité du fait des produits défectueux, dans lesquels la France a été condamnée pour avoir voulu maintenir au consommateur lésé des actions plus protectrices que les seules règles prévues par la directive. La protection des consommateurs devrait ainsi selon la juridiction européenne s'aligner sur le plus petit commun dénominateur, et ce afin de ne pas fausser la concurrence. On voudrait détourner les citoyens de l'Europe qu'on ne s'y prendrait pas autrement.

b) L'influence de la Convention européenne des droits de l'homme sur le droit des contrats. — L'influence de la Convention européenne des droits de l'homme, ratifiée par la France le 3 mai 1974, et dont l'importance en droit de la famille, en droit des personnes, ou même en droit des biens, est acquise, devient de plus en plus notable en droit des contrats. N'est pas seulement concerné l'article 6, § 1 de la Convention sur le droit à un procès équitable dans un délai raisonnable qui pourrait, puisqu'il s'agit d'une disposition générale de droit processuel, trouver à s'appliquer dans un litige relatif à un contrat. Le droit substantiel des

1. A. Marais, *RDC* 2007/3, 901.

contrats se trouve également contraint de se soumettre aux droits et libertés fondamentales prévus par la Convention européenne des droits de l'homme.

Le seul texte visant expressément les contrats est l'article 1 du protocole additionnel n° 4 qui dispose que « nul ne peut être privé de sa liberté pour la seule raison qu'il n'est pas en mesure d'exécuter une obligation contractuelle ». Cet article ne bouleverse pas le droit français, dans la mesure où la règle existe en France depuis 1867, date à laquelle fut abolie la contrainte par corps.

Il existe cependant dans la Convention européenne des droits de l'homme plusieurs dispositions protectrices de la personne qui sont désormais invoquées pour limiter la liberté contractuelle. L'article prévoyant le droit au respect de la vie privée et en particulier du domicile a ainsi pu servir à la Cour de cassation à limiter le pouvoir d'un employeur d'ordonner à un salarié un changement de domicile en cas de modification de sa région d'activité[1], ou encore à juger que les clauses d'un bail d'habitation ne peuvent avoir pour effet de priver le preneur de la possibilité d'héberger ses proches, par exemple le père de ses enfants ou sa sœur[2]. Ces libertés fondamentales doivent toutefois se concilier avec l'impératif de sécurité contractuelle[3].

Une évolution pourrait également se produire dans la mesure où la Cour européenne des droits de l'homme a jugé[4] que les droits de créance étant des biens au sens de l'article 1er du protocole n° 1 consacrant le

1. Soc., 28 mars 2006, n° 04-41016; *RDC* 2006/4, 1163, obs. Ch. Radé; Soc., 12 janv. 1999, n° 96-40755; *D.* 1999, 645, note J.-P. Marguénaud et J. Mouly : il résulte de l'art. 8 Conv. EDH que « toute personne a droit au respect de son domicile; que le libre choix du domicile personnel et familial est l'un des attributs de ce droit; qu'une restriction à cette liberté par l'employeur n'est valable qu'à la condition d'être indispensable à la protection des intérêts légitimes de l'entreprise et proportionnée, compte tenu de l'emploi occupé et du travail demandé, au but recherché »; cependant, « une mutation géographique ne constitue pas en elle-même une atteinte à la liberté fondamentale du salarié quant au libre choix de son domicile ».

2. Civ. 3e, 6 mars 1996, n° 93-11113; *RTD civ.* 1996, 580, obs. J. Hauser : « les clauses d'un bail d'habitation ne [peuvent], en vertu de l'article 8-1 de la Convention de sauvegarde des droits de l'homme et des libertés fondamentales, avoir pour effet de priver le preneur de la possibilité d'héberger ses proches ». Reprenant la même formule, Civ. 3e, 22 mars 2006, n° 04-19349; *RTD civ.* 2006, 722, obs. J. P. Marguénaud; *RDC* 2006/4, 1149, obs. J.-B. Seube.

3. La Cour de cassation a ainsi jugé, en visant les art. 9-1 et 9-2 Conv. EDH, que « les pratiques dictées par les convictions religieuses des preneurs n'entrent pas, sauf convention expresse, dans le champ contractuel du bail et ne font naître à la charge du bailleur aucune obligation spécifique » (Civ. 3e, 18 déc. 2002, n° 01-00519; *RTD civ.* 2003, 383). Dans le même sens, énonçant que la liberté religieuse, bien que fondamentale, ne pouvait avoir pour effet de rendre licites les violations des dispositions d'un règlement de copropriété (en l'espèce la construction pour une semaine d'une cabane sur leur balcon par des copropriétaires à l'occasion de la fête juive dite des cabanes) : Civ. 3e, 8 juin 2006, n° 05-14774; *RTD civ.* 2006, 722, obs. J.-P. Marguénaud.

4. Dans un arrêt *Van Marle c. Pays-Bas* du 26 juin 1986, *JDI*, 1987, 785.

droit au respect des biens, ils doivent dès lors être protégés contre des ingérences étatiques excessives[1], par exemple contre une intervention législative intempestive dans les instances en cours[2]. L'ingérence excessive du législateur, notamment en matière contractuelle, peut encore être considérée comme une violation du droit à un procès équitable garanti par l'article 6 de la Convention européenne des droits de l'homme (v. *infra*).

3. LES SOURCES LÉGISLATIVES DU DROIT DES CONTRATS

On estime en général que, sauf dispositions très ponctuelles qui pourraient éventuellement être modifiées par le pouvoir réglementaire, tout le Code civil a valeur législative. C'est donc en principe uniquement par la loi que celui-ci peut être modifié.

Au sens large, les sources législatives comprennent toutes les sources émanant des pouvoirs publics institués : pouvoir législatif *stricto sensu* (le Parlement), mais aussi pouvoir réglementaire. Un décret (acte du Président de la République ou du premier ministre) ou un arrêté (émanant d'un ministre ou interministériel) peuvent ainsi concerner le droit des contrats. Aux termes de l'article 34 de la Constitution, les « obligations civiles et commerciales » font partie du domaine dans lequel la loi se limite à déterminer les « principes fondamentaux », par opposition aux domaines où elle « fixe les règles » ; il y a ainsi en la matière davantage place pour les sources réglementaires pour compléter les principes fondamentaux posés par la loi.

Depuis le début du XXe siècle – et le mouvement s'est accéléré depuis – la doctrine en droit des contrats porte toute son attention sur la jurisprudence, dont les arrêts sont disséqués et commentés, souvent au-delà même de l'intention des juges. Depuis le tournant du siècle cependant, les grandes réformes législatives mériteraient davantage

1. J.-P. Marguénaud, La Cour européenne des droits de l'homme à la conquête du droit des contrats au moyen des arrêts pilotes, obs. sous CEDH Grande Ch., 19 juin 2006, *Hutten-Czapska c/ Pologne, RTD civ.* 2006, 719. L'arrêt invite à rééquilibrer un contrat sur le fondement de l'art. 1er du protocole n° 1 ; un arrêt pilote est une sorte d'arrêt de règlement, lorsque la Cour constate que l'affaire dont elle est saisie concerne de très nombreux autres requérants potentiels.

2. CEDH, 14 févr. 2006, *Le Carpentier et autres c/ France*, req. n° 67847/01, *RDC* 2006/2, 289, obs. Th. Revet et 2006/3, 879, obs. A. Debet ; CEDH, 9 janv. 2007, *Aubert et autres* et 8 autres aff. *c/ France, RDC* 2007/2, 477, obs. A. Debet. Soc., 13 juin 2007, n° 05-45694 ; *D.* 2007, 2439, note C. Pérès, qui parle de l'avenir compromis des lois de validation consécutives à un revirement de jurisprudence.

d'attention : face aux lacunes du droit commun des contrats du Code civil, notamment sur des questions aussi fondamentales que l'équilibre du contrat ou sa rupture, plusieurs lois ont en effet institué des mécanismes très généraux de contrôle susceptibles d'intéresser tout le droit commun des contrats : la loi sur les nouvelles régulations économiques (NRE) du 15 mai 2001 par exemple sanctionne l'exploitation abusive d'une position dominante ou d'un état de dépendance économique et prévoit un contrôle de l'équilibre des prestations ; de même, la loi du 1er août 2003 pour l'initiative économique prévoit la sanction d'engagements disproportionnés. On peut citer encore la loi du 4 août 2008 de modernisation de l'économie qui sanctionne le fait de soumettre ou de tenter de soumettre un partenaire commercial à des obligations créant un déséquilibre significatif dans les droits et obligations des parties. Ces principes sont certes en phase avec les lignes d'évolution de la jurisprudence en matière contractuelle, mais leur portée est ici accrue dans la mesure où le juge se trouve pour sa part contraint par les principes du Code civil.

4. LES SOURCES ADMINISTRATIVES DU DROIT DES CONTRATS

En dehors des normes étatiques, d'autres sources administratives peuvent avoir une incidence sur le droit des contrats. Il en est ainsi par exemple des nombreuses autorités administratives indépendantes dont la multiplication est un des signes de notre temps : peuvent ainsi avoir à connaître de contrats l'Autorité de la concurrence, l'Autorité des Marchés financiers, la Commission des clauses abusives, les Commissions de surendettement, ou même la Haute autorité de lutte contre les discriminations et pour l'égalité. Peuvent également influer sur le droit des contrats les circulaires, qui sont des interprétations générales d'un texte légal ou réglementaire faites par une administration, ou les rescrits, dont on a pu noter la résurgence (par exemple en matière fiscale, financière ou sociale), qui sont des interprétations délivrées par des autorités administratives sur la situation juridique individuelle d'un administré. Les ministres peuvent également livrer leur interprétation d'un texte relatif au droit des contrats. Enfin des autorisations administratives sont parfois requises pour la conclusion d'un contrat : il en est ainsi par exemple pour les ventes en solde, ou encore l'ouverture des magasins le dimanche.

La valeur juridique de ces différentes sources est variable. Elles n'ont parfois valeur que d'avis mais n'en sont pas moins de nature à influencer l'application du droit.

5. LES SOURCES CONVENTIONNELLES DU DROIT DES CONTRATS

Les sources du droit sont traditionnellement présentées comme une pyramide de normes selon l'image de Kelsen, c'est-à-dire comme un ensemble hiérarchisé. On peut dans ces conditions s'étonner que le contrat puisse trouver sa source dans une autre convention. Mais le contrat pose parfois des normes, et il est en cela source du droit[1].

Il en est ainsi spécialement des conventions collectives de travail qui ont une nature juridique particulière, au croisement du normatif et de l'obligationnel. Une convention collective est un accord conclu entre un employeur ou un groupement d'employeurs d'une part, et une ou plusieurs organisations syndicales d'autre part, en vue de déterminer certaines règles applicables en matière de conditions d'emploi, de travail et de garanties sociales. Les contrats individuels doivent en principe respecter les conventions collectives, ainsi que la loi, sous réserve de l'application du principe de faveur selon lequel un contrat peut déroger à une convention collective mais seulement dans un sens favorable au salarié. Sont cependant apparus ce que l'on appelle des accords « dérogatoires », dans lesquels il peut être dérogé à une norme supérieure en défaveur des salariés. Dans ce cas, la norme conventionnelle ne se borne pas à compléter la norme légale : elle la remplace.

Certains contrats ont un domaine plus général, et constituent un cadre général (on les appelle d'ailleurs des contrats-cadres) dans lequel s'inscrivent les contrats ultérieurs des parties. Il faut supposer une relation de long terme – par exemple des fournitures successives – qui seront régies, s'agissant des conditions générales, par un contrat-cadre conclu une fois pour toutes et en application duquel interviendront des ventes successives[2].

1. En ce sens Kelsen, pour lequel le contrat n'était pas principalement créateur d'obligation, source de droits subjectifs, mais source de Droit objectif : *Théorie pure du droit*, Dalloz, 1962, 256; *La théorie générale des normes*, 1977 (œuvre posthume), trad. fr., PUF, 1997; La théorie juridique de la convention, *Arch. ph. dr.*, Sirey, 1940, 33.

2. Civ. 1re, 13 févr. 2001, n° 98-20317 et 98-20319; *RTD civ.* 2002, 92, obs. J. Mestre et B. Fages, qui fait primer les statuts d'une coopérative sur un contrat individuel de vente entre celle-ci et l'un des associés.

Enfin, signe des temps, se multiplient des codes d'éthique et autres codes de bonne conduite, adoptés de plus en plus souvent par les entreprises, et qui constituent un cadre pour l'exécution de contrats ultérieurement conclus. Ces codes sont cependant souvent dénués de toute valeur juridique et ne sont appliqués que sur une base purement volontaire.

6. LES USAGES EN DROIT DES CONTRATS

Les usages sont également une source du droit des contrats. Les juges ont ainsi parfois recours aux usages professionnels pour combler les lacunes du contrat[1], ou encore aux usages propres aux cocontractants, par exemple un comportement antérieur qu'ils ont régulièrement suivi dans des circonstances similaires. Cet usage est alors source de règles particulières (par exemple le silence gardé par l'un d'eux peut, exceptionnellement, valoir acceptation d'une proposition émanant de l'autre) et les juges le font même parfois prévaloir sur les dispositions expresses contraires du contrat[2].

2 | Le rôle du juge en droit des contrats

Le rôle du juge est de trancher les litiges relatifs au droit des contrats, au moins ceux que les parties décident de lui soumettre (ou ne peuvent pas lui retirer). Dans certaines circonstances, les parties peuvent au contraire faire appel à la médiation, à la conciliation, ou encore à l'arbitrage : c'est souvent le cas dans les contrats d'affaires importants. Pour certains contrats, le juge peut avoir un rôle spécifique consistant à homologuer une convention conclue par les parties pour lui donner une force exécutoire.

Comme dans les autres matières, les juges ont fait preuve d'un pouvoir créateur important. Le droit des contrats issu du Code civil n'a en

1. Com., 9 janv. 2001, n° 97-22212; *RTD civ.* 2001, 870, obs. J. Mestre et B. Fages : « Procédant à l'interprétation nécessaire de l'offre de cession qui ne portait pas la mention hors taxes ou toutes taxes, l'arrêt retient que, selon un usage constant entre commerçants, les prix s'entendent hors taxes, sauf convention contraire. »

2. Paris, 5e chap. A, 15 juin 2005, *RTD civ.* 2005, 592, obs. J. Mestre et B. Fages.

effet guère été modifié depuis 1804, et les juges ont dû et ont su, à partir d'un texte inchangé, le faire évoluer sans cesse, notamment en utilisant pleinement les textes les plus généraux comme les articles 1134 ou 1135. Cependant, des lacunes sont progressivement apparues que les juges ont eu plus de mal à combler. En particulier, s'ils avaient traditionnellement le devoir de contrôler les contrats, la seule sanction à leur disposition consistait à anéantir un contrat mal formé ou mal exécuté. Ils ont eu alors recours à des droits spéciaux (le droit de la concurrence, ou encore le droit de la consommation) dont ils se sont inspirés afin de faire évoluer le droit commun des contrats. Ils ont alors trouvé de plus en plus de techniques leur permettant de forcer les parties à rectifier leur contrat, et même d'intervenir directement pour en modifier le contenu, en particulier afin de rééquilibrer les prestations convenues.

Émane au total clairement des décisions de justice, et notamment de celles de la Cour de cassation, une politique jurisprudentielle en matière de contrats, que la doctrine résume sous forme de principes généraux d'évolution : équilibre, solidarisme, etc. L'application du droit des contrats par le juge, comme tout acte d'interprétation, n'est pas neutre, et permet de faire évoluer cette matière dans différentes directions (v. *supra* sur la fonction politique du droit des contrats).

ÉTAT DES QUESTIONS

BIBLIOGRAPHIE

Sur le constat de la constitutionnalisation du droit privé : N. Molfessis, *Le Conseil constitutionnel et le droit privé*, LGDJ, « Bibl. dr. privé », 1997, préf. M. Gobert ; du même auteur, Les sources constitutionnelles du droit des obligations, in *Le renouvellement des sources du droit des obligations*, Journ. Ass. H. Capitant, Lille, Litec, 1997, 65 ; M. Frangi, *Constitution et droit privé*, Economica, PUAM, 1992, préf. L. Favoreu. Pour quelques articles : F. Luchaire, Les fondements constitutionnels du droit civil, *RTD civ.* 1982, 245 ; Ch. Atias, La civilisation du droit constitutionnel, *RFDC* 1991, n° 7, 435 ; J.-Y. Chérot, Les rapports du droit civil et du droit constitutionnel, *ibid.*, 438 ; B. Mathieu, Droit constitutionnel et droit civil : « de vieilles outres pour un vin nouveau », *RTD civ.* 1994, 59 ; J. Monéger, Droit constitutionnel et droit privé, *Journ. SLC*, vol. 17, 1995, 305 ; L. Favoreu, La constitutionnalisation du droit, in *Mélanges R. Drago*, Economica, 1996, 25, et L'influence de la jurisprudence du Conseil constitutionnel sur les diverses branches du droit, in *Mélanges L. Hamon*, 235 ; G. Rouhette, Le droit privé dans la jurisprudence du Conseil constitutionnel, in *La légitimité de la jurisprudence du Conseil constitutionnel*, dir. G. Drago, B. François et N. Molfessis, Economica, 1999, 39 ; La jurisprudence du Conseil constitutionnel dans le droit privé, *ibid.*, 141.

Sur la lex mercatoria *:* v. les travaux de Berthold Goldman, not. Frontières du droit et lex mercatoria, *Arch. phil. dr.* 1964, 178 ; La lex mercatoria dans les contrats, *Clunet* 1979, 475 ; P. Lagarde, Approche critique de la *lex mercatoria*, in *Mélanges Goldman*, 127 ; E. Gaillard, Trente ans de *lex mercatoria.* Pour une application sélective de la méthode des principes généraux du droit, *JDI* 1995, 5 ; A. Kassis, *Théorie générale des usages du commerce*, LGDJ, 1984 ; F. Osman, *Les principes généraux de la* lex mercatoria, LGDJ, « Bibl. dr. privé », 1992, préf. E. Loquin.

Sur l'influence de la Convention européenne des droits de l'homme sur le droit privé et le droit civil : A. Debet, *L'influence de la Convention européenne des droits de l'homme sur le droit civil*, Dalloz, « Nouv. Bibl. thèses », 2002, préf. L. Leveneur ; J.-P. Marguénaud (dir.), *CEDH et droit privé. L'influence de la jurisprudence de la Cour européenne des droits de l'homme sur le droit privé français*, La Documentation française, « Perspectives sur la justice », 2001 ; Ph. Malaurie, La convention européenne des droits de l'homme et le droit civil français, *JCP G* 2002, I, 143 ; plus général, D. Spielmann, *L'effet potentiel de la Convention européenne des droits de l'homme entre personnes privées*, Bruxelles, Bruylant, Nemesis, 1995, préf. P. Lambert.

Sur l'influence des droits fondamentaux sur le droit des contrats : V. Kosta, Internal Market Legislation and the Private Law of the Member States - The Impact of Fundamental Rights, *ERCL* 2010, 409 ; O. Cherednychenko, Fundamental Rights, Policy Issues and the Draft Common Frame of Reference for European Private Law, *ERCL* 2010, 39 ; Ch. Jamin, Le droit des contrats saisi par les droits fondamentaux, in *Repenser le contrat*, dir. G. Lewkowicze et M. Xifaras, Dalloz, 2009, 177 ; Ch. Mak, *Fundamental Rights in European Contract Law. A comparison of the impact of fundamental rights on contractual relationships in Germany, the Netherlands, Italy and England, The Hague* : Kluwer Law International 2008 ; S. Chassagnard-Pinet, Les droits fondamentaux à l'épreuve du lien contractuel (Contrat et Convention européenne des droits de l'homme), in *Mélanges Philippe le Tourneau*, Dalloz, 2008, 225 ; O. Cherednychenko, Fundamental Rights and Contract Law, *ercl* 4/2006, 489 ; A. Marais, Nature et pertinence du contrôle de conventionnalité exercé par les juridictions ordinaires, *RDC* 2006/3, 885 ; J. Raynaud, *Les atteintes aux droits fondamentaux dans les actes juridiques privés*, PUAM, 2003, préf. E. Garaud ; J.-P. Marguénaud, L'influence de la convention européenne des droits de l'homme sur le droit français des obligations, in *Le renouvellement des sources du droit des obligations*, Journ. Ass. H. Capitant, Lille, Litec, 1997, 45 ; J. Mestre, L'influence de la Convention européenne des droits de l'homme sur le droit français des obligations, *Eur. Rev. Private Law*, 1994, 2, 31 ; du même auteur, *RTD civ.* 1999, 395 ; P. de Fontbressin, L'effet horizontal de la Convention européenne des droits de l'homme et l'avenir du droit des obligations, in *Liber Amicorum M.-A. Eissen*, Bruylant, LGDJ, 1995, 157. L'influence sur le droit des contrats est encore modeste, mais la question est désormais traitée par les spécialistes des droits de l'homme (F. Sudre, J.-P. Marguénaud, J. Andriantsimbazovina, A. Gouttenoire, M. Levinet, *Les grands arrêts de la Cour européenne des droits de l'homme*, PUF, « Thémis droit », 5e éd., 2009, qui contient désormais le mot « contrat » à l'index). *Adde* la chronique sources européennes de la *RTD civ.* par J.-P. Marguénaud et P. Rémy-Corlay. Pour une revue générale de cette influence, v. publié par le service de documentation et d'études de la Cour de cassation, et téléchargeable sur Internet, *Les Chambres civiles de la Cour de cassation 2002-2006 et la Convention de sauvegarde des droits de l'homme et des libertés fondamentales. Adde* P.-G. Jobin, L'application de la Charte québécoise des droits et libertés de la personne aux contrats : toute une aventure,

RTD civ. 2007, 33. Pour un ex., F. Bellivier et Ch. Noiville, Les juges de Strasbourg et l'assistance médicale à la procréation : le contrat contre les droits de l'homme? (CEDH, 7 mars 2006 et 10 avril 2007, *Evans c/ Royaume-Uni*), *RDC* 2007/4, 1321.

Sur les sources administratives du droit des contrats : J.-M. Olivier, Les sources administratives du droit des obligations, in *Le renouvellement des sources du droit des obligations,* Journ. Ass. H. Capitant, Lille, Litec, 1997, 109; du même auteur, *Les sources administratives du droit privé,* th. Paris II, 1982; N. Decoopman, Droit du marché et droit des obligations, in *Le renouvellement des sources du droit des obligations,* Journ. Ass. H. Capitant, Lille, Litec, 1997, 141; L. Leveneur, La commission des clauses abusives et le renouvellement des sources du droit des obligations, *ibid.*, 155. *Adde* deux articles classiques de B. Oppetit : Les réponses ministérielles aux questions écrites des parlementaires et l'interprétation des lois, *D.*, 1974, chron., 110, et La résurgence du rescrit, *D.*, 1991, chron., 105.

Sur les contrats-cadres : J. Gatsi, *Le contrat-cadre,* LGDJ, «Bibl. dr. privé», 1996, préf. M. Béhar-Touchais; *Le contrat-cadre,* dir. A. Sayag, Litec, 1994; J. Perrouin, *La hiérarchie des conventions en droit privé,* th. Toulouse, 2000.

Sur les codes de bonne conduite : P. Deumier, Les sources de l'éthique des affaires. Codes de bonne conduite, chartes et autres règles éthiques, in *Mélanges Philippe le Tourneau,* Dalloz, 2007; F. Osman, Avis, directives, codes de bonne conduite, recommandations, déontologie, éthique, etc. : réflexion sur la dégradation des sources privées du droit, *RTD civ.* 1995, 509; A. Sobczak, *Réseaux de sociétés et codes de conduite, Un nouveau modèle de régulation des relations de travail pour les entreprises européennes,* LGDJ, «Bibl. dr. soc.», 2002; G. Farjat, Nouvelles réflexions sur les codes de conduite privée, in *Les transformations de la régulation juridique,* dir. J. Clam et G. Martin, LGDJ, «Droit et société», 1998, 151.

Sur le rôle et les pouvoirs du juge en droit des contrats : D. Mazeaud, Le juge et le contrat (Variations optimistes sur un couple «illégitime»), *Mélanges Jean-Luc Aubert,* Dalloz, 2005, 235; M. Lamoureux, *L'aménagement par les contractants des pouvoirs du juge, Recherche sur un possible* imperium *des contractants,* PUAM, 2006, préf. J. Mestre, qui analyse dans quelle mesure les parties peuvent aménager, par leur contrat, les pouvoirs dévolus au juge en matière contractuelle.

Sur la médiation et la conciliation en droit des contrats : Ch. Jarrosson, Les clauses de renégociation, de conciliation et de médiation, in *Les principales clauses des contrats conclus entre professionnels,* PUAM, 1990, av.-propos J. Mestre, 141; X. Lagarde, L'efficacité des clauses de conciliation ou de médiation, *Rev. arbitr.* 2000, 377; L. Fin-Langer, Médiation et droit du contrat, *LPA* 26 août 2002, n° 170, 16. Les parties peuvent convenir de clauses de conciliation les obligeant à soumettre leurs différends à un conciliateur avant de pouvoir introduire une action en justice. Mais la nature juridique de cette clause semble encore incertaine, obs. J. Mestre et B. Fages, *RTD civ.* 2001, 359, sous Civ. 2e, 6 juil. 2000 (irrecevabilité de l'action introduite malgré une telle clause) et Civ. 1re, 23 janv. 2001 (où la Cour de cassation énonce qu'une telle clause ne constitue pas une fin de non-recevoir, n'est pas d'ordre public et ne se trouve assortie d'aucune sanction).

Sur les contrats homologués : A. Engel-Créach, *Les contrats judiciairement formés,* Economica, 2002, préf. A. Bénabent; Ch. Fardet, La notion d'homologation, in La volonté, *Droits,* n° 28, 1999, 181; L. Amiel-Cosme, La fonction d'homologation judiciaire, *Rev. Justices* 1997, n° 5, Dalloz, 135; Y. Balensi, L'homologation judiciaire des actes juridiques, *RTD civ.* 1978, 42 et 233 ; G. V. Apostoleanu, *Théorie de l'homologation en droit privé français*, Paris, Jouve et Cie, 1924.

THÉORIE JURIDIQUE

a) Le droit commun des contrats. — On ne peut s'empêcher de constater un certain dessèchement du droit commun des contrats qui engendre une diminution de son influence. Les juges demeurent en effet contraints par le texte et les catégories du Code, inchangés pour l'essentiel depuis 1804. Là où le Code du travail a constamment évolué, à la suite de grandes lois, aucune refonte du droit civil des obligations n'a jamais été opérée, et le manque se fait aujourd'hui sentir. Certes les juges se sont, en la matière, montrés particulièrement inventifs et audacieux, mais ils étaient nécessairement limités par leur rôle et le texte du Code. S'ils peuvent voir des principes généraux là où il n'y avait aucune intention des rédacteurs du Code civil et donner une portée maximale à des textes généraux et abstraits (par ex. à l'article 1135 qui permet de « forcer » le contenu du contrat en y ajoutant des obligations que les parties n'y avaient pas expressément mises), ils demeurent contraints – paradoxalement – par la généralité des termes du Code. En effet, conformément à l'adage, ils ne sont pas autorisés à distinguer là où la loi ne distingue pas, et ils ne peuvent dès lors pas instaurer un régime spécial pour certaines personnes ou certaines choses, ni poser des délais ou des seuils, toutes techniques qui, on le sait, ont fait du droit du travail par exemple, un droit si ajusté à chaque question particulière. Le droit civil, en particulier celui des obligations, a au contraire une perception très désincarnée et abstraite des personnes. Il n'a ainsi égard qu'à deux types de personnes, débiteur et créancier ou auteur et victime, positions d'autant plus abstraites qu'elles sont le plus souvent interchangeables voire cumulables. À chaque fois qu'il s'agit de prendre en considération des personnes concrètes, dans une situation particulière, c'est une loi spéciale qui a dû s'en charger : la loi de 1985 sur les accidents de la circulation a ainsi pu prévoir un régime spécial d'indemnisation des dommages corporels pour certaines victimes (celles de moins de 16 ans, de plus de 70 ans, ou encore celles qui sont titulaires d'un titre d'incapacité permanente ou d'invalidité au moins égal à 80 %), les juges ne pouvant auparavant officiellement distinguer ni selon les types de dommages ni selon les types de victimes. Pour prendre des exemples en droit des contrats, le juge ne peut poser des délais de préavis (qui seraient utiles dans le contentieux de la résiliation), et il applique alors des dispositions spéciales du droit de la concurrence notamment. Lorsqu'une loi spéciale vient ainsi permettre un meilleur ajustement des solutions, plus adapté aux situations concrètes, c'est un autre pan qui se détache du droit civil : droit de la consommation, droit de la concurrence, droit des accidents de la circulation, etc. Telle est peut-être l'aporie du droit civil : défini comme le droit commun des relations individuelles, il voit nécessairement s'échapper de lui tout ce qui se spécialise. À moins que l'on cesse de considérer que seules les règles générales et abstraites méritent d'être comprises dans la théorie générale et que l'on y fasse entrer des distinctions et des concepts nouveaux.

b) Le droit non civil des contrats. — Il n'y a pas que le droit civil à régir la matière des contrats. Sans parler même des obligations légales, qui peuvent se trouver dans d'autres disciplines (le droit fiscal par exemple), il est des obligations volontaires, consenties, qui relèvent d'autres branches du droit. On peut citer en premier lieu le droit du travail, qui réglemente les obligations nées du contrat de travail. On sait que le Code civil contenait en 1804 des dispositions très limitées (2 articles) sur le « louage des domestiques et ouvriers ». Il n'en reste plus qu'une (l'art. 1780, l'art. 1781 ayant été abrogé en 1868), le droit du travail étant, depuis 1910, régi par le Code du travail. Sont également soustraites à l'empire du droit civil les « transactions commerciales » (v. l'autorisation donnée par l'art. 1107 C. civ. : « les règles particulières aux transactions commerciales sont établies par les lois relatives au commerce »), qui sont celles conclues entre commerçants ; sont également soumises au droit commercial les obligations contractuelles assumées par un commerçant vis-à-vis d'un non-commerçant. Depuis les lois *Scrivener* (du nom du secrétaire d'État à la consommation de l'époque) du 10 janvier 1978 qui marquent sans doute la naissance du droit de la consommation, le droit civil s'est vu dépouiller des nombreuses relations contractuelles qui existent entre professionnels et consommateurs. La matière est désormais régie en grande partie par le Code de la consommation adopté en 1993. Ce n'est pas à dire pour autant que le droit civil n'ait plus aucune prise sur toutes ces matières. Les vices du consentement du Code civil demeurent par exemple applicables, même si c'est avec quelques aménagements propres à chaque relation (la jurisprudence se montre ainsi plus indulgente vis-à-vis d'un salarié, et ne retiendra à son égard un dol ou une tromperie, que plus restrictivement).

Sur de nombreux points, le droit civil des contrats a été influencé par les droits non civils ayant également affaire à des contrats. Les textes du Code civil n'ont en effet en la matière guère bougé depuis 1804, et les juges, si audacieux soient-ils, sont encore contraints par le texte de la loi. Ils ont cependant tiré profit de toutes les marges d'interprétation possible, en s'inspirant des autres matières qui avaient davantage évolué.

Pour les influences réciproques entre droit commun et droits spéciaux du contrat : débat *RDC* 2006/2, 597 et s., sur le thème « Une théorie générale des contrats spéciaux ? » ; D. Mazeaud, Le nouvel ordre contractuel, *RDC* 2003, spéc. 299.

Pour l'influence du *droit de la consommation* : N. Rzepecki, *Droit de la consommation et théorie générale du contrat*, PUAM, 2002, préf. G. Wiederkehr ; J. Calais-Auloy, L'influence du droit de la consommation sur le droit civil des contrats, *RTD civ.* 1994, 239 ; G. Rouhette, Droit de la consommation et théorie générale du contrat, in *Études R. Rodière*, Dalloz, 1981, 247 ; plus général, N. Sauphanor, *L'influence du droit de la consommation sur le système juridique*, LGDJ, « Bibl. dr. privé », 2000, préf. J. Ghestin ; D. Mazeaud, L'attraction du droit de la consommation, in Droit du marché et droit commun des obligations, *RTD com.* 1998. *Adde* J. Calais-Auloy et F. Steinmetz, *Droit de la consommation*, Précis Dalloz ; J. Beauchard, Remarques sur le Code de la consommation, in *Études G. Cornu*, PUF, 1994, 9.

Pour l'influence du *droit du travail* : A. Supiot, Vers un droit commun des liens sociaux, in *Le Code civil, 1804-2004. Entre* ius commune *et droit privé européen*, Bruylant, 2004 ; Ch. Jamin et P.Y. Verkindt, Droit civil et droit social : l'invention du style néoclassique chez les juristes français au début du XXe siècle, in *Le droit civil, avant tout un style ?*, dir. N. Kasirer, Montréal, Éd. Thémis, 2003, 101 ; P.-Y. Gautier, Les interactions du droit civil et du droit du travail, in *Les sources du droit du travail*, dir. B. Teyssié, PUF, « Droit éthique société », 1998, 129. Plus précisément sur le droit des contrats : J. Mestre, L'influence des relations de travail sur le droit commun des contrats, *Dr. soc.* 1988, 405 ; M. Fabre-Magnan, Le droit du travail vu du droit civil : l'unité du droit des obligations, in *Regards croisés sur le droit social*, n° spéc. *Semaine sociale Lamy*, dir. A. Supiot, suppl. n° 1095 du 28 oct. 2002, 32.

Pour l'influence du *droit de la concurrence* : sur l'influence de la loi du 4 août 2008 de modernisation de l'économie sur le droit des contrats, C. Pérès, Les pratiques commerciales trompeuses sur les sources du droit des contrats, *RDC* 2008/4, 1083 ; débat «Contrat et marché» organisé par la *RDC* 2006, 1317 et s. ; M.-A. Frison-Roche, Contrat, concurrence, régulation, *RTD civ.* 2004, 451 ; «Droit de la concurrence et droit des contrats», débat organisé par la *RDC* 2004/3, 861 ; M. Chagny, *Droit de la concurrence et droit commun des obligations*, Dalloz, Nouv. bibl. thèses, 2004, préf. J. Ghestin ; L. Vogel, L'articulation entre le droit civil, le droit commercial et le droit de la concurrence, *Rev. de la conc. et de la consom.* 2000, n° 115, 6 ; R. Poesy, Le conseil de la concurrence, juge du contrat, *LPA* 20 oct. 2000, n° 210, 4 ; *Droit du marché et droit commun des obligations*, Colloque Perpignan, 24-25 oct. 1997, *RTD com.* 1998, intro. Y. Picod et rapp. de synthèse Y. Guyon ; not. B. Fages et J. Mestre, L'emprise du droit de la concurrence sur le contrat, *RTD com.* 1998, 71 ; L. Idot, La protection par le droit de la concurrence, in *Les clauses abusives entre professionnels*, dir. Ch. Jamin et D. Mazeaud, Economica, 1998, 55 ; N. Decoopman, Droit du marché et droit de la concurrence, in *Le renouvellement des sources du droit des obligations*, Journ. Ass. H. Capitant, Lille, Litec, 1997, 141 ; M. Malaurie-Vignal, Droit de la concurrence et droit des contrats, *D.*, 1995, chron., 51 ; F. Dreifuss-Netter, Droit de la concurrence et droit commun des obligations, *RTD civ.* 1990, 369 ; J. Mestre, Formation du contrat et droit de la concurrence, *RTD civ.* 1987, 304 ; M. Cabrillac, Remarques sur la théorie générale du contrat et les créations récentes de la pratique commerciale, in *Mélanges Marty*, 1978, 237. *Adde* D. Bosco, *L'obligation d'exclusivité*, th. Aix-Marseille III, 2005.

THÉORIE DU DROIT

Le type de règles utilisées en droit des contrats. Aux États-Unis, un débat théorique a lieu autour des mérites respectifs des standards et des règles précises en droit des contrats. Un premier groupe (que l'on appelle les contextualistes) soulignent les avantages de la flexibilité du droit des contrats : la souplesse des règles générales, et en particulier les standards, aideraient la justice et permettraient d'éviter l'arbitraire (Duncan Kennedy, Form and substance in private law adjudication, 89 *Harv. L. Rev.*, 1865 (1976)). Les principaux standards utilisés par le droit des contrats américain sont l'*unconscionability* (qui permet d'écarter une clause ou même tout le contrat quand il y a une forme d'abus) et aussi, même si le concept est moins développé qu'en droit français, la bonne foi (Robert S. Summers, «Good faith» in general contract law and the sales provisions of the uniform commercial code, 54 *Va. L. Rev.*, 195, 1968, et, du même auteur, The general duty of good faith – its recognition and conceptualization, 67 *Cornell L. Rev.*, 810, 1982 ; Steven J. Burton, Breach of contract and the common law duty to perform in good faith, 94 *Harv. L. Rev.*, 369, 1980. Les contextualistes montrent comment, surtout lorsqu'il y a contrat d'adhésion, ces standards permettent au juge d'adopter une solution plus juste, tenant compte des faiblesses de certaines parties. En opposition, on trouve les néo-formalistes qui insistent quant à eux sur les avantages de la sécurité juridique, de la clarté et de la prédictibilité en droit des contrats, et préfèrent donc les règles précises aux standards. Selon eux, le flou des règles augmente en particulier le coût des transactions et aussi du recours aux tribunaux. Sur ce débat, Jean Braucher, Contract versus contractariarism : The regulatory role of contract law, 47 *Wash. and Lee L. Rev.*, 697, 1990; W. David Slawson, Standard form contracts and democratic control of lawmaking power, 84 *Harv. L. Rev.*, 529, 1971. Un des enjeux du débat consiste aussi à savoir si, dans l'interprétation des standards et autres règles « molles », le juge a les compétences suffisantes pour ne pas être trop arbitraire ou subjectif, c'est-à-dire ne pas remplir ces concepts de ses propres préjugés. C'est une critique que lui feront par exemple les féministes ou les *Critical Legal Studies.* V. Gillian K. Hadfield, Judicial competence and the interpretation of incomplete contracts, 23 *J. Legal Stud.*, 159, 1994.

DROIT DE L'UNION EUROPÉENNE

a) L'influence du droit de l'Union européenne sur le droit des contrats. — Cette influence est désormais acquise et la Cour de justice de l'Union européenne rend de nombreuses décisions relatives au droit des contrats : v. rubrique spéciale de la *European Review of Contract Law* (ERCL) sur cette jurisprudence. *Adde* J.-S. Bergé, Radiographie d'une année de jurisprudence de la Cour de cassation en droit communautaire des contrats, *RDC* 2007/4, 1269 et, de façon générale, la chronique de la *RDC* faite par J.-S. Bergé, A. Debet et A. Marais. *Adde* J. Rochfeld, La « communautarisation » du droit contractuel interne : de l'influence des notions forgées par le droit communautaire en général, et de celle de sanction en particulier, *RDC* 2007/2, 223.

La Cour de justice a ainsi le pouvoir de valider ou non certaines pratiques contractuelles (*RTD civ.* 2004, 726, obs. J. Mestre et B. Fages). Par exemple la pratique du bonus-malus dans les contrats d'assurance automobile peut être admise (7 sept. 2004, aff. C-347/02, *JCP G* 2004, 10163, note J.-Cl. Zarka); en revanche l'interdiction de la rémunération des dépôts bancaires à vue a été censurée (5 oct. 2004, aff. C-442/02, *JCP E,* 2004, n° 516).

Sur la transposition des directives en droit des contrats, obs. J.-S. Bergé sous CJCE, 16 mars 2006, *Poseidon Chartering c/ Marianne Zeeschip VOF e.a.*, aff. C.3/04, *RDC* 2006/3, 873.

Bibliographie générale : H. Aubry, *L'influence du droit communautaire sur le droit français des contrats,* PUAM, 2002, préf. A. Ghozi; La réception du droit communautaire en droit privé des États membres, dir. J.-S. Bergé et M.-L. Niboyet, Bruyland, 2003, spéc. V. Heuzé sur le droit des contrats; E. Poillot, *Droit européen de la consommation et uniformisation du droit des contrats,* LGDJ, « Bibl. dr. privé », 2006, préf. P. de Vareilles-Sommières; B. Oppetit, Droit commun et droit européen des contrats, in *Mélanges Loussouarn,* 1994, 311; J. Huet, Les sources communautaires du droit des contrats, in *Le renouvellement des sources du droit des obligations,* Journ. Ass. H. Capitant, Lille, Litec, 1997, 11.

b) Les projets doctrinaux de comparaison ou d'harmonisation des droits européens. — La marche forcée vers un droit européen des contrats suit son cours (v. *supra*), mais il n'est pas inutile pour autant de rappeler quelques initiatives doctrinales qui contribuèrent à l'élaboration de ce droit commun des contrats.

La première fut celle du groupe Unidroit (*Institut international pour l'unification du droit privé*) dont les travaux furent publiés en 1994 (*Principes relatifs aux contrats du commerce international*, Unidroit, Rome). Ils sont également disponibles sur Internet en version française sur le site d'Unidroit. Ce groupe international n'est pas limité à l'Union européenne (il comprend des Américains, des Russes, des Chinois, des Japonais, etc.). Le Code issu de ces travaux ne concerne que les contrats commerciaux internationaux, conclus entre professionnels. Chaque article est suivi de commentaires et d'exemples, sur le modèle des *Restatements* américains, qui rendent compte sous cette forme de la jurisprudence en cours. Il n'a aucune force obligatoire officielle, mais l'idée est que, dans les contrats commerciaux internationaux dans lesquels les cocontractants ont la possibilité de choisir les règles applicables à leurs relations, ceux-ci se réfèrent spontanément aux règles Unidroit que devront ainsi appliquer les arbitres désignés. S. Vogenauer et J. Kleinheisterkamp (dir.), *Commentary on the UNIDROIT Principles of International Commercial Contracts*, OUP, 2009 ; P. Deumier, Les principes Unidroit ont 10 ans : bilan en demi-teinte, *RDC* 2004/3, 774 ; C. Kessedjian, Un exercice de rénovation des sources du droit des contrats du commerce international : les principes posés par l'Unidroit, *Rev. crit. DIP* 1995, 641 ; D. Mazeaud, À propos du droit virtuel des contrats : réflexions sur les principes d'Unidroit et de la Commission Lando, in *Mélanges M. Cabrillac*, Litec, 1999, 205 ; J. Huet, Les contrats internationaux et les nouveaux principes d'Unidroit : une nouvelle *lex mercatoria* ?, *LPA* nov. 1995, n° 135 ; J.-P. Beraudo, Les principes d'un droit relatif au droit du commerce international, *JCP G* 1995, I, 3842 ; Chr. Larroumet, La valeur des principes d'Unidroit applicables aux contrats du commerce international, *JCP G* 1997, I, 4011 ; M. J. Bonell, The unidroit principles in practice : the experience of the first two years, *Rev. dr. uniforme* 1997, 30 ; A. Giardina, Les principes Unidroit sur les contrats internationaux, *JDI* 1995, 547.

Un second groupe se constitua, dirigé par le Pr Ole Lando de l'Université de Copenhague au Danemark, qui forma la Commission éponyme constituée uniquement d'Européens (O. Lando, Why codify the european law of contract ?, *Europ. Rev. of Priv. Law* 1997, p. 525). Cette commission élabora des *Principles of European Contract Law* (PECL), dont les deux parties (part. I sur l'exécution des contrats et part. II sur la formation des contrats) furent publiées à partir de 1995 : O. Lando and H. Beale (dir.), *Principles of European Contract Law*, Part I and II, Dordrecht, Kluwer Law International, 2000 (Commission pour le droit européen du contrat, Les principes du droit européen du contrat : l'exécution, l'inexécution et ses suites, version franc. I. de Lamberterie, G. Rouhette et D. Tallon, La documentation française, 1997). Ces principes, qui se présentent là encore sous la forme d'un Code non contraignant (avec commentaires et exemples), sont destinés cette fois-ci à tous les contractants et non pas seulement aux commerçants. V. D. Mazeaud, Un droit européen en quête d'identité. Les principes du droit européen du contrat, *D.* 2007, chron., 2959 ; *Regards croisés sur les principes du droit européen du contrat et sur le droit français*, dir. C. Prieto, PUAM, 2003, avant-pr. J. Mestre ; *Les concepts contractuels français à l'heure des Principes du droit européen des contrats*, dir. P. Rémy-Corlay et de D. Fenouillet, Dalloz, « Thèmes et commentaires », 2003.

Un troisième projet a ensuite vu le jour dont les membres étaient pour une large part issus de la Commission Lando, dirigé par un professeur allemand, Christian von Bar. Plusieurs sous-groupes furent formés, spécialisés chacun dans un certain domaine (à la différence des autres projets, l'ambition était de traiter également des contrats spéciaux et non pas seulement des règles générales sur les contrats). Ch. von Bar, Le groupe d'études sur un Code civil européen, *RID comp.* 2001, 127 ; Deliktsrechtskonzept der Study Group on a European Civil Code, *Zeitschrift für Europäisches Privatrecht*, 3/2001,

515. Ce groupe a remporté l'appel d'offre et a publié un projet Cadre commun de référence (v. *supra*).

On peut citer aussi l'avant-projet de Code européen des contrats rédigé par le groupe de Pavie (Académie des privatistes européens de Pavie), trav. Coord. par G. Gandolfi, dont le livre premier a été publié en 2001, 2e éd., 2002, Giuffrè, Milan, et le livre deuxième, premier volume, en 2007 (*RTD civ.* 2007, 653, obs. R. Cabrillac). G. Gandolfi, Pour un Code européen des contrats, *RTD civ.* 1992, 707 ; M.-L. Ruffini-Gandolfi, Problèmes d'unification du droit en Europe et le Code européen des contrats, *RID comp.* 2002, 1075 ; F. Sturm, Un codice dei contratti per l'unione europea, L'iniziativa dell'Accademia dei giusprivatisti europei, in *Studi in memoria di Giambattista Impallomeni*, Milan, Giuffrè, 1999, 389. Il faut souligner, et saluer, la particularité de ce groupe qui est d'avoir choisi le français comme langue de travail, même si les termes retenus peuvent parfois apparaître approximatifs : en ce sens A. Debet, Le Code européen des contrats, Avant-projet, *RDC* 2003, 217 ; J.-P. Gridel, Sur l'hypothèse d'un Code européen des contrats : les propositions de l'Académie des privatistes européens (Pavie), *Gaz. Pal.* 21-22 févr. 2003, 3.

En 2002 fut fondé le Groupe « Acquis communautaire » (*Research Group on EC Private Law* ou l'*Acquis Group*), dont l'objectif était de déceler, dans l'ensemble du droit existant de l'Union européenne (règlements, directives, etc.) de quoi former des principes de droit commun des contrats. Leurs travaux (*Principles of the Existing EC Contract Law, Acquis Principles*) ont été publiés chez Sellier en 2007 : P. Rémy-Corlay, *RTD civ.* 2007, 740. Le premier volume paru porte sur les obligations précontractuelles, la conclusion du contrat et les clauses abusives, tandis qu'un second volume porte sur l'exécution et les sanctions de l'inexécution. *L'acquis communautaire, Les sanctions de l'inexécution du contrat*, C. Aubert de Vincelles et J. Rochfeld (dir.), Economica, « Études juridiques », 2006. Le groupe a participé à l'élaboration du Cadre commun de référence. L'acquis devient alors un ensemble de règles autonomes qu'il faut interpréter. V. S. Weatherill, The "principles of civil law" as a basis for interpreting the legislative acquis, *ERCL* 2010, 74.

D'autres projets sont plus doctrinaux, et non directement tournés vers l'élaboration d'un Code civil européen. V. en particulier le projet de Trento, qui recherche le « *Common Core* » du droit privé européen, en matière de contrat mais aussi de responsabilité civile ou de droit des biens. Les deux coordonnateurs du projet sont les professeurs M. Bussani et U. Mattei (v., par ces auteurs, Le fonds commun du droit privé européen, *RID comp.* 2000, p. 29 ; *Making European Law. Essays on the « common core » project*, Università degli studi di Trento, 2000). Le projet est fondé sur les bases théoriques dégagées par le grand comparatiste Rodolfo Sacco, et notamment sa stimulante théorie des « formants » du droit, consistant à comparer non seulement les solutions techniques et les règles de droit, mais également les sources plus cachées pouvant influer sur les solutions retenues par les juges (Legal formants : A dynamic approach to comparative law, *American Journal of Comparative Law* 1991, n° 39, p. 1).

Il y a également le projet dirigé par W. van Gerven, et qui a pour objet de comparer la jurisprudence des différents pays européens (A common law for Europe : The future meeting the past ?, *Europ. Rev. of Private Law*, 2001/4), ou encore l'ouvrage de A. Hartkamp, M. Hesselink, E. Hondious, C. Joustra, C. E. du Perron (dir.), *Towards a European Civil Code*, Ars Equi Libri, 3e éd., 2004.

Sur l'harmonisation du droit des contrats : *Pensée juridique française et harmonisation européenne du droit*, textes rassemblés par B. Fauvarque-Cosson et D. Mazeaud, SLC, 2003, préf. G. Canivet; *L'harmonisation du droit des contrats en Europe*, dir. Ch. Jamin et D. Mazeaud, Economica, 2001; *Le droit privé européen*, dir. P. Vareilles-Sommières, Economica, 1998; B. Fauvarque-Cosson, Droit européen et international des contrats : l'apport des codifications doctrinales, *D.* 2007, 96.

Sur le droit comparé des contrats : H. Kötz and A. Flessner, *European Contract Law*, vol. 1 : *Formation, Validity and Content of Contracts*; *Contract and third Parties*, trad. T. Weir, Oxford, Clarendon Press, 1997; K. Zweigert and H. Kötz, *An Introduction to Comparative Law*, 3e éd., trad. T. Weir, OUP, 1998; *The Architecture of European Codes and Contract Law*, dir. Grundmann et Schauer, Kluwer, 2006; K. Riesenhuber, System and Principles of EC Contract Law, *ERCL* 3/2005, 297; O. Lando, The European Principles in an Integrated World, *ERCL* 1/2005, 3; G. Alpa, I principi del diritto contrattuale europeo, *Rivista critica del diritto privato*, 3, 2000. *Adde* Y.-M. Laithier, *Droit comparé*, Cours Dalloz, 2009.

Pour les différentes méthodes de comparaison des droits européens des contrats : R. Sefton-Green, Le défi d'un droit commun des obligations, in *Variations autour d'un droit commun*, Premières Rencontres de l'UMR de droit comparé de Paris, dir. M. Delmas-Marty, H. Muir Watt et H. Ruiz Fabri, SLC, 2002, 443 (à propos plus particulièrement du projet de Trento), suivi de M. Bussani, *Contrepoints sur le droit commun des obligations*, 467. Sur les méthodes de rapprochements des droits : A. Jeammaud, Unification, uniformisation, harmonisation ?, in *Vers un Code européen de la consommation*, Bruylant, 1998, 35; R. Zweigert, Méthodologie du droit comparé, in *Mélanges J. Maury*, 1960, 579; Des solutions identiques par des voies différentes (quelques observations en matière de droit comparé), *RID comp.* 1966, 5; M. Delmas-Marty, L'espace judiciaire européen, laboratoire de la mondialisation, *D.* 2000, chron., 421; Ch. Mouly, Le droit peut-il favoriser l'intégration européenne ?, *RID comp.* 1985, 895.

Pour une analyse des différences culturelles entre les traditions de droit civil et de Common Law : M. W. Hesselink, *The New European Legal Culture*, Kluwer, 2001; O. Lando, Culture and contract laws, *ERCL* 1/2007, 1; J. Gordley, The future of European contract law on the basis of Europe's heritage, *ERCL* 2/2005, 163; F. Cafaggi (dir.), *Quale armonizzazione per il diritto europeo dei contratti ?*, Cedam, 2003; v. trav. P. Legrand et not. son Que sais-je ? sur *Le droit comparé*, PUF, 1999; du même auteur, Sens et non-sens d'un Code civil européen, *RID comp.* 1996, 779; European legal systems are not converging, *Intern. and Comp. Law Quarterly*, 1996, 52; Against a European civil code, *Modern Law Review*, 1997, vol. 60, 44; Le primat de la culture, in *Le droit privé européen*, Economica, 1998, 1; La leçon d'Apollinaire, in *Fragments of Law as Culture*, Deventer, W. E. J. Tjeenk Willink, 1999, 117; P. Legrand et R. Munday (dir.), *Comparative Legal Studies : Traditions and Transitions*, CUP, 2003; Ch. Jamin, Un droit européen des contrats ?, *Le droit privé européen, op. cit.*, 40; *adde* R. Sefton-Green, Social justice and European identity in European contract law, *ERCL* 2006; Cultural diversity and the idea of a European civil code, in *The Politics of a European Civil Code*, Kluwer, mars 2006, 71; The European Union, law and society : Making the societal-cultural difference, in *Private Law and the Many Cultures of Europe*, dir. T. Wilhemsson, E. Paunio et A. Pohjolaienen, Kluwer, 2007, 37.

Chapitre 5

LES CONFLITS DE LOIS EN DROIT DES CONTRATS

1 | Les conflits de lois dans le temps

Les contrats peuvent se trouver confrontés à des questions de conflits de lois dans le temps, c'est-à-dire de droit transitoire. Un contrat s'inscrit en effet souvent dans la durée, soit par un décalage entre sa formation et son exécution, soit, plus fréquemment encore, par un étalement dans le temps de son exécution. Dans l'hypothèse de succession de plusieurs lois dans le temps, il faut déterminer celle qui s'applique à la validité du contrat, et aussi à ses effets.

Le principe est que la loi civile nouvelle s'applique immédiatement à toutes les situations futures, et ce sans rétroactivité (art. 2 C. civ.). Il en résulte que la validité d'un contrat (ou d'une de ses clauses) s'apprécie au jour de sa conclusion, c'est-à-dire conformément à la loi alors en vigueur[1]. Les conditions de formation du contrat sont donc celles qui existaient à cette date, et ce même si la loi nouvelle qui vient les modifier est d'ordre public[2]. En cas de renouvellement du contrat, même par tacite reconduction, la loi qui s'applique est celle en vigueur au jour du

1. Ch. mixte, 22 sept. 2006, n° 05-13517 ; *D.* 2006, 2391, obs. V. Avena-Robardet : « Attendu que l'article L. 341-4 du Code de la consommation issu de la loi du 1er août 2003 n'est pas applicable aux cautionnements souscrits antérieurement à son entrée en vigueur. »

2. Com., 11 oct. 1988, n° 87-1188 : « Une nouvelle réglementation ne s'applique pas, à défaut d'une disposition expresse de rétroactivité, aux conditions des actes juridiques conclus antérieurement et, quand bien même serait-elle d'ordre public, ne peut avoir pour effet de rendre caducs les actes passés avant son entrée en vigueur. »

nouveau contrat[1]. Par faveur pour la validité des engagements contractuels, la Cour de cassation a pu cependant valider des clauses qui étaient nulles sous l'empire de la loi ancienne (applicable au moment de la conclusion du contrat) mais qui ont été ultérieurement rendues licites[2]. Elle a même décidé qu'une clause pouvait être valable au regard de nouvelles dispositions législatives « quand bien même ce contrat, conclu sous l'empire du texte ancien, a pris fin avant l'entrée en vigueur de la loi nouvelle » : le contrat obéirait donc à la loi nouvelle alors même qu'il aurait déjà pris fin avant l'entrée en vigueur de celle-ci[3]. Le paradoxe n'est qu'apparent, dans la mesure où le litige portait sur la validité d'une clause compromissoire laquelle prend souvent effet après la fin du contrat.

S'agissant des effets des situations juridiques contractuelles, on sait que la matière des contrats fait partie des exceptions au principe de l'application immédiate de la loi nouvelle aux effets futurs des situations en cours. Il y a ainsi, en matière de contrat, un principe de « survie de la loi ancienne » : lorsqu'une loi nouvelle entre en application, elle ne peut modifier les effets même futurs des contrats antérieurement conclus. La solution s'explique par le souci de respecter la volonté et les prévisions des parties : si celles-ci avaient su que le contrat n'aurait pas les mêmes effets compte tenu de l'entrée en vigueur d'une loi nouvelle, elles ne l'auraient peut-être pas conclu. Il faut donc, pour respecter le principe de liberté contractuelle, maintenir le contrat comme elles l'ont voulu.

Certaines raisons peuvent cependant parfois justifier qu'il soit fait exception à l'exception, c'est-à-dire que l'on en revienne, même pour les contrats en cours, au principe de l'application immédiate de la loi nouvelle aux effets futurs d'une situation contractuelle.

Tel est d'abord le cas lorsque la loi nouvelle prévoit expressément son application aux effets futurs des contrats en cours. Les hypothèses en sont relativement rares, car le principe de liberté contractuelle qui justifie la survie de la loi ancienne s'impose dans une certaine mesure

1. Civ. 3e, 27 sept. 2006, n° 05-18168 ; *RDC* 2007/2, 383, obs. J.-B. Seube : « La durée du bail d'habitation tacitement reconduit doit être fixée selon la législation applicable à la date de la reconduction. »

2. Civ. 1re, 22 nov. 2005, n° 04-12655 : « Vu l'article 2061 du Code civil ; Attendu qu'aux termes de ce texte, en sa rédaction issue de la loi du 15 mai 2001, sous réserve des dispositions législatives particulières, la clause compromissoire est valable dans les contrats conclus en raison d'une activité professionnelle ; qu'il en résulte qu'une telle clause, stipulée dans de tels contrats, nulle sous l'empire du texte antérieur, peut être invoquée à l'occasion d'un litige portant sur l'exécution de ces contrats, peu important, à cet égard, qu'ils aient ou non pris fin avant l'entrée en vigueur de la loi nouvelle. »

3. Civ. 1re, 7 juin 2006, n° 04-20350 ; *RTD civ.* 2006, 763, obs. J. Mestre et B. Fages.

au législateur. Le Conseil constitutionnel a en effet jugé que « s'il est loisible au législateur d'apporter, pour des motifs d'intérêt général, des modifications à des contrats en cours d'exécution, il ne saurait porter à l'économie des contrats légalement conclus une atteinte d'une gravité telle qu'elle méconnaisse manifestement la liberté découlant de l'article 4 de la Déclaration des droits de l'homme et du citoyen ». Seuls des motifs d'intérêt général permettront donc au législateur de prévoir, exceptionnellement, l'application immédiate d'une loi nouvelle à tous les contrats en cours.

La Cour européenne des droits de l'homme semble plus exigeante encore et, dans son arrêt fondateur *Zielinski*, elle énonce que « si, en principe, le pouvoir législatif n'est pas empêché de réglementer en matière civile, par de nouvelles dispositions à portée rétroactive, des droits découlant de lois en vigueur, le principe de la prééminence du droit et la notion de procès équitable consacrés par l'article 6 s'opposent, sauf pour d'impérieux motifs d'intérêt général, à l'ingérence du pouvoir législatif dans l'administration de la justice dans le but d'influer sur le dénouement judiciaire du litige »[1]. Ne pouvant être saisie qu'après épuisement des voies de recours interne, la Cour européenne n'a pas hésité à sanctionner le législateur français pour ingérence excessive, là où le Conseil constitutionnel avait refusé de censurer ce dernier[2]. Le législateur ne doit pas favoriser l'État par une modification de la réglementation, mais la règle s'applique même lorsque l'État n'est pas partie au procès[3]. Le Conseil d'État a quant à lui précisé qu'« une disposition législative ou réglementaire nouvelle ne peut s'appliquer à des situations contractuelles en cours à sa date d'entrée en vigueur, sans revêtir par là même un caractère rétroactif ; qu'il suit de là que [...] seule une disposition législative peut [...] autoriser l'application de la norme nouvelle à de telles situations »[4] ; en outre, « il incombe à l'autorité investie du pouvoir réglementaire [...] d'édicter, pour des motifs de sécurité juridique, les mesures transitoires qu'implique, s'il y a lieu, cette réglementation nouvelle », ce qui est notamment le cas « lorsque l'application immédiate de celle-ci entraîne, au regard de l'objet et des effets de ses

1. *Zielinski, Pradal, Gonzalez et autres c/ France*, 28 oct. 1999, v. F. Sudre, J.-P. Marguénaud, J. Andriantsimbazovina, A. Gouttenoire, M. Levinet, *Les grands arrêts de la Cour européenne des droits de l'homme*, PUF, « Thémis droit », 5e éd., 2009.

2. Obs. A. Debet sous quatre arrêts de la CEDH, *RDC* 2006/3, 879 : Lecarpentier (14 févr. 2006), *Cabourdin* (11 avr. 2006), *Vezon* (18 avr. 2006), *Saint-Adam* et *Millot* (2 mai 2006) *c/ France*.

3. V. déjà Ass. plén., 23 janv. 2004, n° 03-13617 ; *RDC* 2004, 791, obs. A. Marais.

4. CE, Ass., 24 mars 2006, *Sté KPMG et autres*, nos 288460, 288465, 288474 et 288485, *RDC* 2006/4, 1038, obs. C. Pérès.

dispositions, une atteinte excessive aux intérêts publics ou privés en cause »[1].

En l'absence de disposition expresse de la loi prévoyant cette application immédiate, il faut, selon les termes mêmes de la Cour de cassation, des « considérations d'ordre public particulièrement impératives »[2] pour que la loi nouvelle s'applique aux effets futurs des contrats conclus antérieurement à son entrée en vigueur. Il ne suffit donc pas que la loi nouvelle soit d'ordre public[3]. De telles considérations particulièrement impératives sont caractérisées lorsqu'il existe une nécessité d'harmoniser les situations contractuelles en cours et qu'il convient donc de leur appliquer uniformément les lois nouvelles, ce qui se conçoit surtout dans les situations mi-contractuelles et mi-statutaires : si par exemple une loi nouvelle intervient pour diminuer la durée hebdomadaire du travail, il n'est guère concevable de n'appliquer cette loi qu'aux salariés embauchés (et donc aux contrats de travail conclus) postérieurement à son entrée en vigueur, et c'est tous les contrats de travail uniformément qui doivent se voir appliquer la nouvelle règle ; il en est de même lorsqu'une loi nouvelle impose une formalité supplémentaire en matière de contrat d'assurance, tout au moins dans l'hypothèse d'une formalité protectrice pour les assurés[4]. D'autres raisons peuvent justifier l'application immédiate des lois nouvelles : si par exemple une loi nouvelle rendait illégal un contrat antérieurement valablement conclu, il est probable que celui-ci ne pourrait plus désormais être licitement exécuté et serait donc frappé de caducité[5]. Le Conseil constitutionnel a au demeurant énoncé, dans une décision du 4 juillet 1989, que « la prohibition de toute rétroactivité de la loi en matière contractuelle ne saurait être regardée comme constituant un principe fondamental reconnu par les lois de la République au sens de l'alinéa premier du Préambule de la Constitution du

1. CE, 13 déc. 2006, n° 287845 et 25 juin 2007, req. n° 304888, *RDC* 2007/4, 1091, obs. C. Pérès.

2. Civ. 1re, 4 déc. 2001, n° 98-18411 : « En l'absence de disposition expresse de la loi prévoyant son application immédiate et à défaut de considérations d'ordre public particulièrement impératives, les contrats d'édition demeurent soumis à la loi en vigueur lors de leur conclusion. »

3. Civ. 1re, 17 mars 1998, n° 96-12183. Pour censurer une cour d'appel qui avait appliqué une loi nouvelle à un contrat en cours au motif que celle-ci était d'ordre public, la Cour de cassation énonce que, « en se déterminant ainsi, sans caractériser les raisons d'une application immédiate de la loi que sa nature d'ordre public ne pouvait à elle seule justifier, la cour d'appel a violé les textes susvisés » (not. l'art. 2 C. civ.) ; Civ. 3e, 1er juill. 1987, n° 83-11285.

4. Nécessité d'une lettre recommandée pour l'exclusion d'un adhérant au lieu d'une lettre simple : Civ. 1re, 18 déc. 2001, n° 98-22573 ; *RTD civ.* 2002, 508, obs. J. Mestre et B. Fages.

5. Il ne suffirait sans doute pas que l'une des dispositions du contrat devienne illicite. Pour un taux d'intérêt devenu usuraire à la suite d'une loi nouvelle, Com., 26 mars 2002, n° 99-13810, qui retient que le caractère usuraire d'un prêt au sens de l'article L. 313-3 C. conso. s'apprécie au moment où ce prêt est consenti.

27 octobre 1946», et ce au motif qu'«antérieurement à l'entrée en vigueur du Préambule de la Constitution de 1946, diverses lois ont, pour des motifs d'intérêt général, fixé des règles s'appliquant à des contrats en cours».

Enfin la loi nouvelle s'applique immédiatement à tous les contrats en cours lorsqu'elle est purement interprétative. Elle est en effet alors censée ne rien ajouter à la loi qu'elle interprète et ne déjoue donc en principe en rien les intentions des parties. La Cour de cassation veille cependant à ce que cette qualification soit strictement appliquée et affirme régulièrement «qu'une loi ne peut être considérée comme interprétative qu'autant qu'elle se borne à reconnaître, sans rien innover, un droit préexistant qu'une définition imparfaite a rendu susceptible de controverses»[1].

2 | Les conflits de lois dans l'espace

Un conflit de lois dans l'espace se pose à chaque fois qu'une situation présente un élément qui la rattache à un droit étranger, que l'on appelle un élément d'extranéité : dans une situation contractuelle, le contrat peut notamment avoir été conclu à l'étranger, avec un étranger, ou encore il peut être prévu que la livraison se fera à l'étranger. La question se pose alors de savoir si c'est le droit français ou ce droit étranger qui doit être appliqué, ce que doit déterminer la juridiction ou l'arbitre saisis. Les conflits de lois sont étudiés dans la matière que l'on appelle le droit international privé.

Le droit international privé français des contrats était jusque très récemment régi par la Convention de Rome du 19 juin 1980, entrée en vigueur en France le 1er avril 1991. Depuis 2005, la Cour de justice de l'Union européenne s'était reconnue compétente pour interpréter cette Convention[2]. Celle-ci vient d'être remplacée par un Règlement communautaire sur la loi applicable aux obligations contractuelles, appelé

1. Com., 22 oct. 2002, n° 00-10715; Civ. 3e, 27 févr. 2002, n° 00-17902; Com., 2 oct. 2001, n° 98-19681.

2. D. Bureau, *RDC* 2005/2, 449; *RDC* 2004/4, 1057; la CJCE s'est ainsi déclarée compétente pour interpréter la Convention ainsi que les notions contractuelles qui y sont contenues : obs. J. Rochfeld, *RDC* 2005/4, 1001.

« Rome I »[1] (Règlement (CE) n° 593/2008 du Parlement européen et du Conseil du 17 juin 2008 sur la loi applicable aux obligations contractuelles). L'adoption de ce règlement permet de lier désormais chaque nouvel État membre au moment de son adhésion sans qu'aucune ratification spéciale ne soit nécessaire. Ce règlement sera aussi soumis, cette fois-ci de plein droit, à la juridiction de la CJCE.

La Convention de Rome prévoyait à titre principal la compétence de la loi d'autonomie, c'est-à-dire que la loi applicable au contrat était librement choisie par les parties.

Le règlement « Rome I » maintient le principe de la liberté de choix de la loi applicable par les parties au contrat et on peut même dire qu'il le renforce encore. Ce règlement s'applique, dans des situations comportant un conflit de lois, aux obligations contractuelles relevant de la matière civile et commerciale. Plusieurs questions en sont cependant exclues comme les questions d'état et de capacité des personnes, soumises pour la plupart à la loi nationale du contractant, ou encore les obligations découlant des relations de famille (également encore les questions de constitution de sociétés ou de trusts, etc.) ; sont également exclues « les obligations découlant de tractations menées avant la conclusion d'un contrat », c'est-à-dire les obligations précontractuelles (art. 2.i).

Selon l'article 3 du nouveau règlement, « Le contrat est régi par la loi choisie par les parties ». Ce choix doit être exprès ou résulter de façon certaine des dispositions du contrat ou des circonstances de la cause. Le règlement admet expressément ce que la doctrine avait appelé un « dépeçage » du contrat, c'est-à-dire que les contractants peuvent désigner des lois différentes pour chaque partie de leur contrat (il est ainsi désormais prévu que, par leur choix, « les parties peuvent désigner la loi applicable à la totalité ou à une partie seulement de leur contrat »). Les parties peuvent, à tout moment, convenir de modifier la loi régissant leur contrat, sans que cela n'affecte la validité formelle du contrat ; la modification ne peut pas non plus porter atteinte aux droits des tiers.

La Convention de Rome ne semblait déjà imposer aucun lien entre la loi choisie et le contrat. Le nouveau règlement, favorable, comme le veut l'air du temps, à l'absence de toute limite pour les parties, admet implicitement cette possibilité, en énonçant simplement que « lorsque tous les autres éléments de la situation sont localisés, au moment de ce

1. Ce règlement est le pendant du règlement dit de « Rome II » : Règlement (CE) n° 864/2007 du Parlement européen et du Conseil du 11 juillet 2007 sur la loi applicable aux obligations non contractuelles, et sur lequel D. Bureau et H. Muir Watt, *Droit international privé*, PUF, « Thémis droit », 2e éd., 2010, t. II, Partie spéciale.

choix, dans un pays autre que celui dont la loi est choisie, le choix des parties ne porte pas atteinte à l'application des dispositions auxquelles la loi de cet autre pays ne permet pas de déroger par accord », ce qui est bien le minimum.

Une controverse divisait précédemment la doctrine sur le point de savoir si la loi choisie devait être étatique, ou si les parties pouvaient choisir un ordre juridique non étatique. Dans sa version initiale, la proposition de règlement autorisait les parties à choisir un droit non étatique : ainsi, selon l'article 3.2 dans sa version d'origine, les parties pouvaient « également choisir comme loi applicable des principes et règles de droit matériel des contrats, reconnus au niveau international ou communautaire ». Selon l'exposé des motifs, « la formulation retenue [visait] à autoriser notamment le choix des principes Unidroit, des Principles of European Contract Law ou d'un éventuel futur instrument communautaire optionnel, tout en interdisant le choix de la *lex mercatoria*, insuffisamment précise, ou de codifications privées qui ne seraient pas suffisamment reconnues par la communauté internationale ». La possibilité a cependant finalement été supprimée, et elle ne figure pas dans le texte du règlement adopté le 17 juin 2008. L'exposé des motifs prévoit cependant (point 13) que « le présent règlement n'interdit pas aux parties d'intégrer par référence dans leur contrat un droit non étatique ou une convention internationale » ; cette référence notamment aux textes doctrinaux précités semble donc autorisée[1], mais le statut des règles ainsi désignées demeure un peu mystérieux (valent-elles choix d'une « loi » applicable au sens de l'article 3 ?). D'un point de vue structurel, la possibilité de se référer à ces droits savants ne pose pas de problème, et elle était même intéressante, mais l'on peut certes avoir des hésitations du point de vue de sa légitimité démocratique.

Il n'y a pas de place pour un contrat sans loi. Dans la Convention de Rome, en l'absence d'indication par le contrat de la loi choisie, celui-ci était régi par la loi avec laquelle « il présente les liens les plus étroits » (art. 4, § 1)[2]. La Convention de Rome prévoyait alors des indices de rattachement sous forme de présomptions (le contrat était ainsi par exemple présumé avoir les liens les plus étroits avec le pays où la partie devant fournir la prestation caractéristique avait, au moment de la

1. En particulier s'agissant du Code optionnel à venir (prochainement, v. *supra*, p. 32, puisque le point 14 ajoute expressément que : « Si la Communauté adopte dans un instrument juridique spécifique des règles matérielles de droit des contrats, y compris des conditions générales et clauses types, cet instrument peut prévoir que les parties peuvent choisir d'appliquer ces règles. »

2. Sur le mode d'emploi de cette règle, nommée la « clause d'exception », v. obs. P. Deumier, *RDC* 2007/2, 467 sous Com., 19 déc. 2006, n° 05-19723.

conclusion du contrat, sa résidence habituelle (personne physique) ou son administration centrale (personne morale)). Le Règlement « Rome I » modifie le système en supprimant le critère général fondé sur la proximité, et en prévoyant des règles de rattachement propres à chaque type de contrat. Le juge – dont on se défie visiblement – se voit ainsi tenu de suivre à la lettre les règles de rattachement précisément (mais souvent confusément) prévues par le règlement. Ainsi, « le contrat de vente de biens est régi par la loi du pays dans lequel le vendeur a sa résidence habituelle », ou encore « le contrat de prestation de services est régi par la loi du pays dans lequel le prestataire de service a sa résidence habituelle » ; le texte prévoit encore, dans son article 4, des critères spécifiques pour le contrat ayant pour objet un droit réel immobilier ou un bail d'immeuble, le contrat de franchise, ou encore le contrat de distribution. Ce n'est que lorsque aucune de ces règles spécifiques ne peut trouver application qu'est prévu à nouveau un critère plus général : les contrats doivent alors être « régis par la loi du pays dans lequel la partie qui doit fournir la prestation caractéristique a sa résidence habituelle » (art. 4.3). En outre, lorsqu'il résulte de l'ensemble des circonstances de la cause que le contrat présente des liens manifestement plus étroits avec un pays autre que celui désigné par l'application des critères proposés par le règlement (en l'absence donc de désignation par les parties d'une loi applicable), la loi de cet autre pays s'applique (art. 4.3).

Des règles spéciales de rattachement sont prévues dans les contrats où l'une des parties doit être spécialement protégée. Ainsi, les contrats de consommation (art. 6.1), sont régis en principe par la loi du pays où le consommateur a sa résidence habituelle ; le règlement admet toutefois dans une certaine limite que les parties choisissent la loi applicable mais ce choix ne peut avoir pour résultat de priver le consommateur de la protection que lui assurent les dispositions auxquelles il ne peut être dérogé par accord en vertu de la loi qui aurait été applicable, en l'absence de choix, sur la base du § 1 ci-dessus énoncé. Pour les contrats individuels de travail (art. 8), où l'on a pourtant repéré depuis longtemps les dangers de la liberté contractuelle, les vannes sont désormais grandes ouvertes : le principe devient celui du libre choix par les parties de la loi applicable (« Le contrat individuel de travail est régi par la loi choisie par les parties conformément à l'article 3 »). Il est tout de même prévu que ce choix ne peut toutefois avoir pour résultat de priver le travailleur de la protection que lui assurent les dispositions auxquelles il ne peut être dérogé par accord en vertu de la loi qui, à défaut de choix, aurait été applicable selon les § 2, 3 et 4 du présent article (lesquels prévoient des indices subsidiaires de rattachement en l'absence de choix par les parties de la loi applicable, par exemple la loi du lieu d'accomplissement habituel du travail).

Le règlement réserve de façon générale l'application des lois de police du juge saisi (du for) ; ses dispositions ne pourront en effet porter atteinte à l'application des lois de police du juge saisi (art. 9.2). Pour le reste, il restreint considérablement le domaine d'intervention des lois de police autres que celles du for par rapport à ce qui était anciennement prévu dans la Convention de Rome. Celle-ci prévoyait en effet une possibilité générale pour le juge d'appliquer la loi de police d'un pays étranger autre que celui dont la loi était applicable au litige. Le nouveau règlement prévoit quant à lui qu'il ne pourra être donné effet qu'aux lois de police « du pays dans lequel les obligations découlant du contrat doivent être ou ont été exécutées », et encore, uniquement « dans la mesure où lesdites lois de police rendent l'exécution du contrat illégale ». Le juge doit pour cela tenir compte « de leur nature et de leur objet, ainsi que des conséquences de leur application ou de leur non-application » (art. 9.3). L'objectif n'est même plus dissimulé : il s'agit tout à la fois de limiter à nouveau les pouvoirs du juge, et aussi de se débarrasser des lois de police perçues, non pas comme des protections des valeurs fondamentales nécessaires à fonder une société vivable, mais comme autant d'entraves possibles au marché.

Une Convention de Bruxelles du 27 septembre 1968, conclue dans le cadre de la Communauté européenne et entrée en vigueur le 1er février 1973, concernait « la compétence judiciaire et l'exécution des décisions en matière civile et commerciale » et posait des règles de compétence communes aux États membres de l'Union européenne en matière civile et commerciale. Elle a été remplacée le 1er mars 2002 par un règlement dit « de Bruxelles I » qui en reprend toutes les dispositions[1]. Il s'agit d'éviter les risques de *« forum shopping »* (les parties choisissent la juridiction la plus susceptible d'atteindre le résultat qu'elles recherchent) et d'inefficacité des décisions judiciaires liées au fait que chaque pays décidait auparavant unilatéralement des règles de compétence de ses propres tribunaux. Une compétence de principe est posée en faveur des juridictions du pays dans lequel est domicilié le défendeur (c'est la règle traditionnelle *« actor sequitur forum rei »* : le demandeur suit le tribunal du défendeur), quelle que soit la nationalité de ce dernier. Il existe cependant quelques règles spéciales de compétence : ainsi, en matière contractuelle, le défendeur peut être attrait devant le tribunal

1. Pour la portée de ce texte en matière contractuelle, v. H. Kenfack, note sous Civ. 1re, 5 mars 2008, 2 arrêts, *D.* 2008, 1729.

du lieu où l'obligation qui sert de base à la demande a été ou doit être exécutée (par exemple pour une vente de marchandises le lieu prévu pour leur livraison[1]) ; pour protéger certaines parties faibles, des dérogations sont également prévues : un demandeur consommateur ou assuré est ainsi autorisé à saisir les juridictions de l'État où il est domicilié ; de même, le salarié demandeur peut saisir les juridictions du pays où il accomplit habituellement son travail, ou dans certains cas du lieu où il a été embauché. Les clauses attributives de juridiction par lesquelles les parties décident d'un commun accord de donner compétence aux juridictions de l'un des États membres de la Convention sont admises dans une certaine mesure, à condition qu'aient été respectées certaines règles de fond et de forme. Les règles de la Convention de Bruxelles ont été étendues par la Convention signée à Lugano le 16 septembre 1988 aux pays de l'AELE (Association européenne de libre échange) : l'Islande, la Norvège et la Suisse.

ÉTAT DES QUESTIONS

BIBLIOGRAPHIE

Sur les principes de l'application de la loi dans le temps : P. Roubier, *Le droit transitoire (conflits de lois dans le temps)*, Dalloz-Sirey, 2e éd., 1960 ; F. Dekeuwer-Défossez, *Les dispositions transitoires dans la législation civile contemporaine*, LGDJ, « Bibl. dr. privé », 1977, préf. M. Gobert ; Th. Bonneau, *La Cour de cassation et l'application de la loi dans le temps*, th. Paris II, 1990 ; J. Héron, *Principes du droit transitoire*, Dalloz, 1996 ; E.-L. Bach, Contribution à l'étude du problème de l'application des lois dans le temps, *RTD civ.* 1969, 405.

Plus spécifiquement sur les contrats : v. P. Deumier, L'application d'une loi nouvelle aux contrats en cours est-elle une application immédiate et/ou une application rétroactive ?, RTD civ. 2010, 58.

Bibliographie sommaire de droit international privé : v. surtout le très précieux ouvrage de D. Bureau et H. Muir Watt, *Droit international privé*, en 2 volumes (partie générale et partie spéciale), PUF, « Thémis droit », 2e éd., 2010, qui contient, dans le 2e volume tout un chapitre sur les obligations contractuelles avec une bibliographie complète et l'état des questions particulièrement stimulant, se référant aux débats les plus récents en la matière, en France mais aussi à l'étranger (recension M. Fallon *ERCL* 2008/3, qui met précisément l'accent sur cet aspect) ; P. Mayer et V. Heuzé, *Droit international privé*, Montchrestien, 10e éd., 2010 ; Y. Loussouarn, P. Bourel et P. de Vareilles-Sommières, *Droit international privé*, Précis Dalloz, 9e éd., 2007 ; B. Audit et L. d'Avout,

1. Ou, pour un contrat de fourniture de services, le tribunal du lieu de l'État où les services doivent être exécutés : Civ. 1re, 3 oct. 2006, n° 04-14233 ; *RDC* 2007/2, 474, obs. P. Deumier.

Droit international privé, Economica, 6e éd., 2010 ; M.-L. Niboyet et G. de Geouffre de La Pradelle, *Droit international privé*, LGDJ, « Manuel », 3e éd., 2011.

Plus spécifiquement sur les contrats : J.-M. Jacquet, *Le contrat international*, Dalloz, « Connaissance du droit », 1992 ; A. Kassis, *Le nouveau droit européen des contrats internationaux*, LGDJ, 1993 ; V. Heuzé, *La réglementation française des contrats internationaux*, GLN, 1990, préf. P. Lagarde ; C. Ferry, *La validité des contrats en droit international privé, France-USA*, LGDJ, « Bibl. dr. privé », 1989, préf. B. Teyssié ; S. Chaillé de Néré, *Les difficultés d'exécution du contrat en droit international privé*, PUAM, 2003, préf. J.-P. Laborde ; J.M. Jacquet, *Principe d'autonomie et contrats internationaux*, Economica, 1983 ; S. Lemaire, Le choix de la loi du contrat en droit interne, *RRJ*, 2001, 1431 ; Batiffol, Subjectivisme et objectivisme dans le droit international privé des contrats, *Mélanges Maury*, t. 1, 39. *Adde* A.-M. Matos, *Les contrats transfrontières conclus par les consommateurs au sein de l'union européenne*, PUAM, 2001, préf. R. Bout ; M.-E. Ancel, *La prestation caractéristique du contrat*, Economica, « Recherches juridiques », 2002, préf. L. Aynès.

Sur l'appréciation de l'avant-projet Catala : C. Kessedjian, Les normes a-nationales et le futur Règlement Rome I. Une occasion manquée (jusqu'à nouvel ordre?), *RDC* 2007/4, 170.

Adde B. Ancel et Y. Lequette, *Grands arrêts de la jurisprudence française de droit international privé*, Dalloz, 5e éd., 2006. Les grands arrêts en la matière sont not. l'arrêt *American Trading Co.* (Civ. 5 déc. 1910, *Grands arrêts* précités n° 11) dans lequel la Cour de cassation pose le principe de l'autonomie de la volonté : « La loi applicable aux contrats, soit en ce qui concerne leur formation, soit quant à leurs effets et conditions, est celle que les parties ont adoptée » ; et aussi l'arrêt *Galakis* (*Grands arrêts*, n° 45).

Adde la chronique régulière de la *RDC* sur le « Droit international privé des contrats », par D. Bureau et P. Deumier.

Sur la particularité des contrats en droit international public : M. Kamto, *La volonté de l'état en droit international*, Académie de droit international de La Haye, t. 310 (2004), republié Martinus Nijhoff publishers, 2007.

Chapitre 6

CONTRATS DE DROIT PUBLIC ET CONTRATS DE DROIT PRIVÉ

Le procédé courant d'administration des collectivités ou établissements publics est l'action unilatérale. Mais ils peuvent également, ce qu'ils font d'ailleurs de plus en plus, conclure des contrats publics (par ex. un contrat de fourniture, un contrat de concession de service public, etc.). Ceux-ci ne sont pas toujours aisés à qualifier, et leur régime est de surcroît souvent complexe, mi-réglementaire et mi-contractuel.

1 | Les critères du contrat de droit public

L'État, ou plus généralement les personnes publiques peuvent conclure des contrats de droit privé (un bail par ex.), et il a donc fallu trouver des critères autres que le simple critère organique (nature juridique de la personne contractante) pour déterminer si un contrat relevait du droit privé ou du droit public. La loi précise parfois que la compétence pour connaître de certains contrats relèvera de la juridiction administrative, et l'on en déduit le caractère administratif de ces derniers. Pour les autres contrats, le Conseil d'État et le Tribunal des conflits ont dû établir des critères.

Le critère du contrat de droit public qui se dégage de cette jurisprudence est alternatif : un contrat est administratif soit s'il a pour objet l'exécution même du service public (arrêt *Bertin*)[1], soit s'il contient des clauses exorbitantes de droit commun (arrêt *Sté des granits porphyroïdes des Vosges*)[2].

Le critère de l'exécution même du service public (que l'on oppose au contrat simplement conclu « pour les besoins du service public ») a été précisé : il fallait auparavant, pour que le contrat soit administratif, qu'il y ait « participation directe » à l'exécution même du service public. Mais l'interprétation de cette notion ayant donné lieu à une jurisprudence hasardeuse[3], un arrêt *Berkani* fut rendu en 1996 par le Tribunal des conflits pour simplifier les solutions[4] : désormais, « les personnels non statutaires travaillant pour le compte d'un service public à caractère administratif sont des agents contractuels de droit public quels que soient la nature et les conditions de leur emploi »[5]. Tout agent travaillant pour le compte d'un service public administratif est dès lors lié par un contrat de droit public, sans qu'il soit désormais nécessaire d'examiner l'objet exact de son contrat.

Le critère des clauses exorbitantes du droit commun a également donné lieu à une abondante jurisprudence : ont par exemple reçu une telle qualification les clauses autorisant l'administration à modifier unilatéralement le contrat, celles autorisant le cocontractant à utiliser une prérogative de puissance publique (droit de réquisition, droit de percevoir des taxes par voie d'états exécutoires, etc.), ou encore celles imposant au cocontractant le prix de ses produits ou de ses prestations. L'accord n'est cependant pas encore fait sur la définition des clauses exorbitantes : il peut s'agir de clauses illicites, impossibles, ou même seulement inhabituelles dans des contrats de droit privé.

Le critère des parties au contrat (critère organique) n'est qu'accessoire mais a une certaine incidence : un contrat conclu entre deux personnes privées ne peut en principe pas être un contrat administratif (sauf si l'une d'entre elles agit au nom ou pour le compte d'une personne

1. CE, 20 avr. 1956 : « Considérant que ledit contrat a eu pour objet de confier aux intéressés l'exécution même du service public alors chargé d'assurer le rapatriement des réfugiés de nationalité étrangère se trouvant sur le territoire français ; que cette circonstance suffit, à elle seule, à imprimer au contrat dont s'agit le caractère d'un contrat administratif. »

2. CE, 31 juill. 1912.

3. V. le fameux arrêt *veuve Mazerand* du Tribunal des conflits du 25 novembre 1963, où il fut décidé qu'une même employée communale relevait du droit privé lorsqu'elle s'occupait du nettoyage des locaux scolaires et du droit public lorsqu'elle gardait les enfants. La première activité n'était sans doute pas assez noble pour relever du droit public !

4. Arrêt *Berkani c/ CROUS de Lyon*, 25 mars 1996, *Dr. soc.* 1996, p. 735, obs. X. Prétot.

5. Il fut relevé par la doctrine que l'arrêt semblait ignorer l'article L. 511-1, alinéa 7 (désormais art. L. 1411-2) du Code du travail selon lequel : « Les personnels des services publics lorsqu'ils sont employés dans les conditions du droit privé relèvent de la compétence des conseils de prud'hommes. »

publique)[1], et un contrat entre deux personnes publiques est présumé être un contrat soumis au droit public (il s'agit cependant d'une présomption simple)[2].

Le Conseil d'État s'est même, dans un arrêt certes demeuré isolé, fondé plus généralement sur le caractère exorbitant du régime juridique du contrat[3], afin d'en déduire son caractère administratif.

Au total, les critères du contrat administratif sont parfois d'une application délicate : selon les termes d'un auteur, ce qui compterait serait finalement l'« ambiance de droit public »[4] l'environnant.

2 | Le régime des contrats de droit public

Les contrats administratifs sont soumis à un régime spécial relevant du droit public. Les spécificités de celui-ci par rapport au droit privé concernent principalement le choix du cocontractant et les prérogatives du contractant personne publique.

Le choix du cocontractant par les collectivités publiques est encadré, dans le but d'éviter la corruption et le gaspillage des deniers publics, et aussi dans l'idée apparue plus récemment d'avoir une gestion plus efficace des services. Un Code des marchés publics existe, qui a fait l'objet

1. La formule est plus large que le simple mandat. Elle a été utilisée lorsque la personne privée était fictive, ou encore pour éviter que des activités « par nature » publiques (not. les travaux autoroutiers) confiées à des sociétés privées échappent au droit public. V. T. confl., 13 déc. 2010, n° 3800, *RDC* 2011/2, 401, obs. J. Rochfeld : « un contrat conclu entre personnes privées est en principe un contrat de droit privé, hormis les cas où une des parties au contrat agit pour le compte d'une personne publique ».

2. Les relations entre les conducteurs et les compagnies d'autoroute relèvent du droit public, nonobstant le fait que la somme acquittée au titre du péage n'ait pas un caractère fiscal (Civ. 1re, 8 janv. 2002, n° 99-19702 ; *RTD civ.* 2002, 287, obs. J. Mestre et B. Fages).

3. V. l'arrêt *Société d'exploitation électrique de la rivière du Sant* (CE, sect., 19 janv. 1973) : « Considérant... que, compte tenu tant du caractère obligatoire de leur conclusion que de la compétence donnée... à une autorité administrative pour statuer sur certains désaccords auxquels ils peuvent donner lieu, les contrats passés par EDF en application de l'article 1er du décret du 20 mai 1955 sont soumis à un régime exorbitant du droit commun et présentent le caractère de contrats administratifs dont le contentieux relève du juge administratif. »

4. La formule est de P. Weil. Selon cet auteur, « la définition du contrat administratif devient dès lors purement subjective et impressionniste, les éléments objectifs ne servant plus qu'à titre de composantes ou de justifications de cette impressions ». Le contrat administratif va ainsi selon lui rejoindre d'autres concepts du droit administratif « dans le vaste domaine où règne le faisceau d'indices ».

de plusieurs refontes. L'actuel Code a été institué par un décret du 1er août 2006. Les réformes ont eu pour but de simplifier la procédure tout en maintenant l'obligation de respecter les principes fondamentaux de la commande publique : liberté d'accès à la commande publique, égalité de traitement des candidats et transparence des procédures. Ces principes requièrent une définition préalable des besoins de l'acheteur public, le respect des obligations de publicité et de mise en concurrence. Surtout, la personne publique doit toujours justifier qu'elle a fait le choix de l'offre économiquement la plus avantageuse : il peut s'agir du prix, et sera alors choisi le « moins-disant » ; par souci de contracter aussi avec le « mieux-disant » d'un point de vue qualitatif, il est possible de retenir des critères tels que le délai d'exécution, le service après-vente et même des critères esthétiques ou fonctionnels. La passation des marchés publics est minutieusement réglementée selon des procédures diverses, qui se distinguent par le degré d'implication du candidat dans l'élaboration du contrat. Le principe est qu'au-delà d'un certain seuil, les personnes publiques doivent utiliser une procédure d'appel d'offres dans laquelle le candidat reste entièrement en dehors de la définition du marché : la personne publique effectue en effet une mise en concurrence sur la base d'une demande publique intangible, et les candidats peuvent alors soumissionner et proposer leur offre ; la personne publique doit ensuite choisir « l'offre économiquement la plus avantageuse, sans négociations, sur la base de critères objectifs préalablement portés à la connaissance des candidats » (art. 33). Certains marchés peuvent, par exception, être passés selon une « procédure négociée » qui permet à la personne publique de choisir le titulaire du marché après consultation de candidats et négociation des conditions du marché avec un ou plusieurs d'entre eux ; en réalité, la marge de négociation demeure relativement réduite. D'autres modalités sont encore prévues pour des marchés particuliers (procédure du dialogue compétitif, procédure de conception-réalisation, ou encore procédure des marchés de définition). Il n'y a qu'en dessous d'un certain seuil que les marchés peuvent être passés selon une « procédure adaptée », c'est-à-dire librement choisie par la personne publique, et qui peut donc être le gré à gré, à la condition toutefois de respecter les principes généraux des marchés publics. Quelques exceptions à ces règles sont prévues pour les marchés qui exigent le secret, ceux qui ne peuvent être confiés qu'à un prestataire déterminé pour des raisons techniques, artistiques ou tenant à la protection de droits d'exclusivité, ou encore en cas d'urgence impérieuse. L'article 2 de la loi du 11 décembre 2001 portant mesures urgentes de réformes à caractère économique et financier dispose, de façon désormais générale, que « les marchés passés en application du Code des marchés publics ont le caractère de contrats administratifs ». Le droit des marchés publics est aujourd'hui largement dépendant du droit européen.

Les prérogatives du contractant personne publique sont nombreuses. Celui-ci peut en principe rédiger unilatéralement les clauses du contrat, l'autre partie n'ayant plus que le choix d'accepter ou de refuser le contrat en bloc. Au cours de l'exécution du contrat, l'administration a le droit de donner des directives à son cocontractant et de le sanctionner s'il méconnaît ses obligations, alors que la personne privée ne peut en revanche utiliser l'exception d'inexécution en cas de défaillance de son partenaire public. Surtout, le cocontractant de la personne publique peut se voir imposer certaines modifications de son contrat. Il existe principalement deux types de modifications. Le contractant personne publique peut tout d'abord unilatéralement modifier le contrat[1], et même le résilier dans l'intérêt du service, indépendamment de toute faute du cocontractant ; celui-ci a alors droit à une compensation financière intégrale, et donc notamment au maintien de l'équilibre financier du contrat dans tous les cas où la décision unilatérale du cocontractant personne publique conduit à rendre plus difficile ou plus onéreuse l'exécution du contrat ; la règle est la même en cas de « sujétion imprévue » en matière de marché de travaux publics, c'est-à-dire lorsque, au cours de l'exécution d'un tel marché, surgissent des difficultés matérielles imprévisibles à l'origine et qui provoquent au détriment de l'entrepreneur un surcroît anormal de charges (intempéries exceptionnelles par ex.). Le cocontractant de l'administration a également droit à une indemnité en cas d'imprévision, c'est-à-dire de modification des circonstances imprévisible rendant l'exécution du contrat plus difficile ou plus onéreuse mais cette fois-ci pour une raison indépendante de la volonté de la personne publique, tout au moins de sa volonté en tant que cocontractant : ce peut être une décision réglementaire émanant de la personne publique contractante mais prise à un autre titre que celui de partie au contrat, ce peut être aussi le fait d'une autre personne publique, un fait de la nature (une inondation par ex.), ou encore une évolution de l'environnement économique ; la compensation n'est alors plus nécessairement totale. On parle parfois de « fait du prince », dans une acception d'ailleurs un peu variable selon les auteurs, pour viser tous les cas où une modification du contrat peut être imposée par une personne publique, que ce soit par la volonté de la personne publique

1. CE, 2 févr. 1983, *Union des transports publics urbains et régionaux* : le pouvoir de modification unilatérale fait partie « des règles générales applicables aux contrats administratifs ».

cocontractante (étant précisé, mais pas selon tous les auteurs, que c'est à un titre autre que celui de partie au contrat) ou par celle d'une autre personne publique. On parle parfois aussi d'aléa administratif pour viser les cas d'imprévision qui proviennent d'une modification de la réglementation.

Le juge administratif élargit progressivement le contrôle qu'il accepte d'exercer sur les contrats publics. Ainsi, « les parties à un contrat administratif peuvent saisir le juge d'un recours de plein contentieux contestant la validité du contrat qui les lie » ; « il appartient alors au juge, lorsqu'il constate l'existence d'irrégularités, d'en apprécier l'importance et les conséquences, après avoir vérifié que les irrégularités dont se prévalent les parties sont de celles qu'elles peuvent, eu égard à l'exigence de loyauté des relations contractuelles, invoquer devant lui »[1].

ÉTAT DES QUESTIONS

BIBLIOGRAPHIE

Pour les contrats de droit public : Ch. Guettier, *Droit des contrats administratifs*, PUF, « Thémis droit », 2008 ; L. Richer, *Droit des contrats administratifs*, LGDJ, 5e éd., 2006 ; A. de Laubadère, F. Moderne et P. Delvolvé, *Traité des contrats administratifs*, LGDJ, 3e éd., 1984, t. I et II. *Adde* les ouvrages généraux de droit administratif : not. P.-L. Frier, *Précis de droit administratif*, Montchrestien, 2006 ; G. Dupuis, M.-J. Guédon et P. Chrétien, *Droit administratif*, Sirey, 2006 ; R. Chapus, *Droit administratif général*, Montchrestien, 15e éd., 2001 ; J. Rivero et J. Waline, *Droit administratif*, Précis Dalloz, 21e éd., 2006 ; M. Long, P. Weil, G. Braibant, P. Delvolvé et B. Genevois, *Les grands arrêts de la jurisprudence administrative*, Dalloz, 16e éd., 2007 ; J.-F. Lachaume et H. Pauliat, *Droit administratif, Les grandes décisions de la jurisprudence*, PUF, « Thémis droit », 2007. Sur les marchés publics, F. Allaire, *L'essentiel du droit des marchés publics*, Gualino, 2012-2013.

Pour quelques articles : v. débat *RDC* 2006/3, 949 : « Les contrats administratifs : état des lieux » avec un addendum, in *RDC* 2008/2, 597 s. ; F. Tiberghien, Le contrat en droit administratif, *D.*, 2008, 1192 ; J. Waline, La théorie générale du contrat en droit civil et en droit administratif, in *Études J. Ghestin*, LGDJ, 2001, 964 ; M. Dreifuss, L'immixtion du droit privé dans les contrats administratifs. Une application équilibrée des droits de la concurrence et de la consommation, *AJDA*, 2002, 1373 ; J.-C. Douence, Les conventions entre personnes publiques, *Mélanges M. Stassinopoulos*, LGDJ, 1974, 113.

Sur les contrats de droit public en droit européen : A. Mozzati et G. Afferni, Recent developments in the European law of public contracts, *ERCL* 2012, 552 ; G. Bellantuono,

1. CE, Ass., 28 déc. 2009, n° 304802, *Commune de Béziers*, concl. E. Glaser ; *RDC* 2010/3, 803, obs. J. Rochfeld ; *AJDA* 2010, 1042, note S.-J. Lieber et D. Botteghi ; *LPA* 8 mars 2010, p. 3, obs. M.-C. Rouault ; *Gaz. Pal.* 3 avr. 2010, n° 93, p. 15, obs. J.-L. Pissaloux.

The Limits of Contract Law in the Regulatory States, *ERCL* 2010, 115 ; P. Alberti, The evolution of public contracts in European law, *ERCL*, 3/2006, 391.

Adde S. Lemaire, *Les contrats internationaux de l'Administration*, LGDJ, « Bibl. dr. privé », 2005, préf. P. Mayer.

POLITIQUE LÉGISLATIVE

Contrats publics et contrats privés. De plus en plus, not. avec la contractualisation de l'action publique, des contrats de droit privé vont venir en exécution de décisions ou de contrats de droit public et, inversement, des contrats publics vont interférer avec des contrats de droit privé. On peut citer l'exemple des conventions du Fonds national de l'emploi (FNE). J.-Y. Hocquet, Les conventions du FNE, *Dr. soc.* 1985, 651 ; D. Balmary, Traitement des restructurations par l'administration de l'emploi, *Dr. soc.* 1989, 11 ; N. Kerschen et A.-V. Venot, Délégation à l'emploi et négociation des conventions du FNE : la pratique des contreparties, *Dr. soc.* 1989, 17 ; L. Seguin, Convention du FNE, *Sem. soc. Lamy*, 1996, suppl., n° 790. Le mécanisme des conventions FNE est le suivant : une convention est d'abord conclue entre l'État, d'une part, et une entreprise ou une organisation professionnelle d'autre part, puis, pour la mettre en œuvre, d'autres accords sont conclus, soit des accords individuels, soit des accords d'entreprise. Il en existe plusieurs types : des conventions de conversion (pour aider les salariés qui ont perdu leur emploi à se former en vue d'un reclassement), les conventions d'allocations dites spéciales (connues sous le nom de préretraites), conventions de prévention (pour éviter des licenciements), etc. La convention conclue avec l'État, qui prévoit les avantages qui pourront être octroyés aux salariés individuellement, est censée contenir une stipulation pour autrui au bénéfice de ces derniers qui, par la conclusion d'un contrat individuel, manifesteront leur volonté d'accepter ce bénéfice (cf. pour le mécanisme de la stipulation pour autrui) : c'est ce qu'a jugé le Conseil d'État dans un arrêt du 1er mars 1991 (Pabion, *Rec.*, 69 ; *D.*, 1992, somm. 157, obs. X. Prétot et D. Chelle). Après avoir décidé un temps le contraire, la Ch. soc. décide aujourd'hui que les salariés ayant adhéré à une convention de conversion peuvent, comme les autres salariés licenciés, contester l'ordre des licenciements ou plaider l'absence de cause réelle et sérieuse de leur licenciement ; de même, le salarié qui remplit la condition d'âge pour bénéficier de l'engagement pris par l'employeur dans le cadre d'une convention d'allocation spéciale et qui est néanmoins licencié est en droit de demander réparation du préjudice résultant de la violation dudit engagement (Soc., 13 avr. 1999, n° 96-44334).

On peut noter sur plusieurs points une uniformisation du régime entre contrats de droit public et contrats de droit privé. Parfois, la loi va même jusqu'à ne plus faire la distinction. Depuis le fameux arrêt *Mercier* de 1936 (Civ. 20 mai 1936, *DP*, 1936, 1, 88, concl. Matter, rapp. L. Josserand, note E. P.), il était ainsi acquis que la relation liant le médecin au malade était fondée sur un contrat, et que la responsabilité médicale était donc une responsabilité civile contractuelle ; c'est en revanche la responsabilité administrative qui s'appliquait pour les dommages subis à l'hôpital. La loi du 4 mars 2002 sur les droits des malades entend unifier les régimes de responsabilité et s'applique sans distinction à tous les professionnels de santé et à tous les établissements de soins. Ce qui a pu faire s'interroger la doctrine : F. Dreifuss-Netter, Feue la responsabilité civile contractuelle du médecin ?, *RCA* oct. 2002, 4.

On note aussi une même ouverture aux tiers : Les portes du contrat ouvertes aux tiers, note M. Ubaud-Bergeron sous CE, 16 juil. 2007, *JCP* 2007, II, 10156.

Adde Responsabilité et nullité d'un contrat administratif liant deux personnes privées, note M. Dreifuss sous CE, 21 mars 2007, *D.*, 2007, 1937.

Sous-partie I

LA DÉFINITION DU CONTRAT

La définition du contrat est donnée par l'article 1101 du Code civil : « Le contrat est une convention par laquelle une ou plusieurs personnes s'obligent, envers une ou plusieurs autres, à donner, à faire ou à ne pas faire quelque chose [1] ». Il est possible de faire la glose de cet article qui contient tous les éléments de définition du contrat.

SECTION 1
Le contrat est une convention

De ce que le contrat est une convention par laquelle on s'oblige, on déduit que le contrat est un type particulier de convention. Tout contrat est ainsi nécessairement une convention, mais la réciproque n'est pas vraie : il existe des conventions qui ne sont pas des contrats.

1. LE POINT COMMUN : L'ACCORD DE VOLONTÉS

Parmi toutes les sources d'obligations, le contrat rend compte de celles qui ont été assumées volontairement. En droit romain déjà, la

1. Comp. avec la définition du projet de *Cadre commun de référence* : « *A contract is an agreement which gives rise to, or is intended to give rise to, a binding legal relationship or which has, or is intended to have, some other legal effect. It is a bilateral or multilateral juridical act* » (art. 1 :101).

convention marquait l'accord des volontés « nu », c'est-à-dire dénué de forme. Précisément pour cette raison, cet échange de consentement n'avait pas, à l'époque, de valeur juridique.

a) Accord des volontés et échange des consentements. — On dit souvent, indifféremment, que le contrat se forme par la rencontre des volontés ou par l'échange des consentements. Il faudrait, en toute rigueur, distinguer entre les deux : la volonté est interne à l'homme, et marque une entente subjective et psychologique, tandis que le consentement est l'extériorisation de cette volonté, et décrit un processus plus formel et plus objectif ; la volonté manifeste la puissance et la liberté de la personne, tandis que le consentement est davantage le signe de l'aliénation consentie [1].

Le droit français contient des traces des deux exigences. Le critère formel du contrat est l'échange des consentements : pour avoir une valeur juridique, une manifestation de volonté doit en principe être extériorisée, ou au moins pouvoir être déduite de l'ensemble des circonstances d'une espèce (consentement tacite). Certaines règles et conditions de validité du contrat ont cependant pour objet de vérifier, sous peine de nullité, que le consentement manifesté a bien correspondu à la volonté réelle de chaque contractant.

b) Échange de consentements et échange de prestations. — Dans les droits anglais et américain, le contrat est perçu comme un *« bargain »* (un marché, une affaire), un échange de prestations. Dans cette optique, c'est l'opération concrète, l'échange économique, qui fait le contrat, plus que l'accord de volontés lui-même. Le droit des contrats est le droit des échanges, si bien que les donations, et plus généralement les actes à titre gratuit, ne sont pas des contrats.

En droit français en revanche, si certaines conditions de validité du contrat posent l'exigence d'un certain contenu de l'accord et parfois même d'un échange, le contrat n'est pas perçu en première analyse comme tel. L'accord de volontés caractérise le contrat indépendamment du contenu de celui-ci. Le contrat unilatéral, par lequel seule l'une des parties s'oblige envers l'autre sans qu'il y ait réciprocité, est alors un contrat, de même que les contrats extrapatrimoniaux, dont l'objet n'est pas un bien monnayable ni échangeable.

1. M.-A. Frison-Roche, Remarques sur la distinction de la volonté et du consentement en droit des contrats, *RTD civ.* 1995, 573.

c) Échange de consentements et échange de promesses. —Toujours en *Common Law*, le domaine du droit des contrats est parfois restreint par le fait qu'un contrat serait en principe uniquement un échange de promesses, c'est-à-dire d'engagements pour l'avenir. Un simple troc, ou même une vente qui aurait lieu immédiatement (1 kg de farine échangé instantanément contre de l'argent) ne seraient alors pas qualifiés de contrats. L'idée sous-jacente est que le droit des contrats sert à protéger les attentes légitimes des parties ; or si les deux parties exécutent simultanément, aucune d'elles n'a plus besoin de l'aide du droit des contrats pour forcer l'autre à exécuter. Les auteurs sont cependant divisés sur cette question[1]. Quoi qu'il en soit, le droit français des contrats ne connaît pas une telle restriction, et tout accord entre deux parties peut *a priori* être qualifié de contrat.

2. LES DIFFÉRENCES

a) La valeur de l'accord. — En droit romain, la distinction entre contrat et convention était nette. Le contrat, ou plus exactement les différents contrats nommés étaient des accords formels liant juridiquement les parties, tandis que la convention (*conventio*) ou le pacte (*pactum*) étaient des accords informels, dépourvus dès lors de force exécutoire, et dont l'exécution dépendait de la seule bonne foi des parties. On trouve trace de cette distinction en droit du travail anglais où le *« contract of employment »* est un contrat ayant force exécutoire, tandis que la convention collective, le *« collective agreement »*, en est dépourvue. Une lecture de l'article 1134 du Code civil aurait pu conduire à la même distinction dans la mesure où ce texte dispose, dans son alinéa 1er, que seules les « conventions légalement formées tiennent lieu de lois à ceux qui les ont faites » : on aurait pu en déduire que la formule laissait place à d'autres conventions dépourvues de force juridique[2].

1. B. Rudden conteste cette analyse : v. recension de la 1re éd. du présent ouvrage, in *Electronic Journal of Comparative Law*, vol. 9, 1er janv. 2005 (http://www.ejcl.org/91/review91.html), qui cite le *Sale of Goods Act* anglais de 1979 (art. 2 (1)) et le *Uniform Commercial Code* américain (§ 2-106 (1)), lesquels incluent tous deux dans leur champ d'application non pas seulement les *« future sales »*, mais aussi les *« present sales »*, c'est-à-dire les ventes immédiates ; les garanties de la vente doivent certes être offertes même si contrat s'est exécuté en un trait de temps.

2. Comp. Y. Guenzoui, *La notion d'accord en droit privé*, LGDJ, « Bibl. dr. privé », 2009, préf. Ch. Hannoun, qui cherche à identifier, en dehors du contrat, une notion d'accord non sanctionné par l'article 1134 mais néanmoins assorti d'un effet de contrainte en raison d'une attente légitime des parties, par exemple par la mobilisation du droit de la responsabilité civile ou du droit économique (l'auteur s'interroge à cet égard sur les pourparlers, les fiançailles, les ententes ou encore l'action de concert).

b) L'objet de l'accord. — Dans le langage juridique actuel, la différence entre le contrat et la convention ne réside plus dans la valeur de l'accord mais dans l'objet de l'accord.

Une convention est généralement définie comme un accord de volontés entre deux ou plusieurs personnes ayant pour objet de créer des effets de droit quelconques. Le contrat est dès lors une convention – c'est-à-dire un accord de volontés entre deux ou plusieurs personnes – mais d'un type particulier, en ce qu'il a un objet précis : créer des obligations. Tout contrat est donc une convention, mais l'inverse n'est pas vrai[1]. Une remise de dette par exemple est une convention, car elle nécessite l'accord du créancier et du débiteur pour produire ses effets, mais elle n'est pas un contrat puisqu'elle a pour objet d'éteindre une obligation et non pas d'en créer. Le Code civil utilise souvent un terme pour l'autre : l'article 1110 évoque ainsi l'erreur comme cause de nullité de la « convention », tandis que l'article 1113 vise l'annulation pour violence d'un « contrat ».

c) La portée de l'accord. — Dans certaines matières, une différence peut apparaître entre un contrat, une convention, ou encore un accord. En droit du travail, on distingue ainsi la convention collective de l'accord collectif de travail. La convention collective a un objet plus général qu'un accord collectif, dans la mesure où elle a vocation à traiter de l'ensemble des conditions d'emploi et de travail des salariés et de leurs garanties sociales, tandis qu'un accord collectif ne traite qu'un ou plusieurs sujets déterminés dans cet ensemble : un accord sur le temps de travail par exemple.

1. Le projet de *Cadre commun de référence* reprend l'idée que le contrat est un accord, mais en précisant qu'il peut avoir des effets juridiques quelconques.

SECTION 2
Par laquelle une ou plusieurs personnes (le ou les débiteurs)

1 | La considération de la personne : les contrats conclus *intuitu personae*

Les contrats sont plus ou moins impersonnels, i.e. plus ou moins anonymes. Selon l'objet et la nature du contrat, la personne du cocontractant est plus ou moins importante. Certains contrats sont dit conclus *intuitu personae*, c'est-à-dire « en considération de la personne ». On a voulu contracter avec telle personne précise, présentant telle qualité particulière, et non pas avec une autre. En d'autres termes, la considération de la personne a déterminé le consentement de conclure le contrat. Sont ainsi en principe conclus *intuitu personae* la donation ou encore le mariage. Même un contrat de vente peut être conclu en considération de la personne, par exemple lorsque la réputation et le sérieux du vendeur ont été des conditions déterminantes de la conclusion du contrat.

La qualification entraîne plusieurs conséquences juridiques. En particulier, ce n'est que dans les contrats conclus *intuitu personae* que l'erreur sur la personne pourra être invoquée pour obtenir l'annulation du contrat (art. 1110 C. civ.). En outre, si la jurisprudence admet que ces contrats très personnels puissent être cédés, c'est à la condition que le débiteur cédé, c'est-à-dire celui qui demeure dans les liens du contrat après la cession, ait donné son accord au changement de partie (v. *infra*).

La considération de la personne est le plus souvent importante du côté du débiteur : il n'est pas indifférent que l'obligation soit exécutée par une personne plutôt que par une autre, surtout lorsqu'il s'agit d'une obligation de faire. La personne du créancier peut également être déterminante pour le débiteur (par ex. dans une donation).

2 | La pluralité de débiteurs

Une ou plusieurs personnes peuvent s'obliger par contrat. Lorsque plusieurs débiteurs sont ainsi obligés ensemble, il y a pluralité de débiteurs; on dit qu'ils sont codébiteurs, et ce selon diverses modalités.

1. LES OBLIGATIONS CONJOINTES

Une obligation est conjointe entre plusieurs débiteurs lorsque la dette se divise entre eux au prorata de ce que chacun doit au créancier, et ce même s'ils ont conclu ensemble le contrat. Par exemple dans un contrat de bail souscrit par plusieurs personnes, la dette est conjointe lorsque chacun des colocataires n'est tenu vis-à-vis du propriétaire que du paiement de sa seule part de loyer.

2. LES OBLIGATIONS SOLIDAIRES OU *IN SOLIDUM*

La solidarité passive crée, entre les codébiteurs, un lien d'interdépendance plus fort, de nature à constituer une garantie pour le créancier. Chronologiquement, deux rapports sont institués.

Le premier temps concerne les rapports entre le créancier d'une part, et les codébiteurs solidaires d'autre part : il s'agit du rapport d'*obligation à la dette*. Dire que la dette est solidaire signifie que le créancier peut demander à l'un quelconque des codébiteurs solidaires paiement de la totalité de la dette. Il s'agit donc d'une garantie importante pour lui dans la mesure où il n'aura pas à supporter le risque de l'insolvabilité de l'un ou l'autre des débiteurs : il pourra dans cette hypothèse s'adresser aux autres[1]. En revanche, il ne peut bien entendu pas espérer récupérer au total plus que ce qui lui était dû, car il y aurait alors enrichissement sans cause. Si donc il a tout obtenu d'un seul débiteur, il ne peut plus poursuivre les autres débiteurs.

Lorsque le créancier a ainsi été désintéressé par l'un ou l'autre des débiteurs, survient un second temps : celui de la *contribution à la dette*

1. Le créancier peut en principe exercer librement son choix en fonction de ses seuls intérêts, même si les juges peuvent parfois l'obliger à ne pas compromettre le recours contributif du débiteur contre qui il a choisi d'exercer son action : J. Mestre et B. Fages, *RTD civ.* 2004, 735.

entre codébiteurs solidaires. Celui qui a payé au créancier plus que sa part peut se retourner contre les autres (c'est ce qu'on appelle une action récursoire, car il dispose d'un recours contre eux) pour leur demander de contribuer au paiement de la dette. La solidarité est une garantie qui n'est posée qu'en faveur du créancier et, dans son rapport avec ses codébiteurs, celui qui a payé plus que sa part doit alors diviser ses recours : il ne peut demander à chacun que le remboursement de la part dont celui-ci est définitivement tenu.

L'obligation *in solidum* est plus précisément un type de solidarité légale prévu en matière de responsabilité civile pour les coauteurs d'un même dommage. Elle suit les mêmes principes que la solidarité s'agissant de la succession des deux rapports d'obligation à la dette (la victime peut poursuivre l'un quelconque des codébiteurs pour lui demander paiement de toute la dette) et de contribution à la dette (celui des coauteurs qui a payé plus que sa part dispose d'une action récursoire contre les autres, mais uniquement à concurrence de la part de chacun dans la dette). Ces effets dits « primaires » de la solidarité sont donc communs aux obligations solidaires *stricto sensu* et aux obligations *in solidum*.

Cependant, l'obligation solidaire, contrairement à l'obligation *in solidum*, a des effets dits « secondaires » qui lui sont propres. La solidarité est en effet un lien encore plus étroit et plus contraignant entre les codébiteurs, en ce sens que chacun d'entre eux est censé représenter tous les autres, à la différence des codébiteurs *in solidum* : dès lors que l'un d'entre eux fait un acte ou est destinataire d'un acte en relation avec la dette (par exemple le créancier agit en justice contre un seul des codébiteurs solidaires), cet acte a des effets sur tous les autres codébiteurs (dans l'exemple cité, la prescription est interrompue à l'égard de tous, alors que si la dette était *in solidum*, le codébiteur non poursuivi aurait pu être libéré par la prescription)[1].

La solidarité est ainsi un mécanisme très avantageux pour le créancier, mais encore plus sévère pour les débiteurs que l'obligation *in solidum*.

Le régime de la solidarité est dès lors un régime essentiellement conventionnel et le Code civil précise qu'en matière civile, « la solidarité

1. Un codébiteur solidaire peut invoquer la transaction intervenue entre le créancier commun et l'un de ses coobligés, dès lors qu'il en résultait pour ce dernier un avantage dont il pouvait lui-même bénéficier (ce qui est au demeurant ici une solution bénéficiant aux codébiteurs solidaires) : Com., 28 mars 2006, n° 04-12197 ; *D.* 2006, 2381, note A.-L. Thomat-Raynaud ; *RTD civ.* 2006, 766, obs. J. Mestre et B. Fages ; *RDC* 2006, 806, obs. X. Lagarde. La solution est inversée pour une obligation *in solidum* où « la transaction faite par un coobligé ne lie pas les autres intéressés » et ne peut pas davantage « être opposée par ceux-ci pour se soustraire à leur propre obligation » (Com., 14 févr. 1989, n° 86-13876 ; Civ. 3e, 31 oct. 2001, n° 00-13763).

ne se présume point ; il faut qu'elle soit expressément stipulée », sauf si elle a lieu de plein droit en vertu d'une disposition de la loi (art. 1202), par exemple pour les dettes ménagères des époux envers les tiers (art. 220 C. civ.)[1]. En présence de parties averties, les juges peuvent cependant parfois la déduire de certaines autres dispositions contractuelles[2]. Si la solidarité n'est pas expressément prévue dans le contrat, la dette qui pèse sur les codébiteurs ne peut être que conjointe, c'est-à-dire divisible. La solidarité est plus fréquente en droit commercial où elle peut être en revanche présumée (présomption simple), les commerçants professionnels étant censés être suffisamment éclairés[3].

SECTION 3
S'obligent

Le contrat est un acte par lequel on s'oblige. La formule est réflexive : il s'agit de s'engager soi-même. Il est en revanche impossible d'engager autrui sans le consentement de ce dernier ; seule est autorisée la stipulation pour autrui, c'est-à-dire la conclusion d'un contrat au profit d'un tiers bénéficiaire (v. *infra*).

1 | Le lien d'obligation créé par le contrat

1. LA NATURE DE L'OBLIGATION CRÉÉE PAR LE CONTRAT

a) Lien de droit (vinculum juris), lien obligatoire et lien exécutoire. — Le contrat, comme tous les rapports d'obligation, est un lien de droit

1. Pas pour des concubins : Civ. 1re, 27 avr. 2004, n° 02-16291 ; *RTD civ.* 2004, 510, obs. J. Mestre et B. Fages.

2. Civ. 3e, 26 janv. 2005, n° 03-11646 : « Si la solidarité ne se présume pas, il appartient aux juges du fond de rechercher si elle ressort clairement et nécessairement du titre constitutif de l'obligation, alors même que celle-ci n'a pas été qualifiée de solidaire. »

3. Com., 27 sept. 2005, n° 03-18738. Il faut cependant que soit établie la nature commerciale de l'obligation : Com., 15 nov. 2005, n° 97-20832 ; *RTD civ.* 2006, 316, obs. J. Mestre et B. Fages.

(*vinculum juris*), par opposition aux obligations simplement morales ou même aux obligations naturelles. Il est ainsi obligatoire pour les parties dans les termes où il a été conclu. Il est également exécutoire, ce qui signifie que le créancier peut en poursuivre l'exécution forcée devant les tribunaux. Le droit français des contrats ne distingue pas réellement, à la différence d'autres systèmes juridiques (le droit anglais par ex.), et à la différence d'autres matières (le droit processuel), entre un lien juridique, un lien obligatoire et un lien exécutoire.

b) Force obligatoire et contenu obligationnel du contrat. — On confond souvent le lien né du contrat, qui oblige les parties (force obligatoire), et le fait que le contrat crée des obligations (contenu obligationnel)[1]. La distinction est pourtant visible dans de nombreuses hypothèses. Ainsi, dans un contrat unilatéral, les deux parties sont liées par le contrat qu'elles ont voulu, et sont donc soumises à sa force obligatoire, alors pourtant que seule l'une d'entre elles assume des obligations envers l'autre.

c) L'obligation comme lien et l'obligation comme bien. — L'obligation est traditionnellement définie comme un lien de droit entre deux ou plusieurs personnes, ce qui résulte de son étymologie même : *ob-ligare*, qui contient le verbe « lier », « attacher ». Pourtant, certaines créances, qui représentent la face active des obligations, peuvent être considérées comme des biens faisant partie du patrimoine, et leur cession est possible. Le contrat lui-même peut être cédé, au-delà des seules créances et dettes qu'il contient.

2. LES MODALITÉS DE L'OBLIGATION : LA CONDITION ET LE TERME

L'obligation peut être pure et simple ou être au contraire affectée d'une modalité l'inscrivant dans le temps. Il existe deux types de modalités : la condition et le terme.

A / La condition

La condition est un événement incertain, aléatoire, dont la réalisation (ou la non réalisation) affecte l'existence même de l'obligation : tant

1. C'est ce qu'a magistralement montré P. Ancel, Force obligatoire et contenu obligationnel du contrat, *RTD civ.* 1999, 771.

que l'incertitude sur la condition n'est pas levée, c'est-à-dire tant que l'événement ne s'est pas réalisé, il existe une incertitude sur l'existence de l'obligation.

Dans la très grande majorité des cas, la condition est un événement futur : c'est parce qu'il ne s'est pas encore réalisé qu'on est incertain de sa survenance. L'article 1168 du Code civil dispose ainsi que « l'obligation est conditionnelle lorsqu'on la fait dépendre d'un événement futur et incertain [...] ». Pourtant, on pourrait concevoir théoriquement qu'un événement déjà réalisé fasse l'objet d'une condition si les parties ignorent réellement (sinon il y aurait tromperie) ce qui est advenu. L'article 1181 l'envisage expressément lorsqu'il énonce que « l'obligation contractée sous une condition suspensive est celle qui dépend ou d'un événement futur et incertain, *ou d'un événement actuellement arrivé, mais encore inconnu des parties* ». Certes si les parties savent que l'événement est déjà arrivé, elles préféreront probablement se renseigner avant de contracter.

a) Les différents types de condition. — Les conditions peuvent être suspensives ou résolutoires : comme l'énonce l'article 1168 du Code civil, il est possible soit de suspendre l'obligation « jusqu'à ce que l'événement arrive », soit de la résilier « selon que l'événement arrivera ou n'arrivera pas ». La condition suspensive suspend, c'est-à-dire retarde l'existence même de l'obligation (« s'il fait beau dimanche je te promets de t'accompagner au bord de la mer ») : tant qu'une incertitude demeure sur la réalisation de la condition, il n'y a pas d'obligation. Dans la condition résolutoire au contraire, le débiteur est d'ores et déjà engagé, l'obligation existe, mais elle disparaîtra si la condition se réalise (« je te promets de t'accompagner dimanche au bord de la mer, sauf s'il pleut des cordes »).

Dans les deux cas, si la condition se réalise, l'existence (condition suspensive) ou la disparition (condition résolutoire) du contrat est en principe rétroactive : le contrat est censé avoir toujours existé dans le premier cas (c'est-à-dire à compter de sa conclusion), et est réputé n'avoir jamais existé dans le second (cf. art. 1179 C. civ.). Cette rétroactivité n'est cependant pas d'ordre public et les parties peuvent toujours limiter dans le temps les effets de la condition.

Le régime de chacune de ces conditions diffère.

1° *Les conditions suspensives.* « L'obligation contractée sous une condition suspensive est celle qui dépend ou d'un événement futur et incertain, ou d'un événement actuellement arrivé, mais encore inconnu des parties» (art. 1181 C. civ.). La définition pourrait être précisée. En effet, l'article cité ne définit que la condition en général. La condition est plus précisément suspensive lorsque l'obligation n'existe pas tant que l'incertitude ou l'ignorance des parties n'est pas levée; la naissance même de l'obligation est donc suspendue à la réalisation de la condition. La vente à l'essai est ainsi une vente conclue sous la condition suspensive que la chose convienne à l'acheteur après son essai (art. 1588 C. civ.). Le Code de la consommation prévoit aussi que certaines opérations, par exemple les promesses de ventes en matière immobilière, sont conclues en principe sous la condition suspensive d'obtention d'un prêt (art. L. 312-16).

Le régime juridique de la condition suspensive découle de cette définition. Il faut distinguer la période antérieure et la période postérieure à la levée de l'incertitude.

Pendente conditione, c'est-à-dire tant que la condition est pendante, (tant que l'incertitude n'est pas levée), l'obligation n'existe pas et n'est donc *a fortiori* pas exigible. Le créancier peut donc éventuellement faire des actes conservatoires dans le but de sauvegarder sa créance éventuelle, mais il ne peut en exiger le paiement. Si la chose objet de l'obligation conditionnelle périt, c'est aux risques de son propriétaire puisque le contrat n'étant pas encore né, la propriété de la chose n'a pas été transférée à son créancier encore éventuel (art. 1182, al. 1er); l'obligation est alors éteinte, sauf à ce que le débiteur soit condamné à des dommages-intérêts envers le créancier si c'est par sa faute que la chose a péri (même art., al. 2); par exemple si la maison objet d'une promesse unilatérale de vente est détruite par un incendie, l'obligation du vendeur est en principe éteinte et la promesse devient donc sans objet, sauf au vendeur à verser une indemnité à l'acheteur si c'est par sa faute que la maison a été détruite. Si la chose n'est que détériorée, tout dépend de la cause de cette détérioration : si c'est par la faute du débiteur, le créancier a le choix entre résoudre l'obligation ou exiger la chose dans l'état où elle se trouve avec des dommages-intérêts (*id.*, al. 4); si la détérioration n'est pas due à une faute du débiteur, le créancier a le choix ou de résoudre l'obligation ou d'exiger la chose dans l'état où elle se trouve, mais cette fois-ci sans diminution du prix (*id.*, al. 3).

L'incertitude peut ensuite être levée dans un sens ou dans un autre. Si la condition se réalise, l'obligation acquiert alors une valeur juridique, et ce en principe rétroactivement (les parties peuvent cependant stipuler une absence de rétroactivité). En revanche, en cas de défaillance de la condition, l'obligation ne peut naître et elle est même censé n'avoir jamais existé. Le créancier peut, s'il le souhaite et si la condition a été stipulée dans son seul intérêt, renoncer à la défaillance de celle-ci et à l'inexistence subséquente du contrat[1] ; il doit cependant alors poursuivre la réalisation du contrat aux conditions initialement prévues[2].

2° *Les conditions résolutoires.* La condition résolutoire est d'abord une condition, c'est-à-dire un événement futur et incertain, ou alors déjà survenu mais dans un sens que les parties ignorent. Le fait que cette condition soit résolutoire signifie que l'obligation existe d'ores et déjà (elle n'est pas suspendue à la survenance d'un événement), mais si la condition prévue se réalise, l'obligation sera résolue, c'est-à-dire disparaîtra, et cela en principe de façon rétroactive (là encore les parties peuvent prévoir une solution différente). L'obligation sera censée n'avoir jamais existé. C'est ce qu'énonce l'article 1183 du Code civil : « La condition résolutoire est celle qui, lorsqu'elle s'accomplit, opère la révocation de l'obligation, et qui remet les choses au même état que si l'obligation n'avait pas existé. » Le créancier qui a éventuellement reçu quelque chose est donc tenu à restitution (art. 1183, al. 2). Avant que l'incertitude sur la réalisation de la condition ne soit levée, le créancier peut exercer tous les actes conservatoires de son droit (art. 1180). Si la chose objet de l'obligation conditionnelle périt, c'est cette fois-ci aux risques du créancier ; dans un contrat de vente sous condition résolutoire, la propriété ayant été en principe transférée à l'acheteur dès sa conclusion, celui-ci doit donc en effet en supporter les risques : il devra ainsi payer le prix convenu malgré la destruction de la chose reçue.

b) Les conditions de validité des conditions. — Elles sont au nombre de trois.

1° *La condition ne doit pas être impossible.* La « condition d'une chose impossible [...] est nulle, et rend nulle la convention qui en dépend » (art. 1172 C. civ.). Si en effet la chose est impossible, c'est qu'il est certain qu'elle ne surviendra pas, et l'événement considéré n'est donc

1. Civ. 3e, 12 janv. 2010, n° 08-18624 ; *RDC* 2010/2, 567, obs. Th. Genicon : « ayant souverainement retenu qu'il résultait des termes clairs de la promesse que la condition suspensive portait sur l'obtention par l'acquéreur d'un permis de construire et que si celui-ci ne procédait pas au dépôt de demande d'un tel permis, il ne pouvait se prévaloir d'un défaut d'obtention de ce permis qu'il sera réputé avoir obtenu, pour ne pas régulariser l'acte, le vendeur pouvant reprendre sa liberté avec application de la clause pénale, qu'il s'agissait d'une clause libellée dans le seul intérêt de l'acquéreur et lui seul étant privé, dans l'hypothèse visée d'une absence de demande de permis de construire, du droit d'invoquer son bénéfice pour ne pas régulariser l'acte authentique, la cour d'appel en a exactement déduit que les consorts Y... et Z... pouvaient renoncer au bénéfice de cette condition dont la non-réalisation ne pouvait rendre caduque la promesse ».

2. Civ. 3e, 31 mars 2005, n° 04-11752 ; *RTD civ.* 2005, 775, obs. J. Mestre et B. Fages.

pas aléatoire et incertain. Le contrat est par conséquent nul. La solution est certaine si la condition était suspensive, puisque l'événement auquel l'existence du contrat était suspendue ne surviendra jamais. La solution est moins évidente pour la condition résolutoire. Si les parties avaient subordonné leur engagement à la condition que quelque chose n'advienne pas et que ce quelque chose était de toutes les façons impossible, la validation de leur engagement correspond bien à l'intention des parties et il n'y a dès lors guère de raison d'annuler celui-ci. L'article 1173 précise ainsi que « la condition de ne pas faire une chose impossible ne rend pas nulle l'obligation contractée sous cette condition ».

2° *La condition ne doit pas être illicite ou immorale.* La condition stipulée ne doit pas davantage être illicite ou immorale. Est ainsi illicite la condition discriminatoire mise à une obligation, par exemple à une donation (« je te donne de l'argent si tu renonces à épouser telle personne étrangère ou d'une autre religion ») ; est immorale la condition obligeant une partie à un comportement contraire aux bonnes mœurs.

L'article 1172 du Code civil énonce expressément que « toute condition d'une chose [...] contraire aux bonnes mœurs, ou prohibée par la loi, est nulle, et rend nulle la convention qui en dépend ». La nullité de la condition entraîne donc la nullité de l'entier contrat dont l'existence ou la résolution dépendait de cette condition. L'idée justifiant cette règle est que, dans la volonté des parties, la modalité de l'obligation – ici la condition – était déterminante de leur consentement, c'est-à-dire qu'elles n'auraient pas conclu ce contrat si elles avaient su que la condition serait annulée.

Cette solution n'est cependant pas toujours satisfaisante. La condition illicite ou immorale est en effet souvent voulue par l'une des parties seulement, et l'autre hésitera à dénoncer cette illégalité si elle sait que le contrat sera par conséquent remis en question. En particulier dans les donations, le bénéficiaire hésiterait à dénoncer l'illicéité ou l'immoralité de la condition s'il devait en résulter la révocation de la donation : c'est pourquoi dans ce cas précis, l'article 900 propre aux libéralités retient la solution contraire et énonce que « dans toute disposition entre vifs ou testamentaire, les conditions impossibles, celles qui sont contraires aux lois ou aux mœurs, seront réputées non écrites ». L'annulation de la condition ne remettra donc pas en cause la libéralité si bien que le bénéficiaire n'hésitera plus, bien au contraire, à dénoncer les conditions illégales dont celle-ci était assortie.

3° *La condition ne doit pas être potestative de la part du débiteur.* La solution découle du Code civil qui pose une autre distinction entre trois types de condition : la condition casuelle, la condition potestative et la condition mixte. La condition casuelle « est celle qui dépend du hasard, et qui n'est nullement au pouvoir du créancier ni du débiteur » (art. 1169). Elle fait ainsi dépendre l'obligation d'un événement sur la réalisation duquel les parties n'ont aucune prise (« s'il fait beau la semaine prochaine »). La condition potestative est au contraire « celle qui fait dépendre l'exécution de la convention d'un événement qu'il est au pouvoir de l'une ou de l'autre des parties contractantes de faire arriver ou d'empêcher » (art. 1170). Sa réalisation dépend donc de la volonté de l'une des parties (« si je vais me promener demain », « si je veux »). Enfin la condition mixte est celle qui emprunte tout à la fois aux deux types précédents : elle est celle « qui dépend tout à la fois de la volonté d'une des parties contractantes et de la volonté d'un tiers » (art. 1171) ou, plus largement, de tout autre événement extérieur (« si je trouve du travail », « si je vend ma maison », à la condition que des efforts soient réellement faits en ce sens).

La condition casuelle et même la condition mixte sont en principe valables[1]. En revanche, aux termes de l'article 1174 du Code civil, « toute obligation est nulle lorsqu'elle a été contractée sous une condition potestative de la part de celui qui s'oblige ». Seule la condition potestative revendiquée par le débiteur est donc nulle. En effet, le débiteur qui ne s'engage que sous une condition dépendant de son bon vouloir (« je m'engage si je veux ») ne s'engage pas réellement, puisqu'il lui sera toujours loisible de ne pas vouloir. En revanche le débiteur qui s'engage sous une condition dépendant de la volonté du créancier (« je m'engage si tu veux ») est réellement engagé et son obligation peut dès lors être validée.

c) Les modalités d'appréciation de la réalisation de la condition. — Comme tout le droit des contrats, la réglementation des conditions est dominée par le respect de l'intention des parties. L'accomplissement de

1. Civ. 3e, 22 nov. 1995, n° 94-11014 ; *JCP N* 1996, n° 16, 580, obs. L. Leveneur : « La condition qui suspend l'exécution de la vente d'un bien, à celle, par l'acquéreur, d'un autre bien, n'exigeant pas du débiteur qu'une simple manifestation de volonté, mais supposant l'accomplissement d'un fait extérieur, à savoir la découverte d'un acquéreur pour le bien dont il est propriétaire, n'est pas une condition purement potestative » ; Civ. 1re, 16 oct. 2001, *RTD civ.* 2002, 97, obs. J. Mestre et B. Fages ; Civ. 1re, 13 déc. 2005, n° 04-11572 ; *RTD civ.* 2006, 315, obs. J. Mestre et B. Fages, pour une clause prévoyant que le prêt serait remboursable à la vente de sa maison par l'emprunteuse mais aussi, au plus tard, au décès de celle-ci ; selon la Cour de cassation, la condition était bien potestative, mais la référence au décès permettait de requalifier cette partie de la clause en un terme valable.

la condition doit donc s'apprécier au regard de ce que les parties ont vraisemblablement voulu[1].

Les parties peuvent déterminer un délai dans lequel la condition doit arriver; si ce délai expire sans que la condition ne se réalise, c'est-à-dire sans que l'événement ne survienne, la condition est censée défaillie. Si en revanche les parties n'ont fixé aucun délai, la condition peut toujours survenir, et elle n'est censée défaillie que lorsqu'il est devenu certain que l'événement ne surviendra pas (art. 1176). Le raisonnement est le même pour les conditions «négatives», c'est-à-dire celles qui sont exprimées sous la forme qu'un événement «ne doit pas» se produire (je conclus le contrat de bail sous la condition que je ne sois pas muté dans une autre ville)[2].

Les parties ne doivent pas influencer le jeu des conditions et, en particulier, «la condition est réputée accomplie lorsque c'est le débiteur, obligé sous cette condition, qui en a empêché l'accomplissement» (art. 1178)[3]. La règle est inspirée des mêmes idées que la prohibition des conditions potestatives de la part de celui qui s'oblige. Les juges doivent alors apprécier si c'est ou non suite à l'action du débiteur que la condition n'a pu s'accomplir[4]. La Cour de cassation semble également exiger que la défaillance de la condition soit invoquée de bonne foi[5].

1. Art. 1175 C. civ. : «Toute condition doit être accomplie de la manière que les parties ont vraisemblablement voulu et entendu qu'elle le fût.»

2. Art. 1177 : «Lorsqu'une obligation est contractée sous la condition qu'un événement n'arrivera pas dans un temps fixe, cette condition est accomplie lorsque ce temps est expiré sans que l'événement soit arrivé : elle l'est également, si avant le terme il est certain que l'événement n'arrivera pas; et s'il n'y a pas de temps déterminé, elle n'est accomplie que lorsqu'il est certain que l'événement n'arrivera pas.» Civ. 3e, 19 déc. 2001, n° 99-15682; *RTD civ.* 2002, 299, obs. J. Mestre et B. Fages, où, après quarante ans, la Cour de cassation retient que «la condition peut toujours être accomplie»!

3. Com., 27 sept. 2006, n° 05-15433; *RTD civ.* 2007, 349, obs. J. Mestre et B. Fages; *RDC* 2007/2, 364, obs. F. Collart Dutilleul. Le débiteur n'est pas seulement tenu de s'abstenir d'intervenir; il doit parfois accomplir positivement certaines diligences : par exemple pour l'obtention d'un prêt objet d'une condition suspensive (Civ. 3e, 24 sept. 2008, n° 07-13989; *RTD civ.* 2008, 675, obs. B. Fages).

4. Civ. 3e, 12 sept. 2007, n° 06-15640; *D.* 2008, 329, note A.-C. Martin; *RTD civ.* 2007, 770, obs. B. Fages. La Cour de cassation approuve la cour d'appel d'avoir retenu que c'était sans faute de la part du débiteur que la condition suspensive avait défailli, alors pourtant que la condition suspensive d'obtention d'un prêt stipulait que le débiteur ferait une demande pour un prêt d'une durée de quinze ans et que les refus qu'il produisait ne portaient que sur des demandes de financement sur une durée de dix ans et de douze ans. Selon la cour d'appel, la capacité d'endettement du débiteur était tellement dépassée que le prêt de quinze ans aurait certainement été refusé également. Il faudrait pouvoir condamner à des dommages-intérêts le débiteur qui s'engage alors qu'il sait que la condition suspensive affectant cet engagement ne pourra jamais être accomplie.

5. Civ. 3e, 23 juin 2004, n° 03-12207; *RTD civ.* 2005, 776, obs. J. Mestre et B. Fages.

B / Le terme

a) La notion de terme. — Selon la formule de la Cour de cassation, « le terme est un événement futur et certain auquel est subordonnée l'exigibilité ou l'extinction d'une obligation »[1].

Contrairement à la condition, le terme ne concerne donc pas l'existence de l'obligation mais seulement son exécution. Une obligation à terme existe de façon certaine : seule son exécution est suspendue ou arrêtée par un terme.

Le terme est un événement futur mais, à la différence de la condition, il est d'accomplissement certain. On distingue néanmoins le terme « certain » du terme « incertain » : le terme certain est un événement dont on est sûr non seulement qu'il surviendra, mais également à quelle date précise il surviendra (je vous loue votre maison à compter du 15 août); le terme est en revanche incertain lorsque l'on est sûr qu'il surviendra mais sans savoir quand (je vous paye une rente jusqu'à votre décès)[2]. Si les juges, dans l'exercice de leur pouvoir souverain d'appréciation, retiennent que les parties ne sont convenues d'aucun terme, même incertain, le contrat est alors à durée indéterminée[3].

Un terme peut être suspensif ou extinctif. Le terme suspensif retarde l'exigibilité de l'obligation, tandis que le terme extinctif met fin à celle-ci : si je vous loue ma maison du 15 au 30 août, le 15 août est un terme suspensif, tandis que le 30 du même mois est un terme extinctif[4].

Le terme peut être de droit ou de grâce selon qu'il est légalement ou conventionnellement prévu d'une part, ou accordé par faveur par le juge d'autre part (ce qui suppose que la dette était théoriquement exigible). Il peut également être, selon sa source, conventionnel (les parties sont convenues du délai dans lequel il faudrait payer), légal (la loi oblige par ex. à payer ses impôts pour le 15 septembre), ou judiciaire (délais de grâce).

1. Civ. 1re, 13 juil. 2004, n° 01-01429; *JCP G* 2004, II, 10155, concl. J. Sainte-Rose; *RTD civ.* 2004, 734, obs. J. Mestre et B. Fages.

2. Pour un exemple de terme indéterminé : Com., 12 oct. 2004, n° 02-13230; *RTD civ.* 2005, 131, obs. J. Mestre et B. Fages. La solution n'est pas évidente, s'agissant d'une « clause de retour à meilleure fortune », sachant que celui-ci n'est jamais certain. La Cour de cassation se réfugie d'ailleurs derrière l'appréciation de la cour d'appel. Les raisons d'opportunité ont prévalu : pour pouvoir déclarer la créance au passif de la procédure collective, il fallait sans doute que son existence soit certaine, et non pas subordonnée à la réalisation d'une condition.

3. Pour un pacte d'actionnaire : Com., 6 nov. 2007, n° 07-10620; *Bull. Joly* 2007, 479, note F. X. Lucas; *RTD com.* 2007, 169, obs. P. Le Cannu; *RTD civ.* 2008, 104, obs. B. Fages.

4. L'art. 1185 C. civ. qui énonce que « Le terme diffère de la condition, en ce qu'il ne suspend point l'engagement, dont il retarde seulement l'exécution » ne vise que les termes suspensifs et non pas extinctifs.

b) Le régime juridique des obligations à terme. — Lorsqu'une obligation est affectée d'un terme suspensif, l'obligation existe mais n'est pas exigible. Le créancier ne peut donc en exiger paiement avant l'échéance[1]. Cependant, si le débiteur paye volontairement avant terme, il ne peut pas obtenir restitution car ce qu'il a payé était dû (art. 1186). À l'arrivée du terme, l'obligation devient exigible sans mise en demeure (comp.art. 1139). L'obligation affectée d'un terme extinctif s'éteint dès l'arrivée de ce terme, et ce sans rétroactivité.

En principe, le terme est stipulé dans l'intérêt du débiteur : il n'a pas à payer tout de suite, ce qui est en principe une faveur pour lui. On en déduit que le débiteur peut renoncer unilatéralement au terme et payer immédiatement[2]. Il peut néanmoins résulter des circonstances ou des indications mêmes du contrat, que le terme a été stipulé dans l'intérêt des deux contractants (art. 1187). Dans le prêt à intérêt par exemple, le débiteur a certes intérêt à ne rembourser que de façon différée, mais le délai profite également à la banque qui touche des intérêts sur la somme prêtée; les possibilités de remboursement anticipé doivent dès lors le plus souvent être négociées. Le terme peut même avoir été stipulé dans l'intérêt du seul créancier : dans le dépôt par exemple, seul le déposant créancier de la restitution a intérêt à ce que le dépositaire conserve sa chose jusqu'au terme convenu; il faut dès lors son accord pour renoncer à ce terme.

3. LA DURÉE DE L'OBLIGATION

a) La distinction entre les contrats à exécution instantanée et les contrats à exécution successive. — Selon la durée nécessaire pour que le contrat soit exécuté, celui-ci est dit à exécution instantanée ou successive. Dans le premier cas, le contrat s'exécute en un trait de temps, par l'accomplissement d'une prestation unique : la vente d'un ordinateur par exemple. Si au contraire les prestations convenues doivent s'étaler dans le temps et se renouveler à échéances convenues, le contrat est dit à exécution successive : c'est le cas par exemple du contrat de travail ou de bail. La distinction a des conséquences principalement sur les modali-

1. Sauf si, par sa faute, le débiteur a fait perdre au créancier les sûretés, c'est-à-dire les garanties dont celui-ci disposait (ou les a diminuées). Le créancier peut alors réclamer un paiement immédiat. Art. 1188 C. civ. : « Le débiteur ne peut plus réclamer le bénéfice du terme lorsque par son fait il a diminué les sûretés qu'il avait données par le contrat à son créancier. »

2. Il doit respecter un préavis raisonnable : Civ. 1re, 3 fév. 2004, n° 01-00004; *RDC* 2004/3, 647, obs. Ph. Stoffel-Munck.

tés de la résolution du contrat : lorsque le contrat est résolu après que des prestations ont été périodiquement fournies, il est souvent (mais pas toujours) impossible de revenir sur l'exécution passée et faire comme si le contrat n'avait jamais existé, ce qui est l'effet de principe de la résolution; les juges se contentent alors souvent de prononcer une résiliation qui, à la différence de la résolution, ne vaudra que pour l'avenir. Est parfois utilisée la notion de contrat à exécution « échelonnée », dont l'exécution s'étale également dans le temps, mais avec l'idée sous-jacente d'une prestation unique et indivisible : ainsi, la construction d'une maison – prestation globale – s'échelonnera nécessairement sur toute la période de temps nécessaire à sa réalisation. La notion permet de faire obstacle à une résiliation simplement partielle, dès lors que l'interruption de l'exécution a pour conséquence l'inutilité de la partie déjà exécutée.

b) La distinction entre les contrats à durée déterminée et les contrats à durée indéterminée. — Un contrat à durée déterminée est un contrat dont un terme est prévu par les parties, soit qu'il résulte de l'arrivée d'un événement précis, une date par exemple, soit qu'il soit constitué par la réalisation de l'objet du contrat (v. *infra*). Un contrat à durée indéterminée est au contraire un contrat dont les parties n'ont pas prévu à l'avance la durée; il se distingue du contrat perpétuel, dont les parties ont prévu qu'il devait durer éternellement, et qui est en principe nul en droit français, tout au moins dans la mesure où il porte atteinte à la liberté individuelle. Cette distinction est, en droit civil, considérée comme moins déterminante, alors qu'elle est centrale en droit du travail par exemple, où le contrat à durée indéterminée (CDI) suit un régime juridique fort différent du contrat à durée déterminée (CDD), notamment en ce que sa rupture unilatérale par l'employeur est gouvernée par un droit spécial : le droit du licenciement. La distinction devient cruciale en droit commun également, car les contrats à durée indéterminée peuvent être résiliés à tout moment par la volonté unilatérale de l'une des parties, sous réserve du respect de certaines conditions, et la règle trouve de plus en plus souvent à s'appliquer dans la mesure où les contrats s'étalent de plus en plus dans le temps.

2 | La volonté de s'obliger : l'intention d'entrer dans des relations juridiques

Pour qu'il y ait contrat, l'accord des parties doit avoir pour objet de créer des obligations *juridiques*. Il faut donc que les parties aient eu l'intention de s'obliger par un lien de droit, c'est-à-dire qu'elles aient admis l'éventualité d'être poursuivies devant les tribunaux en cas d'inexécution de leurs obligations[1].

La qualification de contrat ne peut donc être retenue si l'on ne peut relever chez les parties un *animus contrahendi*, c'est-à-dire une intention de contracter. La liberté de vouloir implique celle de ne pas vouloir. À défaut d'intention clairement exprimée des parties, il faut rechercher, non pas si les parties avaient envisagé d'aller devant les tribunaux en cas d'inexécution, mais si elles auraient accepté une telle éventualité si on leur avait précisément posé la question.

En principe, de simples relations de complaisance ou de courtoisie (invitation à dîner), ou encore de famille, ne sont pas contractuelles. L'engagement reste purement moral. Pour reprendre l'exemple de Pothier (*Obligations*, n° 3), « lorsqu'un père promet à son fils, qui étudie en droit, de lui donner de quoi faire dans les vacances un voyage de récréation, en cas qu'il emploie bien son temps, il est évident que le père, en faisant cette promesse, n'entend pas contracter envers son fils un engagement proprement dit ».

La question se pose de savoir dans quelle mesure il convient de suivre les intentions exprimées par les parties, notamment lorsque celles-ci énoncent leur volonté de ne pas donner à leur engagement une portée juridique. Les parties déclarent en effet parfois ne s'engager que sur l'honneur et s'interdisent ainsi de poursuivre l'exécution forcée de leurs engagements devant les tribunaux. Ces engagements d'honneur sont souvent appelés des *gentlemen's agreements* (accords entre gentilshommes).

De tels accords sont fréquents en droit international public, où l'on admet que les États peuvent valablement faire des déclarations d'inten-

1. Selon les PECL, « Un contrat est conclu dès lors que (*a*) les parties entendaient être liées juridiquement, [...] » (art. 2 :101, 1). L'art. 2 :102 ajoute que « l'intention d'une partie d'être liée juridiquement par contrat résulte de ses déclarations ou de son comportement, tels que le cocontractant pouvait raisonnablement les entendre ». résulte de ses déclarations ou de son comportement, tels que le cocontractant pouvait raisonnablement les entendre ».

tion sans aucun effet obligatoire. En droit international privé, ils peuvent également avoir une certaine validité, notamment lorsque les parties apparaissent suffisamment expérimentées pour avoir pu apprécier la portée de leur accord : on admet ainsi les contrats que les parties n'entendent pas soumettre à une juridiction étatique mais à un arbitre. La pratique des engagements d'honneur est également courante dans certains systèmes juridiques, en droit anglais par exemple.

En droit interne français, la portée de ces accords est plus délicate. Le droit français est plus réticent à permettre ainsi aux parties d'échapper au droit et aux juges. On estime généralement qu'il est impossible d'exclure la compétence de toute espèce de juridiction, à la fois étatique et arbitrale. En outre, si le juge refuse de valider certains engagements trop flous[1], il n'hésitera pas à rendre obligatoires et exécutoires une promesse faite pourtant « seulement » sur l'honneur[2] ou un engagement pourtant qualifié d'« exclusivement moral »[3]. Dans de rares hypothèses, les juges peuvent cependant retenir que les parties n'ont pas eu l'intention de s'engager et que leur accord n'a pas de valeur juridique ; c'est souvent le cas dans les relations de famille. Même dans ce dernier cas, les juges du fond doivent expliquer et justifier pourquoi ils écartent du droit les engagements souscrits[4].

La question se pose aussi pour les prestations de services gratuits, et tout dépend alors du type de litige. En principe, le caractère bénévole ou gratuit d'un contrat n'est pas un obstacle à son existence juridique car il n'est pas de l'essence d'un contrat d'être onéreux. La gratuité peut cependant être le signe d'une absence d'intention d'entrer dans des relations juridiques. Ainsi, en cas de services gratuits entre amis ou voisins, les juges hésitent à qualifier les relations de contractuelles. Les arrêts qui refusent ainsi de retenir l'existence d'un contrat sont cepen-

1. Sur l'absence de valeur juridique des promesses politiques, Paris, 18 oct. 1994, *RTD civ.* 1995, 351, obs. J. Mestre.

2. Pour la promesse d'un failli de payer ultérieurement ses créanciers en cas de retour à meilleure fortune : Civ. 29 avr. 1873, *DP* 1873, 1, 207 ; Req. 26 janv. 1874, *DP* 1875, 1, 23 ; Req. 4 juill. 1904, *S.* 1905, 1, 37.

3. Com., 23 janv. 2007, n° 05-13189 ; *RTD civ.* 2007, 340, obs. J. Mestre et B. Fages ; *RDC* 2007/3, 697, obs. Y.-M. Laithier : « En s'engageant, fût-ce moralement, «à ne pas copier» les produits commercialisés par la société Créations Nelson, la société Camaieu International avait exprimé la volonté non équivoque et délibérée de s'obliger envers la société concurrente. »

4. Civ. 2e, 27 nov. 1985, n° 84-13971 : la cour d'appel avait réduit le montant de la pension alimentaire qu'un homme avait été condamné à verser à son ex-épouse et écarté l'engagement d'« honneur » pris par le débiteur à l'occasion du divorce, de renoncer à demander ultérieurement la modification du montant de la pension alimentaire, en se bornant à affirmer que cette renonciation n'était pas juridiquement opposable à son auteur ; censure de la cour d'appel qui n'a pas précisé « les motifs de fait ou de droit sur lesquels elle se fondait ».

dant souvent rendus dans des affaires où le service promis n'a pas été exécuté ou a été mal exécuté : les juges ne veulent alors pas condamner celui qui a aidé son prochain de façon altruiste et bénévole. Il était ainsi classique, en matière de transport bénévole, de n'admettre une action contre le transporteur que sur le seul fondement de la responsabilité délictuelle, rejetant ainsi la sévère obligation de sécurité accompagnant le contrat de transport. Toujours par faveur envers celui qui prête bénévolement son assistance à autrui, la solution peut être différente lorsqu'il s'agit de réparer un dommage subi par celui-ci à l'occasion du service rendu gratuitement : les juges reconnaissent alors, de façon même excessive, l'existence d'un contrat, plus précisément d'une convention d'assistance (v. *infra*).

SECTION 4
Envers une ou plusieurs autres (le ou les créanciers)

L'essence du contrat est d'être un accord de volontés ou un échange de consentements, et il faut donc au minimum deux personnes : une personne engagée (un débiteur) et une autre envers laquelle cet engagement est pris (un créancier).

Il peut cependant y avoir plusieurs créanciers. Ceux-ci peuvent être solidaires, et il existe ainsi une solidarité active comme il y a une solidarité passive. Chacun des créanciers peut alors obtenir du débiteur paiement de l'entière créance, quitte à devoir en reverser une partie aux autres créanciers. Aux termes de l'article 1197 du Code civil, « l'obligation est solidaire entre plusieurs créanciers lorsque le titre donne expressément à chacun d'eux le droit de demander le paiement du total de la créance, et que le paiement fait à l'un d'eux libère le débiteur, encore que le bénéfice de l'obligation soit partageable et divisible entre les divers créanciers »[1].

1. Celle-ci ne permet pas à l'un des coobligés d'exercer une action en responsabilité, au nom des créanciers solidaires, à l'encontre d'un tiers à ce contrat, en l'espèce un avocat, qui aurait contribué à ce que le paiement de la créance ne soit pas possible : Civ. 1re, 27 juin 2006, n° 04-12249 ; *RTD civ.* 2007, 121, obs. J. Mestre et B. Fages.

Le débiteur est engagé par le contrat vis-à-vis de son seul cocontractant, créancier de l'obligation. Le contrat n'a en effet de force obligatoire qu'entre les parties contractantes : tel est l'important principe dit de l'« effet relatif des contrats » posé par l'article 1165 du Code civil. Il n'y a que par le mécanisme de la stipulation pour autrui que le débiteur peut s'engager, vis-à-vis de son cocontractant, à accomplir une obligation en faveur d'un tiers bénéficiaire.

1 | La réciprocité des obligations

1. CONTRATS UNILATÉRAUX ET CONTRATS SYNALLAGMATIQUES

« Le contrat est synallagmatique ou bilatéral lorsque les contractants s'obligent réciproquement les uns envers les autres » (art. 1102 C. civ.), c'est-à-dire lorsque chacune des parties doit exécuter des obligations envers l'autre. Le terme vient du grec *« synallagma »* qui signifie « échange »; un contrat synallagmatique est un contrat qui opère un échange d'obligations entre les parties. C'est le cas de la vente par exemple, où le vendeur s'oblige à transférer la propriété de la chose, tandis que l'acheteur s'oblige à en payer le prix.

Le contrat est au contraire unilatéral « lorsqu'une ou plusieurs personnes sont obligées envers une ou plusieurs autres, sans que de la part de ces dernières il y ait d'engagement » (art. 1103). Il y a bien contrat, c'est-à-dire que les deux parties sont liées par la force obligatoire du contrat, et le créancier comme le débiteur peuvent faire valoir ce lien en justice, même si le créancier n'est pour sa part tenu à aucune obligation, ou uniquement des obligations ponctuelles permettant à l'autre d'exécuter correctement ses obligations (obligation générale de bonne foi, obligation de recevoir dans la donation, de se présenter physiquement à tel ou tel endroit, etc.)[1]. Tel est le cas de la donation par exemple, qui oblige le seul donateur à transférer la propriété de la chose promise, le dona-

1. La qualification n'est pas toujours aisée : J. Mestre et B. Fages, *RTD civ.* 2002, 504, sous Com., 15 janv. 2002 (promesse unilatérale contenue dans un protocole d'accord comportant un ensemble d'obligations réciproques).

taire la recevant sans être tenu d'aucune prestation en échange ; le donataire peut cependant être tenu à certaines obligations, et notamment à recevoir ce qu'il a dans un premier temps accepté.

La distinction entre les contrats unilatéraux et synallagmatiques a plusieurs intérêts. Pour s'en tenir au seul droit civil, l'article 1325 du Code civil impose, pour la preuve d'un acte, l'établissement d'autant d'exemplaires que de parties qui s'obligent – avec un intérêt distinct ajoute le Code[1]. C'est ce qu'on appelle couramment la formalité « du double », dans la mesure où, dans les contrats les plus courants – les contrats synallagmatiques à deux personnes – deux personnes s'obligent réciproquement et donc deux exemplaires doivent être établis. La distinction entraîne également des conséquences sur le régime juridique du contrat. Certains remèdes à l'inexécution du contrat n'ont ainsi de sens que dans les seuls contrats synallagmatiques : par exemple l'exception d'inexécution qui permet à certaines conditions à une partie de retenir l'exécution de sa propre obligation tant que l'autre n'a pas complètement exécuté la sienne n'est concevable que si les deux parties sont obligées réciproquement, et donc se « tiennent » mutuellement.

2. CONTRATS À TITRE GRATUIT ET CONTRATS À TITRE ONÉREUX

Le contrat à titre gratuit, que le Code civil nomme le contrat de bienfaisance, « est celui dans lequel l'une des parties procure à l'autre un avantage purement gratuit » (art. 1105). La définition englobe les transferts de biens à titre gratuit (les donations), mais aussi les services rendus gratuitement (on parle alors volontiers de services bénévoles). Au contraire, « le contrat à titre onéreux est celui qui assujettit chacune des parties à donner ou à faire quelque chose » (art. 1106).

S'agissant du contrat à titre gratuit, la principale difficulté consiste à savoir s'il se caractérise par un critère matériel (l'absence de contrepartie à la prestation fournie) ou par un critère psychologique (l'existence d'une intention de gratifier l'autre sans contrepartie, dénommée l'« intention libérale »). Le Code civil vise à la fois le critère économique (« l'une des parties procure à l'autre un avantage purement gratuit ») et le critère subjectif (dans l'appellation même de contrat « de bienfai-

1. L'expression apporte effectivement une précision, car si deux personnes assument ensemble une même obligation vis-à-vis d'une autre qui ne s'engage pas, il y a bien deux parties qui s'obligent, mais il n'est nécessaire d'établir qu'un seul exemplaire car elles ont le même intérêt.

sance»). Il serait difficile de qualifier d'acte gratuit un acte ayant une contrepartie objective; mais le critère de l'intention libérale est également important et celle-ci entraîne une vigilance accrue (le droit se méfie de la générosité...) : elle détermine par exemple des principes sur la révocation possible pour indignité en cas d'ingratitude vis-à-vis du bienfaiteur.

La définition de l'article 1106 du Code civil mériterait d'être révisée. En effet, si le contrat à titre onéreux est «celui qui assujettit chacune des parties à donner ou à faire quelque chose», c'est qu'il est un contrat dans lequel chacune des parties souscrit des obligations, et la définition est alors exactement la même que celle du contrat synallagmatique («les contractants s'obligent réciproquement les uns envers les autres»). Le contrat unilatéral serait alors quant à lui toujours assimilable au contrat à titre gratuit, ce qui n'est pas exact.

La notion de *unilateral contract* du droit anglais permet d'apporter une précision importante et nécessaire. Ce type de contrat y est en effet défini comme celui où une seule partie s'engage mais en contrepartie de l'accomplissement, par l'autre, d'un acte ou d'une abstention, sans toutefois que cet acte ou cette abstention soit l'objet d'une obligation; l'obligation de payer n'existe alors qu'une fois la contrepartie accomplie. L'exemple type est la promesse d'une personne de payer 100 £ à une autre si celle-ci marche à pied de Londres à York (pour les Américains il s'agit de traverser le pont de Brooklyn pour quelques dollars)[1] : le créancier n'est pas obligé de marcher jusqu'à York (de traverser le pont de Brooklyn) mais, s'il le fait, il a droit à 100 £ (à quelques dollars)[2].

On pourrait, en s'inspirant de ces analyses, essayer de redéfinir le contrat à titre onéreux. Si celui-ci est le contrat dépourvu de toute intention libérale, cela peut, à la lumière des exemples qui précèdent, se rencontrer dans deux hypothèses. Cela peut être tout d'abord parce que les deux parties échangent des obligations (les contrats synallagmatiques sont donc tous à titre onéreux). Mais cela peut être aussi parce que, même s'il n'y a pas formellement échange d'obligations, la partie qui n'est pas créancière d'une obligation a tout de même un intérêt matériel

1. Ce contrat soulevant de longues discussions doctrinales, notamment sur le point de savoir si, après qu'une partie substantielle du chemin a été parcourue, le promettant peut rétracter sa promesse.

2. Le droit romain, tel que transcrit dans le Digeste, n'est pas incompatible avec ces analyses. On a vu en effet qu'il concevait quatre types de contrats synallagmatiques : les contrats *«do ut des»*, *«facio ut facias»*, *«do ut facias»* et *«facio ut des»*, que l'on interprète classiquement comme l'échange d'une obligation de donner contre une obligation de donner (*do ut des*), d'une obligation de faire contre une autre obligation de faire (*facio ut facias*), etc. En réalité, la traduction littérale est bien plus riche. *«Facio ut facias»* donne alors simplement «je fais afin que tu fasses», ce qui ne signifie pas que je sois obligé de faire, mais simplement que si je fais, l'autre pourra être obligé de faire.

au contrat : elle n'a aucune intention libérale et reçoit quelque chose du contrat. Un contrat unilatéral peut donc être à titre onéreux. Si une personne promet 500 à une autre si celle-ci traverse à la nage l'estuaire de la Loire, cette dernière n'est nullement obligée d'accomplir un tel acte mais, si elle le fait, l'autre doit lui verser les 500 promis ; il y a contrat unilatéral (une seule partie s'oblige), mais elle reçoit quelque chose en contrepartie ; elle a un intérêt matériel au contrat lequel n'est donc nullement un contrat de bienfaisance. On peut également prendre l'exemple du contrat réel. Ce type de contrat est en général qualifié d'unilatéral dans la mesure où une seule des parties s'oblige : celle qui doit restituer la chose reçue. La remise de la chose n'est en revanche pas une obligation mais une condition de formation du contrat, tout au moins dans certains prêts (ce qui n'est pas le cas par ex. du prêt bancaire que la Cour de cassation qualifie désormais de contrat synallagmatique). La qualification de contrat à titre « gratuit » ou « onéreux » est moins aisée. Un prêt à titre gratuit est un prêt dans lequel l'emprunteur n'a rien à payer contre l'usage qu'il fait de la chose, à la différence d'un prêt à intérêt où l'emprunteur doit payer un intérêt en contrepartie de la jouissance de la chose prêtée (il faut, pour ne pas tomber dans la nouvelle qualification de la Cour de cassation, imaginer un prêt entre deux amis). Pourtant, le fait que le prêt ne soit pas gratuit n'entraîne pas pour autant la qualification de contrat synallagmatique dans la mesure où l'obligation supplémentaire stipulée (le paiement des intérêts) pèse sur celui qui était déjà tenu d'une obligation (celle de rembourser la somme reçue). Le prêt à titre onéreux envisagé est donc là encore un contrat unilatéral à titre onéreux.

En résumé, contrairement à ce que semblent impliquer les définitions du Code civil, les deux distinctions examinées ne se recouvrent pas entièrement : si le contrat synallagmatique est toujours à titre onéreux, il peut y avoir des contrats à titre onéreux unilatéraux ; réciproquement, si un contrat à titre gratuit est toujours unilatéral, un contrat unilatéral peut être à titre onéreux.

3. CONTRATS COMMUTATIFS ET CONTRATS ALÉATOIRES

Un contrat aléatoire est un contrat dans lequel, au moment de la formation du contrat, l'une au moins des deux parties ne connaît pas l'étendue exacte de la prestation qu'elle sera tenue d'accomplir, car celle-ci dépend d'un événement incertain, c'est-à-dire d'un aléa. Celui-ci n'est pas un événement dont dépend l'existence même de l'obligation (celle-ci serait sinon «conditionnelle») : l'obligation existe et doit être exécutée, mais sa portée exacte ne sera connue qu'après réalisation de l'événement considéré. L'exemple type est celui du contrat d'assurance : au moment de la conclusion du contrat, l'assuré connaît le montant des primes dont il est tenu; l'assureur en revanche s'oblige à couvrir les risques convenus en cas de réalisation (son engagement est donc déterminable), mais la portée de cette obligation, c'est-à-dire le montant exact des sommes qu'il sera tenu de débourser, ne sera connue qu'à la fin de l'année en fonction des sinistres survenus; cette somme peut être nulle si aucun des risques couverts ne se réalise, mais l'assureur n'en aura pas moins été obligé par le contrat de les garantir, c'est-à-dire d'assumer ces risques. Il y a ainsi, dans les contrats aléatoires, une chance de gain ou un risque de perte pour chacune des parties selon que l'événement aléatoire se réalise ou non[1]. L'article 1104 du Code civil dispose ainsi que le contrat est aléatoire «lorsque l'équivalent [c'est-à-dire la prestation reçue] consiste dans la chance de gain ou de perte pour chacune des parties, d'après un événement incertain».

Un contrat commutatif est un contrat qui n'est pas aléatoire, c'est-à-dire qu'aucune des prestations ne dépend de la réalisation d'un événement incertain. Chacune des parties connaît, au moment de l'accord, l'étendue exacte de sa prestation. Selon l'article 1104 du Code civil, le contrat «est commutatif lorsque chacune des parties s'engage à donner ou à faire une chose qui est regardée comme l'équivalent de ce qu'on lui donne, ou de ce qu'on fait pour elle». Cette définition n'est guère satisfaisante car elle donne l'impression qu'un contrat commutatif est un contrat où les deux prestations sont équilibrées (la prestation fournie est l'équivalent de la prestation reçue). En réalité, un contrat commutatif peut être déséquilibré et un contrat aléatoire se révéler finalement équilibré. En outre, dans le contrat aléatoire, la prestation de chaque partie est bien «regardée comme l'équivalent de ce qu'on lui donne, ou de ce qu'on fait pour elle» : l'assuré, par exemple, a pu avoir l'assurance, même si aucun sinistre ne se réalise, que si quelque dommage survenait il en aurait été couvert, et cette garantie est bien pour lui regardée comme l'équivalent des primes versées. La distinction entre les contrats commutatifs et les contrats aléatoires dépend donc de l'existence d'un aléa,

1. Un exemple classique du droit romain le montre bien : celui du «coup de filet». Une personne achète à un prix fixé à l'avance le contenu du filet que l'autre relèvera de la mer; selon que la pêche aura ou non été fructueuse, c'est l'une ou l'autre partie qui y gagnera.

d'une incertitude, et non pas de la proportion entre les prestations échangées.

La distinction a plusieurs intérêts. Selon un adage célèbre, « l'aléa chasse la lésion » : lorsque les parties ont conclu un contrat aléatoire, l'une d'elles ne peut ensuite se plaindre de ce que, rétrospectivement, les deux prestations apparaissent comme ayant été déséquilibrées. Elle a accepté un risque, en quelque sorte elle a accepté de jouer, et ne peut se plaindre si elle a perdu. Elle ne pourra pas davantage se plaindre d'une erreur si elle a accepté un aléa sur la nature de la chose objet du contrat.

2 | Les contrats collectifs

Comme le prévoit la définition de l'article 1101 du Code civil, il peut y avoir pluralité de débiteurs ou de créanciers. Le terme de contrat collectif[1] est toutefois en principe réservé à un contrat dont le rayonnement, par exception au principe de l'effet relatif des contrats, s'étend au-delà des seules parties contractantes[2].

L'exemple le plus typique est celui des conventions collectives de travail, qui sont des accords conclus entre, d'une part, une ou plusieurs organisations syndicales de salariés devant remplir certaines conditions de représentativité et, d'autre part, un groupement d'employeurs ou un ou plusieurs employeurs pris individuellement. La nature juridique de ces conventions est originale : on leur reconnaît une double nature, à la fois contractuelle et réglementaire[3]. Lors de leur conclusion, l'aspect contractuel est le plus marqué puisqu'il faut un accord des parties signataires. Il en est de même des règles d'application dans le temps qui rapprochent la convention collective du contrat : si une loi nouvelle entre en vigueur, il y a en principe survie de la loi ancienne pour régir les

1. À ne pas confondre avec un acte (un contrat) conjonctif (du latin *conjungere*, joindre), dans lequel deux ou plusieurs personnes réunissent, dans un acte unique, des opérations similaires concernant leurs patrimoines respectifs : par ex. deux époux qui font une donation-partage à leurs enfants.

2. C'est ainsi qu'un acte unilatéral peut être collectif, par exemple les actes unilatéraux de l'employeur (F. Gaudu et R. Vatinet, *Les contrats du travail*, in *Traité des contrats*, LGDJ, 2001, qui traitent de l'acte unilatéral dans la deuxième partie sur « les actes collectifs »), ou encore les décisions majoritaires qui vont s'appliquer à tout le groupe.

3. V. l'article célèbre de Paul Durand, Le dualisme de la convention collective de travail, *RTD civ.* 1939, 353 ; J. Brèthe de la Gressaye, La convention collective de travail est-elle un contrat ?, *Études H. Capitant*, Dalloz, 1939, 101.

effets futurs de la convention collective ; si une nouvelle convention collective entre en vigueur, elle s'applique au contraire immédiatement à tous les contrats de travail en cours (elle est donc traitée comme un contrat modifiant un autre contrat alors que, si elle avait été traitée comme une loi, c'est la loi ancienne qui serait demeurée applicable)[1]. L'application de la convention collective révèle cependant son aspect réglementaire dans la mesure où ses effets s'étendent, au-delà des seules parties contractantes, à tous les salariés des entreprises entrant dans son champ d'application (c'est son effet normatif) ; en outre, la Cour de cassation en contrôle l'interprétation alors que celle-ci est abandonnée, en matière de contrats, au pouvoir souverain des juges du fond sauf dénaturation ; de même encore, sa violation par les juges du fond entraîne une censure pour violation de la loi, comme pour une loi ou un règlement, et non pas pour dénaturation de la volonté des parties comme pour un contrat[2] ; enfin le juge doit rechercher d'office la convention collective applicable même si celle-ci n'a pas été invoquée par le salarié[3].

D'autres exemples sont plus spécifiques comme les accords collectifs de location de la loi « Méhaignerie » du 23 décembre 1986 ; de tels accords peuvent être conclus, pour un même secteur locatif, au sein de la Commission nationale de concertation ou de chaque commission spécialisée des rapports locatifs entre une ou plusieurs organisations de bailleurs ou de locataires, et les accords ainsi conclus s'imposent aux organisations signataires et aux adhérents de ces organisations.

3 | Le contrat avec soi-même

Le contrat étant par définition une convention par laquelle une ou plusieurs personnes s'engagent « envers une ou plusieurs autres » (art. 1101 C. civ.), deux contractants au minimum semblent requis pour contracter. La question s'est néanmoins posée du contrat avec soi-même.

1. Contrairement au droit anglais, le droit français a toujours rejeté la théorie de l'incorporation proposée par certains auteurs : les dispositions d'une convention collective ne s'intègrent pas dans le contrat de travail et peuvent donc être soumises à une éventuelle modification : le salarié ne peut dès lors plus invoquer les dispositions de l'ancienne convention collective, sauf exceptionnellement pour certains avantages considérés comme acquis.

2. Et ce depuis un arrêt de l'Assemblée plénière de la Cour de cassation du 6 février 1976.

3. V. not. Soc., 20 févr. 1996, n° 92-45024.

Parfois en effet, une même personne peut se trouver agir en deux qualités différentes : elle acquiert par exemple, pour elle ou pour un autre, un bien qu'elle était chargée de vendre pour autrui. Si le montage semble juridiquement possible (il y a bien deux parties différentes au contrat), on voit immédiatement les risques de l'opération. Si le mandataire décide de se porter acquéreur du bien qu'il avait mandat de vendre, on peut douter qu'il cherchera à obtenir, pour le vendeur qu'il représente, le meilleur prix. Certaines règles sont donc prévues pour limiter les risques de conflits d'intérêt en limitant la capacité de contracter de certaines personnes. L'article 450, alinéa 3 du Code civil prévoit ainsi que le tuteur ne peut ni acheter les biens du mineur, ni les prendre à loyer ou à ferme, sauf autorisation spéciale du conseil de famille, ni accepter la cession d'aucun droit ou créance contre son pupille (la règle est la même pour les majeurs sous tutelle, art. 495 C. civ.). De façon générale, si les intérêts du mineur sont en opposition avec ceux du tuteur, le subrogé tuteur, nommé dans toute tutelle, devra alors représenter le mineur (art. 420 C. civ.). L'article 1596 prévoit également que des personnes ne peuvent se rendre acquéreurs de certains biens, ni par eux-mêmes ni par personnes interposées (par ex. les mandataires ne peuvent acquérir les biens qu'ils sont chargés de vendre). De même le droit commercial prévoit des règles spéciales d'incapacité lorsqu'un dirigeant entend conclure un contrat avec la société qu'il représente.

Quoi qu'il en soit, ces exceptions démontrent qu'*a contrario*, une personne peut conclure seule un contrat, à la condition toutefois que ce soit en une double qualité : il n'y a donc pas vraiment contrat avec soi-même au sens où il faut bien toujours que deux personnes juridiques différentes soient présentes ou représentées.

L'exception semble paradoxalement plus caractérisée quand un contrat est conclu entre deux personnes physiques différentes mais représentant une même personne juridique : des contrats sont ainsi parfois passés dans une même administration entre deux services dénués de personnalité juridique autonome : il semble y avoir là véritablement contrat conclu avec soi-même dans la mesure où, cette fois-ci, une seule personne juridique est concernée par les deux « côtés » du contrat, non seulement au moment de sa conclusion mais encore au moment de son exécution.

De façon plus générale, une même personne peut intervenir à un contrat en une double qualité, et on en tient compte pour l'application de certaines règles [1]. Une opération juridique à trois personnes telle que

1. Il est inutile, pour la validité de l'acte notarié, qu'elle ait signé deux fois : Com., 8 oct. 2003, n° 01-11597 ; *Defrénois*, 2004, 372, obs. J.-L. Aubert ; *RTD civ.* 2004, 737, obs. J. Mestre et B. Fages.

la cession de contrat peut alors n'impliquer que deux personnes[1]. À l'inverse une personne qui a une double qualité peut ne contracter qu'en une seule de ses qualités, et la seconde doit alors être mise de côté[2].

SECTION 5
À donner, à faire ou à ne pas faire quelque chose

L'objet du contrat est principalement de créer des obligations. Il peut cependant avoir d'autres effets plus ou moins normatifs (v. état des questions) : par définir des termes utilisés dans le contrat, donner des informations, etc. Les obligations créées par le contrat peuvent être classées ; elles permettent aussi de qualifier les contrats.

1 | Les classifications des obligations

Le Code civil donne une première classification des obligations, mais d'autres ont été forgées par la doctrine.

1. LES OBLIGATIONS DE DONNER, DE FAIRE ET DE NE PAS FAIRE

Selon la définition du Code civil, la distinction entre les obligations de donner, de faire et de ne pas faire constitue la *summa divisio* au sein

1. Ainsi lorsque le preneur à bail cède ledit bail à son propre bailleur : Civ. 3e, 13 oct. 2004, n° 03-12035 ; *RTD civ.* 2005, 130, obs. J. Mestre et B. Fages.

2. Com., 3 nov. 2004, n° 00-14271 ; *RTD civ.* 2005, 395, obs. J. Mestre et B. Fages, pour un pacte d'actionnaires conclu entre plusieurs associés dont certains étaient dirigeants ; le pacte n'ayant été conclu qu'en cette qualité d'actionnaires, et aucun manquement aux engagements y figurant n'ayant été caractérisé, il ne pouvait être résolu pour des fautes de gestion commises par les dirigeants, cette cause de résolution n'ayant pas été prévue par les parties.

des objets possibles des obligations. Celles-ci sont alors entendues comme le lien de droit unissant les parties et ayant des effets obligatoires.

« Donner » consiste à transférer la propriété d'une chose et, contrairement au sens courant, pas nécessairement à titre gratuit. Le terme vient en effet du latin *dare* (transférer la propriété) et non pas de *donare* (transférer la propriété à titre gratuit) qui a donné notamment « donation ». La prestation consistant à donner ne présume dès lors en rien la gratuité du transfert. Le contrat de vente par exemple est analysé comme obligeant le vendeur à « donner », c'est-à-dire à transférer à l'acheteur la propriété du bien vendu (il doit également lui remettre matériellement la chose : c'est ce qu'on appelle l'obligation de délivrance, qui est une obligation de faire). L'obligation de donner vise en réalité non pas seulement un transfert de propriété mais tout transfert de droit réel sur une chose [1], même celui d'un usufruit ou d'un droit d'usage.

L'obligation de faire est celle par laquelle le débiteur s'engage à accomplir certains actes matériels ou intellectuels en faveur du créancier : construire sa maison, le conseiller juridiquement, ou encore le soigner.

L'obligation de ne pas faire enfin est celle de s'abstenir de faire quelque chose. Par exemple le débiteur s'engage à ne pas construire un bâtiment à proximité du terrain de son voisin, ou encore à ne pas faire concurrence à son ancien employeur.

Lorsque l'on examine les contrats concrets, les contrats spéciaux, cette classification apparaît de toute évidence incomplète, car elle ne rend pas compte de la diversité des objets possibles d'obligation.

Le droit romain était d'ailleurs plus précis. Le *Digeste*, reprenant la définition du jurisconsulte Paul, énonçait en effet que : « La substance des obligations ne consiste pas à nous rendre propriétaire d'une chose ou titulaire d'une servitude, mais à astreindre une autre personne envers nous soit à transférer la propriété, soit à faire, soit à fournir quelque chose. » [2] Il retenait ainsi, à côté des obligations de donner, de faire ou de ne pas faire, des obligations de *praestare* [3]. On le voit encore chez

1. P. F. Girard, *Manuel élémentaire de droit romain*, 8ᵉ éd. revue et mise à jour par F. Senn, Paris, Rousseau & Cie, 1929, p. 472, selon lequel *dare* consiste « dans une translation de propriété ou une constitution de droit réel ».

2. *D.*, 44, 7, 3 : *Obligationum substantia non in eo constitit, ut aliquid corpus nostrum vel aliquam servitutem nostram faciat, sed ut alium nobis obstingat ad dandum aliquid vel faciendum vel praestandum.*

3. P. F. Girard, *Manuel élémentaire de droit romain*, 8ᵉ éd. revue et mise à jour par F. Senn, Paris, Rousseau & Cie, 1929, p. 472 ; J. Gaudemet, *Droit privé romain*, Domat-Montchrestien, 2ᵉ éd., 2000, 263 ; J.-L. Gazzaniga, *Introduction historique au droit des obligations*, PUF, « Droit fondamental », 1992, 18.

Gaius qui retenait qu'« il y a action personnelle, chaque fois que nous agissons avec autrui, qui est obligé envers nous soit à la suite d'un contrat, soit à la suite d'un délit, à donner, à faire ou à fournir »[1]. Cette obligation est ainsi souvent traduite par une obligation de « fournir », sens en réalité très large puisqu'il renvoie à toute forme de prestation (notamment le transfert de propriété), les deux mots ayant d'ailleurs la même étymologie. Pour compléter la classification, l'obligation de *praestare* devrait plutôt être traduite par l'obligation de « mettre à disposition » une chose sans en transférer la propriété (sinon il y aurait *dare*)[2]. Elle correspondrait ainsi à une prestation particulière, bien différente du *dare* et du *facere*. Dans le contrat de location ou encore le prêt à usage, le propriétaire remet ainsi respectivement au locataire et à l'emprunteur une chose dont ces derniers auront l'usage mais pas la propriété. Il n'y a donc pas *dare*, mais il y a plus que *facere* : le créancier se voit en effet remettre cette chose dont il a ensuite, tout au long du contrat, la jouissance, sans que le débiteur n'ait plus rien à faire. Curieusement, le Code civil a abandonné au passage cette catégorie des obligations de *praestare*, puisque l'article 1126 ne retient plus, comme objet et matière des contrats, que les choses qu'une partie s'oblige à donner, à faire ou à ne pas faire. On pourrait cependant en voir une trace dans l'article 1127 dont il résulte que « le simple usage ou la simple possession d'une chose peut être, comme la chose même, l'objet du contrat ».

2. LES OBLIGATIONS EN NATURE, MONÉTAIRES ET LES DETTES DE VALEUR

Les obligations peuvent être autrement classées, toujours selon leur objet : on peut ainsi opposer les obligations pécuniaires, les obligations en nature et, en quelque sorte entre les deux, les dettes de valeur.

Une obligation pécuniaire (ou monétaire) est une obligation de somme d'argent (je vous dois 1 000) : le débiteur s'engage à payer cette somme et s'acquittera de sa dette par le versement de celle-ci.

Une obligation en nature est une obligation qui s'exprime et s'exécute par l'accomplissement d'un acte, ou encore par le transfert de pro-

1. *In personam actio est, quotiens cum aliquo agimus, qui nobis vel ex contractu, vel ex delicto obligatus est, id est cum intendimus, dare, facere, praestare oportere.*

2. Le verbe *praestare* signifie étymologiquement *se tenir en avant* (P. Legendre, Leçons III, *Dieu au miroir. étude sur l'institution des images*, Fayard, 1994, p. 227), mais a ensuite reçu diverses acceptions. Au sens qui nous intéresse ici, *praestare* se traduit, selon le dictionnaire Gaffiot, par *mettre à la disposition, procurer, fournir.*

priété au créancier d'une chose autre qu'une somme d'argent (je m'engage à repeindre votre maison, je vous vends ma voiture).

Entre les deux, une dette de valeur est une obligation qui est exprimée, non pas en unités monétaires, mais par une valeur, définie donc par une chose (la valeur d'un immeuble désigné), ou un service (la réparation des conséquences d'un accident), mais qui sera exécutée par le paiement d'une somme d'argent correspondant à l'évaluation de la dette au jour où elle sera exécutoire, par exemple au jour du jugement. Une telle méthode est utilisée pour lutter contre l'érosion monétaire. Lorsque par exemple deux époux font certaines opérations, ils peuvent contracter entre eux des dettes qui seront payées sous forme de « récompenses » lors de la dissolution de leur communauté (par divorce ou décès) : on évaluera alors à combien correspond, au jour de la dissolution, la dépense faite par un époux à l'autre au cours du mariage.

3. LES OBLIGATIONS SIMPLES ET LES OBLIGATIONS PLURALES

Le débiteur peut être tenu d'une obligation simple, c'est-à-dire d'une seule obligation, ou d'une pluralité d'obligations. Parmi les obligations plurales, on distingue les obligations conjonctives et les obligations disjonctives.

a) Les obligations conjonctives. — Des obligations sont conjonctives lorsqu'elles sont cumulatives, c'est-à-dire qu'elles s'ajoutent les unes aux autres. Le débiteur est tenu d'exécuter plusieurs obligations : par exemple un vendeur s'engage à fournir un ordinateur et à en assurer la maintenance.

b) Les obligations disjonctives (alternatives ou facultatives). — Des obligations contractuelles sont au contraire disjonctives lorsque le débiteur ne s'engage à exécuter que l'une d'entre elles. Deux objets sont ainsi envisagés mais la fourniture d'un seul est en réalité convenu et suffit à libérer le débiteur. Plus précisément, les obligations disjonctives peuvent être alternatives ou facultatives. L'obligation est alternative lorsqu'elle a pour objet plusieurs prestations parmi lesquelles le débiteur peut librement choisir celle qu'il veut fournir (je vous dois une voiture bleue ou une voiture verte[1]) ; il peut s'agir également d'un choix possible entre

1. Ou le commerçant qui reçoit des bijoux de fantaisie en dépôt-vente et qui doit, au bout de six mois, soit retourner les marchandises invendues soit en payer le prix : Civ. 1re, 16 mai 2006, n° 02-17762 ; *RTD civ.* 2006, 556, obs. J. Mestre et B. Fages.

deux modalités d'exécution d'une obligation[1]. Ainsi, aux termes de l'article 1189 du Code civil, « le débiteur d'une obligation alternative est libéré par la délivrance de l'une des deux choses qui étaient comprises dans l'obligation ». En d'autres termes, il peut se libérer en fournissant l'une quelconque d'entre d'elles[2]. Le débiteur est en principe entièrement libre de choisir l'une ou l'autre des branches de l'alternative (art. 1190 : « Le choix appartient au débiteur, s'il n'a pas été expressément accordé au créancier »), mais il doit impérativement exécuter l'une d'entre elles ; il est donc bien obligé, et son obligation n'est pas potestative[3]. Le choix disparaît, et l'obligation redevient pure et simple, si l'une des choses promises périt et ne peut plus être livrée, même par la faute du débiteur[4].

Les obligations disjonctives peuvent également être facultatives : le débiteur est cette fois-ci tenu d'un objet unique (je vous dois une voiture bleue), mais il est prévu une possibilité pour lui de se libérer en fournissant un autre objet déterminé (une voiture verte). Dans le cas de l'obligation facultative, le débiteur n'est en principe pas entièrement libre de choisir de livrer l'objet de remplacement : il doit auparavant justifier d'une raison légitime de ne pas pouvoir exécuter l'obligation prévue à titre principal.

4. LES OBLIGATIONS DIVISIBLES ET LES OBLIGATIONS INDIVISIBLES

« L'obligation est divisible ou indivisible selon qu'elle a pour objet ou une chose qui dans sa livraison, ou un fait qui dans l'exécution, est ou n'est pas susceptible de division, soit matérielle, soit intellectuelle » (art. 1217 C. civ.). L'indivisibilité est donc naturelle ou conventionnelle. En particulier, « l'obligation est indivisible, quoique la chose ou le fait qui en est l'objet soit divisible par sa nature, si le rapport sous lequel elle est considérée dans l'obligation ne la rend pas susceptible d'exécution partielle » (art. 1218 C. civ.).

1. Par ex. la faculté, pour un transporteur, de choisir d'utiliser le transport aérien ou par la route : Com., 7 déc. 2004, n° 03-12032 ; *RTD civ.* 2005, 782, obs. J. Mestre et B. Fages.

2. « Le débiteur peut se libérer en délivrant l'une des deux choses promises » (art. 1191 C. civ.). En revanche, « il ne peut pas forcer le créancier à recevoir une partie de l'une et une partie de l'autre » (même article).

3. Civ. 1re, 16 mai 2006, et Com., 7 déc. 2004, précités, où la Cour de cassation censure les juges du fond pour avoir confondu potestativité et faculté contractuellement prévue.

4. Art. 1193 C. civ. Pour le régime juridique précis, v. les art. 1194 à 1196 C. civ.

« La solidarité stipulée ne donne point à l'obligation le caractère d'indivisibilité » (art. 1219 C. civ.).

La Cour de cassation juge que « l'obligation au paiement d'une somme d'argent n'est pas, par elle-même, indivisible »[1]. Le seul fait que deux débiteurs se soient engagés dans un même acte ne suffit donc pas à rendre leur obligation indivisible, ce qui est cohérent avec l'important principe de l'article 1202 du Code civil selon lequel la solidarité ne se présume point.

a) Des effets de l'obligation divisible. — L'obligation qui est susceptible de division doit être exécutée entre le créancier et le débiteur comme si elle était indivisible. La divisibilité n'a d'application qu'à l'égard de leurs héritiers, qui ne peuvent demander la dette ou qui ne sont tenus de la payer que pour les parts dont ils sont saisis ou dont ils sont tenus comme représentant le créancier ou le débiteur (art. 1220 C. civ.).

Cette disposition reçoit cependant quelques exceptions, prévues par l'article 1121 : 1° Dans le cas où la dette est hypothécaire ; 2° Lorsqu'elle est d'un corps certain ; 3° Lorsqu'il s'agit de la dette alternative de choses au choix du créancier, dont l'une est indivisible ; 4° Lorsque l'un des héritiers est chargé seul, par le titre, de l'exécution de l'obligation ; 5° Lorsqu'il résulte, soit de la nature de l'engagement, soit de la chose qui en fait l'objet, soit de la fin qu'on s'est proposée dans le contrat, que l'intention des contractants a été que la dette ne pût s'acquitter partiellement.

Dans les trois premiers cas, l'héritier qui possède la chose due ou le fonds hypothéqué à la dette peut être poursuivi pour le tout sur la chose due ou sur le fonds hypothéqué, sauf le recours contre ses cohéritiers. Dans le quatrième cas, l'héritier seul chargé de la dette, et dans le cinquième cas, chaque héritier, peut aussi être poursuivi pour le tout ; sauf son recours contre ses cohéritiers.

b) Des effets de l'obligation indivisible. — Chacun de ceux qui ont contracté conjointement une dette indivisible en est tenu pour le total, encore que l'obligation n'ait pas été contractée solidairement (art. 1222). Il en est de même à l'égard des héritiers de celui qui a contracté une pareille obligation (art. 1223). Chaque héritier du créancier peut exiger en totalité l'exécution de l'obligation indivisible ; il ne peut seul faire la remise de la totalité de la dette ; il ne peut recevoir seul le prix au lieu

1. Civ. 1re, 9 mars 2004, n° 01-18026 ; *RTD civ.* 2004, 734, obs. J. Mestre et B. Fages.

de la chose. Si l'un des héritiers a seul remis la dette ou reçu le prix de la chose, son cohéritier ne peut demander la chose indivisible qu'en tenant compte de la portion du cohéritier qui a fait la remise ou qui a reçu le prix (art. 1224). L'héritier du débiteur, assigné pour la totalité de l'obligation, peut demander un délai pour mettre en cause ses cohéritiers, à moins que la dette ne soit de nature à ne pouvoir être acquittée que par l'héritier assigné, qui peut alors être condamné seul, sauf son recours en indemnité contre ses cohéritiers (art. 1225).

2 | La qualification des contrats

L'opération de qualification, qui consiste à identifier le type de contrat (contrat de vente ou contrat de location par ex.), ne doit pas être confondue avec l'interprétation du contrat, qui permet de déterminer le sens d'un contrat donné (le vendeur s'est-il ou non engagé à livrer avant une certaine date ?). Les deux opérations sont néanmoins liées dans la mesure où il faut parfois interpréter le contenu des obligations assumées par les parties pour déterminer le type de contrat.

1. LES CONTRATS NOMMÉS ET LES CONTRATS INNOMÉS

Un contrat nommé est un contrat identifié comme représentant un certain type, qui a dès lors un nom et un régime spécifique : sont ainsi des contrats nommés la vente, le louage, le prêt, le dépôt, ou encore la transaction. La plupart des contrats civils sont envisagés par le Code, dans les titres V et suivants du livre III. La pratique et la loi ont créé également de très nombreux contrats nommés, qui sont plutôt des contrats commerciaux (le contrat de distribution, de concession, de franchise, etc.). Un contrat innomé (qui peut s'écrire aussi « innommé ») est un contrat sans nom car il n'entre pas dans l'une des catégories répertoriées ; on dit aussi parfois qu'il est *sui generis*, de son propre genre, dans la mesure où il n'entre pas dans un type déjà défini.

La distinction était déterminante en droit romain où les conventions et pactes, définis comme des accords dénués de toute forme (c'est-à-dire n'entrant pas dans l'une des catégories nommées par la loi) ne faisaient naître aucune action : ils n'avaient donc pas de valeur juridique.

Le Code civil insiste bien au contraire sur la communauté de régime de ces deux types de contrats : aux termes de l'article 1107, « les contrats, soit qu'ils aient une dénomination propre, soit qu'ils n'en aient pas, sont soumis à des règles générales, qui sont l'objet du présent titre ». Tous les contrats, nommés ou innomés, sont donc juridiquement valables, et ils sont en outre tous soumis au droit commun du contrat prévu par le Code civil. Celui-ci constitue un socle de règles générales applicables à tous les contrats, et pas seulement d'ailleurs aux contrats civils, mais aussi aux contrats commerciaux ou aux contrats de travail. Les contrats nommés sont soumis, en sus de ce droit commun, aux règles qui leur sont propres. Ils sont des modèles proposés aux contractants.

2. LE RÔLE DU JUGE DANS LA QUALIFICATION DES CONTRATS

La qualification du contrat est importante puisqu'elle détermine les règles applicables au contrat en sus de celles du droit commun.

Selon l'article 12 du Code de procédure civile : « Le juge tranche le litige conformément aux règles de droit qui lui sont applicables. Il doit donner ou restituer leur exacte qualification aux faits et actes litigieux sans s'arrêter à la dénomination que les parties en auraient proposée. » La règle est importante et elle est claire : c'est au juge de qualifier le type de contrat conclu par les parties et de déterminer à quel contrat nommé il se rattache éventuellement ; si la dénomination retenue expressément par les parties peut être un indice de leur intention, elle ne lie pas le juge qui peut décider d'en retenir une autre : il pourra, par exemple, décider que la succession de contrats de travail à durée déterminée s'analyse en réalité en un contrat à durée indéterminée, ou que ce que les parties ont qualifié de contrat de dépôt était en réalité un prêt (si par ex. le prétendu « dépositaire » avait en réalité le droit d'utiliser la chose).

Ce n'est pas à dire pour autant que la volonté n'ait pas de rôle à jouer sur les qualifications[1]. En effet, comme en matière d'interprétation du contrat, le juge est le plus souvent guidé par la recherche de la commune intention des parties. Il aura en outre principalement égard au

1. V. la thèse de F. Terré, *L'influence de la volonté individuelle sur les qualifications*, LGDJ, « Bibl. dr. privé », 1957, préf. R. Le Balle ; Volonté et qualification, *Arch. phil. dr.* 1957, 99.

contenu du contrat et donc aux obligations stipulées par les parties, même s'il peut également se servir d'autres indices tels que le comportement des parties, ou encore leur pratique, même postérieure à la conclusion du contrat [1].

ÉTAT DES QUESTIONS

BIBLIOGRAPHIE

Sur l'accord des parties : Y. Guenzoui, *La notion d'accord en droit privé*, LGDJ, « Bibl. dr. privé », 2009, préf. Ch. Hannoun.

Sur l'intention d'entrer dans des relations juridiques : Le domaine du contrat, in *Le contrat aujourd'hui : comparaisons franco-anglaises*, dir. D. Tallon et D. Harris, LGDJ, « Bibl. dr. privé », 1987, rapp. franç. C. Jauffret-Spinosi (91) et rapp. angl. B. Rudden.

Sur les actes de complaisance : A. Viandier, La complaisance, *JCP G* 1980, I, 2987; E.-H. Perreau, Courtoisie, complaisance et usages non obligatoires devant la jurisprudence, *RTD civ.* 1914, 481.

Sur l'engagement d'honneur : B. Oppetit, L'engagement d'honneur, *D.* 1979, chron., 106; repris dans *Droit et modernité*, PUF, « Doctrine juridique », 1998, 277; Lefebvre, *L'honneur*, th. Poitiers, 1947; D. Ammar, *Essai sur le rôle de l'engagement d'honneur*, th. Paris I, 1990; B. Beignier, *L'honneur et le droit*, LGDJ, « Bibl. dr. privé », 1995, préf. J. Foyer; L'honneur, *Droits*, n° 19, 1994, 97. *En droit international :* P. N. Eismann, Le gentlemen's agreement comme source du droit international, *JDI*, *Clunet*, 1979, 326. *Adde* D. Shelton (dir.), *Commitment and Compliance. The Role of Non-Binding Norms in the International Legal System*, OUP, 2000. S. Darmaisin, *Le contrat moral*, LGDJ, « Bibl. dr. privé », 2000, préf. B. Teyssié.

Sur l'obligation comme lien : E. Jeuland, L'énigme du lien de droit, *RTD civ.* 2003, 455.

Sur l'obligation comme bien : En *Common Law*, le contrat est également perçu comme une propriété. P. Benson, Contract as Transfer, in *The Theory of Contract Law*, New Essays, dir. P. Benson, CUP, 2001, selon lequel le contrat ne fait pas que créer des obligations mais est aussi un mécanisme de transfert de droits existants; il doit dès lors y avoir un rapprochement avec les transferts de propriété. L'analyse est faite également par P. Ancel, Force obligatoire et contenu obligationnel du contrat, *RTD civ.* 1999, 71. V. déjà H. Sumner Maine, *L'ancien droit considéré dans ses rapports avec l'histoire des sociétés primitives et avec les idées modernes*, trad. fr., Courcelle Seneuil, Paris, Durand et Pédone, Guillaumin, 1874, qui montre (p. 305), le lien entre le contrat et le transfert de propriété.

1. Com., 12 oct. 1993, n° 91-13966, pour l'hypothèse d'une somme d'argent versée à une société : la Cour de cassation approuve la cour d'appel d'avoir retenu qu'il y avait prêt à intérêt et non pas apport en société; Civ. 1re, 9 nov. 1993, n° 91-22059, où la Cour de cassation approuve une cour d'appel d'avoir retenu que l'acquisition faite en commun par des époux alors que le mari seul en avait payé le prix ne pouvait pas être qualifiée de donation indirecte, faute d'intention libérale de celui-ci. Sur ces deux arrêts, obs. J. Mestre, *RTD civ.* 1994, 595.

Sur les différents types d'obligation : J. Taxil, *L'obligation de ne pas faire*, th. Aix, 2003 ; R. Brugeilles, Recherche d'une base scientifique pour la classification des droits et des obligations, *RTD civ.* 1910, 361 ; P. Esmein, Remarques sur de nouvelles classifications des obligations, *Études H. Capitant*, Dalloz, 1939, 235.

Sur les obligations monétaires : L. Siguoirt, *La preuve du paiement des obligations monétaires*, LGDJ, « Bibl. dr. privé », 2010, préf. G. Loiseau ; C. Kleiner, *La monnaie dans les relations privées internationales*, LGDJ, « Bibl. dr. privé », 2010, préf. P. Mayer ; L.-F. Pignarre, *Les obligations en nature et de somme d'argent en droit privé*, LGDJ, 2010, préf. J.P. Tosi ; R. Libchaber, *Recherches sur la monnaie en droit privé*, LGDJ, « Bibl. dr. privé », 1992, préf. P. Mayer ; Ch. Bruneau, La distinction entre l'obligation monétaire et l'obligation en nature, th. Paris II, 1984 ; G. Sousi, La spécificité juridique de l'obligation de somme d'argent, *RTD civ.* 1982, 514. *Adde* G. Simmel, *La philosophie de l'argent*, 1re éd., 1900, rééd. PUF, « Quadrige », 1987 ; G.-L. Pierre-François, *La notion de dette de valeur en droit civil. Essai d'une théorie*, LGDJ, « Bibl. dr. privé », 1975, préf. P. Raynaud.

Sur les obligations conjonctives ou alternatives : R. Cabrillac, *L'acte juridique conjonctif en droit privé français*, LGDJ, « Bibl. dr. privé », 1990, préf. P. Catala ; M.-J. Gebler, Les obligations alternatives, *RTD civ.* 1969, 1. Les engagements des coparties (coassureurs, coprêteurs, coemprunteurs, etc.) sont tout à la fois liés et indépendants : J. Mestre et B. Fages, *RTD civ.* 2002, 805.

Sur les obligations solidaires : A. Hontebeyrie, *Le fondement de l'obligation solidaire en droit privé*, Economica, 2004, préf. L. Aynès ; M. Oury-Brulé, *L'engagement du codébiteur solidaire non intéressé à la dette*, LGDJ, « Bibl. dr. privé », 2002, préf. C. Ferry ; M. Mignot, *Les obligations solidaires et les obligations* in solidum *en droit privé français*, th. Dijon, 2000 ; Ph. Briand, *Éléments d'une théorie de la cotitularité des obligations*, th. Nantes, 2000, qui définit la cotitularité non pas seulement par la pluralité des liens d'obligation, mais aussi par l'unicité de la dette ou de la créance qu'ils sous-tendent ; D. R. Martin, L'engagement de codébiteur solidaire adjoint, *RTD civ.* 1994, 49 ; D. Veaux et P. Veaux-Fournerie, La représentation mutuelle des coobligés, in *Études A. Weill*, Dalloz, 1983, 547 ; J. Mestre, La pluralité d'obligés accessoires, *RTD civ.* 1981, 1. Pour un commentaire de l'avant-projet Catala, L. Aynès et A. Hontebeyrie, Pour une réforme du Code civil en matière d'obligation conjointe et d'obligation solidaire, *D.* 2006, 2113.

Sur les obligations à terme : C. Bloud-Rey, *Le terme dans le contrat*, PUAM, 2003, préf. P.-Y. Gautier.

Sur les obligations réelles : J. Scapel, *La notion d'obligation réelle*, th. Paris I, 2002 ; H. Aberkane, *Essai d'une théorie générale de l'obligation* propter rem *en droit positif français*, LGDJ, 1957, préf. Frejaville ; M. de Juglart, *Obligation réelle et servitudes en droit privé français*, th. Bordeaux, 1937 ; L. Michon, *Des obligations* propter rem *dans le Code civil*, th. Nancy, 1891. *Adde*, parmi les obligations de faire, les obligations de faire faire : D. Bazin-Beust, *L'obligation de faire faire*, th. Caen, 2000.

Sur les contrats synallagmatiques et unilatéraux : F.-L. Simon, La spécificité du contrat unilatéral, *RTD civ.* 2006, 209, qui caractérise la spécificité du contrat unilatéral à l'aide de la notion de cause : alors que la cause est interne au contrat dans les contrats synallagmatiques, elle est externe au contrat dans les contrats unilatéraux ; A. Sériaux, La notion de contrat synallagmatique, in *Études J. Ghestin*, LGDJ, 2001, 777 ; C. Despotopoulos, La notion de synallagma chez Aristote, *Arch. phil. dr.* 1968, 115 ; R. Houin, *La distinction des contrats synallagmatiques et des contrats unilatéraux*, th. Paris, 1937. *Adde* M.Séjean, *La bilatéralisation du cautionnement*, th. Evry, 2009.

Sur les contrats aléatoires : A. Morin, *Contribution à l'étude des contrats aléatoires*, LGDJ, PU Clermont-Ferrand, 1998 ; A. Bénabent, *La chance et le droit*, LGDJ, « Bibl. dr. privé », 1973, préf. J. Carbonnier ; F. Grua, Les effets de l'aléa et la distinction des contrats aléatoires et des contrats commutatifs, *RTD civ.* 1983, 263 ; G. Klein, Aléa et équilibre contractuel dans la formation du contrat de vente d'immeuble en viager, *RTD civ.* 1979, 13.

Sur les contrats à l'essai : L. Lorvellec, *L'essai dans les contrats*, th. Rennes, 1972.

Sur le temps dans le contrat : F. Colonna d'Istria, *Temps et concepts en droit des obligations. Essai d'analyse méthodologique*, th. Aix-Marseille III, 2009, qui déconstruit la place du temps dans les concepts juridiques de droit des obligations, en montrant que la place qui lui est donnée pour définir certains concepts est excessive (dans l'erreur, la résolution, ou encore la nullité) ; M. L. Cros, Les contrats à exécution échelonnée, *D.* 1989, chron., 49 ; G. Brière de l'Isle, De la notion de contrat successif, *D.* 1957, chron., 158.

Sur les contrats conclus intuitu personae *:* G. Kostic, *L'« intuitus personae » dans les contrats de droit privé*, th. Paris V, 1997 ; D. Krajuski, *L'« intuitus personae » dans les contrats*, th. Toulouse I, 1998 ; M. Contamine-Raynaud, *L'« intuitus personae » dans les contrats*, h. Paris I, 1974 ; F. Valleur, *L'« intuitus personae » dans les contrats*, th. Paris, M. Lavergne, 1938 ; D. Houtcieff, Contribution à l'étude de l'*intuitus personae*, *RTD civ.* 2003, 3 ; Azoulay, L'élimination de l'*intuitus personae* dans le contrat, in *La tendance à la stabilité du rapport contractuel*, dir. P. Durand, LGDJ, 1960, 1. Sur l'apparition d'une notion d'*intuitus firmae*, C. Prieto, *La société contractante*, PUAM, 1994.

Sur la gratuité : J.-J. Dupeyroux, *Contribution à la théorie générale de l'acte gratuit*, th. Toulouse, 1955, qui définit l'acte gratuit par l'existence d'un déséquilibre patrimonial qui doit se traduire par l'attribution d'un avantage objectif ; il dénonce en revanche la théorie subjective de l'acte gratuit, dans la mesure où, dans la jurisprudence, la volonté de préférer autrui à soi-même n'est ni une condition suffisante ni même une condition nécessaire de la gratuité ; dans le contrat à titre onéreux, le contractant s'engage pour compenser un sacrifice antagoniste : le titre onéreux correspond ainsi à l'équivalence objective ou subjective de deux sacrifices antagonistes ; mais la jurisprudence examine aujourd'hui l'intention libérale pour caractériser une donation (Civ. 1re, 19 nov. 2002, n° 00-13276 ; Civ. 1re, 13 mai 1998, n° 96-16222 : la cour d'appel a justement retenu qu'aucune donation indirecte n'était réalisée faute d'intention libérale). N. Peterka, *Les dons manuels*, LGDJ, « Bibl. dr. privé », 2001, préf. P. Catala ; H. Méau-Lautour, *La donation déguisée en droit civil français : contribution à la théorie générale de la donation*, LGDJ, « Bibl. dr. privé », 1985, préf. P. Raynaud, M. Boitard, *Les contrats de services gratuits*, th. Paris, 1941 ; F. Grua, *L'acte gratuit en droit commercial*, thèse Paris, 1978 ; A. Rouast, La prestation gratuite de travail, in *Études H. Capitant*, Dalloz, 1939, 695. L'une des particularités du régime des donations en droit français est qu'elles sont réversibles : Cl. Saliniere, La réversibilité des donations, *RTD civ.* 2004, 21.

Sur les actes juridiques collectifs : C. Tilloy, *Le contrat collectif en droit privé*, th. Reims, 1997, qui insiste sur la notion de groupe comme élément fondamental du contrat collectif, et définit celui-ci comme un accord de volontés destiné à produire des effets de droit collectifs ; G. Roujou de Boubée, *Essai sur l'acte juridique collectif*, LGDJ, 1961, préf. G. Marty ; A. Rouast, *Essai sur la notion juridique de contrat collectif*, th. Lyon, 1909 ; G. Rouhette, Les accords collectifs en droit français, in *Trav. SLC, journ. franco-yougoslaves*, 1979, 55.

Sur le contrat avec soi-même : Gouget, *Théorie générale du contrat avec soi-même. Étude de droit comparé*, th. Caen, 1903; Vallimaresco, Des actes juridiques avec soi-même, *RTD civ.* 1926, 973.

THÉORIE JURIDIQUE

a) La notion de contrat. — G. Rouhette, *Contribution à l'étude critique de la notion de contrat*, th. Paris, 1965; *La notion de contrat*, *Arch. phil. dr.*, t. XIII, Sirey, 1968; v° Contrat in *Encyclopaedia Universalis*; La définition du contrat et la méthode juridique française, *Droits*, 1990, n° 12, 59; J. Ghestin, La notion de contrat au regard de la diversité de ses éléments variables, rapport de synthèse, in *La relativité du contrat*, Trav. Ass. H. Capitant, Nantes, LGDJ, 2000, 223; La notion de contrat, *D.* 1990, chron., 147; *Droits* 1990, n° 12, 7; G. Alpa, Le contrat «individuel» et sa définition, *RID comp.* 1988-2, 327; L. Dikoff, L'évolution de la notion de contrat, in *Études H. Capitant*, Dalloz, 1939, 201.

La définition du contrat a fait l'objet de maintes discussions. Une forte tendance de la doctrine actuelle est au positivisme qui, poussé au bout de sa logique, aboutit au nominalisme et vide les catégories de tout contenu substantiel : cela donne des définitions du type : «Le contrat est un accord de volontés que la loi et/ou le juge reconnaissent autoritairement comme tel et qu'ils soumettent au droit des contrats» (F. Collart Dutilleul, Quelle place pour le contrat dans l'ordonnancement juridique?, in *La nouvelle crise du contrat*, dir. Ch. Jamin et D. Mazeaud, Dalloz, «Thèmes et commentaires», 2003, 230). La définition, pour être effectivement indéniable, n'apporte rien. De la même façon, le soleil est ce que nous sommes convenus d'appeler le soleil, mais cette assertion incontestable ne donne pas davantage le moindre élément de description ni de définition. Ce type de définition traduit en outre une abdication de la doctrine : il n'y a rien à dire sur le contrat et il faut donc attendre ce que «la loi et/ou le juge» vont en dire. Le positivisme ne laisse même ici aucune place à la possible critique : dès lors que l'on reconnaît à la loi ou au juge tout pouvoir pour dire ce qu'est un contrat, sur la base de quels éléments pourrait-on ensuite lui reprocher d'avoir retenu telle ou telle définition, sans lui dénier par là même le pouvoir qu'on lui reconnaissait?

La particularité du contrat est d'être un engagement *volontaire* vis-à-vis d'autrui. En ce sens J. Ghestin, avant-propos à *La nouvelle crise du contrat*, *op. cit.*, 2, qui énonce que «la création de règles juridiques par un accord de volontés apparaît comme le trait commun de tous les contrats, dont elle constitue aussi le critère spécifique, et cela même en l'absence de négociation. Le contrat, acte volontaire et exercice d'une liberté, est en même temps une aliénation volontaire de liberté». Les rédacteurs du Code civil n'avaient pas encore perdu ce critère immédiat : «Dans les contrats, c'est le consentement mutuel des parties contractantes qui produit entre elles l'obligation» : P. A. Fenet, *Recueil complet des travaux préparatoires du Code civil*, tome treizième sur le titre III du livre III du Code civil, Paris, 1827, 465. L'élément de volonté ne suffit pas pour autant à décrire le contrat, ni à en déterminer les conditions de validité, mais il demeure le critère distinctif du contrat par rapport aux autres types d'obligation. Pour le reste, il ne faut pas s'étonner de la diversité des contrats, accentuée par la contractualisation de la société, et la définition du droit civil, plus souple qu'il n'y paraît, doit permettre d'en contenir les formes les plus modernes au lieu de rejeter, hors du contrat, ce qui en seraient de «fausses» applications, et dessécher toujours un peu plus le droit civil pour n'en retenir qu'un concept pur... et inutilisable.

Sur la distinction entre contrat et convention : J.-M. Trigeaud, Convention, *Arch. phil. dr.*, t. 35, *Vocabulaire fondamental du droit*, Sirey, 1990, 13.

Sur le rôle de la volonté dans le contrat : J. Hauser, *Objectivisme et subjectivisme dans l'acte juridique*, LGDJ, « Bibl. dr. privé », 1971, préf. P. Raynaud ; B. Célice, *Les réserves et le non-vouloir dans les actes juridiques*, LGDJ, « Bibl. dr. privé », 1968, préf. J. Carbonnier ; P. Hébraud, Rôle respectif de la volonté et des éléments objectifs dans les actes juridiques, in *Mélanges Jacques Maury*, t. 2, 419.

Sur l'échange et le contrat : J.-M. Poughon, *Histoire doctrinale de l'échange*, LGDJ, « Bibl. dr. privé », 1987, av.-propos J. Ghestin, préf. J.-P. Baud ; P. Didier, Le consentement sans l'échange : le contrat de société, *in* L'échange des consentements, *RJ com.* nov. 1995, n° spéc., 75 ; J. Ghestin, Le contrat en tant qu'échange économique, in *Économie des contrats : bilan et perspectives*, dir. E. Brousseau et J.-M. Glachant, *Rev. éco. industr.* n° 92, 2000.

Sur la distinction entre contrat et accord au sens de la CJCE : L. Idot, Confirmation de la jurisprudence « Bayer » sur la notion d'« accord » et application en matière de pratiques sur les prix, *RDC* 2007/2, 321.

b) Contrat et institution. — Y. Puyo, *Essai sur le contrat et l'institution. Les relations entre les groupements institutionnels et le contrat en droit privé*, thèse Toulouse I, 2006, dir. B. Beignier, qui entend examiner les relations des deux notions en dehors de l'habituelle opposion résumée par la question "contrat ou institution ?" ; il montre alors l'indépendance de l'institution par rapport à son contrat fondateur, et la particularité et la cohérence des règles régissant les contrats en relation avec une institution ; D. Salas, Droit et institution : Léon Duguit et M. Hauriou, in *La force du droit. Panorama des débats contemporains*, dir. P. Bouretz, Éd. Esprit, série philo., 1991, 193 ; R. Loureau, *L'analyse institutionnelle*, Éd. de Minuit, 1970. *Adde* L. Butstraen, L'association : contrat ou institution ; contrat et institution, *Gaz. Pal.* 16-18 déc. 2001, 12.

Pour les références classiques : M. Hauriou, *Aux sources du droit. Le pouvoir, l'ordre et la liberté*, 1933, réimpr. Centre phil. pol. et jurid., Univ. de Caen, 1986 ; *La théorie de l'institution et de la fondation*, Cah. de la nouv. journ., n° 4, « La cité moderne et les transformations du droit », Bloud et Gay, 1925 ; G. Marty, La théorie de l'institution, in *La pensée du doyen M. Hauriou et son influence*, Journées M. Hauriou, Toulouse, 1968, Pedone, 1969, 34 ; J. Zaksas, *Les transformations du contrat et leur loi : essai sur la vie du contrat en tant qu'institution juridique*, Sirey, 1939.

Certains contrats semblent faire plus que simplement faire naître des obligations. Ils créent un véritable statut, un ensemble de relations personnelles complexes. La question s'est alors posée de savoir si l'on était en présence d'un contrat ou d'une institution. Elle a été soulevée pour le mariage (M.-Th. Meulders, L'évolution du mariage et le sens de l'histoire : de l'institution au contrat, et au-delà, in *Le droit de la famille en Europe : son évolution depuis l'Antiquité jusqu'à nos jours*, PU de Strasbourg, MSH Strasbourg, n° 7, 1992, 215). Elle s'est aussi posée pour la société (J. Mestre, La société est bien encore un contrat..., in *Mélanges Chr. Mouly*, liv. II, Litec, 1998, 131 ; J.-P. Bertrel, Le débat sur la nature de la société, in *Études A. Sayag*, Litec, 1997, 131), ou encore pour le contrat de travail (P. Durand, Aux frontières du contrat et de l'institution : la relation de travail, *JCP G* 1944, I, 387). La doctrine américaine connaît les mêmes débats, les *« contracta-*

rians» (partisans du «tout-contractuel») analysant à travers le contrat le mariage ou la société (Robert A. Hillman, *The Richness of Contract Law, An Analysis and Critique of Contemporary Theories of Contract Law*, Kluwer Academic Publishers, 1997, chap. 3). Les deux qualifications ne sont pas incompatibles, le contrat décrivant plutôt le mode de formation (volontaire), qui est à l'origine de l'institution créée. Le PACS est ainsi un contrat (art. 515-1 C. civ. : «Un pacte civil de solidarité est un contrat conclu par deux personnes physiques majeures, de sexe différent ou de même sexe, pour organiser leur vie commune») mais qui institue bien plus qu'un réseau d'obligations : un véritable couple (Cons. constit. 9 nov. 1999). Il est un «contrat spécifique» (formule du Cons. constit.) : J. Hauser, Le PACS, objet juridique non identifié, entre au purgatoire..., *RTD civ.* 2003, 684; du même auteur, Le PACS est-il un contrat consensuel ou un contrat solennel?, *Defrénois* 2001, 673.

Sur la notion d'institution, v. les travaux de Pierre Legendre (not. ses *Leçons* publiées chez Fayard), dans lesquels la notion d'institution est centrale. Pour un résumé de quelques-unes de ses réflexions, Revisiter les fondations du droit civil, *RTD civ.* 1990, p. 639 et s., où il insiste sur le fait que le droit civil doit aborder «l'étude des montages institutionnels du sujet» (par ex. la fonction du nom). «Il faut, nous dit-il, se souvenir d'un schéma fort simple : la fonction institutionnelle est en Occident remise aux mains expertes du juriste; elle consiste à nouer dogmatiquement les trois éléments d'où émerge l'humain (le biologique, le social, le subjectif, inconscient compris).» Ces montages du droit «ont une finalité liée à l'ordre du vivant et tirent de là leur caractère de nécessité». V. ainsi le *«vitam instituere»* qui trouve ses origines en droit romain : Anthropologie dogmatique. Définition d'un concept, in *Sur la question dogmatique en Occident*, Fayard, 1999, p. 106. Ces travaux sont très importants pour le droit des contrats car les enjeux dogmatiques demeurent par définition hors de portée de la volonté et servent dès lors à en délimiter le champ d'action possible : c'est ce qui justifie la traditionnelle indisponibilité de l'état des personnes. Sur l'anthropologie dogmatique, v. notre *Introduction générale au droit*, PUF, collection L, 2009.

c) La distinction entre effet obligatoire et effet normatif du contrat. — La notion d'effets normatifs d'une convention est courante en droit du travail où le dualisme de la convention collective conduit à distinguer entre ses effets obligatoires (qui concernent les parties signataires du contrat, du côté des employeurs comme du côté des salariés) et ses effets normatifs, les plus importants, puisqu'ils concernent les employeurs et les salariés des entreprises dans lesquelles ces conventions seront applicables et qui n'ont pas directement signé l'accord ou la convention collective. Les effets normatifs d'une convention sont donc ceux qui, par exception précisément au principe de l'effet relatif des contrats, sont applicables au-delà des seuls signataires, montrant la similitude entre la convention et l'accord collectifs de travail et un règlement.

En droit civil, la distinction entre effet obligatoire et effet normatif a également un sens, mais différent. Il n'est pas question en effet ici qu'un contrat ait des effets réglementaires au-delà des parties au contrat : même dans la stipulation pour autrui, le bénéficiaire est un tiers désigné. En revanche, ainsi qu'il a été vu, on peut distinguer dans le contrat entre son effet obligatoire et son contenu obligationnel (la paternité de la distinction revient à P. Ancel, Force obligatoire et contenu obligationnel du contrat, *RTD civ.* 1999, 771 et s.). Le contrat a donc des effets automatiques, légaux, qui ne dépendent pas d'une exécution par l'une ou l'autre des parties : par exemple le transfert de propriété dans la vente. C'est l'ensemble de ces effets que l'on pourrait, en droit civil, désigner sous le terme d'effets normatifs. On peut parler aussi des règles créées par le contrat : Th. Revet, Le « contrat-règles », in *Mélanges Ph. le Tourneau*, Dalloz, 2007 ; *adde* Ph. Neau-Leduc, *La réglementation de droit privé*, Litec, Bibl. dr. entr., 1998, préf. Th. Revet. Sur la gradation et le sens des effets normatifs du contrat, v. R. Libchaber, Réflexions sur les effets du contrat, in *Mélanges J.-L. Aubert*, Dalloz, 2005, 210.

d) Contrat et clauses contractuelles. — Le contrat est plus qu'une addition de clauses. Il tisse entre les parties un lien qui contient davantage que la somme des contenus de chaque clause. M. Mekki, Le nouvel essor du concept de clause contractuelle, *RDC* 2006/4, 1051 et *RDC* 2007/2, 239; Ph. Delebecque, *Clausula, clausulae, clausularum*, in *Dialogues avec M. Jeantin*, Dalloz, 1999, 33.

Sur les différents types de clauses : *Les principales clauses des contrats d'affaires*, dir. J. Mestre et J.-Ch. Roda, Lextenso, 2011 ; G. Helleringer, *Les clauses contractuelles. Essai de typologie*, th. Paris I, 2010, qui identifie trois types de clauses, chacun étant soumis à un contrôle-type différent du juge : les clauses de prestation, les clauses de pouvoir et les clauses de différend; W. Dross, *Clausier. Dictionnaire des clauses ordinaires et extraordinaires des contrats de droit privé interne*, Litec, J.-Cl., 2008. V. déjà M.-A. Frison-Roche, Le contrat et la responsabilité : consentements, pouvoirs et régulation économique, *RTD civ.* 1998, 49, qui notait qu'« est en train de naître le droit des clauses ». *Adde*, pour les clauses spécifiques au contrat de travail, P.-H. Antonmattei, *Les clauses du contrat de travail. Non-concurrence, dédit-formation, rémunération variable, mobilité, rupture*, Éditions Liaisons, 2009.

Pour une perspective européenne : S. Whittaker, On the Development of European Standard Contract Terms, *ERCL* 1/2006, 51.

e) Les contrats extrapatrimoniaux. — Presque tous les contrats nommés du Code civil étant des contrats patrimoniaux, dont l'une des prestations est même le plus souvent monétaire, on suppose souvent implicitement qu'un contrat serait toujours patrimonial. Le Code civil italien le dit même expressément dans son article 1321 : « *Il contratto è l'accordo di due o più parti per costituire, regolare o estinguere tra loro un rapporto giuridico patrimoniale* » (traduction très littérale : « Le contrat est l'accord de deux parties ou plus pour constituer, régler ou éteindre entre eux un rapport juridique patrimonial »). R. Sacco, À la recherche de l'origine de l'obligation, *Arch. de phil. du droit*, t. 44, sur *L'obligation*, 33, qui retient que la patrimonialité est même de l'essence de l'obligation. Mais le contrat n'a pas nécessairement un objet patrimonial. Déjà en ce sens R. Ihering, De l'intérêt dans les contrats et de la prétendue nécessité de la valeur patrimoniale des prestations des obligations, in *Œuvres choisies*, 1893, t. II, 145. Certaines de ses clauses, voire tout le contrat, peuvent prévoir des obligations purement personnelles sans conséquences sur le patrimoine des cocontractants. On en trouve des exemples dans les domaines de relations personnelles fortement marquées, en droit de la famille notamment : la convention portant sur l'usage du nom du mari par la femme après divorce, ou même le mariage lui-même, si tant est qu'il s'agisse véritablement d'un contrat; l'exemple le plus net est le Pacte civil de solidarité (PACS) créé par la loi du 15 nov. 1999, dont l'article 1er dit bien qu'il s'agit d'un contrat alors que son objet est d'organiser la vie commune des partenaires ce qui est bien un objet extrapatrimonial. Le phénomène de contractualisation de la société risque d'accroître les occurrences de ces types de contrats (v. *supra*).

Le régime juridique du contrat extrapatrimonial est spécifique. Ainsi, lorsque le contrat porte sur la personne ou sur un élément du corps humain, un régime protecteur s'impose. M. Bourgeois, *La personne objet de contrat*, th. Paris I, 2003. En particulier, la personne peut revenir à tout moment sur son consentement : la loi du 4 mars 2002 relative aux droits des malades et à la qualité du système de santé prévoit ainsi (art. L. 1111-4 C. Santé pub.) que le consentement de la personne « peut être retiré à tout moment ». Plus généralement, le régime des contrats réels pourrait être particulièrement adapté aux contrats qui portent sur des biens particuliers ayant un lien avec la personne humaine : cette thèse, convaincante, est soutenue par A.-F. Eyraud, *Le contrat réel – essai de renouveau par le droit des biens*, th. Paris I, 2003. Sur ces contrats, Fl. Bellivier et Ch. Noiville, *Contrats et vivant, Le droit de la circulation des ressources biologiques*, LGDJ, 2006, introd. C. Labrusse-Riou.

Plus souvent, l'une des obligations est personnelle ou extrapatrimoniale, mais sa contractualisation a pour effet de la patrimonialiser : on pense à la cession d'un droit de la personnalité, ou encore aux obligations personnelles que peut souscrire un salarié : on peut alors identifier un régime juridique propre aux obligations à caractère personnel contenues dans des contrats patrimoniaux (v. *infra*).

f) Les contrats relationnels. — La notion de *relational contract* a été proposée aux États-Unis par Ian R. MacNeil. De cet auteur, parmi de très nombreux articles, The many futures of contracts, *Southern Calif. Law Rev.*, 1974, vol. 47, 691, qui est le premier article où il évoque véritablement sa théorie ; Contracts : Adjustments of long-term economic relations under classical, neoclassical and relational contract law, *Northwestern Law Rev.*, 1978, 854 ; Relational contract : What we do and do not know, *Wisconsin Law Rev.*, 1985, 483 ; Reflections on relational contract, *Journ. of Institutional and Theoretical Economics* 1985, 541. Adde *The New Social Contract : An Inquiry into Modern Contractual Relations*, New Haven, Yale Univ. Press, 1980 (dont le compte-rendu a été fait par G. Rouhette, *JDI* 1983). MacNeil souligne que la théorie des contrats se concentre sur des contrats spécifiques, particulièrement les *discrete contracts*, c'est-à-dire des contrats discontinus, impersonnels, qui sont le plus souvent instantanés, alors que dans la vie moderne des affaires la plupart des contrats sont des contrats de long terme, caractérisés par la coopération entre les parties, la flexibilité, et donc la volonté de les ajuster sur le long terme plutôt que de rester liés par les termes exacts des promesses initiales. Les parties ont donc confiance dans leurs relations et n'hésitent pas à faire des contrats incomplets qu'elles rempliront au fur et à mesure. Le droit français pourrait recevoir la même critique qui raisonne sur le modèle du contrat de vente, contrat instantané d'échange. Tous les grands arrêts rendus en droit des contrats ces dernières années ont eu pour objet des contrats de longue durée (la question de la résiliation unilatérale, de la cession de contrat, de l'imprévision, ou encore de l'indétermination du prix), peu réglementés par le Code civil qui ignore même purement et simplement la notion de contrat à durée indéterminée. La théorie relationnelle du contrat minimise donc le rôle des promesses initiales (contrairement à la théorie classique représentée aux États-Unis par Fried) pour insister sur la transformation du contrat tout au long de sa durée. En outre, la théorie classique se focalise sur le moment précis de la conclusion du contrat alors qu'en réalité la formation du contrat est un processus progressif (*incremental process*) où les parties se mettent d'accord au fur et à mesure : Ian R Macneil, Economic analysis of contractual relations : Its shortfalls and the need for a « Rich classificatory apparatus », 75 *Nw. U. L. Rev.*, 1018 (1981). L'analyse rejoint les courants modernes d'analyse économique qui mettent au centre de leurs interrogations la notion de contrat incomplet.

Pour une sélection des travaux de Macneil : *The Relational Theory of Contract : Selected Works of Ian Macneil*, dir. D. Campbell, *Modern Legal Studies*, London, Sweet and Maxwell, 2001. Pour une critique, Randy E. Barnett, Conflicting visions : A critique of Ian Macneil's relational theory of contract, 78 Va. *L. Rev.*, 1175, 1992.

En français : C. Boismain, *Les contrats relationnels*, th. Nantes, 2004 ; H. Muir Watt, Du contrat « relationnel », in *La relativité du contrat*, Trav. Ass. H. Capitant, Nantes, LGDJ, 2000, 169 ; Y.-M. Laithier, À propos de la réception du contrat relationnel en droit français, *D.* 2006, 1003 ; H. Bouthinon-Dumas, Les contrats relationnels et la théorie de l'imprévision, *RID éco.* 2001, 339 ; J. G. Belley, *Le contrat entre droit, économie et société*, Yvon Blais, 1998, 298.

Adde Y. Adar et M. Gelbard, The Role of Remedies in The Relational Theory of Contrat - A Preliminary inquiry, *ERCL* 2012, 399.

D'autres distinctions sont encore proposées, qui insistent sur le fait que certains contrats donnent plus d'importance à la relation entre les parties. A. Sériaux, *Le droit, une introduction*, Ellipses, 1997, n° 125, qui distingue les contrats d'alliance (le mariage, la société, et tous les contrats qui impliquent une certaine forme de don) des contrats d'échange, dont le point commun est la restitution. Également M.-A. Frison-Roche, Le contrat et la responsabilité : consentements, pouvoirs et régulation économique, *RTD civ.* 1998, 43, qui propose de distinguer entre les contrats « aristocratiques » (qui établissent une relation contractuelle sur mesure, régis à l'aune des intentions) et les contrats « de marché » (standardisés et qui circulent sur les marchés), ou encore entre le « contrat-objet », qui peut circuler sur le marché, et le « contrat-situation », qui vise à organiser une relation autrement que par la mobilité extrême du marché ; l'auteur ajoute que contrairement à ce qu'on pourrait penser, la distinction ne recouvre pas celle du droit civil et du droit commercial : les contrats de consommation sont particulièrement anonymes tandis que c'est souvent dans les relations d'affaires que l'on trouve le cousu main. Le qualificatif d'*aristocratique* appliqué au droit des obligations avait déjà été utilisé par A. Kojève, mais par opposition à celui de *bourgeois*, in *Esquisse d'une phénoménologie du droit*, Gallimard, 1981, p. 573, *in fine* : « Il y a donc un Droit aristocratique de l'Obligation, fondé sur le principe de l'égalité entre les membres spécifiques de la Société économique, et un Droit bourgeois de l'Obligation, fondé sur le principe de l'équivalence de ces membres. » *Adde* P. Didier, Le contrat de société, in *L'échange des consentement, RJ com.* 1995, n° spéc., 74, qui distingue entre le contrat opérant un échange et le contrat d'organisation ; du même auteur, Brèves notes sur le contrat-organisation, in *Mélanges F. Terré*, Dalloz-PUF, J.-Cl., 1999, 635. *Adde* A. Mainguy, Remarques sur les contrats de situation et quelques évolutions récentes du droit des contrats, in *Mélanges M. Cabrillac*, Dalloz-Litec, 1999, 165.

g) Contrats typiques et contrats atypiques. — La notion de type de contrat et donc de contrat typique est bien connue du droit italien. Elle figure à l'article 1322 du Code civil relatif à la liberté contractuelle, dont l'alinéa 2 dispose que « les parties peuvent également conclure des contrats qui n'appartiennent pas aux types ayant une réglementation particulière, pourvu qu'ils soient destinés à réaliser des intérêts méritant protection selon l'ordre juridique» (*Le parti possono anche concludere contratti che non appartengano ai tipi aventi una disciplina particolare, purché siano diretti a realizzare interessi meritevoli di tutela secondo l'ordinamento giuridico*). Elle a été introduite en France par J. Rochfeld, *Cause et type de contrat*, LGDJ, «Bibl. dr. privé», 1999, préf. J. Ghestin, qui en retire une définition renouvelée de la cause; selon cet auteur, «le type dans le domaine du contrat renvoie à une construction préétablie, dans laquelle les contractants entrent sans en modifier, ou très peu, la configuration, et à laquelle ils adhèrent comme à une entité qui leur préexiste. Le type signifie ainsi l'adoption d'un modèle»; elle distingue alors les contrats typiques «par choix» et «par contrainte». V. déjà L. Boyer, *La notion de transaction. Contribution à l'étude des concepts de cause et d'acte déclaratif*, th. Toulouse, 1947, qui utilise la notion de type mais aussi et surtout celle de «cause catégorique». La notion de type de contrat ne doit pas être confondue avec celle de contrat-type, même s'il y a quelques liens possibles entre les deux.

h) L'obligation de donner. — Cette obligation existe depuis le droit romain et est reprise dans le Code civil. On a toujours considéré qu'il y avait, notamment dans la vente, obligation de transférer la propriété c'est-à-dire obligation de donner. Le Code civil déduisait principalement de la qualification une possibilité d'ordonner un transfert forcé de propriété en cas d'inexécution par le débiteur, par opposition aux obligations de faire qui, aux termes de l'article 1142, devaient se résoudre en simples dommages-intérêts en cas d'inexécution. Les juges ordonnent cependant désormais l'exécution forcée de certaines obligations de faire. La notion d'obligation de donner s'était alors endormie, jusqu'à ce que la Cour de cassation la réveille, mais pour un bref moment, lorsqu'elle s'ingéniait à trouver des critères pour limiter sa jurisprudence sur l'indétermination du prix dans les contrats (D. Tallon, Le surprenant réveil de l'obligation de donner, *D.* 1992, chron., 68).

La question théorique qui se pose consiste à savoir si les obligations de donner sont techniquement possibles, ou si elles ne sont qu'un mythe (v. notre article sur Le mythe de l'obligation de donner, in *RTD civ.* 1996, 85). En effet, le transfert de propriété s'opérant, en droit français, de plein droit, par l'échange des consentements (sur l'origine de la règle du transfert de la propriété par le seul effet du consentement, J.-P. Chazal et S. Vicente, Le transfert de propriété par l'effet des obligations dans le Code civil, *RTD civ.* 2000, 477), on ne pourrait parler d'obligation de transférer la propriété alors que le vendeur n'a aucun rôle à jouer dans celui-ci. En ce sens, J. Ghestin, Réflexions d'un civiliste sur la clause de réserve de propriété, *D.* 1981, chron., 1, n° 13 : «Il est extrêmement douteux que, dans notre droit positif actuel, le transfert de propriété puisse s'analyser en une obligation. Celle-ci suppose, en effet, la possibilité d'une inexécution. Or, le transfert de propriété, dans le système résultant du Code civil, est un effet purement légal du contrat de vente»; égal. en ce sens P. Ancel, Force obligatoire et contenu obligationnel du contrat, *RTD civ.* 1999, 771 et s. Pour la plupart des auteurs cependant, il est possible de concevoir que l'obligation de donner naisse pour s'éteindre aussitôt par son exécution (P. Bloch, L'obligation de transférer la propriété dans la vente, *RTD civ.* 1988, 673). J. Huet défend ainsi avec vigueur la catégorie (Des différentes sortes d'obligations et, plus particulièrement, de l'obligation de donner, la mal nommée, la mal aimée, in *Études J. Ghestin*, LGDJ, 2001, 425) tout en reconnaissant que «de fait, l'obligation de donner, qui caractérise des contrats translatifs de propriété comme la vente ou la donation, n'a pas même le temps de venir au monde qu'aussitôt elle s'éteint» (p. 426). *Adde* N. Prybys-

Gavalda, *La notion d'obligation de donner*, th. Montpellier I, 1987 ; S. Vicente, *L'activité en tant que bien. Réflexions sur les fondements de la distinction des obligations de faire et de donner*, th. Grenoble II, 1999.

L'inexistence des obligations de donner est une constatation purement technique qui ne vaut pas d'ailleurs pour tous les systèmes juridiques. Ainsi, en droit allemand, en vertu du principe de « séparation » (*Trennungsprinzip*) entre les actes créateurs d'obligations et les actes de disposition, le contrat de vente n'est pas en lui-même translatif de propriété. Il contient donc une véritable obligation de donner obligeant de procéder à ce transfert de propriété. V. not. Cl. Witz, *Droit privé allemand, 1. Actes juridiques, droits subjectifs*, Litec, 1992, p. 118 et s. ; U. Drobnig, Transfer of Property, in *Towards a European Civil Code*, Kluwer Law International (*hardback*) et Ars Aequi Libri (*paperback*), 2e éd., 1998, 495.

Surtout, il ne s'agit pas de nier la spécificité et l'originalité des contrats translatifs de propriété, et donc certainement pas de supprimer cette catégorie (v. J.F. Overstake, *Essai de classification des contrats spéciaux*, LGDJ, « Bibl. dr. privé », 1969, préf. Brèthe de la Gressaye, qui distingue entre les contrats translatifs et les contrats non translatifs). Les contrats peuvent être en effet distingués selon l'objet de leur prestation caractéristique et la distinction fondamentale demeure la même : donner, faire, ou mettre à disposition (*praestare*). Simplement il s'agit là selon nous de prestations, c'est-à-dire d'avantages concédés par l'un des contractants à l'autre, et non pas toujours d'objets d'obligation. Plus largement, les prestations échangées par le contrat ne sont pas uniquement des obligations. Cela se voit très bien, par exemple, dans les contrats de mise à disposition d'une chose, en particulier dans les contrats réels : il n'y a nulle obligation de remise de la chose puisque celle-ci est une condition de naissance du contrat et non l'objet d'une obligation ; en revanche on décrirait bien mal la spécificité de ces contrats si on ne disait pas que, grâce au contrat, l'un des contractants a l'usage ou la jouissance d'une chose qui lui a été remise, et cela est bien une prestation qu'il reçoit du contrat sans être l'objet d'une obligation. Où l'on voit que la conclusion est celle que reprend finalement J. Huet : *Les principaux contrats spéciaux*, in *Traité de droit civil*, LGDJ, 1996, où l'auteur distingue fort justement entre les « contrats ayant pour objet de transférer la propriété d'une chose » (livre I), les « contrats emportant transfert de jouissance d'une chose » (livre II) et enfin les « contrats portant sur un ouvrage ou un service (livre III). Le transfert (de propriété ou de jouissance) est d'ailleurs bien décrit comme un objet possible de contrat et non pas seulement d'obligation. La controverse se recentre alors en réalité (v. J. Huet, art. préc., 431) sur la définition que l'on donne de l'obligation, et l'éclairant article de P. Ancel précité pourrait réconcilier tout le monde, qui nous invite à distinguer entre force obligatoire et contenu obligationnel du contrat, et donc à ne plus définir la force obligatoire du contrat comme le seul fait d'avoir à exécuter les obligations : il y a dès lors bien dans le contrat une obligation de donner au sens d'un lien de droit qui lie les deux parties et par lequel le vendeur se trouve obligé de transférer la propriété (il s'agit là de la force obligatoire du contrat) ; en revanche il n'en demeure pas moins qu'il faut pouvoir décrire la différence entre certaines prestations qui doivent être exécutées par le débiteur (c'est ce que P. Ancel décrit lorsqu'il envisage le contenu obligationnel du contrat) et d'autres qui sont un effet légal du contrat et n'impliquent donc, de la part du débiteur, aucune diligence particulière. *Adde* A.-S. Courdier-Cuisinier, Nouvel éclairage sur l'énigme de l'obligation de donner, Essai sur les causes d'une controverse doctrinale, *RTD civ.* 2005,

521, selon laquelle la controverse tient aux divergences doctrinales sur la notion de consentement ou sur la portée du principe du transfert *solo consensu* de la propriété.

i) L'obligation de praestare. — Pour un historique très détaillé de l'obligation de *praestare*, A.-S. Lucas-Puget, *Essai sur la notion d'objet du contrat*, LGDJ, « Bibl. dr. privé », 2005, préf. M. Fabre-Magnan ; M. Fabre-Magnan, Le mythe de l'obligation de donner, *RTD civ.* 1996, 85, où l'obligation de *praestare* est assimilée à l'obligation de mettre à disposition. *Adde* G. Pignarre, À la redécouverte de l'obligation de *praestare.* Pour une relecture de quelques articles du Code civil, *RTD civ.* 2001, 41 ; L'obligation de l'employeur de mettre un emploi à la disposition du salarié. Vers la reconnaissance d'une obligation de *praestare* dans le contrat de travail, *D.* 2001, chron., 3547 ; N. Kanayama, De l'obligation de « couverture » à la prestation de « garantir » – donner, faire, ne pas faire... et garantir ?, *Mélanges Ch. Mouly*, liv. 2, 1998, 375, qui réinterprète l'obligation de *praestare* en une obligation de « garantir » ; du même auteur, Donner et garantir – un siècle après ou une autre histoire, in *Études J. Ghestin*, LGDJ, 2001, 473 ; M. Fabre-Magnan, Le contrat de travail défini par son objet, in *Le travail en perspectives*, dir. A. Supiot, LGDJ, « Droit et société », 1998. *Adde* N. Decoopman, La notion de mise à disposition, *RTD civ.* 1981, 300.

L'obligation de *praestare* demeure un peu énigmatique, et ses interprétations divergent. Selon plusieurs auteurs, cette obligation n'aurait aucune autonomie par rapport à l'obligation de *facere* : P. F. Girard, *op. cit.*, p. 472, selon lequel cette prestation ne serait qu'une subdivision de l'obligation de faire. Pour Savigny, l'obligation de *praestare* ne concernerait pas la matière des contrats et serait propre aux anciennes actions pour délits : F. C. de Savigny, *Traité de droit romain*, trad. de l'allemand M.-Ch. Guenoux, Paris, Firmin Didot, 1846, t. 5, Appendice XIV, XXVIII, 584 ; du même auteur, *Le droit des obligations, op. cit.*, 237 ; il est bien obligé de reconnaître qu'elle est utilisée en matière contractuelle mais elle n'a alors, selon lui, aucune signification particulière distincte de *facere.* Il la traduit pourtant plus loin par toute autre prestation désignée d'une manière quelconque, autre que l'obligation de *dare* ou de *facere* (*ibid.*, 585). Pour Demolombe au contraire, c'est l'obligation de *dare* qui comprend non seulement celle de transférer la propriété de la chose mais également celle d'« en livrer ou en *prester* seulement l'usage ou la simple possession » (C. Demolombe, *Cours de Code Napoléon*, t. 24, qui est le tome premier du traité des contrats ou des obligations conventionnelles en général, Paris, Auguste Durand et L. Hachette & Cie, 1868, n° 303, p. 281), ce qui correspond sans aucun doute à l'ancienne obligation de *praestare.* Cependant, selon la plupart des auteurs qui se sont intéressés à la question, les obligations de *dare, facere* et *praestare* correspondraient à trois notions différentes, et il est effectivement probable que celle de *praestare* ne se retrouverait pas aussi systématiquement dans toutes les définitions romaines si elle n'avait vraiment nulle spécificité (J.-L. Gazzaniga, *Introduction historique au droit des obligations*, PUF, « Droit fondamental », 1992, n° 7, p. 19, selon lequel l'obligation de *praestare* se définissait en droit romain comme l'obligation de livrer une chose corporelle au créancier sans lui transférer la propriété). On trouve, par exemple, cette idée chez Beudant, selon lequel l'obligation de *praestare* consiste « à livrer la chose, autrement dit à en conférer ou à en restituer soit la possession, soit même la simple détention, comme il arrive, par exemple, dans le louage » (Ch. Beudant, *Cours de droit civil français*, 2e éd. publiée par R. Beudant et P. Lerebours-Pigeonnière, t. VIII, *Les contrats et les obligations*, avec la collaboration de G. Lagarde, Paris, Rousseau & Cie, 1936, n° 166, 114). Selon

Beudant (*ibid.*, n° 166, p. 114), l'obligation de *praestare* serait ainsi plus proche des obligations de donner que des obligations de faire, ce qui était également, comme nous l'avons vu, l'opinion de Demolombe, lequel n'en faisait cependant pas une troisième catégorie à part.

Cette troisième catégorie d'obligations a été laissée de côté au moment de la rédaction du Code civil. Lors des discussions préparatoires au titre III du livre III sur les contrats et les obligations conventionnelles en général, Bigot-Préameneu avait pourtant déclaré que « les dispositions du titre qu'il présente sont puisées presque en entier dans le droit romain, en écartant cependant quelques subtilités qui le déparent » (P. A. Fenet, *Recueil complet des travaux préparatoires du Code civil*, tome treizième, Paris, 1827, 46). La distinction entre les obligations de donner, de faire et de ne pas faire n'a au demeurant même pas été discutée, sans doute parce qu'elle apparaissait comme incontestable, ce qui ressort clairement des propos de Favart qui, dans sa communication officielle au tribunat, la présente comme une « vérité éternelle » (« Dans la troisième section, qui traite de l'objet et de la nature des contrats, on pose pour premier principe de vérité éternelle, que tout contrat a pour objet une chose qu'une partie s'oblige de donner, ou que l'une des parties s'oblige de faire ou de ne pas faire » : P. A. Fenet, *op. cit.*, 317).

L'avant-projet Catala crée une obligation de donner à usage, qui « a pour objet la concession de l'usage d'une chose à charge de restitution, comme dans le bail ou le prêt à usage ; elle n'a pas lieu dans les conventions qui concèdent la détention sans droit d'usage, comme le gage et le dépôt » (art. 1146). G. Pignarre, L'obligation de donner à usage dans l'avant-projet Catala. Analyse critique, *D.* 2007, 384. Cette obligation reprend ainsi l'ancienne obligation de *praestare.*

j) La notion de condition. — La notion de condition est souvent employée, même dans le langage juridique, dans un sens qui dépasse la simple modalité temporelle de l'obligation. Certaines conditions n'ont en effet pas pour objet d'inscrire l'obligation dans le temps. Il en est ainsi par exemple de la condition d'aptitude physique que l'on trouve dans certains contrats, notamment de travail. Il y a ici une condition de fond de l'embauche (ou du maintien de l'emploi), qui se rapproche davantage de la notion de condition de validité d'un acte. La condition d'aptitude physique se maintient cependant durant toute l'exécution du contrat : lorsque l'inaptitude survient, il y a résiliation possible du contrat. C'est en ce sens encore que l'existence d'un objet et d'une cause sont des *conditions* de validité du contrat.

Bibliographie générale : M. Latina, *Essai sur la condition en droit des contrats*, LGDJ, « Bibl. dr. privé », 2009, préf. D. Mazeaud, qui reprend l'analyse de la notion et du jeu de la condition : la condition est selon lui une modalité du contrat plus que de l'obligation ; il conteste que l'événement conditionnel soit nécessairement futur ; il montre aussi la déformation subie par la notion de condition potestative (qui doit être distinguée des droits potestatifs) et finalement l'inutilité de l'article 1174 du Code civil ; ou encore il revient sur la rétroactivité du jeu de la condition ; L. Bélanger, *La condition de survie et l'acte juridique*, LGDJ, « Bibl. dr. privé », 2007, préf. P. Delmas Saint-Hilaire ; J.-J. Taisne, *La notion de condition dans les actes juridiques*, th. Lille, 1977 ; O. Milhac, *La notion de condition dans les contrats à titre onéreux*, LGDJ, « Bibl. dr. privé », 2001, préf. J. Ghestin ; M. Bouteille, Regard critique sur la modalité conditionnelle dans l'avant-projet de réforme du droit des obligations et de la prescription, *D.* 2008, 1848 ; Ph. Derouin, Pour une analyse «fonctionnelle» de la condition, *RTD civ.* 1978, 1 ; A. Leloutre, Étude sur la rétroactivité de la condition, *RTD civ.* 1907, 753.

Sur la condition potestative : B. Dondero, De la condition potestative licite, *RTD civ.* 2007, 677, qui critique l'incertitude du critère de distinction actuel entre les conditions purement potestatives (nulles) et les conditions simplement potestatives (autorisées) ; il propose des critères de distinction plus sûrs et plus objectifs (tirés de l'inconvénient pour le débiteur d'influer sur le jeu de la condition ou encore de l'existence de critères objectifs conditionnant la décision du débiteur), ou même d'admettre par principe la validité des conditions potestatives de la part du débiteur, quitte à en contrôler alors l'application (par le jeu de la bonne foi, ou de la prise en compte de l'intérêt du cocontractant) ; W. Dross, L'introuvable nullité des conditions potestatives, *RTD civ.* 2007, 701, qui souhaiterait que soit affirmée la pleine validité des conditions potestatives ; G. Goubeaux, Remarques sur la condition potestative stipulée dans l'intérêt exclusif de l'une des parties, *Defrénois* 1979, art. 31986. *Adde* S. Valory, *La potestativité dans les rapports contractuels*, PUAM, 1999, préf. J. Mestre.

ANTHROPOLOGIE

Qui sont les contractants du Code civil? La question rejoint celle de la vision du monde des rédacteurs. J.-Fr. Niort, Homo civilis*, repères pour une histoire politique du Code civil*, th. Paris I, 1996. On a beaucoup insisté sur l'individualisme du Code civil. G. Morin, L'individualisme de la Révolution française et du Code civil et la structure nouvelle de la vie économique, *Rev. de métaphysique et de morale*, 1917, 517 ; A.J. Arnaud, *Les origines doctrinales du Code civil français*, LGDJ, 1969 ; *Essai d'analyse structurale du Code civil français. La règle du jeu dans la paix bourgeoise*, 1973. X. Martin, Sur l'essor et l'essence de l'individualisme libéral en France, *Bull. soc. franç. hist. idées et hist. relig.*, 1986, vol. 3 ; L'insensibilité des rédacteurs du Code civil à l'altruisme, *Rev. hist. dr. franç. et étrang.*, 1982, n° 4, 589 ; *Nature humaine et Révolution française : du siècle des Lumières au Code Napoléon*, 1994 ; L'individualisme libéral en France autour de 1800 : essai de spectroscopie, *Rev. d'hist. fac. de droit et de la sc. jurid.*, 1987, n° 4, 87 ; Politique et droit privé après Thermidor, in *La Révolution et l'ordre juridique privé : rationalité ou scandale ?*, PUF, 1988, 173 ; A. Bürge, Le Code civil et son évolution vers un droit imprégné d'individualisme libéral, *RTD civ.* 2000, 1 ; J.-F. Niort, Droit, économie et libéralisme dans l'esprit du Code Napoléon, *Arch. phil. dr.* 1992, t. 37, 101. L'individualisme est à l'œuvre également dans les théories économiques, même si les théories néo-institutionnalistes plus récentes tentent de mettre des nuances. On a d'ailleurs soutenu que les juristes français, et notamment les rédacteurs du Code civil, étaient «sous le charme des théories de Bentham» : S. Solimano, *Verso il Code Napoléon. Il progetto di Codice civile di Guy Jean-Baptiste Target* (1798-1799), Milano, Giuffrè, 130. Pour une critique de ce point de vue, Ph. Jouary, *Contribution à l'étude de la valeur en droit privé des contrats*, th. Paris I, 2002, 185. X. Martin, À propos d'un livre : Target, Bentham et le Code civil, *Rev. d'hist. des fac. de droit et la sc. jurid.*, 2000, n° 21, 121-148.

Il n'est pas sûr que, pour les rédacteurs du Code civil, l'homme soit considéré comme naturellement bon. En ce sens, X. Martin : Anthropologie et Code Napoléon, *Bull. soc. franç. hist. idées et hist. relig.*, n° I, 1984, 39, article repris de façon condensée dans Nature humaine et Code Napoléon, *Droits*, 1985, n° 2, 117 ; contrairement à une opinion répandue, X. Martin explique que les rédacteurs du Code civil n'avaient pas de la nature humaine une conception élevée ni optimiste : les travaux préparatoires montrent que la personne humaine est perçue comme une « mécanique d'appétits », c'est-à-dire d'intérêts et de penchants ; il en résulte une relecture de l'article 1134 alinéa 1er du Code civil : « Si l'homme est, ainsi, conditionné par ses appétits, si sa volonté n'est que girouette, des individus s'engageant par contrat, loin de sécréter là un flux d'énergie juridique à l'égal de la loi souveraine, doivent être, dans l'intérêt social, proprement ligotés à leur engagement, et le législateur à cet effet maintiendra dans les reins de chaque contractant la pointe de cet alinéa pour tenir socialement coordonnée cette masse d'individualités mécaniquement égoïstes » (art. préc., *Droits*, 120). La vision du Code civil est dès lors moins spiritualiste que matérialiste.

Les contractants du Code civil sont en outre des individus abstraits et totalement désincarnés. C. Labrusse-Riou, Les personnes, in *La relativité du contrat*, Trav. Ass. H. Capitant, Nantes, LGDJ, 2000, 14 : « Ni la théorie générale du contrat, ni les contrats spéciaux, ni même le livre I du Code civil pourtant consacré aux personnes, ne nous apprennent grand-chose sur ces personnes qui font le contrat parce qu'elles font des contrats », « cela ne permet pas de connaître cet homme, cet acteur, ce sujet du droit des contrats ». *Adde* A. Supiot, La relativité du contrat en questions, *ibid.*, 200-201 : « La théorie générale du contrat repose sur une vision très abstraite de ces paramètres. Ainsi que nous l'a rappelé Mme Labrusse-Riou, les personnes envisagées par le droit des obligations sont le produit d'une abstraction qui les situe plus près de l'artifice que de la nature. Sans même parler des personnes morales, les personnes physiques elles-mêmes s'y trouvent réduites à l'état uniforme de sujet de droit, ce qui certes les rend égales et les soustrait à la plupart des défaillances et des détraquements que la nature nous prodigue, mais masque leur inconstance et leur diversité concrète ». Du même auteur, *« Homo Juridicus ». Essai sur la fonction anthropologique du droit*, Le Seuil, 2005, spéc. chap. 3.

Les contractants peuvent être, sauf pour certains contrats (le contrat de mariage ou le contrat de travail), des personnes morales. C. Prieto, *La société contractante*, PUAM, 1994.

SOCIOLOGIE

a) Bibliographie. — Sur la sociologie des contrats, J. Carbonnier, Rapport sur la contribution que la sociologie juridique peut apporter au droit des contrats, *Annales fac. dr. Toulouse*, t. VII, fasc. 1, 1959 ; *Flexible droit, pour une sociologie du droit sans rigueur*, 1re éd., 1969, republié LGDJ ; ou sa précieuse *Sociologie juridique*, 1re éd. 1978, désormais aux PUF, « Quadrige » ; F. Terré, Sur la sociologie du contrat, *Arch. phil. dr.*, t. XIII : *Sur les notions de contrat*, 1968, 71 ; Rouveyran, Contribution à une sociologie des contrats, *Année sociologique*, 1977, 115 et s. ; J.-G. Belley, *Une typologie sociojuridique du contrat, Sociologie du travail*, 1996, n° 4, 465 ; Max Weber et la théorie du droit des contrats, *Droit et Société* 1988, 281 ; H. Deguillem, *La socialisation du contrat. étude de sociologie juridique*, th. Paris, Soulisse-Martin, 1944 ; H. Lévy-Bruhl, *Aspects sociologiques du droit*, Paris, M. Rivière, 1955 ; du même auteur, *Sociologie du droit*, PUF, « Que sais-je ? ». *Adde* N. Rouland, *Anthropologie juridique*, PUF, « Droit fondamental », 1988.

b) L'entraide. — L'entraide est un des exemples fétiches de l'analyse économique. Pour une analyse juridique de l'entraide, C. Guyot-Chavanon, *L'entraide en droit privé*, th. Bordeaux, 2003 ; E. N. Martine, La notion d'entraide agricole, in *Études H. Blaise*, Economica, 1985, 343. Les juristes, ne connaissant que l'alternative du droit et du non-droit, cherchent à la ramener à une notion juridique connue, par ex. à un contrat synallagmatique ou éventuellement à un quasi-contrat (thèse C. Guyot-Chavanon préc.). Mais si l'entraide a certainement pour effet de créer du lien social, et même des dettes au sens anthropologique dégagé par Mauss de l'obligation de donner, de recevoir et de rendre, l'entraide ne crée pas une obligation au sens juridique du terme, et ni le droit des contrats ni celui des quasi-contrats ne peuvent être mobilisés à cette fin : une personne qui a prêté assistance à son voisin dans le passé ne peut pour autant exiger en justice la réciproque ; mais s'il se voit refuser cette aide, il est peu probable qu'il continuera dans le futur à aider son voisin. En revanche à l'occasion d'un acte d'entraide ponctuel, le droit pourra être utilisé pour réparer d'éventuels dommages subis, par ex. par la convention d'assistance. *Adde* M.-S. Giraudet, *Le service d'amis en droit civil français*, th. Paris II, 1990.

c) Le troc. — A. Van Eeckhout, Vers un renouveau du troc dans la vie des affaires ?, *RDC* 2006/3, 917.

DROIT ANGLAIS

Pour retenir ou non l'existence d'un contrat, le droit anglais utilise également le critère de l'intention d'entrer dans des relations juridiques ; il demeure ainsi réticent à adopter une telle qualification pour des relations familiales. L'exemple classique est l'arrêt *Balfour v. Balfour* [1918-1919] All ER 860, dans lequel la *Court of appeal* refusa de qualifier de contrat un accord entre deux époux selon lequel le mari verserait une pension à sa femme. K. Zweigert, Du sérieux de la promesse. Remarques de droit comparé sur la distinction des actes qui obligent et des actes qui n'obligent pas, *RID comp.* 1964, 33.

Le droit anglais admet en revanche la validité de la stipulation selon laquelle l'accord n'est pas un contrat mais un simple *gentlemen's agreement* : il ne sera alors pas possible d'en poursuivre l'exécution forcée devant les tribunaux (l'accord ne sera pas *enforceable*). L'arrêt de principe est *Rose and Franck Co v. JR Crompton bros* de 1925 (H. G. Beale, W. D. Bishop and M. P. Furmston, *Contract, Cases and Materials*, Butterworths). En 1913, les parties avaient signé un document indiquant leur volonté que l'arrangement existant déjà entre eux pour la fourniture de biens à des prix déterminés par période de six mois se poursuive ; le document concluait que cet « arrangement » n'était pas formellement un contrat et qu'il ne serait pas soumis aux tribunaux, les trois parties concernées s'engageant sur l'honneur avec la plus complète confiance (*they each honourably pledge themselves with the fullest confidence*) ; mais les défendeurs mirent fin à l'accord sans préavis, et les demandeurs les attaquèrent pour inexécution du contrat et pour manquement à l'obligation de délivrer les biens qu'ils avaient commandés avant la rupture du contrat. Il fut jugé que l'accord n'était pas juridiquement exécutoire car les parties n'avaient pas eu l'intention d'entrer dans des relations juridiques. La pratique des *gentlemen's agreements* est relativement courante dans les relations commerciales. *Adde Chitty on contracts,* par J. Chitty et H. G. Beale, vol. 1, General principles Sweet & Maxwell.

On trouve en droit du travail un autre exemple typique d'accords dépourvus de force exécutoire : celui des conventions collectives de travail ; à la différence du droit français, ni les salariés ni les employeurs (ni leurs syndicats respectifs) ne peuvent en demander l'exécution forcée devant les tribunaux ; l'idée était de maintenir le juge à l'écart du champ de la négociation collective et, lorsque le législateur a voulu changer la règle en 1971 en posant la présomption que ces accords étaient exécutoires, les signataires des conventions collectives y ont systématiquement introduit la mention TINALEA (*This is not a legally enforceable agreement*) : A. Supiot, Un faux dilemme : la loi ou le contrat ?, *Dr. soc.* janv. 2003, 60.

DROIT JAPONAIS

La conception du contrat au Japon. Le droit japonais est un bon exemple pour apprécier la difficulté du droit comparé. Si on se borne à l'examen des règles du Code civil japonais, on n'entrevoit guère de différences avec le droit français, si ce n'est sur quelques points où l'on sent que l'influence allemande a primé sur l'influence française (par ex. la notion de cause n'existe pas).

Pourtant, la place et la conception du contrat dans la mentalité japonaise sont radicalement différentes. E. Hoshino, L'évolution du droit des contrats au Japon, in *Études de droit japonais*, Centre français de droit comparé, SLC, 1989, préf. J. Robert et X. Blanc-Jouvan, qui résume et explique les nombreuses différences fondamentales : le contrat n'est pas un ensemble de droits et d'obligations mais une relation amicale, de bonne foi, loyale et confiante ; c'est donc l'établissement de cette relation qui est importante, notamment par de longs pourparlers, plus que la détermination précise du contenu du contrat ; au demeurant, contrairement aux Occidentaux, les Japonais pensent que le futur est par nature incertain et qu'il est donc vain de vouloir l'enfermer dans des termes rigides (A. Supiot, La relativité du contrat en questions, in *La relativité du contrat*, Trav. Ass. H. Capitant, LGDJ, 2000, 189 (*in fine*) et s., qui montre comment « l'idée qu'un contrat passé à un moment donné puisse lier pour l'avenir, quels que soient les circonstances à venir et le préjudice causé par son exécution, est étrangère à cette culture et lui répugne profondément ») ; vouloir tout prévoir est même une marque de défiance vis-à-vis du partenaire, car si un différend survient, la bonne foi et une discussion sincère doivent suffire à régler tous les problèmes ; s'agissant de l'exécution, il n'est pas concevable de l'exiger avec rigueur, et encore moins d'aller devant un tribunal, ce qui marquerait la fin de toute relation sociale : l'exécution est gouvernée par l'idée de tolérance envers le débiteur (le retard par ex. est toujours toléré avec une grande indulgence, Y. Noda, La conception du contrat des Japonais, in *Études de droit japonais*, *op. cit.*, 392). La même idée se trouve d'ailleurs parfois dans certaines décisions françaises. Civ. 1re, 7 févr. 2006, n° 03-15394 ; *D.* 2006, 1796, note A. Penneau ; *RTD civ.* 2006, 763, obs. J. Mestre et B. Fages, qui reproche aux juges du fond de ne pas avoir recherché si le crédirentier d'une maison en viager n'avait pas abusé de son droit en exigeant l'application d'une clause du contrat prévoyant la possible conversion d'une partie de la rente en une obligation de soins pesant sur les débirentiers ; en effet, suite à un accident subi par l'épouse débirentière, cette obligation de soin était devenu trop lourde pour eux, et le crédirentier ne semblait en avoir fait la demande que dans le but de se procurer un moyen d'obtenir la résolution de la vente ; il y aurait alors parfois abus de droit à demander l'application stricte du contrat lorsque l'on sait parfaitement que le débiteur est dans l'impossibilité d'exécuter ; on n'irait cependant sans doute pas, en droit français, jusqu'à exonérer le débiteur de toute obligation : c'était en l'espèce juste la conversion d'une obligation en une autre qui semblait abusive. Les différences culturelles sont donc importantes, et une explication anthropologique intéressante de cette différence a été proposée par Y. Noda, La conception du contrat des Japonais, *op. cit.*, 391 et s., où l'auteur insiste sur le fait que si le concept de contrat existe bien dans le Code civil japonais (le *keiyaku*), et même avec une définition et des règles fort similaires à celles du droit français, cette institution fonctionne en réalité de façon très différente ; il explique cette différence d'un point de vue anthropologique par référence aux types dégagés par A. Leroi-Gourhan (*Le geste et la parole*, Albin Michel, I : *Technique et langage*, 1re éd., 1964, II : *La mémoire et les rythmes*, 1re éd., 1965, not. t. I, 233) : les Japonais ont une mentalité sédentaire ou du type agriculteur et, vivant naturellement dans un environnement fertile, c'est spontanément qu'ils forment société, et non pas sur la base d'un contrat, et leur philosophie est une philosophie du devenir (il n'est pas nécessaire que l'homme intervienne pour que les choses adviennent) ; dans les mentalités au contraire de type non sédentaire ou nomade, une société ne peut exister sans acte constitutif et la philosophie est une philosophie du faire. Il y a un lien avec le statut différent de la parole dans ces différentes cultures. Pour une éclairante analyse de la notion d'obligation au Japon, v. l'ouvrage classique de R. Benedict, *Le chrysanthème et le sabre*, paru pour la première fois en 1946, Picquier poche, en particulier le chapitre 6. Sur la lésion, N. Sugiyama, La lésion en droit japonais, in *Études H. Capitant*, Dalloz, 1939, 817.

Sur la réforme du droit des obligations au Japon, A. Omura et H. Nakata, *D.* 2008, 528.

Sous-partie II

LA FORMATION DU CONTRAT

Le chapitre II du titre III du livre III du Code civil s'intitule « Des conditions essentielles pour la validité des conventions » et énumère, à l'article 1108, « les quatre conditions essentielles pour la validité d'une convention » : « Le consentement de la partie qui s'oblige ; sa capacité de contracter ; un objet certain qui forme la matière de l'engagement ; une cause licite dans l'obligation ».

Le Code ne vise ainsi que les conditions de « validité » du contrat, qu'il ne distingue pas des conditions d'existence ou de formation du contrat. Ces expressions ne sont pourtant pas interchangeables. Une condition de formation est la dénomination la plus générale, le terme « formation » recouvrant tout ce qui ne concerne pas l'exécution du contrat. Il semble cependant nécessaire de distinguer, au sein de ces conditions de formation, entre les conditions d'existence et les conditions de validité du contrat. Un contrat peut en effet exister mais n'être pas valable. La première chose à vérifier est donc l'existence du contrat, qui suppose que soit caractérisé un accord entre les parties. Il faut alors, dans un second temps, s'assurer que les conditions de validité sont réunies. Qu'il n'y ait pas de contrat ou que le contrat ne soit pas valable, l'exécution n'a pas lieu d'être. En revanche, s'il suffit dans le premier cas de constater que le contrat n'existe pas faute d'échange des consentements, il faudra dans le second cas en obtenir l'annulation.

TITRE 1

L'existence du contrat

Le droit positif français actuel reconnaît le principe du consensualisme, dont il découle que le seul échange des consentements suffit à caractériser l'existence d'un contrat.

Sous-titre 1

LE PRINCIPE DU CONSENSUALISME

1 | Le contenu du principe

Le principe du consensualisme signifie que, sauf exception expresse, un contrat se forme par le seul échange des consentements (*solo consensu*) sans qu'aucune forme particulière ne soit nécessaire. En particulier, la rédaction d'un écrit et, *a fortiori*, la signature d'un document ne sont pas des conditions de formation des contrats. Certes, de telles formalités seront parfois nécessaires pour la preuve du contrat, *ad probationem*, mais non pas *ad validitatem*, c'est-à-dire pour la validité de celui-ci, sauf si un texte particulier l'exige.

C'est en principe de l'accord des parties que naît l'obligation ; s'il faut une décision de justice pour entériner cet accord, on parle parfois de contrat judiciaire, et les juges semblent hésiter entre la qualification de contrat et celle de jugement [1].

Le principe du consensualisme doit être distingué de celui de la liberté contractuelle dont il facilite cependant l'exercice : il rend plus aisée la conclusion des contrats, avec les risques que cela comporte.

1. A. Bénabent, *RDC* 2007/3, 759, sous Civ. 1re, 12 déc. 2006, n° 04-11579, qui conclut à la qualification de contrat pour autoriser l'action paulienne, et Civ. 1re, 6 mars 2007, n° 06-12223, qui conclut à la qualification de jugement pour autoriser un appel, les deux arrêts concernant une condamnation à une pension alimentaire correspondant à un accord entre les parties.

2 | Les exceptions au principe : les contrats formels

La formation du contrat est parfois subordonnée, outre à un échange des consentements (qui est toujours le minimum requis), au respect d'une certaine forme ou à l'accomplissement d'une certaine formalité.

1. LES CONTRATS SOLENNELS

Un contrat est solennel lorsque sa formation dépend, en sus de l'échange des consentements, de l'accomplissement d'une solennité, c'est-à-dire d'une certaine procédure, d'un certain rite. Les gestes et les paroles solennelles se raréfient dans le monde moderne, même s'il en demeure quelques-uns : le « oui » du mariage par exemple. La solennité est le plus souvent aujourd'hui un écrit. Il ne s'agit pas d'une simple formalité de publicité, ou fiscale, mais d'une véritable condition dont dépend l'existence même du contrat.

La solennité la plus fréquente est la nécessité d'une rédaction sous forme authentique, c'est-à-dire établie par un officier public. Les donations ou encore les contrats de mariage (dont l'objet est le choix d'un régime matrimonial) doivent ainsi être conclus devant notaire. Dans d'autres contrats, comme par exemple les contrats de vente immobilière, un acte authentique est indirectement requis car il est nécessaire à la publicité foncière qui seule rend l'acte opposable aux tiers et lui donne donc toute son efficacité. La solennité peut également être un simple acte sous seings privés, c'est-à-dire un acte écrit et signé par les différentes parties : doivent ainsi être conclus par écrit les contrats d'apprentissage, ou encore les ventes par démarchage à domicile.

On dit souvent, dans tous ces cas, que la solennité – en particulier l'écrit – est exigée *ad validitatem*, c'est-à-dire pour la validité de l'acte, par opposition à celle qui serait nécessaire à la seule preuve de l'acte (*ad probationem*). Dans les contrats solennels, la solennité est le plus souvent nécessaire à l'existence même de l'acte : si les époux ne s'échangent pas les consentements devant un officier public ou s'ils choisissent un régime matrimonial sans se rendre auprès d'un notaire, le juge saisi conclura à l'absence de mariage ou à l'inexistence du régime matrimonial choisi (le régime légal du Code civil s'appliquera alors par défaut). Dans quelques cas pourtant, le juge préfère prononcer la nullité du contrat : par exemple lorsqu'un contrat d'apprentissage n'a pas été conclu par écrit; mais il pourrait aussi bien déclarer l'inexistence de ce contrat.

2. LES CONTRATS RÉELS

Certains contrats ne se forment que par l'accomplissement d'une formalité particulière : la remise matérielle de la chose au cocontractant (que l'on appelait, avant la loi du 12 mai 2009 de simplification et de clarification du droit, la «tradition» de la chose). Ce sont les contrats dits réels (du latin *res*, la chose), qui se forment *re* (par la remise de la chose). Le rituel requis est donc ici un geste, qui peut même être symbolique (par exemple la remise des clefs d'une voiture ou d'un appartement pour la remise de la chose elle-même). C'est le cas traditionnellement du prêt, du dépôt, ou encore du gage. Ces contrats nécessitent un accord des parties mais, en outre, ils ne se forment pas tant que la chose n'a pas été remise. L'idée est que, pour ces contrats, la prise de conscience de la gravité de l'engagement se fait symboliquement lorsque le propriétaire doit se déposséder de sa chose. Cette remise n'est pas techniquement une obligation puisque le contrat ne naît qu'une fois qu'il y a été procédé; l'obligation de restituer de l'emprunteur ou du créancier gagiste n'existe donc pas tant que ces derniers n'ont pas reçu la chose de l'emprunteur ou du débiteur. La formalité est ainsi une condition d'existence du contrat réel.

La qualification de contrat réel est aujourd'hui parfois contestée. La Cour de cassation tend ainsi à réduire le champ de ces contrats : elle a par exemple jugé que le prêt immobilier à la consommation n'était pas un contrat réel mais un contrat consensuel synallagmatique[1] : la remise des fonds qui était traditionnellement une condition de formation de ce contrat est désormais une obligation pesant sur le prêteur.

1. Civ. 1re, 27 mai 1998, n° 96-17312; *D.* 1999, p. 194, note M. Bruschi : «Les prêts régis par les articles L. 312-7 et suivants du Code de la consommation n'ont pas la nature de contrat réel.»

3 | Les atténuations du principe : la preuve du contrat

La question de la preuve est très importante dans la mesure où, en droit, c'est la même chose de ne pas être prouvé et de ne pas être (*Idem est non esse aut non probari*). Si un contrat peut être formé par simple échange de consentements, donc verbalement, le créancier qui voudra s'en prévaloir devra cependant apporter la preuve de son existence et de son contenu, si l'un ou l'autre sont contestés par le débiteur.

1. LA CHARGE DE LA PREUVE

La charge de la preuve de l'existence d'un contrat obéit aux règles générales résumées par l'adage *Actori incumbit probatio, reus in excipiendo fit actor* (la charge de la preuve incombe au demandeur, le défendeur qui soulève une exception devient à son tour demandeur).

Dès lors, c'est à celui qui se prévaut d'un contrat, notamment pour en demander l'exécution forcée, d'en prouver l'existence. C'est ce que dit l'article 1315 dans son alinéa 1er : « Celui qui réclame l'exécution d'une obligation doit la prouver. » Doivent être prouvés l'existence même du contrat ainsi que son contenu précis. Dans un second temps, une fois l'existence d'une obligation établie, la question se posera de savoir si cette obligation a bien été exécutée.

La date du contrat doit parfois être prouvée, pour connaître celle de l'exigibilité des obligations, ou de son opposabilité aux tiers.

2. LES MODES DE PREUVE

En droit civil, la preuve des actes juridiques (et donc celle des contrats) est réglementée et non pas libre[1]. Les modes de preuve admissibles sont ainsi précisément définis par le Code civil.

1. Il s'agit ici de la preuve de l'existence du contrat. En revanche, la preuve des faits juridiques est libre; est donc libre la preuve des faits permettant de déclencher l'exécution du contrat : Civ. 2e, 10 mars 2004, n° 03-10154; *RTD civ.* 2005, 133, obs. J. Mestre et B. Fages, qui, au visa de l'art. 1315 C. civ. et de l'art. 6.1 Conv. EDH, juge, à propos d'un contrat d'assurance, que « la preuve du sinistre, qui est libre, ne pouvait être limitée par le contrat ». Est également libre la preuve de l'inexécution du contrat : v. *infra*.

La preuve est d'abord soumise au principe général de la procédure civile[1] selon lequel elle doit avoir été obtenue de façon légitime. Ainsi par exemple, selon la Cour de cassation, « si l'enregistrement d'une conversation téléphonique privée, effectué à l'insu de l'auteur des propos invoqués, est un procédé déloyal rendant irrecevable en justice la preuve ainsi obtenue, il n'en est pas de même de l'utilisation par le destinataire des messages écrits téléphoniquement adressés, dits SMS, dont l'auteur ne peut ignorer qu'ils sont enregistrés par l'appareil récepteur »[2].

Surtout, la preuve de l'existence des actes juridiques – et en particulier des contrats – doit être apportée conformément aux règles des articles 1341 et suivants du Code civil. Selon l'article 1341, « il doit être passé acte devant notaires ou sous signatures privées de toutes choses excédant une somme ou une valeur fixée par décret », cette somme étant aujourd'hui de 800 . Pour prouver l'existence d'un contrat contenant au moins une obligation d'une valeur supérieure à 800 , le demandeur doit, dès lors, produire un acte authentique ou un acte sous seings privés, chacun de ces deux types d'actes devant, pour être valable, remplir certaines exigences de forme.

S'agissant des actes authentiques, les articles 1317 et s. du Code exigent principalement que l'acte ait été reçu par un officier public[3] territorialement compétent et établi avec les solennités requises. L'acte authentique a une force probante particulière : « Il fait pleine foi de la convention qu'il renferme entre les parties contractantes et leurs héritiers ou ayants cause » (art. 1319 C. civ.)[4], c'est-à-dire plus précisément jusqu'à inscription de faux, procédure très lourde et aux conséquences graves pour celui qui l'aurait intentée à tort[5]. N'ont cette force probante

1. En matière pénale, le principe étant l'intime conviction du juge, celui-ci a pu être convaincu par des preuves obtenues de façon illégale.

2. Soc., 23 mai 2007, n° 06-43209 ; *JCP G* 2007, II, 10140, note L. Weiller ; *RTD civ.* 2007, 776, obs. B. Fages ; *D.* 2007, 2284, note C. Castets-Renard, qui admet ainsi la preuve par SMS d'un harcèlement moral ; Civ. 2e, 7 oct. 2004, n° 03-12653 ; *D.* 2005, 122, note Ph. Bonfils ; *JCP G* 2005, II, 10025, note N. Leger ; *RTD civ.* 2005, 135, obs. J. Mestre et B. Fages ; *RDC* 2005/2, 472, obs. A. Debet.

3. « Ne constitue pas un acte authentique le procès-verbal dressé par un commissaire-priseur judiciaire qui dirige une vente organisée et réalisée par une société de ventes volontaires de meubles aux enchères publiques » : Com., 19 déc. 2006, n° 05-15872 ; *Gaz. Pal.* 14-16 janv. 2007, rapp. A. Potocki ; *D.* 2007, 626, note L. Mauger-Vielpeau ; *RTD civ.* 2007, 351, obs. J. Mestre et B. Fages.

4. Pour une application, Civ. 3e, 22 févr. 2006, n° 05-12521.

5. Le Code de procédure civile prévoit que la contestation des actes établis par un officier public se fait selon les modalités très réglementées et par une action spécifique : l'action en inscription de faux. Une telle action est considérée comme grave, car elle conduit à mettre en cause la véracité des affirmations d'un détenteur d'autorité publique et donc son honnêteté. Elle fait donc l'objet d'un régime juridique très précis. Surtout, le demandeur en faux qui succombe peut être condamné à une amende civile d'un maximum de 3 000 sans préjudice des dommages-intérêts qui seraient réclamés (art. 305 CPC).

particulière que les énonciations garanties par la parole de l'officier public qui a pu les vérifier (par ex. la date, les parties en présence, la description du déroulement des faits) et non pas celles qu'il ne fait que rapporter ou supposer et sur lesquelles il ne peut donc engager sa parole (par ex. la santé mentale d'une des parties à l'acte, ou encore la remise des fonds, si le notaire a simplement noté que l'une des parties lui a affirmé avoir déjà payé)[1]. Comme l'énonce la Cour de cassation, « dans un acte notarié, les énonciations faites par les parties et ne portant pas sur des faits personnellement constatés par l'officier public peuvent faire l'objet de la preuve contraire sans qu'il soit nécessaire de recourir à la procédure d'inscription de faux »[2]. Un acte qui ne peut être qualifié d'authentique en raison de certains vices peut néanmoins, à certaines conditions, valoir comme acte sous seings privés ; selon l'article 1318 du Code civil, « l'acte qui n'est point authentique par l'incompétence ou l'incapacité de l'officier, ou par un défaut de forme, vaut comme écriture privée, s'il a été signé des parties » ; cela suppose néanmoins que le vice frappant l'acte authentique soit de pure forme et n'affecte pas le fond de l'acte[3].

Les actes sous seings privés sont quant à eux réglementés par les articles 1322 et s. ; ces textes exigent principalement la signature des parties[4] – qui peut aujourd'hui être électronique[5] –, la fabrication d'autant d'originaux que de parties ayant un intérêt distinct (formalité

1. Si le notaire dit : « En ce jour les parties me déclarent avoir déjà effectué entre elles le paiement », il faudrait une procédure d'inscription en faux pour contester que les parties aient fait au notaire cette déclaration puisque le notaire l'atteste ; pour contester en revanche que les parties aient déjà effectué entre elles le paiement, la preuve obéirait aux règles du droit commun car le notaire ne dit pas l'avoir vu ni même vérifié.

2. Civ. 1re, 2 nov. 2005, n° 03-19622 (il s'agissait en l'espèce de contester des énonciations de l'acte de donation-partage relatives à la désignation de parcelles).

3. Selon la Cour de cassation, « un acte notarié ne vaut comme écriture privée, sous réserve des dispositions prévues par l'article 23 du décret n° 71-941 du 26 novembre 1971, que si le vice de forme invoqué lui a fait perdre son caractère authentique », ce qui ne pouvait être le cas en l'espèce, l'acte litigieux ayant été déclaré faux par jugement, au motif que la mention aux termes de laquelle le consentement de l'épouse avait été donné le jour de la signature, ajoutée postérieurement sur la minute, était fausse (Civ. 1re, 21 févr. 2006, n° 04-17318).

4. « Il résulte de ce texte [l'art. 1122 C. civ.] qu'en dehors des exceptions prévues par la loi, l'acte sous seing privé n'est soumis à aucune autre condition de forme que la signature de ceux qui s'obligent » (Civ. 1re, 21 févr. 2006, n° 04-13512 ; *RTD civ.* 2006, 768, obs. J. Mestre et B. Fages). Pour l'apposition de mentions telles que «lu et approuvé», v. état des questions.

5. Art. 1316-4 C. civ. issu de la loi du 13 mars 2000 : « Lorsqu'elle est électronique [la signature], elle consiste en l'usage d'un procédé fiable d'identification garantissant son lien avec l'acte auquel elle s'attache. La fiabilité de ce procédé est présumée, jusqu'à preuve contraire, lorsque la signature électronique est créée, l'identité du signataire assurée et l'intégrité de l'acte garantie, dans des conditions fixées par décret en Conseil d'État. » Le décret du 30 mars 2001 précise qu'il en est ainsi lorsque la signature a été sécurisée, c'est-à-dire certifiée par un vérificateur.

dite « du double » de l'art. 1325 C. civ., ainsi nommée parce que les contrats les plus courants sont des contrats synallagmatiques à deux parties et qu'il faut donc, pour obéir aux prescriptions du Code, établir deux originaux)[1], ou encore la mention « écrite par lui-même » (et non plus manuscrite comme avant la loi du 13 mars 2000 admettant la preuve électronique[2]), de la somme ou de la quantité éventuellement due, en toutes lettres et en chiffres (art. 1326).

La valeur probante des actes sous seings privés est moindre que celle des actes authentiques[3]. Un acte sous seings privés ne vaut en effet que jusqu'à preuve contraire, qui doit, conformément à l'article 1341, être également apportée par écrit lorsqu'il s'agit de prouver contre l'acte ou au-delà de l'acte.

Il est fait exception aux exigences de l'article 1341 dans plusieurs hypothèses. D'abord lorsque existe un commencement de preuve par écrit au sens de l'article 1347[4]; celui-ci peut être complété par des témoignages ou présomptions pour faire la preuve de l'acte au même titre que les écrits mentionnés à l'article 1341[5]. La preuve par témoignages ou présomptions est également admissible en cas d'impossibilité matérielle ou morale de se procurer une preuve par écrit ou encore lorsque le titre qui servait de preuve littérale a été perdu ou détruit, par suite d'un cas fortuit ou d'une force majeure (art. 1348 C. civ.). Enfin dans une certaine mesure, la copie « fidèle et durable » au sens du même article 1348 peut remplacer l'écrit exigé par l'article 1341.

1. Seuls ces originaux valent acte sous seings privés, et un acte recopié, même à l'identique, constitue l'infraction de faux : Crim., 3 juin 2004, n° 03-81704; *RTD civ.* 2005, 784, obs. J. Mestre et B. Fages.

2. Civ. 1re, 13 mars 2008, n° 06-17534; *D.* 2008, 1956, note I. Maria; *RTD civ.* 2008, 302, obs. B. Fages : il résulte de l'article 1326, dans sa rédaction issue de la loi du 13 mars 2000, « que si la mention de la somme ou de la quantité en toutes lettres et en chiffres, écrite par la partie même qui s'engage, n'est plus nécessairement manuscrite, elle doit alors résulter, selon la nature du support, d'un des procédés d'identification conforme aux règles qui gouvernent la signature électronique ou de tout autre procédé permettant de s'assurer que le signataire est le scripteur de ladite mention »; la Cour d'appel ne pouvait donc débouter le demandeur au seul motif qu'il ne produisait qu'un document signé par le débiteur mais au contenu intégralement dactylographié.

3. L'annexion d'un acte sous seing privé à un acte authentique (en l'espèce un fax contenant procuration) ne lui confère pas la force probante de celui-ci : Civ. 1re, 19 juin 2001, n° 99-14714; *RTD civ.* 2001, 885, obs. J. Mestre et B. Fages.

4. Selon ce texte, « on appelle ainsi tout acte par écrit qui est émané de celui contre lequel la demande est formée, ou de celui qu'il représente, et qui rend vraisemblable le fait allégué ». La jurisprudence a en réalité parfois admis qu'un commencement de preuve par écrit n'est pas nécessairement un écrit.

5. « Faute d'un tel commencement de preuve par écrit, la preuve par présomptions de l'existence, comme du montant, de cette créance, ne [peut] être admise » : Civ. 1re, 12 juil. 2005, n° 04-15314; *RDC* 2006/2, 319, obs. Y.-M. Laithier.

La preuve technologique a acquis de nos jours une certaine valeur probante. Une loi du 13 mars 2000 a ainsi introduit dans le Code civil, aux articles 1316 à 1316-4, la possibilité d'une preuve électronique. Désormais, la preuve littérale ou par écrit exigée en principe « résulte d'une suite de lettres, de caractères, de chiffres ou de tous autres signes ou symboles dotés d'une signification intelligible, quels que soient leur support et leurs modalités de transmission » ; en particulier, « l'écrit sous forme électronique est admis en preuve au même titre que l'écrit sur support papier, sous réserve que puisse être dûment identifiée la personne dont il émane et qu'il soit établi et conservé dans des conditions de nature à en garantir l'intégrité ». Le Code répète encore que « l'écrit sur support électronique a la même force probante que l'écrit sur support papier ».

La Cour de cassation a réaffirmé le principe général selon lequel « nul ne peut se constituer une preuve à lui-même »[1], puis, plus précisément, celui selon lequel « nul ne peut se constituer un titre à lui-même »[2]. Lorsque la preuve est réglementée et qu'un écrit (un « titre ») est exigé, les juges ne peuvent admettre qu'une partie l'ait elle-même forgé ; lorsqu'en revanche la preuve est libre, notamment pour les faits juridiques, les juges pourraient se laisser convaincre (ou ne pas se laisser convaincre) par un élément de preuve apporté par la partie elle-même[3].

Lorsque la loi n'a pas fixé d'autres principes, et à défaut de convention valable entre les parties, le juge règle les conflits de preuve littérale en déterminant par tous moyens le titre le plus vraisemblable, quel qu'en soit le support.

ÉTAT DES QUESTIONS

BIBLIOGRAPHIE

Sur le consensualisme : V. Forray, *Le consensualisme dans la théorie générale du contrat*, LGDJ, « Bibl. dr. privé », 2007, préf. G. Pignarre et av.-propos Ch. Atias ; l'auteur

1. Civ. 1re, 2 avr. 1996, n° 93-17181, qui vise le principe selon lequel « nul ne peut se constituer une preuve à lui-même » pour censurer une cour d'appel qui s'était fondée exclusivement sur des éléments de preuve émanant de la SNCF (déclarations d'un agent préposé à la sécurité et données techniques fournies par cette société) pour décharger celle-ci de toute responsa bilité.

2. Civ. 1re, 23 juin 1998, n° 96-11486, qui rappelle « qu'on ne peut se constituer un titre à soi-même » pour censurer une cour d'appel qui, pour retenir qu'un agent général d'assurance avait versé à une personne ayant travaillé pour lui une somme de 41 959 F, s'était fondée sur la copie produite par celui-ci de sa déclaration faite, à l'époque, aux services fiscaux. Sur l'explication de l'évolution, J. Mestre, *RTD civ.* 1997, 136, puis *RTD civ.* 1999, 401-402.

3. Civ. 1re, 4 janv. 2005, n° 02-11339 ; *RTD civ.* 2005, 383, obs. J. Mestre et B. Fages, qui retient que la prohibition de se constituer un titre à soi-même est « limitée à la preuve des actes juridiques ».

replace le consensualisme dans son histoire, où il a correspondu à la disparition de la forme comme élément de structure du contrat.

Sur le formalisme : v. l'article classique de J. Flour, Quelques remarques sur l'évolution du formalisme, *Études G. Ripert*, t. II, LGDJ, 1950, 93 ; *Le formalisme*, journ. en l'honneur de J. Flour, *Defrénois* 2000, art. 37207 et s. ; X. Lagarde, Observations critiques sur la renaissance du formalisme, *JCP G* 1999, I, 170 ; Y. Jeanclos, Formalisme et consensualisme : la sempiternelle querelle du droit des contrats, *Études G. Boulvert*, Nice, 1987, 333, qui estime que les deux notions de consensualisme et de formalisme ne s'opposent pas ; L. Aynès, Formalisme et prévention, *Le droit du crédit au consommateur*, Litec, 1982 ; M.-A. Guerriero, *L'acte juridique solennel*, LGDJ, « Bibl. dr. privé », 1975, préf. J. Vidal ; A. Piedelièvre, *Les transformations du formalisme dans les obligations civiles*, th. Paris, 1959. Pour un exemple, J. Hauser, Le pacte civil de solidarité est-il un contrat solennel ou un contrat consensuel ?, *Defrénois* 2001, art. 37362, 673. O. Audic, *Les fonctions du document en droit privé*, LGDJ, « Bibl. A. Tunc », 2004, préf. Ph. Delebecque.

Sur les contrats réels : A.-F. Eyraud, *Le contrat réel – essai de renouveau par le droit des biens*, th. Paris I, 2003, qui montre le renouveau possible et l'utilité de la catégorie des contrats réels pour les nouveaux biens « spéciaux » qui ont un lien avec la personne humaine ; J. Attard, *Le prêt d'argent, contrat unilatéral ou contrat synallagmatique ?*, th. Aix-en-Provence, 1998 ; G. Blanluet, *Les effets des promesses de contrat réel*, mémoire DEA, Paris I, 1991 ; C.-C. Plesnila, *Analyse critique des contrats réels*, th. Paris, Larose Tenin, 1910 ; Ch.-M.-S. de Valicourt, *Droit romain : du développement historique des contrats réels*, th. Douai, 1885. Deux articles classiques sur la question : M.-N. Jobard-Bachelier, Existe-t-il encore des contrats réels en droit français ? Ou la valeur des promesses de contrat réel en droit positif, *RTD civ.* 1985, 1 ; F. Combescure, Existe-t-il des contrats réels en droit français ?, *Rev. crit. lég. et jurisp.* 1903, 477. *Adde* S. Sabathier, Les espoirs suscités par la remise en cause du caractère réel du contrat de prêt, *RTD com.* 2005, 29 ; N. Mouligner, Le contrat réel dans l'évolution du droit des contrats, *RRJ* 4/2004, 2233.

Sur la date des contrats : A.-M. Lavillaine-Juillet, *La date de l'acte juridique*, th. Clermont-Ferrand, 1979 ; B. Sousi-Roubi, Variations sur la date, *RTD civ.* 1991, 69 ; F. Favennec-Héry, La date certaine des actes sous seing privé, *RTD civ.* 1992, 1.

Sur la preuve : M. Mekki, Réflexions sur le risque de la preuve en droit des contrats (1re partie), *RDC* 2008/3, 681, et La gestion contractuelle du risque de la preuve (2e partie), *RDC* 2009/2, 453 ; *La preuve*, dir. C. Puigelier, Economica, 2004 ; *Le droit des preuves au défi de la modernité*, colloque, Doc. franç., 2000 ; S. Whittaker, Burden of Proof in the Consumer Acquis and in the DCFR, *ERCL* 2008/4, 411 ; C. Mouly-Guillemaud, La sentence « nul ne peut se constituer de preuve à soi-même » ou le droit de la preuve à l'épreuve de l'unilatéralisme, *RTD civ.* 2007, 253 ; E. Fongaro, *La loi applicable à la preuve en droit international privé*, LGDJ, « Bibl. dr. privé », 2004, préf. B. Beignier et J. Foyer ; Y. Flour et A. Ghozi, Les conventions sur la forme, *Defrénois* 2000, art. 37211 ; D. Ferrier, Preuve et contrat, in *Mélanges M. Cabrillac*, Litec, 1999, 105.

PRATIQUE JURIDIQUE

a) Les modes de preuve du contrat : droit européen. — Selon les Principes du droit européen des contrats, « le contrat n'a pas à être conclu ni constaté par écrit et n'est soumis à aucune autre exigence de forme. Il peut être prouvé par tous moyens, y compris par témoins» (art. 2 :101, 2). Les principes sont également souples sur la notion d'écrit : «Les déclarations par «écrit» incluent les communications faites par télégramme, télex, télécopie et courrier électronique, et les autres modes de communication qui sont de nature à procurer de part et d'autre un enregistrement pouvant être lu, à moins que le contexte n'impose une interprétation différente» (art. 1 :301, 6).

b) Les formalités. — Si la loi exige parfois une certaine forme pour que le contrat existe, elle peut également imposer certaines formalités, sans lesquelles le contrat ne pourra produire tous ses effets. Il en est ainsi de la publicité, notamment de la publicité foncière, sans laquelle le transfert de propriété immobilière ne sera pas opposable aux tiers. S. Corneloup, *La publicité des situations juridiques, une approche franco-allemande du droit interne et du droit international privé*, LGDJ, 2003, préf. P. Lagarde. Il existe également certaines formalités fiscales, en particulier l'enregistrement. De nombreux contrats sont assujettis à cette formalité (par ex. les ventes ou baux en matière immobilière) qui permet à l'État de prélever un impôt sur ces opérations; des sanctions civiles et pas seulement fiscales peuvent être attachées à leur accomplissement : ainsi, aux termes de l'article 1328 C. civ., l'enregistrement est la principale façon par laquelle les actes sous seings privés peuvent acquérir une date certaine contre les tiers. Enfin il existe des formalités administratives, notamment de déclaration ou même d'autorisation préalable. C'est ainsi que tout projet de vente portant sur un fonds agricole doit être notifié à la Société d'aménagement foncier et d'établissement rural (SAFER) qui dispose d'un droit de préemption. Sur les autorisations, A. Bernard, *L'autorisation administrative et le contrat*, th. Paris II, 1985; L'autorisation administrative et le contrat de droit privé, *RTD com.* 1987, 1; A. Werner, Le régime des actes de droit privé soumis à autorisation administrative, *RDP* 1984, 731; plus largement, B. Thullier, *L'autorisation, étude de droit privé*, LGDJ, «Bibl. dr. privé», 1996, préf. A. Bénabent. De nombreuses formalités peuvent consister en des mentions écrites obligatoires, fréquentes notamment dans les contrats proposés aux consommateurs. Leur avantage est qu'elles incitent à la réflexion, mais elles conduisent parfois à des annulations fictives, que l'on qualifie précisément de purement formalistes. V. Magnier, Les sanctions du formalisme informatif, *JCP G* 2004, I, 106.

Sous-titre 2

LE PROCESSUS DE FORMATION DU CONTRAT

Il n'est pas de l'essence du contrat d'être préalablement négocié, et son régime sera même identique selon qu'il a ou non fait l'objet d'une négociation. Dans tous les cas, c'est la conclusion du contrat qui est déterminante.

Chapitre 1

LA NÉGOCIATION DU CONTRAT

La négociation du contrat est la période préalable à la conclusion du contrat pendant laquelle les parties discutent le contenu de leur accord, chacune d'entre elles essayant d'obtenir les meilleures conditions possibles. Un contrat négocié, encore appelé contrat de gré à gré, est dès lors un contrat dont le contenu a été discuté et rédigé par les deux parties au contrat. Le Code civil est muet sur cette question. De façon générale, la question du temps, comme toutes les questions concrètes, est évacuée du droit commun du contrat. Les règles de formation, comme les règles de l'exécution, sont conçues pour un contrat instantané dont la conclusion s'effectue en un trait de temps, par la rencontre simultanée d'une offre et d'une acceptation. En réalité, dans la pratique, la période de la formation du contrat s'étale très souvent dans le temps.

1 | Les contrats non négociés

1. LE CARACTÈRE FACULTATIF DE LA NÉGOCIATION

La négociation n'est ni une condition d'existence ni une condition de validité du contrat. Un contrat peut se former instantanément ou presque, c'est-à-dire sans qu'il y ait eu de discussion préalable entre les deux futurs cocontractants. L'échange des consentements qui forme le contrat peut se faire sans même qu'aucun mot ne soit prononcé ou sans que les parties se rencontrent ni se connaissent : l'acheteur s'empare d'une chose sur l'étalage du vendeur et va en payer le prix à la caisse ; le voyageur monte dans le train après avoir acheté un titre de transport dans une machine et l'avoir composté.

Il existe cependant certaines obligations de négocier, par exemple en droit du travail. Dans les entreprises ayant une représentation syndicale, une négociation annuelle est ainsi obligatoire, sur les salaires effectifs, la durée effective du travail, ou encore l'organisation du temps de travail (art. L. 2242-1 C. trav.). Il s'agit de donner aux salariés l'opportunité d'améliorer leurs conditions de travail et d'emploi sans attendre que l'employeur veuille bien renégocier les conventions collectives existantes. Cette obligation de négocier n'est cependant pas une obligation de conclure un accord.

2. LES CONTRATS D'ADHÉSION

Un contrat d'adhésion est un contrat non négociable, et donc non négocié. L'ensemble du contrat est conçu et rédigé unilatéralement par l'une des parties, l'autre n'ayant pas le pouvoir d'en discuter ni d'en modifier le contenu : le seul choix possible est d'accepter le contrat en bloc, en adhérant à toutes ses clauses, ou de refuser de contracter. Le consentement est ainsi une adhésion au projet de l'autre sans qu'il y ait place pour une contre-proposition : l'offre est à prendre ou à laisser[1]. De nombreux contrats de la vie courante sont des contrats d'adhésion : contrats avec les banques, les assurances, avec EDF ou la SNCF. L'atteinte portée à la liberté contractuelle est accentuée lorsque l'adhésion se double d'une obligation de conclure, par exemple si le cocontractant est en situation de monopole.

Les contrats d'adhésion ont soulevé des difficultés particulières. L'existence d'un contrat d'adhésion implique en effet le plus souvent qu'une des parties est dans une position de faiblesse et de dépendance par rapport à l'autre puisque cette dernière a le pouvoir de fixer seule le contenu du contrat et de l'imposer ; il y a dès lors un risque particulier de déséquilibre en faveur du rédacteur de l'acte. En outre, du fait précisé-

1. Selon la définition proposée par l'avant-projet Catala, qui introduit officiellement cette notion, « le contrat d'adhésion est celui dont les conditions, soustraites à la discussion, sont acceptées par l'une des parties telles que l'autre les avait unilatéralement déterminées à l'avance » (art. 1102-5).

ment que l'une des parties n'a pas eu l'opportunité d'en discuter le contenu, on peut parfois s'interroger sur le point de savoir si elle en a véritablement connu et voulu toutes les clauses. Certains auteurs avaient alors suggéré l'élaboration d'un régime propre aux contrats d'adhésion, mais la jurisprudence ne l'a pas estimé nécessaire[1], utilisant les règles de droit commun pour veiller à l'intérêt de la partie faible. Certaines techniques de protection trouvent particulièrement à s'appliquer en matière de contrats d'adhésion : par exemple le contractant peut faire écarter l'application d'une des clauses du contrat s'il démontre qu'il n'en a pas pris connaissance, parce qu'elle était dissimulée ou en trop petits caractères, sachant que plus la clause sera en sa défaveur (clause limitative de responsabilité par ex.) et plus son attention devra avoir été spécialement attirée. Le droit des clauses abusives a au demeurant été conçu principalement pour les contrats d'adhésion, parmi lesquels on trouve au tout premier chef les contrats de consommation.

Certains contrats se concluent par le biais d'une adhésion (adhésion à une mutuelle, à une assurance groupe, ou encore à un syndicat) qui peut se définir comme un acte unilatéral par lequel une personne se rallie à un groupement ou à une opération. L'idée demeure que, le plus souvent, elle n'a pas réellement le choix d'en négocier les modalités dans la mesure où le groupe préexistait, avec des statuts et modalités d'adhésion prédéterminées.

3. LES CONTRATS-TYPES

Un contrat-type est un modèle de contrat. Ces modèles sont en général établis lorsque le contrat est destiné à être proposé à de multiples contractants. Il est alors plus facile et surtout moins coûteux d'établir un modèle que de prendre la peine, à chaque fois, de rédiger un contrat particulier. De nos jours, de très nombreux contrats sont des contrats-types, et ceux-ci vont de pair avec la consommation de masse.

Parfois, c'est l'un des contractants lui-même qui, concluant de très nombreux contrats avec de multiples clients, préétablit un modèle de contrat : c'est le cas de la SNCF par exemple. Des sociétés privées ou des organismes professionnels proposent également des modèles de contrat que des contractants peuvent reprendre, quitte à les adapter à leur

1. Civ. 1re, 12 mars 2002, n° 99-15711 : « Le seul fait qu'un contrat relève de la catégorie des contrats d'adhésion ne suffit pas à démontrer que telle clause particulière a été imposée par un abus de puissance économique. » La Cour de cassation reconnaît cependant par là même la catégorie des contrats d'adhésion.

propre situation. Celui qui se borne à rédiger et/ou à fournir ce type de modèle à un contractant n'en devient pas pour autant partie au contrat : certaines des clauses du contrat pourront dès lors être déclarées abusives au sens de la loi de 1995 lorsque l'une des parties est consommateur ou non-professionnel, même si le contrat a été rédigé par un professionnel[1].

Certains contrats-types sont réglementés par les pouvoirs publics et, dans certains domaines, les modèles de contrats doivent impérativement être établis par un organisme spécial[2]. Les contrats-types peuvent être établis de façon unilatérale ou négociés, notamment dans certaines branches professionnelles. Ces contrats jouent alors souvent un rôle similaire à celui des conventions collectives en droit du travail : ils servent à harmoniser les contrats conclus dans certaines branches ou dans certaines activités. Certains de ces contrats-types sont alors soumis à une procédure d'agrément par les pouvoirs publics. Il peut même y avoir des contrats-types administratifs dont la valeur juridique est parfois différente : s'ils sont obligatoires, ils peuvent être qualifiés de règlements administratifs soumis par conséquent au contrôle du Conseil d'État.

Les contrats-types étant rédigés à l'avance, leur contenu ne sera souvent pas négociable par l'autre partie ; ils sont ainsi en général, mais pas nécessairement, des contrats d'adhésion. Réciproquement, la plupart des contrats d'adhésion sont des contrats-types : si une partie sait qu'elle n'autorisera pas la négociation, elle aura tendance à utiliser un modèle général de contrat pour une opération donnée. Il n'y a cependant pas identité entre les deux notions. Le terme « contrat-type » insiste uniquement sur le fait que le contrat utilisé est un modèle de contrat, mais certaines clauses pourraient être négociées. Un contrat est en revanche dit d'« adhésion » lorsque l'une des deux parties n'a que la possibilité soit d'en admettre sans discussion toutes les clauses, soit de refuser de le conclure, et un tel contrat pourrait avoir été rédigé sur mesure pour le cocontractant considéré. L'utilisation d'un modèle n'est pas toujours favorable au contractant le plus fort : ainsi en droit de la consommation, la loi oblige parfois le professionnel à utiliser un modèle type de contrat

1. Civ. 1re, 4 mai 1999, n° 97-14187 : une association de consommateurs est irrecevable à faire retirer certaines clauses de ce type de contrat.

2. Art. L. 311-13 C. cons. : en matière de crédit, « l'offre préalable est établie en application des conditions prévues aux articles précédents selon l'un des modèles types fixés par le comité de réglementation bancaire, après consultation du Conseil national de la consommation ».

afin d'assurer l'égalité des clients, et de pouvoir imposer certaines clauses (d'information par ex.) protectrices du consommateur[1].

Parfois, ce n'est pas tout le contrat mais seulement une de ses clauses qui est usuelle et se retrouve couramment dans toutes sortes de contrats : on parle dans ce cas de clauses de style. Le régime en est un peu incertain : d'un certain côté, on pourrait déduire du caractère usuel de la clause de style le fait que la clause est sans grand effet et peut donc être valable ; d'un autre côté, et en particulier si la clause de style contredit une autre clause, la tentation sera plutôt d'écarter la clause de style dont on peut penser qu'elle a été moins réfléchie et donc moins voulue (v. *infra* sur l'interprétation du contrat).

2 | Les contrats négociés

Avant que le contrat ne soit conclu, les parties qui négocient sont en pourparlers. Il s'agit de la période dite « précontractuelle ».

1. LES PARTIES À LA NÉGOCIATION

Les parties à la négociation ne sont pas nécessairement les personnes qui seront parties au contrat. Ces dernières peuvent en effet donner mandat à des tiers de négocier pour elles : un agent immobilier pourra, par exemple, négocier un contrat de bail ou de vente pour le compte du propriétaire. Les réticences dolosives ou autres fautes de ce représentant pendant la négociation pourront alors être invoquées par la partie dont le consentement a été vicié comme si elles avaient été le fait de la partie représentée.

1. Art. L. 311-13 C. cons. : « L'offre préalable est établie en application des conditions prévues aux articles précédents selon l'un des modèles types fixés par le comité de réglementation bancaire, après consultation du Conseil national de la consommation. » Mais le prêteur ne doit pas pour autant cesser toute vigilance car si le comité à omis de mettre à jour ses modèles types sur certaines exigences légales, le prêteur ne pourra, pour se défendre, mettre en avant son respect du modèle type : Civ. 1re, 17 juil. 2001, n° 98-22364 ; *D.* 2002, 71, note D. Mazeaud, *RTD civ.* 2002, 91, obs. crit. J. Mestre et B. Fages.

2. LE DÉROULEMENT DE LA NÉGOCIATION

A / Les obligations relatives à la négociation

Ces obligations peuvent résulter d'un accord entre les parties, qui conviennent de certaines règles à respecter de part et d'autre au cours de la négociation ; par exemple l'une des parties donnera certaines informations que l'autre devra garder pour elle et ne pas révéler (obligation de confidentialité) ; ou encore la partie ayant reçu un certain nombre d'informations sur le fonctionnement de l'entreprise ne devra pas ensuite lui faire concurrence, même si le contrat n'est pas ultérieurement conclu (obligation de non-concurrence).

La jurisprudence a également développé certaines obligations générales pesant sur les parties à la négociation : celles-ci sont tenues notamment de s'informer mutuellement de tous les éléments de nature à influer sur leurs consentements respectifs, et ce sous la menace d'une annulation du contrat éventuellement conclu à la demande de la partie trompée.

En droit français, la période de négociation est gouvernée par l'obligation générale de négocier de bonne foi. Même si, par définition, l'obligation de négocier n'implique jamais l'obligation de conclure le contrat, il s'agit d'avoir un comportement loyal vis-à-vis de son partenaire : il ne faut pas le tromper pour l'induire à conclure le contrat, ou à l'inverse lui faire croire fallacieusement jusqu'à la dernière minute que l'on va conclure pour l'avertir ensuite brutalement de la décision de ne pas aller plus loin. Mais la période est également gouvernée par le principe de la liberté contractuelle, c'est-à-dire de la liberté de ne pas conclure le contrat. Il est dès lors légitime de mener des négociations parallèles avec d'autres partenaires et de ne pas les en tenir mutuellement informés[1]. La sanction des comportements répréhensibles se faisant sur le fondement de la responsabilité délictuelle, la condamnation dépendra non seulement du caractère particulièrement déloyal du partenaire mais aussi du dommage causé par ce comportement.

B / Les avant-contrats

Un avant-contrat est un contrat préparatoire à la conclusion d'un autre contrat. Il s'agit, comme son nom l'indique, d'un contrat, et donc

1. V. not. Com., 15 déc. 1992, *RTD civ.* 1993, 577, obs. J. Mestre.

d'un accord de volontés entre les deux parties à la négociation. Ils ne doivent dès lors pas être confondus avec une offre de contrat, qui est une manifestation unilatérale de volonté, et donc un acte juridique unilatéral. L'avant-contrat est un contrat autonome par rapport au contrat principal que les parties ont en vue ; il a un objet différent de celui-ci et en prépare la conclusion.

Les avant-contrats sont fréquents et peuvent être en pratique très divers[1]. Les plus généraux[2] sont les pactes de préférence et surtout les promesses de contrat.

a) Les pactes de préférence. — Il s'agit d'une promesse faite par une personne à une autre qui l'accepte (il y a donc bien contrat et non pas simple offre), de lui proposer en priorité la conclusion d'un contrat au cas où elle se déciderait à le conclure. Le plus souvent, il est fait en matière de vente : le propriétaire d'un bien promet de le proposer en priorité au bénéficiaire du pacte de préférence le jour où il se décidera à le vendre. Le promettant n'est nullement obligé d'offrir un jour de vendre le bien, l'essentiel étant que s'il se décide à le faire[3], il le propose d'abord au bénéficiaire. Il s'oblige cependant à ne rien faire qui puisse compromettre l'exercice du droit de préférence[4]. Seul le principe du contrat est acquis ; les conditions en revanche ne sont pas nécessairement déterminées avec précision à l'avance[5]. Le bénéficiaire quant à lui n'est nullement obligé. En particulier, si le promettant lui propose d'acheter, il demeure libre d'accepter cette offre et aussi d'en discuter le contenu. Lorsqu'une proposition précise est notifiée aux bénéficiaires de

1. Pour l'analyse juridique des clauses « buy or sell », B. Fages, *RTD civ.* 2009, 525, sous Com., 28 avr. 2009, n° 08-13044.

2. Il en existe de plus spécifiques, propres à un type de contrat particulier. V. le contrat préliminaire au contrat de vente d'immeuble à construire (art. L. 261-15 Code de la construction et de l'habitation).

3. Le pacte de préférence « s'analyse en une promesse unilatérale conditionnelle » : Civ. 3e, 16 mars 1994, n° 91-19797.

4. Civ. 3e, 10 mai 1984, n° 82-17079 : « Après avoir énoncé que le pacte de préférence n'interdit pas à lui seul un usage normal du bien par son propriétaire, l'arrêt retient exactement qu'en louant [...] à des tiers des parcelles de terre sur lesquelles ils avaient précédemment consenti [...] un droit de préférence, les [promettants] ont vidé ce droit de son contenu » et se sont « mis volontairement dans l'impossibilité d'exécuter le pacte de préférence ». En effet, le bail confère au locataire un droit de préemption sur l'immeuble qui primerait nécessairement le pacte de préférence. Civ. 3e, 1er avr. 1992, n° 90-16985 ; *D.* 1992, 165, note A. Fournier : « En affermant un bien sur lequel il avait précédemment consenti un droit de préférence, le propriétaire s'est mis, volontairement, dans l'impossibilité d'exécuter le pacte de préférence. »

5. Il n'est pas nécessaire que soit d'ores et déjà prévu le prix du contrat envisagé, ni le délai de validité du pacte de préférence : Civ. 1re, 6 juin 2001, n° 98-20673 ; *RTD civ.* 2002, 88, obs. J. Mestre et B. Fages et 115, obs. P.-Y. Gautier.

la promesse en exécution du pacte, il y a offre dont l'acceptation par ces derniers vaut vente[1].

La question se pose de la sanction de la violation d'un tel pacte, en d'autres termes si le promettant cède le bien à un autre que le bénéficiaire sans l'avoir préalablement proposé à ce dernier. La sanction la plus efficace consisterait à accorder à ce dernier un droit de préemption, c'est-à-dire la faculté de se substituer à l'acquéreur en payant le prix convenu avec celui-ci. Ce droit de préemption permettrait de pallier le risque que le promettant, pour paralyser le droit de préférence accordé, propose d'abord le bien au bénéficiaire à des conditions inacceptables pour retrouver ensuite sa liberté de contracter. La troisième Chambre civile de la Cour de cassation avait jugé que l'article 1142 du Code civil s'opposait à cette solution, même en cas de collusion frauduleuse entre le promettant et le tiers[2]. Cependant, réunie en Chambre mixte le 26 mai 2006[3], la Cour de cassation jugea au contraire que « le bénéficiaire d'un pacte de préférence est en droit d'exiger l'annulation du contrat passé avec un tiers en méconnaissance de ses droits et d'obtenir sa substitution à l'acquéreur », mais « à la condition que ce tiers ait eu connaissance, lorsqu'il a contracté, de l'existence du pacte de préférence et de l'intention du bénéficiaire de s'en prévaloir »[4]. Elle a précisé par la suite que « la connaissance du pacte de préférence et de l'intention de son bénéficiaire de s'en prévaloir s'apprécie à la date de la promesse de vente, qui vaut vente, et non à celle de sa réitération par acte authen-

1. Civ. 3e, 22 sept. 2004, n° 02-21441 ; *RTD civ.* 2005, 122, obs. J. Mestre et B. Fages.

2. Civ. 3e, 30 avr. 1997, n° 95-17598 ; *D.* 1997, 475, note D. Mazeaud ; *Defrénois* 1997, 1007, obs. Ph. Delebecque ; *JCP G* 1997, II, 22963, note B. Thuillier ; *RTD civ.* 1997, 685, obs. P.-Y. Gautier, et 1998, 98, obs. J. Mestre. Selon la Cour de cassation, viole l'art. 1142 C. civ. la cour d'appel qui, pour dire que le bénéficiaire d'un pacte de préférence était substitué à l'acquéreur, retient que les droits de ce bénéficiaire sont opposables au tiers acquéreur dans la mesure où celui-ci a commis une fraude.

3. Ch. mixte, 26 mai 2006, n° 03-19376 et 03-19496 ; *Grands arrêts*, n° 258 ; *RTD civ.* 2006, 550, obs. J. Mestre et B. Fages ; *D.* 2006, 1861, note P.-Y. Gautier, 1864, note D. mainguy, et 2644, obs. B. Fauvarque-Cosson ; *RDC* 2006/4, 1080, obs. D. Mazeaud et 1131, obs. F. Collart Dutilleul ; *JCP G* 2006, I, 176, n° 1, obs. F. Labarthe, et II, 10142, obs. L. Leveneur ; *JCP E* 2006, 2378, note Ph. Delebecque ; *Defrénois* 2006, 1206, obs. É. Savaux ; *Dr. & patr.* oct. 2006, 93, obs. Ph. Stoffel-Munck ; *Rev. sociétés* 2006, 808, note J.F. Barbiéri.

4. Les deux conditions sont cumulatives : Civ. 3e, 29 juin 2010, n° 09-68110, qui juge qu'« ayant souverainement retenu que, si M. Z... était informé de la clause stipulant un pacte de préférence, pour avoir eu connaissance du bail, les consorts X... n'établissaient pas qu'il avait été informé de leur intention de s'en prévaloir », la cour d'appel a légalement justifié sa décision de rejeter la demande d'annulation et de substitution. La Cour de cassation énonce aussi au passage que la Cour d'appel « a relevé à bon droit qu'il ne pouvait être reproché à l'acquéreur du fonds de commerce, étranger au pacte de préférence, de ne pas avoir pris l'initiative de vérifier les intentions des bénéficiaires » et elle a donc pu en déduire qu'il n'avait commis aucun faute à l'origine du préjudice allégué. V. obs. É. Savaux, *RDC* 2011/1, 30, qui estime excessive cette solution du “tout ou rien”, où le tiers ne risque rien, même pas des dommages-intérêts, si les deux conditions ne sont pas réunies.

tique», sauf dans le cas où «les parties avaient entendu faire de celle-ci un élément constitutif de leur engagement»[1]. Dès lors, le bénéficiaire du pacte violé peut désormais non seulement exiger l'annulation du contrat conclu en violation de ce pacte (qui peut être une simple promesse ou le contrat définitif) mais encore obtenir d'être substitué au tiers acquéreur[2]. Le tout à la condition que ce dernier ait été de mauvaise foi[3] sinon il devra se contenter de dommages-intérêts[4]. À la condition aussi qu'il le souhaite, car il peut toujours préférer, pour une raison ou pour une autre, obtenir des dommages-intérêts.

Si le bénéficiaire n'est pas informé de la cession du bien par le promettant, tout dépend de la situation du tiers acquéreur. La vente ne pourra en effet être annulée que si celui-ci était de mauvaise foi, ce qui doit s'entendre de la connaissance non seulement du pacte de préférence antérieurement conclu, mais encore de la volonté du bénéficiaire de faire usage de son droit de préférence[5]. S'il est en revanche de bonne foi, le bénéficiaire ne pourra obtenir que des dommages-intérêts de la part du promettant.

1. Civ. 3e, 25 mars 2009, n° 07-22027; *RTD civ.* 2009, 524, obs. B. Fages, et 337, obs. P.Y. Gautier; *RDC* 2009/3, 991, obs. Y. M. Laithier; *Defrénois* 2009, 1276, obs. É. Savaux et 2010, art. 39075, note Y. Dagorne-Labbé.

2. Pour une application de cette substitution : Civ. 3e, 14 févr. 2007, n° 05-21814; *D.* 2007, 2444, note J. Théron, et 2973, obs. B. Fauvarque-Cosson; *RTD civ.* 2007, 366, obs. P. Y. Gautier, et 768, obs. B. Fages; *RDC* 2007/3, 701, obs. D. Mazeaud, et 741, obs. G. Viney; *Defrénois* 2007, 1048, obs. R. Libchaber; *Dr. & patr.* sept. 2007, 97, obs. Ph. Stoffel-Munck.

3. Civ. 3e, 3 nov. 2011, n° 10-20936; *D.* 2012, 459 et s., obs. S. Amrani Mekki et M. Mekki; *D.* 2011, 2794, obs. G. Forest; *JCP G* 2012, n° 8, obs. G. Loiseau : ayant «souverainement retenu que la société BB2 avait connaissance, lorsqu'elle a contracté le 7 novembre 2002, de l'existence du pacte de préférence consenti par la société Le Bélier à la société Spriet, inséré au contrat de bail signé le 11 mars 2002, et de l'intention de la bénéficiaire de s'en prévaloir, et, à bon droit, que la promesse synallagmatique de vente consentie par la société Le Bélier le 8 janvier 2002 ne pouvait priver d'effet le pacte de préférence dès lors que le contrat de bail prenait effet, en toutes ses clauses et conditions, au 1er janvier 2002, la cour d'appel a pu déduire de ces seuls motifs que la vente de l'immeuble avait été réalisée en violation du pacte de préférence et qu'elle devait être annulée».

4. Civ. 3e, 31 janv. 2007, n° 05-21071 : «attendu que si le bénéficiaire d'un pacte de préférence est en droit d'exiger l'annulation du contrat passé avec un tiers en méconnaissance de ses droits et d'obtenir sa substitution à l'acquéreur, c'est à la condition que ce tiers ait eu connaissance, lorsqu'il a contracté, de l'existence du pacte de préférence et de l'intention du bénéficiaire de s'en prévaloir; qu'ayant souverainement retenu qu'il n'existait aucune preuve de ce que la société Capesterre aurait eu connaissance de l'intention de la société Aux Jardins de France de faire usage de son droit de préférence, la cour d'appel [...] a pu en déduire [...] que la violation du droit de préférence ne pouvait être sanctionnée que par l'allocation de dommages-intérêts».

5. Civ. 3e, 10 févr. 1999, n° 95-19217. Les bénéficiaires de pactes de préférence devaient donc être vigilants et donner une certaine publicité à leur droit : J. Mestre, *RTD civ.* 1999, 616. Le pacte de préférence n'est cependant pas soumis à publicité obligatoire car il ne constitue pas une restriction au droit de disposer : Civ. 3e, 16 mars 1994, n° 91-19797; *D.* 1994, 486, note A. Fournier.

Le pacte de préférence a une nature personnelle[1], mais il est en principe transmissible aux héritiers[2].

b) Les promesses de contrat. — Il y a promesse de contrat lorsqu'une personne s'engage à conclure ultérieurement un certain contrat. Les plus courantes sont les promesses de vente, qui ont pour objet d'engager l'une ou l'autre des parties dans l'attente d'un élément nécessaire à la réalisation de la vente (obtention d'un prêt par ex.). On distingue les promesses unilatérales et les promesses synallagmatiques.

1° *Une promesse unilatérale de vente* est un accord de volontés par lequel une personne s'engage envers une autre à lui vendre un bien à des conditions déterminées. Le bénéficiaire de cet engagement est alors investi d'un droit d'option pendant un délai donné[3], lui offrant le choix soit de ne pas conclure le contrat envisagé en laissant passer le délai, soit de le conclure en « levant l'option » dans le délai convenu[4]. Aux termes de l'article 1589-2 du Code civil[5], est nulle et de nul effet toute promesse unilatérale de vente afférente à un immeuble (ou à certains autres droits assimilés), si elle n'est pas constatée par un acte authentique ou par un acte sous seings privés enregistré dans le délai de dix jours à compter de la date de son acceptation par le bénéficiaire[6]. Le

1. Civ. 3e, 4 janv. 1995, n° 92-21449 : « Le pacte de préférence constitue une créance de nature personnelle » ; il en résulte en l'espèce que la cession de ce droit n'est opposable aux tiers que si elle a été régulièrement signifiée ou acceptée dans un acte authentique. Curieusement, un arrêt du 24 mars 1999 (n° 96-16040) a déduit de la nature personnelle de la créance résultant du pacte de préférence que le bénéficiaire ne pourrait agir à l'encontre du tiers ayant conclu avec le promettant un contrat en violation de ses droits : obs. crit. J. Mestre *RTD civ.* 1999, 617.

2. Civ. 1re, 24 févr. 1987, n° 85-16279. Selon la Cour de cassation : « Si le pacte de préférence est en principe transmissible aux héritiers des parties, il en est différemment lorsque les circonstances révèlent une intention contraire, même tacite, des parties de ne conférer à cette obligation qu'un caractère strictement personnel. » Sur le sort des pactes de préférence à l'occasion de procédures collectives : J. Mestre et B. Fages, *RTD civ.* 2007, 332.

3. La prorogation du délai de réalisation de la promesse n'emporte pas prorogation du délai d'option : Civ. 3e, 27 mars 2007, n° 06-12319 ; *RDC* 2007/3, 797, obs. F. Collart Dutilleul.

4. La simple signification de conclusions récapitulatives peut valoir levée de l'option : Civ. 3e, 11 mai 2005, n° 03-20669 ; *RTD civ.* 2006, 106, obs. J. Mestre et B. Fages.

5. Entré en vigueur le 1er janv. 2006, et auparavant art. 1840 A du Code général des impôts.

6. L'Assemblée plénière a jugé que cette obligation d'enregistrement n'est pas applicable lorsque la promesse de vente est contenue dans une transaction : « La transaction est une convention ayant entre les parties autorité de la chose jugée, stipulant des engagements réciproques interdépendants, dont la promesse de vente n'est qu'un élément, de sorte que l'article 1840 A du Code général des impôts est sans application » (Ass. plén., 24 févr. 2006, n° 04-20525 ; *JCP G* 2006, II, 10065, avis J. Cédras ; *RTD civ.* 2006, 301, obs. J. Mestre et B. Fages ; *RDC* 2006/3, 689, obs. Y.-M. Laithier, et 715, obs. I. Dauriac ; S. Becqué-Ickowicz, Du défaut d'enregistrement d'une promesse unilatérale de vente incluse dans une transaction, *Defrénois* 2006, art. 38411).

décès du promettant ne rend pas la promesse caduque[1], contrairement au décès de l'offrant qui rend en principe l'offre caduque.

La promesse unilatérale de vente est un contrat : il y a une offre et une acceptation. Il s'agit d'un contrat unilatéral puisque seul le promettant est obligé; le bénéficiaire, quant à lui, reste libre de lever ou non l'option[2]. La qualification de promesse unilatérale suppose donc qu'une seule des parties s'engage de manière ferme et définitive. La Cour de cassation semble ne plus vouloir prendre en considération le fait que le bénéficiaire de l'offre soit tenu de verser une indemnité considérable au cas où le contrat ne se ferait pas, ce qui est pourtant pour le moins de nature à forcer son consentement[3].

Le droit du bénéficiaire de la promesse unilatérale de vente est un droit d'option. On analyse classiquement ce droit d'option en un droit de créance, dans la mesure où il n'est pas un droit direct sur la chose, donc un droit réel. Selon certains auteurs, ce droit serait en réalité dépourvu de débiteur car le promettant a, dès la promesse, consenti à vendre, si bien que la seule volonté du bénéficiaire suffit désormais à former ce contrat sans que le promettant ne soit plus tenu d'intervenir. Certains auteurs ont alors proposé d'admettre, à côté des droits réels et des droits personnels, des droits « potestatifs », droits sans débiteurs et dépendant de la seule volonté d'une personne (d'où le qualificatif de « potestatif »), dont le droit d'option serait la principale illustration[4]. En réalité, la définition du droit postestatif comme étant un droit sans débi-

1. Civ. 3e, 10 déc. 1997, n° 95-16461 ; Civ. 3e, 6 mai 2008, n° 07-11668 ; *RDC* 2008/4, 1239, obs. F. Collart Dutilleul.

2. Dans un arrêt du 23 janv. 1991 (Civ. 3e, n° 89-10489 ; *D.* 1992, 457, note Najjar), la Cour de cassation a jugé que la convention par laquelle le bénéficiaire s'engage à acquérir dès que le promettant aura rempli plusieurs obligations est synallagmatique puisqu'elle « ôtait toute faculté d'option au bénéficiaire de la promesse ».

3. Civ. 1re, 1er déc. 2010, n° 09-65673 ; *RDC* 2011/2, 420, obs. crit. Y.M. Laithier ; *D.* 2012, 459 et s., obs. S. Amrani Mekki et M. Mekki ; le dépôt de garantie était en l'espèce d'un montant presqu'égal au prix de la vente, mais la haute Juridiction approuve la motivation de la Cour d'appel « ayant retenu qu'aux termes de l'acte du 6 mai 1958 une seule partie, les vendeurs, s'était engagée de manière ferme et définitive, envers le candidat acquéreur, qui prenait acte de l'engagement mais qui de son côté ne s'engageait pas, à conclure le contrat définitif, disposant d'une option lui permettant dans l'avenir de donner ou non son consentement à la vente et que le versement d'un dépôt de garantie d'un montant presqu'égal au prix de la vente ne préjudiciait en rien à la qualification de cet acte ». Dans certains arrêts antérieurs, la Cour de cassation avait admis que les juges du fond puissent requalifier la promesse unilatérale de vente en promesse synallagmatique lorsque l'indemnité d'immobilisation était si élevée que le bénéficiaire n'avait pas réellement la possibilité de refuser d'acheter : v. par ex. Com., 13 févr. 1978, n° 76-13429.

4. I. Najjar, *Le droit d'option, contribution à l'étude du droit potestatif et de l'acte unilatéral*, LGDJ, Bibl. dr. privé, 1967, préf. P. Raynaud. Les droits potestatifs sont définis par cet auteur comme « des pouvoirs par lesquels leurs titulaires peuvent agir sur les situations juridiques préexistantes, en les modifiant, les éteignant ou en en créant de nouvelles, au moyen d'un activité propre unilatérale ».

teur n'a pas de sens. L'exercice par le bénéficiaire de son droit d'option ne nécessite certes pas que le promettant fasse, ne fasse pas, ou donne quelque chose. Mais pour qu'un tel droit soit créé et naisse, il a bien fallu qu'il y ait un contrat, liant et donc obligeant (au sens de la force obligatoire du contrat) le promettant, et il faut donc bien un cocontractant, sinon débiteur d'une obligation, tout au moins débiteur en tant qu'obligé par le contrat[1]. La qualification de droit potestatif peut dès lors être retenue, mais en définissant celui-ci comme un droit dont le débiteur n'est tenu d'aucune obligation, même s'il est obligé par le contrat de promesse.

La question s'est surtout posée de la sanction de la rétractation d'une promesse unilatérale de vente. En matière immobilière, les parties prévoient en effet fréquemment, dans leur promesse, que le transfert de propriété sera reporté à la réitération de leur volonté par acte authentique. Plusieurs litiges sont alors nés du fait que le promettant décide de se rétracter et refuse de procéder à la réalisation de la vente devant notaire. Il faut supposer que la rétractation intervient avant la fin du délai offert au bénéficiaire (sinon la promesse est de toutes les façons caduque), mais aussi avant que ce dernier n'ait levé l'option (car alors le contrat serait irrévocablement formé[2]). La question ainsi posée aux juges consiste à déterminer la sanction opportune et juste lorsque le promettant rétracte fautivement sa promesse : exécution forcée, qui permettrait de forcer la vente, ou allocation de dommages-intérêts ?

La troisième Chambre civile de la Cour de cassation, dans un arrêt du 15 décembre 1993[3], a jugé que le promettant n'étant tenu, jusqu'à la levée de l'option par le bénéficiaire, que d'une obligation de faire et non

1. Pour reprendre la distinction de P. Ancel in Force obligatoire et contenu obligationnel du contrat, *RTD civ.* 1999, 785 et s.

2. Civ. 3e, 26 juin 1996, n° 94-16326. *Adde*, énonçant qu'il faut rechercher si la rétractation a été ou non *notifiée* avant la levée de l'option, Civ. 3e, 25 mars 2009, n° 08-12237 ; *RDC* 2009/3, 995, obs. Y. M. Laithier.

3. N° de pourvoi : 91-10199 ; *D.* 1994, somm., 230, obs. O. Tournafond, 507, note F. Bénac-Schmidt et *D.* 1995, somm., 87, obs. L. Aynès ; *RTD civ.* 1994, 588, obs. J. Mestre ; *Defrénois* 1994, art. 35845, n° 61, obs. Ph. Delebecque ; *AJDI* 1994, p. 351, note M. Azencot, et 1996, p. 568, note D. Stapylton-Smith ; *JCP G* 1995, II, 22366, note D. Mazeaud. Une personne avait consenti une promesse de vente d'un immeuble mais, avant l'expiration du délai prévu pour la levée de l'option et la réalisation de la vente, elle notifia aux bénéficiaires sa décision de ne plus vendre. Ceux-ci levèrent cependant l'option dans le délai initialement convenu et assignèrent la promettante en réalisation forcée de la vente. La Cour d'appel les débouta de leur demande, et le pourvoi formé contre cet arrêt par les bénéficiaires de la promesse fut rejeté. Selon la haute Juridiction, « la cour d'appel, ayant exactement retenu que tant que les bénéficiaires n'avaient pas déclaré acquérir, l'obligation de la promettante ne constituait qu'une obligation de faire », et « la levée d'option, postérieure à la rétractation de la promettante, excluait toute rencontre des volontés réciproques de vendre et d'acquérir ».

pas de donner, il ne pouvait être forcé à procéder à la conclusion de l'acte notarié, les obligations de faire ne pouvant se résoudre, aux termes de l'article 1142 du Code civil, qu'en dommages et intérêts en cas d'inexécution. La très grande majorité de la doctrine critiqua cet arrêt et seuls quelques auteurs vinrent à son soutien [1]. La doctrine majoritaire crut en un espoir de revirement après l'arrêt de Chambre mixte de la Cour de cassation du 26 mai 2006 relatif au pacte de préférence dans lequel la Cour de cassation admettait désormais de forcer l'exécution en nature du pacte de préférence (v. *supra*). Leur espoir devînt presque certitude avec un arrêt de la troisième Chambre civile de la Cour de cassation du 8 septembre 2010 [2]. Deux époux avaient consenti une promesse de vente et, avant la réalisation de celle-ci, l'un d'eux décéda, laissant pour lui succéder un héritier mineur; le bénéficiaire leva l'option, mais les promettants refusèrent de régulariser la vente; la Cour d'appel jugea que l'action en exécution forcée de la vente intentée par les bénéficiaires était irrecevable, au motif que «l'obligation du promettant quoique relative à un immeuble constitue tant que le bénéficiaire n'a pas déclaré acquérir non pas une obligation de donner mais une obligation de faire»; dès lors, au moment du décès du promettant et avant la levée de l'option, la vente n'était pas réalisée et l'autorisation du juge des tutelles était nécessaire à cette réalisation puisque l'un des héritiers était mineur. La Cour de cassation reprocha alors à la Cour d'appel d'avoir ainsi statué «alors que le promettant avait définitivement consenti à vendre et que l'option pouvait être valablement levée, après son décès, contre ses héritiers tenus de la dette contractée par leur auteur, sans qu'il y eût lieu d'obtenir l'autorisation du juge des tutelles, la cour d'appel a violé le texte susvisé». La doctrine majoritaire pensa alors que la solution qu'elle proposait était définitivement adoptée, d'autant que sa motivation principale avait été reprise mot pour mot par la haute Juridiction. En réalité, si l'on avait une attention aux faits particuliers de l'espèce, l'arrêt du 8 septembre pouvait s'inscrire dans la jurisprudence de 1993 et ne pas constituer un revirement [3]. Quoi qu'il en soit, l'espoir des oppo-

1. V. D. Mainguy, L'efficacité de la rétractation de la promesse de contracter, *RTD civ.* 2004, p. 1 et s.; ou encore notre article Le mythe de l'obligation de donner, *RTD civ.* 1996, n° 16 et s.

2. Pourvoi n° : 09-13345; *JCP G* 2010, I, 1051, obs. G. Pillet; L. Aynès, Vers une restauration de l'efficacité de la promesse unilatérale de vente, *Defrénois* 2010, art. 39170, n° 19, p. 2123; *D.* 2011, 477, obs. S. Amrani Mekki; *RTD civ.* 2010, 778, obs. B. Fages, et 2011, 99, obs. J. Hauser; *RDC* 2011, 153, obs. P. Brun; *Gaz. Pal.* 31 oct.-4 nov. 2010, 14, obs. D. Houtcieff, et 1er-2 déc. 2010, 15, note G. Pignarre; *LEDC* 2010, 1, obs. G. Pillet.

3. En effet, les promettants n'avaient nullement rétracté le consentement émis dans la promesse avant la levée de l'option par le bénéficiaire : dès lors, au moment de celle-ci, la vente était définitivement formée et l'acquéreur pouvait donc en réclamer l'exécution forcée. La Cour de cassation avait

sants à l'arrêt de 1993 fut de courte durée car, dans un arrêt du 11 mai 2011, la troisième Chambre civile de la Cour de cassation[1] réaffirma clairement sa solution de 1993 et jugea « que la levée de l'option par le bénéficiaire de la promesse postérieurement à la rétractation du promettant excluant toute rencontre des volontés réciproques de vendre et d'acquérir, la réalisation forcée de la vente ne peut être ordonnée ». Elle censura alors, au visa des articles 1101 et 1134 du Code civil, la Cour d'appel qui avait déclaré la vente parfaite au motif que la promettante « devait maintenir son offre jusqu'à l'expiration du délai de l'option, sans aucune faculté de rétractation ». Malgré un arrêt un peu ambigu du 6 septembre 2011[2], on peut donc considérer que la solution de 1993 est confirmée, et la troisième Chambre civile de la Cour de cassation a ainsi courageusement résisté aux lourdes pressions de la doctrine majoritaire. La Chambre commerciale a, à son tour, marqué sa volonté de tenir le cap[3].

déjà jugé cela (Civ. 3e, 26 juin 1996, n° de pourvoi : 94-16326 : « ayant relevé, sans avoir à procéder à une recherche qui ne lui était pas demandée, que le délai de levée de l'option expirait à 18 heures le 30 juin 1988, la cour d'appel, qui a retenu que si Mme Y... avait alors refusé de signer l'acte de vente, M. Le Fur avait levé efficacement cette option, le même jour à 11 heures, en rencontrant Mme Y... chez le notaire, en présentant à cette occasion le chèque rédigé à l'ordre de ce dernier et en réitérant sa volonté de signer l'acte, en a exactement déduit que la vente était parfaite »). L'arrêt du 8 septembre y ajoutait simplement – à juste titre – que l'ayant-cause du promettant n'a pas à réitérer le consentement exprimé par son auteur dès lors que la promesse est transmissible aux héritiers (v. en ce sens S. Amrani Mekki, *D.* 2011, 477, qui s'interrogeait au demeurant sur l'existence réelle d'un revirement). Une telle exigence n'a jamais été requise d'un ayant-cause majeur et n'a pas davantage à l'être d'un héritier mineur et incapable ; il n'y avait donc nullement lieu d'obtenir l'autorisation du juge des tutelles. V. déjà Civ. 3e, 6 mai 2008, pourvoi n° 07-11668, qui retient qu'« ayant relevé que la promesse de vente était transmissible à cause de mort tant activement que passivement, ainsi que l'acte le prévoyait d'ailleurs expressément, et constaté que la levée de l'option, intervenue dans le délai imparti, avait formé une vente parfaite nonobstant le décès de M. X..., la cour d'appel, qui a ainsi fait ressortir que l'obligation avait été transmise par succession et non pas contractée par la mineure elle-même, a exactement déduit, de ces seuls motifs, que l'argument relatif à la nécessité de recourir au juge des tutelles était inopérant ».

1. N° 10-12875 ; *D.* 2011, 1457, obs. D. Mazeaud et 1460, obs. D. Mainguy ; *RTD civ.* 2011, 532, obs. B. Fages ; *LPA* 30 déc. 2011, n° 260, p. 6, obs. J. Le Bourg ; *Defrénois* 2011, 1023, obs. L. Aynès, et 1398, obs. J.-B. Seube ; Y. Paclot et E. Moreau, *JCP G* 2011, 736.

2. N° 10-20362. Selon la Cour de cassation, « ayant relevé que la date d'expiration du délai de levée de l'option ouverte à la société Edifides par la promesse unilatérale de vente à elle consentie par les consorts X... était fixée au 15 septembre 2006 et que la dénonciation, par ces derniers, de leur engagement datait du 16 janvier 2006, la cour d'appel en a exactement déduit que la société Edifides était fondée à faire valoir que la levée de l'option devait produire son plein effet ». La rétractation antérieure à la fin du délai de levée de l'option semble donc inopérante. L'arrêt est ainsi rédigé de façon quelque peu ambiguë mais, compte tenu de la demande précise faite à la haute Juridiction, il ne doit sans doute pas davantage être interprété comme un revirement. Un tel revirement n'était en toute hypothèse pas dans l'intention des magistrats de la haute Juridiction.

3. Com., 13 sept. 2011, n° de pourvoi : 10-19526, qui juge « que la levée de l'option par le bénéficiaire de la promesse postérieurement à la rétractation du promettant excluant toute rencontre des

La solution de la troisième Chambre civile de la Cour de cassation nous semble parfaitement justifiée[1] (pour plus de développements, v. état des question).

Contrairement à ce qui est souvent dit, la Cour de cassation n'« autorise » pas la rétractation et donc la violation de la parole donnée : simplement elle n'entend sanctionner celle-ci que par l'allocation de dommages-intérêts et non pas par la conclusion forcée du contrat, cette dernière sanction devant rester tout à fait exceptionnelle et ne se justifiant pas ici.

Certains auteurs s'étonnent alors que la promesse soit sanctionnée comme une simple offre de vente (par des dommages-intérêts). Il faut certes faire une hiérarchie des sanctions selon les étapes de la formation du contrat, mais cet objectif légitime ne conduit pas à l'exigence d'une condamnation à la vente forcée en cas de rétractation du promettant. On peut en effet relever au moins trois étapes dans la formation d'un contrat de vente préparé par la conclusion d'une promesse unilatérale de vente (sans compter même l'existence préalable d'une simple offre de contracter) : la conclusion de la promesse, la levée de l'option et enfin la réalisation de la vente par acte authentique. Or les juges ne disposent que de deux types de sanctions en cas d'inexécution par le débiteur des obligations nées à chacune de ces trois étapes : les dommages-intérêts ou le transfert forcé de propriété. Il est dès lors inévitable que, pour deux de ces étapes, la sanction soit de même nature. Il y aurait cependant encore plus de quoi s'étonner qu'une simple promesse de vente, qui est un contrat non translatif de propriété, soit sanctionnée comme le contrat de vente lui-même, c'est-à-dire par un transfert forcé de propriété. Car l'événement capital, de nature à modifier le plus radicalement la situation juridique est la levée de l'option, puisqu'il y a à ce moment là rencontre des volontés de vendre et d'acheter, ce qui est précisément la définition du contrat de vente. En outre, il est plus opportun que la sanction commune à deux étapes soit plutôt des dommages-intérêts dans la mesure où l'exécution forcée conduit à un "tout ou rien" alors que les dommages-intérêts peuvent être modulés en fonction précisément des conséquences différentes de la rétractation selon qu'on est à un stade plus ou moins avancé. Il ne tient alors qu'aux juges de sanctionner par une somme de dommages-intérêts plus lourde la violation de la promesse que la violation d'une simple offre, et il serait même

volontés réciproques de vendre et d'acquérir, la réalisation forcée de la vente ne pouvait être ordonnée ».

1. V. notre article sur L'engagement du promettant : engagement au contrat préparatoire, in « Jurisprudence et doctrine : quelle efficacité pour les avant-contrats ? », *RDC* 2012/2.

opportun d'introduire en droit français les dommages-intérêts punitifs, en particulier pour sanctionner une éventuelle pratique d'*efficient breach of contract*[1].

Enfin le contrat de promesse unilatérale de vente n'étant pas un contrat translatif de propriété, on voit mal comment son exécution forcée en nature pourrait conduire à imposer un transfert de propriété : comment la sanction d'une inexécution peut-elle conduire à accorder au créancier plus que ce à quoi il avait droit par le contrat non exécuté[2]? Ce n'est qu'une fois l'option levée qu'il n'y a plus simplement contrat de promesse mais bel et bien vente et donc contrat translatif de propriété dont le juge pourrait cette fois-ci ordonner l'exécution forcée par un transfert de la propriété.

La Cour de cassation marque ainsi en définitive à juste titre la rupture radicale entre la promesse de vente et la vente. Elle a été critiquée au nom des besoins de la pratique, mais il n'est pas démontré que les promesses unilatérales de vente seraient désormais délaissées[3], et la solution de l'exécution forcée n'éviterait pas davantage les contentieux en cas de litige. Les notaires seraient-ils vraiment satisfaits d'apprendre que leur intervention au moment de l'acte de vente n'a pas de réelle portée juridique puisqu'elle ne change pas la sanction applicable?

Enfin et surtout, la solution de la Cour de cassation nous semble la seule compatible avec les principes les plus fondamentaux du droit des contrats, et sa critique repose au contraire sur la validation d'une "obligation de consentir" qui est une figure contraire au principe constitutionnel de liberté contractuel (v. état des questions).

1. *Contra*, D. Mainguy, «L'efficacité de la rétractation de la promesse de contracter», *RTD civ.* 2004, p. 1 et s., spéc., n° 29, dont l'un des arguments au soutien de l'arrêt de 1993 est au contraire qu'il permet au promettant de se dédire lorsqu'il a trouvé plus profitable ailleurs. Pour la critique de cette théorie de l'*efficient breach*, v. *infra*.

2. La Cour de cassation a cependant laissé entrevoir, ce qui n'est pas très logique par rapport au raisonnement ici mené, que les parties à une promesse unilatérale de vente pourraient convenir que le défaut d'exécution par le promettant de son engagement de vendre se résoudra «en nature par la constatation judiciaire de la vente», et donc «par une autre voie que celle prévue à l'article 1142 du code civil»; dans l'arrêt où elle a énoncé cela, elle a cependant estimé que les parties n'avaient en l'espèce rien convenu de la sorte : Civ. 3e, 27 mars 2008, n° 07-11721; *RTD civ.* 2008, 475, obs. B. Fages; *D.* 2008, 2973, obs. S. Amrani Mekki; *RDC* 2008/2, 734, obs. D. Mazeaud; *RDC* 2008/4, 1239, obs. F. Collart Dutilleul; *RDC* 2009/1, 143, obs. Ph. Brun; *JCP G* 2008, II, 10147, note G. Pillet. V. déjà Paris, 26 oct. 2006, *RDC* 2007/3, 795, obs. F. Collart Dutilleul.

3. V. ainsi P. Tarrade, notaire à Paris, qui reconnaît que la question de l'abandon de la promesse unilatérale de vente «est posée depuis le 15 décembre 1993 mais la pratique reste toujours fidèle à cette forme d'avant-contrat, aidée en cela par un contentieux très faible au regard du nombre d'actes» (*Defrénois*, 15 juin 2011, n° 11, 1023).

2° *Une promesse synallagmatique de vente* est également un contrat mais par lequel *deux personnes* s'engagent réciproquement et définitivement dans les termes d'un contrat de vente dont les conditions essentielles sont déterminées. Les deux parties sont ici engagées à vendre et à acheter : le bénéficiaire de la promesse de vente a donc l'obligation (et non pas simplement le droit comme dans une promesse unilatérale) de conclure la vente[1]. La promesse synallagmatique est caractérisée dès lors qu'il y a des engagements réciproques ; en revanche, « la faculté de substitution stipulée dans une promesse de vente est sans effet sur le caractère unilatéral ou synallagmatique du contrat »[2]. Des difficultés de qualification peuvent survenir en cas d'échange de promesses unilatérales croisées : selon l'intention exprimée par les parties, il peut y avoir double promesse unilatérale, expirant chacune à la date prévue pour la levée de l'option, ou promesse synallagmatique valant vente si, dans l'esprit des parties, le contrat était déjà définitif[3].

Le Code civil prévoit expressément, en matière de vente, l'équivalence entre la promesse synallagmatique de vente et la vente elle-même : selon l'article 1589, « la promesse de vente vaut vente, lorsqu'il y a consentement réciproque des deux parties sur la chose et sur le prix ». Les promesses synallagmatiques de vente sont donc, contrairement aux promesses unilatérales, des contrats translatifs de propriété susceptibles, par une exécution volontaire ou forcée, de transférer la propriété[4].

C / La formation progressive du contrat

En pratique, dans toutes les négociations importantes, la formation du contrat n'est pas instantanée mais constitue au contraire un proces-

1. L'acte fait par le promettant en fraude des droits du bénéficiaire (la donation de l'immeuble promis) peut dès lors être révoqué sur le fondement de l'action paulienne : Civ. 3e, 6 oct. 2004, n° 03-15392 ; *RTD civ.* 2005, 120, obs. J. Mestre et B. Fages ; *Defrénois* 2005, 526, obs. S. Piedelièvre, et 612, obs. R. Libchaber.

2. Civ. 3e, 28 juin 2006, n° 05-16084 ; *RDC* 2006/4, 1096, obs. I. Dauriac. Une faculté de substitution peut en effet aussi bien être stipulée dans une promesse synallagmatique : Civ. 3e, 6 déc. 2006, n° 05-18421 ; *RDC* 2007/2, 363, obs. F. Collart Dutilleul ; Civ. 3e, 4 juil. 2007, *D.* 2007, 3045, note A.-C. Chiariny-Daudet.

3. Com., 22 nov. 2005, n° 04-12183 ; *JCP E* 2006, 1463, note A. Constantin ; *Bull. Joly* 2006, 377, note A. Couret et L. Cesbron ; *RTD civ.* 2006, 302, obs. J. Mestre et B. Fages ; *RDC* 2006/4, 1095, obs. A. Bénabent, qui juge que « l'échange d'une promesse unilatérale d'achat et d'une promesse unilatérale de vente réalise une promesse synallagmatique de vente valant vente définitive dès lors que les deux promesses réciproques ont le même objet et qu'elle sont stipulées dans les mêmes termes ».

4. C'est ainsi qu'il faut comprendre Civ. 3e, 20 déc. 1994, n° 92-20878 ; *JCP G* 1995, II, 22491, note Ch. Larroumet, qui juge que l'obligation du promettant n'était pas qu'une obligation de faire,

sus où l'accord des parties se fait progressivement. Le droit allemand a un mot pour désigner cette formation progressive du contrat : il s'agit de la *punctatio* qu'on a parfois cherché à transposer en droit français. Les parties avancent par étapes, se mettent d'accord point par point, discutent clause par clause, et leur accord global est finalisé lors d'un *closing* qui est en principe (dans l'esprit des parties) une pure formalité (l'essentiel s'est fait avant), mais auquel le droit des contrats, qui se concentre sur la rencontre d'une « offre » et d'une « acceptation », accordera la valeur suprême de formation du contrat.

Les parties formalisent parfois leur accord partiel par des documents intermédiaires dont toute la difficulté consistera à déterminer la valeur juridique. La question essentielle est, en cas de litige, de soupeser les intentions des parties pour apprécier dans quelle mesure elles se sentaient liées par leur accord. Un « accord de principe » signifie, par exemple, qu'elles sont d'accord sur le principe de contracter ensemble, sachant qu'il reste à négocier les modalités précises de cet accord, toujours sous le règne de l'obligation de négocier de bonne foi. D'autres formules sont utilisées en pratique : des plus légères (lettre d'intérêt : on est intéressé par le projet) aux plus contraignantes (protocole d'accord[1] ou accord partiel), en passant par des formules intermédiaires et floues (lettre d'intention par ex.).

3. LE CONTENTIEUX DE LA NÉGOCIATION

Plusieurs types de litiges peuvent s'élever à propos de la période des négociations.

Certains ont trait à la formation même du contrat et seront évoqués ultérieurement. Par exemple lorsque la négociation s'étale dans le temps et que les parties avancent par étape, un litige peut s'élever quant à la date de la conclusion du contrat : nous verrons que cette date est, en principe, celle de l'échange des consentements. De même, les parties peuvent s'opposer sur le point de savoir si un contrat a ou non été conclu, et il faudra alors en caractériser les éléments constitutifs, en particulier l'existence d'un échange des consentements.

et que la réalisation forcée de la vente d'un immeuble pouvait être envisagée : mais il s'agissait en l'espèce d'une promesse synallagmatique de vente et l'arrêt ne contredit donc nullement l'arrêt précité du 15 déc. 1993.

1. Sur les protocoles ou protocoles d'accord, J. Mestre et B. Fages, *RTD civ.* 2001, 127 ; J. Mestre, *RTD civ.* 1999, 831, sous Paris, 5 mai 2000 et 1er déc. 2000.

a) La violation d'une obligation précontractuelle. — L'un des partenaires peut être amené à se plaindre du comportement de l'autre pendant la période des négociations, et lui reprocher d'avoir violé une des obligations relatives à la période précontractuelle (obligation d'information, obligation de confidentialité, etc.).

Lorsque le contrat est finalement conclu, certaines règles permettent de sanctionner le comportement répréhensible d'une des parties durant la période des pourparlers en remettant en cause la validité même du contrat. Ainsi, lorsque l'une des parties a omis de transmettre à l'autre une information déterminante de son consentement ou lorsqu'elle a exercé sur cette dernière une pression indue, le contrat pourra être annulé pour dol ou pour violence.

La victime peut également prétendre à des dommages-intérêts sur le fondement d'une action en responsabilité. Une question classique est celle de la nature de cette responsabilité. Dans des analyses restées célèbres de Ihering, celui-ci soutenait que la violation des obligations relatives à la négociation constitue une faute (une *culpa in contrahendo*) donnant lieu, par attraction, à une responsabilité de nature contractuelle, même lorsque le contrat n'est pas par la suite conclu. Le droit français retient plutôt une responsabilité délictuelle que l'on qualifie souvent de « précontractuelle » dans la mesure où elle précède la conclusion du contrat, et ce que le contrat ait été ou non finalement conclu, et qu'il soit valable ou nul.

De façon originale, il a pu être jugé que si le contrat envisagé a été de fait exécuté bien que les pourparlers n'aient pas été menés à terme, l'un des protagonistes pouvait réclamer une indemnisation sur le fondement de l'enrichissement sans cause[1].

b) L'échec des négociations. — L'un des partenaires peut être tenté d'engager une action en responsabilité lorsque la négociation n'aboutit pas et que le contrat n'est donc finalement pas conclu. Le principe étant le droit de rompre les pourparlers, l'échec des négociations ne peut en principe pas être qualifié de faute[2]. La liberté contractuelle implique en effet que chacun soit entièrement maître de sa décision de conclure ou non le contrat.

1. Civ. 1re, 13 juil. 2004, n° 01-03608 ; *RTD civ.* 2005, 120, obs. J. Mestre et B. Fages ; *Defrénois* 2004, 1407, obs. J.-L. Aubert.

2. Les pourparlers peuvent se rompre à l'amiable, les parties s'accordant alors sur les conséquences de la rupture : J. Mestre et B. Fages, obs. Paris, 19 janv. 2001, *RTD civ.* 2001, 350. L'échec des pourparlers ne constitue pas non plus en principe une faute du dirigeant social séparable de ses fonctions et qui pourrait donc lui être personnellement imputée : Com., 13 déc. 2005, n° 04-11020, *RTD civ.* 2007, 562, obs. B. Fages.

Ce droit est toutefois susceptible d'abus, lorsque la rupture est faite avec une « légèreté blâmable »[1]. Les fautes le plus souvent retenues par les juges[2] consistent à avoir fait croire à l'autre que le contrat serait conclu[3], à cesser brutalement les négociations, ou encore à les rompre à la dernière minute, par exemple la veille de la date prévue pour la signature du contrat[4]. Le contractant qui décide de rompre les pourparlers doit laisser à l'autre un préavis raisonnable[5]. Il peut cependant y avoir une bonne raison de rompre des négociations, même très avancées, par exemple parce que les résultats d'un audit sur la société dans laquelle l'un des partenaires envisageait une prise de participation ne sont pas très positifs[6].

Le dommage réparable en cas de rupture abusive des pourparlers peut être très variable. Le principe est que le demandeur doit être mis dans la situation où il aurait été si les négociations dommageables n'avaient pas eu lieu (dommages-intérêts parfois qualifiés de « négatifs », v. *infra*) ; il doit dès lors pouvoir obtenir le remboursement du coût de la négociation : aussi bien le coût dépensé, c'est-à-dire les frais engagés (frais de déplacement, frais de réunion, etc.) qu'éventuellement les coûts d'opportunité, c'est-à-dire une compensation sur les opportunités délaissées sur la foi légitime que les négociations engagées aboutiraient (perte de chance de conclure un contrat équivalent avec un tiers). L'appréciation dépend du pouvoir souverain des juges du fond qui tiennent souvent compte en fait de la gravité du comportement reproché à l'auteur de la rupture.

Les juges ne peuvent en revanche pas sanctionner la rupture des pourparlers par la conclusion forcée du contrat. Ils ne peuvent pas davantage mettre la victime dans l'état où elle aurait été si le contrat avait été conclu, en lui accordant par équivalent le bénéfice de son exécution (dommages-intérêts parfois qualifiés de « positifs », v. *infra*) ; selon la formulation de la Cour de cassation, « la faute commise dans l'exercice du droit de rupture unilatérale des pourparlers précontractuels ne peut être la cause d'un préjudice consistant dans la perte de chance de réaliser des gains que permettait d'espérer la conclusion du contrat »[7].

1. Com., 22 févr. 1994, n° 91-18842.
2. V. obs. J. Mestre, *RTD civ.* 2000, 105 et avec B. Fages, *RTD civ.* 2003, 283.
3. Com., 31 mars 1992, n° 90-14867. *Adde* J. Mestre, obs. précitées, 104 et s.
4. Civ. 1re, 6 janv. 1998, n° 95-19199 ; *Defrénois* 1998, 741, obs. D. Mazeaud.
5. Com., 9 mars 1999, n° 96-16559.
6. Com., 20 nov. 2007, n° 06-20332 ; Paris, 13 sept. 2007, *RTD civ.* 2008, 101, obs. B. Fages.
7. Civ. 3e, 7 janv. 2009, n° 07-20783 ; *RTD civ.* 2009, 113, obs. B. Fages ; *RDC* 2009/2, 480, obs. Y.-M. Laithier. Avec une formulation quasi-identique : Civ. 3e, 28 juin 2006, n° 04-20040 ; *RTD civ.* 2006, 754, obs. J. Mestre et B. Fages, et 770, obs. P. Jourdain ; *JCP G* 2006, I, 166, obs. Ph. Stoffel-Munck, et II, 10130, note O. Deshayes ; *RDC* 2006/4, 1069, obs. D. Mazeaud ; *D.* 2006, 2639, obs.

La solution se comprend dans la mesure où il n'y a pas de faute à rompre des pourparlers. En outre, on arrive en pratique à un résultat assez proche par le biais de l'indemnisation du coût d'opportunité : les profits qui auraient pu être tirés de la conclusion d'un contrat similaire sont en effet, par définition même, très proches de ceux qui auraient pu être tirés de l'exécution du contrat abandonné.

ÉTAT DES QUESTIONS

BIBLIOGRAPHIE

Sur la période précontractuelle : O. Deshayes, Le dommage précontractuel, *RTD com.* 2004, 187 : D. Mazeaud, Mystères et paradoxes de la période précontractuelle, *Études J. Ghestin*, LGDJ, 2001, 637 ; J. Mestre, La période précontractuelle et la formation du contrat, *LPA* 5 mai 2000, 7 ; M. Béhar-Touchais, Libres propos sur la période de la formation du contrat, *LPA* 6 mai 1998, 19 ; P. Mousseron, Conduite des négociations contractuelles et responsabilité civile délictuelle, *RTD com.* 1998, 243 ; D. Mazeaud, La genèse des contrats : un régime de liberté surveillée, *Dr. et patr.* juil.-août 1996, 44 ; J. Schmidt-Szalewski, La période précontractuelle en droit français, *RID comp.* 1990, 545 ; J. Schmidt, La sanction de la faute précontractuelle, *RTD civ.* 1974, 46 ; A. Albarian, La preuve du caractère fautif de la rupture des relations précontractuelles à l'épreuve de la confidentialité des correspondances entre avocats : *probatio diabolica* ?, *RLDC* mai 2010, 13. *Adde* les classiques : P. Roubier, *Essai sur la responsabilité précontractuelle*, th. Lyon, 1911, éd. Rousseau ; R. Saleilles, La responsabilité précontractuelle. À propos d'une nouvelle étude sur la matière, *RTD civ.* 1907, 697.

Sur la négociation : F. Le Fichant, *L'obligation de négocier en droit privé*, th. Rennes, 1992 ; J. Cedras, L'obligation de négocier, *RTD com.* 1985, 265 ; S. Yadini-Naudot, *Le contrat non négocié*, th. Nantes, 2000 ; J. Schmidt, *Négociation et conclusion de contrats*, Dalloz, 1982. Sur l'importance des mots utilisés lors de la négociation, J. A. Albertini, Les mots qui vous engagent..., *D.* 2004, chron., 230. *Adde* N. Dissaux, *La qualification d'intermédiaire dans les relations contractuelles*, LGDJ, « Bibl. dr. privé », 2007, préf. Ch. Jamin.

Sur les pourparlers : B. Lassalle, Les pourparlers, *RRJ* 1994, 825 ; P. Chauvel, Rupture des pourparlers et responsabilité délictuelle, *Dr. et patr.* nov. 1996, 36 ; J.-M. Loncle et J.-Y. Trochon, La phase des pourparlers dans les contrats internationaux, *RDAI/IBLJ*, n° 1, 1997 ; A. Cohérier, *Des obligations naissant des pourparlers préalables à la formation des contrats*, th. Paris, 1939.

Sur les avant-contrats : O. Deshayes (dir.), *L'avant-contrat. Actualité du processus de formation des contrats*, PUF, CEPRISCA, 2008 ; E. Leduc, *Des avant-contrats*, th. Paris,

S. Amrani Mekki ; *Defrénois* 2006, 1858, obs. R. Libchaber ; Com., 26 nov. 2003 (*Manoukian*), n° 00-10243 et 00-10949 ; *Grands arrêts*, n° 142 ; *RTD civ.* 2004, 80, obs. J. Mestre et B. Fages ; *JCP G* 2004, I, 163, n° 18, obs. G. Viney ; *RDC* 2004, 257, obs. D. Mazeaud.

A. Rousseau, 1909 ; M. Geninet, *Théorie des avant-contrats en droit privé*, th. Paris II, 1985 ; J.-M. Mousseron, M. Guibal et D. mainguy, *L'avant-contrat*, Francis Lefebvre, 2001 ; F. Collart Dutilleul, *Les contrats préparatoires à la vente d'immeuble*, Sirey, 1988, et « Les contrats préparatoires à la vente d'immeuble » : vingt ans après, *Mélanges Jean-Luc Aubert*, Dalloz, 2005, 67 ; S. Neuville, Promesse de contrat et contrat d'option, *Mélanges Philippe le Tourneau*, Dalloz, 2007 ; B. Nuytten, L'avant-contrat de vente à l'épreuve de la perte ou de la détérioration de l'immeuble vendu, *RDC* 2006/4, 1295 ; J. Schmidt-Szalewski, La force obligatoire à l'épreuve des avant-contrats, *RTD civ.* 2000, 25 ; F. Bénac-Schmidt, *Le contrat de promesse unilatérale de vente*, LGDJ, « Bibl. dr. privé », 1983, préf. J. Ghestin ; L. Boyer, Les promesses synallagmatiques de vente ; contribution à l'étude des avant-contrats, *RTD civ.* 1949, 1 ; R. Demogue, Les contrats provisoires, *Études Capitant*, Dalloz, 1939, 159.

Sur les pactes de préférence : Th. Piazzon, Retour sur la violation des pactes de préférence, *RTD civ.* 2009, 433 ; Pacte de préférence, liberté ou contrainte ?, doss. spéc. *Dr. & patr.* n° 144, janv. 2006.

Sur les indemnités d'immobilisation : Ph. Pierre, Le prix de l'exclusivité consentie, *JCP G* 1996, I, 3981.

Sur les clauses de substitution : Ph. Brun, Nature juridique de la clause de substitution dans le bénéfice d'une promesse unilatérale de vente : une autonomie de circonstance ?, *RTD civ.* 1996, 29.

Sur les droits potestatifs : C. Pomart-Nomdedeo, Le régime juridique des droits potestatifs en matière contractuelle, entre unité et diversité, *RTD civ.* 2010, 209 ; J. Rochfeld, « Les droits potestatifs accordés par le contrat », *Études J. Ghestin*, LGDJ, 2001, 747 ; et la thèse classique déjà citée de I. Najjar, *Le droit d'option, contribution à l'étude du droit potestatif et de l'acte unilatéral*, LGDJ, Bibl. dr. privé, 1967, préf. P. Raynaud.

Sur la représentation : Ph. Didier, *De la représentation en droit privé*, LGDJ, « Bibl. dr. privé », 2000, préf. Y. Lequette ; Ch. W. Chen, *Apparence et représentation en droit positif français*, LGDJ, « Bibl. dr. privé », 2000, préf. J. Ghestin ; E. Gaillard, *Le pouvoir en droit privé*, Economica, 1985, préf. G. Cornu ; M. Storck, *Essai sur le mécanisme de la représentation dans les actes juridiques*, LGDJ, « Bibl. dr. privé », 1982, préf. D. Huet-Weiller ; A. Batteur, *Le mandat apparent en droit privé*, th. Caen, 1989 ; G. Flattet, *Les contrats pour le compte d'autrui*, th. Paris, 1950 ; E. Pilon, *Essai d'une théorie générale sur la représentation dans les obligations*, th. Caen, 1897. *Adde* F. Leduc, Réflexions sur la convention de prête-nom (contribution à l'étude de la représentation imparfaite), *RTD civ.* 1999, 283 ; E. Gaillard, La représentation et ses idéologies en droit privé français, *Droits* 1982, 91 ; Ch. Lazerges, Les mandats tacites, *RTD civ.* 1975, 222.

Sur le rôle de l'apparence dans la formation des contrats : A. Danis-Fatôme, *Apparence et contrat*, LGDJ, « Bibl. dr. privé », 2004, préf. G. Viney.

THÉORIE JURIDIQUE

a) De l'illégalité des obligations de consentir. — Selon l'analyse des opposants à l'arrêt de 1993, le promettant ne pourrait pas valablement se rétracter car il a d'ores et déjà donné son consentement à la vente dans le contrat de promesse. Mais par quelque bout qu'on la prenne, une telle figure contractuelle, qui reviendrait à admettre qu'il puisse y avoir une obligation de consentir, doit être proscrite.

Nul ne doit en effet pouvoir être obligé de consentir : "obligé" dans l'un ou l'autre sens du terme expliqués par Pascal Ancel, c'est-à-dire au sens de la souscription d'une obligation ou de la force obligatoire du contrat. Reprenons ces deux points.

– *Nul ne peut souscrire une obligation de consentir.* Une obligation ne peut pas avoir pour objet de *donner* son consentement à un autre contrat. On peut promettre de conclure un autre contrat, mais non pas donner d'ores et déjà irrévocablement un consentement pour l'avenir. Le consentement est en effet l'expression de l'accord à un projet de contrat. Il est la manifestation de la volonté d'être partie à ce contrat. Par essence même, cette volonté doit être librement exprimée au moment où le consentement est requis. La liberté contractuelle serait profondément atteinte si on pouvait donner irrévocablement à l'avance son consentement à un autre contrat. Certains des opposants à la jurisprudence de 1993 en conviennent d'ailleurs. Ils reconnaissent que « le consentement à la vente ne peut être l'objet d'une obligation : il est donné ici et maintenant, ou bien réservé pour l'avenir, sans pouvoir être promis » (L. Aynès, « Vers une restauration de l'efficacité de la promesse unilatérale de vente », *Defrénois* 2010, art. 39170, note 7; dans le même sens, P. Ancel, Force obligatoire et contenu obligationnel du contrat, *RTD civ.* 1999, n° 21, qui se demande : « peut-on, à titre principal, s'obliger à consentir ? »).

Mais le promettant ne peut pas davantage s'obliger à *maintenir* son consentement, comme plusieurs auteurs l'écrivent cependant pour critiquer la Cour de cassation (v. ainsi J. Mestre, *RTD civ.* 1994, 588, qui énonce que le bénéficiaire est « créancier d'une forte obligation, celle d'exiger de lui qu'il maintienne, tout au long de la période convenue, son consentement au contrat définitif »), car le vice serait exactement le même. Si on peut s'obliger à faire quelque chose, on ne peut en revanche pas s'obliger à vouloir, car une obligation ne peut porter que sur quelque chose qui est en son pouvoir. Une obligation de consentir ne pourrait donc être, au mieux, qu'une obligation de *dire* qu'on consent, ou une obligation de donner son consentement même si on ne le veut pas, mais en aucun cas une obligation d'être, en son for intérieur, d'accord : éventuellement donc une obligation d'exprimer son accord, mais certainement pas une obligation d'être intimement d'accord. On voit alors ce qu'aurait d'illicite, car d'attentatoire à la liberté, le fait de s'engager à exprimer un consentement qui ne correspondrait pas à la réalité de sa volonté interne. Là encore, certains opposants à l'arrêt de 1993 admettent que « mettre à sa charge [du promettant] une "obligation contractuelle de maintenir son offre de vendre" est vide de sens, car une telle obligation est impossible » (Y. Paclot et E. Moreau, *JCP G* 2011, 736, §11. Dans le même sens, L. Aynès, *op. et loc. cit.* : « de même, le promettant ne s'oblige pas à "maintenir" son consentement jusqu'à l'exercice de l'option »).

– *Nul ne peut être obligé de consentir, au sens de la force obligatoire d'un contrat.* Une grande partie de la doctrine opposée à l'arrêt de 1993 soutient alors aujourd'hui que « le problème de la rétractation du promettant ne devrait pas être posé en termes d'obligations », mais « en termes d'engagement et de consentement » (F. Collart Dutilleul et Ph. Delebecque, *Contrats civils et commerciaux*, Précis Dalloz, 9ème éd., 2011, n° 76, 85). Selon ces auteurs, le contrat de promesse contiendrait de façon irrévocable – *définitivement* – le consentement du promettant à la vente. Le contrat de promesse n'aurait donc pas pour objet une obligation – faire, ne pas faire ou donner – mais engendrerait, au profit du bénéficiaire de la promesse, un droit potestatif à la conclusion du contrat de vente. V. ainsi L. Aynès, « Vers une restauration de l'efficacité de la promesse unilatérale de vente », *Defrénois* 2010, art. 39170 : « la pointe de l'arrêt [du 8 septembre 2010] se trouve sans doute dans l'adverbe « définitivement » : le promettant, dès la promesse, et quel que soit le parti que prendra ultérieurement le bénéficiaire, a consenti à la vente, de sorte que ses héritiers n'ont pas à consentir à nouveau. [...] Plus qu'une convention créatrice d'obligation, la promesse est un avant-contrat : elle anticipe la formation de la vente, en procurant d'ores et déjà le consentement du vendeur ». Pour le dire sous la plume d'un autre auteur, la solution de la Cour de cassation reviendrait « à méconnaître les effets de la promesse de contrat, en vertu de laquelle le consentement du promettant au contrat promis est, par simple application de l'article 1134, alinéa 2, du code civil, d'ores et déjà irrévocablement exprimé, tandis que le bénéficiaire devient titulaire d'un droit potestatif d'option qui lui confère un pouvoir exclusif sur la suite du processus contractuel et le destin du contrat promis. Pour que ce contrat soit formé, il suffit donc que le bénéficiaire exprime son consentement, lequel rencontrera alors le consentement du promettant, définitivement et irrévocablement exprimé via la promesse » (D. Mazeaud, *D.* 2011, p. 1457, spéc. n° 6). La rétractation serait dès lors impossible (N. Molfessis, De la prétendue rétractation du promettant dans la promesse unilatérale de vente, *D.* 2012, chron., 231).

L'analyse n'est pas aussi évidente qu'on voudrait le faire croire. Que tous les contrats n'aient pas pour objet d'engendrer des obligations, malgré les termes contraires de l'article 1101 du Code civil, pourquoi pas ? Il nous a au demeurant toujours semblé que le transfert de propriété dans la vente était, en droit français tout au moins (il en est autrement en droit allemand par exemple), un effet du contrat plus qu'une obligation à proprement parler, de même que le transfert de la jouissance de la chose dans les contrats réels (v. notre article : « Le mythe de l'obligation de donner », *RTD civ.* 1996, p. 85 et s. ; v. surtout l'article de P. Ancel, « Force obligatoire et contenu obligationnel du contrat », *RTD civ.* 1999, p. 785 et s.). Mais ce n'est pas à dire pour autant que tout et n'importe quoi pourrait être objet de contrat.

En particulier, un contrat ne peut pas avoir pour objet de "bloquer" un consentement, de le "geler" ou de le "figer" en attendant qu'il serve. Le blocage du consentement ne peut pas plus être *l'effet* d'un contrat qu'il ne peut être *l'objet* d'une obligation, car le vice rédhibitoire serait toujours exactement le même : le consentement serait figé une fois pour toutes, comme effet du contrat, et il ne serait donc plus librement donné au moment (ultérieur) où il est requis. Admettre que le consentement est donné et bloqué par avance dans un contrat, que ce soit comme résultat d'une obligation du promettant de le maintenir ou comme un effet automatique dudit contrat, revient en réalité à obliger (a nouveau "obliger" dans l'un ou l'autre sens du terme, c'est-à-dire celui d'une obligation *stricto sensu* ou de la force obligatoire du contrat) l'une des parties à consentir, ce qui ne se peut.

Le visa de l'article 1134 du Code civil par les arrêts de la troisième Chambre civile de la Cour de cassation du 11 mai 2011 et de la Chambre commerciale le 13 septembre 2011 vient ainsi opportunément rappeler que le consentement est l'essence du contrat. L'article 1134 est le siège de la liberté contractuelle, laquelle a valeur constitutionnelle. Or la liberté contractuelle est la liberté, jusqu'au bout, de conclure ou de ne pas conclure un contrat. Ce n'est qu'une fois conclu que celui-ci a force obligatoire. On ne peut dès lors prétendre être dans le domaine du contrat et de la liberté contractuelle lorsqu'on entend se dispenser du consentement de l'un des contractants en faisant fi de sa rétractation. La liberté contractuelle permet précisément de dire "non" jusqu'au bout, c'est-à-dire jusqu'à la conclusion du contrat. Contrairement à ce qui a été dit ou écrit, non seulement la Cour de cassation ne viole nullement l'article 1134, alinéa 2 du Code civil et elle est au contraire la seule à en respecter scrupuleusement la portée.

La volonté d'une grande partie de la doctrine d'« objectiver » le consentement, c'est-à-dire d'en faire un objet que le contrat pourrait figer (V. en particulier G. Wicker, *RDC* 2012/2, qui explique par cette objectivation du consentement que l'engagement au contrat préparatoire soit en même temps un engagement au contrat définitif) nous semble dès lors fort critiquable. Il faut certes distinguer entre la volonté, qui relève du for interne, et le consentement, qui est une extériorisation de cette volonté. C'est bien en outre la rencontre des consentements qui fait le contrat et non pas celle des volontés. Vouloir cependant objectiver ce consentement au point d'en faire un bien quelconque qui pourrait circuler et être objet de contrat est une manipulation du sens des mots. Le consentement est par définition même l'expression d'une subjectivité ; il est l'extériorisation de la volonté de la personne – donc son prolongement – et ne peut à ce point être détaché d'elle. Le consentement à un contrat ultérieur ne peut dès lors être l'objet d'un contrat préparatoire, au sens d'une chose *stricto sensu* que l'on donnerait par contrat (par opposition à une simple obligation de faire). Le contrat préparatoire ne peut avoir pour objet de figer un consentement ainsi transformé en chose autonome. Il ne peut « contenir » un tel consentement au contrat définitif.

On ne peut donc que se réjouir que la troisième Chambre civile de la Cour de cassation ait courageusement résisté aux lourdes pressions et ait refusé d'admettre un forçage du consentement du promettant, qui constitue une contradiction dans les termes mêmes et une atteinte inadmissible à la liberté contractuelle. On en voit pourtant aujourd'hui d'autres exemples, notamment avec les clauses de variation dans le contrat de travail (par exemple les clauses de mobilité) : v. notre article sur « Le forçage du consentement du salarié », in *Droit ouvrier*, juin 2012.

b) La sanction de la rétractation d'une promesse *unilatérale de vente.* — Même si, comme on le prétend, l'objet du contrat était de figer un consentement, la question de la sanction de ce contrat demeurerait de toutes les façons ouverte. V. ainsi D. Mazeaud, *D.* 2011, p. 1457, spéc. n° 5 qui, à propos de l'arrêt du 8 septembre 2010, reconnaît qu'« affirmer que le consentement est « définitivement » émis ne préjuge pas de la nature de la sanction infligée au promettant s'il le rétracte... ». Et cette question se poserait toujours dans les termes d'une alternative entre l'exécution forcée ou l'attribution de dommages-intérêts. Certes l'article 1142 du Code civil est en partie obsolète et écarté par les juges, et le principe est aujourd'hui, ainsi qu'il a été vu, l'exécution forcée en nature toutes les fois qu'elle est possible. La condition demeure cependant que l'obligation (ou l'objet du contrat) ne soit pas trop personnelle (v. *supra*). La solution, équilibrée, est reprise dans les projets européens. L'article 3 :302 du projet de Cadre commun de référence dispose ainsi que « (3) Toutefois, l'exécution en nature ne peut être exigée lorsque l'exécution serait […] (c) … d'un caractère tellement personnel qu'il serait déraisonnable de l'exiger ». Il y aurait sinon atteinte excessive à la liberté individuelle.

Dès lors, comment admettre, sans porter gravement atteinte à la liberté individuelle, qu'il puisse y avoir un blocage forcé du consentement ? Qu'y a-t-il de plus personnel que de forcer à émettre une volonté ? La contrainte morale de la volonté n'est-elle pas tout aussi grave et même parfois plus encore que la contrainte physique ?

La doctrine majoritaire, se prenant à rêver d'être le législateur qui pourrait dire le dernier mot, profite de tous les avant-projets pour « casser » cette excellente jurisprudence.

V. ainsi l'article 1106 alinéa 2 de l'avant-projet Catala : « la rétractation du promettant pendant le temps laissé au bénéficiaire pour exprimer son consentement ne peut empêcher la formation du contrat promis » (la position est la même dans l'avant-projet de la chancellerie et dans le projet proposé par F. Terré).

Pour un résumé des différentes positions doctrinales : V. la publication des actes du colloque organisé à Bordeaux en novembre 2011 sur le thème : « *Jurisprudence et doctrine : quelle efficacité pour les avant-contrats?*, *RDC* 2012/2.

c) L'analyse juridique de la promesse unilatérale de vente. — Tout ce qui précède ne revient pas pour autant à dire qu'on ne puisse pas promettre de conclure un autre contrat (le contrat de vente). La promesse unilatérale de vente est valable et oblige le promettant. Le consentement à la vente peut être *promis* dans un contrat préparatoire (la promesse unilatérale de vente), mais il ne peut pas être *donné* à l'avance dans ce même contrat. La promesse n'est pas « un engagement définitif de vendre » (Ph. Malaurie, L. Aynès et P.-Y. Gautier, *Les contrats spéciaux*, Defrénois, 2011, n° 111, 69) mais, comme son nom l'indique, une simple *promesse* de vendre. La promesse contient en effet un *engagement* de contracter, ce qui est plus qu'une simple *offre* de vente qui n'est qu'une *proposition* de contracter sans engagement de le faire. Le consentement à la promesse ne peut pas être en même temps le consentement à la vente (v. en ce sens, D. Mainguy, « L'efficacité de la rétractation de la promesse de contracter », *RTD civ.* 2004, p. 1 et s., spéc., n° 25), et il ne peut pas davantage avoir pour objet ou pour effet de figer irrévocablement un second consentement qui serait le consentement à la vente.

Cette promesse a ainsi une valeur juridique. Si l'option est levée avant qu'elle ne soit rétractée, le contrat de vente est formé et l'acquéreur peut alors naturellement en réclamer l'exécution forcée (Civ. 3e, 26 juin 1996, n° 94-16326). Et si elle est rétractée avant la levée de l'option, le promettant qui a violé sa promesse (il n'a donc, à nouveau, aucun "droit" de se rétracter) est condamné à des dommages-intérêts dans la mesure où le bénéficiaire a subi un préjudice du fait de cette rétractation. Comme nous l'avons vu, les juges ont une certaine marge pour évaluer les dommages-intérêts de sorte à inciter le promettant à y réfléchir à deux fois avant de se rétracter.

La protection de la liberté contractuelle est ainsi un peu moindre que celle de la liberté du mariage, ce qui paraît opportun. En effet, pour protéger cette dernière, toute promesse de mariage est considérée comme nulle, si bien que le refus ultérieur de contracter mariage ne pourra pas être sanctionné, même pas simplement par des dommages-intérêts (sauf à sanctionner une faute autre que la rupture elle-même).

Une preuve supplémentaire de ce que le consentement à la vente ne peut être figé irrévocablement dès la promesse de vente peut être trouvée dans l'appréciation de la validité du consentement à la vente. On enseigne certes couramment que le consentement du promettant et ses éventuels vices doivent s'apprécier au moment de la promesse. Mais il ne doit pas en être de même du consentement à la vente. Si, après la promesse, les bénéficiaires de l'option faisaient violence aux promettants, ou les trompaient de telle sorte que ceux-ci ne rétractent pas l'option et concluent la vente, est-ce à dire que ces manœuvres ne devraient pas être sanctionnées? En réalité, si la question ne s'est pas posée et si les vices s'apprécient couramment au jour de la promesse, c'est qu'on imagine assez difficilement un vice nouveau qui surviendrait entre la promesse et la levée de l'option. Si les promettants ont été abusés ou trompés, c'est bien plus naturellement pour obtenir leur promesse et donc au moment de celle-ci. Mais à supposer que des vices ultérieurs soient caractérisés, on ne voit pas qu'ils puissent ne pas être sanctionnés.

On imagine plus facilement que le prix de l'immeuble ait varié entre le moment de la promesse et celui de sa réalisation, et c'est pourquoi précisément, en matière de lésion, celle du vendeur (donc du promettant) s'apprécie au jour de la levée de l'option. C'est ce que dit sans ambiguïté l'alinéa 2 de l'article 1675 : « En cas de promesse de vente unilatérale, la lésion s'apprécie au jour de la réalisation » (Si la jurisprudence admet que la valeur de l'immeuble soit parfois appréciée quelques mois avant la levée de l'option, c'est lorsqu'« aucune circonstance nouvelle n'était survenue » entre les deux dates : Civ. 3e, 24 janv. 2001, n° pourvoi : 99-15282). La raison en est claire : c'est au moment de la vente, c'est-à-dire au moment de la levée de l'option, que doit en réalité être apprécié le consentement *à la vente* (distinct du consentement à la promesse) et que l'objet sur lequel il porte doit être évalué. En définitive, le consentement ne peut pas être définitivement figé lors de la promesse pour servir ultérieurement au moment de la réalisation de la vente, sans que tous les événements qui surviennent entre ces deux moments ne soient jamais pris en compte.

d) Le contrat d'adhésion. — L'expression est de Saleilles (*Déclaration de volonté*, 1901, 129). M. Domergue, *Étude d'ensemble sur le contrat d'adhésion*, th. Toulouse, 1935 ; G. Berlioz, *Le contrat d'adhésion*, LGDJ, « Bibl. dr. privé », 1973, 2e éd., 1976, préf. B. Goldman ; Ph. Nordmann, *Le contrat d'adhésion : abus et remèdes*, th. Lausanne, 1974 ; J.-Y. Choley, L'offre de contracter et la protection de l'adhérent dans le contrat d'adhésion : étude de droit français et de droit comparé, th. Aix-Marseille, 1974 ; F.-X. Testu, Le juge et le contrat d'adhésion, *JCP G* 1993, I, 3673 ; rapport introductif J. Ghestin, in *Les clauses abusives entre professionnels*, dir. Ch. Jamin et D. Mazeaud, Economica, 1998, 3 et s., qui envisage l'existence d'un droit commun des contrats d'adhésion ; G. Dereux, De la nature juridique des « contrats d'adhésion », *RTD civ.* 1910, 503. Les publicistes hésitèrent longtemps à y voir un contrat, car ils y reconnaissaient trop l'expression d'une volonté unilatérale, caractéristique plutôt d'un acte réglementaire. Hauriou, *S.* 1908, 3, 17 ; Mestre, *S.* 1926, 2, 113. À leur suite, René Savatier l'analysa comme un « acte-règle », participant du caractère de la loi (*D.* 1931, 1, 8).

Plus précisément sur les contrats-types : G. Chantepie, De la nature contractuelle des contrats-types, *RDC* 2009/3, 1233 ; J. Rochfeld, *Cause et type de contrat*, LGDJ, « Bibl. dr. privé », 1999, préf. J. Ghestin ; J. Léauté, Les contrats-types, *RTD civ.* 1953, 129 ; P. Catala, L'informatique et l'évolution des modèles contractuels, *JCP G* 1993, I, 3867.

PRATIQUE JURIDIQUE

La formation progressive des contrats. — La pratique des contrats d'affaires donne à voir une formation du contrat étalée dans le temps, bien éloignée de la rencontre instantanée d'une offre et d'une acceptation. Sur les mécanismes de formation progressive du contrat, J.-M. Mousseron, La durée dans la formation du contrat, in *Études Jauffret*, LGDJ, 1974, 509 ; A. Rieg, La punctation, contribution à l'étude de la formation successive du contrat, in *Études Jauffret*, 1974, 593 ; J.-P. Desideri, *La préférence dans les relations contractuelles*, PUAM, 1997, préf. J. Mestre ; L. Rozès, Le projet de contrat, in *Mélanges L. Boyer*, PU Toulouse, 1996, 639. V. sur ce point le courant relationniste américain. Les engagements des contractants sont progressifs (J. Schmidt, Le processus précontractuel, *RID comp.* 1990, 545). Les parties à la négociation émettent alors de temps à autre certains documents dont la valeur juridique est parfois délicate à apprécier. V. *infra* sur les lettres d'intention. Il n'empêche que, lorsque le litige portera sur l'existence ou non d'un engagement, les juges devront caractériser un accord des parties sur ce point, c'est-à-dire une offre et une acceptation. De façon générale, A. Laude, *La reconnaissance par le juge de l'existence d'un contrat*, PUAM, 1992, préf. J. Mestre.

Chapitre 2

LA CONCLUSION DU CONTRAT

Dans le chapitre II du Code civil sur les «conditions essentielles pour la validité des conventions», l'article 1108 annonçant le plan dispose que, parmi les quatre conditions «essentielles pour la validité d'une convention», figure «le consentement de la partie qui s'oblige».

Ce texte appelle plusieurs remarques. D'abord, dans la première section de ce chapitre consacrée au consentement, le Code n'explique pas ce qu'est ce consentement, ni ce qu'il faut pour qu'il existe, mais développe uniquement ses possibles vices. Ensuite, comme l'a fait remarquer un auteur italien[1], il s'agit là d'une synecdoque, c'est-à-dire de l'utilisation de la partie pour signifier le tout; en effet, prise à la lettre, la seule exigence du consentement de la partie qui s'oblige conduirait à conclure que, dans un contrat unilatéral, un seul consentement serait requis; le contrat unilatéral ne serait alors plus un contrat, ou alors un contrat ne serait plus une rencontre de deux volontés... En réalité, il faut comprendre ce texte comme une trace de la distinction à faire entre les obligations créées par le contrat et le lien obligatoire découlant de ce même contrat. Ainsi, dans un contrat unilatéral, seule une des deux parties s'oblige au sens où elle assume des obligations de faire, ne pas faire, ou donner. Mais les deux parties sont bien obligées par le contrat au second sens et elles doivent donc toutes deux manifester leur consentement afin que le contrat soit formé. Ainsi, quel que soit le type de contrat, deux volontés au moins doivent s'être exprimées; deux consentements doivent s'être échangés.

1. P. G. Monateri, *La sineddoche, formule e regole nel diritto delle obbligazioni e dei contratti*, Milano, 1984.

SECTION 1
Les consentements échangés

Même si la négociation du contrat a pu s'étaler dans le temps, et si le consentement a pu être progressif, l'accord entre les parties se manifeste par deux engagements réciproques : une offre (ou pollicitation), suivie d'une acceptation de cette offre.

Sous-section 1 – L'offre ou pollicitation

1 | La notion d'offre : une proposition de contracter ferme et précise

L'offre est une proposition de contracter ferme et précise[1].

1. UNE PROPOSITION DE CONTRACTER

Une offre est d'abord une proposition de contracter, c'est-à-dire une manifestation de volonté proposant la conclusion d'un contrat. Son auteur s'appelle l'offrant. On emploie plus rarement les termes de pollicitation et de pollicitant qui trouvent leur origine en droit romain. Certains auteurs ont parfois proposé de distinguer entre les offres et les pollicitations, les secondes ayant plus de force juridique que les premières, mais on considère plus couramment que les deux termes sont

1. Comp. art. 4 :201 (offer) du projet de *Cadre commun de référence* : « *A proposal amounts to an offer if : (a) it is intended to result in a contract if the other party accepts it; and (b) it contains sufficiently definite terms to from a contract* », définition qui reprend bien les deux éléments de fermeté et de précision ; une fois de plus, les Principes du droit européen des contrats sont identiques qui prévoient, art. 2 :201 : « (1) Une proposition constitue une offre lorsque : *(a)* elle indique la volonté d'aboutir à un contrat en cas d'acceptation ; *(b)* et renferme des conditions suffisamment précises pour qu'un contrat soit formé ».

synonymes. La manifestation de volonté est nécessairement adressée à autrui, qu'il s'agisse d'une personne déterminée ou d'un public plus ou moins large.

On définit souvent l'offre et l'acceptation par l'ordre chronologique dans lequel les différentes manifestations de volonté sont émises. Mais s'il est vrai que l'offre précède nécessairement l'acceptation, ce n'est pas à dire pour autant que l'offrant soit celui qui a manifesté le premier une volonté de contracter. Lorsque le destinataire de la première offre fait une contre-proposition qui est acceptée par l'offrant initial, c'est lui qui sera finalement considéré comme l'offrant. En outre, dans certains domaines, pour des raisons d'opportunité (souvent la protection de l'une des parties), n'est pas qualifié d'offrant celui qui a pourtant émis le premier une volonté de contracter : en droit du travail par exemple, ou encore en droit de la consommation, c'est la partie en position dominante (l'employeur, le vendeur, le prêteur) qui est le plus souvent considérée comme l'offrant, même si c'est son cocontractant (le salarié, le consommateur) qui avait pris l'initiative du premier contact. On peut enfin citer les procédures d'appel d'offres, parfois obligatoires, par exemple pour les marchés publics dépassant un certain montant : une personne qui souhaite passer un marché exprime ses besoins précis et appelle un certain nombre d'entreprises à soumissionner, c'est-à-dire à faire des offres répondant à ses besoins ; l'une de ces offres sera alors acceptée par l'initiateur de l'opération.

2. LA FERMETÉ DE LA PROPOSITION

Une proposition de contracter ne vaut juridiquement offre que si elle est suffisamment ferme. Une proposition est ferme lorsque son auteur ne l'a pas formulée « à la légère », c'est-à-dire, en termes juridiques, qu'il avait l'intention d'être engagé par sa proposition et donc d'être lié en cas d'acceptation. Il sait donc (et il accepte) que la formation du contrat ne dépende plus de lui[1]. À défaut de fermeté, une proposition de

1. Com., 6 mars 1990, n° 88-12477. La Cour de cassation énonce, après avoir visé les articles 1134 et 1583 du Code civil, qu'« entre commerçants, une proposition de contracter ne constitue une offre que si elle indique la volonté de son auteur d'être lié en cas d'acceptation ». On peut s'étonner que la Cour de cassation ait limité la règle aux commerçants. Il ne faut cependant sans doute pas interpréter cet énoncé *a contrario* car, même entre non-commerçants, une proposition de contracter n'est une offre que si elle est suffisamment ferme. La Haute Juridiction a peut-être par là voulu insister sur le fait qu'entre commerçants, l'habitude est de faire des négociations plus longues si bien qu'il faut davantage encore caractériser leur intention d'être liés.

contracter ne peut être qualifiée d'offre mais simplement d'*invitation à entrer en pourparlers.*

L'exigence de fermeté de l'offre pose la question de la compatibilité d'une offre avec des réserves. Une réserve est une limite apportée par l'auteur d'une proposition à sa volonté de contracter, qui peut être expresse ou tacite. La réserve peut porter sur le principe même du contrat, sur la personne du cocontractant (exemple des « petites annonces » dans les journaux), ou encore sur les conditions du contrat (« prix à débattre »). Une réserve disqualifie l'offre de contracter dès lors qu'elle est incompatible avec la définition rappelée, c'est-à-dire dès lors que l'offrant n'entend pas être engagé par la seule acceptation du destinataire. Ainsi, une réserve portant sur la personne même de l'acceptant disqualifie nécessairement l'offre : l'offrant n'entend pas être lié par l'acceptation puisqu'il se réserve d'agréer à son tour la personne ayant répondu à sa proposition : toutes les prétendues « offres » d'emploi dans les journaux ne sont ainsi pas de véritables offres mais de simples invitations à entrer en pourparlers. En revanche, la proposition faite dans un journal de vendre une voiture à un prix fixé pourra être considérée comme une offre, et donc son auteur tenu de vendre à la personne acceptant de payer ce prix, dès lors que la considération de l'acheteur n'est pas déterminante, et que l'auteur de la proposition ne pourra trouver d'excuses légitimes pour refuser d'être lié ; il n'y a guère que si celui qui se propose d'acheter est par exemple manifestement insolvable que l'offrant pourra légitimement refuser de contracter. De même, une proposition de contracter faite « dans la limite des stocks disponibles » pourra être qualifiée d'offre dans la mesure où, tant que la condition n'est pas remplie (tant que le stock n'est pas épuisé), l'offrant est tenu de conclure avec toutes les personnes se présentant pour acheter.

L'appréciation de la condition de fermeté se fait au cas par cas en tenant compte des termes de la proposition, du destinataire de l'offre (une offre à personne déterminée est en général plus ferme qu'une offre faite à un large public), et aussi de la nature du contrat envisagé (plus un contrat est *intuitu personae*, c'est-à-dire plus la considération de la personne du cocontractant est déterminante, et plus on peut supposer que l'offrant s'est réservé la possibilité d'agréer son partenaire).

Pour retenir la fermeté d'une proposition de contracter, les juges recherchent l'état d'esprit de son auteur, celui-ci ayant dû avoir l'intention de contracter[1]. Ils tiennent compte également de la croyance légi-

1. Ainsi par exemple, une cour d'appel « a retenu, à bon droit, que la notification faite au titulaire du droit de préemption de l'intention de céder ses droits indivis ne vaut pas offre de vente et que

time qui a pu naître chez son destinataire. Ainsi, dans des cas où l'auteur d'une lettre faisait fallacieusement croire à son destinataire qu'il avait gagné un objet ou une somme d'argent, les juges ont pu parfois retenir l'existence d'une obligation de payer sur le fondement d'un contrat bien que l'auteur n'ait eu aucune intention de s'engager ; il résultait en effet des faits et circonstances de l'espèce que le destinataire de la lettre avait pu légitimement croire au gain miroité [1].

3. LA PRÉCISION DE LA PROPOSITION

Un contrat n'est valable que s'il est suffisamment complet, c'est-à-dire que son objet doit être suffisamment précisé et déterminé. Un simple « oui » émanant du destinataire de l'offre suffit à valoir acceptation et donc à former le contrat, ce qui signifie que l'offre doit d'ores et déjà contenir tous les éléments permettant de définir précisément l'objet du contrat et donc de l'exécuter [2]. À l'inverse, une proposition de contracter qui ne serait pas suffisamment précise ne pourrait pas être qualifiée d'offre mais simplement d'invitation à entrer en pourparlers, ceux-ci devant permettre de compléter les éléments manquants.

Les éléments essentiels du contrat dépendent du type de contrat considéré. Pour la vente, le Code civil prévoit à l'article 1583 qu'elle est parfaite entre les parties dès lors que celles-ci sont convenues de la chose et du prix ; une proposition ferme de contracter contenant indication de la chose et du prix pourra dès lors être qualifiée d'offre de vente [3].

l'indivisaire qui a fait cette notification peut renoncer à son projet malgré la manifestation de volonté d'un autre indivisaire d'exercer son droit de préemption » : Civ. 1re, 9 févr. 2011, n° 10-10759 ; *JCP G* 2011, n° 11, 323, obs. H. Périnet-Marquet ; *RDC* 2011/3, 921, obs. Ch. Goldie-Genicon.

1. Sur ces loteries publicitaires, v. le 2e volume du présent ouvrage : *Les obligations*, 2. *Responsabilité civile et quasi-contrats*, PUF, « Thémis droit », 2e éd., 2010.

2. Selon les PECL, « Un contrat est conclu dès lors que *(a)* les parties entendaient être liées juridiquement *(b)* et sont parvenues à un accord suffisant, sans qu'aucune autre condition soit requise » (art. 2 :101, 1). L'article 2 :103 (1) ajoute qu'« un accord est suffisant si ses termes, *(a)* ont été définis par les parties de telle sorte que le contrat puisse être exécuté *(b)* ou peuvent être déterminés en vertu des présents Principes ».

3. Pour le bail, la Cour de cassation a jugé que la précision tenant à la date de la prise d'effet du bail n'était pas un élément essentiel à la convention et que son absence ne pouvait dès lors empêcher la rencontre des consentements d'être intervenue : Civ. 3e, 28 oct. 2009, n° 08-20224 ; *Rev. dr. rural*, janv. 2010, comm. n° 1, J.-J. Barbieri ; *Droit et procédures*, janv. 2010, 2, note É. Savaux ; *JCP G* 2009, 574, n°7, note G. Loiseau.

2 | L'expression de l'offre

La question consiste à savoir sous quelle forme doit être exprimée l'offre, c'est-à-dire comment elle doit être portée à la connaissance d'autrui.

En principe, l'offre doit être expresse, c'est-à-dire que l'offrant doit extérioriser son offre, l'exprimer par un mode de communication quelconque, que ce soit par écrit ou par oral, ou même par des gestes (à la bourse ou à la criée par ex.).

L'offre peut parfois aussi être tacite, c'est-à-dire qu'on peut la déduire d'un certain comportement ou d'une certaine attitude qui, le plus souvent en vertu de l'usage, manifeste une intention de contracter. Par une action ou même une abstention, on peut ainsi parfois signifier une intention de contracter. C'est le cas d'un chauffeur de taxi qui se tient à une station avec sa lumière allumée, ou encore d'un commerçant qui installe un distributeur automatique de marchandises. C'est souvent le cas également pour les reconductions de contrats qui se font de façon tacite, de part et d'autre d'ailleurs (on déduit la volonté de poursuivre de l'absence de manifestation d'une intention de rompre[1]). Le contrat peut également se trouver tacitement modifié : ainsi, une pratique prolongée entre les parties peut parfois être interprétée comme un complément apporté aux stipulations d'origine que les deux parties ont accepté.

Le qualificatif « tacite » signifie que la volonté n'est pas formellement exprimée, mais qu'elle peut être sous-entendue. Un sens et une interprétation peuvent alors être donnés à ce qui est tacite. On oppose une telle situation au silence à proprement parler, où rien n'est dit et rien n'est fait, et avec l'intention de ne rien exprimer de particulier à travers ce silence. Une offre ne pourrait dès lors pas être déduite d'un simple silence qui, par définition même, ne veut rien exprimer, car il y aurait alors sinon une forme de contrat forcé.

1. Civ. 1re, 4 juin 2009, n° 08-14481 ; *RTD civ.* 2009, 530, obs. B. Fages ; *RDC* 2009/4, 1330, obs. Th. Genicon ; *D.* 2009, 2137, obs. F. Labarthe.

3 | La valeur juridique de l'offre

Cette question est l'une des plus délicates de la formation du contrat.

L'offre se définit comme une manifestation unilatérale de volonté destinée à produire des effets de droit : elle est donc un acte juridique unilatéral. Dès qu'elle est acceptée, le contrat est irrévocablement formé et l'offrant est donc lié dans les termes mêmes de son offre; il ne peut plus la révoquer, ni même introduire une réserve qui la disqualifierait afin d'empêcher la formation du contrat[1].

La question de la valeur juridique de l'offre est surtout celle de sa valeur propre, indépendamment de l'acceptation, c'est-à-dire avant même qu'une acceptation n'ait été émise. La question est celle du caractère obligatoire de l'offre : dans quelle mesure l'offre engage-telle son auteur, c'est-à-dire dans quelle mesure celui-ci est-il lié par elle? Deux hypothèses sont à envisager : la révocation et la caducité de l'offre.

1. LA RÉVOCATION DE L'OFFRE

Avant que l'acceptation n'ait été donnée, l'offre peut-elle être révoquée ou au contraire doit-elle être maintenue? En d'autres termes, l'offrant a-t-il l'obligation de maintenir son offre pendant un certain délai et, dans l'affirmative, pendant combien de temps?

Le principe est celui de la libre révocabilité de l'offre, mais ce principe connaît des exceptions.

1. Civ. 3e, 1er juil. 1998, n° 96-20605. Des époux, propriétaires de parcelles de terrain sur le territoire de la commune de Chaux-la-Lotière, avaient accepté, par lettre du 3 avril 1992, l'offre de la commune parue le 1er avril 1992 dans un journal portant sur la vente d'un terrain à bâtir; la commune vendit néanmoins la parcelle à une autre personne; les époux assignèrent la commune et l'acquéreur, pour voir juger que l'offre de vente de la parcelle et l'acceptation de celle-ci par eux le 3 avril 1992 valait vente à leur profit. Pour rejeter cette demande, la cour d'appel énonça que si en principe l'acceptation de l'offre publique notifiée à la commune suffisait à la formation du contrat de vente, en l'espèce, la commune avait loti et mis en vente dans le but de fixer sur son territoire de nouveaux habitants et que cette considération sur les qualités requises pour contracter étant connue des époux leur était opposable. La Cour de cassation, en visant l'art. 1583 («la vente est parfaite entre les parties et la propriété est acquise de droit à l'acheteur à l'égard du vendeur dès qu'on est convenu de la chose et du prix»), énonce «qu'en statuant ainsi, alors qu'elle avait constaté que l'offre publique de vente ne comportait aucune restriction, la cour d'appel a violé le texte susvisé».

A / Le principe de la libre révocabilité de l'offre

Une offre est une simple proposition de contracter. Elle ne contient donc, en principe, aucun engagement de l'offrant : ainsi par exemple, il *propose* de vendre, mais ne *s'engage* pas à vendre. L'offre se distingue donc d'une promesse de contrat. L'offre est néanmoins par définition même « ferme » : l'offrant sait donc qu'en cas d'acceptation il sera désormais lié et engagé; mais il est jusque-là libre de révoquer sa proposition[1].

Le principe est celui de la liberté contractuelle et celle-ci doit être respectée jusqu'au bout, c'est-à-dire jusqu'à ce que le contrat soit formé. Dès lors, sauf si des raisons particulières justifient que l'offrant soit particulièrement lié, le principe demeure qu'il est libre de conclure mais aussi de ne pas conclure, et donc de retirer son offre jusqu'à ce que, par l'acceptation, celle-ci ait donné lieu à un contrat. L'offre n'est ainsi en principe pas obligatoire, au sens où l'offrant n'est pas tenu de la maintenir.

B / Les exceptions au principe de la libre révocabilité de l'offre : le caractère obligatoire des promesses

Par exception, certaines offres contiennent un engagement de leur auteur, une promesse formulée vis-à-vis de leur destinataire. Elles entraînent alors chez ce dernier des attentes qui, lorsqu'elles sont légitimes, justifient que soit reconnu le caractère obligatoire de ces promesses.

Il en est ainsi en présence d'une offre avec délai, en particulier lorsque celle-ci s'adresse à une personne déterminée. Dans cette hypothèse, l'offrant ne se borne pas à proposer un contrat à son interlocuteur; il promet également de maintenir son offre pendant un certain délai. Le destinataire de cette promesse peut dès lors légitimement penser que l'offre sera effectivement maintenue pendant le délai promis. C'est ce que juge la Cour de cassation : « si une offre d'achat ou de vente peut en principe être rétractée tant qu'elle n'a pas été acceptée, il en est autrement au cas où celui de qui elle émane s'est engagé à ne pas la retirer avant une certaine époque »[2].

1. Ou de la modifier : Caen, 20 avr. 2006, *RTD civ.* 2008, 102, obs. B. Fages.

2. Civ. 3e, 7 mai 2008, n° 07-11690; *RTD civ.* 2008, 474, obs. B. Fages; *Dr. & patr.* 2009, n° 178, 123, obs. Ph. Stoffel-Munck; *JCP G* 2008, I, 179, n° 1, obs. Y.-M. Serinet; *RDC* 2008/4, 1109, obs. Th. Genicon, et 1239, obs. F. Collart Dutilleul.

La difficulté est qu'en principe, les seules sources d'obligations en droit français sont la loi, le contrat, le quasi-contrat, le délit et le quasi-délit. Or une offre n'est pas un contrat puisqu'elle n'est précisément qu'une manifestation unilatérale de volonté ; elle n'est pas davantage un quasi-contrat dans la mesure où il n'y a aucun échange indu de valeurs entre deux patrimoines ; enfin il n'y a pas non plus *a priori* délit ou quasi-délit, car la rétractation d'une offre n'est pas en principe fautive. Toutes ces sources ont cependant été alternativement utilisées par la jurisprudence pour justifier la sanction de l'offrant en cas de révocation abusive de son offre[1].

Un premier fondement de l'obligation de maintien de l'offre a pu ainsi être trouvé dans la responsabilité délictuelle. Lorsque, par un engagement précis de maintenir son offre pendant un certain délai, l'offrant a suscité la confiance légitime du destinataire de celle-ci, il est fautif s'il la rétracte de façon intempestive : dès lors, si cette faute a causé un dommage, l'offrant peut être condamné à des dommages-intérêts. Certes il faut caractériser un comportement particulièrement fautif, abusif même pourrait-on dire, ainsi qu'un dommage : par exemple un offrant qui laisserait un acheteur potentiel se déplacer de l'autre bout de la France pour venir acheter la voiture proposée dans un journal après lui avoir garanti qu'il attendrait son arrivée et qui vend finalement sans attendre à quelqu'un d'autre : l'offrant pourrait alors être condamné à rembourser au moins les frais engagés par celui qui désirait se porter acquéreur.

Les juges utilisent aussi parfois la notion d'avant-contrat pour justifier l'obligation pour l'offrant de maintenir une offre avec délai. Un tel contrat préparatoire à la conclusion du contrat principal peut être caractérisé dans la mesure où il y a accord des deux parties sur certaines obligations. Ainsi, lorsque l'offrant fait une offre avec délai, il ferait en réalité deux offres distinctes : l'offre principale de contrat (par ex. une offre de vente) et une offre accessoire, une « mini-offre », consistant à s'engager à maintenir l'offre principale pendant un certain délai. Lorsque le destinataire de l'offre prend connaissance de celle-ci, il souhaite réfléchir avant d'accepter l'offre principale, mais il accepte immédiatement l'offre accessoire portant sur le maintien de l'offre principale pendant un certain délai. Dès lors, sur le point précis du délai, il y a accord et donc contrat (plus précisément avant-contrat). L'offrant est ainsi obligé de respecter son engagement de maintenir l'offre pendant le

1. Pour l'utilisation de règles propres au bail pour obliger au maintien d'une offre : Civ. 3e, 10 déc. 2008, n° 07-15386 ; *RDC* 2009/2, 616, obs. J. B. Seube.

délai promis et, s'il ne le fait pas, les juges pourront le condamner à des dommages-intérêts pour inexécution de ses obligations contractuelles. Ils sont en revanche à juste titre plus réticents à ordonner la conclusion forcée du contrat.

Les deux techniques de la responsabilité et du contrat sont néanmoins des moyens détournés dans la mesure où une autre source d'obligation est aujourd'hui admise : l'engagement unilatéral de volonté. Dès lors qu'une promesse présente une certaine consistance, et qu'elle a pu faire naître des attentes légitimes chez son destinataire, il est possible de caractériser un engagement unilatéral de l'offrant qui suffit à l'obliger sans qu'il soit nécessaire de caractériser un contrat ou un délit.

Même lorsque l'offre est sans délai, la jurisprudence a parfois imposé à l'offrant de maintenir son offre pendant un délai « raisonnable »[1]. Il en est ainsi lorsque, compte tenu des circonstances, il est légitime de penser que tel était l'engagement implicite de l'offrant et l'attente corrélative de son interlocuteur. L'appréciation de la durée de ce délai est souveraine[2] et dépend de plusieurs facteurs et notamment de l'objet de l'offre : pour s'en tenir au contrat de vente, le délai « raisonnable » de réflexion doit ainsi être plus long pour l'offre de vente d'une maison que pour celle d'un bouquet de fleurs. Elle peut dépendre aussi de la qualité du destinataire de l'offre et de la lourdeur des formalités nécessaires à son acceptation[3].

Certaines offres ne contiennent en revanche aucune promesse (par ex. une offre sans délai faite au public), et elles demeurent dans ce cas, conformément au principe sus-énoncé, librement révocables.

2. LA CADUCITÉ DE L'OFFRE

La caducité est la sanction qui atteint un acte valablement formé à l'origine (sinon il y aurait nullité), mais qui perd ensuite une des condi-

1. Civ. 3e, 20 mai 2009, n° 08-13230; *RTD civ.* 2009, 524, obs. B. Fages; *RDC* 2009/4, 1325, obs. Y. M. Laithier : avant de décider que le contrat s'était formé par la rencontre d'une offre sans délai et d'une acceptation manifestée près de cinq ans plus tard, la Cour d'appel aurait dû « rechercher si l'acceptation était intervenue dans le délai raisonnable nécessairement contenu dans toute offre de vente non assortie d'un délai précis ».

2. Civ. 3e, 25 mai 2005, n° 03-19411; *JCP G* 2005, I, 172, n° 1, obs. P. Grosser; *RTD civ.* 2005, 772, obs. J. Mestre et B. Fages; *RDC* 2005/3, 1071, obs. F. Collart Dutilleul, et 2006/2, 311, obs. D. Mazeaud; *D.* 2005, 2837, obs. S. Amrani Mekki.

3. C'est ainsi que, bien que l'offre mentionnât « réponse immédiate souhaitée », le délai de cinq semaines dans lequel est intervenue l'acceptation n'était pas déraisonnable dans la mesure où le contrat proposé portait sur l'acquisition d'un immeuble et que l'acquéreur, une société anonyme, devait consulter son conseil d'administration pour obtenir le consentement à l'acquisition : Civ. 3e, 25 mai 2005, précité.

tions nécessaires à sa validité. La caducité relève ainsi de la formation et non pas de l'exécution d'un contrat. La sanction opportune n'est cependant pas un anéantissement rétroactif de l'acte (puisque l'acte était valable *ab initio*), mais uniquement une disparition à compter du jour où le vice est apparu.

S'agissant d'une offre, celle-ci devient en principe caduque lorsque disparaît son élément constitutif essentiel, c'est-à-dire la volonté de son auteur. Trois hypothèses principales peuvent être envisagées.

En premier lieu, une offre avec délai devient caduque à l'expiration du délai stipulé, car disparaît alors la volonté de l'auteur de l'offre. Même si l'offre était sans délai, la jurisprudence estime qu'elle devient tout de même caduque à l'expiration d'un délai « raisonnable », qui s'apprécie comme on l'a vu selon la nature de la chose offerte, mais aussi selon la personne du destinataire.

En deuxième lieu, la question de la caducité de l'offre se pose en cas d'incapacité de l'offrant. Celle-ci entraîne la caducité de l'offre, toujours pour la raison que disparaît alors la volonté de l'offrant, l'incapable ne pouvant par définition même exprimer valablement une telle volonté. Il faut supposer que cette incapacité est survenue après émission de l'offre car si elle existait dès l'origine, l'offre serait nulle et non pas seulement caduque.

La question s'est posée, en troisième lieu, pour le décès de l'offrant. Après avoir, dans un arrêt resté isolé, décidé le contraire, la Cour de cassation juge désormais, depuis un arrêt du 10 mai 1989[1], que l'offre est rendue caduque par le décès ultérieur de l'offrant. En revanche, la promesse unilatérale de vente, qui est un contrat, demeure valable malgré le décès du promettant[2].

1. N° 87-18130. Selon la Cour de cassation, « attendu que la notification d'une vente sous condition suspensive au titulaire du droit de préemption, par le notaire chargé d'instrumenter, ne constituant pas une promesse de vente mais une simple offre, celle du 22 juillet 1981 devenue caduque par l'effet du décès de Mme Girard survenu le 11 août 1981, ne pouvait être l'objet postérieurement à cette date d'une acceptation de la part de la SAFER ».

2. Civ. 3e, 10 déc. 1997, n° 95-16461 ; *Defrénois* 1998, 336, obs. D. Mazeaud ; *D.* 1999, som., 9, Ph. Brun : « Attendu que pour décider que l'offre de vente faite par les époux Desrus était devenue caduque lors de son acceptation par M. Castagna, le 27 avril 1990 du fait du décès de M. Desrus, l'arrêt retient que le délai prévu à la promesse unilatérale de vente n'était qu'un délai de levée d'option et non un délai de maintien de l'offre ; qu'en statuant ainsi, alors qu'il résultait de ses propres constatations que les époux Desrus s'étaient engagés à maintenir leur offre jusqu'au 31 décembre 1991 et que le décès de M. Desrus n'avait pu rendre cette offre caduque, la cour d'appel a violé le texte susvisé. »

Sous-section 2 – L'acceptation

1 | La notion d'acceptation

Comme l'offre, l'acceptation est un acte unilatéral de volonté émanant, cette fois-ci, du destinataire de l'offre. Elle est la manifestation, par le destinataire de l'offre, de son intention de conclure le contrat.

Toujours conformément au principe de la liberté contractuelle, l'acceptant est libre de conclure ou de ne pas conclure le contrat : il ne peut donc être contraint à accepter l'offre. Mais il peut être condamné à des dommages-intérêts sur le fondement de la responsabilité délictuelle si, par son attitude négligente ou *a fortiori* intentionnelle, il cause un dommage à l'offrant en obligeant celui-ci à maintenir son offre (par ex. à immobiliser son bien), tout en sachant pertinemment qu'il n'a aucune intention de l'accepter.

L'acceptation étant le consentement donné à une offre, deux conditions sont requises pour une telle qualification.

a) L'acceptation implique la connaissance de l'offre. — L'assertion semble évidente lorsqu'elle s'applique à l'offre considérée globalement. Des litiges peuvent néanmoins survenir pour certaines clauses contenues dans le contrat. Une stipulation n'est en effet obligatoire que si elle a été sciemment acceptée par le destinataire de l'offre : celui-ci doit donc nécessairement en avoir eu connaissance. Une clause limitant la responsabilité du débiteur (un panneau dans un train ou dans un restaurant par exemple, qui déclinerait toute responsabilité en cas de vols de bagages ou de vêtements) ne serait dès lors opposable au cocontractant, c'est-à-dire ne pourrait être invoquée à l'encontre du voyageur ou du client, que si ces derniers ont été mis en mesure de la connaître (panneau suffisamment visible). Une clause exclusive de responsabilité sera à l'inverse annulée si elle était écrite en caractères illisibles ou minuscules. L'ignorance illégitime du destinataire de l'offre (il ne pouvait pas ne pas savoir) est assimilée à la connaissance (il savait).

b) L'acceptation doit être pure et simple. — Pour former le contrat, l'acceptation de l'offre doit être pure et simple, c'est-à-dire qu'elle doit porter sur tous les éléments essentiels de l'offre. Elle pourrait ainsi se résumer en un simple « oui ».

Si en revanche le destinataire de l'offre modifie un élément important de celle-ci, il n'y a pas acceptation de nature à former le contrat, mais contre-proposition, laquelle a deux effets. En premier lieu elle rend caduque l'offre initiale, qui ne peut dès lors plus être valablement acceptée (tout se passe comme si l'offrant l'avait valablement révoquée) ; on considère en effet que l'offrant dont l'offre est refusée peut légitimement s'en sentir délié et chercher à conclure avec un autre contractant. En second lieu, si la contre-proposition est suffisamment ferme et précise, elle vaut à son tour offre, si bien que, pour que le contrat soit formé, il faut une acceptation de cette nouvelle offre par l'offrant initial. Cette contre-proposition suppose cependant, pour être valable, que le destinataire de l'offre ne l'ait pas acceptée : dans le cas inverse en effet, le contrat serait formé si bien que l'acceptant ne pourrait plus introduire une réserve remettant en cause son acceptation et, partant, le contrat[1].

Le juge apprécie en principe de façon objective si le destinataire de l'offre n'en a modifié qu'un élément accessoire ou au contraire essentiel, et ce en ayant égard à l'importance de la modification opérée, à l'objet et à la nature du contrat. Les parties peuvent néanmoins toujours décider d'ériger expressément en condition déterminante de leur consentement un élément qui serait objectivement qualifié d'accessoire (délai ou modalités de la livraison par ex.).

La formation du contrat – ou son renouvellement[2] – supposent ainsi un accord ferme des parties sur tous ses éléments essentiels. Sinon, les juges pourraient éventuellement retenir l'existence d'un accord de principe mais non pas d'un contrat[3].

1. V. not. Com., 28 avr. 1998, *RTD civ.* 1999, 81, obs. J. Mestre.

2. Civ. 1re, 24 nov. 1998, n° 95-21074 : la cour d'appel ne pouvait décider que le contrat était renouvelé alors qu'elle n'avait pas établi « en quoi les parties étaient d'accord sur les éléments essentiels du contrat à renouveler ». La solution se comprend dans la mesure où le renouvellement du contrat est constitutif d'un nouveau contrat, à la différence de la simple prorogation.

3. V. ainsi Com., 18 janv. 2011, n° 09-72508 ; *RDC* 2011/1, 7, obs. D. Mazeaud et T. Revet : en l'état des constatations de la Cour d'appel, « desquelles il ressortait que les parties ne s'étaient pas engagées de façon irrévocable l'une envers l'autre à conclure un contrat de franchise dans des conditions suffisamment définies, la cour d'appel a pu qualifier leurs engagements de simple accord de principe ».

2 | L'expression de l'acceptation

1. LE DÉLAI POUR ACCEPTER

Lorsque l'offre est faite avec délai, l'acceptation doit, pour former le contrat, intervenir avant l'expiration de celui-ci. En effet, l'expiration du délai rend l'offre caduque, si bien qu'il ne peut plus y avoir accord sans l'expression d'une nouvelle manifestation de volonté de contracter de la part de l'offrant initial.

Lorsque l'offre est faite sans délai, l'acceptation doit intervenir avant que l'offre n'ait été révoquée. Dans tous les cas, elle doit être formulée dans un délai « raisonnable » à compter de l'émission de l'offre, ce caractère s'appréciant principalement en fonction de la nature du contrat offert. Une fois ce délai raisonnable expiré, les juges estimeraient que l'offrant a implicitement rétracté son offre ou, ce qui revient au même, qu'il pouvait légitimement considérer ne plus être lié par celle-ci.

Il existe, en vue de la protection des consommateurs, des dispositions spéciales prévoyant des délais de réflexion obligatoires ayant pour effet d'allonger le processus d'échange des consentements. Le consommateur ne peut valablement donner son consentement avant un délai impératif (il est obligé de réfléchir), tandis que le professionnel est alors tenu de maintenir son offre pendant un temps fixé. Ainsi, en matière de crédit immobilier, l'envoi de l'offre oblige le prêteur à maintenir les conditions indiquées pendant une durée minimale de trente jours à compter de sa réception par l'emprunteur, et celui-ci ne peut accepter cette offre que dix jours après qu'il l'a reçue (art. L. 312-10 C. cons.), sous peine de nullité du prêt et déchéance du droit aux intérêts. La renonciation au bénéfice de ces dispositions d'ordre public n'est pas possible[1] et le recours à un acte authentique ne permet pas davantage de s'en affranchir[2].

1. Civ. 1re, 9 déc. 1997, n° 95-15494; *RTD civ.* 1998, 670, obs. J. Mestre.
2. Civ. 1re, 4 déc. 2001 et 22 janv. 2002, *RTD civ.* 2002, 287, obs. J. Mestre et B. Fages.

2. LES FORMES DE L'ACCEPTATION

En principe, l'acceptation doit être expresse ou tacite ; exceptionnellement, elle peut se déduire du silence gardé par le destinataire de l'offre[1].

A / Le principe : l'acceptation doit être expresse ou tacite

L'acceptation doit en principe être expresse ou tacite. L'acceptation est expresse lorsque le destinataire de l'offre a utilisé un moyen de communication (écrit, parole, ou même geste) pour exprimer son acceptation. Elle est tacite lorsque, par son comportement, le destinataire de l'offre a indiqué son intention de conclure le contrat : ainsi, de ce qu'il a commencé à exécuter le contrat, on peut déduire qu'il a manifesté sa volonté de le conclure et donc son acceptation.

En revanche, le silence ne vaut pas en principe acceptation, c'est-à-dire qu'une attitude purement passive du destinataire de l'offre, qui n'exprime rien et qui ne veut rien exprimer, ne peut être interprétée comme valant acceptation de l'offre. Une acceptation ne peut être déduite d'une attitude purement passive. La règle selon laquelle le silence ne vaut pas, à lui seul, acceptation, est constamment affirmée par la Cour de cassation depuis un arrêt du 25 mai 1870[2]. Ainsi, contrairement à l'adage courant, en droit qui ne dit mot ne consent pas. Le silence ne doit pas davantage être interprété comme un refus : par définition même, le silence est ce qui ne dit rien : il ne vaut donc juridiquement ni acceptation ni refus. Si par exemple une société adresse des livres ou des disques à un particulier, le silence de ce dernier ne peut être interprété comme valant acceptation de les acquérir, et ce même si la lettre d'accompagnement se prévalait d'une telle interprétation. Les projets européens reprennent ce type de règle, en prévoyant qu'aucune obligation ne peut naître du fait de ne pas avoir répondu[3]. Cette pratique des envois forcés est au demeurant pénalement punie[4].

1. Comp. art. 4 :204 (*acceptance*) du projet de *Cadre commun de référence* : « *(1) Any form of statement or conduct by the offeree is an acceptance if it indicates assent to the offer. (2) Silence or inactivity does not in itself amount to acceptance* » ; *adde* les PECL, art. 2 :204 : « (1) Constitue une acceptation toute déclaration ou comportement du destinataire indiquant qu'il acquiesce à l'offre. (2) Le silence ou l'inaction ne peuvent à eux seuls valoir acceptation ».

2. *Grands arrêts*, n° 84. V. encore Civ. 1re, 16 avr. 1996, n° 94-16528.

3. Art. 3 :401 du projet de Cadre commun de référence qui, dans une section 4 sur les biens et services non sollicités, prévoit un article 3 :401 intitulé : *No obligation arising from failure to respond.*

4. Le Code pénal (art. R. 635-2) punit ainsi le fait d'adresser à une personne, sans demande préalable de celle-ci, un objet quelconque accompagné d'une correspondance indiquant que cet objet

B / Les exceptions : l'acceptation par le silence

Ces exceptions demeurent ponctuelles, mais elles ont été élargies par la Cour de cassation.

a) Lorsqu'il est prévu que le silence vaut acceptation. — Il peut parfois être prévu que le silence du destinataire de l'offre vaudra acceptation de sa part.

1° *En vertu de la loi.* Il en est ainsi dans certaines hypothèses légales. Il s'agit alors le plus souvent de renouvellement de contrats. L'article 1738 du Code civil prévoit par exemple que « si, à l'expiration des baux écrits, le preneur reste et est laissé en possession, il s'opère un nouveau bail dont l'effet est réglé par l'article relatif aux locations faites sans écrit ». De la même façon, l'article L. 112-2, alinéa 5 du Code des assurances dispose qu'« est considérée comme acceptée la proposition, faite par lettre recommandée, de prolonger ou de modifier un contrat ou de remettre en vigueur un contrat suspendu, si l'assureur ne refuse pas cette proposition dans les dix jours après qu'elle lui est parvenue ». On parle souvent de « tacites » reconductions dans la mesure où ce silence et cette abstention sont en la matière « signifiants », en ce sens qu'ils marquent une intention de dire quelque chose.

2° *Selon l'usage.* C'est parfois en vertu d'un usage que le silence vaut acceptation. Il en est ainsi en matière commerciale, lorsque deux professionnels ont des relations d'affaires anciennes et régulières. Le silence de l'un peut alors valoir acceptation si tel avait été le cas dans le passé. Ainsi, des juges qui constatent qu'une « offre était conforme aux relations habituelles des parties », peuvent en déduire qu'elle « avait donc été acceptée tacitement » par son destinataire[1]. La haute Juridiction parle d'acceptation "tacite" et non pas par le "silence", tant, compte tenu du contexte de relations habituelles, le silence peut être considéré comme voulant signifier une acceptation. Dans le même esprit, une pratique prolongée entre les parties peut aussi parfois être interprétée comme un ajout apporté au contrat.

peut être accepté contre versement d'un prix à renvoyer à son expéditeur, même si ce renvoi peut être fait sans frais pour le destinataire. Le particulier peut alors ne pas répondre et conserver les envois dans leur emballage en les tenant ainsi à la disposition de la société qui doit elle-même prendre toutes les mesures pour venir les récupérer, ou se les faire expédier à ses frais.

1. Com., 15 mars 2011, n° 10-16422 ; *RDC* 2011/3, 795, obs. T. Genicon.

3° *Par la convention des parties.* — C'est enfin parfois en vertu d'une convention des parties que le silence de l'une d'entre elles peut valoir acceptation. La jurisprudence a en effet admis que les parties puissent convenir par avance que le silence de l'une d'elles au-delà d'un certain délai vaudra acceptation de sa part[1]. Mais il faut un véritable accord des parties en ce sens ; il ne suffirait pas que, unilatéralement, une personne envoie à une autre une offre en précisant que le silence gardé par cette dernière pendant un certain temps vaudra acceptation[2] (pratique des envois forcés). La convention peut aussi prévoir qu'elle sera renouvelée par tacite reconduction[3] : les parties peuvent alors tout de même y mettre fin selon les modalités prévues par le contrat[4].

b) Lorsque l'offre est faite dans l'intérêt exclusif de son destinataire. — Une autre exception d'origine jurisprudentielle est apparue dans un arrêt de la Chambre des requêtes de la Cour de cassation du 28 mars 1938[5]. L'espèce était la suivante : un bailleur avait offert à ses locataires une remise de dette en espérant que ces derniers s'acquitte-

1. Civ. 1re, 12 janv. 1988, n° 86-12849 : « Après avoir justement énoncé que le silence de celui qu'on prétend obligé ne peut suffire en l'absence de toute autre circonstance à faire la preuve contre lui de l'obligation alléguée, la cour d'appel, par une appréciation souveraine des circonstances de la cause et de l'intention des parties, retient qu'en s'imposant un délai pour accepter ou refuser le prix offert par les époux Maillard, les époux Czernik s'étaient obligés à manifester expressément leur désaccord si le prix proposé ne leur convenait pas, et que le silence par eux gardé pendant ce délai valait acceptation du prix ; que la cour d'appel en a justement déduit, sans violer les textes visés au moyen, que la vente était parfaite. »

2. Le silence ne vaut que ce que la convention avait précisément formulé, par exemple une présomption d'accord du client : Com., 3 nov. 2004, n° 01-16238.

3. La Cour de cassation a jugé que « sauf disposition ou volonté contraire, la tacite reconduction d'un contrat de durée déterminée, dont le terme extinctif a produit ses effets, donne naissance à un nouveau contrat, de durée indéterminée, et dont les autres éléments ne sont pas nécessairement identiques » (Civ. 1re, 15 nov. 2005, n° 02-21366). Pour un exemple de volonté contraire : Com., 15 janv. 2008, n° 06-14698 : « hors les situations régies par une loi spéciale, un contrat conclu pour une période déterminée, et renouvelable ensuite d'année en année par tacite reconduction [...] et qui s'est effectivement poursuivi au-delà de la période initialement convenue, conserve le caractère de contrat à durée déterminée. »

4. Com., 29 janv. 2008, n° 06-13462 ; *RLDC* 2008, n° 2939, note C. Le Gallou, pour une hypothèse où le franchiseur avait expressément informé son contractant de sa volonté de ne pas renouveler les contrats en envoyant à l'adresse de chacun de ses deux magasins une lettre recommandée avec demande d'avis de réception mais cette lettre lui avait été retournée avec la mention « non réclamé. Retour à l'envoyeur » ; la Cour de cassation approuve la Cour d'appel d'avoir retenu que la société ne pouvait invoquer la non-réception des deux courriers de notification « dès lors que n'est rapportée, ni même alléguée, la preuve d'une erreur d'adresse des destinataires ». Il s'agit d'éviter la mauvaise foi du destinataire consistant à ne pas prendre réception des lettres pour plaider la tacite reconduction. En revanche n'importe quelle lettre (notification de caducité) ne vaut pas interruption de la tacite reconduction : Com., 18 nov. 2008, n° 07-20304 ; *RTD civ.* 2009, 119, obs. B. Fages ; *RDC* 2009/2, 484, obs. D. Mazeaud.

5. *DP* 1939, I, 5, note Voirin.

raient ainsi plus rapidement de leur arriéré de loyers; ceux-ci n'en firent rien et le bailleur, excédé, intenta une action en justice dans laquelle il réclama paiement de l'entière somme initialement due, au motif que les locataires n'avaient pas manifesté une quelconque intention d'accepter la remise de dette. Selon la Cour de cassation, « si, en principe, le silence gardé par le destinataire d'une offre ne vaut pas acceptation, il est permis cependant aux juges du fait, dans leur appréciation souveraine des faits et de l'intention des parties, et lorsque l'offre a été faite dans l'intérêt exclusif de celui à qui elle est adressée, de décider que son silence emporte acceptation». Les locataires furent donc réputés avoir accepté l'offre de remise faite par le bailleur dans leur intérêt exclusif[1].

Cette jurisprudence n'a que de rares occasions d'être appliquée car, en réalité, l'offrant a le plus souvent aussi un intérêt à l'acceptation du contrat[2]. C'est ainsi que la Cour de cassation utilise parfois cette notion dans les hypothèses de «conventions d'assistance» où une personne vient spontanément porter assistance à autrui et où, dès lors qu'un contrat est reconnu, l'offrant a droit a l'indemnisation de ses propres préjudices (v. *infra*). On peut estimer que c'est aussi cette jurisprudence qu'elle applique implicitement lorsque, en matière de contrat de travail, elle juge «que constitue une promesse d'embauche valant contrat de travail l'écrit qui précise l'emploi proposé et la date d'entrée en fonction»[3]. Même si le contrat de travail est synallagmatique, et crée bien sûr des obligations également à la charge du salarié, on peut estimer, globalement et surtout à l'époque actuelle, qu'un contrat de travail avantageux[4] est principalement dans l'intérêt de son destinataire. L'arrêt

1. L'avocat du bailleur aurait sans doute pu utilement plaider que l'offre de remise n'avait été faite qu'à la condition que les locataires s'acquittent immédiatement de leur dette, ce qui ne semble pas avoir été le cas en l'espèce.

2. Comp. obs. Y.-M. Laithier sous Com., 18 janv. 2011, *RDC* 2011/3, 789, qui suggère de retenir l'intérêt non pas exclusif du destinataire de l'offre, mais de procéder à une comparaison des intérêts respectifs à accepter ou à refuser l'offre : «Quand l'intérêt à accepter l'offre est manifestement supérieur à l'intérêt qu'il y a à la rejeter, le silence peut valoir acceptation, même si cela a pour conséquence de rendre le destinataire débiteur, et par conséquent de donner un avantage au créancier offrant».

3. Soc., 15 déc. 2010, n° 08-42951; *RDC* 2011/3, 804, obs. T. Genicon; *Gaz. Pal.* 2011, n° 97, 17, obs. D. Houtcieff; *RDT* 2011, 108, obs. G. Auzéro; *JCP E* 2011, n° 13, 1272, note G. François; *JCP S* 2011, 1104, note C. Puigelier. La Cour de cassation en déduit «que la cour d'appel ayant relevé, par motifs propres et adoptés, que la lettre du 31 juillet 2006 adressée à M. X... le 1er août 2006 lui proposait un contrat de travail, précisait son salaire, la nature de son emploi, ses conditions de travail et la date de sa prise de fonction, en a exactement déduit qu'elle constituait, non pas une proposition d'emploi mais une promesse d'embauche et que la rupture de cet engagement par la société CAMA, s'analysait en un licenciement sans cause réelle et sérieuse».

4. Car tel était le cas en l'espèce : Il s'agissait d'une offre d'un poste de directeur adjoint moyennant une rémunération mensuelle de 7 600 euros sur treize mois avec le bénéfice d'un véhicule de service

permet au demeurant sans doute de retenir, de façon générale, que seul l'acceptant peut se prévaloir de cette exception au refus de principe de l'acceptation par le silence.

c) Lorsque les circonstances permettent de donner au silence la signification d'une acceptation. — Plus récemment, la Cour de cassation a élargi les hypothèses où le silence pouvait valoir acceptation. Après avoir rappelé que « si le silence ne vaut pas à lui seul acceptation », elle a ajouté, dans une formule très générale, qu'« il n'en est pas de même lorsque les circonstances permettent de donner à ce silence la signification d'une acceptation »[1].

Dans une première affaire[2], un propriétaire avait obtenu un permis de construire sur son terrain mais devait, préalablement à toute construction, faire procéder à une opération préventive de fouilles archéologiques dont il accepta un premier devis ; le diagnostic s'étant révélé positif, il reçut un second devis pour des fouilles plus approfondies, mais ne manifesta cette fois-ci jamais son accord et refusa par la suite d'en acquitter le montant ; au terme d'une motivation un peu éparse largement reprise des juges du fond, la Cour de cassation retient que les circonstances permettaient en l'espèce de donner au silence la signification d'une acceptation ; l'essentiel de la motivation repose sur le fait que l'intéressé ne pouvait pas ne pas faire exécuter les prestations prévues par le second devis puisqu'il voulait procéder à une construction sur son terrain ; on pouvait donc présumer qu'il l'avait accepté. On retrouve ici quelques bribes d'exceptions et de raisonnements déjà connus : en particulier les parties étaient déjà en relation puisqu'un premier devis avait été accepté et honoré ; le second devis était, sinon dans l'intérêt exclusif, du moins essentiellement dans l'intérêt de son destinataire (il ne pouvait sans l'accepter procéder aux constructions envisagées ; on sait en outre depuis la jurisprudence sur les conventions d'assistance, que l'acceptant par le silence peut être éventuellement tenu de certaines obligations, dès lors qu'il tire principalement un avantage de son acceptation). Quoi qu'il en soit, la formule de la Cour de cassation semble indiquer que la liste est assez ouverte des circonstances qui pourraient donner au silence la valeur d'une acceptation. Il faut préciser qu'il y

et la prise en charge de ses frais de déménagement et de logement durant le premier mois de son installation en Guadeloupe.

1. Civ. 1re, 24 mai 2005, n° 02-15188 ; *RTD civ.* 2005, 588, obs. J. Mestre et B. Fages ; *RDC* 2005/4, 1007, obs. D. Mazeaud ; *CCC* 2005, comm. 165, L. Leveneur ; *JCP G* 2005, I, 194, obs. C. Pérès ; Civ. 1re, 4 juin 2009, n° 08-14481 ; *RTD civ.* 2009, 530, obs. B. Fages.

2. Civ. 1re, 24 mai 2005 précité.

avait bien acceptation par le silence, et non pas acceptation tacite, car le destinataire de l'offre n'a eu aucun comportement positif pouvant signifier une quelconque acceptation ; c'est bien, comme le dit la Cour de cassation, le silence qui revêt la signification d'une acceptation.

Dans une seconde affaire[1], le ministère de la défense avait conclu avec une société une convention par laquelle cette dernière, qui gérait une maison d'accueil pour handicapés physiques adultes, lui avait concédé la jouissance de huit places, avec réduction du prix de journée, pour des adultes handicapés ressortissant du ministère de la défense, contre le versement d'une somme de deux millions de francs. La société ayant fait l'objet de cessions diverses, la nouvelle société propriétaire continua à délivrer les mêmes prestations d'hébergement mais assigna l'État pour obtenir sa condamnation à verser le complément de rémunération pour la poursuite des prestations d'hébergement. La Cour de cassation rejeta le pourvoi formé contre l'arrêt qui avait refusé de faire droit à cette demande au motif que, de l'ensemble des circonstances de la cause, la cour d'appel avait pu déduire que le nouveau contrat qui s'était formé entre la société et l'État reprenait tacitement les conditions antérieures du prix de journée faute de contestation à ce sujet par le cessionnaire lors de la reprise effective et que ce dernier ne pouvait donc revenir sur cet engagement. Il n'y a plus ici l'idée d'offre dans l'intérêt exclusif de son destinataire, et l'élargissement du domaine de l'acceptation par le silence est donc désormais certain.

La Cour de cassation a au demeurant continué à utiliser la même formule[2].

SECTION 2
La formation du contrat

Le contrat est formé par l'échange des consentements. La plupart des droits européens exigent ainsi une offre et une acceptation pour former le contrat, et les projets européens reprennent cette exigence. Ils

1. Civ. 1re, 4 juin 2009 précité.
2. V. ainsi Com., 18 janv. 2011, n° 09-69831 ; *RDC* 2011/3, 789, obs. Y.-M. Laithier ; *D.* 2012, 459 et s., obs. S. Amrani Mekki et M. Mekki ; *Rev. soc.* 2011, 717, note F. Pasqualini ; *Bull. Joly* 2011,

insistent même souvent sur le fait que telle est la seule condition de formation du contrat, supprimant ainsi toutes les autres exigences telles que la cause ou la *consideration* propre à la *Common Law*[1].

Dès lors que les parties ont voulu s'engager et qu'elles se sont accordées, le contrat est conclu, même s'il pourra ultérieurement être jugé non valable et par conséquent annulé.

La Cour de cassation exerce un contrôle sur la formation du contrat : elle se réserve donc de porter une appréciation différente des juges du fond quant au point de savoir si un échange des consentements a bien eu lieu, et si donc le contrat s'est ou non formé[2]. Elle peut ainsi disqualifier totalement l'accord des parties, ou ne retenir que l'existence d'un accord de principe ne valant cependant pas encore contrat[3].

Si le juge constate l'absence d'accord des parties, parce que l'offre ou l'acceptation ne sont pas caractérisées, il conclura à l'absence de contrat, en d'autres termes à son inexistence. La nullité du contrat n'aura ainsi pas à être prononcée, puisque par hypothèse il n'y a pas de contrat.

Une fois l'échange des consentements intervenu, le contrat est formé et les parties sont donc liées ; elles ne peuvent désormais plus revenir sur

n° 6, p. 50, note G. Helleringer : « Attendu, d'autre part, que, contrairement à ce que soutient M. X..., pour retenir son engagement personnel, la cour d'appel n'a pas déclaré que l'offre qu'il avait faite à la clinique correspondait à l'intérêt exclusif de celle-ci qui n'avait donc pas à l'accepter explicitement, mais, relevant que l'engagement de M. X... n'avait pas fait l'objet d'une acceptation expresse de la clinique et que si, en principe, le silence gardé par le destinataire d'une offre n'en valait pas acceptation, elle a indiqué qu'il n'en allait pas de même *lorsque les circonstances permettaient de donner à ce silence la signification d'une acceptation* tel l'engagement pris par M. X... pour permettre à la clinique de présenter un plan crédible à l'homologation du tribunal, cette circonstance donnant à son silence la signification d'une acceptation ; qu'elle en a déduit que l'accord était valablement formé ; D'où il suit que le moyen n'est pas fondé » (souligné par nous). Selon le commentateur précité, il y avait cependant en l'espèce intérêt du destinataire de l'offre à accepter.

1. Art. 4 :401 du projet de *Cadre commun de référence* : « *A contract is concluded, without any further requirement, if the parties : (a) intend to enter into a binding legal relationship or bring about some other legal effect ; and (b) reach a sufficient agreement* ». Comp. art. 2 :101, 1 des PECL : « Un contrat est conclu dès lors que *(a)* les parties entendaient être liées juridiquement *(b)* et sont parvenues à un accord suffisant, sans qu'aucune autre condition soit requise. »

2. Com., 28 févr. 2006, n° 04-14719 ; *RTD civ.* 2006, 755, obs. J. Mestre et B. Fages, qui retient, contrairement à la cour d'appel, qu'un accord de volontés était intervenu entre les parties sur les éléments essentiels.

3. V. ainsi Com., 18 janv. 2011, n° 09-72508 ; *RDC* 2011/1, 7, obs. D. Mazeaud et T. Revet : en l'état des constatations de la Cour d'appel, « desquelles il ressortait que les parties ne s'étaient pas engagées de façon irrévocable l'une envers l'autre à conclure un contrat de franchise dans des conditions suffisamment définies, la cour d'appel a pu qualifier leurs engagements de simple accord de principe ».

leur accord et rétracter leur consentement[1], sauf si elles sont d'accord pour cela. Elles pourront en outre, dans certaines hypothèses, résilier le contrat de façon unilatérale, mais seulement en conformité avec les termes de leur accord ou pour certaines causes que la loi autorise : le contrat ne disparaîtra alors que pour l'avenir.

Il faut déterminer précisément le moment et aussi le lieu de la formation du contrat.

1 | Le moment de la formation du contrat

La date de la formation du contrat est un élément essentiel à plusieurs égards. Elle permet par exemple en principe de fixer la loi applicable au contrat[2]. Surtout, la date de la formation du contrat est déterminante pour savoir jusqu'à quel moment les parties peuvent se rétracter, puisque ce n'est qu'une fois formé que le contrat devient la loi des parties. Le principe est clairement défini par le droit des contrats, mais il connaît quelques difficultés d'application, et aussi des exceptions.

1. LE PRINCIPE : LA RENCONTRE DES VOLONTÉS

En principe, le contrat se forme au moment de la rencontre de l'offre et de l'acceptation. Plus précisément, puisqu'il y a un décalage chronologique entre l'offre et l'acceptation, c'est l'acceptation qui forme définiti-

1. En particulier, l'offrant ne peut plus rétracter son offre dès lors que celle-ci à été acceptée, sauf à démontrer une erreur matérielle excusable. V. ainsi Civ. 3e, 8 juin 2010, n° 09-66495; *RDC* 2011/1, 25, obs. É. Savaux; *LEDC* sept. 2010, 2, obs. O. Deshayes : «ayant souverainement retenu qu'il résultait des termes de la lettre du 2 janvier 2006 de la société Sedalau, dans laquelle elle demandait à la société Urbania, agent immobilier, de prévenir l'acheteur de l'annulation de son offre de vente, qu'elle avait été informée par cette dernière de ce que son offre du 29 décembre 2005, confirmée le 30 décembre 2005 avait été acceptée, que l'erreur sur le prix prétendument commise par la société Sedalau était inexcusable dès lors que ce prix avait été confirmé, en des termes très clairs, excluant toute équivoque, par la télécopie du 30 décembre 2005, que la vente s'étant formée dès l'acceptation par M. et Mme X... de cette offre, la société Sedalau ne pouvait plus ultérieurement rétracter son offre au prétexte d'une erreur matérielle sur le prix, la cour d'appel, sans dénaturation, a pu en déduire que la vente était parfaite».

2. V. les règles d'application de la loi dans le temps en matière contractuelle : la loi en vigueur au moment de la formation du contrat en détermine les conditions de validité et survit en principe malgré l'adoption d'une loi nouvelle.

vement et irrévocablement le contrat. Le contrat ne peut dès lors plus être modifié ou révoqué unilatéralement par l'offrant ou par l'acceptant.

2. LES DIFFICULTÉS D'APPLICATION DU PRINCIPE : LES CONTRATS ENTRE ABSENTS

La question des contrats entre absents se pose en présence d'un décalage entre le moment où l'un des contractants émet sa volonté et le moment où l'autre prend connaissance de celle-ci. En pratique, elle suppose donc que offrant et acceptant ne se trouvent pas au même endroit [1] et l'hypothèse la plus courante est le cas où ils correspondent par courrier (contrat par correspondance). Il s'agit alors de déterminer à quel moment un consentement doit être considéré comme définitif au sens où il ne peut plus être rétracté.

Deux solutions peuvent être envisagées : on peut décider que le contrat est formé soit lorsque le destinataire de l'offre déclare l'accepter (système de la déclaration), c'est-à-dire extériorise son intention de contracter, soit lorsque son acceptation est parvenue à la connaissance de l'offrant qui en a donc été informé (système de l'information). En réalité, les dates de déclaration et d'information étant en pratique difficiles à connaître (à quel moment l'acceptant a-t-il rédigé sa lettre ? à quel moment l'offrant l'a-t-il ouverte et lue ?), on facilite leur preuve en y substituant le choix entre la date d'expédition de la lettre (système de l'expédition ou de l'émission) et celle où l'offrant a reçu celle-ci (système de la réception) qui sont plus faciles à déterminer (le cachet de la poste faisant foi).

Suffit-il, pour qu'il y ait rencontre des volontés et donc conclusion du contrat, que chacune des parties ait émis son consentement, ou faut-il en outre que chacune d'elle ait connaissance de l'accord de l'autre ? La Cour de cassation a reconnu en la matière un pouvoir souverain d'appréciation aux juges du fond rendant difficile toute analyse. Elle a parfois semblé vouloir poser le principe de l'émission [2] et parfois au contraire le système de la réception [3].

1. L'inverse n'est pas vrai : offrant et acceptant peuvent n'être pas au même lieu sans que la question des contrats entre absents ne se pose, par exemple s'ils émettent leurs consentements par téléphone.

2. Ainsi, dans un arrêt du 7 janv. 1981 (n° 79-13499), la Chambre commerciale énonce que « faute de stipulation contraire, l'acte du 10 juin 1975 était destiné à devenir parfait, non pas par la réception par la Sté l'Aigle de l'acceptation de la Sté Comase, mais par l'émission par celle-ci de cette acceptation ».

3. Civ. 3e, 16 juin 2011, n° 09-72679 ; *D.* 2011, 2260, obs. N. Dissaux ; *D.* 2012, 459 et s., obs. S. Amrani Mekki et M. Mekki ; *JCP G* 2011, 1016, n° 39, note Y.-M. Serinet, qui censure une cour d'appel qui avait jugé la vente parfaite au motif qu'en l'absence de stipulation contraire, une convention est destinée à devenir parfaite non par la réception par le pollicitant de l'acceptation de l'autre

En réalité, la question ne se pose pas dans les mêmes termes selon qu'il s'agit de l'offrant ou de l'acceptant. Dans les deux cas, il faut se régler sur les attentes légitimes des contractants qui ont un rôle déterminant à jouer dans le caractère obligatoire des promesses.

L'offrant devrait ainsi pouvoir rétracter son offre tant que l'acceptation n'a pas été émise (à la condition bien sûr que l'offre soit sans délai, sinon l'offrant a l'obligation de maintenir son offre jusqu'à l'expiration de celui-ci) : le système retenu devrait donc être celui de l'émission. En effet, une fois que l'acceptant a émis son consentement, il doit pouvoir compter sur la formation du contrat et être à l'abri des rétractations de l'offrant. Sauf si ce dernier l'a prévenu, par exemple, de ce qu'il lançait plusieurs offres en même temps : les destinataires doivent alors s'attendre à ce que la première acceptation arrivée à la connaissance de l'offrant forme le contrat.

L'acceptant en revanche devrait pouvoir rétracter son acceptation tant que l'offrant ne l'a pas reçue, si bien par exemple qu'un télégramme ou une télécopie devrait valablement pouvoir revenir sur un consentement émis dans une précédente lettre non encore reçue par l'offrant : ce serait ainsi admettre plutôt le système de la réception. En effet, tant que l'offrant n'a pas eu connaissance de l'acceptation, il n'a pas pu légitimement compter sur la formation du contrat.

3. LES EXCEPTIONS AU PRINCIPE

a) Les contrats non consensuels ou contrats formels. — Parfois, le seul échange des consentements ne suffit pas à former le contrat. Il en est ainsi dans les contrats formels, qu'ils soient solennels ou réels. Le contrat nécessite, pour être conclu, l'accomplissement d'une solennité ou encore la remise d'une chose en sus de l'accord des parties. C'est alors la date d'exécution de ces formalités et non pas celle de l'échange des consentements qui marque la formation du contrat.

b) Les contrats de consommation. — Le droit de la consommation a développé des mécanismes destinés à protéger le consommateur contre les méthodes de marketing agressives. Le consentement de ce dernier est

partie mais par l'émission par celle-ci de l'acceptation ; selon la Cour de cassation « en statuant ainsi alors que la formation du contrat était subordonnée à la connaissance de l'acceptation de l'offre par le pollicitant et qu'elle avait constaté qu'à la date de la notification des offres rectificatives, la réponse du preneur sur les offres initiales n'était pas parvenue au propriétaire », la Cour d'appel a violé l'article L. 412-8 du code rural. Le particularisme de ce visa pourrait atténuer la portée de la solution.

suspect, et on s'assure de toutes parts qu'il ne regrettera pas son acte de consommation.

Sont ainsi créés des délais de réflexion : le consommateur ne peut pas contracter, c'est-à-dire manifester son acceptation, avant un certain délai (pas trop long pour ne pas trop peser sur le professionnel, pas trop court, pour permettre au consommateur de réfléchir : cela donne en général souvent sept jours, afin qu'il y ait une fin de semaine où on peut espérer que la réflexion du consommateur sera plus sereine).

Il y a surtout des délais de rétractation, qui sont cette fois-ci une dérogation expresse à la règle de l'article 1134, alinéa 1er du Code civil. Le consommateur qui a manifesté sa décision de conclure le contrat va pouvoir rétracter son consentement et se retirer unilatéralement et discrétionnairement du contrat, l'accord précédemment intervenu étant ainsi annihilé[1]. La mise en œuvre de la protection légale est facilitée par la remise de formulaires détachables et par le fait que le vendeur ne peut recevoir aucune somme avant l'expiration du délai prévu[2]. Un tel mécanisme existe, en dehors du droit de la consommation, pour certains contrats importants comme le contrat d'assurance-vie[3]. La Cour de cassation a en outre jugé que l'une des parties pouvait renoncer à sa renonciation[4].

Une connaissance basique de la psychologie humaine montre que les délais de rétractation sont plus efficaces qu'un délai de réflexion : on comprend mieux un acte et ses conséquences une fois qu'il est accompli. L'être humain apparaît ainsi plus apte à regretter qu'à réfléchir. Dans tous les cas, il existe une façon de contourner ces dispositions : « l'antidatage ».

c) Les clauses de dédit. — Le droit commun des contrats prévoit également une possibilité pour les parties de se rétracter, mais cette fois-

1. L'exercice de son droit de rétractation entraînant l'anéantissement du contrat, son auteur ne peut valablement, après avoir renoncé à acquérir, se repentir et accepter à nouveau d'acquérir avant l'expiration du délai légal de rétractation (le litige était né de ce que, changeant encore d'avis, il n'avait pas voulu réitérer la vente par acte authentique) : Civ. 3e, 13 févr. 2008, n° 06-20334; *RTD civ.* 2008, 293 obs. B. Fages; *RLDC* 2008, n° 2935, obs. C. Le Gallou.

2. V. la loi du 22 déc. 1972 sur le démarchage à domicile, la loi du 6 janv. 1988 sur le téléachat (par téléphone ou Minitel), ou la loi Neiertz du 31 déc. 1989 concernant l'acquisition d'un immeuble neuf d'habitation.

3. V. l'art. L. 132-5-1 du Code des assurances : « Toute personne physique qui a signé une proposition ou un contrat d'assurance sur la vie ou de capitalisation a la faculté d'y renoncer par lettre recommandée avec demande d'avis de réception pendant le délai de trente jours calendaires révolus à compter du moment où elle est informée que le contrat est conclu ».

4. Civ. 2e, 25 févr. 2010, n° 09-11352; *RDC* 2010/3, 838, obs. Y.M. Laithier, qui juge « que le souscripteur d'un contrat d'assurance sur la vie, qui a exercé son droit de renonciation au contrat en application de l'article susvisé, peut y renoncer en poursuivant l'exécution du contrat ».

ci de façon onéreuse : c'est ce qu'on appelle la faculté de dédit. Le mécanisme est prévu pour la vente par l'article 1590 du Code civil selon lequel « si la promesse de vendre a été faite avec des arrhes, chacun des contractants est maître de s'en départir, celui qui les a données en les perdant et celui qui les a reçues en restituant le double ». Les "arrhes" sont la somme d'argent perdue par la partie qui décide d'user de sa faculté de dédit. La faculté de dédit existe dans d'autres contrats que la vente. Par exemple dans des contrats de réservation d'hôtel, il est fréquent que le client ait à verser des arrhes en garantie de son engagement.

La faculté de dédit ne doit pas être confondue avec les acomptes, définis comme un paiement partiel qui sera ultérieurement imputé sur le montant de la dette ; le contrat est alors définitivement formé si bien que le solde reste dû et peut être réclamé. Les acomptes sont donc un type de provision, ce dernier terme, plus général et synonyme d'avance, visant toute somme à valoir sur la somme qui sera définitivement due.

La faculté de dédit suppose également qu'un contrat ait été conclu, et même plus précisément qu'un engagement ait été pris par celui qui verse des arrhes. Pour cette raison par exemple, seul le bénéficiaire d'une promesse synallagmatique de vente peut prévoir à son profit une faculté de dédit. En effet, le bénéficiaire d'une promesse unilatérale de vente n'est point engagé et n'a donc nullement besoin de payer des arrhes en compensation de sa liberté de se dédire. Sont souvent prévues cependant dans les promesses de vente, en particulier en matière de vente immobilière, des indemnités d'immobilisation : il s'agit alors d'une indemnité versée par le bénéficiaire de la promesse pour compenser le fait que, pendant le temps laissé à la réflexion, le bien est immobilisé dans le patrimoine du promettant. En général, elle est versée dès la promesse de vente et viendra en déduction du prix en cas de levée de l'option ; elle sera au contraire perdue si l'option n'est pas levée.

La clause stipulant une indemnité de dédit ne s'analyse pas en une clause pénale ayant pour objet de faire assurer par l'une des parties l'exécution de son obligation et exclut dès lors le pouvoir du juge de diminuer ou supprimer l'indemnité convenue prévu à l'article 1152 alinéa 2 du Code civil[1].

1. « En statuant ainsi alors que la clause stipulant une indemnité de dédit ne s'analysait pas en une clause pénale ayant pour objet de faire assurer par l'une des parties l'exécution de son obligation mais en une faculté de dédit permettant à la société Unicoop de se soustraire à cette exécution et excluant le pouvoir du juge de diminuer ou supprimer l'indemnité convenue » : Com., 18 janv. 2011, n° 09-16863 ; *RTD civ.* 2001, 122, obs. B. Fages ; *RDC* 2011/3, 812, obs. É. Savaux.

2 | Le lieu de formation du contrat

Le lieu de la formation du contrat peut parfois être discuté, notamment dans les contrats entre absents, c'est-à-dire lorsque offrant et acceptant ne se trouvent pas au même endroit au moment de l'émission de leurs consentements. La question du lieu peut alors éventuellement se cumuler avec celle de la date du contrat.

Le lieu de la formation du contrat présente certes peu d'intérêt au regard du droit français. En droit interne, en effet, compte tenu de l'unité du droit des contrats sur tout le territoire, peu importe le lieu où le contrat a été conclu. Certaines règles de compétence juridictionnelle peuvent toutefois dépendre du lieu de conclusion du contrat : ainsi, en droit du travail, le salarié peut toujours saisir le conseil de prud'hommes du lieu où le contrat s'est formé (art. R. 1412-1 C. trav.) ; et lorsque le contrat s'est conclu par téléphone, le lieu retenu sera le domicile du salarié[1]. La question a plus d'intérêt en droit international privé ; en effet, la forme d'un acte est en principe régie par la loi du lieu où celui-ci a été fait (*locus regit actum*).

Là encore, un pouvoir souverain d'appréciation a été reconnu aux juges du fond.

ÉTAT DES QUESTIONS

BIBLIOGRAPHIE

Sur la formation du contrat : O. Penin, *La distinction de la formation et de l'exécution du contrat. Contribution à l'étude du contrat acte de prévision*, th. Paris II, 2010, dir. Y. Lequette, qui montre la modernité et les potentialités de la distinction entre formation et exécution du contrat même si celle-ci doit parfois être atténuée ; Ch. Atias, La constitution des actes juridiques, *D.* 2008, chron., 743 ; A. Laude, *La reconnaissance par le juge de l'existence d'un contrat*, PUAM, 1992, préf. J. Mestre ; Ch. Jamin, Pour en finir avec la formation du contrat, *LPA* 6 mai 1998, 25.

1. Soc., 11 juil. 2002, n° 00-44197 : « Appréciant la valeur et la portée des éléments de fait et de preuve soumis à leur examen, les juges du fond ont relevé que l'engagement avait été contracté par téléphone et que c'était au domicile du salarié, à Cherbourg, que celui-ci avait accepté l'offre d'emploi qui lui avait été faite ; qu'en l'état de ces constatations, la cour d'appel a exactement décidé [...] que le conseil de prud'hommes de Cherbourg, lieu où l'engagement a été contracté, était compétent. »

Sur l'échange des consentements : J.-L. Aubert, *Notions et rôles de l'offre et de l'acceptation dans la formation du contrat*, LGDJ, « Bibl. dr. privé », 1970, préf. J. Flour ; M. Fontaine, Offre et acceptation, approche dépassée du processus de formation des contrats, in *Mélanges P. Van Ommeslaghe*, Bruylant, 2001, 115 ; M.-A. Frison-Roche, Remarques sur la distinction entre la volonté et le consentement, *RTD civ.* 1995, 573 ; Unilatéralité et consentement, in *L'unilatéralisme et le droit des obligations*, dir. Ch. Jamin et D. Mazeaud, Economica, 1999, 21 ; J. Mestre, Le consentement du professionnel contractant dans la jurisprudence contemporaine, in *Mélanges A. Breton et F. Derrida*, Dalloz, 1991, 249.

Sur le consentement en matière médicale : S. Porchy, *Volonté du malade et responsabilité du médecin*, th. Lyon III, 1994 ; L. Guignard, Les ambiguïtés du consentement à l'acte médical en droit civil, *RRJ* 2000-1, 45 ; N. Maziau, Le consentement dans le champ de l'éthique biomédicale française, *Rev. dr. san. soc.* 1999, 469 ; D. Thouvenin, Le rôle du consentement dans la pratique médicale, *Médecine et Droit*, n° 6, mai-juin 1994, 57.

Sur les règles dérogeant au processus normal de formation du contrat : S. Mirabail, *La rétractation en droit privé français*, LGDJ, « Bibl. dr. privé », 1997, préf. J.-P. Marty ; H. Eidenmüller, Why Withdrawal Rights ?, *ERCL* 2012, 1 ; L. Bernardeau, Le droit de rétractation du consommateur, un pas vers une doctrine d'ensemble. À propos de l'arrêt CJCE, 22 avr. 1999, *JCP G* 2000, I, 218 ; V. Christianos, Délai de réflexion ; théorie juridique et efficacité de la protection des consommateurs, *D.* 1993, chron., 28 ; R. Baillod, Le droit de repentir, *RTD civ.* 1984, 227 ; D. Ferrier, Les dispositions d'ordre public visant à préserver la réflexion des contractants, *D.* 1980, chron., 177. Plus largement, N. Chardin, *Le contrat de consommation de crédit et l'autonomie de la volonté*, LGDJ, « Bibl. dr. privé », 1988, préf. J.-L. Aubert.

Sur la nécessité de maintenir l'offre pendant un délai raisonnable : M. El-Bey, *L'obligation de maintenir la volonté déclarée et la responsabilité précontractuelle*, th. Clermont-Ferrand, 1981 ; J. Mestre, Du maintien de l'offre pendant un délai raisonnable, *RTD civ.* 1993, 343 ; Y. Loussouarn, Détermination du délai raisonnable pendant lequel l'offre de contracter doit être maintenue, *RTD civ.* 1972, 773. Sur l'appréciation du « raisonnable », G. Khairallah, Variété : le « raisonnable » en droit privé français, développements récents, *RTD civ.* 1984, 439.

Sur l'offre publique : Vialard, L'offre publique de contracter, *RTD civ.* 1971, 750.

Sur le décès de l'offrant : G. Christandl, The "dying" offer Rule in European Contract Law, *ERCL* 2012, 463 ; M. Béhar-Touchais, *Le décès du contractant*, Economica, 1988, préf. G. Champenois.

Sur le mécanisme du dédit : Redouin, *Les arrhes en droit français*, th. Paris, 1935 ; L. Boyer, La clause de dédit, in *Études P. Raynaud*, Dalloz, 1985, 41 ; A. Triclin, La renaissance des arrhes (analyse de l'art. 3, al. 4 de la loi n° 92-60 du 18 janv. 1992), *JCP G* 1994, I, 3732.

Sur les contrats entre absents : L. Gryndbaum, Contrats entre absents : les charmes évanescents de la théorie de l'émission de l'acceptation, *D.* 2003, 1706.

Sur le droit communautaire : R. Schulze, Des principes de la conclusion du contrat dans l'acquis communautaire, *RID comp.* 4/2005, 877.

THÉORIE JURIDIQUE

a) La nature juridique de l'offre : acte juridique ou fait juridique ? — Selon un auteur (J.-L. Aubert, *Notions et rôles de l'offre et de l'acceptation dans la formation du contrat*,

LGDJ, « Bibl. dr. privé », 1970, préf. J. Flour; J. Flour, J.-L. Aubert et É. Savaux, *Les obligations*, 1 : *L'acte juridique*, Armand Colin, « U »), il faudrait distinguer selon que l'offre est ou non à personne déterminée et qu'elle contient ou non un délai : la pollicitation serait une proposition précise faite à personne déterminée pour un délai déterminé (« une proposition de passer un contrat nettement défini, à des conditions précises, faite à personne(s) déterminée(s) pour un laps de temps déterminé ou déterminable »), et elle aurait la nature d'un acte juridique et serait dès lors obligatoire; une offre en revanche serait dépourvue de l'une de ces précisions (notamment quant au délai ou quant au destinataire) et serait un simple fait juridique. Cette distinction peut être discutée dans la mesure où, même faite sans délai ou à personne indéterminée, une offre est une proposition de contracter, c'est-à-dire l'expression d'une volonté destinée à produire des effets de droit, ce qui est la définition de l'acte juridique (par opposition au simple fait juridique, qui se produit en dehors d'une volonté de conduire à des effets de droit, même s'il entraîne de fait des conséquences juridiques). Toutes les propositions de contracter sont donc des actes juridiques. En outre, un acte juridique n'est pas nécessairement obligatoire; ainsi, seuls certains actes juridiques unilatéraux sont des engagements unilatéraux de volonté : ceux qui contiennent des engagements ou des promesses.

b) La distinction entre l'offre et la promesse. — On devrait distinguer plus nettement offre et promesse : l'offre, en tant que proposition de contracter, ne lie son auteur que si elle est acceptée, alors que la promesse doit être respectée dès qu'elle est formulée. Le droit français ne raisonne pas tellement en termes de promesses, à la différence de la *Common Law.* Le § 2 (1) du *Restatement (second) of Contracts* (1979) énonce ainsi qu'une promesse est une manifestation de volonté d'agir ou de s'abstenir d'une certaine façon, faite de telle sorte que le destinataire de l'offre comprenne qu'un engagement a été pris (« *a manifestation of intention to act or refrain from acting in a specified way, so made as to justify a promisee in understanding that a commitment has been made* »). On pourrait en déduire plus facilement les sanctions de la rétractation de l'offre, et ce afin d'établir une certaine hiérarchie des sanctions selon les étapes de la formation du contrat (sur cet objectif, D. Mazeaud, Mystères et paradoxes de la période précontractuelle, art. préc. 650 et s.).

c) La notion de consentement. — Le consentement est en principe une manifestation unilatérale de volonté : c'est en ce sens que l'article 1108 requiert le consentement de la partie qui s'oblige. Le consentement est cependant parfois assimilé à la rencontre des deux volontés. Demolombe, *Cours de Code Napoléon*, t. 24, n° 45 : « Le consentement est le concours de deux ou de plusieurs volontés dans un même but juridique [...] le *consentement*, c'est, en effet, la *convention* elle-même ! C'est le rendez-vous où se rencontrent [...] les deux volontés dont le concours forme le contrat. » Mais Demolombe ajoute immédiatement après que, bien que l'article 1108 semble n'exiger que le consentement « de la partie qui s'oblige », « il est manifeste que la convention ne peut se former que par le consentement de toutes les parties qui y figurent, non seulement de celle qui s'oblige, mais encore de celle envers laquelle l'obligation est contractée ».

d) La volonté. — En droit français, ce qui compte c'est la volonté interne du contractant, son adhésion intime et psychologique au contrat, et l'extériorisation de cette volonté n'a de valeur qu'autant qu'elle rend compte de la volonté intime. En droit allemand au contraire, la volonté exprimée (la déclaration de volonté) prend le pas sur la volonté interne.

Sur la déclaration de volonté : F. Limbach, *Le consentement contractuel à l'épreuve des conditions générales des contrats. De l'utilité du concept de la déclaration de volonté*, LGDJ, « Bibl. dr. privé », 2004, préf. Cl. Witz. V. aussi les classiques : R. Saleilles, La déclaration de volonté, *RTD civ.* 1902, 545 ; *De la déclaration de volonté, Contribution à l'étude de l'acte juridique dans le Code civil allemand*, LGDJ, 1929 ; J. Chabas, De la déclaration de volonté en droit civil français, th. Paris, 1931 ; Rieg, *Le rôle de la volonté dans l'acte juridique en droit civil français et allemand*, th. Strasbourg, 1959 ; J. Boulanger, Volonté réelle et volonté déclarée, in *Liber amicorum Baron Fredericq*, 1965 ; M. Hauriou et G. de Bezin, La déclaration de volonté dans le droit administratif français, *RTD civ.* 1903, 543 ; R. Popesco-Ramniceano, Le silence créateur d'obligations et l'abus de droit, *RTD civ.* 1930, 999. Sur la différence entre consentement et volonté, M.-A. Frison-Roche, Distinction de la volonté et du consentement, *RTD civ.* 1995, 373. *Adde* Ph. Coppens, Sur l'intention et la volonté dans les contrats, in *Mélanges M. Fontaine*, 2003, Larcier, 83.

Le droit exige parfois de certaines manifestations de volonté qu'elles soient expresses. Art. 1202 C. civ. : « La solidarité ne se présume point ; il faut qu'elle soit expressément stipulée. » Ou à tout le moins « formelles ». Art. 621 : « La vente de la chose sujette à usufruit ne fait aucun changement dans le droit de l'usufruitier ; il continue de jouir de son usufruit s'il n'y a pas formellement renoncé. » Parfois au contraire, le droit va se contenter d'une fiction de volonté. P. Godé, *Volonté et manifestations tacites*, PUF, 1977, préf. J. Patarin ; P. Diener, *Le silence et le droit*, th. Bordeaux, 1975 ; M.-J. Littmann, *Le silence et la formation du contrat*, th. Strasbourg, 1969. *Adde* les « conventions » (on n'a pas osé dire « contrat », tant y manquait la volonté ?) d'assistance, qui sont plutôt des quasi-contrats.

J. Hauser, *Objectivisme et subjectivisme dans l'acte juridique*, LGDJ, « Bibl. dr. privé », 1971, préf. P. Raynaud ; P. Hébraud, Rôle respectif de la volonté et des éléments objectifs dans les actes juridiques, in *Mélanges J. Maury*, t. 2, 419.

e) Le champ contractuel. — Le champ contractuel vise l'ensemble des éléments que les parties ont entendu inclure dans le domaine de leur accord. La notion est utilisée lorsqu'il s'agit de déterminer si un élément litigieux – par exemple une obligation – a bien été convenu entre les parties. Certains éléments sont en effet par nature en dehors du champ contractuel, c'est-à-dire extérieurs à ce qui est en principe régi par le contrat ; les parties peuvent alors toujours les y inclure, mais il faut démontrer qu'elles se sont expressément accordées sur cette inclusion dans le champ contractuel. Dans une espèce, des locataires qui, pour des raisons religieuses, ne pouvaient utiliser un système électrique de digicode certains jours, ont cherché à obtenir la condamnation du bailleur à la pose d'une serrure mécanique ; la cour d'appel avait fait droit à cette demande, au nom de la liberté de culte garantie par la Constitution et des textes supranationaux et aussi de l'obligation d'exécuter les contrats de bonne foi ; la Cour de cassation censure fort opportunément cette décision au motif « que les pratiques dictées par les convictions religieuses des preneurs n'entrent pas, sauf convention expresse, dans le champ contractuel du bail et ne font naître à la charge du bailleur aucune obligation spécifique » (Civ. 3e, 18 déc. 2002, n° 01-00519 ; *RTD civ.* 2003, 290, obs. J. Mestre et B. Fages ; *ibid.*, 383, obs. J.-P. Marguénaud ; *ibid.*, 575, obs. R. Libchaber). Les mêmes principes se retrouvent en matière d'erreur puisque, en principe, l'erreur sur les mobiles (c'est-à-dire les raisons de contracter extérieures au contrat), ne peut être invoquée pour obtenir l'annulation du contrat, sauf si les parties se sont accordées pour faire entrer ceux-ci dans le champ contractuel. Ces solutions s'expliquent par l'idée de sécurité juridique : un contractant n'est pas censé connaître les mobiles et autres particularités propres à l'autre partie, qui sont par nature extérieurs à leur accord ; dès lors, il serait injuste de lui imposer des obligations ou des contraintes qu'il n'a pas pu prévoir car elles sont totalement étrangères à la nature des obligations stipulées (elles n'en sont pas une suite « naturelle » au sens de l'article 1135 lequel permet d'accroître le contenu obligationnel du contrat en dehors des prévisions des parties) ; la solution peut en revanche être inversée lorsque le contractant a été averti de ces particularités propres à l'autre partie et qu'il a accepté de les prendre en considération, c'est-à-dire de les faire entrer dans le champ contractuel. La notion de « champ contractuel » prend ainsi en considération la volonté des contractants, mais seulement dans la mesure où elle a pu être portée à la connaissance de l'autre : elle se réfère ainsi plutôt aux attentes légitimes des parties.

f) L'effet obligatoire de l'information. — Pour plus de développements, v. notre thèse : *De l'obligation d'information. Essai d'une théorie*, LGDJ, 1992, préf. J. Ghestin, n°s 637 et s. Dans certaines hypothèses, la sanction de l'inexécution d'une obligation précontractuelle d'information par l'annulation du contrat ou même par des dommages-intérêts n'apparaît pas comme une solution adéquate ni efficace. Il en est ainsi, en particulier, lorsque la réticence du débiteur n'a pas été totale, c'est-à-dire qu'une information a bien été transmise, mais qu'elle est erronée ou même seulement incomplète, si bien que le créancier a tout de même été victime d'une mauvaise information.

Si l'information transmise est à l'avantage du créancier de l'obligation d'information et a eu une incidence sur son consentement, par exemple sur sa décision de conclure un contrat, celui qui a reçu une information inexacte préfère parfois maintenir les relations contractuelles tout en étant peu satisfait par l'allocation de dommages-intérêts. Il se peut ainsi que la sanction la plus appropriée consiste à faire comme si l'information donnée était entrée dans le champ contractuel en tant qu'obligation devant être exécutée par le débiteur de l'obligation d'information. Par hypothèse, l'information transmise ne correspond pas à la réalité. La réparation proposée consiste alors, plutôt que de sanctionner la transmission d'une information non conforme à la réalité, de faire en sorte que la réalité soit conforme à l'information transmise et qui était favorable à son destinataire. La jurisprudence en donne plusieurs exemples. Et elle devrait l'utiliser pour soutenir la force obligatoire des promesses en lesquelles le destinataire a pu légitimement croire, au lieu d'aider la partie forte à s'en délier.

Deux conditions principales doivent être remplies pour qu'une information transmise puisse ainsi acquérir une force obligatoire, c'est-à-dire jouer un rôle positif sur le contenu du contrat par un élargissement du champ contractuel : d'une part, le créancier devait pouvoir légitimement s'attendre à ce que l'information soit entrée dans le champ contractuel et, d'autre part, le débiteur devait avoir les moyens d'influer sur l'existence de l'information, et donc de la qualité promise. Deux sortes d'effets obligatoires sont envisageables : en premier lieu, l'information peut avoir un effet sur le contenu obligatoire du contrat et entraîner ainsi un élargissement du champ contractuel ; en second lieu, elle peut avoir un effet sur la définition même du contrat, auquel cas il y aura lieu à une extension de la notion de document contractuel.

On trouve trace d'un tel mécanisme de l'effet obligatoire de l'information dans la jurisprudence, que d'autres auteurs ont rattaché directement à la théorie de l'apparence (En ce sens, G. Viney, obs. sous Civ. 2e, 11 févr. 1998, *JCP G* 1998, I, n° 185 ; A. Danis-Fatôme (auteur d'une thèse sur *Apparence et contrat*, LGDJ, Bibl. dr. privé, 2004, préf. G. Viney), « Quasi-engagement et apparence : proximité ou identité ? (Dialogue entre deux œuvres de jeunesse) », *RDC* 2009/1, 32), ou pour lequel ils ont proposé le terme nouveau de quasi-engagement (C. Grimaldi, *Quasi-engagement et engagement en droit privé*, Defrénois, 2007, préf. Y. Lequette). V. *infra*.

g) Prendre les déclarations d'intention au mot. — Les entreprises, en particulier des sociétés mères, produisent parfois des lettres d'intention au soutien de leurs filiales, afin d'augmenter le crédit de celles-ci auprès des tiers. Elle est désormais prévue dans le Code civil qui dispose, à l'article 2322, que « La lettre d'intention est l'engagement de faire ou de ne pas faire ayant pour objet le soutien apporté à un débiteur dans l'exécution de son obligation envers son créancier », et qui la qualifie expressément de sûreté. Le jeu est alors de rédiger cette lettre de telle façon qu'elle suscite la confiance légitime des tiers tout en s'engageant juridiquement le moins possible. L'interprétation, et notamment la portée de l'engagement de soutien pris (par exemple obligation de moyens ou obligation de résultat) dépend des termes précis utilisés par leur rédacteur. Car les formules les plus floues sont utilisées comme par exemple l'engagement « de faire le nécessaire ». V. Com., 26 févr. 2002, *JCP E* 2002, 918, note D. Legeais, et 2003, 852, obs. Ph. Simler ; *Bull. Joly* mai 2002, 608, note J.-F. Barbiéri ; *D.* 2002, 3331, obs. L. Aynès ; Com., 9 juil. 2002 ; *D.* 2002, somm., 3332, obs. L. Aynès ; *Defrénois* 2002, art. 37644, n° 93, obs. R. Libchaber ; *D.* 2003, 545, note B. Dondero ; *JCP E* 2002, 1914, note J. François ; Com., 11 janv. 2005, *JCP E* 2005, 1860, n° 11, obs. Ph. Simler ; *Dr. sociétés* 2005, comm. 5, F.-G. Trébulle ; Com., 19 avr. 2005, *JCP G* 2005, I, 185, obs. Ph. Simler ; *RTD com.* 2006, 129, obs. P. Le Cannu. Ces termes sont également révélateurs de la portée de la croyance légitime du créancier. En effet, là encore, suivant la ligne indiquée précédent sur l'effet obligatoire des informations données (v. § précédent), lorsque des engagements ont suscité une confiance légitime chez un tiers et que son auteur peut faire en sorte que la promesse soit remplie, ils doivent avoir une valeur juridique et, plus précisément, valoir engagement. "Donner et retenir ne vaut", et vouloir faire croire à un soutien sans vouloir soutenir effectivement est un jeu qui a ses limites : toutes les fois qu'une croyance légitime est fautivement suscitée, le droit doit prendre au mot l'auteur de ces promesses fallacieuses. La Cour de cassation approuve ainsi souvent les juges d'avoir retenu qu'une obligation de "faire le nécessaire" doit s'entendre d'une obligation de résultats. V. ainsi Com., 19 janv. 2010, n° 09-14438 : « qu'ayant retenu que la société NP s'était obligée à faire le nécessaire pour que sa filiale dispose d'une trésorerie suffisante lui permettant de faire face à son obligation de remboursement du prêt, qui s'analysait en une obligation de résultat, et relevé qu'elle ne rapportait pas la preuve du consentement de la banque à transformer l'obligation de résultat qu'elle exigeait en une simple obligation de moyens, c'est sans méconnaître les conséquences légales de ses constatations » que la cour d'appel a obligé la société à tenir sa promesse. Sur les lettres d'intention, v. not. D. Legeais, *JurisClasseur Banque-Crédit-Bourse*, fasc. 741 : lettre d'intention, et la bibliographie citée.

Plus généralement, les entreprises sont aujourd'hui friandes de codes d'éthique ou de bonne conduite (on citera l'article précurseur de G. Farjat, Réflexions sur les codes de conduite privés, in *Le droit des relations économiques internationales*, *Études Berthold*

Godman, Litec, 1982, p. 47), où elles proclament leur responsabilité sociale et environnementale. Plus généralement, on connaît la mode des déclarations d'intention et du *soft law*, droit "mou", "doux", "flou" (M. Delmas-Marty, *Le flou du droit*, PUF, 1986, aujourd'hui en Quadrige) ou "souple" (V. not. P. Deumier, *Introduction générale au droit*, LGDJ, manuel, 2011, p. 37 et s.), permettant de n'être obligé que si on le veut, quand on le veut et comme on le veut. Les juges pourraient cependant y regarder de plus près et prendre au sérieux les engagements pris plus ou moins à la légère. Il faut prendre le droit mou au sérieux (pour paraphraser le livre de Dworkin : *Taking Rights Seriously*, Harvard Univ. Press 1977, trad. fr. *Prendre les droits au sérieux*, PUF, Léviathan, 1995, préf. P. Bouretz), et ne pas le laisser devenir une simple opération de "marketing".

Là encore, par le mécanisme, les juges pourraient donner un effet obligatoire aux informations transmises et aux intentions exprimées. Il s'agit là encore de prendre au mot les belles promesses qui ont pu susciter des attentes légitimes. Dès lors que l'auteur de telles déclarations sur ses bonnes intentions en matière sociale ou environnementale a fait croire à leur respect, il pourrait être obligé de s'y tenir.

Les tribunaux pourraient aussi réactiver la notion d'obligation naturelle. On sait en effet que l'engagement volontaire du débiteur de payer sa dette morale transforme l'obligation naturelle en une obligation juridique exécutoire devant les tribunaux. Selon la formule constante de la Cour de cassation (v. *supra*), «l'engagement unilatéral pris en connaissance de cause d'exécuter une obligation naturelle [transforme] celle-ci en obligation civile» (Civ. 1re, 4 janv. 2005, n° pourvoi : 02-18904; *RTD civ.*, 2005, 397, obs. J. Mestre et B. Fages; Civ. 2e, 9 mai 1988, n° pourvoi : 86-18561). Les exemples abondent dans la jurisprudence et la règle vaut même en cas d'engagement purement oral.

Le droit de la consommation pourrait servir de modèle. En effet, selon l'article 6 de la directive 2005/29/CE du Parlement européen et du Conseil du 11 mai 2005 relative aux pratiques commerciales déloyales des entreprises vis-à-vis des consommateurs dans le marché intérieur, intitulé «actions trompeuses», «une pratique commerciale est également réputée trompeuse si, dans son contexte factuel, compte tenu de toutes ses caractéristiques et des circonstances, elle amène ou est susceptible d'amener le consommateur moyen à prendre une décision commerciale qu'il n'aurait pas prise autrement, et qu'elle implique : [...] b) le non-respect par le professionnel d'engagements contenus dans un code de conduite par lequel il s'est engagé à être lié, dès lors : i) que ces engagements ne sont pas de simples aspirations, mais sont fermes et vérifiables, et ii) que le professionnel indique, dans le cadre d'une pratique commerciale, qu'il est lié par le code». Il est dommage que le Code de la consommation n'ait pas repris cette règle fort judicieuse énoncée dans la directive et qui trouverait très bien à s'appliquer également en matière de promesses écologiques (l'art. L121-1-1 du Code de la consommation prévoit uniquement que «sont réputées trompeuses au sens de l'article L. 121-1 les pratiques commerciales qui ont pour objet : 1° Pour un professionnel, de se prétendre signataire d'un code de conduite alors qu'il ne l'est pas; [...] 3° D'affirmer qu'un code de conduite a reçu l'approbation d'un organisme public ou privé alors que ce n'est pas le cas; [...]».).

Dans toutes ces hypothèses de déclarations de bonnes intentions, leur auteur devrait être juridiquement tenu de s'y conformer lorsque celles-ci ont induit chez leur destinataire une confiance légitime. S'il faut faire une place aujourd'hui au droit mou, c'est-à-dire laisser une marge pour que les personnes puissent faire leur propre droit, il faut leur rappeler néanmoins le «*Tu patere legem quam ipse fecisti*» (subis les conséquences de ta propre loi) (V. encore H. Roland et L. Boyer, *Adages du droit français*, Litec, n° 430).

PRATIQUE JUDICIAIRE

a) Les documents contractuels. — À l'occasion de la conclusion d'un contrat, de nombreux documents extérieurs au contrat lui-même peuvent être montrés ou remis au cocontractant : des documents publicitaires, des factures, des panneaux, des lettres, etc. Lorsque ces documents contiennent des éléments que l'une des parties veut invoquer (une clause de non-responsabilité par exemple, ou au contraire un avantage qui semblait promis), un litige peut s'élever sur leur valeur contractuelle. C'est au juge de déterminer alors si les parties ont entendu faire de ces éléments un élément de leur accord juridiquement obligatoire, en recherchant leur commune intention. Parfois, une des parties a expressément indiqué que tel document, par ex. le dessin d'un immeuble à construire, n'a pas valeur contractuelle. L'autre partie était ainsi prévenue de l'absence d'engagement de l'autre sur ce point si bien qu'en principe, les juges retiendront leur absence de valeur juridique. F. Labarthe, *La notion de document contractuel*, LGDJ, « Bibl. dr. privé », 1994, préf. J. Ghestin. Lorsqu'une partie a fait fallacieusement croire à l'autre qu'un engagement avait valeur contractuelle, et que cette dernière a pu légitimement y croire, les juges doivent valider cet engagement, et en ordonner l'exécution (v. notre thèse, *De l'obligation d'information dans les contrats, essai d'une théorie*, LGDJ, « Bibl. dr. privé », 1992, préf. J. Ghestin, plus précisément n°s 637 et s. sur la théorie de l'effet obligatoire de l'information sur laquelle v. *infra*).

V. ainsi Civ. 1re, 6 mai 2010, n° 08-14461 ; *JCP G* 2010, 922, note F. Labarthe ; *RTD civ.* 2010, 580, obs. P.Y. Gautier ; *Dr. & patr.* 2011, n° 200, 67, obs Ph. Stoffel-Munck ; *RLDI* 2010/61, n° 2022, note J.-M. Trézéguet, qui affirme clairement que « les documents publicitaires peuvent avoir une valeur contractuelle dès lors que, suffisamment précis et détaillés, ils ont eu une influence sur le consentement du cocontractant ».

Les juges peuvent également, sur le fondement de la responsabilité délictuelle, condamner un tiers qui aurait contribué à légitimer l'information fallacieuse : Civ. 2e, 10 juin 2004, n° 02-19600 ; *RTD civ.* 2004, 728, obs. J. Mestre et B. Fages : le vendeur d'un véhicule automobile d'occasion qui s'est avéré ultérieurement inutilisable n'ayant pu être retrouvé, l'acheteur a assigné la société éditant le journal La Centrale des particuliers dans lequel il avait pris connaissance de l'annonce ; la Cour de cassation censure la cour d'appel qui avait débouté l'acheteur de sa demande : « Au regard des documents contractuels, la société, en laissant paraître une annonce comportant des mentions erronées sur le nombre des immatriculations antérieures et désignant un véhicule qui avait été gravement accidenté, avait commis une faute ayant concouru au dommage subi par M. Y... [l'acheteur] ».

La mention « document non contractuel » peut ainsi être écartée par le juge si elle contredit de toute évidence les engagements clairs pris par ailleurs par le contractant. Les juges peuvent cependant en faire application si elle n'est pas contredite par le contexte. V. ainsi Civ. 3e, 17 juil. 1996, n° 94-17810 ; *CCC* 1997, comm. n° 4, L. Leveneur ; *D.* 1997, somm., 342, note O. Tournafond ; Defré*nois* 1996, 1366, note Ph. Delebecque ; *LPA* 1997, n° 128, 13, note D. Martin) : la Cour d'appel avait retenu que si une plaquette publicitaire ne vaut document contractuel que si elle est annexée à l'acte de vente ou visée par celui-ci, il n'en reste pas moins qu'elle constitue la matérialisation du devoir de renseignement requis du vendeur professionnel et qu'en l'espèce, la plaquette distinguait elle-même ce qui n'était pas contractuel, désignant clairement le dessin de la seconde page et donnant par là, a contrario, ce caractère aux spécifications de la première page ;

la Cour de cassation censure cette décision, car « en statuant ainsi, par des motifs qui ne suffisent pas à caractériser la valeur contractuelle du document publicitaire et tout en constatant que l'acquéreur était, par sa qualité de distributeur, averti des risques encourus, la cour d'appel a violé les textes susvisés » (article 1134 du Code civil, ensemble l'article 1184 de ce Code). *Adde*, sur le terrain du dol, mais toujours pour reprocher à la Cour d'appel de ne pas avoir tenu compte de la mention « document non contractuel », Civ. 3e, 21 mars 2001, n° 99-14399 ; *RTD civ.* 2001, 904, obs. P.-Y. Gautier ; *CCC* 2001, comm. 101, L. Leveneur.

Sur la valeur du catalogue : F. Labarthe, La valeur contractuelle du catalogue dans les ventes volontaires de meubles aux enchères publiques, *D.* 2011, chron., 1779. V. not. Civ. 1re, 27 févr. 2007, n° 02-13420 et n° 03-21179 ; *JCP G* 2007, I, 195, n° 6, obs. F. Labarthe ; *D.* 2007, 1632, note P.-Y. Gautier, et 2966, obs. S. Amrani Mekki ; *RTD com.* 2007, 587, obs. B. Bouloc ; *CCC* 2007, n° 146, note L. Leveneur.

b) La convention d'assistance. — Certains cas se sont présentés devant les tribunaux de personnes ayant subi un préjudice en venant porter assistance à autrui de façon bénévole et altruiste. Le premier arrêt repéré a été rendu par la Cour de cassation le 1er déc. 1969 (*JCP G* 1970, II, 16445, note J.-L. Aubert) : à la suite d'une collision entre une voiture et un vélomoteur, ce dernier prit feu ; un homme se trouvant près des lieux porta volontairement assistance au conducteur du vélomoteur et tenta d'éteindre les flammes avec un extincteur mais le réservoir explosa et le sauveteur fut blessé ; or ce dernier ne pouvait pas obtenir réparation sur le fondement de la responsabilité délictuelle car le conducteur du vélomoteur n'avait commis aucune faute ; la cour d'appel caractérisa donc un contrat intervenu entre ce conducteur et son sauveteur qui obligeait le premier à réparer le dommage intervenu ; dans un pourvoi, le conducteur du vélomoteur contestait cette qualification au motif que, inconscient, il n'avait pu donner son consentement à l'acte ; la Cour de cassation rejeta ce moyen au motif que « la cour d'appel n'avait pas à relever le consentement exprès de l'assisté dès lors que, lorsque l'offre est faite dans son intérêt exclusif, son destinataire est présumé l'avoir acceptée ». Un autre exemple jurisprudentiel est assez typique ; il a été jugé par la cour d'appel de Paris le 25 janvier 1995 (*Axa assurances c/ Gorvan et autres, JCP G* 1995, I, 3867, 344). Au cours d'une plongée collective à plus de 50 m, un plongeur fut victime d'un malaise ; l'un de ses compagnons vint lui prêter assistance, mais il fut lui-même victime d'un accident de décompression ; par un arrêt confirmatif du 25 janvier 1985, la cour d'appel de Paris admit que ses dommages soient réparés par l'assureur de la première victime sur le fondement d'une responsabilité contractuelle puisque, « s'agissant de la pratique d'un sport présentant des risques indiscutables, surtout au-delà de 50 m, les membres d'une palanquée de plongeurs s'engagent, implicitement mais nécessairement, à se porter mutuellement un secours, dont l'obligation se fonde sur un devoir moral, voire pénal s'il peut être porté sans danger, et à l'accepter comme gage réciproque de survie dans l'hypothèse même où les circonstances de l'accident rendraient impossible toute manifestation expresse de la volonté de confirmer cette acceptation » ; « il s'est donc bien formé une convention d'assistance entre M. Gorvan, qui au surplus avait la responsabilité de guide de la palanquée, et M. Potulny, dont il ressort du rapport d'expertise qu'il a eu des instants de lucidité suffisants pour accepter la manœuvre de sauvetage par son attitude et même par des signes » ; or cette convention implique, selon les juges du fond, sur le fondement de l'article 1135 Code civil, « l'obligation pour M. Potulny d'assumer les suites que l'équité lui donne ».

Il apparaît pour le moins injuste, pour ne pas dire absurde, de faire dépendre l'indemnisation du sauveteur de la constatation de la lucidité du plongeur sauvé, laquelle permettrait seule de caractériser l'acceptation nécessaire à la formation d'un contrat. Comment sérieusement subordonner l'indemnisation du sauveteur à l'existence de quelques gestes ou signes hasardeux du plongeur sauvé, sans parler de la question de la preuve de ces balbutiements ? Celui qui porte assistance à un plongeur complètement inconscient ne mérite-t-il pas autant de sollicitude ? Conscients de cette injustice, les juges retiennent souvent que l'offre de sauvetage étant faite dans l'intérêt exclusif de son destinataire, le silence du sauvé peut valoir acceptation de la manœuvre. On peut certes admettre qu'il y a intérêt *exclusif* de l'assisté même si, au bout du compte, celui-ci se trouve tenu de réparer le dommage subi par son sauveteur ; en effet, c'est au moment où le sauveteur intervient et où il émet son offre que doit être appréciée celle-ci et, à ce moment, l'assistance intervient dans l'intérêt exclusif de la personne aidée.

La notion d'offre dans l'intérêt exclusif de son destinataire n'est utilisée que pour masquer le fait qu'en réalité, la personne que l'on vient sauver est le plus souvent inconsciente, et qu'il n'y a donc pas véritablement échange des consentements possible. Il est en outre hautement improbable que les protagonistes aient entendu, au moment précis de la manœuvre de sauvetage, entrer dans des relations juridiques. Il n'est donc pas nécessaire de relever le consentement des deux parties, ni *a fortiori* d'en présumer un. C'est l'occasion de répéter que la rencontre de deux volontés ne suffit pas pour faire un contrat : il faut en outre que ces volontés aient pour objet de créer des obligations, des engagements juridiquement exécutoires. Lorsque les parties ne se connaissaient pas avant l'intervention de l'une d'entre elles, il est fort improbable de chercher à caractériser un contrat comme fondement de l'indemnisation du sauveteur laquelle est pourtant opportune. Non seulement les juges doivent ainsi retenir une volonté tacite de l'assisté plus que douteuse, mais ils doivent encore ajouter que le contrat ainsi conclu contient, pour l'assisté, l'obligation « de réparer les dommages subis par celui qui avait prêté bénévolement assistance ». Ils introduisent ainsi de force dans le contrat l'une de ses obligations principales. La jurisprudence continue de façon constante à caractériser de telles conventions d'assistance (Civ. 1re, 27 janv. 1993, n° 91-12131). En réalité, comme l'a montré depuis longtemps la doctrine (J.-L. Aubert, note précitée sous l'arrêt de 1969), la qualification de gestion d'affaires serait sans doute plus opportune. Un auteur propose même de créer un quasi-contrat spécifique pour régler ces questions : A. Montas, *Le quasi-contrat d'assistance. Essai sur le droit maritime comme source de droit*, LGDJ, « Bibl. dr. privé », 2007, préf. Y. Tassel, av.-propos M. Fabre-Magnan. Pour plus de précisions, v. le 2e volume de notre ouvrage : *Les obligations, 2. Responsabilité civile et quasi-contrats*, PUF, « Thémis droit », 2e éd., 2010.

C. Roy-Loustanau, *Du dommage éprouvé en portant assistance bénévole à autrui*, th. Aix, 1980, préf. P. Bonassies ; B. Piganeau, *L'assistance aux personnes en difficulté*, PUF, 1993 ; R. Bout, La convention dite d'assistance, *Études Kayser*, 1979, 157 ; A. Sériaux, L'œuvre prétorienne *in vivo* : l'exemple de la convention d'assistance, *Mélanges Michel Cabrillac*, Litec, 1999, 299 ; J.-F. Rebora, *L'assistance maritime*, PUAM, 2003, préf. P. Bonassies ; S. Beaugendre, *Contrat d'assistance et activité d'assurance*, LGDJ, « Bibl. dr. privé », 2000, préf. F. Collart Dutilleul.

c) Le rôle de l'exécution dans la formation du contrat. — À l'époque où seuls les contrats nommés étaient assortis d'une action, une évolution progressive, que l'on trouve dès Justinien et encore entre le XVe et le XVIIe siècle, consista à accorder une action à celle des parties qui avait déjà exécuté (J.-Ph. Lévy et A. Castaldo, *Histoire du droit civil*, Précis Dalloz, 1re éd., 2002, 763 et s. et 788) : on disait alors qu'il y avait une cause et priver le contractant d'une action aurait conduit à un enrichissement injuste de l'autre qui avait déjà reçu une prestation. Depuis l'avènement du consensualisme, le seul échange des consentements suffit en principe à valider tout type de contrat, nommé ou innomé. Le début d'exécution du contrat n'est donc pas une condition de formation ou de validité du contrat : même si le contrat n'a pas encore commencé à être exécuté, il est formé dès l'échange des consentements, si bien que ce sont les règles d'exécution du contrat qui s'appliquent. V., pour un intéressant exemple en matière de contrat de travail, Soc., 2 févr. 1999, n° 95-45331 ; *Dr. soc.* 1999, obs. F. Favennec. L'employeur, dans son pourvoi, faisait grief à la cour d'appel de l'avoir condamné à payer au salarié diverses indemnités au titre d'un licenciement intervenu avant même que le salarié n'ait commencé à travailler alors que « seule la rupture d'un contrat de travail en cours d'exécution [pourrait] être qualifiée de licenciement ». La Cour de cassation rejette ce pourvoi : « Attendu que la rupture d'un contrat de travail à l'initiative d'un employeur s'analyse en un licenciement ; et attendu qu'ayant relevé que, du fait de leur accord réciproque, les parties étaient liées par un contrat de travail, la cour d'appel a exactement décidé que même si son exécution n'avait pas commencé, la rupture de ce contrat, à l'initiative de l'employeur, caractérisait un licenciement. » *Contra* G. Rouhette, pour qui le contrat n'achève de se former qu'en s'exécutant : Droit de la consommation et théorie générale du contrat, in *Études R. Rodière*, Dalloz, 1981, 247. La convention des parties peut éventuellement subordonner la formation du contrat à son exécution : l'éditeur d'une revue juridique ayant été condamné à publier une note d'arrêt d'abord acceptée puis refusée (Aix, 23 nov. 1970, *JCP G* 1974, II, 17727 *bis*, note F. Derrida, pour une affaire qui le concernait), il inscrivit ensuite sur la revue la clause suivante : « Seule leur publication vaut acceptation définitive des manuscrits. »

d) Les clauses informatives. — J. Pélissier, Clauses informatives et clauses contractuelles du contrat de travail, *Rev. jurispr. soc.* janv. 2004, 3. Certaines clauses du contrat peuvent avoir pour objet, non pas de contenir des obligations mises à la charge de l'une ou l'autre partie, mais d'informer l'une d'elles sur certaines données juridiques : par ex. le vendeur informe le consommateur qu'il a droit à la garantie des vices cachés de la chose achetée, ou l'employeur informe le salarié que l'entreprise relève de telle convention collective. La distinction est parfois malaisée, par ex. lorsque le législateur impose à l'une des parties toute une série d'informations portant sur des éléments essentiels du contrat : date de livraison, lieu d'exécution du travail, etc. (v. directive 14 oct. 1991 relative à l'obligation de l'employeur d'informer le travailleur des conditions applicables au contrat et qui porte sur l'identité des parties, la date de début du contrat, ou la durée des délais de préavis). Les mêmes critères que ceux utilisés de façon générale pour déterminer l'effet obligatoire de l'information (v. *infra*) peuvent être utilisés : lorsque la clause contient en réalité un engagement sur lequel le cocontractant pouvait légitimement compter, le débiteur doit être juridiquement tenu de la respecter : par ex. la clause de salaire qui, même si elle est stipulée sous la forme d'une clause « informant » sur le salaire, a valeur contractuelle (Soc., 26 avr. 2007, n° 05-46016). Il devrait également en être ainsi de la clause indiquant le lieu du travail, dès lors que cette information a déterminé le consentement du salarié de conclure le contrat de travail : en ce sens, J. Pélissier, chron. préc., qui critique justement les deux arrêts rendus par la Ch. soc. le 3 juin 2003 dans lesquels la Haute Juridiction affirme que « la mention du lieu de travail dans le contrat de travail a valeur d'information, à moins qu'il soit stipulé par une clause claire et précise que le salarié exécutera son travail exclusivement dans ce lieu » (la solution a été maintes fois réitérée depuis : Soc., 20 févr. 2007, n° 05-45513).

PRATIQUE JURIDIQUE

a) Les contrats conclus par Internet. — De nombreux contrats sont aujourd'hui conclus sur Internet, et on voit poindre en droit européen l'idée d'un modèle de contrat pour le commerce électronique. Le consommateur qui actionnerait un « bouton bleu » (*blue button*), serait censé accepter la conclusion du contrat.

Bibliographie : P.-Y. Gautier, L'équivalence entre supports électronique et papier, au regard du contrat, in *Études X. Linant de Bellefonds*, Litec, 2007, 195 ; E. Caprioli, Signature et confiance dans les communications électroniques en droits français et européen, *Mélanges Ph. le Tourneau*, Dalloz, 2007 ; M. Mekki, Le formalisme électronique : la « neutralité technique » n'emporte pas « neutralité axiologique », *RDC* 2007/3, 681 ; A. Van Eeckhout, La sécurité juridique dans le secteur des communications électroniques : un principe malmené ?, *RDC* 2007/3, 933 ; C. Castets-Renard, Le formalisme du contrat électronique ou la confiance décrétée, *Defrénois* 2006, art. 38464 ; pour les clauses abusives dans le domaine des communications électroniques, obs. A. Van Eeckhout, *RDC* 2007/2, 515 ; débat *RDC* 2005/2 sur « Le contrat selon la loi du 21 juin 2004 sur la confiance dans l'économie numérique ; C. Hugon, La responsabilité des acteurs de l'internet dans la loi n° 2004-575 du 21 juin 2004 pour la confiance dans l'économie numérique, *CCC* nov. 2004, étude 15 ; Ph.Stoffel-Munck, La réforme des contrats du commerce électronique, *JCP E* 2004, n° 1341 ; J. Devèze, Vive l'article 1322 ! Commentaire critique de l'article 1316-4, *Études P. Catala*, Litec, 2001, 529 ; P. Catala, Le formalisme et les nouvelles technologies, *Defrénois* 2000, art. 37210 ; du même auteur, Écriture électronique et actes juridiques, *Études M. Cabrillac*, Dalloz-Litec, 1999, 91 ; P.-Y. Gautier et X. Linant de Bellefonds, De l'écriture électronique et des signatures qui s'y attachent, *JCP G* 2000, I, 236 ; A. Raynouard, Adaptation du droit de la preuve aux technologies de l'informatique et à la signature électronique, *Defrénois*, 2000, art. 37174 ; D. Ammar, Preuve et vraisemblance. Contribution à l'étude de la preuve technologique, *RTD civ.* 1993, 499 ; P. Leclercq, Évolution et constantes du droit civil ou commercial de la preuve, in *Rapport Cour de cassation*, 1991, 133 ; J. Huet, Formalisme et preuve, informatique et télématique, *JCP G* 1989, I, 3406 ; du même auteur, La modification du droit sous l'influence de l'informatique, *JCP G* 1983, I, 3095 ; H. Croze, Informatique, preuve et sécurité, *D.* 1987, chron., 165 ; B. Amory et Y. Poullet, La preuve face à l'informatique et à la télématique, *RID comp.* 1985, 331.

Pour quelques ouvrages : J. Huet et E. Dreyer, *Droit de la communication numérique*, LGDJ, Manuel, 2011 ; E. Joly-Passant, *L'écrit confronté aux nouvelles technologies*, LGDJ, « Bibl. dr. privé », 2006 ; F. Mas, *La conclusion des contrats du commerce électronique*, LGDJ, « Bibl. dr. privé », 2005, préf. M. Vivant ; J. Huet et H. maisl, *Droit de l'informatique et des télécommunications*, Litec, 1989.

Sur le paiement en ligne : C. Lucas de Leyssac et X. Lacaze, Le paiement en ligne, *JCP G* 2001, I, 302 ; M. Espagnon, Le paiement d'une somme d'argent sur internet, *JCP G* 1999, I, 131.

b) Les pratiques commerciales. — Par souci de faire un geste commercial, certains commerçants acceptent de reprendre la marchandise vendue, contre remboursement ou échange. Se pratique également l'établissement d'un « avoir », c'est-à-dire d'un crédit correspondant au prix de la marchandise restituée, et que le client devra dépenser auprès du même commerçant, en général dans un certain délai fixé : J. Mestre et B. Fages, *RTD civ.* 2002, 100.

c) La vente en libre-service. — Lorsqu'un client prend un article sur un rayon, il devrait en être immédiatement propriétaire, dans la mesure où il y avait offre du magasin et où le fait de prendre l'article constitue une acceptation. Le contrat étant formé, le transfert de propriété devrait dès lors être instantané. Mais la difficulté est que dès lors que le client devient propriétaire, les risques devraient peser sur lui (si par ex. une bouteille lui tombe des mains) ; surtout, il ne pourrait être poursuivi pour vol s'il part sans payer puisque la chose lui appartient ; il n'y aurait donc pas soustraction frauduleuse de la chose d'autrui. La Chambre criminelle juge alors que les parties sont convenues de subordonner le transfert de propriété au paiement du prix. Il en est dès lors de même du transfert des risques et le client n'aura pas davantage à assumer le risque de bris des choses prises avant leur paiement, tout au moins s'il n'en est pas par sa faute à l'origine (même dans ce cas les magasins, par geste commercial, s'abstiennent le plus souvent d'en réclamer un dédommagement, dans la mesure toutefois où l'acte n'est pas intentionnel). La solution est plus logique et permet au client de remettre la chose en rayon tant qu'il ne l'a pas payée. En droit anglais, le transfert des risques a également lieu au moment du passage à la caisse mais pour une autre raison : on considère que c'est l'acheteur qui offre d'acheter et le magasin qui accepte ; cette jurisprudence a été forgée à propos de la vente de produits pharmaceutiques car la loi obligeait le magasin à exercer un certain contrôle sur les conditions de la vente, contrôle qui n'est possible en pratique qu'au moment du passage à la caisse.

d) Les blanc-seings. — Un écrit, même s'il comporte à l'origine un blanc-seing, fait foi des conventions qu'il contient, comme si elles y avaient été inscrites avant la signature, sauf preuve contraire administrée par la partie qui allègue l'abus (Com., 28 févr. 2006, n° 04-17204 ; *RTD civ.* 2006, 769, obs. J. Mestre et B. Fages).

LINGUISTIQUE

a) La théorie des actes de langage (Speech act theory). — C'est l'une des branches de la philosophie du langage les plus intéressantes pour le droit des contrats, car elle se fonde sur les énoncés courants de la langue : elle se rattache au demeurant à la philosophie analytique dite « du langage ordinaire ». Elle s'inspire notamment des travaux de John Langshaw Austin [1911-1960] (J.-L. Austin, *How to do Things with Words*, OUP, 1962, trad. franç., 1970 : *Quand dire, c'est faire*, Le Seuil) et de John Searle (J. R. Searle, *Speech Acts : An Essay in the Philosophy of Language*, Cambridge Univ. Press, 1969 ;

trad. franç. : *Les actes de langage. Essai de philosophie du langage*, Hermann, « Savoir : lettres »). La théorie des actes de langage se concentre non plus sur les énoncés mais sur les énonciations, c'est-à-dire sur les actions d'énoncer. J. R. Searle and D. Vanderveken, *Foundations of Illocutionary Logic*, Cambridge Univ. Press, 1985 ; en français, V. de D. Vanderveken, *Essai de philosophie du langage et de l'esprit sur la signification des énonciations*, Pierre Mardaga, Liège, Bruxelles, 1988.

De nombreux éléments de cette théorie peuvent intéresser le droit, et en particulier le droit des contrats. Austin, par exemple, forge toute une théorie des énoncés « performatifs », qu'il opposait originellement aux énoncés simplement « constatifs », montrant ainsi que les énoncés linguistiques ont d'autres fonctions que celles de décrire le monde. Le performatif au sens d'Austin est une énonciation qui réalise une action en parlant (comme l'indique le titre même de son principal ouvrage, *How to Do Things with Words*, traduit en français par : *Quand dire, c'est faire*) : par exemple énoncer « La séance est ouverte » peut avoir la valeur performative d'ouvrir la séance. Austin a distingué sous le nom de « performatifs explicites » des énonciations par lesquelles on effectue une action en disant qu'on l'effectue : par exemple on peut prier de faire telle chose en disant : « Je te prie de faire telle chose », ordonner en disant : « J'ordonne », baptiser un bateau en disant (dans certaines conditions) : « Je baptise ce bateau *Liberté* », et de même promettre ou s'engager en disant qu'on promet ou qu'on s'engage (« Je te promets que je ferai telle chose », « Je m'engage à faire telle chose »). Selon l'expression d'Émile Benveniste, qui a proposé en France la traduction du terme « performatif » (pour l'anglais *performatif*), les performatifs explicites sont « sui-référentiels » (*Problèmes de linguistique générale*, Gallimard, I, 1966), c'est-à-dire « autoréférentiels » (B. de Cornulier, Le détachement du sens, in *Communications* n° 32, 1980, p. 125-182). Il est en général peu pertinent de qualifier de telles énonciations de vraies ou de fausses, mais elles peuvent en revanche réussir ou échouer. F. Recanati, *Les énoncés performatifs*, Éd. de Minuit, 1982. De façon plus générale, Austin distingue les différents actes accomplis par celui qui parle : not. phonétique (le fait de produire des sons), locutionnaire (le sens de la phrase, ce qu'elle veut dire), illocutionnaire (le fait que la phrase permet d'accomplir un autre acte : une affirmation, un ordre, un conseil, une prière, etc.), ou encore perlocutionnaire (un autre effet visé par ce qui est dit : menacer, consoler, embarrasser, faire croire). *Adde* O. Ducrot, *Logique, structure, énonciation. Lectures sur le langage*, Éd. de Minuit, 1989.

D'autres théories sont également utiles pour le droit des contrats en réintroduisant la considération de l'intention de celui qui parle dans la signification d'un énoncé. V. J. R. Searle, *Speech Acts. An Essay in the Philosophy of Language*, 1969, qui utilise les travaux de Paul Grice ou encore de Peter Frederick Strawson qui vont en ce sens : selon ces auteurs, dans une énonciation normale, le locuteur signifie quelque chose en manifestant par l'énonciation son intention de le signifier. Encore faut-il que le locuteur ait utilisé les bons moyens et ait réussi à faire passer son intention. On le voit en droit des contrats où de nombreux litiges naissent précisément de la distorsion possible entre les intentions et la façon dont elles sont exprimées : l'énoncé ne peut alors être qu'un indice, parmi d'autres, de la recherche des intentions.

La formule « je promets » a ainsi plusieurs effets, dont certains sont liés à la polysémie qu'a pris le terme. J. L. Austin, Other Minds, in *Philosophical Papers*, dir. J. O. Urmson et G. J. Warnock, 3e éd., 1979, 76 et s., spéc. 99 : « Quand je dis «je promets», un nouveau pas est fait : je n'ai pas seulement annoncé mes intentions, mais en usant de cette formule (en accomplissant ce rituel) je me suis lié à d'autres, et j'ai mis en jeu ma réputation d'une nouvelle façon» («*but now, when I say «I promise», a new plunge is taken : I have not merely announced my intentions, but, by using this formula (performing this ritual) I have bound myself to others, and staked my reputation in a new way* »). Sur l'application de la théorie des actes de langage aux étapes de la formation du contrat, Peter Meijes Tiersma, Reassessing unilateral contracts : The role of offer, acceptance, and promise, 26 *U. C. Davis L. Rev.*, 1 (1992), qui explique qu'on peut promettre sans utiliser le mot : par ex. «je t'emmènerai faire du bateau demain», bien d'ailleurs qu'une telle phrase puisse n'être pas une promesse mais une simple déclaration d'intention («je te déclare que j'ai l'intention de t'emmener faire du bateau demain») et même une simple prévision ; on peut à l'inverse utiliser le mot sans que cela marque à proprement parler une promesse, pour insister sur la déclaration ou même pour menacer («je te promets qu'elle est rentrée», ou encore «je te promets une bonne raclée si tu touches à ma voiture»). *Adde* R. Samek, Performative utterances and the concept of contract, 43 *Australasian J. Phil.*, 196, 1965. Offre et acceptation peuvent également être qualifiées de *reciprocal* ou *cooperative speech acts* (actes de langage réciproques ou coopératifs) dans la mesure où ils requièrent la participation d'au moins deux personnes pour être effectifs (P. Meijes Tiersma, art. préc.).

Adde M. Mekki, Le discours du contrat : quand dire, ce n'est pas toujours faire, *RDC* 2006/2, 297, qui s'interroge notamment sur la fonction plus symbolique que juridique de l'utilisation du mot «contrat».

Sur les théories du langage et le droit en général, J.-J. Fraimout, *Langage et droit*, th. Paris I, 1994 ; *Théorie des actes de langage, éthique et droit*, dir. P. Amselek, collab. Z. Bankowski, PUF, 1986.

b) La langue de rédaction des contrats. — J. Julien, La langue française et le contrat, in *Mélanges Ph. le Tourneau*, Dalloz, 2007 ; D. Fenouillet, Langue française, usage obligatoire, *RDC* 2007/2, 360.

Une loi du 4 août 1994 a rendu obligatoire l'emploi de la langue française «dans la désignation, l'offre, la présentation, le mode d'emploi ou d'utilisation, la description de l'étendue et des conditions de garantie d'un bien, d'un produit ou d'un service, ainsi que dans les factures ou les quittances». H. Claret, La loi Toubon du 4 août 1994 est-elle conforme au droit communautaire ?, *CCC* 2001, chron., n° 5 ; S. Bertolaso, L'utilisation de la langue française, protection réelle ou illusoire du consommateur, *LPA* 19 févr. 1997, 17. La Cour de cassation veille au respect de cette loi qui permet de protéger les consommateurs. Crim., 14 nov. 2000, n° 99-86217 ; *JCP G* 2001, II, 10525, note E. Dreyer : «Les juges [...] relèvent que les indications des étiquettes qui complètent les pictogrammes, constituent des mises en garde indispensables pour le consommateur» ; «La mesure d'effet équivalant à des restrictions quantitatives à l'importation qui pourrait résulter de la législation prescrivant l'utilisation de la langue française dans les modes d'emploi et d'utilisation des produits est justifiée, conformément à l'article 36, devenu l'article 30, du traité, par la protection des consommateurs sur le territoire national.» De même, le Conseil d'État a annulé des arrêtés homologuant plusieurs règlements de la Commission des opérations de bourse en tant qu'ils autorisaient la rédaction de prospectus à diffuser sur les marchés financiers en anglais, et admettaient la possibilité de limiter la traduction de ce document en langue française à un simple résumé : «Le prospectus présentant une offre d'émission ou un produit financier sur un marché soumis à la loi française doit être rédigé en langue française et (que) si ce document peut être accompagné d'une version traduite dans une langue étrangère, la version en langue française ne saurait être moins complète» (CE, 20 déc. 2000, req. n° 213415, *RTD civ.* 2001, 235, obs. N. Molfessis ; *D.* 2001, 383, note A. Lenhardi ; *ibid.*, 1713, note A. Raynouard). Comme on pouvait s'y attendre, la Cour de justice de l'Union européenne, guidée par sa seule hantise de l'entrave aux échanges, ne pouvait supporter cette loi et cette jurisprudence ; dans une décision fort contestable du 12 sept. 2000 (*D. aff.* 2001, 1458, note J.-M. Portier), la juridiction européenne a jugé que cette obligation était contraire au droit communautaire en ce qu'elle pouvait constituer une entrave aux échanges : «Les articles 30 du traité et 14 de la directive 79-112 s'opposent à ce qu'une réglementation nationale impose l'utilisation d'une langue déterminée pour l'étiquetage des denrées alimentaires, sans retenir la possibilité qu'une autre langue facilement comprise par les acheteurs soit utilisée ou que l'information de l'acheteur soit assurée par d'autres mesures.» Pourtant, la directive précitée énonçait on ne peut plus clairement que «les États membres veillent à interdire sur leur territoire le commerce des denrées alimentaires si les mentions prévues à l'article 3 et à l'article 4, §2 ne figurent pas dans une langue facilement comprise par les acheteurs sauf si l'information de l'acheteur est assurée par d'autres mesures» (des pictogrammes par ex.). Mais quelle autre langue que le français est «facilement comprise» par tous les acheteurs français si ce n'est le français ? L'«autre langue» que le français à laquelle la juridiction européenne faisait allusion dans sa périphrase ne peut être que l'anglais, mais outre qu'il est faux que cette langue est facilement comprise sur tout le territoire français, ce monolinguisme de l'anglais imposé par cette juridiction n'est pas acceptable. E. H. Testut, Le statut juridique de la langue française, *Études G. Cornu*, PUF, 1994, 441, qui critique sur ce point la loi française.

Dans les projets européens, il est prévu qu'«en cas de divergences entre les différentes versions linguistiques d'un contrat dont aucune n'est déclarée faire foi, préférence est donnée à l'interprétation fondée sur la version qui a été rédigée en premier» (art. 5 :107 des Principes du droit européen des contrats) ; « *Where a contract document is in two or more language versions none of which is stated to be authoritative, there is, in case of discrepancy between the versions, a preference for the interpretation according to the version in which the contract was originally drawn up* » (art. 8 :107 du projet de Cadre commun de référence).

Pour le strict respect d'une clause prévoyant que, si le contrat est rédigé en deux langues (anglais et français), «il est expressément entendu que seule le texte en français, dûment signé, fait foi entre les parties», Versailles, 7 juin 2007, *RTD civ.* 2007, 772, obs. B. Fages.

PSYCHOLOGIE

a) Les psychologues peuvent nous aider à comprendre ce que c'est que vouloir. A-t-on moins voulu ce que l'on n'a pas discuté ? L'a-ton au contraire plus voulu puisqu'on était prêt à conclure sans discussion ?

Sur la manipulation de la volonté de s'engager, R.-V. Joule et J.-L. Beauvois, *Petit traité de manipulation à l'égard des honnêtes gens*, PU de Grenoble, 1987, qui expliquent les techniques de manipulation pour obtenir un engagement d'autrui, de la pratique (le classique «pied-dans-la-porte» ou encore la non moins efficace «porte-au-nez»), à la théorie (théorie de l'engagement). Des mêmes auteurs, *La soumission librement consentie,*

Comment amener les gens à faire librement ce qu'ils doivent faire?, PUF, 5e éd., 2e tirage, 2007.

b) Le rôle de la signature. — En théorie, la signature n'est pas une condition de validité du contrat : le principe du consensualisme implique que le seul échange des consentements, même demeurés purement oraux, suffit à former le contrat. Quand il s'agit de preuve, c'est autre chose. L'article 1326 C. civ. exige que l'acte juridique contenant un engagement comporte «la signature de celui qui souscrit cet engagement» ce qui, pour les contrats synallagmatiques, implique la signature des deux parties. Quand il s'agit de psychologie, c'est encore autre chose : les parties ne se sentent liées que lorsqu'elles ont signé un papier.

c) Les mentions additionnelles coutumières. — Celui qui fait signer son cocontractant lui fait encore souvent aujourd'hui rajouter à la main avant la signature quelques formules de style comme «bon pour accord», ou «lu et approuvé». Pourtant, la formalité dite du «bon pour» a disparu du Code depuis la loi du 12 janvier 1980, et la Cour de cassation a rappelé l'inutilité de la formule «lu et approuvé». Civ. 1re, 27 janv. 1993, , n° 91-12115; *RTD civ.* 1993, 583, obs. J. Mestre : «La mention» lu et approuvé «inscrite au bas d'un écrit sous seing privé constitue une formalité dépourvue de toute portée.» Entre professionnels la mention «bon pour accord» peut tout de même avoir une certaine portée, Rouen, 29 juin 2000, *RTD civ.* 2001, 582, obs. J. Mestre et B. Fages. De façon générale, la Cour de cassation a jugé qu'«Il résulte de ce texte [l'art. 1122 C. civ.] qu'en dehors des exceptions prévues par la loi, l'acte sous seing privé n'est soumis à aucune autre condition de forme que la signature de ceux qui s'obligent» (Civ. 1re, 21 févr. 2006, n° 04-13512; *RTD civ.* 2006, 768, obs. J. Mestre et B. Fages).

P. Binet, À propos de la formalité du «bon pour», *RTD civ.* 1918, 41; S. Jacopin, Les mentions contractuelles «coutumières», un droit imaginaire? À propos des mentions manuscrites «hors la loi», *JCP G* 2001, I, n° 288; J. A. Albertini, Les mots qui vous engagent..., *D.* 2004, chron., 230.

Sur le mythe selon lequel les contrats sont lus, O. Ben-Shahar, The Myth of the "Opportunity to Read" in Contract Law, *ERCL* 2009, 1.

TITRE 2

La validité du contrat

La question de la validité du contrat ne se pose qu'une fois que son existence a été caractérisée, c'est-à-dire que la preuve a été rapportée d'un échange des consentements.

Les conditions de validité du contrat sont celles à défaut desquelles le contrat peut être annulé.

Sous-titre 1

LES CONDITIONS DE VALIDITÉ DU CONTRAT

Les quatre conditions de validité du contrat énoncées à l'article 1108 du Code civil sont relatives à la capacité, au consentement, à l'objet et à la cause. Elles peuvent être classées en deux séries de conditions : celles qui tiennent aux parties au contrat, et celles qui portent sur le contenu du contrat.

Chapitre 1

LES CONDITIONS RELATIVES AUX CONTRACTANTS

Une fois établi que les consentements ont été échangés, il convient d'en examiner la consistance et les modalités de façon plus concrète. Il s'agit d'abord de vérifier l'aptitude des parties à contracter, c'est-à-dire la qualité et l'état de ces personnes (ce que l'on appelle leur capacité), puis la nature même du consentement qu'elles ont donné, pour s'assurer que celui-ci a été intègre, c'est-à-dire dépourvu de vices.

SECTION 1
Les conditions tenant à l'aptitude à contracter : la capacité

La capacité est nécessaire pour pouvoir conclure un contrat valable. Elle se définit souvent par son antonyme – l'incapacité – qui traduit l'inaptitude à faire certains actes de la vie juridique. En droit des contrats, l'incapacité marque, en première analyse, le fait de ne pouvoir émettre une volonté suffisamment consciente pour pouvoir être autonome. On pourrait alors songer à rattacher la capacité au consentement, mais, en droit, la capacité relève plutôt de la validité du contrat que de son existence. Un incapable peut en effet exprimer une offre ou une acceptation, et un accord peut donc être apparemment conclu. Certes ce contrat ne sera pas valable, et le juge pourra décider de l'annuler si, vérification faite, l'une des parties n'avait pas la capacité de le conclure. Mais on ne peut pas dire pour autant que le contrat n'existe pas. L'échange des consentements a bien eu lieu, il y a bien apparence de contrat, même si celui-ci ne produira pas ses effets juridiques normaux.

Dans l'esprit des rédacteurs du Code civil, la capacité apparaissait comme la moins importante des conditions de formation du contrat. Si elle est mise, dans l'article 1108, au même niveau que les autres, l'examen des travaux préparatoires et des auteurs du XIXe siècle montre qu'elle n'était pas à proprement parler une condition essentielle du contrat.

Le principe est la capacité et l'incapacité l'exception. L'article 1123 du Code civil dispose ainsi que « toute personne peut contracter, si elle n'en est pas déclarée incapable par la loi ». Ce n'est donc que par exception que certaines personnes n'ont pas une pleine capacité juridique, c'est-à-dire que leur volonté est partiellement privée d'effets juridiques.

On distingue les incapacités d'exercice des incapacités de jouissance. Une incapacité d'exercice n'empêche pas d'être titulaire de droits et donc d'en acquérir, mais entrave leur libre exercice : l'incapable pourra alors conclure le contrat par l'intermédiaire ou avec l'aide d'autrui. Une incapacité de jouissance prive en revanche de la capacité d'acquérir certains droits : celui qui en est frappé ne pourra pas conclure les contrats qui y sont relatifs. Étant plus graves que les incapacités d'exercice, les incapacités de jouissance sont légalement et strictement définies. Elles ne peuvent en outre être que ponctuelles et non pas générales. En effet, une incapacité de jouissance générale c'est-à-dire qui interdirait tous les actes de la vie juridique, reviendrait à priver quelqu'un de sa personnalité juridique, ce qui n'est plus possible depuis l'abolition de la mort civile par la loi du 31 mai 1854.

Les incapacités peuvent également être classées selon la personne ou les intérêts protégés, étant précisé qu'en principe, seule la personne protégée par l'incapacité peut l'invoquer pour demander la nullité du contrat. L'ensemble de la matière a été revu par la loi n° 2007-308 du 5 mars 2007 portant réforme de la protection juridique des majeurs.

1 | Les incapacités de contracter visant principalement à protéger l'incapable

Certaines personnes sont considérées comme ayant des facultés de discernement limitées, si bien que l'on craint qu'elles ne concluent des contrats contraires à leurs intérêts. Pour les protéger, on limite leur capacité contractuelle. Aux termes de l'article 1124 du Code civil, « sont incapables de contracter, dans la mesure définie par la loi : les mineurs non émancipés ; les majeurs protégés au sens de l'article 488 du présent Code ».

1. L'INCAPACITÉ DES MINEURS

Elle frappe les mineurs qui sont ainsi privés de la possibilité de se lier par contrat. Elle ne concerne pas les mineurs émancipés qui ont été affranchis de l'autorité parentale et deviennent dès lors capables, comme les majeurs, pour tous les actes de la vie civile (art. 413-6 C. civ.). L'émancipation est possible dès l'âge de 16 ans révolus (art. 413-2) et elle a lieu de plein droit par le mariage (art. 413-1).

Il s'agit d'une incapacité d'exercice qui empêche les mineurs de contracter de façon autonome mais ne les empêche pas d'acquérir certains droits par contrat. Les mineurs seront alors représentés dans tous les actes civils par leur représentant légal (en principe les parents), sauf pour les contrats de la vie courante, où « l'usage autorise les mineurs à agir eux-mêmes » (art. 389-3 C. civ. pour l'administrateur légal, art. 408 pour le tuteur). La plupart des actes accomplis par les mineurs, même au-delà de cette capacité usuelle, ne sont pas nécessairement nuls, mais seulement rescindables pour cause de lésion (art. 1305 C. civ. : « La simple lésion donne lieu à la rescision en faveur du mineur non émancipé, contre toutes sortes de conventions »), c'est-à-dire de déséquilibre manifeste en sa défaveur. Même en cas de nullité, l'obligation de restitution est neutralisée sauf si le mineur conserve un profit du contrat ou s'il a usé de manœuvres frauduleuses afin de conclure le contrat.

2. L'INCAPACITÉ DE CERTAINS MAJEURS

a) Les majeurs sous régime légal de protection : tutelle, curatelle ou sauvegarde de justice. — La tutelle est le plus contraignant des trois régimes de protection. Elle est ouverte quand un majeur a besoin d'être représenté d'une manière continue dans les actes de la vie civile (art. 440). Il peut être précisé que certains actes pourront être faits seuls et, à l'inverse, d'autres ne pourront être faits qu'avec le consentement du conseil de famille (le mariage par ex.). La curatelle est un régime intermédiaire : elle est ouverte lorsqu'un majeur, sans être hors d'état d'agir lui-même, a besoin d'être assisté ou contrôlé d'une manière continue dans les actes importants de la vie civile (art. 440). Le curateur l'assiste donc en principe pour tous ces actes. Le régime le plus léger est la sauvegarde de justice qui concerne les personnes ayant besoin d'une protection juridique temporaire ou d'être représentées pour l'accomplissement de certains actes déterminés (art. 433). La personne placée sous sauvegarde de justice conserve l'exercice de ses droits mais elle ne peut, à peine de nullité, faire un acte pour lequel un mandataire spécial a été désigné ; en outre les actes qu'elle a passés et les engagements qu'elle a contractés pendant la durée de la mesure peuvent être rescindés pour simple lésion ou réduits en cas d'excès (art. 435).

b) Les majeurs sous l'empire d'un trouble mental. — La jurisprudence a ajouté que même en l'absence de régime légal de protection, un acte peut être annulé pour trouble mental au moment de l'acte : en effet, « pour faire un acte valable, il faut être sain d'esprit » (art. 414-1). L'acte sera cependant valable s'il a été conclu pendant un « intervalle lucide ». De même, par analogie avec la règle expressément prévue pour les mineurs, il est admis que les incapables peuvent faire certains actes, en particulier des contrats de la vie courante. En revanche l'autorisation donnée par le juge des tutelles à un acte ne fait pas obstacle à l'action en nullité d'un acte pour insanité d'esprit du majeur protégé par une curatelle[1].

C'est à ceux qui agissent en nullité pour cette cause de prouver l'existence d'un trouble mental au moment de l'acte. Du vivant de l'individu, l'action en nullité ne peut être exercée que par lui (art. 414-2).

1. Civ. 1re, 20 oct. 2010, n° 09-13635 ; *D.* 2011, 50, note G. Raoul-Cormeil ; *RDC* 2011/2, 407, obs. É. Savaux : « l'autorisation donnée par le juge des tutelles de vendre la résidence d'un majeur protégé ne fait pas obstacle à l'action en annulation, pour insanité d'esprit, de l'acte passé par celui-ci ; qu'ayant relevé dans le compte rendu d'hospitalisation que Mme Z... présentait, lors de son admission le 8 avril 2005, une décompensation dépressive et un délire hallucinatoire et qu'elle se trouvait encore hospitalisée le 6 mai 2005, lors de la signature de l'acte, avec un traitement comprenant treize médicaments pour la calmer, la cour d'appel a souverainement estimé, hors toute dénaturation, que Mme Z... était insane d'esprit au moment où elle avait signé la promesse de vente ». Il s'agissait en l'espèce d'une curatelle et la solution posée ne vaut que pour que ce régime, dans la mesure où, en cas de tutelle, le consentement du majeur protégé n'est plus nécessaire (v. en ce sens, les obs. É. Savaux précitées).

2 | Les incapacités de contracter visant principalement à protéger le cocontractant de l'incapable

L'incapacité ne frappe pas nécessairement la personne jugée en état de faiblesse : la protection de celle-ci passe au contraire parfois par l'incapacité de celui qui est en position de force et qui pourrait vouloir en abuser. Il s'agit alors souvent d'une incapacité de jouissance, plus grave puisqu'elle prive de la capacité d'acquérir certains droits, mais aussi en contrepartie plus ponctuelle car elle ne vise qu'un ou plusieurs actes limitativement énumérés.

La loi interdit ainsi à quiconque exerce une fonction ou occupe un emploi dans un établissement hébergeant des personnes âgées ou dispensant des soins psychiatriques de se rendre acquéreur d'un bien ou cessionnaire d'un droit appartenant à une personne admise dans l'établissement, non plus que de prendre à bail le logement occupé par cette personne avant son admission dans l'établissement (art. 1125-1). Elle interdit également à certaines personnes de se rendre adjudicataires (par exemple les tuteurs des biens de ceux dont ils ont la tutelle), sous peine de nullité, soit par eux-mêmes, soit par personnes interposées (art. 1596[1]). Dans le même ordre d'idées encore, plusieurs membres et auxiliaires des professions médicales et de la pharmacie qui ont prodigué des soins à une personne pendant la maladie dont elle meurt ne peuvent profiter des dispositions entre vifs ou testamentaires qu'elle aurait faites en leur faveur (art. 909[2]). L'incapacité ne frappe pas seulement ceux qui étaient chargés de soigner cette dernière maladie, mais aussi à tous ceux qui ont apporté des soins accessoires au malade[3]. Elle peut toucher

1. Civ. 3e, 2 juil. 2008, n° 07-15509 ; *RTD civ.* 2008, 674, obs. B. Fages.

2. Le même article frappe d'une incapacité similaire les mandataires judiciaires à la protection des majeurs et les personnes morales au nom desquelles ils exercent leurs fonctions.

3. L'incapacité peut ainsi s'appliquer à une psychiatre-psychanalyste qui, si elle n'a pu traiter sa patiente pour le cancer dont elle était atteinte, lui a néanmoins apporté un soutien accessoire au traitement purement médical mais associé à celui-ci, lui prodiguant, parallèlement au traitement d'oncologie, des soins réguliers et durables afférents à la pathologie secondaire dont elle était affectée en raison même de la première maladie dont elle devait décéder et dont la seconde était la conséquence ; la cour d'appel en a dès lors exactement déduit que la psychiatre-psychanalyste avait soigné la patiente pendant sa dernière maladie, au sens de l'article 909 du code civil, de sorte qu'elle était frappée d'une incapacité de recevoir à titre gratuit : Civ. 1re, 4 nov. 2010, n° 07-21303 ; *RDC* 2011/2, 555, obs. Ch. Goldie-Genicon ; *JCP G* 2010, n° 47, 2156, obs. J.-C. Bonneau ; *JCP G* 2011, 63, n° 10, obs. J. Ghestin.

également des proches de l'incapable, s'il y a eu volonté de contourner l'interdiction, mais cette interposition de personnes doit être démontrée [1].

Seule la personne protégée par l'incapacité (et non pas seulement l'incapable comme le laisse entendre à tort l'article 1125 [2]) peut l'invoquer pour demander la nullité du contrat : par exemple seule la personne âgée ou ses héritiers pourront demander la nullité de la vente consentie à une personne incapable d'acquérir en vertu de l'article 1125-1 du Code civil.

Il existe d'autres hypothèses de ce type en dehors du Code civil. Pour d'évidentes raisons de risques de conflits d'intérêts, sont par exemple limitées les conventions qui peuvent être passées entre des dirigeants de société et la société elle-même : il y a des conventions en principe interdites (par ex. les emprunts ou les cautionnements), et des conventions soumises à réglementation spéciale (not. une autorisation du conseil d'administration ou de surveillance) ; certaines conventions échappent cependant à cette réglementation spéciale : ce sont les conventions courantes, conclues à des conditions normales (par ex. l'administrateur d'une société pétrolière peut librement acheter de l'essence dans une station-service gérée par sa société).

3 | Les incapacités de contracter visant à protéger d'autres intérêts que ceux des seuls contractants

Les incapacités ne servent pas seulement à protéger des intérêts privés (le plus souvent patrimoniaux), de l'un ou l'autre des contractants. La contractualisation de la société (sur ce phénomène, v. *supra*) étend l'empire du contrat à des domaines auparavant régis par l'ordre

1. V. les obs. précitées de Ch. Goldie-Genicon, *RDC* 2011/2, 555.

2. Selon ce texte, « les personnes capables de s'engager ne peuvent opposer l'incapacité de ceux avec qui elles ont contracté ». L'article est donc mal rédigé car l'incapacité ne protège pas toujours l'incapable ; lorsque l'incapacité protège le cocontractant de l'incapable, c'est bien la personne capable et elle seule qui, contrairement aux indications de l'article 1125, pourra intenter une action en nullité de l'acte passé.

public et rend nécessaire l'adoption de règles déontologiques, et notamment de règles sur les conflits d'intérêts (v. état des questions).

Le pacte civil de solidarité (PACS) en est un exemple éclairant. Il est en effet un contrat (art. 515-1 C. civ.), mais qui ne peut être conclu entre certaines personnes (art. 515-2). Il y a même incompatibilité entre plusieurs contrats (plusieurs PACS ou un PACS et un contrat de mariage). Il en existe de nombreuses autres hypothèses dans les droits spéciaux, par exemple en droit des sociétés [1].

ÉTAT DES QUESTIONS

BIBLIOGRAPHIE

S. Godelain, *La capacité dans les contrats*, LGDJ, Fondation Varenne, 2007; C. Noblot, *La qualité du contractant comme critère légal de protection. Essai de méthodologie législative*, LGDJ, « Bibl. dr. privé », 2002, préf. F. Labarthe; J.-M. Plazy, *La personne de l'incapable*, th. Bordeaux, Éd. La Mouette, t. 11, 2001, préf. J. Hauser; L.-A. Femenia, *La volonté des incapables*, th. Toulouse, 2000; J. Hauser, La notion d'incapacité, *LPA* 17 août 2000; J.-P. Gridel, L'âge et la capacité civile, *D.* 1998, chron., 90; J.-J. Lemouland, L'assistance du mineur, une voie possible entre l'autonomie et la représentation, *RTD civ.* 1997, 1; Ph. Conte et B. Petit, *Les incapacités*, PUG, 1992; J.Cl. Montanier, Les actes de la vie courante en matière d'incapacités, *JCP G* 1982, I, 3076; O. Simon, La nullité des actes juridiques pour trouble mental, *RTD civ.* 1974, 707; J. Massip, *La réforme du droit des incapables majeurs. étude de la loi du 3 janvier 1968*, Defrénois, préf. J. Carbonnier, 2e éd., 1971; J. Stoufflet, L'activité juridique du mineur non émancipé, *Mélanges P. Voirin*, LGDJ, 1967, 782; G. Cornu, L'âge civil, *Mélanges P. Roubier*, Dalloz, 1961, t. 2, 9.

Il est rare que des auteurs s'interrogent sur les particularités concrètes des parties : v. C. Bourdaire-Mignot, *Le contractant marié*, Defrénois, 2009, préf. J. Revel, qui explique que le contractant marié est tout à la fois autonome et distinct de son conjoint et qu'il n'y a donc pas lieu à la création d'un droit spécial.

THÉORIE JURIDIQUE

a) Le fondement des incapacités. — La principale justification des incapacités est la protection de certaines personnes. Elle est parfois douteuse et, l'incapacité touchant à l'état de la personne, cette technique a pu servir à la constitution de catégories de sous-hommes (la femme mariée ou les juifs sous Vichy). Le droit des incapacités pose aussi une question plus large : l'un des buts de la société est de nous protéger contre les autres,

1. V. les règles sur le cumul d'un mandat d'administrateur de société avec un contrat de travail (art. L. 225-22 C. com.).

mais jusqu'où doit-elle nous protéger contre nous-mêmes ? Par ex. les incapacités pour prodigalité. Il est vrai que, même dans ce dernier exemple, les autres (les héritiers) peuvent être concernés. Sur cette question du rapport à soi et du rapport à autrui, v. notre article : Le domaine de l'autonomie personnelle (indisponibilité du corps humain et justice sociale), *D.* 2008, chron., 31.

b) Les incapacités physiques. — En droit commun des contrats, la capacité semble renvoyer uniquement à des exigences psychiques relatives à la volonté. Et lorsque sont évoquées des incapacités physiques, c'est uniquement en ce qu'elles pourraient influer sur la capacité de vouloir, ou sur la libre expression de cette volonté, donc sur le consentement au contrat. L'article 425 C. civ. dispose ainsi que si les régimes de protection sont applicables en cas d'altération des facultés corporelles de la personne, c'est lorsque cette altération est « de nature à empêcher l'expression de sa volonté ». Certaines législations semblent réserver une attention particulière aux sourds-muets, pour s'assurer que l'expression de leur volonté a été possible. V. égal. la psychologie, qui étudie les différentes atteintes possibles de la volonté. P. Godé, *Volonté et manifestations tacites*, thèse, PUF, 1977.

Le droit du travail s'intéresse cependant aux inaptitudes physiques en tant que telles. Si le salarié est déclaré par le médecin du travail inapte à assurer l'emploi qu'il occupait précédemment, l'employeur doit lui proposer un autre emploi adapté à ses capacités, en étudiant toutes les possibilités de reclassement, même la transformation du poste. J. Pélissier, G. Auzero et E. Dockès, *Droit du travail*, Précis Dalloz, 26ème éd., 2012. L'aptitude physique est ici davantage une condition d'exécution du contrat de travail, et l'impossibilité de reclassement entraîne un licenciement (avec des indemnités spéciales et variables), c'est-à-dire l'équivalent d'une résiliation du contrat : la sanction relève donc bien de l'exécution et non pas de la formation du contrat. Mais certains contrats de travail peuvent, pour leur formation même, requérir certaines exigences physiques, dans les limites autorisées par le principe de non-discrimination.

c) Les incapacités naturelles. — S. Moracchini-Zeidenberg, L'acte personnel de la personne vulnérable, *RTD civ.* 2012, 21, selon laquelle l'article 458 du Code civil (qui dispose que « sous réserve des dispositions particulières prévues par la loi, l'accomplissement des actes dont la nature implique un consentement strictement personnel ne peut jamais donner lieu à assistance ou représentation de la personne protégée ») consacre « la théorie de la capacité naturelle, selon laquelle certains actes ne peuvent donner lieu à représentation, ni même à assistance, car trop intimement liés à la personne de leur auteur » ; elle critique ce concept en ce qu'il conduit à frapper la personne qu'on veut protéger d'une incapacité de jouissance ; v. ainsi Civ. 1re, 8 oct. 2008, n° 07-16094 ; *D.* 2008, 2832, note V. Norguin, et 2663, obs. V. Egéa ; *D.* 2009, 773, obs. F. Granet-Lambrechts, et 2183, obs. J.-J. Lemouland, D. Noguéro et J.-M. Plazy ; *RTD civ.* 2008, 655, obs. J. Hauser, qui juge « que le consentement d'un majeur protégé à sa propre adoption qui est un acte strictement personnel ne peut être donné en ses lieu et place par son tuteur ; que le juge des tutelles, sur avis du médecin traitant, peut autoriser le majeur protégé, seul ou avec l'assistance du tuteur ou de la personne qui en tient lieu, à consentir à sa propre adoption ; qu'ayant relevé que le psychiatre, commis en qualité d'expert par le juge des tutelles, a constaté, dans son certificat médical du 18 octobre 2004, qu'Amandine n'était pas en mesure d'organiser un raisonnement, un jugement ou d'exprimer une volonté élaborée et qu'elle ne pouvait consentir à l'adoption projetée, le tribunal de grande instance en a déduit à bon droit que la maladie dont elle souffrait ne permettait pas l'application des dispositions de l'article 501 du code civil » ; la jeune fille autiste ne peut ainsi pas être adoptée bien que cette solution ait sans doute été dans son intérêt. *Adde* P. Murat, L'inadoptabilité de l'autiste majeur, inapte à consentir à son adoption, *Dr. fam.* 2008. comm. 173

V. encore F. Betaillole-Gonthier, *La capacité naturelle*, th. Bordeaux IV, 1999, qui explique que tous les auteurs qui ont eu recours à la notion de capacité naturelle ont entendu mettre en évidence le lien qui existe entre la capacité juridique reconnue à un individu et ses aptitudes personnelles et montre que ce lien n'existe pas seulement dans les capacités d'exercice mais aussi dans les capacités de jouissance ; J.-M. Plazy, *La personne de l'incapable*, Imprimerie La Mouette, 2001, préf. J. Hauser.

d) La condition de validité manquante : la prise en considération des conflits d'intérêts. — On peut mettre en évidence de plus en plus d'hypothèses de conflits d'intérêts et d'incompatibilités en relation avec des qualités touchant à la personne même des contractants. Sur cette thèse, v. C. Labrusse-Riou, Les personnes, in *La relativité du contrat*, Trav. Ass. H. Capitant, Nantes, LGDJ, 2000, 13 ; De quelques apports du droit des contrats au droit des personnes, *Études J. Ghestin*, LGDJ, 2001, 499.

La réglementation est pour l'instant éparse et lacunaire. Un projet de loi relatif à la déontologie et à la prévention des conflits d'intérêts dans la vie publique n° 3704 a été déposé sur le bureau de l'Assemblée nationale le 27 juillet 2011. Une loi n° 2011-2012 du 29 décembre 2011 relative au renforcement de la sécurité sanitaire du médicament et des produits de santé consacre tout son titre premier à la transparence des liens d'intérêts. Certaines affaires ont révélé en effet des liens douteux notamment entre de prétendus "experts" et les entreprises commercialisant les produits sur lesquels ils étaient chargés de se prononcer.

Manque cependant un régime général de ces conflits d'intérêts qui serait applicable en matière contractuelle.

Il faudrait prendre au moins modèle sur le droit OHADA, dont le projet d'acte uniforme sur le droit des contrats prévoit expressément un article 2/29 consacré au conflit d'intérêts et qui dispose que « 1) Si le contrat conclu par le représentant implique celui-ci dans un conflit d'intérêts avec le représenté, que le tiers connaissait ou aurait dû connaître, le représenté peut annuler le contrat, conformément aux dispositions des articles 3/14, 3° et 3/16 à 3/18. 2) Toutefois, le représenté ne peut annuler le contrat a) s'il a consenti à l'implication du représentant dans le conflit d'intérêts, ou s'il le connaissait ou aurait dû le connaître ; ou b) si le représentant a révélé le conflit au représenté et que ce dernier n'a pas soulevé d'objection dans un délai raisonnable ». La disposition est bien trop limitée mais elle montre au moins une prise de conscience qui ne semblent pas encore effleurer le droit français et le droit européen.

V. J. Moret-Bailly, Définir les conflits d'intérêts, *D.* 2011, chron., 1110 ; D. Schmidt, *Les conflits d'intérêts dans la société anonyme*, Joly, 2004 ; P. Lascoumes, *Une démocratie corruptible. Arrangements, favoritisme et conflits d'intérêts*, Seuil, La République des idées, 2011 ; F. Ewald, *Le conflit d'intérêt*, Desclée de Brouwer, 2012.

ÉCONOMIE

Les capacités. — La théorie économique utilise la notion de *capability*, mise en évidence principalement par les travaux de Amartya Sen. Par cet auteur : *L'idée de justice*, Flammarion, 2010 ; *Éthique et économie*, trad. S. Marnat, PUF, Philosophie morale, 1993 ; *Un nouveau modèle économique*, trad. M. Bessières, Odile Jacob, 2000 ; *Repenser l'inégalité*, trad. P. Chemla, Le Seuil, 2000. Les théoriciens de l'économie des conventions utilisent beaucoup ces travaux : R. Salais, Liberté du travail et capacités : une perspective pour la construction européenne ?, in *Le rapport Supiot*, n° spéc., *Dr. soc.* mai 1999, 467 ; R. Salais et R. Villeneuve (dir.), *Développer les capacités des hommes et des territoires en Europe*, Anact, 2006.

Cette notion peut être en réalité englobée dans la notion juridique classique de capacité dont elle aide précisément à comprendre l'évolution. A. Supiot et S. Deakin (dir.), *Capacitas, Contract Law and the Institutional Preconditions of a Market Economy*, Hart Publishing, 2009. En effet, traditionnellement en droit, la notion centrale était la notion négative d'incapacité : la protection d'une personne (et en réalité aussi de la société dans son ensemble) était assurée en lui retirant plus ou moins complètement sa capacité de contracter. Aujourd'hui, l'idée est plutôt d'examiner comment on peut aider la personne afin au contraire de maintenir sa capacité : d'une notion négative d'incapacité on est passé plutôt à une notion positive de capacité. S. Deakin, « Capacitas » : Contract law and the institutional preconditions of a market economy, *ERCL* 3/2006, 317. Le droit de la consommation est à cet égard précurseur dans la mesure où, plutôt que de déclarer les consommateurs incapables au sens classique du terme, il développe plutôt des mécanismes (not. les obligations d'information) permettant de compenser la faiblesse du consommateur et l'aider à exercer pleinement sa liberté contractuelle. S. Godelain, *La capacité dans les contrats*, LGDJ, Fondation Varenne, 2007, qui explore le concept positif de capacité. La Cour de cassation semble être sensible à cette nouvelle analyse. Soc., 23 oct. 2007, n° : 06-40950, qui vise expressément « l'obligation pour l'employeur d'assurer l'adaptation des salariées à leur poste de travail *et de veiller au maintien de leur capacité à occuper un emploi* » (souligné par nous). Elle approuve dès lors la cour d'appel d'avoir retenu un manquement de l'employeur à cette obligation entraînant un préjudice distinct de celui résultant de sa rupture, dès lors que les juges du fond avaient constaté que les salariées, présentes dans l'entreprise depuis respectivement vingt-quatre et douze ans, n'avaient bénéficié que d'un stage de formation continue de trois jours en 1999. La liberté contractuelle ne suffit pas à assurer la justice, si les parties ne sont pas mises en mesure d'exercer cette liberté. Le droit commun des contrats devrait davantage explorer cette voie.

SECTION 2
Les conditions tenant à la qualité du consentement : l'intégrité du consentement

Le consentement doit exister mais aussi être intègre. Un consentement intègre est un consentement libre et éclairé, en résumé un consentement non vicié. Le Code civil prévoit trois vices du consentement possibles : l'erreur, la violence et le dol. La lésion, que le Code civil vise à la suite des vices du consentement, dans la section 1 relative au consentement, est en réalité davantage un contrôle de l'équilibre des prestations et ne requiert pas la preuve que le consentement donné ait été vicié. Le point commun des vices du consentement est que, en leur absence, la victime n'aurait pas consenti à conclure le contrat. C'est pourquoi, de façon générale, «la validité du consentement doit être appréciée au moment de la formation du contrat»[1]. L'effet de ces vices est alors d'invalider le consentement donné (art. 1109 : «*Il n'y a point de consentement valable*, si le consentement n'a été donné que par erreur, ou s'il a été extorqué par violence ou surpris par dol») et, par conséquent, le contrat. La convention n'est pas nulle de plein droit mais l'annulation peut en être demandée par la partie dont le consentement a été vicié (art. 1117). En effet lorsqu'il y a un vice du consentement, il y a néanmoins un consentement (l'article 1109 précité vise d'ailleurs expressément le fait qu'un consentement a été donné) et donc un contrat.

La jurisprudence développée à partir des vices du consentement est subtile car un équilibre permanent doit être trouvé entre le souci de protection de la victime et la sécurité juridique qui serait menacée si le contrat pouvait trop facilement être remis en cause pour une raison subjective, propre à l'une des parties. Les vices du consentement oscillent ainsi en permanence entre appréciation objective et subjective.

Les trois vices du consentement nécessitent tous, pour leur appréciation, un examen tenant aux parties au contrat. Les questions que l'on se posera pour apprécier l'existence de l'un ou l'autre de ces vices du consentement sont du type : tel ou tel contractant était-il de bonne foi, a-t-il cherché à tromper l'autre, qu'aurait dû faire tel autre, quelles étaient les qualités des parties, étaient-elles professionnelles ou non, etc.

1. Civ. 1re, 20 mars 1989, n° 87-15450.

Il s'agit ainsi de considérer tout à la fois leur psychologie mais aussi leur comportement lors de la formation du contrat. L'appréciation de certains vices nécessite de se concentrer plutôt sur l'état d'esprit et l'attitude de la victime, d'autres plutôt sur ceux de son cocontractant. La preuve des vices du consentement est libre, c'est-à-dire qu'elle peut se faire par tous moyens (présomptions, témoignages, etc.), dans la mesure où il s'agit de prouver des faits juridiques.

Les projets européens de droit des contrats, en particulier le projet de Cadre commun de référence, élargissent sur quelques points les vices du consentement, afin notamment de compenser la disparition de notions telle que la cause ou l'objet qui permettaient d'assurer un certain contrôle objectif du contrat[1].

Sous-section 1 – Le consentement erroné : l'erreur

L'erreur ici examinée est celle qui vicie le consentement de celui qui en est victime. Il faut la distinguer de l'erreur qui annihile le consentement en empêchant la rencontre des volontés et que l'on appelle l'erreur-obstacle.

1 | L'erreur qui empêche l'accord des volontés : l'erreur-obstacle

L'erreur-obstacle n'est pas visée par le Code civil. Elle est caractérisée lorsqu'il y a entre les parties un malentendu fondamental sur l'objet même ou sur la nature du contrat. Par exemple l'une des parties croit avoir loué un appartement au bord de la mer pour le mois de juillet

1. Le Cadre commun de référence prévoit quatre grands types de vices du consentement : l'erreur (art. 7 :201 : *Mistake*) ; la fraude (art. 7 :205 : *Fraud*) ; la contrainte ou les menaces (art. 7 :206 : *Coercion or threats*) ; l'exploitation injuste (art. 7 :207 : *Unfair exploitation*) ; en outre, une partie peut obtenir réparation au cas où elle aurait subi un dommage en ayant fait foi à une déclaration inexacte (art. 7 :204 : *Liability for loss caused by reliance on incorrect information*).

alors que l'autre pense que c'est pour le mois d'août. Ou encore l'un des contractants pense vendre à un prix en euros, alors que l'acheteur croit que le prix proposé est en francs[1]. Il y a, dans ces hypothèses, bien plus qu'un simple vice du consentement ; plutôt une absence de consentement, ou plus précisément une absence de rencontre des volontés sur un objet précis. Quand il y a vice du consentement, c'est que les deux contractants étaient d'accord (il y avait bien eu offre et acceptation concordantes sur le même projet, donc sur le même contrat) mais l'un des consentements n'a été donné que parce qu'il a été vicié, par exemple parce qu'une des parties s'est trompée sur le bénéfice qu'elle pouvait retirer de ce contrat. Dans les hypothèses d'erreur-obstacle, c'est bien plus grave que cela : il n'y a jamais eu concordance entre l'offre et l'acceptation. Les deux manifestations de volontés ont porté sur un contrat différent, et il n'y a donc en réalité jamais eu rencontre des volontés. Les deux parties ont donc ici commis une erreur : non pas la même erreur mais une erreur réciproque. Ce n'est pas à dire pour autant que les deux parties seront toujours d'accord pour sortir du contrat car le malentendu profite souvent à l'une d'elles. Mais en présence d'une véritable erreur-obstacle, le malentendu est tel que le juge ne devrait pas pouvoir valider l'une ou l'autre des croyances des contractants.

L'erreur-obstacle fait ainsi en réalité obstacle à la rencontre des volontés ; elle invalide l'échange des consentements intervenu. Il n'y a pas vice du consentement mais inexistence du consentement.

Les conditions de l'erreur vice du consentement n'ont alors pas à être caractérisées, en particulier l'erreur de chaque partie n'a pas à être excusable[2]. La solution se comprend : la faute commise par une des

1. Orléans, 13 mai 2004, *JCP E* 2005, 1060, obs. M. Vivant, N. Mallet-Poujol et J.-M. Bruguière ; *RTD civ.* 2005, 589, obs. J. Mestre et B. Fages.

2. Civ. 3e, 21 mai 2008, n° 07-10772 ; *RDC* 2008, 716, obs. T. Genicon ; *D.* 2008, 2970, obs. S. Amrani Mekki ; *Dr. & patr.* 2008, n° 178, 123, obs. Ph. Stoffel-Munck ; *CCC* 2008, comm. 10, L. Leveneur : « attendu qu'ayant constaté que la promesse de vente sous seing privé établie par le notaire M. Y..., dont les indications avaient été reproduites dans l'acte de vente du 12 août 1998, comportait une erreur importante de contenance du lot n° 11, vendu pour 60 m² alors que sa superficie réelle était de 213 m² et ne précisait pas que ce lot faisait l'objet d'un bail commercial, et relevé que par lettre du 27 février 2002 M. Y... avait indiqué au notaire de la société MJR qu'il pensait très sincèrement que sa cliente n'envisageait pas de vendre le lot n° 11, la cour d'appel qui a retenu que cette inexactitude et cette omission avaient des conséquences importantes sur la définition des biens vendus et la consistance de la vente et que Mme X... n'avait pas compris que l'un des lots énumérés dans l'acte de vente correspondait aux locaux commerciaux loués à la société Degivry occupant le lot n° 11, a pu en déduire, sans être tenue de procéder à une recherche sur le caractère inexcusable de l'erreur que ses constatations rendaient inopérante, que l'erreur de Mme X... sur l'objet même de la vente, laquelle faisait obstacle à la rencontre des consentements, devait entraîner l'annulation de la vente ».

parties peut éventuellement être sanctionnée par des dommages-intérêts, mais si on considère que son consentement n'a pas été valablement émis, il est difficile de la sanctionner par le maintien forcé du contrat [1].

De même, la sanction de l'erreur-obstacle devrait en toute rigueur être non pas la nullité mais l'inexistence même du contrat. Certes les juges ne prononceront pas formellement une telle inexistence, et c'est pourquoi la doctrine rejette aujourd'hui souvent comme étant dépassée la sanction de l'inexistence à côté de celle de la nullité (v. *infra*); pourtant, les juges retiendront dans ces hypothèses qu'il n'y a pas eu d'acceptation de l'offre dans la mesure où le consentement du destinataire de l'offre ne portait en réalité pas sur le projet contenu dans cette offre. Ils en déduiront que le contrat ne s'est pas formé [2], et qu'il n'y a donc pas de contrat, ce qui revient à dire que le contrat n'existe pas. La nullité est ici inutile [3], qui permet de remettre en cause un contrat, et qui suppose donc qu'un contrat existe.

2 | L'erreur qui vicie le consentement

L'erreur comme vice du consentement est régie par l'article 1110 du Code civil. Il y a erreur lorsque le contractant se trompe en concluant le contrat : il contracte parce qu'il se méprend sur les avantages qu'il pourra retirer du contrat ou sur les inconvénients qui en résulteront. Le consentement qu'il a donné par erreur n'était donc pas éclairé. L'erreur est sans doute le vice du consentement le plus développé et le plus sophistiqué en droit français. Il trouve une grande partie de ses origines chez Pothier qui a également eu une certaine influence sur la *Common Law*, même si la notion de *mistake* y est bien plus restrictive.

1. Dans Civ. 3e, 8 juin 2010, n° 09-66495; *RDC* 2011/1, 25, obs. É. Savaux; *LEDC* sept. 2010, 2, obs. O. Deshayes, où les juges refusent la rétractatation de l'offrant au motif notamment que son erreur était inexcusable, il ne s'agissait pas d'une erreur-obstacle, mais d'une erreur matérielle sur le prix alléguée par l'offrant comme moyen de se rétracter alors que son offre avait déjà été acceptée.

2. Orléans, arrêt précité jugeant à juste titre que « force est de constater qu'il n'y a pas eu échange de consentements sur la prestation monétaire, l'acheteur entendant donner 10 979 F et le vendeur recevoir 10 979 pour le même produit; que les deux parties ne se sont pas entendues sur le prix, de sorte que le contrat ne s'est pas formé ».

3. C'est cependant la sanction que prononcent parfois les juges : v. ainsi Civ. 3e, 21 mai 2008, n° 07-10772, précité : la cour d'appel a pu retenir « que l'erreur de Mme X... sur l'objet même de la vente, laquelle faisait obstacle à la rencontre des consentements, devait entraîner l'annulation de la vente ».

Plusieurs conditions sont requises pour obtenir l'annulation du contrat sur le fondement de l'article 1110 du Code civil.

1. LA DÉFINITION DE L'ERREUR : UNE DISCORDANCE ENTRE LA CROYANCE DE L'*ERRANS* ET LA RÉALITÉ

L'erreur, au sens du vice du consentement, est une fausse perception de la réalité par un contractant. Pour vérifier s'il y a erreur, il faut comparer la réalité avec la représentation que s'en faisait le demandeur (celui qui allègue s'être trompé, et que l'on appelle l'*errans*). S'il y a discordance, il y a erreur de nature à obtenir l'annulation du contrat. Les deux seuls éléments à prendre en considération sont donc cette croyance du contractant d'une part, et la réalité des choses d'autre part.

Précisons qu'il s'agit uniquement d'apprécier la psychologie, l'état d'esprit, de l'*errans*. Son comportement en revanche n'intervient qu'autant qu'il sert à apprécier sa croyance et aussi, marginalement, pour vérifier que son erreur est excusable.

L'erreur implique ainsi une prise en considération de la victime du vice du consentement et non pas de son cocontractant comme cela sera le cas pour le dol et même pour la violence. Peu importe donc, sur le fondement de l'article 1110 du Code civil, d'examiner la psychologie du cocontractant de l'*errans* : à la différence de certains droits étrangers et notamment du droit anglais, il est indifférent que celui-ci ait partagé la même erreur ou qu'au contraire il ait été parfaitement conscient de cette erreur. Son rôle dans la survenance de l'erreur est également sans conséquence pour l'annulation du contrat : le fait que l'erreur ait été spontanée ou provoquée (par le cocontractant ou même par un tiers) n'emporte aucune conséquence pour l'annulation elle-même (elle pourra en avoir en revanche pour l'attribution de dommages-intérêts sur le fondement de la responsabilité civile délictuelle). L'état d'esprit ou le comportement du cocontractant de la victime de l'erreur ne seront donc pas en principe pris en compte, sauf comme nous le verrons pour paralyser parfois la demande en annulation lorsque celle-ci porterait trop atteinte à la sécurité juridique.

Cette définition de l'erreur, qui paraît *a priori* simple, a cependant soulevé plusieurs difficultés.

a) Le doute sur la réalité. — La croyance de l'*errans* doit être comparée à la réalité, mais que se passe-t-il lorsqu'il y a un doute sur celle-ci ? La question a été posée dans la célèbre affaire du *Poussin*. Les faits de l'espèce étaient les suivants : les époux Saint-Arroman avaient mis en vente aux enchères publiques un tableau qui, après expertise, fut présenté sur le catalogue comme appartenant à l'école des Carrache (deux frères peintres de la fin du XVIe siècle). Le tableau fut adjugé aux enchères publiques le 21 février 1968 pour la somme de 2200 F. Le musée du Louvre exerça alors son droit de préemption sur le tableau (c'est-à-dire qu'il se substitua d'office à l'acheteur en versant la somme due par celui-ci) et, peu de temps après, l'exposa sous le titre « Apollon et Marsyas » comme étant l'œuvre du célèbre peintre du XVIIe siècle, Nicolas Poussin, qui avait une cote bien supérieure à celle des frères Carrache. Découvrant cela, les époux Saint-Arroman intentèrent une action en nullité de la vente intervenue pour erreur. Près de quinze ans plus tard, après deux arrêts de Cour de cassation et trois arrêts de cour d'appel[1], la cour d'appel de Versailles, dans un arrêt du 7 janvier 1987[2], prononça la nullité de la vente pour erreur des époux Saint-Arroman qui purent ainsi récupérer le tableau en échange de la restitution de la somme perçue (2200 F) et le revendre, avec un profit substantiel, pour plusieurs millions de francs.

Dans l'arrêt du 2 février 1976 rendu dans cette affaire, la cour d'appel de Paris avait infirmé le premier jugement et débouté les époux Saint-Arroman de leur demande au motif qu'il y avait eu de nombreux faux de Nicolas Poussin et qu'il en résultait donc un doute sur l'origine du tableau litigieux. On ne pouvait donc, selon elle, trancher sur le point de savoir s'il y avait réellement eu discordance entre l'opinion des époux Saint-Arroman et la réalité. Dans son arrêt du 22 février 1978, la 1re Chambre civile de la Cour de cassation censura cependant cet arrêt au motif qu'« en statuant ainsi, sans rechercher si, au moment de la vente, le consentement des vendeurs n'avait pas été vicié par leur conviction erronée que le tableau ne pouvait pas être une œuvre de Nicolas

1. TGI Paris, 13 déc. 1972 (*D.* 1973, 410, note J. Ghestin et Ph. Malinvaud ; *JCP* 1973, II, 17377, note R. Lindon ; Foucart-Borville, *Gaz. Pal.* 1974, doctr., 563 ; *ibid.* 592, le droit de réponse de l'expert Lebel) ; Paris, 15 janv. 1975 (*D.* 1975, somm., 80) ; Trib. conflits, 2 juin 1975 (*Lebon*, 705) ; Paris, 2 févr. 1976 (*D.* 1976, 325, concl. Cabannes ; *JCP* 1976, II, 18358, note R. Lindon) ; Civ. 1re, 22 févr. 1978 (*D.* 1978, 601, note Ph. Malinvaud ; *RTD civ.* 1979, 126, obs. Y. Loussouarn ; *Defrénois* 1978, 1346, obs. J.-L. Aubert) ; Amiens, 1er févr. 1982 (*JCP* 1982, II, 19916, note J.-M. Trigeaud ; *RTD civ.* 1982, 416, obs. F. Chabas ; *Defrénois* 1982, 676, obs. J. Châtelain ; *Gaz. Pal.* 1982, 1er sem., 134, concl. Houpert) ; Civ. 1re, 13 déc. 1983 (*D.* 1984, 340, note J.-L. Aubert ; *JCP* 1984, II, 20186, concl. Gulphe ; *RTD civ.* 1984, 109, note F. Chabas, et 1985, 160, obs. J. Mestre).

2. Versailles, 7 janv. 1987 (*Gaz. Pal.* 1987, 1er sem., 34 et A. Piédelièvre, Le dernier état de la jurisprudence du « Poussin », doctr. 196 ; *D.* 1987, 485, note J.-L. Aubert ; *RTD civ.* 1987, 741, obs. J. Mestre ; *JCP* 1988, II, 21121, note J. Ghestin ; J.-P Couturier, La résistible ascension du doute (quelques réflexions sur l'affaire Poussin), *D.* 1989, chron., 23 ; R. Lindon, Postface au roman judiciaire du Poussin, *D.* 1989, chron., 121).

Poussin, la cour d'appel n'a pas donné de base légale à sa décision». Ainsi, dès lors que le contractant avait une certitude (celle que le tableau *n'était pas* une œuvre de Nicolas Poussin), on pouvait dire qu'il y a discordance avec la réalité – et donc erreur – puisque la réalité était quant à elle entachée d'incertitude (le tableau était *peut-être* une œuvre de Nicolas Poussin). Il est vrai que, dans ce type d'espèce, le seul doute sur l'authenticité (le tableau est peut-être un Poussin) lui donne une valeur bien supérieure à celle d'un tableau dont l'absence d'authenticité est certaine.

Le doute sur la réalité n'est ainsi pas un obstacle à l'admission d'une annulation pour erreur. Pour obtenir l'annulation de la vente, il faut cependant réussir à démontrer un véritable doute sur la réalité, en particulier sur l'authenticité du tableau[1]. Mais la Cour de cassation a jugé que les acquéreurs n'avaient pas à rapporter la preuve d'un doute déterminant sur l'authenticité de l'œuvre, ce qu'avait exigé la Cour d'appel pour rejeter leur demande, dès lors «qu'il résultait de ses propres constatations que la référence à la période historique portée, sans réserve expresse, au catalogue n'était pas exacte, ce qui suffisait à provoquer l'erreur invoquée»[2]. On glisse alors de l'appréciation de la réalité à celle de la croyance des contractants.

b) L'acceptation d'un aléa. — *Quid* alors précisément dans l'hypothèse inverse où ce n'est plus la réalité mais la croyance du contractant qui est entachée d'incertitude? On suppose cette fois-ci que la réalité est certaine, mais qu'il y avait en revanche un doute dans l'esprit du contractant. Il y a bien *a priori* également un décalage entre la perception et la réalité, mais peut-on encore admettre qu'il y ait erreur de nature à annuler le contrat?

La réponse est cette fois-ci en principe négative. En effet, lorsqu'il y a un doute dans l'esprit du contractant mais que celui-ci contracte tout de même, c'est qu'il accepte ce doute et cet aléa, et il accepte donc un risque. Il ne peut pas alors invoquer ultérieurement son erreur si la réalité se révèle contraire à ses espérances. Il y a bien discordance (doute dans la croyance, comparé à une certitude dans la réalité), mais le contractant a sciemment accepté un risque, et il ne peut être autorisé

1. Pour un cas où les acheteurs n'ont pas réussi à démontrer que le tableau acquis n'était pas un Van Gogh, malgré des rumeurs en ce sens : Civ. 1re, 25 mai 2004, n° 01-13357; *RTD civ.* 2005, 123, obs. J. Mestre et B. Fages.

2. Civ. 1re, 27 févr. 2007, n° 02-13420 et n° 03-21179; *JCP G* 2007, I, 195, n° 6, obs. F. Labarthe; *D.* 2007, 1632, note P.-Y. Gautier, et 2966, obs. S. Amrani Mekki; *RTD com.* 2007, 587, obs. B. Bouloc; *CCC* 2007, n° 146, L. Leveneur.

ensuite à se plaindre. Dans l'affaire du *Verrou* de Fragonard, tableau célèbre du XVIIIe siècle, la vente fut ainsi maintenue au motif qu'en mettant en vente aux enchères publiques un tableau sous une mention « attribué à Fragonard », ce qui laissait planer un doute sur l'origine exacte du tableau, les vendeurs avaient accepté un aléa sur l'authenticité de l'œuvre et ne démontraient donc pas qu'ils avaient commis une erreur[1].

Tout dépend ainsi de l'interprétation de l'état d'esprit des contractants et du point de savoir s'ils ont accepté un aléa[2]. À la suite de ces affaires qui intervenaient souvent en matière d'œuvres d'art, un arrêté fut pris sur la signification exacte des différentes expressions utilisées dans les ventes d'œuvres d'art, c'est-à-dire des différentes mentions du type « attribué à », « école de », etc. Des incertitudes demeurent cependant sur l'appréciation de l'état d'esprit du demandeur[3]. Les mentions du catalogue sont alors déterminantes pour apprécier quel était la croyance de l'acheteur au moment de la vente puisqu'il se fie en principe légitimement aux mentions du catalogue censées refléter une expertise. Les juges apprécient alors si la différence avec la réalité est de nature à permettre de retenir une erreur substantielle. La Cour de cassation s'est par exemple prononcée dans la célèbre affaire *Boulle* sur la portée de restaurations intervenues sur des œuvres d'art et non signalées au moment de la vente : après avoir dans un premier arrêt affirmé que les restaurations effectuées en l'espèce permettaient de caractériser une erreur sur les qualités substantielles[4], elle a amenée à se prononcer à

1. Civ. 1re, 24 mars 1987, n° 85-15736; *D.* 1987, 489, note J.-L. Aubert; *JCP G* 1989, II, 21300, note M.-F. Vieville-Miravette : « Accepté de part et d'autre, l'aléa sur l'authenticité de l'œuvre avait été dans le champ contractuel; qu'en conséquence, aucune des deux parties ne pouvait alléguer l'erreur en cas de dissipation ultérieure de l'incertitude commune, et notamment pas le vendeur ni ses ayant-cause en cas d'authenticité devenue certaine. »

2. « La mise en vente sans réserves d'une œuvre d'art portant une signature constitue une affirmation d'authenticité ce qui exclut le caractère aléatoire du contrat » (Civ. 1re, 7 nov. 1995, n° 93-11418). De même, dans une autre affaire relative à un Poussin, la Cour de cassation approuve la cour d'appel d'avoir annulé la vente dès lors que la venderesse « avait acquis la certitude que le tableau n'était pas de l'artiste » alors que le tableau s'est révélé être authentique : Civ. 1re, 17 sept. 2003, n° 01-15306; *RTD civ.* 2005, 123, obs. J. Mestre et B. Fages.

3. Civ. 1re, 28 mars 2008, n° 06-10715; *D.* 2008, 1866, note E. Treppoz, qui censure la Cour d'appel qui avait refusé d'annuler la vente d'un tableau attribué dans un premier temps au peintre Sargent dans la mesure où, par une transaction, la venderesse avait ultérieurement accepté une réduction du prix de vente au motif que l'œuvre ne pouvait être attribuée à ce peintre; selon la Cour de cassation, la Cour d'appel ne s'explique pas assez, car il n'est pas exclu qu'un aléa demeure sur l'attribution de l'œuvre à un peintre d'une notoriété plus importante (Monet par ex.).

4. Civ. 1re, 30 oct. 2008, n° 07-17523; *D.* 2009, 990, note L. Mauger-Vielpeau; *RTD com.* 2009, 143, obs. F. Pollaud-Dulian; *RLDC* 2009/56, n° 3246, obs. V. Maugeri :; soutenant avoir découvert que le meuble qu'ils avaient acheté avait été transformé au XIXe siècle et non simplement restauré, les époux Z... avaient poursuivi l'annulation de la vente et recherché la responsabilité du commissaire-

nouveau suite à la résistance des juges du fond[1], et elle a finalement jugé que ces restaurations n'étaient pas suffisamment importantes pour remettre en cause l'authenticité de l'œuvre achetée dans la mesure où les qualités essentielles de celle-ci étaient ailleurs et demeuraient quant à elles avérées[2] et approuve dès lors les juges du fond d'avoir considéré que la nullité de la vente ne pouvait être obtenue. La Cour de cassation exerce son contrôle sur la qualification d'erreur : ainsi, dans l'affaire *Boulle*, si elle énonce finalement que les constations de la Cour d'appel sur ce qui était déterminant aux yeux des acquéreurs sont souveraines, elle contrôle tout de même que ces éléments soient de nature à constituer une erreur sur les qualités substantielles. Le prix de l'acquisition est également déterminant pour savoir ce que les acheteurs pouvaient légitimement espérer acheter pour une telle somme[3].

L'idée a été étendue à d'autres domaines, que la conclusion d'un contrat « à ses risques et périls » empêche le cocontractant de se plaindre ultérieurement de son erreur[4].

priseur et de l'expert ; en déboutant les acquéreurs « alors qu'elle constatait par ailleurs que la table avait été transformée au XIXe siècle à l'aide de certaines pièces fabriquées à cette époque, qu'il s'agisse d'éléments des pieds, des chants des tiroirs, du placage du plateau du dessus et de certains bronzes, de sorte que les mentions du catalogue par leur insuffisance, n'étaient pas conformes à la réalité et avaient entraîné la conviction erronée et excusable des acquéreurs que bien que réparé et accidenté ce meuble n'avait subi aucune transformation depuis l'époque Louis XVI de référence, la cour d'appel a violé les textes susvisés » (article 2, alinéa 2, du décret n° 81-255 du 3 mars 1981 tel que modifié par décret du 19 juillet 2001, ensemble l'article 1110 du code civil).

1. La Cour d'appel de renvoi refusa en effet de s'incliner et adopta la même solution que la première Cour : Paris, 21 sept. 2010, n° 08/21208, *D.* 2011. 141, note L. Mauger-Vielpeau.

2. Civ. 1re, 20 oct. 2011, n° 10-25980 ; F. Labarthe, Erreur sur la substance : fin de la saga de la table « Boulle », *D.* 2012, 76 ; *D.* 2012, 459 et s., obs. S. Amrani Mekki et M. Mekki ; la Cour de cassation approuve la Cour d'appel d'avoir rejeté cette demande : « après avoir constaté que l'installation de la marqueterie incontestée Boulle sur ce meuble d'époque Louis XVI et l'estampille C.I. B... constituaient son originalité, la cour d'appel a estimé que les époux Z... s'en étaient portés acquéreurs en considération de ces éléments, comme de la provenance du meuble issu de la collection Salomon de Rothschild ; que ces constatations et appréciations souveraines suffisent à justifier légalement la décision ».

3. Ainsi, dans l'affaire Boulle citée à la note précédente, la Cour d'appel de Paris avait, dans son premier arrêt du 12 juin 2007 dont la solution est finalement approuvée par la Cour de cassation, relevé que les acquéreurs ne pouvaient se méprendre sur la portée des mentions du catalogue et sur la réelle qualité du meuble « d'autant plus que la mise à prix était modeste ».

4. Civ. 3e, 9 juin 2010, n° 08-13969 ; *RDC* 2011/1, 40, obs. É. Savaux, qui rappelle que « pour prononcer la nullité de la vente pour erreur sur les qualités substantielles de la chose, l'arrêt retient que n'ayant pas connu et accepté le risque que le terrain soit jugé totalement inconstructible, M. Y... est bien fondé à invoquer son erreur sur une qualité substantielle de la chose vendue » ; la Cour de cassation censure au motif « qu'en statuant ainsi, sans rechercher, comme il le lui était demandé, si en qualité d'architecte et de promoteur immobilier expérimenté dans la région de Val d'Isère, M. Y..., qui avait déclaré dans l'acte d'acquisition "connaître parfaitement le bien vendu", "avoir pris par lui-même tous renseignements relatifs aux règles d'urbanisme", faire son affaire personnelle de ces règles

Par analogie avec le célèbre adage selon lequel « l'aléa chasse la lésion », l'esprit de cette règle est souvent exprimée par une nouvelle maxime forgée par la doctrine selon laquelle « l'aléa chasse l'erreur. »

2. LA DATE D'APPRÉCIATION DE L'ERREUR

Comme tous les vices du consentement et même comme toutes les conditions de validité du contrat, l'erreur s'apprécie au moment de la conclusion du contrat. Là encore cependant, la règle n'est pas aussi simple qu'il y paraît, comme cela fut également révélé par l'affaire du Poussin.

La cour d'appel d'Amiens, dans son arrêt du 1er février 1982, adopta la même solution que la première cour d'appel, mais pour des raisons différentes. Elle admit que les époux Saint-Arroman avaient bien eu, au moment de la vente, la conviction que le tableau litigieux ne pouvait pas être une œuvre de Nicolas Poussin mais les débouta néanmoins de leur action en nullité pour erreur. Selon elle en effet, tous les éléments révélant que le tableau était probablement de Nicolas Poussin étant postérieurs à la vente (not. l'affectation de ce tableau au Louvre comme étant de Poussin par arrêté du 20 mars 1968, l'article de M. Rosenberg paru en 1969 dans *La Revue du Louvre*, ou encore l'exposition de l'œuvre au Louvre sous le nom de Poussin), ils ne pouvaient être pris en considération pour apprécier l'erreur intervenue au moment de celle-ci.

La Cour de cassation, dans un arrêt du 13 décembre 1983, rectifie à juste titre ce raisonnement et censure la décision de la cour d'appel, en affirmant le droit des époux Saint-Arroman « de se servir d'éléments d'appréciation postérieurs à la vente pour prouver l'existence d'une erreur de leur part au moment de la vente ». La leçon est claire : la croyance de l'*errans* doit être appréciée au jour de la vente, mais la réalité est la réalité telle qu'on la perçoit aujourd'hui, et on peut dès lors se servir d'éléments postérieurs à la vente pour déterminer ce qu'elle était *au moment* de la vente. Par hypothèse, en effet, la réalité est en principe immuable (un tableau est ou n'est pas de Nicolas Poussin), et la réalité telle qu'on arrive à l'apprécier aujourd'hui est donc celle-là même qui existait au jour de la conclusion du contrat. L'erreur est ainsi une fausse représentation de la réalité telle qu'on la perçoit au jour où on doit juger de l'erreur. On pourrait cependant imaginer des cas où la

"la vente ayant lieu à ses risques et périls", ne s'était pas engagé en connaissance de cause, la cour d'appel n'a pas donné de base légale à sa décision ».

réalité est fluctuante : par exemple un tableau a pu être en bon état et être néanmoins aujourd'hui dans un état lamentable. Dans ce cas, c'est la réalité au jour du contrat qu'il faudrait prendre en considération pour juger de l'erreur. Lorsqu'en revanche cette réalité est immuable, ce qui est le cas le plus courant, rien ne fait obstacle à l'appréciation au jour du jugement de ce qui était la réalité au jour du contrat.

Cette précision ne modifie pas la règle : l'erreur, c'est-à-dire la discordance entre la réalité et sa perception par le demandeur, s'apprécie au jour de la conclusion du contrat.

C'est la discordance avec la psychologie réelle du contractant qui doit être appréciée au jour de la conclusion du contrat, peu important qu'un fait ultérieur ait rétroactivement créé une erreur. Ainsi, dans une affaire, les acheteurs d'un terrain avaient obtenu un permis de construire dont ils avaient fait, par le biais d'une condition suspensive, une condition déterminante de leur achat; celui-ci ayant été ultérieurement annulé, la Cour de cassation, contrairement aux juges du fond, refusa de considérer que cette annulation remettait en cause le consentement des acheteurs qui, au moment de la signature de l'acte, n'avaient commis aucune erreur puisqu'à l'époque le permis avait bien été donné : selon la haute Juridiction, «la rétroactivité est sans incidence sur l'erreur, qui s'apprécie au moment de la conclusion du contrat»[1].

3. LES DIFFÉRENTS TYPES D'ERREUR

Certaines erreurs sont recevables; d'autres sont indifférentes.

A / Les erreurs recevables

Aux termes de l'article 1110 du Code civil, «l'erreur n'est une cause de nullité de la convention que lorsqu'elle tombe sur la substance même de la chose qui en est l'objet»; l'alinéa 2 du même article ajoute qu'en revanche, «elle n'est point une cause de nullité lorsqu'elle ne tombe que sur la personne avec laquelle on a intention de contracter, à moins que la considération de cette personne ne soit la cause principale de la convention». Deux types d'erreur sont donc évoqués : l'erreur sur la

1. Civ. 3e, 23 mai 2007, n° 06-11889; *RTD civ.* 2007, 565, obs. B. Fages; *D.* 2007, 2977, note S. Maillard.

substance, seule admissible en principe, et l'erreur sur la personne, admissible à titre exceptionnel.

a) L'erreur sur la substance. — L'erreur sur la substance est en principe la seule erreur admise par le Code civil. Sa définition est subtile et a évolué. Elle est une erreur portant sur les qualités substantielles de la chose objet du contrat. Elle peut être de fait ou de droit.

1° *Une erreur portant sur les qualités substantielles de la chose objet du contrat.* La première difficulté vient de la notion même de substance, que Demolombe qualifiait de «métaphysique»[1]. La substance fut d'abord définie comme la matière dont est fait l'objet. Pothier (1699-1772), professeur de droit romain et magistrat à Orléans, prenait l'exemple, devenu célèbre[2], de l'acheteur d'une paire de chandeliers que l'on croit en argent alors qu'ils ne sont que de cuivre argenté. La substance d'une chose est également aujourd'hui interprétée de façon subjective comme comprenant toutes les qualités substantielles de cette chose. Celles-ci peuvent être définies comme toutes les qualités essentielles de la chose objet du contrat, c'est-à-dire comme les qualités qui ont déterminé le consentement : commet ainsi une erreur sur les qualités substantielles celui qui, ayant l'intention d'acquérir une pouliche de course, a en réalité acheté une jument de reproduction[3]. L'erreur est en effet un vice du consentement, ce qui signifie que, *sans* cette erreur, le contractant *n'aurait pas* accepté de conclure le contrat. Il ne doit donc pas s'agir d'une erreur minime mais d'une erreur suffisamment importante pour avoir conduit à la conclusion du contrat. L'appréciation des qualités substantielles dépend donc de ce qui est déterminant pour la chose dont il s'agit. La rentabilité de l'activité entreprise peut ainsi être une erreur substantielle pour un contrat de franchise[4].

Conformément aux règles de droit commun sur la charge de la preuve, c'est à celui qui invoque une erreur de la prouver. Il doit donc en particulier démontrer que son erreur l'a déterminé à contracter, c'est-à-dire que s'il avait su, c'est-à-dire s'il n'avait pas commis cette erreur, il *n'aurait pas* conclu le contrat.

La question s'est posée de savoir si l'appréciation devait se faire *in abstracto*, c'est-à-dire en fonction d'un contractant abstrait,

1. Demolombe, *Cours de Code Napoléon*, t. 27, Paris, 1868, n° 86.
2. Comme de nombreux autres : J.-L. Sourioux, Les exemples de Pothier, *RTD civ.* 2006, 493.
3. Civ. 1re, 5 févr. 2002, n° 00-12671.
4. Com., 4 oct. 2011, 2 arrêts, n° 10-23012 et 10-20956; *D.* 2011, 3052, obs. N. Dissaux; *D.* 2012, 459 et s., obs. S. Amrani Mekki et M. Mekki.

« normal » (au sens de conforme à la norme, à la moyenne) ou *in concreto*, c'est-à-dire en fonction du contractant demandeur [1]. La jurisprudence procède plutôt à une appréciation *in concreto*, c'est-à-dire que le demandeur à l'annulation du contrat doit démontrer qu'il avait fait de la qualité manquante une qualité déterminante de son consentement. Les juges sont cependant plus souples lorsque la qualité aurait déterminé le consentement d'un contractant moyen et il admettent alors facilement des présomptions (par ex. lorsque le tableau acheté se révèle être un faux, les juges présument, si le prix payé était élevé, que l'acheteur avait cru en son authenticité). L'appréciation est ainsi par principe subjective, même si d'autres règles seront là pour en pallier les effets les plus négatifs sur la sécurité juridique ou pour contrôler la légitimité des demandes (v. *infra* pour l'erreur sur la personne).

2° *Une erreur portant sur la chose objet du contrat*. Le contractant doit s'être trompé sur l'une des caractéristiques ou qualités de la chose ou du service promis : l'authenticité d'une œuvre d'art, la constructibilité d'un terrain, ou encore les capacités d'une voiture automobile.

Dans les cas les plus courants, lorsqu'une partie se trompe en concluant un contrat, c'est qu'elle reçoit de l'autre une chose ne présentant pas les qualités qu'elle en attendait : par exemple l'acheteur acquiert un tableau qu'il croyait être authentique et qui se révèle une copie. L'erreur la plus usuelle est donc une erreur sur la prestation reçue de l'autre. Mais l'exemple inverse peut également se produire. Une partie peut parfois se tromper sur sa *propre* prestation, c'est-à-dire qu'elle fournit à l'autre une chose dont elle a sous-estimé les qualités réelles : par exemple un vendeur cède à un faible prix un tableau qui se révèle par la suite être un tableau de maître. La question fut soulevée pour la première fois là encore dans l'affaire du Poussin où les époux Saint-Arroman invoquaient une erreur sur le tableau qu'ils avaient mis en vente et donc sur leur propre prestation.

Plusieurs arguments furent présentés contre l'admission de l'erreur sur la propre prestation de celui qui s'oblige, c'est-à-dire sur la prestation fournie ou à fournir au cocontractant. En premier lieu, l'article 1110 du Code civil viserait uniquement l'erreur sur la substance de « la » chose objet du contrat au singulier ; il n'aurait donc envisagé que l'erreur sur ce qui fait l'objet de la convention pour le demandeur en nullité, c'est-à-dire la prestation reçue de l'autre contractant. Cet argument de texte

1. N. Dejean de la Bâtie, *Appréciation* in abstracto *et appréciation* in concreto *en droit civil français*, th. 1965. S'agissant du caractère déterminant de l'erreur, l'auteur conclut qu'elle s'apprécie *in concreto* (n° 274, p. 220).

n'est cependant pas très convaincant, car l'article 1110 est en réalité conçu en termes généraux et ne distingue pas selon les deux types d'erreur. En réalité, on peut penser que l'objet visé à l'article 1110 du Code civil désigne la chose qui est l'objet de la convention, par opposition au prix. Dès lors, c'est toute erreur sur cette chose qui peut être invoquée, qu'elle soit le fait de l'une ou l'autre des parties, notamment de l'acheteur aussi bien que du vendeur. Certains ont également argumenté que l'erreur sur sa propre prestation serait toujours inexcusable, c'est-à-dire fautive, puisque celui qui prétend s'être trompé avait tout loisir pour apprécier la prestation qu'il offrait et donc la jauger. Il ne pourrait donc s'en prendre qu'à lui-même s'il s'est trompé. Mais s'il est vrai que dans de nombreux cas l'erreur sur sa propre prestation pourra être considérée comme fautive, ce n'est pas à dire pour autant qu'elle ne puisse jamais être excusable. Dans l'affaire Poussin par exemple, les vendeurs avaient fait expertiser leur tableau et on ne peut donc leur reprocher d'avoir été négligents.

La jurisprudence admet aujourd'hui de façon constante que l'erreur sur sa propre prestation, c'est-à-dire sur la chose fournie au cocontractant, peut entraîner l'annulation du contrat au même titre que l'erreur sur la prestation reçue ou à recevoir de ce dernier[1].

3° *Une erreur de fait ou de droit.* On s'est aussi demandé si l'erreur devait nécessairement être une erreur de fait ou si une erreur de droit pouvait être invoquée.

Il y a erreur de droit, par opposition à une erreur de fait, lorsque l'un des contractants s'est trompé sur une règle de droit qui a déterminé pour lui la conclusion du contrat (par ex. je m'engage à réparer un dommage car je m'en crois juridiquement responsable alors qu'en réalité je ne le suis pas). La question s'est posée de savoir si une erreur de droit pouvait être une erreur sur les qualités substantielles au sens de l'article 1110 du Code civil. Le doute provenait de l'existence de l'adage *nemo legem ignorare censetur* (nul n'est censé ignorer la loi) qui semblait interdire d'invoquer une erreur sur le contenu de la loi. En réalité, cet adage n'empêche nullement la prise en considération d'une erreur de

1. Bien antérieurement, on relève des arrêts où la Cour de cassation considère qu'« il y a erreur sur la substance notamment quand le consentement de l'une des parties a été déterminé par l'idée fausse que cette partie avait de la nature des droits *dont elle croyait se dépouiller* ou qu'elle croyait acquérir par l'effet du contrat » (Civ., 17 nov. 1930, *S.* 1932, 1, 17, note Breton ; *D.* 1932, 1, 61, note Laurent ; Civ. 1re, 15 juin 1960, *JCP* 1961, II, 12274, note Voirin ; *S.* 1961, 1, note Savatier). En ce sens Demolombe, *Cours de Code Napoléon*, t. 24, A. Durand et L. Hachette & Cie, 1868, n° 104, selon lequel il est « incontestable » que l'erreur du vendeur sur sa propre prestation entraîne l'annulation du contrat au même titre que l'erreur de l'acheteur sur la prestation du vendeur et même *a fortiori*.

droit, car son seul rôle est d'empêcher que l'on puisse invoquer l'ignorance de la loi pour échapper à son application. Il faut dès lors distinguer. L'erreur de droit ne sera pas admise si elle est invoquée pour éluder l'application de la loi : si par exemple je demande l'annulation du contrat conclu au motif que je ne savais pas qu'il serait obligatoire et devrait être exécuté, cette erreur n'est pas admissible en vertu de l'adage susvisé (l'erreur permettrait, sinon, d'éluder l'application de la loi énonçant que les conventions sont obligatoires). Si en revanche je demande l'annulation de l'engagement que j'avais pris en croyant à tort être responsable, je ne cherche ici nullement à éviter l'application de la loi puisqu'au contraire celle-ci ne me déclarait pas responsable : il sera donc possible d'invoquer une erreur de droit sur le fondement de l'article 1110 du Code civil.

L'erreur de droit suppose une ignorance ou une mauvaise appréciation d'une règle de droit, et la Cour de cassation refuse d'y inclure les décisions judiciaires, au moins celles qui ne présentent pas les caractères d'une jurisprudence établie puisque par hypothèse la règle (et donc l'erreur) n'est pas certaine[1].

À Rome, on jugeait l'erreur de droit inexcusable en raison de la présence d'excellents jurisconsultes auprès de qui on aurait dû se renseigner[2] ! Elle est aujourd'hui admise au même titre que l'erreur de fait.

b) L'erreur sur la personne. — Selon l'alinéa 2 de l'article 1110 du Code civil, l'erreur « n'est point une cause de nullité lorsqu'elle ne tombe que sur la personne avec laquelle on a intention de contracter ». Le Code prévoit ainsi qu'en principe, l'erreur sur la personne du cocontractant est indifférente. Ce n'est que par exception que le même article admet qu'elle puisse être cause de nullité des contrats, lorsque « la considération de cette personne » a été « la cause principale de la convention », c'est-à-dire lorsqu'elle a déterminé le consentement[3]. L'erreur sur la personne n'est donc recevable que dans les contrats conclus *intuitu personae*

1. Selon la Cour de cassation, « ne [peut] être invoquée comme cause d'une erreur de droit susceptible de justifier la nullité d'un contrat, une décision judiciaire rendue, entre d'autres parties » (en l'espèce un jugement du TGI de Paris), sous-entendant que la solution aurait pu être différente si la décision avait été rendue entre les mêmes parties (car alors elle se serait imposée à elles) : Civ. 1re, 27 juin 2006, n° 05-13337 ; *RTD civ.* 2006, 761, obs. J. Mestre et B. Fages ; *RDC* 2007/2, 229, obs. C. Pérès.

2. J.-Ph. Lévy, *Histoire des obligations*, Les Cours du droit, 1995, 116.

3. « L'erreur sur la personne n'est une cause de nullité qu'autant que la considération de cette personne a été la cause déterminante de la convention » : Soc., 23 janv. 1992, n° 88-43391, pour un refus d'annuler un contrat d'adaptation à l'emploi pour erreur sur la personne au motif que le jeune embauché n'avait pas le permis de conduire.

(en considération de la personne), ce qui est en principe le cas des contrats à titre gratuit (l'intention libérale est dirigée vers une personne déterminée), et parfois celui des contrats à titre onéreux.

La notion d'erreur sur la personne a connu la même évolution que celle d'erreur sur la substance. Elle était au départ très limitée, et ne pouvait être qu'une erreur sur l'identité civile ou physique de la personne. L'exemple le plus typique est celui du contrat de mariage, même s'il s'agit certes d'un contrat un peu particulier. Dans un célèbre arrêt « époux Berthon » du 24 avril 1862, les Chambres réunies de la Cour de cassation avaient refusé d'annuler un mariage lorsque l'épouse apprit que son mari avait passé dans sa jeunesse plusieurs années au bagne, car celle-ci ne s'était point trompée sur l'identité civile de son mari qui s'était présenté sous ses vrais nom et état civil[1]. Par la suite ont été admises toutes les erreurs sur les qualités essentielles de la personne ayant déterminé le consentement du cocontractant[2]. La liste varie selon le type de contrat : erreur sur l'impartialité d'un arbitre[3], sur l'âge de l'assuré dans le contrat d'assurance-vie[4], etc. La jurisprudence est cependant assez rare. En matière de mariage, la loi du 11 juillet 1975 portant réforme du divorce a expressément modifié l'article 180 du Code civil pour y ajouter, à l'alinéa 2, l'admission de l'erreur « sur des qualités essentielles de la personne ». La jurisprudence demeure cependant là aussi très restrictive, dans la mesure où le divorce permet facilement de mettre fin au mariage. L'erreur pourrait peut-être être admise en cas d'ignorance d'une stérilité du conjoint[5], ou en cas d'erreur du mari sur

1. « Attendu que l'erreur dans la personne dont les articles 146 et 180 du Code Napoléon ont fait une cause de nullité du mariage ne s'entend, sous la nouvelle comme sous l'ancienne législation, que d'une erreur portant sur la personne elle-même » [...] « qu'ainsi, la nullité pour erreur dans la personne reste sans extension possible aux simples erreurs sur des conditions ou des qualités de la personne, sur des flétrissures qu'elle aurait subies, et spécialement à l'erreur de l'époux qui a ignoré la condamnation à des peines afflictives ou infamantes antérieurement prononcées contre son conjoint et la privation des droits civils et civiques qui s'en est suivie ».

2. L'erreur sur l'identité et l'état civil n'est pas nécessairement déterminante du consentement mais, si elle résulte d'une tromperie, elle peut au moins donner lieu à des dommages-intérêts à la mesure du préjudice subi (Ass. Plén., 9 mai 2008, n° 07-12449 ; *RTD civ.* 2008, 672, obs. B. Fages ; *RDC* 2008/4, 1151, obs. S. Carval ; *D.* 2008, 2328, note A. L. Thomat-Raynaud ; *JCP G* 2009, II, 10183, obs. H. Kenfack) ou à l'impossibilité pour le contractant fraudeur de se plaindre de l'inexécution du contrat obtenu en fraude (Civ. 2e, 15 mai 2008, n° 07-15310 ; obs. *RTD civ.* précitées) ce qui est une forme, sinon d'annulation, au moins de paralysie du contrat pour l'une des parties.

3. Civ. 2e, 13 avr. 1972, n° 70-12774 ; *D.* 1973, 2, note J. Robert.

4. À la condition que la considération de cet âge ait été déterminante ; art. L. 132-26 C. ass. : « L'erreur sur l'âge de l'assuré n'entraîne la nullité de l'assurance que lorsque son âge véritable se trouve en dehors des limites fixées pour la conclusion des contrats par les tarifs de l'assureur. »

5. Versailles, 12 janv. 1995 (*RTD civ.* 1995, 330), qui refuse d'admettre l'inexistence du mariage puisque la possibilité de procréation n'est pas une condition du mariage civil puisque les personnes

sa paternité[1], mais les juges exigent des circonstances particulières ; à nouveau dans le cas où de telles informations déterminantes auraient été cachées sciemment par l'un des époux, le divorce serait en revanche admis sans difficulté.

Comme en matière d'erreur sur la substance, l'erreur sur la personne s'apprécie plutôt subjectivement : le contractant doit démontrer qu'il avait fait des qualités de la personne de son cocontractant un élément déterminant de son consentement. Les juges ne doivent néanmoins pas s'arrêter à une pure appréciation subjective de l'erreur et admettre tous les cas où un contractant affirme (ou même démontre) qu'il n'aurait pas contracté s'il avait connu telle ou telle qualité de la personne. Plus souvent sans doute qu'en matière d'erreur sur une chose, les juges pourront procéder à une appréciation objective comme instrument de politique jurisprudentielle, et ce afin de contrôler la légitimité de la plainte du demandeur en nullité. C'est ainsi à bon droit que la Cour d'appel de Douai a, dans un arrêt du 17 novembre 2008[2], infirmé la décision des premiers juges qui avaient accueilli la demande d'un époux en nullité de son mariage pour non-virginité de son épouse[3]. Selon les juges du second degré, la virginité « n'est pas une qualité essentielle en ce que son absence n'a pas d'incidence sur la vie matrimoniale »[4]. Lorsque la Cour d'appel dit que la virginité « n'est pas une qualité essentielle », cela ne signifie pas qu'elle nie qu'elle l'ait été en fait et subjectivement pour l'époux, mais qu'elle refuse, objectivement, d'en faire une qualité essentielle légitimement admissible devant les tribunaux français. Les juges

âgées ou malades peuvent se marier ; la cour d'appel rejette aussi la demande sur le fondement de l'erreur, mais pour une raison procédurale.

1. Paris, 7 avr. 1995, *RTD civ.* 1995, 605. Le mari demandait la nullité du mariage car il avait cru à tort être le père de l'enfant à naître. L'arrêt refuse la nullité mais seulement au motif que « le mariage des parties n'a pas été décidé en raison de la grossesse de Mme C... mais qu'il était prévu depuis le début de l'année 1990 » ; la Cour ajoute que l'épouse « n'avait pu savoir, au jour du mariage, que l'enfant qu'elle portait n'était pas de lui » ; en matière d'erreur, l'état d'esprit du cocontractant (en l'espèce de l'épouse) aurait dû être indifférent ; mais il faut compenser la non admission du dol en la matière.

2. N° de RG : 08/03786.

3. TGI Lille, 1er avr. 2008, n° 07-08458, *D.* 2008, 1389, note approb. P. Labbée.

4. Devant la Cour d'appel, le mari, ayant bien compris que l'argument ne pouvait prospérer en France, n'avait plus invoqué la virginité de son épouse comme qualité essentielle ayant déterminé son consentement, mais il se plaignait du mensonge de celle-ci qui aurait trahi sa confiance : c'était donc cette confiance entre époux qu'il érigeait en qualité essentielle ayant finalement fait défaut. La Cour retient cependant que ce mensonge n'est pas établi et « qu'en toute hypothèse le mensonge qui ne porte pas sur une qualité essentielle n'est pas un fondement valide pour l'annulation d'un mariage ». Seule les tromperies sur les qualités essentielles de la personne, qui permettraient donc une annulation du mariage pour erreur, sont prises en compte par le juge. On en revient ainsi à la question centrale de savoir si la virginité peut ou non être considérée comme telle.

ne pourraient pas davantage faire droit à une demande d'annulation d'un bail au seul motif de la religion du locataire, même si le bailleur démontre qu'il est raciste et que la religion de son locataire était pour lui déterminante de son consentement.

En principe, l'erreur sur la personne de nature à être prise en considération est celle ayant porté sur la personne du cocontractant. Dans de rares hypothèses cependant, un contractant pourra invoquer une erreur sur la personne d'un tiers ayant déterminé le consentement : il peut en être ainsi dans certaines opérations à trois personnes, par exemple en matière de cautionnement, où il peut parfois y avoir annulation du contrat de cautionnement (conclu entre le créancier et la caution) pour erreur de la caution sur la solvabilité du débiteur[1].

B / Les erreurs indifférentes

Sont indifférentes – c'est-à-dire qu'elles ne permettent pas d'obtenir l'annulation du contrat – toutes les autres erreurs que les erreurs sur la substance ou sur la personne. Il existe ainsi plusieurs types d'erreurs indifférentes, qui ont toutes porté sur des éléments extérieurs à la chose objet du contrat. La sécurité juridique requiert en effet que l'une des parties ne puisse sortir unilatéralement du contrat lorsqu'elle regrette de l'avoir conclu parce qu'elle a fait une mauvaise affaire, ou encore parce qu'elle a mal apprécié l'intérêt du contrat pour elle[2], sans qu'il n'y ait d'erreur sur les qualités substantielles de l'objet du contrat.

a) L'erreur sur la valeur. — Il y a erreur sur la valeur lorsque l'une des parties se trompe dans l'appréciation qu'elle fait de la valeur de la chose objet du contrat, donc de son prix, mais sans se tromper sur les caractéristiques de cette chose. Cette précision est importante, dans la mesure où dès lors qu'une partie se trompe sur les qualités substantielles d'une chose, il en résulte presque nécessairement une erreur sur le prix, car elle n'aurait fort probablement pas accepté de payer cette chose aussi cher ou de la céder si bon marché si elle avait connu la réalité : dans une telle hypothèse, le fait qu'une erreur sur le prix ait été commise

1. Com., 1er oct. 2002, n° 00-13189.

2. Civ. 2e, 8 oct. 2009, n° 08-18928; *RDC* 2010/1, 39, obs. Th. Genicon : « l'arrêt retient que le contrat était clairement défini par les conditions générales valant note d'information comme étant un contrat collectif d'assurance sur la vie, régi par le code des assurances; que, même à admettre que Mme X... a fait une erreur de choix de placement, cette erreur ne peut en aucun cas s'analyser en une erreur sur la substance de ce placement lui-même, laquelle était claire, tout comme ne constitue pas une erreur sur la substance du contrat le fait qu'elle n'ait pas perçu l'économie de celui-ci ».

n'empêchera pas d'obtenir l'annulation du contrat sur le fondement d'une erreur sur la substance.

L'erreur sur la valeur se définit comme « une appréciation économique erronée effectuée à partir de données exactes »[1]. L'appréciation économique est *erronée* puisqu'il y a erreur sur le prix, et celle-ci a été commise à partir de données *exactes*, c'est-à-dire sans qu'il y ait eu erreur sur les qualités substantielles de l'objet du contrat.

L'erreur sur la valeur est indifférente, c'est-à-dire qu'elle ne permet pas d'obtenir l'annulation du contrat ; le juge ne contrôle en effet pas en principe l'équilibre des prestations dans un contrat, et donc l'écart entre le prix et la chose fournie, sauf le cas particulier et très exceptionnel de la lésion.

Il n'y a donc erreur sur la valeur que lorsque l'erreur commise sur le prix versé ou reçu n'est pas la conséquence d'une erreur sur les qualités substantielles de la chose mais uniquement d'une mauvaise appréciation directe de la valeur d'un bien ou plus largement d'une prestation. Si j'achète un tableau pour une somme importante car je crois que c'est un tableau de Magritte alors qu'en réalité il s'agit d'un tableau quelconque, mon erreur sur le prix résulte d'une méconnaissance de la véritable origine de l'œuvre et je peux donc demander l'annulation de la vente pour erreur sur les qualités substantielles au sens de l'article 1110 du Code civil ; si en revanche j'achète ce tableau pour la même somme importante alors que je sais pertinemment qu'il a été peint par un artiste inconnu, l'erreur sur le prix ne résulte pas d'une erreur sur les caractéristiques essentielles de l'œuvre et il y a donc erreur sur la valeur *stricto sensu* (erreur directe sur la valeur pourrait-on dire) qui ne peut être invoquée pour demander l'annulation du contrat. En pratique, la distinction peut être plus subtile[2] et, surtout, le domaine de l'erreur sur la valeur est extrêmement réduit. Il n'en demeure pas moins que la Cour

1. La formule est constante depuis qu'elle a été utilisée par la CA de Versailles dans l'arrêt du 7 janvier 1987 ayant mis fin à l'affaire du Poussin. Pour nier qu'une erreur sur sa propre prestation puisse être invoquée, il avait été soutenu qu'une telle erreur serait toujours une erreur sur la valeur (et donc indifférente) dans la mesure où lorsqu'un contractant s'est trompé sur sa propre prestation, c'est qu'en réalité il a fourni une prestation pour un prix inférieur à sa valeur réelle ; mais, appliquant la définition indiquée, les juges avaient expliqué que si les époux Saint-Arroman avaient commis une erreur sur le prix de leur tableau, c'était parce qu'ils se méprenaient sur ses qualités essentielles, et donc sur les données ayant servi de base à leur évaluation.

2. G. Goubeaux, À propos de l'erreur sur la valeur, *Études J. Ghestin*, LGDJ, 2001, 396, qui propose un exemple pour démontrer que le domaine de l'erreur sur la valeur se réduit à presque rien : un héritier vend un tableau de Sorolla trouvé dans la succession ; ignorant la notoriété de cet impressionniste espagnol, il s'en sépare pour une somme dérisoire ; mais la notoriété d'un artiste est une qualité essentielle d'une peinture, si bien qu'une erreur sur celle-ci fausse les données de l'appréciation, et porte donc sur les qualités substantielles.

de cassation continue d'affirmer que l'erreur sur la valeur qui ne découle pas d'une erreur sur les qualités substantielles ne peut être retenue : elle a ainsi approuvé une cour d'appel qui avait retenu que « l'appréciation erronée de la rentabilité économique de l'opération n'était pas constitutive d'une erreur sur la substance de nature à vicier le consentement de la SCI à qui il appartenait d'apprécier la valeur économique et les obligations qu'elle souscrivait »[1].

b) L'erreur sur les motifs. — L'erreur sur les motifs ou sur les mobiles est une erreur sur les raisons personnelles de contracter, qui sont là encore extérieures à l'objet du contrat. Les exemples classiques abondent. Celui de Pufendorf : croyant que mes chevaux sont morts, j'en achète d'autres, mais la nouvelle était en réalité fausse. Ou celui de Pothier : j'achète chez un libraire un certain livre dans la fausse idée qu'il est excellent alors qu'il est en réalité « au-dessous du médiocre ». Deux exemples plus modernes : j'achète une maison dans une ville dans la croyance erronée d'une mutation prochaine qui n'a finalement pas lieu ; j'achète un bien immobilier pour bénéficier d'avantages fiscaux qui ne peuvent en définitive être obtenus[2]. Dans tous ces cas, il n'est pas possible d'invoquer une erreur au sens de l'article 1110 du Code civil[3].

C'est au nom de la sécurité juridique que l'erreur sur les motifs est indifférente. Le cocontractant n'est en effet pas censé connaître toutes les raisons personnelles qui poussent son partenaire à contracter et l'insécurité serait grande si on pouvait lui imposer la nullité alors que la prestation qu'il fournit présente en elle-même toutes les qualités essentielles que l'on pouvait en attendre.

Par exception, le contrat pourra être remis en cause si les parties se sont mises d'accord pour faire entrer ces motifs dans le champ contractuel et qu'ils se révèlent inexistants. Il ne suffit pas que le contractant ait été informé de la raison déterminant son partenaire à conclure le

1. Civ. 3e, 31 mars 2005, n° 03-20096 ; *RDC* 2005/4, 1025, obs. Ph. Stoffel-Munck.

2. Civ. 1re, 13 févr. 2001, n° 98-15092 ; *RTD civ.* 2001, 352, obs. J. Mestre et B. Fages ; *JCP G* 2001, I, 330, obs. J. Rochfeld : « L'erreur sur un motif du contrat extérieur à l'objet de celui-ci n'est pas une cause de nullité de la convention, quand bien même ce motif aurait été déterminant ; que c'est donc à bon droit que l'arrêt énonce que l'absence de satisfaction du motif considéré – savoir la recherche d'avantages d'ordre fiscal – alors même que ce motif était connu de l'autre partie, ne pouvait entraîner l'annulation du contrat faute d'une stipulation expresse qui aurait fait entrer ce motif dans le champ contractuel en l'érigeant en condition de ce contrat. » Dans le même sens Civ. 3e, 24 avr. 2003, *RTD civ.* 2003, 699, obs. J. Mestre et B. Fages.

3. C'est ce que soutenait déjà Pothier. En revanche, une controverse existait sur ce point à l'intérieur de l'école du droit naturel (J.-Ph. Lévy, *Histoire des obligations*, Les Cours du droit, 1995, 115) : Pufendorf voulait admettre que sa vente de chevaux ne valait plus, mais Barbeyrac qui traduit l'auteur en français s'insurge contre la solution.

contrat, il faut encore qu'il ait expressément accepté d'en faire une condition du contrat : par exemple le bailleur accepte que le bail ne soit conclu que si le locataire est effectivement muté. Le fondement de la disparition du contrat ne sera alors pas tant une erreur au sens de l'article 1110 du Code civil que la non-réalisation d'un événement érigé en condition du contrat au sens de l'article 1181 du Code civil.

Contrairement à ce qui a pu être soutenu, l'erreur sur sa propre prestation n'est pas toujours une erreur sur les mobiles[1].

c) L'erreur de calcul. — L'erreur de calcul, c'est-à-dire dans le résultat d'une opération arithmétique envisagée par les parties, ne permet pas en principe d'obtenir l'annulation du contrat ; elle peut en revanche parfois être rectifiée. Le Code civil le dit expressément dans son article 2058 pour la transaction (« L'erreur de calcul dans une transaction doit être réparée »), et la solution peut être dans une certaine mesure étendue aux autres contrats.

Elle suppose cependant qu'il ne s'agisse véritablement que d'une erreur matérielle, c'est-à-dire que les deux parties aient été d'accord sur le mode de calcul, et surtout que ce ne soit pas le chiffre erroné qui ait déterminé le consentement du contractant : par exemple dans un emprunt bancaire, le montant des mensualités à débourser détermine le consentement si bien qu'une erreur de calcul pourra permettre d'obtenir la nullité du prêt[2].

4. LES MÉCANISMES CORRECTEURS

En sus des conditions déjà examinées, certains mécanismes correcteurs permettent aux juges de vérifier que l'annulation du contrat pour erreur est opportune, et de refuser de la prononcer dans le cas inverse.

1. L'argument avait été soulevé par R. Célice, *L'erreur dans les contrats*, LGDJ, 1922, 196 et 197, qui prenait un exemple où on pouvait effectivement considérer qu'il y avait simple erreur sur les mobiles : « Je possède un encrier superbe, il a appartenu, dit-on, à un homme d'État célèbre ; or, j'ai une profonde aversion pour le parti auquel appartenait cet homme d'État et je veux, à raison de cette aversion, me débarrasser de ce bibelot ; l'élément objectif qui me détermine à le vendre est la qualité qu'il a, d'avoir appartenu à cet homme d'État. Je trouve un acquéreur, qui l'achète uniquement à raison de sa valeur artistique. Puis, j'apprends que l'histoire de cet encrier était fausse et que jamais aucun homme d'État n'y avait trempé sa plume. »
2. Paris, 15e ch. B, 18 févr. 1993, BNP c/ M. Ghosch, *JCP G* 1993, I, 3725, 533.

A / Le contrôle du comportement de la victime : l'exigence d'une erreur excusable

Dans certaines hypothèses, il y a bien erreur au sens précédemment défini, mais celui qui l'a commise ne mérite pas d'être protégé car il est en quelque sorte responsable de sa propre erreur. Il y a là comme un garde-fou contre des annulations trop faciles du contrat, sachant que l'annulation d'un contrat risque souvent de porter atteinte à la sécurité juridique des transactions.

Il s'agit ici d'apprécier non plus la représentation de la réalité que se faisait le demandeur, mais plutôt son comportement : le contrat ne sera pas annulé lorsque son erreur a été inexcusable. L'expression est trompeuse car une erreur inexcusable, au sens de la jurisprudence, est tout simplement une erreur fautive, c'est-à-dire une erreur qui est la conséquence de la propre faute de l'*errans*. Toute faute entraîne ainsi la qualification d'erreur inexcusable et non pas seulement une faute inexcusable, c'est-à-dire d'une particulière gravité ; il suffit au contraire d'une faute légère ou même parfois d'une simple faute d'imprudence pour que l'erreur commise soit jugée inexcusable et que l'annulation du contrat soit alors refusée. Ainsi, dès lors que le demandeur avait tous les moyens de s'informer pour éviter son erreur, il ne peut demander l'annulation du contrat[1]. Le juge ne protège pas ceux qui ne sont pas suffisamment diligents et vigilants (*de non vigilantibus non curat praetor*). La qualité de professionnel est prise en compte[2], mais elle ne rend pas nécessairement inexcusable l'erreur commise[3].

1. Soc., 3 juil. 1990, n° 87-40349 : « L'arrêt relève que la société Cart Expert et son syndic avaient été informés par le candidat lui-même qu'il avait été président-directeur général d'une société dont le nom était donné dans le curriculum vitae appuyant cette candidature, et qu'ils ne s'étaient pas renseignés plus complètement sur le candidat directeur et n'avaient pas procédé à des investigations plus poussées qui leur auraient permis de découvrir que M. Racy venait de déposer le bilan de cette société aussitôt mise en liquidation de biens ; qu'en statuant comme elle l'a fait, la cour d'appel n'a pas tiré de ses propres énonciations, desquelles résultait la faute inexcusable de la société Cart Expert France et de son syndic, les conséquences juridiques qui en résultaient. »

2. Civ. 3e, 4 juil. 2007, n° 06-15881 ; *D.* 2007, 2847, note N. Rias, pour une erreur sur la conversion de francs en euros par un marchand de biens.

3. Com., 29 avr. 2002, n° 00-10708 ; *RTD civ.* 2002, 500, obs. J. Mestre et B. Fages : « Ayant retenu souverainement que M. Picq se trouvait sous la dépendance psychologique de M. Mancell, la cour d'appel a pu en déduire que la qualité de professionnel de M. Picq ne rendait pas inexcusable l'erreur qu'il avait commise » ; pour l'erreur excusable d'un professionnel de l'art, Civ. 1re, 14 déc. 2004, n° 01-03523 ; *RTD civ.* 2005, 123, obs. J. Mestre et B. Fages, et Civ. 1re, 8 déc. 2009, n° 08-16471 (la Cour d'appel aurait dû rechercher si, « nonobstant sa qualité de professionnelle, Mme X..., se fondant sur les indications du catalogue, la photographie de l'objet et les réponses données par la société Sadde aux questions qu'elle avait posées antérieurement à la vente sur l'état de l'objet, ne s'était pas portée adjudicataire dans la croyance erronée que l'objet était en bon état ».

La Cour de cassation applique cette exigence même en cas de simple erreur matérielle invoquée pour rétracter son consentement une fois le contrat conclu[1].

En revanche la haute Juridiction a jugé, dans une formule générale, que l'erreur de droit peut entraîner l'annulation du contrat quand bien même elle aurait été inexcusable[2]. En invoquant une erreur de droit, l'*errans* ne cherche pas à échapper à l'application de la loi (v. *supra*), et celle-ci doit être appliquée dans son contenu réel, et non pas dans la représentation erronée qu'a pu en avoir l'un des contractants.

B / La protection du cocontractant : l'exigence d'une erreur commune

Si en principe l'erreur implique seulement d'apprécier la croyance de celui qui s'est trompé, un correctif existe pour protéger le cocontractant de celui-ci, et l'état d'esprit de ce dernier sera alors examiné pour apprécier s'il mérite d'être particulièrement protégé.

Ce terme est ambigu. L'erreur commune ne signifie en effet nullement que l'erreur ait été commune aux deux parties, c'est-à-dire qu'elle ait été partagée par toutes les deux. L'annulation s'impose en effet bien plus encore quand l'un des contractants n'a pas commis d'erreur car cela signifie le plus souvent qu'il a eu conscience de tromper l'autre. Exiger que l'erreur ait été commune consiste à s'assurer que le cocontractant a bien su quelle qualité était recherchée par celui qui invoque à présent son erreur. Il n'est en revanche pas nécessaire que le cocontractant ait su si la qualité recherchée était présente ou absente : il suffit

1. Civ. 3e, 8 juin 2010, n° 09-66495; *RDC* 2011/1, 25, obs. É. Savaux; *LEDC* sept. 2010, 2, obs. O. Deshayes : « ayant souverainement retenu qu'il résultait des termes de la lettre du 2 janvier 2006 de la société Sedalau, dans laquelle elle demandait à la société Urbania, agent immobilier, de prévenir l'acheteur de l'annulation de son offre de vente, qu'elle avait été informée par cette dernière de ce que son offre du 29 décembre 2005, confirmée le 30 décembre 2005 avait été acceptée, que l'erreur sur le prix prétendument commise par la société Sedalau était inexcusable dès lors que ce prix avait été confirmé, en des termes très clairs, excluant toute équivoque, par la télécopie du 30 décembre 2005, que la vente s'étant formée dès l'acceptation par M. et Mme X... de cette offre, la société Sedalau ne pouvait plus ultérieurement rétracter son offre au prétexte d'une erreur matérielle sur le prix, la cour d'appel, sans dénaturation, a pu en déduire que la vente était parfaite ».

2. Civ. 3e, 20 oct. 2010, n° 09-66113; *RDC* 2011/2, 412, obs. Y.M. Laithier; *JCP G* 2011, 63, n° 4, obs. Y.M. Serinet; *LEDC* déc. 2010, 5, obs. G. Pillet, qui énonce, dans une formulation un peu maladroite, que « le caractère inexcusable de l'erreur de droit à l'origine de la notification du droit de préemption est sans incidence sur la validité de l'offre » (la Cour d'appel avait ainsi retenu à tort que le propriétaire de l'immeuble, avait commis une erreur inexcusable en sa qualité de professionnel de l'immobilier, en se méprenant sur l'existence d'un droit de préemption au profit du tiers occupant les lieux).

qu'il ait su qu'elle était recherchée. L'idée est qu'une personne ne doit pas pouvoir prétendre s'être trompée en affirmant qu'elle attendait du contrat une prétendue qualité (qui fait défaut) que l'autre ne pouvait pas soupçonner. Pour que le contrat puisse être annulé pour erreur, on exige alors que celle-ci ait été « commune » (certains auteurs disent « convenue »).

Le fondement de cette condition supplémentaire est le souci de sécurité juridique et la volonté de protéger le cocontractant de l'*errans*, qui primera ponctuellement l'objectif de protection de la victime de l'erreur : il ne serait pas juste en effet d'imposer à une partie l'annulation du contrat alors qu'elle n'était pas consciente que son cocontractant recherchait une qualité particulière dans le contrat. Certes les juges n'imposeront pas au demandeur de démontrer de façon exhaustive toutes les qualités sur lesquelles il comptait en concluant le contrat et se contenteront souvent de présomptions. Ainsi, pour les qualités normalement substantielles dans le type de contrat considéré, on présumera que l'autre savait qu'elles étaient recherchées (pour une voiture le fait qu'elle roule, pour une maison qu'elle soit habitable). Dès lors en revanche que le demandeur avait en contractant des attentes particulières que l'autre ne pouvait deviner et pouvait donc légitimement ignorer (par ex. il voulait creuser en profondeur le terrain acheté), il devait lui en faire part en contractant afin que ce dernier puisse s'attendre à ce que le contrat soit remis en cause en cas d'absence de ces qualités spécifiques.

Sous-section 2 – Le consentement abusé : le dol

Le dol est une tromperie qui a permis d'extorquer le consentement d'un contractant. Il n'est d'ailleurs pas à proprement parler un vice du consentement mais la cause d'un tel vice. Il y a vice du consentement car l'accord d'une partie a été abusé ; il a été obtenu par ruse. Aux termes de l'article 1116 du Code civil, « le dol est une cause de nullité de la convention lorsque les manœuvres pratiquées par l'une des parties sont telles qu'il est évident que, sans ces manœuvres, l'autre partie n'aurait pas contracté ».

L'erreur impliquait à titre principal un examen de la psychologie de la victime de ce vice. Le dol au contraire consiste essentiellement à apprécier le comportement du cocontractant de la victime, pour apprécier s'il a ou non provoqué le vice du consentement de celle-ci. Certaines investigations psychologiques devront être effectuées, et l'état d'esprit de l'auteur du dol devra être examiné, mais ces appréciations sont souvent plus aisées que dans l'erreur. C'est pourquoi, même si l'article 1116 du Code civil ajoute que le dol « ne se présume pas et doit être prouvé », on estime en général que la preuve d'une tromperie est plus facile que celle d'une erreur portant sur les qualités substantielles, dans la mesure où elle repose davantage sur des éléments matériels objectifs. Il faut préciser que, comme pour l'erreur, les juges peuvent se fonder sur des éléments postérieurs au contrat pour apprécier l'existence d'un dol au moment de la conclusion de celui-ci[1].

Plusieurs conditions sont requises pour caractériser un dol.

1 | Les conditions relatives à l'auteur du dol

Deux éléments doivent être appréciés chez l'auteur du dol : d'une part son comportement, qui permet de caractériser l'élément matériel du dol, et d'autre part sa psychologie, qui permet de s'assurer de l'élément intentionnel du dol. Enfin n'est retenu que le dol émanant de certaines personnes.

1. L'ÉLÉMENT MATÉRIEL DU DOL

Le dol implique que soit caractérisée une tromperie. L'article 1116 parle uniquement de « manœuvres » (« Le dol est une cause de nullité de la convention lorsque les manœuvres pratiquées par l'une des parties sont telles qu'il est évident que, sans ces manœuvres, l'autre partie n'aurait pas contracté »). En réalité, à côté des manœuvres, d'autres éléments matériels peuvent constituer un dol et donc permettre d'obtenir l'annulation du contrat sur ce fondement.

a) Les manœuvres. — Les manœuvres *stricto sensu* sont des actes positifs de tromperie, des artifices, des mises en scène. Un exemple classique en est donné par Cicéron qui évoque le cas de Pythius, banquier à Syracuse, qui avait une villa au bord de la mer et qui voulait la vendre

1. Com., 13 déc. 1994, n° 92-12626.

à Cannius lequel comptait pouvoir y faire des parties de pêche ; le jour de la visite par l'acheteur, il fit en sorte qu'une flottille de barques sillonnât la mer en simulant une pêche miraculeuse si bien que Cannius acheta la villa pour un prix exorbitant. Il y a encore manœuvre destinée à inciter une personne à conclure un contrat lorsque le vendeur trafique le compteur d'une voiture, modifie le livre de compte de sa société pour dissimuler des pertes importantes, etc. En résumé, comme l'énonçait Domat[1], « on appelle dol toute surprise, fraude, finesse, feinte et toute autre mauvaise voie pour tromper quelqu'un ».

b) Le mensonge. — Classiquement, le mensonge peut également être considéré comme une « manœuvre » au sens de l'article 1116 du Code civil et donc permettre d'annuler le contrat pour dol. Le mensonge consiste à proférer des paroles que l'on sait être fausses, à dire quelque chose que l'on sait ne pas être vrai.

Tout mensonge n'est cependant pas un dol. Le droit permet que l'on puisse, par des « petits » mensonges (ou même des « petites » manœuvres), essayer d'inciter l'autre à contracter, en particulier à acheter (« Il y a plus de fols acheteurs que de fols vendeurs », disait Loysel dans ses *Institutes coutumières* de 1607). On distingue ainsi classiquement entre le *bonus dolus* et le *malus dolus*, c'est-à-dire entre le « bon dol » et le « mauvais dol ». Une certaine forme d'exagération est permise, en particulier dans la publicité, sous réserve de ne pas dépasser certaines limites ; il pourrait sinon y avoir dol au civil et même délit de publicité mensongère au pénal[2]. Ainsi, une publicité destinée à vanter les qualités de solidité de valises et qui présente un match de football simulé dans lequel les joueurs sont remplacés par des bulldozers et le ballon par une valise de la marque considérée n'est pas de nature à induire en erreur le consommateur moyen même si, en réalité, pendant les opérations de tournage du film, de très nombreuses valises similaires ont été détériorées[3]. N'est pas davantage répréhensible le fait, pour le responsable d'une société, de proposer un abonnement à une publication contenant des offres de logement en utilisant la formule publicitaire : « crise du logement, connais pas », « pour trouver votre prochain logement il vous suffit de vous abonner aux offres de propriétaires », alors qu'en réalité il n'y avait pas d'appartements disponibles en nombre suffisant pour

1. *Lois civiles*, livre I, titre 18, section 3.
2. V. art. L. 121-1 C. cons. qui définit la publicité mensongère interdite, et art. L. 213-1 qui assortit l'interdiction de sanctions pénales.
3. Crim., 21 mai 1984, n° 83-92070.

satisfaire les demandes de location de tout le monde[1]. Loysel affirmait déjà qu'« en mariage, trompe qui peut », ce qui ne signifiait nullement la liberté reconnue aux époux pendant le mariage de se soustraire à l'obligation de fidélité, mais qu'avant le mariage on pouvait admettre des futurs époux qu'ils se présentent chacun sous leur meilleur jour, quitte à dissimuler leurs défauts et manies, afin d'inciter l'autre à l'épouser.

Le droit permet aussi de plus gros mensonges, lorsqu'il estime que la question n'est pas pertinente et n'aurait pas dû être posée. En droit du travail par exemple, la salariée peut mentir sur son état de grossesse, et tous les salariés sur leur affiliation à un syndicat : l'employeur n'ayant pas le droit de fonder son refus d'embaucher sur ces motifs, la meilleure façon de s'assurer qu'il ne le fait pas est d'autoriser à se taire, voire à mentir, si l'employeur pose une question qu'il ne devrait pas, même s'il promet avec conviction que la réponse sera indifférente pour sa décision[2].

c) La réticence. — La réticence (on ajoute souvent « dolosive ») consiste non plus à dire quelque chose que l'on sait être faux, mais au contraire à taire un fait avéré que l'on sait pouvoir intéresser l'autre pour sa décision de contracter. La réticence consiste à ne pas dire tout ce que l'on sait.

Pendant longtemps, les juges ont hésité à admettre qu'un simple silence puisse équivaloir à un dol et ainsi entraîner l'annulation d'un contrat[3]. N'existaient que des obligations légales d'information, c'est-à-dire des obligations purement ponctuelles, comme dans le contrat d'assurance par exemple qui obligeait l'assuré à certaines révélations. Cependant, soutenue par une partie de la doctrine, la Cour de cassation finit par admettre que la réticence pouvait équivaloir au dol[4]. À son

1. Crim., 5 avr. 1990, n° 89-80463.

2. C. Puigelier, Le mensonge du salarié, *JCP E* 2003, 214.

3. Civ., 6 août 1894, *DP* 1895, 1, 389 : « Le cohéritier, cessionnaire de droits successifs, ne saurait être recevable à demander la nullité de la cession pour cause de dol en se fondant... sur une dissimulation volontaire de la consistance véritable de la succession, cette réticence ne pouvant, à raison de son caractère passif, constituer une manœuvre dans le sens légal du mot » ; Civ., 17 févr. 1874, *D.* 1874, 1, 193 : « Dans le cas de vente d'un cheval ayant des instincts dangereux, la simple réticence du vendeur serait insuffisante pour constituer un dol. » *Contra*, Req., 5 déc. 1838, *S.* 1838, 1, 951 : « Après avoir rappelé la connaissance que H. B... avait du mauvais état des affaires de son frère, et des opérations ruineuses auxquelles il s'était livré, circonstances sur lesquelles il a gardé le silence, lorsqu'en sa présence, on annonçait à la veuve et aux héritiers que la succession offrait un actif important, la Cour royale a pu dire que le silence d'H. B... constituait un dol, au moins par réticence. »

4. L'un des premiers arrêts est Soc., 1er avr. 1954, *Bull. civ.*, Sect. soc., n° 223, 171 : « Le dol peut être constitué par le silence d'une partie dissimulant à son cocontractant un fait qui, s'il avait été connu de lui, l'aurait empêché de contracter ; mais le silence ainsi gardé doit être relatif à une circonstance ou à un fait que le cocontractant était excusable de ne pas connaître. »

tour, le législateur accrut encore les obligations d'information, en leur donnant une portée de plus en plus générale[1]. Les projets européens insistent également sur cette obligation d'information, qui n'est pourtant pas dans la tradition de *Common Law*[2].

Ainsi, le fait de taire une information dans le but de conduire l'autre à conclure le contrat peut, dans certaines circonstances, être considéré comme une tromperie permettant d'obtenir la nullité du contrat[3]. La jurisprudence est aujourd'hui abondante, dans les domaines les plus divers.

La Cour de cassation est dans un premier temps allée assez loin, obligeant parfois à informer le cocontractant non pas sur sa propre prestation, mais également sur la prestation reçue de l'autre afin que ce dernier ne la sous-estime pas : il s'agit là du pendant de l'annulation d'un contrat pour erreur sur sa propre prestation admise aujourd'hui couramment par la jurisprudence, et qui soulève pourtant les mêmes doutes quant à son opportunité (v. *infra*). Elle limite cependant désormais la solution à l'hypothèse où des liens particuliers existent entre les contractants qui les obligent à une loyauté plus poussée : c'est ainsi par exemple qu'un dirigeant de société, tenu d'un devoir de loyauté vis-à-vis de ses associés, doit, s'il propose à l'un d'eux de lui racheter des actions de leur société, l'informer s'il a des raisons de penser que ces actions valent davantage que le prix proposé (par exemple parce qu'il est en pourparlers par ailleurs pour les revendre à un prix bien supérieur)[4]. En dehors de ces circonstances particulières, la Cour de cassation juge en revanche que « le cessionnaire n'est tenu d'informer le cédant ni des négociations tendant à l'acquisition par un tiers d'autres titres de la

1. V. formule très générale art. L. 111-1 C. cons. : « Tout professionnel vendeur de biens ou prestataire de services doit, avant la conclusion du contrat, mettre le consommateur en mesure de connaître les caractéristiques essentielles du bien ou du service. »

2. V. le *Cadre commun de référence* qui, avant même la partie sur les vices du consentement, consacre un chapitre aux devoirs précontractuels, not. aux devoirs d'information (art. 3 :101 à 3 :107) et aussi au devoir de prévenir certaines erreurs (art. 3 :201).

3. Le non-respect de l'obligation d'information n'a pas pour effet d'entraîner la nullité du contrat en dehors des conditions de droit commun : Civ. 1re, 31 oct. 2007, n° 05-15601 ; *D.* 2008, 522, note Y. Dagorne-Labbe.

4. Arrêt *Vilgrain :* Com., 27 févr. 1996, n° 94-11241 ; *JCP G* 1996, II, 22665, note approb. J. Ghestin ; *D.* 1996, 518, note crit. Ph. Malaurie. Dans le même sens, Com., 12 mai 2004, n° 00-15618 ; *RTD civ.* 2004, 500, obs. J. Mestre et B. Fages ; *RDC* 2004, 923, obs. D. Mazeaud ; *D.* 2004, 1599, obs. A. Leinhard ; Com., 22 févr. 2005, *RTD civ.* 2005, 773, obs. J. Mestre et B. Fages ; ou encore, même si les circonstances sont un peu différentes, Com., 14 juin 2005, n° 03-12339 ; *RTD civ.* 2005, 774, obs. J. Mestre et B. Fages. *Adde* Civ. 3e, 15 nov. 2000, n° 99-11203 ; *CCC* 2001, n° 23, L. Leveneur ; *RTD civ.* 2001, 355, obs. J. Mestre et B. Fages, pour la réticence dolosive d'un acheteur ayant caché au vendeur la richesse du sous-sol, ainsi que son identité d'exploitant de carrières, ce qui aurait permis au vendeur d'avoir la puce à l'oreille, Y.-M. Serinet, *JCP G* 2001, I, 301.

même société ni de celles qu'il conduit lui-même avec ce tiers en vue de lui céder ou de lui apporter les titres faisant l'objet de la cession»[1]. L'acheteur n'a pas non plus à informer le vendeur de ce que le prix demandé serait trop faible par rapport à la valeur réelle de la chose vendue[2]. Comme l'énonce aujourd'hui de façon générale la Cour de cassation, «l'acquéreur, même professionnel, n'est pas tenu d'une obligation d'information au profit du vendeur sur la valeur du bien acquis»[3].

La solution peut se comprendre en ce qu'elle entend limiter l'obligation d'information sur la prestation du cocontractant aux qualités de la chose reçue et non pas l'étendre à la valeur de celle-ci[4]. Elle paraît cependant un peu excessive en sens inverse. Il faudrait distinguer selon que le contractant s'est borné à se porter acquéreur d'un objet déjà mis en vente à un certain prix, c'est-à-dire a profité de l'erreur du contractant, ou au contraire a provoqué cette erreur en incitant le vendeur à lui céder une chose à un prix nettement inférieur à sa valeur réelle[5]. Ce n'est en effet pas la même chose d'accepter une offre dont tous les éléments

1. Com., 12 mai 2004, cité à la note précédente.

2. Affaire *Baldus* : Civ. 1re, 3 mai 2000, n° 98-11381 ; *RTD civ.* 2000, 566, obs. J. Mestre; *Defrénois* 2000, 1110, obs. D. Mazeaud et Ph. Delebecque; *JCP G* 2001, II, 10510, obs. Ch. Jamin. En 1986, Mme Boucher avait vendu aux enchères publiques 50 photographies de Baldus au prix de 1000 F chacune; en 1989, elle a retrouvé l'acquéreur, M. Clin, et lui a vendu 85 autres photographies de Baldus, au même prix qu'elle avait fixé; Mme Boucher ayant par la suite appris que M. Baldus était un photographe de très grande notoriété, a assigné son acheteur en nullité des ventes pour dol; pour condamner M. Clin à payer à Mme Boucher la somme de 1915000 F représentant la restitution en valeur des photographies vendues lors des ventes de gré à gré de 1989, après déduction du prix de vente de 85000 F encaissé par Mme Boucher, l'arrêt retient que M. Clin ayant déjà vendu des photographies de Baldus à des prix sans rapport avec leur prix d'achat, il savait qu'en achetant de nouvelles photographies au prix de 1000 F l'unité, il contractait à un prix dérisoire par rapport à la valeur des clichés sur le marché de l'art, manquant ainsi à l'obligation de contracter de bonne foi qui pèse sur tout contractant. La Cour de cassation censure de façon lapidaire la cour d'appel qui a ainsi statué «alors qu'aucune obligation d'information ne pesait sur l'acheteur».

3. Civ. 3e, 17 janv. 2007, n° 06-10442; *D.* 2007, 1051, note D. Mazeaud, et 1054, note Ph. Stoffel-Munck; *RTD civ.* 2007, 335, obs. J. Mestre et B. Fages; *Defrénois* 2007, 443, obs. É. Savaux; *RDC* 2007/3, 703, obs. Y.-M. Laithier; *JCP G* 2007, II, 10042, note Ch. Jamin; *CCC* 2007, n° 117, L. Leveneur, à propos du prix d'un immeuble.

4. La solution ne vaut cependant que pour l'obligation d'information (la réticence) sur la prestation de l'autre : en revanche le vendeur doit toujours informer l'acheteur (dès lors que celui-ci ne peut le faire lui-même) sur la valeur de ce qu'il lui vend : Com. 17 juin 2008, n° 07-15398; *RTD civ.* 2008, 671, obs. B. Fages, cité *infra* : «l'erreur du cessionnaire sur la valeur des titres sociaux, dès lors qu'elle a été provoquée par une manœuvre du cédant, peut donner lieu au prononcé de la nullité de l'acte de cession pour dol» mais, après avoir parlé de manœuvres, la Cour de cassation précise qu'il y avait eu en l'espèce réticence dolosive, dans la mesure où le cessionnaire n'était pas «parfaitement informé de la situation économique de la société» et ne disposait pas «de tous les éléments lui permettant d'apprécier, avant la cession, les risques encourus».

5. Sur cette proposition de distinction, v. notre thèse, *De l'obligation d'information. Essai d'une théorie*, LGDJ, 1992, nos 210 et s.

principaux sont d'ores et déjà déterminés par l'offrant, ou au contraire de provoquer un des éléments substantiels de l'offre, et dans le second cas on peut estimer que sont caractérisées des manœuvres constitutives d'un dol[1].

Le droit français est cité en exemple parmi les droits ayant le plus développé cette obligation d'information. La tradition du droit anglais par exemple était au contraire celle du principe *caveat emptor*, c'est-à-dire que c'est à l'acheteur de « prendre garde » et donc de s'informer lui-même, une obligation d'information n'existant que dans certains contrats – les contrats *uberrimae fidei*, c'est-à-dire les contrats de la plus grande bonne foi – impliquant une confiance particulière entre les parties (le contrat d'assurance, par ex.).

La difficulté demeure de savoir dans quelles circonstances précises il est possible de considérer que l'un des contractants était tenu d'une obligation d'information et que son silence peut donc être qualifié de dolosif. Il faut en principe que l'information recelée ait été pertinente[2], c'est-à-dire que son ignorance ait déterminé le consentement du contractant[3] : en d'autres termes, s'il avait eu l'information, il n'aurait pas conclu le contrat[4]. En outre, un des contractants ne peut être tenu d'informer l'autre que s'il était en possession de l'information[5], ou tout au moins qu'il ne pouvait pas légitimement l'ignorer (en raison de sa profession, par ex.). Il faut aussi que le cocontractant n'ait pas pu

1. C'est ainsi que, dans l'affaire *Baldus*, il est bien précisé que la seconde vente avait été effectuée spontanément par Mme Boucher, « au même prix qu'elle avait fixé ». M. Clin ne semble dès lors pas avoir eu un comportement répréhensible caractéristique du dol.

2. L'absence de lien de causalité permet ainsi de refuser d'accorder des dommages-intérêts : v. les affaires de tabac, Civ. 1re, 8 nov. 2007, *D.* 2008, 50, note J. Revel et 804, chron. L. Neyret.

3. Comp. *Cadre commun de référence* dont l'article 3 :101 précise qu'il y a lieu de transmettre toute « *information concerning the goods or services to be supplied as the other person can reasonably expect, taking into account the standards of quality and performance which would be normal under the circumstances* » ; l'article ajoute, mais uniquement pour les professionnels : « *In assessing what information the other party can reasonably expect to be disclosed, the test to be applied, if the other party is also a business, is whether the failure to provide the information would deviate from good commercial practise* » ; d'autres dispositions spécifiques sont prévues dans les rapports avec les consommateurs (art. 3 :102 et 3 :103).

4. V. not. Com., 7 févr. 2012, n° 11-10487 ; *D.* 2012, 918, obs. A. Couret et B. Dondero, qui approuve la Cour d'appel d'avoir retenu le caractère déterminant de la réticence dolosive dans la mesure où elle relève « que la lourde condamnation » frappant l'un de ses dirigeant, « si elle avait été connue » du consultant financier spécialisé recruté pour rechercher des partenaires financiers, « l'aurait empêché de contracter ».

5. Connaissance que l'on peut présumer : ainsi, le colmatage du plancher et des plinthes avec du plâtre, avant peinture, permettait de retenir la connaissance par le vendeur de la présence de termites lors de la vente de l'immeuble (Civ. 3e, 13 janv. 2010, n° 08-21677).

connaître par lui-même l'information[1], et les juges tiendront compte, pour apprécier cet élément, de ses compétences professionnelles. Dans le prolongement de cette idée, ne commet pas une réticence celui qui n'informe pas son cocontractant sur le contenu de la loi (sauf s'il s'agit d'un conseil professionnel, rémunéré précisément pour cela)[2].

2. L'ÉLÉMENT INTENTIONNEL DU DOL

Le dol est une tromperie. Un élément intentionnel est donc nécessaire pour le caractériser. La nullité n'est encourue que si l'auteur du dol avait une intention frauduleuse, c'est-à-dire l'intention de tromper son partenaire pour le déterminer à conclure le contrat[3]. Il devait donc avoir conscience que les manœuvres commises allaient inciter l'autre à s'engager.

La règle vaut pour toutes les formes de dol. Ainsi, la Cour de cassation a jugé que «Le manquement à une obligation précontractuelle d'information, à le supposer établi, ne peut suffire à caractériser le dol par réticence, si ne s'y ajoute la constatation du caractère intentionnel de ce manquement et d'une erreur déterminante provoquée par celui-ci»[4]. Les juges du fond sont cependant parfois indulgents sur cette preuve, et déduisent la volonté de tromper de la connaissance de l'information et de son caractère particulièrement déterminant pour le cocontractant[5].

Cependant, si les demandeurs ne requièrent pas l'annulation du contrat mais se contentent de dommages-intérêts, il suffit qu'ils

1. Ou qu'il n'ait pas été lui-même déloyal, auquel cas le banquier est déchargé de son obligation de mise en garde : Civ. 1re, 30 oct. 2007, n° 06-17003 ; *D.* 2008, 256, note E. Bazin.

2. Civ. 1re, 4 juin 2009, n° 08-13480 ; *RDC* 2009/4, 1337, obs. Y. M. Laithier : «ayant relevé que les bailleurs n'étaient tenus d'aucune obligation légale d'information, qu'ils avaient fait insérer dans la convention une clause stipulant expressément que les parties entendaient, s'agissant du renouvellement, faire application des dispositions de l'article 456 du code civil et qu'un preneur normalement diligent se serait informé sur cette clause auprès du notaire devant lequel le bail a été conclu, la cour d'appel a pu en déduire qu'il ne pouvait être reproché aux consorts X... une réticence dolosive».

3. Civ. 1re, 7 mars 1979, n° 77-13398, qui reproche à la cour d'appel d'avoir privé sa décision de base légale en prononçant la nullité d'une convention pour dol, «sans faire apparaître le caractère intentionnel de la réticence» imputée à l'un des contractants ; Civ. 1re, 12 nov. 1987, n° 85-18350 : la réticence dolosive doit avoir été faite «intentionnellement», «pour tromper le contractant et le déterminer à conclure la vente».

4. Com., 28 juin 2005, n° 03-16794 ; *RTD civ.* 2005, 591, obs. J. Mestre et B. Fages.

5. Civ. 3e, 11 mai 2005, n° 03-17682 ; *RTD civ.* 2005, 590, obs. J. Mestre et B. Fages.

démontrent une faute au sens de l'article 1382, donc une faute objective, et non pas à proprement parler une tromperie[1].

3. LA PERSONNE AYANT COMMIS LE DOL

Le dol n'est une cause de nullité du contrat que s'il émane du cocontractant. L'annulation pour dol est en effet non seulement un moyen de réparer un vice du consentement mais encore une façon de sanctionner un comportement répréhensible. Le cocontractant ne doit donc se voir imposer l'annulation que s'il a lui-même commis les faits reprochés.

Le dol d'un tiers peut néanmoins permettre d'obtenir la nullité du contrat si celui-ci est le représentant du contractant ou plus largement son complice : si par exemple le mensonge d'un agent immobilier a déterminé une personne à acheter une maison, le contrat peut être annulé pour dol dans la mesure où le professionnel représentait le vendeur[2]. En revanche l'auteur du dol ne peut espérer la garantie d'un professionnel intermédiaire qu'il avait également induit en erreur[3].

Ainsi qu'il a été vu, le droit français contient une théorie générale du contrat applicable, sous réserve d'adaptation, à tous les actes juridiques, et ce à l'inverse d'autres traditions (l'Allemagne par exemple, où le Code a forgé une théorie générale de l'acte juridique). Or, précisément, l'exigence relative à l'auteur du dol ne peut s'appliquer dans les actes juridiques unilatéraux où, par hypothèse, il n'y a pas de cocontractant. Le dol peut alors émaner de n'importe quel tiers ayant, par fraude, conduit à l'adoption de cet acte, ce qui permet de supposer qu'il y avait un intérêt.

1. C'est en ce sens sans doute, au-delà d'une formulation maladroite, qu'il faut comprendre l'arrêt suivant rendu en matière de réticence dolosive : Civ. 1re, 28 mai 2008, n° 07-13487 ; *RDC* 2008/4, 1118, obs. D. Mazeaud ; *RTD civ.* 2008, 476, obs. B. Fages, qui retient que « la cour d'appel, qui n'était pas saisie d'une demande tendant à l'annulation de la vente, a pu, sans avoir à se prononcer expressément sur le caractère intentionnel de la réticence qu'elle constatait et qui s'analysait aussi en un manquement à l'obligation précontractuelle d'information du vendeur, allouer des dommages-intérêts à l'acquéreur en réparation de son préjudice ».

2. Pour une formulation prudente et restrictive, admettant en particulier que le dol du mandataire ne peut être reproché au mandant que si le premier n'a pas dépassé les limites des pouvoirs de représentation conférés par le mandant : Civ. 3e, 29 avr. 1998, n° 96-17540 ; *RTD civ.* 1999, 90, obs. J. Mestre.

3. Civ. 3e, 19 nov. 2008, n° 07-17880 ; *RTD civ.* 2009, 115, obs. B. Fages. Les vendeurs avaient en l'espèce volontairement induit en erreur la SCP ayant rédigé l'état parasitaire de leur maison sur l'existence de termites, leur attitude étant à l'origine de la rédaction d'une attestation erronée : la Cour d'appel en a exactement déduit qu'ils devaient être condamnés à garantir la SCP de la totalité des condamnations prononcées à son encontre.

2 | Les conditions relatives à la victime du dol

L'action en nullité relative pour dol est, selon la Cour de cassation, réservée à celui des contractants dont le consentement a été vicié. Le subrogé par exemple ne peut en revanche engager une telle action en nullité[1].

Si le dol requiert à titre essentiel un examen de l'auteur du dol – de son comportement et de sa psychologie – ce n'est pas à dire pour autant que certaines conditions ne doivent pas être vérifiées également en la personne de la victime du dol.

1. L'ERREUR PROVOQUÉE PAR LE DOL

Pour que le contrat puisse être annulé, la tromperie doit avoir provoqué un vice dans le consentement du cocontractant, en pratique une erreur. Si en effet l'une des parties organise des manœuvres ou commet un mensonge ou des réticences dont le cocontractant n'est pas dupe au moment où il conclut le contrat, ce dernier ne peut se plaindre ultérieurement d'un dol, son consentement n'ayant pas été vicié. Le dol implique donc également une appréciation de la psychologie du demandeur.

À quoi sert alors ce second vice du consentement, s'il demeure nécessaire de caractériser une erreur du demandeur pour prononcer la nullité du contrat ? L'erreur de l'article 1110 du Code civil n'aurait-elle pas suffi ? La réponse est négative dans la mesure où l'existence d'un dol conduit à élargir les erreurs qu'un contractant peut invoquer pour demander l'annulation du contrat. Plus précisément, l'erreur provoquée par le dol n'a pas à être une erreur sur les qualités substantielles au sens

1. Civ. 2e, 18 oct. 2005, n° 04-16.832 ; *RDC* 2006, 470, obs. Y.-M. Serinet ; *RTD civ.* 2006, 318, obs. J. Mestre et B. Fages ; ainsi, en dépit de la subrogation générale qu'il détenait en vertu des actes de vente, le cessionnaire était sans qualité pour engager une action en nullité à raison du dol dont aurait été victime le cédant. La solution a été confirmée par la Ch. mixte, 8 juin 2007, n° 03-15602 ; *JCP G* 2007, II, 10138, note Ph. Simler ; *Dr. & patr.* 2007, 85, obs. L. Aynès et Ph. Stoffel-Munck ; *D.* 2008, 514, note L. Andreu, qui approuve la cour d'appel d'avoir retenu que la caution qui n'avait pas été partie au contrat de vente du fonds commerce, n'était pas recevable à invoquer la nullité relative tirée du dol affectant le consentement du débiteur principal et qui, destinée à protéger ce dernier, constituait une exception purement personnelle.

de l'article 1110 du Code civil, mais peut être une erreur qui aurait été indifférente sur le fondement de ce texte, en particulier une simple erreur sur la valeur[1], sur le mobile, ou encore une erreur sur la personne dans un contrat non conclu *intuitu personae*[2]. Lorsque de telles erreurs ont été causées par un dol[3], l'annulation du contrat peut être demandée sur le fondement de l'article 1116 du Code civil alors qu'elle n'aurait pas pu l'être sur le fondement de l'article 1110 du même Code. L'erreur provoquée par le dol sera en outre toujours considérée comme excusable[4].

Il peut arriver que les deux vices du consentement puissent être invoqués car il y a à la fois erreur au sens de l'article 1110 et dol au sens de l'article 1116. Dans ce cas, les deux moyens peuvent être soulevés, l'un de façon principale et l'autre de façon subsidiaire (le juge n'aura alors pas besoin d'examiner le second s'il a déjà fait droit à la demande sur le fondement du premier moyen). Il est en général plus facile de démontrer la fraude intervenue qu'une erreur sur les qualités substantielles qui implique de démontrer que l'erreur a été déterminante, qu'elle a porté sur les qualités essentielles de la chose objet du contrat, ou encore que l'autre savait que ces qualités étaient recherchées.

On s'est demandé si le dol ne devait pas pouvoir entraîner l'annulation du contrat dès lors qu'il a provoqué un vice du consentement quelconque et non pas seulement une erreur. On n'imagine cependant guère quel autre vice du consentement que l'erreur pourrait avoir été provoqué par un dol. Par définition même, une tromperie est qualifiée telle lorsqu'elle a pour but et pour effet de tromper l'autre, c'est-à-dire de l'induire en erreur sur un point quelconque. La Cour de cassation semble ainsi toujours exiger que le dol ait provoqué une erreur. Il faut que le demandeur ait été abusé par un comportement répréhensible, et

1. Com., 17 juin 2008, n° 07-15398; *RTD civ.* 2008, 671, obs. B. Fages : «l'erreur du cessionnaire sur la valeur des titres sociaux, dès lors qu'elle a été provoquée par une manœuvre du cédant, peut donner lieu au prononcé de la nullité de l'acte de cession pour dol»; Civ. 3e, 22 juin 2005, n° 04-10415; *RDC* 2005/4, 1025, obs. Ph. Stoffel-Munck.

2. Pour des exemples de tromperies sur l'état civil du contractant (faux nom), Ass. Plén., 9 mai 2008, n° 07-12449; *D.* 2008, 2328, note A. L. Thomat-Raynaud, et Civ. 2e, 15 mai 2008, n° 07-15310; *RTD civ.* 2008, 672, obs. B. Fages.

3. Cependant, ainsi que nous l'avons vu plus haut, il n'y a plus aujourd'hui réticence dolosive à cacher une information sur la *valeur* de la prestation de l'autre, si bien que l'annulation du contrat ne peut plus être demandée pour ce motif sur le fondement de l'article 1116 du Code civil. Civ. 3e, 17 janv. 2007, n° 06-10442, cité *supra*. Pourtant, dans l'arrêt du 17 juin 2008 précité, après avoir parlé de manœuvres, la Cour de cassation précise qu'il y avait eu en l'espèce réticence dolosive.

4. Civ. 3e, 21 févr. 2001, n° 98-20817; *RTD civ.* 2001, 353, obs. J. Mestre et B. Fages, qui retient que la réticence dolosive «rend toujours excusable l'erreur provoquée».

en revanche le fait que l'acquéreur ait beaucoup insisté[1], ou qu'il ait même exercé des pressions sur un débiteur au bord de la faillite[2] ne suffit pas pour constituer des manœuvres dolosives. Il y a, dans ce dernier cas, contrainte plus que tromperie.

2. LE CARACTÈRE DÉTERMINANT DU DOL

Comme tous les vices du consentement, le dol ne peut entraîner la nullité du contrat que s'il a déterminé le consentement du contractant : en d'autres termes, le demandeur doit prouver que s'il *n'avait pas* été victime de la tromperie, il *n'aurait pas* conclu le contrat.

L'erreur provoquée par le dol, si elle n'a pas à être une erreur sur les qualités substantielles au sens de l'article 1110, doit donc néanmoins avoir déterminé le consentement de la victime du dol ; elle doit l'avoir conduit à contracter. Si un mari fait rédiger sa lettre manuscrite de candidature par son épouse, cette tromperie n'est une cause de nullité du contrat de travail que si l'employeur démontre que, sans cette fraude, il n'aurait pas conclu le contrat ; en d'autres termes, il doit prouver, ce qui n'est guère aisé, que l'examen de l'écriture de l'époux l'aurait conduit à ne pas l'embaucher[3].

La doctrine a cependant forgé une distinction classique entre le dol principal (ou déterminant) et le dol incident. Le dol principal est défini comme celui sans lequel la victime n'aurait pas contracté : il est donc un dol déterminant. Le dol incident est en revanche celui sans lequel la victime aurait tout de même contracté, mais à des conditions différentes.

1. Com., 2 juin 1981, n° 79-13931 : « attendu que la cour d'appel a constaté qu'aucune des attestations produites par Mlle Y... ne faisait état d'artificies, de fraude, de mensonge ou de tromperie mais seulement de fréquentes démarches des époux A... pour la convaincre de leur vendre son fonds de commerce ; qu'elle a estimé à bon droit que la seule insistance ainsi manifestée par les acquéreurs n'était pas constitutive d'une manœuvre dolosive ».

2. Civ. 1re, 10 juil. 1995, n° 93-17388 ; *RTD civ.* 1996, 390, obs. J. Mestre ; *CCC* 1996, n° 2, L. Leveneur, où la Cour de cassation censure l'arrêt d'appel ayant prononcé la nullité de la reconnaissance de dette car « en se déterminant ainsi, sans constater de la part [du représentant du créancier] des manœuvres destinées à provoquer une erreur de nature à vicier le consentement [du débiteur], la cour d'appel n'a pas caractérisé le dol ».

3. Soc., 5 oct. 1994, n° 93-43615 ; *D.* 1995, 282, note P. Mozas ; *RTD civ.* 1995, 94, obs. J. Mestre : en prononçant l'annulation du contrat au motif que « l'analyse graphologique de la lettre du 23 février 1987 révélait un certain nombre de traits de caractère positifs tout à fait en rapport avec le profil du poste concerné, qui avaient manifestement été déterminants dans la décision de la société d'engager » le salarié, « alors qu'elle n'avait pas constaté que si les manœuvres invoquées n'avaient pas existé, à savoir que si les documents en cause avaient été écrits de la main du mari, il était évident que la société n'aurait pas contracté, la cour d'appel a privé sa décision de base légale au regard » de l'article 1116 C. civ.

Il faut donc imaginer une tromperie de moindre envergure, qui a simplement conduit la victime à accepter des conditions moins avantageuses que celles qu'elle aurait pu obtenir si elle avait su la vérité. La victime du dol incident pourrait donc obtenir, non pas l'annulation du contrat, mais des dommages-intérêts ou une réduction du prix[1].

La distinction n'est pas toujours aisée. Entre la tromperie sans laquelle de toute évidence le demandeur n'aurait pas conclu le contrat et la tromperie minime, qui n'aurait sans doute rien changé à sa décision, il y a place pour toute une série de situations intermédiaires où il est difficile d'analyser les arcanes de la psychologie du contractant et de déterminer avec certitude si finalement il aurait ou non conclu le contrat. Ainsi, une partie de la doctrine refuse de traiter différemment les deux types de dol car il ne serait pas possible de distinguer entre la volonté de contracter abstraitement considérée, et la volonté concrète de contracter à telles ou telles conditions[2]. Dès lors qu'il est démontré que la victime n'aurait pas conclu le contrat précis qu'elle a conclu, elle devrait pouvoir en demander l'annulation. La Cour de cassation a ainsi jugé que les réticences dolosives pouvaient entraîner la nullité de la vente dès lors que si l'acheteur avait connu certaines dissimulations, il « aurait à tout le moins acquis à un prix inférieur »[3].

D'un point de vue théorique cependant, il semble qu'il faille maintenir que, pour obtenir l'annulation du contrat, le contractant doit démontrer que son consentement a été déterminé par les manœuvres pratiquées. Pourquoi sinon remettre en cause le contrat si le contractant ne prouve pas que sans ces manœuvres il ne l'aurait pas conclu? C'est d'ailleurs ce que dit clairement l'article 1116 du Code civil : « Le dol est une cause de nullité de la convention lorsque les manœuvres pratiquées par l'une des parties sont telles qu'il est évident que, sans ces manœuvres, l'autre partie n'aurait pas contracté. » Dans les autres hypo-

1. Cela suppose que l'action soit fondée sur un dol, et non pas sur la défaillance d'une condition suspensive, car dans ce dernier cas le seul choix de l'acheteur est de se retirer du contrat ou, s'il renonce à la défaillance, de prendre le contrat tel qu'il était : Civ. 3e, 31 mars 2005, n° 04-11752; *RTD civ.* 2005, 775, obs. J. Mestre et B. Fages.

2. J. Flour, J.-L. Aubert et É. Savaux, *Les obligations*, vol. 1 : *L'acte juridique*; J. Ghestin, *Le contrat : formation.*

3. Civ. 3e, 22 juin 2005, n° 04-10415; *RDC* 2005/4, 1025, obs. Ph. Stoffel-Munck : « Ayant constaté que la société Simco avait dissimulé à la société de Saint-Pray la situation exacte de l'immeuble au regard des règles des immeubles de grande hauteur et le montant réel des charges de sécurité qu'elle se devait de communiquer compte tenu de la particularité d'un tel immeuble, la cour d'appel, qui a souverainement retenu que ces éléments étaient déterminants pour l'acquéreur qui devait être mis à même d'apprécier la rentabilité d'une opération et aurait à tout le moins acquis à un prix inférieur s'il avait connu la situation exacte, en a exactement déduit que les réticences dolosives imputables à la société Simco entraînaient la nullité de la vente. »

thèses de fraude, la victime peut obtenir des dommages-intérêts pour compenser le préjudice subi, ce qui équivaut en pratique à une diminution du prix payé. Le dol incident est ainsi une faute au sens de l'article 1382 du Code civil, qui justifie l'allocation de dommages-intérêts mais non pas l'annulation du contrat[1]. Au demeurant, lorsque la victime se contente de demander des dommages-intérêts, elle démontre par là même qu'elle aurait accepté de contracter à d'autres conditions.

3. LE PRÉJUDICE CAUSÉ PAR LE DOL

A priori, aucune condition supplémentaire n'est posée quant aux conséquences préjudiciables du dol, pas plus d'ailleurs qu'en matière d'erreur de l'article 1110 du Code civil. Certes dans les deux cas, puisque par définition le contractant a commis une erreur déterminante, cela signifie que s'il avait su il n'aurait pas contracté, et donc qu'il a subi un préjudice. À supposer cependant que le contrat conclu ne soit pas préjudiciable à la victime du dol (ou de l'erreur), celle-ci ne doit sans doute pas être autorisée à remettre en cause le contrat.

Lorsque la démonstration est faite d'un dommage qui n'est pas suffisamment réparé par l'annulation du contrat, la victime du dol peut demander en outre réparation du dommage qu'elle a subi sur le fondement de la responsabilité délictuelle[2]. La victime d'un dol, notamment d'une réticence dolosive, peut se contenter de demander réparation de son préjudice sans avoir à réclamer en outre la nullité du contrat[3]. Mais si elle se contente ainsi de dommages-intérêts, il semble ainsi qu'on l'a vu qu'elle doive démontrer l'intention de tromper et le caractère déterminant du dol, sauf si elle fonde sa demande sur le seul article 1382 du Code civil[4].

1. V. cependant Com., 7 juin 2011, n° 10-13622 ; *RDC* 2011/4, 1148, obs. crit. Y. M. Laithier ; *RTD civ.* 2011, 533, obs. B. Fages ; *Dr. & patr.* 2012, n° 211, 67, obs. Ph. Stoffel-Munck ; *CCC* 2011, comm. 208, L. Leveneur, qui requiert que soit caractérisé le caractère déterminant du dol alors même qu'il s'agissait d'une demande de dommages-intérêts : « ayant souverainement estimé qu'il n'était établi ni l'intention de Mme X...de tromper la société Y... *ni le caractère déterminant de l'information litigieuse sur les conditions de la vente*, la cour d'appel en a exactement déduit que la demande, exclusivement fondée sur le dol, devait être rejetée ».

2. Civ. 3e, 16 mars 2011, n° 10-10503 ; *D.* 2012, 459 et s., obs. S. Amrani Mekki et M. Mekki ; *Dr. & patr.* 2012, n° 211, 67, obs. Ph. Stoffel-Munck ; Com., 18 oct. 1994, n° 92-19390 ; *D.* 1995, 180, note Ch. Atias ; *JCP G* 1995, I, 3853, obs. G. Viney ; *RTD civ.* 1995, 353, obs. J. Mestre ; Com., 15 janv. 2002, *RTD civ.* 2002, 290, obs. J. Mestre et B. Fages ; *CCC* 1995, comm. n° 1, L. Leveneur.

3. Com., 27 janv. 2009, n° 07-21616 ; *RDC* 2009/3, 1150, obs. M. Behar-Touchais.

4. Com., 7 juin 2011, n° 10-13622 précité.

4. LA TURPITUDE DE LA VICTIME DU DOL

Le dol sanctionne la tromperie effectuée par l'un des contractants. *Quid* si sa victime était un arroseur arrosé, c'est-à-dire elle-même d'une honnêteté douteuse (*in pari causa turpitudinis*, dans le même état de turpitude). Ainsi par exemple d'un acheteur qui accepte sciemment d'acheter des statuettes à un prix excessivement élevé car il pense (à tort car la manœuvre a été faite pour le tromper) avoir trouvé un naïf pour les lui racheter encore plus cher. Selon la Cour de cassation, « le principe selon lequel nul ne peut se prévaloir de sa propre turpitude » (*nemo auditur propriam turpitudinem allegans*) n'est pas applicable en la matière[1] et le contractant doit pouvoir obtenir la nullité du contrat dès lors qu'il démontre qu'il a été victime de manœuvres dolosives, peu importants « que l'intéressé ait lui-même agi en croyant réaliser un profit substantiel non justifié »[2].

Sous-section 3 – Le consentement contraint : la violence

La violence est abordée dans le Code civil aux articles 1111 à 1115, c'est-à-dire entre l'erreur et le dol. Elle est cependant celui des trois vices du consentement le moins souvent invoqué en pratique. Il se pourrait que cela change avec l'élargissement effectué par la Cour de cassation et reconnu par les projets de réforme, nationaux et européens.

Lorsqu'il y a eu violence, le consentement a été non plus trompé mais contraint. Il n'y a pas eu d'erreur, c'est-à-dire que la victime savait parfaitement qu'elle ne voulait pas conclure le contrat, mais elle se sentait contrainte de le faire, car elle n'avait pas le choix. Le consentement était donc éclairé (à la différence de l'erreur et du dol), mais il n'était pas libre.

Là encore, *stricto sensu*, la violence n'est pas un vice du consentement mais la cause d'un vice qui est la crainte inspirée par la violence (en droit romain, la théorie de la violence était d'ailleurs dénommée

1. On sait en effet que l'adage ne peut empêcher une action en nullité, mais seulement paralyser éventuellement les restitutions, v. *infra*.

2. Civ. 1re, 22 juin 2004, n° 01-17258 ; *RTD civ.* 2004, 503, obs. J. Mestre et B. Fages.

celle de la *metus*, c'est-à-dire la crainte). Comme le dol, elle implique donc à titre principal l'examen du comportement du défendeur.

1 | La définition de la violence

La violence n'est définie qu'indirectement à l'article 1112 du Code civil qui dispose qu'« il y a violence lorsqu'elle est de nature à faire impression sur une personne raisonnable, et qu'elle peut lui inspirer la crainte d'exposer sa personne ou sa fortune à un mal considérable et présent ». Il y a violence lorsqu'un contractant se trouve illégitimement contraint de conclure un contrat parce qu'il est menacé, dans le cas contraire, de représailles qu'il veut éviter, ou même simplement parce qu'il est poussé à bout[1].

Comme tous les vices du consentement et même comme toutes les conditions de formation du contrat, la violence s'apprécie au jour de la conclusion de celui-ci. Comme en matière d'erreur et de dol, les juges peuvent se servir d'éléments postérieurs au contrat pour apprécier l'existence d'une violence au jour du contrat[2].

1. LES DIFFÉRENTES FORMES DE VIOLENCE

a) La nature de la violence : physique ou morale. — Il peut y avoir deux types de violence. La violence peut d'abord être physique (coups, séquestrations, etc.), ce qui est relativement rare[3], mais peut arriver dans

1. Dans un arrêt maintes fois cité (Colmar, 30 janv. 1970, *JCP* 1971, II, 16609, note Y. Loussouarn), une vieille femme avait été retenue de force dans sa chambre jusqu'à ce qu'elle se décide à donner tous ses biens. Il n'y avait aucune erreur commise par elle, ni aucune crainte, mais simple lassitude de sa part, et la cour d'appel admit pourtant l'annulation du contrat pour dol. En réalité, il n'y avait pas dans cet arrêt de tromperie ou de fraude, et donc pas de dol. La victime se rendait parfaitement compte de la situation et son consentement avait été contraint (par pression physique et psychologique) et non pas trompé : le vice de violence aurait dès lors sans doute été plus adapté.

2. Civ. 3e, 13 janv. 1999, n° 96-18309 : « La cour d'appel, qui pouvait se fonder sur des éléments d'appréciation postérieurs à la date de formation du contrat » pour apprécier les violences subies par la victime.

3. Civ. 3e, 13 janv. 1999 précité, pour l'annulation d'un immeuble vendu à une secte pour « violences physiques et morales ».

les conflits sociaux par exemple[1]. Elle peut être également morale (menaces, chantages, pressions psychologiques diverses[2]), par exemple lorsqu'elle émane de personnes ayant un certain ascendant ou des moyens de pression[3]. Il pourrait y avoir contrainte dès lors qu'un contractant ne laisse pas suffisamment de temps à son partenaire pour qu'il ait le choix d'aller contracter ailleurs[4]. Dans tous les cas, le consentement donné a été contraint, mais il y a eu tout de même volonté de contracter : *coacta voluntas, tamen voluntas* dit le droit (volonté contrainte, mais tout de même volonté). Si en revanche la violence est telle qu'on ne peut pas dire que la volonté a été émise, il n'y a pas vice du consentement mais absence de consentement (et donc pas de contrat) : par exemple le cocontractant tenait la main pour faire signer de force.

b) L'objet de la violence : la personne ou les biens. — La menace proférée peut porter sur la personne autant que sur les biens : aux termes de l'article 1112 alinéa 1er, « il y a violence lorsqu'elle [...] peut lui inspirer la crainte d'exposer *sa personne ou sa fortune* à un mal [...] ».

La victime de la violence n'est pas nécessairement une personne physique : une personne morale peut en effet, par l'intermédiaire de ses dirigeants, être amenée à conclure un contrat sous l'empire d'une contrainte[5].

En outre, contrairement à ce que semble dire l'article précité, qui ne vise que la menace pesant sur la personne du contractant (« sa » per-

1. Trib. civ. Nantes, 6 janv. 1956, *RTD civ.* 1956, 369 : signature forcée d'une convention collective par les représentants patronaux en plein milieu d'une émeute. Soc., 8 nov. 1984, n° 82-14816 : violence caractérisée par des voies de fait auxquelles se sont livrés des syndicalistes et dont les effets se sont prolongés lors de la signature d'un accord selon lequel l'armateur d'un navire a accepté de verser une cotisation à une organisation internationale de salariés et des suppléments de salaire à l'équipage.

2. Pour l'application du vice de violence morale à un acte unilatéral (la démission d'un salarié) : Soc., 13 nov. 1986, n° 84-41013. Com., 28 mai 1991, n° 89-17672 ; *D.* 1991, somm., 385, obs. L. Aynès ; *D.* 1992, 166, note P. Morvan ; *Defrénois* 1992, art. 35212, note J.-L. Aubert, pour une épouse qui se porte caution de la société de son mari sous l'empire d'une violence morale.

3. Pour un cas de violence morale exercée par un avocat sur son client conduisant à l'annulation de la convention d'honoraires, Civ. 2e, 18 déc. 2003, *D.* 2004, IR, 394 ; *LPA* 25 oct. 2004, n° 213, p. 14, obs. G. Kessler. Comme le remarquent J. Mestre et B. Fages, cet arrêt non seulement n'a pas été publié au bulletin, mais n'est même pas disponible sur le site Légifrance ! V. leurs obs. sous Civ. 2e, 8 sept. 2005, n° 04-12041 ; *RTD civ.* 2006, 108, qui refuse au contraire, dans une autre affaire, d'admettre qu'une contrainte morale ait été exercée par un avocat.

4. Civ. 1re, 30 juin 2004, n° 01-00475 ; *RTD civ.* 2005, 126, obs. J. Mestre et B. Fages, qui juge que la banque était libre de fixer le prix qu'elle entendait pratiquer pour la location de ses chambres fortes, mais en précisant que c'est parce qu'en l'espèce la cliente avait disposé d'un délai suffisant pour avoir le temps de s'adresser à la concurrence et n'avait donc pas été contrainte de se soumettre aux conditions de la BNP.

5. Soc., 8 nov. 1984, n° 82-14816 ; *RTD civ.* 1985, 368, obs. J. Mestre.

sonne), la violence peut être admise même lorsque la menace était dirigée contre un proche de celui-ci. On comprend en effet que la violence exercée sur un tiers avec lequel le contractant a des liens d'affection puisse être plus contraignante encore que celle qui serait faite sur sa propre personne ; l'article 1113 du Code civil précise d'ailleurs que » la violence est une cause de nullité du contrat, non seulement lorsqu'elle a été exercée sur la partie contractante, mais encore lorsqu'elle l'a été sur son époux ou sur son épouse, sur ses descendants ou ses ascendants ». La jurisprudence interprète ce texte de façon relativement large : si le fait que la violence ait été exercée sur une personne visée par ce texte permet de présumer que le consentement du contractant a été contraint, celui-ci pourrait toujours démontrer qu'il en a été de même lorsque la violence a visé une autre personne avec laquelle il avait des liens particuliers.

2. LA GRAVITÉ DE LA VIOLENCE

La violence ne permet d'annuler le contrat que si elle a été suffisamment grave. L'article 1112 du Code civil dispose ainsi qu'« il y a violence lorsqu'elle [...] peut lui inspirer la crainte d'exposer sa personne ou sa fortune *à un mal considérable et présent* ». Le terme « considérable » insiste sur la gravité de la violence. En même temps, le texte exige que le mal redouté soit « présent », c'est-à-dire que la victime n'avait d'autre choix que de conclure immédiatement, sans avoir la possibilité de chercher à gagner du temps. La menace doit ainsi avoir été suffisamment grave et irrépressible pour avoir contraint le consentement.

Comme pour tous les vices du consentement, la violence doit avoir été déterminante, c'est-à-dire que la victime doit démontrer qu'en son absence elle n'aurait pas conclu le contrat. On relève souvent à cet égard une contradiction entre les deux alinéas de l'article 1112. L'alinéa 1er semble en effet prôner une appréciation *in abstracto* de la violence, puisqu'il faudrait juger de la contrainte exercée par rapport à une personne « raisonnable », c'est-à-dire en réalité par rapport à une personne moyenne, un standard : le bon père de famille (« il y a violence lorsqu'elle est de nature à faire impression sur une *personne raisonnable* »[1]). Le second alinéa en revanche, en recommandant d'avoir égard

1. Pour les Romains, il fallait que la violence ait été de nature à faire impression sur un *homo constantissimus*, c'est-à-dire un homme de la plus haute constance.

« à l'âge, au sexe et à la condition des personnes », semble introduire à l'inverse une appréciation *in concreto*.

En réalité, les deux alinéas ne s'opposent pas mais doivent se combiner. L'appréciation n'est pas complètement subjective dans la mesure où on ne se contente pas de ce que la victime considérée a réellement ressenti de la crainte. L'article 1112 recommande au contraire d'opérer un contrôle objectif en appréciant la violence par rapport à un standard (ce qu'aurait fait un individu raisonnable dans les mêmes circonstances). Ce standard est cependant affiné : on ne compare pas la victime avec un individu moyen raisonnable (appréciation complètement *in abstracto*), mais par rapport à ce qu'un individu moyen du même âge, du même sexe et de la même condition, aurait dû éprouver par rapport à la menace proférée. Il s'agit donc globalement plutôt d'une appréciation abstraite, mais modérée par la prise en compte des caractéristiques de la personne. Cela étant dit, toute personne peut, à un moment ou à un autre, être vulnérable à des pressions [1].

3. L'ILLÉGITIMITÉ DE LA VIOLENCE

Pour permettre l'annulation du contrat, la violence doit avoir été illégitime, ce qui semble laisser une place pour une violence légitime. Le Code civil en donne un exemple à l'article 1114 selon lequel « la seule crainte révérencielle envers le père, la mère ou autre ascendant, sans qu'il y ait eu de violence exercée, ne suffit point pour annuler le contrat ». Cependant, pour éviter les mariages forcés, la loi n° 2006-399 du 4 avril 2006 a modifié l'article 180 C. civ. pour préciser que « L'exercice d'une contrainte sur les époux ou l'un d'eux, y compris par crainte révérencielle envers un ascendant, constitue un cas de nullité du mariage ».

Selon la jurisprudence, la seule menace d'exercer une voie de droit n'est pas une violence illégitime, à la condition cependant qu'il n'y ait pas abus. Il y a abus non seulement lorsqu'il y a eu intention de nuire (ce qui est le critère traditionnel mais néanmoins restrictif de l'abus d'un droit), mais encore lorsque la menace de l'exercice d'une voie de droit a été détournée de son but ou lorsqu'elle a été utilisée pour obtenir une promesse ou un avantage sans rapport ou hors de proportion avec

1. Pour une violence morale contre une société commerciale ou contre un médecin : obs. J. Mestre et B. Fages, *RTD civ.* 2002, 504.

l'engagement primitif[1]. C'est par exemple le créancier qui profite de la crainte du débiteur dirigeant d'une entreprise en difficulté de « faire faillite » pour lui faire signer une reconnaissance de dette bien supérieure au montant réel de sa créance sous la menace d'intenter une action en paiement qui le conduirait au dépôt de bilan.

2 | L'origine de la violence

L'auteur de la violence n'est pas nécessairement, comme en matière de dol, le cocontractant. Le contrat peut en effet être annulé même lorsque la violence a été exercée par un tiers. C'est ce qu'énonce l'article 1111 du Code civil : « La violence exercée contre celui qui a contracté l'obligation est une cause de nullité, encore qu'elle ait été exercée par un tiers autre que celui au profit duquel la convention a été faite. » Il faut sans doute en pratique supposer que le tiers avait un intérêt à la conclusion du contrat – par exemple que le cocontractant lui aura promis quelque chose pour son acte – sinon on ne voit pas pourquoi il aurait contraint la victime à contracter. Le cocontractant sera donc en réalité le plus souvent complice.

En tout état de cause, que la violence émane du cocontractant lui-même ou d'un tiers, elle émane d'une personne. On s'est alors demandé s'il s'agissait là d'une exigence, ou si la violence pouvait également résulter des circonstances, c'est-à-dire d'événements extérieurs. C'est ce qu'on a appelé la question de l'état de nécessité par référence au fait justificatif parfois admis en droit pénal[2]. La question s'est posée en droit civil de savoir si un contrat conclu sous l'état de nécessité pouvait ultérieurement être annulé. L'exemple classique est celui de l'assistance maritime : un bateau va s'échouer en raison d'une violente tempête ; le capitaine d'un autre navire propose son aide en échange de la totalité de la cargaison ; arrivés tous deux sains et saufs au port, y a-t-il obligation de donner toute la cargaison ou l'accord ayant été extorqué sous la contrainte des

1. Civ. 3e, 17 janv. 1984, n° 82-15753 ; *Defrénois* 1985, 78, note J.-L. Aubert, qui ne retient pas l'abus.

2. En droit pénal, un fait justificatif est un fait qui justifie l'infraction commise et donc l'efface. Il y a état de nécessité lorsqu'une personne commet une infraction pour éviter un mal plus grand que celui qui résulte de l'infraction commise.

circonstances peut-il être annulé pour violence? La jurisprudence, puis la loi (art. 15 L. 7 juil. 967), ont adopté cette dernière solution.

La Cour de cassation a parfois annulé certains contrats conclus en raison d'un pressant besoin d'argent, mais la jurisprudence en la matière est très rare[1], car la question soulève une réelle difficulté au regard de la sécurité juridique. En effet, le cocontractant ne connaît pas nécessairement l'état de contrainte dans lequel se trouve l'autre et qui le conduit à conclure le contrat. Il peut donc parfois être injuste de lui imposer ultérieurement l'annulation de celui-ci.

La Cour de cassation semble aujourd'hui admettre la violence économique, mais elle exige pour cela que le cocontractant ait abusé de la situation pour imposer à la victime des conditions particulièrement déséquilibrées[2], ce qui rejoint la question de l'abus de puissance économique. Le fait d'être en situation de dépendance économique pourrait désormais permettre de faire annuler un contrat pour violence dès lors que le cocontractant a abusivement profité de cette situation; selon la formule de la Cour de cassation, «seule l'exploitation abusive d'une situation de dépendance économique, faite pour tirer profit de la crainte d'un mal menaçant directement les intérêts légitimes de la personne, peut vicier de violence son consentement»[3].

1. Soc., 5 juil. 1965, *Bull. civ.*, V, n° 545, approuvant la cour d'appel d'avoir annulé pour violence morale un contrat de travail contenant des clauses draconiennes qu'un père avait dû conclure car il avait de pressants besoins d'argent en raison d'un enfant malade; Civ. 1re, 8 déc. 1998, n° 96-17811, rejetant le pourvoi formé contre l'arrêt d'appel qui, répondant aux conclusions soutenant que la première guerre du Golfe constituait une contrainte morale justifiant l'annulation d'un voyage au Maroc, relève au contraire que les lieux de destination n'étaient pas à haut risque d'attentats; certes le grief invoqué relatif à la violence morale n'étant qu'un défaut de réponse à conclusions, la Cour de cassation devait le rejeter dès lors que, formellement, les juges du fond y avaient en réalité apporté une réponse; mais si la Cour de cassation avait pensé d'une façon ou d'une autre que la pression des événements pouvait constituer une contrainte morale, elle aurait trouvé une façon de censurer l'arrêt. Précisons qu'il s'agissait en réalité ici d'exécution et non pas de formation du contrat.

2. Civ. 1re, 24 mai 1989, n° 87-10564, dans lequel la Cour de cassation approuve les juges du fond d'avoir condamné la société Nouvelles Frontières à payer à la compagnie Air France le tarif demandé par cette dernière et rejette l'argument de la première tiré de l'état de nécessité où elle s'était trouvée de faire appel à la compagnie nationale car cet état «aurait supposé que lui fussent imposées des conditions anormalement onéreuses».

3. Civ. 1re, 3 avr. 2002, n° 00-12932; *D.* 2002, 1860, concl. J.-P. Gridel, 1862, note J.-P. Chazal, et 2844, obs. D. Mazeaud; *RTD civ.* 2002, 502, obs. J. Mestre et B. Fages; *Defrénois* 2002, 1246, obs. É. Savaux. Mme K... était collaboratrice puis rédactrice salariée de la société Larousse-Bordas depuis 1972; par convention du 21 juin 1984, elle avait reconnu la propriété de son employeur sur tous les droits d'exploitation d'un dictionnaire pour lequel elle avait fourni une activité supplémentaire dans le cadre de son contrat de travail; ayant par la suite été licenciée, elle a assigné la société en nullité de cette cession pour violence; la cour d'appel avait accueilli ces demandes au motif qu'en 1984, son statut salarial plaçait Mme K... en situation de dépendance économique, la contraignant d'accepter la convention d'autant que des menaces de licenciement planaient à l'époque, lui faisant craindre de perdre son travail; la Cour de cassation censure cette décision au visa de l'article 1112 C. civ., car la

La contrainte économique et l'abus de la faiblesse d'autrui sont souvent considérés, dans les droits étrangers, comme des cas de lésion (qu'on appelle plus précisément lésion subjective ou qualifiée, v. *infra*). Selon la Cour de cassation en revanche, « la contrainte économique se rattache à la violence et non à la lésion »[1]. La solution peut se comprendre : la contrainte économique est bien une forme de violence, dès lors que l'on admet qu'elle puisse résulter des circonstances ; il y a bien aussi sans doute vice du consentement dès lors qu'on exige que le contractant ait abusé de la situation pour faire conclure un contrat déséquilibré.

Les projets de réforme du droit des contrats contiennent presque tous un tel élargissement du vice de violence. Ainsi, le projet de Cadre commun de référence retient un vice du consentement en cas d'exploitation injuste de la situation d'autrui (v. état des questions).

3 | La cessation de la violence

Comme nous le verrons, tout contrat conclu sous l'empire d'un vice du consentement peut être ultérieurement confirmé. Une fois que le vice a cessé (la tromperie ou l'erreur ont été découvertes, la contrainte a cessé), la victime peut vouloir malgré tout mener à bien le contrat et donc renoncer à se prévaloir de sa nullité.

Le Code civil pose une solution similaire pour le cas particulier de la violence. Aux termes de l'article 1115, « un contrat ne peut plus être

cour d'appel n'avait pas constaté « que lors de la cession, Mme K... était elle-même menacée par le plan de licenciement et que l'employeur avait exploité auprès d'elle cette circonstance pour la convaincre ». La Cour de cassation était auparavant plus réticente encore pour admettre la violence économique : Soc., 8 nov. 1984, n° 82-14816.

1. Civ. 1re, 30 mai 2000, n° 98-15242 ; *D.* 2000, 879, note J.-P. Chazal ; *D.* 2001, som., 1140, obs. D. Mazeaud ; *JCP G* 2001, II, 10461, note G. Loiseau ; *RTD civ.* 2000, 827, obs. J. Mestre et B. Fages ; *Defrénois* 2000, 1124, obs. Ph. Delebecque ; *CCC* 2000, n° 142, L. Leveneur. M. Deparis, assuré par les Assurances « Groupe Azur » avait été victime d'un incendie le 15 janvier 1991 dans le garage qu'il exploitait ; le 10 septembre 1991, il avait signé un accord sur la proposition de l'expert pour fixer les dommages à la somme de 667 382 F ; la Cour de cassation censura l'arrêt attaqué qui, pour rejeter la demande d'annulation de l'acte du 10 septembre 1991, avait retenu que la transaction ne pouvant être attaquée pour cause de lésion, la contrainte économique dont fait état M. Deparis ne saurait entraîner la nullité de l'accord ; pour la Cour de cassation, « en se déterminant ainsi, alors que la transaction peut être attaquée dans tous les cas où il y a violence, et que la contrainte économique se rattache à la violence et non à la lésion, la cour d'appel a violé » les art. 2052 et 2053 C. civ., et l'art. 12 NCPC.

attaqué pour cause de violence, si, depuis que la violence a cessé, ce contrat a été approuvé soit expressément, soit tacitement, soit en laissant passer le temps de la restitution fixé par la loi »[1]. L'application de cet article suppose en principe que le contrat ait été initialement entaché de violence[2], même si la Cour de cassation l'invoque parfois de façon moins rigoureuse, en se servant du fait que le contrat aurait été approuvé à nouveau pour en déduire qu'il n'y a jamais eu de violence[3].

ÉTAT DES QUESTIONS

BIBLIOGRAPHIE

Sur les vices du consentement en général : R. Siri, *La théorie générale des vices du consentement, entre mythe et réalité ?*, PU d'Aix-Marseille, 2008 ; C. Ouerdane-Aubert de Vincelles, *Altération du consentement et efficacité des sanctions contractuelles*, Dalloz, « Nouv. bibl. thèses », 2002, préf. Y. Lequette, qui propose de reconstruire la théorie des vices du consentement autour de deux vices : l'erreur (spontanée ou provoquée) et la faiblesse ; P. Chauvel, *Le vice du consentement*, th. Paris II, 1981.

Sur l'erreur : J. Ghestin, *La notion d'erreur dans le droit positif actuel*, th. Paris, 1962, LGDJ, « Bibl. dr. privé », 2e éd., 1971, préf. J. Boulanger ; R. Célice, *L'erreur dans les contrats*, th., LGDJ, 1922 ; G. Vivien, De l'erreur déterminante et substantielle, *RTD civ.* 1992, 305 ; Ph. Malinvaud, De l'erreur sur la substance, *D.* 1972, chron., 215 ; J. Maury, L'erreur sur la substance dans les contrats à titre onéreux, *Études H. Capitant*, Dalloz, 1939, 491 ; R. Fubini, Contribution à l'étude de la théorie de l'erreur sur la substance et sur les qualités substantielles, *RTD civ.* 1902, 301. De façon plus ponctuelle, Gaudefroy, *L'erreur obstacle*, th. Paris, 1925 ; B. Grelon, L'erreur dans les libéralités, *RTD civ.* 1981, 261. Sur la question du doute : J. Ghestin, L'authenticité, l'erreur et le doute, *Études P. Catala*, Litec, 2001, 457 ; J.-F. Cesaro, *Le doute en droit privé*, éd. Panthéon-Assas,

1. Civ. 1re, 19 nov. 1996, n° 94-17719 : la cour d'appel ayant constaté que les débiteurs « avaient procédé sans contrainte à des remboursements partiels des prêts objet des reconnaissances de dettes... c'est sans encourir les griefs du pourvoi qu'elle en a déduit, par application de l'article 1115 du Code civil, que ces actes ne pouvaient plus être attaqués pour cause de violence ».

2. Civ. 1re, 14 mai 1991, n° 89-20060, qui rejette le moyen tiré « de la violation de l'article 1115 du Code civil, texte relatif à la violence dont l'existence a été écartée par la cour d'appel » ; Soc., 20 févr. 2007, n° 04-48818 : la cour d'appel ayant souverainement estimé que l'employeur n'avait exercé aucune violence ni usé de menace de nature à vicier le consentement du salarié, le motif tiré de la continuation du contrat par le salarié (et donc de la violation de l'art. 1115 C. civ.) est « surabondant ».

3. Civ. 2e, 8 sept. 2005, n° 04-12041 ; *RTD civ.* 2006, 108, obs. J. Mestre et B. Fages, qui juge « qu'en se déterminant par de tels motifs dont il ne résulte pas que M. X... ait contracté le 17 novembre 1992 sous l'empire d'une quelconque contrainte morale exercée par la SCP ou un tiers, et alors que la convention litigieuse a été tacitement mais nécessairement approuvée dans le courrier postérieur du 13 octobre 2000, le premier président a violé les textes susvisés ».

2003, préf. B. Teyssié. Sur l'erreur en droit anglais : B. Fauvarque-Cosson, L'erreur en droit anglais, *RDC* 2003, 233 ; R. David, La doctrine de l'erreur dans Pothier et son interprétation par la *Common Law* d'Angleterre, *Études Capitant*, Dalloz, 1939, 145 ; C. Malecki, L'erreur sur la personne en droit anglais et en droit français des contrats : de l'influence déterminante de Pothier sur la *Common Law, RID comp.* 1995, 347 ; B. Rudden, Pothier et la *Common Law*, in *Robert-Joseph Pothier, d'hier à aujourd'hui*, dir. J. Monéger, Economica, 2001, 91.

Sur le dol : P. Bonassies, *Le dol dans la conclusion des contrats*, th. Lille, 1955.

Sur la réticence : N. Ivanus, *De la réticence dans les contrats*, th. Paris, Jouve & Cie, 1924. Selon cet auteur, le silence gardé de mauvaise foi pour entraîner son cocontractant à conclure le contrat est, de façon générale, assimilé au dol. *Adde* R. Demogue, *Traité des obligations en général*, t. I : *Sources des obligations*, Paris, Arthur Rousseau, 1923, n° 358, selon lequel « le dol suppose de la part de son auteur une action [...] Faut-il conclure de ce qui précède que le silence ne peut jamais constituer un dol ? La jurisprudence admet bien l'affirmative en général. Mais si tel est le principe, [...] la jurisprudence admet des exceptions assez volontiers dès que les circonstances faisaient au contractant un devoir plus strict de parler ou comme le dit un jugement, qu'il y avait des circonstances tellement graves qu'elles équivalaient à des manœuvres actives » (trib. Auxerre, 30 déc. 1881, *Gaz. Pal.* 1882, 1, 506), ou encore C. Demolombe, *Cours de Code Napoléon, Traité des Contrats ou des Obligations conventionnelles en général*, t. 24, A. Durand et L. Hachette & Cie, 1868, n° 172, 154, selon lequel il n'importe pas que le dol consiste dans des manœuvres mensongères ou dans des dissimulations ou des réticences fallacieuses. *Contra* M. Duranton, *Traité des contrats et des obligations en général suivant le Code civil*, t. I, Paris, Nève, Rondonneau & Dècle, Garnery, Leloir, 1819-1820, n° 99 : « La simple dissimulation de l'une des parties à l'égard d'un fait qu'il importait à l'autre de connaître, et dont la connaissance l'eut évidemment empêchée de former le contrat, est une sorte de dol dans le for intérieur, mais non dans le sens de la loi. » *Adde* P. Guyot, Dol et réticence, *Études H. Capitant*, Dalloz, 1939, 287.

Sur l'obligation d'information *dans les contrats* : M. Fabre-Magnan, *De l'obligation d'information dans les contrats, essai d'une théorie*, LGDJ, « Bibl. dr. privé », 1992, préf. J. Ghestin ; *L'information en droit privé*, trav. conf. agrég., dir. Y. Loussouarn et P. Lagarde, LGDJ, « Bibl. dr. privé », 1978 ; L'obligation de renseignements, *Le contrat aujourd'hui : comparaisons franco-anglaises*, dir. D. Tallon et D. Harris, LGDJ, « Bibl. dr. privé », 1987, rapp. franç. J. Ghestin (171) et rapp. anglais B. Nicholas (185) ; P. Jourdain, Le devoir de « se » renseigner, *D.* 1983, chron., 139 ; B. Rudden, Le juste et l'inefficace pour un non-devoir de renseignements, *RTD civ.* 1985, 91. Sur l'obligation d'information en droit comparé, A. M. Musy, *Il dovere di informazione. Saggio di diritto comparato*, Università Trento, 1999.

Sur les œuvres d'art : F. Duret-Robert, *Droit du marché de l'art*, Dalloz action, 2010/2011 ; S. Lequette, *L'authenticité des œuvres d'art*, LGDJ, « Bibl. dr. privé », 2006, préf. J. Ghestin ; J.-M. Trigeaud, L'erreur de l'acheteur, l'authenticité du bien d'art (étude critique), *RTD civ.* 1982, 55 ; J. Châtelain, L'objet d'art, objet de droit, *Études J. Flour*, Defrénois, 1979.

Sur la valeur du catalogue : F. Labarthe, La valeur contractuelle du catalogue dans les ventes volontaires de meubles aux enchères publiques, *D.* 2011, chron., 1779.

Sur la vente d'immeuble : F. Collart Dutilleul, L'enrichissement de l'obligation légale d'information à la charge du vendeur, *RDC* 2006/4, 1135.

Sur la violence et la contrainte : L. Aynès, La contrainte en droit des contrats, in *La contrainte*, dir. L. Grynbaum, Economica, Études juridiques, 35 ; Rowinski, *La violence dans la formation du contrat*, th. Aix-Marseille III, 1987 ; A. Breton, *La notion de violence en tant que vice du consentement. Étude critique*, th. Caen, 1925 ; R. Demogue, De la violence comme vice du consentement, *RTD civ.* 1914, 435 ; Treillard, La violence comme vice du consentement en droit comparé, *Études Laborde-Lacoste*, 1963, 419.

Pour une perspective européenne : H. Fleischer, Seller's Mistake as to Value-Enhancing Qualities of the Object Sold, *ERCL* 2009, 446 ; H. Beale, The DCFR : Mistake and Duties of Disclosure, *ERCL* 2008, 317 ; B. Fages, Pre-contractual Duties in the DCFR ?, *ERCL* 2008, 304 ; H. Eidenmüller, Exerting pressure in contractual negociations, *ERCL* 2007, 21 ; T. Wilhelmsson et Ch. Twigg-Flesner, Pre-contractual information duties in the *acquis communautaire, ERCL* 2006, 441 ; R. Sefton-Green (dir.), *Mistake, fraud and duties to inform in European Contract Law*, CUP, 2005 ; du même auteur, Duties to Inform versus Party Autonomy : reversing the paradigm (from free consent to informed consent) ? – A Comparative Account of French and English Law, in *Information Rights and Obligations – the impact on Party Autonomy and Contractual Fairness*, dir. R. Schulze et G. Howells, Ashgate, 2005, 171.

Sur l'assurance : R. Bout, Vices du consentement et droit du contrat d'assurance, *Mélanges J.-L. Aubert*, Dalloz, 2005, 45.

Sur le droit pénal : R. Haïk, *Droit pénal des contrats*, th. Paris XI, 2008 ; V. Wester-Ouisse, *Convention et juridiction pénale*, th. Nantes, 1999 ; R. Ottenhof, *Le droit pénal et la formation du contrat civil*, LGDJ, « Bibl. dr. privé », 1970, préf. H. Blaise.

HISTOIRE

Ménin, *Les vices du consentement dans notre Ancien Droit*, th. Paris, 1927 ; Meynial, Notes sur l'histoire du dol et de la violence, in *Mélanges Fournier*, 1929 ; J.-Ph. Lévy, *Histoire des obligations*, Les Cours du droit, 1995, 113, qui explique que la notion de « vice du consentement » est assez tardive car « longtemps, l'erreur fut considérée comme une absence de consentement, le dol et la violence étant des délits ». L'expression n'existe ni chez Domat (qui parle de « vices des conventions »), ni chez Pothier (qui se réfère aux « vices des contrats »), ni même dans le Code civil qui n'emploie le terme « vicier » qu'à propos de la lésion, pour dire, à l'art. 1118, qu'elle « vicie les conventions ». L'expression vient donc des exégètes du XIXe. Demolombe se demandait (*Cours de Code Napoléon*, t. 24, 1868, p. 77) ainsi : « Quels sont les vices du consentement, qui peuvent entraîner la nullité du contrat ? »

En droit romain classique, l'erreur n'est cause de nullité que dans la mesure où elle est exclusive de tout consentement (J.-Ph. Lévy, préc., 114). Ulpien (*D.*, 50, 17, 116, 2) : *« Non videntur qui errant consentire »* (ceux qui sont dans l'erreur ne sont pas considérés comme ayant consenti). Les exemples en sont alors principalement ceux de notre actuelle erreur-obstacle, par exemple l'*error in negotio*, c'est-à-dire l'erreur sur la nature de l'acte juridique (l'un remet une somme en dépôt, l'autre la reçoit comme s'il s'agissait d'un prêt ; selon Ulpien, *D.*, 12, 1, 18, 1, il n'y a ni prêt ni dépôt) ou l'*error in corpore*, c'est-à-dire l'erreur sur l'objet (l'un a cru acheter le fonds Sempronien, ou l'esclave Stichus, l'autre a voulu vendre le fonds Cornelien ou l'esclave Pamphilius ; là encore il n'y a pas contrat : *D.*, 18, 1, 9). L'erreur sur la substance met en revanche plus de temps à se forger.

J.-Ph. Lévy, préc., 114 : au IIe siècle, Marcellus examine le cas où l'on a acheté du vinaigre au lieu de vin, ou un objet de bronze que l'on croyait en or, ou en plomb alors qu'on le croyait en argent : le contrat reste valable car on a bien consenti sur la chose (le *corpus*), malgré l'erreur sur la matière ; Ulpien donnera, quelques décennies plus tard, la solution inverse. Selon J.-Ph. Lévy, cette controverse s'expliquerait par une différence de doctrines métaphysiques : « Marcellus est péripatéticien, disciple d'Aristote et pour cette école l'essentiel dans les choses est leur forme. C'est elle qui définit le *corpus*. Ulpien est stoïcien, et pour cette école l'essentiel est la matière, la substance des choses. » L'ancien droit retiendra cette dernière conception, Dumoulin et aussi Pothier avec ses célèbres exemples.

Le dol et la violence apparaissent vers le Ier siècle avant notre ère, œuvre des préteurs (J.-Ph. Lévy, préc., 116). S'agissant de la violence, elle était pour les Romains non pas *vis* mais *metus*, c'est-à-dire la crainte inspirée par la violence. P. F. Girard, *Manuel élémentaire de droit romain*, Paris, Arthur Rousseau, 5e éd., 1911, 417. Il existait alors l'*actio quod metus causa*, l'exception correspondante, l'*exceptio metus*, et enfin la *restituo in integrum*, permettant de faire réputer l'acte intervenu sous la contrainte non avenu. Quant au dol, seul le *dolus malus* était répréhensible. Les deux étaient des délits, donnant lieu à une action pénale au cas où leur auteur ne restituait pas (au quadruple pour le dol, au simple pour la violence), à une exception en cas d'action en paiement, et enfin, subsidiairement, à une restitution *in integrum*. Dans le haut Moyen Âge, les notions ont pratiquement disparu, et la pratique autorisait des formules qui permettaient de les écarter (J.-Ph. Lévy, préc., 117) : les notaires précisaient dans les actes que les parties avaient traité *« sponte et scienter, non coactus nec deceptus »* (spontanément et sciemment, sans être forcées ni déçues), et les contractants pouvaient renoncer à l'avance à invoquer ces moyens. Dol et violence furent ensuite à nouveau progressivement réintroduits, avec l'idée qu'il s'agirait de vices affectant le consentement.

THÉORIE JURIDIQUE

L'erreur. — E. A. Farnsworth, *Alleviating Mistakes : Flawed Perceptions as Grounds for Reversal and Forgiveness*, OUP, 2004, qui distingue les différents sens possibles de l'erreur : pourraient être qualifiés d'erreurs la décision ou l'acte erronés (le fait d'avoir pris le mauvais train par ex.) ; mais, au sens du droit des contrats, l'erreur est un état d'esprit, la mauvaise perception de la réalité par un contractant (la croyance que le train était le bon), c'est-à-dire le vice du consentement.

Pour une proposition de reconstruction de la théorie de l'erreur, G. Vivien, De l'erreur déterminante et substantielle, *RTD civ.* 1992, 305 et s., qui distingue l'erreur de l'article 1109, qui est une erreur déterminante visant à protéger le consentement, de l'erreur substantielle de l'article 1110, dont l'objet est d'apporter une limite à l'article précédent en vue de protéger le cocontractant et de sauvegarder la sécurité juridique. On peut retenir de cette analyse une distinction entre l'effet de l'erreur (non pas limitée cependant à son caractère déterminant, mais élargi à toutes les conditions relatives à la victime de l'erreur) et l'objet de l'erreur.

Pour un renouvellement de l'*erreur sur la valeur*, G. Goubeaux, À propos de l'erreur sur la valeur, *Études J. Ghestin*, LGDJ, 2001, 389, qui soutient que le domaine de l'erreur sur la valeur est tellement restreint aujourd'hui (à l'origine de presque toute erreur sur la valeur se dissimule une erreur sur les données de base de l'appréciation ; même une erreur sur la valeur de parts sociales est une erreur sur les données de base de l'appréciation : l'état de la société) que la notion tend à devenir pratiquement introuvable ; il serait dès lors possible d'assimiler l'erreur sur la valeur à l'erreur sur la substance ; la portée pratique de cette décision serait selon lui très réduite, dans la mesure où, dans les très rares cas de véritable erreur sur la valeur, le contractant serait très souvent empêché d'agir pour avoir accepté de conclure un contrat aléatoire ou pour avoir commis une erreur inexcusable ; la portée théorique serait non négligeable, mais aurait le mérite de montrer clairement que notre droit s'achemine aujourd'hui vers une recherche objective de justice commutative et d'équilibre des prestations. *Adde* Ph. Jouary, *Contribution à l'étude de la valeur en droit privé des contrats*, th. Paris I, 2002, 237 ; Ch. Atias, *Épistémologie juridique*, Précis Dalloz, 2002, 216, qui propose une analyse épistémologique de l'erreur sur la valeur.

POLITIQUE JURIDIQUE

a) La formation du contrat : de la liberté à la sécurité. — Pendant longtemps, tous les regards se tournaient en droit des contrats sur la période de la formation du contrat : celle-ci était en effet marquée par la liberté (liberté de révoquer l'offre, de déterminer le contenu du contrat, etc.), et il fallait vérifier que celle-ci s'était correctement exercée, d'où une réglementation particulièrement minutieuse des vices du consentement. À l'inverse, une fois le contrat conclu, c'est la sécurité juridique qui primait et la phase de l'exécution était marquée par une grande rigidité qui ne nécessitait pas de longues analyses. Ces impératifs se sont aujourd'hui transformés. C. Thibierge-Guelfucci, Libres propos sur la transformation du droit des contrats, *RTD civ.* 1997, qui relève (p. 376) que « la liberté reflue de la conclusion pour réapparaître après, cependant que la sécurité opère exactement le mouvement inverse » ; « le souci de sécurité, jadis attaché aux effets du contrat, à sa force obligatoire, se reporte sur la phase de formation de l'acte. Ce faisant, la sécurité recherchée change de nature : d'objective et source de protection de la partie la plus forte, créancière, elle devient subjective et permet la protection du plus faible, du futur débiteur. C'est aussi restreindre la liberté du plus fort pour plus d'égalité contractuelle ». Pour le même constat, F. Ost, Temps et contrat. Critique du pacte faustien, in *La relativité du contrat*, Trav. Ass. H. Capitant, Nantes, LGDJ, 2000, qui observe à son tour (p. 148) que « pour la théorie classique, les pourparlers précontractuels ne présentent pas de valeur juridique : tout se passe comme si les parties s'étaient déterminées en un instant de raison, celui auquel leurs consentements se sont rencontrés, et que l'acte, instantanément passé du néant normatif à la vie juridique, était désormais *parfait* et porteur de tous ses effets juridiques futurs [...] Aussitôt formé, l'acte peut prétendre désormais à l'intangibilité. Enfermé dans l'immutabilité de ses termes et la prétendue «commune intention des parties», le voilà assuré de traverser le temps sans être affecté par les changements de circonstances ni les inflexions internes des volontés des parties » ; mais il y a là un « déni de temps » (p. 149) qui, « comme tous les refoulés », fait aujourd'hui retour. Un mouvement inverse se fait sentir en matière d'exécution du contrat (v. *infra*).

b) La dépendance économique. — G. Virassamy, *Les contrats de dépendance, Essai sur les activités professionnelles exercées dans une dépendance économique*, LGDJ, « Bibl. dr. privé », 1986, préf. J. Ghestin ; C. Del Cont, *Propriété économique, dépendance et responsabilité*, L'Harmattan, 1997 ; J.-P. Chazal, *De la puissance économique en droit des obligations*, th. Grenoble II, 1996 ; *La protection de la partie faible dans les rapports contractuels*, comp. franco-belges, dir. J. Ghestin et M. Fontaine, LGDJ, « Bibl. dr. privé », 1996 ; Th. Revet, Les apports au droit des relations de dépendance, *La détermination du prix : nouveaux enjeux*, Dalloz, 1997, 37. *Adde* J. Rochfeld, Le statut du droit contractuel « de protection de la partie faible » : entre droit contractuel, droit du marché et droits de l'homme, in *Mélanges G. Viney*, LGDJ-Lextenso, 2008, 841 ; V. Roppo, From Consumer Contracts to Asymmetric Contracts : a Trend in European Contract Law?, *ERCL* 2009, 304 ; M. R. Maugeri, *Abuso di dipendenza economica e autonomia privata*, Giuffrè, 2003.

Lorsque l'une des parties est en situation de dépendance par rapport à l'autre, cette dernière est en position de lui imposer dans une certaine mesure sa volonté et, partant, de porter atteinte à l'équilibre du contrat. Au cours du XXe siècle, on a ainsi vu apparaître les flagrantes insuffisances du postulat de Fouillée, « qui dit contractuel, dit juste » (A. Fouillée, *La science sociale contemporaine*, 1re éd., 1880, 5e éd., Paris, Hachette, 1910), remplacé alors par la célèbre formule de Lacordaire : « Entre le fort et le faible, c'est la liberté qui asservit, la loi qui libère. » La liberté, c'est-à-dire le contrat.

Dans les années 1930, la dépendance économique fut proposée par certains auteurs pour constituer le critère du contrat de travail (en ce sens la thèse classique de Cuche, exprimée in Du rapport de dépendance élément constitutif du contrat de travail, *Rev. crit.* 1913, 412 et, du même auteur, La définition du salarié et le critérium de la dépendance économique, *DH* 1932, chron., 101). Sur ce débat, A. Supiot, Les juridictions du travail, *Traité droit du travail*, dir. G. H. Camerlynck, Dalloz, 1987, n° 233, p. 246. La thèse fut critiquée : P. Pic, note sous Civ., 6 juil. 1931, *DP* 1931, 1, 121, arrêt qui consacra le critère de la subordination juridique (« la condition juridique d'un travailleur à l'égard de la personne pour laquelle il travaille ne saurait être déterminée par la faiblesse ou la dépendance économique dudit travailleur et ne peut résulter que du contrat conclu entre les parties ; [...] la qualité de salarié implique nécessairement l'existence d'un lien juridique de subordination du travailleur à la personne qui l'emploie »). Le « bon » juge Magnaud doit également être cité, qui avait admis, au tout début du XXe siècle, que l'état de dépendance économique pouvait être pris en considération pour justifier l'infraction de vol commise.

La notion de dépendance économique est surtout présente en droit de la concurrence, Cl. Lucas de Leyssac et G. Parléani, *Droit du marché*, PUF, « Thémis », 2002, 918 et s. ; M. Chagny, *Droit de la concurrence et droit commun des obligations*, Dalloz, Nouv. bibl. thèses, 2004, préf. J. Ghestin ; *adde* L. Idot, De la difficulté d'établir des abus de dépendance économique devant le Conseil de la concurrence, *RDC* 2006/4, 1109. Le droit de la concurrence a été précurseur en utilisant le concept de violence économique. L'art. 8-2 de l'ord. de 1986 visait déjà le concept d'abus de position dominante, tandis que la loi sur les nouvelles régulations économiques (NRE) du 15 mai 2001 utilise à plusieurs reprises la notion d'exploitation abusive d'une position dominante ou d'un état de dépendance économique. L'art. L. 420-3 C. com. prévoit la nullité des contrats ou clauses contractuelles se rapportant à une pratique prohibée par les articles L. 420-1 et L. 420-2 (exploitation abusive par une entreprise ou un groupe d'entreprises de l'état de dépendance économique dans lequel se trouve à son égard une entreprise cliente ou fournisseur). De même, l'art. L. 446-2-I-2° C. com. sanctionne le fait « *b)* D'abuser de la relation de dépendance dans laquelle il tient un partenaire ou de sa puissance d'achat ou de vente en le soumettant à des conditions commerciales ou obligations injustifiées ».

Le Code de la consommation prévoit également la sanction de certains abus de faiblesse. Ainsi, par exemple, l'article 122-8 réprime celui « qui aura abusé de la faiblesse ou de l'ignorance d'une personne » pour lui faire souscrire certains engagements décrits « lorsque les circonstances montrent que cette personne n'était pas en mesure d'apprécier la portée des engagements qu'elle prenait ou de déceler les ruses ou artifices déployés pour la convaincre à y souscrire, ou font apparaître qu'elle a été soumise à une contrainte ». Plus généralement, une loi du 3 janvier 2008 (art. 39) a introduit à l'article L. 122-11 de ce Code la notion de pratique commerciale « agressive » : « Une pratique commerciale est agressive lorsque du fait de sollicitations répétées et insistantes ou de l'usage d'une contrainte physique ou morale : 1 / Elle altère ou est de nature à altérer de manière significative la liberté de choix d'un consommateur ; 2 / Elle vicie ou est de nature à vicier le consentement d'un consommateur ; 3 / Elle entrave l'exercice des droits contractuels d'un consommateur. »

Les lacunes du droit commun en la matière ont suscité le développement en ce sens du droit spécial mais, en retour, celui-ci n'a pas manqué de guider l'évolution du droit commun des contrats, spécialement par l'admission progressive de la violence économique.

c) La violence économique. — En droit des contrats, la notion de dépendance économique a été introduite pour élargir la conception traditionnelle de la violence et admettre la notion de violence économique, classique en *Common Law* (*economic duress*). L'avant-projet Catala propose ainsi l'introduction de la lésion qualifiée en droit français, en élargissant le vice de violence. Selon l'article 1114-3 de ce projet : « Il y a également violence lorsqu'une partie s'engage sous l'empire d'un état de nécessité ou de dépendance, si l'autre partie exploite cette situation de faiblesse en retirant de la convention un avantage manifestement excessif. La situation de faiblesse s'apprécie d'après l'ensemble des circonstances en tenant compte, notamment, de la vulnérabilité de la partie qui la subit, de l'existence de relations antérieures entre les parties ou de leur inégalité économique. »

Les vices du consentement sont de façon générale appréciés différemment selon qu'un des contractants est ou non particulièrement en situation de faiblesse ; G. Loiseau, L'application de la théorie des vices des consentements au contrat de travail, *Études J. Ghestin*, LGDJ, 2001, 579.

Ph. Stoffel-Munck, Autour du consentement et de la violence économique, *RDC* 2006/1, 45 ; G. Loiseau, L'éloge du vice ou les vertus de la violence économique, *Dr. et patr.* sept. 2002, n° 107, 26 ; B. Montels, La violence économique, illustration du conflit entre droit commun des contrats et droit de la concurrence, *RTD com.* 2002, 417 ; B. Edelman, De la liberté et de la violence économique, *D.* 2001, chron., 2315 ; D. Mazeaud, Vers l'émancipation du vice de violence, *D.* 2001, somm., 1140 ; J.-P. Chazal, La contrainte économique : violence ou lésion ?, *D.* 2000, 879 ; C. Nourissat, La violence économique, vice du consentement : beaucoup de bruit pour rien ?, *D.* 2000, chron., 369 ; J. Mestre, Abus de dépendance économique et lien contractuel, *RTD civ.* 1989, 535.

Le Cadre commun de référence introduit un quatrième vice du consentement autonome à côté de l'erreur, de la fraude, et des contraintes ou menaces. L'article 7 :207 prévoit ainsi le vice d'exploitation injuste (*Unfair exploitation*) lorsqu'une partie a abusé de la faiblesse d'autrui. Selon ce texte, « *A party may avoid a contract if, at the time of the conclusion of the contract : (a) The party was dependent on or had a relationship of trust with the other party, was in economic distress or had urgent needs, was improvident, ignorant, inexperienced or lacking in bargaining skill; and (b) the other party knew or could reasonably be expected to have known this and, given the circumstances and purpose of the contract, exploited the first party's situation by taking an excessive benefit or grossly unfair advantage.*» De façon originale, l'article ajoute qu'à la demande d'une partie qui aurait droit à l'annulation, les juges peuvent, si cela leur semble approprié, non pas annuler le contrat mais adapter son contenu selon ce qui aurait été convenu si la bonne foi avait été respectée. L'article 3 :103 du projet prévoit également des obligations d'information spécifiques «*in the case of transactions that place the consumer at a significant informational disadvantage because of the technical medium used for contracting, the physical distance between business and consumer, or the nature of the transaction*».

PRATIQUE JUDICIAIRE

L'obligation de contracter de bonne foi. — En principe, les vices du consentement ne sont sanctionnés que s'ils entrent dans l'une ou l'autre des trois catégories prévues par le Code civil : l'erreur, le dol ou la violence. Pourtant, dans quelques décisions, les juges ont sanctionné un contractant après avoir visé l'alinéa 3 de l'article 1134 C. civ. pour lui reprocher un manquement à l'obligation de contracter de bonne foi, en particulier dans des hypothèses où l'un des contractants avait caché à l'autre une information qui aurait pu l'intéresser. Ainsi, dans un arrêt du 10 mai 1989, la C. cass., en visant tout à la fois les articles 1116 et 1134, alinéa 3, jugea que «manque à son obligation de contracter de bonne foi et commet ainsi un dol par réticence la banque qui, sachant que la situation de son débiteur est irrémédiablement compromise ou à tout le moins lourdement obérée, omet de porter cette information à la connaissance de la caution afin d'inciter celle-ci à s'engager» (Civ. 1e, n° 87-14294; *RTD civ.* 1989, 738, obs. J. Mestre; dans des termes pratiquement identiques, Civ. 1re, 26 nov. 1991, n° 90-14978; Civ. 1re, 18 févr. 1997, n° 95-11816; Civ. 1re, 13 mai 2003, n° 01-11511). Selon M. Mestre, si cet arrêt «mérite le titre de grande décision», c'est parce que la Cour de cassation a «expressément consacré l'obligation de contracter de bonne foi»; «à quoi sert en effet», souligne-t-il, «d'exiger la bonne foi dans l'exécution du contrat si on ne l'impose pas au stade premier, et à bien des égards décisif, de la formation même de l'acte? Le contrat forme assurément un corps unique; il est vital que la bonne foi l'irrigue entièrement». Au demeurant, cet auteur rappelle (*RTD civ.* 1988, 340) que le projet de Code civil de l'an VIII précisait que «les conventions doivent être contractées et exécutées de bonne foi» (Fenet, *Recueil complet des travaux préparatoires du Code civil*, t. XIII, 8) et que c'est seulement pour des raisons de forme que la version définitive de l'article 1134 s'est cantonnée au seul terrain de l'exécution. La chose paraissait si évidente pour la formation qu'il n'a paru utile de le préciser que pour l'exécution du contrat. Sur cette jurisprudence, C. Vuillemin-Gonzalez, La réticence dolosive des établissements bancaires à l'égard des cautions, un manquement à l'obligation de contracter de bonne foi, *D.* 2001, 3338.

La sanction de la nullité doit cependant être réservée aux vices du consentement prévus par le Code civil, sous peine de porter gravement atteinte à la sécurité juridique des conventions; au demeurant, dans les arrêts relevés, la Haute Juridiction visait, dans le même temps, la réticence dolosive et l'article 1116. S'il s'agit simplement de trouver un fondement à l'octroi de dommages-intérêts pour un comportement contraire à la bonne foi durant la période précontractuelle, l'article 1382 suffit à atteindre ce résultat.

C'est ainsi que, dans un arrêt du 15 mars 2005 (n° 01-13018), c'est au visa de l'article 1382 que la 1re Ch. civ. reproche à la cour d'appel de n'avoir pas recherché si, en retenant une information, l'un des contractants « n'avait pas manqué à son obligation de contracter de bonne foi ».

DROIT EUROPÉEN

Le projet de Cadre commun de référence. Si tous les pays européens connaissent les trois vices du consentement que sont l'erreur, le dol et la violence, c'est dans une perspective assez différente. Le droit français favorise beaucoup plus que d'autres droits (le droit anglais par ex.) la protection de la partie dont le consentement a été vicié, au détriment de la sécurité juridique. J. Cartwright, Defects of consent and security of contract : French and English law compared, in *Themes in Comparative Law. In Honour of Bernard Rudden* (dir. P. Birks et A. Pretto), OUP, 2002, p. 153-164. Pour la traduction française, v. J. Ghestin (dir.), *RDC* 2010/1, 213.

Le CCR semble ainsi restreindre l'erreur de nature à vicier le consentement. Contrairement au droit français, l'erreur requiert d'apprécier l'état d'esprit du cocontractant de l'*errans.* Elle ne peut en effet être invoquée que si l'autre partie « (i) a causé l'erreur, (ii) a provoqué la conclusion du contrat par erreur en laissant celui qui se trompait dans l'ignorance, contrairement à la bonne foi, alors qu'elle connaissait ou pouvait raisonnablement connaître l'erreur, (iii) a provoqué la conclusion du contrat par erreur en ne fournissant pas l'information précontractuelle ou en ne rendant pas accessibles les moyens de corriger des erreurs de saisie des données qu'elle devait fournir, ou enfin (iv) a commis la même erreur » (art. 7 :201). Il n'est pas bien difficile de reconnaître ici l'inspiration du droit anglais, dans ces conditions qui laissent en revanche un juriste de droit français plus perplexe : pourquoi exiger que le cocontractant ait eu un comportement répréhensible ? Pourquoi y ajouter le seul cas où il aurait commis la même erreur (comme en droit anglais) ? N'est-ce pas confondre ce que le droit français s'efforce toujours de distinguer : le vice du consentement considéré en lui-même (l'erreur) par opposition à l'examen de l'origine du vice (dol ou violence). C'est en réalité vouloir faire prévaloir l'objectif de sécurité juridique, en n'imposant à une partie l'annulation du contrat à la demande de la victime d'un vice du consentement que si son comportement a été d'une façon quelconque répréhensible et qu'elle devrait donc s'attendre à ce que le contrat soit remis en cause ou que, ayant commis la même erreur, elle peut vouloir également sortir du contrat.

La définition du dol est plus classique au regard du droit français ; le projet de CCR prévoit le dol lorsque l'une des parties a incité l'autre à conclure le contrat « par des manœuvres dolosives, en paroles ou en actes, ou par l'omission dolosive des informations qu'elle devait fournir avant la conclusion du contrat conformément à la bonne foi ». Il y a certains ajouts cependant, par exemple la nécessité opportune de tenir compte ce qu'il lui en a coûté pour se procurer l'information en cause (v. *supra* l'analyse économique des obligations d'informations).

De même, la définition de la violence est familière pour le juriste français : « Une partie peut provoquer la nullité du contrat lorsque l'autre a déterminé sa conclusion par la contrainte ou la menace d'un mal imminent et sérieux qu'il est illicite d'infliger ou d'utiliser comme moyen d'obtenir la conclusion du contrat » (art. 7 :206).

Plus original, l'ajout d'une autre cause permettant d'obtenir l'annulation du contrat lorsque l'une des parties a cherché à obtenir la conclusion d'un contrat déséquilibré en exploitant injustement la faiblesse de l'autre. Il s'agit de l'admission de ce qu'on appelle souvent, en droit comparé, la lésion qualifiée (v. *infra*). L'article 7 :207 prévoit ainsi que « Une partie peut provoquer la nullité du contrat si, lors de la conclusion du contrat : (a) elle était dans un état de dépendance à l'égard de l'autre partie ou une relation de confiance avec elle, en état de détresse économique ou de besoins urgents, ou était imprévoyante, ignorante, inexpérimentée ou inapte à la négociation, (b) alors que l'autre partie le savait ou pouvait raisonnablement le savoir et que, étant donné les circonstances et le but du contrat, elle a exploité la situation de la première partie en retirant du contrat un profit excessif ou un avantage manifestement déloyal ».

ANALYSE ÉCONOMIQUE

L'analyse économique des obligations d'information. — Il n'est pas sûr qu'il soit toujours opportun de permettre, comme le fait le droit positif (même si la Cour de cassation a justement aujourd'hui nuancé sa position pour les informations portant uniquement sur la valeur de la chose, v. *supra*), l'annulation d'un contrat pour violation d'une obligation d'information sur la prestation du cocontractant ou, ce qui revient au même, pour erreur d'un contractant sur sa propre prestation. En effet, celui qui découvre une information relativement à la chose d'autrui a, dans la plupart des cas, fourni un véritable travail (le terme « travail » est ici pris dans un sens très large : un individu ne fournit pas un travail seulement quand il consacre un certain temps ou un certain coût à découvrir une information mais également lorsque, de par ses connaissances, sa formation, et ses capacités propres, il a pu posséder cette information) dont il n'y a pas de raison de ne pas le faire bénéficier, et encore moins de raisons d'en faire bénéficier gratuitement son cocontractant. La comparaison avec la notion de trésor de l'article 716 du Code civil peut être éclairante. Il est acquis en effet que celui qui découvre un trésor dans le terrain d'autrui a le droit d'en conserver la moitié, ce que l'on explique souvent par l'idée que l'inventeur a droit à récompense pour son travail. Pourquoi celui qui découvre une information sur la chose d'autrui n'aurait pas également droit à récompense ? Or une des façons de le récompenser serait de l'autoriser à conclure des contrats lui permettant d'en tirer profit. En outre, l'annulation du contrat n'est pas sans avoir des effets pervers. Si un individu qui a, par son travail, découvert une information, se voit dénier le bénéfice de l'utiliser, il perdra toute motivation pour rechercher à l'avenir de telles informations ; il y aura également un risque certain que le contractant qui découvre une information accroissant la valeur de la chose achetée s'abstienne de la révéler, tout au moins jusqu'à ce que la prescription soit acquise et que son acquisition ne puisse plus être remise en cause. Or il est dommage que des découvertes et des informations demeurent ainsi cachées par peur de l'annulation des contrats intervenus. Ces arguments, présentés notamment par les partisans d'une analyse économique du droit (A. T. Kronman, Mistake, disclosure, information, and the law of contracts, *Journal of Legal Studies*, 1978, 1 ; B. Rudden, Le juste et l'inefficace pour un non-devoir de renseignements, *RTD civ.* 1986, 100), inciteraient donc à refuser d'admettre l'annulation des contrats pour erreur sur sa propre prestation. Il faudrait certes excepter le cas où l'erreur résulte d'un dol du contractant qui, sachant pertinemment la véritable valeur du bien qu'il comptait acquérir, en a provoqué de façon frauduleuse et abusive la vente.

Une autre méthode, compatible avec l'annulation du contrat pour erreur, serait concevable pour protéger les victimes d'erreur tout en ne décourageant pas les individus de rechercher tout de même des informations. On pourrait en effet concevoir que ceux-ci reçoivent, en cas d'annulation du contrat pour erreur, une compensation pour la découverte qu'ils ont faite sur le fondement de l'enrichissement sans cause. La jurisprudence a retenu cette idée (énoncée dès 1939 par J. Maury, *in* L'erreur sur la substance dans les contrats à titre onéreux, *Études Capitant*, Dalloz, 1939, 514 : « La nullité de la convention, que l'article 1110 du Code civil peut justifier, semble la solution la meilleure, quitte à accorder une action d'enrichissement sans cause contre le vendeur à l'acheteur qui a, par exemple, découvert l'auteur de l'œuvre acquise et dont l'activité doit être récompensée »), et admis, dans l'affaire dite « du *Verrou* de Fragonard », que si les efforts consacrés par l'acheteur à la découverte de la véritable valeur de la chose vendue profitaient entièrement au vendeur, celui-ci s'enrichirait sans cause. Civ. 1re, 25 mai 1992, n° 90-18222, 90-18634 et 90-18814; *JCP G* 1992, I, 3608, 370, note M. Billiau; *CCC* oct. 1992, n° 174, L. Leveneur : « La cour d'appel énonce que l'enrichissement procuré à M. Spoturno-Coty [le vendeur] résulte en l'espèce de l'établissement de l'authenticité du tableau; qu'elle a par là même retenu qu'il est égal à la différence existant entre la valeur marchande initiale du tableau et celle qui est devenue la sienne à la suite des travaux de M. Heim [l'acheteur], révélée par le prix pour lequel le musée du Louvre l'avait acquis; qu'elle a ainsi souverainement constaté l'existence d'un enrichissement de M. Spoturno-Coty, manifestement très supérieur à l'appauvrissement de M. Heim. »

V. notre thèse, *De l'obligation d'information dans les contrats. Essai d'une théorie*, LGDJ, 1992; E. Mackaay et S. Rousseau, *Analyse économique du droit*, Dalloz, « Méthodes du droit », 2008, 389, sur l'analyse économique de l'obligation de renseignement.

MORALE

Les obligations d'information. — Jusqu'où la morale nous oblige-t-elle à aider autrui et, en matière de contrats, à informer son partenaire afin qu'il conclue un contrat conforme à ses intérêts? Un cas classique a été examiné par de grands moralistes à travers les siècles : celui du marchand de blé de Rhodes. Un homme venant d'Alexandrie se dirige avec une grande quantité de blé vers Rhodes où sévit une famine ayant entraîné une forte augmentation des prix; il sait qu'un bon nombre d'autres marchands ont quitté Alexandrie et il a vu, en cours de traversée, des navires chargés de blé se dirigeant également vers Rhodes. S'il arrive le premier, doit-il révéler aux Rhodiens la fin prochaine de leur misère ou peut-il, en demeurant silencieux, chercher à vendre son blé le plus cher possible? Plusieurs auteurs se sont interrogés sur ce cas précis à travers les siècles, y donnant à chaque fois des réponses un peu différentes. Cicéron, au Ier siècle avant Jésus-Christ, pensait plutôt que le marchand devait dévoiler son information (*De Officiis*, livre III, XII, nos 50 et s., in *Les devoirs*, livres II et III, texte établi et traduit par Maurice Testard, 2e tirage revu et corrigé, « Les Belles Lettres, Guillaume Budé », 1984, 96 et s.). Cicéron, qui se place dans son texte sur un terrain purement moral, donne son sentiment par le biais d'Antipater : « Il faut tout découvrir, en sorte que l'acheteur n'ignore absolument rien que connaisse le vendeur »; « tout ce qu'il t'arrive de taire, cela n'est pas dissimuler, mais tu dissimules lorsque tu veux, en vue de ton propre avantage, laisser ignorer ce que tu peux savoir, à ceux à qui il importe de le savoir. Or qui ne voit quelle est la nature de cette façon de dissimuler et de quel homme c'est le fait ? Assurément, ce n'est pas d'un homme droit, franc, noble, juste, d'un homme de bien, mais plutôt d'un homme retors, ténébreux, rusé, trompeur, fourbe, roué, madré, subtil. N'est-il pas inutile d'attirer sur soi tant de noms de vices et de plus nombreux encore ? ». Saint Thomas d'Aquin au XIIIe siècle ne pense pas au contraire pouvoir être aussi exigeant en justice (*Somme théologique*, Paris, Éd. du Cerf, 1985, 2e vol. de la 2e partie, t. 3, question 77 : La fraude, 487), et il estime que le marchand de blé n'est pas tenu d'avertir les habitants : « C'est seulement plus tard que la valeur de la marchandise doit baisser, du fait de l'arrivée de nouveaux marchands, et cette circonstance est ignorée des acheteurs » ; « par conséquent, le vendeur peut, sans blesser la justice, vendre sa marchandise au taux du marché où il se transporte, sans avoir à révéler la baisse prochaine. » Saint Thomas ajoute toutefois que « s'il en parlait ou baissait lui-même ses prix, il pratiquerait une vertu plus parfaite ; mais il ne semble pas y être tenu en justice ». Enfin Pothier, au XVIIIe siècle, retient que si le droit ne permet effectivement pas d'exiger une telle loyauté, en conscience le marchand devrait tout de même parler (*Traité du contrat de vente*, partie II, chap. II, art. III, n° 241, 554) : il n'est pas douteux que dans le « for extérieur », un acheteur n'est pas recevable à se plaindre de ce que le vendeur ne l'a pas instruit des circonstances extrinsèques à la chose vendue, quelque intérêt que l'acheteur aurait eu de les savoir ; en revanche, dans le « for de la conscience », il adopte la même position que Cicéron et affirme qu'est injuste le profit que retirerait le vendeur de la réticence de quelque fait devant causer une diminution dans le prix, « lorsque cette diminution doit être très considérable, et qu'elle doit très certainement arriver au bout d'un très court intervalle de temps », comme c'est le cas en l'espèce. Pour plus de développements, v. notre thèse, *De l'obligation d'information dans les contrats. Essai d'une théorie*, LGDJ, 1992.

Chapitre 2

LES CONDITIONS RELATIVES AU CONTRAT

Deux choses sont à contrôler : le contenu du contrat, c'est-à-dire sa teneur, et aussi les mobiles des parties, qui font une place à l'effet du contrat.

SECTION 1
Le contrôle de la teneur du contrat

Le contrôle de la teneur du contrat implique de considérer celui-ci du côté de chaque contractant : en tant que débiteur, il faut contrôler la matière de son engagement, et en tant que créancier, son intérêt à s'engager.

Sous-section 1 – Le contrôle de la matière de l'engagement : l'objet

Aux termes de l'article 1108 du Code civil, l'une des quatre conditions « essentielles pour la validité d'une convention » est « un objet certain qui forme la matière de l'engagement ».

1 | Les définitions de l'objet

L'objet est ce sur quoi on contracte, en d'autres termes, comme le dit le Code civil, « la matière de l'engagement ». Il est la réponse à la question *quid debetur* ? (qu'est-ce qui est dû ?). Plusieurs réponses à cette question sont en réalité possibles, visées d'ailleurs tour à tour par le Code.

a) L'objet de la prestation : la chose fournie. — L'objet peut d'abord désigner la chose fournie par l'une des parties au contrat et donc reçue par l'autre. Cette chose est plus précisément l'objet de la prestation de cette partie. Le contrat va permettre ainsi de transférer la propriété d'une chose (dans un contrat de vente), ou tout au moins son usage (dans un prêt ou un louage). Ce sens se retrouve à l'article 1126 du Code civil qui énonce que « tout contrat a pour objet une chose qu'une partie s'oblige à donner, ou qu'une partie s'oblige à faire ou à ne pas faire ». La chose ainsi visée est le plus souvent une chose corporelle ou matérielle (une voiture, une maison), mais il peut s'agir aussi d'un bien incorporel (un logiciel, une chanson). La chose fournie peut aussi, plus largement encore, viser le service fourni par le contrat (le soin donné par le médecin, le conseil prodigué par l'avocat, la réparation de la voiture effectuée par le garagiste).

b) L'objet de l'obligation : l'engagement pris. — L'objet peut également viser ce à quoi se sont engagées les parties en concluant leur contrat, c'est-à-dire les obligations assumées par elles. Chaque débiteur s'engage ainsi à faire, à ne pas faire, ou à donner quelque chose, et cela constitue l'objet de son obligation. L'acheteur s'oblige ainsi à payer le prix convenu, l'avocat à conseiller et représenter son client, le peintre à repeindre une maison, etc. L'objet de l'obligation est ainsi l'engagement, ce que le débiteur doit faire (l'acheteur doit payer le prix) et non plus la chose elle-même objet de la prestation (le prix, c'est-à-dire la somme d'argent).

c) L'objet du contrat : l'opération convenue. — L'objet peut enfin se référer à l'objet du contrat dans son ensemble, à l'opération juridique convenue entre les parties et qu'elles entendent réaliser. Selon certains auteurs, cette notion n'aurait pas de sens autonome, et serait une ellipse commode pour viser l'objet des obligations nées du contrat. La notion apporte en réalité quelque chose car elle permet d'avoir une vision globale de l'opération voulue par les parties, et notamment de l'échange opéré par le contrat, au-delà des prestations ou des obligations considérées de chaque côté : la vente d'une voiture (transfert de sa propriété contre le paiement d'un prix), se distingue ainsi de sa donation (transfert gratuit de la propriété du bien) ; si l'on s'en était tenu à l'objet de l'obligation (transférer la propriété du bien) ou à l'objet de la prestation (le bien lui-même), on n'aurait ainsi pas saisi la différence entre ces deux contrats très distincts. La considération de l'objet du contrat globalement considéré permet alors de classer les contrats par types, ou encore d'annuler un contrat dont les deux prestations isolément considérées étaient valables (ainsi le don de sang est permis, mais non pas sa vente).

2 | Les conditions relatives à l'objet

L'objet doit exister, être déterminé, licite, et sincère.

1. L'EXISTENCE DE L'OBJET

A | Les exigences relatives à l'existence de l'objet

Le contrat, pour être valable, doit avoir un objet. Plus précisément, la vérification de l'existence de l'objet implique l'analyse de la consistance des prestations convenues. Pour que l'objet existe, il faut que les parties ayant déclaré leur volonté de s'engager soient effectivement liées (obligées) par le contrat.

a) L'existence d'un engagement. — Il n'y a pas de contrat sans engagement (c'est-à-dire sans obligation) de la part de l'une des parties. Tel est le cas si celle-ci n'a aucune intention d'être liée par le contrat, ou encore si elle s'engage de façon purement potestative (not. parce que son engagement est soumis à une condition dépendant principalement de sa volonté). Le contrat n'est valable que si toutes les parties sont liées, sont tenues par la force obligatoire du contrat. Il n'est en revanche pas nécessaire que chacune d'entre elles assume des obligations ; le contrat unilatéral est ainsi, en droit français, un contrat valable, liant les deux parties : le débiteur (qui doit exécuter) mais aussi le créancier (qui, fort de ce lien, peut demander l'exécution).

b) La possibilité de la prestation. — Le contrat n'existe que si la prestation promise est possible. Cette exigence prend deux formes, selon l'objet du contrat.

1° *L'existence de la chose.* Le contrat est nul s'il porte sur une chose qui n'existe pas, soit qu'elle n'ait jamais existé (je vous vends ma voiture alors que je n'ai jamais eu de voiture), soit qu'elle ait disparu ou ait été détruite au moment de la conclusion du contrat[1]. L'engagement promis est en effet alors impossible à réaliser. L'existence de l'objet s'appréciant au moment de la formation du contrat, c'est à ce moment précis qu'il faut apprécier si la chose existe ; si elle existait à ce moment et périt ensuite, même juste après l'échange des consentements, le contrat serait alors valablement formé et la résolution de cet incident devrait se faire par les règles relatives à l'exécution du contrat (not. la théorie du risque) et non plus par celles relatives à sa formation (et not. l'objet).

2° *La possibilité de l'acte ou de l'abstention.* Il ne suffit pas qu'un engagement ait été réellement pris ; il faut encore qu'il soit possible. Le droit admet qu'« à l'impossible nul n'est tenu ». Si le débiteur s'est engagé à une obligation impossible à exécuter, l'objet n'existe pas et l'obligation souscrite est nulle. L'on doit toutefois distinguer plus finement selon le caractère de l'impossibilité.

L'impossibilité est parfois absolue, c'est-à-dire qu'aucun débiteur ne pourrait exécuter l'obligation promise (« toucher le ciel du doigt », disaient les Romains, ou encore s'obliger à aimer), et l'obligation est alors radicalement nulle. La vente de la chose d'autrui est pour la même raison nulle (art. 1599 C. civ.), puisque personne ne peut transférer plus de droits qu'il n'en a lui-même (*nemo plus juris transferre potest quam ipse habet*) : même s'il existe une personne (le propriétaire de cette chose) qui aurait pu exécuter l'obligation souscrite, on peut considérer l'impossibilité comme absolue dans la mesure où aucun autre ne le pouvait.

1. Est ainsi « nulle pour défaut d'objet toute cession de parts, d'actions, ou de droits conférés par ces titres, d'une société ayant disparu par l'effet d'une opération de fusion par absorption » ; « ayant retenu que la cession portait sur des actions de la société SNP disparue, la cour d'appel, qui n'était pas tenue d'établir l'existence d'un vice du consentement, en a justement déduit qu'à défaut d'objet, ces conventions de cession étaient nulles » : Com., 26 mai 2009, n° 08-12691 ; *RTD civ.* 2009, 527, obs. B. Fages ; *RDC* 2009/4, 1241, obs. Y. M. Laithier.

Lorsque l'impossibilité n'est que relative, c'est-à-dire qu'elle tient à une caractéristique propre au débiteur ayant voulu assumer l'obligation mais qui serait en soi possible (s'engager à réparer un moteur de voiture en l'absence de toute connaissance de mécanique, ou à jouer du violon en l'absence de toute maîtrise de cet instrument), l'obligation ne sera en principe pas considérée comme nulle. Le débiteur est en effet alors fautif d'avoir souscrit imprudemment un engagement qu'il ne pouvait tenir (et qu'il savait ne pas pouvoir tenir) et le créancier déçu pourra faire appliquer les sanctions de l'inexécution du contrat, et notamment réclamer des dommages-intérêts[1]. S'il préfère se délier du contrat (not. pour en conclure un autre ailleurs), le créancier peut cependant demander l'annulation du contrat sur le fondement des vices du consentement (en particulier le dol ou l'erreur), dans la mesure où s'il avait connu les incapacités de son cocontractant, il n'aurait pas conclu le contrat.

B / La date d'appréciation de l'existence de l'objet

a) Le principe : le moment de la conclusion du contrat. — Comme toutes les conditions de validité du contrat, l'existence de l'objet s'apprécie en principe au moment de la conclusion du contrat. C'est lors de l'échange des consentements que doivent être constatées l'existence d'un engagement et la possibilité de la prestation souscrite.

b) L'exception : la possibilité de contracter sur des choses futures. — L'article 1130 du Code civil prévoit néanmoins que « les choses futures peuvent être l'objet d'une obligation ». Les parties peuvent ainsi parfois contracter sur une chose qui n'existe pas encore au moment de leur accord mais dont elles pensent qu'elle existera au moment de l'exécution du contrat : par ex. la vente d'une récolte future. Le contrat n'est cependant valable que si la chose future peut survenir (il y a sinon impossibilité de l'objet). En outre, la portée exacte des engagements des parties devra alors être minutieusement analysée : il faut en particulier déterminer si le contrat qu'elles ont voulu conclure s'analyse en un contrat aléatoire (la vente de la récolte future à un prix forfaitaire : les gains et pertes respectifs varieront alors selon qu'il s'agira d'une bonne ou d'une mauvaise récolte) ou commutatif (le principe de la vente et le prix à

1. Pour un exemple où le débiteur s'était mis dans l'impossibilité de respecter une clause de non-concurrence, ce qui conduit à en prononcer la résolution, Civ. 3e, 3 mai 2007, n° 06-11591 ; *D.* 2007, 2068, note J. Rochfeld; *JCP G* 2007, II, 10179, note M. Roussille; *RDC* 2008/2, 272, obs. D. Mazeaud.

l'unité sont convenus, et le prix à payer dépendra alors de l'étendue de la récolte effective).

L'alinéa 2 de l'article 1130 envisage une exception à l'exception, et donc un retour à l'interdiction de principe de contracter sur une chose future, en posant la prohibition des pactes sur une succession future (une succession future est une succession non encore ouverte, c'est-à-dire la succession d'une personne encore vivante) : selon le Code en effet, « on ne peut cependant renoncer à une succession non ouverte ni faire aucune stipulation sur une pareille succession, même avec le consentement de celui de la succession duquel il s'agit ». La raison officielle est la crainte du *votum mortis* (le vœu de mort) que risquerait de formuler celui qui acquiert un droit sur une telle succession ; mais la raison est sans doute aussi ailleurs, puisqu'on valide les contrats de vente viagère qui comportent exactement le même risque. La loi du 23 juin 2006 portant réforme des successions et des libéralités a d'ailleurs ajouté, en fin d'article, qu'un tel pacte sur succession future peut désormais être valable, « dans les conditions prévues par la loi ». Cette loi a en effet validé certaines conventions sur succession future, et notamment la renonciation anticipée à l'action en réduction (art. 929 et s.), pour le cas où des donations auraient été faites pour protéger et donc privilégier un des enfants (par ex. un enfant handicapé) : les autres pourront alors renoncer par avance à réclamer un rééquilibrage au moment de la succession[1]. La Cour de cassation énonce cependant, en dehors de ces cas précis, qu'en vertu de l'article 1130 du code civil, « constitue un pacte sur succession future prohibé toute stipulation ayant pour objet d'attribuer, en dehors des cas limitativement énumérés par la loi, un droit privatif éventuel sur tout ou partie d'une succession non ouverte »[2].

D'autres textes prévoient des interdictions similaires : en matière de propriété littéraire et artistique, il est par exemple interdit à un auteur de céder globalement toutes ses œuvres futures, et ce dans le souci de protéger la liberté personnelle (art. L. 131-1 C. propr. intellect. : « La cession globale des œuvres futures est nulle »).

2. LA DÉTERMINATION DE L'OBJET

Un contrat ne peut pas être exécuté si on ne sait pas exactement à quoi les parties se sont engagées. L'une des conditions relatives à l'objet

1. A.-M. Leroyer, Réforme des successions et des libéralités, *RTD civ.* 2006, 612 et s., spéc. 614.
2. Civ. 1re, 26 oct. 2011, n° 10-11894 ; *D.* 2011, 2976, obs. I. Najjar.

est donc qu'il soit suffisamment déterminé. Cette exigence est formulée par l'article 1129 du Code civil, qui figure dans la section générale sur l'objet du contrat. La jurisprudence oblige aujourd'hui à faire une place à part à la question de la détermination du prix.

a) La détermination de la chose. — Aux termes de l'article 1129 du Code civil, « il faut que l'obligation ait pour objet une chose au moins déterminée quant à son espèce » (al. 1) ; en revanche, « la quotité de la chose peut être incertaine, pourvu qu'elle puisse être déterminée » (al. 2). Sans la détermination de cette chose, l'obligation du débiteur ou, plus largement, sa prestation, ne peut pas être exécutée puisqu'on ne sait pas exactement en quoi elle consiste. Il s'agit donc d'une nécessité « structurelle », nécessaire pour que le contrat puisse recevoir application.

On interprète ce texte comme exigeant que la chose soit, sinon déterminée, tout au moins déterminable. La chose est déterminée lorsque, au moment de la conclusion du contrat, on sait précisément ce qui est dû : notamment tel corps certain précisément défini[1]. Mais il suffit, pour que le contrat soit valable, que la chose objet de la prestation soit au moins déterminable. L'objet est déterminable lorsque, bien que n'étant pas déterminé au sens ci-dessus défini, il peut, au jour de l'exécution du contrat, le devenir sans qu'un nouvel accord des parties soit nécessaire (car s'il manquait encore un accord sur un point essentiel, le contrat n'aurait pas pu valablement se former). En d'autres termes, le contrat doit contenir d'ores et déjà des indications suffisamment précises pour que l'on puisse, au jour de l'exécution, savoir très précisément ce qui est dû par le débiteur[2]. S'agissant par exemple d'un contrat portant sur une chose de genre ou chose fongible (c'est-à-dire une chose dont il existe plusieurs autres identiques, du blé ou de l'argent par ex.), il suffit que le contrat indique la quantité et la qualité de la chose qui devra être délivrée. L'exigence de détermination vaut pour les choses *stricto sensu* comme pour les services : l'obligation de « faire un geste » par exemple, a été considérée comme n'engendrant aucune obligation, faute de déter-

1. Est en revanche indéterminé l'objet de vente d'un appartement qui, alors que la superficie du terrain était de plus de 1 400 mètres carrés, ne précise pas la quote-part de parties communes afférente au bien vendu et qui constituait pour les parties un élément essentiel de la convention : Civ. 3e, 11 févr. 2009, n° 07-20237 ; *JCP G* 2009, I, 127, n° 13, obs. H. Périnet-Marquet ; *RTD civ.* 2009, 527, obs. B. Fages.

2. Lorsque les parties sont professionnelles, les juges se montreront plus indulgents pour admettre que l'objet était bien déterminable. Pour une clause attributive de compétence territoriale que la Cour de cassation reproche aux juges du fond d'avoir invalidé « alors que la nature et le siège de la juridiction choisie par les parties étaient déterminables par la seule qualité des parties et par la lecture du contrat » : Civ. 1re, 30 oct. 2006, n° 04-15512 ; *RTD civ.* 2007, 110, obs. J. Mestre et B. Fages.

mination suffisante de l'objet[1]. De même, « une clause de mobilité doit définir de façon précise sa zone géographique d'application et... elle ne peut conférer à l'employeur le pouvoir d'en étendre unilatéralement la portée »[2]. On retrouve dans cette dernière formule l'idée que la détermination est non seulement une exigence structurelle, mais permet aussi d'interdire qu'une partie soit sous le pouvoir unilatéral de l'autre, ce que l'on va retrouver à présent à propos de l'exigence de détermination du prix.

b) La détermination du prix. — L'exigence de détermination de l'objet a posé des difficultés importantes et spécifiques en matière de prix. La question est apparue à l'occasion de conflits dans le domaine pétrolier (conflits entre les sociétés pétrolières et les pompistes de marque) et aussi dans le domaine de la bière (conflits entre brasseurs et débitants de boissons). La particularité des contrats liant ces différentes parties est qu'il s'agit de contrats de longue durée dont l'exécution s'étale dans le temps. Il n'est donc pas possible, au moment de la conclusion du contrat, de prévoir le prix qui sera appliqué pendant toute la durée de celui-ci. Les contrats se limitaient alors en général à indiquer la méthode qui serait suivie pour fixer le prix lors des livraisons successives, en renvoyant en particulier au tarif du fournisseur ou encore aux prix du marché. Le prix n'était ainsi pas chiffré avec précision (il n'était pas « déterminé »), mais il était déterminable puisque figuraient bien les moyens de le déterminer au jour de l'exécution sans que soit nécessaire un nouvel accord des parties.

Pourtant, plusieurs avocats de pompistes de marque ou de débitants de boisson commencèrent à plaider que certes le prix était structurellement déterminable, mais que les procédés par lesquels il l'était (tarif du fournisseur par ex.) dépendaient en réalité de la volonté de l'une des parties, ce qui n'était pas admissible. L'autre partie était en effet en situation de dépendance économique (notamment pour la raison que ces contrats sont souvent des contrats dits d'approvisionnement exclusifs, où l'une des parties s'oblige à se fournir exclusivement auprès du même fournisseur) et n'était donc pas en mesure de s'opposer à cette détermination unilatérale du prix. L'indétermination du prix fut alors invoquée, au motif que cette exigence ne comprenait pas seulement la nécessité « structurelle » d'un prix déterminé, mais également le souci de protéger l'une des parties contre l'arbitraire de l'autre, raisonnement qui

1. Com., 28 févr. 1983, n° 81-14921 ; *Defrénois* 1984, art. 33230, n° 9, obs. J.-L. Aubert.

2. Soc., 7 juin 2006, n° 04-45846 ; *D.* 2006, 3041, note M.-C. Escande-Varniol ; *RTD civ.* 2007, 110, obs. J. Mestre et B. Fages.

n'était pas sans analogie avec la notion de condition potestative prohibée par l'article 1174 du Code civil[1].

À partir de 1971, la Cour de cassation multiplia ainsi les annulations pour indétermination du prix lorsque les éléments du contrat-cadre permettant la fixation ultérieure du prix dépendaient uniquement de la volonté de l'une des parties. Depuis plusieurs arrêts du 11 octobre 1978, la Chambre commerciale de la Cour de cassation se fonda même, non plus sur l'article 1591 du Code civil propre à la vente, mais sur l'article 1129 commun à tous les contrats, ce qui laissait donc présager une extension de la nouvelle jurisprudence à d'autres domaines que le seul contrat de vente. La nouvelle solution fut alors effectivement appliquée aux contrats d'approvisionnement les plus divers : à des contrats de location et d'entretien des matériels téléphoniques, à des contrats de franchise, etc.

La pratique essaya de s'adapter en tentant de mettre sur pied des clauses qui trouveraient grâce aux yeux de la Cour de cassation, mais la jurisprudence demeura très sévère. Étaient ainsi sanctionnées les clauses faisant référence aux tarifs du fournisseur au jour de la livraison, aux prix habituellement pratiqués sur la place, aux cours du marché au jour de la livraison (à moins qu'il ne s'agît d'un véritable marché indépendant des parties, par ex. le cours de la bourse ou la cote «argus»). La jurisprudence n'admettait, et encore avec des conditions strictes de validité, que les clauses dites d'«offre concurrente», par lesquelles l'acheteur pouvait faire valoir à son vendeur l'offre plus favorable dont il était saisi de la part d'un concurrent (si le vendeur acceptait de s'aligner sur ce prix, le contrat se poursuivait, sinon le contrat était suspendu ou résilié et l'acheteur pouvait alors conclure l'accord avec le concurrent), ou surtout – mais le système était trop lourd pour être réellement praticable – la détermination du prix par un tiers arbitre au sens de l'article 1592 du Code civil.

Une grande partie de la doctrine critiqua le caractère excessif de la nouvelle jurisprudence. Outre quelques arguments peu convaincants, notamment de texte (la «chose» visée à l'article 1129 du Code civil ne pourrait être un prix), la critique sans doute la plus juste consista à remarquer que les parties protégées (pompistes de marque ou autres limonadiers) n'invoquaient en réalité l'indétermination du prix que comme moyen de sortir de leur contrat après l'avoir appliqué pendant plusieurs années, utilisant ainsi une condition de formation du contrat

1. J. Ghestin, L'indétermination du prix et la condition potestative, *D.* 1973, chron., 293.

aux fins de faire cesser l'exécution de celui-ci, tenant ainsi leurs cocontractants à leur merci[1].

Face à toutes ces critiques, la Cour de cassation chercha dans un premier temps à cantonner le domaine de sa jurisprudence. Elle décida alors qu'il fallait distinguer entre les contrats-cadres (contrats de longue durée qui fixent un cadre général aux relations des parties) et les contrats d'application (contrats de vente ou de fourniture) : les premiers pouvaient échapper à la nullité pour indétermination du prix puisqu'ils engendraient essentiellement des obligations de faire et non pas des obligations de donner[2]. La distinction n'était certes pas illogique dans la mesure où c'est dans les contrats translatifs de propriété que l'exigence d'un prix déterminé est posée (art. 1591) tandis que, dans le contrat d'entreprise par exemple, il a toujours été admis que l'accord préalable sur le montant de la rémunération n'était pas une condition de validité du contrat[3]. Mais on a pu aussi légitimement parler du « surprenant réveil de l'obligation de donner »[4], et souligner la difficulté qu'il y avait de distinguer les deux types d'obligations dans des contrats faisant naître des obligations multiples et diverses. Cette distinction fut alors assez rapidement abandonnée[5]. Parallèlement, une autre jurisprudence était née qui admettait la validité du contrat dès lors que les prix avaient pu être « librement débattus et acceptés par les parties »[6], ce qui se révéla une condition pour le moins difficile à appliquer sachant que l'une des parties, loin d'être libre, avait l'obligation de s'approvisionner exclusivement chez un fournisseur déterminé[7].

Devant les critiques persévérantes de la doctrine, la première Chambre civile de la Cour de cassation procéda à un premier revirement de jurisprudence dans des arrêts « Alcatel » du 29 novembre 1994[8]. Dans les deux affaires, bien que le prix ait été déterminé par référence au tarif du fournisseur, la Cour de cassation énonça qu'il n'était pas possible d'invalider les contrats puisqu'il n'était pas démontré que le fournisseur « eût abusé de l'exclusivité qui lui était réservée pour majorer son prix

1. L. Aynès, Indétermination du prix dans les contrats de distribution : comment sortir de l'impasse ?, *D.* 1993, chron., 25.

2. Com., 9 nov. 1987, *D.* 1989, 35, note Ph. Malaurie ; Civ. 1re, 22 et 29 janv. 1991, *D.* 1991, 175, concl. Jéol.

3. V. par ex. Civ. 1re, 24 nov. 1993, n° 91-18650.

4. D. Tallon, Le surprenant réveil de l'obligation de donner, *D.* 1992, chron., 67.

5. Com., 9 mars 1993, *CCC* 1993, n° 129, L. Leveneur.

6. Com., 5 et 19 nov. 1991, n° 90-11694 et 89-21265.

7. Com., 23 févr. 1993, *D.* 1993, 379, note J. Ghestin.

8. N° 91-21009 ; *D.* 1995, 122, note L. Aynès ; *JCP G* 1995, II, 22371, note J. Ghestin ; *CCC* 1995, n° 24, L. Leveneur ; *Defrénois* 1995, 335, obs. Ph. Delebecque ; *RTD civ.* 1995, 358, obs. J. Mestre.

[son tarif] dans le but d'en tirer un profit illégitime, et ainsi méconnu son obligation d'exécuter la convention de bonne foi». Le contrôle était donc désormais un contrôle *a posteriori* du juge, qui ne devait pas s'arrêter à la possibilité octroyée au fournisseur de déterminer unilatéralement le prix : le juge devait vérifier la bonne foi du fournisseur, c'est-à-dire que celui-ci n'avait pas abusé de son droit pour en tirer un profit illégitime (notion délicate à apprécier). Mais le problème de la sanction n'était pas tranché.

Le 1er décembre 1995, l'Assemblée plénière de la Cour de cassation rendit alors quatre arrêts[1], dont trois de censure, qui modifiaient la solution adoptée par les précédents arrêts «Alcatel» et son fondement. Le principal revirement issu de ces arrêts est que, désormais, l'article 1129 du Code civil n'est plus[2] applicable en matière de prix; en d'autre termes, l'absence de détermination du prix dans les contrats n'affecte plus leur validité (sauf dispositions légales particulières comme l'article 1591 C. civ. propre au contrat de vente[3], ou les dispositions relatives au mandat confié à un intermédiaire en matière immobilière[4], ou quelques autres textes encore[5]). En outre, désormais, l'indétermination du prix n'entraîne pas à elle seule la remise en cause du contrat; seul sera sanctionné l'«abus dans la fixation du prix». On passe donc du contrôle de la validité du contrat à celui de son exécution. La technique de contrôle se trouve en outre modifiée par rapport aux arrêts de 1994 : vouloir tirer de son pouvoir de fixer unilatéralement le prix un profit illégitime revenait à exécuter le contrat de mauvaise foi, tandis qu'il constitue désormais un abus de droit. Le nouveau fondement est plus logique dans la mesure où le cocontractant n'a pas l'obligation de fixer unilatéralement le prix (or ce sont les obligations qui doivent être

1. N° 91-15578, 91-15999, 91-19653 et 93-13688; *D.* 1995, 13, note L. Aynès; *JCP* 1996, II, 22565, concl. M. Jéol, note J. Ghestin; *Defrénois* 1996, 747, obs. Ph. Delebecque; *LPA* 27 déc. 1995, 11, note D. Bureau et N. Molfessis; *RTD civ.* 1996, 153, obs. J. Mestre; *CCC* 1996, n° 1, L. Leveneur; *RJDA* 1996, chron., 3, M.-A. Frison-Roche.

2. La Haute Juridiction retient que «l'article 1129 du Code civil n'étant *pas* applicable à la détermination du prix» (souligné par nous). Le «pas» est à noter car, en réalité, il lui avait été appliqué pendant près de vingt ans mais, on le sait, la jurisprudence se doit d'être, au moins dans ses énoncés, rétroactive.

3. Pour une application de l'article 1591 conduisant à l'indétermination du prix de cession de parts de SARL, Com., 14 déc. 1999, n° 97-15654; *RTD civ.* 2000, 318, obs. J. Mestre.

4. Civ. 1re, 9 nov. 1999, n° 97-11898; *RTD civ.* 2000, 320, obs. J. Mestre : «Vus les articles 1 et 6 de la loi du 2 janvier 1970 et les articles 72 et 73 du décret du 20 juillet 1972; attendu que le mandat délivré à l'agent immobilier en application de ces textes doit comporter les conditions de détermination de la rémunération due à celui-ci.»

5. Par ex. la loi d'orientation sur les transports intérieurs du 30 déc. 1982 : J. Mestre, *RTD civ.* 2000, 320.

exécutées de bonne foi), mais le droit de le faire, ce qui ouvre tout naturellement la porte de l'abus de droit. Enfin la sanction de cet abus relève dès lors, non plus de la formation, mais de l'exécution du contrat, c'est-à-dire que celui-ci ne pourra donner lieu « qu'à résiliation ou indemnisation ». Les ventes passées ne seront dès lors pas remises en cause (la résiliation est en effet, à la différence de la résolution, non rétroactive).

La jurisprudence est désormais constante en ce sens[1], et la Cour de cassation admet de façon assez souple la détermination du prix, par exemple de façon globale[2]. L'essentiel des auteurs s'est aujourd'hui rallié à ces solutions[3].

En pratique, les décisions sanctionnant l'abus dans la fixation du prix sont relativement rares[4], et elles visent, au-delà du seul prix, la fixation unilatérale de l'ensemble des conditions de vente ou de la politique commerciale du réseau[5]. La Cour de cassation utilise en outre des critères assez divers pour caractériser l'abus, au premier rang desquels la volonté de réaliser un profit illégitime[6] mais aussi, de façon plus audacieuse mais légitime, le fait que les profits aient été en priorité distribués aux actionnaires au lieu de venir soutenir les concessionnaires en difficulté financière[7]. Pour le cas particulier de la vente, la Cour de cassation juge que l'article 1591 du Code civil (« Le prix de la vente doit être déterminé et désigné par les parties ») n'impose pas que l'acte porte en lui-même indication du prix mais seulement que ce prix soit déterminable[8].

1. Civ. 1re, 20 févr. 1996, n° 94-14074 ; Civ. 3e, 11 mai 2005, n° 03-20669 ; *RTD civ.* 2006, 106, obs. J. Mestre et B. Fages, retenant que le prix ne dépendant pas de la seule volonté des cédants était déterminable.

2. Com., 8 avr. 2008, n° 06-18042 ; *RTD civ.* 2008, 475, obs. B. Fages ; Com., 7 avr. 2009, n° 07-18907 ; *RTD civ.* 2009, 321, obs. B. Fages.

3. C. Aubert de Vincelles, Pour une généralisation encadrée de l'abus dans la fixation du prix, *D.* 2006, 2629. V. cependant J. Huet, Critique de la jurisprudence de l'Assemblée plénière sur l'indétermination du prix, *Mélanges Sayag*, 1997, 311.

4. J. Mestre, *RTD civ.* 2000, 321 ; Paris, 24 oct. 2000, *D.* 2001, 302, obs. X. Delpech, 3236, obs. D. Mazeaud, pour une banque qui abusait de son pouvoir de fixer unilatéralement le prix de location d'un coffre-fort.

5. Com., 15 janv. 2002, *RTD civ.* 2002, 294, obs. J. Mestre et B. Fages.

6. V. obs. J. Mestre et B. Fages, *RTD civ.* 2000, 570, et *RTD civ.* 2002, 295.

7. Com., 15 janv. 2002, préc.

8. Civ. 3e, 26 sept. 2007, n° 06-14357 ; *Defrénois* 2007, 1725, obs. R. Libchaber.

3. LA LICÉITÉ DE L'OBJET

Le Code civil pose un droit commun de la licéité du contrat ; il a été complété par le droit des clauses abusives, propre aux relations entre professionnels et consommateurs.

A / Le droit commun

Pour que le contrat soit valable, l'objet doit être licite. Cette exigence comprend autant de facettes que de définitions de l'objet.

a) L'exigence relative à la chose : une chose dans le commerce. — Aux termes de l'article 1128 du Code civil, « il n'y a que les choses qui sont dans le commerce qui puissent être l'objet des conventions ». Un contrat qui porterait sur une chose hors commerce est au contraire nul. Les tribunaux refuseront alors de connaître des échanges portant sur ces choses, et donc de porter assistance à l'un ou l'autre des protagonistes pour les faire exécuter.

Une chose hors commerce est une chose que la société retire de la circulation juridique, et qui ne peut donc être l'objet d'aucun contrat. Il est des choses hors de l'échange marchand qui ne sont pas hors du commerce juridique : il se peut, en effet, que la loi interdise qu'une chose soit l'objet d'un échange pécuniaire, mais en permette le transfert à autrui à titre gratuit, c'est-à-dire la donation (qui en droit français est un contrat). Si, par exemple, l'article 16-5 du Code civil issu d'une des lois dites « de bioéthique » du 29 juillet 1994 dispose que « les conventions ayant pour effet de conférer une valeur patrimoniale au corps humain, à ses éléments ou à ses produits sont nulles », cela signifie, *a contrario*, que les conventions ne conférant pas une valeur patrimoniale à ces choses (en pratique les dons) peuvent être valables. Ceci étant dit, dans la plupart des hypothèses, dire qu'une chose peut être objet de contrat au sens de l'article 1128 du Code civil conduit à lui reconnaître une valeur patrimoniale[1].

L'affirmation de l'article 1128 apparaît assez largement tautologique, dans la mesure où on peut uniquement déduire de ce texte que

1. Civ. 1re, 16 janv. 2007, n° 04-20711 ; *RTD civ.* 2007, 336, obs. J. Mestre et B. Fages : « qu'est valable la convention par laquelle une maison de retraite concède à titre onéreux l'exercice privilégié, dans ses locaux, des actes infirmiers sur ses pensionnaires, dès lors que le libre choix de ceux-ci est préservé ».

seules les choses dont le droit admet qu'elles puissent être dans le commerce juridique, c'est-à-dire objets de contrats, peuvent être l'objet des contrats. Il est vrai que le principe étant la liberté du commerce, tout ce qui n'est pas expressément prohibé peut être objet de contrat (comp. art. 1598 C. civ. : « Tout ce qui est dans le commerce peut être vendu lorsque des lois particulières n'en ont pas prohibé l'aliénation »), si bien qu'il appartient au législateur et aux juges de déterminer la liste des choses hors commerce. Ceux-ci disposent alors du pouvoir de moduler la prohibition qu'ils édictent, en n'autorisant, par exemple, pour certaines choses, que la conclusion de contrats strictement réglementés.

Que vise la « chose » au sens d'une chose hors commerce ? L'article 1126 qui précède de peu l'article 1128, semble au premier abord imposer une conception large de la chose, englobant également les actes et les abstentions ; selon ce premier texte en effet, « tout contrat a pour objet une chose qu'une partie s'oblige à donner, ou qu'une partie s'oblige à faire ou à ne pas faire ». Mais un acte ou une abstention qui ne peut être l'objet d'un contrat est un acte ou une abstention que l'on ne peut promettre, auxquels on ne peut s'engager, c'est-à-dire en réalité un acte ou une abstention illicites, contraires donc à l'ordre public ou aux bonnes mœurs. Il n'est donc nul besoin de la notion de « chose hors commerce » pour prohiber les contrats qui auraient pour objet de tels actes ou de telles abstentions. La « chose » hors commerce est donc plutôt une chose au sens strict – corporelle ou incorporelle[1] – par opposition aux actes ou aux abstentions. Il faut en revanche y inclure la personne ou les éléments du corps humain, dont l'article 1128 permet précisément de justifier qu'ils ne puissent être objet de contrats. L'état des personnes est ainsi en principe indisponible : il peut certes aujourd'hui être modifié par la volonté des personnes (par exemple le nom ou encore, dans une certaine mesure, le sexe), mais par suite d'une décision publique et non pas par contrat[2].

1. La Cour de cassation a jugé qu'une action en responsabilité civile n'était pas nécessairement une chose hors commerce (en l'espèce une action en responsabilité notariale) : « Une convention de cession peut avoir pour objet, non seulement toute créance mais encore toute action contre un tiers, à moins que ces créances, droit ou action ne soient hors du commerce ou que l'aliénation n'en ait été prohibée par une loi particulière ; que dès lors, n'était pas contraire à l'ordre public la cession d'action tendant à la mise en jeu d'une responsabilité civile professionnelle ne faisant l'objet d'aucune restriction légale » (Civ. 1re, 10 janv. 2006, n° 03-17839 ; *RTD civ.* 2006, 552, obs. J. Mestre et B. Fages).

2. Comp. la décision du Conseil d'État ayant jugé « qu'il ne peut être dérogé par convention aux règles d'ordre public du droit nobiliaire » (CE, 16 févr. 2011, n° 332187 ; *RDC* 2011/3, 781, obs. C. Pérès).

Les choses hors commerce sont en particulier celles qui ont un caractère sacré par exemple parce qu'elles sont intimement liées à la personne (corps humain, aspect moral des droits de la personnalité, tombeaux ou sépultures, etc.); sont également retirées du commerce juridique les choses qui constituent un attribut de la souveraineté (droit de vote, investiture politique[1], etc.), les substances et choses dangereuses (drogues, armes lourdes, mais aussi par exemple produits périmés[2]); enfin sont hors commerce les choses non appropriables telles que les choses communes.

Cette liste peut varier, en fonction des valeurs et des mœurs d'une époque. Les juges ont ainsi refusé d'admettre la validité des contrats de « mère porteuse » (maternité de substitution) liant un couple stérile et une femme acceptant de porter un enfant pour eux[3]. Cependant, la marchandisation croissante de la société conduit à mettre toujours davantage de choses dans le commerce, y compris, progressivement, les êtres humains. Ainsi, après avoir longtemps décidé le contraire, les juges ont désormais validé les contrats de cession de clientèle libérale[4], et toutes sortes de droits d'exclusivité ou de préférence, dans des domaines où le libre choix du contractant était auparavant le principe[5]. La Cour

1. Les conditions de l'octroi par un parti politique de l'investiture à un scrutin public est hors commerce : Paris, 12 nov. 2001, *RTD civ.* 2002, 89 (nullité d'un accord aux termes duquel le Front national prévoyait le remboursement d'une partie des frais de campagne par tous leurs candidats élus et seulement eux); le pourvoi formé contre cet arrêt a été rejeté par Civ. 1re, 3 nov. 2004, n° 02-10880; *RTD civ.* 2005, 125, obs. J. Mestre et B. Fages.

2. Com., 16 mai 2006, n° 04-19785; *RTD civ.* 2006, 552, obs. J. Mestre et B. Fages : « La vente est dépourvue d'objet lorsqu'elle porte sur des choses hors du commerce tels que des produits périmés » (produits cosmétiques).

3. Au visa notamment de l'article 1128 C. civ., l'Ass. plén. a ainsi affirmé (solution confirmée par l'une des lois bioéthiques de 1994) que « la convention par laquelle une femme s'engage, fût-ce à titre gratuit, à concevoir et à porter un enfant pour l'abandonner à sa naissance contrevient tant au principe d'ordre public de l'indisponibilité du corps humain qu'à celui de l'indisponibilité de l'état des personnes » : 31 mai 1991, n° 90-20105; *D.* 1991, 417, note Y. Chartier et D. Thouvenin; *Defrénois* 1991, art. 17947, obs. J. Massip; *JCP G* 1991, II, 21752, concl. H. Dontenwille et note F. Terré; *LPA* 1991, 127, note M. Gobert; *RTD civ.* 1991, 517, obs. D. Huet-Weiller; *Rev. crit. DIP* 1991, 711, note C. Labrusse-Riou. Ce contrat portait doublement sur une chose hors commerce : d'une part, sur l'utilisation du corps d'une femme et, d'autre part, sur l'état des personnes, puisque la mère porteuse s'engageait à abandonner son état de mère au profit du couple stérile.

4. Civ. 1re, 7 nov. 2000, n° 98-17731; *JCP G* 2000, II, 10452, note F. Vialla; *RTD civ.* 2001, 130, obs. J. Mestre et B. Fages; confirmant le revirement, Com., 24 sept. 2003, *RTD civ.* 2003, 704, obs. J. Mestre et B. Fages.

5. Civ. 1re, 16 janv. 2007, n° 04-20711; *RTD civ.* 2007, 336, obs. J. Mestre et B. Fages : « Est valable la convention par laquelle une maison de retraite concède à titre onéreux l'exercice privilégié, dans ses locaux, des actes infirmiers sur ses pensionnaires, dès lors que le libre choix de ceux-ci est préservé. »

de cassation a au contraire jugé hors commerce les choses contrefaites[1], mais c'était en réalité toujours pour protéger le marché et la propriété (en l'espèce la propriété intellectuelle).

Par convention, il est possible, mais seulement dans une certaine mesure, de retirer une chose du commerce : une clause d'inaliénabilité peut, par exemple, frapper un bien et empêcher son propriétaire de le céder. La loi en limite cependant la portée : ainsi, l'article 900-1 du Code civil précise ainsi que « les clauses d'inaliénabilité affectant un bien donné ou légué ne sont valables que si elles sont temporaires et justifiées par un intérêt sérieux et légitime. Même dans ce cas, le donataire ou le légataire peut être judiciairement autorisé à disposer du bien si l'intérêt qui avait justifié la clause a disparu ou s'il advient qu'un intérêt plus important l'exige »[2].

b) Les exigences relatives à l'obligation.

1° *L'obligation doit être conforme à l'ordre public et aux bonnes mœurs.* Il faut ajouter au droit commun des contrats des articles 1101 et s. du Code civil, l'article 6 qui dispose qu'« on ne peut déroger, par des conventions particulières, aux lois qui intéressent l'ordre public et les bonnes mœurs ». Ce sont ici les obligations convenues qui sont visées par cette interdiction : celles-ci ne doivent pas être contraires à l'ordre public ou aux bonnes mœurs. Dans le cas inverse, l'engagement est illicite et le contrat nul.

L'ordre public se définit de façon générale comme l'état de la société jugé essentiel à un moment donné dans un État donné[3]. Il s'agit d'une notion très large, qui connaît des applications et des sous-distinctions

1. Com., 24 sept. 2003, n° 01-11504; *RTD civ.* 2003, 703, obs. J. Mestre et B. Fages, qui, pour censurer une cour d'appel qui avait refusé d'annuler une vente de vêtements contrefaits au motif que ni un dol ni une erreur n'étaient démontrés, énonce, après avoir visé les art. 1128 et 1598 C. civ., que « la marchandise contrefaite ne peut faire l'objet d'une vente ». Comp. Com., 26 oct. 1999, n° 96-20488; *RTD com.* 2000, 440, obs. B. Bouloc, qui juge qu'un commissionnaire de transport ne peut exercer son droit de rétention sur des marchandises contrefaites.

2. La Cour de cassation a étendu la règle, dans ses deux versants, aux clauses d'inaliérabilité stipulées dans les contrats à titre onéreux : Civ. 1re, 31 oct. 2007, n° 05-14238; *RDC* 2008/2, 337, obs. Y.-M. Laithier.

3. Le Conseil d'État a néanmoins jugé « qu'il ne peut être dérogé par convention aux règles d'ordre public du droit nobiliaire » et que « par conséquent, nonobstant les conventions passées entre Henri D, précédent détenteur du titre, et ses deux fils adoptifs, Philippe, né en 1919, et Odon, né en 1921, précisant que la transmission du titre se ferait au bénéfice du seul Odon, le garde des Sceaux était tenu d'inscrire sur le registre du Sceau de France Philippe A conformément à la règle de primogéniture mâle » : CE, 16 févr. 2011, n° 332187; *RDC* 2011/3, 781, obs. C. Pérès. Que les titres nobiliaires ne puissent être objets de contrat se comprend; que le "droit nobiliaire" soit érigé en composante de l'ordre public de notre « République indivisible, laïque, démocratique et sociale » est plus surprenant.

diverses. On identifie d'abord un ordre public traditionnel, politique, qui concerne la défense de l'État, de la famille, ou de la morale (respect de la personne humaine, de la moralité publique, etc.). Ce premier groupe est qualifié d'ordre public « de direction », car il est celui par lequel l'État dirige et exprime ses valeurs fondamentales. Est ensuite apparu un ordre public économique et social, qui est plutôt un ordre public « de protection » de l'une des parties à un contrat. Les conventions particulières ne peuvent contrevenir à aucun de ces ordres publics, sous peine de nullité. Au sein de l'ordre public de protection, on peut distinguer un troisième type d'ordre public : « l'ordre public au sens du droit du travail », également dénommé « ordre public social ». Cette notion, plus subtile, concerne les droits minimums des salariés qu'il est impossible de supprimer ou même de diminuer (par ex. le SMIC, c'est-à-dire le salaire minimum) ; il est en revanche possible d'y déroger dans un sens favorable au salarié (dérogation *in melius* ou encore principe de faveur). Ce principe connaît au demeurant de plus en plus d'exceptions.

Les bonnes mœurs reçoivent, en droit positif, une acception assez restrictive : les mœurs parmi lesquelles on juge du point de savoir si elles sont « bonnes » ou « mauvaises », renvoient principalement à la morale sexuelle, à la pudeur, ou encore à la décence. La notion est relativement peu utilisée et évolue, par définition même, avec les mœurs. Après la seconde guerre mondiale, elle a servi à annuler les baux ou autres contrats afférents à l'exploitation de maisons closes. Les litiges ont ensuite plutôt porté sur la question de l'adultère, la Cour de cassation décidant cependant aujourd'hui que n'est pas contraire aux bonnes mœurs la libéralité faite en vue de maintenir la relation adultère entretenue avec le bénéficiaire[1].

L'article 6 vise les « lois » qui intéressent l'ordre public et les bonnes mœurs. En réalité, même en l'absence d'une disposition législative ou réglementaire, le juge a compétence pour apprécier si une convention ou une clause déroge ou non à l'ordre public et aux bonnes mœurs[2]. C'est ainsi qu'avant même que les lois dites « de bioéthiques » de 1994 aient déclaré nulle « toute convention portant sur la procréation ou la gestation pour le compte d'autrui » (art. 16-7 C. civ.), la Cour de cassation

1. Civ. 1re, 3 févr. 1999, n° 96-11946 ; *D.* 1999, 267, concl. X. Savatier.

2. Ass. plén., 4 mars 2005, n° 03-11725 ; *D.* 2005, 785, point de vue B. Sousi, et 836, obs. X. Delpech : « La seule méconnaissance par un établissement de crédit de l'exigence d'agrément, au respect de laquelle l'article 15 de la loi n° 84-46 du 24 janvier 1984, devenu les articles L. 511-10, L. 511-14 et L. 612-2 du Code monétaire et financier, subordonne l'exercice de son activité, n'est pas de nature à entraîner la nullité des contrats qu'il a conclus. » V. obs. J. Mestre et B. Fages qui en nuancent la portée, *RTD civ.* 2005, 388.

avait déclaré, dès 1991, qu'une telle convention contrevenait à des principes d'ordre public[1].

Les libertés et droits fondamentaux sont de plus en plus souvent mobilisés pour apprécier la licéité du contenu contractuel : ils sont contenus dans le préambule de la Constitution de 1958[2], ou dans des chartes et conventions internationales (notamment la Convention européenne des droits de l'homme, directement applicable en droit français, et donc directement invocable dans les litiges en matière de contrats[3]). Les juges se livrent alors en principe à un contrôle de proportionnalité entre l'atteinte à un droit fondamental et l'intérêt évoqué pour justifier la clause litigieuse[4].

En revanche, la Cour de cassation a jugé que : « Les règles de déontologie, dont l'objet est de fixer les devoirs des membres de la profession, ne sont assorties que de sanctions disciplinaires et n'entraînent pas à elles seules la nullité des contrats conclus en infraction à leurs dispositions »[5]. Pour affirmer cela, la Cour de cassation visait l'article 6 du Code civil, jugeant donc que les règles de déontologie ne sont pas une source de l'ordre public[6]. La violation d'une règle de déontologie pourra cependant constituer une faute civile de nature à justifier la condamnation de son auteur à des dommages-intérêts dans la mesure où elle a causé un préjudice.

2° *L'engagement doit être mesuré.* Cette exigence s'apprécie en durée, en quantité et en qualité.

1. Ass. plén., 31 mai 1991, précité.

2. Civ. 1re, 13 déc. 2005, n° 04-13772; *RTD civ.* 2006, 557, obs. J. Mestre et B. Fage : la clause obligeant l'emprunteur « à habiter personnellement et continuellement l'immeuble faisant l'objet du prêt et à ne pas le vendre ni le louer sans l'accord du prêteur » est prohibée « au regard des articles 6 et 1172 C. civ. en ce qu'[elle constitue] une atteinte au principe constitutionnellement reconnu et énoncé à l'article 544 du même Code de disposer de son bien de la manière la plus absolue et également une condition affectant les modalités d'exécution de l'engagement contracté, prohibée par la loi ».

3. Civ. 3e, 6 mars 1996, n° 93-11113; *RTD civ.* 1996, 897, pour la nullité d'une clause d'un bail stipulant que les locaux ne pouvaient être occupés que par le locataire et ses enfants, « les clauses d'un bail d'habitation ne pouvant, en vertu de l'article 8. 1 de la Convention de sauvegarde des droits de l'homme et des libertés fondamentales, avoir pour effet de priver le preneur de la possibilité d'héberger ses proches ».

4. Soc., 12 juil. 2005, n° 04-13342; *RTD civ.* 2006, 109, obs. J. Mestre et B. Fages, qui juge, à propos d'une clause obligeant un avocat salarié à établir son domicile « dans l'environnement local » du cabinet de son employeur au prétendu motif d'une « bonne intégration de l'avocat dans l'environnement local », « qu'un tel objectif ne peut justifier l'atteinte portée à la liberté individuelle de l'avocat salarié ».

5. Civ. 1re, 5 nov. 1991, n° 89-15179.

6. La Cour de cassation ajoute d'ailleurs qu'« en se déterminant ainsi, sans rechercher si le contrat litigieux était illicite comme contraire à l'ordre public, la cour d'appel n'a pas donné de base légale à sa décision ».

— La prohibition des engagements à durée perpétuelle. Aux termes de l'article 1780 du Code civil relatif au contrat de louage de domestiques ou d'ouvriers, « on ne peut engager ses services qu'à temps, ou pour une entreprise déterminée ». La doctrine déduit de ce texte un principe général de prohibition des engagements perpétuels, qui peuvent être définis comme des contrats dans lesquels l'un des contractants s'engage pour sa vie entière. La prohibition de ce type de contrat s'explique par la nécessité de préserver la liberté individuelle, qui serait aliénée plus que de raison si une personne s'engageait jusqu'au restant de ses jours vis-à-vis d'une autre. L'engagement perpétuel semble cependant parfois tolérable lorsque l'atteinte à la liberté individuelle n'est pas à craindre, ce qui est le cas notamment souvent des contrats conclus par des personnes morales, en particulier des personnes de droit public, lesquelles sont guidées au contraire par le principe de continuité du service public.

Les contrats perpétuels doivent être distingués des contrats à durée indéterminée qui sont des contrats dans lesquels ne figure aucune indication de durée : ces contrats ne sont pas illicites car ils ne portent pas atteinte à la liberté individuelle dans la mesure où, dans ce type de contrat, chaque partie dispose en principe à tout moment du droit de résilier unilatéralement le contrat, sous réserve du respect de certains délais ou formalités.

— L'interdiction des engagements excessifs. La jurisprudence donne des exemples de situations où un contrat (ou l'une de ses clauses) est annulé car l'une des prestations échangées est démesurée, en d'autres termes excessive ; les juges ont ainsi parfois sanctionné une disproportion entre l'engagement de la caution et ses revenus (qui justifie la remise en cause de la garantie ou au moins l'attribution de dommages-intérêts à la caution [1]), entre l'étendue d'une clause de non-concurrence et l'objet du contrat liant le salarié à son employeur (qui justifie la nullité de celle-ci) [2], ou encore entre une obligation d'approvisionnement exclusif et le

1. Arrêt *Macron* : Com., 17 juin 1997, n° 95-14105 ; *JCP E* 1997, II, 1007, obs. D. Legeais ; *JCP G* 1998, I, 103, obs. Ph. Delebecque. V. cependant, validant l'engagement des cautions qui avaient invoqué le même argument, mais en présence de cautions qui ne semblaient pas en état de dépendance ou de faiblesse (l'arrêt *Macron* n'est donc pas remis en cause dans son principe), Com., 8 oct. 2002, n° 99-18619. Cette nécessité d'un engagement mesuré de la caution a été reprise, d'abord en droit de la consommation (art. L. 313-10 C. conso.) puis, dans des termes presque identiques, dans une disposition de la loi du 1er août 2003 pour l'initiative économique dont la portée est cette fois-ci générale : « Le créancier professionnel ne peut se prévaloir d'un contrat de cautionnement conclu par une personne physique dont l'engagement était, lors de sa conclusion, manifestement disproportionné à ses biens et revenus, à moins que le patrimoine de cette caution, au moment où celle-ci est appelée, ne lui permette de faire face à son obligation. »

2. V. par ex. Com., 16 déc. 1997, n° 96-10859.

pourcentage des ventes du fournisseur sur l'ensemble du marché[1]. De même encore une clause d'inaliénabilité n'est valable que si elle est limitée dans le temps et qu'elle est justifiée par un intérêt sérieux et légitime[2].

Dans toutes ces hypothèses, le juge ne sanctionne pas une insuffisance de la contrepartie reçue, c'est-à-dire un déséquilibre des prestations échangées. Un tel contrôle relèverait au demeurant davantage de la cause même si, sur ce fondement, les juges ne vérifient en principe que l'existence d'une contrepartie et non pas sa valeur. En réalité, les juges procèdent ici non pas à une comparaison entre les deux prestations réciproques mais entre l'une d'entre elles et les capacités du débiteur. Les juges sanctionnent ainsi un engagement excessif de la part du débiteur : celui-ci s'est engagé au-delà de ce qui était raisonnable compte tenu de ses possibilités, et ce indépendamment de la considération de la contrepartie qu'il reçoit. Le débiteur ne peut alors assumer ses obligations, ou alors à un prix démesuré pour lui. Pour reprendre les exemples jurisprudentiels précités, l'acheteur a accepté une obligation d'approvisionnement exclusif excessive qu'il ne peut respecter; la caution a souscrit un engagement disproportionné par rapport à ses revenus et s'est donc obligée de façon déraisonnable; le salarié a accepté une clause de non-concurrence qui porte excessivement atteinte à sa liberté de travailler. Le professionnel qui l'aurait poussé à s'engager déraisonnablement par rapport à ses capacités serait responsable[3].

On peut déduire de cette jurisprudence que, pour être valable, l'engagement du débiteur ne doit pas être excessif, démesuré, par rapport à ce

1. Com., 13 mai 1997, n° 95-14035; *RTD civ.* 1998, 101, obs. J. Mestre, *JCP G* 1999, I, 114, 369. Pour rejeter le pourvoi, la Chambre commerciale retient que la cour d'appel «a pu estimer que cette clause litigieuse ne présentait pas le» caractère raisonnable «devant s'attacher à une clause d'approvisionnement minimum prévue dans un contrat de distribution sélective et qu'elle était, par conséquent, illicite au regard des dispositions des articles 7 et 9 de l'ordonnance du 1er décembre 1986», car la juridiction du fond avait relevé «que la clause litigieuse imposait à la société Jerbo d'acheter chaque année au concédant» au moins deux fois la valeur du stock minimum «d'une valeur de 92 500 F hors taxe, le montant de ces achats ayant été fixé par la société Estée Lauder», et que «l'obligation ainsi imposée était disproportionnée par rapport au pourcentage des ventes de la société Estée Lauder sur l'ensemble du marché».

2. Civ. 1re, 31 oct. 2007, n° 05-14238; *RTD civ.* 2008, 126, obs. Th. Revet.

3. En revanche dans une espèce où l'octroi du crédit était adapté aux revenus des époux dont les difficultés de remboursement étaient dues uniquement au licenciement économique de l'époux et à leur divorce, la Cour de cassation énonce qu'«en l'état de ces seules constatations et appréciations faisant apparaître qu'à la date de la conclusion du contrat, le crédit était adapté au regard des capacités financières des emprunteurs et du risque de l'endettement né de l'octroi de ce prêt, ce dont il résulte que la banque, en l'absence d'un tel risque, n'était pas tenue à l'égard de ceux-ci d'un devoir de mise en garde, la cour d'appel» : Com., 7 juil. 2009, n° 08-13536; *Rev. Lamy dr. aff.* aout-sept. 2009, n° 2471 et 2476, obs. D. Carolle-Brisson; *D.* 2009, chron., 2580, M.-L. Bélaval.

qu'il est capable de fournir. Cette exigence pourrait être rapprochée de celle d'un objet possible. On a vu en effet que l'engagement du débiteur est nul lorsque l'obligation convenue ne peut être exécutée. Mais il s'agit dans les cas ici examinés d'une impossibilité *relative*, mesurée précisément par rapport aux capacités propres du débiteur, sauf qu'elle entraîne ici en principe l'annulation du contrat. L'idée est en effet ici un peu différente. Il s'agissait, lorsqu'on annulait un contrat pour impossibilité de l'objet, de tirer les conséquences d'un contrat objectivement impossible à exécuter et où le créancier ne trouverait dès lors pas son compte. Il s'agit plus ici de protéger le débiteur dans des cas où il le mérite, d'autant que son cocontractant mérite plutôt en revanche d'être sanctionné pour avoir consciemment laissé le débiteur s'engager au-delà du raisonnable. Il faut ainsi imaginer le plus souvent des relations inégalitaires : de dépendance en matière d'approvisionnement exclusif; de subordination dans les rapports entre employeur et salarié; ou encore une inégalité de connaissances entre le banquier et la caution. L'impératif de protection prime alors sur celui de sécurité, et le débiteur peut être autorisé à se défaire du contrat.

— L'interdiction des engagements trop personnels. Face au mouvement de contractualisation de la société (sur lequel v. *supra*) et, partant, à la multiplication des contrats dans les domaines les plus divers et les plus personnels (droit de la famille par ex.), la question se pose de la validité de certaines obligations personnelles qui pourraient porter trop atteinte à la liberté individuelle.

La question est classique en droit du travail, dans la mesure où le contrat de travail est un contrat ayant pour objet la personne et le corps mêmes du salarié (sur cette thèse, v. *infra*). Les obligations personnelles et les entraves à la liberté individuelle y sont très nombreuses et au demeurant croissantes : clause de réserve, de confidentialité, de discrétion, ou même d'attitude (dans les entreprises dites de tendance, une école religieuse par ex.), de mobilité, voire clause imposant le port d'un uniforme ou tout au moins d'une tenue particulière, etc. Aux termes de l'article L. 1121-1 de la nouvelle partie législative du Code du travail (ancien art. L. 120-2), « Nul ne peut apporter aux droits des personnes et aux libertés individuelles et collectives de restrictions qui ne seraient pas justifiées par la nature de la tâche à accomplir ni proportionnées au but recherché » (même formule au nouvel art. L. 1321-3, à propos des restrictions que le règlement intérieur peut apporter aux droits des personnes et aux libertés individuelles et collectives). La Cour de cassation a alors jugé, à propos d'une clause de mobilité, que selon l'article 8 de la Convention européenne de sauvegarde des droits de l'homme et des libertés fondamentales, « toute personne a droit au respect de son domicile; que le libre choix du domicile personnel et familial est l'un des attributs de ce droit; qu'une restriction à cette liberté par l'employeur n'est valable qu'à la condition d'être indispensable à la protection des intérêts légitimes de l'entreprise et proportionnée, compte tenu de l'emploi occupé et du travail demandé, au but recherché »[1]; ou encore, à propos d'une clause obligeant un avocat salarié à établir son domicile « dans l'environnement local » du cabinet de son employeur au prétendu motif d'une « bonne intégration de l'avocat dans l'environnement local », « qu'un tel objectif ne peut justifier l'atteinte portée à la liberté individuelle de l'avocat salarié »[2]; la Cour de cassation protège également sur ce fondement la liberté d'expression ou la liberté de s'habiller comme on l'entend[3]. Des juges d'appel ont également pu faire application de ce même texte pour censurer une clause portant trop atteinte au principe de la liberté contractuelle[4].

Ces règles et principes peuvent être étendus au droit commun des contrats et, plus précisément, être généralisés à toutes les obligations portant atteinte à la liberté individuelle. Les droits et libertés de la personne étant des valeurs fondamentales, le principe de liberté contractuelle doit s'inverser pour ces obligations trop personnelles : toute res-

1. Soc., 12 janv. 1999, n° 96-40755. Elle ajoute cependant « qu'une mutation géographique ne constitue pas en elle-même une atteinte à la liberté fondamentale du salarié quant au libre choix de son domicile » (Soc., 28 mars 2006, n° 04-41016; *RDC* 2006/4, 1163, obs. Ch. Radé).

2. Soc., 12 juil. 2005, n° 04-13342; *RTD civ.* 2006, 109, obs. J. Mestre et B. Fages. Soc., 7 mars 2007, n° 05-21017 : « Une clause relative à la fixation du domicile personnel d'un avocat salarié [...] qui fonde l'obligation faite à l'avocat de fixer son domicile au lieu d'implantation du cabinet sur la seule nécessité d'une » bonne intégration de l'avocat dans l'environnement local « porte atteinte à la liberté individuelle de l'avocat salarié. »

3. Soc., 14 déc. 1999, n° 97-41995 : « Sauf abus, le salarié jouit, dans l'entreprise et en dehors de celle-ci, de sa liberté d'expression, qu'il ne peut être apporté à celle-ci que des restrictions justifiées par la nature de la tâche à accomplir et proportionnées au but recherché. » Pour une limite au droit d'imposer un uniforme, v. Soc., 16 janv. 2001, n° : 98-44252 et 98-44253; v. en revanche Soc., 28 mai 2003 (n° 02-40273; *Dr. soc.* sept. 2003, 808, obs. Ph. Waquet), où la Cour de cassation retient qu'un salarié a pu valablement être sanctionné pour être venu travailler en bermuda, dans la mesure où cette tenue était incompatible avec ses fonctions et ses conditions de travail. V. P. Lokiec, Tenue correcte exigée. Des limites à la liberté de se vêtir à sa guise, *Dr. soc.* 2004, 132.

4. Lyon, 26 févr. 2006, *RTD civ.* 2007, 339, obs. J. Mestre et B. Fages, qui censure la clause d'un contrat entre un joueur de football et le club l'Olympique lyonnais prévoyant qu'à l'expiration du contrat de joueur espoir, le club était en droit d'exiger que son cocontractant signe avec lui un contrat de joueur professionnel et soit, en cas de refus, empêché de signer ailleurs; selon les juges, « une telle restriction apportée aux libertés individuelles de contracter et de travailler est disproportionnée par rapport à la protection, aussi légitime soit-elle, des intérêts du club formation qui, même s'il a dispensé au joueur, sur le point de devenir professionnel, une formation coûteuse, n'est pas fondé à exiger qu'il travaille obligatoirement pour lui ».

triction à la liberté individuelle étant *a priori* condamnable, elle ne peut être validée qu'à la condition d'être justifiée par un intérêt légitime (c'est-à-dire nécessitée par l'objet du contrat) et encore à la condition d'être proportionnée à ce qu'exige cet intérêt[1].

Les juges peuvent ainsi trouver une source d'inspiration dans le droit des contrats spéciaux. En dehors du droit du travail, le droit de la propriété intellectuelle peut également donner certaines techniques pour limiter l'engagement de certains contractants. C'est ainsi que la Cour de cassation a approuvé une Cour d'appel d'avoir validé un contrat de cession de droits à l'image par lequel une mannequin professionnel avait consenti à une séance de prises de photographies de sa personne, ainsi qu'à leur exploitation sous toutes ses formes, sauf contextes pornographiques, et par tous procédés techniques, aux fins d'illustration, décoration, promotion, publicité, de toute association, société, produit ou service, par télévision, satellite, vidéocassettes, internet, multimédia, CD Rom, presse, sur tous supports, pour le monde entier et une durée de quinze ans, renouvelable par tacite reconduction, « dès lors que, comme en l'espèce, les parties avaient stipulé de façon suffisamment claire les limites de l'autorisation donnée quant à sa durée, son domaine géographique, la nature des supports, et l'exclusion de certains contextes »[2]. La limite posée par la Cour de cassation ici s'inspire alors fort opportunément des dispositions de l'article L. 131-3 alinéa 1er du Code de la propriété intellectuelle selon lequel « La transmission des droits de l'auteur est subordonnée à la condition [...] que le domaine d'exploitation des droits cédés soit délimité quant à son étendue et à sa destination, quant au lieu et quant à la durée »[3].

Avec le mouvement de contractualisation de la société, et la valorisation croissante de la liberté contractuelle, ce type de question risque de se poser de plus en plus souvent. Ainsi, le PACS par exemple étant qualifié par la loi de contrat (art. 515-1 C. civ.), les partenaires pourraient être tentés d'y insérer des obligations personnelles. Mais des obligations trop personnelles, telles que par exemple une obligation de fidélité, seraient sans doute jugées disproportionnées par rapport à ce qu'exige

1. Comp. l'article 59 proposé in *Pour une réforme du droit des contrats*, Réflexions et propositions d'un groupe de travail sous la direction de François Terré, Dalloz, 2009 : le contrat ne peut « porter atteinte aux libertés et droits fondamentaux que dans la mesure indispensable à la protection d'un intérêt sérieux et légitime » (*idem* dans l'article 4).

2. Civ. 1re, 11 déc. 2008, n° 07-19494 ; *RDC* 2008/2477, obs. Y. M. Laithier.

3. V. en ce sens Y. M. Laithier, obs. précitées, qui critique en revanche quant à lui ce qu'il appelle une instrumentalisation du droit commun.

l'objet du contrat[1]. On voit mal encore que les parties puissent, ainsi qu'il est parfois possible dans le contrat de travail, imposer ou interdire une certaine tenue au partenaire, par exemple de porter un bermuda[2] (une telle obligation pourrait en revanche se concevoir dans certains contrats tels que des contrats de franchise). Les exemples semblent se multiplier et en même temps les atteintes à la liberté individuelle : c'est ainsi que les contrats de mère-porteuse, interdits en France mais admis dans certains pays étrangers contiennent souvent des clauses attentatoires aux libertés fondamentales prétendument les plus garanties : à la liberté sexuelle par exemple (la mère-porteuse a l'interdiction, pendant la période de l'insémination, d'avoir des relations sexuelles avec son propre mari...), ou à la liberté de manger, boire ou encore fumer. La Cour de cassation aura ainsi sans doute de plus en plus d'occasions de préciser les conditions de validité des obligations trop personnelles[3].

c) Les exigences relatives au contrat : l'échange doit être licite. — Parfois, l'illicéité n'est pas dans la prestation de l'une ou l'autre des parties mais dans l'opération globale envisagée par les parties. Il en est ainsi, par exemple, dans l'hypothèse où, par le contrat, une prestation se voit affecter une rémunération, c'est-à-dire acquiert une valeur marchande, alors qu'elle n'est légalement autorisée que de façon bénévole. Sans doute est-ce ainsi qu'il faut comprendre l'article 16-1 du Code civil qui énonce, dans son alinéa 3, que « le corps humain, ses éléments et ses produits ne peuvent faire l'objet d'un droit patrimonial »[4]. On pourrait concevoir de donner ces éléments, avec les règles protectrices propres à ce type de contrat, mais non pas de les vendre : ce serait alors l'échange qui serait illicite. La Cour de cassation en donne quelques rares

1. Dans le même sens, J. Hauser, obs. sous TGI Lille, ord. 6 juin 2002, *RTD civ.* 2003, 270, qui avait retenu au contraire qu'une telle obligation est nécessairement contenue dans le PACS dans la mesure où ce contrat doit être exécuté loyalement.

2. Pour reprendre l'exemple cité précédemment.

3. La Cour de cassation a parfois retenu la qualification d'obligation personnelle, non pas pour mettre en doute la validité de ce type d'obligation, mais au contraire pour insister sur le fait que l'obligation devait être personnellement exécutée, et non pas par l'intermédiaire d'un tiers. Pour un exemple de clause prévoyant que la chatte vendue « est limitée à être couverte exclusivement par des Ragdolls [race particulière de chats] autorisés », mais examinée sous le seul angle du droit de la consommation : Versailles, 4 oct. 2002, *RTD civ.* 2003, 292, obs. J. Mestre et B. Fages.

4. V. l'art. 16-5 : « Les conventions ayant pour effet de conférer une valeur patrimoniale au corps humain, à ses éléments ou à ses produits sont nulles » et l'art. 16-6 : « Aucune rémunération ne peut être allouée à celui qui se prête à une expérimentation sur sa personne, au prélèvement d'éléments de son corps ou à la collecte de produits de celui-ci. » Ces interdictions sont assorties de sanctions pénales.

exemples : par exemple une transaction faite alors qu'une des parties n'avait pas l'agrément pour le faire[1].

B / Le droit des clauses abusives

Les règles examinées précédemment permettent d'annuler le contrat dans son entier, dès lors que les parties se sont mises d'accord sur un objet considéré comme illicite. Parfois, c'est non pas tout le contrat mais seulement l'une de ses stipulations, l'une de ses clauses, qui peut être considérée comme de nature à créer une situation injuste. Le droit commun contient quelques règles permettant de réputer une telle clause non écrite : par exemple lorsque l'une des parties ne l'a pas acceptée, faute d'avoir pu en prendre connaissance (une clause limitative de responsabilité rédigée en caractères minuscules ou illisibles, une clause contenue dans des conditions générales auxquelles la vente ne s'est pas expressément référée[2], etc.), ou encore lorsqu'elle viole une disposition d'ordre public (une clause discriminatoire par ex.). Les juges peuvent encore écarter des clauses qui auraient été mises en œuvre de mauvaise foi ou par un abus de droit[3].

Mais ces moyens demeurent limités, notamment pour les consommateurs qui, concluant le plus souvent des contrats d'adhésion, ne sont pas en mesure de négocier le contenu des clauses ni d'en exiger la suppression. Le législateur est alors intervenu afin de mettre sur pied un régime de protection contre les clauses abusives, c'est-à-dire les clauses

1. Com., 4 nov. 2008, n° 07-19805; *RTD civ.* 2009, 115, obs. B. Fages : «en l'état de ces constatations et énonciations dont elle a pu déduire [...] que le contrat litigieux avait eu pour objet de permettre à Mme Y..., présentée comme employée de la société GSD Gestion, d'exercer de manière autonome une activité propre de gestion de portefeuille pour laquelle elle ne disposait pas de l'agrément requis, la cour d'appel a retenu à bon droit que la nullité de ce contrat devait être prononcée en raison du caractère illicite de son objet.»

2. Civ. 1re, 18 oct. 2005, n° 03-18467; *RTD civ.* 2006, 107, obs. J. Mestre et B. Fages.

3. Sur la bonne foi, Soc., 18 mai 1999, n° 96-44315 : «La cour d'appel, qui n'a pas méconnu l'obligation du salarié de se conformer à la clause de mobilité, a relevé que l'employeur, tenu d'exécuter de bonne foi le contrat de travail, avait fait un usage abusif de cette clause en imposant au salarié, qui se trouvait dans une situation familiale critique, un déplacement immédiat dans un poste qui pouvait être pourvu par d'autres salariés.» Sur l'abus de droit, Civ. 1re, 7 févr. 2006, n° 03-15394; *D.* 2006, 1796, note A. Penneau; *RTD civ.* 2006, 763, obs. J. Mestre et B. Fages, qui reproche aux juges du fond de ne pas avoir recherché si le crédirentier d'une maison en viager n'avait pas abusé de son droit en exigeant l'application stricte du contrat prévoyant la possible conversion d'une partie de la rente en une obligation de soins pesant sur les débirentiers; en effet, suite à un accident subi par l'épouse débirentière, cette obligation de soin était devenu trop lourde pour eux, et le crédirentier ne semblait en avoir fait la demande que dans le but de se procurer un moyen d'obtenir la résolution de la vente.

qui donnent à la partie professionnelle un avantage excessif sur leur cocontractant consommateur.

a) Le régime des clauses abusives. — Dans une première loi du 10 janvier 1978 (dite loi « Scrivener » du nom du secrétaire d'État à la consommation de l'époque), fut mis en place un système complexe de protection contre les clauses abusives. La loi définissait de façon générale les clauses abusives comme les clauses imposées par l'une des parties à une autre et lui conférant un avantage excessif. Mais le juge ne pouvait pas pour autant annuler directement des clauses correspondant à cette définition générale. Il revenait, en effet, au gouvernement d'adopter des décrets en Conseil d'État qualifiant concrètement tel type de clause d'abusive et le juge ne pouvait déclarer abusives que les clauses ainsi stigmatisées par un texte réglementaire. Seuls deux décrets furent adoptés en application de cette loi, et dont l'un des deux fut même annulé par le Conseil d'État[1]. N'existait donc finalement qu'un seul décret, en date du 24 mars 1978, énonçant qu'étaient abusives, dans la vente, les clauses limitatives de responsabilité imposées par un professionnel à un consommateur.

La réglementation était donc particulièrement insuffisante et les juges, confrontés à des cas concrets de clauses manifestement abusives au sens de la loi, s'impatientaient de ne pouvoir rien faire. Après plusieurs tentatives plus timides, la première Chambre civile de la Cour de cassation, dans un arrêt du 14 mai 1991[2], admit que les juges étaient compétents pour déclarer une clause abusive dès lors que celle-ci correspondait à la définition générale de l'article 35 de la loi de 1978, et ce même si aucun décret d'application n'était intervenu. Dans cette affaire, un particulier avait donné ses diapositives à développer, mais celles-ci avaient été perdues par le laboratoire. Ce dernier invoqua alors la clause du contrat limitant la responsabilité de l'entreprise au remboursement d'une pellicule vierge. Les juges du fond, refusant de faire application de la clause, condamnèrent l'entreprise à des dommages-intérêts et la Cour de cassation rejeta le pourvoi formé contre cette décision au motif

1. Il s'agissait des clauses de référence, c'est-à-dire des clauses qui, dans un contrat signé par le consommateur, font référence à d'autres documents pour leur donner valeur contractuelle, par ex. des conditions générales de vente. Selon le Conseil d'État, il est impossible de considérer de façon générale ce type de clauses comme abusives, dans la mesure où il faut auparavant vérifier si les clauses auxquelles il est ainsi fait référence répondent à la définition des clauses abusives, c'est-à-dire procurent au professionnel un avantage excessif sur le consommateur, ce qui n'est pas nécessairement le cas.

2. N° 89-20999 ; *D.* 1991, 449, note J. Ghestin ; *JCP G* 1991, II, 21763, note G. Paisant ; *CCC* 1991, n° 160, L. Leveneur ; *Defrénois* 1991, 1268, obs. J.-L. Aubert ; *RTD civ.* 1991, 526, obs. J. Mestre.

que la clause litigieuse « procurait un avantage excessif à [l'entreprise] et que celle-ci, du fait de sa position économique, se trouvait en mesure de l'imposer à sa clientèle » ; elle approuva alors les premiers juges d'avoir décidé « que cette clause revêtait un caractère abusif et devait être réputée non écrite ». Le décret de 1978 n'était en l'espèce d'aucune utilité puisque le contrat litigieux était un contrat d'entreprise et non pas un contrat de vente et les juges se sont alors directement référés aux termes de la loi.

Depuis, une loi du 1er février 1995 (intégrée dans le Code de la consommation), adoptée pour transposer une directive européenne en date du 5 avril 1993, a entériné cette solution audacieuse. Cette directive visait à harmoniser la réglementation des clauses abusives dans les pays de l'Union européenne et octroyait officiellement au juge un rôle central dans la répression des clauses abusives. L'article L. 132-1 du Code de la consommation issu de la nouvelle loi énonce désormais que les décrets du gouvernement ne sont plus que facultatifs : selon le nouveau texte, « des décrets en Conseil d'État, pris après avis de la commission instituée par l'article L. 132-2, *peuvent* déterminer des types de clauses qui doivent être regardées comme abusives au sens du premier alinéa ».

Seules les clauses abusives sont « réputées non écrites » ; quant au contrat, il reste « applicable dans toutes ses dispositions autres que celles jugées abusives s'il peut subsister sans lesdites clauses ». La nullité d'une clause compromissoire peut en revanche rejaillir sur la sentence arbitrale rendue sur la base de cette clause[1].

L'efficacité du droit des clauses abusives est subordonnée au fait que le consommateur soit conscient de leur caractère abusif et aussi qu'il intente une action en justice. Les associations de consommateurs peuvent jouer un rôle important à cet égard. La loi du 5 janvier 1988 relative aux actions en justice des associations agréées de consommateurs et à l'information des consommateurs a en effet autorisé ce que la doctrine avait appelé l'« action en cessation » Aux termes de son article 3, « Les associations de consommateurs mentionnées à l'article 1er et agissant dans les conditions précisées à cet article peuvent demander à la juridiction civile statuant sur l'action civile ou à la juridiction répressive statuant sur l'action civile d'ordonner au défendeur ou au prévenu, le cas échéant sous astreinte, toute mesure destinée à faire cesser des agissements illicites ou à supprimer dans le contrat ou le type de contrat proposé aux consommateurs une clause illicite ». L'article 6

1. CJCE, 26 oct. 2006, aff. C-168/05, *D.* 2006, 2910, obs. V. Avena-Robardet ; *RTD civ.* 2007, 113, obs. J. Mestre et B. Fages.

de la même loi les autorise, dans les mêmes conditions, à demander à la juridiction civile « la suppression de clauses abusives dans les modèles de conventions habituellement proposés par les professionnels aux consommateurs ». Cette loi peut notamment servir à supprimer des clauses qui contiendraient de fausses informations destinées aux consommateurs. La Cour de cassation juge alors que « les associations agréées de défense des consommateurs sont en droit, dans le cadre de l'exercice de leur action préventive en suppression de clauses abusives devant les juridictions civiles de demander la suppression d'une clause illicite ou abusive dans tout contrat ou type de contrat proposé ou destiné au consommateur »[1]. La Haute Juridiction considère que « la stipulation de clauses abusives constitue en elle-même une faute de nature à porter atteinte à l'intérêt collectif des consommateurs » si bien qu'une association de protection des consommateurs peut nécessairement en demander réparation[2] ; la solution permet d'alourdir les condamnations prévisibles et d'inciter dès lors les professionnels à de la modération.

Plus récemment, le législateur a confié aux agents de la direction générale de la concurrence, de la consommation et de la répression des fraudes, le pouvoir d'enjoindre au professionnel de se conformer à ces obligations, de cesser tout agissement illicite ou de supprimer toute clause illicite, et ce après une procédure contradictoire et en lui impartissant un délai raisonnable (L. 141-1 C. conso., V) ; ils peuvent également demander à la juridiction civile ou, s'il y a lieu, à la juridiction administrative d'ordonner, le cas échéant sous astreinte, la suppression d'une clause illicite ou abusive dans tout contrat ou type de contrat proposé ou destiné au consommateur ou encore, après en avoir avisé le procureur de la République, agir devant la juridiction civile, pour demander au juge d'ordonner, au besoin sous astreinte, toute mesure de nature à mettre un terme aux manquements à des obligations contractuelles ou aux agissements illicites des professionnels (même article, point VI).

Certaines propositions ont été formulées afin d'introduire en droit français, ce qui serait fort opportun, les actions de groupe (similaires aux *class actions*) : ainsi, dans des affaires où de multiples victimes ont

1. Civ. 1re, 1er févr. 2005, n° 03-16905 ; *RTD civ.* 2005, 393, obs. J. Mestre et B. Fages. Sur l'action des associations de consommateurs, obs. D. Fenouillet, *RDC* 2007/2, 355.

2. Civ. 1re, 1er févr. 2005, n° 02-20633 ; *RTD civ.* 2005, 393, obs. J. Mestre et B. Fages. Cela suppose cependant que les clauses soient toujours présentes dans les contrats proposés : Civ. 1re, 1er févr. 2005, n° 03-13779 ; *JCP G* 2005, I, 141, n° 15, obs. J. Rochfeld, et II, 10057, obs. G. Paisant ; *D.* 2005, act., 487, obs. C. Rondey et pan., 2841, obs. S. Amrani Mekki. *Adde* Civ. 1re, 8 janv. 2009, n° 06-17630, qui admet aussi que le professionnel puisse échapper à l'action entreprise contre lui dès lors qu'il produit, en cours d'instance, une nouvelle version de son modèle de contrat ne contenant plus les clauses abusives.

été touchées, celles-ci pourraient être représentées alors même qu'elles n'auraient pas individuellement donné mandat pour le faire, et ainsi bénéficier des condamnations éventuellement prononcées à l'encontre du responsable. Pour compenser l'inertie législative, la Cour de cassation élargit ingénieusement la notion d'atteinte à l'intérêt collectif dont une association de consommateurs peut demander réparation[1] : elle tire ainsi précisément de la constatation de « la recrudescence du nombre de dossiers relatifs aux dysfonctionnements de l'accès à Internet proposé par la société Free » (donc du nombre de micro-dommages), « que l'intérêt collectif des consommateurs ayant contracté avec cette société se trouvait lésé et que, dès lors, l'association [UFC Que choisir] était en droit de réclamer réparation du préjudice direct et indirect qui en découlait »[2].

b) La notion de clause abusive. — Comme dans le régime antérieur à la loi de 1995, une clause abusive est d'abord une clause qui a été qualifiée telle par un décret.

Un décret n° 2009-302 du 18 mars 2009 portant application de l'article L. 132-1 du code de la consommation modifie plusieurs dispositions de ce Code. L'article R. 132-1 contient désormais une liste noire de douze clauses qui « sont de manière irréfragable présumées abusives » : par exemple la clause ayant pour objet ou pour effet de « supprimer ou réduire le droit à réparation du préjudice subi par le non-professionnel ou le consommateur en cas de manquement par le professionnel à l'une quelconque de ses obligations », ou encore « ou encore de « réserver au professionnel le droit de modifier unilatéralement les clauses du contrat relatives à sa durée, aux caractéristiques ou au prix du bien à livrer ou du service à rendre ». L'article R. 132-2 du Code de la consommation contient quant à lui une liste grise, de dix clauses « présumées abusives » (présomption simple cette fois-ci) : par exemple la clause ayant pour objet ou pour effet de « reconnaître au professionnel la faculté de résilier le contrat sans préavis d'une durée raisonnable » ou d'« imposer au non-professionnel ou au consommateur qui n'exécute pas ses obligations une indemnité d'un montant manifestement disproportionné ». En cas de litige concernant un contrat comportant une telle clause, le professionnel doit apporter la preuve du caractère non abusif de la clause litigieuse (art. L. 132-1 C. conso.). Le législateur complète également parfois la liste des clauses abusives et une loi du 28 jan-

1. V. le 2nd vol. du présent ouvrage : *Les obligations, 2. Responsabilité civile et quasi-contrats*, PUF, « Thémis droit », 2e éd., 2010.

2. Civ. 1re, 13 nov. 2008, n° 07-15000 ; *JCP G* 2009, I, 123, n° 2, obs. Ph. Stoffel-Munck.

vier 2005 a ainsi déclaré que sont potentiellement abusives les clauses visant à obliger le consommateur « à passer exclusivement par un mode alternatif de règlement des litiges ».

Le juge pouvant désormais, même en dehors des cas expressément prévus par décrets, qualifier une clause d'abusive, la définition générale de ce type de clause devient essentielle. Aux termes de l'article L. 132-1 du Code de la consommation [1], « sont abusives les clauses qui ont pour objet ou pour effet de créer, au détriment du non-professionnel ou du consommateur, un déséquilibre significatif entre les droits et obligations de parties au contrat ». C'est ainsi à la justice contractuelle qu'il est fait référence, au sens de l'exigence d'un contrat équilibré entre les deux parties. Une clause ne peut donc être qualifiée d'abusive si elle est exempte d'un quelconque déséquilibre significatif au détriment du consommateur [2]. Toute une série de clauses ont alors été qualifiées d'abusives : par exemple une clause « qui inverse, au détriment du consommateur, la charge de la preuve » [3], une clause prévoyant l'application d'une clause pénale à une défaillance extra-contractuelle [4], ou encore une clause de défaut croisé [5]. La Cour de cassation a également précisé que « l'appréciation du caractère abusif d'une clause ne dépend pas du caractère principal ou accessoire de l'obligation contractuelle concernée » [6].

1. L'avant-projet Catala propose d'introduire la notion de clause abusive dans le Code civil : art. 1122-2 : « La clause qui crée dans le contrat un déséquilibre significatif au détriment de l'une des parties peut être révisée ou supprimée à la demande de celle-ci, dans les cas où la loi protège par une disposition particulière, notamment en sa qualité de consommateur ou encore lorsqu'elle n'a pas été négociée. »

2. Civ. 1re, 8 nov. 2007, n° 20637 ; *RTD civ.* 2008, 103, obs. B. Fages ; Civ. 1re, 1er févr. 2005, n° 03-19692 ; *RTD civ.* 2005, 394, obs. J. Mestre et B. Fages.

3. En l'espèce une clause prévoyant que la délivrance d'une information exigée par le Code de la consommation serait établie par la production de l'enregistrement informatique de l'envoi : Civ. 1re, 1er févr. 2005, n° 01-16733 ; *RTD civ.* 2005, 394, obs. J. Mestre et B. Fages.

4. Même arrêt : la clause imposait une sanction financière de l'emprunteur qui ne se justifie qu'en cas de défaillance de sa part, et non dans le cas d'un crédit qui serait régulièrement honoré.

5. Ces clauses permettent au créancier, notamment d'un contrat de prêt, de résilier ce contrat en cas de défaut du débiteur dans l'accomplissement d'une obligation extérieure, relative à un autre contrat. Civ. 1re, 27 nov. 2008, n° 07-15226 ; *D.* 2009, pan. 393, obs. E. Poillot et N. Sauphanor-Brouillaud ; *RTD civ.* 2009, 116, obs. B. Fages : « prévoyant la résiliation du contrat de prêt pour une défaillance de l'emprunteur extérieure à ce contrat, envisagée en termes généraux et afférente à l'exécution de conventions distinctes, une telle clause crée un déséquilibre significatif entre les droits et obligations des parties au détriment du consommateur, ainsi exposé, par une décision unilatérale de l'organisme prêteur, en dehors du mécanisme de la condition résolutoire, à une aggravation soudaine des conditions de remboursement et à une modification majeure de l'économie du contrat de prêt ».

6. Civ. 1re, 3 mai 2006, n° 04-16698 ; *D.* 2006, 2743, note Y. Dagorne-Labbé ; *RTD civ.* 2007, 113, obs. J. Mestre et B. Fages ; *RDC* 2006/4, 1114, obs. D. Fenouillet et 1225, obs. S. Carval (dès lors, viole l'article L. 132-1 C. conso. la cour d'appel qui, pour dénier le caractère abusif d'une clause exonérant une société organisatrice d'un rallye automobile de sa responsabilité envers un participant,

Une « commission des clauses abusives », placée auprès du ministre chargé de la Consommation, est chargée de suivre les modèles de conventions habituellement proposés par les professionnels à leurs contractants non professionnels ou consommateurs. Elle donne son avis sur le point de savoir si ces documents contiennent des clauses qui pourraient présenter un caractère abusif. Elle peut être saisie à cet effet soit par le ministre chargé de la Consommation, soit par les associations agréées de défense des consommateurs, soit par les professionnels intéressés (art. L. 132-3). Elle peut également se saisir d'office. La commission peut recommander la suppression ou la modification des clauses qui présentent un caractère abusif (art. L. 132-4). Le ministre chargé de la Consommation peut, soit d'office, soit à la demande de la commission, rendre publiques ces recommandations qui ne peuvent contenir aucune indication de nature à permettre l'identification de situations individuelles. La commission établit chaque année un rapport public de son activité et propose éventuellement les modifications législatives ou réglementaires qui lui paraissent souhaitables (art. L. 132-5). Elle peut faire des recommandations et indiquer des types de clauses qui lui semblent abusives. Ces recommandations ne sont que des avis qui ne lient pas les juges[1], même si ceux-ci sont vivement encouragés à les suivre[2]. Elles ne sont en outre pas des décisions administratives, et ne peuvent donc faire l'objet d'un recours pour excès de pouvoir auprès du Conseil d'État[3].

Une clause peut être dite abusive indépendamment de la forme ou du support du contrat : il en est ainsi notamment des bons de commande, factures, bons de garantie, bordereaux ou bons de livraison, billets ou tickets. La qualification de clause abusive ne dépend pas non plus du point de savoir si la stipulation a ou non été librement négociée.

retient que ladite clause ne portait pas sur les obligations essentielles du contrat d'engagement souscrit par les participants au rallye).

1. Civ. 1re, 13 nov. 1996, n° 94-17369 : « Les recommandations de la Commission des clauses abusives ne sont pas génératrices de règles dont la méconnaissance ouvre la voie de la cassation. »

2. Civ. 1re, 10 févr. 1998, n° 96-13316 ; *RTD civ.* 1998, 674, obs. J. Mestre : « En relevant que ladite clause procurait à l'École un avantage excessif en imposant à l'élève le paiement des frais de scolarité, même en cas d'inexécution du contrat imputable à l'établissement ou causé par un cas fortuit ou de force majeure, la cour d'appel a, par ce seul motif et rejoignant la recommandation n° 91-09 du 7 juillet 1989 de la Commission des clauses abusives, légalement justifié sa décision » (Civ. 1re, 19 juin 2001, n° 99-13395 : « Le jugement... a exactement considéré qu'en affranchissant dans ces conditions le prestataire de service des conséquences de toute responsabilité moyennant le versement d'une somme modique, la clause litigieuse... devait être réputée non écrite selon la recommandation n° 82-04 de la Commission des clauses abusives »).

3. CE, 16 janv. 2006, *D.* 2006, 576, obs. V. Avena-Robardet ; *RTD civ.* 2006, 307, obs. J. Mestre et B. Fages ; *RDC* 2006/3, 670, obs. C. Pérès.

Le caractère abusif d'une clause doit être apprécié par les juges en fonction des règles générales d'interprétation des contrats, et aussi en fonction du contexte, c'est-à-dire des circonstances entourant sa conclusion, ainsi que de toutes les autres clauses du contrat (art. L. 132-1). Cette appréciation doit se faire au moment de la conclusion du contrat. En revanche, l'appréciation du caractère abusif des clauses ne porte ni sur la définition de l'objet principal du contrat ni sur l'adéquation du prix ou de la rémunération au bien vendu ou au service offert.

c) Le domaine de la réglementation des clauses abusives : les relations entre professionnels et non-professionnels ou consommateurs. — Dès 1978, une des difficultés d'application de la nouvelle législation avait consisté à définir précisément ce qu'il fallait entendre par « professionnel » et « non-professionnel » ou « consommateur ». En effet, la réglementation des clauses abusives ne concernait que les contrats conclus entre professionnels d'une part, et non-professionnels ou consommateurs d'autre part. Or, contrairement aux apparences, la distinction entre les deux n'est pas toujours aisée. Pour le dire autrement, presque tous les consommateurs ont par ailleurs une profession et sont donc à certains égards des professionnels (les acheteurs de téléviseurs peuvent ainsi être par ailleurs chefs d'entreprise), tandis qu'à l'inverse, un professionnel peut parfois se procurer des biens ou des services en dehors de sa profession ou au moins en dehors de sa spécialité (un fabricant de chaussures qui achète un ordinateur ; un menuisier qui achète un téléphone portable). Doivent-ils alors être considérés comme professionnels ou consommateurs ?

La loi du 1er février 1995 est expressément réservée à tous les « contrats conclus entre professionnels et non-professionnels ou consommateurs » et la même question demeure donc.

Progressivement, la jurisprudence a en réalité limité le domaine d'application de la protection contre les clauses abusives en interprétant de façon très extensive la notion de professionnel, et donc de façon très restrictive celle de consommateur. Selon la formule utilisée par la jurisprudence la plus récente, un professionnel ne peut être traité comme un consommateur dès lors qu'il fait un acte « en relation directe avec sa profession », notion interprétée de façon très souple, réduisant ainsi le domaine de la protection législative. Il est ainsi très rare dans la jurisprudence récente qu'un professionnel qui contracte pour les besoins de sa profession soit considéré comme un non-professionnel ou consommateur et puisse donc invoquer la législation sur les clauses abusives, même s'il n'a aucune compétence particulière pour l'opération considérée.

L'appréciation du rapport direct entre le contrat conclu et l'activité professionnelle du contractant semble en outre relever du pouvoir souverain des juges du fond[1]. Pour prendre quelques exemples jurisprudentiels, a été considéré comme ayant un rapport direct avec l'activité professionnelle d'un contractant un contrat de fourniture d'énergie électrique haute tension conclu entre une société d'héliogravure et EDF[2], un contrat de distribution d'eau conclu entre une société de fabrication de bouteilles de verre et une commune (au motif que « la société, dans l'exercice normal de son activité industrielle, consommait de grandes quantités d'eau »)[3], ou encore un contrat d'acquisition d'un logiciel « gestion du marketing clients » pour gérer un fichier clientèle[4]. Une personne qui passe un contrat destiné à l'exercice d'une profession future peut même d'ores et déjà être qualifiée de « professionnel »[5].

Dans un arrêt du 22 novembre 2001, la Cour de justice des communautés européennes a jugé que la notion de consommateur telle que définie à l'article 2 *b)*, de la directive du 5 avril 1993 sur les clauses abusives devait « être interprétée en ce sens qu'elle vise exclusivement les personnes physiques »[6]. La Cour de cassation, procédant à une astucieuse distinction entre consommateur et non-professionnel a considéré que cette limitation ne s'appliquait pas au droit français, dans la mesure où si la CJCE « a dit pour droit : «La notion de consommateur [...] doit être interprétée en ce sens qu'elle vise exclusivement des personnes physiques», la notion distincte de non-professionnel, utilisée par le législateur français, n'exclut pas les personnes morales de la protection contre les clauses abusives »[7].

1. V. not. Civ. 1re, 10 juil. 2001, n° 99-12512 ; *RTD civ.* 2001, 873, obs. J. Mestre et B. Fages.
2. Civ. 1re, 24 janv. 1995, n° 92-18227.
3. Civ. 1re, 3 janv. 1996, n° 93-19322.
4. Civ. 1re, 30 janv. 1996, n° 93-18684 ; *CCC* 1996, n° 56, L. Leveneur ; *D.* 1996, 228, note G. Paisant ; somm. 325, D. Mazeaud ; *JCP* 1996, I, 3929, obs. F. Labarthe.
5. Civ. 1re, 10 juil. 2001, n° 99-12512 ; *RTD civ.* 2001, 873, obs. J. Mestre et B. Fages, pour un achat de matériel informatique : « La cour d'appel, appréciant l'ensemble des éléments de fait dans le débat et après avoir constaté que la technicité et le coût du matériel en cause ne s'adressaient qu'à un professionnel, a souverainement estimé que cette acquisition avait un rapport direct avec l'activité professionnelle, même future, de l'acheteur, dont elle n'avait pas à vérifier les compétences professionnelles qu'il avait lui-même déclarées. » Dans le même sens, CJCE, 3 juil. 1997, *D.* 1997, IR, 174.
6. *JCP G* 2002, II, 10047, note G. Paisant ; *RTD civ.* 2002, 291, obs. J. Mestre et B. Fages, qui observent la substitution du terme « personne morale » à celui de « société » utilisé par la saisine, semblant ainsi exclure également que des associations puissent être consommateurs, ce qui avait pourtant été envisagé. Cet article était de toutes les façons relativement clair, puisqu'il définissait le consommateur comme « toute personne physique qui, dans les contrats relevant de la présente directive, agit à des fins qui n'entrent pas dans le cadre de son activité professionnelle ».
7. Civ. 1re, 15 mars 2005, n° 02-13285 ; *RTD civ.* 2005, 393, obs. J. Mestre et B. Fages.

Pour le reste, la Cour de cassation étend le droit des clauses abusives au-delà des seuls contrats individuels, ainsi par exemple aux assurances de groupe[1].

Surtout, le législateur s'inspire désormais dans d'autres domaines de la réglementation des clauses abusives, et ce même dans les relations entre professionnel. Ainsi, la loi du 4 août 2008 de modernisation de l'économie a introduit, dans l'article L. 442 6, I, du Code de commerce la notion de clause abusive : désormais, « engage la responsabilité de son auteur et l'oblige à réparer le préjudice causé le fait, par tout producteur, commerçant, industriel ou personne immatriculée au répertoire des métiers », « 2° de soumettre ou de tenter de soumettre un partenaire commercial à des obligations créant un déséquilibre significatif dans les droits et obligations des parties ».

4. LA SINCÉRITÉ DE L'OBJET

A / La fraude

La fraude à la loi est un mécanisme correcteur permettant d'assurer le respect des finalités du système juridique[2]. Il y a fraude à la loi lorsqu'un contractant, tout en respectant la lettre stricte de la loi, en détourne l'esprit de façon à en éluder en réalité l'application. L'une des parties utilise une règle juridique afin de bénéficier d'un avantage dont elle ne devait pas en principe profiter ou afin d'éviter une obligation à laquelle elle était en principe tenue. La notion, qui n'est pas propre au droit des contrats, est apparue pour la première fois en droit international privé. La matière s'y prête car une personne à qui le droit français refuse un avantage ou impose une obligation peut être tentée de faire relever artificiellement sa situation d'un droit étranger pour arriver à ses fins : ainsi, dans la célèbre affaire de la princesse de Bauffremont, ladite princesse s'était faite naturaliser en Allemagne pour pouvoir divorcer, à une époque où la loi française s'en tenait à l'indissolubilité du mariage ; dans un arrêt de 1878, la Cour de cassation déclara que la naturalisation et le divorce étaient inopposables au mari dans la mesure où ils avaient

1. Civ. 1re, 22 mai 2008, n° 05-21822 ; *RDC* 2008/4, 1135, obs. D. Mazeaud ; *RTD civ.* 2008, 478, obs. B. Fages ; *JCP G* 2008, II, 10133, note A. Sériaux ; *Defrénois* 2008, 1974, obs. É. Savaux ; *D.* 2008, 1954, note D. R. Martin. *Adde* C. Goldie-Genicon, L'assurance de groupe à l'épreuve de la législation sur les clauses abusives, *D.* 2008, chron., 2447.

2. J. Ghestin et G. Goubeaux, *Introduction générale*, in *Traité de droit civil*, 4e éd. avec le concours de M. Fabre-Magnan, LGDJ, 1994.

été obtenus par une fraude à la loi. En droit des contrats, il peut y avoir fraude à la loi lorsque, par exemple, un débiteur organise son insolvabilité en donnant ou en vendant ses biens afin que ses créanciers n'aient plus rien à saisir. La loi n'est pas directement violée (chacun a le droit de vendre ses biens ou de les donner), mais c'est artificiellement qu'un contractant s'est placé dans une situation de nature à emporter les conséquences juridiques visées : une loi est donc contournée, frauduleusement évitée.

Le Code civil contient, en matière de contrats, quelques règles spéciales pour le cas où il y aurait eu fraude, comme par exemple l'action paulienne de l'article 1167 du Code civil qui autorise les créanciers à attaquer les actes faits par leur débiteur en fraude de leurs droits. Au-delà de ces exemples épars, les juges[1] ont forgé une théorie générale de la fraude leur donnant un très large pouvoir pour remettre en cause une situation juridique : dans certains de ses visas, la Cour de cassation se réfère même directement au principe *fraus omnia corrumpit* (la fraude corrompt tout). Les juges peuvent ainsi, lorsqu'ils estiment une telle fraude caractérisée, annuler n'importe quel acte ou contrat. La marge d'appréciation dont ils disposent est grande : la loi ayant été par hypothèse formellement respectée, ils pourraient laisser les choses en l'état ; ils n'interviendront donc que s'ils estiment que la ruse, voire l'habileté des contractants, dépasse ce qui est admissible[2].

B / La simulation

a) La définition de la simulation. — Il y a simulation lorsque les parties conviennent entre elles de dissimuler aux tiers une partie de leurs

1. Également les juges administratifs : CE, 27 sept. 2006, n° 260050 ; *D.* 2006, 2620, note P. Douet ; *JCP E* 2006, n° 2820, note P. Dibout ; *RTD civ.* 2007, 109, obs. J. Mestre et B. Fages : « Considérant que si un acte de droit privé opposable aux tiers est en principe opposable dans les mêmes conditions à l'administration tant qu'il n'a pas été déclaré nul par le juge judiciaire, il appartient à l'administration, lorsque se révèle une fraude commise en vue d'obtenir l'application de dispositions de droit public, d'y faire échec même dans le cas où cette fraude revêt la forme d'un acte de droit privé ; que ce principe peut conduire l'administration à ne pas tenir compte d'actes de droit privé opposables aux tiers. »

2. Civ. 3e, 1er avr. 2009, n° 07-21833 ; *RDC* 2009/4, 1317, obs. C. Pérès, qui analyse le mécanisme original de sanction de cette fraude : « ayant retenu que la convention dite d'occupation précaire en date du 6 décembre 2001, qui faisait suite à cinq conventions successives pareillement dénommées et conclues soit avec M. Y... soit avec une personne qui s'est dite prête-nom, était frauduleuse comme conclue pour faire échec à l'application du statut légal des baux commerciaux, la cour d'appel en a exactement déduit que, la fraude corrompant tout, le bailleur n'était pas recevable à invoquer contre l'occupant une clause de la convention frauduleuse régulatrice du droit de cession protégé par l'article L. 145-16 du code de commerce. »

accords. Telle est la qualification, par exemple, de la pratique des « dessous de table », dans laquelle les parties conviennent d'un prix officiel sachant que l'acheteur devra payer discrètement un prix supplémentaire (généralement en liquide), ou encore de celle des « pots de vin », somme que l'une des parties paiera en cachette en compensation du fait d'avoir obtenu un marché. La simulation est donc un type de fraude.

Il existe en réalité deux accords : un accord officiel, ostensible, qui est au moins partiellement mensonger, que l'on appelle l'acte apparent ou simulé ; et un accord secret qui contredit l'acte apparent et que l'on appelle l'acte secret, dissimulé, ou encore la contre-lettre. Pour reprendre la définition acquise de longue date, « la notion de contre-lettre suppose l'existence de deux conventions, l'une ostensible, l'autre occulte, intervenues entre les mêmes parties, dont la seconde est destinée à modifier ou annuler les stipulations de la première »[1].

Le mensonge des parties peut être plus ou moins étendu : il peut s'agir d'un contrat entièrement fictif (pour organiser son insolvabilité, un débiteur fait semblant de vendre ses biens, avec la complicité de l'acheteur[2]), d'un déguisement (une donation déguisée en vente par ex., et ce pour échapper à certaines interdictions légales ou à certaines taxes, ou encore un prix partiellement dissimulé), ou enfin d'une interposition de personne lorsque la simulation porte sur la personne d'un des contractants[3] (pour contourner le fait qu'une personne est empêchée par la loi de conclure un contrat, par ex. d'acquérir certains biens, celle-ci demande à un prête-nom de conclure le contrat à sa place mais en lui en réservant le bénéfice).

La simulation suppose cependant une discordance, à un moment donné, entre l'accord apparent et l'accord réel, et il ne suffit pas, pour la caractériser, que l'une des parties n'ait pas exigé l'application stricte de leur accord pour pouvoir parler de simulation[4].

1. Civ. 1re, 13 janv. 1953, *Bull. civ.* 1953, I, n° 15.

2. Civ. 1re, 19 sept. 2007, n° 06-14550 ; *RTD civ.* 2007, 772, obs. B. Fages ; un homme voulant échapper au paiement de son arriéré fiscal avait usé du prête-nom de ses enfants pour acheter un immeuble : « Par application du principe selon lequel la fraude fait échec à toutes les règles », la Cour de cassation, approuve la cour d'appel d'avoir déclaré la vente inopposable au fisc et d'avoir ordonné la réintégration du bien dans le patrimoine paternel.

3. Civ. 1re, 28 nov. 2000, n° 98-14618 ; *RTD civ.* 2001, 134, obs. J. Mestre et B. Fages ; *D.* 2001, 1139, obs. P. Delebecque ; *Defrénois* 2001, 237, obs. R. Libchaber ; *JCP G* 2001, II, 10645, note T. Azzi : « L'interposition de personnes ne suppose pas que l'acte ostensible et l'acte secret aient été conclus entre les mêmes personnes. »

4. Civ. 3e, 15 sept. 2010, n° 09-68656 ; *RDC* 2011/1, 43, obs. Y.M. Laithier, qui juge « qu'ayant souverainement retenu que le fait que, pendant le cours du bail, compte tenu des relations entre Mme X... et Mme Y..., Mme X... ait fait preuve de faiblesse vis à vis de Mme Y... en n'exigeant pas l'application stricte des termes du bail emphytéotique ne signifiait pas que les parties étaient convenues à l'origine d'une simulation de bail emphytéotique pour cacher une autre opération, la cour

La simulation est parfois licite, lorsqu'elle n'a pas pour objet de contourner certaines exigences légales mais simplement, par exemple, de ménager certaines susceptibilités (par exemple une personne ne veut pas susciter de jalousie dans sa famille en faisant une donation à une tierce personne), mais elle est le plus souvent illicite, lorsqu'elle a pour objet d'éviter certaines contraintes légales, résultant notamment de règles du droit fiscal ou du droit successoral.

En cas de fraude, la simulation peut être prouvée par tout moyen[1].

b) Le régime de la simulation. — La simulation n'est pas, en soi, une cause de nullité de l'opération, mais ne peut pas non plus permettre de faire échapper les parties aux conséquences des éventuelles illégalités de leur accord. Puisque c'est l'acte secret qui, par hypothèse, correspond aux effets que les parties recherchent et donc à leur volonté, c'est le régime juridique de cet acte qui devra être appliqué à l'opération, et non pas celui, par hypothèse moins strict, de l'acte apparent : par ex. une donation déguisée en partage ne peut être soumise aux règles de l'acte apparent, c'est-à-dire du partage[2] ; de même, une donation déguisée en vente sera soumise aux règles relatives au rapport et la réduction propres aux donations. La règle est moins stricte pour les conditions de forme, que les parties peuvent parfois éluder par une simulation.

Pour le reste, les deux actes – l'acte ostensible et l'acte secret – ont tous deux une certaine validité.

Entre les parties, c'est en principe la contre-lettre qui va s'appliquer puisque c'est elle qui correspond à la volonté réelle des parties, à leur accord, mais à la double condition que sa preuve soit rapportée (de son existence et surtout de son contenu, ce qui nécessite souvent un écrit, conformément à l'article 1341 C. civ., puisqu'il faut prouver contre un autre écrit, l'acte apparent) et surtout qu'elle ne soit pas illégale. Ainsi, l'article 1321-1 du Code civil déclarant nulles et de nul effet les contre-lettres stipulant un prix occulte supplémentaire dans certaines conventions (cession d'un office ministériel, d'un fonds de commerce, d'une

d'appel, qui, en l'absence d'invocation d'un écrit, n'était pas tenue de procéder à une recherche que ses constatations rendaient inopérante, a pu en déduire, abstraction faite d'un motif surabondant et sans dénaturation, que l'absence de rigueur au cours de l'exécution du bail ne permettait pas de dire que les parties avaient passé une convention simulée ».

1. Civ. 1re, 17 déc. 2009, n° 08-13276 : il en est ainsi de la dissimulation d'une partie du prix d'une vente d'immeuble, laquelle a notamment pour finalité d'éluder l'application des règles fiscales relatives à l'imposition des transactions immobilières.

2. Civ. 1re, 6 mars 1996, n° 93-17910 : « Le partage était simulé, de telle sorte qu'il réalisait une donation déguisée à laquelle l'art. 882 du Code civil n'était pas applicable et qui pouvait être attaquée sur le fondement de l'article 1167 du même Code. »

clientèle, d'une vente d'immeubles, etc.), le vendeur n'aura aucune action en justice pour réclamer le supplément convenu et, s'il l'a déjà payé, il pourra en obtenir le remboursement (à condition qu'il s'en soit constitué la preuve, ce qu'il obtient rarement, pour des raisons aisées à comprendre). Les parties devront alors s'en tenir à l'acte apparent et le vendeur ne pourra pas se dégager de l'opération; la dissimulation est donc périlleuse pour lui, ce qui est le but recherché par la loi afin d'inciter les parties à ne pas procéder à ce genre de montages. Il se peut même que les deux actes – apparent et secret – soient nuls, et donc l'opération tout entière. Le Code civil frappe ainsi de nullité le déguisement ou l'interposition de personnes destinés à contourner l'interdiction de recevoir d'un incapable (art. 911), ou encore la donation entre époux au-delà de ce que la loi autorise (art. 1099).

Quant aux tiers à qui on a voulu dissimuler le véritable accord, la simulation ne produit pas d'effets à leur égard [1]. Selon l'article 1321 en effet, la contre-lettre ne leur est pas opposable : « Les contre-lettres ne peuvent avoir leur effet qu'entre les parties contractantes; elles n'ont point d'effet contre les tiers ». En d'autres termes, ils ont le choix de s'en tenir à l'acte apparent ou au contraire, par une action en déclaration de simulation, de se prévaloir de l'acte secret [2] (à condition bien sûr qu'ils en aient connaissance). Certains peuvent avoir intérêt à n'invoquer que l'acte apparent (par ex. en cas de donation déguisée en vente, les créanciers du donataire ont intérêt à ce que le contrat soit qualifié de vente afin que le bien reste dans le patrimoine de leur débiteur et ne réintègre pas, par la règle du rapport, le patrimoine du donateur) et d'autres à se prévaloir de la contre-lettre (dans la même hypothèse, les héritiers réservataires du donataire préféreront au contraire mettre en avant la donation déguisée afin de la soumettre au régime du rapport et qu'il en soit donc tenu compte dans l'évaluation de la succession; de même le prêteur préférera se prévaloir de la contre-lettre afin de pouvoir poursuivre non seulement son cocontractant mais également le véritable

1. Civ. 1re, 31 janv. 1989, n° 87-11346 : il résulte de l'article 1321 C. civ. que « la simulation ne produit pas d'effet contre les tiers ». Seuls les tiers pouvant se prévaloir de l'acte ostensible, les juges doivent rechercher à quel titre le demandeur a agi (Civ. 1re, 8 juin 1999, n° 97-13780, où les juges du fond n'avaient pas recherché si l'enfant avait agi à titre d'ayant cause universel du défunt, auquel cas il n'était pas tiers par rapport à ce dernier, ou en tant qu'héritier exerçant un droit propre, auquel cas il pouvait, en tant que tiers, se prévaloir de l'acte ostensible). Ne peut pas être qualifié de tiers une personne ayant sciemment participé à la simulation; celle-ci ne pourra donc pas se prévaloir de l'acte ostensible dans ses rapports avec les auteurs de la simulation, notamment les personnes ayant agi en qualité de prête-nom : v. Civ. 3e, 8 juil. 1992, n° 90-12452.

2. Civ. 1re, 19 juin 1984, n° 83-12396 : il résulte de l'article 1321 C. civ. que « dans le cas de simulation, les tiers qui y ont intérêt ont le droit de se prévaloir de l'acte secret ».

bénéficiaire des fonds auquel celui-ci servait de prête-nom)[1]. C'est alors aux juges de trancher, selon les éléments de la cause. En particulier, ils appliqueront la théorie de l'apparence, c'est-à-dire que si un tiers a pu légitimement ignorer l'acte secret, ils l'autoriseront à s'en tenir à l'acte ostensible.

ÉTAT DES QUESTIONS

BIBLIOGRAPHIE

Sur l'objet du contrat en général : A.-S. Lucas-Puget, *Essai sur la notion d'objet du contrat*, LGDJ, « Bibl. dr. privé », 2005, préf. M. Fabre-Magnan, qui soutient qu'à côté de l'objet de l'obligation (la prestation) et de l'objet de la prestation (le bien), il reste une place pour l'objet du contrat défini comme la finalité juridique globale voulue par les parties (elle cite en ce sens l'article 1412 du Nouveau Code civil québécois qui consacre la notion) ; cette notion permet notamment de rendre compte des effets « non obligationnels » mais néanmoins obligatoires du contrat et, plus largement, de l'opération globale qu'il réalise ; l'objet vient alors utilement compléter la cause dès qu'il s'agit de s'interroger sur ce que veulent les parties plutôt que ce pourquoi elles veulent. H. Mayer, *L'objet du contrat*, th. Bordeaux, 1986. *Adde* M.-E. Ancel, *La prestation caractéristique du contrat*, Economica, « Recherches juridiques », 2002, préf. L. Aynès.

Pour des choses particulières : M.-A. Chardeaux, *Les choses communes*, LGDJ, « Bibl. dr. privé », 2006, préf. G. Loiseau ; Y. Emerich, *La propriété des créances. Approche comparative*, LGDJ, « Bibl. dr. privé », 2006, préf. F. Zénati ; G. Loiseau, *Le nom, objet d'un contrat*, LGDJ, 1997, préf. J. Ghestin ; M.-A. Hermitte, Le corps hors du commerce, hors du marché, *Arch. phil. dr.* 1988, t. 33, 323. *La vie humaine mise sur le marché ?*, colloque Lille 2, *LPA* 5 déc. 2002, n° 243, not. J. Hauser, La vie humaine est-elle hors du commerce ?, 19 ; B. Savelli, *L'exercice illicite d'une activité professionnelle*, PUAM, 1995, préf. J. Mestre.

Sur les choses hors commerce : I. Moine, *Les choses hors commerce : une approche de la personne humaine juridique*, LGDJ, « Bibl. dr. privé », 1997, préf. E. Loquin ; F. Paul, *Les choses qui sont dans le commerce au sens de l'article 1128 du Code civil*, LGDJ, « Bibl. dr. privé », 2002, préf. J. Ghestin ; G. Loiseau, Typologie des choses hors du commerce, *RTD civ.* 2000, 47, qui distingue parmi les choses hors du commerce celles qui le sont par nature (les choses inappropriables et les choses dangereuses), et celles qui le sont par destination (par ex. les choses affectées à des personnes) ; l'auteur montre aussi que « les choses hors du commerce sont hors du marché » mais que, à l'inverse, « les choses hors du marché ne sont pas nécessairement hors du commerce » ; F. Zénati, Choses hors commerce, *RTD civ.* 1996, 420 ; I. Couturier, Remarques sur quelques choses hors du commerce, *LPA* 6 sept. 1993, 7, et 13 sept. 1993, 7.

1. Pour cette hypothèse, Civ. 1re, 28 nov. 2000, n° 98-14618 ; *RTD civ.* 2001, p. 134, obs. J. Mestre et B. Fages.

Sur les obligations personnelles : A. Hyde, *Les atteintes à la liberté individuelle par contrat*, th. Paris I, 2012.

Sur les pactes sur succession future : G. Bras-Miranda, *La prohibition des pactes sur succession future*, Yvon Blais, 1999, préf. J. Talpis, dir. J.-L. Baudouin ; A. Lucas, Le recul de la prohibition des pactes sur succession future en droit positif, *RTD civ.* 1976, 455.

Sur l'indétermination de l'objet : D. Boulanger, *L'indétermination de l'objet pécuniaire des contrats engendrant vente de marchandises. Contribution à la notion d'objet dans la théorie générale des obligations*, th. Lille, 1994.

Sur l'indétermination du prix : parmi les très nombreux articles antérieurs au revirement, M.-A. Frison-Roche, L'indétermination du prix, *RTD civ.* 1992, 269 ; Le choix de l'annulation comme sanction de l'indétermination du prix dans les contrats d'exclusivité et ses conséquences, *LPA* 8 déc. 1993, 14 ; L. Vogel, Plaidoyer pour un revirement : contre l'obligation de détermination du prix dans les contrats de distribution, *D.* 1995, chron., 155 ; depuis le revirement, *RTD com.* 1997, *La détermination du prix : nouveaux enjeux un an après les arrêts de l'Assemblée plénière* ; N. Molfessis, Les exigences relatives au prix en droit des contrats, *LPA* 5 mai 2000, 41 ; A. mainguy, Bref retour sur l'indétermination du prix, *JCP E* 1999, Cah. dr. ent., n° 4, 24 ; J. Boré, Morte au champ d'honneur : la jurisprudence sur l'indétermination du prix dans les contrats-cadres de longue durée, in *Mélanges Cl. Champaud*, Dalloz, 1997, 101 ; M.-A. Frison-Roche, De l'abandon du carcan de l'indétermination du prix à l'abus dans la fixation du prix, *RJDA* 1996, 3 ; J. Huet, Critique de la jurisprudence de l'Assemblée plénière sur l'indétermination du prix, in *Études A. Sayag*, Litec, 1997, 311. *Adde* Th. Revet, La détermination unilatérale de l'objet dans le contrat, in *L'unilatéralisme et le droit des obligations*, dir. Ch. Jamin et D. Mazeaud, Economica, 1999, 31.

Sur le prix en général : S. Schindler-Viguie, *La notion de juste prix en droit positif français*, th. Paris II, 1993 ; N. Molfessis, Les exigences relatives au prix dans le droit des contrats, *in* Le contrat : questions d'actualité, *LPA* 5 mai 2000 ; L. Benzoni, Le prix prédateur comme obstacle à la concurrence : les enseignements de l'analyse économique, *Rev. Conc. et Cons.* n° 113, janv.-févr. 2000, 8 ; Cl. Lucas de Leyssac, Le prix prédateur comme obstacle à la concurrence : le droit actuel et ses incertitudes, *ibid.*, 11 ; M.-Ch. Cauchy-Psaume, Du sens du vil prix, *D.* 2000, 504 ; J.-B. Racine, La notion de prix en droit contemporain des contrats, *RID éco.* 1999, 77 ; A. Brunet et A. Ghozi, La fonction du prix en droit de la concurrence, in *Mélanges Ch. Mouly*, Litec, 1998, t. 2, 27 ; F. Zénati, Commentaire de l'ord. n° 86-1243 du 1er déc. 1986 relative à la liberté des prix et de la concurrence, *RTD civ.* 1987, 174 ; P. de Fontbressin, De l'influence de l'acceptation du concept de prix sur l'évolution en droit des contrats, *RTD civ.* 1986, 655. Plus ancien, A. de Senarclens, La maxime *pretium debet esse verum, certum, iustum*, in *Mélanges P. Fournier*, Sirey, 1929, 685.

Sur la classification des contrats : M. Planiol, Classification synthétique des contrats, *Rev. crit.* 1904, 470 ; J.-F. Overstake, *Essai de classification des contrats spéciaux*, LGDJ, « Bibl. dr. privé », 1969, préf. Brèthe de la Gressaye.

Sur l'ordre public : M.-C. Vincent-Legoux, *L'ordre public. étude de droit comparé interne*, PUF, Les grandes thèses, 2001, préf. J.-P. Dubois ; *L'ordre public, Trav. Ass. H. Capitant*, Journées libanaises, LGDJ, 2001 ; *L'ordre public : ordre public ou ordres publics, Ordre public et droits fondamentaux*, dir. M.-J. Redor, Bruylant, Nemesis, 2001, introd. E. Picard ; Th. Revet (dir.), *L'ordre public à la fin du XXe siècle*, Dalloz, « Thèmes et commentaires », 1996 ; M.-C. Vincent-Legoux, *L'ordre public. étude de droit comparé interne*, PUF, 2001, préf. J.-P. Dubois; C. Picheral, *L'ordre public européen*, La Documentation française, 2001, préf. F. Sudre. Parmi de nombreux articles, P. Catala, À propos de l'ordre public, in *Mélanges P. Drai*, Dalloz, 2000, préf. J. Foyer, 511 ; M. Luby, À propos des sanctions de la violation de l'ordre public, *CCC* 2001 ; X. Lagarde, Office du juge et ordre public de protection, *JCP G* 2001, I, 312; R. Polin, L'ordre public, in *L'ordre public*, actes colloque Paris, 22 et 23 mars 1995, PUF, «Politique d'aujourd'hui», 1996, 7; J. Ghestin, L'ordre public, notion à contenu variable en droit privé français, in *Les notions à contenu variable en droit*, Études publiées par Ch. Perelman et R. Vander Elst, Bruxelles, Bruylant, 1984, 77. *Adde* Ph. Malaurie, *L'ordre public et le contrat*, th. Paris, Matot-Braine, Reims, 1953, préf. P. Esmein; La notion de l'ordre public et des bonnes mœurs dans le droit privé, *Trav. Ass. H. Capitant*, t. VII, 1952, journées canadiennes, Dalloz, 1956; L. Julliot de La Morandière, L'ordre public en droit privé interne, in *Études H. Capitant*, Dalloz, 1939, 381; D. Tallon, Considérations sur la notion d'ordre public dans les contrats en droit français et en droit anglais, in *Mélanges R. Savatier*, Dalloz, 1965, 883; E.-H. Perreau, Des atténuations par actes juridiques aux lois impératives et prohibitives, *RTD civ.* 1923, 291.

Sur l'ordre public économique : G. Farjat, *L'ordre public économique*, LGDJ, «Bibl. dr. privé», 1963, préf. B. Goldman; R. Savatier, L'ordre public économique, *D.* 1965, chron., 37.

Sur l'ordre public de protection : F. Gaudu, L'ordre public en droit du travail, in *Études J. Ghestin*, LGDJ, 2001, 363; G. Couturier, L'ordre public de protection, heurs et malheurs d'une vieille notion neuve, in *Études J. Flour*, Defrénois, 1979, 95.

Sur la déontologie : J. Moret-Bailly et D. Truchet, *Déontologie des juristes*, PUF, coll. L, 2010; J. Moret-Bailly, *Les déontologies*, PUAM, 2001, préf. D. Thouvenin.

Sur la fraude : F. Dournaux, *La notion de fraude en droit privé français*, thèse Paris I, 2008; J. Vidal, *Essai d'une théorie générale de la fraude en droit français*, Dalloz, 1957, préf. G. Marty et, du même auteur, *D.* 1963, 149; Prat-Rousseau, *La notion de fraude à la loi, domaine d'application en droit civil français*, th. Bordeaux, 1937; Ligeropoulo, *Le problème de la fraude à la loi*, th. Aix, 1928. Pour quelques articles, Navatte, La fraude et l'habileté en droit fiscal, *D.* 1951, chron., 87; Calbairac, Considérations sur la règle *fraus omnia corrumpit, D.* 1961, chron., 169.

Sur la simulation : Dumont-Kislickofe, *La simulation en droit romain*, 1971; M. Dagot, *La simulation en droit privé*, LGDJ, «Bibl. dr. privé», 1967, préf. P. Hébraud; Fl. Deboissy, *La simulation en droit fiscal*, LGDJ, «Bibl. dr. privé», 1997, préf. M. Cozian; L. Arcelin, Interposition de personne et prête-nom : deux cas de simulation?, *LPA* 16 juil. 2002, n° 141 ; F. Leduc, Réflexion sur la convention de prête-nom, *RTD civ.* 1999, 283. En pratique, la simulation est aujourd'hui souvent opérée par l'intermédiaire de sociétés fictives, dans le but de dissimuler certaines opérations et de rendre difficile, voire impossible, la recherche des responsabilités. On a vu ce type de montage à l'œuvre lors du naufrage de l'*Erika* par exemple. Ces sociétés fictives pourraient être analysées comme des simulations par interposition de personnes (morales) : en ce sens J. Carbonnier, *Les obligations*, PUF, «Thémis», 22e éd., 2000, n° 87, 177, mais la nullité est prononcée plutôt par application des règles du droit des sociétés commerciales. Cl. Cutajar-Rivière, *La société-écran, essai sur sa notion et son régime juridique*, 1998.

PRATIQUE JUDICIAIRE

a) Les clientèles civiles. — La question de la cessibilité ne s'est guère posée pour les clientèles commerciales dans la mesure où la loi du 17 mars 1909 fait de la clientèle commerciale l'essentiel du fonds de commerce, susceptible d'être vendue avec lui. Pour les clientèles civiles (avocat, médecin), on a longtemps refusé d'admettre qu'elles soient cessibles dans la mesure où elles sont intimement liées à la personne du professionnel ; surtout, il s'agissait de faire respecter la liberté de choisir son médecin ou son avocat. Y. Chartier, La clientèle civile dans la jurisprudence de la Cour de cassation, in *Rapport Cour de cassation 1996*, La Documentation française, 1997, 71. Civ. 1re, 7 févr. 1990, n° 88-18441 : « Leur clientèle [des médecins ou des chirurgiens] attachée exclusivement et de façon toujours précaire à la personne de ce praticien, est hors du commerce et ne peut faire l'objet d'une convention. » La Cour de cassation a aussi parfois censuré de tels accords sur le fondement de l'illicéité de la cause (Civ. 1re, 9 janv. 1996, n° 93-17875). La véritable raison ne réside cependant pas tant dans l'illicéité de l'objet ou de la cause (la cession ne pouvait pas avoir pour effet de forcer les clients à fréquenter le même professionnel) que dans l'absence d'objet (ne pouvant précisément attacher la clientèle, le professionnel cédant ne transférait rien à l'acheteur). Ce type d'opération étant pourtant en pratique fort utile, on a fini par admettre que si le professionnel ne pouvait transférer aucun droit sur sa clientèle, il pouvait tout au moins s'engager, par une obligation de faire, à présenter son successeur à sa clientèle. Une jurisprudence constante reconnut que « si la clientèle d'un médecin ou d'un chirurgien-dentiste n'est pas dans le commerce, le droit, pour ce médecin ou ce chirurgien-dentiste, de présenter un confrère à sa clientèle, constitue un droit patrimonial qui peut faire l'objet d'une convention régie par le droit privé » (Civ. 1re, 7 juin 1995, n° 93-17099) ou encore que « le contrat par lequel, dans le cadre d'une association entre médecins, l'un d'eux s'engage à présenter l'autre à une partie de sa clientèle, contrat qui, en lui-même, ne porte pas atteinte au libre choix du médecin par le malade, n'est pas nul » (Civ. 1re, 28 mars 1995, n° 93-15150). On admit également que le professionnel cédant puisse s'engager, toujours contre paiement, à une obligation de non-concurrence (Civ. 1re, 2 nov. 1994, n° 92-13669).

Dans un revirement de jurisprudence du 7 nov. 2000, la Cour de cassation jugea « que si la cession de la clientèle médicale, à l'occasion de la constitution ou de la cession d'un fonds libéral d'exercice de la profession, n'est pas illicite, c'est à la condition que soit sauvegardée la liberté de choix du patient ; qu'à cet égard, la cour d'appel ayant souverainement retenu qu'en l'espèce, cette liberté de choix n'était pas respectée, a légalement justifié sa décision » (n° 98-17731 ; *JCP G* 2000, II, 10452, note F. Vialla ; *RTD civ.* 2001, 130, obs. J. Mestre et B. Fages). L'appréciation du point de savoir si la liberté de choix est respectée par la clause relève du pouvoir souverain d'appréciation des juges du fond. R. Libchaber, Les habits neufs de la transmission des clientèles civiles, *Defrénois* 2001, art. 37338, 431 ; Y. Serra, L'opération de cession de clientèle civile après l'arrêt du 7 novembre 2000 : dorénavant, on fera comme d'habitude, *D.* 2001, chron., 2295.

Validant un contrat par lequel une société gestionnaire d'une maison de retraite confère une exclusivité à une société civile professionnelle d'infirmière : Civ. 1re, 16 janv. 2007, n° : 04-20711 ; *D.* 2007, 2966, obs. S. Amrani Mekki ; *RTD civ.* 2007, 336, obs. J. Mestre et B. Fages, et 2008, 123, obs. Th. Revet, qui juge « qu'est valable la convention par laquelle une maison de retraite concède à titre onéreux l'exercice privilégié, dans ses locaux, des actes infirmiers sur ses pensionnaires, dès lors que le libre choix de ceux-ci est préservé ». Une préférence conventionnelle se trouve ainsi patrimonialisée, dans un domaine où la liberté était le maître-mot : où l'on retrouve que liberté et marchandisation font bon ménage. *Adde* F. Zenati-Castaing et Th. Revet, *Les biens*, PUF, « Droit fondamental », 3e éd., 2008, n° 55.

Pour quelques analyses antérieures : M. Chaniot-Waline, *La transmission des clientèles civiles*, LGDJ, « Bibl. dr. privé », 1994, préf. J. Ghestin ; M. Goré, La cession entre vifs des clientèles civiles, in *Les professions libérales*, Journ. Ass. H. Capitant, LGDJ, 1998, 119 ; Y. Serra, La clientèle, *Dr. et patr.* juil.-août 1996, 64. Plus classique, P. Leclercq, *Les clientèles attachées à la personne*, LGDJ, « Bibl. dr. privé », 1965, préf. P. Catala.

b) Les bonnes mœurs. — Par définition même, l'appréciation des mœurs qui sont « bonnes » est éminemment évolutive selon les époques. Après la Seconde Guerre mondiale la notion de bonnes mœurs a servi principalement à annuler les baux ou autres contrats afférents à l'exploitation de maisons closes. Les litiges les plus récents ont porté sur la question de l'adultère, peu à peu entré dans les mœurs, mais qui continue à déclencher l'anathème chez certains. V. ainsi Y. Lequette, Quelques remarques à propos des libéralités entre concubins, in *Études J. Ghestin*, LGDJ, 2001, 547, commentant Civ. 1re, 3 févr. 1999, n° 96-11946 ; *D.* 1999, 267, concl. X. Savatier et note J.-P. Langlade-O'Sughrue ; *JCP G* 1999, II, 10083, note G. Loiseau et M. Billiau ; *RTD civ.* 1999, 364, obs. J. Hauser. Un homme était décédé en laissant à sa succession son épouse et son fils adoptif ; par testament, il avait révoqué toute donation entre époux et exhérédé son épouse, et également gratifié sa maîtresse d'une somme de 500 000 F ; le fils entendit faire annuler cette donation au motif que sa cause était contraire aux bonnes mœurs ; la cour d'appel avait prononcé la nullité de cette libéralité au motif que la disposition testamentaire n'avait été prise que pour poursuivre et maintenir une liaison encore très récente ; en visant les articles 1131 et 1133 du Code civil, la Cour de cassation censure cette décision après avoir énoncé dans un attendu de principe que « n'est pas contraire aux bonnes mœurs la cause de la libéralité dont l'auteur entend maintenir la relation adultère qu'il entretient avec le bénéficiaire ». En réalité, la portée du revirement est sans doute moindre qu'on a voulu le dire (en ce sens concl. X. Savatier, précitées). En effet les libéralités faites à des concubines, même adultérines, avaient toujours été considérées comme licites par principe ; elles cessaient simplement de l'être lorsqu'elles avaient pour cause, c'est-à-dire pour mobile, le maintien ou la poursuite des relations, ce qui était pour le moins une circonstance délicate à apprécier puisqu'il fallait avoir la preuve de la motivation profonde du donateur vis-à-vis de sa maîtresse : de nombreuses raisons étaient en effet licites (par amour, pour effacer son sentiment de culpabilité de ne pas l'avoir épousée, parce qu'elle était dans le besoin, etc.), sauf une (donner pour l'inciter à ne pas le quitter). L'Assemblée plénière de la Cour de cassation a eu l'occasion de réaffirmer, de façon générale, que « n'est pas nulle comme ayant une cause contraire aux bonnes mœurs la libéralité consentie à l'occasion d'une relation adultère » (Ass. plén., 29 oct. 2004, n° : 03-11238 ; *D.* 2004, 2972 et *Dr. fam.* 2004, 230, obs. B. Beignier ; *RTD civ.* 2005, 104, obs. J. Hauser). V. également, R. Libchaber, La Cour de cassation n'est plus gardienne du mariage !, *D.* 2012, 59, commentant Civ. 1re, 4 nov. 2011, n° 10-20114, qui juge, au visa de l'article 1133 du Code civil, « que le contrat proposé par un professionnel, relatif à l'offre de rencontres en vue de la réalisation d'un mariage ou d'une union stable, qui ne se confond pas avec une telle réalisation, n'est pas nul, comme ayant une cause contraire à l'ordre public et aux bonnes mœurs, du fait qu'il est conclu par une personne mariée».

Bibliographie : B. Lavaud-Legendre, *Où sont passées les bonnes mœurs?*, PUF, 2005; débat *RDC* 2005/4 : «Que reste-t-il des bonnes mœurs en droit des contrats?»; J. Chevallier (dir.), *Les bonnes mœurs*, CURAPP-PUF, 1994; D. Fenouillet, Les bonnes mœurs sont mortes! Vive l'ordre public philanthropique, in *Études P. Catala*, Litec, 2001, 487; F. Senn, Des origines et du contenu de la notion de bonnes mœurs, in *Recueil F. Gény*, Sirey, 1977, t. I, 53; J. Bonnecase, La notion juridique de bonnes mœurs. Sa portée en droit civil français, in *Études H. Capitant*, Dalloz, 1939, 91. *Adde* R. Boudon, Penser la relation entre le droit et les mœurs, *Mélanges F. Terré*, Dalloz-PUF, J.-Cl., 1999, 11; J. Saiget, *Le contrat immoral*, th. Paris, Jouve, 1939.

c) Les engagements en matière d'emploi en droit du travail. — Les accords collectifs ou même les contrats de travail contiennent aujourd'hui parfois des engagements sur l'emploi, par lesquels l'employeur s'engage, pendant un certain temps, à ne pas licencier. La question se pose de leur valeur juridique. Y a-t-il des sanctions possibles si l'employeur, malgré ses engagements, procède à des licenciements? Peut-on s'appuyer sur l'article L. 2262-4 du Code du travail qui prévoit l'obligation «de ne rien faire qui soit de nature à compromettre l'exécution loyale» des conventions et accords collectifs, disposition qui est elle-même une application de l'article 1134 du Code civil?

On a parfois douté qu'un accord puisse apporter des restrictions au pouvoir de licencier, prérogative patronale fondamentale, mais cela a été admis, au moins depuis un arrêt très clair de la Ch. soc. du 3 févr. 1993 (n° 91-42409) qui a jugé «que les dispositions légales relatives à la résiliation par l'employeur du contrat de travail n'interdisent pas aux partenaires sociaux de limiter, à des causes qu'ils énumèrent, le pouvoir de licencier de l'employeur». Une certaine valeur est donc aujourd'hui reconnue à ces accords (Soc., 1er avr. 1997, *Poclain*, n° 95-45284, qui approuve la cour d'appel d'avoir accordé au salarié des dommages-intérêts en réparation du préjudice résultant de la méconnaissance par l'employeur de son engagement de ne pas procéder à des licenciements). Parfois cependant, la clause est obscure, et on peut hésiter sur la portée de l'engagement de l'employeur (obligation de moyens ou de résultat?) : v. *Potain*, 13 déc. 1995, n° 94-13867, pour un accord qui comportait un engagement de l'employeur d'«éviter» le recours à des licenciements; selon la Cour de cassation, cet engagement ne paralysait pas jusqu'à la fin de l'année 1994 le droit de l'employeur de procéder à des licenciements lorsqu'ils étaient inévitables, et elle refuse donc de censurer la cour d'appel qui a en outre fait ressortir qu'en exécution de l'accord, 274 licenciements avaient déjà été empêchés et que les circonstances économiques s'étaient, depuis l'accord, modifiées. En outre, théoriquement, l'engagement de maintenir les effectifs ne semble pas exclure le licenciement de certains personnels s'il y a embauche par ailleurs.

Le contrat de travail individuel contient également parfois un engagement de stabilité (v. J. Pélissier, G. Auzero et E. Dockès, *Droit du travail*, Précis Dalloz, 26e éd., 2012, n° 231). La Cour de cassation décide cependant aujourd'hui que le licenciement prononcé malgré l'existence d'une telle clause n'est pas nécessairement dépourvu de cause réelle et sérieuse : selon la haute Juridiction, «la violation par l'employeur de la clause de garantie d'emploi insérée dans un contrat de travail à durée indéterminée, ne dispense pas le juge d'examiner la cause du licenciement et qu'il lui appartient d'apprécier le caractère réel et sérieux des motifs invoqués par l'employeur dans la lettre de licenciement» (Soc., 13 nov. 2008, n° 07-42640).

L'engagement de l'employeur est donc sans doute possible mais la véritable question est celle de la sanction : l'employeur peut-il simplement être condamné à des dommages-intérêts pour licenciement sans cause réelle et sérieuse ou le licenciement peut-il être annulé? La première solution semble l'emporter : v. Soc., 4 juin 1987, n° 85-43402, 86-42355 et 86-44391; ou encore Soc., 10 oct. 2002, n° 00-42906, qui juge qu'«ayant relevé que, par accord collectif de travail en date du 30 avril 1997, la société avait pris l'engagement, en contrepartie de la réduction de la durée de travail des salariés assortie d'une réduction de leur rémunération, de maintenir jusqu'au 30 juin 2000 l'effectif de l'entreprise inscrit au 30 juin 1997, la cour d'appel a pu décider que l'inexécution de cette obligation justifiait l'action des salariés en réparation de leur préjudice». V. cependant Soc., 8 juil. 1998, n° 96-42118, qui retient que «la cour d'appel a estimé que la société Wavin SA s'était obligée à ne pas licencier M. Y... en cas de cessation prématurée du détachement, sauf si cette cessation prématurée résultait d'une faute grave du salarié, ou de la volonté de ce dernier; qu'ayant constaté que la société Wavin BV avait mis fin à l'affectation de M. Y... en Hollande pour un autre motif que celui contractuellement prévu; elle en a déduit à bon droit qu'*en ne réintégrant pas le salarié*, et en le licenciant en raison de la suppression de son emploi, la société Wavin SA avait failli à l'obligation volontairement souscrite par elle en faveur du salarié, de limiter sa faculté de licenciement» (souligné par nous).

La Chambre sociale juge en outre que l'employeur peut, malgré la clause de garantie d'emploi, licencier un salarié dès lors que celui-ci a commis une faute lourde ou grave. Elle semble aujourd'hui ajouter qu'il en irait de même pour une simple faute du salarié : Soc., 23 oct. 2007, n° 06-42994, qui approuve la cour d'appel d'avoir décidé que la clause du contrat garantissant à la salariée la stabilité de son emploi pendant une période de cinq années était licite et devait recevoir application dès lors qu'aucune faute n'avait été commise par l'intéressée. Sur cet arrêt, Ph. Waquet, *D.* 2007, 3107, qui fait un point sur la jurisprudence en la matière.

Accords de compétitivité : quels engagements sur l'emploi?, Controverse entre M.A. Souriac et M. Morand, *RDT* avril 2012, 194; M.A. Souriac-Rotschild, Engagements et arrangements sur l'emploi : quelle efficacité juridique?, *Dr. soc.* 1997, 1061; G. Couturier, La méconnaissance d'un engagement de maintien de l'emploi, *Dr. soc.* 1998, 375; F. Gaudu, Le contrôle de l'exécution des engagements en matière d'emploi, *Dr. soc.* 1998, 367; F. Petit, Sur les clauses de garantie d'emploi, *Dr. soc.* 2000, 80; J. Savatier, La violation d'un engagement sur le maintien d'un volume d'emplois puis lors de la consultation du comité d'entreprise sur un projet de restructuration, *Dr. soc.* 2004, 166; J. Mestre, *RTD civ.* 1999, 379.

THÉORIE JURIDIQUE

a) Le corps humain objet de contrat. — On enseigne classiquement que le corps humain ne peut être l'objet d'un contrat, qu'il est une chose hors commerce. Pourtant, il a été montré que le contrat de travail ne contient pas qu'une simple obligation de faire du salarié mais engage celui-ci dans sa personne et dans son corps, qui participent donc de l'objet du contrat de travail (cette thèse a surtout été soutenue par A. Supiot, *Le juge et le droit du travail*, th. Bordeaux, 1979, et reprise par cet auteur dans son ouvrage *Critique du droit du travail*, PUF, « Les voies du droit », 1994, spéc. 51, repub. « Quadrige », 2002). On en veut d'abord pour preuve que, par le contrat de travail, l'employeur acquiert directement l'activité du salarié, à la source pourrait-on dire (Th. Revet, L'objet du contrat de travail, *Dr. soc.* 1992, 860, § 5) et non pas seulement le résultat de ce travail ; c'est ainsi le travail qui est payé, et non pas son résultat (A. Supiot, *Critique du droit du travail, op. cit.*, 60) ; or si le salarié n'était obligé qu'à faire quelque chose, même en état de subordination juridique, il devrait être dans un premier temps propriétaire des produits de son travail avant de les transférer à son employeur. En outre, si une personne morale peut parfaitement être – et est d'ailleurs souvent – employeur, elle ne peut en revanche jamais être salariée ; or si elle ne le peut, c'est précisément parce qu'elle est dépourvue de quelque chose d'indispensable à l'exécution du contrat de travail ; elle dispose pourtant des mêmes droits et obligations que les personnes physiques, et également d'une volonté puisqu'elle est représentée par une personne physique ; la seule différence réside finalement en ce que la personne physique a un corps et non la personne morale ; il faut donc en conclure que le corps est nécessaire à l'exécution du contrat de travail et donc qu'il participe de la définition de l'objet du contrat de travail (cet argument a été avancé par A. Supiot, *op. cit.*, p. 62). L'obligation du salarié est en réalité une obligation de mise à disposition de sa force de travail (thèse soutenue par Th. Revet, *La force de travail (étude juridique)*, Montpellier I, Litec, « Bibl. dr. de l'entrepr. », 1992, préf. F. Zénati ; du même auteur, L'objet du contrat de travail, *Dr. soc.* 1992, 859), c'est-à-dire ni une obligation de donner ni une obligation de faire, mais une obligation de *praestare* (M. Fabre-Magnan, Le contrat de travail défini par son objet, in *Le travail en perspectives*, dir. A. Supiot, LGDJ, « Droit et société », 1998). *Adde* J.-M. Lattès, Le corps du salarié dans l'entreprise, *Mélanges Despax*, PU Toulouse, 2002, 333 ; E. Dockès, La détermination de l'objet des obligations nées du contrat de travail, *Dr. soc.* 1997, 140.

Dans le contrat médical en revanche, on ne peut pas dire que le corps humain soit l'objet du contrat, dans la mesure où, si l'intervention du médecin doit bien se faire sur un corps précis, le corps ne participe en rien de l'obligation due par l'une des parties (M. Bourgeois, *Les contrats extrapatrimoniaux*, th. Paris I, 2003). En effet, l'obligation du patient est de payer les honoraires du médecin et non pas de fournir en quoi que ce soit un aspect de sa personne ou de son corps, et la situation est en ce sens très différente de celle du salarié.

Sur le principe d'indisponibilité du corps humain : S. Prieur, *La disposition par l'individu de son corps*, Les Études hospitalières, thèses, 1999, préf. E. Loquin ; S. Lavroff-Detrie, *De l'indisponibilité à la non-patrimonialité du corps humain*, th. Paris I, 1997 ; G. Sarvonat, *Le principe d'inviolabilité du corps humain*, th. Poitiers, 1965. *Adde* F. Zénati-Castaing, La propriété, mécanisme fondamental du droit, *RTD civ.* 2006, 445, qui évoque la question des personnes objet de propriété ; J. Hauser, La vie humaine est-elle hors du commerce ?, in *La vie humaine mise sur le marché ?, LPA* 5 déc. 2002, n° 243, 19 ; R. Cabrillac, Le corps humain, in *Libertés et droits fondamentaux*, dir. R. Cabrillac, M.-A. Frison-Roche et Th. Revet, Dalloz, 2007 ; A. Sériaux, Le principe d'ordre public de l'indisponibilité du corps humain, in *Le droit, la médecine et l'être humain. Propos hétérodoxes sur quelques enjeux vitaux du XXIe siècle*, PUAM, 1996, 147 ; M. Gobert, Réflexions sur les sources du droit et les « principes » d'indisponibilité du corps humain et de l'état des personnes (à propos de la maternité de substitution), *RTD civ.* 1992, 489 ; F. Chabas, Rapport sur le corps humain et les actes juridiques en droit français, in *Le corps humain et le droit, Trav. Ass. H. Capitant*, journées belges, t. XXVI, Dalloz, 1975, 225. *Adde* A. Jack, Les conventions relatives à la personne physique, *Rev. crit. lég. et jurisp.* 1933, p. 362, qui distingue les contrats intéressant les personnes des contrats sur les personnes; L. Josserand, La personne humaine dans le commerce juridique, *DH* 1932, chron., 1.

b) Les contrats perpétuels. — Contrairement aux droits réels, les engagements perpétuels sont prohibés. La portée de cette prohibition a été ces dernières années discutée par la doctrine.

R. Libchaber, « Réflexions sur les engagements perpétuels et la durée des sociétés », *Rev. soc.* 1995, 437, qui retient qu'« il n'est pas certain que la prohibition des engagements perpétuels soit une règle adoptée par le droit français [...] Mais il ne s'ensuit pas qu'à l'égard de la question assurément fondamentale de la perpétuité des contrats, le droit français soit dépourvu de principe d'application tant soit peu général, ou fermement posé. On dirait plutôt qu'il est demeuré fidèle au fondement qui justifiait l'article 1780, alinéa 1er : là où la liberté individuelle est menacée par la perpétuité, elle est interdite; là où à l'inverse la perpétuité, ou la durée excessive, n'entrave pas la liberté de l'individu, le principe s'affaiblit », par exemple « lorsque la liberté n'est pas en cause, ou lorsque est en cause la liberté d'une personne morale, assurément moins sensible dans une perspective individualiste ». Égal. J. Ghestin, « Existe-t-il en droit positif français un principe général de prohibition des contrats perpétuels ? », *Mélanges D. Tallon*, SLC, 1999, 251 et s., qui insiste sur la distinction entre contrats perpétuels et contrats à durée indéterminée; il constate que « le droit positif n'exprime aucun principe général de prohibition des contrats perpétuels » et cite même un arrêt de la Cour de cassation du 25 juin 1907 *Hospices civils de Lille c/ Institut catholique de Lille* (*DP* 1907, I, 337) qui aurait explicitement consacré la validité des contrats perpétuels (il s'agissait d'un contrat par lequel les hospices s'engageaient à mettre à la disposition de l'Institut deux pavillons afin d'y créer une faculté de médecine; selon la Cour de cassation « aucun texte de ces deux lois spéciales ne limite la durée d'une pareille convention »); le célèbre arrêt rendu dans l'affaire du canal de Craponne (6 mars 1676, *Grands arrêts*, n° 163) irait dans le même sens puisque le contrat dont la Cour de cassation refuse la révision était un contrat perpétuel. V. déjà J. Azéma, *La durée des contrats successifs*, LGDJ, 1969, préf. R. Nerson : « À la vérité, il n'existe pas en Droit français de texte prohibant de manière générale l'engagement perpétuel. Ce dernier n'est prohibé qu'à propos de certains contrats. Cependant, partant de ces textes, la doctrine, ou à tout le moins une partie de celle-ci, a tenté une généralisation »; selon cet auteur (thèse n° 37), la perpétuité admise par l'arrêt de 1907 serait possible uniquement pour les personnes morales publiques ou reconnues d'utilité publique.

F. Rizzo, Regards sur la prohibition des engagements perpétuels, *Dr. et patr.* janv. 2000; L. et J. Vogel, Vers un retour des contrats perpétuels ? Évolution récente du droit de la distribution, *CCC* août-sept. 1991, 1.

La jurisprudence continue de prohiber les engagements qu'elle estime perpétuels. Civ. 1re, 19 mars 2002, n° 99-21209; *RTD civ.* 2002, 510, obs. J. Mestre et B. Fages. La clause d'un contrat entre un praticien et la société exploitant une clinique indiquait qu'il était conclu « pour la durée de la société ». Or rien n'étant stipulé sur ce point dans les statuts de cette société, celle-ci était alors réputée constituée pour 99 ans. Selon la Cour de cassation, la cour d'appel « a pu considérer que l'engagement ainsi pris par le praticien avait à son égard un caractère perpétuel ». *Adde* Civ. 3e, 27 mai 1998, n° 96-15774 :

« Attendu que le bail, dont le terme dépend de la volonté du preneur seul, étant perpétuel, la cour d'appel qui a relevé que M. Delorme s'était engagé à consentir un bail à la SCEA de la Roche jusqu'à la dissolution de celle-ci, dont la durée était fixée à quatre-vingt-dix-neuf ans, avec faculté de prorogation ou de dissolution par anticipation, a pu en déduire que la promesse de bail consentie par M. Delorme à cette société constituait un bail perpétuel contraire aux dispositions de l'article 1709 du Code civil » (aux termes de cet article, le louage des choses est en effet un contrat par lequel l'une des parties s'oblige à faire jouir l'autre d'une chose « pendant un certain temps »).

Un contrat perpétuel est un contrat conclu pour une durée fixée (sinon il y aurait contrat à durée indéterminée), mais qui excède une durée raisonnable par rapport à la durée de la vie humaine et qui porte donc atteinte à la liberté individuelle : il peut en être ainsi même lorsque la durée est précisée, quatre-vingt-dix-neuf ans par exemple, ou est limitée mais par un terme indéfiniment renouvelable, surtout lorsque c'est de façon potestative. Com., 3 nov. 1992, n° 90-17632, pour une convention conclue pour quinze ans mais dont une clause stipulait qu'elle reprendrait sa durée initiale dès lors qu'il y aurait une modification substantielle de l'installation : selon la Cour de cassation « attendu que l'arrêt relève que sauf à renoncer à toute modification de l'installation téléphonique pendant 15 ans, bien qu'il s'agisse d'un matériel en constante évolution technique, et à se priver ainsi de toute adaptation à ses besoins nécessairement fluctuants [...], la locataire se trouve tenue, [...] à des obligations envers la société Telinor pour une durée pouvant se poursuivre indéfiniment » (dans le même sens, Com., 3 janv. 1989, n° 87-13691). De même, un bail stipulant qu'il serait renouvelé dans tous ses effets à son expiration sur simple demande du preneur, a un caractère perpétuel (Civ. 3e, 19 févr. 1992, n° 90-16148) ; doit aussi être prohibé le bail dont le terme dépendait de la volonté du seul preneur (Civ. 3e, 13 mars 2002, n° 99-14152, c'est uniquement le résumé de l'arrêt qui qualifie un tel bail de perpétuel).

La sanction des engagements perpétuels est en principe la nullité de l'entier contrat (J. Mestre et B. Fages, *RTD civ.* 2002, 511). Mais il a pu être suggéré, lorsque les contrats en question méritaient d'être sauvés, de convertir les contrats perpétuels en contrats à durée indéterminée, chacune des parties pouvant alors unilatéralement y mettre fin (F. Rizzo, art. préc. n° 78 ; obs. J. Mestre et B. Fages préc.).

DROIT DE LA CONSOMMATION

J. Calais-Auloy et H. Temple, *Droit de la consommation*, Précis Dalloz, 8e éd., 2010 ; Y. Picod et H. Davo, *Droit de la consommation*, A. Colin, coll. « U », 2e éd., 2010 ; J. Julien, *Droit de la consommation et du surendettement*, Montchrestien, Cours, 2009 ; G. Raymond, *Droit de la consommation*, Litec professionnels, 2011 ; S. Piedelièvre, *Droit de la consommation*, Economica, 2008.

Sur les clauses abusives : Clauses abusives : panorama d'actualité 2009, débat *RDC* 2009/4, 1601 ; A. Karimi, *Les clauses abusives et l'abus de droit*, LGDJ, « Bibl. dr. privé », 2001, préf. Ph. Simler ; H. Bricks, *Les clauses abusives*, LGDJ, « Bibl. dr. privé », 1982, préf. J. Calais-Auloy ; J. Rochfeld, L'actualité des sources du droit des contrats – Le renforcement des pouvoirs des tiers « contrôleurs » dans les réformes législatives et réglementaires récente de droit du contrat de consommation, *RDC* 2009/3, 985 ; X. Lagarde, Qu'est-ce qu'une clause abusive?, *JCP G* 2006, I, 110 ; G. Paisant, À la recherche du consommateur. Pour en finir avec l'actuelle confusion née de l'application du critère du «rapport direct», *JCP G* 2003, I, 121; Ch. Lachieze, Clauses abusives et lésion : la législation d'une relation controversée, *LPA* 2 juil. 2002, n° 131, 4; Ch. Vilmart, L'effectivité de la lutte contre les pratiques commerciales abusives dans la loi NRE, *JCP E* 2001, 1994; J. Mestre, Vingt ans de lutte contre les clauses abusives, in *Mélanges F. Terré*, Dalloz-PUF, J.-Cl., 1999, 677; Fr.-X. Testu, La transposition en droit interne de la directive communautaire sur les clauses abusives (loi n° 95-96 du 1er févr. 1995), *D. aff.* 1996, 372; J. Ghestin et I. Marchesseaux van Melle, L'application en France de la directive visant à éliminer les clauses abusives après l'adoption de la loi du 1er février 1995, *JCP G* 1995, I, 3854; G. Paisant, Les clauses abusives et la présentation des contrats dans la loi du 1er février 1995, *D.* 1995, chron., 99; D. Mazeaud, La loi du 1er février 1995 relative aux clauses abusives : véritable réforme ou simple réformette?, *Dr. et patr.* juin 1995, 42.

Sur l'influence de la loi du 4 août 2008 de modernisation de l'économie et son décret d'application du 18 mars 2009 : S. Carval, *RDC* 2009/3, 1055; D. Fenouillet, *RDC* 2009/4, 1422 et 2009/3, 1074; O. Deshayes, Les réformes récentes et attendues en 2009, *RDC* 2009/4, 1602; D. Fenouillet, Loi de modernisation de l'économie du 4 août 2008 et réforme du droit des pratiques commerciales déloyales, *RDC* 2009/1, 128; M. Bruschi, Information des consommateurs et formation des contrats, *RDC* 2009/1, 140; C. Pérès, Les pratiques commerciales trompeuses sur les sources du droit des contrats, *RDC* 2008/4, 1083. *Adde* les références générales citées *supra* sur l'influence du droit de la concurrence en général.

Sur les actions en suppression des clauses abusives (« actions en cessation ») : L. Boré, *La défense des intérêts collectifs par les associations devant les juridictions administratives et judiciaires*, LGDJ, «Bibl. dr. privé», 1997, préf. G. Viney; M. Friant, *Le juge judiciaire et la protection des consommateurs*, th. Nantes, 1999; G. Viney, Un pas vers l'assainissement des pratiques contractuelles : la loi du 5 janvier 1988 relative aux actions en justice des associations agréées de consommateurs, *JCP G* 1988, I, 3355; plus critique, E. Bazin, De l'exercice du droit par les associations de consommateurs, *D.* 2001, 2395. Plus généralement, v. les règles sur l'action en justice des groupements. Sur le rôle de la Commission des clauses abusives, A. Sinay-Cytermann, La Commission des clauses abusives et le droit commun des obligations, *RTD civ.* 1985, 471; L. Leveneur, La Commission des clauses abusives et le renouvellement des sources du droit des obligations, in *Le renouvellement des sources du droit des obligations*, Journ. Ass. H. Capitant, Lille, Litec, 1997, 155.

Le droit des clauses abusives est applicable même aux dispositions réglementaires contenues dans les contrats administratifs : pour une clause abusive dans un règlement d'un service des eaux, CE, 11 juin 2001, *RTD civ.* 2001, 878, obs. J. Mestre et B. Fages. *Adde* J. Amar, De l'application de la réglementation des clauses abusives aux services publics, *D.* 2001, 2812.

Pour les clauses abusives dans le domaine des communications électroniques, A. Van Eeckhout, *RDC* 2007/2, 515.

Pour l'utilisation du droit des clauses abusives en droit de la concurrence : S. Orlando, The Use of Unfair Contractual Terms as an Unfair Commercial Practice, *ERCL* 2012, 25.

Sur l'office du juge en droit de la consommation : S. Piedelièvre, Droit de la consommation et office du juge, *D.* 2009, 908; G. Poissonnier, Office du juge en droit de la consommation : une clarification bienvenue, *D.* 2008, chron., 1285; X. Lagarde, Office du juge et ordre public de protection, *JCP G* 2001, I, 312; I. Fadlallah et C. Baude-

Texidor, L'office du juge en matière de crédit à la consommation : éloge de la neutralité judiciaire, *D.* 2003, chron., 750.

Sur les actions de groupe : Cohérence européenne des recours collectifs. Réponse à la consultation publique de la Commission européenne, dir. C. Prieto, SLC, Collection Trans Europe Experts, 2011 ; S. Brunengo-Basso, *L'émergence de l'action de groupe, processus de fertilisation croisée,* PUAM, 2011, préf. C. Prieto ; R. Martin, Action de classe???, *D.* 2006, tribune, 457 ; D. mainguy, Introduction en droit français des *class actions, LPA* n° 254, 22 déc. 2005 ; L. Boré, L'action en représentation conjointe : *class action* française ou action mort-née ?, *D.* 1995, chron., 267 ; S. Guinchard, Une *class action* à la française ?, *D.* 2005, chron., 2180 ; du même auteur, L'action de groupe en droit français, *RID comp.* 1990, 599.

Sur le droit européen : H.W. Micklitz, Reforming European Unfair Terms Legislation in Consumer Contracts, *ERCL* 2010, 347 ; O. Ben-Shahar, One-Way Contracts : Consumer Protection without Law, *ERCL* 2010, 221 ; E. Poillot, *Droit européen de la consommation et uniformisation du droit des contrats,* LGDJ, « Bibl. dr. privé », 2006, préf. P. de Vareilles-Sommières ; D. Fasquelle et P. Meunier (dir.), *Le droit communautaire de la consommation. Bilan et perspectives,* La Doc. Franc., 2002 ; A.-M. de Matos, *Les contrats transfrontières conclus par les consommateurs au sein de l'Union européenne,* th. Aix-Marseille, 1999.

DROIT DE LA CONCURRENCE

Droit de la concurrence et clauses abusives. En dehors d'une absence de rapport direct entre le contrat et l'activité du professionnel, les dispositions protectrices relatives aux clauses abusives ne sont d'aucun secours pour ce dernier. Ce n'est pas à dire pour autant que le droit de la consommation ne puisse jamais être utilisé. F.-X. Licari, Quelques réflexions et propositions au sujet des clauses « déraisonnables » ou « abusives » dans les contrats conclus entre professionnels, à la lueur du droit comparé et des propositions savantes, in *Mélanges Ph. le Tourneau,* Dalloz, 2007 ; G. Paisant, La protection par le droit de la consommation, in *Les clauses abusives entre professionnels,* dir. Ch. Jamin et D. Mazeaud, Economica, 1998. Sinon, ils peuvent avoir recours au droit commun des contrats, D. Mazeaud, La protection par le droit commun des contrats, in *Les clauses abusives entre professionnels, op. cit.*, 33.

Le droit de la concurrence vient aujourd'hui souvent combler les lacunes du droit commun des contrats. Il offre ainsi un fondement à la condamnation de certaines clauses entérinant des pratiques anticoncurrentielles, par ex. parce qu'elles constituent un abus de position dominante. Paris, 4 juil. 2000, *RTD civ.* 2001, 140, obs. J. Mestre et B. Fages : ni le Conseil de la concurrence, ni la cour d'appel de Paris ne peuvent prononcer la nullité de la clause incriminée, mais uniquement sanctionner les sociétés ayant abusé de leur position dominante. L'article L. 420-3 C. com. (ayant son origine dans l'art. 9 de l'ord. du 1er déc. 1986) prévoit certes qu'« est nul tout engagement, convention ou clause contractuelle se rapportant à une pratique prohibée par les articles L. 420-1 et L. 420-2 », mais seuls les juges du fond saisis du contrat peuvent prononcer cette nullité (réf. citées à la *RTD civ.* préc.). Les juges de la concurrence peuvent en revanche enjoindre aux intéressés de faire cesser leurs pratiques anticoncurrentielles (art. L. 462-6). L. Idot, La protection par le droit de la concurrence, in *Les clauses abusives entre professionnels,* dir.

Ch. Jamin et D. Mazeaud, Economica, 1998, 55. V. Cons. conc. 18 sept. 1990, *CCC* 1991, n° 13, L. Vogel ; *RTD civ.* 1991, 353, obs. P. Jourdain, qui annule une clause limitative de responsabilité imposée par l'office d'annonces publicitaires des pages jaunes de l'annuaire des PTT qui révélait un abus de position dominante. V. la clause de restitution des cuves : Cons. concur., 29 sept. 1987, *D.* 1988, som., 295, obs. Ch. Gavalda et C. Lucas de Leyssac ; Com., 18 févr. 1992, *D.* 1993, 57, note Ch. Hannoun ; *JCP G* 1992, II, 21897, obs. M. Béhar-Touchais. *Adde* J. Mestre, Le juge du contrat, in *Ententes et abus de domination devant le juge de droit commun*, PUAM, 1995, 22 ; E. Claudel, *Les ententes anticoncurrentielles et le droit des contrats*, th. Paris X, 1994 ; Cl. Lucas de Leyssac et G. Parléani, L'atteinte à la concurrence, cause de nullité du contrat, in *Études J. Ghestin*, LGDJ, 2001, 601.

DROIT DE L'ENVIRONNEMENT

Le mouvement de contractualisation de la société conduit à ce que le contrat soit de plus en plus amené à prendre en considération des objectifs d'intérêt général (v. *supra*).

Il pourrait ainsi être un outil de promotion et de respect du droit de l'environnement. V. M. Boutonnet, Le contrat et le droit de l'environnement, *RTD civ.* 2008, 1, qui montre que le contrat ne sort pas indemne de cette participation à des enjeux d'intérêt général. Du même auteur, Des obligations environnementales spéciales à l'obligation environnementale générale en droit des contrats, *D.* 2012, 377 ; Le potentiel evironnemental du droit civil révélé par la méconnaissance d'une obligation environnementale contractuelle, *D.* 2012, 791, qui commente Civ. 3e, 13 déc. 2011, n° 10-27305, l'arrêt mettant en lumière plusieurs façons de faire respecter les obligations environnementales prévues dans un contrat (résolution du contrat perdant de vue les objectifs environnementaux fixés par celui-ci, responsabilité du notaire n'ayant pas prévu un mécanisme suffisamment efficace pour assurer le respect de ces objectifs, etc.).

COMMON LAW

En droit américain, une des principales audaces jurisprudentielles a concerné le contrôle du contenu du contrat par la création de la notion d'*unconscionability.* Une clause *unconscionable* (déraisonnable, excessive, contraire à la conscience) est une forme de clause abusive qui peut être dès lors invalidée. Un contrat dans son entier peut aussi être *unconscionable.* Le *Uniform Commercial Code* prévoit désormais expressément, dans son § 2-302, le cas des contrats ou des clauses *unconscionable.*

La définition précise de cette notion est issue d'un célèbre *dictum* prononcé par le juge Skelly Wright dans le cas *Williams* v. *Walker-Thomas Furniture Co* (United States Court of Appeal, District of Columbia Circuit, 1965, 350 F. 2d 445, sur lequel E. Allan Farnsworth, William F. Young and Carol Sanger, *Contracts, Cases and Materials*, Casebook Series, 6e éd., 2001, 403). Dans cette affaire, la société Walker-Thomas qui tenait un commerce de détail avait fourni à plusieurs particuliers, dont Mme Williams, certains appareils domestiques ; ceux-ci devaient être payés par mensualités et le contrat stipulait que la propriété n'était acquise à l'acheteur qu'après paiement intégral, et que le défaut de paiement d'une seule mensualité autorisait le vendeur à reprendre possession de l'appareil ; il était surtout stipulé que chaque paiement fait par l'acheteur s'imputait non pas sur un seul appareil, mais proportionnellement sur tous les appareils fournis et non encore complètement payés ; cette dernière disposition permettait ainsi au vendeur de se garantir continuellement sur l'ensemble des objets fournis, puisque aucun d'eux n'était complètement payé tant que tous ne l'étaient pas ; lorsque Mme Williams omit de payer une mensualité en 1962, le vendeur reprit possession de tous les biens fournis depuis 1957. La cour d'appel du district de Columbia posa le principe qu'une clause ou qu'un contrat pouvaient être écartés s'ils étaient *unconscionable*, et renvoya donc l'affaire à un autre tribunal pour examiner ce qu'il en était en l'espèce. Selon la formule célèbre du juge Skelly Wright, l'*unconscionability* doit être comprise comme une absence de choix significatif pour l'une des parties, accompagnée de stipulations contractuelles qui sont déraisonnablement favorables à l'autre partie (« Unconscionability has generally been recognized to include an absence of meaningful choice on the part of one of the parties together with contract terms which are unreasonably favorable to the other party »). La première forme est depuis dénommée « procédurale » (*procedural unconscionability*) et la seconde « substantielle » (*substantive unconscionability*). La *procedural unconscionability* permet de contrôler toutes les circonstances entourant la conclusion du contrat : y avait-il une inégalité importante entre les parties, est-ce que la partie a pu, compte tenu de son éducation, etc., comprendre les termes du contrat qui lui était proposé, par exemple est-ce que ces termes étaient écrits de façon suffisamment visible. La *substantive unconscionability* s'attache en revanche à vérifier le contenu du contrat conclu : le déséquilibre des clauses est alors apprécié selon les usages en la matière.

L'*unconscionability* peut permettre un contrôle assez poussé du juge. Par ex. dans le cas *Jones* v. *Star Credit Cor* (NY Sup. Ct 1969, 298 NY S. 2d 264), la Cour suprême de New York admit que pouvait être annulé sur ce fondement un contrat dont le prix stipulé au profit du vendeur était manifestement excessif au regard de la valeur intrinsèque du bien. Il s'agissait en l'espèce d'un réfrigérateur qui valait tout au plus 300 $ et que les acheteurs devaient finalement payer, si l'on comptait tous les frais de crédit, d'assurances, et les taxes, près de 1 235 $! Ce contrôle peut conduire à une réfaction du contrat par le juge puisque, par exemple, dans ce cas, les acheteurs avaient déjà versé 619,88 $ et la Cour estima qu'ils étaient désormais quittes. *Quid* s'ils avaient déjà payé seulement 300 $? Est-ce que la Cour leur aurait ordonné de payer un complément ? Et s'ils avaient déjà payé 1 000 $, y aurait-il eu lieu à restitution ? Quel est donc le critère pour arrêter les paiements à 619,88 $? (cette question est posée par E. A. Farnsworth, W. F. Young and C. Sanger, *op. cit.*, 411).

Adde Qi Zhou, An Economic Perspective on Legal Remedies for Unconscionable Contracts, *ERCL* 2010, 25.

Sous-section 2 – Le contrôle de l'existence d'un intérêt à l'engagement : l'existence de la cause

La cause est la réponse à la question *cur debetur?*, c'est-à-dire « pourquoi quelque chose est-il dû ? ». Pourquoi les parties se sont-elles engagées? Pourquoi ont-elles contracté? Il y a souvent plusieurs réponses à la question du pourquoi. On distingue en la matière couramment la raison proche (*causa proxima*) des raisons plus lointaines (*causae remotae*) de contracter. Si j'accepte de payer une somme d'argent, ce peut être pour avoir en échange une voiture (*causa proxima*) qui me servira à partir à l'étranger (*causa remota*).

Aux termes de l'article 1131 du Code civil, « l'obligation sans cause, ou sur une fausse cause, ou sur une cause illicite, ne peut avoir aucun effet ». La fausse cause se distingue *a priori* de l'inexistence de la cause car, pour pouvoir être qualifiée de « fausse », une cause doit au préalable exister ou tout au moins être invoquée. Les deux notions se rejoignent cependant. En effet si la cause alléguée est fausse, c'est-à-dire en réalité inexacte ou inexistante, c'est qu'elle ne peut servir de cause au sens de l'article 1131 du Code civil, si bien que le résultat est le même : l'inexistence d'une cause de nature à justifier juridiquement l'engagement. Les trois exigences évoquées par l'article 1131 (défaut de cause, fausse cause et cause illicite) peuvent ainsi être regroupées en deux : l'existence de la cause et la licéité de la cause. Il en résulte en droit français une conception dualiste de la cause car, de cette double fonction de la cause, on a déduit une double définition de celle-ci. En d'autres termes, la définition de la cause dépend de ce qu'il s'agit de vérifier. L'existence de la cause permet, comme l'objet, de contrôler la teneur du contrat, c'est-à-dire d'apprécier sa consistance : la définition de la cause est alors objective. En revanche le contrôle de la licéité de la cause porte sur des éléments extérieurs au contrat, plus précisément sur le mobile poursuivi par les contractants, et la définition de la cause est alors subjective.

La cause est une des notions les plus complexes et les plus abstraites du droit des contrats. Elle est sans doute en voie de disparition, et n'est reprise dans aucun des projets de codes européens des contrats. Sa disparition ne serait d'ailleurs pas dramatique, car l'absence de cause est en réalité le plus souvent le signe d'un vice du consentement : il suffirait donc d'élargir un tant soit peu ces derniers pour englober les cas, finalement assez rares, dans lesquels on ne peut obtenir l'annulation du contrat que sur le fondement de l'absence de cause.

1 | La définition de la cause au sens de l'existence de la cause

1. LA CAUSE EST L'INTÉRÊT RETIRÉ DU CONTRAT

Lorsqu'il s'agit de vérifier si une cause existe, la cause est la raison immédiate qui a conduit une partie à se lier, c'est-à-dire l'intérêt retiré du contrat. La définition est objective, en ce sens qu'elle renvoie à ce qui ressort des termes mêmes du contrat, à l'avantage qui y est consenti. L'intérêt retiré du contrat diffère selon que le contrat est à titre onéreux ou à titre gratuit.

A / Les contrats à titre onéreux

Dans les contrats à titre onéreux, l'intérêt retiré du contrat est un *intérêt matériel* : il s'agit le plus souvent de la contrepartie reçue en échange de sa propre prestation[1]. Plus largement, une partie peut avoir un intérêt matériel à une opération, même si c'est techniquement un autre qui reçoit la contrepartie convenue[2]. La contrepartie est le plus souvent stipulée dans le contrat même, mais elle peut également résulter d'un ensemble de contrats. La définition de la cause est ainsi objective et matérielle. La cause est le plus souvent abstraitement définie, puisqu'elle est la même pour tout contractant dans un type de contrat donné (vente, louage, prêt, etc.) ; cependant, même dans les contrats *sui*

1. Les juges doivent vérifier l'existence de cet intérêt. Civ. 3e, 13 oct. 2004, n° 03-12035 ; *RTD civ.* 2005, 130, obs. J. Mestre et B. Fages ; *RDC* 2005/4, 1009, obs. D. Mazeaud.

2. Civ. 1re, 5 juil. 2006, n° 04-12588 ; *D.* 2007, 50, note J. Ghestin ; *RTD civ.* 2007, 105, obs. J. Mestre et B. Fages, pour un emprunt cosigné par un « emprunteur conjoint » qui n'était pas le destinataire des fonds, lesquels avaient été versés à une société (gérée par le fils de ce co-emprunteur), de même que les matériels achetés avec ces fonds ; mais la cour d'appel a pu relever qu'il était « l'animateur principal de cette entreprise familiale, qu'il avait tiré profit de l'opération et qu'ainsi son obligation n'était pas sans contrepartie ».

generis ou innomés, le juge doit vérifier que chaque partie reçoit bien une contrepartie en échange de ses propres engagements.

a) Les contrats synallagmatiques. — Dans les contrats synallagmatiques, les obligations réciproques se servent mutuellement de cause. On enseigne couramment qu'il doit alors y avoir autant de causes que d'obligations souscrites : la cause au sens de l'existence de la cause serait ainsi la cause d'une obligation et la Cour de cassation utilise expressément la notion de «cause des obligations», par opposition à la «cause du contrat» qui servira à en vérifier la licéité. La cause étant l'intérêt que chacune des parties a à contracter, il doit y avoir autant de causes que de parties au contrat; ainsi, dans un contrat synallagmatique à deux personnes, il doit y avoir deux causes, même si chacune des parties souscrit plusieurs obligations. La cause des obligations de l'un est l'objet des obligations de l'autre et réciproquement; comme le dit de façon didactique la Cour de cassation, «la cause de l'obligation d'une partie à un contrat synallagmatique réside dans l'obligation contractée par l'autre»[1]. Dans un contrat de vente d'une voiture par exemple, l'objet de l'obligation du vendeur (le transfert de la propriété de la voiture) est la cause de l'obligation de l'acheteur (le paiement du prix) et, réciproquement, l'objet de l'obligation de l'acheteur (le paiement du prix) est la cause de l'obligation du vendeur (le transfert de la propriété de la voiture). Doivent ainsi exister deux engagements et donc deux objets, qui correspondent aux deux causes exigées. Il n'y a que lorsque le contrat est complexe et qu'une des parties souscrit plusieurs obligations de natures très différentes que l'on vérifie parfois l'existence d'une cause pour chacune d'entre elles. C'est ainsi, par exemple, que la Cour de cassation exige désormais que l'obligation de non-concurrence stipulée dans le contrat de travail ait une contrepartie pécuniaire spécifique en sus du salaire[2]. Le paiement d'une indemnité a lui-même une contrepartie dès lors que celui qui la reçoit s'engage à ne pas concurrencer son

1. Com., 9 juin 2009, n° 08-11420; *RDC* 2009/4, 1345, obs. D. Mazeaud; *RTD civ.* 2009, 719, obs. B. Fages.

2. Opérant un important revirement de jurisprudence, la Chambre sociale a jugé que la validité de la clause de non-concurrence était désormais subordonnée à l'existence d'une contrepartie financière : Soc., 10 juil. 2002, n° 00-45135; *SSL* 2002 n° 1085, p. 9, obs. A. Chirez; *RDC* 2003/1, 17, obs. J. Rochfeld et 142 et 148, obs. C. Radé; *D.* 2002, 2491, note Y. Serra, et 3111, obs. J. Pélissier; *JCP G* 2002, II, 10162, note F. Petit; *JCP E* 2002, 1511, note D. Corrignan-Carsin; *Defrénois* 2002, 1619, obs. R. Libchaber; *RTD civ.* 2003, 58, obs. J. Hauser; la clause n'est licite que «si elle est indispensable à la protection des intérêts légitimes de l'entreprise, limitée dans le temps et dans l'espace, qu'elle tient compte des spécificités de l'emploi du salarié et comporte l'obligation pour l'employeur de verser au salarié une contrepartie financière, ces conditions étant cumulatives».

cocontractant[1]. À l'inverse l'existence de la cause doit parfois s'apprécier de façon plus large que dans un contrat isolé et être appréhendée dans le cadre d'un ensemble contractuel indivisible[2].

Il faut souligner que c'est bien l'engagement de chacune des parties qui sert de cause à l'engagement de l'autre, c'est-à-dire le fait même de souscrire une obligation, et non pas l'exécution de cette obligation : la cause doit ainsi être appréciée au moment de la formation du contrat, et ce indépendamment de l'exécution ou de l'inexécution ultérieure de ces obligations.

Un courant classique dit « anti-causaliste », mené par Planiol, avait émis le jugement que la théorie de la cause serait fausse et inutile. Fausse parce que, dans les contrats synallagmatiques, les deux obligations naissent en même temps si bien que l'une ne pourrait être la cause de l'autre, le rapport de causalité entre une cause et une conséquence exigeant l'antériorité de la première dans le temps. Ce premier argument peut être facilement écarté : malgré la concomitance des engagements, chacun peut s'engager pour la raison que l'autre s'engage dans la mesure où les deux savent que, une fois le contrat formé, les deux engagements seront en même temps validés ; la raison de s'engager sera ainsi confirmée et peut fonder l'engagement. La théorie de la cause serait également inutile, dans la mesure où l'absence de consentement et surtout l'absence d'objet suffirait à détecter le vice que l'on veut sanctionner avec la cause : si en effet une obligation est dépourvue de cause, c'est que celle de son cocontractant est dépourvue d'objet, ce qui suffirait à justifier l'annulation de son obligation sur ce dernier fondement. En réalité, la cause a un intérêt essentiel par rapport au consentement ou à l'objet : elle permet de rendre compte de l'interdépendance des obligations réciproques dans un contrat synallagmatique. En effet, si la notion de cause n'existait pas et que l'objet de l'obligation d'une partie faisait défaut, c'est cette seule obligation qui pourrait être annulée (pour absence d'objet) et non pas l'obligation de l'autre qui comporte quant à elle un objet. Pour pouvoir annuler l'entier contrat, c'est-à-dire les deux obligations réciproques, il faut pouvoir déduire de la nullité de l'obligation de

1. L'engagement pécuniaire est causé dès lors que le débiteur de l'obligation de non-concurrence (en l'espèce un chirurgien-dentiste) a pu continuer son activité même si, en réalité, il souhaitait prendre sa retraite : Civ. 1re, 3 avr. 2007, n° 05-11405 ; *RDC* 2007/3, 712, obs. D. Mazeaud ; *RTD civ.* 2007, 566, obs. B. Fages.

2. Civ. 1re, 13 juin 2006, n° 04-15456 ; *D.* 2006, 2642, obs. S. Amrani Mekki ; *RDC* 2007/2, 256, obs. D. Mazeaud ; *D.* 2007, 277, note J. Ghestin ; l'arrêt reproche à la cour d'appel d'avoir annulé un contrat pour absence de cause, sans rechercher si celui-ci « ne s'inscrivait pas dans le cadre d'une opération économique constituant un ensemble contractuel indivisible, de sorte qu'il ne pouvait être annulé pour absence de cause ».

l'un pour absence d'objet la nullité de l'obligation réciproque pour absence de cause.

b) Les contrats unilatéraux. — Dans les contrats unilatéraux à titre onéreux, seule l'une des parties souscrit une obligation (de faire, de ne pas faire, ou de donner), mais l'autre partie fournit néanmoins une prestation, c'est-à-dire une contrepartie, même si celle-ci n'est pas une obligation réciproque. La cause peut ici encore être définie sans difficulté comme cette contrepartie. Si A s'engage à payer 100 à B si celui-ci traverse une rivière à la nage, B n'est pas obligé de le faire, mais s'il le fait, c'est bien cet acte accompli qui sert de contrepartie à l'obligation de A de lui verser les 100 : c'est ce pourquoi A s'est engagé. La contrepartie au sens de l'intérêt matériel retiré du contrat peut donc être constituée d'autre chose que des obligations.

c) Les contrats aléatoires. — Dans les contrats aléatoires, les choses sont un peu particulières dans la mesure où la prestation d'au moins l'une des parties ne peut être connue à l'avance puisqu'elle dépendra d'un événement futur et incertain. Mais il faut pouvoir vérifier que cette partie prend réellement un risque, en d'autres termes qu'il y a véritablement un aléa. Une partie accepte de s'engager, par exemple de payer une certaine prime dans le contrat d'assurance, en contrepartie du fait que c'est l'autre, la compagnie d'assurance ici, qui va assumer un certain risque. C'est donc ce risque qui est la cause de son engagement ; c'est parce qu'il existe que le débiteur, par exemple l'assuré, a intérêt à s'engager ; dès lors, si cet aléa n'existe pas, le contrat est nul (art. 1974 et 1975 C. civ. : nullité du contrat de rente viagère créé sur la tête d'une personne morte au jour du contrat ou déjà atteinte d'une maladie dont elle va décéder dans les vingt jours). Le raisonnement pourrait aussi bien être le même que celui tenu en matière de contrats synallagmatiques : la cause de l'engagement de l'assuré est bien la contrepartie qu'il reçoit, c'est-à-dire la garantie apportée par l'assureur ; c'est cette garantie qui n'a cependant de consistance réelle qu'en présence d'un aléa.

d) Les contrats réels. — Dans les contrats réels [1], l'analyse est également un peu particulière s'agissant de l'obligation de restitution pesant sur celui qui a reçu la chose. La cause de cette obligation est la remise de

1. On rappelle que « le prêt consenti par un professionnel du crédit n'est pas un contrat réel » (Civ. 1re, 5 juil. 2006, n° 04-12588 ; *D.* 2007, 50, note J. Ghestin ; *RTD civ.* 2007, 105, obs. J. Mestre et B. Fages). La Cour de cassation en a déduit que « c'est dans l'obligation souscrite par le prêteur que l'obligation de l'emprunteur trouve sa cause » : Civ. 1re, 19 juin 2008, n° 06-19753 ; *RDC* 2008/4, 1129, obs. Y.-M. Laithier.

la chose, dans la mesure où si l'emprunteur, par exemple, doit restituer la chose empruntée, c'est uniquement parce qu'il a reçu cette chose en prêt, c'est-à-dire sans aucune intention d'en acquérir la propriété. En l'absence de remise, il n'est cependant pas utile d'invoquer l'absence de cause car le contrat n'est par définition pas formé, et aucune obligation n'existe alors.

B / Les contrats à titre gratuit

Dans les contrats à titre gratuit (donation, mais aussi prêt gratuit, service bénévole, etc.), il n'y a par hypothèse pas de contrepartie à l'avantage consenti gratuitement à autrui. Il doit néanmoins y avoir une cause à l'engagement de celui qui accorde un tel avantage. Ce dernier doit avoir un intérêt à ce contrat, qui est cette fois-ci un *intérêt moral*. Celui qui gratifie un autre le fait pour la raison qu'il souhaite précisément procurer un tel avantage à une personne. La cause de son engagement est donc son intention libérale (*animus donandi :* l'intention de donner). Dès lors, si l'une des parties s'engage sans contrepartie, le juge ne pourra valider l'opération que s'il constate une véritable intention libérale. Souvent d'ailleurs, l'absence d'intention libérale traduit le défaut d'une autre condition de validité du contrat : l'absence de consentement ou au moins un vice du consentement.

2. LE CONTRÔLE DE L'ÉQUILIBRE DES PRESTATIONS

À part dans les contrats à titre gratuit, la justice contractuelle commande que le contrat soit équilibré, c'est-à-dire que chacune des parties y trouve un intérêt à peu près équivalent, au moins subjectivement. En principe pourtant, le juge est simplement tenu de contrôler l'existence d'une contrepartie et non pas sa valeur : en d'autres termes, son rôle n'est pas de vérifier l'équilibre entre les prestations échangées. Ce principe connaît cependant de plus en plus d'exceptions, et c'est même là l'une des lignes d'évolution les plus marquantes du droit contemporain des contrats.

A / Le principe : le juge ne contrôle pas la valeur de la contrepartie reçue

Selon le droit commun du Code civil, le rôle des juges consiste uniquement à vérifier qu'une cause existe, ce qui se résume à devoir caractériser l'existence d'une contrepartie (ou d'une intention libérale dans les contrats à titre gratuit), mais sans avoir à contrôler la valeur de cette contrepartie. En d'autres termes, les juges n'ont pas à s'assurer de l'équilibre des prestations, lequel n'est pas une condition de validité du contrat[1]. Ainsi, en théorie, seule l'absence totale de cause peut être sanctionnée, et non pas l'absence partielle de cause ou la fausseté partielle de la cause, lesquelles sont sans incidence sur la validité du contrat[2]. Si une des parties conclut un contrat défavorable (le vendeur vend à un prix faible, ou l'acheteur achète à un prix excessif), le contrat ne pourra dès lors pas être critiqué sur le fondement de l'absence de cause, mais uniquement sur un autre fondement, par exemple les vices du consentement. Chaque partie doit ainsi veiller à ses propres intérêts, et s'assurer que le contrat conclu est juste et équilibré pour elle.

La solution est traditionnellement justifiée par l'idée que, dans la mesure où le contrat a été librement conclu et où le consentement donné a été éclairé (sinon l'annulation du contrat serait possible), on peut penser qu'il est juste : c'est le sens qu'on a donné à la célèbre phrase de Fouillée, juriste du XIXe siècle : « Qui dit contractuel dit juste. »[3] En outre, la valeur des choses étant éminemment subjective, les juges ne peuvent évaluer les prestations échangées sans être conduits à substituer leur appréciation à celle des parties. Au total, la règle montre combien le Code civil plaçait le contrat sous le signe du consensualisme et du volontarisme : le contrat est la chose des parties qui doivent dès lors s'en arranger.

Il n'y a donc en principe que si le cocontractant ne reçoit aucune contrepartie alors qu'il n'avait aucune intention libérale, que le contrat pourra être annulé pour absence de cause. Une partie a par exemple contracté pour un prix si dérisoire que l'on peut considérer qu'il n'y a pas de contrepartie[4], ou alors lorsqu'un contractant croyait retirer un intérêt du contrat qui se révèle en réalité inexistant.

1. L'avant-projet Catala réaffirme la solution : « Le défaut d'équivalence entre les prestations convenues dans un contrat commutatif n'est pas une cause de nullité, hormis le cas où la loi admet la rescision du contrat pour cause de lésion » (art. 1122-1).

2. Civ. 1re, 31 mai 2007, n° 05-21316 ; *RDC* 2007/4, 1103, obs. Y.-M. Laithier. Le solde d'un compte courant inclus dans l'objet de la cession litigieuse (en considération duquel le prix de cession avait été en partie fixé) était largement supérieur à son montant réel ; la Cour de cassation rejette cependant le pourvoi formé contre l'arrêt ayant débouté les acheteurs de leur demande en réduction du prix de cession en énonçant de façon générale que « dans un contrat synallagmatique, la fausseté partielle de la cause ne peut entraîner la réduction de l'obligation ».

3. Sur cette formule, J.-F. Spitz, « Qui dit contractuel dit juste » : quelques remarques sur une formule d'Alfred Fouillée, *RTD civ.* 2007, 281.

4. V. ainsi Civ. 3e, 21 sept. 2011, n° 10-21900 ; *D.* 2011, 2711, note D. Mazeaud ; *D.* 2012, 459 et s., obs. S. Amrani Mekki et M. Mekki ; *Dr. & patr.* 2012, n° 211, 64, obs. Ph. Stoffel-Munck, qui juge « que la cour d'appel a retenu à bon droit que le contrat de bail à construction conclu pour un prix dérisoire ou vil n'était pas inexistant mais nul pour défaut de cause ».

B / Les exceptions

Officiellement, il n'existe qu'une exception à l'absence de contrôle par le juge de l'équilibre des prestations : la lésion. En réalité, par plusieurs techniques, le juge s'est parfois donné les moyens de vérifier dans une certaine mesure cet équilibre.

a) La lésion. — Par exception, le législateur prévoit expressément que, dans certains contrats, un déséquilibre manifeste entre les prestations échangées puisse être invoqué par l'une des parties. C'est ce qu'on appelle la lésion et qui n'est admise que de façon limitative, dans les très rares hypothèses prévues par la loi. Ainsi, selon l'article 1118 du Code civil, « la lésion ne vicie les conventions que dans certains contrats ou à l'égard de certaines personnes, ainsi qu'il sera expliqué en la même section ». La lésion *stricto sensu* n'est donc pas tout déséquilibre entre deux prestations échangées, ni même tout déséquilibre excessif, mais seulement celui qui apparaît dans les contrats limitativement énumérés par la loi[1]. Le législateur fixe alors en outre le taux précis de déséquilibre requis pour que l'on puisse caractériser une lésion. Le tout est donc très minutieusement réglementé, et accordé avec une très grande parcimonie.

Au départ, une partie de la doctrine et de la jurisprudence pensait que, dans ces contrats, le déséquilibre excessif entre les prestations ne suffisait pas et qu'il fallait démontrer en plus un vice du consentement à l'origine de cette lésion. Les travaux préparatoires du Code civil semblaient en ce sens, et la lésion y était considérée comme un vice du consentement : elle est d'ailleurs traitée à l'article 1118 du Code civil, c'est-à-dire dans la section relative au consentement, et ce juste après l'erreur, la violence et le dol. La Cour de cassation a cependant adopté une conception dite « objective » de la lésion en jugeant que « la lésion légalement constatée est par elle-même et à elle seule une cause de rescision, indépendamment des circonstances qui ont pu l'accompagner ou lui donner naissance »[2] ou, plus clairement encore, que « la lésion constitu[e] en soi une cause de rescision, indépendamment de tout vice du consentement »[3].

En droit comparé, d'autres systèmes juridiques adoptent à l'inverse un système de lésion subjective, dite souvent « lésion qualifiée », et ces

1. Sauf s'agissant des mineurs et des majeurs protégés, pour lesquels le Code civil prévoit des règles particulières, notamment en élargissant les cas où la lésion peut être invoquée (art. 1305), ou encore en limitant les restitutions auxquelles sont tenues ces personnes protégées (art. 491-2, 1306).

2. Req. 28 déc. 1932, *DP* 1933, 1, 87, rapp. Dumas ; *S.* 1933, 1, 377 ; *Grands arrêts*, n° 247.

3. Civ. 1re, 19 oct. 1960, *Bull. civ.*, I, n° 366.

systèmes ont influencé les projets européens. Il y a lésion qualifiée lorsque l'une des parties a exploité la faiblesse de son cocontractant pour lui faire conclure un contrat déséquilibré. On a vu que cette idée commençait à poindre dans la jurisprudence de la Cour de cassation en matière de violence (v. *supra*). La lésion reste en revanche en droit français d'appréciation objective : il faut et il suffit de constater entre les prestations un déséquilibre dépassant les limites prévues par le législateur.

1° *Le domaine de la lésion*. La lésion ne se conçoit que dans un contrat à titre onéreux : dans un contrat à titre gratuit en effet, l'une des parties a eu une intention libérale, c'est-à-dire qu'elle a voulu par hypothèse procurer à l'autre un avantage purement gratuit [1]. Elle ne se conçoit en outre que dans un contrat commutatif : par définition même, dans un contrat aléatoire, chacune des parties accepte le risque que, à l'issue de l'exécution du contrat, l'une des prestations soit déséquilibrée par rapport à l'autre. On dit ainsi classiquement que « l'aléa chasse la lésion ». Par exemple l'assuré a payé des primes importantes alors que, aucun sinistre n'étant survenu, l'assureur n'a eu à débourser aucune indemnité ; en réalité, il n'est pas sûr que les prestations soient ici déséquilibrées dans la mesure où l'assuré a bien été couvert pendant toute la période par la garantie de l'assureur, ce qui est déjà quelque chose.

Les cas de lésion sont très peu nombreux. Le Code civil en prévoit deux : le partage et la vente d'immeuble. La lésion est prévue dans le partage (qui est une convention) lorsque l'un des copartageants a reçu un lot largement inférieur (de plus du quart) à celui qu'il aurait dû recevoir (art. 889). Elle donne alors droit à un complément de part. L'action en complément de part pour cause de lésion ne peut cependant être exercée contre les donations-partages et les testaments-partages (art. 1075-3). Dans la vente d'immeuble, n'est prise en compte que la lésion du vendeur, c'est-à-dire l'hypothèse où le propriétaire d'un immeuble s'en est séparé à un prix excessivement faible (art. 1674). Si en revanche c'est l'acheteur qui a payé l'immeuble trop cher, il ne pourra invoquer la lésion. Cette différence s'explique sans doute par l'idée qu'à l'origine, la lésion est en réalité un vice du consentement. Or si on peut

1. Selon certains auteurs, la lésion ne se concevrait pas dans les contrats unilatéraux car elle supposerait une comparaison interne entre les objets respectifs de deux obligations mutuelles (J. Carbonnier, *Les obligations*, PUF, « Thémis », 22e éd. 2000, n° 78). Mais si l'on restitue à ce type de contrat une définition plus globale qui prend en considération non seulement les obligations assumées par les parties mais aussi l'ensemble des prestations qu'elles ont échangées, la lésion redevient techniquement possible.

concevoir être sciemment contraint de vendre à bas prix en raison d'un pressant besoin d'argent, on ne peut sans doute jamais être contraint d'acheter (en tout cas pas un immeuble). Seule une lésion de plus des 7/12e peut permettre au vendeur de demander la rescision de la vente, c'est-à-dire s'il a reçu un prix inférieur aux 5/12e de la valeur réelle de l'immeuble. L'acheteur ne peut pas par avance, c'est-à-dire dans le contrat, renoncer au bénéfice éventuel de l'action en rescision pour lésion (cf. art. 1674).

En dehors du Code civil, quelques lois spéciales ont admis d'autres cas de lésion : en matière de vente d'engrais et de semences (loi du 8 juillet 1907), lorsque l'acheteur a été lésé de plus du quart (il a payé ces fournitures au moins un quart plus cher que leur valeur réelle) ; en matière de cession du droit d'exploitation d'une œuvre (L. 11 mars 1957, désormais à l'art. L. 131-5 C. propr. intellect.), lorsque l'auteur a subi un préjudice de plus de 7/12e dû à une lésion ou à une prévision insuffisante des produits de l'œuvre.

En dehors de ces cas spéciaux, la lésion ne peut être invoquée en tant que telle pour demander la remise en cause d'un contrat[1]. La loi prend parfois la peine de le dire expressément : dans l'échange, par exemple, la lésion n'est ouverte à aucune des deux parties (art. 1706 C. civ.), de même que dans la transaction (art. 2052).

2° *Le mécanisme de la lésion*. L'existence d'une lésion s'apprécie au moment de la conclusion du contrat, et ce par la comparaison entre le prix payé et la valeur de la chose au jour du contrat.

Le législateur prévoit en général le délai dans lequel est enfermée l'action en rescision pour lésion. En matière de vente d'immeuble, cette action doit, par exemple, être formée dans un délai de deux ans à compter de la formation définitive de la vente. Il s'agit d'un délai préfix, c'est-à-dire qui n'est susceptible ni d'interruption ni de suspension[2].

La sanction de la lésion est en principe la rescision du contrat. Elle entraîne, comme la nullité, une disparition rétroactive du contrat et donc la restitution réciproque de la chose et du prix.

La loi offre parfois au cocontractant du demandeur des possibilités de « sauver » le contrat en procédant à son rééquilibrage. Dans le cas de la vente d'immeuble, l'article 1681 du Code civil offre ainsi à l'acquéreur

1. Civ. 1re, 7 déc. 2004, n° 01-10271 ; *RDC* 2005/3, 681, obs. D. Mazeaud : « S'appliquent aux cessions d'offices publics ou ministériels les règles de droit commun de la vente mobilière qui n'admettent pas la révision du prix. »

2. Une prescription interrompue doit à nouveau entièrement courir pour être acquise, tandis que la période qui a déjà couru avant la suspension n'est pas effacée lorsque la cause de suspension cesse.

une option entre la rescision du contrat («rendre la chose en retirant le prix qu'il en a payé») et le «rachat» de la lésion («garder le fonds en payant le supplément du juste prix»). Si l'acquéreur choisit de payer le supplément du juste prix, le Code l'autorise à conserver tout de même une part du bénéfice qu'il avait fait en précisant que le supplément du juste prix se fait «sous la déduction du dixième du prix total» (même article) (pour un exemple chiffré v. état des questions). Si l'acheteur choisit ainsi de racheter la lésion, le vendeur doit accepter le supplément de prix proposé et ne peut plus remettre en cause la vente intervenue. Cette possibilité est réservée à l'acheteur : si le vendeur invoque la lésion, il ne peut en tirer comme conséquence que la rescision de la vente, et seul l'acquéreur peut offrir une revalorisation du prix pour éviter que la vente ne soit rescindée[1].

b) Les autres formes de contrôle de l'équilibre des prestations. — Dans d'autres hypothèses, sans qu'il y ait lésion *stricto sensu*, l'idée est la même, c'est-à-dire qu'un contrôle est effectué sur l'équilibre des prestations échangées par les parties à un contrat qui conduit, le cas échéant, à sa rectification.

La loi en donne quelques exemples épars. Une loi du 7 juillet 1967 prévoit ainsi une intervention possible des tribunaux en matière de convention d'assistance ou de sauvetage maritime lorsque la rémunération promise paraît inéquitable, notamment au regard du service rendu. Le droit des sociétés prohibe également traditionnellement les contrats dits «léonins» (où, comme dans la fable, l'une des parties se réserve la part du lion), c'est-à-dire ceux où l'un des associés se verrait attribuer «la totalité du profit procuré par la société» ou exonéré «de la totalité des pertes», et ou un autre au contraire serait exclu «totalement du profit» ou aurait «à sa charge la totalité des pertes» (art. 1844-1 C. civ.). Plus ponctuellement, l'usure est prohibée, c'est-à-dire la stipulation d'un taux d'intérêt de remboursement d'une somme d'argent excessif par rapport à un taux d'intérêt considéré comme normal (pour une déf. précise, cf. art. L. 313-3 s. C. conso.).

Depuis le XIXe siècle[2], les juges se sont reconnu le pouvoir, dans le mandat et plus largement dans tous les contrats passés par les membres des professions libérales avec leurs clients (avocats, médecins, experts-comptables, agents d'affaires, etc.), de contrôler si la rémunération stipulée n'est pas «hors de proportion avec le service rendu». La Cour de

1. Civ. 3e, 6 juin 2007, n° 06-14773 ; *RDC* 2007/4, 1203, obs. Ph. Brun.
2. Civ. 29 janv. 1867, *Grands arrêts*, n° 266.

cassation admet aujourd'hui très généralement que « les tribunaux peuvent[1], quand une convention a été passée en vue de l'exécution de travaux donnant lieu à honoraires, réduire ces derniers lorsqu'ils paraissent exagérés, pourvu qu'ils n'aient pas été versés en connaissance du travail effectué et après service fait »[2]. Le seul critère à prendre en considération doit être, selon la Cour de cassation, le caractère excessif de la rémunération prévue au regard du service rendu[3].

L'évolution s'est ensuite poursuivie dans d'autres contrats, par le biais de techniques diverses. C'est en effet sans doute l'un des signes les plus caractéristiques de l'évolution contemporaine du droit des contrats que les juges se sont mis à exiger une certaine justice contractuelle et à contrôler ainsi les déséquilibres les plus excessifs entre les prestations réciproques.

Ils l'ont fait d'abord par le biais du contrôle du consentement, dont les règles fournies par le Code civil étaient abondantes. Or le déséquilibre des prestations échangées est souvent le signe de l'existence d'un vice du consentement, dans la mesure où il est rare que quelqu'un accepte de conclure un contrat très déséquilibré alors qu'il n'a aucune intention libérale, sans qu'il y ait eu erreur, dol, ou violence.

Les juges se sont parfois également servis de notions classiques telles que la bonne foi pour rééquilibrer un contrat, notamment en cas de changement imprévu des circonstances (v. *infra* sur l'imprévision).

De façon plus audacieuse, les juges ont forgé certaines notions nouvelles comme celle d'« économie du contrat » afin de vérifier l'équilibre des prestations. Il s'agit alors, sous couvert de respecter l'intention des parties de conclure un contrat équilibré (l'économie du contrat conclu)

1. Le pouvoir des juges du fond est souverain : Civ. 1re, 21 févr. 2006, n° 02-14326 ; *Defrénois* 2006, 1223, note R. Libchaber ; *RTD civ.* 2007, 105, obs. J. Mestre et B. Fages, qui vise « le pouvoir souverain des juges du fond qui, aux termes d'une décision motivée, ont estimé que les soins, démarches et peines dont ils relevaient l'existence et qui déterminaient nécessairement, par leur nature et l'importance l'étendue du service rendu, justifiaient la réduction de moitié des honoraires réclamés ».

2. Civ. 1re, 3 juin 1986, n° 85-10486 ; *JCP G* 1987, II, 20791, note A. Viandier, à propos d'un expert-comptable et d'un comptable agréé ; pour un avocat, Civ. 1re, 3 mars 1998, n° 95-15799 ; 7 juil. 1998, n° 96-10387 ; Civ. 2e, 13 mars 2003, n° 01-15933 ; pour un généalogiste, Civ. 1re, 5 mai 1998, n° 96-14328.

3. Civ. 1re, 23 nov. 2011, n° 10-16770 ; *D.* 2012, 589, obs. M. Séjean, qui, au visa de l'article 1134 du code civil, censure les juges du fond qui avaient rejeté une demande tendant à la réduction de la rémunération au motif que l'argument tiré de la "proportion" entre l'aide financière apportée et le bénéfice retiré est dépourvu de toute pertinence dans la mesure où son bénéficiaire avait pris le risque de supporter en pure perte des frais de procédure et qu'il s'agissait seulement de la réalisation d'un aléa ; pour la Cour de cassation, « en se déterminant ainsi, alors que l'aléa exclusivement supporté par M. B... ne faisait pas obstacle à la réduction éventuelle de la rémunération convenue, la cour d'appel, qui n'a pas recherché, comme elle y était invitée, si cette rémunération n'était pas excessive au regard du service rendu, n'a pas donné de base légale à sa décision

d'intervenir si ces prévisions se révèlent erronées. Ainsi, dans la célèbre affaire du *point club vidéo,* les parties étaient convenues de créer un tel commerce mais l'exploitation de celui-ci était vouée à l'échec compte tenu de la petite taille de l'agglomération (1 314 habitants). La cour d'appel avait alors annulé la convention pour défaut de cause. Le pourvoi avait alors beau jeu de relever que la cause de l'engagement des exploitants du club était la mise à leur disposition des cassettes vidéo. La Cour de cassation rejette cependant le pourvoi en retenant qu'« ayant relevé que, s'agissant de la location de cassettes vidéo pour l'exploitation d'un commerce, l'exécution du contrat *selon l'économie voulue par les parties* était impossible[1], la cour d'appel en a exactement déduit que le contrat était dépourvu de cause, dès lors qu'était ainsi constaté le défaut de toute contrepartie réelle à l'obligation de payer le prix de location des cassettes »[2]. Le fondement exprès de cette décision est la cause, dont il marque un élargissement certain. Certes dans une affaire similaire ultérieure, la Cour de cassation a jugé que le contractant n'avait pas apporté des éléments suffisants à établir l'impossibilité qu'il allègue de pouvoir réaliser la location de cassettes vidéo[3], mais les circonstances de l'espèce étaient suffisamment différentes pour ne pas condamner l'analyse retenue dans le premier arrêt[4]. La Cour de cassation doit légitimement veiller à ce que la notion ne serve pas remettre en cause des contrats lorsque, au cours de l'exécution, l'une des parties se rend compte finalement qu'elle a fait une mauvaise affaire[5]. Ce n'est pas à dire pour autant qu'elle ne puisse plus être utilisée : on pourrait dire qu'à l'inverse de la jurisprudence sur l'imprévision (sur laquelle v. *infra*), la notion d'économie du contrat pourra servir lorsque, dès l'origine, un

1. Le fait que l'exécution du contrat était impossible renvoie à l'absence d'objet, mais entendu comme l'objet du contrat dans son ensemble, et non pas l'objet de chaque obligation prise séparément.

2. Civ. 1re, 3 juil. 1996, n° 94-14800 ; *RTD civ.* 1996, 901, obs. J. Mestre ; *Defrénois* 1996, 1015, obs. Ph. Delebecque ; *D.* 1997, 500, obs. Ph. Reigné ; *JCP G* 1997, I, 4015, obs. F. Labarthe.

3. Com., 27 mars 2007, n° 06-10452 ; *RDC* 2008/2, 231, obs. D. Mazeaud ; *JCP G* 2007, II, 10119, note Y.-M. Serinet ; *D.* 2007, 2970, obs. S. Amrani Mekki.

4. Le demandeur était cette fois-ci un commerçant professionnel, et c'est lui qui avait pris l'initiative du contrat en posant ses propres conditions. La Cour de cassation reprend au demeurant sans la critiquer l'assertion de la Cour d'appel selon laquelle « l'absence de cause ne se conçoit que si l'exécution du contrat selon l'économie voulue par les parties est impossible en raison de l'absence de contrepartie réelle ».

5. Com., 9 juin 2009, n° 08-11420 ; *RDC* 2009/4, 1345, obs. D. Mazeaud qui, semblant vouloir mettre fin à une interprétation subjective de la cause liée à l'intention des parties, réaffirme la règle la plus classique selon laquelle « la cause de l'obligation d'une partie à un contrat synallagmatique réside dans l'obligation contractée par l'autre ».

déséquilibre structurel frappait le contrat alors que l'une des parties, légitimement, n'en était pas consciente.

C'est en utilisant la notion même de cause que les juges ont cherché à sanctionner des contrats dont le contenu leur apparaissait injuste. La mobilisation de la cause a alors permis aux juges, non plus seulement d'annuler les contrats déséquilibrés, mais encore de les rééquilibrer : cela suppose que, contrairement au principe traditionnel rappelé, ils annulent partiellement la prestation excessive. La Cour de cassation a ainsi annulé une clause limitative de responsabilité dans le but de redonner une certaine consistance à l'obligation de l'une des parties (v. *infra* affaire *Chronopost*).

Allant plus loin, la doctrine a alors tenté de se servir de la notion de fausseté partielle de la cause pour permettre aux juges de contrôler l'équilibre des prestations et, le cas échéant, de rééquilibrer celles-ci. L'utilisation de cette notion aurait marqué cette fois-ci la disparition du principe selon lequel les juges ne doivent vérifier que l'existence de la cause, et non pas apprécier l'équilibre entre les deux prestations échangées. La Cour de cassation avait pourtant dans un premier temps semblé l'admettre en déclarant que « la fausseté partielle de la cause n'entraîne pas l'annulation de l'obligation, mais sa réduction à la mesure de la fraction subsistante »[1]. La notion était cependant sans doute employée à tort[2], et la Cour de cassation a depuis clairement réaffirmé, dans un arrêt du 31 mai 2007, le principe selon lequel, « dans un contrat synallagmatique, la fausseté partielle de la cause ne peut entraîner la réduction de l'obligation »[3].

En revanche plusieurs droits spéciaux, notamment le droit de la concurrence ou le droit de la consommation, ont développé des règles spéciales pour combler précisément les lacunes du droit commun. Ainsi, la loi de modernisation de l'économie du 4 août 2008 prévoit la responsabilité de celui qui soumet ou tente de soumettre un partenaire commercial à des obligations « créant un déséquilibre significatif » dans les

1. Civ. 1re, 11 mars 2003, n° 99-12628; *RTD civ.* 2003, 287, obs. J. Mestre et B. Fages; *JCP G* 2003, I, 142, obs. J. Rochfeld; *RDC* 2003, 39, obs. D. Mazeaud. La Cour de cassation avait jugé, dans cette affaire où une reconnaissance de dette avait été signée pour une somme supérieure à la dette véritablement due, que les juges du fond auraient dû réduire proportionnellement ladite reconnaissance, et ce sur le fondement d'une notion jusque-là peu mobilisée : la fausseté de la cause. La solution n'était cependant pas si nouvelle dans la mesure où elle s'apparentait à une nullité partielle bien connue du droit des contrats.

2. La Cour de cassation n'avait pas sanctionné en l'espèce un déséquilibre des prestations : la reconnaissance de dette n'est en effet pas un contrat et la demanderesse ne se plaignait pas d'une insuffisance de contrepartie; la question n'était donc pas celle de la cause (ni de son absence).

3. Civ. 1re, 31 mai 2007, n° 05-21316; *RDC* 2007/4, 1103, obs. Y.-M. Laithier, v. *supra*.

droits et obligations des parties (art. L. 442 6, I, 2°, précité). En retour, on peut penser que ce mouvement général aura une influence sur le droit commun des contrats.

Au total, lorsqu'un déséquilibre excessif existe entre les prestations échangées par les parties au contrat, il est aujourd'hui rare que les juges ne trouvent pas dans l'arsenal juridique de quoi y remédier, dès lors que l'une d'elles vient s'en plaindre.

2 | La date d'appréciation de l'existence de la cause

Comme toutes les conditions de formation du contrat, la cause doit s'apprécier au moment de la conclusion de celui-ci. C'est au moment de la formation du contrat qu'il faut se placer pour vérifier l'intérêt à contracter de chacune des parties, et s'assurer de l'existence d'une contrepartie à l'engagement de chaque débiteur. La Cour de cassation le rappelle régulièrement[1].

Si cet intérêt existait au moment de la conclusion du contrat, mais disparaît ultérieurement, cela peut être dû à plusieurs raisons et, dans la plupart des cas, c'est un autre régime juridique qui prend le relais. Ainsi, dans les contrats à titre onéreux, si la cause disparaît une fois le contrat conclu, ce peut être le signe de la survenance d'un cas de force majeure, et c'est alors la théorie des risques qui doit être appliquée. Il se peut aussi que le débiteur n'exécute pas ses obligations, si bien que l'autre ne reçoit pas la contrepartie convenue, mais ce sont alors les règles relatives à l'inexécution du contrat qui doivent jouer[2], et non pas

1. Com., 30 juin 1987, n° 84-16752 : « La cour d'appel, qui [...] a déduit l'absence de cause de la convention des circonstances de son exécution, a violé, par fausse application », l'art. 1131 C. civ. ; Civ. 3e, 17 juil. 1996, n° 93-19432 : « en statuant ainsi, alors que l'existence de la cause d'une obligation doit s'apprécier à la date où elle est souscrite, la cour d'appel, qui s'est fondée sur des faits postérieurs, a violé le texte susvisé » (l'art. 1131).

2. On cite ainsi souvent Civ. 1re, 16 déc. 1986, n° 85-11396; *RTD civ.* 1987, 750, obs. J. Mestre, comme ayant admis que la cause pouvait jouer un rôle dans l'exécution du contrat. Un sieur Schoch avait versé à une dame Klein la somme nécessaire à l'acquisition d'un véhicule, à charge pour cette dernière de le transporter et de l'accompagner en vacances; après avoir effectué une quinzaine de promenades dans la nouvelle automobile, les deux personnes se sont brouillées; les juges du fond ordonnèrent alors à Mme Klein de restituer partiellement la somme versée. La question du rôle de la cause dans l'exécution du contrat fut expressément posée puisque Mme Klein faisait « grief à la cour d'appel d'avoir ainsi statué, au motif essentiel que l'obligation de M. Schoch était devenue sans cause, alors que l'existence de la cause doit être appréciée au moment de la formation du contrat ». La Cour de cassation rejeta le pourvoi mais en prenant bien soin de rappeler que c'était « sans

celles relatives à la cause. Les honoraires de l'une des parties peuvent également être réduits par le juge s'ils ne correspondent pas à la prestation fournie[1]. Toutes ces règles sont inspirées par la même idée que la notion de cause : l'interdépendance entre les prestations réciproques des parties. C'est parce que, au moment de la formation du contrat, les prestations sont la cause l'une de l'autre que des règles sont prévues, lors de l'exécution du contrat, si cette interdépendance est mise à mal. Cela ne signifie pas pour autant que la notion technique de cause doive jouer un rôle en dehors de la formation du contrat (v. état des questions). Ce n'est donc pas sur le fondement technique de l'absence de cause que l'une des parties doit se plaindre si elle ne retire finalement pas l'intérêt prévu du contrat, dès lors que cet intérêt existait bien au moment de la conclusion du contrat. En résumé, comme l'a parfaite-

méconnaître que la cause, élément nécessaire à la constitution du contrat, doit exister au jour de la formation de celui-ci» que la cour d'appel avait retenu que «l'inexécution par Mme Klein de son obligation à prestation successive justifiait la demande de M. Schoch en restitution d'une partie de la somme qu'il avait versée en exécution de son engagement réciproque et corrélatif». Les règles de l'exécution du contrat suffisent à expliquer la solution retenue : la résolution du contrat peut être prononcée dès lors qu'il y a inexécution du contrat, même si celle-ci n'est pas fautive (Civ. 1re, 4 févr. 1976, n° 74-13837), ce qui couvre l'hypothèse où, comme en l'espèce, c'est d'un commun accord que les parties ne veulent plus exécuter. En outre, la résolution alors prononcée peut être simplement partielle, dès lors que, comme en l'espèce, l'inexécution n'a elle-même été que partielle.

1. Civ. 1re, 17 janv. 1995, n° 92-21193; *JCP G* 1995, I, 3843, p. 195. Mme Niwinsky avait trouvé un bail commercial par l'intermédiaire de la société Jourdain mais elle refusa de payer l'honoraire convenu car, suite à une négligence de l'intermédiaire, elle dut finalement payer un loyer plus élevé que prévu. La cour d'appel de Paris estima que l'engagement de Mme Niwinsky de payer les honoraires litigieux était dépourvu de cause et condamna la société Jourdain à lui restituer la somme de 88 950 F TTC que celle-ci avait dû régler. La société Jourdain se pourvut en cassation, arguant de ce que «à supposer même que la société Jourdain n'ait accompli qu'une partie de sa mission [...], le défaut de cause ne pouvait être déduit de cette circonstance dès lors qu'elle était étrangère à la formation du contrat». La Cour de cassation rejeta l'argumentation car «si la convention n'était pas, en raison de cette inexécution, initialement entachée de nullité pour absence de cause, il demeure que le paiement de la commission par Mme Niwinsky se trouvait désormais dépourvu de cause; que c'est donc à bon droit, malgré cette erreur de qualification, que la cour d'appel a ordonné la restitution des honoraires indûment perçus par la société Jourdain». La rédaction de la Haute Juridiction est pour le moins ambiguë dans la mesure où elle affirme que le paiement de la commission «se trouvait désormais dépourvu de cause», appréciant dès lors la notion au moment de l'exécution du contrat, tout en ajoutant que la cour d'appel avait commis une «erreur de qualification», laquelle ne peut avoir porté que sur l'utilisation de la notion de cause en dehors de la formation du contrat (pour une espèce similaire, Civ. 1re, 15 févr. 1972, n° 70-12756, qui, tout en rejetant le pourvoi, relève une «impropriété de terminologie» des juges du fond). Les règles de la résolution du contrat auraient pu expliquer la solution : l'agent immobilier ayant proposé à la signature des parties un acte de cession «privé de tout effet» et ainsi manqué «à ses obligations de façon totale et définitive», la résolution du contrat pouvait justifier qu'il soit privé de toute rémunération. La Cour de cassation aurait encore pu justifier la solution des juges par leur pouvoir classique de contrôler la rémunération des mandataires lorsque celle-ci est hors de proportion avec le service rendu; les juges ayant relevé que le mandataire n'avait pas accompli sa mission auraient eu le pouvoir de décider de réduire – voire de supprimer (Civ. 1re, 18 févr. 1969, *Bull. civ.*, I, n° 74) – la rémunération convenue.

ment énoncé la Cour de cassation, peu importe « pour l'appréciation de la cause la manière dont [les] engagements ont été exécutés »[1].

De même dans les contrats à titre gratuit, si l'intérêt du donateur, c'est-à-dire son intention libérale, disparaît après la conclusion du contrat (il regrette d'avoir donné), l'absence de cause ne peut plus être invoquée mais uniquement les règles relatives à la révocation des donations qui sont très restrictives : le principe demeure que « donner et retenir ne vaut », ni donner et reprendre.

On ne voit dès lors guère ce que serait une disparition de la cause en cours d'exécution, et en tout état de cause, le contrat devrait alors être frappé de caducité, et non pas de nullité, puisque le vice n'existait pas *ab initio*, c'est-à-dire au jour de la conclusion du contrat[2]. C'est ainsi que, dans une affaire où un homme s'était engagé à verser une pension à son ex-épouse pour l'éducation et l'entretien de leur enfant qui était alors à la charge de cette dernière, la Cour de cassation a approuvé les juges du fond d'avoir décidé que le père n'avait plus à payer cette pension à partir du moment où il en avait récupéré la charge exclusive : « ayant, par une recherche de la commune intention des parties, caractérisé l'engagement à exécution successive de M. Y..., la cour d'appel a constaté la disparition de la cause de cet engagement, partant sa caducité »[3]. En réalité, l'engagement du père était indiscutablement conditionné par le fait que c'était la mère qui avait la charge de l'enfant et, cette condition disparue, son obligation devenait caduque. On aurait pu aussi bien, puisqu'on était en présence d'un contrat synallagmatique (la mère s'engageait à éduquer et entretenir l'enfant, le père à verser la pension), concevoir une résiliation du contrat qui ne pouvait plus être exécuté pour l'avenir. La caducité

1. Com., 17 juin 2008, n° 07-15477 ; *RDC* 2008/4, 1133, obs. D. Mazeaud.

2. Comp. Civ. 1re, 12 juil. 2006, n° 04-13204 ; *RDC* 2007/2, 253, obs. Y.-M. Laithier ; *RTD civ.* 2007, 105, obs. J. Mestre et B. Fages, qui est un peu compliqué à analyser, dans la mesure où c'est la cour d'appel qui, confondant les régimes juridiques, avait prononcé la résiliation de contrats pour disparition de leur cause ; cet arrêt est censuré car la cour d'appel s'est déterminée par des « motifs qui, impropres à caractériser la disparition de la cause de l'obligation, ne pouvaient que conduire à une éventuelle cessation de ses effets » ; cet attendu semble sous-entendre : 1° qu'une disparition de la cause peut être envisagée et 2° que la sanction serait alors une cessation des effets de l'obligation, c'est-à-dire la caducité de celle-ci (et donc sans doute du contrat). *Adde* Civ. 1re, 21 nov. 2006, n° 04-18781, qui refuse d'admettre une disparition de la cause. Sur ces deux arrêts, *RTD civ.* 2007, 107, obs. J. Mestre et B. Fages.

3. Civ. 1re, 30 oct. 2008, n° 07-17646 ; *RDC* 2009/1, 49, obs. D. Mazeaud ; *RTD civ.* 2009, 118, obs. B. Fages ; *D.* 2008, 2937, obs. P. Chauvin et C. Creton ; *JCP G* 2009, II, 10000, note D. Houtcieff ; *Defrénois* 2009, art. 38916, n° 11, obs. R. Libchaber ; *LPA* 2009, n° 49, 11, note N. Dissaux ; *RLDC* 2008/57, n° 3283, note A. Cermolacce.

aboutit au même résultat, et se justifie dans la mesure où l'une des obligations devenait sans objet, et donc l'autre sans cause[1].

3 | La preuve de l'existence de la cause

Selon la règle générale formulée à l'article 1315 du Code civil, c'est à celui qui demande la nullité du contrat pour absence de cause de démontrer que cette dernière fait défaut. Le Code civil, dans l'article 1132, ne prévoit que l'hypothèse où la cause n'est pas indiquée dans l'acte; c'est ce que l'on appelle les billets non causés. Il faut également examiner l'hypothèse où la cause serait exprimée.

A / Les billets non causés (art. 1132 C. civ.)

Un billet non causé est un contrat (au sens de l'*instrumentum*, le document qui rend compte de l'accord), dans lequel il est fait état d'une dette sans aucune mention de la raison, au sens de la cause, de cette dette. L'exemple type est la reconnaissance de dette («je reconnais vous devoir 1 000» ou «bon à payer pour 1 000»).

Selon l'article 1132 du Code civil, «la convention n'est pas moins valable, quoique la cause n'en soit pas exprimée». Ce texte signifie que, dans de telles hypothèses, l'existence de la cause est présumée; le débiteur doit donc payer sans que le créancier ait à démontrer pourquoi cette somme est due, et sans autre exigence de forme particulière[2]. La cause est même présumée exacte, c'est-à-dire qu'est présumée la remise des fonds justifiant la dette[3].

1. La Cour de cassation a déjà utilisé la notion de caducité pour anéantir tous les contrats d'un groupe indivisible en cas d'inexécution de l'un d'entre eux : Civ. 1re, 4 avr. 2006, n° 02-18277; *RDC* 2006, 700, obs. D. Mazeaud; *RTD civ.* 2007, 105, obs. J. Mestre et B. Fages; *D.* 2006, 2656, note R. Boffa et pan., 2641, obs. S. Amrani Mekki; *Defrénois* 2006, 1194, obs. J.-L. Aubert.

2. Civ. 1re, 14 juin 1988, n° 86-15435 : «Le principe énoncé par l'article 1132 du Code civil, qui concerne la cause de l'obligation invoquée et institue une présomption que celle-ci existe et n'est pas illicite, n'exige pas, pour son application, l'existence d'un acte répondant aux conditions de forme de l'article 1326 du même Code.»

3. Civ. 1re, 8 oct. 2009, n° 08-14625; *D.* 2010, 128, obs. V. Rebeyrol : la Cour d'appel a «exactement énoncé que la convention n'est pas moins valable quoique la cause n'en soit pas, comme en l'espèce, exprimée, de sorte qu'il incombait aux époux X..., qui, pour contester l'existence de la cause de la reconnaissance de dette litigieuse, prétendaient que la somme qu'elle mentionnait ne leur avait pas été remise par les époux Y..., d'apporter la preuve de leurs allégations.»

Cette présomption d'existence de la cause n'est cependant qu'une présomption simple, susceptible de preuve contraire par le débiteur [1]. Celui-ci peut démontrer que l'obligation indiquée est dépourvue de cause, par exemple que les fonds n'ont en réalité pas été remis [2]. Cette preuve peut se faire par tous moyens dès lors que, rien n'étant indiqué dans l'acte relativement à la cause, il ne s'agit pas de prouver contre un écrit [3].

L'application de l'article 1132 requiert l'existence d'un billet non causé, c'est-à-dire, aux termes même de l'article, une convention, ou au moins un engagement de payer : un simple chèque par exemple ne suffit pas à faire présumer la cause, et son titulaire doit alors démontrer le contrat qui avait justifié le paiement [4].

L'acte dont la cause n'est pas exprimée n'en est ainsi pas moins valable, mais parce que la cause est alors présumée. En revanche dès lors que le débiteur en a démontré l'inexistence, l'acte n'est plus valable car le droit français, plus exactement le droit civil [5], ne reconnaît pas la validité des promesses abstraites, c'est-à-dire sans cause.

B / Les conventions dans lesquelles la cause est exprimée

Dans la majorité des contrats, les obligations des deux parties sont décrites dans l'acte et la cause est donc exprimée.

Cette cause exprimée est alors présumée exacte, et le débiteur doit donc payer, sauf à démontrer que la cause indiquée est fausse et qu'il n'y a en réalité pas de cause, ou bien qu'il y a une autre cause que celle indiquée mais qui est illicite (sinon il devrait payer). En outre, pour prouver que la cause indiquée est fausse, le débiteur doit cette fois-ci prouver contre le contenu de l'acte et doit donc en général à son tour rapporter une preuve par écrit [6].

1. Civ. 1re, 21 juin 2005, n° 04-10673 ; *RDC* 2005/4, 1013, obs. D. Mazeaud.
2. Civ. 1re, 7 avr. 1992, n° 90-19858.
3. On sait qu'en revanche, conformément à l'article 1341 C. civ., s'il s'agit de prouver contre un écrit, c'est-à-dire, par exemple, d'apporter la preuve que la cause indiquée dans un acte est fausse, il faudrait un autre écrit.
4. Civ. 1re, 11 févr. 1997, n° 95-10238.
5. Il en va différemment en droit commercial où les nécessités du commerce et de la sécurité des transactions ont parfois conduit à admettre qu'un acte (c'est not. le cas des titres négociables) soit valable sans que le débiteur ne puisse opposer au créancier aucune exception, c'est-à-dire aucun moyen de défense tiré de leurs relations antérieures à l'établissement de l'acte, en particulier de ce que celui-ci serait dépourvu de cause.
6. Civ. 1re, 23 févr. 2012, n° 11-11230 ; *D.* 2012, 993, obs. A. Donnette, qui juge que « dans les rapports entre les parties, la preuve de la fausseté de la cause exprimée à l'acte doit être administrée par écrit, dans les conditions prévues par l'article 1341 du code civil » ; elle censure alors l'arrêt qui, pour retenir la fausseté partielle de la cause exprimée dans la reconnaissance de dette, s'était fondée sur une mesure d'expertise judiciaire ordonnée par ses soins.

Si la preuve contraire est rapportée, c'est-à-dire si le débiteur réussit à démontrer que la cause de l'obligation est fausse, il y a renversement de la charge de la preuve et le créancier doit alors essayer de prouver que la cause existe, plus précisément qu'il y a une autre cause (valable et donc notamment licite) que celle indiquée à l'acte et dont le débiteur a prouvé qu'elle était fausse[1]. Le créancier se trouve alors dans une situation plus difficile que lorsque, dès l'origine, l'acte ne faisait pas mention de la cause : dans un tel cas, en effet, l'article 1132 permettait de présumer l'existence d'une cause licite, tandis que lorsque la fausseté de la cause indiquée à l'acte est démontrée, l'existence d'une cause autre n'est cette fois-ci plus présumée et c'est au créancier d'en rapporter la preuve.

SECTION 2
Le contrôle des mobiles des parties : la licéité de la cause

En plus d'exister, la cause doit être licite. Appliquée à la licéité, la notion de cause prend cependant un sens différent de celui qu'elle avait lorsqu'il s'agissait de vérifier son existence.

1 | La définition de la cause illicite

1. LA DÉFINITION DE LA CAUSE AU SENS DE LA LICÉITÉ DE LA CAUSE

Au sens de la licéité de la cause, c'est-à-dire lorsqu'il s'agit de vérifier si la cause du contrat est licite, la cause est définie de façon subjective et non plus objective : elle n'est plus la contrepartie ou, plus largement, l'intérêt immédiat retiré du contrat, mais le mobile ayant conduit à la conclusion du contrat.

1. Civ. 1re, 20 déc. 1988, n° 87-13270.

A / La cause est un mobile déterminant

Le mobile est la raison lointaine de contracter, au-delà de la seule contrepartie reçue par le contrat. Il demeure en principe (comme tous les motifs) extérieur au contrat, mais intervient cependant dans l'appréciation de la licéité du contrat.

En effet, pour satisfaire l'ordre public, il ne suffit pas qu'il y ait un échange, c'est-à-dire que chaque obligation ait une contrepartie, une cause objective. Certains contrats peuvent être illicites ou immoraux, alors même que les choses échangées ne sont pas hors commerce, ou que les prestations promises ne sont pas contraires à l'ordre public ou aux bonnes mœurs. Il en est ainsi lorsque le mobile qui a incité à conclure le contrat est illicite ou immoral ; lorsque, par exemple, un contrat de vente a été conclu pour éviter frauduleusement le paiement de certains impôts, ou pour organiser son insolvabilité, l'échange est dans sa teneur inattaquable, et seule la démonstration de l'illicéité du mobile permet éventuellement de le remettre en cause.

Pour apprécier l'illicéité de la cause, la définition de la cause est ainsi subjective. Les juges recherchent les mobiles déterminants, c'est-à-dire ceux qui ont amené les parties à contracter, et sans lesquels elles ne se seraient donc pas engagées. Les arrêts parlent souvent de « cause impulsive et déterminante ». La cause est alors l'effet voulu du contrat, le but recherché par les parties ou au moins par l'une d'entre elles en concluant le contrat. Elle a donc bien à voir avec le contrôle du contrat et non pas des cocontractants.

La difficulté est qu'il peut y avoir plusieurs mobiles, et même plusieurs mobiles déterminants, pour chacune des parties au contrat. Il suffit cependant, pour que le contrat puisse être annulé pour illicéité de la cause, que parmi tous ces mobiles il y en ait un seul d'illicite ou d'immoral dès lors qu'il a été déterminant (sans ce mobile, le contrat n'aurait pas été conclu). On ne retient donc le plus souvent qu'une seule cause au sens de la licéité de la cause, alors que, s'agissant de l'existence de la cause, il fallait au moins deux causes dans un contrat synallagmatique : on parle alors parfois – et la Cour de cassation a repris ce vocabulaire[1] – de causes *des* obligations lorsqu'il s'agit de vérifier l'existence de la cause, par opposition à la cause *du* contrat, lorsqu'il faut examiner la licéité de celle-ci.

1. Aff. *Pirmamod*, Civ. 1re, 12 juil. 1989, n° 88-11443 : « Si la cause de l'obligation de l'acheteur réside bien dans le transfert de propriété et dans la livraison de la chose vendue, en revanche la cause du contrat de vente consiste dans le mobile déterminant, c'est-à-dire celui en l'absence duquel l'acquéreur ne se serait pas engagé. »

B / Le mobile n'a pas nécessairement à être connu des deux parties

Jusqu'en 1998, il ne suffisait pas, pour annuler le contrat, qu'un mobile illicite ait déterminé le consentement de l'une des parties ; il fallait encore que ce mobile ait été connu de l'autre partie. En effet, on ne voulait pas qu'une partie complètement « innocente », c'est-à-dire qui ignorait tout des mobiles illicites poursuivis par l'autre, puisse se voir imposer la nullité du contrat conclu alors même qu'elle aurait préféré le voir exécuter. La Cour de cassation posa alors cette exigence pour la première fois dans un arrêt du 4 janvier 1956 ; elle exigeait même dans cet arrêt que le mobile ait été « convenu » entre les parties, c'est-à-dire soit entré dans le champ contractuel ; mais elle se contenta par la suite qu'il ait été « commun » aux deux parties, non pas au sens où elles l'auraient toutes les deux partagé (c'est-à-dire poursuivi), mais au sens où il était « connu » des deux parties (c'est-à-dire en pratique poursuivi par l'une au su de l'autre), ce qui pouvait se déduire des faits de la cause[1]. Il n'a en outre jamais été nécessaire que la partie ait su que le mobile poursuivi par l'autre était illicite ni la raison pour laquelle il l'était, il suffisait qu'elle ait su quel était le mobile poursuivi par l'autre[2].

Cette jurisprudence fut critiquée par certains auteurs[3] car l'objectif étant de favoriser l'annulation des contrats illicites, ce n'était pas le cas si l'on ajoutait une condition supplémentaire au succès de l'action en nullité ; en d'autres termes, dès lors qu'une seule des parties a poursuivi un but que la loi réprouve, l'ordre social est atteint et le droit doit pouvoir sanctionner l'illicéité. En outre, cette jurisprudence incitait à la dissimulation puisqu'il suffisait au contractant de cacher le mobile qu'il poursuivait à l'autre pour être ainsi à l'abri de l'annulation du contrat. Enfin l'exigence que le mobile fût connu des deux parties était censée protéger celui qui n'avait pas connu le mobile illicite, mais elle pouvait

1. Dans l'affaire précitée, la Cour de cassation énonce que : « M. Pirmamod exerçait la même profession de parapsychologue que Mme Guichard, qu'il considérait comme sa disciple ; qu'il ne pouvait donc ignorer que la vente de matériel d'occultisme à celle-ci était destinée à lui permettre d'exercer le métier de devin ; que la cour d'appel n'avait donc pas à rechercher si M. Pirmamod connaissait le mobile déterminant de l'engagement de Mme Guichard, une telle connaissance découlant des faits de la cause. »

2. En application de l'adage *Nemo auditur propriam turpitudinem allegans*, il n'aurait de toutes les façons pas pu échapper à l'application de la loi – en l'espèce à la nullité – en arguant de sa méconnaissance de l'illicéité frappant le mobile qu'il connaissait.

3. A. Weill, Connaissance du motif illicite ou immoral déterminant et exercice de l'action en nullité, *Mélanges Marty*, 1978, 1169 ; J. Mestre, obs. *RTD civ.* 1990, 470, et *RTD civ.* 1999, 387, sous le revirement de 1998.

se retourner contre lui s'il souhaitait sortir du contrat et se trouvait empêché de le faire faute d'avoir eu connaissance des intentions de son cocontractant ; c'était d'ailleurs l'hypothèse de l'arrêt de 1956 : un propriétaire avait intenté une action en nullité du bail contre son locataire qui avait installé une maison de tolérance dans l'immeuble loué ; la Cour de cassation avait rejeté le pourvoi formé contre l'arrêt d'appel ayant débouté le propriétaire de sa demande au motif que le bailleur avait ignoré cette destination et que l'exploitation n'avait donc pas été convenue entre les parties [1].

Cette exigence fut alors supprimée dans un arrêt du 7 octobre 1998 [2], facilitant ainsi l'annulation du contrat pour illicéité de la cause. En l'espèce, un homme avait reconnu devoir à son épouse une somme, remboursable avec un préavis de trois mois ; après leur divorce, l'épouse, remariée, accepta que le prêt lui soit remboursé sous forme d'une augmentation de la pension alimentaire que lui versait son ex-mari ; en 1993, elle l'assigna cependant en remboursement du solde du prêt ; la cour d'appel fit droit à la demande de l'épouse en annulant pour cause illicite l'acte par lequel celle-ci avait accepté la transformation du prêt en augmentation de pension alimentaire car le mari avait eu pour but en agissant ainsi d'obtenir des déductions fiscales plus élevées ; la Cour de cassation rejette le pourvoi qui faisait allusion à la jurisprudence constante précédente, en affirmant, dans un attendu de principe, qu'« un contrat peut être annulé pour cause illicite ou immorale, même lorsque l'une des parties n'a pas eu connaissance du caractère illicite ou immoral du motif déterminant de la conclusion du contrat ».

Cet arrêt est ainsi un revirement de jurisprudence [3]. Désormais donc, l'annulation d'un contrat pour illicéité de la cause n'est plus subordon-

1. La règle n'avait d'ailleurs jamais valu pour les actes à titre gratuit : ici, la nullité pouvait être prononcée même si le donataire avait ignoré le mobile de la donation.

2. Civ. 1re, 7 oct. 1998, n° 96-14359 ; *Grands arrêts*, n° 157 ; *D.* 1998, 563, concl. J. Sainte-Rose ; *D.* 1999, somm., 110, obs. Ph. Delebecque ; *JCP G* 1999, I, 114, obs. Ch. Jamin ; *ibid.* II, 10202, note M. H. Maleville ; *Gaz. Pal.* 2000, n° 97, p. 26, obs. F. Chabas ; *Defrénois* 1998, art. 36895, obs. D. Mazeaud.

3. Les recherches en épistémologie juridique ont bien mis en valeur le rôle de la doctrine dans la détermination de l'état du droit et dans l'affirmation qu'un arrêt constitue ou non un revirement de jurisprudence (Ch. Atias, *Épistémologie juridique*, Précis Dalloz, 1re éd. 2002, not. 118-119). Il est désormais acquis que cet arrêt du 7 octobre 1998 est un revirement, alors même qu'on aurait pu hésiter en s'en tenant uniquement à sa formulation. Le pourvoi avait été en effet maladroitement rédigé et arguait de ce que l'épouse n'avait pas eu pour sa part comme motif déterminant les déductions fiscales illicites ; mais le fait que l'épouse n'ait pas poursuivi le même mobile que son mari ne prouve pas qu'elle ne l'ait pas connu, ce qui était la seule condition requise par la jurisprudence antérieure. La réponse de la Cour de cassation manque de précision pour des raisons similaires ; il n'a en effet jamais été nécessaire que l'autre partie ait « eu connaissance du caractère illicite ou immoral du motif déterminant », et il suffisait qu'elle ait connu ce motif.

née à la connaissance du mobile illicite par les deux parties. Il en résulte alors également – la nullité pour cause illicite étant une nullité absolue – que celui qui a poursuivi le mobile illicite peut invoquer celui-ci pour sortir du contrat et imposer donc au contractant « innocent » (celui qui n'a pas connu ce mobile) l'anéantissement du contrat, ce qui était une des conséquences que l'on voulait éviter avec la jurisprudence antérieure. On aurait pu décider que la nullité était en cette matière relative, seul le contractant « innocent » pouvant la demander, mais cela ne cadrait sans doute pas avec le but de la règle qui est de protéger les intérêts de la société en général (ordre public et bonnes mœurs) et non pas un intérêt particulier. La Cour de cassation a ainsi préféré accroître les chances de dénonciation de l'illicite. Il ne faut néanmoins pas perdre de vue que lorsque les deux parties sont d'accord pour exécuter un contrat illicite ou immoral, aucune des deux n'en demandera l'annulation, et quand bien même celle-ci serait prononcée (à la demande du ministère public par ex., ce qui supposerait qu'il en ait connaissance), elles pourraient encore l'exécuter.

2. LA DÉFINITION DE L'ILLICÉITÉ

Aux termes de l'article 1133 du Code civil, « la cause est illicite quand elle est prohibée par la loi, quand elle est contraire aux bonnes mœurs ou à l'ordre public ». L'illicéité a ainsi la même signification qu'elle soit appliquée à l'objet ou à la cause : elle renvoie à l'ordre public et aux bonnes mœurs au sens de l'article 6 du Code civil.

Le législateur prévoit souvent expressément l'illicéité de certaines activités. Une activité punie par le droit pénal est en outre nécessairement illicite civilement [1]. Lorsque rien n'est prévu, il appartient aux juges d'apprécier une telle illicéité ou immoralité [2].

2 | La preuve de la cause illicite

La charge de la preuve de la cause illicite ne pose guère de difficultés. Elle est en effet conforme aux règles traditionnelles en la matière : c'est

1. V. l'affaire *Pirmamod* déjà citée, relative à la vente d'ouvrages et de matériels d'occultisme.

2. Civ. 1re, 22 juil. 1987, n° 85-15947, qui retient qu'est illicite le fait de monnayer l'activité d'intermédiaire lors d'une adoption. L'arrêt est d'ailleurs curieux car, plutôt que de cause illicite, c'est-à-dire de mobile prohibé, il s'agissait plutôt d'illicéité de l'objet du contrat, notion d'ailleurs visée par la Cour de cassation : « Celui qui a servi d'intermédiaire en vue d'une adoption est seulement en

à celui qui demande la nullité du contrat pour illicéité de la cause de démontrer celle-ci. Par exemple c'est à un enfant qui prétend qu'une reconnaissance de dette souscrite par son père au profit d'un tiers avait pour but de le spolier de le démontrer[1].

S'agissant des modes de preuve, la preuve est libre puisqu'il s'agit de prouver un fait juridique. La jurisprudence admet en outre le système de la preuve extrinsèque, c'est-à-dire que la preuve de la cause illicite peut être apportée même par des éléments extérieurs à l'acte lui-même. Les contractants n'indiquent en effet habituellement pas dans l'acte le mobile illicite qui les pousse à contracter.

ÉTAT DES QUESTIONS

BIBLIOGRAPHIE

Sur l'histoire de la notion de cause : Y. Thomas, *Causa : sens et fonction d'un concept dans le langage du droit romain*, th. Paris II, 1976; G. Chevrier, *Essai sur l'histoire de la cause dans les obligations (droit savant du Moyen Âge – Ancien droit français)*, Sirey, 1929; Th. Huc, *Étude historique sur la notion de cause dans les obligations selon les principes du vieux droit romain*, Impr. impériale, 1865; J. Van Kan, L'origine de l'obligation sans cause du Code civil, in *Études H. Capitant*, Dalloz, 1939, 875. V. déjà, sur la notion d'intérêt du contrat, R. Ihering, De l'intérêt dans les contrats et de la prétendue nécessité de la valeur patrimoniale des prestations des obligations, in *Œuvres choisies*, 1893, t. II, 145.

Sur la cause dans l'avant-projet de réforme Catala : B. Fages, Autour de l'objet et de la cause, *RDC* 2006/1, 37.

Sur la cause en général : J. Ghestin, *Cause de l'engagement et validité du contrat*, LGDJ, 2006, qui reprend à son compte la définition classique de la cause comme la contrepartie convenue (sur cet ouvrage, G. Goubeaux, Leçon de cause. À propos de l'ouvrage de Jacques Ghestin : *Cause de l'engagement et validité du contrat, RTD civ.* 2007, 47); J. Ghestin, En relisant « De la cause des obligations » de Henri Capitant, *Mélanges Jean-Luc Aubert*, Dalloz, 2005, 115; D. Bonnet, *Cause et condition dans les actes juridiques*, LGDJ, « Bibl. dr. privé », 2005, préf. P. de Vareilles-Sommières; J. Rochfeld, *Cause et type de contrat*, LGDJ, « Bibl. dr. privé », 1999, préf. J. Ghestin; Ph. Reigne, *La notion de cause efficiente du contrat en droit privé français*, th. Paris II, 1993; V. Varet, La nullité du contrat pour cause illicite, *RRJ* 2000-1, 67; M. Défossez, Réflexions sur l'emploi des motifs comme cause des obligations, *RTD civ.* 1985, 521.

droit de réclamer le remboursement de ses frais et débours; que toute convention ayant pour *objet* de déterminer la somme qui devra lui être versée en rémunération de ses services a une cause illicite et ne peut avoir aucun effet » (souligné par nous).

1. Civ. 1re, 1er oct. 1986, n° 85-13514 : c'est dans l'exercice de son pouvoir souverain que la cour d'appel a décidé que les éléments invoqués par le fils « sont tout à fait insuffisants pour établir que la reconnaissance de dette n'était qu'une donation déguisée s'inscrivant dans un ensemble de mesures concertées pour le spolier ».

Sur la fausse cause : J.-R. Binet, De la fausse cause, *RTD civ.* 2004, 655, qui soutient que la fausse cause permet de vérifier sa réalité, en sus de l'existence de la cause et de sa licéité.

Adde les classiques : P. Louis-Lucas, *Volonté et cause. étude sur le rôle respectif des éléments générateurs du lien obligatoire en droit privé*, Sirey, 1918 ; J. Dabin, *Théorie de la cause*, Paris, 1919 ; H. Capitant, *De la cause des obligations*, Dalloz, 1923 ; A. Rouast, À propos d'un livre sur la cause des obligations, *RTD civ.* 1923, 395 ; L. Josserand, *Les mobiles dans les actes juridiques du droit privé*, Dalloz, 1928, rééd. CNRS, 1984 ; J. Maury, Le concept et le rôle de la cause des obligations dans la jurisprudence, *RID comp.* 1951, 485.

En droit comparé : A. Simonius, Quelques remarques sur la cause des obligations en droit suisse, in *Études H. Capitant*, Dalloz, 1939, 753 ; J.-P. Walton, Cause et *consideration* dans le droit anglais des obligations, *RTD civ.* 1919, 469.

Sur les effets du contrat : R. Libchaber, Réflexions sur les effets du contrat, *Mélanges J.-L. Aubert*, Dalloz, 2005, 211 ; N. Rontchevsky, *L'effet de l'obligation*, Economica, 1998, préf. A. Ghozi, qui montre que l'effet constitue un concept spécifique du droit français, qui sert à contrôler et à qualifier l'obligation conventionnelle ; plus précisément, l'effet permet au juge de prendre en considération des résultats indirects d'une obligation qui n'ont pas été nécessairement recherchés par les parties ; à la différence des concepts d'objet, de cause, d'abus de droit ou de fraude qui saisissent un résultat recherché par les contractants, l'effet est dégagé de tout élément psychologique et permet de rendre compte du résultat « vécu » de l'obligation. *Adde* A.-S. Lucas-Puget, *Essai sur la notion d'objet du contrat*, LGDJ, « Bibl. dr. privé », 2005, préf. M. Fabre-Magnan, qui s'efforce de distinguer les notions d'objet et d'effet.

Sur les engagements abstraits : H. de Page, *L'obligation abstraite en droit interne et en droit comparé*, Bruylant, 1957 ; M. Vivant, Le fondement juridique des obligations abstraites, *D.* 1978, chron., 39. Les engagements abstraits sont surtout connus du droit allemand. Cl. Witz, *Droit privé allemand*, t. I : *Actes juridiques, droits subjectifs*, Litec, 1992 ; M. Fromont et A. Rieg, *Introduction au droit allemand*, Cujas, spéc. t. III (*Droit privé*), 1991 ; A. Rieg, *Le rôle de la volonté dans l'acte juridique en droit civil français et allemand*, LGDJ, 1961, n°s 245 et s.

Sur la lésion : G. Chantepie, *La lésion*, LGDJ, « Bibl. dr. privé », 2006, préf. G. Viney ; A. Mrabti, *Contribution à l'étude critique de la notion de lésion*, th. Paris II, 1986 ; H. de Mesmay, *La nature juridique de la lésion en droit civil français*, th. Paris II, 1980 ; Trav. Assoc. H. Capitant, 1945, t. I : *La lésion dans les contrats*, Journées belges Bruxelles et Gand (Dalloz, 1946), et not. H. Mazeaud, 185 ; P. Louis-Lucas, Lésion et contrat, Sirey, 1926 ; J. Deprez, La lésion dans les contrats aléatoires, *RTD civ.* 1955, 1 ; E. Vieujan, Lésion. Exploitation de l'infériorité du cocontractant. Nullité, *RTD civ.* 1964, 406 ; E. Demontès, Observations sur la théorie de la lésion dans les contrats, *Études H. Capitant*, Dalloz, 1939, 171 ; du même auteur, Le fondement juridique de la lésion, *Rev. crit. législ. et jur.* 1924, 37 ; P. G. Jobin, L'étonnante destinée de la lésion et de l'imprévision dans la réforme du Code civil au Québec, *RTD civ.* 2004, 693.

Sur la lésion qualifiée : J.-P. Chazal, *De la puissance économique en droit des obligations*, th. Grenoble II, 1996 ; C. Ouerdane-Aubert de Vincelles, *Altération du consentement et efficacité des sanctions contractuelles*, Dalloz, « Nouv. bibl. thèses », 2002, préf. Y. Lequette ; M. Chagny, *Droit de la concurrence et droit commun des obligations*, Dalloz, « Nouv. bibl. thèses », 2004, préf. J. Ghestin ; J. Ghestin, *Cause de l'engagement et validité du contrat*, LGDJ, 2006; F. Chénedé, *Les commutations en droit privé, Contribution à la théorie générale des obligations*, Economica, 2008, préf. A. Ghozi.

THÉORIE JURIDIQUE

a) Le rôle de la cause dans l'exécution du contrat. — A. Cermolacce, *Cause et exécution du contrat*, PUAM, 2001, préf. J. Mestre. On rattache couramment cette question à Henri Capitant. C'est en effet à cet auteur, dans son célèbre ouvrage intitulé *De la cause des obligations* (Dalloz, 1923) que revient le mérite d'avoir mis en lumière le rôle que joue la cause, non seulement dans la formation des contrats, mais également au cours de leur exécution. On lui attribue souvent l'idée que le juge pourrait, sur le fondement de la cause, vérifier tout au long de l'exécution du contrat que les obligations des parties demeurent réciproques et équilibrées. On peut cependant hésiter sur la portée exacte des analyses que l'on attribue à Capitant. Certes, dans quelques phrases restées célèbres (*op. cit.*, n° 120), il écrivait que «la cause exerce son influence sur le sort du contrat tant que le but visé par chaque obligé n'est pas atteint, c'est-à-dire tant que les prestations réciproques n'ont pas été complètement et régulièrement exécutées». Mais, après ces quelques propos introductifs, l'auteur ajoutait qu'il est «impossible d'expliquer, sans cette notion, les trois règles suivantes qui forment les pièces essentielles du mécanisme du contrat synallagmatique» et divisait alors son exposé en trois paragraphes consacrés respectivement à l'exception d'inexécution, à la théorie des risques et enfin à la résolution du contrat. La thèse de cet auteur était donc assurément que l'idée de cause sous-tend ces trois institutions, c'est-à-dire qu'elle en constitue une explication rationnelle; mais il n'est pas sûr que l'auteur ait entendu en déduire, comme on le lui attribue parfois, que le juge pourrait toujours, *en dehors même* de ces trois institutions, s'assurer de l'existence de la cause pendant l'exécution du contrat, et donc éventuellement prononcer une sanction sur le fondement de la disparition de la cause. Ces trois mécanismes suffisent largement à contrôler l'équilibre entre les obligations réciproques des parties durant la phase de l'exécution du contrat sans qu'il soit nécessaire d'utiliser la technique de la cause.

b) La vente de la chose d'autrui. — «La vente de la chose d'autrui est nulle : elle peut donner lieu à des dommages-intérêts lorsque l'acheteur a ignoré que la chose fût à autrui» (art. 1599 C. civ.). La Cour de cassation a jugé que cette nullité est relative en faveur de l'acheteur qui a donc seule qualité pour l'invoquer (Civ. 3e, 16 avr. 1973, n° 72-11276). Le vendeur non propriétaire ne peut jamais invoquer la nullité puisqu'il est tenu à une obligation de garantie (qui doit garantie ne peut évincer). Quant au propriétaire, il ne peut davantage agir car il n'est pas partie à la vente (or la sanction est une nullité relative). «La nullité dont est entachée la vente de la chose d'autrui peut être couverte, soit par ratification, soit par la prescription de dix ans» (Civ., 23 janv. 1832, *Grands arrêts*, n° 176). Elle est couverte lorsque, avant toute action en nullité, l'acheteur a vu disparaître le risque d'éviction (acquisition par le vendeur de la chose vendue : Civ. 1re, 12 juil. 1962).

En cas de vente à deux acquéreurs successifs, en matière mobilière, le transfert de propriété s'opérant en principe par le seul échange des consentements, celui qui a acquis en premier l'emporte. Mais il faut compter avec l'application des règles de l'article 2279 en cas d'acquisition d'un meuble corporel *a non domino*, c'est-à-dire d'un autre que le propriétaire : on rappelle que la règle « en fait de meubles possession vaut titre » découlant de ce texte a une fonction acquisitive à l'égard des tiers (dans le litige avec un autre acquéreur même antérieur, la propriété demeurera acquise au second acquéreur de bonne foi) et une fonction probatoire à l'égard de l'auteur du possesseur qui a remis la chose à titre précaire (dans un litige entre le vrai propriétaire et le possesseur précaire, ce dernier sera présumé, mais seulement jusqu'à preuve contraire, en être le propriétaire). Les choses sont différentes pour les ventes d'immeubles où la vente doit avoir été régulièrement publiée pour être opposable aux tiers.

c) L'erreur sur la cause. — Lorsqu'un contractant commet une erreur, c'est le plus souvent qu'il se trompe sur la prestation reçue de son cocontractant. Son erreur porte ainsi sur la contrepartie qu'il reçoit. Il croyait à tort qu'il existait une contrepartie (une cause) à son obligation. La question se pose alors de savoir s'il doit agir sur le fondement de l'erreur ou sur celui de l'absence de cause. Les relations entre les notions d'erreur et de cause ont ainsi donné lieu à maintes controverses doctrinales qui ont conduit à se demander s'il n'existait pas une troisième notion, mixte en quelque sorte, celle d'« erreur sur la cause » (J. Ghestin, *La notion d'erreur dans le droit positif actuel*, th. Paris, 1962, LGDJ, « Bibl. dr. privé », 2e éd., 1971, préf. J. Boulanger, 253 et s.).

La question demeurait de savoir si cette notion était autonome par rapport à celles d'erreur et de cause ou si au contraire elle ne devait pas être ramenée, selon les cas, à l'une ou à l'autre. La majorité de la doctrine semble aujourd'hui se rallier à la seconde conception. L'erreur sur la cause est ainsi soit une « fausse cause », que l'article 1131 C. civ. assimile à l'absence de cause (l'erreur sur la cause est alors, plus précisément, une « erreur sur l'existence même de la cause » : J. Ghestin, *op. cit.*, n° 230, 275), soit une erreur au sens de l'article 1110 du même Code (plus précisément « une erreur sur la contrepartie » : *ibid.*, n° 236, 280). Il en résulte que la notion même d'erreur sur la cause semble désormais inutile. La Cour de cassation adopte aujourd'hui la même position. Elle assimile en effet « erreur sur l'existence de la cause » et « défaut de cause » et, partant, soumet la première au régime juridique de la seconde et non pas à celui de l'erreur laquelle requiert not., pour annuler le contrat, de ne pas être inexcusable (Civ. 1re, 10 mai 1995, n° 92-10736 ; *Defrénois*, 1995, art. 36145, 1038, obs. Ph. Delebecque, qui énonce que « l'erreur sur l'existence de la cause, fût-elle inexcusable, justifie l'annulation de l'engagement pour défaut de cause »). Parfois l'enjeu est indifférent, et la Cour de cassation reste sur le fondement de l'article 1110 C. civ. qui était celui des parties : Com., 11 juil. 2006, n° 04-17109 ; *RTD civ.* 2007, 106 (pas d'erreur, dans la mesure où un grand laboratoire pharmaceutique, « qui dispose de spécialistes de haut niveau scientifique, a procédé en toute connaissance de cause à l'acquisition d'une simple formule qui appelait avant sa commercialisation des développements supplémentaires ». *Adde* Civ. 3e, 31 oct. 2000, *RTD civ.* 2001, 353, obs. J. Mestre et B. Fages ; et *RTD civ.* 1995, 880 ; 1996, 909 ; 2000, 824. *Adde* P. Chauvel, Erreur substantielle, cause et équilibre des prestations dans les contrats synallagmatiques, *Droits*, n° 12, 94.

d) Les contrats typiques et les contrats atypiques. — J. Rochfeld, *Cause et type de contrat*, LGDJ, « Bibl. dr. privé », 1999, préf. J. Ghestin, qui montre que la théorie objective de la cause (la cause comme contrepartie) renvoie nécessairement au « type » de contrat. Dans les contrats typiques, la cause reçoit une définition identique pour toutes les parties, dans la mesure où les parties sont mues par une finalité connue, attachée à une structure déterminée ; en revanche dans les contrats atypiques, inconnus, la définition traditionnelle est moins adaptée et la cause atypique doit alors être recherchée, non pas dans la structure contractuelle mais dans la définition individuelle qu'en ont donnée les parties. La notion de « type » est utilisée en la matière en droit italien : G. B. Ferri, *Causa e tipo nella teoria del negozio giuridico*, Milan, Giuffrè, 1966 ; E. Betti, La tipicità dei negozi giuridici romani e la cosidetta atipicità del diritto odierno, in *Diritto Metodo Ermeneutica*, Giuffrè, 1991, 325.

e) La vente à l'euro symbolique. — Autrefois vente au « franc » symbolique. Ch. Freyria, Le prix de vente symbolique, *D.* 1997, chron., 51 ; B. Garrigues, La contre-prestation au franc symbolique, *RTD civ.* 1991, 459. Le prix marque l'absence d'intention libérale et le souhait de faire entrer l'opération dans la qualification de vente. Mais il faut néanmoins une cause, c'est-à-dire un intérêt matériel à l'opération. Cet intérêt ne peut être trouvé dans la somme de 1 stipulée au contrat, et doit donc en général être trouvé dans un autre contrat, ou dans une opération globale : par ex. un repreneur rachète une entreprise pour cette somme en s'engageant à poursuivre l'activité et à apurer le passif. Civ. 3e, 3 mars 1993, n° 91-15613 ; *RTD civ.* 1994, 124, obs. P.-Y. Gautier ; *JCP G* 1994, I, 3744, obs. M. Fabre-Magnan : « Ayant souverainement retenu... que la vente du terrain sur lequel était bâtie l'usine, pour le prix d'un franc, était une condition de réalisation de l'opération, cette vente ne pouvant être dissociée de celle des bâtiments et de la reprise des dettes de la société Chiaffi par la société Cerinco, l'ensemble concernant la vente de l'entreprise de briqueterie formant un tout indivisible, et que cette vente permettant l'apurement des dettes et la poursuite de l'activité, M. Chiaffi avait grand intérêt à sa réalisation, tant à titre personnel pour éviter les poursuites de ses créanciers, qu'à titre d'actionnaire de la société Chiaffi dont il détenait avec son épouse près de la moitié des parts sociales, la cour d'appel a pu en déduire que dans le cadre de l'économie générale du contrat, la vente du terrain était causée et avait une contrepartie réelle. » Où l'on voit que la Cour de cassation utilise expressément la notion d'« intérêt » au contrat, c'est-à-dire à la réalisation de l'opération, pour en conclure l'existence de la cause.

PRATIQUE JUDICIAIRE

a) Le rachat de la lésion. — En période d'inflation monétaire, il faut tenir compte de ce que la somme qui avait été payée par l'acheteur n'était, à l'époque, peut-être pas si dérisoire. La jurisprudence a alors mis au point quelques règles de calcul du rachat de la lésion, fondées sur le mécanisme de la dette de valeur. Ces règles sont les suivantes : pour déterminer l'existence et l'étendue de la lésion, il faut faire les calculs en se plaçant au jour du contrat ; dans un second temps, le calcul du montant de l'indemnité due par l'acheteur est fait au moment où l'indemnité doit être versée, en tenant donc compte de la valeur actuelle du bien (Civ. 1re, 7 juin 1966, *Grands arrêts*, n° 175) ; la réévaluation ne doit alors porter que sur la partie impayée du juste prix (Civ. 3e, 22 janv. 1970) ; enfin, la déduction du dixième du prix total est, non pas le 1/10 de la valeur réelle de l'immeuble au moment de l'offre, mais le 1/10 du « prix total résultant des deux versements initial et complémentaire de l'acquéreur » (Civ. 3e, 4 déc. 1973). On a ainsi la somme que doit verser l'acheteur pour pouvoir conserver l'immeuble. Pour prendre un ex. chiffré, supposons qu'un immeuble ait été acheté pour un prix de 50 000 € alors qu'il valait à l'époque

150 000 et qu'il en vaut aujourd'hui 210 000. Il faut, pour calculer la lésion, se placer au jour de la vente : à cette date, l'acheteur a versé 50 000 pour un immeuble qui en valait en réalité 150 000. Il l'a donc payé 1/3 de sa valeur réelle (50 000/150 000) et la lésion est donc des 2/3 (8/12), ce qui est bien une lésion de plus des 7/12. Si l'acheteur souhaite racheter la lésion, il doit payer le supplément du juste prix évaluer au jour du règlement, c'est-à-dire calculé sur la valeur actuelle de l'immeuble. Il doit donc verser les 2/3 du prix actuel soit 2/3 × 210 000 = 140 000. Il faut enfin déduire de cette somme le 1/10 du prix total résultant des deux versements initial et complémentaire de l'acquéreur, soit 1/10 (50 000 + 140 000) = 190 000 . L'acheteur doit ainsi verser finalement 140 000 – 19 000 = 121 000 .

Si la valeur de l'immeuble prise en compte pour le calcul de la lésion est en principe celle au jour du contrat (art. 1675 C. civ. : « Pour savoir s'il y a lésion de plus de 7/12, il faut estimer l'immeuble suivant son état et sa valeur au moment de la vente »), il faut signaler une particularité pour les promesses unilatérales de vente. Souvent en effet (en période d'inflation ou de hausse du marché), il y a une différence importante entre la valeur de l'immeuble au jour de la promesse et celle au jour de la levée de l'option. La valeur de l'immeuble prise en compte pour le calcul de la lésion est alors celle au jour de la levée de l'option (al. 2, art. 1675 C. civ., L. 28 nov. 1949 : « En cas de promesse de vente unilatérale, la lésion s'apprécie au jour de la réalisation »). L'objectif de la loi était de protéger le promettant contre une dépréciation monétaire ou une hausse du marché entre le jour de sa promesse et celui de sa réalisation : si on avait apprécié l'équilibre du contrat, c'est-à-dire le montant du prix payé par l'acheteur, au jour de la promesse, on aurait été amené à valider des contrats bien que, au jour de la levée de l'option par ce dernier, le prix de l'immeuble ait considérablement augmenté (à nouveau en raison d'une forte inflation ou d'une hausse du marché) ; en appréciant la lésion et donc en particulier la valeur de l'immeuble au jour de sa réalisation, c'est-à-dire au jour de la levée de l'option, on va alors autoriser le vendeur (le promettant) à sortir du contrat si, depuis la conclusion de la promesse, le contrat lui est devenu largement défavorable. La particularité ne vaut que pour les promesses unilatérales, car la vente ne se forme alors qu'au jour de la levée de l'option. Elle ne vaut pas en revanche pour les promesses synallagmatiques qui valent vente si bien que la valeur de l'immeuble doit alors s'apprécier au jour de la promesse même si le prix doit être payé ultérieurement.

Sur la notion de valeur : L'argent du droit. Contribution à une théorie juridique de la valeur, in *Études B. Oppetit*, Litec, 2010, 579 ; Ph. Jouary, *Contribution à l'étude de la valeur en droit privé des contrats*, th. Paris I, 2002 ; J. Bernard de Saint-Afrique, De l'évaluation, in *Études P. Catala*, Litec, 2001, 305.

b) L'économie du contrat. — Th. Pasquier, *L'économie du contrat de travail. Conception et destin d'un type contractuel*, LGDJ, « Bibl. dr. privé », 2010, préf. A. Lyon-Caen ; S. Pimont, *L'économie du contrat*, th. Poitiers, 2002 ; J. Moury, Une embarrassante notion : l'économie du contrat, *D.* 2000, chron., 382 ; A. Zelcevic-Duhamel, La notion d'économie du contrat en droit privé, *JCP G* 2001, I, 300 ; J. Mestre, *RTD civ.* 1996, 901. Plusieurs arrêts utilisent la notion d'« économie du contrat » . Civ. 3e, 6 déc. 1995, n° 93-21260 : « Le bailleur avait un intérêt légitime à ce que l'*économie de la convention* consentie à des copreneurs ne soit pas perturbée, la cour d'appel a, sans se contredire, pu en déduire que ces copreneurs ne pouvaient imposer aux consorts Francheschini le transfert par l'un d'eux de ses droits à l'autre cotitulaire du bail et refuser d'autoriser la cession » ;

Com., 3 janv. 1996, n° 94-12314 : modification par le franchiseur de sa politique de vente ; il ne résulte pas des constatations de la cour d'appel que le franchisé a donné son accord pour que soit modifiée l'économie du contrat ; Com., 16 janv. 1996, n° 94-13653, pour une clause de livraison sous palan entre chargeur et transporteur maritime qui « est une stipulation qui concerne l'*économie même du contrat* de transport », si bien que « pareille clause est opposable au destinataire sans qu'il soit nécessaire que celui-ci ait spécialement manifesté sa volonté de l'accepter » ; Com., 15 févr. 2000, n° 97-19793 ; *D.* 2000, som. 364, obs. Ph. Delebecque ; *Defrénois*, 2000, 1118, obs. D. Mazeaud ; *RTD civ.* 2000, 325, obs. J. Mestre et B. Fages, approuvant une cour d'appel d'avoir déclaré que deux contrats étaient interdépendants malgré une clause ayant expressément stipulé le contraire, au motif que « le texte de la clause invoquée était en contradiction avec l'*économie générale du contrat* ». V. également *supra* pour l'affaire du point club vidéo.

La notion d'« économie du contrat » sert à identifier la finalité du contrat dans l'esprit et donc dans l'accord des parties. Elle renvoie dès lors principalement à l'objet du contrat. Mais celui-ci est alors perçu de façon plus subjective, par référence avec l'intérêt que les parties entendaient retirer du contrat. Sur le lien de la notion d'économie du contrat avec la cause, D. Mazeaud, Les nouveaux instruments de l'équilibre contractuel. Ne risque-ton pas d'aller trop loin ?, *La nouvelle crise du contrat*, dir. Ch. Jamin et D. Mazeaud, Dalloz, « Thèmes et commentaires », 2003, 143, pour qui ces arrêts illustrent une « subjectivisation » de la cause : « De simple garantie abstraite permettant uniquement de lutter contre les engagements contractuels souscrits sans contrepartie, celle-ci devient une garantie concrète qui confère au juge le pouvoir de contrôler l'intérêt du contrat, en considération duquel les parties s'étaient engagées. » Le lien est fait avec le renouveau de la cause dans le contrôle, par le juge, de l'équilibre des contrats.

En réalité, la finalité du contrat peut renvoyer selon les cas à l'objet ou à la cause. L'objet permet de prendre en considération la finalité commune des parties, l'opération juridique qu'elles avaient en vue, tandis que la cause renvoie à des mobiles individuels, qui sont en principe extérieurs au contrat, mais qui sont pris en considération pour apprécier la licéité de la cause. En ce sens A.-S. Lucas-Puget, *Essai sur la notion d'objet du contrat*, LGDJ, « Bibl. dr. privé », 2005, préf. M. Fabre-Magnan.

c) Le but du contrat. — La notion de « but du contrat » peut renvoyer selon les cas à l'objet ou à la cause du contrat. Elle est utilisée dans les Principes du droit européen des contrats. Ainsi, selon l'article 4 :109 : « Une partie peut provoquer la nullité du contrat si, lors de la conclusion du contrat : *(a)* elle était dans un état de dépendance à l'égard de l'autre partie ou une relation de confiance avec elle, en état de détresse économique ou de besoins urgents, ou était imprévoyante, ignorante, inexpérimentée ou inapte à la négociation ; *(b)* alors que l'autre partie en avait ou aurait dû en avoir connaissance et que, étant données les circonstances et le *but du contrat*, elle a pris avantage de la situation de la première avec une déloyauté évidente ou en a retiré un profit excessif. » Elle existe aussi dans le nouveau droit chinois des contrats : X.-Y. Li-Kotovtchikhine, Le nouveau droit chinois des contrats internationaux, *JDI* 2002, 113.

d) Le renouveau de la cause dans le contrôle de l'équilibre des contrats. — Une des évolutions récentes les plus marquantes en droit des contrats a consisté en l'utilisation de maintes techniques afin d'assurer l'équilibre des prestations échangées. Pour un bilan complet, D. Mazeaud, Les nouveaux instruments de l'équilibre contractuel. Ne risque-t-on pas d'aller trop loin?, précité. Les juges se sont même servis de la notion de cause qui, traditionnellement, ne permettait pas un tel contrôle. En effet, dans la théorie classique, l'existence d'une contrepartie, si faible soit-elle par rapport à la prestation fournie, suffit à caractériser une cause et donc à valider le contrat. Le droit anglais a la même position qui, s'il exige une *consideration* (ce en vue de quoi on contracte), énonce qu'un simple grain de poivre suffit à remplir une telle exigence (*a peppercorn is a valid consideration*).

De la même façon, la Cour de cassation a parfois utilisé l'exigence de l'existence d'une cause pour annuler des clauses qui lui paraissaient injustes (v. *infra* pour les clauses portant atteinte à l'obligation fondamentale d'un contrat). Par exemple, des clauses de contrats d'assurance limitant la garantie due par l'assureur aux « réclamations survenues pendant la période de validité de la police » ; Civ. 1re, 19 déc. 1990 (n° 88-12863), rendu au visa de l'art. 1131 C. civ. : « Le versement des primes pour la période qui se situe entre la prise d'effet du contrat d'assurance et son expiration a pour contrepartie nécessaire la garantie des dommages qui trouvent leur origine dans un fait qui s'est produit pendant cette période ; que la stipulation de la police selon laquelle le dommage n'est garanti que si la réclamation de la victime, en tout état de cause nécessaire à la mise en œuvre de l'assurance de responsabilité, a été formulée au cours de la période de validité du contrat, aboutit à priver l'assuré du bénéfice de l'assurance en raison d'un fait qui ne lui est pas imputable et à créer un avantage illicite comme dépourvu de cause au profit du seul assureur qui aurait alors perçu des primes sans contrepartie ; que cette stipulation doit en conséquence être réputée non écrite » (dans le même sens, Civ. 1re, 16 déc. 1997, n° 94-17061 et 94-20060). Il en est encore ainsi dans les litiges relatifs aux dates de valeur. Des clients faisaient valoir que leur obligation de payer des intérêts à leur banque était partiellement dénuée de cause, dans la mesure où les sommes prises en considération pour le calcul de ceux-ci étaient augmentées, sans fondement, par l'application de « dates de valeur » aux remises de chèques et d'espèces ainsi qu'aux retraits (ce qui signifie que le chèque est considéré comme encaissé à une date ultérieure à sa remise à l'encaissement, obligeant ainsi les clients à payer les « agios » pour les quelques jours de différence entre ces deux dates). La Ch. com. (6 avr. 1993, n° 90-21198) censure la cour d'appel qui avait rejeté cette prétention en arguant de la légitimité du délai d'encaissement exigé par les banques : « en statuant ainsi, alors que les opérations litigieuses, autres que les remises de chèques en vue de leur encaissement, n'impliquaient pas que, même pour le calcul des intérêts, les dates de crédit ou de débit soient différées ou avancées, la cour d'appel a violé » l'art. 1131 C. civ.

Dans les deux cas, les juges du fond sont sanctionnés pour ne pas avoir écarté une clause injuste, et ce par application des règles sur la cause. Dans le premier cas, la Cour de cassation énonce que l'avantage conféré à l'assureur en obligeant l'assuré à réclamer la couverture de l'assurance pendant la période de validité du contrat serait dépourvu de cause, les primes stipulées pour la période en réalité non couverte étant privées de contrepartie. Dans le second cas, c'est l'obligation de payer les intérêts qui serait dénuée de cause, dans la mesure sans doute (ici l'arrêt est moins explicite) où le client paie les agios sur une somme qu'il ne détient plus. Ainsi, sur le fondement de la cause, le juge veille à la stricte équivalence des obligations stipulées de part et d'autre. On pourrait dire que les cas étaient particuliers et qu'il s'agissait simplement, pour le juge, de respecter la volonté des parties qui avaient, dans les deux hypothèses, prévu une stricte équivalence entre leurs prestations. Les primes d'assurance, par exemple, sont calculées pour être proportionnelles à la période couverte par la garantie; de même, les intérêts prélevés par une banque doivent correspondre au montant réel des encours. Il n'en demeure pas moins que, là encore, le juge se sert de la cause afin d'en tirer de nouveaux pouvoirs d'intervention sur le contenu même du contrat qu'il s'autorise à rééquilibrer, c'est-à-dire à réécrire.

Le législateur lui-même s'est mis à imposer un certain équilibre des prestations, tout au moins une absence de disproportion manifeste. V. loi 15 mai 2001 sur les nouvelles régulations économiques, qui a introduit un 2° à l'art. L. 446-2-I C. com. qui sanctionne le fait « d'obtenir ou de tenter d'obtenir d'un partenaire commercial un avantage quelconque ne correspondant à aucun service commercial effectivement rendu ou manifestement disproportionné au regard de la valeur du service rendu ». Le 1) sanctionnait déjà le fait de pratiquer ou d'obtenir du partenaire des avantages « non justifiés par des contreparties réelles ». En matière commerciale, le législateur entend contrôler l'absence de déséquilibre des prestations et ce droit spécial n'est pas sans influence sur le droit commun.

POLITIQUE LÉGISLATIVE

Faut-il garder le concept de cause ?. — La notion de cause, qui connaît tant de raffinements en droit français, est sans doute en voie de disparition. Elle l'est tant du côté européen que du côté des divers projets de réforme proposés en France.

Les PECL retiennent qu'« un contrat est conclu dès lors que : *(a)* les parties entendaient être liées juridiquement); *(b)* et sont parvenues à un accord suffisant, sans qu'aucune autre condition soit requise » (art. 2, 101, 1). Le but de cet article était d'indiquer que le seul accord des parties suffit à la conclusion d'un contrat, à sa modification, ou à sa résiliation, sans aucune autre condition telle qu'elle peut être trouvée dans certains droits nationaux. Ainsi, ni la cause du droit français, ni la *consideration* du droit anglais ne sont dans ces principes une condition de validité du contrat. L'influence est ici germanique, puisque le droit allemand ne connaît pas ces notions.

Les travaux Unidroit adoptent la même solution. La raison donnée de cette disparition est que, dans les contrats internationaux, des obligations sont assumées par les deux parties, et que la suppression de cette condition supplémentaire de validité sera de nature à diminuer les litiges que ces notions entraînent dans les pays où elles existent. Un exemple est donné à titre d'illustration dans les commentaires : à la demande d'un client français A, la banque parisienne B émet une garantie à première demande pour un partenaire commercial anglais C; ni B ni A ne peuvent invoquer la possible absence de cause ou de *consideration* de la garantie pour l'empêcher de jouer.

Enfin dans le projet de Cadre commun de référence, il est également prévu, dans le chapitre II. — 4 :101 (Conditions requises pour la formation du contrat), que « Le contrat est conclu, sans qu'aucune autre condition soit requise, dès lors que les parties *(a)* entendaient faire naître une relation juridiquement obligatoire ou d'autres effets juridiques, *(b)* et sont parvenues à un accord suffisant ».

Il est vrai que l'absence de cause est rarement invoquée en droit français pour justifier l'annulation d'un contrat, et que, dans les contrats d'affaires internationaux comme dans des contrats courants d'ailleurs, l'absence de contrepartie sera le plus souvent le signe d'un vice du consentement. En outre, les PECL introduisent la notion de profit excessif ou d'avantage déloyal (*gross disparity*), qui permet de jouer le rôle que joue de plus en plus la cause en droit français : le contrôle de l'équilibre des prestations. Les travaux Unidroit excluent également explicitement de leur objet l'invalidité découlant de l'immoralité ou de l'illicéité du contrat (art. 3.1).

L'avant-projet Catala maintient l'exigence d'une cause, qui est en revanche supprimée dans le projet de la Chancellerie et dans le projet proposé par le groupe dirigé par F. Terré. La notion d'intérêt, plus claire, pourrait la remplacer : v. nos obs. *JCP G* 2008, I, 199. Elle a cependant été supprimée dans le dernier projet de la Chancellerie de décembre 2008.

Certains éléments peuvent cependant légitimement faire hésiter à rayer la cause d'un trait de plume. V. Y. Lequette, Responsabilité civile *versus* vices du consentement, in *Au-delà des codes. Mélanges Marie-Stéphane Payet*, Dalloz, 2012, 363, dont l'introduction est en réalité un plaidoyer pour la cause dont certains arguments sont convaincants. Il cite en particulier longuement M. Pasquau Liano, L'abandon de la notion de cause en droit français : un service au droit européen des contrats?, *Revue de droit d'Assas*, janv. 2010, n° 1, p. 68, qui insiste sur le fait que la cause, loin d'être une notion isolée dans le monde, a en réalité été exportée dans de nombreux pays influencés par le Code Napoléon et souvent négligés par la France : « Il suffit de regarder vers l'Europe du Sud, vers l'Amérique du Sud, vers le Canada, vers le Proche et le Moyen-Orient, pour comprendre qu'il n'est pas vrai du tout que la cuase est « largement méconnue en droit comparé ». Sauf à ce que le droit comparé ne soit que le droit de l'Europe du Nord ». V. cependant Chr. Chappuis, Le renoncement à la cause et à la considération dans l'avant-projet d'Acte uniforme OHADA sur le droit des contrats, *Revue de droit uniforme*, UNIDROIT, 2008, n°1/2, p. 253.

Sur ce débat, v. également F. Chénedé, L'utilité de la cause de l'obligation en droit contemporain des contrats : l'apport du droit administratif, *CCC* 2008, étude 11 ; X. Lagarde, Sur l'utilité de la théorie de la cause, *D.* 2007, 740 ; L'objet et la cause du contrat, entre actualité et principes, *LPA* 2007, n° 70, p. 6 ; J. Ghestin, Faut-il conserver la cause en droit européen des contrats?, *ERCL*,4/2005, 396 ; L'absence de cause de l'engagement : absence de contrepartie convenue, *JCP G* 2006, I, 177 ; Le renouveau doctrinal actuel de l'absence de cause, *JCP G* 2006, I, 194.

Sous-titre 2

LA SANCTION DU NON-RESPECT DES CONDITIONS DE VALIDITÉ DU CONTRAT : LA NULLITÉ

Lorsque l'échange des consentements fait défaut, c'est-à-dire lorsqu'il n'y a pas eu rencontre d'une offre et d'une acceptation, le juge n'aura pas besoin d'annuler un contrat, puisque par hypothèse aucun contrat ne s'est formé. Ainsi, le juge qui constate par exemple que l'offre n'a pas été acceptée ne prononcera pas la nullité d'un contrat mais conclura à l'absence d'accord des parties, c'est-à-dire à l'absence de contrat : en d'autres termes, il constatera l'*inexistence* du contrat. Bien que la doctrine en doute parfois, l'inexistence est ainsi une sanction possible à côté de la nullité[1], pour le cas où il n'y a pas eu échange des consentements. La nullité d'un contrat n'est pertinente que lorsqu'il y a au moins apparence de contrat, c'est-à-dire lorsqu'il y a eu accord des parties, et que manque en revanche une condition de validité de cet accord comme la cause par exemple[2].

La nullité du contrat n'est plus possible lorsqu'une loi de validation est intervenue pour le régulariser. La Cour européenne des droits de l'homme veille cependant, au nom du droit à un procès équitable (art. 6 de la Conv. EDH), à ce que le législateur n'empiète sur les droits des parties que si cela est justifié « par d'impérieux motifs d'intérêt général »[3].

1. En ce sens Cl. Witz, La consécration de l'inexistence par plusieurs instruments d'uniformisation du droit, in *Études offertes au doyen Philippe Simler*, Litec, Dalloz, 2006, 729.

2. V. ainsi Civ. 3e, 21 sept. 2011, n° 10-21900 ; *D.* 2011, 2711, note D. Mazeaud ; *D.* 2012, 459 et s., obs. S. Amrani Mekki et M. Mekki ; *Dr. & patr.* 2012, n° 211, 64, obs. Ph. Stoffel-Munck, qui juge « que la cour d'appel a retenu à bon droit que le contrat de bail à construction conclu pour un prix dérisoire ou vil n'était pas inexistant mais nul pour défaut de cause ».

3. Sur le contrôle européen des lois de validation en matière contractuelle, v. *supra*.

En droit français la nullité du contrat suppose, dès lors qu'elle est contestée, une action en justice. Tant que la nullité n'a pas été prononcée par un juge, les contractants doivent exécuter le contrat[1].

Section 1
La notion de nullité

La nullité est la sanction du non-respect d'une condition de *validité* du contrat (par opposition à l'existence du contrat), c'est-à-dire des règles relatives aux vices du consentement, à la capacité, à l'objet et à la cause. Elle doit être prononcée par le juge et entraîne la disparition rétroactive du contrat.

La notion de « nullité » doit ainsi bien être distinguée de multiples autres termes ayant un sens juridique précis : la caducité, qui permet de sanctionner la disparition, après la formation du contrat, d'une de ses conditions de validité, et qui entraîne un anéantissement du contrat non pas rétroactif comme dans la nullité[2], mais seulement à compter du jour de la disparition de la condition de validité initialement présente[3] ; l'inexistence, qui est la constatation de l'absence de formation du contrat faute d'échange des consentements et donc d'accord des parties ; la rescision, terme réservé à la sanction de la lésion, et qui entraîne, comme la nullité, la disparition rétroactive du contrat ; la résolution, qui entraîne comme la nullité une disparition rétroactive du contrat mais en raison non pas d'un vice de formation mais d'un défaut d'exécution du contrat ;

1. En vertu du principe selon lequel nul ne peut se faire justice à soi-même, une partie doit exécuter le contrat même si elle a intenté une action judiciaire en contestation de la validité de son engagement ; l'autre peut sinon en demander l'exécution même en référé car il y a alors trouble manifestement illicite : Civ. 1re, 15 juin 2004, n° 00-16392 ; *RTD civ.* 2004, 508, obs. J. Mestre et B. Fages.

2. « la caducité d'un acte n'affecte pas la clause pénale qui y est stipulée et qui doit précisément produire effet en cas de défaillance fautive de l'une des parties » : Com., 22 mars 2011, n° 09-16660 ; *RDC* 2011/3, 826, obs. É. Savaux ; *D.* 2011, 2179, obs. A. Hontebeyrie.

3. V. cependant Com., 5 juin 2007, n° 04-20380 ; *RTD civ.* 2007, 569, obs. B. Fages, qui parle de caducité tout en retenant que l'acquéreur devait restituer le bien vendu et le vendeur son prix. Pour une proposition doctrinale d'admission d'une caducité rétroactive, R. Chaaban, *La caducité des actes juridiques. étude de droit civil*, LGDJ, « Bibl. dr. privé », 2006, préf. Y. Lequette, n° 428. Pour un autre exemple de caducité des obligations : Civ. 1re, 7 nov. 2006, n° 05-11775 ; *RDC* 2007/2, 259, obs. Y.-M. Laithier.

la résiliation, sanction également d'une inexécution du contrat, ou même simplement manifestation unilatérale de volonté de ne plus exécuter le contrat, entraînant la disparition de celui-ci mais uniquement pour l'avenir, c'est-à-dire de façon non rétroactive ; enfin l'inopposabilité, qui est une mesure de protection non plus de l'une des parties au contrat mais d'un tiers : un acte valable entre les parties peut voir ses effets paralysés vis-à-vis du tiers à qui on ne peut l'opposer.

Deux systèmes de nullités sont possibles : celles-ci peuvent en effet être textuelles ou virtuelles. Dans un système de nullités textuelles – résumé par la formule « pas de nullité sans texte » – la nullité d'un acte ne peut être prononcée par le juge, quelle que soit la gravité du vice l'affectant, si le législateur n'a pas expressément attaché cette sanction au vice considéré. Au contraire, dans un système de nullités virtuelles, les juges peuvent annuler un acte même sans texte exprès en ce sens. En droit des contrats, des dispositions comme l'article 6 du Code civil sont si larges qu'elles permettent aux juges de prononcer la nullité d'un contrat même sans texte spécifique[1]. À l'inverse, le fait qu'une règle soit pénalement sanctionnée ne conduit pas nécessairement à la nullité du contrat qui y aurait contrevenu[2].

Les juges sont en principe tenus de prononcer la nullité du contrat dès lors que les conditions en sont réunies, mais, en certains domaines, la nullité n'est que facultative[3].

1 | Les différents types de nullité

Il existe deux types de nullité : les nullités relatives et les nullités absolues. Lorsque le texte est muet sur ce point, ou *a fortiori* en l'absence

1. Civ. 1re, 7 déc. 2004, n° 01-11823 ; *RTD civ.* 2005, 389, obs. J. Mestre et B. Fages, qui énonce, à propos de diverses mentions informatives exigées par le C. conso., « que la méconnaissance de ces dispositions d'ordre public est sanctionnée non seulement pénalement, comme le prévoit le quatrième des textes susvisés, mais aussi, en vertu du dernier [art. 6 C. civ.], par la nullité du contrat de vente ». Dans le même sens, Civ. 1re, 7 oct. 1998, n° 96-17829, à propos de l'interdiction, en matière de démarchage à domicile, d'exiger un quelconque engagement du client.

2. Civ. 1re, 15 déc. 1998, n° 96-19898. *Adde* obs. J. Mestre, *RTD civ.* 1999, 383 et s., spéc. 386.

3. Com., 12 janv. 2010, n° 09-11119 ; *RTD civ.* 2010, 102 ; *D.* 2010, 204, obs. A. Lienhard : « après avoir constaté que les conditions pour prononcer la nullité sont réunies, le juge, saisi d'une action en nullité fondée sur l'article L. 632-2 du code de commerce dans sa rédaction issue de la loi du 26 juillet 2005 de sauvegarde des entreprises, jouit de la faculté de prononcer ou non cette mesure ».

de texte, il appartient au juge de déterminer la juste qualification sous le contrôle de la Cour de cassation[1].

a) Les nullités relatives. — La nullité relative est une sanction qui ne peut être demandée que par l'une des parties au contrat : le vice qui affecte l'acte la concerne, lui préjudicie en propre ; en d'autres termes, il lui est relatif. La nullité pour vice du consentement est ainsi une nullité relative que seule la victime de ce vice peut invoquer, celle dont le consentement a été vicié par une erreur, un dol ou une violence. Le juge en revanche ne peut l'invoquer d'office[2], mais peut néanmoins relever un autre moyen au soutien d'une demande de nullité formulée mais autrement justifiée[3].

Cette règle est parfois aménagée en fonction de circonstances particulières. Si par exemple la personne protégée est incapable, son représentant légal peut exercer l'action en nullité à sa place. De même, si la personne protégée est décédée et que l'action est transmissible, ce sont ses héritiers qui l'exercent, puisqu'ils sont censés continuer la personne du défunt[4]. Il est admis aussi que la caution d'un des contractants – et qui a donc le même intérêt que celui-ci – puisse agir en nullité relative du contrat[5]. En revanche, les simples créanciers de la personne protégée ne peuvent agir que si les conditions de l'action oblique sont réunies.

La règle connaît quelques dérogations. Ainsi, l'article 489-1 C. civ. restreint la possibilité d'action des ayants cause à titre universel en leur interdisant d'agir, sauf circonstances très exceptionnelles, en nullité d'un acte pour trouble mental de leur auteur. Dans d'autres hypothèses au contraire, le droit d'agir en nullité est élargi : ainsi par exemple l'article 491-2 qui permet l'exercice de l'action en rescision pour lésion

1. Com., 20 oct. 1998, n° 96-15792, où la Cour de cassation remet en cause la qualification de nullité relative retenue par les juges du fond.

2. Civ. 1re, 10 juil. 2002, n° 00-22199 ; *D.* 2003, 549, obs. O. Gout ; *RTD civ.* 2002, 87, obs. J. Mestre, où est censurée une cour d'appel qui avait relevé d'office la méconnaissance, par la banque, de dispositions du C. conso., pour prononcer contre une banque la déchéance « de plein droit » de ses droits aux intérêts.

3. Civ. 1re, 18 déc. 2002, n° 99-21121 ; *RTD civ.* 2003, 704, obs. J. Mestre et B. Fages.

4. Civ. 1re, 4 juil. 1995, n° 93-15005 ; *D.* 1996, 233, note Boulanger ; *RTD civ.* 1995, 866, obs. J. Hauser, qui juge « que l'action en nullité relative réservée à celui des contractants dont le consentement a été vicié, est, en raison de son caractère patrimonial, transmise, après son décès, à ses ayants cause universels ».

5. Civ. 3e, 11 mai 2005, n° 03-17682 ; *RTD civ.* 2005, 590, obs. J. Mestre et B. Fages. La Cour de cassation juge « que la caution pouvait opposer au créancier les exceptions qui sont inhérentes à la dette et prendre l'initiative de faire anéantir à son égard le contrat principal en faisant constater sa nullité » ; les juges ne sont cependant pas tenus de prononcer la nullité du contrat, dans la mesure où, l'action en nullité étant relative, la caution ne doit pas pouvoir l'imposer à son cocontractant si celui-ci en souhaite pour sa part l'exécution.

par toutes les personnes qui pourraient requérir l'ouverture d'une tutelle, c'est-à-dire par tous les proches parents.

Le défendeur à l'action en nullité est en principe le cocontractant[1].

b) Les nullités absolues. — La nullité absolue est la sanction applicable lorsque la condition de validité qui fait défaut affecte l'acte absolument, et que la société dans son entier a dès lors intérêt à ce que celui-ci disparaisse.

Il en résulte que tout intéressé peut agir en nullité. Celui qui n'aurait pas d'intérêt à agir, tiers totalement étranger (*penitus extraneus*) au contrat et aux parties, n'aurait pas d'action, selon le principe général «pas d'intérêt pas d'action». Il s'agit en effet de ne pas permettre à d'éventuels importuns de s'immiscer dans les affaires d'autrui.

En réalité, peu de personnes sont véritablement intéressées à la nullité d'un contrat, si bien que la différence essentielle avec la nullité relative réside en ce que, en matière de nullité absolue, les deux parties au contrat peuvent agir en nullité et non pas seulement celle des deux qui était protégée par la règle violée. Cette solution multiplie les chances d'annulation du contrat car il est probable que, apprenant le vice frappant le contrat, l'une des deux parties ne souhaite plus exécuter ses obligations. C'est le même vice que les deux parties sont habilitées à dénoncer, car la règle ne protège pas particulièrement l'une d'entre elles; la solution doit être distinguée de l'hypothèse où il y a une double nullité relative, chacune des parties ne pouvant alors invoquer la violation que de la seule règle qui la protégeait : ainsi, en cas d'erreur-obstacle, chacune des parties ne peut invoquer que sa propre erreur, par hypothèse différente de celle commise par son cocontractant (par ex. l'une croyait acheter un bien, l'autre simplement le louer).

Les représentants de l'État ont également un certain rôle en matière de nullités absolues. L'article 423 du Code de procédure civile donne notamment au ministère public le droit d'agir comme partie principale, par voie d'action, «pour la défense de l'ordre public à l'occasion de faits qui portent atteinte à celui-ci», et il peut utiliser ce texte pour solliciter l'annulation d'un contrat illicite ou immoral, à supposer qu'il en ait eu connaissance. De la même façon, lorsque la nullité touche l'ordre public, le juge a le pouvoir de la soulever d'office (sans que les parties le lui aient demandé) à condition comme toujours de respecter le principe du

1. V. cependant Civ. 1re, 21 févr. 1995, *JCP* 1995, I, 3867, 346, note M. Billiau : selon la Cour de cassation, «la victime d'un dol est en droit d'invoquer la nullité d'un contrat contre le tiers qui se prévaut de celui-ci». La solution peut sembler curieuse dans la mesure où le contrat ne serait alors pas nul entre les parties mais le serait à l'égard du tiers.

contradictoire, c'est-à-dire d'inviter au préalable les parties à s'exprimer sur ce point. Ces diverses dispositions sont cependant rarement utilisées dans la mesure où le prononcé de la nullité du contrat est inutile si les deux parties sont d'accord pour l'exécuter tout de même. De multiples contrats illicites sont sans doute chaque jour exécutés volontairement, sciemment ou non, c'est-à-dire en connaissance de cause ou non du vice qui l'affecte.

2 | Les différentes théories des nullités

a) La théorie « classique » des nullités. — Dans la théorie classique des nullités, la nullité est analysée comme un « état de l'acte ». L'acte est considéré comme vicié et, selon que le vice est plus ou moins grave, le remède (les comparaisons sont souvent médicales) sera la nullité relative ou absolue, voire l'inexistence si le vice est encore plus grave. Certains vices sont guérissables (nullité relative permettant la réparation du vice), tandis que d'autres ne le sont pas (nullité absolue laquelle est irrémédiable).

b) La théorie « moderne » des nullités. — La théorie dite « moderne » des nullités date, d'un point de vue théorique tout au moins, du début du XXe siècle avec principalement la thèse de René Japiot de 1909. Cette théorie moderne analyse la nullité non plus en un état de l'acte mais en un « droit de critique », plus précisément un droit de critiquer l'acte vicié.

La détermination des titulaires de l'action en nullité requiert alors de rechercher le fondement de la règle transgressée. Lorsque la règle transgressée a pour objet un ordre public de protection, il suffit en général, pour atteindre son but protecteur, d'accorder le droit d'agir en nullité à la personne protégée, et la nullité est dès lors relative[1]. Le droit d'agir en nullité est ainsi réservé à celle des deux parties qui était protégée par la règle : par exemple la victime du vice du consentement.

1. Ainsi, selon la Cour de cassation, « l'action [...] qui ne [tend] qu'à la protection d'intérêts privés, [relève] du régime des actions en nullité relative » : Civ. 1re, 17 déc. 2009, n° 08-12344 ; *RTD civ.* 2010, 103 ; Com., 6 juil. 2011, n° 10-23438 ; *RDI* 2011, 505, obs. D. Tomasin : « en statuant ainsi, alors que les règles d'ordre public de l'article L. 231-2 du code de construction et de l'habitation, relatives aux énonciations que doit comporter ce contrat, constituent des mesures de protection édictées dans l'intérêt du maître de l'ouvrage, dont la violation est sanctionnée par une nullité relative susceptible d'être couverte, la cour d'appel a violé les textes susvisés ».

L'autre est alors en situation d'insécurité tant que le délai de prescription n'est pas acquis. D'autres règles concernent au contraire un ordre public de direction et protègent un intérêt général. Il faut alors favoriser la disparition de l'acte nul, et donc ouvrir le plus largement possible l'action en nullité : la sanction opportune est alors une nullité absolue.

En vertu de la théorie moderne, si la distinction entre nullité absolue et nullité relative est maintenue, leurs régimes respectifs sont moins rigides : il serait ainsi théoriquement possible de confirmer un acte atteint de nullité absolue, ce que n'autorisait pas la théorie classique.

Certaines qualifications ne présentent aucune difficulté. Sont ainsi certainement des nullités relatives les nullités pour vice du consentement, pour incapacité d'exercice (ou certaines incapacités de jouissance dont le but est protecteur, telle que celle de l'article 1125-1) ou encore la rescision pour lésion, dans la mesure où toutes ces règles ont pour but de protéger l'un des contractant (celui dont le consentement est vicié, celui qui était protégé par l'incapacité, celui qui est lésé). Au cas par cas, la Cour de cassation ajoute à la liste des hypothèses où une seule des parties – celle protégée par la règle violée – est autorisée à se plaindre[1]. À l'inverse, sont certainement frappés de nullité absolue les contrats contraires à l'ordre public ou aux bonnes mœurs, c'est-à-dire les contrats ayant une cause ou un objet illicite ou immoral car c'est alors les valeurs de la société qui sont bafouées.

D'autres qualifications ont été davantage discutées. Ainsi en est-il par exemple de la nullité pour absence d'objet ou absence de cause. En vertu de la théorie classique, ces vices étaient considérés comme très graves et devaient dès lors être sanctionnés sur le fondement de la nullité absolue. Pourtant, si l'on raisonne en termes de théorie moderne des nullités, le fondement de ces règles réside plutôt dans la protection de l'une des parties, plus précisément de celle qui ne reçoit rien et n'a donc pas d'intérêt au contrat ; la sanction devait donc être une nullité relative. La Cour de cassation semble encore hésitante. Ainsi, elle a pu juger que « la demande en nullité de contrat pour défaut de cause tenant à l'impossibilité de réaliser un profit ne visait que la protection des intérêts du demandeur et que ce défaut de cause existait dès les ventes sans garantie, la cour d'appel en a exactement déduit qu'il s'agissait d'une

1. À propos d'une clause de non-sollicitation, Com., 10 mai 2006, n° 04-10149 ; *JCP E* 2006, 1497, note R. Vatinet ; *RTD civ.* 2007, 111, obs. J. Mestre et B. Fages, qui juge que « seul le salarié peut se prévaloir du trouble qu'est susceptible de lui causer une clause de non-sollicitation ne comportant pas de contrepartie financière ».

nullité relative et que la prescription était acquise »[1]. Le contractant qui ne fournit rien ne pourrait ainsi plus invoquer ce motif pour sortir du contrat[2]. Pourtant, une autre formation a ensuite jugé que « la vente consentie sans prix sérieux est affectée d'une nullité qui, étant fondée sur l'absence d'un élément essentiel de ce contrat, est une nullité absolue soumise à la prescription trentenaire de droit commun »[3]. L'Assemblée plénière, ou au moins une Chambre mixte, seront donc sans doute amenées à trancher. Les deux solutions peuvent d'ailleurs toutes deux se comprendre : s'il paraît en effet injuste qu'un contractant puisse se prévaloir de sa turpitude (n'avoir rien fourni) pour sortir du contrat, il n'est pas satisfaisant de priver la victime de son action en nullité, pour un vice fondamental, pour la raison qu'elle a tardé à agir[4]. Peut-être faudrait-il alors dissocier les titulaires du droit d'agir du délai pour agir (une nullité relative pourrait alors parfois être exercée dans le délai de la nullité absolue), et appliquer l'adage *Nemo auditur* (une nullité absolue exercée par celui qui ne mérite pas d'en être titulaire pourrait alors être paralysée). Il est vrai que depuis

1. Civ. 3e, 21 sept. 2011, n° 10-21900 ; *D.* 2011, 2711, note D. Mazeaud ; *D.* 2012, 459 et s., obs. S. Amrani Mekki et M. Mekki ; *Dr. & patr.* 2012, n° 211, 64, obs. Ph. Stoffel-Munck, qui juge « que la cour d'appel a retenu à bon droit que le contrat de bail à construction conclu pour un prix dérisoire ou vil n'était pas inexistant mais nul pour défaut de cause et en a exactement déduit que l'action en nullité de ce contrat, qui relevait d'intérêt privé, était, s'agissant d'une nullité relative, soumise à la prescription quinquennale de l'article 1304 du code civil » ; Civ. 3e, 29 mars 2006, n° 05-16032 ; *RDC* 2006/4, 1072, obs. D. Mazeaud ; *D.* 2007, 477, note J. Ghestin ; *D.* 2006, 2643, obs. S. Amrani Mekki ; *JCP G* 2006, I, 153, n° 7, obs. A. Constantin. V. déjà Civ. 1re, 20 févr. 2001, n° 99-12574 : la Cour de cassation approuve une cour d'appel d'avoir déclaré prescrite une action en nullité pour absence de cause, au motif que la demande en nullité « ne visait que la protection individuelle » de la demanderesse, « dont les intérêts patrimoniaux étaient seuls en cause, justifiant ainsi légalement sa décision de soumettre cette nullité relative à la prescription de cinq ans ».

2. La première Chambre civile statue dans le même sens. V. Civ. 1re, 9 nov. 1999, n° 97-16306 et n° 97-16800, *Defrénois* 2000, 250, obs. J.-L. Aubert ; *D.* 2000, 507, note A. Cristau ; *RD imm.* 2000, 206, obs. G. Leguay ; *RTD civ.* 2000, 268, obs. J. Mestre et B. Fages ; *JCP E* 2000, 1186, note E. Roueil ; Civ. 1re, 20 févr. 2001, n° 99-12574 ; Civ. 1re, 29 sept. 2004, n° 03-10766. Ce dernier arrêt énonce par exemple que « la cour d'appel a énoncé à bon droit que, si l'inclusion d'un bien propre à l'un des héritiers dans la masse à partager est de nature à entraîner la nullité d'un acte de partage pour absence de cause, une telle nullité, protectrice du seul intérêt particulier de l'un des cocontractants, est une nullité relative de sorte que l'action en nullité, intentée plus de cinq ans après la conclusion de l'acte, était irrecevable comme prescrite ».

3. Com., 23 oct. 2007, n° 06-13979 ; *Defrénois* 2007, 1729, obs. R. Libchaber ; *RDC* 2008/2, 234, obs. Th. Genicon ; *D.* 2008, 954, note G. Chantepie ; *JCP G* 2007, I, 104, n° 7, obs. R. Wintgen ; *JCP G* 2008, II, 10024, note N. Roget ; *LPA* 2008, n° 27, obs. D. Houtcieff, et n° 110 note S. Pimont ; *Dr. & patr.* 2008, n° 170, 91, obs. L. Aynès ; *CCC* 2008, comm. 65, L. Leveneur.

4. Dans cette direction Civ. 3e, 8 oct. 2008, n° 07-14396 ; *RDC* 2009/1, 51, obs. Y.-M. Laithier, qui juge que « la nullité du contrat fondée sur une condition impossible est une nullité relative qui ne peut être invoquée que par celui dont la loi qui a été méconnue tendait à assurer la protection » mais constate que la demanderesse avait également soutenu que la vente était nulle pour défaut de prix sérieux auquel cas son action ne serait pas soumise à la prescription quinquennale de l'article 1304.

l'harmonisation des délais de prescription des deux types de nullité, la qualification a perdu certains de ses intérêts.

SECTION 2
Les effets de la nullité

Le juge qui constate une cause de nullité doit en principe annuler le contrat : la nullité est ainsi de droit, et non pas facultative. Les effets de la nullité sont alors variables.

1 | L'étendue de la nullité

Le contrat nul disparaît en principe totalement et rétroactivement : il ne produit ainsi aucun effet (*quod nullum est nullum producit effectum*) ; selon une formule de la Cour de cassation, « ce qui est nul est réputé n'avoir jamais existé » [1]. Les parties ne peuvent donc se prévaloir d'aucune de ses clauses, même de celles qui pouvaient éventuellement prévoir les conséquences de la rupture du contrat. Il n'en est autrement que lorsqu'elles sont expressément convenues de la survivance d'une clause de règlement des litiges même en cas de nullité, ce qui peut être le cas par exemple d'une clause compromissoire ou d'une clause de conciliation [2].

La question s'est posée lorsqu'une seule des clauses du contrat est nulle. Faut-il alors se borner à réputer cette clause non écrite en maintenant par ailleurs le contrat (nullité partielle), ou alors annuler l'entier contrat (nullité totale) ?

1. L'assertion est même mise comme unique visa de l'arrêt : Civ. 1re, 15 mai 2001, n° 99-20597 ; *RTD civ.* 2003, 284, J. Mestre et B. Fages, sous un arrêt du 2 oct. 2002 ayant repris la même formule.
2. Civ. 2e, 6 juil. 2000, n° 98-17827 ; *CCC* 2001, n° 2, L. Leveneur ; *RTD civ.* 2001, 359, obs. J. Mestre et B. Fages, pour une clause de conciliation : « Appréciant la volonté des parties, la cour d'appel, en décidant que la clause englobait l'action en nullité, a procédé à une interprétation nécessaire de cette stipulation dont la portée était ambiguë. »

Dans l'article 900, le Code civil prône la nullité partielle (« Dans toute disposition entre vifs ou testamentaire, les conditions impossibles, celles qui sont contraires aux lois ou aux mœurs, seront réputées non écrites »), tandis que dans l'article 1172, la solution est au contraire la nullité totale (« Toute condition d'une chose impossible, ou contraire aux bonnes mœurs, ou prohibée par la loi, est nulle, et rend nulle la convention qui en dépend »). La contradiction n'est cependant qu'apparente.

Ce qui compte est d'abord le respect de la volonté des parties : s'il est démontré que la clause annulée avait déterminé l'une des parties à conclure le contrat, les juges auront tendance à prononcer la nullité totale du contrat. Ainsi, malgré les termes de l'article 900 précité, l'acte à titre gratuit pourra parfois être annulé en entier si la clause considérée avait été « impulsive et déterminante ». En revanche pour une clause accessoire comme une clause compromissoire, on peut penser que les parties n'avaient pas voulu en faire une clause déterminante du contrat[1].

Un élément important est aussi l'efficacité de la sanction. Il est en effet souvent plus efficace d'annuler la seule clause illicite[2] mais de maintenir pour le reste le contrat. Ainsi par exemple, en droit de la consommation, le professionnel sera bien davantage sanctionné si la clause qu'il cherchait à imposer est annulée mais qu'il est tenu d'exécuter le contrat privé de cette clause, plutôt que de l'autoriser à tenter sa chance avec un autre consommateur (en droit des clauses abusives, la règle est d'ailleurs la nullité de la seule clause). De même, et c'est ce qui explique l'article 900 relatif aux donations, dans les actes à titre gratuit, la sanction de la nullité partielle est bien plus efficace, dans la mesure où elle ne découragera pas le donataire de dénoncer l'illicéité d'une clause accompagnant la donation qu'il a reçue (par ex. d'une clause discriminatoire).

1. Civ. 1re, 15 mai 2008, n° 06-20806 ; *RDC* 2008/4, 1122, obs. Th. Genicon : « l'arrêt retient que la clause compromissoire, clause procédurale, n'est qu'accessoire au contrat et non la cause de l'acte ; que la cour d'appel en déduit exactement que, même si l'article 11 du pacte d'actionnaires stipule que la nullité d'une seule clause entraînera celle du pacte lui-même, l'autonomie de la clause par rapport au contrat qui la contient ne permet pas d'admettre que sa nullité entraîne la nullité totale du contrat. »

2. L'annulation d'une clause conduit à effacer celle-ci du contrat, donc à la réputer non écrite, mais les deux sanctions ne sont pas interchangeables ; dès lors, si le législateur prévoit expressément la nullité d'une clause à titre de sanction (par exemple de la clause par laquelle il serait fait échec au droit de renouvellement du bail commercial), le juge ne peut, notamment pour contourner la prescription, substituer à cette sanction celle plus générale consistant à réputer la clause non écrite : Civ. 3e, 23 janv. 2008, n° 06-19129 ; *RTD civ.* 2008, 292, obs. B. Fages ; *Defrénois* 2008, 688, note R. Libchaber. Une clause réputée non écrite est considérée comme non avenue « par le seul effet de la loi » : Civ. 3e, 1er avril 1987, n° 85-15010.

La question de la portée de la nullité peut se poser aussi à l'intérieur même d'une clause. Une clause prévoyant une obligation excessive peut ainsi parfois être ramenée à de plus justes proportions[1]. L'annulation partielle d'une clause conduit à un pouvoir de mise en conformité de cette clause par les juges[2] qui est en réalité un pouvoir de réfaction du contrat.

La question se pose enfin en présence de plusieurs contrats connexes : la nullité de l'un doit-elle entraîner celle d'un autre ? La nullité est étendue aux différents contrats lorsque ceux-ci sont « indivisibles », le critère principal en étant l'intention des parties, mais aussi l'appréciation objective de l'unité d'objet économique. L'unité de l'*instrumentum*, c'est-à-dire le fait que les contrats aient été formalisés sur le même document n'est qu'un indice de cette intention, sans en être un critère absolu[3].

2 | Les restitutions consécutives à l'annulation du contrat

L'effet de la nullité est en principe la disparition rétroactive du contrat, si bien qu'il y a lieu à restitutions réciproques des prestations déjà exécutées. Il faut rétablir le *statu quo ante*, c'est-à-dire faire comme si le contrat n'avait jamais existé.

Cette règle du rétablissement du *statu quo ante* peut en pratique soulever de nombreux problèmes ; elle est souvent liée aux responsabilités respectives des parties.

1. V. ainsi Soc., 8 avr. 2010, n° 08-43056 ; *RDC* 2010/4, 1199, obs. Th. Genicon, qui parle de « clause réputée *partiellement* non écrite » ; *D.* 2010, 1085, obs. L. Perrin ; *JCP E* 2010, n° 27, 1656, obs. P. Grignon et 1667, obs. S. Béal et P. Klein ; *JCP S* 2010, n° 27, 1288, obs. I. Beyneix, qui juge que la clause de non-concurrence qui minorait la contrepartie financière due dans l'hypothèse d'un licenciement pour faute « n'était pas nulle mais devait être réputée non écrite en ses seules dispositions minorant la contrepartie en cas de faute ».

2. V. les obs. Th. Genicon précitées sous Soc., 8 avr. 2010.

3. Civ. 1re, 1er oct. 1996, n° 94-18876 ; ou Civ. 1re, 1er juil. 1997, n° 95-15642. *Adde*, pour la pratique du jumelage d'actions (en l'occurrence dans le cadre d'Eurotunnel), obs. J. Mestre sous Paris, 21 sept. 1998, *RTD civ.* 1999, 108-109.

1. IMPOSSIBILITÉ DE RESTITUER À L'IDENTIQUE

a) Possibilité de restituer en nature, mais pas dans le même état. — Il se peut que le contractant puisse restituer la chose reçue en nature, mais pas dans le même état, par exemple parce que la chose s'est usée ou abîmée. Celui-ci doit alors compenser la dégradation survenue et par exemple payer le coût de la remise en état, et ce même s'il n'a pas commis de faute [1]. Il faut donc distinguer l'usage de la chose, pour lequel le contractant qui la récupère (le vendeur par exemple) ne peut obtenir une compensation, de l'usure de la chose qui doit être en revanche indemnisée. Si à l'inverse le contractant a amélioré la chose, il a droit également à une compensation [2].

b) Impossibilité de restituer en nature. — Si l'acquéreur ne peut pas restituer un corps certain (pour des choses de genre, il suffira de s'en procurer d'identiques) par son fait (même non fautif : par ex. il a bu toutes les bouteilles de vin achetées), le juge le déboutera parfois de son action en nullité du contrat. Il en est de même toutes les fois où la prestation ne peut plus être restituée, notamment parce qu'il s'agissait d'une obligation de faire entièrement exécutée : par exemple le salarié a exécuté son obligation de non-concurrence pourtant nulle. Dans ce cas, la sanction opportune est non pas l'annulation du contrat mais plutôt l'attribution de dommages-intérêts [3].

Si la perte de la chose est fortuite, ses conséquences seront, en application de la théorie des risques, assumées par le propriétaire ; le vendeur étant, du fait de l'annulation du contrat, censé être demeuré propriétaire, c'est à ses risques et périls que la chose a donc péri et l'acquéreur ne sera ainsi pas tenu à restitution tout en pouvant quant à lui obtenir la restitution du prix versé.

1. Civ. 1re, 2 juin 1987, précité : « Attendu que dans le cas où un contrat nul a cependant été exécuté, les parties doivent être remises dans l'état où elles étaient auparavant ; que, dès lors, la cour d'appel a pu mettre à la charge de [l'acheteur] le coût de la remise en état de la machine sans avoir à relever l'existence d'une faute à son encontre. »

2. Les demandes de remboursement des améliorations apportées au fonds par le bénéficiaire d'un droit d'usage et d'habitation, à la suite de l'annulation de la convention établissant un tel droit n'ont pas un caractère indemnitaire et le notaire responsable de la rédaction de l'acte nul ne peut dès lors pas être condamné à les garantir : Civ. 1re, 10 mai 2005, n° 03-12496 ; *RTD civ.* 2005, 778, obs. J. Mestre et B. Fages. Il en est autrement lorsque le notaire peut se voir reprocher une faute dans la rédaction de l'acte : Civ. 1re, 27 nov. 2008, n° 07-18875 ; *RTD civ.* 2009, 114, obs. B. Fages.

3. Soc., 31 oct. 2006, n° 05-40405 (« Le salarié qui a respecté une clause de non-concurrence illicite en l'absence de contrepartie financière, peut prétendre à des dommages-intérêts »), ou encore, parmi de nombreux arrêts en ce sens : Soc., 18 mars 2003, n° 00.46358.

L'impossibilité de restituer en nature est fréquente dans les contrats à exécution successive, mais elle peut également survenir dans les contrats instantanés (par ex. ceux portant sur des choses consomptibles, ou encore lorsque la chose a été revendue). Contrairement aux sanctions de l'inexécution, où il est fréquent que le juge prononce une disparition non rétroactive du contrat (résiliation et non pas résolution), la sanction de la nullité est toujours rétroactive, et l'on fait donc comme si le contrat n'avait jamais existé. L'une des parties étant cependant, par hypothèse, dans l'impossibilité de restituer ce qu'elle a reçu, elle doit être condamnée à verser une indemnité : il y aurait sinon enrichissement sans cause. Cette indemnité n'est pas nécessairement égale au prix qui était convenu, sinon le contrat serait de fait exécuté et l'intérêt de l'annuler peu perceptible, mais à une indemnité évaluée souverainement par le juge, en fonction par exemple des responsabilités des différentes parties : ainsi en cas d'annulation d'un bail, une indemnité d'occupation sera due pour le temps passé dans le logement avant l'annulation ; en cas d'annulation d'une vente d'actions entre-temps revendues et dont la restitution en nature n'est donc plus possible, le vendeur a le droit d'en obtenir la remise en valeur au jour de l'acte annulé[1].

2. RÈGLES PARTICULIÈRES DE RESTITUTION DANS UN BUT DE PROTECTION

a) Protection d'une des parties. — Quelques règles ponctuelles sont destinées à protéger plus particulièrement l'une des parties après l'annulation d'un contrat. Les restitutions peuvent alors être limitées. Ainsi par exemple, le possesseur de bonne foi fait les fruits siens (art. 549 C. civ.) : l'acquéreur de bonne foi (celui qui ne connaissait pas la cause de nullité menaçant son contrat) n'a donc pas à restituer les fruits qu'il a pu légitimement consommer. De même, pour protéger l'incapable, celui-ci n'est tenu à restitution que dans la mesure de ce qui a « tourné à son profit » (art. 1312), c'est-à-dire de ce qu'il conserve encore par devers lui au jour de l'annulation du contrat.

b) Protection des tiers. — Quelques règles permettent cette fois-ci aux tiers de ne pas se voir opposer la disparition rétroactive du contrat.

1. Com., 14 juin 2005, n° 03-12339 ; *D.* 2005, 1775, obs. crit. A. Lienhard ; *RTD civ.* 2005, 778, obs. crit. J. Mestre et B. Fages. La C. cass. censure la CA qui avait condamné l'acquéreur à payer au cédant une somme correspondant au prix de revente des actions à un tiers et aux dividendes qu'il aurait dû percevoir jusqu'à cette date. V. déjà Com., 29 mars 1994, n° 92-14245 ; *D.* 1995, 520, note J. Moury ; *JCP E* 1994, II, 610, note Y. Guyon ; *RTD civ.* 1994, 858.

En application de la théorie de l'apparence, les tiers de bonne foi pourront ainsi conserver ce qu'ils ont acquis d'un acheteur dont le contrat a été ultérieurement annulé (art. 2279 C. civ.).

3. RÈGLES PARTICULIÈRES DE RESTITUTION DANS UN BUT DE SANCTION

Les règles de restitution sont parfois aménagées dans le but non plus de protéger mais de sanctionner l'une des parties. C'est ce qui résulte en particulier du fameux adage *Nemo auditur propriam turpitudinem allegans* (personne n'est entendu lorsqu'il allègue sa propre turpitude).

L'idée est que le droit, fait pour protéger, n'a pas à venir à la rescousse de ceux qui l'ont d'abord violé[1]. La Cour de cassation en a fait un principe général du droit et se réfère ainsi parfois dans son visa à la seule règle «*nemo auditur propriam turpitudinem allegans*»[2]. Elle l'utilise par exemple pour priver une épouse de sa pension de réversion, versée en principe à la mort de l'époux, dans une espèce où l'épouse avait été condamnée à la réclusion criminelle pour coups et blessures volontaires à l'aide d'une arme ayant entraîné la mort de son mari sans intention de la donner[3].

La lecture littérale de l'adage conduit à lui donner une très large portée : toute personne qui aurait commis une turpitude ne pourrait plus être entendue par les juges. En droit des contrats[4], l'adage a en réalité une portée assez réduite.

Il n'empêche ainsi pas, en principe, la mise en œuvre de l'action en nullité (ou en résolution[5]) d'un contrat. En d'autres termes, un contractant qui aurait commis une turpitude pourrait toujours invoquer celle-ci pour demander l'anéantissement du contrat : l'adage *Nemo auditur* ne peut en principe paralyser l'exercice même d'une action en justice

1. La même idée se retrouve dans d'autres systèmes juridiques : ainsi, selon une règle classique du droit anglais, les règles plus favorables issues de l'*equity* ne peuvent être invoquées que par celui qui a les «mains propres» («*He who comes into equity must come with clean hands*»).

2. Soc., 8 juin 1995, n° 93-13958.

3. Même arrêt.

4. L'adage ne joue qu'en matière de contrat et non pas en matière de responsabilité délictuelle : v. t. 2 du présent ouvrage : *Droit des obligations*, 2. *Responsabilité civile et quasi-contrats*, PUF, «Thémis droit», 2e éd., 2010.

5. Civ. 3e, 24 juin 1992, n° 90-21276 : «La règle *nemo auditur propriam turpitudinem allegans*, qui n'empêche pas de se prévaloir du caractère illicite de la convention, n'interdit pas au bailleur ayant autorisé une modification de la destination des lieux loués, prohibée par la loi, ou à ses ayants droit, de poursuivre la résiliation du bail.»

dont disposerait un contractant pour remettre en cause le contrat. La solution se comprend dans la mesure où, le contrat étant illicite, le refus de l'annuler conduirait à entériner et finalement à valider cette illicéité. Parfois cependant, la Cour de cassation a approuvé les juges du fond d'avoir retenu qu'une partie qui a bénéficié pendant des années d'un contrat illicite est « malvenue » à en invoquer la nullité[1].

L'unique portée de l'adage est de paralyser les restitutions une fois l'anéantissement du contrat prononcé. Un autre adage est alors plus exact, qui précise et restreint la portée de la règle : *In pari causa turpitudinis cessat repetitio* (quand les deux parties sont dans le même état de turpitude, la répétition, c'est-à-dire la restitution, cesse). La règle a pour objectif d'essayer, dans la mesure du possible, de paralyser les contrats illicites, en décourageant chacune des parties de les exécuter. En effet, si l'une des parties exécutait le contrat en premier, elle risquerait, si l'autre en demandait l'annulation, de ne pas pouvoir obtenir la prestation attendue (puisque le contrat est annulé) et pas davantage de pouvoir obtenir la restitution de ce qu'elle aurait déjà exécuté (par application de l'adage). Aucune des parties ne voulant exécuter en premier, les chances sont accrues que le contrat ne soit jamais exécuté (à moins qu'elles ne l'exécutent toutes les deux volontairement...). L'adage ne joue pas en matière de donations, car paralyser la restitution de la chose donnée conduirait à valider la donation pourtant reconnue illicite.

La portée de l'adage est plus restreinte encore, dans la mesure où la Cour de cassation ne paralyse les restitutions que lorsque le contrat est annulé pour immoralité de la cause, et non pas pour illicéité de la cause ou même pour fraude[2]. Elle a ainsi jugé « que le caractère frauduleux de licenciements notifiés pour motifs personnels alors que la cause réelle en est économique affecte la validité des transactions ensuite conclues ; que, toutefois, faute de procéder d'une cause immorale, il ne fait pas obstacle à la restitution par les salariés des sommes perçues en exécution des transactions annulées »[3].

En réalité, la jurisprudence n'est pas si figée, et les juges apprécient, au gré des espèces, l'opportunité d'appliquer l'adage, qui sert ainsi de mécanisme correcteur toutes les fois que l'application des règles de droit

1. Com., 6 nov. 1990, n° 88-15927.

2. La Cour de cassation a ainsi jugé, dans l'hypothèse d'un accord concerté des parties pour une pratique frauduleuse, que l'une d'elles « ne pouvait se prévaloir de la cause illicite de la remise pour se soustraire à sa restitution » : Civ. 3e, 25 févr. 2004, *RDC* 2004/3, 635, obs. D. Mazeaud, et 689, obs. Ph. Brun.

3. Soc. 10 nov. 2009, n° 08-43805 à 08-43823 ; *RTD civ.* 2010, 104, obs. B. Fages ; *JCP G* 2010, 168, note J. Mouly ; *RDC* 2010, 557, obs. Y.-M. Laithier.

commun conduit à des résultats injustes. De nombreuses règles précises sont en outre imprégnées de cette même idée sans qu'il soit alors besoin de recourir à l'adage. Par exemple un contractant ayant commis un dol ne peut demander l'annulation du contrat puisque la nullité est relative et réservée à la victime du dol : il ne sera donc pas entendu à invoquer sa propre turpitude. De même le législateur décide que « lorsque des locaux loués à usage d'habitation sont impropres à cet usage, le bailleur ne peut se prévaloir de la nullité du bail ou de sa résiliation pour demander l'expulsion de l'occupant »[1].

3 | Les indemnisations consécutives à l'annulation du contrat

1. L'INDEMNISATION DES PRÉJUDICES SUBIS

Dans certaines hypothèses, l'annulation ne suffit pas à réparer tous les préjudices subis par un contractant. Celui-ci peut alors obtenir des dommages-intérêts, ce qui suppose une faute de son cocontractant à l'origine de son dommage : par exemple celui-ci connaissait pertinemment le vice affectant le contrat et savait donc que ce dernier risquait d'être annulé ; c'est le cas notamment en matière de dol où, par définition, l'auteur de la tromperie savait qu'il abusait son cocontractant pour l'inciter à conclure le contrat. Le fondement de l'action est la responsabilité délictuelle dans la mesure où le contrat est, du fait de l'annulation, rétroactivement anéanti[2].

1. Loi n° 2009-323 du 25 mars 2009, art. 58 ; *RDC* 2010/4, 1185, obs. C. Pérès, qui montre que la règle peut parfois à son tour favoriser la turpitude du preneur.

2. V. Civ. 3e, 18 mai 2011, n° 10-11721 ; *Gaz. Pal.* 2011, n° 216, obs. D. Houtcieff, n° 279, obs. M. Mekki ; *JCP G* 2011, 1141, n° 22, obs. Y.-M. Serinet ; *Dr. & patr.* 2012, n° 211, 73, obs. Ph. Stoffel-Munck ; *LEDC* juil. 2011, 4, obs. M. Latina : « Vu les articles 1147 et 1382 du code civil ; Attendu que pour condamner Mme Z... au paiement de dommages-intérêts par application de l'article 1147 du code civil, l'arrêt retient que cette dernière a manqué à son obligation de bonne foi en matière contractuelle et a contrevenu à l'article 1134 du code civil ; Qu'en statuant ainsi, alors que par l'effet de l'anéantissement rétroactif du contrat de bail annulé la responsabilité de Mme Z... ne pouvait être recherchée que sur le fondement délictuel ou quasi-délictuel, la cour d'appel a violé les textes susvisés ».

Il n'est en revanche pas question de verser à la victime ce qu'elle aurait obtenu si le contrat n'avait pas été annulé, c'est-à-dire s'il avait été exécuté. La nullité a en effet été prononcée et il faut en tirer toutes les conséquences : le contrat est donc censé n'avoir jamais été conclu. La victime doit dès lors, au mieux, être remise dans l'état où elle aurait été si le contrat n'avait jamais été conclu : elle doit ainsi obtenir ce qu'on appelle parfois les dommages-intérêts négatifs. Peuvent être alors remboursés les frais dépensés en vue de la conclusion du contrat, et qui ne l'auraient par hypothèse pas été si le contrat n'avait jamais existé.

2. L'INDEMNISATION POUR L'ENRICHISSEMENT RETIRÉ DU CONTRAT NUL

Même si le contrat a reçu un début d'exécution et qu'un contractant en a donc tiré un avantage, celui-ci ne doit pas être condamné à verser une indemnité pour compenser l'enrichissement retiré du contrat ultérieurement annulé.

Ainsi, chaque contractant doit restituer la chose reçue mais n'a pas en principe à payer une indemnité correspondant à l'utilisation qu'il a faite de celle-ci. S'il en était autrement, l'autre partie (par ex. le vendeur) devrait également verser une indemnité correspondant à l'utilisation et donc à l'enrichissement retiré de la somme d'argent reçue[1]. Il est préférable de considérer que les deux sommes se compensent et de n'accorder aucune indemnité pour l'utilisation des prestations reçues avant annulation du contrat. C'est ce qu'a jugé la Cour de cassation statuant en Chambre mixte[2] en matière de vente.

A fortiori, le contractant ne doit pas être condamné à verser des sommes équivalentes à ce qu'il aurait dû verser en fonction du contrat annulé. Ainsi par exemple, « après avoir constaté la nullité de plein droit de la clause du bail et de la clause des statuts de l'association faisant obligation au preneur d'adhérer et de maintenir son adhésion à cette association jusqu'au terme du bail », les juges ne peuvent le condamner,

1. Pour l'impossibilité pour l'acheteur d'obtenir le profit que le vendeur a réalisé au moyen du prix reçu : Civ. 1re, 7 avr. 1998, n° 96-18790 ; *RTD civ.* 1998, 905 (l'arrêt concerne une résolution mais la solution doit être la même en cas d'annulation).

2. Ch. mixte, 9 juil. 2004, n° 02-16302 ; *RTD civ.* 2005, 125, obs. J. Mestre et B. Fages ; *Defrénois* 2004, 1402, obs. R. Libchaber ; *RLDC* nov. 2004, n° 396, obs. Ph. Malaurie : « Le vendeur n'est pas fondé, en raison de l'effet rétroactif de l'annulation de la vente, à obtenir une indemnité correspondant à la seule occupation de l'immeuble. » La 1re Chambre civile en décidait déjà ainsi (Civ. 1re, 2 juin 1987, n° 84-16624). La 3e décidait l'inverse (Civ. 3e, 12 mars 2003, n° 01-17207 ; *D.* 2003, 2522, note Y.-M. Serinet).

« sur le seul fondement de l'article 1371 du code civil et des principes qui gouvernent l'enrichissement sans cause, à payer à l'association, pour la période antérieure à son arrêt, une somme équivalente aux cotisations versées et, pour la période postérieure et aussi longtemps qu'il exploitera le commerce, une somme équivalente aux cotisations qu'il aurait dû acquitter comme membre de l'association »[1]. La Cour de cassation se fonde pour cela sur les articles 6 § 1, 11 et 13 de la Convention européenne des droits de l'homme dont il résulte que « toute personne dont les droits et libertés reconnus par la Convention ont été violés, a droit à un recours effectif ». Ce recours serait en effet paralysé si ses conséquences en étaient neutralisées.

La Cour de cassation a cependant affirmé l'inverse dans le cas particulier de la nullité d'un bail[2] : selon la haute Juridiction, « c'est sans méconnaître les effets de l'annulation du contrat de bail et dans l'exercice de leur pouvoir souverain d'appréciation que les juges du fond ont évalué le montant de l'indemnité d'occupation due par l'EURL en contrepartie de sa jouissance des lieux ». La solution peut se comprendre dans la mesure où, dans ce type de contrat, la jouissance de l'immeuble était l'objet principal de la prestation : on doit alors raisonner comme en matière de contrat de travail par exemple, où il s'agit de compenser le fait qu'on ne puisse plus revenir sur l'exécution passée.

Il ne faut pas se cacher cependant que les juges disposent, avec ces règles, d'un large pouvoir d'appréciation pour donner plus ou moins d'effet à l'annulation : plus lorsqu'il y a eu atteinte à des droits fondamentaux, et moins lorsqu'est prononcée l'annulation d'un contrat qui a été parfaitement exécuté jusque là.

1. Civ. 1re, 20 mai 2010, n° 09-65045; *RDC* 2010/4, 1185, obs. C. Pérès. Il ne s'agit pas là d'une restitution (le preneur n'avait pas reçu de l'association des cotisations qu'il devrait restituer) mais bien d'une action en enrichissement sans cause (indemnisation qui serait due pour compenser le fait que, pour le passé, le preneur a bénéficié indûment des avantages procurés par l'association).

2. Ch. mixte, 9 nov. 2007, n° 06-19508; *RDC* 2008/2, 243, obs. Y.-M. Laithier.

SECTION 3
L'extinction de l'action en nullité

1 | La confirmation

Selon la théorie classique, la confirmation est une façon de guérir l'acte, de réparer le vice : l'acte est ainsi régularisé. L'analyse moderne y voit en revanche une renonciation d'un contractant à son droit d'invoquer la nullité de l'acte, donc une renonciation à son droit de critique. Cette dernière analyse est sans doute plus exacte, dans la mesure où la confirmation n'implique aucune réfaction de l'acte qui reste tel quel.

a) Les conditions de la confirmation. — La confirmation est un acte juridique unilatéral qui requiert la réunion de trois conditions : la connaissance du vice, l'intention de le réparer, et enfin que la confirmation soit exempte de ce même vice[1]. Ce ne sont pas là des exigences spéciales mais simplement les conditions de validité de tout acte juridique : le consentement à l'acte doit exister et ne pas être vicié. La confirmation peut être expresse ou tacite. La confirmation tacite est souvent déduite d'une exécution volontaire de l'acte, c'est-à-dire en connaissance du vice qui l'affecte (cf. art. 1338 C. civ., al. 2).

b) Le domaine de la confirmation. — Selon la théorie classique, la confirmation n'était possible que lorsque le vice n'était pas trop grave, c'est-à-dire quand la nullité était relative[2]. Les principes demeurent dans les grandes lignes avec la théorie moderne, mais avec une interprétation un peu plus souple dans laquelle des exceptions sont théoriquement envisageables. Lorsque par exemple une loi vient lever une interdiction frappée de nullité absolue, le contrat illicite précédemment conclu est désormais autorisé et pourrait dès lors être validé. La Cour de cassation

1. Civ. 3e, 2 juil. 2008, n° 07-15509 et Com., 17 juin 2008, n° 07-15398 ; *RTD civ.* 2008, 674, obs. B. Fages : « la confirmation d'un acte nul exige à la fois la connaissance du vice l'affectant et l'intention de le réparer ».

2. Pour la confirmation (ou ratification) d'un acte simplement inopposable, Com., 2 juin 2004, n° 03-10741 ; *RTD civ.* 2004, 505, obs. J. Mestre et B. Fages.

ne semble cependant pas pour l'instant ouverte à ces exceptions, et lie toujours la possibilité de confirmation aux seules nullités relatives[1].

c) Les effets de la confirmation. — La confirmation conduit en principe à une validation rétroactive du contrat. Le vice est censé n'avoir jamais existé. Elle n'a cependant qu'un effet relatif, c'est-à-dire qu'elle vaut seulement à l'égard de celui qui l'invoque. Si d'autres personnes étaient protégées et disposaient d'un droit de critique, l'acte n'est en revanche pas confirmé à leur égard.

L'article 1338, alinéa 3 *in fine* réserve les droits des tiers, notamment des ayants cause à titre particulier du confirmant qui ont pu acquérir des droits par la conclusion du contrat : la confirmation leur sera dès lors inopposable. Si un mineur vend un immeuble à un acquéreur, la vente conclue est nulle ; si cependant, une fois devenu majeur, il confirme la première vente tout en vendant dans le même temps l'immeuble à un second acquéreur, ce dernier pourra, s'il est de bonne foi, demeurer propriétaire.

2 | La prescription

La prescription ici envisagée est la disparition de la possibilité d'invoquer la nullité d'un contrat en raison de l'écoulement d'un certain laps de temps. Les règles varient selon que la nullité est demandée par voie d'action ou par voie d'exception.

1. L'ACTION EN NULLITÉ

L'action en nullité est celle qui est intentée, à titre principal, par celui qui se plaint d'un vice du contrat.

1. Com., 7 avr. 1992, n° 90-21260 : « Les actes dont la nullité est absolue étant dépourvus d'existence légale ne sont pas susceptibles de confirmation ». Sans doute peut-on également comprendre ainsi Civ. 1re, 20 mai 2009, n° 08-13018 ; *RDC* 2009/4, 1348, obs. Th. Genicon, qui reproche à la Cour d'appel d'avoir rejeté l'exception de nullité « sans rechercher si la nullité invoquée était une nullité relative alors que seule une telle qualification la rendait inopposable en cas d'exécution de l'obligation découlant de l'acte ».

a) La durée du délai de prescription. — L'article 1304 du Code civil est inchangé qui prévoit que « dans tous les cas où l'action en nullité ou en rescision d'une convention n'est pas limitée à un moindre temps par une loi particulière, cette action dure cinq ans ». Mais ce texte, appliqué aux nullités relatives, avait été écarté par la jurisprudence pour les nullités absolues, soumises à la prescription de droit commun de trente ans de l'ancien article 2262 du Code civil. Depuis la loi du 17 juin 2008 portant réforme de la prescription en matière civile, l'article 2262 a été abrogé, et le nouvel article 2224 a fixé à cinq ans la prescription de droit commun. Selon ce nouveau texte en effet, « les actions personnelles ou mobilières se prescrivent par cinq ans à compter du jour où le titulaire d'un droit a connu ou aurait dû connaître les faits lui permettant de l'exercer ». Il en résulte que la prescription quinquennale est désormais applicable quelle que soit la nature de la nullité, même absolue, sauf disposition contraire (par ex. art. 184 C. civ. qui maintient la prescription trentenaire pour certaines nullités de mariage). Des textes spéciaux prévoient parfois des délais plus courts encore, par exemple deux ans pour l'action en rescision pour lésion.

La question de la combinaison des deux prescriptions se pose dans des termes différents. Auparavant, la Cour de cassation avait jugé « que la prescription extinctive trentenaire de l'article 2262 du Code civil n'est pas applicable à l'action en nullité pour dol régie par le seul article 1304 du même code, sauf à priver d'effectivité l'exercice de l'action prévue par ce texte »[1] ; le délai de prescription pouvait donc courir indéfiniment, c'est-à-dire au-delà de trente ans, si son point de départ avait été reporté dans une mesure comparable parce que son titulaire ne pouvait pas exercer l'action avant (par exemple parce qu'il n'avait pas connu les faits lui permettant de l'exercer). Le nouvel article 2232 du Code civil paraît avoir voulu poser un délai-butoir en prévoyant que « le report du point de départ, la suspension ou l'interruption de la prescription ne peut avoir pour effet de porter le délai de la prescription extinctive au-delà de vingt ans à compter du jour de la naissance du droit » (sauf hypothèses particulières énoncées dans le second alinéa de l'article 2232). Les formules « report du point de départ », « suspension » et « interruption », semblent en effet suffisamment larges pour inclure également l'hypothèse de l'impossibilité d'exercice de l'action pour celui qui ne connaît pas la cause de nullité (hypothèse de l'article 2224 dont certains auteurs estiment qu'il ne fait que définir un *dies a quo*, jour à partir

1. Civ. 1re, 24 janv. 2006, n° 03-11889 ; *JCP G* 2006, II, 10036, note M. Mekki ; *D.* 2006, 626, note R. Wintgen ; *RTD civ.* 2006, 320, obs. J. Mestre et B. Fages ; *RDC* 2006/3, 708, obs. D. Mazeaud.

duquel on compte le délai de prescription, par opposition – selon nous artificielle – avec le report du point de départ). La durée de vingt ans prévue à titre de butoir est sans doute suffisamment raisonnable pour ne pas priver le requérant de son droit à un procès équitable.

b) Le point de départ du délai de prescription. — Le délai de prescription d'une action en nullité court en principe à compter du jour de la conclusion du contrat.

La règle est parfois différente en vertu de l'idée résumée dans l'adage *Contra non valentem agere non currit praescriptio* (contre ceux qui ne peuvent pas valablement agir la prescription ne court pas). L'article 1304 du Code civil prévoit ainsi des points de départ différents : le temps ne court dans le cas de violence que du jour où elle a cessé ; dans le cas d'erreur ou de dol, du jour où ils ont été découverts[1]. Jusque-là en effet, la victime ne pouvait pas ou n'avait même pas l'idée d'agir en justice[2]. Le même texte prévoit encore des points de départ particuliers pour les mineurs et les majeurs protégés (ou leurs héritiers[3]).

2. L'EXCEPTION DE NULLITÉ

La nullité peut également être demandée par voie d'exception, c'est-à-dire comme moyen de défense opposé au demandeur qui agit en exécution forcée d'un contrat. La nullité obtenue par voie d'exception emporte en principe, comme celle prononcée par voie d'action, l'effacement rétroactif du contrat[4].

Selon un adage classique, *Quae temporalia sunt ad agendum, perpetua sunt ad excipiendum* (celles qui sont temporaires dans l'action,

1. Et non pas simplement soupçonnés : Civ. 1re, 31 mai 1972, n° 71-10571, qui énonce que « le délai de l'action en nullité pour erreur ne court que du jour où cette erreur a été découverte et non simplement soupçonnée ».

2. V. Civ. 1re, 6 oct. 2010, n° 09-67215 ; *RDC* 2011/2, 415, obs. É. Savaux, qui rappelle « qu'en matière de dol la prescription court du jour où il a été découvert » et que la règle joue même pour les héritiers. Les juges du fond doivent donc rechercher « la date de la découverte de l'erreur alléguée » : Civ. 1re, 14 oct. 2010, n° 09-13646 ; *RDC* 2011/2, 415, obs. É. Savaux.

3. Selon l'alinéa 3 de ce texte, « Le temps ne court, à l'égard des actes faits par un mineur, que du jour de la majorité ou de l'émancipation ; et à l'égard des actes faits par un majeur protégé, que du jour où il en a eu connaissance, alors qu'il était en situation de les refaire valablement. Il ne court contre les héritiers de la personne en tutelle ou en curatelle que du jour du décès, s'il n'a commencé à courir auparavant ». V. Civ. 1re, 20 oct. 2010, n° 08-17033 ; *RDC* 2011/2, 415, obs. É. Savaux.

4. Civ. 1re, 16 juil. 1998, n° 96-18404 ; *RTD civ.* 1999, 620, obs. J. Mestre ; *Defrénois* 1999, art. 36953, n° 11, obs. J.-L. Aubert.

sont perpétuelles dans l'exception) : en d'autres termes, si l'action en nullité est prescriptible, l'exception de nullité ne l'est pas.

L'idée qui gouverne la prescription est en effet que, passé un certain temps, il ne faut plus vouloir bouger les choses (*Quieta non movere* : ne pas bouger les choses tranquilles). Or si un contrat nul a été exécuté et qu'une fois écoulé le délai de prescription l'une des parties veut en demander l'annulation, il faut, pour que les choses restent telles quelles, c'est-à-dire que le contrat demeure exécuté, que l'on paralyse par la prescription l'action en nullité[1]. Si en revanche un contrat nul n'a pas été exécuté pendant le délai de prescription et que le créancier en demande soudain l'exécution, pour que les choses restent telles quelles, c'est-à-dire cette fois-ci que le contrat continue à ne pas être exécuté, il faut permettre au cocontractant d'invoquer encore l'exception de nullité pour s'opposer à cette exécution forcée : l'exception de nullité doit donc être perpétuelle[2].

La Cour de cassation a jugé que « le moyen pris par le défendeur de la nullité de l'acte juridique sur lequel se fonde le demandeur constitue non pas une exception de procédure mais une défense au fond qui peut être proposée en tout état de cause »[3].

Les solutions paraissent simples : elles ont pourtant donné lieu à des litiges fort complexes et à des solutions subtiles (v. état des questions).

ÉTAT DES QUESTIONS

BIBLIOGRAPHIE

Sur la nullité : V. les nombreuses thèses classiques en la matière : F. Drogoul, *Essai d'une théorie générale des nullités. étude de droit civil*, Libr. nouv. dr. jurisp., A. Rousseau, Paris, 1902 ; R. Japiot, *Des nullités en matière d'actes juridiques. Essai d'une théorie nouvelle*, Paris, A. Rousseau, 1909 ; Ph. le Tourneau, *La règle « nemo auditur »*, LGDJ, « Bibl.

1. Et aussi alors, bien sûr, l'exception de nullité : Civ. 1re, 17 juin 2010, n° 09-14470 ; *RDC* 2010/4, 1208, obs. Y.M. Laithier, qui juge à juste titre que « la cour d'appel, qui a retenu que l'acte litigieux était entaché de nullité, que le délai de prescription de l'action était expiré et que le contrat avait été exécuté, en a déduit à bon droit que cette nullité ne pouvait pas non plus être invoquée par voie d'exception ».
2. Le jeu de l'exception suppose ainsi que le délai de prescription soit expiré : v. Com., 26 mai 2010, n° 09-14431 ; *RDC* 2010/4, 1208, obs. Y.M. Laithier, qui juge que « la règle selon laquelle l'exception de nullité est perpétuelle ne s'applique que si l'action en exécution de l'obligation litigieuse est introduite après l'expiration du délai de prescription ».
3. Civ. 3e, 16 mars 2010, n° 09-13187 ; *RDC* 2010/4, 1208, obs. Y.M. Laithier ; *LEDC* juin 2010, 4, obs. O. Deshayes ; *RTD civ.* 2010, 374, obs. R. Perrot.

dr. privé», 1970, préf. P. Raynaud; G. Couturier, *La confirmation des actes nuls*, LGDJ, «Bibl. dr. privé», 1971, préf. J. Flour; Ch. Dupeyron, *La régularisation des actes nuls*, LGDJ, «Bibl. dr. privé», 1973, préf. P. Hébraud; D. Guggenheim, *L'invalidité des actes juridiques en droit suisse et comparé*, LGDJ, «Bibl. dr. privé», 1970, préf. H. Kaufmann; F. Piedelièvre, *Des effets produits par des actes nuls*, th. Paris, 1911. *Inexistence, nullité et annulabilité des actes juridiques*, Trav. Assoc. H. Capitant, t. XIV, 1961-1962, Journ. ital. Turin (Dalloz, 1965); M. Cumyn, *La validité du contrat suivant le droit strict ou l'équité : étude historique et comparée des nullités contractuelles*, LGDJ, «Bibl. dr. privé», 2002, préf. J. Ghestin; O. Gout, *Le juge et l'annulation du contrat*, PUAM, 1999, préf. P. Ancel.

Pour des articles : A. Posez, La théorie des nullités. Le centenaire d'une mystification, *RTD civ.* 2011, 647, qui soutient que la présentation de Japiot mériterait de faire aujourd'hui l'objet d'un examen plus critique, et propose de mettre en lumière une dizaine de sanctions possibles de la formation du contrat; Y.M. Serinet, Le juge et l'illicéité du contrat, in *Le renouveau des sanctions contractuelles*, dir. F. Collart Dutilleul et C. Coulon, Économica, 2007, 85; M. Mekki, Nullité et validité en droit des contrats : un exemple de pensée par les contraires, *RDC* 2006/3, 679, qui montre la pluralité de la notion de nullité, partagée entre des enjeux formels, axiologiques et factuels; G. Couturier, La théorie des nullités dans la jurisprudence de la chambre sociale de la Cour de cassation, in *Études J. Ghestin*, LGDJ, 2001; L. Amiel-Cosme, L'efficience des nullités, *Dr. et patr.* juin 2000, n° 83, 89; J. Ghestin, L'annulation d'office d'un contrat, in *Mélanges P. Drai*, Dalloz, 2000, 593; A. Pousson, Les effets produits par un contrat atteint d'une nullité totale, *RRJ* 1996-3, 697; J. Schmidt-Szalewski, Les conséquences de l'annulation d'un contrat, *JCP G* 1989, I, 3397; P. Kayser, Les nullités d'ordre public, *RTD civ.* 1933, 1115; G. Cohendy, Des intérêts de la distinction entre l'inexistence et la nullité d'ordre public, *RTD civ.* 1914, 33. Sur les conséquences fiscales : A. Chappert, Les incidences fiscales de l'annulation, de la modification, de la régularisation et de l'usage d'un contrat, *Defrénois* 1993, art. 35661 et 35671.

Pendant longtemps, la distinction fondamentale au sein des nullités fut une distinction entre les actes nuls et les actes annulables. Ph. Bourgeon, *Distinction de l'inexistence et de l'annulabilité des actes juridiques en droit romain et en droit français*, th. Dijon, 1885; E. Hartemann, *Étude sur la distinction des actes inexistants et des actes annulables*, th. Nancy, 1889; J. Pize, *Essai d'une théorie générale sur la distinction de l'inexistence et de l'annulabilité des contrats*, th. Paris, 1897. Une fois de plus, on voit que c'est le droit anglais qui est le plus proche du droit romain, puisque, contrairement au droit français, il continue de distinguer entre les actes nuls (*void*) et les actes annulables (*voidable*).

Sur la nullité des clauses : S. Gaudemet, La clause réputée non écrite, Economica, 2006, préf. Y. Lequette; Ph. Simler, *La nullité partielle des actes juridiques*, LGDJ, «Bibl. dr. privé», 1969, préf. A. Weill; Ch. Atias, L'exception d'illégalité d'une clause contractuelle, Inexécution du contrat ou respect de la loi?, *D.* 2008, 1013; R. Baillod, À propos des clauses réputées non écrites, *Mélanges L. Boyer*, PU Toulouse, 1996, 15; V. Cottereau, La clause réputée non écrite, *JCP G* 1993, I, 3691; J. Kullmann, Remarques sur les clauses réputées non écrites, *D.* 1993, chron., 59; B. Teyssié, Réflexions sur les conséquences de la nullité d'une clause d'un contrat, *D.* 1976, chron., 281.

Sur la prescription : J. Klein, *Le point de départ de la prescription*, thèse Paris II, 2010, dir. N. Molfessis, qui propose de retenir une approche non pas conceptuelle mais fonctionnelle du point de départ de la prescription, les fonctions possibles étant triples (mesurer le temps de la garantie, limiter la responsabilité de l'auteur du dommage et enfin éviter la ruine de l'auteur du dommage).

Sur la renonciation : F. Dreifuss-Netter, *Les manifestations de volonté abdicatives*, LGDJ, « Bibl. dr. privé », 1985, préf. A. Rieg ; S. Lessona, Essai d'une théorie générale de la renonciation en droit civil, *RTD civ.* 1912, 361.

Sur l'indivisibilité ou l'interdépendance contractuelle : S. Pellé, *La notion d'interdépendance contractuelle. Contribution à l'étude des ensembles de contrats*, Dalloz, « Bibl. de thèses », 2007, préf. J. Foyer et M.-L. Demeester ; J.-B. Seube, *L'indivisibilité et les actes juridiques*, Litec, 1999, préf. M. Cabrillac ; J. Moury, De l'indivisibilité entre les obligations et entre les contrats, *RTD civ.* 1994, 255.

Sur la notion d'ensemble contractuel : C. Aubert de Vincelles, Réflexions sur les ensembles contractuels : un droit en devenir, *RDC* 2007/3, 983 ; L. Aynès et Ph. Stoffel-Munck, *Dr. et patr.* 2007, 87 ; I. Najjar, La notion d'ensemble contractuel, *Mélanges A. Decocq*, Litec, 2004, 509 ; S. Amrani Mekki, Indivisibilité et ensembles contractuels : l'anéantissement en cascade des contrats, *Defrénois*, 2002, 355. Sur les groupes de contrats, v. *infra*.

Sur les restitutions : F. Rouvière, L'évaluation des restitutions après annulation ou résolution de la vente, *RTD civ.* 2009, 617, qui défend la thèse de la diversité du régime des restitutions selon que celles-ci interviennent après l'annulation ou après la résolution du contrat, à la fois pour des raisons de simplicité (il n'est pas nécessaire de créer un nouveau régime, car le premier type de restitutions suit le régime délictuel et le second le régime contractuel) et de cohérence par rapport au droit positif ; C. Guelfucci-Thibierge, *Nullité, restitutions et responsabilité*, LGDJ, « Bibl. dr. privé », 1992, préf. J. Ghestin ; M. Malaurie, *Les restitutions en droit civil*, Cujas, 1991, préf. G. Cornu ; A. Bouziges, *Les restitutions après annulation ou résolution d'un contrat*, th. Poitiers, 1982 ; G. Kessler, Restitutions en nature et indemnité de jouissance, *JCP G* 2004, I, 54 ; R. Wintgen, L'indemnité de jouissance en cas d'anéantissement rétroactif d'un contrat translatif, *Defrénois* 2004, 692 ; M.-L. Morançais-Demeester, La responsabilité des personnes obligées à restitution, *RTD civ.* 1993, 757 ; E. Poisson-Drocourt, Les restitutions entre les parties consécutives à l'annulation d'un contrat, *D.* 1983, chron., 85.

Sur la caducité : R. Chaaban, *La caducité des actes juridiques. étude de droit civil*, LGDJ, « Bibl. dr. privé », 2006, préf. Y. Lequette, qui synthétise les conditions de la notion (le fait générateur de la caducité doit être postérieur à la formation de l'acte ; la neutralité de ce fait générateur, dépouillé not. de toute connotation fautive) ainsi que son régime juridique (la caducité est en général non rétroactive mais elle peut l'être parfois ; elle suppose nécessairement l'intervention du juge) ; C. Pelletier, *La caducité des actes juridiques en droit privé français*, th. Paris XII, 2000 ; F. Garron, *La caducité du contrat (étude de droit privé)*, PUAM, 1999, préf. J. Mestre ; Y. Buffelan-Lanore, *Essai sur la notion de caducité des actes juridiques en droit civil*, LGDJ, « Bibl. dr. privé », 1963, préf. P. Hébraud. *Adde* J.-D. Bretzner, Brèves réflexions sur un outil « alternatif » : la caducité, *RDC* 2009, 487 ; V. Wester-Ouisse, La caducité en matière contractuelle : une notion à réinventer, *JCP G* 2001, I, 290.

Sur la rétroactivité de la sanction : S. Mercoli, *La rétroactivité dans le droit des contrats*, PUAM, 2001, préf. G. Goubeaux.

Pour des sanctions originales : K. de la Asuncion Planès, *La réfaction du contrat*, LGDJ, « Bibl. dr. privé », 2006, préf. Y. Picod ; Ch. Albiges, Le développement discret de la réfaction en droit des contrats, *Mélanges M. Cabrillac*, Litec, 1999, 3 ; P. Lipinski, La conversion des actes juridiques, *RRJ* 2002-3, 1, qui définit ce mécanisme comme « la disparition totale d'un acte juridique, nul, caduc, ou frappé de résolution, suivie de l'apparition d'un nouvel acte dont le domaine est toujours limité par rapport à l'ancien », ce qui présente l'utilité de sauver une opération juridique ; A. Boujeka, La conversion par réduction : contribution à l'étude des nullités des actes juridiques formels, *RTD com.* 2002, 223.

THÉORIE JURIDIQUE

a) Nullité et responsabilité civile. — Y. Lequette, Responsabilité civile *versus* vices du consentement, in *Au-delà des codes. Mélanges Marie-Stéphane Payet*, Dalloz, 2012, 363.

b) Exception de nullité et exécution partielle du contrat. Si l'adage *Quae temporalia sunt ad agendum, perpetua sunt ad excipiendum* semble clairement répartir les règles de la prescription (v. cependant H. Roland et L. Boyer, *Adages du droit français*, Litec, 4e éd., 1999, n° 347, qui soulignent l'« anachronisme » et l'« illogisme » de l'adage), quelques cas complexes se sont présentés devant les tribunaux. Sur cette exception, A. Dessaux, *L'article 1304 et le principe de la perpétuité de l'exception*, th. Paris, 1937 ; M. Storck, L'exception de nullité en droit privé, *D.* 1987, chron., 67 ; J.-L. Aubert, Brèves réflexions sur le jeu de l'exception de nullité, in *Études J. Ghestin*, LGDJ, 2001, 19.

Ainsi qu'il a été vu, la prescription de l'action en nullité a pour objectif de ne pas remettre en cause les situations dans lesquelles le contrat a été exécuté pendant ce délai, tandis que l'imprescriptibilité de l'exception de nullité poursuit le même objectif de laisser les choses en l'état quand le contrat n'a pas été exécuté pendant ce délai. Mais *quid* lorsque le contrat a été partiellement exécuté ? *A priori*, l'exception de nullité, c'est-à-dire le moyen de défense tiré de la nullité du contrat, a une utilité pour une partie tant que l'autre peut encore la poursuivre en exécution forcée, c'est-à-dire précisément tant qu'elle n'a pas entièrement exécuté ses obligations (en ce sens M. Storck préc., 70). Pourtant, selon la Cour de cassation, l'exécution partielle doit être assimilée à l'exécution, si bien que l'exception de nullité ne peut plus jouer. Civ. 1re, 1er déc. 1998 (n° 96-17761 ; *RTD civ.* 1999, 621, obs. J. Mestre ; *Defrénois*, 1999, art. 36953, n° 11, obs. J.-L. Aubert) : des époux avaient cessé le remboursement de leur prêt après quelques versements et faisaient valoir, face à la demande reconventionnelle en remboursement du prêt intentée par la banque, que le prêt était nul pour non conformité aux dispositions protectrices des emprunteurs ; le pourvoi reprochait à l'arrêt de les avoir déboutés de leur demande au motif que l'action en nullité était prescrite, alors qu'ils n'avaient invoqué cette nullité que comme moyen de défense à la demande de remboursement du prêt et donc par voie d'exception ; la Cour de cassation rejette ce moyen au motif que « l'exception de nullité peut seulement jouer pour faire échec à la demande d'exécution d'un acte juridique qui n'a pas encore été exécuté ; que c'est donc à bon droit que la cour d'appel, qui était saisie d'une demande de remboursement du prêt a, après avoir relevé que la nullité du contrat avait été soulevée pour la première fois en dehors du délai de prescription, déclaré les époux Maggiani irrecevables en leur demande d'annulation du contrat ». Tout se passe donc comme si le commencement d'exécution valait confirmation, c'est-à-dire renonciation à se prévaloir de la nullité. Confirmant cette analyse, Civ. 1re, 20 mai 2009, n° 08-13018 ; *RDC* 2009/4, 1348, obs. Th. Genicon, qui reproche à la Cour d'appel d'avoir rejeté l'exception de nullité « sans rechercher si la nullité invoquée était une nullité relative alors que seule une telle qualification la rendait inopposable en cas d'exécution de l'obligation découlant de l'acte ». Dans le même sens, Civ. 1re, 9 nov. 1999, n° 97-16454 ; Civ. 1re, 13 mars 2001, n° 98-19691 ; Civ. 1re, 6 nov. 2001, n° 99-10335. *Contra*, Civ. 1re, 6 oct. 1998, n° 96-19575 ; *LPA* 13 mai 1999, obs. F.-X. Vincensini, où la Cour de cassation juge, dans le cas d'une convention conclue pour trente ans entre une société et l'un de ses administrateurs, que le commencement d'exécution ne pouvait suffire à paralyser l'exception de nullité.

Le cas de l'exécution partielle vient donc compliquer un tableau qui était apparemment simple. Si le fondement des règles exposées était réellement de laisser les choses en l'état, il aurait fallu permettre à l'emprunteur de conserver le solde des fonds reçus et qui n'avait pas été réclamé pendant le délai de prescription. Cet objectif aurait été atteint en permettant aux emprunteurs d'invoquer l'exception de nullité contre la demande en paiement du solde, mais seulement à la condition de ne pas donner, comme le retient pourtant la Cour de cassation, un effet rétroactif à la nullité invoquée par voie d'exception. Mais il n'était sans doute pas juste en l'espèce de figer les situations dans la mesure où le prêteur se serait alors trouvé dans l'impossibilité de récupérer sa chose.

V. la proposition de J.-L. Aubert, Brèves réflexions sur le jeu de l'exception de nullité, art. préc., qui suggère alors de distinguer, en cas d'exécution partielle, selon qu'elle est équilibrée, c'est-à-dire proportionnée (l'exception de nullité pourrait alors être admise mais sans effet rétroactif), ou au contraire qu'elle réalise un déséquilibre (l'exception devrait alors demeurer écartée, laissant ouverte en revanche l'action tendant à l'achèvement de l'exécution du contrat contre lequel l'action en nullité n'a pas été exercée en temps utile). La proposition est mesurée car elle tient compte du nécessaire souci de laisser les choses en l'état, tout en n'acceptant pas d'entériner une injustice entre les parties qui résulterait d'une exécution déséquilibrée. En l'espèce, la solution de la Cour de cassation se trouve dès lors justifiée dans la mesure où l'exécution partielle était restée très déséquilibrée. Reste, pour entériner cette solution, à trouver sur le fondement de quelle règle les juges pourraient distinguer (selon que l'exécution partielle a ou non été équilibrée) là où la loi ne distingue pas. C'est le refus d'un enrichissement injuste que l'on fait primer sur l'immobilisme : il n'y a pas de quoi protester...

Le jeu normal de l'exception de nullité aurait d'ailleurs pu tout aussi bien conduire au rééquilibrage souhaitable. En effet, en appliquant cette fois-ci la jurisprudence de la Cour de cassation, l'anéantissement du prêt aurait alors été prononcé de façon rétroactive, si bien que les époux auraient ainsi dû de toutes les façons rembourser toutes les sommes reçues. La différence essentielle réside dans le montant des intérêts : ceux contractuellement prévus si la nullité n'est pas accordée, ceux estimés par le juge pour compenser l'utilisation faite des sommes perçues en cas d'annulation.

Adde P.-Y. Gautier, Faut-il porter l'estocade finale à l'adage « Quae temporalia sunt ad agendum, perpetua sunt ad excipiendum ? », *RDC* 2004/3, 849, qui répond par la négative à la question posée, et rejette également toute distinction dans l'application de la maxime.

Pour l'application en droit des sociétés, P. Brill, Brèves réflexions sur le jeu de l'exception de nullité en droit des sociétés, in *Mélanges Dominique Schmidt*, Joly éd., 2005, 99.

Sous-partie III

L'EXÉCUTION DU CONTRAT

Dès lors qu'un contrat a été valablement conclu, il a force obligatoire, et les règles relatives à l'exécution des contrats sont applicables [1]. C'est ce qu'énonce le fameux article 1134 du Code civil dès son alinéa 1er : « Les conventions légalement formées tiennent lieu de loi à ceux qui les ont faites. » Le contrat lie les parties et doit être exécuté par elles ; des sanctions sont prévues s'il n'est pas ou s'il est mal exécuté.

1. Et ce même si le contrat n'a encore reçu aucun début d'exécution. V., pour un contrat de travail, Soc., 2 févr. 1999, n° 95-45331 ; *Dr. soc.* 1999, obs. F. Favennec. Le contrat peut même être rompu avant d'avoir commencé à être exécuté, mais là encore ce sont les règles relatives à l'exécution qui sont applicables : Paris, 12 sept. 2003, *RTD civ.* 2003, 704, obs. J. Mestre et B. Fages.

TITRE 1

L'obligation d'exécuter le contrat

L'obligation d'exécuter le contrat naît en principe dès la conclusion du contrat, à moins qu'un terme ne suspende les obligations convenues. Les parties peuvent néanmoins spontanément commencer à exécuter leur contrat avant même qu'il ait été définitivement conclu[1].

L'obligation d'exécuter le contrat concerne le contenu obligationnel du contrat, c'est-à-dire les obligations créées par le contrat ; d'autres effets du contrat sont automatiques, si bien qu'ils se produisent sans que les parties aient à intervenir : ainsi par exemple le transfert de propriété dans la vente. Il n'en demeure pas moins que les parties sont liées (obligées) par tous les effets, automatiques ou non, du contrat[2].

1. Paris, 26 janv. 2000, *RTD civ.* 2000, 315, obs. J. Mestre.
2. Sur cette distinction éclairante, v. P. Ancel, Force obligatoire et contenu obligationnel du contrat, *RTD civ.* 1999, 771.

Chapitre 1

LES OBLIGATIONS À EXÉCUTER

Les obligations à exécuter sont celles contenues dans le contrat, telles qu'interprétées le cas échéant par les juges.

SECTION 1
Le contenu du contrat

En application du principe de liberté contractuelle, le contenu du contrat est déterminé pour l'essentiel par les parties; mais le contrat conclu peut parfois être modifié.

1 | Le contrat conclu

L'essentiel du contrat est expressément prévu et convenu par les parties. Les juges se sont cependant reconnu le pouvoir d'y ajouter des obligations.

1. LES OBLIGATIONS VOULUES PAR LES PARTIES

a) La manifestation de la volonté des parties. — Les obligations voulues par les parties sont d'abord les obligations *exprimées* par les parties. Celles-ci sont libres de déterminer le contenu de leur contrat, sous réserve de ne pas contrarier l'ordre public ou les bonnes mœurs. La rédaction d'un écrit, qui n'est pas une condition de validité du contrat, est souvent le seul moyen de prouver en pratique le contenu d'un accord. Les clauses exprimées ne sont cependant pas toujours claires, et les juges doivent alors les interpréter pour en déterminer la portée (v. *infra*).

Les obligations voulues par les parties sont également les obligations *implicites.* Le contenu du contrat peut en effet parfois être complété par les parties elles-mêmes, notamment lorsqu'elles tissent des relations à long terme. Le comportement adopté par l'une ou l'autre des parties sans que l'autre ne manifeste son désaccord permettra de déterminer certains éléments de leur accord. Une pratique prolongée entre les parties peut ainsi être interprétée comme une précision ou même un complément apporté aux stipulations d'origine[1]. C'est alors aux juges d'interpréter quelle a été la volonté implicite des parties. Ils sont ainsi autorisés à substituer un indice valable à celui jugé nul[2], ou à un indice qui aurait ultérieurement disparu[3], mais seulement s'ils peuvent interpréter en ce sens la commune intention des parties[4].

b) L'intensité des obligations voulues par les parties. — Le lien juridique d'obligation peut être envisagé selon son intensité : on distingue ainsi couramment entre les obligations de moyens et les obligations de résultat, auxquelles on ajoute parfois les obligations de garantie. C'est surtout à René Demogue, au début du XXe siècle, que l'on doit d'avoir théorisé cette distinction. Le débiteur d'une obligation de résultat s'engage à atteindre un objectif préalablement fixé et convenu. Par exemple lorsqu'un peintre s'engage à repeindre une maison, il s'engage à un résultat : que la maison soit repeinte. Le débiteur d'une obligation de moyens s'oblige quant à lui de façon moins contraignante, puisqu'il s'oblige simplement à mettre en œuvre tous les moyens à sa disposition

1. Com., 23 juin 1998, *RTD civ.* 1999, 389, obs. J. Mestre.
2. Civ. 3e, 22 juil. 1987, n° 84-10548.
3. Civ. 3e, 12 janv. 2005, n° 03-17260 ; *RTD civ.* 2006, 117 ; *RDC* 2005/4, 1018, obs. D. Mazeaud.
4. Com., 16 nov. 2004, n° 02-15202 ; *JCP E* 2005, II, 1441, note J. Stoufflet et S. Durox ; *RTD civ.* 2006, 117, obs. J. Mestre et B. Fages : la cour d'appel « ne pouvait se substituer aux parties pour leur imposer l'application d'un taux de change de référence non prévu par les contrats et qui n'avait pas fait l'objet d'un accord entre elles ».

pour atteindre un objectif fixé. Le médecin ne s'engage par exemple pas à guérir le malade (cet engagement serait d'ailleurs nul pour impossibilité de l'objet) mais simplement à lui donner des soins consciencieux, attentifs et conformes aux données acquises de la science, afin de se donner tous les moyens de le guérir.

Il en résulte une différence dans la mise en œuvre de la responsabilité du débiteur. Si l'obligation est de résultat, la seule inobtention de celui-ci (la maison n'est pas repeinte) suffit à caractériser l'inexécution et c'est donc au débiteur, s'il veut échapper à sa responsabilité, de démontrer que l'inexécution est due à un cas de force majeure, seul de nature à l'exonérer. En revanche, si l'obligation est de moyens, c'est au créancier de démontrer que l'inobtention du résultat envisagé (le malade n'est pas guéri) est due à une faute du débiteur, laquelle consiste à ne pas avoir correctement utilisé les moyens dont il disposait pour atteindre cet objectif. Une obligation de garantie est plus contraignante encore qu'une obligation de résultat car le débiteur ne peut pas s'exonérer en faisant la preuve de l'existence d'un cas de force majeure; il garantit donc tous les cas d'inobtention du résultat convenu, même ceux qui seraient dus à un cas de force majeure.

Le point de savoir si l'obligation assumée par le débiteur est une obligation de moyens ou une obligation de résultat n'est pas toujours très simple car les parties ne l'indiquent en général pas expressément. Plusieurs indices sont pris en considération, au-delà même de la formulation des parties qui est minutieusement scrutée par les juges[1]. En premier lieu, l'aléa pesant sur le résultat envisagé : lorsque le débiteur n'a pas de réelle prise sur celui-ci, il ne peut s'être engagé à l'atteindre et l'obligation est donc plutôt de moyens. En second lieu, le rôle de la victime dans le fait ayant conduit au dommage : plus celle-ci joue un rôle actif et plus les juges tendent à qualifier l'obligation « de moyens »; si en revanche la victime ne jouait qu'un rôle passif et que son cocontractant avait l'entière maîtrise de l'opération, il est davantage possible d'attendre de ce dernier une obligation de résultat. Il faut bien avouer cependant que la qualification n'est pas toujours logique.

La distinction des obligations de moyens et de résultat a en outre été rendue plus subtile encore par les juges qui, entre les deux types d'obligation, ont créé un degré intermédiaire qualifié d'obligation de moyens renforcée ou d'obligation de résultat atténuée. En effet, parfois,

1. Com., 20 févr. 2007, n° 05-18882; *D.* 2007, 807, obs. X. Delpech; *RTD civ.* 2007, 341, obs. J. Mestre et B. Fages : « La clause litigieuse contenait l'engagement des actionnaires majoritaires de la société de faire en sorte que les besoins de trésorerie de celle-ci soient couverts au mieux pendant une durée d'une année, ce dont il se déduit que ceux-ci s'obligeaient à l'obtention de ce résultat. »

les juges permettent au débiteur de s'exonérer en démontrant qu'il n'a pas commis de faute : celui-ci est donc moins strictement engagé qu'en matière d'obligation de résultat où il n'aurait pu se dégager qu'en démontrant l'existence d'un cas de force majeure. Cependant, les juges font dans le même temps peser sur lui la charge de la preuve de l'absence de faute dès lors que le résultat envisagé n'est pas obtenu : l'obligation est donc plus lourde qu'une obligation de moyens pour laquelle ce serait au créancier de démontrer la faute du débiteur. Il y a finalement présomption simple de faute du débiteur en cas d'inobtention du résultat, catégorie intermédiaire entre le régime de la faute prouvée (obligations de moyens) et celui de la présomption de responsabilité (obligations de résultat). Ce régime mixte est, par exemple, celui que les juges utilisent en matière de responsabilité de l'emprunteur ou du dépositaire en cas de détérioration de la chose empruntée ou déposée[1].

Si une obligation de moyens est en principe moins lourde qu'une obligation de résultat, il se peut que l'obligation de moyens soit considérée comme inexécutée bien que le résultat visé ait été atteint : si par exemple les parties sont convenues que l'une d'entre elles devait faire en sorte qu'une opération aboutisse, et que cela soit le cas alors que la partie n'y est finalement pour rien, celle-ci ne mérite pas de recevoir la rémunération prévue[2].

Malgré ses difficultés d'application, la distinction reste utile dans la mesure où, en matière contractuelle, il faut toujours, pour apprécier l'inexécution par le débiteur, déterminer préalablement ce à quoi il s'était engagé.

2. LES OBLIGATIONS IMPOSÉES PAR LE JUGE : LES SUITES QUE L'ÉQUITÉ, L'USAGE OU LA LOI DONNENT À L'OBLIGATION D'APRÈS SA NATURE (ART. 1135 C. CIV.)

Les juges peuvent être amenés à écarter des obligations contenues dans l'accord des parties lorsqu'elles sont nulles ou abusives. Ils peuvent

1. Civ. 1re, 20 juil. 1994, n° 92-16078 et 92-18348 : « Pour être exonéré des conséquences de la disparition de la chose qu'il a reçue, le dépositaire salarié doit prouver que le dommage n'est pas dû à sa faute. »

2. Com., 21 mars 2006, n° 03-21052 ; *RTD civ.* 2006, 553, obs. J. Mestre et B. Fages, à propos d'un *success fee*, c'est-à-dire un honoraire supplémentaire, prévu pour le cas où l'une des parties aurait fait « ses meilleurs efforts pour assurer le succès [de l'autre] dans le renouvellement du contrat de concession à des conditions au moins égales à celles alors en vigueur prévu » ; ce renouvellement se fit à de telles conditions équivalentes aux précédentes, mais sans que le débiteur ait réussi à prouver des diligences de sa part qui auraient permis d'atteindre ce résultat.

parfois, au contraire, accroître le contenu obligationnel du contrat en y ajoutant une obligation. Ils se sont pour cela fondés sur l'article 1135 du Code civil, qui dispose que « les conventions obligent non seulement à ce qui y est exprimé, mais encore à toutes les suites que l'équité, l'usage ou la loi donnent à l'obligation d'après sa nature ». La jurisprudence n'a ainsi pas cessé de découvrir dans le contrat des obligations auxquelles les parties n'avaient pas songé et qu'elles n'auraient même pas nécessairement prévues si elles y avaient songé. Il s'agit en quelque sorte d'un contenu que les juges estiment d'ordre public en fonction du type de contrat considéré. On parle souvent – l'expression est de Josserand[1] – de « forçage » du contrat. Ce texte est l'un des rares articles du Code civil à se référer expressément au rôle que l'équité peut jouer en droit. Sur le fondement de ce texte, les juges ont principalement créé deux obligations générales auxquelles ils ont donné une grande portée. Cela ne les empêche pas, ponctuellement, de viser cet article pour imposer d'autres obligations[2], ou certaines interprétations du contenu du contrat[3].

a) L'obligation d'information. — Les juges ont ainsi découvert des obligations d'information, c'est-à-dire des obligations, pour l'une des parties, de transmettre à l'autre des informations lui permettant d'obtenir une pleine satisfaction de l'exécution du contrat. Il ne s'agit plus ici des obligations précontractuelles d'information, portant sur des informations ayant une incidence sur la conclusion du contrat et sanctionnées sur le fondement de la réticence dolosive ou de la responsabilité précontractuelle. Le contrat étant ici valablement formé, il s'agit d'obligations « contractuelles » d'information, permettant une bonne exécution du contrat. Par exemple le vendeur doit informer l'acheteur sur le mode

1. Le forçage du contrat, in *Études Gény*, t. 2, Sirey, 1934, 340 ; L. Leveneur, Le forçage du contrat, *in* Que reste-t-il de l'intangibilité du contrat ?, *Droit et patr.* 1998, 69.

2. Soc., 18 oct. 2006, n° 04-48612 ; *RDC* 2007/3, 714, obs. Y.-M. Laithier ; *D.* 2007, 695, note J. Mouly : « qu'investi par la loi du pouvoir de direction et de contrôle des salariés placés sous sa subordination juridique, l'employeur est tenu de garantir ceux-ci à raison des actes ou faits qu'ils passent ou accomplissent en exécution du contrat de travail et, en l'espèce, qu'il résultait de ses constatations que le salarié avait dû assurer sa défense à un contentieux pénal dont l'objet était lié à l'exercice de ses fonctions » ; elle censure alors la cour d'appel qui avait refusé de condamner l'employeur à lui rembourser les frais engagés pour cette procédure pénale.

3. Civ. 2e, 20 oct. 2005, n° 03-19420 ; *RDC* 2006/3, 713, obs. A. Bénabent, qui retient, au visa des articles 1134 et 1135 C. civ., que « que la police garantissait le CRTS contre les conséquences pécuniaires de la responsabilité qu'il pouvait encourir à l'égard de tout receveur de produits sanguins, ce dont il résultait que l'assureur devait sa garantie pour les dommages causés par le défaut des produits transfusés, quand bien même la responsabilité du centre de transfusion aurait été retenue sur le fondement contractuel ».

d'emploi précis de la chose achetée afin que celui-ci puisse s'en servir de façon satisfaisante et en retirer toute l'utilité attendue. La Cour de cassation détermine ainsi, au gré des contrats, l'existence et la portée des obligations d'information pesant sur chacun des contractants[1]. L'obligation d'information pesant sur les professionnels est toujours bien sûr plus étendue[2], et elle peut aller jusqu'à une obligation de conseil qui implique d'éclairer le cocontractant sur l'opportunité du contrat et son adéquation à ses besoins[3]. Il peut y avoir aussi devoir de mise en garde, qui implique d'attirer l'attention du destinataire de l'information sur un danger ou au moins un inconvénient relatif à la prestation convenue[4].

Comme en matière d'information précontractuelle, l'obligation d'information n'existe que si le cocontractant ne pouvait pas par lui-même, notamment en raison de sa profession, connaître l'information[5].

1. Par ex. le bénéficiaire d'une promesse unilatérale de vente n'a pas à informer les promettants de la non-obtention de leur prêt et, partant, de la défaillance de la condition suspensive entraînant la caducité de la promesse : Civ. 3e, 11 mai 2006, n° 05-12629; *RTD civ.* 2006, 759, obs. J. Mestre et B. Fages.

2. Civ. 1re, 7 févr. 2006, n° 03-17642 ; *RDC* 2006/4, 1161, obs. Ph. Delebecque : « Il entre dans les obligations de l'agence de voyages, en tant que professionnel mandataire de son client, à qui elle vend un billet d'avion, de l'informer des conditions précises d'utilisation du billet, parmi lesquelles figurent les formalités d'entrée sur le territoire de l'État de destination. » Sur l'obligation d'information sur les désordres d'un immeuble, obs. F. Collart Dutilleul, *RDC* 2007/2, 364.

3. Civ. 1re, 30 mai 2006, n° 03-14275 ; *RDC* 2006/4, 1231, obs. G. Viney : « L'obligation de conseil à laquelle est tenu le vendeur lui impose de se renseigner sur les besoins de l'acheteur et de l'informer, fût-il accompagné de l'installateur lors de l'achat, de l'adéquation du matériel proposé à l'utilisation qui en est prévue. » Sur le devoir de conseil en matière d'assurance, G. Viney, *RDC* 2007/2, 308 ; sur l'obligation de conseil du banquier, J. Mestre et B. Fages, *RTD civ.* 2007, 103 ; G. Viney, *RDC* 2007/3, 750.

4. Sur le devoir de mise en garde du banquier, G. Viney, *RDC* 2007/2, 301 et 305 ; S. Carval, *RDC* 2009/1, 101. Le banquier ne peut s'exonérer par le seul fait d'avoir transmis les documents visés par l'Autorité des marchés financiers (ancienne COB) : Com., 24 juin 2008, n° 06-21798 ; *D.* 2008, 1892, obs. X. Delpech ; *JCP G* 2008, act. 486, obs. M. Roussille ; *RTD civ.* 2008, 670, obs. B. Fages ; *RDC* 2009/1, 107, obs. S. Carval. « Le préjudice né du manquement par un établissement de crédit à son obligation de mise en garde s'analyse en la perte d'une chance de ne pas contracter » : Com., 20 oct. 2009, n° 08-20274 ; *RDC* 2010/1, 30, obs. D. Mazeaud et 2010/2, 610, obs. J.S. Borghetti ; *D.* 2009, 2607, obs. X. Delpech et 2971, note D. Houtcieff ; *JCP G* 2009, 422, obs. L. Dumoulin et 482, note S. Piedelièvre ; *JCP E* 2009, n° 46, 22, obs. D. Legeais.

5. Un professionnel de la culture des pruniers doit être particulièrement attentif aux mentions de l'étiquette (Civ. 1re, 30 nov. 2004, n° 01-14314) ; de même, un professionnel de la vente de biens fonciers doit se renseigner sur la disponibilité du bien avant d'accepter une promesse unilatérale d'achat de ce bien (Civ. 3e, 29 mars 2006, n° 04-15253 ; *RTD civ.* 2006, 759, obs. J. Mestre et B. Fages). Mais un acheteur professionnel n'est pas nécessairement tenu de connaître lui-même toutes les informations relatives au produit qu'il acquiert : Civ. 3e, 18 févr. 2004, n° 02-17523. Il peut en outre se heurter à un secret professionnel, par ex. celui du notaire : Civ. 1re, 3 mai 2006, n° 04-17599 ; *RTD civ.* 2006, 760, obs. J. Mestre et B. Fages.

Un contractant, même professionnel, n'a en revanche pas à informer son client sur ce qui doit être connu de tous[1].

Depuis un arrêt du 25 février 1997[2], la Cour de cassation a renversé la charge de la preuve en matière d'obligation d'information. En visant l'article 1315 du Code civil, elle a jugé que « celui qui est légalement ou contractuellement tenu d'une obligation particulière d'information doit rapporter la preuve de l'exécution de cette obligation ». Il s'agissait en l'espèce d'un médecin, « tenu d'une obligation particulière d'information vis-à-vis de son patient », et à qui « il lui incombe de prouver qu'il a exécuté cette obligation ». La solution est conforme aux règles de preuve exprimées notamment à l'article 1315, dans la mesure où, une fois que l'existence d'une obligation d'information est démontrée (art. 1315, al. 1er : « Celui qui réclame l'exécution d'une obligation doit la prouver »), il appartient à celui qui prétend l'avoir exécutée de le démontrer (art. 1315, al. 2 : « Réciproquement, celui qui se prétend libéré doit justifier le paiement ou le fait qui a produit l'extinction de son obligation »). La Cour de cassation a ultérieurement ajouté que cette preuve pouvait se faire par tous moyens, ce qui là aussi est constant s'agissant de la preuve d'un fait juridique (une information a-telle ou non été transmise ?)[3]. La Cour de cassation a ensuite étendu la solution à l'avocat[4], au notaire[5], ou encore à l'huissier de justice[6], incitant ces professionnels à se préconstituer la preuve complète de l'exécution de leurs obligations[7].

Une des difficultés consiste à apprécier le dommage réparable en cas de violation d'une obligation d'information. En principe, si le créancier démontre que, s'il avait eu l'information, il aurait évité le dommage, le

1. Par ex. le devoir de bonne foi. Civ. 1re, 30 oct. 2007, n° 05-16789 : « l'avocat ne saurait être tenu, dans le cadre de son obligation de conseil, de vérifier les informations fournies par son client s'il n'est pas établi qu'il disposait d'informations de nature à les mettre en doute ni d'attirer son attention sur les conséquences d'une fausse déclaration dès lors que l'obligation de loyauté et de sincérité s'impose en matière contractuelle et que nul ne saurait voir sa responsabilité engagée pour n'avoir pas rappelé à une partie ce principe de bonne foi élémentaire ou les conséquences de sa transgression ».

2. Civ. 1re, *Hédreul c/ Cousin et al.*, n° 94-1968.

3. Civ. 1re, 4 janv. 2005, n° 02-11339. V. déjà 14 oct. 1997 (n° 95-19609) qui admet la preuve par tous moyens et notamment par présomptions (en l'espèce, la preuve a été retenue de façon assez souple : on pouvait être convaincu de ce que le médecin avait rempli toute ses obligations du fait que la patiente était une laborantine qui travaillait dans l'établissement même, qu'elle avait pris sa décision après un long temps de réflexion et enfin qu'elle avait manifesté de l'hésitation et de l'anxiété).

4. Civ. 1re, 29 avr. 1997, n° 94-21217.

5. Civ. 1re, 3 févr. 1998, n° 96-13201.

6. Civ. 1re, 15 déc. 1998, n° 96-15321.

7. V. les obs. de J. Mestre, *RTD civ.* 2000, 323 et s.

débiteur doit réparer celui-ci entièrement[1]. Si en revanche, compte tenu des circonstances, il n'est pas sûr que le créancier éclairé aurait été dans une situation différente, il ne peut réclamer l'indemnisation que de la perte d'une chance d'éviter le dommage[2] (v. état des questions).

b) L'obligation de sécurité. — Les juges ont également découvert, sur le fondement de l'article 1135 du Code civil, des obligations de sécurité. Une obligation de sécurité est une obligation en vertu de laquelle le débiteur ne doit pas causer de dommage corporel à son cocontractant par l'exécution du contrat. L'obligation de sécurité est toujours une obligation accessoire, c'est-à-dire une obligation se greffant sur une obligation principale d'une autre nature (obligation de transporter, obligation de soins, etc.) convenue par les parties. L'obligation de sécurité étant incluse par les juges dans le contrat est dès lors une obligation de nature contractuelle.

L'obligation de sécurité fut reconnue pour la première fois par les juges en 1911[3], dans un contrat de transport : un passager avait pris un billet sur un paquebot pour faire la traversée de Tunis à Bône, l'autorisant à se tenir dans le sous-pont à côté des marchandises ; en cours de route, il fut grièvement blessé au pied par la chute d'un tonneau mal arrimé ; la Cour de cassation censura la cour d'appel qui avait voulu rattacher la réparation à la responsabilité délictuelle : « L'exécution du contrat de transport comporte pour le transporteur l'obligation de conduire le voyageur sain et sauf à destination. » L'obligation de sécurité fut alors qualifiée d'obligation de résultat : le transporteur avait l'obligation de conduire le voyageur à destination sain et sauf et, dès lors qu'un accident s'était produit en cours de transport, il engageait sa responsabilité sans pouvoir, pour s'exonérer, démontrer qu'il n'avait pas commis de faute. Une obligation de sécurité fut ensuite reconnue dans les contrats les plus divers et à la charge de multiples contractants : les

1. Le professionnel ayant donné un conseil erroné est couramment condamné à réparer toutes les conséquences dommageables de la mauvaise décision prise sur la foi de ce conseil. Civ. 1re, 9 mai 2001, n° 98-20107 ; *RTD civ.* 2001, 875, obs. J. Mestre et B. Fages, pour un cyclone ayant fait 18 154802 F de dommages et n'étant assuré, par la faute de l'assureur, qu'à hauteur de 3 millions de francs : condamnation de l'assureur à verser 15 154802 F de dommages-intérêts.

2. Com., 23 janv. 2007, n° 05-18557 ; *RDC* 2007/3, 740, obs. S. Carval : « La société Azur Micro n'ayant pas, ainsi qu'elle en avait la charge, établi que si elle avait reçu l'information qui lui avait fait défaut, elle aurait à coup sûr choisi de renoncer à l'avance consentie par le Crédit du Nord, la cour d'appel qui n'a pas inversé la charge de la preuve, a exactement décidé que l'intéressée pouvait seulement se prévaloir d'une perte de chance d'éviter la perte subie » ; Civ. 1re, 18 sept. 2008, n° 06-17859 ; *RDC* 2009/1, 104, obs. S. Carval.

3. Civ., 21 nov. 1911, *S.* 1912, 1, 73, note Lyon-Caen ; *DP* 1913, 1, 249, note Sarrut ; *Grands arrêts*, n° 262.

employeurs[1], les fabricants et vendeurs[2], les médecins, les exploitants de piscines[3], de remonte-pente[4], de pistes de bob-luge[5], les organisateurs de stage d'alpinisme[6], etc. Il faudrait plutôt faire la liste des professionnels qui ne sont pas tenus d'une telle obligation de sécurité : les commerçants qui reçoivent des clients dans leur magasin par exemple[7], mais une obligation de sécurité a été admise à la charge des exploitants de laveries automatiques[8].

Dans chaque hypothèse où est reconnue une obligation de sécurité, la question essentielle consiste à déterminer si celle-ci est de résultat ou simplement de moyens. Dans le cas d'une obligation de résultat, le débiteur ne peut s'exonérer qu'en démontrant un cas de force majeure[9], tandis qu'en présence d'une obligation de moyens, c'est à la victime de démontrer la faute du débiteur à l'origine de la survenance du dommage. Comme la responsabilité délictuelle du fait des choses, l'avantage de l'obligation de sécurité de résultat est donc qu'elle n'exige pas, de la part de la victime, la démonstration d'une faute de l'auteur du dommage. Le fondement le plus favorable à la victime entre les responsabilités délictuelle et contractuelle dépend ensuite des circonstances particulières du litige (prescription différente, de même que la loi applicable en cas de conflit de lois, etc.).

1. Cette obligation pesant sur l'employeur (non pas seulement en tant que chef d'entreprise, mais bien en vertu du contrat le liant à ses salariés) a été renforcée et a reçu la qualification d'obligation de résultat : par l'arrêt *Eternit*, rendu à l'occasion des affaires de l'amiante (Soc., 28 févr. 2002, *Dr. soc.* 2002, 445, obs. Arnaud Lyon-Caen), dans lequel la Cour de cassation énonce qu'« en vertu du contrat de travail le liant à son salarié, l'employeur est tenu envers celui-ci d'une obligation de sécurité de résultat, notamment en ce qui concerne les maladies professionnelles contractées par ce salarié du fait des produits fabriqués ou utilisés par l'entreprise » ; par l'arrêt *Hachadi* du 11 avril 2002 pour les accidents du travail, *Dr. soc.* 2002, 676, obs. P. Chaumette.

2. Civ. 1re, 22 janv. 1991, n° 89-11699 ; la question est aujourd'hui réglée par la loi du 18 mai 1998 (art. 1386-1 et s. C. civ.).

3. Civ. 1re, 12 juin 1985, n° 83-12270.

4. Civ. 1re, 4 nov. 1992, n° 90-21535.

5. Civ. 1re, 17 mars 1993, n° 91-14417.

6. Civ. 1re, 10 mars 1992, n° 87-17824.

7. Civ. 1re, 29 mai 1996, n° 94-16820 : « La boucherie Cantini-Flandrin n'étant pas tenue à l'égard des personnes se trouvant dans son magasin d'une obligation contractuelle de sécurité, la cour d'appel, qui a constaté que le sol n'était pas anormalement glissant, a pu en déduire qu'il n'avait pas eu un rôle actif dans la réalisation de l'accident et a retenu, à bon droit, que la responsabilité de son gardien n'était pas engagée. »

8. Civ. 1re, 16 nov. 1976, n° 75-11930.

9. Civ. 3e, 1er avr. 2009, n° 08-10070 ; *RDC* 2009/4, 1367, obs. S. Carval : « celui qui est chargé de la maintenance et de l'entretien complet d'un ascenseur est tenu d'une obligation de résultat en ce qui concerne la sécurité », et il ne peut être exonéré que si « le dysfonctionnement de l'ascenseur était dû à une cause extérieure à l'appareil. »

Puisque par hypothèse ce sont les juges qui introduisent dans un contrat une telle obligation, ce sont eux également qui en précisent la nature et la portée juridiques. Si l'obligation de sécurité a été créée en 1911 par faveur pour la victime, dans le but de faciliter son indemnisation, l'évolution parallèle des autres régimes de responsabilité a rendu le bilan plus complexe. Ainsi, à partir de 1930 et de la découverte de la responsabilité délictuelle de plein droit du fait des choses qui n'exigeait pas la démonstration d'une faute, il devenait plus favorable pour la victime d'invoquer ce régime de réparation plutôt qu'une obligation de sécurité si celle-ci ne devait être qualifiée que de moyens. Les juges ont donc revu certaines de leurs qualifications. Dans le contrat de transport, par exemple, une obligation de sécurité de résultat a été mise à la charge du transporteur « pendant l'exécution du contrat de transport, c'est-à-dire à partir du moment où le voyageur commence à monter dans le véhicule et jusqu'au moment où il achève d'en descendre »[1] ; mais il a été jugé que la réparation des accidents ayant lieu avant que le voyageur ait commencé à monter dans le véhicule ou après qu'il a achevé d'en descendre devait se faire, non plus sur le fondement d'une obligation contractuelle de sécurité de moyens[2], mais sur le fondement de la responsabilité délictuelle, et en particulier de la responsabilité du fait des choses[3]. La Cour de cassation continue néanmoins à admettre l'existence d'obligations de sécurité simplement de moyens.

L'obligation de sécurité de résultat est plus favorable à la victime, si bien que le bénéfice en a parfois été étendu aux victimes par ricochet : la difficulté était cependant que, n'étant pas liées par un contrat à l'auteur du dommage, elles ont dû faire admettre l'existence en leur faveur d'une stipulation pour autrui tacite pour passer outre le principe de l'effet relatif des contrats[4].

1. Civ. 1re, 1er juil. 1969. La SNCF est dès lors automatiquement responsable en cas d'agression survenue dans un train, cet événement ne revêtant pas le caractère d'irrésistibilité de la force majeure : Civ. 1re, 3 juil. 2002, n° 99-20217 ; *RTD civ.* 2002, 821, obs. crit. P. Jourdain ; dans le même sens, Civ. 1re, 12 déc. 2000, n° 98-20635.

2. Posant pour la première fois cette obligation de moyens, Civ. 1re, 21 juil. 1970, *D.* 1970, 767, note Abadir.

3. Civ. 1re, 7 mars 1989, *Valverde*, n° 87-11493 : « En dehors de l'exécution du contrat de transport, la responsabilité du transporteur à l'égard du voyageur est soumise aux règles de la responsabilité délictuelle » ; censure de la cour d'appel qui avait fondé sa décision sur une obligation contractuelle de moyens « alors que l'accident s'est produit au moment où a démarré le train d'où le voyageur était descendu et dont la SNCF avait la garde ».

4. Civ. 1re, 14 nov. 1995, n° 92-18199 ; *Dr. & patr.* févr. 1996, note F. Chabas, à propos des centres de transfusion sanguine. Un arrêt ultérieur a semblé vouloir mettre un frein à ces stipulations pour autrui tacites : Civ. 1re, 28 oct. 2003, n° 00-18794 et 00-20065 ; *RTD civ.* 2004, 96, obs. J. Mestre et B. Fages ; *D.* 2004, 233, note Ph. Delebecque ; *JCP* 2004, II, 10006, note G. Lardeux : « l'arrêt, après

Cette extension du contenu obligationnel du contrat par l'obligation de sécurité a conduit à un élargissement du domaine de la responsabilité contractuelle, mais plusieurs voix se sont fait entendre pour préconiser un mouvement inverse. Le doyen Carbonnier énonça ainsi, dans une phrase restée célèbre[1], que « c'est artifice que de faire entrer là-dedans [la responsabilité contractuelle] des bras cassés et des morts d'hommes ; les tragédies sont de la compétence des articles 1382 s. ». L'idée est que le devoir général de prudence et de diligence qui oblige à ne pas causer de dommages à autrui doit exister non seulement vis-à-vis de son cocontractant mais également de la même façon vis-à-vis des tiers. L'évolution législative est dans ce sens : tant la loi du 5 juillet 1985 sur les accidents de la circulation que la loi du 19 mai 1998 sur la responsabilité du fait des produits défectueux obligent les responsables, dans les mêmes termes, que le dommage ait été subi par un cocontractant (personne transportée en vertu d'un contrat de transport, acquéreur du produit défectueux) ou par un tiers. Il demeure cependant des contrats dans lesquels on peut légitimement attendre du cocontractant un devoir particulier de veiller à la sécurité, et où la responsabilité de ce dernier doit dès lors être retenue en cas de dommage, même en l'absence de faute ou de fait d'une chose, c'est-à-dire dans des conditions où la responsabilité délictuelle ne permettrait pas d'obtenir réparation.

Cette ambiguïté sur la nature exacte de l'obligation de sécurité conduit à quelques hésitations sur son régime juridique. Ainsi, on sait que, sur le fondement de la responsabilité délictuelle objective, c'est-à-dire sans faute (par exemple la responsabilité du fait des choses), la faute de la victime peut exonérer partiellement l'auteur du dommage (et même totalement si elle remplit les caractères de la force majeure)[2]. En matière d'obligation de sécurité, la Cour de cassation a jugé que « le transporteur tenu d'une obligation de sécurité de résultat envers un voyageur ne peut s'en exonérer partiellement et [...] la faute de la victime, à condition de présenter le caractère de la force majeure, ne peut jamais emporter qu'exonération totale »[3]. Elle a ensuite réaffirmé que « le transporteur

avoir énoncé que les demandeurs, victimes par ricochet, n'étaient pas ayants cause de leurs parents décédés, n'agissant ni en qualité de cessionnaires ni d'héritiers, a exactement décidé qu'ils ne pouvaient pas bénéficier d'une stipulation pour autrui implicite au titre du contrat de voyage, de sorte qu'il était exclu que leur action soit fondée sur la responsabilité contractuelle de l'agence de voyages ».

1. *Droit civil,* t. 4 : *Les obligations*, PUF, « Thémis », 20e éd., 1996, n° 295, p. 479.

2. V. 2e vol. du présent ouvrage : *Les obligations, 2. Responsabilité délictuelle et quasi-contrats*, PUF, « Thémis droit », 2e éd., 2010.

3. Civ. 1re, 13 mars 2008, n° 05-12551 ; *RDC* 2008/3, 743, obs. D.Mazeaud ; *RTD civ.* 2008, 312, obs. P.Jourdain ; *D.*2008, 1582, note G.Viney et 2894, obs. Ph.Brun et P.Jourdain ; *JCP G* 2008, I, 186, obs. Ph.Stoffel-Munck, et II, 10085, note P. Grosser ; *CCC* 2008, n° 7, 22, L. Leveneur ; *RCA* 2008, n° 5, 21, obs. F. Leduc.

ferroviaire, tenu envers les voyageurs d'une obligation de sécurité de résultat, ne peut s'exonérer de sa responsabilité en invoquant la faute d'imprudence de la victime que si cette faute, quelle qu'en soit la gravité, présente les caractères de la force majeure »[1]. Si l'on s'en tient à la seule lecture de ces attendus[2], on comprend que la faute de la victime ne peut en la matière conduire à une exonération partielle ; elle ne peut conduire qu'à une exonération totale, et ce à la condition qu'elle remplisse les caractères de la force majeure. La sévérité de la Cour de cassation peut s'expliquer par le fait que le responsable soit en l'espèce la SNCF, tenue d'une obligation de sécurité particulièrement lourde, et aussi par l'influence, en la matière, du régime de responsabilité du fait des accidents de la circulation où, précisément, la faute simple de la victime ne peut exonérer le responsable. Ces raisons d'opportunité ne suffisent cependant pas à justifier l'impossibilité d'invoquer la faute de la victime comme cause d'exonération : les juges du fond auraient suffisamment de marge de manœuvre en appréciant souverainement la part de responsabilité à laisser à la victime, ou en refusant de caractériser une faute de cette dernière.

2 | La modification du contrat

Le contrat une fois conclu s'impose aux parties et peu de modifications sont en principe possibles. En dehors de la modification du contrat par la loi, qui soulève la question des conflits de lois dans le temps, il est possible d'envisager une modification du contrat par les parties ou par le juge.

1. Ch. mixte, 28 nov. 2008, n° 06-12307 ; *D.* 2008, 3079, obs. I.Gallmeister et 2009, 461, note G. Viney ; *D.* 2010, 49, obs. O. Gout ; *JCP G* 2009, I, 123, obs. Ph.Stoffel-Munck, et II, 10011, note P.Grosser ; *RTD civ.* 2009, 129, obs. P. Jourdain ; *RDC* 2009/2, 487, obs. Th. Genicon ; *RCA* 2009, comm.4, note S.Hocquet-Berg.

2. La lecture du reste des arrêts rend l'interprétation un peu moins évidente. Ainsi, l'arrêt de Chambre mixte rejette le pourvoi formé contre l'arrêt de la Cour d'appel qui avait retenu un partage de responsabilité : ce n'est ainsi pas le partage qui semble faire difficulté, mais le fait de vouloir exonérer totalement la SNCF alors que la faute de la victime, fut-elle délibérée, ne présentait pas les caractères de la force majeure.

1. LA MODIFICATION DU CONTRAT PAR LES PARTIES

Lorsque les parties sont d'accord pour modifier le contrat, il n'y a aucune raison de ne pas les y autoriser, à la condition bien sûr que la modification envisagée ne soit pas illégale. Par leur volonté commune, les parties pourraient aller jusqu'à décider de mettre fin au contrat alors même qu'il n'aurait pas été exécuté (c'est le *mutuus dissensus*, c'est-à-dire l'accord des parties pour ne plus exécuter) et décider de conclure un contrat différent ; il est plus simple de les autoriser directement à le modifier [1]. Lorsque la modification intervenue est importante, les parties seront parfois considérées avoir voulu conclure un nouveau contrat : c'est ce que l'on appelle une novation (v. *infra*). Dans certains domaines en revanche, il est important de considérer que c'est le même contrat qui se poursuit malgré une modification importante : en droit du travail par exemple, la modification du contrat de travail n'entraînera pas novation, pour permettre au salarié de conserver tous les avantages liés à son ancienneté.

Les choses sont plus complexes lorsque les deux parties ne sont pas d'accord et que seule l'une d'entre elles souhaite modifier le contrat. La force obligatoire du contrat contraint alors cette dernière à exécuter le contrat tel que conclu sans pouvoir, unilatéralement, imposer une modification à son cocontractant : c'est précisément la signification de l'article 1134 du Code civil : « Les conventions légalement formées tiennent lieu de lois à ceux qui les ont faites ». Les parties sont donc liées même dans le cas où l'une d'entre elles ne voudrait plus exécuter les obligations convenues.

2. LA MODIFICATION DU CONTRAT PAR LE JUGE

Toujours en raison du principe de liberté contractuelle, le contrat est la chose des parties ; celles-ci doivent dès lors pouvoir compter sur le maintien des termes exacts sur lesquels elles se sont accordées. Le juge n'a donc pas en principe à intervenir dans le contrat, ni au moment de la formation pour imposer des clauses non prévues, ni au cours de l'exécution pour en modifier le contenu. La Cour de cassation réaffirme

1. Le contrat peut même être modifié par l'usage des parties, et sans modification de sa lettre : Paris, 5e ch. A, 15 juin 2005, *RTD civ.* 2005, 592, obs. J. Mestre et B. Fages.

régulièrement ce principe fondamental : ainsi, dès lors qu'un contrat (en l'occurrence un bail) « ne comportait aucune clause prévoyant la modification des modalités d'exécution du contrat », les juges du fond ne pouvaient, même pour sauver le contrat ou respecter l'équilibre contractuel, substituer à une obligation de surveillance du bailleur devenue impossible par suite du décès de celui-ci, une obligation financière équivalente[1].

Cependant, de la même façon que le juge a « forcé » le contrat pour y introduire des obligations non envisagées par les parties, il ne s'est pas dénié tout pouvoir pour modifier le contrat une fois conclu.

Il s'agit principalement de la question classique de l'*imprévision*, c'est-à-dire du changement important des circonstances économiques dans lesquelles s'insérait le contrat et dont il résulte un déséquilibre important au détriment de l'une des parties. L'exécution du contrat n'est pas rendue impossible (sinon il faudrait appliquer la théorie des risques), mais beaucoup plus difficile ou beaucoup plus onéreuse pour l'une des parties.

Le droit français, tout au moins le droit civil, n'admet pas encore officiellement la théorie de l'imprévision, c'est-à-dire qu'il refuse à la partie ainsi mise en difficulté le droit d'obtenir du juge la modification des prestations initialement convenues[2].

Cette solution jurisprudentielle remonte à la célèbre affaire dite du *Canal de Craponne* de la fin du XIXe siècle[3] : au XVIe siècle, Adam de Craponne s'était engagé à construire un canal destiné à arroser les vergers, vignes, prés et autres propriétés des habitants de la commune de Pélissanne ; la convention prévoyait que pour assurer l'entretien du canal, les particuliers devraient payer une redevance de 3 sols par carteirade (ancienne mesure agraire du sud de la France) à chaque fois qu'ils arroseraient leur propriété, payable audit Adam de Craponne ou à ses héritiers ; trois siècles plus tard, la redevance stipulée était devenue dérisoire par rapport au coût réel de l'entretien du canal, si bien que les juges du fond l'avaient augmentée. La Cour de cassation exerça fermement sa censure : « Dans aucun cas il n'appartient aux tribunaux,

1. Civ. 3e, 18 mars 2009, n° 07-21260 ; *RTD civ.* 2009, 528, obs. B. Fages ; *RDC* 2009/4, 1358, obs. D. Mazeaud.

2. Et elle n'a pas non plus bien sûr le droit de modifier unilatéralement le contrat. V. Paris, 28 janv. 2009, *RTD civ.* 2009, 529, obs. B. Fages, qui rappelle qu'« une partie à un contrat ne peut modifier unilatéralement les conditions contractuelles initiales, serait-ce au motif d'un changement dans les circonstances économiques. »

3. Civ., 6 mars 1876, *De Galliffet c/ Commune de Pélissanne, D.* 1876, 1, 193, note Giboulot ; *Grands arrêts*, n° 163.

quelque équitable que puisse leur paraître leur décision, de prendre en considération le temps et les circonstances pour modifier les conventions des parties et substituer des clauses nouvelles à celles qui ont été librement acceptées par les contractants. » Tout est dit. La solution : refus de modifier le contrat en cas de changement des circonstances. La raison : le respect des volontés des parties telles qu'elles se sont librement exprimées.

On oppose toujours cette position à celle de la jurisprudence administrative, le Conseil d'État ayant, dans un célèbre arrêt dit du *Gaz de Bordeaux* du 30 mars 1916, accepté la théorie de l'imprévision. Dans cette affaire, à la suite de la hausse du prix du charbon due à la guerre, le concessionnaire du gaz de la ville de Bordeaux ne pouvait plus fournir de gaz aux usagers en appliquant les tarifs prévus par l'acte de concession. La Haute Juridiction administrative obligea alors le concédant, c'est-à-dire la ville de Bordeaux, à payer une indemnité au concessionnaire si les tarifs n'étaient pas modifiés, ce qui revenait à augmenter ces tarifs. On a souvent justifié la différence des deux solutions par la nécessité, propre au droit administratif, d'assurer la continuité du service public. En réalité, dans un arrêt de 1976, le Conseil d'État a appliqué la théorie de l'imprévision et condamné l'État à payer une indemnité au concessionnaire alors qu'il avait été mis fin à la concession et qu'il ne s'agissait donc que de rétablir un déséquilibre passé, sans aucune nécessité de continuité pour l'avenir.

La solution de la Cour de cassation a subi de nombreuses attaques doctrinales, plaidant pour un assouplissement de la position de la jurisprudence civile, d'autant que plusieurs pays européens acceptent cette modification exceptionnelle du contrat par le juge.

Si la Cour de cassation maintient le principe de l'interdiction de la révision du contrat pour imprévision[1], elle a admis une évolution dans sa jurisprudence en développant certaines pistes pour contourner cette interdiction.

Il y eut d'abord, en 1992, un arrêt *Huard*[2], dans lequel la Cour de cassation approuva une cour d'appel d'avoir jugé qu'une société pétrolière qui refusait de baisser le prix auquel elle fournissait son essence

1. Par ex. le (prétendu) « bug » de l'an 2000 n'a pas été jugé comme permettant de modifier les stipulations d'un contrat de maintenance informatique : v. obs. J. Mestre sous Dijon, 4 févr. 1999, *RTD civ.* 1999, 396. Il faut dire, comme le remarque cet auteur, qu'on ne pouvait guère soutenir que le passage à l'an 2000 était imprévisible.

2. Com., 3 nov. 1992, n° 90-18547 ; *JCP G* 1993, II, 22164, note G. Virassamy ; *RTD civ.* 1993, 124, obs. J. Mestre : « La cour d'appel a pu décider qu'en privant M. Huard des moyens de pratiquer des prix concurrentiels, la société BP n'avait pas exécuté le contrat de bonne foi. »

alors qu'il y avait eu modification des circonstances économiques (libéralisation des prix de vente au détail) et mettait ainsi son distributeur dans une situation très difficile (en le privant des moyens de pratiquer des prix concurrentiels) n'exécutait pas son contrat de bonne foi. En d'autres termes, il semblait résulter de cet arrêt qu'en cas de changement important des circonstances, ne pas accepter de renégocier le contrat pouvait être assimilé au fait de ne pas exécuter celui-ci de bonne foi, et donc être sanctionné sur le fondement de l'alinéa 3 de l'article 1134 du Code civil : l'attribution de dommages-intérêts pouvait ainsi compenser pour la partie désormais désavantagée, le refus de réviser le contrat.

Ultérieurement, un arrêt *Chevassus-Marche*[1] reprit la même idée en reprochant aux juges du fond de ne pas avoir recherché si, informé des difficultés de son cocontractant agent commercial (liées notamment à l'existence de ventes parallèles de produits provenant de centrales d'achat), le mandant avait bien « pris des mesures concrètes pour permettre à leur mandataire de pratiquer des prix concurrentiels, proches de ceux des mêmes produits vendus dans le cadre de ces ventes parallèles, et de le mettre ainsi en mesure d'exercer son mandat ». Là encore, ces « mesures concrètes » ne pouvaient guère être qu'une révision du prix initialement prévu et donc une renégociation du contrat. L'arrêt est d'une certaine façon plus net que l'arrêt *Huard*, dans la mesure où ce dernier pouvait s'expliquer par des raisons propres au fait qu'on était en présence d'un réseau intégré, ce qui n'était pas le cas dans l'affaire ayant donné lieu à l'arrêt *Chevassus-Marche*[2].

Les Cours d'appel ont emboîté le pas à cette jurisprudence, allant parfois assez loin dans les incitations formulées vis-à-vis des contractants afin que ceux-ci renégocient leur contrat[3].

Plus récemment, dans un arrêt *Soffimat*[4], la Cour de cassation a jugé qu'en ordonnant l'exécution du contrat de maintenance d'une cen-

1. Com., 24 nov. 1998, n° 96-18357 ; *JCP G* 1999, II, 12210, note. Y. Picod ; *ibid.*, I, 143, n° 6, obs. Ch. Jamin ; *RTD civ.* 1999, 98, obs. J. Mestre ; *ibid.*, 646, obs. P.-Y. Gautier ; *Defrénois* 1999, 371, obs. D. Mazeaud.

2. En ce sens, J. Mestre, *RTD civ.* 1999, 98. D'un autre côté, c'est l'article 1134, alinéa 3 du C. civ. qui est visé dans l'arrêt *Huard* alors que ce n'est « que » sur l'article 4 de la loi du 25 juin 1991 que s'appuie l'arrêt *Chevassus-Marche.* Cela étant dit, l'arrêt *Chevassus-Marche* est fondé sur l'obligation très générale de loyauté qui existe entre le mandant et l'agent commercial, obligation générale contenue dans l'alinéa 3 de l'article 1134.

3. Nancy, 26 sept. 2007, *RTD civ.* 2008, 295, obs. B. Fages ; *RLDC* 2008, n° 2969, note O. Cachard, qui invite les parties « à procéder à la négociation d'un avenat au contrat de fourniture » et « à remettre au greffe une copie de l'avenant conclu », tout en précisant « qu'en cas d'échec des négociations, chaque partie devra verser aux débats, en son dernier état, la proposition qu'elle aura formulée ».

4. Com., 29 juin 2010, n° 09-67369 ; *RDC* 2011/1, 34, obs. É. Savaux ; *D.* 2010, 2481, note D. Mazeaud, et 2485, note Th. Genicon ; *JCP G* 2010, 1056, note T. Favario ; *RTD civ.* 2010, 782,

trale « sans rechercher, comme elle y était invitée, si l'évolution des circonstances économiques et notamment l'augmentation du coût des matières premières et des métaux depuis 2006 et leur incidence sur celui des pièces de rechange, n'avait pas eu pour effet, compte tenu du montant de la redevance payée par la société SEC, de déséquilibrer l'économie générale du contrat tel que voulu par les parties lors de sa signature en décembre 1998 et de priver de toute contrepartie réelle l'engagement souscrit par la société Soffimat, ce qui était de nature à rendre sérieusement contestable l'obligation dont la société SEC sollicitait l'exécution, la cour d'appel a privé sa décision de base légale ». Ce nouvel arrêt révèle un changement de raisonnement. Il est en effet rendu notamment au visa de l'article 1131 du Code civil relatif à la cause. La Cour de cassation suggère ainsi que l'évolution des circonstances économiques pourrait, en cours de contrat, priver le contrat de cause. Cela ne peut être qu'en cours de contrat puisqu'elle a par ailleurs clairement jugé que l'obligation de renégocier ne peut être imposée en présence d'un déséquilibre « structurel » qui existait dès la formation du contrat dès lors qu'il n'y a pas dans ce cas « changement des circonstances »[1]. Il est acquis donc qu'un contractant ne peut exciper d'une clause de renégociation pour rectifier, avant même que le contrat ait commencé à être exécuté, un prix qu'elle avait mal calculé[2]. Il s'agit d'un premier changement de taille puisque la Cour de cassation confirme ici ce qu'elle avait esquissé ailleurs[3], à savoir que la cause pourrait désormais être contrôlée non plus seulement au moment de la formation du contrat, mais encore au moment de son exécution.

Cette nouvelle solution ne serait pas opportune[4]. Car en toute rigueur, la sanction de la disparition d'une condition de validité du contrat postérieurement à la formation de celui-ci devrait être la cadu-

obs. B. Fages ; *LPA* 24 déc. 2010, 7, note A.-S. Choné ; *Dr. & patr.* 2011, n° 200, 68, obs. P. Stoffel-Munck ; *JCP G* 2011, n° 3, 126, obs. J. Ghestin ; *JCP E* 2010, n° 51-52, 31, obs. J.-B. Seube ; *Gaz. Pal.* 2011, n° 12-13, 21, obs. D. Houtcieff ; *Defrénois* 2011, n° 8, 811, obs. J.-B. Seube.

1. Civ. 1re, 16 mars 2004, n° 01-15804 ; *RDC* 2004/3, 642, obs. D. Mazeaud.

2. Angers, 27 janv. 2004 et Paris, 14 oct. 2005, *RTD civ.* 2006, 112, obs. J. Mestre et B. Fages. Com., 3 oct. 2006, n° 04-13214 ; *D.* 2007, 765, note D. Mazeaud ; *RTD civ.* 2007, 341, obs. J. Mestre et B. Fages.

3. Civ. 1re, 30 oct. 2008, n° 07-17646 ; *RDC* 2009/1, 49, obs. D. Mazeaud ; *RTD civ.* 2009, 118, obs. B. Fages ; *D.* 2008, 2937, obs. P. Chauvin et C. Creton ; *JCP G* 2009, II, 10000, note D. Houtcieff ; *Defrénois* 2009, art. 38916, n° 11, obs. R. Libchaber ; *RLDC* 2008/57, n° 3283, note A. Cermolacce. V. *supra* sur la date d'appréciation de l'existence de la cause.

4. Le conditionnel s'impose encore, dans la mesure où l'arrêt n'est pas destiné à être publié au bulletin. Sa formulation et surtout son visa sont cependant très clairs, car même si la censure est fondée sur un manque de base légale, la nouvelle recherche imposée par la Cour de cassation implique une modification de la règle de droit applicable.

cité du contrat, c'est-à-dire sa disparition non rétroactive, et non pas la révision du contrat. Les sanctions auxquelles conduisait l'application de la bonne foi (obligation de renégocier le contrat ou allocation de dommages-intérêts de nature à compenser le déséquilibre) nous semblent plus opportunes. La bonne foi permet en outre d'apprécier le comportement des parties et l'opportunité d'imposer même indirectement un rééquilibrage. Les circonstances de l'espèce pourraient en effet conduire à la nécessité de maintenir le contrat, notamment si d'autres parties pourraient être pénalisées par sa modification, alors que l'appréciation de la cause est presque mécanique en ce qu'elle suppose simplement d'apprécier l'existence d'une contrepartie : le juge qui, en principe, ne contrôle pas l'équilibre des prestations ne devrait d'ailleurs alors pouvoir intervenir qu'en cas de disparition de la cause pour l'une des parties.

Les circonstances de l'arrêt *Soffimat* permettent de souligner une autre particularité des affaires où la théorie de l'imprévision est sollicitée par l'une des parties : il faut supposer que cette dernière n'ait pas un droit de résiliation unilatérale, et qu'on ne soit donc pas dans un contrat à durée indéterminée (dans l'arrêt *Soffimat*, le contrat avait été conclu pour une durée déterminée de 12 ans ou 43488 heures). On peine d'ailleurs à comprendre pourquoi dans l'affaire du Canal de Craponne le contractant n'avait pas plutôt exercé ce droit de résiliation unilatérale.

Ni le fondement de la cause (qui conduit à la caducité du contrat) ni celui de la bonne foi ne permettent au juge de réécrire le contrat. Pour la bonne foi, la Cour de cassation a jugé de façon générale que « si la règle selon laquelle les conventions doivent être exécutées de bonne foi permet au juge de sanctionner l'usage déloyal d'une prérogative contractuelle, elle ne l'autorise pas à porter atteinte à la substance même des droits et obligations légalement convenus entre les parties »[1]. En l'état actuel du droit positif, les juges peuvent donc inciter les parties à renégocier, mais non pas leur imposer un nouveau contrat.

De lege ferenda en revanche, des propositions d'assouplissement de la jurisprudence de la Cour de cassation sont suggérées[2].

1. Com., 10 juil. 2007, n° 06-14768, sur lequel v. *supra* sur la bonne foi.

2. L'avant-projet Catala ne consacre pas la théorie de l'imprévision mais incite les parties à prévoir des clauses spécifiques de renégociation. Art. 1135-1 : dans les contrats à exécution successive ou échelonnée, les parties peuvent s'engager à négocier une modification de leur convention pour le cas où il adviendrait que, par l'effet des circonstances, l'équilibre initial des prestations réciproques fut perturbé au point que le contrat perde tout intérêt pour l'une d'entre elles. Le projet ajoute (art. 1135-2), qu'à défaut d'une telle clause, la partie qui perd son intérêt dans le contrat peut demander au président du tribunal de grande instance d'ordonner une nouvelle négociation. L'avant-projet de la Chancellerie prévoit également que la partie lésée peut demander une renégociation, mais qu'en cas d'échec de celle-ci, le juge peut procéder à l'adaptation du contrat mais seulement avec l'accord des parties ; il peut aussi mettre fin au contrat à la date et aux conditions qu'il fixe.

De telles solutions sont constantes en droit du travail, où la Cour de cassation a affirmé, depuis un arrêt *Expovit* du 25 février 1992, que « l'employeur, tenu d'exécuter de bonne foi le contrat de travail, a le devoir d'assurer l'adaptation des salariés à l'évolution de leurs emplois »[1]. En cas de changement des circonstances, et même des aptitudes du salarié, l'employeur doit donc, avant de procéder à un licenciement, chercher un reclassement dans un emploi compatible avec les capacités du salarié, au nom de l'exécution du contrat de bonne foi.

Les parties peuvent également convenir elles-mêmes par avance de la révision de leur contrat en cas de changement important dans les circonstances, et la jurisprudence de la Cour de cassation constitue une incitation pour les parties à prévoir et à régler expressément une telle hypothèse[2]. Elles peuvent ainsi prévoir des clauses d'adaptation automatique telles que des clauses d'indexation. Peuvent également être stipulées des clauses de renégociation ou encore des clauses de rencontre (ou de réunion) qui les obligent à se rencontrer soit régulièrement, soit lors de la survenance d'un événement particulier ; ces clauses obligent chacune des parties à renégocier de bonne foi, mais non pas à accepter les modifications proposées par l'autre partie. Dans les contrats internationaux, les parties prévoient fréquemment des clauses de *hardship*, c'est-à-dire précisément des clauses de révision et de renégociation du contrat en cas de survenance de circonstances prédéfinies.

SECTION 2
L'interprétation du contrat

Un premier sens de l'interprétation du contrat par les juges renvoie à l'interprétation constructive dont ils font preuve lorsque, par un forçage du contrat, ils y introduisent des obligations que les parties n'avaient pas expressément convenues.

1. Soc., 25 févr. 1992, n° 89-41634 ; *D.* 1992, 390, note M. Défossez ; *Dr. soc.* 1992, 573, obs. A. Lyon-Caen ; *ibid.*, 581, obs. F. Favennec-Héry. *Adde* Soc., 23 oct. 2007, n° 06-40950, qui vise l'obligation pour l'employeur d'assurer l'adaptation des salariés à leur poste de travail et de veiller au maintien de leur capacité à occuper un emploi.

2. Civ. 3e, 18 mars 2009, n° 07-21260 ; *RTD civ.* 2009, 528, obs. B. Fages ; *RDC* 2009/4, 1358, obs. D. Mazeaud, qui insiste sur le fait que le bail ne comportait aucune clause de révision, ce qui privait le juge de tout pouvoir.

Il s'agit ici plus précisément de déterminer dans quel sens le contrat doit être appliqué lorsque l'accord des parties est obscur ou ambigu. La méthode d'interprétation est intimement liée aux différentes cultures juridiques. En droit français, l'interprétation sert principalement à rechercher quelle a été la commune intention des parties, c'est-à-dire quels étaient les termes de leur accord réel. Dans la mesure où la volonté interne est la source et la mesure de l'engagement des parties, c'est elle qu'il faut prioritairement analyser pour interpréter le contrat.

Le Code civil contient quelques directives pour guider l'interprétation du contrat sur laquelle la Cour de cassation exerce un certain contrôle[1].

1 | Les directives d'interprétation du contrat

Le Code civil fournit quelques directives précieuses pour l'interprétation des contrats, le petit « guide-âne » des articles 1156 et s. du Code civil[2]. Ces principes ne sont qu'une indication pour les juges du fond chargés d'interpréter le contrat, et ne sont nullement obligatoires.

Au-delà de toute technique impérative, c'est la volonté commune des parties qui doit être recherchée. Cette règle essentielle gouverne toute l'interprétation des contrats. Elle est posée dès le premier de ces textes, l'article 1156 : « On doit dans les conventions rechercher quelle a été la commune intention des parties contractantes, plutôt que de s'arrêter au sens littéral des termes. » La volonté des parties prime donc, en droit français, sur la lettre stricte du contrat. Ce principe de base d'interprétation des contrats est à rapprocher de la notion de bonne foi : être de

1. Sous l'œil vigilant de la CEDH : 4e sect., 13 juil. 2004, *Pla et Puncernau c/ Andorre, AJDA*, 2004, 1812, obs. J.-F. Flauss ; *RTD civ.* 2004, 804, obs. J.-P. Marguénaud ; *RDC* 2005/3, 645, obs. J. Rochfeld : « Certes, la Cour n'est pas appelée, en principe, à régler des différends purement privés. Cela étant, dans l'exercice du contrôle européen qui lui incombe, elle ne saurait rester inerte lorsque l'interprétation faite par une juridiction nationale d'un acte juridique, qu'il s'agisse d'une clause testamentaire, d'un contrat privé, d'un document public, d'une disposition légale ou encore d'une pratique administrative, apparaît comme étant déraisonnable, arbitraire ou, comme en l'espèce, en flagrante contradiction avec l'interdiction de discrimination établie à l'article 14 et plus largement avec les principes sous-jacents à la Convention » (*Larkos c/ Chypre* [GC], no 29515/95, § 30-31, CEDH, 1999-I).

2. J. Dupichot, Pour un retour aux textes : défense et illustration du « petit guide-âne » des articles 1156 à 1164 du Code civil, *Études J. Flour*, Defrénois, 1979, 179.

bonne foi implique, en droit français, de ne pas se réfugier derrière la lettre du contrat[1] là où, en droits anglais et américain par exemple, il sera jugé de mauvaise foi d'essayer de s'échapper de la lettre du contrat en invoquant la volonté réelle des parties. Les projets européens reprennent cette règle d'interprétation de principe[2], mais ajoutent quelques précisions inspirées plutôt par la *Common Law* qui insiste sur la nécessité d'apprécier, de façon plus objective[3], comment une personne raisonnable aurait dû comprendre les paroles et les actes des parties[4].

En droit français, le juge peut donc ne pas s'arrêter à la lettre stricte du contrat s'il a de bonnes raisons de penser que celle-ci n'est pas conforme à l'intention des parties : c'est ainsi que même si les termes utilisés par les parties sont très généraux, les juges n'ont pas à étendre la convention au-delà de ce que les parties avaient à l'esprit (art. 1163 : « Quelque généraux que soient les termes dans lesquels une convention est conçue, elle ne comprend que les choses sur lesquelles il paraît que les parties se sont proposé de contracter ») ; si elles n'ont envisagé qu'un seul cas, le juge pourrait au contraire étendre la portée du contrat au-delà s'il estime que telle était la commune intention des parties (art. 1164 : « Lorsque dans un contrat on a exprimé un cas pour l'explication de l'obligation, on n'est pas censé avoir voulu par là restreindre l'étendue que l'engagement reçoit de droit aux cas non exprimés »). Dans le même ordre d'idées, ils peuvent éventuellement ajouter au contrat des clauses qui y sont d'usage (comp. art. 1135), s'ils supposent que l'intention des parties n'a pas été de les écarter, et ce même si elles n'ont pas été expressément stipulées (art. 1160 : « On doit suppléer dans

1. Com., 20 oct. 1998, n° 96-10259. Le contrat conclu avec la société American Express prévoit qu'en cas de délivrance d'une carte de crédit à la demande d'une personne morale, celle-ci demeure responsable des retraits effectués par son titulaire ; un préposé indélicat ayant conservé sa carte après avoir quitté son entreprise, celle-ci fit opposition ; la Cour de cassation, en visant l'article 1134, alinéa 3, reproche à la cour d'appel d'avoir, par simple application de la clause, condamné la société American Express sans rechercher si celle-ci avait, après avoir reçu opposition, mis en œuvre tous les moyens à sa disposition pour éviter que le titulaire de la carte ne puisse l'utiliser.

2. Comp. art. 8 :101 du projet de Cadre commun de référence : « *A contract is to be interpreted according to the common intention of the parties even if it differs from the literal meaning of the words* » ; selon les Principes du droit européen des contrats, art. 2 :201 : « Le contrat s'interprète selon la commune intention des parties, même si cette interprétation s'écarte de sa lettre ».

3. On se réfère souvent en droit anglais à ce qu'aurait vu un tiers objectif et impartial ; on emploie parfois l'image d'une mouche qui se serait trouvée dans la pièce, sur le mur de papier (*a fly on the paper wall*).

4. Ainsi, tant le Cadre commun de référence que les Principes du droit européen des contrats prévoient que si on peut interpréter le contrat dans le sens particulier qu'entendait l'une des parties, c'est à la condition que l'autre n'ait pas pu ignorer son intention. En outre, faute de pouvoir déceler l'intention des parties conformément à ces principes, on doit donner au contrat le sens que des personnes raisonnables de même qualité que les parties lui donneraient dans les mêmes circonstances.

le contrat les clauses qui y sont d'usage, quoiqu'elles n'y soient pas exprimées »).

Lorsque la volonté des parties n'est pas claire, les juges peuvent se référer à des éléments objectifs tels que l'usage (art. 1159 : « Ce qui est ambigu s'interprète par ce qui est d'usage dans le pays où le contrat est passé »), la matière (c'est-à-dire l'objet) du contrat (art. 1158 : « Les termes susceptibles de deux sens doivent être pris dans le sens qui convient le plus à la matière du contrat »), les autres clauses, ou encore le sens général de l'acte (art. 1161 : « Toutes les clauses des conventions s'interprètent les unes par les autres, en donnant à chacune le sens qui résulte de l'acte entier ») ; ils peuvent également tenir compte d'éléments subjectifs tels que le comportement des contractants, même postérieurs à la conclusion du contrat [1], ou encore de leur pratique contractuelle. Ils peuvent encore se servir des documents préparatoires au contrat, sauf en présence d'une clause d'intégralité l'excluant. En effet, pour éviter des litiges sur le contenu du contrat, les parties en précisent parfois les contours par des clauses spéciales : ainsi la clause dite « d'intégralité » énonce que le contrat renferme l'ensemble des obligations convenues entre les parties, et qu'il ne faudra pas y ajouter en particulier des engagements contenus dans des documents échangés pendant la période précontractuelle [2]

Toute clause qui laisserait peser un doute sur la réelle intention des parties doit être vérifiée. C'est ainsi par exemple qu'en présence d'une clause de style, il est nécessaire, avant de se livrer à une application textuelle, de vérifier que celle-ci correspond bien à la volonté des parties [3], en particulier si elle contredit une autre clause [4].

De la même façon, lorsqu'apparaît une contradiction entre des termes d'une convention, préférence est donnée à ceux qui semblent

1. Civ. 1re, 13 déc. 1988, n° 86-19068 ; Com., 3 juil. 2001, *RTD civ.* 2002, 293, obs. J. Mestre et B. Fages.

2. Pour l'efficacité d'une telle clause : Paris, 15 juin 2005, *RTD civ.* 2006, 111, obs. J. Mestre et B. Fages.

3. Civ. 1re, 30 janv. 1996, n° 93-20330, qui reproche à une cour d'appel d'avoir refusé d'appliquer une clause d'exclusion de garantie dans une police d'assurance au motif que les réserves imprécises « ne constituaient à l'évidence qu'une clause de style » ; pour la Cour de cassation, « les réserves formulées n'étaient pas imprécises et ne pouvaient être assimilées à une » clause de style « dépourvue de portée ».

4. Com., 14 oct. 2008, n° 07-18955 ; *RDC* 2009/1, 56, obs. Y.-M. Laithier, qui juge que « c'est sans dénaturation des conclusions de la société LCI mais par une interprétation souveraine de la portée de la mention «sans reconnaissance de responsabilité de la part des armateurs» que la cour d'appel, en relevant que cette mention était contredite par les courriers échangés, en a déduit qu'elle n'était qu'une clause de style dépourvue de valeur juridique. » Pour un exemple plus ancien, Bordeaux, 10 déc. 1928, *DP* 1929, II, 81, obs. P. Voirin.

a priori refléter davantage la réelle intention des parties. On considère ainsi qu'il y a supériorité des conditions particulières sur les conditions générales (on estime qu'elles ont dû être davantage négociées)[1], des termes du corps du contrat sur des indications contenues dans les annexes (les parties y ont probablement porté plus d'attention)[2], des clauses manuscrites sur les clauses pré-imprimées (les parties y ont davantage pris conscience de leurs engagements), ou encore des clauses négociées sur les clauses types (là encore, les parties s'y sont davantage attardées)[3].

Le Code prévoit enfin certaines règles de faveur : faveur vis-à-vis du contrat, c'est-à-dire que si le juge hésite entre deux interprétations, il doit plutôt choisir celle qui valide le contrat que celle qui le rendrait nul[4] ; les juges doivent alors suivre les indications précises des parties qui peuvent toujours inventer de nouvelles clauses sur mesure[5]. Également faveur envers le débiteur, c'est-à-dire que si un doute persiste, le juge doit plutôt interpréter le contrat en faveur du débiteur et contre le créancier[6]. Le Code de la consommation prévoit quant à lui un principe

1. La règle s'explique par l'adage *specialia generalibus derogant*. Civ. 1re, 9 févr. 1999, n° 96-19538 : la cour d'appel « a énoncé, à bon droit, que les conditions particulières devaient prévaloir sur les conditions générales » ; Civ. 1re, 17 juin 1986, n° 84-14717 : « Les clauses des conditions particulières d'une police d'assurance ont prééminence sur celles des conditions générales au cas où elles sont inconciliables avec elles. »

2. Com., 4 mai 1999, n° 96-22267 ; *RTD civ.* 1999, 837, obs. J. Mestre : approbation d'une cour d'appel qui a « fait prévaloir les termes du corps du contrat sur les indications de ses annexes inconciliables avec eux ». Certes en l'espèce, les juges du fond avaient relevé que les annexes résultaient d'« une erreur de plume ».

3. Civ. 1re, 3 juil. 2001, n° 99-20629 ; *RTD civ.* 2001, 877, obs. J. Mestre et B. Fages, pour une clause litigieuse « sans portée ». *Adde* art. 2-21 principes Unidroit : « En cas d'incompatibilité entre une clause type et une clause qui ne l'est pas, cette dernière l'emporte. »

4. Art. 1157 : « Lorsqu'une clause est susceptible de deux sens, on doit plutôt l'entendre dans celui avec lequel elle peut avoir quelque effet que dans le sens avec lequel elle n'en pourrait produire aucun. » C'est l'application de l'adage *Potius ut valeat quam ut pereat* (plutôt afin qu'il soit valable qu'afin qu'il périsse).

5. Com., 11 juil. 2006, n° 04-20438 ; *RTD civ.* 2007, 111, obs. J. Mestre et B. Fages ; *CCC* 2006, comm. 232, obs. M. Malaurie-Vignal, pour une clause de non-sollicitation que la Cour de cassation distingue de la classique clause de non-concurrence pour en assouplir les conditions de validité : « La clause de non-sollicitation qui ne constitue pas une clause de non-concurrence dont elle n'est ni une variante, ni une précision de celle-ci, stipule que le groupe cédant comme le groupe cessionnaire s'interdit chacun en ce qui le concerne d'employer un salarié ou un ancien salarié d'une société de l'autre groupe. »

6. Art. 1162 : « Dans le doute, la convention s'interprète contre celui qui a stipulé et en faveur de celui qui a contracté l'obligation. » On sait que le terme « stipuler » est réservé au contrat (ou à une clause de celui-ci). Seul un contrat ou une clause « stipule », quand la loi « dispose », « prévoit » ou encore « énonce ». Au sens le plus strict même, qui est celui utilisé dans l'article 1162, « stipuler » signifie ce qui est prévu dans le contrat en faveur du créancier (on retrouve ce sens plus restreint dans la stipulation pour autrui). C'est donc le créancier qui stipule dans un contrat, par opposition au débiteur qui s'engage.

d'interprétation en faveur du consommateur[1], dont la Cour de cassation déduit notamment un principe de faveur vis-à-vis de l'assuré[2]. L'avant-projet Catala contient un intéressant principe d'interprétation en faveur de la partie faible[3].

2 | Le contrôle de la Cour de cassation sur l'interprétation des contrats

On peut hésiter sur le point de savoir si l'interprétation des contrats relève du fait (auquel cas la Cour de cassation serait incompétente pour l'effectuer) ou du droit. La réponse est nuancée.

a) Le principe : le pouvoir souverain des juges du fond. — Depuis le début du XIXe siècle, les juges du fond ont un pouvoir souverain pour interpréter le contenu d'un contrat, c'est-à-dire pour rechercher la commune intention des parties et déterminer ainsi le sens des clauses stipulées. Il y a ici une différence essentielle avec l'interprétation de la loi, qui est au contraire au cœur de la mission de la Cour de cassation. De même, l'interprétation des conventions collectives est contrôlée par la Haute Juridiction[4], révélant leur nature juridique complexe et dualiste se rapprochant de la loi autant et même plus que du contrat.

La règle peut se comprendre dans la mesure où, pour lever l'ambiguïté du contrat, les juges doivent se référer à des éléments de fait que la Cour de cassation ne pourrait prendre l'initiative de rechercher : l'attitude des parties par exemple, ou encore leurs déclarations. En outre, il

1. Art. L. 133-2, al. 2 : les clauses des contrats proposés par les professionnels aux consommateurs ou aux non-professionnels « s'interprètent en cas de doute dans le sens le plus favorable au consommateur ou au non-professionnel ». Civ. 1re, 23 janv. 2003, *RTD civ.* 2003, 292, obs. J. Mestre et B. Fages.

2. Civ. 2e, 13 juil. 2006, n° 05-18104 ; *RDC* 2007, 347, obs. D. Fenouillet ; *CCC* 2006, n° 209, G. Raymond, qui, au visa de l'art. L. 133-2, al. 2 C. conso., juge que « la clause litigieuse était ambiguë et qu'elle devait être interprétée dans le sens le plus favorable à l'assuré ». Dans le même sens, Civ. 1re, 22 mai 2008, n° 05-21822 ; *RTD civ.* 2008, 478, obs. B. Fages ; *RDC* 2008/4, 1135, obs. D. Mazeaud.

3. Art. 1140-1 : lorsque la loi contractuelle a été établie sous l'influence dominante d'une partie, on doit l'interpréter en faveur de l'autre.

4. Depuis un arrêt du 6 févr. 1976 (*JCP* 1976, II, 18481, note H. Groutel) où l'Assemblée plénière censure pour la première fois une cour d'appel non pas pour dénaturation mais pour violation de la convention collective.

n'apparaît pas en la matière essentiel d'assurer une unité d'interprétation, ce qui est le rôle central de la Haute Juridiction, et ce dans la mesure précisément où chaque contrat est différent au gré de l'autonomie de la volonté des parties (sauf pour certaines clauses types). On comprend alors pourquoi l'interprétation des conventions collectives, qui doivent par définition s'appliquer à un très grand nombre de salariés, est contrôlée par la Cour de cassation qui doit veiller à assurer une unité d'interprétation.

b) Le tempérament : le contrôle de la dénaturation. — La Cour de cassation peut cependant exercer un certain contrôle, à travers le grief de dénaturation, qui est un des neuf cas d'ouverture à cassation (comme le manque de base légale, de création purement jurisprudentielle).

La dénaturation est une erreur d'interprétation grossière et manifeste d'un acte juridique (contrat, testament, témoignage, etc.) par les juges du fond. En donnant un autre sens que celui résultant de toute évidence des termes du contrat, les juges du fond méconnaissent la loi des parties, et c'est pourquoi la dénaturation des contrats est toujours prononcée sous le visa de la violation de l'article 1134 du Code civil[1].

Une telle erreur requiert que l'acte à interpréter ait été parfaitement clair[2] : si en effet l'acte était obscur, ou même seulement ambigu, l'interprétation des juges, par définition délicate, ne pourrait être qualifiée de manifestement erronée et elle redevient donc souveraine. L'ambiguïté de l'acte est ainsi une défense classique au grief de dénaturation, et la Cour de cassation ne peut alors pas critiquer l'interprétation proposée souverainement par les juges du fond[3].

1. Civ. 1re, 24 janv. 1984, n° 82-14677 : un contrat d'assurance prévoyait sa couverture en cas de vol s'il était établi que l'auteur du vol avait pénétré clandestinement dans les locaux; censure de la cour d'appel qui avait refusé de faire jouer la garantie « aux motifs qu'il n'y a pénétration clandestine que «lorsqu'un individu se laisse enfermer dans un local avec l'intention de voler lorsque ses occupants ne se trouvent pas dans les lieux», alors que la pénétration clandestine s'entend de toute entrée intervenue à l'insu de l'assuré et dans un but illicite, la cour d'appel a dénaturé, en restreignant la portée, une clause claire et précise de la police d'assurance ».

2. La Cour de cassation se fonde parfois sur une interprétation littérale. Ainsi, dans une hypothèse où le contrat souscrit se bornait à garantir au franchisé l'exclusivité territoriale dans un secteur déterminé, la Cour de cassation reproche à la cour d'appel d'avoir assimilé la création d'un site Internet à l'implantation d'un point de vente dans le secteur protégé : Com., 14 mars 2006, n° 03-14639; *RTD civ.* 2006, 553, obs. J. Mestre et B. Fages.

3. Civ. 3e, 12 févr. 2003, n° 01-11295 : la CA « a souverainement retenu, par une interprétation exclusive de dénaturation des termes de la convention unissant les parties, que son ambiguïté rendait nécessaire, qu'en apposant sa signature au bas de la dernière page du contrat M. Ammouche avait approuvé l'engagement de la société Alpha construction en sa qualité de gérant de celle-ci, mais également son engagement en son nom personnel ».

ÉTAT DES QUESTIONS

BIBLIOGRAPHIE

Sur la distinction entre formation et exécution du contrat : O. Penin, *La distinction de la formation et de l'exécution du contrat. Contribution à l'étude du contrat acte de prévision*, th. Paris II, dir. Y. Lequette.

Sur la force obligatoire du contrat : P. Ancel, La force obligatoire. Jusqu'où faut-il la défendre, in *La nouvelle crise du contrat*, dir. Ch. Jamin et D. Mazeaud, Dalloz, « Thèmes et commentaires », 2003, 163 ; Ch. Jamin, Une brève histoire politique des interprétations de l'article 1134 du Code civil, *D.* 2002, chron., 901 ; La force obligatoire du contrat, *Le contrat aujourd'hui : comparaisons franco-anglaises*, dir. D. Tallon et D. Harris, LGDJ, « Bibl. dr. privé », 1987, rapp. français G. Rouhette (27) et rapp. anglais P. S. Atiyah (57) ; P. Ancel, Force obligatoire et contenu obligationnel du contrat, *RTD civ.* 1999, 771. La référence à la loi (les conventions tiennent lieu de « loi » aux parties dit l'art. 1134) entend souligner que les contrats ne pourraient avoir plus de force obligatoire. J.-P. Chazal, De la signification du mot loi dans l'article 1134, alinéa 1er du Code civil, *RTD civ.* 2001, 265. L'interprétation des contrats a également quelques points communs avec celle de la loi. G. Dereux, *De l'interprétation des actes juridiques privés*, th. Paris, 1905. La loi peut ainsi présenter des ambiguïtés similaires à celles d'un contrat, not. terminologiques (Civ. 1re, 17 juil. 2001, *D.* 2002, 71, note D. Mazeaud ; *RTD civ.* 2002, 91, obs. J. Mestre et B. Fages). Comp. J.-Y. Frouin, L'interprétation de la norme collective, *RJS* 3/96, 137. *Adde* F. Labarthe, *La notion de document contractuel*, LGDJ, « Bibl. dr. privé », 1994, préf. J. Ghestin ; M.-E. Tian-Pancrazi, *La protection judiciaire du lien contractuel*, PUAM, 1996, préf. J. Mestre.

Sur l'article 1135 C. civ. : C. Mouly-Guillemaud, *Retour sur l'article 1135 du Code civil. Une nouvelle source du contenu contractuel*, LGDJ, « Bibl. dr. privé », 2006, préf. D. Ferrier, av.-propos C. Atias et R. Cabrillac ; Ph. Jacques, *Regards sur l'article 1135 du Code civil*, Dalloz, 2005, préf. F. Chabas ; en droit comparé, N. Kornet, *Contract Interpretation and Gap Filling : Comparative and Theoretical Persectives*, Antwerpen, Intersentia, 2006. *Adde* C. Pérès-Dourdou, *La règle supplétive*, LGDJ, 2004, préf. G. Viney, qui examine la fonction complétive de l'article.

Sur l'équité : Ch. Albiges, *De l'équité en droit privé*, LGDJ, 2000 ; *Legge e Equità*, n° 1/2008 revue *Polemos*, Carocci ; P. Kayser, L'équité modératrice et créatrice de règles juridiques en droit privé français, *RRJ* 1999, 13.

Sur l'obligation d'information : v. réf. citées *supra*.

Sur l'obligation de sécurité : C. Bloch, *L'obligation contractuelle de sécurité*, PUAM, préf. R. Bout, 2002 ; M. Oudin, *L'obligation de sécurité de résultat entre fiction et obligation de donner, RRJ* 2003/4, 2471 ; n° spéc., *Gaz. Pal.* 23 sept. 1997, not. J.-L. Halpérin, *La naissance de l'obligation de sécurité*, 1176 ; Ph. Delebecque, *La dispersion des obligations de sécurité dans les contrats spéciaux*, 1184 ; P. Jourdain, Le fondement de l'obligation de sécurité, 1196 ; Y. Lambert-Faivre, Fondement et régime de l'obligation de sécurité, *D.* 1994, chron., 81 ; J.-P. Murcier, Origine, contenu et avenir de l'obligation générale de sécurité, *Dr. soc.* 1988, 610.

Sur la modification du contrat : L. Grynbaum, *Le contrat contingent. L'adaptation du contrat par le juge sur l'habilitation du législateur*, LGDJ, « Bibl. dr. privé », 2004, préf.

M. Gobert ; G. Piette, *La correction du contrat*, th. Pau, 2002 ; A. Ghozi, *La modification de l'obligation par la volonté des parties*, LGDJ, « Bibl. dr. privé », 1980, préf. D. Tallon ; R. Demogue, Des modifications au contrat par volonté unilatérale, *RTD civ.* 1907, 245 ; R. Vatinet, Le *mutuus dissensus, RTD civ.* 1987, 252.

Sur les clauses d'adaptation du contrat : Ch. Jarrosson, Les clauses de renégociation, de conciliation et de médiation, in *Les principales clauses des contrats conclus entre professionnels*, PUAM, 1990, av.-propos J. Mestre, 141 ; R. Fabre, Les clauses d'adaptation dans les contrats, *RTD civ.* 1983, 1.

Sur la gestion des risques par le contrat : A.-C. Martin, *L'imputation des risques entre contractants*, LGDJ, « Bibl. dr. privé », 2009, préf. D. Ferrier ; J. M. Mousseron, La gestion des risques par le contrat, *RTD civ.* 1988, 481.

Sur l'imprévision : L. Thibierge, *Le contrat face à l'imprévu*, Economica, 2011, préf. L. Aynès ; B. Deffains et S. Ferey, Pour une théorie économique de l'imprévision en droit des contrats, *RTD civ.* 2010, 719 ; É. Savaux, L'introduction de la révision ou de la résiliation pour imprévision – Rapport français, *RDC* 2010/3, 1057 ; Les prévisions contractuelles à l'épreuve de la crise économique, débat *RDC* 2010, 379 et s., et not. Y.-M. Laithier, L'incidence de la crise économique sur le contrat dans les droits de common law, *RDC* 2010/1, 407 ; Th. Genicon, Les traitements légaux : mesures préventives, *RDC* 2010/1, 456 ; Y. Lequette, De l'efficacité des clauses de *hardship*, in *Mélanges Ch. Larroumet*, 2010, 267 ; M.-L. Cartier-Marraud et O. Akyurek, Crise économique et révision des contrats. Une approche pratique des règles applicables, *Gaz. Pal.* 16 juin 2009, 2 ; Ph. Stoffel-Munck, *Regards sur la théorie de l'imprévision*, av.-propos A. Sériaux, préf. R. Bout, PUAM, 1994 ; L'incidence des changements de circonstances sur les contrats de longue durée, in *Le contrat aujourd'hui : comparaisons franco-anglaises*, dir. D. Tallon et D. Harris, LGDJ, « Bibl. dr. privé », 1987, rapp. français I. de Lamberterie (217) et rapp. anglais J. Bell (233) ; J.-L. Delvolvé, *L'imprévision dans les contrats internationaux*, trav. com. fr. DIP, 1988-1990, 147 ; R. Rodière et D. Tallon (dir.), *Les modifications du contrat au cours de son exécution en raison de circonstances nouvelles*, Pédone, 1986 ; M. El Gammal, *L'adaptation du contrat aux circonstances économiques*, LGDJ, « Bibl. dr. privé », 1967, préf. A. Tunc ; C. Stoyanovitch, *De l'intervention du juge dans le contrat en cas de survenance de circonstances imprévues. Théorie de l'imprévision*, th. Aix, 1941 ; A. Bruzin, *Essai sur la notion d'imprévision et sur son rôle en matière contractuelle*, th. Bordeaux, 1922 ; Bomsel, *La théorie de l'imprévision en droit civil français*, th. Paris, 1922 ; A. Louveau, *Théorie de l'imprévision en droit civil et en droit administratif*, th. Rennes, 1920. Pour des articles : R. Viprey, Vers une relative généralisation du principe de l'imprévision en droit privé ? *D. Aff.* 1997, 918 ; B. Oppetit, L'adaptation des contrats internationaux aux changements de circonstances ; la clause de hardship, *JDI* 1974, 794 ; Ph. Fouchard, L'adaptation des contrats à la conjoncture économique, *Rev. arbitrage* 1979, 67 ; P. Van Ommesleghe, Les clauses de force majeure et d'imprévision (*hardship*) dans les contrats internationaux, *RID comp.* 1980, 7. *En droit public :* A. Bosc, La théorie de l'imprévision en matière de concessions de service public et la jurisprudence du Conseil d'État, *RDP* 1926, 411.

L'imprévision en droit comparé : H. H. Edlund, Imbalance in Long-Term Commercial Contracts, *ERCL* 2009, 427, qui montre la disparité des droits européens en la matière et recommande dès lors aux parties d'inclure dans leur accord des clauses de "hardship" ou de renégociation ; B. Fauvarque-Cosson, Le changement de circonstances, *RDC* 2004/1, 67 et s. ; D. Tallon, La révision pour imprévision au regard des enseignements récents du droit comparé, *Études A. Sayag*, Litec, 1997, 403 ; J. Bedard, Réflexions sur la théorie de l'imprévision en droit québécois, *McGill Law Journ.* 1997, vol. 42, 761.

Sur le pouvoir de révision du contrat par le juge : N. Loussouarn, *Contribution à l'étude de la révision judiciaire des contrats en droit privé*, th. Rennes, 1996 ; Ch. Jamin, Révision et intangibilité du contrat ou la double philosophie de l'article 1134 du Code civil, *Dr. & patr.* mars 1998, 46 ; J. Mestre, Le juge et les lacunes initiales du contrat, *RTD civ.* 1987, 98.

Selon Saint Thomas d'Aquin (*Somme théologique*, II a-II ae, q. 110, art. 3), il n'y avait pas infidélité à ne pas exécuter sa promesse en cas de changement des circonstances : « Pour être obligé de tenir une promesse, il faut que rien n'ait changé ; autrement on ne fut pas menteur en promettant, puisqu'on le fit sous certaines conditions ; on n'est pas infidèle en ne tenant pas, puisque ces conditions n'existent plus. »

Sur l'interprétation des contrats : Cl. Witz, L'énigmatique exception au principe d'interprétation des clauses contractuelles dans un sens favorable au consommateur, in *Mélanges B. Gross*, PU Nancy, 2009, 321 ; C. Grimaldi, Paradoxes autour de l'interprétation des contrats, *RDC* 2008/2, 207 ; F. Gendron, *L'interprétation des contrats*, Wilson et Lafleur Itée, Montréal, 2002, préf. J.-L Baudouin ; B. Gelot, *Finalités et méthodes objectives d'interprétation des actes juridiques*, LGDJ, « Bibl. dr. privé », 2003, préf. Y. Flour. Sur la dénaturation : J. Boré, *La cassation en matière civile*, Sirey, 1980, 688 ; Un centenaire : le contrôle par la Cour de cassation de la dénaturation des actes, *RTD civ.* 1972, 249 ; M.-N. Jobard-Bachellier et X. Bachellier, *La technique de cassation, Pourvois et arrêts en matière civile*, Dalloz, 6e éd., 2006.

Sur les clauses de style : Y.-M. Laithier, La notion de clause de style a-t-elle une utilité en droit ?, *RDC* 2009/1, 56 ; D. Denis, La clause de style, in *Études J. Flour*, Defrénois, 1979, 117.

THÉORIE JURIDIQUE

La définition de l'obligation de sécurité. Deux entrées correspondent à l'expression obligation de sécurité dans le *Vocabulaire juridique Capitant*, dir. G. Cornu. On peut d'abord lire à « sécurité (obligation de) » : « Obligation accessoire, en général implicite, en vertu de laquelle, dans l'exécution de certains contrats (transport, hôtellerie, jeux forains), supposant l'utilisation de certaines installations (voiture, ascenseurs, manège), le professionnel (transporteur, hôtelier, tenancier) est tenu envers son client (voyageur, etc.), soit de garantir l'intégrité corporelle de celui-ci (obligation de sécurité et de résultat), soit de faire tout son possible pour l'assurer (obligation de moyens). » À « obligation » (de sécurité), on lit en revanche qu'il s'agit de l'« obligation de veiller à la sécurité d'une personne ou d'un bien, qui peut être une obligation de résultat ou une obligation de moyens ». Obligation de garantir l'« intégrité corporelle » d'un côté, « sécurité d'une personne *ou d'un bien* » de l'autre. Il est vrai que l'obligation jurisprudentielle de sécurité découverte dans les contrats sur le fondement de l'article 1135 est uniquement mobilisée pour assurer la réparation des dommages corporels subis par l'un des contractants au cours de l'exécution du contrat. En revanche, le législateur est parfois intervenu pour garantir à son tour une sécurité à certaines personnes et, la plupart du temps, les textes considérés visent alors à la fois la sécurité physique et la sécurité des biens : ainsi, en matière de responsabilité du fait des produits défectueux des articles 1386-1 et s. C. civ., « Un produit est défectueux au sens du présent titre lorsqu'il n'offre pas la sécurité à laquelle on peut légitimement s'attendre» (art. 1386-4), et il est précisé que «Les dispositions du présent titre s'appliquent à la réparation du dommage qui résulte d'une atteinte à la personne *ou à un bien* autre que le produit défectueux lui-même» (art. 1386-2). On pourrait ajouter le droit du travail, qui insiste désormais sur le fait que l'obligation de sécurité de l'employeur ne concerne plus seulement sa santé physique mais aussi sa santé mentale : la loi de modernisation sociale du 17 janvier 2002 a ainsi précisé, dans ce qui est désormais l'article L. 4121-1 C. trav., que «l'employeur prend les mesures nécessaires pour assurer la sécurité et protéger la santé *physique et mentale* des travailleurs»). La santé du salarié comprend ainsi désormais ces deux aspects indissociablement.

POLITIQUE JURIDIQUE

L'exécution du contrat : de la sécurité à la liberté. Le mouvement est inverse lors de la formation du contrat. Ce constat a été fait par C. Thibierge-Guelfucci, Libres propos sur la transformation du droit des contrats, *RTD civ.* 1997, qui relève (p. 376) qu'«après la conclusion du contrat, au contraire, la sécurité contractuelle n'apparaît plus comme le seul impératif. L'irrévocabilité et l'intangibilité refluent laissant place à l'impératif de justice contractuelle. Et corrélativement, cela réintroduit plus de liberté et de volonté dans les effets du contrat : l'accroissement de la liberté de chacune des parties de sortir unilatéralement de l'acte ou d'en demander la modification, se double de celle du législateur ou du juge d'intervenir sur le contrat si des impératifs supérieurs le commandent». L'évolution est telle que la doctrine a pu légitimement se demander : «Que reste-t-il de l'intangibilité du contrat?», Colloque Chambéry, dont les travaux ont été publiés à *Dr. & patr.* mars 1998. Elle est liée à l'inscription croissante du contrat dans le temps, qui va de pair avec le mouvement de contractualisation de la société, mais pas seulement : les contrats commerciaux de longue durée se multiplient également, faisant évoluer la réglementation du Code civil forgée pour un modèle théorique de contrat d'échange instantané. Or pour que le contrat puisse dérouler ses effets dans le temps, il a fallu trouver des mécanismes pour assurer son adaptation. Si l'on avait gardé les principes de droit commun, il aurait toujours fallu un accord des deux parties, non seulement pour sortir du contrat (*mutuus dissensus*, c'est-à-dire accord des deux parties pour ne plus exécuter), mais également pour le modifier ou encore le céder. Or une telle exigence est si élevée que le contrat n'aurait guère eu de chances de pouvoir s'adapter et donc de durer. C'est sans doute ce qui explique la place accrue de l'unilatéralisme en droit des contrats qui a été relevée par la doctrine (*L'unilatéralisme et le droit des obligations*, dir. Ch. Jamin et D. Mazeaud, Economica, «Études juridiques», 1999. V. déjà Demogue, Des modifications aux contrats par volonté unilatérale, *RTD civ.* 1907, 246. *Adde* R. Encinas de Munagorri, *L'acte unilatéral dans les rapports contractuels*, LGDJ, 1996). Il faut laisser un certain pouvoir unilatéral à chaque contractant pour assurer l'adaptation du contrat aux changements de circonstances et donc permettre la survie de celui-ci (il serait d'ailleurs intéressant de se demander, d'un point de vue épistémologique, pourquoi et comment la «survie du contrat» est devenue un objectif valorisé que le droit devrait donc favoriser et faciliter).

PRATIQUE JURIDIQUE

Les clauses d'intégralité. – De telles clauses tendent à limiter expressément les obligations contractuelles à celles contenues dans le contrat conclu, et ce not. pour exclure toute valeur juridique des documents préparatoires. Les projets internationaux ou européens de droit des contrats prévoient en général une telle règle même si elle n'a pas été expressément stipulée. V. art. 2.1. 17 principes Unidroit intitulé « Clauses d'intégralité » : « Le contrat écrit qui contient une clause stipulant que le document renferme toutes les conditions dont les parties sont convenues ne peut être contredit ou complété par la preuve de déclarations ou d'accords antérieurs. Ces déclarations ou accords peuvent cependant servir à l'interprétation du document. » De même, art. 2 :105 PECL (« Clause d'intégralité ») : « (1) Si un contrat écrit contient une clause qui a été l'objet d'une négociation individuelle aux termes de laquelle l'écrit renferme toutes les conditions convenues (clause d'intégralité), les déclarations, engagements ou accords antérieurs que ne renferme pas l'écrit n'entrent pas dans le contenu du contrat. (2) La clause d'intégralité qui n'a pas été l'objet d'une négociation individuelle fait seulement présumer que les parties entendaient que leurs déclarations, engagements ou accords antérieurs n'entrent pas dans le contenu du contrat. La présente règle ne peut être exclue ou restreinte. (3) Les déclarations antérieures des parties peuvent servir à l'interprétation du contrat. La présente règle ne peut être exclue ou restreinte que par une clause objet d'une négociation individuelle. (4) Les déclarations ou le comportement de l'une des parties peuvent l'empêcher de se prévaloir d'une clause d'intégralité si l'autre partie s'est fondée raisonnablement sur eux. »

B. Fauvarque-Cosson, L'interprétation du contrat : observations comparatives, *RDC* 2007/2, 481 ; B. Fages et S. Doireau (dir.), *Lamy Droit du contrat*, n° 105-28 ; M. Lamoureux, La clause d'intégralité en droits français, anglais et américain, *RLDC* 2007, n° 35, 2418 ; D. Velardocchio, in *Regards croisés sur les Principes du droit européen du contrat*, dir. C. Prieto, PUAM, 2003, 177 ; La clause d'intégralité dans les principes de droit européen des contrats, *Dr. & patr.* 2003, n° 114, p. 45 ; E. Rawach, La portée des clauses tendant à exclure le rôle des documents précontractuels dans l'interprétation du contrat, *D.* 2001, chron., 223.

PRATIQUE JUDICIAIRE

a) La distinction entre les obligations de moyens et les obligations de résultat. — La distinction est due à R. Demogue, *Traité des obligations en général*, I : *Sources des obligations (suite et fin)*, t. V, Paris, A. Rousseau, 1925. J. Frossard, *La distinction des obligations de moyens et des obligations de résultat*, LGDJ, « Bibl. dr. privé », 1965, préf. R. Nerson ; J. Bellissent, *Contribution à l'analyse de la distinction des obligations de moyens et des obligations de résultat. À propos de l'évolution des ordres de responsabilité civile*, LGDJ, « Bibl. dr. privé », 2001, préf. R. Cabrillac ; P.-A. Crépeau, *L'intensité de l'obligation juridique, ou des obligations de diligence, de résultat et de garantie*, Centre rech. dr. privé comp. Québec, Yvon Blais, 1990. Pour des articles : F. Maury, Réflexions sur la distinction entre obligations de moyens et obligations de résultat, *RRJ* 1998, 1243 ; A. Plancqueel, Obligations de moyens, obligations de résultat, *RTD civ.* 1972, 334 ; P. Esmein, Remarques sur la nouvelle classification des obligations, in *Études H. Capitant*, Paris, Dalloz, 1939, 235 ; L'obligation et la responsabilité contractuelle, in *Études G. Ripert*,

LGDJ, 1950, t. II, 101 ; H. Mazeaud, Essai de classification des obligations : obligations contractuelles et extra-contractuelles ; obligations déterminées et obligations générales de prudence et de diligence, *RTD civ.* 1936, 1. Sur l'obligation de garantie : R. Gross, *La notion d'obligation de garantie dans le droit des contrats*, LGDJ, « Bibl. dr. privé », 1964, préf. D. Tallon.

On ne peut pas dire qu'il soit particulièrement aisé de prévoir si une obligation sera qualifiée de moyens ou de résultat. Si, en présence d'obligations expresses, les termes utilisés par les parties sont un élément essentiel pour l'interprétation de la portée de leurs engagements, toute liberté est laissée aux juges (sous le contrôle la Cour de cassation) pour les obligations qu'ils découvrent dans les contrats, au premier chef pour l'obligation de sécurité. Ph. Malaurie, L. Aynès et Ph. Stoffel-Munck, *Les obligations, Defrénois*, 3e éd., 2007, n° 948, qui ironisent justement sur la comparaison entre l'obligation de sécurité qui naît de la promenade à dos d'âne (obligation de résultat : Civ. 1re, 25 avr. 1967, *Bull. civ.*, I, n° 148) et celle résultant d'une promenade à cheval (obligation de moyens : Civ. 1re, 16 mars 1970, *Bull. civ.*, I, n° 103), l'explication résidant peut-être, selon ces auteurs, de ce qu'« il est plus difficile de se tenir sur un cheval que sur un âne » ! Sont également considérées comme des obligations de sécurité de résultat celles qui pèsent sur le transporteur de voyageurs (arrêt de 1911 créateur de ce type d'obligation), sur l'exploitant d'un toboggan (Civ. 1re, 28 oct. 1991, n° 90-14713 : « L'exploitant d'un toboggan est, pendant la descente, tenu d'une obligation de résultat en ce qui concerne la sécurité de ses clients »), d'une balançoire (Civ. 1re, 18 févr. 1986, n° 84-17528 : « L'exploitant d'un manège de balançoires est, pendant le jeu, tenu d'une obligation de résultat en ce qui concerne la sécurité de ses clients »), d'une piste de bob-luge (Civ. 1re, 17 mars 1993, n° 91-14417 : « L'exploitant d'une piste de bob-luge est tenu d'unc obligation de résultat en ce qui concerne la sécurité de ses clients, dès lors que ceux-ci ne peuvent décider librement de la trajectoire de l'engin »), ou encore d'un appareil de remontée mécanique du type télésiège (Civ. 1re, 4 juil. 1995, n° 93-17466 : « L'exploitant d'un appareil de remontée mécanique du type télésiège est contractuellement tenu d'assurer la sécurité des utilisateurs »), mais pendant le trajet seulement (Civ. 1re, 10 mars 1998, n° 96-12141 : « Si l'obligation de sécurité pesant sur l'exploitant d'un télésiège est de résultat pendant le trajet, elle n'est plus que de moyens lors des opérations d'embarquement et de débarquement, en raison du rôle actif qu'y tiennent les usagers ») ; est également de moyens l'obligation de sécurité pesant sur la société organisatrice d'un rallye routier (Civ. 2e, 27 mai 1999, n° 97-16200). Pour compliquer le tout, sont apparues des obligations de sécurité de moyens renforcées (Civ. 1re, 16 oct. 2001, n° 99-18221 ; *RTD civ.* 2002, 107, obs. P. Jourdain, « le moniteur de sports est tenu, en ce qui concerne la sécurité des participants, à une obligation de moyens, cependant appréciée avec plus de rigueur lorsqu'il s'agit d'un sport dangereux » ; dans le même sens, Civ. 1re, 5 nov. 1996, n° 94-14975, pour un stage de saut en parapente, ou Civ. 1re, 29 nov. 1994, n° 92-11332, pour un stage d'initiation au vol en ULM, où l'obligation de sécurité est qualifiée de moyens mais est appréciée en fait avec une certaine sévérité).

b) La modification du contrat de travail. — Au cours du contrat de travail, qui peut s'étaler sur une très longue durée, l'employeur peut être tenté de modifier les conditions d'exécution du travail. Pendant longtemps, la jurisprudence a distingué entre les modifications non substantielles et les modifications substantielles du contrat de travail : lorsque la modification était mineure (modification non substantielle, la notion étant appréciée souverainement par les juges du fond), le salarié devait s'adapter et, en cas de refus de sa part, la jurisprudence dans son dernier état considérait que l'employeur devait alors procéder à un licenciement s'il voulait mettre fin au contrat de travail (à moins que le salarié n'ait décidé de démissionner), mais le refus du salarié était considéré comme une faute lourde le privant de ses indemnités de licenciement et de préavis ; lorsque la modification était substantielle, soit le salarié l'acceptait et le contrat était modifié (on ne considérait cependant pas qu'il y avait novation car cette qualification aurait fait perdre au salarié toute une série d'avantages liés à son ancienneté), soit il la refusait et l'employeur qui persistait dans son projet devait alors procéder à un licenciement, les juges devant apprécier si ce licenciement a ou non une cause réelle et sérieuse (c'est-à-dire en réalité si la modification demandée était indispensable). Depuis deux arrêts du 10 juillet 1996 (n° 93-41137 et 93-40966), la Ch. soc. distingue non plus entre les modifications substantielles et les modifications non substantielles du contrat de travail, mais entre les modifications du contrat de travail (interdites sans l'accord des parties) et le changement des conditions de travail, qui relève du pouvoir de direction de l'employeur. Dès lors, le refus du salarié de continuer le travail après un changement de ses conditions de travail par l'employeur dans l'exercice de son pouvoir de direction constitue une faute grave qu'il appartient à l'employeur de sanctionner par un licenciement (Soc., 8 janv. 1997, n° 94-42050). V. J. Pélissier, G Auzero et E. Dockès, *Droit du travail*, Précis Dalloz, 26e éd., 2012, n° 582.

DROIT EUROPÉEN

Le changement de circonstances. Les Principes du droit européen des contrats adoptent, en matière d'imprévision, une position assez proche du droit français tel qu'affiné par la jurisprudence récente. L'article 6 :111 affirme le principe selon lequel « une partie est tenue de remplir ses obligations, quand bien même l'exécution en serait devenue plus onéreuse, soit que le coût de l'exécution ait augmenté, soit que la valeur de la contre-prestation ait diminué ». Le texte ajoute que « cependant, les parties ont l'obligation d'engager des négociations en vue d'adapter leur contrat ou d'y mettre fin si cette exécution devient onéreuse à l'excès pour l'une d'elles en raison d'un changement de circonstances *(a)* qui est survenu après la conclusion du contrat, *(b)* qui ne pouvait être raisonnablement pris en considération au moment de la conclusion du contrat, *(c)* et dont la partie lésée n'a pas à supporter le risque en vertu du contrat ». Cependant, les principes vont plus loin en posant que « faute d'accord des parties dans un délai raisonnable, le tribunal peut *(a)* mettre fin au contrat à la date et aux conditions qu'il fixe, *(b)* ou l'adapter de façon à distribuer équitablement entre les parties les pertes et profits qui résultent du changement de circonstances ». Le juge peut également « ordonner la réparation du préjudice que cause à l'une des parties le refus par l'autre de négocier ou sa rupture de mauvaise foi des négociations ».

Pour la position du droit allemand, P. Ancel, B. Fauvarque-Cosson et R. Wintgen, La théorie du « fondement contractuel » (*Geschäftsgrundlage*) et son intérêt pour le droit français, *RDC* 2006/3, 897. Ces auteurs montrent que cette théorie est utilisée en Allemagne pour admettre la révision du contrat pour imprévision, mais pas seulement pour cela. Il s'agit de l'hypothèse où « les circonstances constituant le fondement du contrat ont radicalement changé après la conclusion de celui-ci, de sorte que les parties n'auraient pas conclu le contrat ou du moins ne l'auraient pas conclu dans les mêmes conditions si elles avaient agi en connaissance» (§ 313 du BGB).

DROIT ET LITTÉRATURE

Sur le mouvement "Law and litterature" : J.-B. White, *The Legal Imagination*, 1973 ; R.-H. Weisberg, *When Lawyers Write*, 1987 ; R. A. Posner, *Law and Litterature, a Misunderstood Relation*, Harvard Univ. Press, 1988, trad. franç. Ch. Hivet et Ph. Jouary, PUF, 1995 ; I. Ward, *Law and Litterature, Possibilities and Perspectives*, CUP, 1995 ; Ph. Malaurie, *Droit et littérature, Anthologie*, Cujas, 1997 ; F. Ost et de M. van de Kerchove, *Droit et Littérature*, Faculté univ. Saint-Louis. *Adde* B. Edelman, *Quand les juristes inventent le réel*, Hermann, « Le Bel Aujourd'hui », 2007.

L'interprétation des contrats. L'opposition entre la culture juridique anglaise et américaine d'une part, et française d'autre part, est nette quant au principe essentiel d'interprétation du contrat : la lettre du contrat dans la première, la volonté des parties dans l'autre. On trouve une trace de la culture anglaise dans le célèbre marchand de Venise de Shakespeare. Antonio, marchand de Venise, voulait aider son ami Bassanio qui avait besoin d'argent pour épouser Portia mais, tous ses bateaux et donc sa fortune étant en mer, il ne put que lui proposer de trouver quelqu'un qui accepterait de lui faire crédit sur son nom. Shylock, usurier, accepta de prêter de l'argent mais quand il apprit que le prêt serait garanti par Antonio, qu'il détestait, il exigea de celui-ci que, si le prêt n'était pas remboursé au jour prévu, il puisse prendre une livre de chair à découper en la partie de son corps qu'il lui plaira. Antonio ayant fait de mauvaises affaires et plusieurs de ses navires s'étant échoués, il ne put rembourser. Shylock, intraitable, refusa d'accepter même le triple de la somme que lui proposait Bassanio et exigea son dû. Portia conçut alors un stratagème : déguisée en docteur de droit civil, elle apparut devant le tribunal et commença à amadouer Shylock en lui confirmant la validité de sa créance ; mais, se livrant à une exégèse implacable du billet, elle avertit l'usurier qu'il pouvait seulement prélever une « livre de chair » (*a pound of flesh*) sur Antonio mais que le billet ne lui allouait pas un iota de sang (*no jot of blood*), si bien que si, en prélevant la chair, il faisait couler une seule goutte de sang, ses terres et ses biens lui seraient confisqués par les lois de l'État de Venise. Shylock dut donc renoncer et tomba même sous le coup d'une autre loi qui punissait tout étranger qui, par des moyens directs ou indirects, avait cherché la mort d'un citoyen.

Chapitre 2

LES PERSONNES OBLIGÉES PAR LE CONTRAT

Les effets du contrat sont gouvernés par le principe fondamental de l'effet relatif des contrats. La liste des personnes liées par le contrat peut évoluer dans la mesure où les obligations contractuelles sont transmissibles.

SECTION 1 *Le principe de l'effet relatif des contrats*

1 | Le sens du principe de l'effet relatif des contrats

Le principe de l'effet relatif des conventions signifie, pour reprendre les formules de l'article 1134 du Code civil, que celles-ci ne « tiennent lieu de loi », qu'« à ceux qui les ont faites ». Le principe est énoncé directement à l'article 1165 du Code civil : « Les conventions n'ont d'effet qu'entre les parties contractantes; elles ne nuisent point au tiers, et elles ne lui profitent que dans le cas prévu par l'article 1121 ». Le contrat est, pour le tiers, une chose qui s'est passée entre d'autres personnes : une *res inter alios acta*[1].

Il faut distinguer l'effet obligatoire du contrat, qui ne concerne que les parties liées par celui-ci, et son opposabilité, qui concerne tous les tiers.

1. LA DISTINCTION ENTRE EFFET OBLIGATOIRE ET OPPOSABILITÉ DU CONTRAT

A / L'effet obligatoire du contrat

a) La relativité de l'effet obligatoire du contrat. — Le principe de l'effet relatif du contrat vise l'effet obligatoire du contrat. En d'autres termes, il signifie que seules les personnes qui ont conclu le contrat peuvent être obligées de l'exécuter ou sont autorisées à en réclamer le bénéfice. Il est ainsi un corollaire du principe selon lequel on ne peut être engagé que dans la mesure où on l'a voulu.

b) L'impossibilité d'engager autrui sans son consentement.

1° *La nullité de principe des promesses pour autrui.* Les promesses pour autrui sont dès lors en principe nulles. C'est ce qu'énonce l'article 1119 du Code civil : « On ne peut, en général s'engager, ni stipuler en son propre nom, que pour soi-même ». Il n'est pas possible d'engager autrui sans sa volonté (s'il l'avait voulu, il aurait pu donner mandat afin de le représenter). Le promettant n'est d'ailleurs pas davantage engagé par la promesse qu'il a faite pour autrui, même s'il peut éventuellement être condamné à des dommages-intérêts en cas de promesse intempestive et fautive ayant causé un préjudice.

2° *La possibilité de se porter fort pour autrui.* Par exception, mais cela n'en est pas vraiment une, le Code civil valide les promesses de porte-fort. Aux termes de l'article 1120 du Code civil en effet, « on peut se porter fort pour un tiers, en promettant le fait de celui-ci ; sauf l'indemnité contre celui qui s'est porté fort ou qui a promis de faire ratifier, si le tiers refuse de tenir l'engagement ». Le mécanisme est le suivant : une personne se porte fort pour un tiers, c'est-à-dire qu'elle

1. Plus précisément, l'adage dit que l'acte qui est une chose passée entre d'autres personnes ne peut ni profiter ni nuire (*res inter alios acta aliis neque prodesse neque nocere potest*) : H. Roland et L. Boyer, *Adages du droit français*, Litec, 4e éd., 1999.

promet que ce tiers ratifiera l'engagement pris pour lui. Il faut supposer que le porte-fort est intéressé à la réalisation du contrat ou a des relations particulières avec le tiers pour être ainsi sûr qu'il réussira à obtenir la ratification de ce dernier. Le promettant s'engage personnellement à obtenir le consentement du tiers : comme l'énonce la Cour de cassation, «la promesse de porte-fort est un engagement personnel autonome d'une personne qui promet à son cocontractant d'obtenir l'engagement d'un tiers à son égard»[1]. Cette obligation est en outre une obligation de résultat et non pas une simple obligation de moyens[2]. Dès lors donc que ce résultat n'est pas obtenu, c'est-à-dire que l'engagement n'est pas ratifié par le tiers[3], le promettant peut être tenu à des dommages-intérêts dans la mesure où le bénéficiaire de la promesse démontre son préjudice. Il n'est en revanche nullement obligé d'exécuter lui-même la promesse à la place du tiers. Le tiers demeure ainsi complètement libre de ratifier ou non l'engagement; il n'y a donc pas véritable exception au principe de l'effet relatif du contrat dans la mesure où le tiers ne sera pas engagé s'il ne manifeste pas sa volonté de l'être. Si le tiers ratifie la promesse faite pour lui, le promettant est entièrement libéré.

Plus récemment, la Haute Juridiction semble s'engager dans une distinction entre deux types de porte-fort : le porte-fort classique où le débiteur promet la ratification d'un engagement par un tiers, et un second type de porte-fort où il promet l'exécution par le tiers de ses obligations. La seconde promesse est plus lourde, puisque le promettant garantit en quelque sorte l'exécution par le tiers, et n'est donc pas déchargé du seul fait de la ratification de l'engagement. La promesse est alors analogue à une sûreté, et les juges affirment alors son caractère accessoire par rapport à l'obligation principale d'exécuter qui pèse sur le tiers ayant ratifié l'engagement. Selon la formule de la Cour de cassation, «celui qui se porte fort pour un tiers en promettant la ratification par ce dernier d'un engagement est tenu d'une obligation autonome dont il se trouve déchargé dès la ratification par le tiers, tandis que celui qui se porte fort de l'exécution d'un engagement par un tiers s'engage

1. Civ. 1re, 25 janv. 2005, n° 01-15926; *RTD civ.* 2005, 391, obs. J. Mestre et B. Fages; *JCP E* 2005, 1860, n° 12, obs. Ph. Simler; *CCC* 2005, n° 81, L. Leveneur.

2. C'est sur ce point que la promesse de porte-fort se distingue de la promesse de bons offices par laquelle le promettant ne s'engage que par une obligations de moyens à obtenir la ratification du tiers. Civ. 1re, 25 janv. 2005, préc. : «La cour d'appel qui a constaté que M. Y... s'était porté fort d'obtenir l'engagement de la SCI de procéder aux remboursements de ces prêts, et que le tiers n'avait pas ratifié cet engagement, a exactement décidé que M. Y... n'avait pas satisfait à son obligation de résultat...»

3. La faute du promettant n'est pas nécessaire (Paris, 19 juin 1998, *RTD civ.* 1999, 101, obs. J. Mestre).

accessoirement à l'engagement principal souscrit par le tiers à y satisfaire si le tiers ne l'exécute pas lui-même »[1]. L'article 1120 du Code civil, qui se borne à prévoir qu'une personne peut « promettre le fait » d'une autre, est certes suffisamment vague pour englober différents types d'engagements du promettant.

B / L'opposabilité du contrat

Dire que le contrat a un effet relatif ne signifie pas qu'il soit dépourvu de tout effet à l'égard des tiers. L'effet relatif du contrat se limite en effet à son effet obligatoire. Le contrat est en revanche opposable à tous (on parle d'opposabilité *erga omnes*), c'est-à-dire également aux tiers. En d'autres termes, si le contrat n'oblige que les parties, il doit être, dans son existence, respecté par tous. Le créancier peut d'ailleurs exiger de son débiteur qu'il fasse, vis-à-vis des tiers, tout ce qui est nécessaire pour qu'il puisse jouir pleinement des dispositions contractuelles stipulées[2]. Il faut alors préciser la portée de l'opposabilité du contrat aux tiers. Celle-ci vise deux choses : l'opposabilité du contrat *aux* tiers, et l'opposabilité du contrat *par* le tiers.

a) L'opposabilité du contrat aux tiers. — Il arrive que l'une des parties puisse reprocher à un tiers d'avoir d'une façon ou d'une autre entravé l'exécution du contrat par son cocontractant, et ainsi d'avoir contribué à la violation de ses droits contractuels. C'est la question classique de la complicité dans la violation des droits contractuels d'autrui. Le tiers ne peut se défendre en arguant de ce que, n'étant pas partie au contrat, celui-ci serait pour lui une *res inter alios acta* qui ne le concernerait pas. Le contrat lui est en effet opposable, et il en résulte qu'il peut être poursuivi s'il interfère de façon illégitime et dommageable dans son exécution. La Cour de cassation s'appuie aujourd'hui expressément sur le « principe d'opposabilité des conventions aux tiers », jusque-là doctrinal, afin de justifier la condamnation des tiers à l'origine d'un dommage

1. Com., 13 déc. 2005, n° 03-19217; *D.* 2006, 298, obs. X. Delpech; *JCP G* 2006, II, 10021, note Ph. Simler; *JCP E* 2006, n° 1342, note P. Grosser; *RTD civ.* 2006, 305, obs. J. Mestre et B. Fages.
2. Civ. 3e, 4 mai 2006, n° 04-10051; *RDC* 2006/4, 1154, obs. J.-B. Seube, 2007/2, 267, obs. D. Mazeaud, 295, obs. G. Viney, et 419, obs. M. Behar-Touchais; *RTD civ.* 2006, 553, obs. J. Mestre et B. Fages; *JCP G* 2006, II, 10119, obs. O. Deshayes : « le locataire bénéficiaire d'une clause d'exclusivité qui lui a été consentie par son bailleur est en droit d'exiger que ce dernier fasse respecter cette clause par ses autres locataires, même si ceux-ci ne sont pas parties au contrat contenant cette stipulation ».

causé à l'un des contractants[1]. Plusieurs exemples se retrouvent en jurisprudence[2] : celui du salarié embauché par un second employeur en violation d'une obligation de non-concurrence conclue avec un précédent employeur[3], ou du contrat de vente conclu avec une personne en violation d'un pacte de préférence précédemment conclu avec une autre personne.

A fortiori, l'opposabilité du contrat aux tiers autorise le juge à se servir d'un autre contrat pour interpréter un contrat litigieux : selon la haute Juridiction, « l'effet relatif d'un contrat n'interdit pas aux juges du fond de rechercher dans son contenu des éléments de nature à éclairer leur décision »[4].

1° *Les conditions de la responsabilité du tiers.* Les conditions de la responsabilité civile délictuelle sont au nombre de trois : une faute, un dommage et un lien de causalité entre la faute et le dommage.

Il faut d'abord une faute du tiers. Celle-ci consiste le plus souvent à avoir aidé l'un des contractants à violer son contrat, ou même simplement à l'y avoir incité : il peut par exemple avoir conclu, avec l'un des contractants, un contrat dont l'exécution est incompatible avec celle du premier (par exemple un contrat de travail en violation d'une clause de non-sollicitation), mais ce pourrait être également tout autre acte matériel entravant l'exécution d'un contrat. La Cour de cassation a élargi considérablement les hypothèses de responsabilité du tiers en n'exigeant pas que la faute de celui-ci ait nécessairement conduit à l'inexécution du contrat par le cocontractant. En d'autres termes, la responsabilité du tiers peut parfois être retenue alors que celle du cocontractant ne pourrait l'être[5]. En revanche, s'il n'est pas nécessaire que le tiers ait agi de façon malveillante et intentionnelle, c'est-à-dire qu'il ait voulu que le contrat soit inexécuté, il faut qu'il ait connu l'existence du précédent contrat, et donc qu'il sache que son attitude va causer un dommage à l'un des contractants.

Pour pouvoir engager la responsabilité du tiers, le contractant demandeur doit également démontrer qu'il a subi un dommage. Si un tiers ne fait qu'inciter un contractant à violer son contrat mais sans

1. En l'espèce d'une obligation contractuelle de confidentialité (Civ. 1re, 17 oct. 2000, n° 97-22498 ; *JCP G* 2001, I, 338, p. 1427, obs. G. Viney).
2. Civ. 1re, 26 janv. 1999, n° 96-20782 ; *RTD civ.* 1999, 625, obs. J. Mestre, pour une inexécution imputable à l'associé du cocontractant.
3. Com., 24 mars 1998, n° 96-15694.
4. Com., 21 juin 2011, n° 10-17587 ; *RDC* 2011/4, 1151, obs. Y.M. Laithier.
5. Civ. 1re, 17 oct. 2000 précité, n° 97-22498.

succès, le demandeur ne peut se plaindre d'aucun dommage et ne peut donc engager la responsabilité du tiers.

Il faut enfin un lien de causalité entre la faute du tiers et l'inexécution des obligations contractuelles dommageable (par ex. du fait d'un accident de voiture causé par un tiers, une personne ne peut plus exécuter son contrat de travail). Il n'est pas question que le tiers soit tenu de réparer le dommage causé au cocontractant de sa victime : son éventuelle faute dans l'accident n'est pas directement la cause du dommage causé au cocontractant. Le tiers devra indemniser la victime directe pour son éventuel manque à gagner, mais le dommage subi par tous les éventuels cocontractants de celle-ci est trop indirect.

2° *La sanction du tiers responsable.* Le fondement de la responsabilité est délictuel puisque ce qui est reproché au tiers ne peut être directement l'inexécution d'un contrat auquel il n'était pas partie et qu'il n'était donc pas tenu d'exécuter. La sanction ne peut donc être que l'attribution de dommages-intérêts au cocontractant lésé mais non pas une exécution forcée du contrat auquel le tiers n'est pas partie[1]. La sanction pourrait cependant être une sanction en nature autre que l'exécution forcée : par exemple l'inopposabilité du contrat conclu en violation d'un précédent accord.

L'action délictuelle contre le tiers complice dans la violation du contrat est cumulable avec l'action contractuelle contre le cocontractant, ces deux actions tendant à la réparation d'un préjudice différent[2]. Les dommages-intérêts obtenus se cumuleront avec ceux obtenus par ce dernier de son cocontractant, sur le fondement cette fois-ci de la responsabilité contractuelle.

b) L'opposabilité du contrat par les tiers. — La question de l'opposabilité du contrat par les tiers consiste à déterminer dans quelle mesure ces derniers peuvent éventuellement se prévaloir de l'existence d'un contrat auquel ils ne sont pas parties.

La question peut se poser lorsque l'inexécution d'une obligation contractuelle cause un dommage à un tiers; par exemple lorsqu'une personne subit un grave dommage en raison d'un traitement médical inadéquat, les membres de sa famille peuvent-ils invoquer le manque-

1. Soc., 18 nov. 2009, n° 08-19419; *RDC* 2010/2, 575, obs. Y.M. Laithier, qui énonce «que, pas plus que le juge du principal, le juge des référés n'a pas le pouvoir, à la demande d'un tiers, d'ordonner la résiliation d'un contrat de travail ni de prendre une mesure entraînant la rupture de celui-ci».

2. Com., 24 mars 1998 précité, n° 96-15694, à propos d'une action en concurrence déloyale dirigée contre l'employeur qui a embauché un salarié lié par une clause de non-concurrence exercée en même temps qu'une action contractuelle de l'ancien employeur contre ce salarié.

ment contractuel comme constitutif d'une faute de nature à engager la responsabilité délictuelle du médecin à leur égard (en réparation de leur préjudice par ricochet), comme s'il y avait coïncidence des deux fautes délictuelle et contractuelle, ou, au contraire, la faute contractuelle étant relative (au sens du principe de l'effet relatif des contrats), l'inexécution contractuelle ne peut-elle être reprochée que par le cocontractant lui-même[1] ?

La jurisprudence a été mouvante. Certains arrêts de la Cour de cassation affirmaient clairement que la violation d'une obligation contractuelle ne constituait pas automatiquement une faute délictuelle à l'égard du tiers qui aurait souffert indirectement de sa violation et « qu'un tiers ne peut, sur le fondement de la responsabilité délictuelle, se prévaloir de l'inexécution du contrat qu'à la condition que cette inexécution constitue un manquement à son égard au devoir général de ne pas nuire à autrui »[2]. D'autres arrêts affirmaient au contraire de façon très générale, et sans sembler admettre la moindre exception, que « les tiers à un contrat sont fondés à invoquer l'exécution défectueuse de celui-ci lorsqu'elle leur a causé un dommage, sans avoir à rapporter d'autre preuve »[3].

Dans un arrêt du 6 octobre 2006[4], l'Assemblée plénière de la Cour de cassation semble avoir voulu trancher dans le sens de l'identité des fautes contractuelle et délictuelle, et admettre de façon générale qu'un tiers puisse se prévaloir d'une inexécution d'un contrat auquel il n'est pas partie, dès lors simplement que cette inexécution lui a causé un dommage. Dans cette affaire, des bailleurs avaient loué un immeuble commercial à une société qui avait confié la gérance de son fonds de

1. Pour plus de développements, v. 2e vol. du présent ouvrage : *Les obligations, 2. Responsabilité civile et quasi-contrats*, PUF, « Thémis droit », 2e éd., 2010.

2. Com., 5 avr. 2005, n° 03-19370 ; *RDC* 2005, 687, obs. D. Mazeaud. *Adde* Com., 17 juin 1997, n° 95-14535 ; *RTD civ.* 1998, 113, obs. P. Jourdain (« si la faute contractuelle d'un mandataire à l'égard de son mandant peut être qualifiée de faute quasi délictuelle à l'égard d'un tiers, c'est à la condition qu'elle constitue aussi la violation d'une obligation générale de prudence et diligence », ce qui n'était pas le cas en l'espèce, s'agissant de la violation d'une obligation contractuelle de conseil).

3. Civ. 1re, 13 févr. 2001, n° 99-13589 ; *JCP G* 2001, I, 338, 1427, obs. G. Viney ; Civ. 1re, 18 juil. 2000, n° 99-12135 ; *JCP G* 2000, II, rapp. P. Sargos ; *RTD civ.* 2001, 146, obs. P. Jourdain. Civ. 1re, 15 déc. 1998, n° 96-21905 et 96-22440, qui énonce que « les tiers à un contrat sont fondés à invoquer l'exécution défectueuse de celui-ci lorsqu'elle leur a causé un dommage ». V. obs. dubitatives J. Mestre, *RTD civ.* 1999, 624.

4. N° 05-13255 ; *GAJC*, n° 177 ; *D.* 2006, 2825, note G. Viney ; *JCP G* 2006, II, 10181, avis A. Gariazzo, note M. Billiau ; *JCP G* 2007, I, 115, n° 4, obs. Ph. Stoffel-Munck ; *RTD civ.* 2007, 115, obs. J. Mestre et B. Fages, et 123, obs. P. Jourdain ; *RDC* 2007/2, 279, obs. S. Carval, et 379, obs. J.-B. Seube, qui résume bien la situation (« la responsabilité délictuelle du contractant : les prévisions contractuelles sacrifiées sur l'autel de la protection des victimes ») ; *RCA* 2006, études, 17, obs. L. Bloch ; *adde* rubrique *Débats RDC* 2007/2, 537 et s., sur le thème : « Contrat sans frontières ».

commerce à une seconde société ; imputant aux bailleurs un défaut d'entretien des locaux, cette dernière les avait assignés en référé pour obtenir la remise en état des lieux et le paiement d'une indemnité provisionnelle en réparation d'un préjudice d'exploitation ; pour rejeter le pourvoi contre l'arrêt de la cour d'appel qui avait accueilli cette demande, la haute Assemblée énonce « que le tiers à un contrat peut invoquer, sur le fondement de la responsabilité délictuelle, un manquement contractuel dès lors que ce manquement lui a causé un dommage ; qu'ayant relevé, par motifs propres et adoptés, que les accès à l'immeuble loué n'étaient pas entretenus, que le portail d'entrée était condamné, que le monte-charge ne fonctionnait pas et qu'il en résultait une impossibilité d'utiliser normalement les locaux loués, la cour d'appel, qui a ainsi caractérisé le dommage causé par les manquements des bailleurs au locataire-gérant du fonds de commerce exploité dans les locaux loués, a légalement justifié sa décision ».

Le critère, certes délicat, devrait être cherché plutôt dans l'analyse précise de l'obligation contractuelle assumée et de sa portée. Certaines obligations contractuelles sont en même temps des obligations générales de prudence et de diligence[1] et leur inexécution devrait alors pouvoir être invoquée par les tiers[2], ou tout au moins par certains tiers ayant avec le cocontractant un lien particulier : c'est le cas par exemple lorsque le tiers est une victime par ricochet du cocontractant. D'autres prestations sont en revanche par nature contractuelles, et elles ne sont alors dues qu'au cocontractant qui notamment a payé pour les avoir. Ainsi, par nature, la violation d'une obligation de sécurité est le plus souvent dans le même temps la violation d'une obligation de prudence et de diligence et doit donc pouvoir être invoquée par les tiers, tandis que si une personne paye pour avoir un conseil juridique, un tiers à ce contrat ne peut pas se plaindre s'il subit un dommage en cas de violation du contrat puisque ce n'est pas à lui que le conseil était dû. Enfin, certaines obligations contractuelles comme celle de s'occuper d'un malade sont dues, au-delà de ce dernier, à l'entourage proche, qui peut alors invoquer tout manquement contractuel au soutien d'une action délictuelle en réparation en tant que victime par ricochet[3] ; de la même façon, l'inter-

1. Il n'en est pas toujours ainsi, sauf à avoir une conception extensive du bon père de famille qui ne doit pas se rendre coupable d'inexécutions préjudiciables à un tiers.

2. La Cour de cassation utilise d'ailleurs expressément la formule : v. Com., 17 juin 1997, n° 95-14535 ; *RTD civ.* 1998, 113, obs. P. Jourdain : « Si la faute contractuelle d'un mandataire à l'égard de son mandant peut être qualifiée de faute quasi délictuelle à l'égard d'un tiers, c'est à la condition qu'elle constitue aussi la violation d'une obligation générale de prudence et diligence. »

3. Civ. 1re, 18 juil. 2000, précité, n° 99-12135.

médiaire professionnel qui prête son concours à la rédaction d'un acte, même sur la demande d'une seule des parties, est tenu de vérifier l'efficacité juridique de l'acte à l'égard de toutes les parties[1].

La jurisprudence réaffirme cependant désormais avec constance que le tiers à un contrat peut invoquer sur le fondement de la responsabilité délictuelle un manquement contractuel dès lors que ce manquement lui a causé un dommage[2].

La faveur faite aux tiers est excessive. Certes l'Assemblée plénière ne les dispense pas, comme le faisait la première chambre civile, « de toute autre preuve »[3] ; elle semble donc exiger une appréciation du caractère fautif du comportement du débiteur. Mais cette faute semble s'apprécier uniquement au regard du contrat, car on ne peut pas dire en l'espèce que la faute reprochée aux bailleurs (défaut d'entretien des locaux loués) était détachable ou séparable du contrat de bail, ni ne constituait une violation générale d'un devoir de prudence ou de diligence. La critique porte d'abord sur la question de la prévisibilité contractuelle : en invoquant une faute contractuelle au soutien d'une action délictuelle, le demandeur peut éviter les limitations ou prescriptions, et notamment la limitation de la réparation au seul préjudice prévisible, ou encore les clauses limitatives de responsabilité, qui auraient pu être opposées au cocontractant ; le tiers peut ainsi bénéficier du contrat sans avoir à assumer aucune des limites opposables au seul cocontractant. Plus fondamentalement, l'inopportunité de la solution consiste en l'atteinte portée au juste principe de l'effet relatif des contrats : si les bailleurs sont tenus d'entretenir les locaux donnés à bail afin d'en procurer la jouissance normale et paisible à leur locataire, c'est parce que celui-ci a payé pour obtenir cette prestation. On permet donc, avec cet arrêt, à un tiers de jouir d'une prestation pour laquelle il n'a rien fourni. Certes une prestation identique lui était due par son propre contractant en échange du prix payé pour obtenir la gérance, mais alors la solution eut été mieux justifiée par l'existence d'une action directe – nécessairement contrac-

1. Civ. 1re, 25 nov. 1997, n° 96-12325 : « L'intermédiaire professionnel, qui prête son concours à la rédaction d'un acte, après avoir été mandaté par l'une des parties, est tenu de s'assurer que se trouvent réunies toutes les conditions nécessaires à l'efficacité juridique de la convention même à l'égard de l'autre partie. »

2. Civ. 3e, 13 juil. 2010, n° 09-67516 ; *RDC* 2011/1, 65, obs. Th. Genicon ; *JCP E* 2010, n° 51, 31, obs. P. Mousseron ; *CCC* 2010, n° 11, 10, obs. L. Leveneur ; *Gaz. Pal.* 2010, n° 304, 16, obs. D. Houtcieff ; Com., 6 mars 2007, n° 04-13689 ; Civ. 1re, 27 mars 2007, n° 05-10480 ; Civ. 2e, 10 mai 2007, n° 06-13269 ; Civ. 1re, 15 mai 2007, n° 05-16926 ; *RDC* 2007/4, 1137, obs. S. Carval.

3. Civ. 1re, 13 févr. 2001 précité, qui énonçait que « les tiers à un contrat sont fondés à invoquer l'exécution défectueuse de celui-ci lorsqu'elle leur a causé un dommage, sans avoir à rapporter d'autre preuve ».

tuelle – à l'encontre du bailleur en présence d'une chaîne de contrats, que par un principe général d'opposabilité du contrat par les tiers permettant de fonder une action délictuelle. En l'espèce d'ailleurs, on pouvait facilement soutenir que l'action était transmise comme accessoire de la chose (l'immeuble), ce qui se conçoit non seulement dans les contrats translatifs de propriété, mais aussi dans les contrats transférant l'usage ou la jouissance d'une chose.

Dans le même esprit, le soutien apporté par les juges à l'organisation juridique d'une zone commerciale de non-concurrence peut se comprendre (le bailleur propriétaire de la zone faisant stipuler à tous les preneurs une interdiction de concurrencer les autres), mais l'explication la plus plausible est sans doute l'idée que le bailleur agit ainsi principalement au bénéfice des preneurs et qu'il y a donc stipulation pour autrui. Là encore, le fondement de l'action exercée directement par un preneur contre un autre devrait alors être contractuelle, et non pas délictuelle comme le décide aujourd'hui la Cour de cassation en faisant application de la jurisprudence *Loubeyre* du 6 octobre 2006[1].

En résumé, les seules raisons de déroger à l'effet relatif des contrats résident dans les exceptions répertoriées à ce principe (principalement la stipulation pour autrui et l'action directe), et le fondement de l'action devrait dans ce cas être contractuel et non pas délictuel (notamment pour que le tiers ne puisse pas échapper en plus aux rigueurs de l'action contractuelle). À moins que l'inflation de la responsabilité délictuelle marque une volonté de s'acheminer progressivement vers une suppression du principe du non-cumul que peu de pays européens reconnaissent.

On peut peut-être espérer une évolution avec un arrêt de la première Chambre civile de la Cour de cassation du 15 décembre 2011[2] qui reproche à une Cour d'appel d'avoir condamné un agent immobilier, *in solidum* avec les vendeurs, à verser des dommages-intérêts à une banque en se bornant « à énoncer que l'agent immobilier n'avait pas satisfait à son obligation d'information et de conseil, ce qui engageait sa responsabilité tant envers les vendeurs qu'envers les acquéreurs, de sorte qu'il devait être condamné envers ces derniers et envers la banque » ; pour la Cour de cassation, « en se déterminant ainsi, sans caractériser en quoi le manquement contractuel qu'elle relevait constituait une faute quasi délictuelle à l'égard de la banque, la cour d'appel a privé sa décision de

1. Civ. 3e, 13 juil. 2010, n° 09-67516 précité.

2. N° 10-17691 ; La responsabilité du débiteur contractuel à l'égard des tiers : évolution de la jurisprudence de la Cour de cassation ?, *D.* 2012, 659, obs. D. Mazeaud.

base légale» au regard de l'article 1382 du Code civil. Il ne suffirait donc plus d'invoquer un manquement contractuel mais il faudrait montrer en quoi ce manquement constitue aussi une faute délictuelle à l'égard du tiers. Cette position serait, pour les raisons déjà invoquées, bien meilleure et plus juste et on peut donc espérer que cet arrêt, même non publié, fera jurisprudence [1].

Dans un arrêt du 11 juillet 2011 [2], le Conseil d'État a lui-même adopté une formulation apparemment opposée à celle des juridictions judiciaires. Selon cette décision en effet, «les tiers à un contrat administratif, hormis les clauses réglementaires, ne peuvent en principe se prévaloir des stipulations de ce contrat» [3]. Il n'exclut pas cependant des exceptions à ce principe [4], et examine au demeurant ensuite la responsabilité quasi-délictuelle invoquée par le tiers, en la rejetant au motif de l'absence de démonstration d'un lien de causalité entre la faute alléguée et son préjudice.

2. LA DISTINCTION ENTRE LES PARTIES ET LES TIERS

La distinction entre les parties et les tiers est *a priori* simple. Une partie à un contrat est une personne qui a conclu le contrat : plus précisément, conformément aux principes gouvernant en droit français la formation des contrats, est partie toute personne qui a exprimé son

1. L'avant-projet Catala de réforme du droit des obligations prévoit, dans son article 1342, un système mixte un peu complexe dans lequel le tiers peut intenter une action sur un fondement contractuel lorsque l'inexécution contractuelle lui a causé un dommage, et ce dans les mêmes conditions et avec les mêmes limites que le cocontractant, mais aussi une action en responsabilité délictuelle, à la condition de démontrer l'existence d'un fait générateur particulier de responsabilité extra-contractuelle. V. Ch. Hécart, L'article 1342 de l'avant-projet Catala : quelle cohérence?, *D.* 2006, point de vue, 2268. L'avant-projet Terré en revanche prévoit, dans son article 125 alinéa 2 que «la seule existence d'un dommage subi par un tiers du fait de l'inexécution d'une obligation par un contractant n'engage pas la responsabilité délictuelle de celui-ci à l'égard du tiers».

2. CE, 11 juil. 2011, n° 339409; *D.* 2012, 653, obs. G. Viney.

3. La haute Juridiction administrative en déduit «que, dès lors, la cour n'a pas commis d'erreur de droit en retenant que la qualité de tiers au contrat du 27 août 1990 de Mme A faisait obstacle à ce que cette dernière se prévale d'une inexécution du contrat dans le cadre d'une action en responsabilité quasi-délictuelle».

4. V. les obs. préc. de G. Viney, selon laquelle l'opposition ne porte en réalité pas sur le principe de l'admission de la responsabilité délictuelle du débiteur contractuel vis-à-vis du tiers mais sur ses conditions : notamment pour le Conseil d'État, le tiers ne peut arguer d'un simple manquement contractuel comme constitutif d'une faute à son égard mais peut tout de même faire la démonstration d'une autre faute de nature à engager la responsabilité délictuelle du débiteur contractuel, ce qui était la position des juridictions judiciaires avant l'arrêt du 6 octobre 2006.

accord pour être liée par un contrat. Tous les autres sont en revanche des tiers. Mais la question peut se poser, dans toute une série d'hypothèses complexes, car, en réalité, la qualification n'est pas figée définitivement au jour de la conclusion du contrat.

1° *Les représentés.* La représentation est un mécanisme par lequel une personne (le représentant) a le pouvoir d'agir au nom et à la place d'une autre personne (le représenté), par ex. pour conclure un contrat. Cette représentation peut être légale (c'est le cas not. en matière de tutelle), judiciaire, ou encore conventionnelle. Dans ce dernier cas, c'est par un contrat, que l'on appelle le contrat de mandat (art. 1984 et s. C. civ.), que le représenté délègue au représentant pouvoir (on parle de procuration) pour agir en son nom. Dans tous les cas, c'est le représentant qui conclut matériellement, physiquement, le contrat, c'est lui qui le signe par exemple, et il exprime donc une volonté, même si le contrat produira ses effets uniquement pour le représenté. La situation ne doit pas être confondue avec celle de celui qui se borne à rédiger et à fournir des contrats types à des contractants et qui n'est évidemment pas partie au contrat [1]. La question se pose de savoir qui est partie au contrat. Le Code civil énonce que le mandataire « contracte » (art. 1998), mais il ne le fait pas en son nom. Les conditions de validité du contrat ne sont d'ailleurs pas toutes vérifiées en sa personne (il pourrait par ex. être mineur, art. 1990). C'est donc plutôt le représenté qui est partie au contrat, et c'est dans son patrimoine que s'inscriront les effets du contrat, ses effets obligatoires. Certaines conséquences peuvent néanmoins être tirées du fait que le représentant a matériellement conclu l'acte, et il pourrait avoir à répondre de certains de ses actes, mais non pas être tenu d'exécuter le contrat, si toutefois la représentation était claire pour tous les protagonistes (représentation valable et dévoilée au cocontractant).

2° *Les cessionnaires du contrat.* Ils sont parties au contrat de cession et deviennent parties au contrat cédé, mais, sauf clause contraire qui impliquerait l'accord du cédé, seulement pour ses effets futurs.

3° *Les ayants cause universels ou à titre universel.* Ils continuent la personne du défunt et deviennent donc parties aux contrats qu'ils reçoivent par la succession.

1. V. Civ. 1re, 4 mai 1999, n° 97-14187.

4° *Les ayants cause à titre particulier.* Un ayant cause à titre particulier est une personne qui reçoit un ou plusieurs droits (ou un ou plusieurs biens) particuliers d'une autre personne, que l'on appelle son auteur. La question se pose de savoir si celui qui reçoit ainsi un bien ou un droit devient en même temps débiteur ou créancier à la place de son auteur, la question se posant uniquement pour les contrats relatifs à ce bien ou à ce droit (les contrats conclus *intuitu rei*, en considération de la chose). Un contrat d'assurance automobile est-il ainsi transmis lors de la cession du véhicule ? L'article 1122 C. civ. pose l'existence d'une stipulation pour autrui de principe en faveur de « ses héritiers et ayants cause » : la doctrine s'accorde pour dire que les « héritiers » visés par ce texte sont ceux qui héritent *ab intestat*, c'est-à-dire en dehors de tout testament, mais la question se pose de savoir qui sont les « ayants cause » visés. S'agit-il uniquement des ayants cause à titre universel ou également de ceux à titre particulier ? Il n'y a pas de principe général de transmission automatique des obligations avec les biens sur lesquels elles portent, mais la loi (pour deux hypothèses, art. 1743 C. civ. pour la transmission du bail à l'acquéreur de l'immeuble, ou art. L. 1224-1 C. trav. pour la transmission des contrats de travail en cours en cas de transfert d'entreprise) et la jurisprudence (qui admet par ex. qu'en cas de cession d'un fonds de commerce ou même d'un cabinet d'une profession libérale, il y a en principe transmission de la clause de non-concurrence au cessionnaire[1]) en donnent des exemples. La transmission est plus aisée pour les contrats ayant pour objet des droits réels et non plus personnels. En outre, si elle se conçoit sans difficulté de façon active (l'ayant cause à titre particulier peut bénéficier du contrat conclu par son auteur, du contrat d'assurance portant sur le bien acquis par ex.), il n'en va pas de même de façon passive, et un ayant cause ne pourra être engagé que s'il y a consenti (not. par le mécanisme de la cession de contrat).

La jurisprudence a en outre, dans les limites du principe de l'effet relatif des contrats, autorisé certaines actions directes, par lesquelles l'ayant cause à titre particulier d'un bien peut agir directement contre une personne qui n'est pas son cocontractant direct sur un fondement contractuel : il s'agit certes alors d'une question un peu différente de la précédente, en ce que c'est une action et non pas un contrat qui est alors transmise comme accessoire du bien. Mais l'action qui est transmise est

1. Civ. 1re, 3 déc. 1996, n° 95-10913 ; *D.* 1997, 151, rapp. Y. Chartier, note Y. Serra ; *JCP* 1997, II, 22799, note J.J. Daigre, ou encore Soc., 15 oct. 1997, n° 95-42454, sauf si les parties en ont décidé autrement.

une action de nature contractuelle et qui s'appuie donc sur un contrat auquel l'ayant cause n'était pas partie (il ne devient d'ailleurs toujours pas à proprement parler partie au contrat malgré la transmission du bien et de l'action contractuelle y afférente).

La Cour de cassation semble avoir récemment voulu mettre un frein aux stipulations pour autrui tacites, en les excluant pour les victimes par ricochet n'ayant pas la qualité d'ayants cause particuliers ou universels[1].

5° *Les créanciers.* Il faut distinguer. Le créancier titulaire d'une sûreté réelle (gage, hypothèque, etc.) a par hypothèse reçu de son débiteur un droit réel portant sur une chose appartenant à ce dernier ; il est donc un ayant cause à titre particulier. La situation est différente pour les créanciers titulaires de sûretés personnelles (d'une caution par ex.) ou pour les créanciers chirographaires (dépourvus de toute sûreté ou garantie). Le droit de gage de ces créanciers étant constitué par le patrimoine de leur débiteur, les contrats conclus par ce dernier vont indirectement avoir une incidence sur leur situation. Certes ils ne sont nullement obligés par ces contrats et n'y sont donc pas parties, mais, relativement à certaines règles, ils ne seront cependant pas complètement considérés comme des tiers (on estime ainsi par ex. qu'ils ne peuvent se prévaloir du défaut de date certaine d'un acte sous seings privés conclu par leur auteur, comme l'autorise pourtant l'article 1328 à tous les tiers).

6° *Les penitus extranei.* Le *penitus extraneus* (« totalement extérieur ») est celui qui n'a rien à voir avec les parties, ni avec l'objet du contrat : c'est le véritable tiers, entièrement étranger au contrat. On lui applique dès lors pleinement et sans difficultés le principe de l'effet relatif des contrats de l'article 1165 C. civ.

2 | Les exceptions au principe de l'effet relatif des contrats

1. L'AFFECTATION DU BÉNÉFICE DU CONTRAT À UN TIERS : LA STIPULATION POUR AUTRUI

L'effet relatif des contrats implique qu'on ne peut ni engager autrui, ni même acquérir un droit (c'est-à-dire, au sens strict du terme, stipuler)

1. Civ. 1re, 28 oct. 2003, n° 00-18794 et 00-20065 ; *RTD civ.* 2004, 96, obs. J. Mestre et B. Fages ; *D.* 2004, 233, note Ph. Delebecque : « l'arrêt, après avoir énoncé que les demandeurs, victimes par

pour lui, sans que ce dernier ait manifesté sa volonté en ce sens. C'est ce qu'énonce l'article 1119 du Code civil : « On ne peut, en général, s'engager, ni stipuler en son propre nom que pour soi-même. »

La solution se justifie davantage en ce qui concerne les promesses pour autrui que les stipulations pour autrui : il est plus facile d'admettre que quelqu'un qui ne l'a pas voulu se trouve créancier plutôt que débiteur. Par exception d'ailleurs, certaines stipulations pour autrui sont autorisées par l'article 1121 du Code civil.

La stipulation pour autrui est une opération juridique à trois personnes, en vertu de laquelle une personne (que l'on appelle le stipulant) fait promettre à une deuxième personne (le promettant) d'exécuter une obligation[1] en faveur d'une troisième personne (le tiers bénéficiaire). Un exemple type en est l'assurance vie : une personne contracte une assurance sur la vie, c'est-à-dire qu'elle paie des primes à une compagnie d'assurance qui, à son décès, versera un capital à un bénéficiaire désigné, par exemple ses enfants ou son conjoint. La stipulation pour autrui est une véritable exception au principe de l'effet relatif des contrats car le bénéficiaire va devenir titulaire du droit avant même d'en avoir accepté le bénéfice, donc avant d'avoir manifesté son consentement à l'opération.

A / Les conditions de validité de la stipulation pour autrui

La stipulation pour autrui est en principe interdite par l'article 1119 du Code civil, et ce n'est que par exception que l'article 1121 l'admet. Les conditions posées par cet article étaient d'ailleurs très restrictives[2] mais, en pratique, la validité est devenue le principe.

L'indication du tiers bénéficiaire n'est pas une condition de validité de la stipulation pour autrui. La stipulation pour autrui peut en effet

ricochet, n'étaient pas ayants cause de leurs parents décédés, n'agissant ni en qualité de cessionnaires, ni d'héritiers, a exactement décidé qu'ils ne pouvaient pas bénéficier d'une stipulation pour autrui implicite au titre du contrat de voyage, de sorte qu'il était exclu que leur action soit fondée sur la responsabilité contractuelle de l'agence de voyages ».

1. D. R. Martin, Consécration d'une figure : la stipulation de contrat pour autrui, note sous Civ. 1re, 22 mai 2008, *D.* 2008, 1954.

2. Selon cet article, la stipulation pour autrui ne serait valable que « lorsque telle est la condition d'une stipulation que l'on fait pour soi-même ou d'une donation que l'on fait à un autre ». La stipulation pour autrui doit donc accompagner une stipulation à son propre bénéfice ou se greffer à une donation faite à un tiers. En réalité, la validité est devenue le principe car ces hypothèses sont interprétées très largement par la jurisprudence. Il suffit d'un intérêt quelconque du stipulant, qui peut être un intérêt simplement moral.

être faite au profit d'une personne déterminée ou d'une personne indéterminée, qui peut même être une personne future dès lors qu'elle est déterminable (un enfant à naître par ex.). En l'absence de toute disposition expresse, certains bénéficiaires sont même présumés, comme le prévoit l'article 1122 du Code civil (« on est censé avoir stipulé pour soi et pour ses héritiers et ayants cause, à moins que le contraire ne soit exprimé ou ne résulte de la nature de la convention »).

Depuis deux arrêts de 1978 et de 1987[1], la Cour de cassation a admis que la stipulation pour autrui pouvait s'accompagner de certaines charges accessoires pour le bénéficiaire, en précisant toutefois que ces dernières ne pouvaient engager le tiers bénéficiaire qu'à partir du moment où il les aurait acceptées, à l'inverse des droits, qui sont acquis avant même toute acceptation du bénéficiaire.

En définitive, les conditions de la stipulation pour autrui sont les mêmes que pour tout contrat. Celle-ci est d'ailleurs constituée dans un contrat qui, initialement, lie le stipulant avec le promettant, et ce contrat est soumis à toutes les conditions de validité du droit commun. Il en diffère en ce qu'il contient un bénéfice en faveur d'un tiers, mais la présence de ce dernier n'interfère qu'au moment de l'exécution de la stipulation pour autrui.

B / Le régime juridique de la stipulation pour autrui

La stipulation pour autrui étant une opération à trois personnes, elle crée trois rapports différents.

a) Les rapports entre le stipulant et le promettant. — Le stipulant et le promettant sont comme il vient d'être dit dans la situation de contractants presque ordinaires puisqu'ils sont liés par un contrat principal, soumis au droit commun. Dès lors, si l'une des parties n'exécute pas ses obligations, l'autre peut soit la contraindre à exécuter, soit agir en résolution du contrat. Dans certains contrats (par ex. le contrat d'assurance vie), si le stipulant n'exécute pas ses obligations (il ne paie pas ses primes d'assurances), le promettant n'aura pas à exécuter sa promesse

1. Civ. 1re, 21 nov. 1978, n° 77-14653, et Civ. 1re, 8 déc. 1987, n° 85-11769; *RTD civ.* 1988, 532, obs. J. Mestre; *D.* 1989, 233, obs. J.-L. Aubert : « la stipulation pour autrui n'exclut pas, dans le cas d'acceptation par le bénéficiaire, qu'il soit tenu de certaines obligations », à propos d'un acte de donation assorti d'une clause interdisant pendant quinze ans au donataire ou à ses ayants droit d'aliéner, de morceler ou de lotir l'immeuble, et les obligeant à exploiter eux-mêmes durant cette période de temps.

(il n'aura pas à verser de capital au bénéficiaire). La stipulation pour autrui se greffe sur ce contrat principal. L'opération pourrait même demeurer ou devenir à deux personnes si aucun tiers bénéficiaire n'est indiqué ou s'il n'est pas identifiable : c'est alors le stipulant qui deviendrait bénéficiaire.

b) Les rapports entre le promettant et le tiers bénéficiaire. — On considère que le tiers bénéficiaire est l'ayant cause du promettant, c'est-à-dire qu'il acquiert son droit directement du promettant et non pas par l'intermédiaire du patrimoine du stipulant. La Cour de cassation parle même parfois de lien contractuel direct entre le promettant et le tiers bénéficiaire[1]. La conséquence essentielle en est que le tiers n'est alors pas en concurrence avec les créanciers du stipulant. Le tiers bénéficiaire peut agir en exécution forcée de la stipulation et demander à ce que le promettant soit contraint d'exécuter ses promesses à son égard, ou alors en responsabilité contractuelle pour demander réparation des dommages causés par l'inexécution. En revanche, n'étant pas partie au contrat, il ne pourrait agir en résolution de celui-ci. Le contrat dont il est demandé exécution est celui conclu entre stipulant et promettant, si bien que ce dernier peut opposer au tiers bénéficiaire toutes les exceptions (nullité, résolution) qu'il pourrait opposer au stipulant.

c) Les rapports entre le stipulant et le tiers bénéficiaire. — Le tiers peut toujours refuser le bénéfice de la stipulation pour autrui faite à son profit. On ne peut jamais être obligé d'accepter même un avantage : de même qu'on peut refuser une donation ou un legs, on peut refuser de bénéficier d'une stipulation pour autrui. Il y a tout de même une différence. La donation qui n'est pas acceptée n'a aucune valeur juridique ; la donation est en effet un contrat qui ne se forme pas si le bénéficiaire n'accepte pas de recevoir à titre gratuit. Le testament en revanche est un acte juridique unilatéral qui produit donc des effets juridiques indépendamment de l'acceptation des légataires ; mais le legs lui-même

1. Com., 13 avr. 2010, n° 09-13712 : « l'adhésion au contrat d'assurance de groupe, bien que conséquence d'une stipulation pour autrui, n'en crée pas moins un lien contractuel direct entre l'adhérent et l'assureur, le souscripteur étant alors un tiers par rapport au contrat d'assurance liant l'assureur à l'adhérent assuré » ; *RDC* 2010/4, 1228, obs. Th. Genicon, selon lequel il semble bien « que l'existence d'un véritable contrat entre l'adhérent et l'assureur soit pleinement reconnue » ; dans le même sens, Civ. 1re, 22 mai 2008, n° 05-21822 ; *RDC* 2008/4, 1135, obs. D. Mazeaud ; *RTD civ.* 2008, 478, obs. B. Fages ; *JCP G* 2008, II, 10133, note A. Sériaux ; *Defrénois* 2008, 1974, obs. É. Savaux ; *D.* 2008, 1954, note D. R. Martin (qui parle de « stipulation de contrat pour autrui ») : « l'adhésion au contrat d'assurance de groupe, bien que conséquence d'une stipulation pour autrui, n'en crée pas moins, entre l'adhérent et l'assureur, qui l'agrée, un lien contractuel direct, de nature synallagmatique, dont les stipulations relèvent, comme telles, des dispositions du texte susvisé » (art. L. 132-1 C. conso.).

n'aura d'effet que si le légataire l'accepte. La situation du tiers bénéficiaire dans la stipulation pour autrui ressemble un peu à cette dernière situation : tant qu'il n'a pas accepté (qu'il ait ou non connaissance de la stipulation faite à son profit), le tiers demeure bénéficiaire ; simplement tant que le tiers n'a pas accepté, le stipulant peut révoquer la stipulation faite à son profit, par exemple en modifiant le tiers bénéficiaire (de la même façon que, tant qu'elle n'est pas morte, une personne peut changer le contenu de son testament, la différence étant cependant que, du vivant du testateur, personne ne peut accepter d'ores et déjà la succession et empêcher ainsi toute modification du testament). Une fois que le tiers a déclaré accepter, son acceptation est rétroactive et il est censé avoir été toujours bénéficiaire du droit stipulé à son profit. Mais si le tiers veut faire respecter la stipulation, c'est contre le promettant qu'il doit agir et non pas contre le stipulant.

2. L'EXERCICE DE CERTAINES ACTIONS CONTRACTUELLES PAR UN TIERS

Après avoir énoncé le principe de l'effet relatif du contrat (art. 1165), le Code civil ajoute qu'il existe néanmoins les actions obliques (art. 1166) et les actions pauliennes (art. 1167). La jurisprudence a en outre autorisé des actions directes, qui sont également à la limite du principe de l'effet relatif. Elle a également semblé admettre que, en vertu de la théorie de l'apparence qui permet de déroger à certaines règles, une personne pourrait intenter une action contractuelle contre une autre qui s'est tellement immiscée dans une relation contractuelle qu'elle a pu donner l'apparence d'être le véritable contractant[1]. Dans toutes ces hypothèses, c'est une action contractuelle qu'exerce le tiers alors qu'il n'est pas lié au défendeur par un contrat. Elles ne doivent pas être confondues avec l'hypothèse où un tiers invoque l'inexécution d'un contrat qui lui est dommageable pour intenter une action en responsabilité délictuelle[2].

Reprenons les trois principales hypothèses évoquées.

1. Ass. plén., 9 oct. 2006, n° 06-11056 ; *RTD civ.* 2007, 115, obs. J. Mestre et B. Fages, qui retient que la cour d'appel « a statué par des motifs impropres à faire apparaître que l'immixtion du Crédit lyonnais dans l'exécution du mandat délivré à sa filiale avait été de nature à créer pour les mandants une apparence trompeuse propre à leur permettre de croire légitimement que cet établissement était aussi leur cocontractant, ce dont elle aurait alors pu déduire que ce dernier était obligé par un mandat auquel il n'avait pas été partie ».

2. Sur cette action, v. 2e vol. du présent ouvrage : *Droit des obligations*, 2. *Responsabilité civile et quasi-contrats*, PUF, « Thémis droit », 2e éd., 2010.

A / Les actions obliques (art. 1166 C. civ.)

Une action oblique est une action exercée par un créancier à l'encontre d'un débiteur de son propre débiteur lorsque ce dernier néglige de le faire, se privant ainsi notamment d'une possibilité de renflouer son patrimoine pour honorer ses propres dettes.

Selon l'article 1166 du Code civil, « les créanciers peuvent exercer tous les droits et actions de leur débiteur, à l'exception de ceux qui sont exclusivement attachés à la personne ». Il s'agit le plus souvent pour le créancier de faire entrer dans le patrimoine de son débiteur une valeur (ou éventuellement de lui éviter d'en perdre une), dans le but d'accroître (ou de ne pas diminuer) son propre droit de gage général. Le débiteur peut en effet ne pas vouloir prendre la peine de réclamer le paiement d'une créance à laquelle il a droit, sachant que celle-ci sera immédiatement saisie par ses propres créanciers. Mais l'action n'est pas nécessairement patrimoniale : c'est ainsi par exemple qu'un syndicat de copropriétaires peut agir, par la voie oblique, en résiliation du bail et expulsion d'un locataire qui exerce dans les lieux loués une activité dans des conditions nuisant à la tranquillité des copropriétaires, dès lors que la carence du bailleur est établie[1].

a) Les conditions de l'action oblique. — Elles sont relatives à plusieurs éléments.

1° *Quant aux droits et actions que le créancier peut exercer.* L'action oblique, comme le précise le Code, ne peut pas concerner des droits et actions exclusivement attachés à la personne du débiteur[2]. La distinction ne recouvre pas celle entre les droits patrimoniaux ou extrapatrimoniaux. Certaines actions patrimoniales peuvent être attachées à la personne[3], tandis que d'autres qui sont extrapatrimoniales ne le sont pas.

2° *Quant au débiteur.* L'action oblique n'est recevable qu'à la condition que soit démontrée la carence du débiteur qui porte atteinte aux droits des créanciers. C'est seulement cette inaction qui justifie qu'on autorise le créancier à se mêler des affaires de son débiteur. Selon la Cour de cassation, « la carence du débiteur de la partie exerçant l'action

1. Hypothèse de Civ. 3e, 20 déc. 1994, n° 92-19490.

2. Soc., 13 juil. 2004, n° 02-43444 ; *RTD civ.* 2005, 598, obs. J. Mestre et B. Fages : « La reconnaissance de l'existence d'un contrat de travail est un droit exclusivement attaché à la personne de celui qui se prétend salarié, et que ce droit ne peut être exercé ni par ses créanciers ni par les organes de la procédure collective. »

3. Par ex. l'action en révocation d'une donation entre époux, Civ. 1re, 19 avr. 1988, n° 86-18028.

oblique se trouve établie lorsqu'il ne justifie d'aucune diligence dans la réclamation de son dû »[1]. Il n'est donc nullement nécessaire de relever de surcroît un élément intentionnel ou une gravité particulière du comportement du débiteur. Le créancier doit certes avoir fait preuve d'une patience suffisante pour s'assurer que le débiteur n'agit pas lui-même, pour une raison qui pourrait d'ailleurs être compréhensible (maladie par ex.), mais il lui suffit ensuite de démontrer l'inaction objective du débiteur pour pouvoir agir. Le débiteur doit en outre être insolvable[2] ou tout au moins son patrimoine doit être insuffisant pour satisfaire complètement le créancier, car sinon on ne voit pas quel intérêt ce dernier aurait à agir.

3° *Quant au créancier.* La créance du demandeur à l'action doit être certaine, liquide et exigible. La caution peut se trouver dans ces conditions et donc exercer une action oblique[3].

b) L'exercice de l'action oblique. — Le créancier peut intenter une action oblique dès lors que toutes les conditions en sont remplies, sans avoir besoin d'une autorisation préalable du juge. Il n'est même pas tenu d'appeler le débiteur dans la cause, sauf s'il veut profiter de l'instance pour réclamer au débiteur paiement de ce qui lui est dû sur les sommes réintégrées, par le jeu de l'action oblique, dans le patrimoine de celui-ci[4].

Par l'action oblique, le créancier n'exerce pas une action qui lui est propre mais uniquement l'action de son débiteur, aux lieu et place de celui-ci ; le défendeur à l'action oblique peut donc lui opposer toutes les exceptions qu'il aurait pu invoquer contre le débiteur de celui-ci, c'est-à-dire contre son propre créancier[5].

En outre, le bénéfice de l'action réintègre le patrimoine du débiteur et ne profite donc pas directement au créancier exerçant qui se retrouve au contraire en concurrence avec tous les autres créanciers.

1. Civ. 1re, 28 mai 2002, n° 00-11049 ; *RTD civ.* 2002, 513, obs. J. Mestre et B. Fages ; Civ. 1re, 5 avr. 2005, n° 02-21011 ; *RTD civ.* 2005, 598, obs. J. Mestre et B. Fages.

2. Mais s'il est en liquidation judiciaire, l'action oblique est paralysée : « Pendant toute la durée de la liquidation judiciaire, les droits et actions du débiteur concernant son patrimoine sont exercés par le liquidateur auquel aucun créancier ne peut se substituer pour recouvrer, fût-ce par voie oblique, une créance de la personne soumise à cette procédure collective » : Com., 3 avr. 2001, n° 98-14191 ; *RTD civ.* 2001, 882, obs. J. Mestre et B. Fages.

3. Civ. 1re, 25 mai 2005, n° 04-11622 ; *RTD civ.* 2005, 598, obs. J. Mestre et B. Fages, qui juge que dès lors qu'elle est poursuivie en paiement, la caution dispose, avant même d'avoir payé, d'une créance personnelle d'indemnité contre le débiteur garanti qui justifie qu'elle soit recevable à agir par la voie oblique,

4. Com., 15 oct. 1991, n° 89-18927 ; *JCP G* 1992, II, 21905, note G. Bolard.

5. Civ. 1re, 9 oct. 1991, n° 89-17916 ; *D.* 1992, 421, note O. Barret.

B / Les actions pauliennes (art. 1167 C. civ.)

a) Les conditions de l'action paulienne. — L'action paulienne est une action qui permet à un créancier d'attaquer un acte[1] fait par son débiteur en fraude de ses droits. L'action est prévue à l'article 1167 du Code civil qui dispose que les créanciers « peuvent aussi, en leur nom personnel, attaquer les actes faits par leur débiteur en fraude de leur droits ». C'est par exemple un débiteur qui, croyant ainsi pouvoir échapper à ses créanciers, fait des donations à ses proches[2].

Outre les conditions générales qui étaient requises en matière d'action oblique (créance certaine, liquide et exigible, débiteur ne pouvant faire face à cette créance, droits ou actions non exclusivement attachés à la personne), certaines conditions sont spécifiques à l'action paulienne.

Tout d'abord l'exercice de l'action paulienne est subordonné à la *preuve d'un préjudice* subi par le créancier résultant de ce que l'acte a appauvri son débiteur en créant ou en aggravant son insolvabilité, ce qui suppose cette insolvabilité établie à la date de l'introduction de l'action[3]. La Cour de cassation a assoupli cette condition en admettant que « l'action paulienne est recevable, même si le débiteur n'est pas insolvable, dès lors que l'acte frauduleux a eu pour effet de rendre impossible l'exercice du droit spécial dont disposait le créancier sur la chose aliénée »[4]. La Cour de cassation a cependant précisé que seuls sont attaquables par la voie de l'action paulienne les paiements effectués par des moyens inhabituels[5].

En outre, l'acte doit avoir été fait sciemment *en fraude* des droits des créanciers, c'est-à-dire que le débiteur doit avoir eu l'intention, en accomplissant cet acte (c'est à ce jour que s'apprécie la fraude paulienne), de leur nuire ou au moins de leur causer un préjudice. Une question traditionnelle se pose de savoir si, pour que l'acte puisse être attaqué, le tiers au profit duquel le débiteur s'est appauvri doit avoir eu

1. Y compris un contrat judiciaire : Civ. 1re, 12 déc. 2006, n° 04-11579 ; *RDC* 2007/2, 434, obs. Y.-M. Serinet, et 2007/3, 759, obs. A. Bénabent.

2. L'acte peut porter sur un immeuble ou un meuble. Pour une action paulienne portant sur la vente de meubles meublants : Paris, 27 avr. 2004, *RTD civ.* 2004, 511, obs. J. Mestre et B. Fages.

3. Civ. 1re, 12 juin 2001, n° 99-12330 ; *RTD civ.* 2001, 884, obs. J. Mestre et B. Fages ; Com., 14 nov. 2000, n° 97-12708 ; *Defrénois* 2001, 240, note R. Libchaber.

4. Civ. 3e, 6 oct. 2004, n° 03-15392 ; *RTD civ.* 2005, 120, obs. J. Mestre et B. Fages ; *Defrénois* 2005, 526, obs. S. Piedelièvre, et 612, obs. R. Libchaber. V. déjà Civ. 1re, 18 juil. 1995, n° 93-13681.

5. Com., 1er avr. 2008, n° 07-11911 ; *D.* 2008, 1142, note A. Lienhard ; *RTD civ.* 2008, 301, obs. B. Fages, qui retient que ne sont donc pas attaquables les paiements effectués dans le cadre d'une conciliation précédant l'ouverture d'une procédure collective judiciaire ; selon la Cour de cassation, ces dettes étaient échues ce qui était exclusif d'un appauvrissement du débiteur.

conscience de la fraude, c'est-à-dire avoir été complice. On opère en fait une distinction selon que le tiers a acquis à titre onéreux ou à titre gratuit. Dans le premier cas, l'acte ne pourra être attaqué que si le tiers était complice, tandis que dans le second, l'acte pourra être remis en cause malgré la bonne foi du tiers donateur : il n'y aura dans ce dernier cas pour lui qu'un manque à gagner et non pas une perte ce qui est jugé moins grave et ne justifie donc pas de le faire passer avant le créancier trompé.

b) Les effets de l'action paulienne. — Les effets de l'action paulienne sont ajustés aux besoins de la cause. Ainsi, l'acte frauduleux n'est rétroactivement révoqué que dans la mesure de ce qui est nécessaire pour désintéresser le créancier demandeur. Le tiers peut, à la condition bien sûr que cela soit matériellement possible, conserver le surplus.

L'action paulienne est beaucoup plus efficace pour le créancier demandeur que l'action oblique car la révocation n'a lieu qu'à son seul profit. Le bénéfice de cette révocation n'est pas, comme avec l'action oblique, réintégré dans le patrimoine de son débiteur, et c'est à l'auteur de l'action de les saisir entre les mains du tiers sans avoir donc à subir la concurrence des autres créanciers[1].

C / Les actions directes

En principe, seules les parties directement liées entre elles par un contrat doivent exécuter celui-ci et peuvent par conséquent intenter une action contractuelle pour se plaindre de son inexécution. Il se peut cependant que l'inexécution d'un contrat nuise également à un tiers. Il en est ainsi par exemple si un fabricant met sur le marché un produit défectueux distribué par un vendeur intermédiaire et qu'un sous-acquéreur subit un dommage : en vertu de l'application stricte du principe de l'effet relatif des contrats, ce dernier ne pourrait agir que contre son vendeur qui pourrait alors à son tour se retourner contre son propre vendeur pour lui demander garantie des sommes qu'il a ainsi dû débourser. On s'est alors légitimement demandé s'il ne serait pas concevable d'autoriser le sous-acquéreur à intenter directement une action de nature

1. Civ. 1re, 30 mai 2006, n° 02-13495 ; *RTD civ.* 2006, 558, obs. J. Mestre et B. Fages : « L'inopposabilité paulienne autorise le créancier poursuivant, par décision de justice et dans la limite de sa créance, à échapper aux effets d'une aliénation opérée en fraude de ses droits, afin d'en faire éventuellement saisir l'objet entre les mains du tiers » (censure de la cour d'appel qui avait ordonné le retour des sommes données dans le patrimoine du débiteur).

contractuelle (puisqu'il s'agit de se plaindre d'un achat non satisfaisant) contre le fabricant responsable du défaut de fabrication. Le gain de temps serait appréciable, et le coût global de l'action pourrait également être diminué.

La question ne se pose que lorsqu'il existe un lien entre les différents contrats en cause, c'est-à-dire lorsque l'on est en présence de ce qu'on appelle un « groupe de contrats ». Il existe plusieurs types de groupes de contrats. Les plus simples sont les chaînes de contrats (A conclut un contrat avec B, qui conclut un contrat avec C, qui conclut un contrat avec D). Ces chaînes peuvent être homogènes lorsque tous les contrats sont de même nature (A vend à B, qui revend à C, qui revend à D) ou hétérogènes lorsque, à l'inverse, les contrats successifs sont de nature différente (A vend à B un bien qui sert à B à construire une maison à C : il y a une vente suivie d'un contrat d'entreprise). La question qui s'est posée consistait alors à savoir si et dans quelle mesure chaque personne de la chaîne peut assigner, sur le fondement d'une responsabilité contractuelle, une partie à un autre contrat. À nouveau une telle action directe est une garantie, car chaque contractant peut alors agir directement contre le véritable responsable en évitant les actions récursoires en chaîne.

La question fut fort controversée, et la jurisprudence variable. Dans un premier temps, la Cour de cassation commença à élargir le cercle des personnes qui pouvaient se prévaloir d'un contrat et étendit l'action directe nécessairement contractuelle à tous les groupes de contrats. En 1991, par un important arrêt *Besse*, la Cour de cassation marqua sa volonté de reflux.

a) Le flux : l'extension de l'action directe à tous les groupes de contrat. — Ce flux se fit, pour schématiser, en quatre étapes principales.

1° *Première étape.* Pour les chaînes homogènes de contrats translatifs de propriété, la Cour de cassation autorisa depuis le siècle dernier déjà le sous-acquéreur à assigner l'un quelconque des membres antérieurs de la chaîne. Par exception au principe du non-cumul, elle offrit même au sous-acquéreur une option entre la responsabilité contractuelle et la responsabilité délictuelle[1] : celui-ci pouvait ainsi choisir le fondement qui lui était le plus favorable. Le fondement délictuel lui permettait d'échapper à d'éventuelles clauses limitatives de responsabilité contenues dans un des contrats, tandis que l'action contractuelle facilitait la preuve

1. Civ., 25 janv. 1820, *S.*, 1820, 1, 213.

de la faute commise par le contractant antérieur. Par un arrêt du 9 octobre 1979[1], la Cour de cassation revint à une appréciation plus traditionnelle du principe de non-cumul et imposa au sous-acquéreur qui intentait une action contre l'un des précédents vendeurs de la chaîne de choisir le fondement contractuel : l'action directe était, selon la formule de la Haute Juridiction, «nécessairement contractuelle».

La question du fondement de cette transmission fut discutée en doctrine (stipulation pour autrui tacite, cession de créance tacite, etc.) mais l'analyse empruntée à Aubry et Rau fut finalement admise selon laquelle l'action en garantie se transmettait au sous-acquéreur *propter rem*, en raison de la chose, c'est-à-dire comme un accessoire de la chose vendue (comp. art. 1615 C. civ. : «L'obligation de délivrer la chose comprend ses accessoires et tout ce qui a été destiné à son usage perpétuel»). La jurisprudence admit que la transmission des actions attachées à la chose valait non seulement pour l'action en réparation du dommage, mais également pour l'action rédhibitoire, c'est-à-dire pour obtenir l'anéantissement du contrat[2]; le sous-acquéreur qui agit directement contre le vendeur originaire peut même obtenir la restitution du prix qu'il a payé, à la condition de lui restituer la chose vendue[3].

2° *Deuxième étape.* L'action directe nécessairement contractuelle fut ensuite étendue, par la première Chambre civile de la Cour de cassation, aux chaînes hétérogènes de contrats. Plus précisément, celle-ci jugea qu'était nécessairement contractuelle l'action du maître de l'ouvrage qui demande au fabricant des matériaux utilisés par l'entrepreneur réparation du dommage résultant de leur défaut. La chaîne de contrat était ici composée d'un contrat d'entreprise (entre le maître de l'ouvrage et l'entrepreneur) et d'un contrat de vente (entre l'entrepreneur et le fabricant des matériaux). La troisième Chambre civile de la Cour de cassation refusa d'appliquer cette solution mais, dans deux arrêts du 7 février 1986[4], l'Assemblée plénière trancha en faveur de la position adoptée par la première Chambre civile. Pour l'assemblée plénière, «le maître de l'ouvrage, comme le sous-acquéreur, jouit de tous les droits et actions attachés à la chose qui appartenait à son auteur; qu'il dispose donc à cet effet contre le fabricant d'une action contractuelle directe fondée sur la non-conformité de la chose livrée». Le fondement de cette solution était donc que le maître de l'ouvrage pouvait être assimilé à un

1. N° 78-12502; *RTD civ.* 1980, 354, obs. G. Durry.
2. Com., 17 mai 1982, n° 80-16040.
3. Civ. 1re, 27 janv. 1993, n° 91-11302.
4. N° 83-14631.

sous-acquéreur car, comme ce dernier, il reçoit finalement une chose qui appartenait à l'origine à une partie antérieure de la chaîne de contrats : il est donc comme lui un ayant cause, et l'action en garantie doit alors lui être transmise de la même façon, en tant qu'accessoire de la chose. L'action directe était donc admise dans les chaînes de contrat hétérogènes mais seulement lorsque le demandeur avait, par ces contrats successifs, reçu une chose appartenant à l'origine au défendeur. Il fallait donc qu'il y ait au moins un contrat translatif de propriété.

3° *Troisième étape.* La première Chambre civile de la Cour de cassation continua alors sur sa lancée en jugeant, dans un arrêt du 8 mars 1988 [1], que l'action directe de nature nécessairement contractuelle pouvait être étendue aux chaînes de contrats ne comprenant aucun contrat translatif de propriété. En l'espèce, le maître de l'ouvrage agissait directement contre un sous-traitant qui avait conclu un contrat avec l'entrepreneur principal. On se trouvait donc en présence de deux contrats d'entreprise successifs, dont aucun n'avait permis un quelconque transfert de propriété : il s'agissait en effet d'un particulier qui avait confié à un photographe des diapositives en vue de leur agrandissement, lequel avait ensuite chargé de l'exécution de ce travail un laboratoire qui perdit les diapositives. Selon la Cour de cassation, « dans le cas où le débiteur d'une obligation contractuelle a chargé une autre personne de l'exécution de cette obligation, le créancier ne dispose contre cette personne que d'une action de nature nécessairement contractuelle ». Le maître de l'ouvrage n'est pourtant pas nécessairement un ayant cause du sous-traitant (c'est-à-dire quelqu'un qui en reçoit un droit ou une chose), mais l'action directe était jugée de nature nécessairement contractuelle. La justification avancée pour fonder la solution retenue dans l'arrêt de 1986 n'était donc plus valable. Selon la première Chambre civile, si l'action intentée par le créancier devait tout de même être de nature contractuelle, c'est « dans la *double limite* de ses droits et de l'étendue de l'engagement du débiteur substitué ». L'idée de cette double limite était de respecter les prévisions des parties : le créancier ne devait pas pouvoir, en poursuivant le débiteur de son débiteur, obtenir plus que ce qu'il aurait pu obtenir de son propre débiteur ; à l'inverse, le débiteur ne devait pas pouvoir être tenu envers le créancier de son créancier davantage que ce à quoi il était tenu vis-à-vis de son propre créancier. L'action nécessairement contractuelle était ainsi, au terme de cette troisième étape, étendue à toutes les chaînes de contrats, c'est-à-

1. N° 86-18182.

dire à tous les ensembles de contrats constitués de sous-contrats par lesquels un débiteur confiait à autrui l'exécution de tout ou partie de ses obligations. Dans ces hypothèses, la troisième Chambre civile retenait à l'inverse la qualification délictuelle de l'action.

4° *Quatrième étape.* La première Chambre civile fut ensuite saisie d'une espèce qui lui permit d'aller encore plus loin dans la reconnaissance d'actions directes de nature contractuelle. Dans un arrêt du 21 juin 1988[1], elle étendit en effet l'action nécessairement contractuelle à tous les *groupes* de contrats, et non plus seulement aux *chaînes* de contrats. En l'espèce, à l'occasion d'un montage contractuel assez complexe, la Cour de cassation censura les juges d'appel pour avoir appliqué les règles de la responsabilité délictuelle alors que le dommage était survenu dans le cadre de l'exécution d'une des conventions du groupe. La Haute Juridiction énonce alors, de façon générale, que « dans un groupe de contrats, la responsabilité contractuelle régit nécessairement la demande en réparation de tous ceux qui n'ont souffert du dommage que parce qu'ils avaient un lien avec le contrat initial ». Elle en donne même l'explication : « Dans ce cas, le débiteur ayant dû prévoir les conséquences de sa défaillance selon les règles contractuelles applicables en la matière, la victime ne peut disposer contre lui que d'une action de nature contractuelle, même en l'absence de contrat entre eux », ce qui renvoie à l'idée de « double limite » utilisée par la première Chambre civile. La clause de non-recours contenue dans l'un des contrats du groupe paralysait ainsi les actions formées contre tous les autres membres du groupe de contrats. Il n'est pas besoin de dire que la troisième Chambre civile ne s'inclina pas devant cette nouvelle audace.

b) Le reflux : la limitation de l'action directe à certaines chaînes de contrats. — Devant cette divergence persistante qui se répercutait parmi les juges du fond, l'Assemblée plénière de la Cour de cassation fut saisie. Dans un arrêt *Besse* du 12 juillet 1991[2], elle marqua sa volonté de revenir à une interprétation plus stricte du principe de l'effet relatif des contrats posé à l'article 1165 du Code civil. Dans son visa, la Haute Juridiction commence par rappeler les principes les plus anciens de la matière, comme pour souligner qu'ils avaient été perdus de vue : « Vu l'article 1165 du Code civil ; attendu que les conventions n'ont d'effet

1. N° 85-12609.

2. N° 90-13602 ; *Grands arrêts*, n°s 171-174 ; *D.* 1991, 549, note J. Ghestin ; *JCP* 1991, II, 21743, note G. Viney ; *Defrénois* 1991, 1301, obs. J.-L. Aubert ; *CCC* 1991, n° 200, L. Leveneur ; *RTD civ.* 1991, 750, obs. P. Jourdain.

qu'entre les parties contractantes. » Les faits de l'espèce étaient classiques : le maître de l'ouvrage avait confié la construction d'un immeuble d'habitation à un entrepreneur principal (contrat d'entreprise), lequel avait sous-traité les travaux de plomberie (second contrat d'entreprise). On était ainsi dans l'hypothèse exacte de l'arrêt précité du 8 mars 1988 où il y a un sous-contrat, plus précisément une succession de deux contrats non translatifs de propriété. La cour d'appel en avait d'ailleurs repris mot pour mot la motivation et en avait donc déduit que l'action du maître de l'ouvrage contre le plombier était nécessairement de nature contractuelle si bien que ce dernier pouvait opposer tous les moyens de défense tirés du contrat de construction conclu entre le maître de l'ouvrage et l'entrepreneur principal et, en particulier, pouvait se prévaloir de la forclusion décennale ayant atteint ce dernier contrat. L'Assemblée plénière censure cette décision en déclarant de façon lapidaire qu'« en statuant ainsi, alors que le sous-traitant n'est pas contractuellement lié au maître de l'ouvrage, la cour d'appel a violé » l'article 1165 du Code civil. La Haute Juridiction revenait ainsi sur la troisième étape (Civ. 1re, 8 mars 1988) et donc *a fortiori* sur la quatrième (l'arrêt du 21 juin 1988) qui allait encore plus loin. Les deux premières étapes en revanche, et donc la solution du précédent arrêt d'Assemblée plénière du 7 février 1986, n'étaient pas remises en cause. La transmission de l'action comme accessoire d'une chose demeure donc compatible avec le principe de l'effet relatif des contrats, solution admise tant par la première que par la troisième Chambre civile.

La solution actuelle est sans doute plus raisonnable au regard du principe de l'effet relatif des contrats. Cependant, la justification de la double limite était à certain égards convaincante, notamment dans les sous-contrats. La Cour de cassation ne va d'ailleurs pas jusqu'au bout de sa logique en consacrant la nature délictuelle de l'action contre le sous-traitant. En effet, si l'action est délictuelle, le demandeur ne peut se voir opposer des exceptions tirées du rapport contractuel entre son propre débiteur et le sous-traitant mais, réciproquement, il ne devrait pas pouvoir invoquer les obligations contenues dans ce contrat pour établir la faute du sous-traitant.

La portée de l'action directe est donc aujourd'hui celle fixée dans le cadre de l'arrêt de l'Assemblée plénière du 7 février 1986, et une telle action existe dans toutes les chaînes de contrats translatives de propriété, que ce soit des chaînes homogènes de vente, ou des chaînes hétérogènes comprenant contrats de vente et d'entreprise. Dans ce cas en effet, l'action contractuelle est transmise accessoirement à la chose[1]. La Cour de cassation, tout au moins sa troisième Chambre, semble cependant refuser d'étendre la solution aux chaînes hétérogènes comprenant un contrat de vente et une sous-traitance, alors même que par cette chaîne une chose est transmise dont l'action pourrait être l'accessoire[2].

L'existence d'une action directe de nature nécessairement contractuelle permet de respecter les prévisions des parties. En effet, le débiteur initial est tenu dans les termes de son contrat non seulement vis-à-vis de son cocontractant direct, mais également vis-à-vis de tous ceux qui ont reçu la chose par des contrats ultérieurs. Il ne doit cependant pas être tenu à moins non plus et, comme l'a jugé à bon droit la Cour de cassation, « une clause de non-garantie opposable par un vendeur intermédiaire à son propre acquéreur ne peut faire obstacle à l'action directe de l'acquéreur final contre le vendeur originaire, dès lors qu'aucune clause de non-garantie n'a été stipulée lors de la première vente »[3] ; dans cette hypothèse en effet, la clause de non-garantie stipulée par un vendeur intermédiaire ne peut profiter au vendeur originaire qui n'avait quant à lui pas fait inclure une telle clause dans son propre contrat. L'idée assez juste de la « double limite » de l'arrêt du 8 mars 1988 demeure donc.

1. Com., 3 mai 2006, n° 04-12683 ; *RDC* 2006/4, 1227, obs. S. Carval : « L'acquéreur jouissant de tous les droits et actions attachés à la chose qui appartenait à son auteur [il dispose] contre le réparateur de cette chose d'une action directe contractuelle fondée sur l'inexécution d'une obligation » (en l'espèce une obligation d'information).

2. Civ. 3e, 28 nov. 2001, n° 00-13559 et 00-14450, dans lequel la Cour de cassation énonce que le sous-traitant engageant sa responsabilité vis-à-vis du maître de l'ouvrage sur le fondement délictuel, la cour d'appel a retenu à bon droit que le fournisseur de ce sous-traitant doit, à l'égard du maître de l'ouvrage, répondre de ses actes sur le même fondement ; obs. crit. P. Jourdain, *RTD civ.* 2002, 104 et 304. Il s'agit, selon D. Mazeaud (Responsabilité civile : petit bilan annuel..., *Dr. & patr.* mars 2003, 63), d'une « fausse alerte », dans la mesure où, dès le 12 décembre suivant, la 3e Ch. civ. revenait sur cette solution et jugeait qu'est contractuelle l'action du maître de l'ouvrage contre le fournisseur de matériaux de construction : Civ. 3e, 12 déc. 2001, *RTD civ.* 2002, 303, obs. P. Jourdain.

3. Civ. 3e, 16 nov. 2005, n° 04-10824 ; *RDC* 2006/2, 330, obs. D. Mazeaud.

SECTION 2
La transmission des obligations contractuelles

Les obligations contenues dans le contrat peuvent être transmises, soit à cause de mort, soit entre vifs.

1 | La transmission à cause de mort des obligations contractuelles

La transmission à cause de mort des obligations contractuelles peut se faire à titre universel ou particulier.

Il y a transmission universelle ou à titre universel lorsqu'un héritier reçoit respectivement la totalité (ayant cause universel) ou une fraction (ayant cause à titre universel) du patrimoine du *de cujus*, c'est-à-dire du défunt (*is de cujus successione agitur*, celui de la succession duquel il s'agit). Ces ayants cause, à la condition qu'ils aient accepté la succession, reçoivent les biens et aussi les dettes de leur auteur (celui de qui ils tiennent leurs droits). Selon l'article 1122 C. civ., « on est censé avoir stipulé pour soi et pour ses héritiers et ayants cause, à moins que le contraire ne soit exprimé ou ne résulte de la nature de la convention », d'où on déduit que tous les contrats sont transmis aux ayants cause universels ou à titre universel, activement comme passivement, le terme « stipuler » étant pris ici dans son sens large de « contracter » et non pas dans son sens strict de « devenir créancier » : les héritiers héritent donc des dettes[1] et aussi des créances[2]. Les ayants cause universels ou à titre

1. Civ. 1re, 2 juin 1987, n° 84-13513 : en visant l'article 1122, la Cour de cassation énonce qu'« aux termes de ce texte on est censé avoir stipulé pour soi et pour ses héritiers et qu'il en résulte que ces derniers sont tenus des *obligations* de leur auteur ». Dans le même sens, Civ. 1re, 2 juin 1992, n° 90-15114.

2. Civ. 1re, 28 mars 2000, n° 97-21422 ; *D.* 2000, 482, note S. Piédelièvre : la cour d'appel ayant relevé qu'une proposition de financement en vue de l'achat de matériel agricole avait été signée par un exploitant décédé peu après et que les conditions de garanties dont cette proposition était assortie étaient satisfaites, elle retient à bon droit que, par l'effet de cet accord de volonté, l'organisme prêteur, professionnel du crédit, se trouvait obligé envers les héritiers au paiement de la somme convenue.

universel deviennent ainsi, par ce statut même, obligés par les contrats souscrits par leur auteur et donc tout à la fois débiteurs et créanciers. C'est ainsi par exemple que les membres de la famille de certaines victimes de contamination par des transfusions sanguines sont autorisées à agir contre les centres de transfusion sur le fondement de la responsabilité contractuelle, alors même qu'elles n'étaient pas liées par un contrat avec ces centres, ce qui présente pour ces victimes l'avantage de pouvoir invoquer l'obligation de sécurité de résultat contenue dans le contrat de fourniture de sang. Ils ne sont donc plus véritablement des tiers et doivent être assimilés aux parties. En revanche, certains contrats peuvent ne pas être transmis aux ayants cause universels ou à titre universel, soit lorsque cette transmission était expressément écartée (par ex. il est convenu qu'en cas de décès du locataire, le bail ne sera pas transmis à ses héritiers), soit lorsqu'il s'agissait d'un contrat conclu *intuitu personae*, c'est-à-dire en considération de la personne du contractant (par ex. dans le contrat de mandat, la représentation cesse en cas de décès du mandant ou du mandataire, art. 2003 C. civ.), sauf bien entendu avec l'accord du cédé[1].

Il y a transmission à titre particulier lorsque le légataire (que l'on appelle un ayant cause à titre particulier) reçoit un ou plusieurs biens déterminés de la succession. La question se pose de savoir s'il devient alors partie aux contrats afférents à ces biens (pour les autres contrats la question ne se pose même pas), que l'on désigne par l'expression de contrats conclus *intuitu rei* (en considération de la chose). La réponse intervient au cas par cas. Certains contrats, notamment ceux qui ont une durée de validité limitée dans le temps, peuvent être transmis au nouveau propriétaire : ainsi un contrat d'assurance dont la prime a été payée pour une certaine durée sera transmis au nouveau propriétaire du bien jusqu'à son expiration (solution prévue par l'article L. 121-10 C. ass.). Pour certaines créances, il faudra respecter les formalités des cessions de créances de l'article 1690 du Code civil. Il est plus difficilement justifiable qu'une dette soit transmise comme accessoire du bien, et ce sera plutôt aux légataires universels ou à titre universel de la payer avec l'ensemble du passif (par ex. une voiture est léguée à titre particu-

1. V. ainsi, pour une transmission universelle de patrimoine par fusion ou apport partiel d'actif, Com., 3 juin 2008, n° 06-13761 : « le contrat de franchise, conclu en considération de la personne du franchiseur, ne peut, sauf accord du franchisé, être transmis par l'effet d'un apport partiel d'actif placé sous le régime des scissions » ; Com., 3 juin 2008, n° 06-18007 : « le contrat de franchise, conclu en considération de la personne du franchiseur, ne peut être transmis par fusion-absorption à une société tierce, qu'avec l'accord du franchisé ». Sur ces deux arrêts, v. *RTD civ.* 2008, 478, obs. B. Fages

lier, alors qu'une facture de réparation n'a pas encore été réglée au garagiste).

Pour les personnes morales, il se peut aussi qu'une société recueille l'entier patrimoine d'une autre, en cas de fusion par exemple. Elle récupérera alors également par là même tous les contrats, toujours sauf exception.

2 | La transmission entre vifs des obligations contractuelles

La transmission entre vifs ne peut jamais être universelle (sinon un vivant se verrait séparé de son patrimoine, ce qui est impossible) et, lorsqu'elle est (très rarement) à titre universel, les mêmes règles que ci-dessus trouvent à s'appliquer. Mais la transmission entre vifs est dans la plupart des cas une transmission à titre particulier. Elle peut se faire par cession, par subrogation personnelle, ou encore par délégation [1].

1. LA CESSION

A / La cession de créance

La cession de créance est une opération à trois personnes : le cédant cède au cessionnaire sa créance sur le débiteur cédé. Ce dernier sera donc désormais tenu envers un nouveau créancier. En droit commercial, l'opération est particulièrement courante et simplifiée : on oppose ainsi la cession de créance du droit civil aux modes de cession simplifiée du droit commercial (qui concernent les titres négociables, les cessions dites par bordereaux Dailly, ou encore plus récemment la titrisation des créances par création de fonds communs de créances). En droit civil, l'opération est davantage encadrée.

1. La novation ne fait pas réellement circuler une obligation dans la mesure où, par définition même, elle éteint une obligation pour en faire naître une nouvelle ; elle sera donc étudiée avec les modes d'extinction des obligations contractuelles.

a) Conditions. — Toutes les sortes de créances peuvent être cédées, même les créances litigieuses ou même celles qui ne sont pas encore exigibles [1]. Les seules créances incessibles sont celles qui sont aussi insaisissables : les créances alimentaires, les créances de salaires et traitements pour leur partie insaisissable.

La cession de créance conduit à imposer à un débiteur de se libérer dans les mains d'un autre créancier, ce qui ne semble pas présenter de risques pour lui, sauf celui de payer deux fois s'il se trompe de créancier. Il faut donc simplement prévoir des mécanismes pour l'informer de ce que la créance a été cédée et subordonner l'opposabilité à son égard de la cession de créance à cette information.

C'est ce que fait l'article 1690 du Code civil, qui subordonne la validité de la cession à « la signification du transport faite au débiteur » ou alors à « l'acceptation du transport faite par le débiteur dans un acte authentique ». Le premier mécanisme est plus léger, la signification au débiteur cédé pouvant même être indirecte, par exemple par la signification d'une assignation en paiement ou d'un commandement aux fins de saisie. L'acte authentique visé dans le second mécanisme n'est pas nécessairement l'acte de cession de la créance, mais tout acte authentique auquel participerait le débiteur et qui relaterait la cession de créance intervenue : il en aurait ainsi nécessairement connaissance. L'acceptation du débiteur visée à l'article 1690 n'est pas un consentement à la cession ; il n'est pas partie à la cession et aucune obligation ne peut en résulter pour lui ; la seule portée de cette « acceptation » est qu'il reconnaît formellement avoir été informé de la cession.

La jurisprudence est très souple puisqu'elle décide que la cession de créance est opposable au débiteur cédé dès lors que celui-ci en a pris acte, même seulement dans un acte sous seings privés, et même parfois si son acceptation n'est que tacite. Mais la simple preuve de la connaissance de la cession par le débiteur par des faits ou des présomptions ne suffit pas à remplir les exigences de l'article 1690 du Code civil, sauf s'il y a concert frauduleux entre cédant et débiteur au détriment du cessionnaire.

Si les formalités de l'article 1690 ne sont pas respectées, la cession est valable entre le cédant et le cessionnaire mais elle n'est pas opposable au débiteur cédé. Celui-ci peut donc valablement se libérer entre les mains du cédant sans avoir à craindre de devoir payer une seconde

1. Com., 7 déc. 2004, n° 02-20732 ; *D.* 2005, 77, obs. A. Lienhard ; *RTD civ.* 2005, 132, obs. J. Mestre et B. Fages : « même si son exigibilité n'est pas encore déterminée, la créance peut être cédée » ; dès lors, « sortie du patrimoine du cédant, son paiement n'est pas affecté par l'ouverture de la procédure collective de ce dernier postérieurement à cette date ».

fois. De plus, le cessionnaire ne peut alors pas poursuivre le débiteur cédé en paiement, même si cette règle est considérablement atténuée par la jurisprudence actuelle qui admet parfois qu'une assignation en paiement relatant la cession puisse valoir signification de la cession au sens de l'article 1690. Si le débiteur accepte volontairement de se libérer entre les mains du cessionnaire, il ne pourra plus se prévaloir ultérieurement du non respect des formalités de l'article 1690.

Il est courant aujourd'hui de noter que les formalités de l'article 1690 concernent plutôt les tiers intéressés. Si par exemple il y a conflit entre deux cessionnaires successifs de la même créance, c'est en effet la date des significations qui compte, sauf fraude aux droits de l'un d'entre eux.

Le domaine du formalisme de l'article 1690 du Code civil est relativement large : celui-ci vaut pour toutes les cessions de créances, mais non pas pour les cessions de droits réels ou de droits intellectuels (propriété littéraire et artistique, propriété industrielle, cession de fonds de commerce). Il tend cependant à se restreindre : outre les mécanismes simplifiés propres au droit commercial déjà évoqués, il est fait exception à ces exigences en cas de transmission à cause de mort, même à titre particulier (la solution se comprend aisément pour les ayants cause à titre universel qui sont censés continuer la personne du défunt, mais on admet en général que la solution est la même pour les legs à titre particulier), en cas de transmission entre vifs d'universalités de droits (cession de droits successifs par des personnes physiques ou transmission universelle de tout ou partie du patrimoine d'une personne morale par fusion ou absorption par exemple) ; en revanche, les formalités de l'article 1690 doivent être respectées dans l'hypothèse d'une cession d'universalité de fait (fonds de commerce par ex.) ; de même, si une créance se trouve dans des droits successifs, les formalités de l'article 1690 doivent être respectées.

Les règles de l'article 1690 sont particulièrement minutieuses ; elles ne sont pourtant pas d'ordre public et peuvent donc être écartées par la volonté des parties.

b) Effets. — L'effet de la cession de créance est un effet translatif : la créance est transmise au cessionnaire. Celui-ci en devient dès lors titulaire pour son montant nominal, quel que soit le prix payé pour l'acquérir (à la différence de la subrogation où le *solvens* subrogé ne peut demander que ce qu'il a lui-même versé). La cession de créance est ainsi une opération souvent spéculative (alors que la subrogation a plutôt une fonction de garantie) : l'acquéreur achète la créance à un montant moindre que son montant nominal en espérant cependant pouvoir poursuivre le paiement de l'entier montant. La cession de créance emporte cession de tous les accessoires de celle-ci : sûretés, mais aussi action en justice (en annulation, en résolution, ou même en responsabilité contractuelle ou délictuelle [1]), de même que dans la subrogation personnelle.

À l'inverse, le cessionnaire ne devrait pouvoir recueillir plus de droits que le cédant n'en avait lui-même : le débiteur devrait donc pouvoir lui opposer toutes les exceptions qu'il pouvait invoquer au cédant (règle de l'opposabilité des exceptions) avant le respect des formalités de l'article 1690. La Cour de cassation semble cependant désormais se fonder davantage sur le type d'exception invoqué par le débiteur que par le moment où elle est invoquée : si l'exception est « inhérente » à la créance, elle est opposable au cessionnaire quel que soit le moment auquel elle est née ; et ce serait seulement si l'exception est « extérieure » à la créance que la date aurait une incidence sur son opposabilité au cessionnaire [2]. La haute Juridiction a admis en effet « qu'en cas de cession de créance, le débiteur peut invoquer contre le cessionnaire les exceptions inhérentes à la dette même si elles sont apparues postérieurement à la notification de la cession » ; elle approuve alors la Cour d'appel d'avoir retenu que le débiteur cédé pouvait opposer au cessionnaire l'exception d'inexécution [3]. La solution de l'arrêt se comprend par les particularités de l'espèce, même s'il n'est pas sûr qu'il ait été nécessaire de forger un tel principe général pour la justifier : à partir du moment où le cédant ne cédait pas tout le contrat (un bail) mais seulement une partie (les loyers), et qu'il restait donc lui-même redevable d'une obligation fondamentale (fournir une jouissance paisible des lieux loués dans les termes et conditions définis dans un protocole d'accord), le débiteur ne pouvait être privé de l'exception d'inexécution du fait de la cession même si l'inexécution du cédant était postérieure à celle-ci.

1. Civ. 2e, 17 déc. 2009, n° 09-11612 : « En application des articles 1615 et 1692 du code civil, la cession de créance transfère de plein droit au cessionnaire les droits et actions appartenant au cédant et attachés à la créance cédée et, notamment, sauf stipulations contraires ou actions incessibles par nature, l'action en responsabilité contractuelle ou délictuelle qui en est l'accessoire » ; Civ. 1re, 24 oct. 2006, n° 04-10231 ; *RTD civ.* 2007, 122, obs. J. Mestre et B. Fages ; *RDC* 2007/2, 291, obs. G. Viney ; Civ. 1re, 10 janv. 2006, n° 03-17839 ; *RTD civ.* 2006, 552, obs. J. Mestre et B. Fages (transfert de l'action en réparation du préjudice résultant de la perte de sûretés).

2. V. en ce sens déjà, J. François, *Les obligations. Régime général*, Économica, 1re éd., 2000, n° 386, selon lequel sont extérieures à la créance les exceptions relatives à la modification de la créance ou à ses causes d'extinction ; L. Aynès, La cession de contrat et les opérations juridiques à trois personnes, Économica, 1984, préf. Ph. Malaurie, p. 39 et s. Sur cette controverse, v. obs. Y.M. Laithier, *RDC* 2010/3, 834.

3. Com., 12 janv. 2010, n° 08-22000 ; *RTD civ.* 2010, 106, obs. B. Fages ; *RDC* 2010/3, 834, obs. Y.M. Laithier ; *D.* 2010, 266, obs. X. Delpech ; *CCC* 2010, comm. 87, obs. L. Leveneur.

La vente ou cession d'une créance comprend les accessoires de la créance, tels que caution, privilège et hypothèque (art. 1692). Sont ainsi par exemple des accessoires de la créance, et ce sauf stipulation contraire, l'action en responsabilité contractuelle [1], ou encore le titre exécutoire obtenu par le cédant à l'encontre de la caution garantissant le paiement de la créance [2].

Le cédant doit certaines garanties au cessionnaire. Plus précisément, il est garant envers le cessionnaire de l'existence de la créance et de ses accessoires (art. 1693 C. civ.), mais non pas de la solvabilité du débiteur (art. 1694), à moins qu'il ne s'y soit spécialement engagé, et alors jusqu'à concurrence seulement du prix qu'il a retiré de la créance. On retrouve ici l'aspect spéculatif de la cession de créance, laquelle est souvent acquise à un prix moindre que son montant nominal.

Il est possible de céder des créances litigieuses, sur lesquelles il y a procès et contestation sur le fond du droit (art. 1700), c'est-à-dire une procédure engagée au fond au moment de la cession. Il est alors prévu un droit de retrait du débiteur, que l'on appelle le « retrait litigieux », afin d'éviter les opérations spéculatives d'usuriers qui rachèteraient des créances à un moindre prix pour se montrer impitoyables dans leur recouvrement. Le Code prévoit alors (art. 1699) que celui contre lequel on a cédé un droit litigieux peut s'en faire tenir quitte par le cessionnaire en lui remboursant le prix réel de la cession avec les frais et loyaux coûts, et avec les intérêts à compter du jour où le cessionnaire a payé le prix de la cession à lui faite (avec quelques exceptions : cf. art. 1701). Le débiteur peut ainsi se libérer en versant au cessionnaire, pour le principal, le prix que celui-ci avait accepté de verser pour acquérir la créance [3]. La question est plus complexe dans les cessions globales de créances [4].

1. Civ. 1re, 19 juin 2007, n° 05-21678; *RTD civ.* 2008, 301, obs. B. Fages : « il résulte de ce texte [art. 1692] que la cession de créance transfère au cessionnaire les droits et actions appartenant au cédant et attachés à la créance cédée et, sauf stipulation contraire, l'action en responsabilité contractuelle qui en est l'accessoire ».

2. Com., 5 févr. 2008, n° 06-17029; *RTD civ.* 2008, 301, obs. B. Fages : « il résulte de ce texte [art. 1692] que la cession de créance transfère au cessionnaire les droits et actions appartenant au cédant et attachés à la créance cédée, notamment le titre exécutoire obtenu par le cédant à l'encontre de la caution garantissant le paiement de la créance ».

3. « Le seul fait que la cession ait été faite pour un prix global calculé statistiquement et non créance par créance, n'est pas, en soi, de nature à écarter l'application de l'article 1699 du code civil », dès lors que la cour d'appel « a constaté que les créances pouvaient être individualisées » : Com., 27 mai 2008, n° 07-11428 et n° 07-11530; *RTD civ.* 2008, 481, obs. B. Fages.

4. F. Pollaud-Dulian, Le prix du retrait litigieux dans les cessions globales de créances, *D.* 2012, 834, qui soutient que le fait que le prix ait été déterminé de façon globale ne fait pas obstacle au retrait litigieux mais requiert de déterminer le prix réel de la créance retrayée.

B / La cession de dette

À la différence de la cession de créance, la cession de dette est ignorée du Code civil. La seule véritable question est celle de savoir si celle-ci peut s'opérer sans le consentement du créancier. En effet, si le créancier y consent, l'opération entre dans le cadre de la liberté contractuelle (elle n'est en effet *a priori* en rien contraire à l'ordre public). La cession de dette est d'ailleurs possible à titre universel mais l'est-elle encore à titre particulier ?

La cession de dette est *a priori* plus grave que la cession de créance. En effet, si on peut penser qu'il est indifférent à un débiteur de se libérer entre les mains d'une personne plutôt que d'une autre (et c'est pourquoi on peut admettre facilement la cession de créance), il n'est pas indifférent en général à un créancier d'avoir un débiteur plutôt qu'un autre, notamment pour des questions de solvabilité (et c'est pourquoi la cession de dette n'est pas évidente). Le respect du contrat impose donc le maintien du débiteur initial, sauf accord du créancier pour une modification.

On enseigne d'ailleurs en général que la cession de dette ne serait pas possible en droit français, même si un courant doctrinal s'attache à en faire admettre la validité, en particulier pour les dettes contractées *intuitu rei*, c'est-à-dire en considération d'une chose ; c'est ainsi par exemple que la dette de réparation d'une voiture pourrait être transférée avec la propriété de cette voiture.

Seuls des procédés essayant de s'en approcher existent : l'engagement d'un tiers de payer la dette, la stipulation pour autrui, la délégation imparfaite ; dans tous ces cas, le débiteur initial n'est cependant pas libéré et il n'y a donc pas transmission d'une dette mais ajout d'une seconde dette. Par certains mécanismes, la première dette peut s'éteindre (par exemple par la délégation parfaite ou la novation par changement de débiteur), mais il n'y a alors toujours pas transmission d'une dette mais création d'un nouveau lien, supprimant en particulier les accessoires qui accompagnaient la première dette.

La cession de dette devrait cependant pouvoir être validée dès lors qu'il y a accord libre et éclairé du créancier. Si la jurisprudence décide que la cession de dette intervenue sans l'accord du créancier est inopposable à celui-ci[1], on pourrait en déduire qu'elle pourrait à l'inverse pro-

1. Civ. 1re, 2 juin 1992, n° 90-17499 ; *JCP G* 1992, I, 3632, 541, obs. M. Billiau : « La convention des époux, même homologuée en justice, ne pouvait avoir pour effet, en l'absence d'un accord du créancier, d'éteindre la dette de l'un des conjoints et n'avait de force obligatoire que dans leurs rapports réciproques ». *Adde* Civ. 1re, 30 avr. 2009, n° 08-11093 ; *JCP G* 2009, 73, note J. J. Ansault ;

duire tous ses effets si l'accord de ce dernier était acquis. La seule difficulté est alors de savoir s'il y a nouvelle obligation ou reprise de l'ancienne avec ses accessoires, mais cette difficulté doit sans doute se régler par le respect, à cet égard aussi, de la volonté des parties dès lors qu'elle ne heurte pas l'ordre public.

C / La cession de contrat

La cession de contrat est une opération juridique qui a pour effet de remplacer l'une des parties à un contrat par une tierce personne. Elle fait donc elle aussi intervenir trois personnes : le cédant (qui cède sa place), le cessionnaire (à qui cette place est cédée), et le cédé (celui qui reste dans le rapport contractuel) [1]. Ainsi, alors que le cédant était initialement lié au cédé, à l'issue de la cession de contrat c'est le cessionnaire qui se retrouve lié au même cédé. La cession de contrat, comme son nom l'indique, entraîne transmission du contrat même, et non plus seulement d'une créance ou d'une dette ; il n'y a pas un nouveau contrat qui viendrait remplacer l'ancien (il n'y a donc pas novation) ou même s'ajouter à lui (il n'y a donc pas sous-contrat par lequel le débiteur sous-traiterait une partie de ses obligations).

Il existe depuis fort longtemps des hypothèses légales importantes de cessions de contrat : la plus célèbre est sans doute celle de l'article L. 1224-1 du Code du travail (ancien art. L. 122-12, al. 2) qui oblige en principe le nouvel employeur à maintenir les contrats de travail en cours [2] ; on peut citer également les hypothèses où un contrat est cédé avec le bien auquel il est lié : ainsi du contrat d'assurance portant sur un bien (art. L. 121-10 C. ass.) ou du contrat de bail portant sur l'immeuble vendu (art. 1743, al. 1er C. civ.).

La cession d'un contrat peut également être judiciaire : c'est ainsi qu'en droit des faillites, l'article L. 642-7 du Code de commerce issu de

RTD civ. 2009, 531, obs. B. Fages ; *RDC* 2009/4, 1363, obs. D. Mazeaud ; *Defrénois* 2009, 1289, obs. R. Libchaber ; *D.* 2009, note L. Andreu, qui juge que la cession des créances et de la totalité des dettes générées par l'activité du cédant « ne pouvait avoir effet à l'égard du créancier qui n'y avait pas consenti. »

1. Elle peut exceptionnellement n'impliquer que deux personnes : par ex. lorsque le preneur à bail cède ledit bail à son propre bailleur (Civ. 3e, 13 oct. 2004, n° 03-12035 ; *RTD civ.* 2005, 130, obs. J. Mestre et B. Fages).

2. Selon cet article, « s'il survient une modification dans la situation juridique de l'employeur, notamment par succession, vente, fusion, transformation du fonds, mise en société, tous les contrats de travail en cours au jour de la modification subsistent entre le nouvel employeur et le personnel de l'entreprise ».

la loi du 26 juillet 2005 de sauvegarde des entreprises prévoit que le jugement qui arrête le plan de cession de l'entreprise emporte cession des contrats de crédit-bail, de location ou de fourniture de biens ou services nécessaires au maintien de l'activité[1].

La question de la cession conventionnelle de contrat est en revanche d'apparition plus récente, le Code civil ne contenant aucune disposition sur ce mécanisme. Elle demeure contestée par une partie de la doctrine.

a) L'existence de la cession conventionnelle de contrat. — Il faut analyser le mécanisme avant de pouvoir en apprécier le domaine.

1° *L'analyse de la cession conventionnelle de contrat.* La doctrine a proposé plusieurs analyses de la cession de contrat.

La première fut une conception dualiste[2]. La cession de contrat était alors analysée en une cession de dette accompagnée d'une cession de créance. Ainsi comprise, la cession de contrat était alors impossible puisque la cession de dette était elle-même impossible en droit français. L'accord intervenu entre le cédant et le cessionnaire pouvait donc éventuellement être valable entre ces deux parties, mais le cédant qui ne pouvait pas céder sa dette restait nécessairement tenu à l'égard du cédé lequel ne pouvait ainsi se voir imposer un autre débiteur.

La doctrine contemporaine[3] adopta au contraire une vision unitaire de la cession de contrat (on parle alors de théorie moniste, ou unitaire, de la cession de contrat), conçue comme une cession de la qualité de contractant, laquelle est un ensemble composé non seulement de droits et d'obligations, mais aussi d'autres prérogatives attachées à la qualité de partie (par ex. le droit au renouvellement ou encore le droit d'agir en nullité ou en résiliation du contrat)[4]. La cession de contrat ainsi admise s'inscrit dans un mouvement d'objectivation du contrat, qui fait voir celui-ci comme un bien autant que comme un lien, et sa cession présente alors l'avantage de permettre la poursuite de la force obligatoire du contrat tant que sa cause (entendue comme le but recherché par les parties) demeure et donc d'« assurer la continuation du contrat en dépit du changement de l'une des parties »[5].

1. Selon le même article, « ces contrats doivent être exécutés aux conditions en vigueur au jour de l'ouverture de la procédure, nonobstant toute clause contraire ».

2. Ch. Lapp, *Essai sur la cession de contrat synallagmatique à titre particulier*, th. Strasbourg, 1950 ; Ch. Larroumet, *Les opérations juridiques à trois personnes en droit privé*, th. Bordeaux, 1968.

3. V. L. Aynès, *La cession de contrat et les opérations juridiques à trois personnes*, Economica, 1984.

4. On appelle parfois ces prérogatives des droits potestatifs, qui sont des droits sans débiteur, comme peut l'être par ex. le droit d'option dans la promesse unilatérale de vente. V. *supra*.

5. L. Aynès, préc.

Une partie de la doctrine demeure hostile à l'existence même de la cession conventionnelle de contrat. Le contrat étant un lien entre deux personnes et non pas un bien, il serait impossible de le céder car le lien se définit précisément par les personnes qu'il unit [1] : en d'autres termes, le lien qui unit Paul à Jacques ne peut survivre à la disparition de l'un ou l'autre dans la mesure où si Paul ou Jacques devient lié à Pierre, c'est d'un autre lien qu'il s'agit [2]. Au mieux, on pourrait envisager la substitution d'une personne à une autre dans un rapport contractuel [3]. Cette critique ne convainc pas : si la cession légale de contrat existe [4], on ne voit pas pourquoi la cession conventionnelle n'existerait pas en soi : le contrat cédé légalement se définissait tout autant par un lien que celui qui l'est conventionnellement. Le législateur ou le juge pourraient alors ponctuellement interdire la cession de contrat, mais non pas nier qu'elle puisse exister.

La jurisprudence reconnaît d'ailleurs l'existence de la cession de contrat, dans la mesure de ce que les trois parties à l'opération ont voulu [5]. Elle en fait cependant encore souvent une analyse dualiste, en voyant dans la cession de contrat le transfert à un tiers d'un ensemble de droits et d'obligations [6], et en exigeant parfois le respect des formalités de l'article 1690 du Code civil propres à la cession de créance [7].

2° *Le domaine de la cession conventionnelle de contrat.* Le législateur interdit parfois certaines cessions de contrat [8], ou les limite à certaines

1. Surtout J. Ghestin, Ch. Jamin et M. Billiau, *Les effets du contrats*, in *Traité de droit civil*, LGDJ, 3e éd., 2001, 1113.

2. M. Billiau, *La transmission des créances et des dettes*, LGDJ, « Droit des affaires », 2002, n° 4.

3. En ce sens, A. Sériaux, *Droit des obligations*, PUF, « Droit fondamental », 2e éd., 1999, n° 180, qui admet cependant que la cession légale de contrat existe.

4. Ce qu'admettent les auteurs s'opposant à la cession conventionnelle de contrat. V. J. Ghestin, Ch. Jamin et M. Billiau, *Les effets du contrats*, préc., n° 1075 : « En autorisant la cession de contrat, ou en l'imposant parfois, le législateur a certainement envisagé la transmission même du contrat. »

5. Com., 9 juin 1998, *RTD civ.* 1999, 101, obs. J. Mestre : « Les droits et obligations transférés au cessionnaire à l'occasion d'une cession de contrat à laquelle le cédant a consenti ne le sont que dans la limite de l'acte de cession. »

6. Com., 7 janv. 1992, n° 90-14831, qui fait allusion au fait que « les droits et obligations » du cocontractant ont été transférés à un tiers.

7. Civ. 3e, 7 juil. 1993, n° 91-12368, où la Cour de cassation approuve les juges du fond d'avoir énoncé « que la cession du contrat opérée par la société l'Hermitage au profit de Mme Andrieu était soumise aux exigences de l'article 1690 C. civ. » tout en se contentant, en l'espèce, de ce que la faculté de substitution ait été autorisée par le cédé dès le contrat initial. En matière de fusion de sociétés, la Cour de cassation juge qu'il n'est pas nécessaire de respecter les formalités de l'article 1690 C. civ., la société absorbante venant « activement et passivement au lieu et place de la société absorbée ». Pour une critique de cette exigence, au motif que le cédé ne serait pas un tiers à la cession de contrat (v. Ph. Malaurie, L. Aynès et Ph. Stoffel-Munck, *Les obligations*, Defrénois, 3e éd., 2007, n° 918).

8. Ainsi, dans le cadre de la loi relative à la prévention de la corruption et à la transparence de la vie économique et des procédures publiques du 29 janvier 1993, est interdite la cession à titre onéreux

personnes[1]. La jurisprudence, après certaines hésitations, semble admettre aujourd'hui que tous les types de contrats sont cessibles.

La question avait pu d'abord se poser pour les contrats unilatéraux. Ces contrats n'obligeant qu'une seule des parties, certains auteurs en ont déduit que leur cession se ramènerait, selon les cas, à une cession de dette ou à une cession de créance. Mais être partie à un contrat ne peut se résumer à la seule qualité de débiteur ou de créancier, et la cession de contrat unilatéral emporte d'autres conséquences, telle que par exemple la cession des actions attachées au contrat. La jurisprudence a d'ailleurs admis la cession des promesses unilatérales de vente.

De même, si en pratique il est difficile de concevoir la cession de contrats à exécution instantanée pour la simple raison que, s'exécutant en un trait de temps, ils ne semblent pas pouvoir être cédés avant d'être exécutés, les parties peuvent avoir différé l'exécution de ce type de contrat rendant ainsi possible leur cession. Il n'en va différemment sans doute que pour les contrats dont l'obligation essentielle est exécutée dès l'échange des consentements : c'est ainsi qu'en principe, dans la vente, le transfert de propriété s'effectue dès l'échange des consentements; dans ces conditions, une cession d'un tel contrat est difficilement concevable et il faudra procéder à la conclusion d'un nouveau contrat du même type (une revente)[2].

L'objection la plus sérieuse à la possibilité même d'une cession de contrat concernait les contrats conclus *intuitu personae*. Si en effet un contrat est conclu en considération de la personne, cela signifie que la personne du cocontractant est, pour chacune des parties, un élément essentiel de son consentement; dès lors, il paraît difficile d'admettre qu'elle ait un nouveau contractant (ce que fait la cession de contrat).

des promesses de vente portant sur un immeuble consentie par des professionnels de l'immobilier (l'idée était d'éviter d'encourager ces professionnels à essayer de faire des plus-values sur des promesses afin d'éviter la trop grande inflation des prix de l'immobilier).

1. Par ex. l'article L. 411-35 C. rural interdit la cession de bail sauf « au profit du conjoint du preneur participant à l'exploitation ou aux descendants du preneur ayant atteint l'âge de la majorité ou ayant été émancipés ».

2. La faculté conventionnelle de substitution dans une promesse synallagmatique de vente est en revanche valable et elle doit être assimilée à une cession. On en avait parfois douté au motif que la substitution de bénéficiaire dans la promesse synallagmatique de vente serait en fait une revente. En réalité, la promesse synallagmatique de vente n'emporte pas transfert de propriété, et on ne peut donc parler de revente. Dans les promesses unilatérales de vente en revanche, la substitution de bénéficiaire *stricto sensu*, c'est-à-dire prévue initialement dans la promesse, n'est pas traitée comme une cession ce qui permet de ne pas la soumettre ni aux formalités de l'article 1690 ni à celles de l'article 1840 du C. gén. des impôts, devenu art. 1589-2 C. civ. (Civ. 3e, 17 avr. 1984, n° 83-12106).

Mais la jurisprudence a admis la cession de contrats conclus *intuitu personae* [1].

b) Les conditions de la cession conventionnelle de contrat. — Les parties peuvent aménager elles-mêmes, dans certaines limites, les conditions de la cession de leur contrat.

En l'absence de toute disposition de leur part, la principale question qui s'est posée a consisté à savoir si la cession de contrat impliquait, pour sa validité, l'accord du cédé, c'est-à-dire de celui (débiteur et/ou créancier) qui demeure dans les liens du contrat mais qui, à l'issue de l'opération, aura changé de contractant.

Dans certaines hypothèses, la loi prévoit que la cession d'un contrat est possible sans que le cédé ait à donner son accord. Elle suppose que celui-ci ne considère pas comme déterminante la personne de son cocontractant et qu'il préfère le maintien du contrat avec changement de cocontractant à sa disparition. Sauf disposition différente du contrat, le preneur peut ainsi céder son contrat de bail (art. 1717 C. civ.), l'acquéreur les droits qu'il tient d'une vente d'immeuble à construire (art. 1601-4 C. civ.), ou encore le maître de l'ouvrage les droits sur un programme de construction qu'il tient d'un contrat de promotion immobilière (art. 1831-3 C. civ.).

En dehors de ces hypothèses légales, la doctrine s'est divisée sur le point de savoir si la cession de contrat nécessitait, pour sa validité, l'accord du cédé, ou si l'on pouvait se contenter d'une simple information de celui-ci. La question se posait également de savoir si cet accord ou cette information étaient nécessaires pour la validité même de la cession de contrat ou seulement pour son opposabilité au cédé ou encore pour la libération du cédant.

Là encore, deux principaux points de vue s'opposèrent. Selon les uns, le consentement du cédé, lors de la conclusion du contrat, porte plus sur les éléments objectifs de celui-ci (cause et objet) que sur la personne de son cocontractant, si bien que dès lors que les premiers

1. Com., 7 janv. 1992, n° 90-14831 ; *D.* 1992, 278, note L. Aynès ; *RTD civ.* 1992, 762, obs. J. Mestre ; *JCP G* 1992, I, 3591, n° 17, obs. Ch. Jamin, à propos d'un contrat de location et de maintenance de matériel informatique ; selon cet arrêt, « le fait qu'un contrat ait été conclu en considération de la personne du cocontractant ne fait pas obstacle à ce que les droits et obligations de ce dernier soient transférés à un tiers dès lors que l'autre partie y a consenti ». *Adde* Civ. 1re, 6 juin 2000, n° 97-19347 ; *Defrénois* 2000, art. 37237, n° 69, obs. Ph. Delebecque ; *RTD civ.* 2000, 571, obs. J. Mestre et B. Fages ; Com., 13 déc. 2005, n° 03-16878 ; *RLDC*, févr. 2006, 10, obs. S. Doireau ; *RTD civ.* 2006, 310, obs. J. Mestre et B. Fages ; *JCP G* 2006, II, 10103, obs. H. Hovasse (pour une fusion emportant transmission universelle du patrimoine, sauf un contrat expressément conclu *intuitu personae* et qui ne pouvait donc être transmis sans l'accord du débiteur cédé).

demeurent, le cédé n'a aucune raison légitime de s'opposer à la cession. Selon les autres au contraire, à supposer que la cession de contrat soit reconnue, l'accord du cédé serait toujours nécessaire.

La Cour de cassation jugea que la validité de la cession était subordonnée à un accord du cédé, mais l'affaire concernait un contrat conclu *intuitu personae*[1]. Pouvait-on déduire de cet arrêt, *a contrario*, que lorsque le contrat n'est pas conclu en considération de la personne, la cession serait valable même sans l'accord du cédé ? La controverse entre les mêmes auteurs demeura. La Haute Juridiction fut alors amenée à juger, cette fois-ci de façon générale, qu'il fallait l'accord du cédé même quand le contrat n'était pas conclu *intuitu personae*[2]. Mais elle ajouta que l'accord du cédé peut être donné dès l'origine, c'est-à-dire par l'insertion dans le contrat initial d'une faculté expresse de substitution[3]. La solution semble juste : le contrat (tout au moins le contrat civil) demeure fondamentalement un lien entre deux ou plusieurs personnes et on ne peut admettre de se voir imposer un cocontractant différent sans son consentement. À propos de la cession d'un contrat d'édition, la Cour de cassation a eu l'occasion de juger que la sanction de l'absence d'accord du cédé (l'auteur) était une nullité relative[4]; la solution peut se comprendre dans la mesure où la règle imposant l'accord du cédé est édictée dans le seul intérêt de ce dernier.

c) Les effets de la cession conventionnelle de contrat. — Par la cession de contrat, qui est un contrat entre cédant et cessionnaire, ces deux parties sont d'accord pour que le premier se considère désormais comme libéré de ses rapports avec le cédé tandis que le second se lie à ce dernier. Le cédant s'engage donc vis-à-vis du cessionnaire à ne plus poursuivre l'exécution du contrat auprès du cédé. Mais le cédé doit-il, réciproquement, accepter tous les effets de la cession de contrat ? La portée de l'accord du cédé peut en réalité être variable.

1. Com., 7 janv. 1992, précité.
2. Com., 6 mai 1997, n° 94-16335 : censure de la CA qui a fait comme s'il y avait eu cession de contrat « sans rechercher si, dans le contrat conclu entre la société CVS et la société Rougeot ou ultérieurement, cette dernière société avait donné son consentement à la substitution de sa cocontractante ». *Adde* Civ. 1re, 6 juin 2000, n° 97-19347 ; *Defrénois* 2000, art. 37237, n° 69, obs. Ph. Delebecque ; *RTD civ.* 2000, 571, obs. J. Mestre et B. Fages, où elle rappelle, comme elle l'avait déjà fait le 7 janvier 1992, que « le fait qu'un contrat ait été conclu en considération de la personne du cocontractant ne fait pas obstacle à ce que les droits et obligations de ce dernier soient transférés à un tiers dès lors que l'autre partie y a consenti ».
3. Civ. 3e, 7 juil. 1993, n° 91-12368.
4. Civ. 1re, 30 janv. 2007, n° 05-19352, *RTD civ.* 2007, 346, obs. J. Mestre et B. Fages.

L'accord du cédé vaut d'abord certainement agrément du cessionnaire. En effet, en donnant son accord à la cession de contrat, le cédé accepte au minimum d'être désormais lié à un nouveau contractant, le cessionnaire du contrat. Il admet donc que ce dernier puisse agir contre lui en exécution du contrat, et lui-même acquiert la possibilité d'agir contre le cessionnaire. En ce sens, l'accord du cédé emporte effet translatif de la cession.

L'accord du cédé vaut-il pour autant également libération du cédant ? La cession de contrat ne sera parfaite qu'à cette condition. Mais cette volonté du cédé ne peut être présumée et doit être expressément formulée : selon la Cour de cassation, « la seule acceptation par le créancier de la substitution d'un nouveau débiteur au premier, même si elle n'est assortie d'aucune réserve, n'implique pas, en l'absence de déclaration expresse, qu'il ait entendu décharger le débiteur originaire de sa dette »[1].

Comme un auteur l'a justement remarqué[2], il faudrait en réalité distinguer plus nettement le passé de l'avenir. S'il paraît juste qu'il faille un accord exprès du cédé pour libérer le cédant de ses dettes passées (pourquoi le cédé renoncerait-il à son premier débiteur ?)[3], l'accord du cédé à la cession de contrat signifie en principe qu'il accepte l'effet translatif de la cession, en d'autres termes qu'il promet, pour l'avenir, de ne plus poursuivre que le cessionnaire[4]. Sauf stipulation contraire limitant les effets de la cession de contrat, il faudrait donc présumer que l'accord du cédé emporte libération du cédant, mais pour l'avenir seulement[5].

1. Civ. 3e, 12 déc. 2001, n° 00-15627, qui justifie la règle par application de l'article 1275 C. civ. et du principe selon lequel « la délégation par laquelle un débiteur donne au créancier un autre débiteur qui s'oblige envers le créancier, n'opère point novation, si le créancier n'a expressément déclaré qu'il entendait décharger son débiteur qui a fait la délégation », assimilant ainsi cession de contrat et délégation.

2. L. Aynès, *La cession de contrat et les opérations juridiques à trois personnes*, th. Paris II, Economica, 1984, n° 133, p. 102, selon lequel « si l'on admet [...] que la cession de contrat a pour objet la continuation du contrat, et non la reprise de dette, la question de la libération du cédant devient secondaire ».

3. Le cessionnaire n'est ainsi pas tenu d'une obligation d'information qui pesait sur le cédant et que celui-ci n'avait pas exécutée : Civ. 3e, 17 sept. 2008, n° 07-10170 ; *RTD civ.* 2008, 677, obs. B. Fages.

4. Telle est d'ailleurs la solution du droit du travail pour régler les effets du transfert d'entreprise de l'article L. 1224-1 C. trav. (ancien art. L. 122-12).

5. C'est ainsi que l'on peut comprendre l'arrêt de la 3e Chambre civile du 12 juil. 1988 (n° 86-15759), que l'on a parfois interprété comme admettant la libération du cédant bien que le cédé n'ait pas donné son accord à la cession. En réalité, l'arrêt énonce simplement qu'en cas de cession régulière d'un bail commercial, et en l'absence de clause de solidarité entre cédant et cessionnaire, le bailleur ne peut exiger du cédant le paiement des loyers échus postérieurement à la cession. L'arrêt admet ainsi uniquement la libération pour l'avenir du cédant dans le silence du contrat ; seule une clause expresse de solidarité entre cédant et cessionnaire aurait pu prolonger l'engagement du cédant audelà de la cession de contrat.

Dans le même esprit, si un contrat n'est pas cessible (par ex. parce qu'une clause interdit cette cession), cela ne signifie pas pour autant que les dettes passées, c'est-à-dire antérieures à cessation du contrat liant les parties initiales, ne puissent pas être transmises, notamment à un ayant cause universel ayant récupéré la totalité d'un patrimoine[1]. Il ne faut pas perdre de vue que le domaine d'élection de la cession de contrat est le contrat à durée indéterminée, dans lequel le cédant aurait de toutes les façons le droit de sortir unilatéralement du contrat à tout moment, et où donc il est préférable pour le cédé de se voir proposer un nouveau contractant plutôt que de voir son contrat s'interrompre par la volonté unilatérale de son cocontractant et devoir alors en trouver une autre.

2. LA SUBROGATION PERSONNELLE

La subrogation évoque l'idée de remplacement : quelque chose ou quelqu'un est mis à la place d'autre chose ou de quelqu'un d'autre. Le mot vient du latin *subrogare* (ou *surrogare*), qui signifie « faire choisir quelqu'un à la place d'un autre » ; il est composé de *sub*-, qui indique la dépendance, et de *rogare*, qui signifie « poser une question », « demander ». La subrogation peut être réelle ou personnelle. Il y a subrogation réelle lorsqu'un bien en remplace un autre : c'est ainsi par exemple que lorsqu'un bien est détruit, il est remplacé, dans le patrimoine de son propriétaire, par l'indemnité d'assurance éventuellement souscrite. Il y a subrogation personnelle lorsqu'une personne est mise à la place d'une autre (comme créancière uniquement) dans un rapport d'obligation. Le droit des contrats et plus généralement le droit des obligations est intéressé plus spécialement par la subrogation personnelle.

Dans le Code civil, la subrogation personnelle est présentée comme une modalité du paiement (cf. art. 1249 à 1252 : « du paiement avec subrogation »), mais elle permet par là même de transmettre une créance à un tiers[2]. Il y a paiement avec subrogation dès lors que la dette a été payée par un autre que le débiteur, ou par le débiteur, mais à l'aide de fonds appartenant à un tiers. Dans ces deux hypothèses, le créancier est satisfait puisque sa créance a été honorée mais le débiteur n'a quant à lui rien déboursé : dès lors, il demeure tenu de la dette, non plus à l'égard du créancier mais à l'égard du tiers qui a payé ou fourni les

1. Com., 7 juin 2006, n° 05-11384 ; *RTD civ.* 2006, 764, obs. J. Mestre et B. Fages.
2. *RTD civ.* 2003, 298, obs. J. Mestre et B. Fages (d'utiles précisions sur l'effet translatif de la subrogation personnelle).

fonds nécessaires au paiement. On dit que ce tiers est le subrogé, il est subrogé dans les droits du créancier initial (le subrogeant, celui qui subroge) à l'égard du débiteur : il est mis à la place du créancier et acquiert donc la créance dont celui-ci était titulaire à l'encontre du débiteur. Le paiement avec subrogation est donc tout à la fois une modalité de paiement du créancier, mais aussi une modalité de transmission d'une créance à un tiers.

La subrogation personnelle se distingue de la cession de créance même si les deux opérations conduisent à la transmission d'une créance. Dans la subrogation, la créance est transmise dans la mesure où la dette a été payée au créancier initial (par ex. l'assureur désintéresse la victime à la place de l'auteur du dommage), tandis que, dans la cession de créance, c'est la créance qui est cédée et payée au prix auquel l'évalue son titulaire initial (le créancier prend alors lui-même l'initiative de l'opération). La subrogation personnelle n'est d'ailleurs pas soumise, pour sa validité, aux formalités de la cession de créance prévues à l'article 1690 du Code civil, mais elle ne sera néanmoins opposable au débiteur que si celui-ci en a eu connaissance (la preuve se fait alors par tout moyen). Sinon, le paiement fait de bonne foi par le débiteur au subrogeant est valable et libère donc le débiteur.

A / Les sources de la subrogation personnelle

« La subrogation dans les droits du créancier au profit d'une tierce personne qui le paye » est, selon l'article 1249 du Code civil, « ou conventionnelle ou légale ».

a) La subrogation légale. — La subrogation légale est celle qui s'opère automatiquement, « de plein droit » (art. 1251), au profit de certaines personnes qui ont payé une dette à la place d'une autre personne. Il n'est donc nul besoin de la volonté ou de l'accord du débiteur ou du créancier, et ceux-ci ne peuvent même pas s'y opposer. Il n'y a aucun risque puisque le tiers qui prend l'initiative de payer une dette (le *solvens*) rend service à la fois au débiteur et au créancier.

L'article 1251 du Code civil prévoit ainsi quatre hypothèses de subrogation de plein droit. Deux d'entre elles concernent le droit hypothécaire (1° et 2°) et une autre le droit successoral (4°). La troisième hypothèse (3°) est beaucoup plus générale puisqu'elle énonce qu'il y a une telle subrogation « au profit de celui qui, étant tenu avec d'autres ou pour d'autres au paiement de la dette, avait intérêt de l'acquitter ».

Est ainsi subrogé automatiquement dans les droits du créancier vis-à-vis du débiteur celui qui a acquitté la dette alors qu'il était tenu *avec* le débiteur (il était donc codébiteur d'une obligation solidaire ou indivisible) ou *pour* le débiteur (il s'agit principalement du cas où il en était caution)[1]. La subrogation peut jouer au profit d'un obligé accessoire contre un autre obligé accessoire et non pas seulement contre le débiteur définitif[2]. En revanche cette subrogation légale ne suppose pas nécessairement que le *solvens* ait été tenu d'une obligation indivisible, solidaire ou même *in solidum* : selon la Cour de cassation, « l'article 1251-3° est également applicable dans le cas d'obligations dont la cause est distincte »[3].

Dans tous les cas, il faut supposer que celui qui a payé la dette (le *solvens*) avait un intérêt à l'acquitter, ce qui est le cas toutes les fois que la créance était assortie de sûretés, réelles ou personnelles. En effet, si le débiteur solidaire dispose d'un recours contre son codébiteur (art. 1214) et que la caution a également un recours contre le débiteur principal (art. 2028), dans les deux cas, débiteur solidaire et caution ne disposent pas en principe de garantie particulière ; si en revanche ils sont subrogés dans les droits du créancier à l'encontre du débiteur, ils pourront bénéficier en principe de toutes les garanties (gage ou hypothèque) dont le premier pouvait être titulaire, puisqu'ils sont mis alors exactement à la place où était celui-ci.

b) La subrogation conventionnelle. — La subrogation conventionnelle peut être voulue par le créancier ou par le débiteur.

Il peut d'abord y avoir subrogation conventionnelle par la volonté du créancier (*ex parte creditoris*, c'est-à-dire de la part du créancier) dans toutes les hypothèses non visées par la loi où le créancier reçoit également son paiement d'une tierce personne, et qu'il décide alors volontairement de la subroger dans ses droits, actions, privilèges ou hypothèques contre le débiteur (art. 1250 1°). Le *solvens* ne peut l'exiger et doit, pour l'obtenir, avoir l'accord du créancier. Cette subrogation

1. Pour un exemple au contraire de refus de la subrogation légale au profit d'un garant qui s'acquitte d'une dette qui lui est propre : Civ. 3e, 3 déc. 2008, n° 07-20932 ; *RTD civ.* 2009, 120, obs. B. Fages.

2. Com., 2 juin 2004, n° 02-20535 ; *JCP G* 2004, II, 10185, note F. Planckeel, et Civ. 2e, 21 oct. 2004, n° 02-18897 ; *JCP E* 2004, n° 1900, note M. Béhar-Touchais ; *RTD civ.* 2005, 398, obs. J. Mestre et B. Fages.

3. Civ. 1re, 25 nov. 2009, n° 08-20438 ; A. Hontebeyrie, Sous la subrogation légale : l'unicité de cause de l'obligation plurale, *D.* 2010, 802.

doit être expresse[1] et faite en même temps que le paiement[2] : en pratique le créancier exprime souvent son accord dans la quittance qu'il remet au tiers *solvens* (quittance subrogatoire). Conformément aux vœux de la doctrine[3], la jurisprudence est relativement souple pour admettre la concomitance au paiement. C'est ainsi par exemple qu'en cas de paiements partiels, la subrogation peut valablement être délivrée lors du règlement du solde[4]. Mais la Cour de cassation semble avoir un peu durci sa position[5] et veille à ce que le subrogé établisse spécialement la concomitance de la subrogation au paiement[6]. Il n'y a pas d'autres formalités : en particulier, bien que l'effet de ce type de subrogation soit le même que celui de la cession de créance, il n'est pas soumis aux conditions de la cession de l'article 1690 du Code civil.

Il peut également y avoir subrogation conventionnelle par la volonté du débiteur (*ex parte debitoris*, c'est-à-dire de la part du débiteur) lorsque le débiteur emprunte une somme d'argent afin de payer sa dette, et qu'il décide alors lui-même de subroger le prêteur dans les droits du précédent créancier (art. 1250 2°). On peut penser qu'avec ce mécanisme, le débiteur trouvera plus facilement quelqu'un qui acceptera de lui prêter de l'argent afin qu'il rembourse sa dette. D'autant que l'accord du premier créancier n'est pas nécessaire pour que la subrogation s'opère. Il faut cependant, pour que cette subrogation soit valable, une certaine solennité afin d'éviter des fraudes : la loi exige ainsi que l'acte d'emprunt et la quittance soient passés devant notaire, que dans l'acte d'emprunt il soit déclaré que la somme a été empruntée pour faire le paiement, et enfin que dans la quittance il soit déclaré que le paiement a été fait avec des deniers fournis à cet effet par le nouveau créancier.

Celui qui s'acquitte d'une dette qui lui est personnelle peut néanmoins prétendre bénéficier d'une subrogation conventionnelle s'il a, par

1. Civ. 1re, 18 oct. 2005, n° 04-12513 ; *RTD civ.* 2006, 317, obs. J. Mestre et B. Fages, qui énonce que la subrogation conventionnelle prévue à l'article 1250, 1° du Code civil « doit être expresse ».

2. Civ. 1re, 28 mai 2008, n° 07-13437 ; *RTD civ.* 2008, 481, obs. B. Fages : « après le paiement, la subrogation est impossible en raison de l'effet extinctif de celui-ci ».

3. V. H. Groutel, Réflexions sur la subrogation anticipée, *D.* 1987, chron., 283.

4. Civ. 1re, 27 nov. 1985, n° 84-10899.

5. V. en ce sens, J. Mestre, *RTD civ.* 2000, 330 et s.

6. Civ. 1re, 23 mars 1999, n° 97-11685, selon lequel « la quittance subrogative ne fait pas preuve par elle-même de la concomitance de la subrogation et du paiement, laquelle doit être, aux termes de l'article 1250 1°, du Code civil, spécialement établie » et qui ajoute que « c'est à bon droit, et sans inverser la charge de la preuve, que la cour d'appel a estimé qu'il incombait au subrogé d'établir la concomitance de la subrogation qu'il invoquait et du paiement fait au prétendu subrogeant ».

son paiement et du fait de cette subrogation, libéré envers leur créancier commun celui sur qui doit peser la charge définitive de la dette[1].

B / Les effets de la subrogation personnelle

a) Un effet translatif. — La subrogation n'est pas seulement une modalité de paiement ; elle a en outre un effet translatif : la créance est transmise au subrogé (le *solvens*) avec tous ses accessoires, garanties (sûretés réelles ou personnelles) et actions (action en résolution ou encore action paulienne). Cet effet translatif se produit au moment du paiement, même si la quittance subrogative a été remise antérieurement[2].

Si la subrogation investit le subrogé de la créance primitive avec tous ses avantages et accessoires, le subrogé n'a cependant pas plus de droits que son subrogeant aux lieu et place duquel il agit[3]. Le subrogé peut donc notamment se voir opposer les exceptions dont le débiteur pouvait précédemment se prévaloir à l'encontre du subrogeant[4], et ce même si ce dernier n'est pas partie à l'instance[5].

Aucune disposition n'oblige le subrogé à faire valoir les droits qu'il a acquis et qu'il peut laisser exercer par le subrogeant ; le débiteur ne peut dès lors se prévaloir de la subrogation pour se libérer de ses obligations[6].

b) Les limites de l'effet translatif. — La subrogation a un effet translatif moins étendu que celui qui peut résulter d'une cession de créance.

Tout d'abord, dans la subrogation, le créancier initial n'est pas tenu de garantir au subrogé le paiement de la créance par le débiteur. Si la

1. Civ. 1re, 22 juil. 1987, n° 85-18842 ; *RTD civ.* 1988, 350, obs. J. Mestre. La solution a été plusieurs fois réaffirmée depuis. V. Civ. 1re, 17 févr. 1998, n° 95-20721, ou Civ. 1re, 24 oct. 2000, n° 98-22888 ; *RTD civ.* 2001, 592, obs. J. Mestre et B. Fages.

2. Civ. 1re, 11 juin 2008, n° 06-20104 ; *RTD civ.* 2008, 480, obs. B. Fages : « la subrogation transmet la créance au subrogé à la date du paiement qu'elle implique ».

3. Com., 27 juin 1989, n° 87-15847 ; Com., 26 avr. 2000, n° 97-21486 ; *RTD civ.* 2001, 593, obs. J. Mestre et B. Fages.

4. Com., 4 avr. 1984, n° 82-16683 : le débiteur poursuivi par un créancier subrogé dans les droits de son créancier originaire peut opposer audit créancier subrogé les mêmes exceptions et moyens de défense dont il aurait pu disposer initialement contre son créancier originaire. Pour une exception de compensation, Com., 5 déc. 1989, n° 87-19050, et 4 juin 1996, n° 94-16306. Pour une clause de réserve de propriété, Com., 27 juin 1989, précité.

5. Civ. 1re, 18 oct. 2005, n° 04-15295 ; *RTD civ.* 2006, 317, obs. J. Mestre et B. Fages (le subrogé peut toujours appeler le subrogeant en la cause).

6. Com., 23 janv. 2001, n° 97-21311 ; *RTD civ.* 2001, 594, obs. J. Mestre et B. Fages ; Com., 5 févr. 1991, n° 89-12232 ; Com., 17 déc. 1985, n° 84-14057.

dette n'existait pas, le *solvens* qui l'a acquittée pourra obtenir restitution vis-à-vis du créancier mais sur le fondement des règles générales de la répétition de l'indu.

En outre le subrogé dispose parfois d'un droit moins étendu que celui du créancier initial. C'est ainsi par exemple que lorsqu'un codébiteur solidaire poursuivi en premier règle, comme il en est obligé, la totalité de la dette, il ne dispose dans son recours subrogatoire contre ses codébiteurs que de la possibilité de demander à chacun d'eux la part de la dette dont ceux-ci sont tenus. C'est ainsi encore que le *solvens* ne dispose d'une action contre le débiteur qu'à hauteur de ce qu'il a acquitté au créancier, même si celui-ci a donné quittance de toute la dette pour un prix moindre.

La Cour de cassation a par ailleurs précisé que l'action en nullité relative pour vice du consentement (en particulier pour dol) étant réservée à celui des contractants dont le consentement a été vicié, le subrogé ne pouvait engager une telle action en nullité[1].

Enfin, la subrogation ne peut pas nuire au créancier quand celui-ci n'a été payé qu'en partie (art. 1252). Si le *solvens* n'a acquitté qu'une partie de la dette et qu'il se retrouve dès lors en concurrence avec le créancier subrogeant, c'est ce dernier qui *a priori*té. La subrogation ne doit pas lui nuire car il n'était nullement tenu d'accepter un paiement partiel (art. 1244). Selon l'adage, *nemo contra se subrogasse censetur* (nul n'est censé avoir subrogé à son détriment), la subrogation ne doit pas se retourner contre le subrogeant[2]. Les parties peuvent cependant convenir d'écarter cette règle qui est sévère pour le subrogé. En outre, la règle ne trouve à s'appliquer que pour les créances hypothécaires ou privilégiées; en effet, le subrogé dispose toujours contre le débiteur d'une action personnelle (sur le fondement du mandat s'il a payé avec l'accord du débiteur, sinon sur le fondement de la gestion d'affaires), en sus de l'action subrogatoire, qu'il pourrait alors utiliser pour que l'adage ne puisse trouver à s'appliquer.

1. Civ. 2e, 18 oct. 2005, n° 04-16832; *RDC* 2006, 470, obs. Y.-M. Serinet; il s'agissait en l'espèce d'une subrogation générale résultant d'une clause de la vente, et la question se pose de savoir si la solution pourrait être étendue à l'hypothèse d'une véritable subrogation personnelle : *RTD civ.* 2006, 318, obs. J. Mestre et B. Fages.

2. Civ. 2e, 4 nov. 2003, n° 02-14087; *RTD civ.* 2004, 510, obs. J. Mestre et B. Fages.

3. LA DÉLÉGATION

A / La notion de délégation

La délégation est une opération juridique à trois personnes par laquelle une personne (appelée le délégant) invite une deuxième personne (le délégué) à contracter une obligation au profit d'une troisième (le délégataire). La délégation, qui existait déjà en droit romain, permet ainsi en principe à une personne d'offrir un second débiteur à son propre créancier.

Le délégué peut accepter de devenir débiteur du délégataire pour plusieurs raisons : généralement c'est parce qu'il est débiteur du délégant et qu'il ne voit donc pas d'inconvénient à payer sa propre dette en s'obligeant plutôt vis-à-vis du délégataire. Quant au délégant, les raisons qu'il a d'inviter le délégué à s'obliger envers le délégataire sont également diverses : c'est de toutes les façons qu'il veut que le délégataire reçoive un paiement, mais ce peut être pour payer une dette qu'il a vis-à-vis de ce dernier, ou alors pour lui faire un don ou un prêt.

Contrairement aux deux mécanismes précédents (subrogation et cession), la délégation n'opère aucun effet translatif : l'obligation contractée par le délégué est nouvelle et n'est donc pas une obligation qu'il aurait reçue du délégant. Cependant, on peut d'une certaine façon encore parler de transmission d'une obligation, dans la mesure où, par ce mécanisme, le délégué va probablement être amené à désintéresser le délégataire à la place du délégant. Les seuls articles du Code civil consacrés à la délégation (art. 1275 et 1276) font partie de la section consacrée à la novation.

a) Les différents types de délégation.

1° *Délégation parfaite et délégation imparfaite.* La délégation est parfaite lorsque le premier débiteur, c'est-à-dire le délégant, se trouve déchargé de son obligation vis-à-vis du délégataire, celui-ci se contentant de son nouveau débiteur, c'est-à-dire du délégué. La délégation est au contraire imparfaite lorsque le délégant n'est pas déchargé, et que le nouveau débiteur (le délégué) vient s'ajouter à lui ; le délégataire a donc désormais deux débiteurs. Pour que la délégation soit parfaite, il faut une manifestation de volonté expresse de la part du délégataire déclarant vouloir décharger le délégant[1].

2° *Délégation certaine et délégation incertaine.* Le délégué peut s'engager à exécuter une obligation dont l'objet est déterminé (telle somme d'argent ou telle prestation en nature) sans aucune référence à un lien de droit préexistant (délégation certaine) ; l'engagement du délégué est alors autonome tant par rapport à l'engagement initial du délégant à l'égard du délégataire qu'à l'égard de l'obligation préexistante éventuelle du délégué à l'égard du délégant. Le délégué peut aussi s'engager à exécuter au profit du délégataire une obligation dont l'objet est calqué sur les engagements du délégant vis-à-vis du délégataire (ex. : le délégué s'engage à payer au délégataire ce que le délégant doit à ce dernier) ou même sur ses propres engagements à l'égard du délégant (le délégué paye au délégataire ce que lui-même doit au délégant) : dans les deux cas, il y a délégation incertaine, et le lien de dépendance entre les deux engagements entraînera des conséquences sur la règle traditionnelle de l'inopposabilité des exceptions.

b) Délégation et notions voisines.

1° *Délégation et indication de paiement.* Il y a indication de paiement lorsque le débiteur donne ordre ou mandat à un tiers (qui est généralement son propre débiteur) d'effectuer un ou des paiements entre les mains de son créancier (art. 1277, al. 1er). Le tiers ne devient pas débiteur de celui à qui il a accepté de payer. Il ne prend aucun engagement envers le créancier.

2° *Délégation et stipulation pour autrui.* Le consentement du délégataire est nécessaire à la validité de la délégation, alors que la stipulation pour autrui ne requiert pas le consentement du tiers bénéficiaire dont l'acception rend simplement irrévocable son droit. En outre, le promettant peut opposer au tiers bénéficiaire les exceptions qu'il pouvait opposer au stipulant alors qu'il y a inopposabilité des exceptions par le délégué envers le délégataire pour les exceptions qu'il pouvait invoquer à l'encontre du délégant.

3° *Délégation et novation.* Elles sont traitées ensemble par le Code civil. Dans la délégation imparfaite, il n'y a pas de novation par change-

1. Art. 1275 C. civ. : « La délégation par laquelle un débiteur donne au créancier un autre débiteur qui s'oblige envers le créancier, n'opère point de novation, si le créancier n'a expressément déclaré qu'il entendait décharger son débiteur qui a fait la délégation. »

ment de débiteur et l'obligation du délégant envers le délégataire n'est pas éteinte. En revanche, la délégation parfaite qui libère le délégant est généralement considérée comme une novation par changement de débiteur. On peut cependant voir une certaine différence en ce que, dans la novation, une obligation nouvelle est contractée pour éteindre l'obligation ancienne, tandis que le délégué ne s'engage pas pour éteindre la dette du délégant envers le délégataire, laquelle peut d'ailleurs ne pas exister, mais pour éteindre sa propre dette envers le délégant, ou encore lui faire une donation ou une avance.

On peut en déduire plusieurs choses. D'abord les règles relatives au consentement du créancier ne sont pas les mêmes : l'intention de nover ne se présume pas (art. 1273) mais peut être tacite, alors que la volonté de libérer le délégant doit être expresse (art. 1275) car il s'agit de renoncer à un droit En outre, l'opposabilité des exceptions est différente dans les deux cas car, dans la novation, la nullité de l'obligation ancienne entraîne celle de la nouvelle obligation, à la différence de ce qui se passe dans la délégation.

4° *Délégation et cession de créance.* La délégation peut parfois réaliser une transmission d'obligation, comme la cession de créance. Mais à la différence de la cession où le débiteur cédé a un rôle purement passif, dans la délégation il accepte, à la demande du délégant, de devenir débiteur du délégataire. Il y a en outre une différence de régime juridique entre les deux notions. La cession de créance est en effet valable dès qu'il y a rencontre des volontés entre le cédant et le cessionnaire tandis que, pour la délégation parfaite, il faut le consentement du débiteur délégué, outre celui du délégant et du délégataire. La distinction devient cependant difficile lorsque le cessionnaire a accepté expressément la cession de créance. Le régime est pourtant différent : en particulier sur l'opposabilité des exceptions, qui n'existe que dans la cession de créance, et non pas dans la délégation qui a un effet créateur.

5° *Délégation et cession de dette.* La délégation se distingue de la reprise de dette. En effet, dans la cession de dette, il y a un effet translatif de la dette qui est transférée d'un premier à un second débiteur. À l'inverse, la délégation n'a aucun effet translatif, qu'elle soit parfaite (la première dette ne peut se transmettre, elle est éteinte) ou imparfaite (la première dette demeure). Il faut forcément un engagement nouveau du délégué pour qu'il y ait délégation. On peut néanmoins dire d'une certaine façon que la délégation entraîne transmission d'une dette, dans la mesure où l'objectif théorique de la délégation, selon le cours normal des choses, est que le délégué paye quelque chose au délégataire pour éviter au délégant de le faire.

6° *Délégation et cautionnement.* La délégation se rapproche du cautionnement, dans la mesure où un second débiteur vient s'adjoindre au premier. Mais la différence réside dans ce que la caution paye la dette d'autrui, alors que le délégué paye sa propre dette : il prend directement un engagement vis-à-vis du délégataire. Il en résulte que la caution peut opposer au créancier les exceptions dont le débiteur principal pourrait se prévaloir à l'encontre de ce dernier tandis que la délégation est marquée par la règle de l'inopposabilité des exceptions. Il en découle également que la caution, qui a payé la dette d'autrui, dispose d'une action récursoire contre le débiteur tandis que le délégué qui a payé sa dette (la dette qu'il a accepté de prendre en plus ou à la place du délégant) n'a pas de recours contre le délégué, sauf si en réalité il n'avait pas d'obligation envers ce dernier et que la délégation était par exemple pour lui le moyen de faire un prêt au délégué (il peut dans ce cas-là en obtenir restitution).

B / Les conditions de validité de la délégation

La délégation étant une opération juridique à trois personnes, elle requiert, pour sa validité, le consentement de chacune d'entre elles. Ainsi, pour qu'il y ait délégation, il ne suffit pas qu'un débiteur indique à son créancier une autre personne, même si cette dernière est son propre débiteur : l'obligation du délégué à l'égard du délégataire ne peut naître sans le consentement du premier. Il faut également le consentement du délégataire, et même, pour que la délégation soit parfaite, qu'il déclare expressément vouloir décharger le délégant[1].

L'obligation du délégué doit avoir une cause et la délégation n'est donc pas un acte abstrait, malgré l'inopposabilité des exceptions. La cause de l'engagement du délégué, c'est-à-dire l'intérêt qu'il trouve à l'opération, est sa volonté de procéder à une libéralité, un prêt, ou encore d'éteindre une dette qu'il a envers le délégant.

Si la délégation est souvent utilisée comme mode d'extinction d'une obligation (la dette du délégant vis-à-vis du délégataire), un tel objectif n'est pas de l'essence de la délégation : une telle opération peut en effet

1. Art. 1275 C. civ. : « La délégation par laquelle un débiteur donne au créancier un autre débiteur qui s'oblige envers le créancier, n'opère point de novation, si le créancier n'a expressément déclaré qu'il entendait décharger son débiteur qui a fait la délégation. »

se concevoir en l'absence de toute dette entre le délégant et délégataire, par exemple si le délégant veut faire une libéralité ou un prêt à ce dernier, en profitant du fait que le délégué lui doit quelque chose. De la même façon, le délégué n'est pas nécessairement antérieurement débiteur du délégant : l'acceptation de la délégation, c'est-à-dire de se constituer lui-même débiteur du délégataire, peut lui servir à faire un prêt ou une donation à ce dernier. La Cour de cassation a clairement jugé que la délégation est valable même en l'absence de dette préalable du délégué envers le délégant [1].

La délégation est ainsi une technique de création, de circulation ou d'extinction d'une obligation.

C / Les effets de la délégation

Trois séries de relations doivent être envisagées.

a) Les relations entre le délégué et le délégataire. — Le premier effet de la délégation, celui qui est recherché avant tout, est de créer une obligation du délégué envers le délégataire. Cette obligation est en principe personnelle et autonome, si bien que les relations entre délégué et délégataire sont marquées par la règle de l'inopposabilité des exceptions : le délégué ne peut en principe opposer au délégataire ni les exceptions qui résultent de ses rapports avec le délégant, ni celles qui résultent du rapport entre délégant et délégataire.

1° *Exceptions tirées du rapport entre délégant et délégué.* Le délégué ne peut opposer au délégataire les exceptions qu'il aurait pu opposer au délégant. Il y a peu d'arrêts sur la question [2] mais la doctrine ne semble pas remettre en cause ce principe. La jurisprudence admet quelques très rares exceptions : il a ainsi été jugé que si l'obligation du délégué envers le délégant est illicite, la délégation a une cause illicite et est donc nulle [3].

2° *Exceptions tirées du rapport entre délégant et délégataire.* Le délégué ne peut opposer au délégataire les exceptions que le délégant aurait

1. Com., 21 juin 1994, n° 91-19281 : *JCP G* 1994, I, 3803, obs. crit. de M. Billiau. Selon la Cour de cassation, « après avoir retenu que l'opération litigieuse était une délégation et que M. Deneux, délégué, s'était engagé en toute connaissance de cause à l'égard de M. Durand-Fontanelle, délégataire, c'est à bon droit que l'arrêt déclare qu'il importait peu que M. Deneux ait été, ou non, débiteur à l'égard de M. Dumaine, délégant ».

2. Civ., 24 janv. 1872, *DP* 1873, 1, 75 ; Com., 22 avr. 1997, n° 95-17664.

3. Civ. 1re, 2 avr. 1968, *Bull. civ.*, I, n° 115.

pu opposer au délégataire. La question a d'ailleurs peu d'occasions d'être soulevée, dans la mesure où le délégué ne connaît pas nécessairement de façon détaillée les relations entre délégant et délégataire. La seule exception est le cas de concert frauduleux entre délégant et délégataire (*fraus omnia corrumpit*).

La solution est certaine pour la délégation parfaite puisqu'il y a novation et donc obligation entièrement nouvelle du délégué et que celle qui liait délégant et délégataire est éteinte : le délégué ne peut donc tirer des exceptions d'un rapport d'obligation éteint. Elle semblait également acquise pour la délégation imparfaite mais une divergence oppose la première Chambre civile et la Chambre commerciale de la Cour de cassation, la première ayant admis dans un arrêt l'opposabilité, par le délégué, des exceptions tirées du rapport délégant-délégataire. Ainsi, selon la première Chambre civile, « sauf convention contraire, le délégué est seulement obligé au paiement de la dette du délégant envers le délégataire, et [...] il se trouve déchargé de son obligation lorsque la créance de ce dernier est atteinte par la prescription »[1], alors que selon la Chambre commerciale, « en cas de délégation de paiement imparfaite, le délégué ne peut, sauf clause contraire, opposer au délégataire les exceptions dont le délégant pouvait se prévaloir à l'égard de celui-ci »[2]. La divergence entre les deux solutions pourrait s'expliquer par le fait que, dans l'arrêt de la première Chambre civile, il s'agissait d'une délégation incertaine, c'est-à-dire que la dette du délégué avait été précisément définie par référence à l'obligation du délégant envers le délégataire[3] : on comprend dès lors que l'on puisse en déduire une volonté, sauf preuve contraire, d'admettre une opposabilité des exceptions. En revanche, dans l'arrêt de la Chambre commerciale, il s'agissait d'une délégation certaine[4], dont l'objet était donc déterminé indépendamment de la dette existant entre délégant et délégataire. La Chambre commerciale a eu l'occasion de réaffirmer que l'extinction de la créance du délégataire contre le délégant pour défaut de déclaration au passif de sa liquidation judiciaire laissait subsister l'obligation du délégué[5].

1. Civ. 1re, 17 mars 1992, n° 90-15707 ; *Defrénois* 1992, 221423, note L Aynès ; *JCP G* 1992, II, 21922, note M. Billiau.

2. Com., 25 févr. 1992, n° 90-12863 ; *JCP G* 1992, II, 21922, note M. Billiau.

3. La société délégante avait vendu au délégué un fonds de commerce de restaurant, moyennant un prix payable en partie par reprise de dettes contractées par le vendeur auprès de tiers, en particulier, le délégué s'était engagé à régler une somme correspondant au principal et aux intérêts d'un prêt contracté par ladite société.

4. Le délégant devait payer la facture présentée par le délégataire et correspondant précisément à la fabrication de pantoufles.

5. Com., 7 déc. 2004, n° 03-13595 ; *RTD civ.* 2005, 400, obs. J. Mestre et B. Fages.

Ainsi qu'il a été vu, la délégation n'est cependant pas pour autant un acte abstrait, c'est-à-dire valable indépendamment de sa cause, car précisément l'engagement du délégué doit avoir une cause. En outre, la règle de principe de l'inopposabilité des exceptions est supplétive et peut donc être écartée par la volonté contraire des parties.

b) Les relations entre le délégant et le délégataire. — Nul ne peut être contraint de changer de débiteur : la délégation sollicitée par le délégant a dès lors en principe pour seul effet d'ajouter le délégué comme second débiteur (délégation imparfaite). Pour que le délégant soit déchargé (délégation parfaite), il faut un consentement spécial du délégataire.

1° *Délégation imparfaite.* Le délégataire a deux débiteurs mais une seule créance, qui s'éteint par le premier paiement fait par l'un des deux débiteurs. Il paraît opportun que la dette du délégant ait un caractère subsidiaire et que le délégataire doive d'abord poursuivre le délégué ; la règle dépend en réalité principalement de la volonté des parties.

2° *Délégation parfaite.* La Cour de cassation estime que seule une volonté expresse du délégataire puisse décharger le délégant ; dans l'hypothèse inverse, celui-ci demeure tenu à titre principal[1].

Il y a délégation parfaite toutes les fois où le délégant n'est, à l'issue de la délégation, pas tenu vis-à-vis du délégataire, ce qui peut se produire dans deux cas. D'abord lorsqu'il existait une dette préalable du délégué vis-à-vis du délégataire qui se trouve éteinte par la délégation parfaite ; la délégation opère dans ce cas novation, et les conditions d'une telle novation doivent alors être réunies : en particulier la validité de l'obligation préexistante du délégant envers le délégataire sans laquelle le délégué pourrait, par exception à la règle de l'inopposabilité des exceptions, arguer de la nullité de la dette du délégant envers le délégataire ; peu importe en revanche la validité de la dette du délégué vis-à-vis du délégant puisque ce n'est pas cette obligation qui est novée. Mais il peut encore y avoir délégation parfaite alors même que le délégant n'était préalablement tenu d'aucune dette vis-à-vis du délégataire et, dans ce cas, il n'y a nulle novation faute d'obligation novée. Dans tous les cas, la dette du délégué est une dette nouvelle et non pas la dette du délégant qui a été éteinte par la délégation parfaite. Il en résulte notamment la

1. Com., 7 avr. 1987, n° 85-15622 : « En se déterminant ainsi, sans constater que la société Peschaud avait exprimé la volonté de décharger son débiteur originaire de ses obligations, la cour d'appel n'a pas donné de base légale à sa décision. »

différence importante que, dans la délégation, la nouvelle dette du délégué n'est pas assortie des garanties qui accompagnaient la dette du délégant.

Si la délégation parfaite emporte en principe extinction de la dette du délégant, vis-à-vis de qui le délégataire perd tout recours (même en cas de survenance de l'insolvabilité du délégué : le délégataire qui accepte la novation accepte nécessairement ce risque), l'article 1276 du Code civil prévoit deux exceptions à l'extinction du recours du délégataire contre le délégant : en premier lieu «à moins que l'acte n'en contienne une réserve expresse», c'est-à-dire si l'acte a prévu les cas exceptionnels d'un tel recours, notamment précisément l'insolvabilité du délégué; en second lieu si, au moment de la délégation, le délégué était déjà «en faillite ouverte, ou tombé en déconfiture».

La délégation, parfaite ou imparfaite, n'est en principe pas considérée comme un mode normal de paiement au regard des procédures collectives : une délégation consentie par un délégant pendant la période suspecte (qui précède tout juste l'ouverture de la procédure collective) est nulle[1], et le délégataire ainsi privilégié devra restituer ce qu'il a reçu du délégué tout en ne pouvant produire à la procédure du délégant s'il a laissé passer les délais[2].

c) Les relations entre le délégant et le délégué. — Le délégué peut d'abord avoir accepté l'opération pour réaliser une libéralité au délégant. Si en revanche la délégation était un moyen pour lui de payer sa propre dette envers le délégant, il semble devoir rester tenu à l'égard de ce dernier, même en cas de délégation parfaite (certains auteurs retiennent la solution inverse). La Cour de cassation considère en effet que la créance du délégant sur le délégué s'éteint seulement par le fait de l'exécution de la délégation[3]. Elle ajoute cependant que ni le délégant ni ses créanciers ne peuvent, avant la défaillance du délégué envers le délégataire, exiger le paiement[4]. Dès lors, en cas de défaillance du délégué envers le délégataire, le délégant et ses créanciers retrouvent leur droit d'agir; en revanche, une fois le délégataire payé, le délégué se

1. Com., 30 nov. 1993, n° 91-13881; Com., 26 oct. 1999, n° 97-15053.

2. La délégation est en revanche valable lorsque l'acte la prévoyant a été conclu avant la date d'insolvabilité notoire, peu important que son exécution fût postérieure à cette date : Com., 4 oct. 2005, n° 04-14722; *RTD civ.* 2006, 319, obs. J. Mestre et B. Fages.

3. Com., 14 févr. 2006, n° 03-17457; *D.* 2006, 650, obs. X. Delpech; *RTD civ.* 2006, 319, obs. J. Mestre et B. Fages.

4. Même arrêt : «Il en résulte que la saisie-attribution effectuée entre les mains du délégué par le créancier du délégant ne peut avoir pour effet de priver le délégataire, dès son acceptation, de son droit exclusif à un paiement immédiat par le délégué, sans concours avec le créancier saisissant.»

trouve libéré. Ce dernier ne dispose alors d'aucune action récursoire contre le délégant, sauf s'il n'était pas tenu envers lui et que l'opération réalisait par exemple un prêt du délégué au délégant.

ÉTAT DES QUESTIONS

BIBLIOGRAPHIE

Subrogation, cession et délégation sont généralement abordées dans la 3e partie des ouvrages de droit des obligations (ou dans un 3e volume lorsque la matière est divisée en différents tomes) consacrée au « régime » des obligations. Pratiquement tous les ouvrages généraux cités dans la bibliographie générale traitent ainsi, de façon séparée, de ce régime. F. Chénedé a pourtant magistralement démontré, dans sa thèse (*Les commutations en droit privé, Contribution à la théorie générale des obligations*, Economica, 2008, préf. A. Ghozi), que le régime des obligations n'est pas le même selon leur origine (volontaire ou légale), c'est-à-dire selon que ces obligations réalisent une commutation volontaire (not. les contrats) ou involontaire (not. la responsabilité civile). Leur objet n'est pas le même (les obligations volontaires on pour objet une prestation, alors que les obligations involontaires conduisent à une indemnisation, laquelle n'est pas soluble dans la distinction des obligations de faire, ne pas faire, ou donner), ni par exemple encore les modalités dont elles peuvent être affectées (ainsi par ex., l'obligation de réparer un préjudice n'est pas affectée d'un terme ou d'une condition).

Pour quelques ouvrages traitant du régime des obligations dans un volume séparé : J.-L. Aubert et É. Savaux, *Les obligations*, 3. *Le rapport d'obligation*, Armand Colin, coll. « U », 5e éd., 2007 ; J. François, *Les obligations, Régime général*, 1e éd., Economica, 2000 ; J. Ghestin, M. Billiau et G. Loiseau, *Le régime des créances et des dettes*, LGDJ, 2005 ; B. Starck, par H. Roland et L. Boyer, *Les obligations*, 3. *Régime général*, Litec, 1999. *Adde*, le très célèbre cours de DEA de Pierre Raynaud sur *Les contrats ayant pour objet une obligation*, Cours du droit, dans lequel l'auteur traite des contrats affectant l'obligation elle-même (not. la remise de dette ou encore la novation objective) et des contrats affectant les sujets de l'obligation (not. la cession de créance et la subrogation personnelle).

Sur l'avant-projet de réforme du droit des obligations : P. Catala, Cession de créance et subrogation personnelle dans l'avant-projet de réforme du droit des obligations, *Mélanges Ph. le Tourneau*, Dalloz, 2007 ; *RDC* 2006/1, not. 63, L. Aynès, Les effets du contrat à l'égard des tiers ; 67, D. Fenouillet, Les effets du contrat entre les parties : ni révolution, ni conservation, mais un « entre-deux » perfectible ; 89, J. Huet, Des distinctions entre les obligations.

Sur la transmission des obligations en général : M. Billiau, *La transmission des créances et des dettes*, LGDJ, « Droit des affaires », 2002 ; A.-S. Barthez, *La transmission universelle des obligations. étude comparée en droit des successions et en droit des sociétés*, th. Paris I, 2000 ; L. Aynès, Les clauses de circulation du contrat, in *Les principales clauses des contrats conclus entre professionnels*, PUAM, 1990, av.-propos J. Mestre, 131. O. Deshayes, De la transmission de plein droit des obligations à l'ayant cause à titre particulier, th. Paris I, 2003; *La transmission des obligations*, IXes journ. J. Dabin, Bruylant-LGDJ, 1980; J. Lepargneur, De l'effet à l'égard de l'ayant cause particulier des contrats générateurs d'obligations conclus par son auteur relativement au bien transmis, *RTD civ.* 1924, 481; Du Garreau de La Méchénie, La vocation de l'ayant cause à titre particulier aux droits et obligations de son auteur, *RTD civ.* 1944, 219.

Sur le principe de l'effet relatif des contrats : M. Bacache-Gibeili, *La relativité des conventions et les groupes de contrats*, LGDJ, «Bib. dr. privé», 1996, préf. Y. Lequette; J.-L. Goutal, *Essai sur le principe de l'effet relatif du contrat*, LGDJ, «Bib. dr. privé», 1981, préf. H. Batiffol; J. Néret, *Le sous-contrat*, LGDJ, «Bib. dr. privé», 1979, préf. P. Catala; A. Weill, *Le principe de la relativité des conventions en droit privé français*, Dalloz, 1938; J. Boulanger, *La promesse de porte-fort et les contrats pour autrui*, th. Caen, 1933; E. Lambert, *Du contrat en faveur des tiers*, th. Paris, 1893. *Adde* débat *RDC* 2007/2, 537 sur le «contrat sans frontière»; D. Mazeaud, Contrat, responsabilité et tiers... (du nouveau à l'horizon), *Mélanges Ph. le Tourneau*, Dalloz, 2007; L. Grynbaum, Responsabilité et contrat : l'union libre (variations sur la responsabilité contractuelle, le préjudice corporel et les groupes de contrats), *Mélanges Ph. le Tourneau*, Dalloz, 2007; R. Savatier, Le prétendu principe de l'effet relatif des contrats, *RTD civ.* 1934, 525. *Pour des études de droit comparé anglais/français* : S. Whittaker, Privity of contract and the law of tort : The french experience, *Oxford Journ. of Legal Studies* 1995, 327; Privity of contract and the tort of negligence : Future directions, *ibid.*, 1996, 191; Le contrat : la loi unique des parties?, in *Common Law, d'un siècle à l'autre*, dir. P. Legrand, Blais, 117.

Sur les groupes de contrats : D. Mazeaud, Les groupes de contrats, *in* Le contrat : questions d'actualité, *LPA* 5 mai 2000; Ph. Reigné, La résolution pour inexécution au sein des groupes de contrats, in *La cessation des relations contractuelles*, PUAM, 1997, 153; B. Teyssié, *Les groupes de contrats*, LGDJ, «Bib. dr. privé», 1975, préf. J.-M. Mousseron. Sur la notion d'ensemble contractuel, v. *supra.*

Sur les réseaux : G. Teubner, *Networks as Connected Contracts*, sous la dir. et avec une introduction de H. Collins, Hart, 2011; *Contractual Networks, Inter-Firm Cooperation and Economic Growth*, dir. F. Cafaggi, Edward Elgar Publishing Ltd, 2011 et, par F. Cafaggi, Contractual networks and the small business act : Towards European principles?, *ERCL* 2008, 493; N. Ferrier et L. Sautonie-Laguionie, La distribution parallèle à l'épreuve de l'opposabilité du réseau, *RTD civ.* 2011, 225.

Sur l'opposabilité : R. Wintgen, *Étude critique de l'opposabilité, Les effets du contrat à l'égard des tiers en droit français et allemand*, LGDJ, «Bib. dr. privé», 2004, préf. J. Ghestin, qui montre le caractère relativement récent de la formulation du principe de l'effet relatif des contrats; l'auteur soutient que la notion d'opposabilité est purement descriptive, et qu'elle ne permet pas d'expliquer les effets du contrat à l'égard des tiers; le contrat est un fait, ce qui n'entraîne *a priori* aucune conséquence juridique propre, sauf par le biais d'un autre fondement : c'est ainsi que la responsabilité des tiers envers les parties ne peut être engagée que lorsqu'elle est justifiée par les règles de la responsabilité civile, la notion d'opposabilité en elle-même n'étant d'aucun secours pour en donner la mesure; Ph. Delmas Saint-Hilaire, *Le tiers à l'acte juridique*, LGDJ, «Bib. dr. privé», 2000, préf. J. Hauser; M. Fontaine et J. Ghestin, *Les effets du contrat à l'égard des tiers, comparaisons franco-belges*, LGDJ, «Bib. dr. privé», 1992; J. Duclos, *L'opposabilité, essai d'une théorie générale*, LGDJ, «Bib. dr. privé», 1984, préf. D. Martin; F. Bertrand, *L'opposabilité du contrat aux tiers*, th. Paris II, 1979; D. Bastian, *Essai d'une théorie générale de l'inopposabilité*, th. Paris, 1926; Aussel, *Essai sur la notion de tiers en droit civil français*, th. Montpellier, 1951.

Sur la complicité du tiers dans l'inexécution du contrat : P. Hugueney, *De la responsabilité du tiers complice de la violation d'une obligation contractuelle*, th. Dijon, 1910, ainsi que l'article classique de Starck, La complicité dans la violation des droits contractuels d'autrui, *JCP* 1954, I, 1180.

Sur l'opposabilité du contrat par les tiers : P. Rémy-Corlay, Les effets du contrat à l'égard des tiers, in *Pour une réforme du droit des contrats*, Dalloz, 2009, 295; X. Lagarde, Le manquement contractuel assimilable à une faute délictuelle, *JCP G* 2008, I, 200; D. Mazeaud, À partir d'un petit cas tragique outre-Rhin : retour sur le désordre de la distinction des ordres de responsabilités, in *Études G. Viney*, LGDJ, 2008, 711; P. Ancel, Retour sur l'arrêt de l'Assemblée plénière du 6 octobre 2006, à la lumière du droit comparé, *ibid.*, 23; S. Carval, La faute délictuelle du débiteur défaillant : quelques observations sur les pistes ouvertes par l'arrêt d'Assemblée plénière du 6 octobre 2006, *ibid.*, 229; M. Espagnon, La prévision contractuelle et l'action en responsabilité du tiers contre le contractant (de l'arrêt *Lamborghini* à l'article 1342 du projet de réforme du droit des obligations et de la prescription, *ibid.*, 377.

Sur les actions directes : Ch. Jamin, *La notion d'action directe*, LGDJ, « Bib. dr. privé », 1991, préf. J. Ghestin, qui, mêlant une analyse historique, épistémologique, et positive de la notion, montre que l'origine du mécanisme de l'action directe est essentiellement doctrinale et jurisprudentielle et non pas légale; elle n'est pas une exception mais un mécanisme correcteur du principe de l'effet relatif des conventions; M. Cozian, *L'action directe*, LGDJ, « Bib. dr. privé », 1969, préf. A. Ponsard; P. Puig, Faut-il supprimer l'action directe dans les chaînes de contrats ?, *Liber amicorum J. Calais-Auloy*, Dalloz, 2004, 913; C. Lisanti-Kalczynski, L'action directe dans les chaînes de contrats ? Plus de dix ans après l'arrêt *Besse*, *JCP G* 2003, I, 102; G. Viney, L'action en responsabilité entre participants à une chaîne de contrats, *Études Holleaux*, 1990, 399. *Adde* V. Heuzé, La loi applicable aux actions directes dans les groupes de contrats : l'exemple de la sous-traitance internationale, *Rev. crit. DIP* 1996, 243; J. Bauerreis, Le rôle de l'action directe contractuelle dans les chaînes internationales de contrats, *Rev. crit. DIP* 2000, 331; F. Leclerc, Les chaînes de contrats en DIP, *JDI* 1995, 267.

Sur les actions oblique et paulienne : L. Sautonie-Laguionie, *La fraude paulienne*, LGDJ, « Bib. dr. privé », 2008, préf. G. Wicker; G. Goubeaux, La carence du débiteur, condition de l'action oblique : questions de fond et questions de preuve, *Mélanges Jean-Luc Aubert*, Dalloz, 2005, 147; B. Roman, La nature juridique de l'action paulienne, *Defrénois* 2005, art. 38146; V. Tellier, La nature juridique de l'action oblique, *RRJ* 2002, 1835; J.-L. Aubert, Le droit pour le créancier d'agir en nullité des actes passés par son débiteur, *RTD civ.* 1969, 692; C. Colombet, De la règle que l'action paulienne n'est pas reçue contre les paiements, *RTD civ.* 1965, 5; J. Acher, Essai sur la nature de l'action paulienne, *RTD civ.* 1906, 85; Grouber, *De l'action paulienne en droit civil contemporain*, th. Paris, 1913.

Sur les opérations juridiques à trois personnes : Ch. Larroumet, *Les opérations juridiques à trois personnes en droit privé*, th. Bordeaux, 1968; J. François, *Les opérations juridiques triangulaires attributives*, th. Paris II, 1994; Ch. Lachièze, *Le régime des exceptions dans les opérations juridiques à trois personnes en droit civil*, th. Bordeaux I, 1996. *Adde* F. Petit, *La vocation au tripartisme du contrat de transport de marchandises*, LGDJ, « Bib. dr. privé », 2007, préf. J. Vallansan.

Sur la stipulation pour autrui : J.-M. Roux, *Le rôle créateur de la stipulation pour autrui*, PUAM, 1991, préf. J. Mestre ; G. Venandet, La stipulation pour autrui avec obligation acceptée par le tiers bénéficiaire, *JCP G* 1989, I, 3391 ; A. Tonglet, La révocation implicite du tiers bénéficiaire d'une stipulation pour autrui, *LPA* 29 août 2000, 4.

Sur la cession de créance : F. Petit, Réflexions sur la sécurité dans la cession de créance dans l'avant-projet de réforme du droit des obligations, *D.* 2006, 2819 ; V. Lasbordes, L'actualité de la cession de créance, *LPA* 14 nov. 2002, 4 ; F. Grua, À propos des cessions de créances par transmission d'effets, *D.* 1986, chron., 261.

Sur la cession de dette : L. Andreu, *Du changement de débiteur*, th. Paris XI, 2008 ; R. Saleilles, De la cession de dette, in *Annales de droit commercial*, 1890, 1 ; E. Gaudemet, Étude sur le transport de dettes à titre particulier, th. Paris, 1898. Adde F. Chénedé, Un auteur, une idée : Eugène Gaudemet, le transport de dettes, *RDC* 2010/1, 363.

Sur la cession de contrat : L. Aynès, *La cession de contrat et les opérations juridiques à trois personnes*, th. Paris II, Economica, 1984 ; Lapp, *Essai sur la cession de contrat synallagmatique à titre particulier*, th. Strasbourg, 1950. *Adde* Ch. Lachièze, L'autonomie de la cession conventionnelle de contrat, *D.* 2000, chron., 184 ; Ch. Larroumet, La cession de contrat : une régression du droit français ?, *Mélanges M. Cabrillac*, Dalloz-Litec, 1999, 151 ; La descente aux enfers de la cession de contrat, *D.* 2002, point de vue, 1555 : l'auteur reproche à la Cour de cassation d'exiger l'accord du cédé pour tous les contrats, alors qu'il faudrait limiter l'exigence aux contrats *intuitu personae*, et au contraire de ne pas imposer l'information du cédé lorsque le contrat prévoyait la possibilité d'une substitution ; E. Jeuland, Proposition de distinction entre la cession de contrat et la substitution de personne, *D.* 1998, chron., 356 ; M. Behar-Touchais, Retour sur la clause de substitution, *Mélanges L. Boyer*, PU Toulouse, 1996, 85 ; Ph. Malaurie, La cession de contrat, *Defrénois* 1976, art. 31194. Pour une analyse très détaillée, not. historique, de la cession de contrat, J. Ghestin, Ch. Jamin et M. Billiau, *Les effets du contrats. Traité de droit civil*, LGDJ, 3e éd., 2001, 1113 et s.

Sur la substitution de contractant : G. Pillet, *La substitution de contractant à la formation du contrat en droit privé*, LGDJ, « Bibl. A. Tunc », 2004, préf. P. Jourdain ; E. Jeuland, *La substitution de personne dans un rapport d'obligation*, LGDJ, « Bib. dr. privé », 1999, préf. L. Cadiet.

Sur la subrogation personnelle : J. Mestre, *La subrogation personnelle*, LGDJ, « Bib. dr. privé », 1979, préf. P. Kayser ; P. Chaumette, La subrogation personnelle sans paiement, *RTD civ.* 1986, 33 ; F. Auckenthaler, Le droit du subrogé aux intérêts de la créance, *D.* 2000, chron., 171.

Sur la subrogation réelle : V. Ranouil, *La subrogation réelle en droit civil français*, LGDJ, « Bib. dr. privé », 1985, préf. Ph. Malaurie ; H. Capitant, Essai sur la subrogation réelle, *RTD civ.* 1919, 385. *Adde* C. Mouloungui, *L'admission du profit dans la subrogation*, LGDJ, « Bib. dr. privé », 1995, préf. F. Grua.

Sur la délégation : Ph. Simler, L'énigmatique sort de l'obligation du délégué envers le délégant tant que l'opération de délégation n'est pas dénouée, *Mélanges Jean-Luc Aubert*, Dalloz, 2005, 295 ; M. Billiau, *La délégation de créance, essai d'une théorie juridique de la délégation en droit des obligations*, LGDJ, « Bib. dr. privé », 1989, préf. J. Ghestin ; F. Hubert, *Essai d'une théorie générale de la délégation en droit français*, th. Poitiers, 1899 ; M.-L. Niboyet, Une illustration du concept de droit civil des affaires : la délégation de locataire à titre de garantie, *Dialogues avec M. Jeantin*, Dalloz, 1999, 71 ; L. Godon, La distinction entre délégation de paiement et indication de paiement, *Defrénois* 2000, art. 37103.

Sur les retraits et préemptions : C. Saint-Alary-Houin, *Le droit de préemption*, LGDJ, 1979, préf. P. Raynaud.

THÉORIE JURIDIQUE

a) La nature de l'accord du cédé. — Une controverse s'est élevée sur la portée de l'accord du cédé : faut-il y voir un consentement, c'est-à-dire la marque d'un nouveau contrat, ou la cession de contrat peut-elle avoir un effet translatif sans qu'il soit nécessaire que naisse un nouveau contrat ?

Certains sont allés jusqu'à contester l'existence même de la cession conventionnelle de contrat au motif que l'accord du cédé engendrerait nécessairement un nouveau contrat (J. Ghestin, Ch. Jamin et M. Billiau, *Les effets du contrat. Traité de droit civil*, LGDJ, 3e éd., 2001, nº 1053). On pourrait alors éventuellement parler de « délégation de contrat » (M. Billiau, Cession de contrat ou « délégation » de contrat ? (Étude du régime juridique de la prétendue « cession conventionnelle de contrat »), *JCP G* 1994, I, 3758, analyse reprise *in* J. Ghestin, Ch. Jamin et M. Billiau, *Les effets du contrat*, nº 1050, les auteurs s'appuyant sur un arrêt de la Ch. civ. du 12 mars 1946 ayant visé l'art. 1275 C. civ., c'est-à-dire « le siège de la délégation »), et le régime de la cession de conventionnelle de contrat suivrait alors principalement celui de cette délégation (*ibid.*, 1140 et s.).

Selon d'autres, au contraire, la cession de contrat est pleinement autonome et a un effet translatif. Le consentement du cédé exigé par la Cour de cassation doit alors être analysé en « une autorisation, ce pourquoi il peut être donné de manière anticipée, non l'expression de la volonté de conclure un nouveau contrat avec le cessionnaire » (Ph. Malaurie, L. Aynès et Ph. Stoffel-Munck, *Les obligations*, Defrénois ; *adde* L. Aynès, Cession de contrat : nouvelles précisions sur le rôle du cédé, *D.* 1998, chron., 25).

L'accord du cédé ne peut certes sans doute pas être qualifié de simple autorisation, car tant la nature que le régime juridique de cette notion semblent inappropriés, not. pour la raison que le patrimoine du cédé est affecté par l'opération (en ce sens J. Ghestin, Ch. Jamin et M. Billiau, *Les effets du contrat. Traité de droit civil*, LGDJ, 3e éd., 2001, nº 1052).

Mais cela ne conduit pas pour autant à nier l'autonomie et le caractère translatif de la cession de contrat. En effet, tant dans l'esprit des parties que dans les faits, il y a bien cession du contrat qui liait auparavant cédant et cédé, et c'est sans doute un peu trop intellectualiser l'opération que d'y ajouter d'autres découpages ou d'autres contrats. La loi prévoit d'ailleurs des cas de cession de contrats (par ex. en matière de contrat de travail), ce qui montre bien que l'opération est théoriquement concevable. En outre, tout agrément ou tout accord à une opération n'est pas nécessairement un consentement au sens de la formation des contrats. Le fait que, selon la jurisprudence, l'accord du cédé puisse être donné à l'avance, n'empêche-t-il pas d'y voir un consentement (offre ou acceptation) de nature à former un nouveau contrat ? Comment en effet cet accord anticipé pourrait-il être analysé en un consentement à un contrat alors qu'il y manque la connaissance de la personne du futur cocontractant, dont on veut précisément expliquer qu'il s'agit là d'un élément essentiel à la formation d'un contrat ?

L'accord du cédé peut être analysé comme un consentement à l'opération de la cession de contrat, à son aspect translatif précisément. Le cédé accepte que le contrat soit partiellement transféré à un tiers, que le cessionnaire remplace le cédant. La question essentielle est alors, comme on l'a vu, celle de la portée de l'accord du cédé et donc de la cession (not. dans les éléments qui mettent en cause des tiers, par ex. les cautionnements, et qui ne peuvent sans doute pas être cédés tels quels sans l'accord desdits tiers : en ce sens J. Ghestin, Ch. Jamin et M. Billiau, *Les effets du contrat*, n°s 1053, 1140). Cela n'empêche pas que, pour le reste, c'est bien le même contrat qui se poursuit avec le cessionnaire.

b) La définition des parties et des tiers. — Une controverse s'est élevée entre plusieurs auteurs sur la distinction des parties et des tiers, à partir d'un article de J. Ghestin, La distinction des parties et des tiers au contrats, *JCP G* 1992, I, 3628, étude extraite de son traité sur *Les effets du contrat* publié à la LGDJ en 1992 avec le concours de M. Billiau. Puis J.-L. Aubert, À propos d'une distinction renouvelée des parties et des tiers, *RTD civ.* 1993, 263, et G. Guelfucci-Thibierge, De l'élargissement de la notion de partie au contrat... à l'élargissement de la portée du principe de l'effet relatif, *RTD civ.* 1994, 275. La question a ensuite été reprise par J. Ghestin, Ch. Jamin et M. Billiau, *Les effets du contrat. Traité de droit civil*, LGDJ, 3e éd., 2001.

Une première distinction a été proposée (J. Ghestin et M. Billiau) entre les parties, définies comme les personnes liées par les effets obligatoires du contrat (activement ou passivement) et les tiers auxquels le contrat est simplement opposable ; de telles qualifications sont donc effectuées lors de l'exécution du contrat, car c'est à ce moment plus qu'au jour de la formation du contrat qu'il est intéressant de savoir qui est lié par celui-ci.

Une autre proposition a été faite (C. Guelfucci-Thibierge) qui conduirait également à un élargissement de la notion de partie au contrat, en partant de la critique de l'importance trop grande traditionnellement donnée à la volonté dans la distinction des parties et des tiers (J. Ghestin, Ch. Jamin et M. Billiau, *Les effets du contrat, op. cit.*, n° 337, où les auteurs expliquent pourquoi ils ont abandonné la distinction qu'ils avaient proposée dans la précédente édition de leur traité et qui était davantage fondée sur la volonté) : seraient en réalité parties les personnes soumises à l'effet obligatoire du contrat, soit par l'effet de leur volonté soit par l'effet de la loi. Cette distinction pourrait alors se combiner avec le précédent élargissement proposé en considération du temps. Il y aurait ainsi les parties au moment de la formation du contrat – que ce soit par l'effet de leur volonté (représentation conventionnelle) ou par l'effet conjugué de la loi et de la volonté d'un représentant (représentation légale) – et les parties au moment de l'exécution du contrat – soit par l'effet de leur volonté (cession conventionnelle de contrat, promesse de porte-fort), soit par l'effet de la loi (ayants cause universels ou à titre universel, cession légale de contrat, éventuellement les sous-contractants liés seulement par certains effets obligatoires du contrat initial). Il en résulterait un rétrécissement de la notion de tiers : est tiers au contrat toute personne qui n'est pas soumise à son effet obligatoire par l'effet de sa volonté ou par l'effet de la loi, ce qui inclut deux catégories de personnes : les tiers non soumis à l'effet obligatoire du contrat (les *penitus extranei*, les créanciers chirographaires et les ayants cause à titre particulier) et les tiers soumis à l'effet obligatoire du contrat (stipulation pour autrui).

Plusieurs auteurs préfèrent cependant s'en tenir à une conception plus classique selon laquelle la notion de partie est relativement restrictive – il s'agit des personnes qui ont conclu le contrat en manifestant leur volonté en ce sens (cette qualification est alors souvent justifiée par la théorie de l'autonomie de la volonté) – et les tiers, dont il faudrait distinguer les vrais (les *penitus extranei*) des faux qui, d'une façon ou d'une autre, peuvent se retrouver liés par le contrat bien qu'ils n'aient pas à l'origine manifesté une telle volonté en ce sens (J.-L. Aubert, art. préc. 263 et s.).

PRATIQUE JUDICIAIRE

a) Les difficultés d'application de la jurisprudence sur l'action directe. — Le débat sur le domaine de l'action directe nécessairement contractuelle a été rouvert à l'occasion d'une décision rendue par la CJCE qui, saisie de l'interprétation de l'art. 5-1° de la Convention de Bruxelles du 27 sept. 1968, jugea qu'« un litige opposant le sous-acquéreur d'une chose au fabricant qui n'est pas le vendeur, en raison des défauts de la chose ou de l'impropriété de celle-ci à l'usage auquel elle est destinée » ne relève pas de la matière contractuelle (CJCE, 17 juin 1992, *JCP G* 1992, I, 3664, obs. G. Viney et II, 21927, note Ch. Larroumet). La solution est réservée à l'application de la Convention de Bruxelles et ne vaut pas en droit interne : Civ. 1re, 27 janv. 1993, n° 89-14179; *CCC* mai 1993, 2, L. Leveneur).

Certains problèmes pratiques d'application des solutions actuelles peuvent encore se poser. La reconnaissance d'une action directe a pour effet de rendre opposables au demandeur les clauses limitatives de responsabilité incluses dans un contrat auquel il n'était pas partie, mais un problème peut naître du fait que la validité de ces clauses est souvent subordonnée à des qualités particulières de l'un des contractants. Par ex. une clause contenue dans un contrat liant deux professionnels ne pourra être déclarée abusive, mais *quid* si on l'oppose à un consommateur? Ou encore une clause de non garantie insérée dans un contrat unissant un vendeur fabricant à un revendeur professionnel de même spécialité est valable (la règle est classique en droit de la vente), mais *quid* si on l'oppose au sous-acquéreur qui, lui, n'est pas un professionnel? En principe, si l'on veut qu'il y ait un respect des prévisions contractuelles, cette clause devrait être opposable au cocontractant qui intente une action directe : c'était le fondement de l'idée de double limite; c'est en outre une conséquence logique du fondement de la transmission de l'action en tant qu'accessoire de la chose : le vendeur intermédiaire ne disposant d'aucune action, il n'a pas pu transmettre plus de droits qu'il n'en avait lui-même (*nemo plus juris transferre potest quam ipse habet*).

La jurisprudence semble divisée. Dans le sens indiqué, Civ. 3e, 26 mai 1992, *JCP G* 1992, I, 3625, n° 14, obs. G. Viney : une clause limitative de garantie inscrite dans le contrat conclu entre le fabricant d'un produit et l'entrepreneur qui l'a acquis pour l'incorporer dans un immeuble est opposable au maître de l'ouvrage lorsque celui-ci agit en responsabilité contre le fabricant en se fondant sur le défaut du produit. En sens contraire, Com., 26 mai 1992, n° 90-17352 : une clause attributive de compétence figurant au contrat conclu entre l'expéditeur et le transporteur n'est pas applicable au destinataire agissant en vue de l'indemnisation des avaries constatées lors du déchargement des marchandises, au motif qu'une telle clause « n'est opposable qu'à la partie qui en a eu connaissance et qui l'a acceptée au moment de la formation du contrat ». Ainsi, la 3e Ch. civ., qui est pourtant celle qui s'est le plus longtemps opposée au caractère contractuel de l'action du maître de l'ouvrage contre le fabricant du matériau incorporé dans l'immeuble par l'entrepreneur-acquéreur et s'est vu imposer cette solution par l'Assemblée plénière est celle qui aujourd'hui au contraire met un point d'honneur à en tirer toutes les conséquences. Elle entend ainsi appliquer toutes les clauses du contrat au tiers qui plaide le fondement contractuel de son action. Le sous-acquéreur voit son action contre le fabricant bloquée car ce dernier avait conclu une clause de non garantie. Il va donc agir contre l'entrepreneur (le maître d'œuvre), alors que le vice était sans doute imputable au fabricant. Le sous-acquéreur aurait pu essayer de contester la validité de la clause de non-garantie stipulée.

b) L'action en garantie du maître de l'ouvrage contre l'entrepreneur. — Lorsque le maître de l'ouvrage poursuivi par un tiers, notamment sur le fondement de troubles de voisinage, se retourne contre l'entrepreneur responsable, la question se pose du fondement de son recours : est-il contractuel, au motif qu'il est contractuellement lié à l'entrepreneur, ou délictuel, dans la mesure où il serait subrogé dans les droits et actions de la victime ayant intenté contre lui une action délictuelle ? L'avantage du fondement délictuel est de lui permettre d'utiliser un régime de responsabilité sans faute, not. celui issu de la théorie des troubles de voisinage. La réponse dépendrait alors du point de savoir si la subrogation peut jouer, c'est-à-dire qu'elle varierait selon que la victime a déjà été indemnisée par le maître de l'ouvrage, ou que celui-ci appellerait en garantie l'entrepreneur avant d'avoir été condamné. Dans le premier cas, en effet, la subrogation pouvant jouer, l'action du maître de l'ouvrage contre l'entrepreneur est de nature délictuelle (en ce sens Civ. 3e, 21 juil. 1999, n° 96-22735), tandis que lorsque l'entrepreneur est appelé en garantie et que le maître de l'ouvrage n'a donc pas encore été condamné à indemniser la victime, une subrogation *in futurum* n'étant pas envisageable, seule une action contractuelle contre l'entrepreneur pourrait à ce moment être intentée (pour une telle hypothèse, Civ. 3e, 24 mars 1999, n° 96-19775). Pour un exposé très clair de la question, obs. crit. P. Jourdain (qui s'interroge sur cette distinction, alors que par ailleurs la jurisprudence avait admis des hypothèses de subrogation anticipée sous condition), *RTD civ.* 2002, 315, sous Civ. 3e, 31 oct. 2001, qui retient le fondement délictuel de l'action du maître de l'ouvrage ayant déjà été condamné vis-à-vis de la victime du trouble de voisinage, et 28 nov. 2001, n° 00-13970, pour l'hypothèse différente du recours en garantie concomitant à l'action de la victime, la responsabilité de l'entrepreneur vis-à-vis du maître de l'ouvrage condamné étant alors jugée « de nature contractuelle » ; *adde* Ph. Malinvaud, *RD imm.* 1999, 412 et 2001, 91 ; rapport Cour de cassation 1999, 263, par le conseiller Villien : « Vers une unification des régimes de responsabilité en matière de troubles de voisinage dans la construction immobilière ».

COMMON LAW

Le trust. Le trust est un mécanisme essentiel de la *Common Law.* Il s'agit d'une opération à trois personnes : celui qui constitue le trust (le *settlor*) donne une partie de ses biens à une autre personne (le *trustee*) afin que cette dernière les gère en faveur d'un tiers bénéficiaire (le *cestui que trust*, expression d'origine française). Ce type d'opération suppose une grande confiance (*to trust* signifie faire confiance) dans la personne du *trustee* qui reçoit la propriété des biens du *settlor* et va être responsable de la gestion de ces biens. J.-P. Béraudo, *Les trusts anglo-saxons et le droit français,* LGDJ, 1992 ; L. Maerten, *Le trust patrimonial anglo-américain en droit privé français*, th. Paris II, 1990 ; R. David et C. Jauffret-Spinosi, *Les grands systèmes de droit contemporain*, Dalloz, 11e éd., 2002, nos 258 et s. On a toujours considéré que le mécanisme était impossible en droit français. H. Motulsky, De l'impossibilité juridique de constituer un trust anglo-saxon sous l'empire de la loi française, *Rev. crit. DIP* 1948, 451. En effet, le patrimoine du *trustee* est scindé en deux, ce qui serait contraire au principe de l'unité du patrimoine acquis depuis Aubry et Rau ; or les biens confiés par le *settlor* demeurent identifiés et à part : ils sont insaisissables par les créanciers du *trustee*. On parle en droit français de patrimoine d'affectation, c'est-à-dire d'une partie du patrimoine affectée à un certain objet et donc isolée du reste du patrimoine.

L'utilisation du trust est très répandue dans les affaires internationales. Les parties choisissent alors souvent de soumettre leur opération au droit anglais afin que le mécanisme soit validé. Les juges français ont cependant parfois à connaître de l'institution et à la qualifier au regard des institutions du droit français. Civ. 1re, 20 févr. 1996, n° 93-19855, pour un trust de droit américain qui avait été valablement constitué, et dont les juges français ont eu à connaître à l'occasion d'une succession : selon la Cour de cassation, la constitution d'un trust par lequel le constituant se dépouille d'un capital pour en recevoir les revenus sa vie durant, tout en chargeant le *trustee* de le remettre, au jour de sa mort, aux bénéficiaires désignés par lui à cette date, réalise une donation indirecte. *Adde* M. Goré, Les créanciers et le trust : l'exemple américain, *Mélanges J.-L. Aubert*, Dalloz, 2005, 135.

Des propositions ont été faites pour se servir du mécanisme de la fiducie pour gérer le patrimoine des personnes en difficulté (Fl. Fresnel-Mettetal, *La fiducie comme technique de protection des majeurs en difficulté*, th. Paris II, 1995), ou encore à titre de sûreté, le créancier recevant ainsi, au moins provisoirement, la propriété d'une chose à titre de garantie de sa dette (P. Crocq, *Propriété et garantie*, LGDJ, 1995, préf. M. Gobert). L'article 49 de la loi n° 96-597 du 2 juil. 1996 sur la modernisation des activités financières a ainsi introduit un mécanisme de garantie fiduciaire pouvant bénéficier aux seuls établissements financiers (les dépôts effectués en couverture ou garantie des positions prises sur un marché réglementé d'instruments financiers, sont « transférés en pleine propriété » dès leur constitution aux fins de règlement, mais ils échappent aux créanciers de ces « dépositaires »). En outre, la pratique utilise parfois la cession de créance à titre de garantie, mais la créance ainsi cédée se trouve fondue dans le patrimoine et non pas affectée à une destination particulière. Le mécanisme se retrouve aussi dans les fonds communs de placement et les fonds communs de créances (T. Bonneau, *RTD civ.* 1991, 25).

Après plusieurs projets législatifs (A. Chapelle et J. de Guillenschmidt, L'avant-projet de loi sur la fiducie, *LPA* 1990, n° 76, p. 4 ; M. Grimaldi, Réflexions sur la fiducie et sur l'avant-projet qui la consacre, *Defrénois* 1991, art. 35094), abandonnés semble-t-il pour des difficultés fiscales (J.-P. Le Gall, L'influence de la fiscalité sur l'élaboration des textes de droit privé, *La lettre du juriscl.*, n° 5, déc. 1996 – janv. 1997), la fiducie a finalement été consacrée par le droit français. Ainsi, la loi n° 2007-211 du 19 février 2007 instituant la fiducie a introduit dans le livre III du Code civil un titre XIV consacré à la fiducie (art. 2011 à 2031). La fiducie y est définie comme « l'opération par laquelle un ou plusieurs constituants transfèrent des biens, des droits ou des sûretés, ou un ensemble de biens, de droits ou de sûretés, présents ou futurs, à un ou plusieurs fiduciaires qui, les tenant séparés de leur patrimoine propre, agissent dans un but déterminé au profit d'un ou plusieurs bénéficiaires» (art. 2011). Sur ce texte, R. Libchaber, Les aspects civils de la fiducie dans la loi du 19 février 2007, *Defrénois* 2007, 1094 (1re partie) et 1194 (2e partie); A. Delfosse et J.-F. Péniguel, Premières vues sur la fiducie (loi n° 2007-211 du 19 février 2007), *Defrénois* 2007, 581 ; G. Blanluet et J.-P. Le Gall, La fiducie, une œuvre inachevée. Un appel à une réforme après la loi du 19 février 2007, *JCP G* 2007, I, 169; L. Leveneur, *JCP G* 2008, act., 69; F.-X. Lucas et M. Sénéchal, Fiducie ou sauvegarde, il faut choisir, *D.* 2008, 29. *Adde* dossier *Recueil Dalloz* 2007, 1347. Les dispositions du Code civil sur la fiducie ont été partiellement modifiées par la loi de modernisation de l'économie de 2008.

Sur le rôle joué par les Franciscains dans la conception et le développement du trust : L. Parisoli, L'involontaire contribution franciscaine aux outils du capitalisme, in *Tisser le lien social*, dix ans conf. MSH Ange Guépin, dir. A Supiot, Éd. de la MSH, 2004; les Franciscains ayant fait vœu de pauvreté ne pouvaient en effet posséder de biens, mais pouvaient en revanche être désignés comme bénéficiaires de la gestion de biens appartenant à d'autres.

M. Cantin Cumyn (dir.), *La fiducie face au trust dans les rapports d'affaires*, Bruylant, 1999; Cl. Witz, *La fiducie en droit privé français*, Economica, 1981, préf. D. Schmidt; plus généralt, B. Fromion-Hébrard, *Essai sur le patrimoine en droit privé*, th. Paris II, 1998; F. Zénati, Mise en perspective et perspectives de la théorie du patrimoine, *RTD civ.* 2003, 667.

Chapitre 3

LA DURÉE DU CONTRAT

Il faut distinguer selon que le contrat est à durée déterminée ou indéterminée. Ce sont les parties qui en décident et, le fait qu'un contrat ait été conclu verbalement n'implique pas nécessairement qu'il soit à durée indéterminée et l'une des parties pourrait démontrer qu'il en a été convenu autrement[1].

SECTION 1
Les contrats à durée déterminée

Un contrat à durée déterminée est un contrat dont la durée est limitée dans le temps, c'est-à-dire un contrat affecté, par la volonté des parties, d'un terme extinctif. Souvent, il prévoit également un terme suspensif, mais cela n'est pas nécessairement le cas : on peut concevoir un contrat à durée déterminée qui commence immédiatement, c'est-à-dire dès sa conclusion. Un contrat à durée déterminée est ainsi un contrat à terme mais tout contrat affecté d'un terme n'est pas à durée déterminée. Un contrat affecté uniquement d'un terme suspensif peut être à durée

1. Civ. 2e, 11 juin 2009, n° 08-14920; *RTD civ.* 2010, 106, obs. B. Fages : «la circonstance que les contrats avaient été conclus verbalement ne pouvait avoir légalement pour effet de leur conférer une durée indéterminée».

indéterminée : il ne commencera à être exécuté qu'à partir d'une date donnée, mais est ensuite d'une durée non définie *a priori*.

a) Les différents types de terme. — Il y a plusieurs façons de définir le terme du contrat.

1° *L'expiration de la durée convenue*. Les parties peuvent avoir expressément fixé une date précise de fin de leurs relations : les parties prévoient par exemple que la maison est louée jusqu'au 30 août. À cette date, le contrat prend fin par l'arrivée de ce terme extinctif. La formulation peut certes être plus complexe (v. *supra*).

2° *La réalisation de l'objet du contrat*. Le terme peut être également défini par la description précise d'une mission dont l'exécution mettra fin au contrat. C'est ainsi que l'article 1780 du Code civil prévoit qu'on peut engager ses services « à temps, ou pour une entreprise déterminée ». L'article L. 1221-2 du Code du travail qui autorise de façon générale la conclusion de tels contrats précise que, dans les cas et aux conditions indiquées ultérieurement, le contrat « peut comporter un terme fixé avec précision dès sa conclusion ou résultant de la réalisation de l'objet pour lequel il est conclu ». La première hypothèse vise le contrat dont la durée est déterminée précisément dans le contrat (un CDD de trois mois du 1er juillet au 30 septembre). La deuxième hypothèse est plus intéressante et vise notamment le cas du salarié embauché pour remplacer un salarié absent pour maladie : son contrat sera à durée déterminée, mais cette durée n'est pas connue à l'avance (il s'agit de la durée de la maladie du salarié absent). C'est par exemple encore une mission déterminée (les vendanges, par ex.) dont la fin marquera l'extinction du contrat.

De même, le contrat de vente qui n'est pas à exécution successive prendra fin dès lors que son objet s'est épuisé, c'est-à-dire dès lors que le prix aura été payé (le transfert de propriété n'a quant à lui pas à être exécuté dans la mesure où il s'opère automatiquement : mais cet effet légal peut être reporté dans le temps par la volonté des parties). Le contrat prend fin car l'objet pour lequel il était conclu est pleinement réalisé.

b) Les effets de l'arrivée du terme. — L'arrivée du terme a pour effet que le contrat cesse pour l'avenir. Mais il peut toujours être renouvelé d'un commun accord des parties. Cette reconduction, même lorsqu'elle est tacite, équivaut à la formation d'un nouveau contrat[1], qui n'a

1. Civ. 3e, 10 juin 1998, n° 96-15626. *Adde* les arrêts cités par J. Mestre, *RTD civ.* 1999, 93 et s.

d'ailleurs pas nécessairement la même durée ni les mêmes autres éléments que le précédent[1]. Les parties peuvent préférer proroger leur contrat, c'est-à-dire simplement reporter le terme initialement convenu mais sans qu'il y ait conclusion d'un nouveau contrat. En droit du travail, les employeurs peuvent être tentés de recourir à des successions de contrats à durée déterminée afin d'éviter le régime protecteur du licenciement qui ne s'applique que pour les contrats à durée indéterminée : le Code du travail interdit d'utiliser cette technique pour pourvoir durablement un emploi en réalité lié à l'activité normale et permanente de l'entreprise (art. L. 1242-1) ; en cas de recours injustifiés à une succession de contrats à durée déterminée, les juges n'hésitent pas, à titre de sanction, à requalifier la relation en un contrat à durée indéterminée[2].

Quoi qu'il en soit, le principe demeure de la liberté pour chacune des parties de ne pas renouveler une relation contractuelle arrivée à terme[3], sauf abus, caractérisé lorsque l'un des contractants a entretenu l'autre jusqu'au bout dans l'illusion que le contrat serait renouvelé[4], ou lui a fait faire des sacrifices en vue de ce renouvellement (par ex. rupture des relations avec un autre partenaire possible)[5]. Le juge des référés peut exceptionnellement ordonner la prorogation d'un contrat arrivé à terme et régulièrement dénoncé par l'une des parties si cette rupture risque de causer un dommage imminent pour l'autre partie[6]. Dès lors que le

1. Civ. 1re, 15 nov. 2005, n° 02-21366 ; *RTD civ.* 2006, 114, obs. J. Mestre et B. Fages ; *RDC* 2006/3, 696, obs. Y.-M. Laithier ; *D.* 2006, 587, note M. Mekki ; *CCC* 2006, n° 43, L. Leveneur : « sauf disposition ou volonté contraire, la tacite reconduction d'un contrat de durée déterminée, dont le terme extinctif a produit ses effets, donne naissance à un nouveau contrat, de durée indéterminée, et dont les autres éléments ne sont pas nécessairement identiques ».

2. Soc., 6 juin 1991, n° 87-45308, ou encore Soc., 23 mai 1995, n° 92-43085.

3. Civ. 3e, 14 févr. 2007, n° 06-14716, *RTD civ.* 2007, 345, obs. J. Mestre et B. Fages ; pour un exemple de comportement irréprochable du fournisseur auquel il est reconnu le droit de ne pas renouveler le contrat de distribution, Paris, 19 janv. 2001, *RTD civ.* 2001, p. 360, obs. J. Mestre et B. Fages. Com., 23 avr. 1985, n° 83-16207 : en retenant un abus de droit « alors que la société Gaggia, qui avait avisé la SOFOB, que le contrat arrivant à échéance ne serait pas renouvelé sur le fondement des dispositions prévues par celui-ci, était en droit de proposer un nouveau contrat différent du précédent arrivé à son terme », la cour d'appel a violé l'article 1134 C. civ.

4. Com., 23 mai 2000, n° 97-10553 ; *RTD civ.* 2001, 137, obs. J. Mestre et B. Fages.

5. Com., 25 avr. 2001, 6 juin 2001 et 3 juil. 2001, *RTD civ.* 2002, 99, obs. J. Mestre et B. Fages.

6. Civ. 1re, 7 nov. 2000, n° 99-18576 ; *RTD civ.* 2001, 135, obs. J. Mestre et B. Fages. Mais le juge des référés doit alors assigner un terme certain à cette prorogation : même arrêt. Il n'est d'ailleurs pas compétent pour rechercher si, après l'échéance du terme, un nouveau contrat ne serait pas tacitement formé entre les parties : Civ. 3e, 6 janv. 2009, n° 08-12436 ; *RTD civ.* 2009, 530, obs. B. Fages : « la cour d'appel, qui a recherché si, après le terme du bail dérogatoire, un nouveau contrat s'était tacitement noué entre les parties et qui a interprété leur volonté, a tranché une contestation sérieuse et violé » l'article 808 CPC.

contrat a été régulièrement résilié, le principe demeure cependant que le juge n'a pas à forcer les parties à poursuivre leurs relations[1].

c) La résiliation anticipée. — Il y a, comme souvent, un principe et des exceptions.

1° *L'interdiction de principe de la résiliation anticipée des contrats à durée déterminée.* Il est en principe interdit à une partie de résilier de façon anticipée, c'est-à-dire avant terme, un contrat à durée déterminée. La seule exception légalement prévue est l'accord des parties pour ne plus exécuter (le *mutuus dissensus*), et qui est visé par l'article 1134 al. 2 du Code civil ; cette révocation mutuelle est soumise aux conditions de validité des contrats, et doit en particulier être exempte de vices du consentement[2]. La solution est clairement établie en droit du travail que, « sauf accord des parties, le contrat à durée déterminée ne peut être rompu avant l'échéance du terme qu'en cas de faute grave ou de force majeure »[3]. La Cour de cassation a également jugé, en matière civile, que la faute grave de l'une des parties permettait une telle résiliation anticipée[4].

2° *Les sanctions de la résiliation anticipée des contrats à durée déterminée.* La résiliation du contrat étant considérée comme inopérante, le contractant qui en avait pris l'initiative est tenu d'exécuter jusqu'à son terme le contrat à durée déterminée. En cas de refus, il faut alors mettre en œuvre les sanctions de l'inexécution, notamment l'exécution forcée ou les dommages-intérêts sur le fondement de la responsabilité contractuelle. Le contractant devrait alors avoir droit à toutes les sommes restant dues jusqu'à terme, mais, notamment lorsqu'il est dans l'incapacité

1. Com., 28 nov. 2006, n° 04-20734 ; *RTD civ.* 2007, 345, obs. J. Mestre et B. Fages ; *RDC* 2007/2, 415, obs. M. Behar-Touchais.

2. Civ. 3e, 11 mai 2005, n° 03-17682 ; *RTD civ.* 2005, 590, obs. J. Mestre et B. Fages.

3. Soc., 12 juil. 1999, n° 97-41131 ; *JCP G* 2000, 485, note G. Lachaise, qui juge, en l'espèce, que la déclaration d'inaptitude par le médecin du travail ne présente pas le caractère d'imprévisibilité de la force majeure autorisant la rupture du contrat à durée déterminée avant son terme.

4. Civ. 1re, 5 nov. 2008, n° 07-20113 ; *RTD civ.* 2009, 119, obs. B. Fages : « ayant relevé que la comparaison des performances du cheval avant le contrat d'association en cause, pendant la période d'exécution de ce contrat et postérieurement à sa rupture, de même que l'attestation de Mme Z... établissait que M. Y... avait été dans l'incapacité de développer les qualités du cheval qu'il était chargé d'entraîner et de driver, nuisant en cela à la carrière de l'animal et aux intérêts du propriétaire, la cour d'appel a caractérisé un comportement grave de l'entraîneur justifiant la rupture du contrat à durée déterminée ». Com., 23 sept. 2008, n° 07-10025 et Com., 31 mars 2009, n° 07-20991 ; *RTD civ.* 2009, 320, obs. B. Fages.

d'exécuter ses propres obligations, la Cour de cassation semble admettre que la somme allouée puisse être moindre[1].

SECTION 2
Les contrats à durée indéterminée

Le Code civil est peu prolixe sur les modes de résiliation du contrat. Ils sont certes envisagés dans l'article le plus célèbre relatif au contrat – l'article 1134 – mais ce texte donne une vision déformée de la question. Il dispose en effet, dans son alinéa deuxième, que les conventions «ne peuvent être révoquées que de leur consentement mutuel, ou pour les causes que la loi autorise», donnant ainsi l'impression que le mode essentiel de résiliation (ou de révocation) du contrat est le *mutuus dissensus*, l'accord des parties (leur «consentement mutuel») pour ne plus exécuter, et qu'il n'y aurait par ailleurs que quelques modes aussi accessoires que rares prévus par la loi.

En réalité, il en est tout autrement. Le *mutuus dissensus* est probablement assez rare en pratique. En outre, il n'apparaît presque jamais devant les juges puisque, si les parties sont d'accord, c'est par hypothèse qu'il n'y a pas litige, à moins que l'une d'entre elles ne change par la suite d'avis. En revanche, il est un mode de résiliation très fréquent en pratique et qui le devient de plus en plus : la rupture unilatérale du contrat par l'une des parties.

1. LA RÉSILIATION D'UN COMMUN ACCORD : LE *MUTUUS DISSENSUS*

Lorsque les parties sont d'accord, elles peuvent toujours décider que le contrat ne sera finalement pas exécuté : c'est ce qu'on appelle le

1. Soc., 18 nov. 2003, *RDC* 2004/3, 653, obs. Ph. Stoffel-Munck, dans l'hypothèse d'un contrat de travail à durée déterminée, pour laquelle l'art. L. 122-3-8 C. trav. semblait pourtant prévoir en principe le paiement de tous les salaires restant dus (J. Mouly, *JCP G* 2004, II, 10047). C. Roy-Loustaunau, *Dr. soc.* 2004, 302. Dans le même sens, Com., 22 oct. 1996, n° 94-15410; *RTD civ.* 1997, 123 qui, à propos d'un contrat de transport à durée déterminée, juge que le prix, fût-il d'un montant forfaitairement convenu, n'était dû qu'en cas d'exécution de la convention, et que l'une des parties

mutuus dissensus, l'accord mutuel des parties pour ne plus exécuter le contrat. Il faut un véritable accord des parties[1], et le seul défaut de poursuite de l'exécution de la convention ne suffit pas à manifester sans équivoque la volonté de l'une des parties de renoncer au contrat[2]. Le *mutuus dissensus* demeure rare et, dans la mesure où les parties sont alors largement d'accord, il n'apparaît guère dans la jurisprudence. Les juges doivent cependant distinguer ce *mutuus dissensus* d'autres accords voisins comme les transactions[3] ou les résolutions à l'amiable (lesquelles supposent qu'il y ait eu inexécution d'une obligation). Le droit du travail connaît aussi, depuis une loi du 25 juin 2008, la « rupture conventionnelle » du contrat de travail[4].

La Cour de cassation a eu l'occasion de préciser que « sauf disposition contraire résultant de l'accord des parties, la résiliation, d'un commun accord [d'un contrat] n'y met fin que pour l'avenir »[5]. Pour les contrats à exécution instantanée en revanche, la rupture d'un commun accord ne peut que conduire à la disparition de l'entier contrat[6].

ayant « résilié le contrat », il en résultait que, sauf existence d'une clause pénale, les juges du fond devaient fixer le montant des dommages-intérêts et non pas se borner à condamner au paiement des sommes restant dues. Dans le même sens, Paris, 14 oct. 2005, *RTD civ.* 2006, 114, obs. J. Mestre et B. Fages.

1. Civ. 1re, 7 mars 2000, n° 97-20858 ; *RTD civ.* 2001, 132, obs. J. Mestre et B. Fages ; Com. 22 janv. 2008, n° 06-21160 ; *RTD civ.* 2008, 294, obs. B. Fages, qui retient que l'absence de mention dans le bail notarié d'une référence à la cession des murs promise par acte sous seings privés ne manifeste pas, sans équivoque, la volonté de renoncer à son bénéfice.

2. Civ. 3e, 19 mars 2008, n° 07-11194 ; *RTD civ.* 2008, 294, obs. B. Fages, qui énonce que le seul écoulement du temps ne peut caractériser un acte manifestant sans équivoque la volonté de renoncer à se prévaloir des effets de la clause résolutoire (le bailleur avait tardé à faire exécuter la mesure d'expulsion et laissé en place le locataire pendant cinq ans) ; Com., 18 janv. 1984, n° 82-16964, pour un four de boulangerie commandé en 1975 et non livré 3 ans après, la Cour de cassation censure la Cour d'appel qui a débouté le fournisseur de son action afin que le boulanger soit tenu d'en prendre livraison au motif que vu le temps écoulé, le boulanger était fondé à penser que la société avait renoncé à poursuivre l'exécution du contrat : « La renonciation à un droit ne se présume pas et ne peut résulter que d'actes manifestant sans équivoque la volonté d'y renoncer laquelle ne peut se déduire d'un simple retard à demander l'exécution du contrat ».

3. V. not. Soc., 15 déc. 2010, n° 09-40701 ; *RDC* 2011/2, 425, obs. Y.M. Laithier, qui juge que « la rupture d'un commun accord du contrat de travail à durée indéterminée a pour seul objet de mettre fin aux relations des parties ; qu'elle ne constitue pas une transaction destinée à mettre fin, par des concessions réciproques, à toute contestation née ou à naître résultant de la rupture définitive du contrat de travail, et ne peut avoir pour effet, peu important les termes de l'accord, de priver le salarié des droits nés de l'exécution du contrat de travail ».

4. Art. L. 1237-11 et s. du Code du travail. V. not. S. Chassagnard-Pinet et P.-Y. Verkindt, La rupture conventionnelle du contrat de travail, *JCP S* 2008, 1365 ; G. Couturier, Les ruptures d'un commun accord, *Dr. soc.* 2008, 923 ; G. Loiseau, Rupture du troisième type : la rupture conventionnelle du contrat de travail, *Dr. soc.* 2010, 297.

5. Soc., 20 déc. 2006, n° 05-43057 ; *RTD civ.* 2007, 117, obs. J. Mestre et B. Fages ; *D.* 2007, 555, note G. Blanc-Jouvan ; *JCP G* 2007, II, 10104, note E. Treppoz.

6. Comp. Com., 14 déc. 2010, n° 09-71610 ; *RDC* 2011/2, 425, obs. Y.M. Laithier.

On voit plus fréquemment apparaître des clauses insérées dans le contrat, et sur lesquelles les parties se sont donc mises d'accord, prévoyant que la survenance ou la disparition d'une circonstance mettrait fin au contrat. Ces clauses peuvent ainsi être assimilées à des conditions résolutoires[1], dont les parties peuvent en outre convenir que, par dérogation au principe général, leur effet ne sera pas rétroactif.

2. LA RÉSILIATION UNILATÉRALE

La résiliation du contrat peut être une sanction de l'inexécution du contrat par l'une des parties. Nous l'examinerons alors plus loin à ce titre. En dehors de cette hypothèse, la résiliation unilatérale du contrat peut parfois être une faculté et même un droit pour l'un des contractant, dont le régime diffère selon qu'une clause l'ait ou non prévue.

A / En présence d'une clause de résiliation unilatérale

Les parties peuvent avoir inséré une clause prévoyant que si survient un événement indiqué, l'une d'entre elles pourra unilatéralement mettre fin au contrat[2]. Ces clauses sont *a priori* valables, même dans les contrats à durée déterminée[3], dès lors qu'elles ne heurtent pas l'ordre public[4]. Dans les contrats à durée indéterminée elles ont *a priori* moins d'intérêt dans la mesure où, même sans clause, la résiliation unilatérale est un droit pour chacune des parties, mais les parties peuvent avoir intérêt à en prévoir les modalités (préavis, indemnité de rupture, etc.)[5]. Dans ce cas, ces modalités doivent être respectées, même si la rupture intervient avant même le début d'exécution du contrat[6]. Les juges s'octroient néanmoins un certain pouvoir de contrôle et d'interprétation[7].

1. Distinctes des clauses résolutoires visées par l'article 1184 C. civ. et qui sanctionnent l'inexécution du contrat.
2. Obs. J. Mestre et B. Fages sous Lyon, 17 mai 2001, *RTD civ.* 2002, 98.
3. Com., 8 juin 1999, *RTD civ.* 2001, 585, obs. J. Mestre et B. Fages ; *adde RTD civ.* 1996, 158, obs. J. Mestre.
4. Soc., 24 oct. 2000, *RTD civ.* 2001, 585, obs. J. Mestre et B. Fages.
5. Civ. 1re, 3 avr. 2001, *RTD civ.* 2001, 584, obs. J. Mestre et B. Fages.
6. En ce sens Paris, 12 sept. 2003, *RTD civ.* 2003, 704, obs. J. Mestre et B. Fages.
7. Pour la possibilité pour une partie de résilier le contrat même en dehors des cas expressément convenus par les parties, Com., 31 mai 1994, n° 92-12548 ; *RTD civ.* 1995, 108, obs. J. Mestre.

B / En l'absence d'une clause de résiliation unilatérale

a) Le droit de chacune des parties de mettre fin au contrat à durée indéterminée. — Ce droit a été reconnu mais, comme tout droit, il est susceptible d'abus.

1° *Le droit.* La rupture par volonté unilatérale est organisée dans plusieurs droits spéciaux, pour certains contrats à durée indéterminée. Pour s'en tenir aux contrats du Code civil[1], tel est le cas du mandat, où il peut y avoir une renonciation unilatérale par le mandataire (sous réserve d'une indemnisation éventuelle du mandant) ou une révocation unilatérale par le mandant. On peut citer encore le dépôt, pour lequel l'article 1944 prévoit une résiliation de principe par le déposant, quand bien même le contrat aurait fixé un délai déterminé pour la restitution. La résiliation unilatérale est surtout minutieusement réglementée dans le contrat de travail, que ce soit la démission du salarié ou le licenciement par l'employeur. Le droit commun des contrats est en revanche muet sur le régime général de la résiliation unilatérale des contrats à durée indéterminée, l'article 1134 du Code civil se bornant, comme on l'a vu, à faire une allusion aux causes spéciales de révocation « que la loi autorise ». Il s'agit pourtant là d'une question essentielle qui, en pratique, se pose et se posera de plus en plus souvent. Au demeurant, si on a vu ces derniers années une sorte de fuite vers les contrats spéciaux, en particulier pour pouvoir bénéficier de la réglementation de certains contrats commerciaux, c'était probablement en grande partie parce que ceux-ci prévoyaient des règles de rupture des contrats plus justes et plus réalistes que celles résultant de l'application du droit commun des contrats.

Comme toujours cependant, en l'absence de dispositions législatives, le juge s'est chargé de combler le vide juridique en construisant à petits pas un véritable droit commun de la résiliation unilatérale des contrats à durée indéterminée. Le droit de rompre unilatéralement le contrat a ainsi été reconnu. Ce droit est d'ordre public, et il ne peut dès lors être contredit par des dispositions contractuelles[2]. Le Conseil constitution-

1. Le droit de rompre le mariage est tellement restreint et encadré qu'on ne peut guère y parler de résiliation unilatérale, laquelle renverrait plutôt au droit de répudiation que connaissent certains systèmes étrangers. On peut en revanche parler de droit de résiliation unilatérale dans le PACS.

2. Civ. 1re, 7 mars 2006, n° 04-12914 ; *Dr. & patr.* 2006, n° 152, 97, obs. Ph. Stoffel-Munck ; *RTD civ.* 2006, 762, obs. J. Mestre et B. Fages : « Dès lors qu'elle tendait à priver d'effet l'exercice par M. X... de la faculté, qui lui était reconnue, de révoquer unilatéralement le cautionnement à durée indéterminée qu'il avait souscrit, la clause litigieuse était nulle » ; seule la clause litigieuse est nulle, et non pas le cautionnement qui demeure valable.

nel lui a même donné une valeur constitutionnelle quand, dans sa décision sur le pacte civil de solidarité, il a énoncé « que, si le contrat est la loi commune des parties, la liberté qui découle de l'article 4 de la Déclaration des droits de l'homme et du citoyen de 1789 justifie qu'un contrat de droit privé à durée indéterminée puisse être rompu unilatéralement par l'un ou l'autre des contractants, l'information du cocontractant, ainsi que la réparation du préjudice éventuel résultant des conditions de la rupture, devant toutefois être garanties »[1].

Les parties peuvent en revanche, dans certaines limites, encadrer ce droit de rupture unilatérale. La Cour de cassation a ainsi admis que, dans les contrats à durée indéterminée, sauf indication contraire du législateur, la rupture pouvait se faire en principe par simple manifestation unilatérale de volonté, et ce en toute liberté, et notamment sans aucune formalité.

Ce droit de résiliation unilatérale peut cependant en pratique conduire à des injustices et la Cour de cassation a dès lors cherché à en tracer les limites.

2° *L'abus du droit*. Cherchant comme d'habitude dans les principes généraux de quoi corriger les injustices les plus flagrantes, la notion d'abus de droit a été mobilisée. La Cour de cassation a ainsi progressivement admis que le droit de résiliation unilatérale pouvait être susceptible d'abus et sanctionné comme tel[2]. Le critère de l'abus est ici plus large que la seule intention de nuire[3]. En particulier, les juges ont admis que, lorsque le contrat a duré un certain temps, une rupture brutale constituait le plus souvent un abus du droit de rompre, et elle a ainsi imposé le respect d'un préavis de façon à permettre au cocontractant de prendre ses dispositions[4]. Jusque récemment, il semblait ainsi que la seule obli-

1. Décision n° 99-419 DC du 09 novembre 1999, § 61.

2. « Il résulte de cette disposition [l'art. 1134, al. 2 C. civ.] que, dans les contrats à exécution successive dans lesquels aucun terme n'a été prévu, la résiliation unilatérale est, *sauf abus sanctionné par l'alinéa 3 du même texte* (souligné par nous) offerte aux deux parties » (Civ. 1re, 5 févr. 1985, n° 83-15895). Com., 31 mai 1994, n° 92-12548 ; *JCP* 1994, I, 3803, n° 1, obs. G. Virassamy.

3. Com., 3 juin 1997, n° 95-12402 : « L'abus dans la résiliation d'une convention ne résulte pas exclusivement dans la volonté de nuire de celui qui résilie. »

4. Com., 8 avr. 1986, n° 84-12943 : « Si, en l'absence de toute convention contraire, la Société Tim était en droit de mettre fin au contrat de concession conclu sans limitation de durée, c'est à la condition que l'exercice de ce droit ne soit pas abusif ; que la cour d'appel a retenu que la Société Tim avait mis fin brutalement au contrat l'unissant à la Société Van Beurden Mode Agenturen en l'avisant quelques jours avant la présentation de la collection d'été 1981 que cette collection ne lui serait pas confiée ; que par ce seul motif [...], la cour d'appel a légalement justifié sa décision. »

gation du cocontractant souhaitant résilier son contrat consistait à respecter un délai de préavis[1].

Cependant, au nom de l'abus de droit, les juges ont commencé à sanctionner d'autres comportements que l'absence de préavis de la rupture. L'abus a ainsi pu être retenu dans des cas où la rupture était en contradiction avec le comportement antérieur du contractant. Cette jurisprudence a été beaucoup développée à l'occasion de contrats de la distribution, les juges sanctionnant les fournisseurs ayant laissé croire au renouvellement ou au maintien du contrat[2], en particulier lorsqu'ils avaient exigé peu de temps avant des investissements de la part de leurs distributeurs[3]. Le devoir de solidarité et d'entraide entre les contractants ne semble cependant pas encore aller jusqu'à imposer au concédant d'assister son cocontractant dans sa reconversion[4], ce que doit en revanche l'employeur à son salarié[5]. L'auteur de la rupture n'a pas non plus l'obligation d'agréer le candidat à la succession de son cocontractant[6].

La question est complexe, d'autant que, comme souvent, la Cour de cassation refuse de se laisser enfermer dans des critères précis et préfère, tout en marquant clairement son contrôle et son approbation par les formules classiques telles que « a pu » ou « à bon droit », reprendre un à un les indices qui ont conduit les juges du fond à retenir un abus.

Certaines lois spéciales prévoient que, pour certains contrats dont la stabilité doit être sauvegardée (contrat de travail, mariage, etc.), l'auteur de la rupture doit invoquer une cause de rupture admissible. Les juges sont pour l'instant réticents à admettre de façon générale une obligation de motiver la rupture, qui ne serait pourtant pas incompatible avec un droit de rompre unilatéralement (v. état des questions). Ils admettent cependant aujourd'hui de façon plus générale que les juges puissent déduire des circonstances la faute de l'auteur de la rupture faisant dégénérer celle-ci en abus : ainsi, selon la Cour de cassation, « si la partie qui

1. Com., 5 déc. 1984, n° 83-14273 (2°).

2. Com., 5 avr. 1994, n° 92-17278; *JCP* 1994, I, 3803, 508, obs. Ch. Jamin; *D.* 1995, 355, note G. Virassamy; Com., 5 oct. 2004, n° 02-17338; *RTD civ.* 2005, 127, obs. J. Mestre et B. Fages.

3. Com., 7 oct. 1997, n° 95-14158 et 20 janv. 1998, n° 96-18353; *D.* 1998, 413, note Ch. Jamin; Com., 29 janv. 2002 et Com., 9 avr. 2002, *RTD civ.* 2002, 811, obs. J. Mestre et B. Fages.

4. Com., 6 mai 2002, n° 99-14093; *RTD civ.* 2002, 810, obs. J. Mestre et B. Fages : « Le concédant n'est pas tenu d'une obligation d'assistance du concessionnaire au vue de sa reconversion ». Il ne doit pas pour autant lui mettre des bâtons dans les roues : obs. M. Behar-Touchais sous Paris, 2 oct. 2008, *RDC* 2009/3, 1151.

5. C'est ce qu'on appelle l'obligation de reclassement. Soc., 31 mars 1998, n° 96-40748.

6. Le refus d'agrément ne doit pas être illégitime mais il peut être fondé sur des motifs autres que ceux tenant à la personne du candidat à l'agrément, Com., 5 oct. 2004, n° 02-17338; *RTD civ.* 2005, 127, obs. J. Mestre et B. Fages.

met fin à un contrat de durée indéterminée dans le respect des modalités prévues n'a pas à justifier d'un quelconque motif, le juge peut néanmoins, à partir de l'examen de circonstances établies, retenir la faute faisant dégénérer en abus l'exercice du droit de rompre»[1]. Le Conseil constitutionnel est au demeurant intervenu à plusieurs reprises pour exiger du législateur qu'il prévoie un régime de la rupture des contrats à durée indéterminée, et notamment qu'il précise les causes permettant une telle résiliation. Ainsi, dans sa décision précité sur le PACS, après avoir admis la valeur constitutionnelle du droit de rompre unilatéralement les contrats à durée indéterminée, il a ajouté qu'«il appartient au législateur, en raison de la nécessité d'assurer pour certains contrats la protection de l'une des parties, de préciser les causes permettant une telle résiliation, ainsi que les modalités de celle-ci, notamment le respect d'un préavis»[2].

Le régime spécial de rupture le plus général est aujourd'hui sans conteste l'article L. 442-6, I. C. com. qui prévoit désormais qu'«engage la responsabilité de son auteur et l'oblige à réparer le préjudice causé le fait, par tout producteur, commerçant, industriel ou artisan» : «5° De rompre brutalement, même partiellement, une relation commerciale établie, sans préavis écrit tenant compte de la durée de la relation commerciale et respectant la durée minimale de préavis déterminée, en référence aux usages du commerce, par des accords interprofessionnels [...]. Les dispositions qui précèdent ne font pas obstacle à la faculté de résiliation sans préavis, en cas d'inexécution par l'autre partie de ses obligations ou en cas de force majeure.» Ce régime s'applique expressément uniquement aux relations commerciales établies, pour lesquelles il faut protéger la croyance légitime des parties dans le caractère durable de leur lien.

Les parties peuvent aménager le régime de leur droit de rupture unilatéral, en particulier le préavis ainsi que les conséquences de la rupture, et la Cour de cassation semble leur laisser une grande marge de liberté à cet égard[3], mais il ne fait pas de doute que les juges pourront

1. Civ. 1re, 21 févr. 2006, n° 02-21240; *RTD civ.* 2006, 314, obs. J. Mestre et B. Fages; *RDC* 2006/3, 704, obs. D. Mazeaud.

2. Décision n° 99-419 DC du 9 nov. 1999 sur la loi relative au Pacte civil de solidarité.

3. V. ainsi Civ. 1re, 17 févr. 2011, n° 10-13980; *RDC* 2011/3, 832, obs. Th. Genicon, qui rejette le pourvoi contre un arrêt ayant approuvé l'application d'une clause par laquelle il était prévu que le mandat convenu pouvait prendre fin à tout moment sans aucun préavis ni aucune indemnité de quelque nature que ce soit, par lettre recommandée adressée par la partie prenant l'initiative de la rupture; selon la haute Juridiction, ayant «fait ressortir que la volonté des parties consistait à autoriser chacune d'elles à rompre le contrat sans préavis ni indemnité, ce que Mme X...avait fait à trois reprises, et notamment le jour-même de la rupture décidée par Mme Y... , de sorte que cette dernière avait pu user, de bonne foi et sans faute, de la faculté de rupture prévue contractuellement, la cour d'appel a légalement justifié sa décision». On ne peut déduire de cet arrêt que la seule présence d'une

invalider en tout ou partie la clause convenue si, dans un litige précis, elle conduisait à des résultats injustes.

b) Les conséquences de la rupture unilatérale des contrats à durée indéterminée. — Sur ce point encore, le droit commun présente des lacunes qu'il faudrait combler. Lorsque le contrat est à durée indéterminée, chaque contractant a le droit de résilier celui-ci unilatéralement, et les juges semblent en déduire que l'auteur de la rupture ne doit pas en principe être condamné à en réparer les conséquences, sauf en cas d'abus, c'est-à-dire dans l'hypothèse où une faute pourrait être caractérisée (dans les circonstances de la rupture par exemple)[1]. Il est cependant admis dans certaines matières spéciales que la légitimité de la rupture n'empêche pas que l'une des parties puisse être condamnée à assumer certaines des conséquences de celle-ci : on en trouve des exemples en matière de propriété commerciale, de droit des sociétés ou surtout en droit du travail. La Cour de cassation a dès lors jugé à son tour que « l'intérêt légitime de rompre reconnu par l'arrêt à [une partie] n'excluait pas que celle-ci pût être tenue pour seule responsable de la rupture des relations contractuelles entre les parties »[2]. Il ne s'agit pas là d'une clause pénale, dans la mesure où les dommages-intérêts ne sont pas la contrepartie de l'inexécution d'une obligation puisque, précisément, il y a droit de rompre le contrat[3]. La solution paraît, *de lege ferenda*, inévitable et au fond assez juste. Les juges ont fait quelques tentatives, pas toujours très adroites, pour lui trouver un fondement juridique approprié[4].

telle clause radicale empêcherait la paralysie de cette dernière par la preuve d'une mauvaise foi ou d'une faute, car la haute Juridiction insiste sur d'autres éléments de fait de l'espèce (par exemple le fait que l'autre partie ait également fait utilisation de la clause, et donc que celle-ci était bilatérale). Il s'agissait en outre d'un contrat particulier – le mandat – dans lequel la rupture *ad nutum* a toujours été concevable.

1. Civ. 1re, 13 déc. 1994 (n° 92-16152) : « L'arrêt retient exactement que, les relations entre les parties ayant été régies par une convention verbale à durée indéterminée, il en résulte que chacune d'elles avait la faculté de mettre fin aux relations, sous réserve d'un délai de préavis, cette rupture ne pouvant donner lieu à indemnisation que dans la mesure où est établie une faute caractérisant un abus dans l'exercice du droit de rompre. » V. encore Civ. 1re, 11 juin 1996, n° 95-17339.

2. Civ. 1re, 21 mai 1997, n° 95-13286; *JCP G* 1998, I, 113, 327.

3. Civ. 1re, 6 mars 2001, n° 98-20431; *RTD civ.* 2001, 589, obs. J. Mestre et B. Fages.

4. Com., 9 oct. 2007, n° 05-11118; *RTD civ.* 2008, 300, obs. B. Fages; *JCP G* 2007, II, 10211, note N. Dissaux, qui, au visa de l'article 1371, approuve la Cour d'appel d'avoir admis que « le franchisé pouvait se prévaloir d'une clientèle propre, et que la rupture du contrat stipulant une clause de non-concurrence était le fait du franchiseur, ce dont il se déduisait que l'ancien franchisé se voyait dépossédé de cette clientèle, et qu'il subissait en conséquence un préjudice, dont le principe était ainsi reconnu et qu'il convenait d'évaluer ». Le fondement des quasi-contrats n'est cependant pas le plus approprié : v. le 2nd vol. du présent ouvrage, *Les obligations, 2. Responsabilité civile et quasi contrats*, PUF, thémis droit, 2e éd., 2010.

SECTION 3
Les obligations survivant à la disparition du contrat (l'après-contrat)

En principe, le contrat dure jusqu'à ce qu'il ait épuisé ses effets, c'est-à-dire jusqu'à ce qu'il ait été entièrement exécuté. Mais les parties conviennent parfois que, même après la rupture de leur contrat[1], certaines obligations survivront et demeureront donc à la charge de l'une ou l'autre d'entre elles. La situation est loin d'être exceptionnelle. C'est ainsi par exemple que lorsqu'il est mis fin au contrat de travail, le salarié peut être encore tenu pendant un certain temps d'une obligation de non-concurrence qui lui interdit, dans une certaine mesure strictement définie[2], d'exercer la même activité que précédemment et ainsi de concurrencer son ancien employeur; pour un salarié qui a travaillé dans une entreprise industrielle, il peut être tenu, même après son départ, à une certaine obligation de discrétion, c'est-à-dire à ne pas divulguer certains secrets de fabrication. De même, la résiliation d'un contrat peut laisser subsister certaines clauses destinées à régir les relations des parties après la période contractuelle[3].

Comment analyser toutes ces obligations ? On ne peut nier que, dans tous ces cas, le contrat a bel et bien disparu ; il n'y a plus par exemple contrat de travail entre l'ancien employeur et le salarié. Pourtant, certaines obligations demeurent et qui trouvent bien leur source dans cet ancien contrat : si ces obligations sont violées, la responsabilité du contrevenant sera d'ailleurs contractuelle bien que la faute qu'il commet

1. Même par résiliation mutuelle : Soc., 20 déc. 2006, n° 05-43057; *RTD civ.* 2007, 117, obs. J. Mestre et B. Fages; *D.* 2007, 555, note G. Blanc-Jouvan.

2. La validité de la clause de non-concurrence suppose en effet qu'il ne soit pas porté atteinte à la liberté du travail, ce qui requiert que la clause soit limitée dans le temps ou dans l'espace, qu'elle soit nécessaire à la protection des intérêts légitimes de l'entreprise (depuis l'arrêt *Godissart* du 14 mai 1992, n° 89-45300) et également, depuis un important revirement de jurisprudence du 10 juillet 2002, qu'il existe une contrepartie financière à l'engagement du salarié (n° 00-45135).

3. Pour un contrat d'enregistrement exclusif, Soc., 20 déc. 2006, n° 05-43057; *RTD civ.* 2007, 117, obs. J. Mestre et B. Fage : « sauf disposition contraire résultant de l'accord des parties, la résiliation, d'un commun accord, du contrat d'enregistrement exclusif, n'y met fin que pour l'avenir de sorte qu'elle n'a pas pour effet [...] d'anéantir les clauses destinées à régir les relations entre l'artiste-interprète et le producteur après la période contractuelle de réalisation des enregistrements ».

soit par hypothèse postérieure à la fin du contrat[1]. D'une certaine façon, des obligations de nature contractuelle survivent donc à la disparition du contrat, ce qui montre que le contrat crée un lien entre les parties qui ne s'épuise pas nécessairement dans l'accomplissement de ses obligations principales.

ÉTAT DES QUESTIONS

BIBLIOGRAPHIE

Sur la durée du contrat : F. Colonna d'Istria, *Temps et concepts en droit des obligations. Essai d'analyse méthodologique*, th. Aix-Marseille III, 2009 ; A. Étienney, *La durée de la prestation*, LGDJ, « Bib. dr. privé », 2007, préf. T. Revet (pour un résumé par l'auteur, La durée de la prestation, ou le temps dans la satisfaction du créancier, *LPA* 2007, n° 44, p. 4); du même auteur, La durée du contrat et la réforme du droit des obligations, *D.* 2011, 2672 ; *Durées et contrats*, colloque, *RDC* 2004/1, n° spéc. ; I. Pétel, *Les durées d'efficacité du contrat*, th. Montpellier I, 1994 ; J. Azéma, *La durée des contrats successifs*, LGDJ, « Bib. dr. privé », 1969, préf. R. Nerson ; O. Litty, *Inégalité des parties et durée du contrat. étude de quatre contrats d'adhésion usuels*, LGDJ, « Bib. dr. privé », 1999, préf. J. Ghestin. *Sur l'idée de stabilité du contrat :* P. Durand (dir.), *La tendance à la stabilité du rapport contractuel*, LGDJ, 1960 ; Ch. Atias, Les promesses implicites de stabilité (crédit, emploi), *D.* 1995, chron., 125 ; L. Aynès, Le devoir de renégocier, in *Le contrat au secours de l'entreprise (Les modes contractuels de résolution des conflits)*, Colloque Deauville, 1999, 11. *Adde* A. Marais, Le maintien forcé du contrat par le juge, *LPA* 2 oct. 2002, 7.

Sur les contrats perpétuels : v. *supra* avec l'objet du contrat.

Sur la rupture d'un commun accord : R. Vatinet, Le *mutuus dissensus, RTD civ.* 1987, 252 ; A. Arseguel, Rupture d'un commun accord et transaction. Une interaction fructueuse, *Mélanges L. Boyer*, PU Toulouse, 1996, 1.

Sur la rupture unilatérale : B. Houin, *La rupture unilatérale des contrats synallagmatiques*, th. Paris II, 1973 ; S. Amrani Mekki, La résiliation unilatérale des contrats à durée déterminée, *Defrénois* 2003, art. 37688 ; B. Le Bars, La résiliation unilatérale du contrat pour cause d'intérêt légitime, *D.* 2002, chron., 381 ; Ch. Jamin, Les sanctions unilatérales

1. Elle doit donc être distinguée de la faute de même nature ayant pu être commise avant la rupture du contrat. V. Soc., 10 nov. 1998, n° 96-41308 96-45857 ; *RTD civ.* 1999, 399, obs. J. Mestre. Un contrat de travail comportait une clause de non-concurrence valable pendant les douze mois suivant le départ du salarié ; celui-ci fut licencié pour faute lourde pour avoir, par l'intermédiaire de proches, déposé des brevets pour des produits créés par lui dans le cadre de son travail. Rejet du pourvoi contre l'arrêt ayant fait droit à la demande du salarié en versement de l'indemnité prévue par la clause : « La clause de non-concurrence, étant distincte de l'obligation de loyauté à laquelle le salarié se trouve soumis pendant la durée d'exécution du contrat et, n'ayant pu entrer en application qu'à compter de la rupture du contrat de travail, la cour d'appel a exactement énoncé que les seuls manquements du salarié pouvant, dans le cadre de cette clause, permettre à l'employeur de s'exonérer de son obligation financière étaient ceux fondés sur des faits postérieurs à la rupture. »

de l'inexécution du contrat : trois idéologies en concurrence, in *L'unilatéralisme et le droit des obligations*, dir. Ch. Jamin et D. Mazeaud, Economica, « Études juridiques », 1999, 71 ; J. Mestre, Résiliation unilatérale et non-renouvellement dans les contrats de distribution, in *La cessation des relations contractuelles d'affaires*, PUAM, 1997, 13.

Sur l'après-contrat : M.-E. André, M.-P. Dumont et Ph. Grignon, *L'après-contrat*, Francis Lefebvre, 2005 ; G. Blanc-Jouvan, *L'après-contrat, étude à partir du droit de la propriété littéraire et artistique*, PUAM, 2003, préf. P.-Y. Gautier ; C. Caseau-Roche, *Les obligations postcontractuelles. Contribution à l'étude des stipulations relatives à la rupture de relations contractuelles continues*, th. Paris I, 2001 ; F. Petit, L'après-contrat de travail, th. Bordeaux, 1994. *Adde* Ph. Stoffel-Munck, L'après-contrat, *RDC* 2004/1, 159.

Sur l'abus : Ph. Stoffel-Munck, *L'abus dans le contrat, Essai d'une théorie*, LGDJ, « Bib. dr. privé », 2000, préf. R. Bout ; P. Ancel et G. Aubert, Introduction en forme de dialogue franco-suisse, *L'abus de droit*, Univ. Saint-Étienne, 2001 ; L. Mion, L'abus dans le droit des contrats, *Dr. & patr.* juin 2000, 42 ; P. Ancel, Critères et sanctions de l'abus de droit en matière contractuelle, *JCP E* 1999, 30 ; B. Fages, L'abus dans les contrats de distribution, *Cah. dr. entr.* 1998, n° 6, 11 ; H. Beale, L'abus de pouvoir dans les contrats de longue durée et les limites du droit des contrats, *Études A. Sayag*, Litec, 1997, 117 ; Ch. Jamin, Typologie des théories juridiques de l'abus, *CCC* juil.-août 1996, n° 92, 7 ; J. Ghestin, L'abus dans les contrats, *Gaz. Pal.* 1981, II, doctr., 379 ; M. Rotondi, Le rôle de la notion d'abus du droit, *RTD civ.* 1980, 66 ; J. Charmont, L'abus du droit, *RTD civ.* 1902, 113.

POLITIQUE LÉGISLATIVE

La rupture des relations commerciales établies. Le législateur est intervenu pour combler partiellement le manque, dans la théorie générale des contrats, d'un droit commun de la résiliation unilatérale. La loi L. 96-588 du 1er juil. 1996 sur la loyauté et l'équilibre des relations commerciales, modifiée par la loi sur les nouvelles régulations économiques du 15 mai 2001 (L. Idot, La deuxième partie de la loi NRE ou la réforme du droit français de la concurrence, *JCP G* 2001, I, 343 ; *RTD civ.* 2001, 671, obs. J. Rochfeld) a posé un régime général de la rupture de relations commerciales établies.

L'article L. 442-6, I. C. com. est désormais d'application courante : M. Chagny, L'article L. 442-6, I, 2° : entre droit du marché et droit commun des obligations, *D.* 2011, chron., 392 ; G. Viney, *RDC* 2009/3, 1048 ; J. Mestre et B. Fages, *RTD civ.* 2007, 343. Les juges assimilent aux contrats à durée indéterminée les relations commerciales établies. Com., 6 juin 2001, *RTD civ.* 2001, 588, obs. J. Mestre et B. Fages ; P. Vergucht, La rupture brutale d'une relation commerciale établie, *RJ com.* 1997, 129. *Adde* J.-L. Respaud, Préavis, assistance et reconversion du distributeur évincé, *Cah. dr. entr.* 2002, n° 5, 19. L'application du texte requiert cependant que soit caractérisée une relation commerciale établie et non pas seulement des relations commerciales « ponctuelles et non suivies », qui sont « simplement de longs pourparlers en vue d'un accord commercial, qui n'a en fait jamais été concrétisé » : Com., 25 avr. 2006, n° 02-19577 ; *RDC* 2006/4, 1033, obs. J. Rochfeld. Pour un autre cas de refus d'une telle qualification, que les plaideurs invoquent fréquemment, Com., 23 oct. 2007, n° 06-16774 ; *RTD civ.* 2008, 105, obs. B. Fages. Il faut une relation «commerciale», ce que peut parfois invoquer un membre d'une profession libérale (Com., 16 déc. 2008, n° 07-18050, pour un architecte, mais Com., 20 janv. 2009, n° 07-17556, le refuse pour un notaire). La responsabilité qui découle d'une relation commerciale établie a été qualifiée de délictuelle, dans la mesure où ce sont les dommages consécutifs aux circonstances de la rupture qui sont réparés sur ce fondement : Com., 6 févr. 2007, n° 04-13178; *RDC* 2007/3, 731, obs. J.-S. Borghetti; *D.* 2007, 653, obs. E. Chevrier; *RTD civ.* 2007, 343, obs. J. Mestre et B. Fages; *JCP G* 2007, II, 10108, note F. Marmoz; *RLDC* oct.-déc. 2007, 85, obs. M. Chagny; Com., 13 janv. 2009, n° 08-13971; *RDC* 2009/3, 1016, obs. D. Mazeaud; *D.* 2009, 295, obs. E. Chevrier : la clause attributive de compétence territoriale stipulée dans le contrat est donc inopposable à la victime.

Les juges du fond admettent que l'exigence de préavis n'est pas soumise à un formalisme excessif : J. Mestre et B. Fages, *RTD civ.* 2001, 587. Sur le préavis en général, M. Amaury-Sonet, *Le préavis en droit privé*, th. Versailles – Saint-Quentin, 2002.

La Cour de cassation a jugé que le repreneur d'un fonds reprenait aussi la relation commerciale établie : Com., 2 nov. 2011, n° 10-25323; Cl. Mouly-Guillemaud, Le repreneur du fonds reprends la relation commerciale :une relation établie bien au-delà du réel, *D.* 2012, 795.

Avant cette intervention législative, les juges avaient tenté de se servir du droit de la concurrence. Com., 24 oct. 2000, n° 98-14382; *RTD civ.* 2001, p. 141, obs. J. Mestre et B. Fages : si selon l'art. 9 de l'ord. du 1er déc. 1986 (auj. art. L. 420-3 C. com.), est nul tout engagement, convention ou clause contractuelle se rapportant à une pratique anticoncurrentielle prohibée, «ce texte ne prévoit pas la possibilité pour le juge d'ordonner la conclusion d'un contrat ou son renouvellement», si bien qu'en l'espèce, les juges ne pouvaient annuler un congé notifié au cocontractant. Dans le même sens, J. Thréard et Ch. Bourgeon, Dépendance économique et droit de la concurrence, *Cah. dr. entr.* 1987-2, 26; M.-E. Tian-Pancrazi, *La protection judiciaire du lien contractuel*, PUAM, 1996, préf. J. Mestre, 227. Suggérant au contraire que l'annulation du congé aurait pu se fonder sur son indivisibilité avec le contrat dont l'objet avait été déclaré anticoncurrentiel, obs. J. Mestre et B. Fages préc.

PRATIQUE JURIDIQUE

Les conséquences de la rupture des contrats : l'exemple de l'affaire des cuves. La rupture des contrats à durée indéterminée entraîne parfois des difficultés, notamment dans les restitutions à opérer entre les parties. Dans le cadre de contrats d'approvisionnement exclusif, les compagnies pétrolières prêtent aux pompistes de marque des cuves à essence qui sont encastrées dans le sol; mais lorsque les pompistes veulent mettre fin à ces contrats (cela a fréquemment été le cas sur le fondement de l'indétermination du prix), les compagnies ont réclamé la restitution de ces cuves, en arguant de ce qu'il n'y avait que simple prêt; mais une telle obligation de restitution privait les pompistes de la possibilité de sortir des contrats car ils ne pouvaient rendre les cuves sans détruire leur station-service. Ils ont alors plaidé pour pouvoir rendre un équivalent ou payer le prix des cuves, sur le fondement de l'abus du droit par les compagnies de réclamer la restitution des cuves en nature. La Cour de cassation, se fondant sur les règles strictes du prêt, a d'abord jugé qu'il devait y avoir restitution en nature (Com., 22 juil. 1986, 6 janv. et 10 févr. 1988). Mais le Conseil de la concurrence a jugé différemment, et décidé qu'il y avait en fait dissuasion de sortir du contrat et donc entrave à la libre concurrence

(29 sept. 1987, confirmé par Paris, 5 mai 1988). La Cour de cassation a alors modifié sa jurisprudence et annulé les clauses de restitution en nature (Com., 18 févr. 1992). Que devient alors la qualification des obligations portant sur les cuves ? Il n'y a plus prêt à usage ou commodat, puisqu'il y a faculté de restituer par équivalent. Il n'y a pas davantage prêt de consommation puisque les cuves ne sont pas consomptibles, c'est-à-dire qu'elles ne se consomment pas par le premier usage. Il y a plutôt vente (lorsqu'il y a paiement de la cuve) ou échange (lorsqu'il y a restitution d'une cuve équivalente), mais sans doute faudrait-il conserver de l'ancienne qualification de prêt l'absence de transfert de propriété tant qu'il n'y a pas paiement ou restitution d'une cuve équivalente dans la mesure où c'est sur la compagnie que doivent peser, jusqu'à la résiliation du contrat, les risques de ces choses. Le moment du transfert aura aussi une incidence en cas de redressement judiciaire ou de liquidation judiciaire du pompiste (la revendication de la compagnie ne sera possible que s'il n'y a pas eu transfert de propriété). F. Pérochon, L'adieu aux cuves : à propos de la décision du Conseil de la concurrence du 29 septembre 1987, *Cah. dr. entr.* 1987, n° 6, 4.

Adde Une technique contractuelle complexe : la distribution automobile, *Le contrat aujourd'hui : comparaisons franco-anglaises*, dir. D. Tallon et D. Harris, LGDJ, 1987, rapp. franc. A. Sayag (333) et rapp. angl. H. Beale, D. Harris et T. Sharpe (365) ; J. Raynard, Les restitutions dans les contrats de distribution, *La cessation des relations contractuelles d'affaires*, PUAM, 1997, 186.

THÉORIE JURIDIQUE

a) La distinction entre les contrats à durée déterminée et les contrats à durée indéterminée. — Cette distinction fondamentale n'apparaît pas dans le Code civil alors qu'elle a davantage de conséquences que la distinction entre les contrats à exécution instantanée et à exécution successive à laquelle les civilistes accordent classiquement toute leur attention. La partie générale sur le contrat – le fameux titre III du livre III – n'emploie la notion de détermination qu'à propos de l'objet, où elle a donné lieu comme on le sait à des débats passionnés. Ailleurs on ne trouve – mise à part une allusion plus technique mais qui reprend les principes généraux de la distinction (art. 1873-3 C. civ. qui précise la différence de régime des conventions relatives à l'exercice des droits indivis selon qu'elles sont conclues à durée déterminée ou indéterminée) – qu'une occurrence de la notion de contrat à durée déterminée, dans l'article 1780, c'est-à-dire précisément dans la seule disposition du Code civil consacrée au contrat de travail, qui dispose qu'« On ne peut engager ses services qu'à temps, ou pour une entreprise déterminée (L. 27 déc. 1890). Le louage de service, fait sans détermination de durée, peut toujours cesser par la volonté d'une des parties contractantes. Néanmoins, la résiliation du contrat par la volonté d'un seul des contractants peut donner lieu à des dommages-intérêts [...] ».

b) L'obligation de motivation en droit des contrats. — J. Rbii, *L'obligation de motivation en droit des contrats*, th. Toulouse, 2009 ; X. Lagarde, La motivation des actes juridiques, in *La motivation, Trav. Ass. H. Capitant*, Limoges, 1998, LGDJ, 2000, 73 ; M. Fabre-Magnan, L'obligation de motivation dans les contrats, *Études J. Ghestin*, LGDJ, 2001, 301 ; débat *RDC* 2004, n° 2, 555 et s.

Plusieurs dispositions spéciales imposent une obligation de motiver la rupture. Ainsi, en droit du travail, depuis une loi du 13 juillet 1973, le licenciement doit être fondé sur une cause réelle et sérieuse qu'il appartient au juge d'apprécier, sous peine d'une indemnité qui ne peut être inférieure au salaire des six derniers mois (art. L. 1235-3 C. trav.); il en est encore ainsi dans le contrat de bail, dont la rupture par le bailleur est subordonnée à une obligation de motivation. Plus généralement, dans les mandats d'intérêt commun (contrats par lesquels les deux parties vont coopérer à la création d'une clientèle commune), l'auteur de la rupture doit justifier d'un intérêt légitime (J. Ghestin, Ch. Jamin et M. Billiau, *Les effets du contrats, Traité de droit civil*, LGDJ, 3e éd., 2001, n°s 277 et s.); mais malgré plusieurs propositions doctrinales en ce sens (G. Virassamy, *Les contrats de dépendance*, LGDJ, 1986), la Cour de cassation refuse pour l'instant d'étendre ce régime spécial à tous les contrats de longue durée (en matière de concession exclusive : Com., 7 oct. 1997, n° 95-14158; *D.* 1998, 413, note Ch. Jamin; pour un contrat d'exercice d'une activité médicale, Civ. 1re, 25 juin 1996, n° 94-17633).

En droit commun des contrats, la jurisprudence est encore éparse et incertaine (D. Mazeaud, Un petit plomb en moins dans l'aile du solidarisme contractuel..., *D.* 2003, 93). Certains arrêts ont pu laisser entrevoir un contrôle de la motivation de la rupture, ou tout au moins que celle-ci n'était pas entièrement discrétionnaire; la Cour de cassation a ainsi pu reprocher à une cour d'appel d'avoir validé la rupture sans avoir constaté que le concessionnaire avait été informé des raisons qui la motivaient (Com., 20 janv. 1998, n° 96-18353; *D.* 1998, 413 et s., note Ch. Jamin); dans un autre arrêt, si elle approuve la cour d'appel d'« avoir énoncé à bon droit que [le concédant] pouvait résilier le contrat sans donner de motifs », elle admet que la rupture peut néanmoins être abusive si, comme en l'espèce, le concédant a manqué de loyauté en n'informant pas de ses intentions le concessionnaire (Com., 5 avr. 1994, n° 92-17278; Com., 2 juil. 2002, n° 01-12685; obs. précit. D. Mazeaud; *RDC* 2003, p. 154, obs. M. Behar-Touchais, certes dans une espèce où c'est d'une clause du contrat que l'on pouvait déduire une telle obligation de motivation). D'autres arrêts en revanche semblent plus réticents, et retiennent « que le concédant peut résilier le contrat de concession sans donner de motifs, sous réserve de respecter le délai de préavis et sauf abus du droit de résiliation » (Com., 7 oct. 1997, n° 95-14158, l'attendu cité étant certes repris de la cour d'appel). On peut ajouter à ce tableau les arrêts relatifs à la question très similaire du non-renouvellement des contrats à durée déterminée. Là encore, la Cour de cassation a parfois retenu que lorsque « le refus de renouvellement du contrat était dépourvu de motif tandis qu'il causait préjudice à [l'agent commercial] », la cour d'appel avait pu caractériser « son caractère abusif » (Com., 27 oct. 1998, n° 96-11012); mais elle retient le plus souvent que « le concédant n'est pas tenu de motiver sa décision de ne pas conclure un nouveau contrat de concession » (Com., 4 janv. 1994, n° 91-18170), ou encore que l'auteur de la rupture « n'avait pas à donner de motifs au non-renouvellement du contrat » (Com., 25 avr. 2001, *D.* 2001, som., 3237, obs. D. Mazeaud; *RTD civ.* 2002, 99, obs. J. Mestre et B. Fages). L'ensemble demeure donc pour le moins timide, et si la Haute Juridiction admet certainement l'abus possible du droit de rompre le contrat, elle semble hésiter pour l'instant à imposer une obligation de motivation à l'auteur de la rupture.

À l'occasion de sa décision sur le contrat première embauche (CPE), le Conseil constitutionnel a admis qu'il ne résultait « ni du principe de la liberté contractuelle [...] ni d'ailleurs d'aucun autre principe ou règle de valeur constitutionnelle que la faculté pour l'employeur de mettre fin au contrat première embauche devrait être subordonnée à l'obligation d'en énoncer préalablement les motifs » ; mais que, cependant, « toute rupture d'un contrat première embauche pendant les deux premières années pourra être contestée devant le juge du contrat » et « qu'il appartiendra à l'employeur, en cas de recours, d'indiquer les motifs de cette rupture afin de permettre au juge de vérifier qu'ils sont licites et de sanctionner un éventuel abus de droit » (décision n° 2006-535 DC du 30 mars 2006 sur la loi sur l'égalité des chances) ; de ces motifs confus, on peut déduire qu'il y a bien une obligation de motivation, non pas préalable à la rupture, mais à chaque fois qu'un litige s'élèvera à propos de celle-ci.

Le droit – qui est acquis – de rompre unilatéralement un contrat à durée indéterminée n'est pourtant pas théoriquement antinomique avec une obligation de motiver cette rupture. Certains droits peuvent en effet être limités à des situations particulières, et donc subordonnés à une motivation, sans que ce droit soit pour autant remis en cause : il en est ainsi, parmi de très nombreux exemples, du droit de divorcer, qui ne peut être exercé que dans les cas et pour les motifs légalement prévus.

L'obligation de motivation présente des avantages et des inconvénients. D'un côté, face au développement du pouvoir unilatéral des contractants, nécessaire pour permettre au contrat de durer, l'obligation de motivation est un mécanisme correcteur possible, à côté de l'obligation de se comporter de bonne foi et de ne pas commettre d'abus ; obliger une partie à motiver sa décision de rompre permet au juge de contrôler que celle-ci est suffisamment justifiée pour compenser le préjudice important pouvant en découler pour le cocontractant. D'un autre côté, si l'obligation de motivation est compatible avec le droit de résilier ou de ne pas renouveler un contrat, elle en constitue néanmoins une limite certaine et donc une atteinte à la liberté contractuelle. On pourrait alors être tenté de renoncer à demander au contractant de motiver sa décision, mais en lui imposant en échange d'en assumer financièrement les conséquences dommageables pour l'autre partie. Mais ce système présente également des inconvénients majeurs. Il conduit en particulier à donner tous les droits dès lors que l'on paye, et donc à monnayer tous ces droits : on peut ainsi acheter le droit de polluer, le droit de résilier un contrat de façon dommageable pour le cocontractant, et plus généralement le droit de causer un dommage à autrui.

Une telle obligation de motivation pourrait opportunément être imposée lors de la rupture, par la partie « forte », d'un contrat par lequel l'une des parties tire ses moyens de subsistance ; elle serait en revanche inopportune dans d'autres contrats tels que le Pacs, où une obligation de motivation impliquerait de limiter les causes de rupture autorisées. Les juges seront sans doute amenés à consacrer une telle obligation, pour les mêmes raisons que celles qui les ont conduits à faire progressivement du contrat de travail un contrat dont la rupture par l'employeur devait être justifiée par une « cause réelle et sérieuse », et qui sont surtout des raisons probatoires : il n'est pas juste de faire peser la charge de la preuve de l'abus du droit de rompre sur la partie « faible », alors que c'est l'auteur de la rupture qui seul dispose des moyens d'apporter cette preuve. V. notre article Pour la reconnaissance d'une obligation de motiver la rupture des contrats de dépendance économique, *RDC* 2004, n° 2, p. 573 et La rupture du contrat : une occasion manquée de réforme, in *Regards comparatistes sur l'avant-projet de réforme du droit des obligations et de la prescription*, dir. J. Cartwright, S. Vogenauer et S. Whittaker, SLC, 2010, 193. Pour une intéressante tentative d'accorder une indemnité à la partie faible sur le fondement des quasi-contrats, Com., 9 oct. 2007, n° 05-14118 ; *RTD civ.* 2008, 119, obs. P.-Y. Gautier ; *D.* 2008, 388, obs. D. Ferrier.

Chapitre 4

LES MODES D'EXÉCUTION DU CONTRAT

SECTION 1
Le mode normal d'exécution : le paiement

Le paiement est le mode normal d'exécution des obligations qui conduit à l'extinction de la dette. Il faut entendre par paiement non pas seulement, comme dans le langage courant, le versement d'une somme d'argent, mais tout mode d'exécution d'une obligation. Il est vrai que l'expression n'est pas très utilisée pour les services, c'est-à-dire les obligations de faire même si, techniquement, on pourrait utiliser l'expression générale selon laquelle le débiteur doit payer sa dette. Surtout, pour les services, le mode concret d'exécution est très variable selon les contrats puisque le débiteur doit faire exactement ce à quoi il s'est obligé. Les règles générales de paiement sont donc plus adaptées aux obligations de remettre une chose au créancier et même, plus précisément encore, aux obligations monétaires.

1. LES CONDITIONS DE VALIDITÉ DU PAIEMENT

Le paiement suppose en tout premier lieu l'existence d'une dette, et ce qui a été payé sans être dû est sujet à répétition (art. 1235 C. civ. relatif au paiement de l'indu), ce qui est une façon d'annuler le paiement intervenu. À supposer qu'une dette existe, le paiement requiert, pour être valable, que certaines conditions soient réunies.

A / Les parties au paiement

Le paiement est en principe fait par le débiteur, mais il pourrait tout aussi valablement être fait par une personne intéressée au paiement ou tenue avec lui, comme un codébiteur, ou encore une caution. Il pourrait même être fait par un tiers quelconque (un tiers qui n'est point intéressé à l'obligation, dit l'article 1236, alinéa 2), par intention libérale ou non (le tiers aura alors reçu le plus souvent un mandat de payer). Le débiteur ne peut en principe y voir d'inconvénients : même si son obligation est une obligation de faire, qu'il fasse à Pierre ou à Paul ne change pas grand-chose en principe. Le créancier n'a pas non plus de raison de s'en plaindre en ce qui concerne les obligations monétaires : 1 000 reçus de Pierre ou de Paul sont parfaitement équivalents ; en revanche, s'il s'agit d'une obligation qu'il a intérêt à voir exécutée par le débiteur lui-même (par ex. une obligation de faire requérant une certaine expertise), il pourra l'exiger (art. 1237).

Le paiement doit en principe être fait au créancier, ou à quelqu'un ayant reçu pouvoir de lui, ou qui soit autorisé par justice ou par la loi à recevoir pour lui (art. 1239). Le paiement fait de bonne foi par le débiteur à celui qui est en possession de la créance est valable (le débiteur pouvait se fier aux apparences), même si le possesseur est par la suite évincé (art. 1240). En revanche, le paiement fait à un tiers sans pouvoir ou à un créancier incapable est nul, ce qui signifie que le débiteur n'est pas libéré (qui paie mal paie deux fois). Le paiement n'est alors libératoire que si le créancier le ratifie (pour le paiement fait à un tiers) ou si le créancier en a tiré profit. De même, si le débiteur paie son créancier alors que celui-ci fait l'objet d'une saisie ou d'une opposition, le paiement n'est pas valable à l'égard des créanciers saisissants ou opposants et ceux-ci peuvent alors le contraindre à payer de nouveau (art. 1242), le débiteur n'ayant plus alors qu'un recours éventuel contre le créancier.

B / L'objet du paiement

Le débiteur doit payer très exactement ce qu'il doit, et le créancier ne peut être contraint d'accepter une chose différente de celle convenue, même si la valeur de la chose offerte est égale, voire supérieure à celle due (art. 1243 C. civ.). Le débiteur doit donc lui demander son accord s'il veut procéder à une *dation en paiement*[1], c'est-à-dire à un paiement avec autre chose que ce qui était initialement convenu[2] (par ex. en transmettant au créancier la propriété d'un bien au lieu de lui verser une somme d'argent; c'est ce que font souvent les familles d'artistes qui, pour payer les droits de succession, donnent à l'État plusieurs œuvres de l'artiste décédé). La dation en paiement est considérée comme un mode de paiement anormal si elle a lieu pendant la période suspecte[3]. Elle peut être annulée en cas de vice du consentement, par exemple en cas d'erreur sur les qualités substantielles de la chose donnée en paiement[4].

Le créancier ne peut pas davantage en principe être contraint à recevoir un *paiement partiel* (art. 1244 : « Le débiteur ne peut forcer le créancier à recevoir en partie le paiement d'une dette, même divisible »), sauf si le juge l'ordonne (lorsqu'il accorde un délai de grâce, article 1244-1, ou un rééchelonnement de la dette dans le cadre de la loi du 31 déc. 1989 sur le surendettement), ou si la dette vient à se diviser (par ex. lorsque le débiteur décède en laissant plusieurs héritiers, article 1220).

Pour le cas où le débiteur serait tenu de plusieurs dettes envers le créancier, il faut savoir quelle dette précise éteint le paiement effectué (à supposer bien sûr qu'il soit insuffisant pour les éteindre toutes). Il y a, dans le Code civil, des règles spéciales sur *l'imputation des paiements* (art. 1253 à 1256). Le principe est que le débiteur de plusieurs dettes a le droit de déclarer, lorsqu'il paye, quelle dette il entend acquitter. Son choix doit être clairement exprimé au moment du paiement[5]. S'il s'agit d'une dette qui porte intérêt ou produit des arrérages, le débiteur ne peut, sans le consentement du créancier, imputer le paiement qu'il fait sur le capital par préférence aux arrérages ou aux intérêts. Lorsque le débiteur de diverses dettes a accepté une quittance par laquelle le créan-

1. La dation en paiement « ne suppose pas que la dette qu'elle a pour objet d'éteindre soit chiffrée dans son montant : il suffit qu'aucune n'existe sur sa consistance » : Versailles, 8 oct. 1998, *RTD civ.* 1999, 109, obs. J. Mestre.

2. Même si une cour d'appel relève qu'un véhicule a été remis au créancier et que celui-ci a une valeur supérieure à la somme qui était due, elle ne peut retenir l'existence d'une dation en paiement « sans constater l'existence de l'acte juridique » prévoyant une telle dation : Civ. 3e, 13 avr. 2005, n° 04-10774; *RTD civ.* 2005, 783, obs. J. Mestre et B. Fages.

3. Com., 2 févr. 1999, *RTD civ.* 2000, 115, obs. J. Mestre.

4. Paris, 9 avr. 2004, *RTD civ.* 2004, 514, obs. J. Mestre et B. Fages.

5. Les juges du fond ne peuvent retenir une certaine imputation « sans relever l'existence, au moment des paiements, d'une déclaration expresse de la société ou d'éléments de nature à établir, de manière non équivoque, quelle dette elle entendait acquitter » : Com., 17 févr. 2009, n° 07-20100; *RTD civ.* 2009, 322, obs. B. Fages.

cier a imputé ce qu'il a reçu sur l'une de ces dettes spécialement, le débiteur ne peut plus demander l'imputation sur une dette différente, à moins qu'il n'y ait eu dol ou surprise de la part du créancier. Lorsque la quittance ne porte aucune imputation, le paiement doit être imputé sur la dette que le débiteur avait alors le plus d'intérêt d'acquitter entre celles qui sont pareillement échues[1]; sinon, sur la dette échue, quoique moins onéreuse que celles qui ne le sont pas. Si les dettes sont d'égale nature, l'imputation se fait sur la plus ancienne; toutes choses égales, elle se fait proportionnellement. La Cour de cassation a admis que « les dispositions des articles 1253 à 1256 du Code civil relatives à l'imputation des paiements sont supplétives de la volonté des parties »[2] et celles-ci peuvent donc les écarter, mais seulement par une stipulation expresse[3].

Les frais de paiement sont à la charge du débiteur (art. 1248 C. civ.).

C / Les moyens de paiement

Le paiement d'une obligation de faire s'accomplit par l'exécution du service promis.

Pour les obligations de transférer une chose autre que de l'argent, il faut distinguer : le transfert de propriété est automatique, et ne requiert donc aucun acte de la part du débiteur; en revanche, celui-ci doit remettre la chose convenue et exécuter ainsi son obligation de délivrance. Pour payer valablement, il faut être propriétaire de la chose donnée en paiement, et capable de l'aliéner (art. 1238, al. 1er C. civ.). Néanmoins, le paiement d'une somme en argent ou de toute autre chose qui se consomme par l'usage, ne peut être répété contre le créancier qui l'a consommée de bonne foi, quoique le paiement en ait été fait par celui qui n'en était pas propriétaire ou qui n'était pas capable de l'aliéner (al. 2). Le débiteur d'un corps certain et déterminé est libéré par la remise de la chose en l'état où elle se trouve lors de la livraison, pourvu que les détériorations survenues ne viennent point de son fait ou de sa faute, ni de celle des personnes dont il est responsable, ou qu'avant ces détériorations il ne fût pas en demeure (art. 1245). Si la dette est d'une

1. Ces règles s'appliquent également au paiement par compensation : en cas de pluralité de dettes compensables, la compensation doit en principe s'imputer sur celle que le débiteur a intérêt à acquitter par priorité (en l'espèce une dette postérieure à l'ouverture d'une procédure collective) : Com., 24 juin 2003, n° : 00-17156; *RTD civ.* 2004, 512, obs. J. Mestre et B. Fages.
2. Civ. 1re, 29 oct. 2002, n° 00-11958.
3. Civ. 3e, 10 mars 2004, n° 03-10807; *RTD civ.* 2004, 512, obs. J. Mestre et B. Fages.

chose qui ne soit déterminée que par son espèce, le débiteur ne sera pas tenu, pour être libéré, de la donner de la meilleure espèce ; mais il ne pourra l'offrir de la plus mauvaise (art. 1246).

S'agissant du paiement des obligations de sommes d'argent ou obligations monétaires, le débiteur doit s'acquitter en remettant au créancier des instruments monétaires ayant cours légal. Telle est d'ailleurs la définition des instruments ayant cours légal : ce sont ceux avec lesquels on peut valablement payer sans que le créancier ne puisse les refuser. En France, depuis le 1er janvier 2001, la monnaie ayant cours légal est l'euro[1]. Le créancier n'est en principe pas tenu de recevoir un paiement qui lui serait proposé en monnaie scripturale (en particulier par virement, chèque, ou carte de crédit), car tous ces modes de paiement comportent, en cas d'absence de provision, un risque de non-paiement que le créancier ne peut être obligé de supporter. Dans le cas où le débiteur aurait payé par chèque, la remise du chèque ne vaut d'ailleurs paiement que sous la condition de son encaissement[2]. La Cour de cassation juge de même que le virement ne vaut paiement qu'à la réception des fonds par le banquier du bénéficiaire qui les détient pour le compte de son client[3]. Par exception, les commerçants doivent régler par virement bancaire ou chèque la plupart de leurs dettes contractuelles d'un montant supérieur à 750 (ord. n° 2000-916, 19 sept. 2000, art. 5-III 19) ainsi que les salaires de leurs personnels dépassant 1 500 par mois (art. L. 3241-1 C. trav. qui renvoie à un décret). S'agissant des particuliers, la même obligation existe au-delà de 3 000 (art. 1649 *quater* b du CGI). La sanction de ces obligations n'est pas l'invalidité du paiement, c'est-à-dire que même au-delà de ces sommes, un paiement fait en instruments monétaires reste valable, c'est-à-dire libératoire : la seule sanction est une amende fiscale. Apparaît également aujourd'hui la monnaie électronique[4].

Lorsque la dette est libellée en monnaie étrangère, sa contre-valeur en euros doit être fixée au jour du paiement, sauf si le retard apporté à celui-ci est imputable à l'une des parties[5].

1. À titre de transition, le franc a conservé cours légal jusqu'à mars 2001 et les commerçants ne pouvaient donc refuser des paiements en francs ; après cette date, ce ne fut qu'à titre commercial que certains commerçants acceptèrent que leurs clients règlent leurs dettes en francs.

2. Civ. 1re, 4 avr. 2001, n° 99-14927.

3. Com., 9 févr. 2009, n° 06-21184 ; *JCP G* 2009, II, 10045, note J. J. Barbiéri ; *RTD civ.* 2009, 533, obs. B. Fages.

4. Sur le contrat et la monnaie électronique, obs. J. Rochfeld, *RTD civ.* 2003, 361.

5. Civ. 1re, 20 mai 2009, n° 7-21847 ; *RTD civ.* 2009, 532, obs. B. Fages. La solution était auparavant la même pour les francs : Civ. 1re, 18 déc. 1990, n° 88-20232 ; *RTD civ.* 1991, 529, obs. J. Mestre.

D / Les circonstances du paiement

a) Le temps du paiement. — Il y a un principe et des exceptions.

1° *Le principe.* Le débiteur doit en principe payer dès lors que sa dette est liquide et exigible, ce qui n'est pas le cas lorsque son obligation est à terme. Il peut payer par anticipation dès lors que ce paiement est pleinement satisfactoire pour le créancier et qu'il ne lui cause par un coût supplémentaire (par ex. pour recevoir la chose à un moment où il ne l'avait pas prévu). Le créancier peut accepter d'accorder au débiteur un délai de paiement mais il doit alors en assumer les conséquences[1]. En revanche, le fait d'accorder des délais de paiement ne l'empêche pas d'essayer par ailleurs de se prémunir contre le risque de non-recouvrement de sa créance[2].

2° *Les délais de grâce.* Aux termes de l'article 1244-1 du Code civil, le juge peut, « compte tenu de la situation du débiteur et en considération des besoins du créancier », « reporter ou échelonner le paiement des sommes dues » dans la limite de deux années, sauf pour les dettes d'aliments où, par définition, le créancier a un besoin urgent de ces sommes[3]. Ce pouvoir du juge du fond est discrétionnaire, et n'a donc pas à être motivé[4]. C'est en revanche uniquement par décision spéciale et motivée que le juge peut prescrire que les sommes correspondant aux échéances reportées porteront intérêt à un taux réduit qui ne peut être inférieur au taux légal ou que les paiements s'imputeront d'abord sur le capital. En outre, il peut subordonner ces mesures à l'accomplissement, par le débiteur, d'actes propres à faciliter ou à garantir le paiement de la dette. La décision du juge prise en application de ces dispositions suspend les procédures d'exécution qui auraient été déjà engagées par le créancier. Les majorations d'intérêts ou les pénalités encourues à raison du retard cessent d'être dues pendant le délai fixé par le juge.

Ce régime des délais de grâce est d'ordre public et toute stipulation contraire serait réputée non écrite.

1. Pour une action en responsabilité intentée contre le créancier qui, en accordant des délais de paiement au débiteur, avait laissé fallacieusement croire aux autres créanciers que ce dernier était encore solvable : Com., 10 déc. 2003, n° 01-03746 ; *RTD civ.* 2004, 736, obs. J. Mestre et B. Fages ; *Bull. Joly* 2004, 491, note F.-X. Lucas.

2. Com., 28 sept. 2004, n° 02-21522 ; *RTD civ.* 2005, 129, obs. J. Mestre et B. Fages.

3. V. les délais de grâce octroyés en cas de surendettement : art. L. 331-1 et s. C. conso.

4. Civ. 1re, 24 oct. 2006, n° 05-16517 ; *RDC* 2007/2, 263, obs. D. Mazeaud : « En refusant d'accorder un délai de paiement au débiteur, la cour d'appel n'a fait qu'exercer le pouvoir discrétionnaire qu'elle tient de l'article 1244-1 du Code civil, sans avoir à motiver sa décision. »

b) Le lieu du paiement. — L'article 1247 C. civ. prévoit de façon très précise les règles relatives au lieu du paiement. Les parties sont libres de déterminer dans leur convention le lieu où le paiement doit être exécuté. Si rien n'est indiqué, la dette est en principe quérable et non portable, ce qui signifie que c'est le créancier qui doit venir en réclamer le paiement au domicile du débiteur (« le paiement doit être fait au domicile du débiteur ») et non pas le débiteur qui doit venir en faire le paiement au domicile du créancier. S'agissant des corps certains et déterminés, si aucun lieu n'est indiqué dans la convention des parties, le Code précise que le paiement se fait en principe dans le lieu où était la chose objet du contrat au jour de celui-ci, ce qui revient sans doute la plupart du temps à désigner là encore le domicile du débiteur (c'est en principe lui qui détenait la chose au moment du contrat). Enfin, par faveur pour les créanciers d'aliments alloués en justice, ceux-ci doivent être au contraire versés, sauf décision différente du juge, au domicile ou à la résidence de celui qui doit les recevoir.

2. LE PAIEMENT FORCÉ

a) Le refus du débiteur de payer le créancier. — Si le débiteur refuse de payer sa dette, le créancier doit saisir la justice, qui dispose alors de plusieurs moyens pour contraindre le premier à exécuter. L'interprétation que les tribunaux ont donnée de l'article 1142 du Code civil conduit à n'admettre l'exécution forcée que pour les obligations qui ne mettent pas trop en cause la personne du débiteur. En cas de refus du débiteur d'obtempérer, le juge peut accompagner l'ordre d'exécuter d'une astreinte.

b) Le refus du créancier de recevoir paiement. — Il se peut que le créancier refuse le paiement, parce qu'il est en désaccord avec le débiteur sur le montant ou les modalités de l'obligation et qu'il craint que son acceptation du paiement ne soit ultérieurement interprétée comme emportant renonciation à se plaindre. Son refus de recevoir indique clairement sa volonté de contester le paiement proposé par le débiteur. De son côté, le débiteur peut préférer payer tout de même, d'abord parce que son obligation est arrivée à terme et qu'il craint d'être condamné ensuite à des intérêts de retard, ou encore pour montrer sa bonne foi et sa volonté de payer ses dettes. Des mécanismes sont donc prévus pour que le débiteur puisse passer outre le refus du créancier, ou plus largement toute impossibilité de payer le créancier (par ex. parce que ce dernier est absent, inconnu, ou décédé).

Il s'agit de la procédure dite des *offres réelles et de consignation* (art. 1257 à 1264 C. civ.), par laquelle le débiteur va pouvoir se libérer par son paiement, malgré l'absence de volonté (délibérée ou non) du créancier.

Dans un premier temps, lorsque le créancier refuse de recevoir son paiement, le débiteur peut lui faire des offres réelles. Pour que celles-ci soient valables, il faut qu'elles remplissent certaines conditions (art. 1258) : qu'elles soient faites au créancier ou à quelqu'un ayant pouvoir de recevoir pour lui ; qu'elles soient faites par une personne capable de payer ; qu'elles soient entièrement satisfactoires pour le créancier, en particulier qu'elles couvrent la totalité de la dette y compris les arrérages ou intérêts dus (nul n'est tenu de recevoir un paiement partiel) ; que la dette soit exigible, c'est-à-dire notamment que la condition sous laquelle elle a été contractée soit arrivée ou que le terme soit échu, s'il a été stipulé en faveur du créancier (dans les autres cas, le créancier pourrait légitimement demander à n'être payé qu'ultérieurement) ; que les offres soient faites au lieu convenu ou, en l'absence de convention sur le lieu, qu'elles soient portées au créancier[1] ; qu'elles soient faites par un officier ministériel. Ces offres doivent être réelles, c'est-à-dire ne pas être de simples propositions mais la présentation effective de l'objet ou de la somme due[2]. Si les offres réelles sont valables, les frais en sont à la charge du créancier, puisque cela signifie alors que le créancier était tenu de recevoir ce paiement.

Si le créancier refuse ces offres réelles, le débiteur peut consigner la somme ou la chose offerte, c'est-à-dire la déposer à titre conservatoire auprès d'une caisse publique (en particulier la Caisse des dépôts et consignations). Tant que la consignation n'a pas été acceptée par le créancier, le débiteur peut la retirer, mais il n'est alors pas libéré (et donc pas davantage ses codébiteurs ou ses cautions). En revanche, dès lors que le débiteur a obtenu un jugement passé en force de chose jugée déclarant ses offres et sa consignation valables, il ne peut plus, même

1. Sauf si la chose due est un corps certain qui doit être livré au lieu où il se trouve : dans ce cas, le débiteur doit faire sommation au créancier de l'enlever, par acte notifié à sa personne ou à son domicile, ou au domicile élu pour l'exécution de la convention ; cette sommation faite, si le créancier n'enlève pas la chose et que le débiteur ait besoin du lieu dans lequel elle est placée, celui-ci pourra obtenir de la justice la permission de la mettre en dépôt dans quelque autre lieu.

2. Des demandes raisonnables accompagnant l'offre de paiement, telle que la demande de justificatif de l'existence et du montant de la créance, n'enlèvent pas son caractère réel et sérieux à l'offre de paiement. Com., 9 oct. 2001, *RTD civ.* 2002, 102, obs. J. Mestre et B. Fages.

avec le consentement du créancier, retirer sa consignation au préjudice de ses codébiteurs ou de ses cautions ; et si dans cette hypothèse le créancier consent tout de même à ce le débiteur retire sa consignation, c'est à ses risques et périls, c'est-à-dire qu'il perd les privilèges ou hypothèques qui étaient attachés à sa créance.

Lorsqu'elles sont valablement faites, les offres réelles suivies d'une consignation libèrent le débiteur et tiennent donc lieu à son égard de paiement. Dès lors, la chose consignée devient aux risques du créancier. La consignation arrête en outre le cours des intérêts[1].

3. LA PREUVE DU PAIEMENT

La charge de la preuve du paiement incombe au débiteur : le second alinéa de l'article 1315 dispose ainsi que « celui qui se prétend libéré doit justifier le paiement ou le fait qui a produit l'extinction de son obligation ». Le créancier pourrait d'ailleurs difficilement prouver qu'il n'a pas été payé, preuve d'un fait négatif qui est souvent considérée comme impossible : comment prouver qu'on n'a pas reçu une somme d'argent du débiteur ? Il ne suffirait pas de produire ses relevés bancaires, car on aurait pu être payé en espèces. C'est donc au débiteur de conserver trace de son paiement, notamment en faisant signer au créancier un reçu ou une quittance. À défaut de réussir à prouver qu'il s'est acquitté de sa dette, le débiteur pourrait être condamné à payer à nouveau. Quant au créancier, s'il peut chercher à établir que sa quittance n'a pas la valeur libératoire qu'implique son libellé, ce ne peut être qu'en suivant les règles de preuves des articles 1341 et suivants du Code civil[2].

Les modes de preuve du paiement dépendent de la nature juridique de celui-ci, laquelle est encore discutée dans la doctrine. Selon certains, le paiement est un fait juridique dont la preuve peut donc être rapportée par tous moyens (preuve libre). La solution peut se comprendre pour les obligations de faire, dont la preuve de l'exécution est en principe relativement facile dans la mesure où les actes matériels d'exécution ont dû laisser des traces qui constitueront autant de présomptions ; pour les obligations de ne pas faire, c'est le créancier qui sera en meilleure posi-

1. Et non pas la seule offre de payer : Civ. 1re, 11 juin 2002, *RTD civ.* 2002, 813, obs. J. Mestre et B. Fages.

2. Civ. 1re, 4 nov. 2011, n° 10-27035 ; D. 2012, 63, obs. J. François, qui juge « que si celui qui a donné quittance peut établir que celle-ci n'a pas la valeur libératoire qu'implique son libellé, cette preuve ne peut être rapportée que dans les conditions prévues par les articles 1341 et suivants du code civil ».

tion pour démontrer son inexécution, en prouvant l'acte fait en contravention de l'obligation d'abstention de son cocontractant. On peut cependant penser que le paiement, notamment de somme d'argent, est plutôt un acte juridique, dans la mesure où il y a une volonté, en payant, de produire des effets de droit, plus précisément l'extinction de la dette. Il semble d'ailleurs que la Cour de cassation se rallie à une analyse conventionnelle du paiement [1]. La preuve du paiement des obligations de somme d'argent serait ainsi soumise aux règles des articles 1341 du Code civil et, au-dessus de 800 , elle devrait dès lors être écrite. Le débiteur qui paie sa dette devrait s'en faire donner quittance ou reçu, c'est-à-dire requérir du créancier la reconnaissance écrite qu'il a bien reçu paiement. Il existe plusieurs formes de quittances : quittance pure et simple, subrogatoire (celui qui a payé se trouve alors subrogé dans les droits de celui à qui il a payé), pour solde de tout compte (qui vaut déclaration que le débiteur ne doit plus rien, à quelque titre que ce soit [2]), ou encore avec réserves (le créancier manifeste sa volonté de faire valoir ultérieurement certaines protestations).

SECTION 2
Les autres modes d'extinction des obligations contractuelles

Aux termes de l'article 1234 du Code civil, « les obligations s'éteignent : par le paiement ; par la novation ; par la remise volontaire ; par la compensation ; par la confusion ; par la perte de la chose ; par la nullité ou la rescision ; par l'effet de la condition résolutoire ; et par la prescription, qui fera l'objet d'un titre particulier ». Ont déjà été examinées la nullité et la rescision, ou encore le paiement. On verra ultérieurement la condition résolutoire et la perte de la chose (la théorie des

1. Civ. 1re, 19 oct. 1999, n° 97-10556 ; *RTD civ.* 2000, 116, obs. J. Mestre : « La détermination de la nature juridique d'un paiement, fût-il effectué au moyen d'une carte bancaire, résulte de l'intention des parties, peu important sa date. »

2. Civ. 1re, 13 mars 2001, *RTD civ.* 2001, 581, obs. J. Mestre et B. Fages : la mention « reçu pour solde de tout compte » ne vaut pas renonciation à toute contestation ultérieure et ne suffit dès lors pas à caractériser une transaction.

risques). Parmi les autres causes d'extinction, on peut distinguer selon que l'obligation s'éteint parce que la dette est acquittée, ou sans que la dette soit acquittée.

Sous-section 1 – L'extinction des obligations avec acquittement de la dette

1 | La compensation

La compensation est un mécanisme permettant l'extinction de deux obligations réciproques entre deux personnes lorsque chacune de ces deux personnes est débitrice de l'autre (art. 1289 C. civ.). La compensation évite ainsi deux paiements en sens contraire. L'extinction est totale si les deux dettes réciproques sont de même montant, et simplement partielle dans le cas inverse. Le domaine de prédilection de la compensation est le paiement de somme d'argent : si A doit 1000 à B, tandis que B se trouve devoir 600 à A, la compensation permet de remplacer ces deux obligations de payer par un seul paiement que A ferait à B de 400 . La compensation est un mode de paiement puisque, en compensant leurs dettes respectives, les deux parties s'acquittent chacune de la sienne. La compensation est en quelque sorte un mode de paiement abrégé. Les parties peuvent y renoncer[1].

1. LA COMPENSATION LÉGALE

A / Les conditions de la compensation légale

a) Les conditions relatives à la nature des dettes. — Pour pouvoir être compensées, les deux dettes n'ont pas à être connexes, c'est-à-dire que peu importe que leur cause soit différente. Elles doivent simplement être réciproques, fongibles, liquides et exigibles (art. 1291 C. civ.).

1. Com., 8 juil. 2008, n° 07-16936 ; *RTD civ.* 2008, 678, obs. B. Fages.

1° *Réciproques.* Pour pouvoir donner lieu à un paiement abrégé, les dettes doivent exister en sens inverse entre les mêmes personnes [1], chacune étant à la fois créancière et débitrice de l'autre.

2° *Fongibles.* La compensation ne se conçoit que s'il est possible de déduire exactement la dette de l'un de la dette de l'autre. Un tel calcul suppose donc que les dettes réciproques soient formulées dans les mêmes termes, et le terrain de prédilection de la compensation est les dettes de sommes d'argent.

3° *Liquides.* L'opération de soustraction précitée implique que le montant des deux dettes soit connu avec précision. La compensation implique donc que les deux dettes réciproques soient liquides, c'est-à-dire non seulement certaines dans leur principe mais également dans leur montant, et il faut donc que ce dernier soit d'ores et déjà chiffré.

4° *Exigibles.* La compensation, qui est un mode de paiement abrégé, ne peut jouer tant que le paiement de l'une des deux dettes n'est pas dû, par exemple parce qu'elle est encore conditionnelle ou à terme, ou parce qu'elle n'est pas par nature exigible (les obligations naturelles par ex.). En revanche, l'existence d'un terme de grâce n'est pas un obstacle à la compensation (art. 1292) : il était en effet un délai accordé par faveur au débiteur pour payer sa dette mais, par hypothèse, celui-ci n'aura rien à débourser par le jeu de la compensation.

b) Les obstacles à la compensation. — Certains obstacles à la compensation existent, dans l'intérêt d'une partie ou d'un tiers.

1° *Les obstacles dans l'intérêt d'une des parties.* La compensation ne peut avoir lieu lorsqu'une des obligations réciproques est alimentaire. En effet, les créances alimentaires correspondent aux sommes dont le créancier a un besoin impératif, et il en serait privé si le mécanisme de la compensation pouvait jouer, puisque, s'il n'aurait pas à payer sa dette, il serait également privé du bénéfice de sa créance. La règle est étendue à toutes les créances insaisissables, par exemple aux rentes allouées à la suite d'un accident du travail, à la part insaisissable des salaires, etc. Lorsque les dettes ne sont pas payables au même lieu, la compensation

1. « En sa qualité d'ayant cause universel de la société absorbée, la société absorbante acquiert de plein droit, à la date d'effet de la fusion, la qualité de partie aux instances antérieurement engagées par la société absorbée et peut se prévaloir des condamnations prononcées au profit de celle-ci », notamment pour justifier une compensation : Com., 21 oct. 2008, n° 07-19102 ; *RTD civ.* 2009, 323, obs. B. Fages.

est possible mais seulement en tenant compte des frais de la remise que doivent dépenser les parties (art. 1296).

2° *Les obstacles dans l'intérêt d'un tiers.* La compensation ne peut avoir lieu au préjudice de droits acquis à des tiers (art. 1298). Ainsi, ajoute le même article, si une créance a fait l'objet d'une saisie par un tiers, celle-ci est immobilisée et ne peut plus être compensée avec une créance qui naîtrait par la suite en sens inverse avec un précédent créancier. La compensation légale est pour les mêmes raisons impossible à partir du jugement ouvrant une procédure de redressement ou de liquidation judiciaires : les créanciers ne peuvent plus alors se faire payer par compensation au cas où ils deviendraient eux-mêmes débiteurs.

B / Les effets de la compensation légale

Lorsque les conditions en sont réunies, la compensation légale est en principe automatique, c'est-à-dire que, comme l'énonce l'article 1290, elle « s'opère de plein droit par la seule force de la loi, même à l'insu des débiteurs ». Les juges doivent donc procéder à la compensation des dettes réciproques sans pouvoir renoncer à statuer au motif que la tâche serait trop complexe[1]. Dès lors que la compensation est acquise, « les deux dettes s'éteignent réciproquement, à l'instant où elles se trouvent exister à la fois, jusqu'à concurrence de leurs quotités respectives ». La compensation opère ainsi au jour où les conditions en sont réunies, le cas échéant même à l'insu des débiteurs respectifs[2]. Si le bénéfice de la compensation doit être demandé par une des parties[3], la compensation s'étant opérée automatiquement, la demande peut être formulée « à tout moment », et donc même à l'expiration du délai de prescription courant contre les dettes compensables[4].

Les dettes réciproques sont alors considérées comme payées jusqu'à concurrence de la plus faible d'entre elles, et seule l'une des personnes

1. Sous peine de déni de justice (art. 4 C. civ.). Ils doivent donc procéder à la vérification du montant et de l'exigibilité des créances alléguées, au besoin en faisant appel à un expert : Civ. 1re, 25 mai 2004, n° 02-17454 ; *RTD civ.* 2004, 513, obs. J. Mestre et B. Fages.

2. Pour une application lorsque l'une des dettes résulte d'un virement bancaire : Com., 18 sept. 2007, n° 06-14161 ; *RTD civ.* 2007, 774, obs. B. Fages.

3. Com., 15 janv. 1973, n° 71-14279 ; *D.* 1973, 473, note J. Ghestin.

4. Com., 30 mars 2005, n° 04-10407 ; *RTD civ.* 2005, 599, obs. J. Mestre et B. Fages ; *RDC* 2005/4, 1021, obs. Ph. Stoffel-Munck : « Par application de l'article 1290 du Code civil, la compensation s'opère de plein droit par la seule force de la loi même à l'insu du débiteur, son bénéfice pouvant être invoqué à tout moment. » L'arrêt ajoute que s'il y avait un reliquat de dette, sa prescription est interrompue à la date de la compensation légale.

doit donc le cas échéant encore payer le solde de sa dette. Lorsqu'il y a plusieurs dettes compensables dues par la même personne, on suit, pour la compensation, les règles établies pour l'imputation par l'article 1256 (art. 1297 C. civ.).

Les débiteurs peuvent renoncer à cette compensation, et ce même tacitement[1]. Il en est ainsi lorsque le débiteur paie volontairement une dette dont il savait qu'elle aurait pu être compensée (art. 1299). Il en est de même lorsque le débiteur accepte purement et simplement (c'est-à-dire sans réserve) que son créancier cède à un tiers la créance que la compensation avait éteinte (art. 1295, al. 1er); en revanche, lorsque la cession n'a pas été acceptée par le débiteur mais lui a simplement été signifiée, elle n'empêche que la compensation des créances postérieures à cette notification (même art., al. 2). La renonciation fait revivre l'obligation, mais en général sans les garanties qui l'accompagnaient, sauf si le débiteur avait une raison légitime d'ignorer la créance qui devait compenser sa dette (art. 1999).

2. LA COMPENSATION JUDICIAIRE

Lorsqu'une personne est poursuivie en paiement d'une dette, elle peut invoquer l'une de ses créances qui est réciproque mais qui n'a pas pu entraîner automatiquement une compensation faute d'être liquide. S'il l'estime opportun, le tribunal peut procéder à cette liquidation et par conséquent ordonner la compensation. La compensation judiciaire n'est possible que pour des créances connexes[2], ce qui n'est pas le cas lorsque seule l'une des créances dérive d'un contrat ayant uni les parties tandis que l'autre est dépourvue de fondement contractuel[3]. L'intervention judiciaire est nécessaire à la compensation mais, les créances étant connexes, l'effet extinctif de la compensation peut rétroagir au jour de l'exigibilité ou de la liquidité de la première des créances (selon que c'est

1. Il faut qu'elle soit sans équivoque, et le seul fait qu'un créancier ait tenté de se faire payer, en tirant des effets sur son débiteur et en les remettant à l'escompte, n'implique pas qu'il ait voulu renoncer au bénéfice de la compensation légale (Com., 21 mars 1995, n° 93-11987; *RTD civ.* 1996, 163).

2. V. A. Lienhard, Compensation des créances connexes : diverses questions, *D.* 2012, 678, commentant Com., 21 févr. 2012, n° 11-18027

3. Cassant l'arrêt ayant admis dans ce cas la compensation, Com., 18 sept. 2007, n° 06-16070; *RTD civ.* 2007, 775, obs. B. Fages. *Adde* Com., 14 mai 1996, *RTD civ.* 1997, 135.

l'une ou l'autre des qualités qui manquait à la seconde et qui a été couverte par l'intervention du juge)[1].

3. LA COMPENSATION CONVENTIONNELLE

Ce sont cette fois-ci les parties elles-mêmes qui se mettent d'accord pour passer outre les conditions de la compensation légale qui ne sont pas réunies (dette non exigible ou non liquide) et conviennent alors néanmoins d'une compensation de leurs dettes respectives. La compensation tire alors sa valeur obligatoire de l'accord des parties, et elle ne produit effet qu'à compter du jour où elle a été convenue.

2 | La confusion

La confusion est un mécanisme qui permet également l'extinction de deux obligations réciproques entre deux personnes, mais cette fois-ci lorsque les qualités de créancier et de débiteur se réunissent dans la même personne (art. 1300 C. civ.). Par exemple un père devait 10 000 à son fils et décède ; ce dernier hérite de la succession et donc de la dette ; il n'y aurait pas de sens à dire qu'il se doit désormais à lui-même 10 000 : la dette est donc éteinte par confusion[2].

La confusion qui s'opère dans la personne du débiteur entraînant extinction de la dette, elle entraîne également libération des cautions ; en revanche celle qui s'opère dans la personne de la caution n'entraîne pas l'extinction de l'obligation principale ; enfin celle qui s'opère dans la personne du créancier ne profite à ses codébiteurs solidaires que pour la portion dont il était débiteur : si les codébiteurs étaient davantage tenus, ils demeurent redevables du surplus (art. 1301 C. civ.).

1. Com., 20 févr. 2007, n° 05-19858 ; *RTD civ.* 2007, 570, obs. B. Fages : « les créances réciproques étaient connexes, ce dont il résulte que l'effet extinctif de la compensation ordonnée était réputé s'être produit au jour de l'exigibilité de la première d'entre elles ».

2. Pour un ex. où la confusion est refusée, Civ. 3e, 2 oct. 2002, n° 00-16867 ; *RTD civ.* 2002, 300, obs. J. Mestre et B. Fages : « La réunion dans la même personne des qualités de propriétaire et de locataire principal n'opérant pas, au sens de l'article 1300 du Code civil, réunion des qualités de créancier et de débiteur des obligations nées du contrat de sous-location, la cour d'appel a retenu à bon droit que la disparition du bail principal n'avait pas entraîné la résiliation de la sous-location. »

Sous-section 2 – L'extinction des obligations sans acquittement de la dette

1 | L'extinction pure et simple de l'obligation

1. LA REMISE DE DETTE

Il y a remise de dette lorsque le créancier accepte de libérer le débiteur, au moins partiellement, sans que celui-ci ait payé sa dette. La remise de dette est une convention et il faut donc, pour qu'elle soit valable, l'accord du débiteur. Nul n'est en effet jamais obligé de recevoir un cadeau.

La remise volontaire du titre original sous signature privée, par le créancier au débiteur, fait preuve de la libération (art. 1282), tandis que la remise volontaire de la grosse du titre fait présumer la remise de la dette ou le paiement, sans préjudice de la preuve contraire (art. 1283). La remise du titre original sous signature privée, ou de la grosse du titre, à l'un des débiteurs solidaires, a le même effet au profit de ses codébiteurs (art. 1284). La remise ou décharge conventionnelle au profit de l'un des codébiteurs solidaires libère tous les autres, à moins que le créancier n'ait expressément réservé ses droits contre ces derniers (art. 1285, al. 1er). Dans ce dernier cas, il ne peut plus répéter la dette que déduction faite de la part de celui auquel il a fait la remise (al. 2). La remise de la chose donnée en nantissement ne suffit point pour présumer la remise de la dette (art. 1286).

La remise ou décharge conventionnelle accordée au débiteur principal libère les cautions ; celle accordée à la caution ne libère pas le débiteur principal ; celle accordée à l'une des cautions ne libère pas les autres (art. 1287). Ce que le créancier a reçu d'une caution pour la décharge de son cautionnement doit être imputé sur la dette, et tourner à la décharge du débiteur principal et des autres cautions (art. 1288).

2. LA PRESCRIPTION

La prescription est un moyen d'acquérir (prescription acquisitive) ou de se libérer (prescription extinctive) par l'écoulement d'un certain laps de temps. Le premier cas peut intéresser le droit des contrats dans la mesure où la détention d'une chose en vertu de certains contrats empêchera la prescription d'opérer : c'est ainsi que ceux qui possèdent pour autrui et ne détiennent donc la chose qu'à titre précaire ne prescrivent jamais (ne peuvent en devenir propriétaires), par quelque laps de temps que ce soit. C'est principalement la prescription extinctive qui intéresse le droit des contrats et, plus précisément, la prescription libératoire, c'est-à-dire celle qui éteint les créances (car il est des prescriptions qui éteignent des droits réels) : au bout d'un certain temps, la dette est éteinte si bien que le débiteur est désormais dispensé de la payer. Il ne demeure plus tenu que par une obligation naturelle de payer. Le droit de la prescription a été modifié par une loi du 17 juin 2008 portant réforme de la prescription en matière civile. L'idée générale de la réforme était de simplifier une matière foisonnante et complexe, et aussi de raccourcir des délais que notre société qui se veut moderne et rapide ne supportait, paraît-il, plus. La loi nouvelle introduit dans le même temps une flexibilité et un aménagement contractuel possible de la prescription dont ne manqueront pas de profiter les parties fortes.

A / Le temps requis pour prescrire

a) Le nouveau principe : la prescription quinquennale. — Jusqu'à la loi du 17 juin 2008, le principe en matière contractuelle était la prescription trentenaire. Désormais, le nouvel article 2224 du Code civil prévoit que « les actions personnelles ou mobilières se prescrivent par cinq ans à compter du jour où le titulaire d'un droit a connu ou aurait dû connaître les faits lui permettant de l'exercer ».

La prescription se compte par jours et non par heures (art. 2228). Elle est acquise lorsque le dernier jour du terme est accompli (art. 2229).

Ayant ainsi considérablement raccourci le délai pour prescrire, la loi nouvelle supprime les prescriptions particulières plus courtes qui étaient prévues par le Code civil pour certains contrats. Ne sont prévus que quelques délais et points de départ particuliers (par ex. pour l'action en responsabilité dirigée contre les personnes ayant représenté ou assisté les parties en justice, art. 2225; pour l'action en responsabilité née à raison d'un événement ayant entraîné un dommage corporel, art. 2226; ou encore pour les actions relatives au droit de propriété, art. 2227). La loi nouvelle renvoie également à d'autres Codes pour prévoir des délais particuliers, en général plus courts, mais parfois aussi plus longs[1] : il est ainsi désormais prévu dans le Code de la consommation (art. L. 137-2) que l'action des professionnels, pour les biens ou les services qu'ils fournissent aux consommateurs, se prescrit par deux ans ; l'ancienne prescription de dix années de l'article L. 110-4 du Code de commerce pour les obligations nées à l'occasion de leur commerce entre commerçants ou entre commerçants et non-commerçants est quant à elle également ramenée à cinq ans (sauf exceptions données au même article) ; l'action en paiement ou en répétition du salaire se prescrit désormais de même par cinq ans (art. L. 3245-1 C. trav.).

On a toujours estimé que les délais légaux de prescription n'étaient pas d'ordre public en matière contractuelle. La loi nouvelle, de toute évidence favorable à la liberté contractuelle (dans toute la dureté de ce principe), prévoit à présent expressément que « la durée de la prescription peut être abrégée ou allongée par accord des parties. Elle ne peut toutefois être réduite à moins d'un an ni étendue à plus de dix ans » (art. 2254). Les parties peuvent également désormais, d'un commun accord, ajouter aux causes de suspension ou d'interruption de la prescription prévues par la loi. Ces marges de manœuvres ne sont cependant pas applicables pour certaines actions en paiement ou en répétition (salaires, arrérages de rente, pensions alimentaires, loyers, etc., art. 2254). Elles sont également interdites dans les contrats entre professionnels et consommateurs (art. L. 137-1 C. conso.). Pour le reste, elles risquent de fleurir dans les contrats d'adhésion, et les juges devront trouver les moyens d'écarter les plus injustes, notamment celles prévoyant des délais de prescription déraisonnablement courts.

La durée de la prescription est déterminée par la nature de la créance et la circonstance que celle-ci soit constatée par un acte authentique revêtu de la formule exécutoire n'a pas pour effet de modifier cette durée[2]. Il en est autrement lorsque c'est un jugement qui a condamné le débiteur au paiement d'une somme soumise à une plus courte prescription : dans ce cas, le créancier peut poursuivre pendant trente ans

1. Le nouvel art. L. 152-1 C. env. prévoit ainsi une prescription trentenaire pour certains dommages à l'environnement.

2. Ch. mixte, 26 mai 2006, n° 03-16800 ; *RTD civ.* 2006, 558, obs. J. Mestre et B. Fages ; *RDC* 2006/4, 1090, obs. Y.-M. Laithier ; *Defrénois* 2006, 1233, obs. R. Libchaber ; *D.* 2006, 1793, obs. R. Wintgen ; *JCP G* 2006, II, 10129, note H. Croze ; *RDC* 2006/4, 1197, obs. Y.-M. Serinet, en l'espèce à propos d'une créance de nature commerciale dont la prescription est de dix ans. C'est ce que jugeait déjà la 1re Ch. civ. (11 févr. 2003, n° 00-18692 ; *D.* 2003, 694, obs. E. Chevrier), mais la 2e décidait l'inverse (9 juin 2005, n° 04-13182 ; *RTD civ.* 2006, 320, obs. J. Mestre et B. Fages), et jugeait que la prescription était de trente ans lorsque le créancier avait obtenu un titre exécutoire dont il poursuivait l'exécution, et ce même si la créance qui y est constatée était soumise à une prescription abrégée.

l'exécution dudit jugement, sauf en ce qui concerne le recouvrement de certains arriérés échus [1].

b) Le point de départ de la prescription. — Selon le nouvel article 2224, la prescription de cinq ans court « à compter du jour où le titulaire d'un droit a connu ou aurait dû connaître les faits lui permettant de l'exercer ». La rédaction est ainsi assez souple, laissant place à une certaine appréciation du juge. En matière contractuelle, le point de départ de la prescription est en principe le jour où la créance est exigible. La question peut ponctuellement être plus complexe, par exemple pour les actions en responsabilité contractuelle [2].

B / Les causes qui interrompent ou qui suspendent le cours de la prescription

Lorsque la prescription est interrompue, cela signifie qu'à l'issue de cette interruption, c'est-à-dire lorsque la cause d'interruption aura cessé, la prescription, pour être acquise, devra courir à nouveau en repartant de zéro (art. 2231 : L'interruption efface le délai de prescription acquis. Elle fait courir un nouveau délai de même durée que l'ancien). Lorsqu'en revanche le délai de prescription n'est que suspendu, à l'issue de la période de suspension, la prescription pourra recommencer à courir en tenant cette fois-ci pour acquis le délai qui avait déjà couru lorsque la prescription a commencé d'être suspendue (art. 2230 : La suspension de la prescription en arrête temporairement le cours sans effacer le délai déjà couru). La nouvelle loi prévoit cependant un butoir : l'article 2232 précise en effet que le report du point de départ, la suspension ou l'interruption de la prescription ne peut avoir pour effet de porter le délai de la prescription extinctive au-delà de vingt ans à compter du jour de la naissance du droit. Après vingt ans le droit du créancier est inéluctablement effacé.

1. Ass. plén., 10 juin 2005, n° 03-18922 ; *RTD civ.* 2006, 320, obs. J. Mestre et B. Fages : « Si le créancier peut poursuivre pendant trente ans l'exécution d'un jugement condamnant au paiement d'une somme payable à termes périodiques, il ne peut, en vertu de l'article 2277 du Code civil, applicable en raison de la nature de la créance, obtenir le recouvrement des arriérés échus plus de cinq ans avant la date de sa demande. »

2. Soc., 26 avr. 2006, n° 03-47525 ; *RDC* 2006, 1213, obs. J. S. Borghetti : « la prescription d'une action en responsabilité contractuelle ne court qu'à compter de la réalisation du dommage ou de la date à laquelle il est révélé à la victime si celle-ci établit qu'elle n'en avait pas eu précédemment connaissance. »

a) Les causes qui suspendent le cours de la prescription. — Le Code prévoit expressément, aux articles 2233 à 2239, les causes de report du point de départ ou de suspension de la prescription.

Ainsi, la prescription ne court pas à l'égard d'une créance qui dépend d'une condition, jusqu'à ce que la condition arrive, ou encore à l'égard d'une créance à terme, jusqu'à ce que ce terme soit arrivé.

De même, conformément à l'adage classique *Contra non valentem agere non currit praescriptio* (contre ceux qui ne peuvent pas valablement agir la prescription ne court pas), la prescription ne court pas ou est suspendue contre celui qui est dans l'impossibilité d'agir par suite d'un empêchement résultant de la loi, de la convention ou de la force majeure (art. 2234 à 2237). Elle ne court ainsi pas ou est suspendue contre les mineurs non émancipés et les majeurs en tutelle, sauf pour certaines actions en paiement ou en répétition : des salaires ou des arrérages de rente par exemple, ou encore des pensions alimentaires. La prescription est de même suspendue entre époux, ainsi qu'entre partenaires liés par un pacte civil de solidarité.

D'autres cas de suspension sont encore prévus, par exemple dans le cas où les parties ont recours à la médiation ou à la conciliation (art. 2238), ou encore lorsque le juge fait droit à une demande de mesure d'instruction présentée avant tout procès (art. 2239).

b) Les causes qui interrompent la prescription. — La prescription est d'abord interrompue par la reconnaissance par le débiteur du droit de celui contre lequel il prescrivait (art. 2240). Elle est encore interrompue lorsque le créancier manifeste son intention d'être payé de façon solennelle, plus précisément par une demande en justice (même en référé et même formée devant un juge incompétent, art. 2241). Sous l'ancien texte, la Cour de cassation avait jugé que ces dispositions (ancien art. 2244) n'étaient pas d'ordre public[1].

Le délai de prescription ou le délai de forclusion est également interrompu par un acte d'exécution forcée (art. 2244).

L'interpellation faite à l'un des débiteurs solidaires par une demande en justice ou par un acte d'exécution forcée ou la reconnaissance par le débiteur du droit de celui contre lequel il prescrivait interrompt le délai

1. Civ. 1re, 25 juin 2002, n° 00-14590 et 00-14591 ; *RTD civ.* 2002, 816, obs. J. Mestre et B. Fages : « Attendu que le Tribunal a exactement énoncé que les dispositions de l'article 2244 du Code civil ne sont pas d'ordre public et que les parties peuvent y déroger ; qu'il a relevé que l'article 6-3 précité [des conditions générales d'abonnement au service téléphonique] prévoyait que l'envoi par l'abonné ou France Télécom d'une lettre, même simple, interrompait la prescription d'un an prévue par l'article L. 126 du Code des postes et télécommunications. »

de prescription contre tous les autres, même contre leurs héritiers ; en revanche, l'interpellation faite à l'un des héritiers d'un débiteur solidaire ou la reconnaissance de cet héritier n'interrompt pas le délai de prescription à l'égard des autres cohéritiers, même en cas de créance hypothécaire, si l'obligation est divisible ; cette interpellation ou cette reconnaissance n'interrompt le délai de prescription, à l'égard des autres codébiteurs, que pour la part dont cet héritier est tenu ; pour interrompre le délai de prescription pour le tout, à l'égard des autres codébiteurs, il faut l'interpellation faite à tous les héritiers du débiteur décédé ou la reconnaissance de tous ces héritiers (art. 2245). L'interpellation faite au débiteur principal ou sa reconnaissance interrompt le délai de prescription contre la caution (art. 2246).

C / Les effets de la prescription

La prescription a, en matière contractuelle, un effet extinctif : la dette est éteinte, si bien que le créancier ne peut plus en réclamer le paiement devant les tribunaux.

Cependant, seule la dette civile est éteinte. Le paiement de la dette prescrite demeure en revanche pour le débiteur une obligation naturelle si bien qu'en cas de paiement volontaire, il n'y aura pas d'action en répétition possible, et l'engagement de payer la dette prescrite transformera celle-ci en obligation civile exécutoire. Le Code prévoit désormais la règle : « Le paiement effectué pour éteindre une dette ne peut être répété au seul motif que le délai de prescription était expiré » (art. 2249).

La prescription n'opère pas de plein droit, de façon automatique : les juges ne peuvent donc invoquer d'office le moyen résultant de la prescription (art. 2247) ; c'est au débiteur de l'invoquer s'il veut pouvoir en bénéficier, en particulier en soulevant ce moyen de défense à l'action en paiement intentée par son créancier. Sauf renonciation, le moyen tiré de la prescription peut être opposé en tout état de cause, même devant la cour d'appel (art. 2248).

La nouvelle loi prévoit désormais la possibilité de renoncer à une prescription acquise (art. 2250). Cette renonciation peut être expresse ou tacite (art. 2251).

Des mesures transitoires sont enfin prévues dans la loi (art. 26), qui sont conformes aux principes classiques en la matière. Ainsi, les dispositions de la loi qui allongent la durée d'une prescription s'appliquent lorsque le délai de prescription n'était pas expiré à la date de son entrée en vigueur ; il est alors tenu compte du délai déjà écoulé.

Les dispositions de la loi nouvelle qui réduisent la durée de la prescription s'appliquent aux prescriptions à compter du jour de l'entrée en vigueur de celle-ci, sans que la durée totale puisse excéder la durée prévue par la loi antérieure. Enfin, il est prévu que lorsqu'une instance a été introduite avant l'entrée en vigueur de la nouvelle loi, l'action est poursuivie et jugée conformément à la loi ancienne. Cette loi s'applique également en appel et en cassation.

D / Les délais qui ne sont pas des prescriptions

Des délais de prescription on peut distinguer d'autres types de délais qui n'ont ni la même nature ni le même régime.

1° *Il y a d'abord les délais préfix* qui, comme les délais de prescription, éteignent une action en justice par l'écoulement d'un certain laps de temps et permettent donc au débiteur d'être libéré. Mais, à la différence d'un délai de prescription, un délai préfix n'est susceptible ni de suspension ni d'interruption : le délai fixé est donc incompressible et court de façon ininterrompue, ce qui est un régime plus sévère pour le créancier. Il n'est pas toujours aisé de reconnaître qu'un délai est préfix sauf si la loi énonce expressément que le délai prévu n'est susceptible ni de suspension ni d'interruption. On peut citer ainsi comme délais préfix le délai de deux ans prévu pour l'action en rescision pour lésion exercée par le vendeur d'un immeuble (art. 1676) ou encore le délai, toujours de deux ans, dans lequel doivent être engagées les actions en matière de crédit de la consommation (art. L. 311-37 C. conso.). Les délais préfix sont, en général, des délais relativement brefs, mais tous les délais brefs ne sont pas nécessairement des délais préfix. Il semble cependant que le législateur du 17 juin 2008 ait entendu supprimer ces délais préfix et unifier tous les types de prescription extinctive (v. en ce sens les différents travaux préparatoires).

2° *Il y a également des délais de garantie*, qui sont des délais au terme desquels une personne est déchargée de la responsabilité ou de l'obligation de garantie qui pèse sur elle : c'est ainsi que la garantie des constructeurs pour les dommages les plus importants (ceux qui affectent la solidité de la construction) est en principe limitée à dix ans (garantie décennale), et à deux ans pour les autres dommages (art. 1792-4-1), les deux délais courant à compter de la réception des travaux ; c'est ainsi encore que, aux termes de l'article 1386-16 du Code civil, la responsabilité des producteurs du fait des produits défectueux s'éteint dix ans après la mise en circulation du produit qui a causé le dommage. Dans un délai de prescription, c'est l'action qui est éteinte, mais l'obligation demeure en tant qu'obligation naturelle, tandis qu'à l'issue d'un délai de garantie, celui sur lequel pesait la responsabilité se trouve déchargé de son obligation même de garantir. Tout dommage intervenu pendant la période de garantie est couvert par l'action en garantie, même si l'action elle-même peut parfois être intentée au-delà du délai de garantie.

3° *Il y a enfin des délais de procédure* qui sont des délais fixés pour l'exercice d'un acte procédural sous peine de *forclusion :* ainsi du délai pour faire appel ou former un pourvoi en cassation. Le nouvel article 2220 prévoit expressément que les délais de forclusion (qui éteignent donc une action en justice) ne sont pas, sauf dispositions contraires prévues par la loi, régis par le titre XX du Code civil intitulé « De la prescription extinctive ».

2 | L'extinction de l'ancienne obligation avec création d'une nouvelle obligation : la novation

La novation est l'extinction d'une obligation accompagnée de la création d'une obligation nouvelle qui prend la place de l'ancienne. Ce mécanisme existait déjà en droit romain. Elle ne peut s'opérer qu'entre personnes capables de contracter (art. 1272 C. civ.).

1. LES CONDITIONS DE LA NOVATION

a) La succession de deux obligations. — Par la novation, une obligation nouvelle succède à une obligation ancienne qui est alors éteinte. Les deux obligations doivent être valables. En effet, si l'obligation ancienne est nulle, l'obligation nouvelle qui a l'ancienne pour cause ne peut pas être valable. Il en est certainement ainsi lorsque l'ancienne obligation est frappée de nullité absolue ; si en revanche elle n'est nulle que de nullité relative, la novation pourrait être interprétée comme une confirmation.

Réciproquement, si la seconde obligation était annulée, l'extinction de la première obligation serait également considérée comme nulle, ce qui la ferait revivre.

b) Une différence entre les deux obligations. — La novation exige qu'il y ait, entre l'obligation ancienne et la nouvelle, quelque chose de différent, quelque chose de nouveau (*aliquid novi*). Il y aurait sinon non pas nouvelle obligation mais simple reconnaissance d'une dette existante ou encore établissement d'une preuve plus récente. La novation est objective ou subjective, selon que l'élément de nouveauté concerne la dette elle-même, ou l'une ou l'autre des parties (le créancier ou le débiteur).

1° *La novation par changement de la dette* (art. 1271-1°). Elle a lieu lorsque le débiteur contracte envers son créancier une nouvelle dette qui est substituée à l'ancienne, laquelle est éteinte. La dette peut être nouvelle de plusieurs façons. Il peut d'abord y avoir un changement de l'objet de la dette : le débiteur devra alors payer autre chose que ce qui était initialement convenu. Il peut encore y avoir une modification de la cause de l'obligation : le même débiteur s'engage alors vis-à-vis du même créancier mais à un autre titre (par ex. un vendeur s'oblige à conserver en dépôt la chose vendue). Enfin le changement peut concerner une modalité de la dette, par exemple les parties décident d'insérer ou de retrancher une condition. L'insertion ou le retranchement d'un terme n'entraîne en revanche pas novation car, à la différence de la condition, le terme n'affecte pas l'existence de l'obligation mais seulement son exigibilité.

2° *La novation par changement de débiteur* (art. 1271-2°). Elle a lieu lorsqu'un nouveau débiteur est substitué à l'ancien qui est déchargé par le créancier ; l'opération ressemble ainsi à la cession de dette. Il en existe deux types. Soit le nouveau débiteur vient spontanément s'obliger envers le créancier à la place du débiteur ancien qui sera libéré sans que sa volonté y soit pour rien (l'art. 1274 précise ainsi que « la novation par la substitution d'un nouveau débiteur peut s'opérer sans le concours du premier débiteur », ce qui distingue la novation de la délégation, pour laquelle il faut l'accord des trois personnes) : c'est ce que l'on appelle l'*expromission* et il y faut en revanche le consentement du créancier. Soit le nouveau débiteur vient s'obliger envers le créancier à la demande ou sur l'ordre du débiteur ancien et il s'agit alors d'une délégation ; seule la délégation parfaite est cependant une novation (dans la délégation imparfaite, en effet, un nouveau débiteur vient s'ajouter au premier et non pas le remplacer), et elle nécessite l'accord du créancier qui doit expressément déclarer qu'il entend décharger son premier débiteur (art. 1275), ce qui n'est pas une preuve aisée[1].

3° *La novation par changement de créancier* (art. 1271-3°). Elle a lieu lorsque, par l'effet d'un nouvel engagement, un nouveau créancier est substitué à l'ancien, envers lequel le débiteur se trouve déchargé. Elle ressemble ainsi à la cession de créance mais à la grande différence que lorsqu'il y a novation, le nouveau créancier a une créance nouvelle (ni assortie des garanties de l'ancienne mais ni affectée de ses vices éventuels). Le débiteur doit donc consentir à la novation alors que dans la cession de créance il suffit qu'il soit averti par l'une ou l'autre des formalités de l'article 1690 C. civ.

c) L'intention de nover. — Plus qu'un simple consentement à l'opération, la novation implique une intention de nover. En d'autres termes, il faut, de la part des parties à l'opération (au minimum le débiteur et le créancier de l'obligation ancienne, éventuellement aussi un tiers impliqué, par exemple parce qu'il va devenir débiteur ou créancier à la place de l'ancien), la manifestation de leur volonté d'éteindre l'obligation ancienne et d'en créer une nouvelle. Cette volonté peut être tacite mais, dans le doute, il n'y aura pas novation. En effet, les conséquences de cette opération étant souvent graves (les accessoires de l'ancienne créance disparaissent), celle-ci ne se présume pas et il faut que la volonté de l'opérer résulte clairement de l'acte (art. 1273). Il ne faut pas confondre l'intention de modifier d'une façon ou d'une autre l'obligation avec l'intention de nover : les parties peuvent en effet exprimer la volonté d'ajouter un débiteur ou encore de modifier une modalité de leur précédent accord sans pour autant vouloir opérer une novation, c'est-à-dire l'extinction de l'obligation ancienne et son remplacement par une nouvelle obligation. La simple indication, faite par le débiteur, d'une personne qui doit payer à sa place n'opère ainsi point novation, pas plus que la simple indication, faite par le créancier, d'une personne qui doit recevoir pour lui (art. 1277). Le litige portera souvent sur ce point, lorsqu'une partie ne voulant pas perdre les garanties qui étaient attachées à sa créance (ce qui est un des effets de la novation), soutiendra qu'il n'y a pas eu volonté de nover mais simplement de modifier un élément de l'accord.

1. V. Com., 8 déc. 2009, n° 09-11209 ; *RTD civ.* 2010, 107, obs. B. Fages.

2. LES EFFETS DE LA NOVATION

La novation produit indissociablement deux effets : un effet extinctif (l'obligation ancienne est éteinte comme si elle avait été exécutée) et un effet créateur (une obligation nouvelle est créée comme elle l'aurait été pour la première fois par un contrat). Chaque effet est la cause de l'autre et ne se produit pas indépendamment de l'autre : la première obligation n'est éteinte que si la seconde est valablement créée, et la seconde n'est créée que si la première est valablement éteinte. Il en résulte deux conséquences.

1° *L'intransmissibilité des garanties* (art. 1278 et s. C. civ.). Les sûretés qui étaient l'accessoire de la première créance s'éteignent en principe par la novation puisque celle-ci opère comme s'il y avait eu paiement. Il n'en est autrement que si le créancier en fait expressément une condition de son accord à la novation, et surtout si ceux qui ont fourni ces garanties (par ex. les cautions, ou encore le premier débiteur s'il avait accordé des sûretés sur ses biens, art. 1279) sont d'accord pour les reporter sur la nouvelle obligation.

2° *L'inopposabilité des exceptions.* Les vices qui affectaient éventuellement la première obligation ne peuvent plus être invoqués face à la seconde. La novation purge les vices (sauf ceux qui étaient de nature à entraîner la nullité absolue de la première obligation, puisqu'alors la novation n'est en réalité pas valable).

ÉTAT DES QUESTIONS

BIBLIOGRAPHIE

Sur le paiement : L. Siguoirt, *La preuve du paiement des obligations monétaires*, LGDJ, « Bibl. dr. privé », 2010, préf. G. Loiseau, qui montre que cette preuve est relativement libre par rapport à ce qu'exigerait sa qualification classique d'acte juridique et soutient que la spécificité de la preuve des obligations monétaires justifierait qu'une section spéciale du Code civile y soit consacrée ; E. Perru, *L'impayé*, LGDJ, « Bibl. dr. privé », 2005, préf. G. Goubeaux ; thèse classique de N. Catala, *La nature juridique du payement*, LGDJ, « Bibl. dr. privé », 1961, préf. J. Carbonnier. *Adde* G. Loiseau, Réflexions sur la nature juridique du paiement, *JCP G* 2006, I, 171 ; F. Rouvière, L'envers du paiement, *D.* 2006, 481 ; A. Sériaux, Conception juridique d'une opération économique : le paiement, *RTD civ.* 2004, 225, qui restreint la notion de paiement à l'acquittement d'un prix ; Réflexions sur les délais de grâce, *RTD civ.* 1993, 789 ; G. Paisant, La réforme du délai de grâce par la loi du 9 juillet 1991, *CCC* déc. 1991 ; J. Mestre, Réflexions sur l'abus du droit de recouvrer sa créance, *Mélanges P. Raynaud*, Dalloz, 1985, 439 ; J. Vallansan, L'application des règles d'imputation des payements, *Defrénois* 1989, art. 34466 ; M. J. Pierrard, Les procédés de preuve du payement, *RTD civ.* 1948, 438.

Sur le paiement par un tiers : A. Richard, *Le paiement de la dette d'autrui*, PUAM, préf. J.-B. Donnier, qui met en lumière les particularités de cette situation par rapport à un paiement classique purement et simplement extinctif ; D. Arteil, *L'exécution du contrat par un non-contractant*, LGDJ, Fac. de Poitiers, 2006, préf. R. N Schütz.

Sur l'exigibilité : B. Grimonprez, *L'exigibilité en droit des contrats*, th. Poitiers, 2005, dir. C. Ophèle.

Sur les modes de paiement : R. Libchaber, *Recherches sur la monnaie en droit privé*, LGDJ, « Bibl. dr. privé », 1992, préf. P. Mayer ; J.-L. Rives-Lange, La monnaie scripturale, contribution à une étude juridique, *Études M. Cabrillac*, Litec, 1968, 405 ; C. Lucas de Leyssac et X. Lacaze, Le paiement en ligne, *JCP G* 2001, I, 302 ; M. Espagnon, Le paiement d'une somme d'argent sur internet, *JCP G* 1999, I, 131 ; J. Courrouy, La consignation d'une somme d'argent après offres réelles est-elle un payement ?, *RTD civ.* 1990, 23.

Sur la remise de dette : N. Picod, *La remise de dette en droit privé*, th. Toulouse, 2011, dir. C. Saint-Alary-Houin, qui analyse la remise de dette en une convention abdicative à effet extinctif, et montre la richesse de ses applications (remise-gratification, remise-spéculation, ou encore remise-contrepartie) et de ses fonctions (effacement, échange, repositionnement).

Sur la dation en paiement : F. Bicheron, La dation en paiement, th. Paris II, 2003 ; D. Hiez, La nature juridique de la dation en paiement, *RTD civ.* 2004, 199 ; D. Leoty, La nature juridique de la dation en paiement : la dation en paiement, paiement pathologique ?, *RTD civ.* 1975, 12.

Sur l'euro : F. Grua, Fictions et réalités dans le passage à l'euro, *D.* 1997, chron., 130.

Sur la compensation : A. Collin, Du caractère volontaire du déclenchement de la compensation, *RTD civ.* 2010, 229 ; M. Roussille, *La compensation multilatérale*, Dalloz, 2006, préf. J. Béguin, av.-propos J.-J. Daigre ; R. Mendegris, *La nature juridique de la compensation*, LGDJ, « Bibl. dr. privé », 1969, préf. P. Catala ; A.-V. Delozière-Le Fur, *La compensation dite multilatérale*, th. Paris II, 2002 ; G. Duboc, *La compensation et les droits des tiers*, LGDJ, « Bibl. dr. privé », 1989, préf. J.-L. Mouralis ; A.-M. Toledo, La compensation conventionnelle, *RTD civ.* 2000, 265 ; N.-C. Ndoko, Les mystères de la compensation, *RTD civ.* 1991, 661.

Sur la confusion : T. Vialatte, L'effet extinctif de la réunion sur une même tête de qualités contraires et ses limites, *RTD civ.* 1978, 567.

Sur la prescription : J. Klein, *Le point de départ de la prescription*, th. Paris II, 2010 ; G. Viney, Les modifications apportées par la loi du 17 juin 2008 à la prescription extinctive des actions en responsabilité civile, *RDC* 2009/2, 493 ; *La réforme du droit de la prescription*, colloque Strasbourg, 7 nov. 2008, *LPA* 2 avr. 2009, n° spéc. ; A. M. Leroyer, *RTD civ.* 2008, 565 ; B. Fauvarque-Cosson et J. François, Commentaire de la loi du 17 juin 2008 portant réforme de la prescription en matière civile *D.* 2008, 2512 ; S. Amrani Mekki, Liberté, simplicité, efficacité, la nouvelle devise de la prescription ?, *JCP G* 2008, I, 160 ; M. Mignot, Réforme de la prescription : le point de départ du délai, *Defrénois* 2009, art. 38896, p. 393 ; sur la prescription extinctive en droit comparé et dans l'avant-projet de réforme du droit des obligations, R. Wintgen, *RDC* 2007/3, 907 ; F. Zénati et S. Fournier, Essai d'une théorie unitaire de la prescription, *RTD civ.* 1996, 339 ; S. Joly, La nouvelle génération des doubles délais extinctifs, *D.* 2001, 1450 ; R. Cario, Les modifications conventionnelles de la prescription civile, *LPA* 6 nov. 1998, 9 ; L. Topor, La notion de créance à caractère périodique au sens de l'article 2277 du Code civil, *RTD civ.* 1986, 1 ; A. Viandier, Les modes d'interversion des prescriptions libératoires, *JCP G* 1978, 2885 ; Buy, Prescriptions de courte durée et suspension de la prescription, *JCP G* 1977, I, 2833. *Adde* F. Hage Chahine, *Contribution à la théorie générale de la prescription en droit civil*, 1988 ; M. Bandrac, *La nature juridique de la prescription extinctive en matière civile*, Economica, 1986, préf. P. Raynaud ; G. Holleaux, *De l'évolution des règles propres aux courtes prescriptions fondées sur la présomption de payement*, th. Paris, 1927 ; J. Carbonnier, Notes sur la prescription extinctive, *RTD civ.* 1952, 170 ; La règle *contra non valentem agere non currit praescriptio, Rev. crit.* 1937, 155.

Sur la connexité : C. Gabet-Sabatier, Le rôle de la connexité dans l'évolution du droit des obligations, *RTD civ.* 1980, 39.

Sur la novation : D. Cholet, La novation de contrat, *RTD civ.* 2006, 467, qui explique que la novation est un mécanisme qui ne s'applique pas seulement aux obligations mais aussi aux contrats ; Ch. Pactet, De la réalisation de la novation, *RTD civ.* 1975, 435 et 643 ; Gide, *Étude sur la novation et le transport des créances en droit romain*, Paris, 1879.

Sur l'endettement : C. Gau-Cabée, « Enchaîné, affranchi, protégé, triomphant ». Endettement des particuliers et contrat sur fond de crise : étude diachronique, *RTD civ.* 2012, 33 ; X. Lagarde, *L'endettement des particuliers*, Joly, 2003 ; S. Gjidara, *L'endettement et le droit privé*, LGDJ, « Bibl. dr. privé », 1999, préf. A. Ghozi ; F. Rizzo, *Le traitement juridique de l'endettement*, PUAM, 1996, préf. J. Mestre ; B. Oppetit, L'endettement et le droit, *Études Breton et Derrida*, Dalloz, 1991, 295 ; D. Mazeaud, rapp. français, *L'endettement*, Trav. Ass. H. Capitant, journ. argentines, t. XLVI, 1995, 127 ; G. Paisant, Du redressement judiciaire à la faillite civile ?, *CCC* n° 6.

THÉORIE JURIDIQUE

Le nominalisme monétaire. Les obligations de sommes d'argent indiquent le *quantum* dû par le débiteur. Elles sont gouvernées par le principe du nominalisme monétaire qui commande que l'on s'en tienne à la valeur nominale stipulée malgré les éventuelles fluctuations de la monnaie : le débiteur doit donc toujours la somme stipulée quand bien même la valeur correspondante aurait varié. On résumait ce principe dans la formule « un franc = un franc », qui devient désormais « un euro = un euro ». Le risque de variation de la valeur de la monnaie pèse ainsi sur le créancier en cas de dépréciation de la monnaie (en cas d'inflation par ex.) et sur le débiteur dans l'hypothèse inverse. La règle n'empêche pas les parties de prévoir une indexation conventionnelle, c'est-à-dire une variation de la somme due en fonction de certains indices. Mais tous les indices ne sont pas autorisés par crainte de leur caractère inflationniste. La règle essentielle est que l'indice choisi doit avoir un lien avec l'objet du contrat. Art. L. 112-2 C. monét. et fin. : « Dans les dispositions statutaires ou conventionnelles, est interdite toute clause prévoyant des indexations fondées sur le salaire minimum de croissance, sur le niveau général des prix ou des salaires ou sur les prix des biens, produits ou services n'ayant pas de relation directe avec l'objet du statut ou de la convention ou avec l'activité de l'une des parties [...] Les dispositions du précédent alinéa ne s'appliquent pas aux dispositions statutaires ou conventionnelles concernant des dettes d'aliments». L. Boyer, À propos des clauses d'indexation : du nominalisme monétaire à la justice contractuelle, *Études G. Marty*, 1978, 87 ; J. Honorat, Les indexations contractuelles et judiciaires, *Études J. Flour*, Defrénois, 1979, 251 ; F. Dion et C. Thiérache, Faut-il abroger les ordonnances de 1958 et 1959 sur les indexations ?, *D.* 1995, chron., 55 ; G. Gruber, L'euro et les clauses d'indexation, *D.* 1999, chron., 258.

TITRE 2

Les sanctions de l'inexécution du contrat

Lorsqu'un contrat n'est pas exécuté par l'une des parties, trois types de sanctions sont envisageables : celles qui visent à l'exécution du contrat, celles qui visent au contraire à l'anéantissement du contrat, et enfin celles qui visent à réparer les dommages causés par l'inexécution du contrat.

Les parties peuvent stipuler une clause de conciliation préalable qui leur interdira d'agir sur le fondement du contrat tant qu'une tentative de conciliation n'aura pas été mise en œuvre[1].

1. Ch. mixte, 14 févr. 2003, n° 00-19423 ; *RTD civ.* 2003, 294.

Chapitre 1

LES SANCTIONS VISANT À L'EXÉCUTION DU CONTRAT

1 | L'incitation à l'exécution du contrat : l'exception d'inexécution

L'exception d'inexécution (*exceptio non adimpleti contractus* : l'exception, c'est-à-dire le moyen de défense, tiré du contrat non exécuté) est un moyen d'inciter l'autre à exécuter ses obligations. Il s'agit de faire pression sur son cocontractant en refusant soi-même d'exécuter ses propres obligations tant que l'autre n'aura pas exécuté les siennes : par exemple l'acheteur refuse de payer le solde du prix tant qu'il n'a pas reçu livraison, ou tant que le vendeur ne répare pas l'objet défectueux livré.

Une partie ne peut invoquer ce moyen que si elle n'a pas encore entièrement exécuté ses obligations : toute partie qui exécute en premier perd au contraire ce moyen de pression utile. Certaines pratiques, telles que les acomptes, permettent de maintenir ce moyen de pression sur le cocontractant.

L'exception d'inexécution ne fait que suspendre l'exécution des obligations sans y mettre fin. L'objectif est que, par ce moyen de pression, l'autre se décide à exécuter ses obligations. Le jeu de cette exception est donc par principe provisoire, soit que le débiteur se décide à exécuter, soit que le créancier choisisse de sortir du contrat ou d'en demander l'exécution forcée.

L'exception d'inexécution n'est pas prévue de façon générale dans le Code civil, mais seulement dans certaines dispositions spéciales. L'article 1612 prévoit ainsi qu'en principe le vendeur n'est pas tenu de délivrer la chose tant que l'acheteur n'en paye pas le prix. La jurisprudence a généralisé ce mécanisme à tous les contrats synallagmatiques.

a) Les conditions de fond de l'exception d'inexécution. — Elles sont au nombre de deux.

1° *Un rapport synallagmatique.* Par définition même, l'exception d'inexécution ne peut jouer que pour des obligations interdépendantes, et donc dans un rapport synallagmatique. La réciprocité vaut dès lors que les obligations ont la même source, même si elles ne sont pas toutes contenues dans le contrat mais résultent de la nullité ou de la résolution de celui-ci (par ex. une obligation de restitution). L'inexécution peut même jouer au sein d'un ensemble contractuel, et l'inexécution d'une convention peut être justifiée si le cocontractant n'a pas satisfait à une obligation contractuelle découlant d'une convention distincte, dès lors que l'exécution de cette dernière est liée à celle de la première[1]. Il est inutile, pour expliquer le mécanisme, de recourir à la théorie de la cause. Cette dernière s'explique aussi par l'interdépendance des obligations réciproques, mais l'inverse n'est pas nécessaire, c'est-à-dire que tout mécanisme qui reflète l'interdépendance d'obligations réciproques n'est pas une application directe de la cause.

2° *L'inexécution d'une obligation.* L'exception d'inexécution peut jouer dès lors qu'il y a inexécution d'une obligation quelle qu'en soit la raison, par exemple la faute du débiteur ou même l'existence d'un cas de force majeure. Mais il faut que l'obligation inexécutée soit exécutoire, c'est-à-dire qu'on puisse se plaindre de l'inexécution, ce qui n'est pas le cas si un délai de paiement avait été accordé par exemple. L'inexécution n'a pas à être totale, et une inexécution simplement partielle peut justifier l'exception d'inexécution, mais il faut une certaine proportion entre l'inexécution et la menace, et donc une bonne foi dans la mise en œuvre de l'exception.

b) La mise en œuvre de l'exception d'inexécution. — La mise en œuvre de l'exception d'inexécution ne nécessite pas le recours au juge, ni même de mettre le débiteur en demeure d'exécuter. Elle est très informelle et il suffit que le créancier de l'obligation inexécutée cesse d'exécuter ses obligations : il vaut mieux qu'il en informe le débiteur s'il veut

1. Com., 12 juil. 2005, n° 03-12507 ; *RTD civ.* 2006, 307, obs. J. Mestre et B. Fages (tel n'était pas le cas en l'espèce où un franchisé refusait de régler le prix de marchandises livrées au motif de la violation par le franchiseur d'une obligation d'information au moment de la conclusion du contrat de franchise).

que sa décision puisse faire pression sur ce dernier. Rien ne l'empêche d'utiliser des moyens plus formels (une mise en demeure par ex.) s'il veut marquer davantage sa volonté. C'est alors le plus souvent le débiteur ainsi menacé qui va prendre l'initiative d'agir en justice pour tenter de montrer que les conditions de l'exception d'inexécution ne sont pas remplies.

c) Les effets de l'exception d'inexécution. — L'exception d'inexécution suspend l'obligation de celui qui l'invoque. Mais le contrat n'est que suspendu, et dès que l'autre a exécuté ses obligations, l'exception doit cesser. L'exception est également opposable aux tiers qui réclament l'exécution du contrat, par exemple par le biais de l'action oblique.

2 | L'exécution forcée du contrat par le débiteur

Lorsque le débiteur n'exécute pas ses obligations, le créancier peut demander en justice à ce qu'il soit contraint à les exécuter. C'est normalement le moyen le plus satisfaisant pour le créancier qui obtiendra alors exactement ce à quoi il s'attendait (certes par hypothèse avec retard par rapport à une exécution volontaire). Le créancier devra alors également exécuter ses propres obligations. L'exécution forcée du contrat permet ainsi de donner toute sa force au principe du respect de la parole donnée (et donc à la force obligatoire du contrat).

Après avoir ouvert une option au créancier[1], la Cour de cassation a finalement jugé que « l'action en résiliation, qui a pour effet de mettre à néant le contrat de bail, ne tend pas aux mêmes fins que la demande tendant à l'application de clauses de ce contrat, qui le laisse subsister » et qu'une Cour d'appel peut dès lors déclarer irrecevable comme nou-

1. Civ. 3ᵉ, 25 mars 2009, n° 08-11326; *RDC* 2009/3, 1004, obs. Th. Genicon; *RTD civ.* 2009, 317, obs. B. Fages; *Defrénois* 2009, art. 39040-1, 2319, obs. É. Savaux : le contractant victime d'une inexécution a le choix « ou de forcer l'autre à l'exécution de la convention lorsqu'elle est possible, ou d'en demander la résolution avec dommages-intérêts » et il « a la faculté de modifier son option entre poursuivre soit l'exécution de la vente, soit sa résolution tant qu'il n'a pas été statué sur sa demande initiale par une décision passée en force de chose jugée »; dès lors, viole l'article 1184 du Code civil la Cour d'appel qui retient que la seule assignation en restitution de l'acompte versé valait renonciation à la réalisation forcée de la vente.

velle en cause d'appel une demande en résiliation d'un bail, dès lors que seule une demande en exécution de celui-ci avait été formulée en première instance[1].

En matière de responsabilité délictuelle, on oppose la réparation en nature (suppression de l'ouvrage construit, publication d'un droit de réponse, etc.) à la réparation par équivalent, c'est-à-dire à l'octroi de dommages-intérêts. Par analogie, on parle parfois en matière de responsabilité contractuelle d'exécution en nature et d'exécution par équivalent. En matière contractuelle, toute exécution d'une obligation est cependant nécessairement en nature, qu'elle soit volontaire ou forcée ; il faut donc en toute rigueur parler d'exécution forcée, lorsqu'il s'agit de l'opposer à l'exécution spontanée (ou volontaire) par le débiteur. En outre, l'octroi de dommages-intérêts en cas d'inexécution n'est pas une forme d'exécution (par équivalent), mais bien une réparation pour les conséquences dommageables de l'inexécution (v. *infra*).

1. LE DOMAINE DE L'EXÉCUTION FORCÉE

La question ne se pose que lorsque l'exécution est matériellement possible, c'est-à-dire dans les termes mêmes du contrat : si un passager a subi un dommage corporel à l'occasion d'un transport, il ne sert plus à rien de condamner le transporteur à exécuter son obligation de sécurité, et le passager devra alors se contenter de dommages-intérêts.

À supposer que cette exécution soit matériellement possible, il faut que le créancier y ait encore intérêt : si par le retard apporté à l'exécution est tel que le créancier s'est arrangé autrement (il avait besoin de chaises pour une réception organisée dans les huit jours du contrat ; un mois après il n'en a plus besoin, même si le débiteur propose à présent de les lui livrer), celui-ci demandera l'allocation de dommages-intérêts pour compenser le préjudice subi du fait de l'inexécution.

Si les deux parties sont d'accord sur le mode de sanction, soit pour une exécution forcée (ce qui ne se conçoit guère dans la mesure où, alors, le débiteur va exécuter spontanément rendant ainsi normalement inutile le recours au juge), soit pour une réparation par des dommages-

1. Civ. 3e, 20 janv. 2010, n° 09-65272 ; v. *RDC* 2010/3, 825, obs. crit. Th. Genicon, qui relève que les deux actions ont pourtant pour même finalité d'obtenir la sanction du manquement contractuel et, surtout, qu'il est légitime pour un créancier qui a obtenu l'exécution forcée en première instance de jeter finalement l'éponge et de préférer désormais la résolution du contrat en cas de procrastination de son débiteur qui fait appel. L'arrêt apparaît alors dans la lignée d'une interprétation "dure" de la jurisprudence *Cesareo* du 7 juillet 2006 (v. encore obs. Th. Genicon précitées).

intérêts, le juge respecte en principe la volonté des protagonistes, dès lors qu'il n'estime pas que l'une d'entre elles est victime d'une tromperie ou d'une contrainte. Le plus souvent, les parties ne sont pas d'accord : en particulier la victime souhaite une exécution forcée du contrat, tandis que le débiteur (au mieux) propose de verser plutôt des dommages-intérêts. Le juge doit alors choisir parmi les deux sanctions.

a) La solution posée par le Code civil : la distinction selon la nature de l'obligation (art. 1142). — Le Code civil énonce que la solution du litige dépend de la nature de l'obligation contractée. Aux termes de l'article 1142 du Code civil, « toute obligation de faire ou de ne pas faire se résout en dommages et intérêts, en cas d'inexécution de la part du débiteur ». Il faudrait donc distinguer selon les types d'obligation : soit l'obligation est « de faire ou de ne pas faire » et le juge ne peut alors condamner le débiteur récalcitrant qu'à des dommages-intérêts, soit elle est « de donner » et le juge peut alors éventuellement prononcer une condamnation à l'exécution forcée. La règle est traditionnelle : *nemo praecise potest cogi ad factum* (personne ne peut être contraint directement à faire quelque chose).

Le but de cette règle est le respect de la liberté individuelle : forcer quelqu'un à faire ou à ne pas faire quelque chose contre son gré suppose en effet une forme de contrainte physique sur la personne qui porte atteinte à la liberté individuelle. On peut en outre penser qu'un débiteur contraint à faire quelque chose ne le fera pas de façon satisfaisante. Une telle contrainte personnelle n'est en revanche pas nécessaire lorsqu'il s'agit de forcer un transfert de la propriété d'une chose, et l'exécution forcée peut alors être ordonnée, y compris au moyen d'une astreinte, pour convaincre le débiteur de délivrer la chose promise.

En réalité, s'agissant des obligations de ne pas faire, il est également possible de les faire respecter sans qu'il soit porté atteinte à la liberté individuelle du débiteur. C'est pourquoi si l'article 1142 avait énoncé que les obligations de ne pas faire se résolvent également en principe en dommages et intérêts en cas d'inexécution, l'article 1143 nuance la solution en ajoutant que « néanmoins, le créancier a le droit de demander que ce qui aurait été fait par contravention à l'engagement soit détruit » ; il peut donc y avoir effacement de ce qui a été fait en violation d'une obligation de ne pas faire, et non pas seulement condamnation du débiteur défaillant à des dommages-intérêts.

b) La solution adoptée par la jurisprudence : l'exécution forcée de l'obligation lorsqu'elle est possible, sauf pour les obligations trop person-

nelles. — Les juges ont interprété de façon relativement souple les dispositions de l'article 1142 du Code civil. La Cour de cassation a même par principe reconnu aux juges du fond le pouvoir de choisir entre les différentes sanctions[1]. La distinction de l'article 1142 ne constitue plus guère qu'une indication, et les juges condamnent souvent le débiteur à une exécution forcée même lorsqu'il s'agit d'une obligation de faire : c'est ainsi qu'un voisin pourra obtenir la destruction d'une construction qui empiète sur son terrain, que le vendeur d'une voiture pourra être condamné à la remettre à l'acheteur, ou même que le juge prononcera le maintien forcé d'une relation contractuelle abusivement rompue.

Il n'y a que pour les obligations de faire présentant un caractère personnel très marqué et qui exigeraient donc, pour leur exécution forcée, une atteinte trop forte à la liberté individuelle, que les juges se refusent à ordonner au débiteur d'exécuter le contrat : un artiste s'étant engagé à peindre un portrait ne pourra ainsi pas être condamné à terminer la toile contre son gré[2]; en revanche le peintre qui a promis de repeindre une maison pourrait sans difficulté être condamné à le faire. Ainsi, selon la Cour de cassation, le texte de l'article 1142 « ne peut trouver application qu'en cas d'inexécution d'une obligation *personnelle* de faire ou de ne pas faire »[3]. Les juges peuvent donc en principe condamner le débiteur à exécuter son obligation en nature, dès lors qu'une telle exécution est possible et qu'elle n'apparaît pas comme trop personnelle pour pouvoir être imposée au débiteur, ce qui paraît une solution équilibrée[4].

Il semblait jusque-là, malgré certaines décisions en sens inverse, qu'il s'agissait d'une simple faculté, mais la Cour de cassation affirme à présent qu'une partie peut contraindre l'autre à exécuter en nature et donc

1. Civ. 1re, 30 juin 1965, *Bull. civ.*, I, n° 437 : « S'agissant ainsi d'une obligation de faire, le vendeur pouvait échapper à l'exécution forcée dans les termes des articles 1142 et suivants du Code civil, qui régissent ces obligations, et qu'à bon droit l'arrêt attaqué énonce que les tribunaux peuvent d'office substituer une réparation en argent à l'exécution en nature, seule demandée. »

2. Affaire célèbre du peintre Whistler : Civ., 14 mars 1900 (*DP* 1900, 1, 497, rapp. Rau, concl. Desjardins, note Planiol) qui décide que le contrat conclu est « d'une nature spéciale » et que « la propriété du tableau n'est définitivement acquise à la personne qui l'a commandé que lorsque l'artiste a mis ce tableau à sa disposition et qu'il a été agréé par elle »; Whistler fut donc condamné envers Lord Eden, son cocontractant, uniquement à des dommages-intérêts et non pas à livrer l'œuvre achevée, dont il était pourtant satisfait puisqu'il l'appelait son « petit chef-d'œuvre » (S. Jacquier, *Le pouvoir du juge sur le contrat d'auteur*, PUAM, 2001, préf. P.-Y. Gautier, n° 849).

3. Civ., 20 janv. 1953, *JCP* 1953, II, 7677, note P. Esmein (souligné par nous).

4. Elle est reprise dans les projets européens. V. art. 9 :102 PECL : « Le créancier d'une obligation autre que de somme d'argent a droit d'exiger l'exécution en nature, y compris la correction d'une exécution défectueuse », c'est à la condition not. *(c)* qu'elle ne consiste pas « à fournir des services ou réaliser un ouvrage présentant un caractère personnel ou dépend de relations personnelles ».

requérir du juge qu'il prononce cette sanction de préférence à des dommages-intérêts. Selon la formulation de la haute Juridiction, « la partie envers laquelle un engagement contractuel n'a point été exécuté a la faculté [1] de forcer l'autre à l'exécution de la convention lorsque celle-ci est possible » [2]. Cette exécution forcée suppose donc simplement qu'elle soit possible [3], et elle pourrait être ordonnée même si la condamnation est lourde de conséquences pour le débiteur [4]. La solution est opportune et elle est reprise par les avant-projets de réforme du droit des contrats [5]. L'exécution en nature donne toute sa force à l'obligation d'exécuter ses obligations et elle a le grand mérite d'écarter les récentes théories prétendant que l'allocation de dommages-intérêts serait équivalente à une exécution en nature (v. en particulier la théorie américaine de l'*efficient breach of contract*).

Dans certaines hypothèses, le choix du juge ne dépend pas tant de la nature de l'obligation que de la portée qu'il veut donner à sa sanction. C'est ainsi qu'en droit du travail, l'obligation pour l'employeur de réintégrer le salarié injustement licencié a été considérée en principe comme trop personnelle pour pouvoir lui être imposée, précisément sur le fondement des principes issus de l'article 1142 du Code civil [6] ; pourtant, pour protéger certains salariés particulièrement exposés (les salariés dits

1. Il s'agirait alors en réalité d'un droit et, comme tout droit, il doit être susceptible d'abus.

2. Civ. 1re, 16 janv. 2007, n° 06-13983 ; *RDC* 2007/3, 719, obs. D. Mazeaud, et 741, obs. G. Viney ; *RTD civ.* 2007, 342, obs. J. Mestre et B. Fages ; *D.* 2007, 1119, note O. Gout, et 2973, obs. B. Fauvarque-Cosson ; *JCP G* 2007, I, 161 n° 6, obs. M. Mekki.

3. Civ. 1re, 27 nov. 2008, n° 07-11282 ; *RDC* 2009/2, 613, obs. J. B. Seube : le logement ayant été loué à un tiers, la cour d'appel « n'a pas tiré les conséquences légales de ses propres constatations relatives à l'impossibilité de procéder à la délivrance ordonnée » (en revanche le visa est un rappel de la règle classique de l'article 1142) ; Com., 5 oct. 1993, n° 90-21146 : « Ayant relevé que l'exécution en nature n'était plus possible en raison de l'arrêt de la fabrication du modèle du véhicule vendu, c'est à bon droit que la cour d'appel condamne le vendeur à exécuter son obligation de délivrance en deniers en payant à son acheteur une indemnité équivalente à la valeur actuelle de la chose vendue. »

4. Il suffit en effet alors d'une inexécution minime pour que le débiteur puisse être condamné à tout refaire. Pour une demande tendant à obtenir du constructeur sa condamnation à démolir puis reconstruire la maison pour une insuffisance de seulement 0,33 m de niveau de construction par rapport aux stipulations contractuelles : Civ. 3e, 11 mai 2005, n° 03-21136 ; *RTD civ.* 2005, 596, obs. J. Mestre et B. Fages ; *RDC* 2006/2, 323, obs. D. Mazeaud ; RD imm. 2005, 299, obs. Ph. Malinvaud et 2006, 307, obs. O. Tournafond. La sévérité s'explique souvent par l'existence d'un droit de propriété dont le caractère est absolu (pour un exemple de clôture mitoyenne à détruire pour cause d'empiétement de 0,5 cm sur le fonds voisin, Civ. 3e, 20 mars 2002, n° 00-16015 ; *RTD civ.* 2002, 333, obs. Th. Revet).

5. L'avant-projet de la chancellerie prévoit ainsi que « le créancier d'une obligation de faire peut en poursuivre l'exécution en nature sauf si cette exécution est impossible ou si son coût est manifestement déraisonnable ».

6. Le Conseil constitutionnel a plusieurs fois jugé que la réintégration forcée de salariés licenciés est susceptible de porter atteinte à la liberté d'entreprendre : décision n° 2004-509 DC du 13 janv. 2005 sur la Loi de programmation pour la cohésion sociale.

« protégés », notamment les représentants du personnel et les représentants syndicaux, ou encore les salariés licenciés pour fait de grève ou par suite d'une discrimination interdite), le juge n'a pas hésité à qualifier le licenciement non plus d'abusif (comme dépourvu de cause réelle et sérieuse) mais de nul, ce qui conduisait à ordonner une réintégration du salarié.

Quoi qu'il en soit, le juge ne peut jamais condamner le débiteur à davantage que ce à quoi celui-ci s'était engagé et, en particulier, il ne doit pas pouvoir forcer le débiteur à transférer la propriété comme condamnation pour inexécution d'un contrat qui n'était pas lui-même translatif de propriété (par exemple pour les promesses unilatérales de vente : sur ce débat, v. *supra*).

L'hypothèse visée par la Cour de cassation est celle où le créancier voudrait forcer le débiteur à exécuter. Dans l'hypothèse inverse, où c'est le débiteur qui souhaiterait exécuter l'obligation convenue, on ne voit pas que le juge puisse l'en empêcher pour le condamner à la place à des dommages-intérêts, sauf si le créancier a une raison légitime de ne plus vouloir cette exécution (si elle n'est plus utile ou encore si, compte tenu du contexte, il a légitimement perdu confiance dans son débiteur).

2. LES MOYENS DE PRESSION POUR FORCER À L'EXÉCUTION : LES ASTREINTES

Une astreinte est une mesure de contrainte par laquelle un juge condamne un débiteur récalcitrant à exécuter ses obligations sous peine de devoir verser une somme d'argent forfaitaire par infraction constatée (s'il s'agit d'une obligation de ne pas faire, par exemple une obligation de ne pas ouvrir son magasin le dimanche) ou par unité de temps définie (par exemple une astreinte de tel montant par jour de retard à exécuter).

L'esprit de l'institution est non pas tant de réparer le dommage subi par le créancier du fait du retard dans l'exécution mais d'inciter le débiteur à exécuter rapidement sous peine d'être écrasé par l'accumulation des nouvelles sommes dues. L'astreinte a donc un fondement comminatoire (du latin *comminari*, menacer) et non pas indemnitaire ; son objectif est d'inciter le débiteur à exécuter au plus vite ses obligations.

De création jurisprudentielle, l'astreinte a été consacrée par une loi du 5 juillet 1972 dont l'essentiel a été repris par la loi du 9 juillet 1991 portant réforme des procédures civiles d'exécution (art. L. 33 à L. 37 C. voies d'ex.). Il existe deux types d'astreinte : l'astreinte provisoire, éminemment comminatoire puisque son montant pourra toujours être révisé en fonction du comportement du débiteur ; l'astreinte définitive, qui reste à la charge du débiteur sans plus pouvoir être modifiée, sauf pour le débiteur à démontrer que l'inexécution ou le retard est dû à une cause qui lui est étrangère.

L'astreinte permet ainsi de renforcer la condamnation du débiteur à l'exécution forcée. Selon la formulation de la Cour de cassation, « le prononcé de mesures d'interdiction et de retrait, sous astreinte, destinées à assurer une telle exécution et le respect des engagements souscrits, entre dans les pouvoirs des juges du fond tenus de trancher le litige, tel que déterminé par les prétentions des parties, conformément aux règles de droit qui lui sont applicables »[1].

Il est possible cependant pour les parties de convenir entre elles du paiement d'une astreinte « conventionnelle », mais celle-ci présente alors également un caractère indemnitaire, dans la mesure où les parties prévoient ainsi l'indemnisation qui sera due au cas où l'une d'entre elles ne remplirait pas ses obligations[2]. Les juges l'assimilent ainsi le plus souvent à une clause pénale, tout à la fois indemnitaire et coercitive.

Afin de maintenir la pression sur le débiteur, la Cour de cassation juge que l'astreinte est une mesure de contrainte à caractère personnel, qui n'ouvre pas droit à un recours en garantie, c'est-à-dire que son paiement est dû par le débiteur lui-même qui ne peut s'en décharger sur un éventuel garant de sa dette[3].

1. Civ. 1re, 16 janv. 2007, n° 06-13983 ; *RTD civ.* 2007, 342, obs. J. Mestre et B. Fages.

2. Com., 29 juin 2010, n° 09-14123 ; *RDC* 2011/1, 47, obs. Y.M. Laithier : « attendu que c'est hors toute dénaturation que l'arrêt retient que la mesure en cause désignée par le contrat comme étant une "astreinte comminatoire" comporte, outre une fonction essentielle de coercition, une fonction indemnitaire destinée à réparer le préjudice subi par le franchiseur pendant le temps de l'utilisation abusive des signes distinctifs de la franchise ; que la cour d'appel en a exactement déduit [...] que le rejet de la demande fondée sur l'application de cette clause, par le dispositif du jugement du 3 décembre 2004, devenu irrévocable, rendait irrecevable, comme s'opposant à l'autorité de la chose jugée, la demande du franchiseur en indemnisation de son préjudice du fait de l'utilisation abusive des signes distinctifs de la franchise ».

3. Civ. 1re, 3 avr. 2002, n° 00-10893 et Civ. 2e, 30 avr. 2002, n° 00-13815 ; *RTD civ.* 2002, 812, obs. J. Mestre et B. Fages.

3 | L'exécution du contrat par un tiers aux dépens du débiteur (art. 1143 et 1144 C. civ.)

Même si l'article 1142 du Code civil n'existait pas et si donc le créancier pouvait contraindre le débiteur à faire quelque chose, il pourrait craindre que celui-ci, faisant les choses à contrecœur, ne bâcle l'exécution.

Le Code civil autorise alors le créancier, s'il le désire ou plus exactement s'il a des motifs légitimes de le désirer (car on ne voit pas qu'il puisse, sinon, empêcher le débiteur qui le souhaite d'exécuter lui-même le contrat conclu[1]), à faire plutôt exécuter l'obligation par un tiers aux dépens du débiteur, c'est-à-dire en en faisant supporter le coût à ce dernier.

En cas de violation d'une obligation de ne pas faire, le créancier, qui pouvait faire condamner le débiteur à détruire ce qui aurait été fait par contravention à l'engagement, peut ainsi, s'il le préfère, « se faire autoriser à le détruire aux dépens du débiteur, sans préjudice des dommages et intérêts, s'il y a lieu » (art. 1143 C. civ.).

La même solution est prévue à l'article 1144 pour les obligations de faire : « Le créancier peut aussi, en cas d'inexécution, être autorisé à faire exécuter lui-même l'obligation aux dépens du débiteur. Celui-ci peut être condamné à faire l'avance des sommes nécessaires à cette exécution. » C'est ainsi que le remplacement est possible, c'est-à-dire que le créancier peut se procurer par ailleurs ce que le débiteur lui devait ; il doit cependant être préalablement autorisé par le juge (sauf en matière commerciale).

Une telle substitution de débiteur n'est cependant pas possible pour les obligations trop personnelles, que seul le débiteur initial peut exécuter[2].

1. Civ. 3e, 7 déc. 1976, n° 75-11908, qui relève que l'entrepreneur « avait fait preuve de désinvolture et de peu de conscience professionnelle dans ses rapports contractuels ». V. cependant, Civ. 3e, 28 sept. 2005, n° 04-14586 ; *JCP G* 2006, II, 10010, note C. Noblot ; *RTD civ.* 2006, 129, obs. P. Jourdain, et 311, obs. J. Mestre et B. Fages, qui juge, de façon sans doute un peu trop générale, que « l'entrepreneur, responsable de désordres de construction, ne peut imposer à la victime la réparation en nature du préjudice subi par celle-ci ».

2. Civ. 1re, 17 déc. 2002, n° 99-20762 ; *RTD civ.* 2003, 291, obs. J. Mestre et B. Fages : « La cour d'appel a constaté que les époux Walter reconnaissaient n'avoir pas rempli personnellement leurs obligations en raison de leur départ à l'île de La Réunion, qu'elle a, ensuite, relevé le caractère personnel de ces obligations, les époux Walter s'étant engagés à recevoir dans leur maison, à nourrir

Chapitre 2

LES SANCTIONS VISANT À L'ANÉANTISSEMENT DU CONTRAT

Parfois, l'exécution du contrat n'est plus de nature à satisfaire le créancier : par exemple parce que le retard fait que la prestation convenue lui est désormais inutile. Il se peut aussi que cette exécution soit devenue impossible. Dans tous ces cas, le créancier demandera à sortir du contrat en sollicitant l'anéantissement de celui-ci, ce qui lui permettra, le cas échéant, de récupérer sa propre prestation.

1 | L'anéantissement du contrat comme sanction de l'inexécution : la résolution du contrat

La résolution du contrat est prévue de façon générale par le Code civil pour le cas où l'une des parties n'exécuterait pas ses engagements. On la rattache à l'article 1184 du Code civil qui prévoit que « la condition résolutoire est toujours sous-entendue dans les contrats synallagmatiques, pour le cas où l'une des deux parties ne satisfera point à son

à leur table, avec eux et comme eux leurs créanciers ; qu'elle en a exactement déduit que, conformément à la convention, la condition résolutoire était réalisée, à défaut par les débiteurs de l'exécution personnelle de leurs obligations. » C'est sous ce seul angle de l'impossibilité de substitution de personnes qu'est généralement invoqué le bail à nourriture en raison de son caractère très personnel : Ph. Malaurie, L. Aynès, P.-Y. Gautier, *Les contrats spéciaux*, Defrénois, 4e éd., 2009, n° 1004.

engagement ». La Cour de cassation a jugé que cet article 1184 n'était pas d'ordre public et qu'un contractant pouvait renoncer par avance au droit de demander la résolution judiciaire du contrat[1].

La résolution permet au créancier insatisfait de demander la disparition définitive et rétroactive du contrat et non plus seulement sa suspension provisoire comme avec l'exception d'inexécution.

1. LE DOMAINE DE LA RÉSOLUTION

La résolution du contrat vise principalement les contrats synallagmatiques. Elle permet en effet au créancier qui ne reçoit pas la prestation prévue au contrat d'être lui-même définitivement dispensé d'exécuter ses propres obligations.

La résolution peut cependant également être envisagée pour les contrats unilatéraux. En particulier dans les contrats qui sont techniquement unilatéraux mais qui sont en réalité à titre onéreux – les contrats réels par exemple – le créancier peut avoir intérêt à une disparition rétroactive du contrat.

La résolution, qui entraîne la disparition rétroactive du contrat, ne peut se cumuler avec l'exécution du contrat, et le créancier doit donc choisir entre les deux demandes[2]. Soit le contrat a encore un intérêt pour lui et il en demande l'exécution forcée ; soit il préfère que le contrat soit rétroactivement anéanti, mais alors il ne peut plus en obtenir le bénéfice (sauf compensation pour la perte d'opportunité de conclure un autre contrat tout aussi profitable, v. *supra*).

2. LES CONDITIONS DE LA RÉSOLUTION

a) Les conditions de fond. — La résolution du contrat suppose principalement une inexécution du contrat, qu'il s'agisse d'un défaut d'exé-

1. Civ. 3e, 3 nov. 2011, n° 10-26203 ; *D.* 2012, 459 et s., obs. S. Amrani Mekki et M. Mekki ; *D.* 2011, 2795 ; *JCP G* 2011, 1272, n° 47, obs. C. Delobel, et 2012, n° 17, obs. P. Grosser ; *LEDC* 2011, n° 11, p. 4, obs. O. Deshayes : « ayant retenu à bon droit que l'article 1184 du code civil n'est pas d'ordre public et qu'un contractant peut renoncer par avance au droit de demander la résolution judiciaire du contrat et relevé que la clause de renonciation, rédigée de manière claire, précise, non ambiguë et compréhensible pour un profane, était non équivoque, la cour d'appel en a exactement déduit que la demande était irrecevable ».

2. Civ. 1re, 5 juil. 2005, n° 04-15808 ; *RDC* 2006/2, 312, obs. D. Mazeaud : la cour d'appel ne peut statuer « par des dispositions tendant à l'exécution de la convention dont elle prononçait la résolution ».

cution ou d'une exécution défectueuse. Il faut qu'il y ait violation des obligations contractuelles, ce que le juge doit apprécier[1]. L'inexécution doit être avérée et une simple menace d'inexécution ne vaut pas inexécution[2]. Le créancier peut engager une action en résolution du contrat même si celui-ci est arrivé à terme[3].

La résolution du contrat peut être prononcée même si l'inexécution du contrat n'est que partielle. Le juge devra alors vérifier que cette inexécution partielle est suffisamment grave pour justifier la disparition de l'entier contrat. Il devra ainsi s'assurer qu'il y a une certaine proportionnalité entre le défaut d'exécution et la sanction consistant à faire disparaître rétroactivement le contrat.

Il convient d'approuver la jurisprudence qui, malgré quelques voix doctrinales discordantes, décide que la résolution du contrat doit pouvoir être prononcée dès lors qu'il y a inexécution, même si celle-ci n'est pas fautive[4]. Cela couvre alors notamment l'hypothèse où c'est d'un commun accord que les parties ne veulent plus exécuter[5].

b) Les conditions de mise en œuvre. — La solution varie selon qu'une clause existe ou non prévoyant cette résolution. Le créancier est dans une situation plus favorable si son contrat contient une telle clause résolutoire de plein droit, et c'est pourquoi un notaire peut éventuellement

1. Il n'est pas lié par les décisions de l'autorité ordinale, par exemple de l'ordre des médecins : « des faits ne constituant pas, selon une décision de l'autorité ordinale, un manquement au Code de déontologie, peuvent caractériser une violation des obligations contractuelles » (Civ. 1re, 16 mai 2006, n° 03-16253 ; *RTD civ.* 2006, 554, obs. J. Mestre et B. Fages).

2. V., pour le cas certes particulier du contrat de travail, Soc., 9 mai 2006, n° 04-46385 ; *JCP G* 2006, II, 10176, note C. Puigelier ; *RTD civ.* 2007, 114, obs. J. Mestre et B. Fages, qui reproche à la cour d'appel d'avoir jugé le licenciement du salarié fondé sur une cause réelle et sérieuse, alors qu'il n'était pas établi que l'intéressé ait refusé de se conformer aux instructions de sa hiérarchie et à l'application de la clause de mobilité, ayant simplement fait des déclarations répétées sur son refus de travailler ailleurs ; la cour d'appel ne pouvait statuer ainsi « sans constater l'existence d'un manquement du salarié à ses obligations, alors que les seules déclarations d'intention de ce dernier ne caractérisaient pas une faute ». *Adde* Soc., 21 sept. 2006, n° 05-41155 ; *D.* 2006, 2901, note H. Kobina-Gaba ; *RTD civ.* 2007, 114, obs. J. Mestre et B. Fages, qui juge que « le seul risque d'un conflit d'intérêts ne peut constituer une cause réelle et sérieuse de licenciement ».

3. Com., 19 sept. 2006, n° 03-19132 ; *RTD civ.* 2007, 117, obs. J. Mestre et B. Fages : « La partie envers laquelle un engagement contractuel n'a pas été exécuté, ou ne l'a été que partiellement, peut demander la résolution judiciaire du contrat avec dommages-intérêts, sans qu'il importe que celui-ci soit arrivé à son terme au jour où il est statué sur la demande. »

4. V. not. Civ. 1re, 4 févr. 1976, n° 74-13837.

5. V. l'espèce précitée du 16 déc. 1986 (n° 85-11396 ; *RTD civ.* 1987, 750, obs. J. Mestre) dans laquelle un sieur Schoch avait versé à une dame Klein la somme nécessaire à l'acquisition d'un véhicule, à charge pour cette dernière de le transporter et not. de l'accompagner en vacances, mais où, d'un commun accord, ils décidèrent d'interrompre ces rencontres ; la résolution partielle du contrat pouvait justifier que la dame n'ait à restituer qu'une partie des fonds reçus et il était ainsi inutile de faire jouer un rôle à la cause dans l'exécution du contrat.

être sanctionné s'il a omis de conseiller à ses clients d'en insérer une dans leur contrat[1].

1° *En présence d'une clause résolutoire expresse.* Lorsqu'il y a une clause de résolution de plein droit, il faut en principe une mise en demeure[2]. En outre, la clause résolutoire doit alors être invoquée de bonne foi par le créancier sous peine d'être paralysée[3] ; sa mise en œuvre peut sinon être constitutive d'une faute ouvrant droit à réparation[4]. En revanche, la bonne foi du débiteur défaillant ne fait pas obstacle à l'acquisition de la clause résolutoire[5].

La gravité du comportement d'une partie peut parfois permettre à son cocontractant de se dispenser de suivre les modalités de rupture prévues par la clause et de prendre l'initiative d'une rupture unilatérale à ses risques et périls[6], ainsi qu'il est possible en l'absence de clause résolutoire expresse.

1. Civ. 1re, 29 nov. 2005, n° 02-13550 ; *RTD civ.* 2006, 311, obs. J. Mestre et B. Fages.

2. Relève du pouvoir du juge des référés la simple constatation du jeu d'une clause résolutoire claire et précise, car celle-ci ne soulève alors aucune contestation sérieuse : Civ. 3e, 2 avr. 2003, n° 01-14774.

3. Civ. 1re, 31 janv. 1995, n° 92-20654 : « Vu l'article 1134, alinéa 3, du Code civil ; attendu qu'aux termes de ce texte, les conventions doivent être exécutées de bonne foi ; qu'une clause résolutoire n'est pas acquise, si elle a été mise en œuvre de mauvaise foi par le créancier » ; Civ. 3e, 6 juin 1984, n° 83-10946, mise en œuvre de la clause résolutoire pour non paiement à l'échéance d'une redevance symbolique de 1 F ; Civ. 3e, 8 avr. 1987, n° 85-17596 ; *RTD civ.* 1988, 122 obs. J. Mestre ; *JCP G* 1988, II, 21037, note Y. Picod : les créanciers s'étaient abstenus pendant plus de dix ans de réclamer le paiement de la rente aux débirentiers, accréditant dans leur esprit la conviction que la rente ne leur serait jamais réclamée puis, brusquement, en raison de dissensions, le paiement fut réclamé et la clause résolutoire mise en œuvre ; Com., 7 déc. 1993, *RTD civ.* 1994, 856, obs. J. Mestre, le renouvellement du contrat empêche le créancier de mettre en œuvre la clause résolutoire pour des manquements antérieurs qu'il n'avait pas dénoncés. Le seul écoulement du temps ne peut cependant caractériser un acte manifestant sans équivoque la volonté de renoncer à se prévaloir des effets de la clause résolutoire (le bailleur avait tardé à faire exécuter la mesure d'expulsion et laissé en place le locataire pendant cinq ans) : Civ. 3e, 19 mars 2008, n° 07-11194 ; *RTD civ.* 2008, 294, obs. B. Fages.

4. Civ. 3e, 28 sept. 2005, n° 04-14882 ; *RTD civ.* 2006, 110, obs. J. Mestre et B. Fages, pour une déloyauté commise non pas dans l'invocation de la clause mais dans l'attitude au moment du procès.

5. Civ. 3e, 24 sept. 2003, n° 02-12474 ; *RTD civ.* 2003, 707, obs. J. Mestre et B. Fages ; *RDC* 2004/3, 644, obs. D. Mazeaud : la cour d'appel avait rejeté la demande tendant à faire constater le jeu de la clause résolutoire car le débiteur avait effectué des paiements substantiels après l'expiration du délai fixé par le commandement de payer, apurant même l'intégralité de sa dette, ce qui témoignait de sa bonne foi ; mais selon la Cour de cassation, « en cas d'inexécution de son engagement par le débiteur sa bonne foi est sans incidence sur l'acquisition de la clause résolutoire ». V. déjà Civ. 3e, 10 mars 1993, *D.* 1993, 357, note Ph. Bihr ; *JCP G* 1993, I, 3725, obs. Ch. Jamin ; *RTD civ.* 1994, 100, obs. J. Mestre ; *Defrénois* 1994, 347, obs. D. Mazeaud ; *CCC* 1993, n° 149, L. Leveneur.

6. Com., 4 févr. 2004, n° 99-21480 ; *JCP G* 2004, 1275, obs. J. Rochfeld ; *RTD civ.* 204, 731, obs. J. Mestre et B. Fages.

Le jeu de la clause résolutoire expresse suppose cependant que l'inexécution du contrat soit caractérisée, ce qui n'est pas le cas si celle-ci se trouve en réalité excusée par l'existence d'un cas de force majeure[1].

2° *En l'absence de clause résolutoire expresse.* Aux termes de l'article 1184 du Code civil, le contrat n'est pas résolu de plein droit. Le texte précise que « la résolution doit être demandée en justice », et il faut donc en principe une décision judiciaire. Une mise en demeure préalable n'est en revanche pas nécessaire. Le juge peut accorder au défendeur un délai selon les circonstances. Le débiteur peut écarter la demande en offrant d'exécuter, mais cette offre ne doit alors pas être trop tardive. Le jugement est constitutif, c'est-à-dire que le juge fait plus que constater la résolution : il la prononce.

Parfois, une décision judiciaire n'est pas nécessaire.

Il en est ainsi lorsque la loi elle-même prévoit que le recours au juge est inutile : par exemple quand le contrat portait sur des denrées périssables (art. 1657). De même, la pratique du *laissé pour compte* propre à la matière commerciale autorise le créancier dans certaines circonstances à aller se fournir ailleurs.

Surtout, il a été admis qu'en cas d'urgence, un contractant pouvait mettre fin de façon unilatérale au contrat sans recourir au juge, mais, en cas de contentieux, les juges doivent apprécier si la gravité du comportement du contractant justifiait que l'autre y mît fin de façon unilatérale[2]. Selon la formule de la Cour de cassation, « la gravité du comportement d'une partie à un contrat peut justifier que l'autre partie y mette fin de façon unilatérale à ses risques et périls, peu important que le contrat soit à durée déterminée ou non »[3]. En principe, un préavis doit

1. Civ. 3e, 17 févr. 2010, n° 08-20943 ; *RDC* 2010/3, 818, obs. Th. Genicon ; *JCP E* 2010, n° 13, 1316, obs. E. Chavance : « attendu qu'ayant constaté [...] que le problème informatique auquel s'était trouvée confrontée la banque était la seule cause du non-respect du règlement de la dernière mensualité, que cet événement était imprévisible [...] irrésistible pour la débitrice [...] totalement extérieur à la débitrice elle-même, la cour d'appel, qui a exactement retenu que cet événement constituait un cas de force majeure pour la débitrice, a pu en déduire que le commandement de quitter les lieux et le procès-verbal de tentative d'expulsion devaient être annulés » ; Civ. 3e, 28 juin 1989, n° 88-12492.

2. Ils ne sont pas liés, ici non plus, par la décision d'une autorité ordinale : Civ. 1re, 13 oct. 1998, n° 96-21485 ; *RTD civ.* 1999, 384, obs. J. Mestre.

3. Civ. 1re, 13 oct. 1998, *Tocqueville*, n° 96-21485 ; *GAJC*, n° 180 ; *D.* 1999, 197, note Ch. Jamin ; *ibid.*, somm., 115, obs. Ph. Delebecque ; *JCP G* 1999, II, 10133, note N. Rzepecki ; *Defrénois* 1999, 374, obs. D. Mazeaud ; *RTD civ.* 1999, 374, obs. J. Mestre, pour un médecin anesthésiste ayant violé plusieurs de ses obligations contractuelles ; Civ. 1re, 20 févr. 2001, n° 99-15170 ; *D.* 2001, 1568, obs. Ch. Jamin ; *ibid.*, 3239, obs. D. Mazeaud ; *RTD civ.* 2001, 363, obs. J. Mestre et B. Fages ; *Defrénois* 2001, art. 37365, n° 41, obs. É. Savaux ; Com., 30 juin 2009, n° 08-14944, Com., 15 sept. 2009, n° 08-15872 et Civ. 1re, 24 sept. 2009 ; *RDC* 2010/1, 44, obs Th. Genicon. *Contra*, Douai, 6 juil. 1999, *JCP G* 1999, I, 191, obs. Ch. Jamin, qui qualifie de fautive la résiliation unilatérale ; Com., 18 nov. 2008,

tout de même être accordé au contractant, sauf si la gravité du comportement est telle qu'elle justifie une rupture immédiate. En revanche il n'est pas nécessaire de respecter la procédure contractuellement prévue pour mettre fin au contrat[1]. « À ses risques et périls » signifie que l'auteur de la résiliation unilatérale pourra être sanctionné si la gravité du comportement de son cocontractant ne justifiait pas une résiliation immédiate[2]. Le juge des référés peut cependant ordonner la poursuite des relations contractuelles jusqu'au prononcé de sa résolution par le juge du fond[3], mais seulement si le contrat a été irrégulièrement résilié[4]. Il ne semble en revanche pas pouvoir faire l'inverse, c'est-à-dire faire disparaître le contrat[5].

3. LES EFFETS DE LA RÉSOLUTION

Contrairement à ce qui se passe en matière de nullité, les clauses qui organisaient la cessation du contrat sont maintenues (clauses pénales par exemple[6]) ; en effet, le contrat est par hypothèse valablement conclu (sinon il n'aurait pas eu à être exécuté) et, si les obligations réciproques sont anéanties, les prévisions des parties relatives à cette hypothèse

n° 07-20304 ; *RDC* 2009/2, 484, obs. D. Mazeaud, qui retient qu'en l'absence de preuve d'un manquement imputable au débiteur, le contrat ne devient pas caduc.

1. Com., 10 févr. 2009, n° 08-12415 ; *RDC* 2010/1, 44, obs Th. Genicon ; *RLDC* 2009/59, n° 3373, obs. V. Maugeri ; *RTD civ.* 2009, 319, obs. B. Fages ; *RDC* 2010/1, 44, obs Th. Genicon : « la gravité du comportement d'une partie à un contrat peut justifier que l'autre partie y mette fin de façon unilatérale à ses risques et périls, peu important les modalités formelles de résiliation contractuelle. »

2. Sur le point de savoir si cette initiative individuelle empêche ou non le caractère rétroactif de la disparition du contrat, v. les obs. de Th. Genicon sous Civ. 3e, 19 mai 2010, *RDC* 2010/4, 1215.

3. Civ. 1re, 29 mai 2001, *RTD civ.* 2001, 590, obs. J. Mestre et B. Fages ; Aix, 22 janv. 2004, *RTD civ.* 2004, 731, obs. J. Mestre et B. Fages ; Paris, 28 janv. 2009, *RTD civ.* 2009, 529, obs. B. Fages, qui reconnaît pouvoir, au juge des référés, de « faire injonction à une partie à un contrat de reprendre les relations contractuelles qu'elle a manifestement fait cesser de manière illicite. » A.Marais, Le maintien forcé du contrat par le juge, *LPA* 2002, n° 197.

4. Com., 28 nov. 2006, n° 04-20734 ; *RTD civ.* 2007, 345, obs. J. Mestre et B. Fages ; *RDC* 2007/2, 415, obs. M. Behar-Touchais : « en ordonnant à la société Nissan France la poursuite de ses relations contractuelles avec la société Girodo Le Clézio, alors qu'elle relevait, que le contrat de distribution avait été régulièrement résilié, sans constater la conclusion d'un nouveau contrat entre les parties, la cour d'appel a violé » l'art. 873 CPC.

5. J. Mestre et B. Fages (sort du contrat et juge des référés), *RTD civ.* 2003, 705, sous Civ. 3e, 19 févr. 2003, n° 01-16991 ; Civ. 3e, 2 avr. 2003, n° 01-14774, et Soc., 13 mai 2003, n° 01-17452. Selon ce dernier arrêt, « le juge des référés n'a pas le pouvoir d'ordonner la résiliation du contrat de travail d'un salarié », par exemple lorsque celui-ci a été conclu en violation d'une clause de non-concurrence. Le juge des référés pourrait alors simplement, dans un tel cas, enjoindre la cessation de l'activité exercée en méconnaissance de la clause de non-concurrence (Soc., 10 déc. 1996, n° 94-43015).

6. V. Civ. 3e, 26 janv. 2011, n° 10-10376 ; *RDC* 2011/3, 817, obs. Y.M. Laithier.

peuvent et doivent recevoir application[1]. La Cour de cassation a pourtant jugé que la résolution d'une vente entraînait l'inapplication des clauses limitatives de responsabilité qui y étaient prévues[2]. La généralité de la formule a sans doute échappé à la Cour de cassation, car la solution peut surprendre : une clause limitative de responsabilité est en effet précisément prévue pour le cas où l'une des parties engagerait sa responsabilité pour mauvaise exécution du contrat. Sauf à dire que, lorsque l'inexécution est si grave qu'elle permet la résolution du contrat, le débiteur ne mérite pas que sa responsabilité soit limitée conformément aux prévisions des parties : mais le Code civil n'admet ce raisonnement qu'en présence d'une inexécution dolosive, qui n'était semble-t-il même pas alléguée en l'espèce.

a) La résolution du contrat peut être ou non rétroactive. — En principe, la résolution conduit à un anéantissement rétroactif du contrat et les parties doivent être remises dans l'état où elles étaient antérieurement à sa conclusion[3]. La résolution implique dès lors en principe la restitution de ce qui a déjà été exécuté par l'une et/ou l'autre des parties[4].

Pour les contrats à exécution successive, il est parfois impossible de revenir sur les prestations passées. Ainsi, dans un contrat de travail, le salarié ne peut obtenir la restitution du travail qu'il a fourni. Dans ce cas[5], les juges peuvent décider que l'anéantissement du contrat se fera seulement pour l'avenir, et on parle alors de « résiliation » et non pas de « résolution » du contrat.

1. Ch. mixte, 23 nov. 1990, n° 86-19396 et 87-17044 ; *JCP G* 1991, II, 21642, note D. Legeais ; *D.* 1991, 121, note Ch. Larroumet : « La résolution du contrat de vente entraîne nécessairement la résiliation du contrat de crédit-bail, sous réserve de l'application de clauses ayant pour objet de régler les conséquences de cette résiliation. »

2. Com., 5 oct. 2010, n° 08-11630 ; *RDC* 2011/2, 431, obs. Th. Genicon ; *JCP G* 2011, n° 3, 63, obs. P. Grosser : « la résolution de la vente emportant anéantissement rétroactif du contrat et remise des choses en leur état antérieur, la cour d'appel en a exactement déduit qu'il n'y avait pas lieu d'appliquer les clauses limitatives de responsabilité ».

3. L'anéantissement concerne également la confusion qu'avait opérée le contrat résolu : Civ. 3e, 22 juin 2005, n° 03-18624 ; *D.* 2005, 3003, note M.-A. Rakotovahiny ; *JCP E* 2005, n° 1868, note Y. Dagorne-Labbé ; *RTD civ.* 2006, 313, obs. J. Mestre et B. Fages.

4. Comme pour la nullité, le vendeur n'est pas fondé à obtenir une indemnité correspondant au seul usage de la chose (en l'espèce l'occupation de l'immeuble acquis) : Civ. 3e, 19 déc. 2007, n° 07-12824 ; *RDC* 2008/2, 255, obs. Th. Genicon. Il peut cependant obtenir compensation en cas de dégradation ou de dépréciation de la chose, mais à charge pour lui d'en faire la démonstration : Civ. 1re, 21 mars 2006, n° 02-19236.

5. Rien ne s'oppose en revanche à la rétroactivité de la résolution des contrats à exécution successive lorsqu'elle est possible et opportune. Civ. 3e, 1er oct. 2008, n° 07-15338 ; *RDC* 2009/1, 70, obs. Th. Genicon, qui reproche à la Cour d'appel d'avoir jugé que la résiliation d'un bail ne prend effet que du jour de la décision qui la prononce « alors que la résiliation judiciaire des contrats à exécution successive ne prend pas nécessairement effet à la date de la décision qui la prononce. »

Mais « la résiliation judiciaire des contrats à exécution successive ne prend pas nécessairement effet à la date de la décision qui la prononce »[1].

La date de l'inexécution détermine en effet aussi la portée de la disparition du contrat : si l'inexécution ou l'exécution défectueuse a été caractérisée dès l'origine, seule en principe la résolution, c'est-à-dire l'anéantissement rétroactif du contrat, pourra être prononcée ; et la résiliation suppose à l'inverse que le contrat ait été au moins un temps régulièrement exécuté[2].

Cette résiliation judiciaire est par ailleurs soumise à toutes les conditions de la résolution et ne doit donc pas être confondue avec la résiliation unilatérale permettant à un contractant de mettre fin à un contrat à durée indéterminée sous réserve du respect de certaines conditions.

Pour certains contrats à exécution instantanée, il se peut que les restitutions soient également impossibles, par exemple pour des contrats portant sur des choses consomptibles ; mais dans ce cas la résolution n'a aucun intérêt et ne sera sans doute pas demandée par le créancier qui préférera réclamer des dommages-intérêts ; même s'il la demande, le juge sera enclin à prononcer une condamnation à des dommages-intérêts.

b) La résolution du contrat peut être totale ou partielle. — La résolution simplement partielle d'un contrat doit être admise dès lors que l'une des parties n'a exécuté que partiellement ses obligations ou les a mal exécutées. Le juge peut dans ce cas décider d'une simple réduction et non pas d'une suppression des obligations réciproques, par exemple de la rémunération convenue. Il peut en être autrement si les parties sont convenues de l'indivisibilité de leurs obligations.

c) La résolution peut être limitée au contrat ou atteindre d'autres contrats. — Lorsque le contrat résolu ou résilié fait partie d'un ensemble contractuel[3], son anéantissement peut entraîner celui d'un

1. Civ. 3e, 1er oct. 2008, n° 07-15338 ; *RDC* 2009/1, 70, obs. Th. Genicon, et 168, obs. J.-B. Seube ; *Defrénois* 2008, 2499, note R. Libchaber.

2. Civ. 3e, 30 avr. 2003, *Lucie*, n° 01-14890 ; *RTD civ.* 2003, 501, obs. J. Mestre et B. Fages ; *Ann. Loyers* 2003, 750, note Ch. Atias ; *RDC* 2004, 365, obs. J.-B. Seube ; *JCP G* 2004, II, 10031, obs. Ch. Jamin ; *JCP G* 2003, I, 170, obs. A. Constantin ; *JCP E* 2004, 30, note Keita ; *Defrénois* 2003, 1175, obs. É. Savaux ; *LPA* 8 déc. 2003, 6, obs. G. Pignarre : « Si, dans un contrat synallagmatique à exécution successive, la résiliation judiciaire n'opère pas pour le temps où le contrat a été régulièrement exécuté, la résolution judiciaire pour absence d'exécution ou exécution imparfaite dès l'origine entraîne l'anéantissement rétroactif du contrat. »

3. Civ. 1re, 13 nov. 2003, n° 02-10229 ; *D.* 2004, 657, note I. Najjar, qui approuve la cour d'appel d'avoir déduit d'un ensemble de constatations que les « conventions interdépendantes conclues en vue de la même opération économique formaient un ensemble contractuel indivisible ».

ou plusieurs autres contrats[1]. Le critère en est l'indivisibilité de ces contrats[2], laquelle se mesure en principe à l'intention des parties souverainement appréciée par les juges du fond[3]; un indice de cette intention peut être le fait que les contrats aient été signé le même jour[4]. Les juges tiennent compte cependant également de l'interdépendance objective des contrats[5]. Ils doivent quoi qu'il en soit contrôler le montage effectué par les parties, et peuvent peuvent alors reconstituer le lien entre des contrats que l'une des parties avait frauduleusement disjoint[6], ou à l'inverse disjoindre des contrats, par exemple si

1. Anéantissement dont la portée est variable. Civ. 1re, 4 avr. 2006, n° 02-18277; *Defrénois* 2006, 1194, note J.-L. Aubert; *RDC* 2006, 700, obs. D. Mazeaud; *RTD civ.* 2007, 105, obs. J. Mestre et B. Fages; *D.* 2006, 2656, note R. Boffa et pan., 2641, obs. S. Amrani Mekki, où la Cour de cassation approuve la cour d'appel d'avoir jugé «que la résiliation du contrat d'exploitation avait entraîné la caducité du contrat d'approvisionnement». Civ. 1re, 3 avr. 2001, n° 98-18476 : la Cour de cassation approuve la cour d'appel d'avoir retenu que la résiliation de contrats d'édition devait entraîner la résiliation de ceux conclus par le coauteur.

2. Civ. 1re, 4 avr. 2006, précité : «Les deux conventions constituaient un ensemble contractuel indivisible»; Civ. 1re, 3 avr. 2001, précité : interdépendance des contrats d'édition conclus par les coauteurs pour l'exploitation d'œuvres communes qui, à la fois par leur nature et par la volonté des parties, étaient indivisibles, paroles (de M. Dabadie) et musique (de M. Polnareff) étant indissociables, la cour d'appel en ayant déduit à bon droit que la résiliation des uns devait entraîner la résiliation de ceux conclus par son coauteur; Com., 28 mai 1996, n° 94-11766, pour deux contrats signés, le même jour, par l'intermédiaire du même représentant, et d'une durée identique; Com., 4 avr. 1995, n° 93-20029 : la Cour de cassation approuve la cour d'appel d'avoir déduit de la résiliation d'un contrat la résiliation d'un autre car il y avait «indivisibilité entre les contrats».

3. Com., 12 juil. 2011, n° 10-22930; *D.* 2012, 459 et s., obs. S. Amrani Mekki et M. Mekki, qui juge «que l'arrêt constate que les deux contrats ont été signés le même jour entre les mêmes parties; qu'il relève que la société Prodim propose des tarifs de vente à la fois en qualité de fournisseur et de franchiseur; qu'il retient qu'aux termes des contrats de franchise et d'approvisionnement, d'une part, le contrôle par le franchiseur de la publicité suppose que les produits distribués par le franchisé lui soient fournis par le franchiseur ou une société qu'il contrôle et, d'autre part, les commandes pour l'assortiment général du magasin doivent être effectuées auprès du fournisseur agréé par le franchiseur; qu'en l'état de ces constatations et appréciations, exemptes de dénaturation, c'est dans l'exercice de son pouvoir souverain que la cour d'appel a retenu [...] l'intention commune des parties de rendre leurs conventions indivisibles»; Com., 8 janv. 1991, n° 89-15439.

4. V. Com., 12 juil. 2011, n° 10-22930 précité.

5. Com., 13 févr. 2007, n° 05-17407; *RTD civ.* 2007, 567, obs. B. Fages,; *D.* 2007, 654, obs. X. Delpech; *RDC* 2007/3, 707, obs. D. Mazeaud, et 746, obs. G. Viney; *JCP G* 2007, I, 185, n° 10, obs. Ph. Stoffel-Munck, et II, 10063, note Y. M. Serinet; *RLDC* mai 2007, 6, note G. Loiseau; *Defrénois* 2007, 1042, obs. R. Libchaber : «Les quatre contrats litigieux étaient interdépendants, dans la mesure où ils poursuivaient tous le même but et n'avaient aucun sens indépendamment les uns des autres, les prestations de maintenance et de formation ne se concevant pas sans les licences sur lesquelles elles portaient et l'acquisition de ces licences par la société Faurecia n'ayant aucune raison d'être si le contrat de mise en œuvre n'était pas exécuté.»

6. Par ex. pour éviter certaines dispositions d'ordre public du C. conso. : Civ. 1re, 7 févr. 2006, n° 04-11185; *D.* 2006, 649, obs. C. Rondey; *RTD civ.* 2006, 308, obs. J. Mestre et B. Fages. *Adde* Com., 24 avr. 2007, n° 06-12443, *RDC* 2008/2, obs. D. Mazeaud, qui énonce que la clause afirmant l'indépendance des contrats ne peut pas produire d'effets.

le lien stipulé conduisait à la renonciation, par l'une des parties, à des règles protectrices d'ordre public[1].

2 | L'anéantissement du contrat dont l'exécution est devenue impossible en raison d'un cas de force majeure : la théorie des risques

Parfois, l'une des obligations convenues ne peut plus être exécutée par suite d'un cas de force majeure. Il s'agit d'un risque et il faut déterminer qui doit en supporter les conséquences. Il faut supposer que le cas de force majeure est survenu après la conclusion du contrat. En effet, lorsqu'avant même la formation du contrat, l'obligation convenue était impossible à exécuter, même à l'insu des parties, le contrat est nul pour impossibilité de l'objet. Il faut donc ici supposer que le contrat s'était valablement formé.

En principe, lorsque l'une des obligations convenues ne peut plus être exécutée par suite d'un cas de force majeure, elle disparaît et son débiteur n'est donc plus tenu de l'exécuter. C'est ce qu'exprime par exemple l'article 1302 du Code civil pour le cas où « le corps certain et déterminé[2] qui était l'objet de l'obligation vient à périr, est mis hors du commerce, ou se perd de manière qu'on en ignore absolument l'existence », et ce sans faute de la part du débiteur : dans ce cas « l'obligation est éteinte », et le débiteur n'a plus à exécuter. Toutes les questions ne sont cependant pas pour autant résolues.

1. LE PRINCIPE : *RES PERIT DEBITORI*

Le Code civil complète parfois la solution. L'article 1722 du Code civil dispose ainsi que « si, pendant la durée du bail, la chose louée est

1. Par ex. celles relatives au licenciement : Soc., 12 juil. 2005, n° 03-45394 ; *D.* 2006, 344, note J. Mouly ; *RTD civ.* 2006, 308, obs. J. Mestre et B. Fages (clause d'indivisibilité entre les contrats de travail de deux époux).

2. Car si c'est une chose fongible qui vient à périr, le débiteur peut toujours, par définition, exécuter avec une autre chose du même genre, et la perte de la chose n'entraîne donc pas l'impossibilité d'exécuter l'obligation convenue.

détruite en totalité par cas fortuit, le bail est résilié de plein droit». Non seulement l'obligation devenue impossible (celle du bailleur) disparaît, mais également celle de son cocontractant (puisque c'est l'entier contrat qui disparaît). Le texte ajoute qu'il n'y a alors «lieu à aucun dédommagement». Les risques d'impossibilité d'une obligation par survenance d'un cas de force majeure pèsent donc sur le débiteur de cette obligation [1] puisqu'il aura perdu sa chose tout en ne pouvant recevoir aucune compensation de son cocontractant : la chose a donc péri à ses risques.

De cet exemple particulier [2], on a tiré la règle générale *res perit debitori*, c'est-à-dire précisément que la chose périt aux risques du débiteur (de l'obligation inexécutée par suite du cas de force majeure). Plus largement, la solution est étendue à tous les cas où une obligation, même de faire, ne peut plus être exécutée par suite d'un cas de force majeure : c'est tout le contrat qui disparaît, sans aucune compensation possible pour le débiteur de l'obligation devenue impossible. En outre, en l'absence de faute particulière, aucun des contractants ne pourra être condamné à des dommages-intérêts envers l'autre.

La disparition du contrat est en principe totale, sauf si l'impossibilité d'exécution n'est que partielle. Le créancier de l'obligation inexécutée n'est alors libéré que dans la mesure de l'impossibilité d'exécution du débiteur et il reste, pour le surplus, tenu. Pour le bail, l'article 1722 précité prévoit que si la chose «n'est détruite qu'en partie, le preneur peut, suivant les circonstances, demander ou une diminution du prix, ou la résiliation même du bail». Il y a donc non pas disparition mais rééquilibrage du contrat.

La disparition du contrat a lieu de plein droit. En d'autres termes, le juge saisi d'une contestation n'a pas à la prononcer mais seulement à la constater.

Enfin cette disparition du contrat est en principe rétroactive mais, s'agissant des contrats pour lesquels la restitution est impossible (ce qui est fréquemment le cas des contrats à exécution successive), il y a simplement résiliation (art. 1722).

1. Même s'il peut être en même temps créancier (si le contrat est synallagmatique), on le qualifie de débiteur en raison du point de vue de l'obligation inexécutée par force majeure.

2. Dans le même sens, l'article 1790 C. civ. retient que, dans le cas où un ouvrier est chargé de faire un ouvrage en ne fournissant que son travail, si la chose vient à périr sans faute de celui-ci, l'ouvrier n'a en principe «point de salaire à réclamer». La chose périt donc aux risques de l'ouvrier (débiteur de l'obligation qui ne peut plus être exécutée : l'obligation de livrer la chose) puisqu'il ne peut plus réclamer de salaire.

2. L'EXCEPTION PROPRE AUX CONTRATS TRANSLATIFS DE PROPRIÉTÉ : *RES PERIT DOMINO*

Dans les contrats translatifs de propriété (principalement la vente et l'échange), la solution est différente. Si on appliquait l'adage *res perit debitori*, la chose périrait aux risques du débiteur de l'obligation devenue impossible (celle de délivrer la chose), donc du vendeur. L'acquéreur serait alors dispensé de payer le prix convenu pour la chose achetée.

La solution est inverse. En effet, dans les contrats translatifs, la propriété est transférée dès la conclusion du contrat, par l'échange même des consentements (art. 1138 C. civ.). Dès lors, même si la chose n'a pas encore été délivrée au moment où survient le cas de force majeure qui la fait périr, celle-ci appartenait déjà à celui qui l'a acquise. La prestation essentielle de son contractant (le transfert de propriété) ayant été exécutée, il doit lui-même être tenu de verser le prix convenu. C'est donc lui qui va assumer les risques puisque, non seulement il ne pourra plus recevoir livraison de la chose qui lui appartenait mais, en outre, il va être tenu d'en payer le prix. La règle est donc en principe que la chose périt aux risques de son propriétaire : *res perit domino* (le *dominus* étant le maître, le propriétaire de la chose), en l'occurrence l'acheteur. Il n'en ira autrement que lorsque le débiteur a fautivement conservé la chose trop longtemps (par ex. il était en demeure de livrer).

Chapitre 3

LES SANCTIONS VISANT À RÉPARER LES DOMMAGES CAUSÉS PAR L'INEXÉCUTION DU CONTRAT : LA RESPONSABILITÉ CONTRACTUELLE

Deux types très différents de dommages-intérêts peuvent être octroyés en réparation de dommages causés par l'inexécution du contrat et qui sont souvent confondus : ceux qui sont dus dans le cadre du contrat, c'est-à-dire lorsque celui-ci est maintenu, et ceux qui peuvent accompagner l'anéantissement du contrat, notamment sa résolution.

SECTION 1
Les dommages-intérêts dus dans le cadre du contrat : les dommages-intérêts positifs

Lorsque le débiteur n'exécute pas ses obligations mais que le juge ne veut pas ou ne peut pas le contraindre à exécuter en nature, et que l'anéantissement du contrat n'est pas une sanction opportune (parce que des dommages ont déjà été causés que la disparition du contrat n'effacerait pas)[1], le créancier peut se voir accorder des dommages-intérêts pour

1. Un patient a subi un préjudice suite à une opération chirurgicale défectueuse, ou un salarié a respecté une clause de non-concurrence qui était en réalité illicite (Soc., 18 mars 2003, n° 00-46358). Dans ces deux cas, l'exécution a déjà eu lieu et ne peut donc être ni forcée ni effacée : l'exécution forcée et la résolution sont ainsi sans objet.

compenser le préjudice subi du fait de cette inexécution. Un droit commun de cette responsabilité contractuelle existe, mais qui n'empêche pas les parties dans une certaine mesure de prévoir certaines dispositions pour aménager ce droit commun.

Sous-section 1 – Le droit commun de la responsabilité contractuelle

Comme en matière de responsabilité délictuelle, la responsabilité contractuelle requiert certaines conditions et entraîne des conséquences.

1 | Les conditions de la responsabilité contractuelle

1. LES CONDITIONS DE FOND DE LA RESPONSABILITÉ CONTRACTUELLE

La responsabilité contractuelle suppose tout d'abord l'existence d'un contrat valable[1] et, en vertu du principe classique de non-cumul, elle ne peut se cumuler avec la responsabilité délictuelle[2]. Plus précisément, ce principe signifie qu'une obligation de réparer un dommage donné ne peut à la fois être de nature contractuelle et délictuelle et, si le dommage invoqué résulte de l'inexécution d'une obligation contractuelle, c'est sur le fondement de la responsabilité contractuelle que sa réparation doit en être demandée[3]. Cependant, la Cour de cassation a jugé que « ce prin-

1. Com., 20 févr. 2007, n° 05-15863; *RTD civ.* 2007, 562, obs. B. Fages, qui approuve la cour d'appel d'avoir jugé qu'« en l'absence de lien contractuel entre les parties à la promesse et la société qui en était l'objet, la responsabilité contractuelle de cette dernière ne pouvait être engagée ».
2. Civ. 2e, 24 mai 2006, n° 04-17495; *RTD civ.* 2006, 779, obs. P. Jourdain; *RDC* 2007/2, 286, obs. J.S. Borghetti.
3. Ainsi, pour la Cour de cassation, un demandeur ne peut, « sans se contredire », soutenir que le débiteur a, pour un même dommage, engagé sa responsabilité au plan délictuel ou quasi délictuel et au plan contractuel : Com., 13 nov. 1990, n° 89-15378; Com., 14 févr. 1989, n° 87-12491.

cipe interdit seulement au créancier d'une obligation contractuelle de se prévaloir, contre le débiteur de cette obligation, des règles de la responsabilité délictuelle »[1]. En d'autres termes, le demandeur pourrait intenter une action en réparation sur les deux fondements, soit que la demande en responsabilité délictuelle concerne la réparation d'un autre préjudice non concerné par le contrat[2], soit qu'elle soit subsidiaire, c'est-à-dire formulée seulement pour le cas où les juges ne retiendraient pas l'existence d'un contrat[3]. Le principe de concentration des demandes posé par le célèbre arrêt *Cesareo*[4] et qui oblige désormais les parties à présenter dès le début tous les fondements juridiques de nature à soutenir sa demande devrait au demeurant les inciter à invoquer plus souvent les deux fondements contractuel et délictuel.

La responsabilité contractuelle ne peut être engagée que lorsque trois conditions sont réunies : un fait générateur, un dommage et un lien de causalité entre les deux.

A / Le fait générateur

a) Les différents faits générateurs. — Deux faits peuvent engager la responsabilité du débiteur : l'inexécution (inexécution totale ou mauvaise exécution), et le retard dans l'exécution.

1° *L'inexécution d'une obligation contractuelle.* Le demandeur doit, pour engager la responsabilité contractuelle de son cocontractant[5],

1. Com., 13 juil. 2010, n° 09-14985; *RDC* 2011/1, 51, obs. Y.M. Laithier; *JCP G* 2011, 435, n° 10, obs. Ph. Stoffel-Munck.

2. C'est ainsi que dans l'arrêt précité du 13 juillet 2010, les parties avaient souscrit divers engagements de confidentialité et de non-exploitation; l'une des parties s'était ensuite plainte de leur violation et avait également formulé une demande subsidiaire pour concurrence déloyale (donc en responsabilité délictuelle). La Cour de cassation censure à bon droit la Cour d'appel qui avait déclaré irrecevable cette demande subsidiaire comme portant atteinte au principe du non-cumul : en effet, l'action en concurrence déloyale pouvait être intentée de façon subsidiaire, par exemple pour la violation d'engagements (notamment de confidentialité) non prévus et donc non couverts par le contrat.

3. V. ainsi Civ. 3e, 28 avr. 2011, n° 10-13646; *Dr. & patr.* 2012, n° 211, 73, obs. Ph. Stoffel-Munck, qui reproche à la Cour d'appel d'avoir déclaré irrecevables les demandes formées par une société comme contraires au principe du non-cumul alors, selon la haute Juridiction, « qu'elle avait constaté que la société AMS n'était directement liée par contrat ni à la société SMAC ni à la société Monopanel et que la responsabilité délictuelle de ces sociétés avait été invoquée à titre subsidiaire ».

4. Ass. plén., 7 juil. 2006, n° 04-10672 : « attendu qu'il incombe au demandeur de présenter dès l'instance relative à la première demande l'ensemble des moyens qu'il estime de nature à fonder celle-ci ».

5. Il peut aussi, malgré le principe du non-cumul, engager sa responsabilité délictuelle, en cas de violation d'une obligation administrative, de surcroît pénalement sanctionnée : Civ. 3e, 16 mars 2005, n° 03-17875; *RTD civ.* 2005, 784, obs. P. Jourdain; *JCP G* 2005, II, 10118, note F.-G. Trébulle.

prouver une inexécution imputable à ce dernier[1]. L'inexécution du contrat étant un fait juridique, sa preuve est libre. Toutes les preuves peuvent donc être utilisées dès lors qu'elles ont été loyalement obtenues ; c'est ainsi que, selon la Cour de cassation, « si l'enregistrement d'une conversation téléphonique privée, effectué à l'insu de l'auteur des propos invoqués, est un procédé déloyal rendant irrecevable en justice la preuve ainsi obtenue, il n'en est pas de même de l'utilisation par le destinataire des messages écrits téléphoniquement adressés, dits SMS, dont l'auteur ne peut ignorer qu'ils sont enregistrés par l'appareil récepteur »[2].

La notion d'inexécution mérite d'être précisée. Il est en effet courant de relever que les deux articles du Code civil qui envisagent les conditions de la responsabilité contractuelle – l'article 1137 et l'article 1147 – seraient contradictoires. Le premier, qui traite de l'obligation de veiller à la conservation de la chose contenue dans certains contrats, énonce que celui qui est chargé d'une telle obligation doit « y apporter tous les soins d'un bon père de famille », ce qui semblerait faire référence à la notion de faute, puisque celle-ci s'apprécie classiquement au regard de ce standard du « bon père de famille ». Le débiteur ne serait donc responsable que s'il manque à cette norme de comportement, c'est-à-dire s'il commet une faute. L'article 1147 au contraire énonce que le débiteur est condamné « toutes les fois qu'il ne justifie pas que l'inexécution provient d'une cause étrangère qui ne peut lui être imputée » ; le seul mode d'exonération étant la cause étrangère, le débiteur pourrait dès lors être condamné même s'il n'a pas commis de faute.

La doctrine résout cette apparente contradiction en énonçant que celle-ci recoupe en réalité la distinction entre les obligations de moyens et les obligations de résultat. Le créancier d'une obligation de moyens doit, pour engager la responsabilité du débiteur, prouver que ce dernier a commis une faute (il n'a pas utilisé tous les moyens à sa disposition pour exécuter correctement ses obligations). En revanche, le créancier d'une obligation de résultat n'a qu'à démontrer l'inobtention de ce résultat pour engager la responsabilité du débiteur, ce dernier pouvant ensuite s'exonérer uniquement par la démonstration d'une cause étrangère.

En résumé, le créancier doit, pour engager la responsabilité du débiteur, faire la preuve de l'inexécution d'une obligation contractuelle.

1. Sous réserve d'une convention contraire. Pour une convention modifiant valablement la charge de la preuve de l'inexécution d'un contrat de dépôt, Civ. 1re, 30 oct. 2007, n° 06-19390, *RDC* 2008/2, 252, obs. Y.-M. Laithier.

2. Soc., 23 mai 2007, n° 06-43209 ; *JCP G* 2007, II, 10140, note L. Weiller ; *RTD civ.* 2007, 776, obs. B. Fages, qui admet ainsi la preuve par SMS d'un harcèlement moral.

Celle-ci s'apprécie au regard de l'obligation souscrite dont il faut donc apprécier avec précision la nature, l'intensité et la portée. En particulier, l'inexécution d'une obligation peut engager la responsabilité du débiteur défaillant même en l'absence de faute, dès lors que celui-ci était tenu d'une obligation de résultat[1]. Et si, en présence d'une obligation de moyens, la démonstration d'une faute du débiteur demeure nécessaire, la simple négligence ou imprudence peut être qualifiée de faute[2].

L'inexécution du contrat peut être le fait du débiteur ou de n'importe quelle personne que celui-ci s'est substitué dans l'exécution de ses obligations. La responsabilité contractuelle du fait d'autrui suppose que, sans l'accord du créancier, un débiteur ait confié à quelqu'un d'autre l'exécution de ses propres obligations[3]. Par faveur pour le créancier, la loi prévoit également de son côté des cas de responsabilité contractuelle du fait d'autrui[4]. La responsabilité du fait d'autrui suppose une certaine dépendance de cet « autrui » qui voit ainsi sa responsabilité assumée par quelqu'un d'autre. C'est ce qui conduit parfois la Cour de cassation à limiter ces possibilités de transfert aux hypothèses où il y a une certaine dépendance. Elle a ainsi décidé que, s'agissant de professionnels éminemment indépendants comme des médecins, l'établissement de soins où ils exercent leur activité ne peut être responsable pour eux que s'ils sont salariés[5], ce qui est sans doute un peu formel et excessif, car on pourrait concevoir une garantie par l'établissement de soins qui aille au-delà, quitte à celui-ci à exercer une action récursoire contre le médecin qui aurait commis une faute.

1. Com., 30 juin 1992, n° 90-20991 ; *D.* 1994, 454, note A. Bénabent.

2. Civ. 1re, 9 avr. 2002, n° 00-21014 ; *RTD civ.* 2002, 516 : « La cour d'appel a pu estimer que la cause du préjudice de Mme P... était le geste maladroit, constitutif d'une faute, commis par M. B... [médecin]. »

3. Civ. 3e, 19 nov. 2008, n° 07-15508 ; *RTDciv.* 2009, 132, obs. P.-Y.Gautier ; *RDC* 2009/2, 515, obs. O. Deshayes, et 604, obs. G. Lardeux ; *D.*2008, 3004, note Y.Rouquet *RLDC* 2009, n° 57, 18, obs. J.-Ph.Bugnicourt ; *Defrénois* 2009, 435, obs. Y. Dagorne-Labbé : pour l'absence de responsabilité d'un médecin du fait du comportement de ses patients dans les parties communes de l'immeuble dans lequel il les recevait.

4. Ainsi, l'article L. 121-20-3 du Code de la consommation issu de la loi du 21 juin 2004 pour la confiance dans l'économie numérique prévoit que « Le professionnel est responsable de plein droit à l'égard du consommateur de la bonne exécution des obligations résultant du contrat conclu à distance, que ces obligations soient à exécuter par le professionnel qui a conclu ce contrat ou par d'autres prestataires de services, sans préjudice de son droit de recours contre ceux-ci ». Pour une application, Civ. 1re, 13 nov. 2008, n° 07-14856 ; *RDC* 2009/2, 515, obs. O. Deshayes ; *RLDC* 2009, n° 56, obs. V.Mauzéri ; *D.* 2009, 399, obs. E.Poillot, qui juge dès lors que « le prestataire de service auquel le professionnel a recours pour l'exécution des obligations résultant d'un contrat conclu à distance n'est pas un tiers au contrat au sens de l'article L. 120-20-3 du code de la consommation ». *Adde* quelques dispositions éparses du Code civil (art. 1735, 1994, ou encore 1953).

5. Civ. 1re, 26 mai 1999, n° 97-15608 ; *JCP G* 1999, II, 10112, rapp. Sargos.

2° *Le retard dans l'exécution d'une obligation contractuelle.* Le créancier a parfois droit à réparation du préjudice résultant du retard mis par le débiteur à exécuter ses obligations : on parle de dommages-intérêts moratoires (du latin *mora*, le retard).

Il faut supposer, sinon qu'une date précise ait été fixée pour l'exécution, au moins qu'il soit évident que le débiteur a dépassé un délai raisonnable pour l'exécution. Si en revanche le délai d'exécution n'est pas fixé ou, plus encore, si une clause prévoit expressément qu'il n'est pas garanti, le créancier ne peut demander des dommages-intérêts pour le préjudice que lui cause le retard dans l'exécution[1].

S'agissant des obligations de somme d'argent, ces dommages-intérêts moratoires sont en principe des intérêts de retard. Leur montant est fixé de façon forfaitaire par l'article 1153 qui dispose que « dans les obligations qui se bornent au paiement d'une certaine somme, les dommages-intérêts résultant du retard dans l'exécution ne consistent jamais que dans la condamnation aux intérêts au taux légal, sauf les règles particulières au commerce et au cautionnement ». Le texte ajoute que ces dommages et intérêts sont dus sans que le créancier soit tenu de justifier aucune perte. On pourrait dire que le Code civil présume irréfragablement qu'en matière d'obligation monétaire, le temps c'est de l'argent. En revanche ces dommages-intérêts ne sont dus que du jour de la sommation de payer ou d'un autre acte équivalent telle une lettre missive s'il en ressort une interpellation suffisante, excepté dans le cas où la loi les fait courir de plein droit[2].

Le créancier a également droit à des dommages-intérêts moratoires en cas de retard dans l'exécution d'une obligation de faire, en particulier dans la délivrance tardive d'un bien. Mais, dans ce cas, les règles plus favorables de l'article 1153 ne s'appliquent pas et il doit démontrer le préjudice que lui a causé le retard dans l'exécution. Selon les règles générales en la matière, ce dommage n'est en principe réparable que s'il était prévisible pour le débiteur.

1. Civ. 1re, 5 juil. 2005, n° 04-13944 ; *RDC* 2006/2, 328, obs. D. Mazeaud : en condamnant la société Air France à payer à M. X... la somme de 250 à titre de dommages-intérêts pour le retard subi, « alors qu'au titre de l'article 9 des conditions générales du transport figurant sur chaque billet de passage, si le transporteur s'engage à faire de son mieux pour transporter le passager et les bagages avec une diligence raisonnable, les heures indiquées sur les horaires ou ailleurs ne sont pas garanties et ne font pas partie du contrat, le tribunal a violé » l'article 1134 C. civ.

2. La règle vaut également pour le subrogé, qui n'a droit aux intérêts légaux de la somme due qu'à compter de la mise en demeure du débiteur (Civ. 1re, 7 mai 2002 ; *Defrénois* 2002, 1274, obs. J.-L. Aubert ; *RTD civ.* 2002, 813, obs. J. Mestre et B. Fages).

b) L'exonération du débiteur. — Comme le précise l'article 1148 du Code civil, «il n'y a lieu à aucuns dommages et intérêts lorsque, par suite d'une force majeure ou d'un cas fortuit, le débiteur a été empêché de donner ou de faire ce à quoi il était obligé, ou a fait ce qui lui était interdit».

Un cas de force majeure est traditionnellement défini comme un événement remplissant trois caractères : il doit être imprévisible, irrésistible (c'est-à-dire insurmontable) et extérieur (à la personne ou à la chose du débiteur qui l'invoque).

La définition de la force majeure présente cependant quelques particularités par rapport à celle retenue en matière délictuelle. En effet, en matière contractuelle, l'essentiel est toujours la commune intention des parties, c'est-à-dire leurs prévisions, et la force majeure est un empêchement dont les parties n'ont pu penser que le débiteur devrait en assumer les conséquences : elle rend compte de la répartition des risques voulue par les parties et s'interprète principalement en fonction des obligations contenues dans le contrat. Les parties peuvent au demeurant décider d'écarter les dispositions de l'article 1148, c'est-à-dire prévoir que le débiteur devra assumer l'inexécution due à un cas de force majeure; c'est ce que l'on appelle une obligation de garantie, plus exigeante encore que l'obligation de résultat.

Comme en matière délictuelle, l'accent a été mis sur le devoir du débiteur de prévenir le dommage : le débiteur ne doit être exonéré que s'il n'avait pas pu prévoir le dommage ou que si, ayant pu le prévoir, il n'a rien pu faire pour l'empêcher. Ainsi, suivant un auteur qui suggérait que la condition d'irrésistibilité suffisait à elle seule à définir la force majeure car elle englobait nécessairement les deux autres[1], la Cour de cassation a parfois retenu que «l'irrésistibilité de l'événement est, à elle seule, constitutive de la force majeure, lorsque sa prévision ne saurait permettre d'en empêcher les effets, sous réserve que le débiteur ait pris toutes les mesures requises pour éviter la réalisation de l'événement»[2].

1. P.-H. Antonmattéi, *Contribution à l'étude de la force majeure*, LGDJ, «Bibl. dr. privé», 1992, préf. B. Teyssié.

2. Com., 1er oct. 1997, n° 95-12435; *JCP G* 1998, I, 144, p. 1098, obs. G. Viney; Civ. 1re, 6 nov. 2002, n° 99-21203; *RTD civ.* 2003, 301, obs. P. Jourdain; *RDC* 2003, 59, obs. Ph. Stoffel-Munck (la société Clio «Voyages culturels» avait organisé un voyage en Égypte avec la participation de Mme Desroches-Noblecourt, du 3 au 15 mars 1997, et l'avait ensuite annulé en raison de l'indisponibilité de l'égyptologue due à une intervention chirurgicale; une participante avait assigné la société Clio en paiement de la pénalité prévue en cas d'annulation du voyage par l'organisateur et de dommages-intérêts; le tribunal avait fait droit à cette demande dès lors que la maladie d'une personne âgée n'est pas imprévisible mais la Cour de cassation censure cette décision au motif «que la seule irrésistibilité de l'événement caractérise la force majeure»).

C'était alors au fond l'inévitabilité du dommage qui comptait fondamentalement[1] : lorsque le fait de prévoir le dommage ne peut empêcher que celui-ci se produise, la force majeure pouvait être retenue et le débiteur devait être dès lors exonéré : lorsqu'en revanche le dommage était prévisible et que le débiteur n'avait pas pris toutes les mesures en son pouvoir pour l'éviter, il ne pouvait se réfugier derrière la force majeure[2], car le dommage n'était alors pas irrésistible puisqu'il existait précisément un moyen à la portée du débiteur pour l'éviter.

Face aux divergences jurisprudentielles et afin de préciser la définition de la force majeure, l'Assemblée plénière de la Cour de cassation a rendu deux arrêts le 14 avril 2006, dont l'un en matière délictuelle et l'autre en matière contractuelle. Il s'agissait, dans cette seconde affaire[3], de la commande d'une machine spécialement conçue pour les besoins de l'activité professionnelle du créancier, et qui n'avait pu être respectée en raison de l'état de santé du débiteur (découverte d'un cancer dont il est décédé quelques mois plus tard) ; la Cour de cassation jugea « qu'il n'y a lieu à aucuns dommages-intérêts lorsque, par suite d'une force majeure ou d'un cas fortuit, le débiteur a été empêché de donner ou de faire ce à quoi il était obligé, ou a fait ce qui lui était interdit ; qu'il en est ainsi lorsque le débiteur a été empêché d'exécuter par la maladie, dès lors que cet événement, présentant un caractère imprévisible lors de la conclusion du contrat et irrésistible dans son exécution, est constitutif d'un cas de force majeure ».

La haute Assemblée réintroduisait ainsi l'imprévisibilité comme condition autonome de la force majeure : il ne suffit plus que l'événement ait été irrésistible ; il faut encore qu'il ait été imprévisible. La séparation des deux conditions se conçoit sans doute plus aisément qu'en matière délictuelle. En effet, en matière délictuelle, lorsque la prévision de l'événement ne saurait permettre d'en empêcher les effets, et sous réserve que le débiteur ait pris toutes les mesures requises pour éviter la

1. En ce sens la thèse précitée de P.-H. Antonmattéi, spéc. n°s 86 et 87.

2. Civ. 1re, 9 mars 1994, n° 91-17459 et 91-17464 ; Civ. 2e, 18 mars 1998, n° 95-22014 ; *JCP G* 1998, I, 144, p. 1098, obs. G. Viney : « De ces constatations et énonciations, d'où résultait que la société n'avait pas pris toutes les précautions possibles que la prévisibilité de l'événement rendait nécessaires, la cour d'appel a pu déduire que le cyclone n'avait pas présenté pour elle l'irrésistibilité constitutive de la force majeure de nature à l'exonérer de la présomption de responsabilité pesant sur elle comme gardien de la grue. »

3. N° 02-11168 ; *Bull. civ. ass. plén.* 2006, n° 5, rapp. Petit, concl. R. de Gouttes ; *D.* 2006, 1577, note P. Jourdain ; *D.* 2006, chron., 566, obs. D. Noguéro, pan., 1933, obs. Ph. Brun et 2645, obs. B. Fauvarque-Cosson ; *JCP* 2006, II, 10087, note P. Grosser ; *CCC* 2006, 152, L. Leveneur ; *Defrénois* 2006, 1212, obs. É. Savaux ; *RTD civ.* 2006, 776, obs. P. Jourdain ; *RDC* 2006/4, 1083, obs. Y.-M. Laithier, et 1207, obs. G. Viney ; *RLDC* 2006, n° 2129, note M. Mekki ; *LPA* 6 juil. 2006, 14, note Le Magueresse.

réalisation de l'événement, l'irrésistibilité de l'événement devrait, à elle seule, être constitutive de la force majeure. En revanche en matière contractuelle, si l'événement de nature à empêcher l'exécution normale du contrat est prévisible au jour du contrat, on peut attendre du débiteur qu'il ne s'engage pas ou au moins que les parties règlent à l'avance cette hypothèse et en répartissent entre elles les risques.

L'arrêt confirme en outre que, en matière contractuelle, l'imprévisibilité s'apprécie au jour de la conclusion du contrat[1], ce qui est une faveur pour le débiteur dans la mesure où la force majeure est alors plus facilement caractérisée (au moment de la conclusion du contrat, les choses sont en général moins prévisibles qu'au cours de son exécution). Ceci étant dit, tout dépend de la définition que l'on donne de l'imprévisibilité; ainsi de la maladie : en un sens tout débiteur peut s'attendre à être malade un jour; mais ce qu'il faut sans doute comprendre ici, si l'on veut prendre sérieusement cette condition, est : est-ce que le débiteur pouvait s'attendre, au moment où il a pris la commande, à être atteint d'un cancer foudroyant, et la réponse est alors négative.

Toutes les Chambres de la Cour de cassation se sont ralliées à la nouvelle définition, en particulier la première Chambre civile qui juge à nouveau que « seul un événement présentant un caractère imprévisible, lors de la conclusion du contrat, et irrésistible dans son exécution, est constitutif d'un cas de force majeure »[2].

Une hésitation demeure cependant sur la classique condition d'extériorité. Non seulement l'arrêt de l'Assemblée plénière du 14 avril 2006 ne la mentionne pas (elle n'était certes pas invoquée par le pourvoi), mais en outre la maladie est retenue comme un possible de cas de force majeure alors que, traditionnellement, précisément faute d'extériorité par rapport à la personne du débiteur, elle ne pouvait être qualifiée telle[3]. En l'espèce, la solution peut cependant se comprendre par le fait,

1. V. déjà Ch. mixte, 4 févr. 1983, n° 80-12977 et 80-14853; *RTD civ.* 1983, 549, obs. G. Durry; *Dr. soc.* 1983, 627, note G. Viney. Dans cet arrêt, EDF a été jugée non responsable de l'inexécution des contrats d'abonnement au motif que la grève était imprévisible au moment de la conclusion de ces contrats, ce qui était une solution indulgente pour l'entreprise publique.

2. Civ. 1re, 30 oct. 2008, n° 07-17134; *JCPG* 2008, II, 10198, note P.Grosser; *Defrénois* 2008, art. 38874, 2509, note É.Savaux; *RDC* 2009/1, 62, obs. Th. Genicon; *CCC* 2009, comm. 3, L. Leveneur.

3. Civ. 1re, 10 févr. 1998, n° 96-13316; *D.* 1998, 539, note D. Mazeaud; *JCP G* 1998, I, 185, n° 16, obs. G. Viney; *RTD civ.* 1998, 689, obs. P. Jourdain, qui approuve une cour d'appel d'avoir considéré que la maladie, « irrésistible, constituait un événement de force majeure », mais en ajoutant : « bien que n'étant pas extérieure à celle-ci. » Dans d'autres arrêts cependant, la Cour de cassation a exigé cette condition d'extériorité : Civ. 3e, 2 avr. 2003, n° 01-17724, qui juge « que l'existence d'un vice caché ne saurait être assimilée à un cas de force majeure, lequel a nécessairement une origine extérieure à la chose louée ».

rappelé expressément par la Cour de cassation, que seul le débiteur considéré était en mesure de réaliser la machine ; dès lors, si usuellement la maladie du débiteur n'est pas un cas de force majeure précisément parce qu'il est possible de trouver un autre débiteur pour remplir l'engagement promis[1], il en allait différemment ici. Certains arrêts plus récents[2] ne mentionnent plus cette condition d'extériorité ce qui est regrettable car, surtout en matière contractuelle, cette exigence permet de rendre responsable le débiteur pour toutes les causes d'inexécution qui relèvent, sinon de son fait, du moins de sa sphère de responsabilité. Si par exemple le débiteur ne doit pas pouvoir s'exonérer en raison d'une grève de ses salariés, il est peut-être plus juste, plutôt que d'expliquer cette solution par l'assertion qu'une grève est toujours prévisible au moment du contrat, de dire que le débiteur garantit nécessairement le créancier contre certains événements conduisant à l'inexécution du contrat qui ne lui sont pas extérieurs. D'autres arrêts récents reprennent au demeurant cette exigence d'extériorité. Ainsi, la troisième Chambre civile de la Cour de cassation a admis qu'un problème informatique pouvait parfois être considéré comme un événement imprévisible, irrésistible, et aussi extérieur[3], ce qui ne sera sans doute pas toujours le cas et dépendra notamment du point de savoir si le débiteur doit assumer ou non ces risques informatiques.

L'effet de la force majeure est une exonération du débiteur. Cet effet peut n'être que temporaire, et « la force majeure n'exonère le débiteur de ses obligations que pendant le temps où elle l'empêche de donner ou de faire ce à quoi il s'est obligé »[4].

1. Soc., 12 févr. 2003, n° 99-42985 ; *RDC* 2003/1, 59, obs. Ph. Stoffel-Munck, qui approuve la cour d'appel d'avoir refusé de retenir la force majeure, dès lors qu'elle constatait que le décès de l'acteur principal ne faisait pas obstacle à la poursuite de la production de la série télévisée avec un autre acteur.

2. Civ. 1re, 30 oct. 2008, n° 07-17134, précité.

3. Civ. 3e, 17 févr. 2010, n° 08-20943 ; *RDC* 2010/3, 818, obs. Th. Genicon ; *JCP E* 2010, n° 13, 1316, obs. E. Chavance : attendu qu'ayant constaté « que le problème informatique auquel s'était trouvée confrontée la banque était la seule cause du non-respect du règlement de la dernière mensualité, que cet événement était imprévisible dès lors que l'ordre de virement avait été donné pour le 25 de chaque mois avec une marge suffisante pour permettre au virement d'être crédité sur le compte CARPA du conseil du créancier au plus tard le 1er de chaque mois et qu'aucun incident n'avait eu lieu pendant dix-sept mois, qu'il était irrésistible pour la débitrice en raison de la période estivale et de fin de semaine au cours de laquelle l'incident technique s'était produit empêchant tout paiement par un autre moyen avant le terme fixé pour autant que la société en eût été immédiatement informée ce qui n'avait pas été le cas, que cet incident était survenu dans le système informatique de la banque totalement extérieur à la débitrice elle-même, la cour d'appel » a exactement retenu que cet événement constituait un cas de force majeure pour la débitrice.

4. Civ. 3e, 22 févr. 2006, n° 05-12032 ; *RTD civ.* 2006, 764, obs. J. Mestre et B. Fages ; *RDC* 2006/3, 763, obs. J. B. Seube, et 2006/4, 1087, obs. Y.-M. Laithier (neuf mois après une tempête, la bailleresse n'avait toujours rien fait pour réparer la toiture ce qui était source de dommages pour son locataire).

En application du droit commun, le débiteur peut également être exonéré au moins partiellement par la faute du créancier, si celle-ci a contribué à l'inexécution constatée, ou encore par la faute d'un tiers.

B / L'existence d'un dommage

Le créancier doit-il, pour obtenir la condamnation du débiteur sur le fondement de la responsabilité contractuelle, faire la preuve que l'inexécution invoquée lui a causé un dommage ? En d'autres termes, le créancier a-t-il droit à des dommages-intérêts même si l'inexécution ne lui est pas préjudiciable ? Une telle hypothèse peut en pratique survenir, même si elle n'est pas la plus fréquente. Supposons qu'un salarié viole son obligation de non-concurrence mais sans causer pour autant de préjudice à son ancien employeur car celui-ci a entre-temps changé d'activité. À la limite même, on pourrait concevoir un créancier qui tire profit de l'inexécution des obligations de son cocontractant : par exemple le médecin omet d'informer le patient des risques très graves d'une opération mais qui ne se réalisent finalement pas, et le patient est alors guéri alors qu'il aurait renoncé à l'opération s'il en avait connu les risques.

L'article 1149 du Code civil énonce que les dommages et intérêts dus au créancier sont, en général, de la perte qu'il a faite et du gain dont il a été privé, ce qui semble limiter la responsabilité contractuelle à une hypothèse où il y aurait au moins l'un ou l'autre de ces deux types de préjudice. Le dommage est ainsi traditionnellement présenté comme une condition de mise en œuvre de la responsabilité contractuelle.

Pourtant, dans de rares hypothèses où le créancier ne subissait aucun préjudice, la Cour de cassation a parfois jugé que celui-ci avait tout de même droit à des dommages-intérêts dès lors que l'inexécution était établie. Ainsi la Haute Juridiction a-telle jugé par exemple que l'indemnisation du bailleur en raison de l'inexécution par le preneur des réparations locatives prévues au bail n'est subordonnée ni à l'exécution de ces réparations ni à la justification d'un préjudice (l'immeuble dans lequel se trouvaient les lieux loués avait en l'espèce été vendu par les bailleurs à un promoteur qui l'avait fait démolir pour construire à sa place une résidence) [1], ou encore qu'un médecin n'est pas dispensé de obligation d'information sur la gravité du risque par le seul fait que l'intervention serait médicalement nécessaire et que la patiente est donc de toutes les

1. Civ. 3e, 30 janv. 2002, n° 00-15784 ; *RTD civ.* 2002, 321, obs. P.-Y. Gautier, et 816, obs. P. Jourdain. À rapprocher : Civ. 3e, 13 nov. 1997, n° 95-21311.

façons tenue de s'y soumettre[1]. Les solutions sont complexes et dépendent des cas précis.

L'attribution de dommages-intérêts au créancier doit en principe être subordonnée à la démonstration d'un préjudice[2] mais celui-ci se mesure, en matière contractuelle, par la comparaison entre la situation présente et celle dans laquelle aurait été le créancier si le contrat avait été correctement exécuté. Seule l'identité des deux situations est un obstacle à l'obtention de dommages-intérêts. Dans l'exemple de la clause de non-concurrence, si le salarié avait correctement exécuté ses obligations, l'employeur n'aurait pas été dans une situation plus favorable dans la mesure où, ayant cessé son activité, il n'aurait pas attiré davantage de clientèle : il n'a donc droit à aucune compensation ; en revanche la stipulation d'une telle clause étant aujourd'hui subordonnée à l'existence d'une contrepartie, celle-ci cesserait d'être due en cas d'inexécution par le salarié.

Même lorsqu'aucun préjudice n'est établi par le créancier, le droit américain lui accorde, par principe, une somme symbolique de dommages-intérêts dès lors qu'il y a eu inexécution d'une promesse : ce sont des dommages-intérêts dits « nominaux » (*nominal damages*)[3]. La solution est une façon d'affirmer que les contrats doivent être exécutés et que celui envers qui on n'a pas tenu parole a toujours droit au moins à la reconnaissance symbolique de son droit. Le mécanisme est à rapprocher de jurisprudence française qui, tout en réaffirmant la nécessité de la preuve d'un préjudice, retient parfois que l'inexécution « a nécessairement causé un préjudice » au créancier (v. état des questions). C'est d'ailleurs en réalité la même idée qui inspire justement les deux exemples jurisprudentiels cités : la volonté de ne pas ouvertement dispenser les médecins et les locataires de leurs obligations respectives.

C / Le lien de causalité

Pour obtenir des dommages-intérêts, le créancier doit démontrer que c'est l'inexécution des obligations contractuelles qui a causé le dommage

1. Civ. 1re, 18 juil. 2000, n° 99-10886.

2. Civ. 3e, 3 déc. 2003, *RTD civ.* 2004, 295, obs. P. Jourdain ; Civ. 3e, 8 nov. 2006, n° 05-16948 ; *RDC* 2007/2, 310, obs. S. Carval, qui juge « que la restitution de partie du prix à laquelle un contractant est condamné ne constitue pas, par elle-même, un préjudice indemnisable permettant une action en garantie ».

3. *Chronister Oil Co. v. Unocal Ref. & Mktg.*, 34 F.3d 462, 466 (7th Cir. 1994), où le juge fédéral Posner rappelle le principe traditionnel des dommages-intérêts symboliques (en général 6 cents ou 1 $) « *to which, for reasons we do not understand every victim of a breach of contract, unlike a tort victim, is entitled* ».

dont il a apporté la preuve. Même si l'obligation convenue était une obligation de résultat, cela ne dispense pas le créancier de devoir faire la démonstration de ce lien de causalité. Si par exemple plus d'un an après d'avoir acheté une cuisinière, une explosion dommageable survient, la victime ne peut en obtenir réparation du vendeur-installateur que si elle démontre que l'explosion est due à une mauvaise installation de la chaudière et non pas à une autre cause possible telle qu'une modification postérieure de l'installation par son propriétaire [1].

2. LES CONDITIONS DE MISE EN ŒUVRE DE LA RESPONSABILITÉ CONTRACTUELLE

Le créancier n'a droit à des dommages-intérêts qu'après avoir mis le débiteur en demeure d'exécuter ses obligations. L'article 1146 du Code civil prévoit en effet qu'en principe : « Les dommages et intérêts ne sont dus que lorsque le débiteur est en demeure de remplir son obligation. »

Les conditions formelles de mise en demeure sont très souples. L'article 1146 précise en effet que « la mise en demeure peut résulter d'une lettre missive, s'il en ressort une interpellation suffisante ». Il peut donc s'agir d'une lettre simple, dès lors que les termes utilisés par le créancier sont suffisamment clairs.

Le créancier est dispensé de cette mise en demeure lorsque l'obligation devait être exécutée dans un certain délai qui est dépassé (« lorsque la chose que le débiteur s'était obligé de donner ou de faire ne pouvait être donnée ou faite que dans un certain temps qu'il a laissé passer »).

Il en est également dispensé lorsque l'obligation inexécutée était une obligation de ne pas faire. Selon l'article 1145 en effet, « si l'obligation est de ne pas faire, celui qui y contrevient doit des dommages et intérêts par le seul fait de la contravention ». On avait pu se demander si cet article posait en faveur du créancier une dispense de mise en demeure ou une dispense de démontrer le préjudice subi du fait de l'inexécution. La Cour de cassation a tranché dans le premier sens, et jugé que « l'article 1145 du Code civil, qui dispense de la formalité de mise en demeure lorsque le débiteur a contrevenu à une obligation de ne pas faire, ne dispense pas celui qui réclame réparation de la contravention à

1. Civ. 1re, 16 oct. 2001, *RTD civ.* 2002, 514, obs. P. Jourdain : « la responsabilité de plein droit qui pèse sur le vendeur-installateur ne s'étend qu'aux dommages causés par le manquement à son obligation de résultat ». Dans le même sens, Com., 22 janv. 2002, *loc. cit.*, et Civ. 1re, 14 mars 1995, n° 92-21226.

cette obligation d'établir le principe et le montant de son préjudice »[1]. Celui qui ne respecte pas son obligation de ne pas faire peut en outre être contraint de s'y conformer[2]. Cependant, si la victime doit établir l'étendue de son préjudice afin d'en obtenir réparation, il ne faudrait pas que l'inexécution d'un contrat, c'est-à-dire le non-respect de la parole donnée, puisse rester impuni, et la Cour de cassation estime donc, à juste titre, que la contravention à une obligation de ne pas faire doit être sanctionnée, même dans des espèces où il semble que le créancier ne subissait pas de dommages (en particulier dans des hypothèses de violation d'une obligation de non-concurrence[3]).

Enfin, semblant vouloir trancher une controverse doctrinale et jurisprudentielle, une Chambre mixte de la Cour de cassation a, dans un arrêt du 6 juillet 2007, retenu que lorsque l'inexécution du contrat était acquise et avait d'ores et déjà causé un préjudice au créancier, celui-ci serait en droit d'obtenir des dommages-intérêts malgré l'absence de mise en demeure[4]. La solution se comprend dans la mesure où le créancier a subi un préjudice actuel et certain, qu'il a démontré que celui-ci résulte d'une inexécution, et cela doit suffire à lui permettre d'en obtenir réparation. Elle a été confirmée depuis[5].

L'action en responsabilité contractuelle se prescrit dans le nouveau délai de droit commun qui est, depuis la loi du 17 juin 2008, de cinq ans (nouvel art. 2224). Cette prescription « ne court qu'à compter de la réalisation du dommage ou de la date à laquelle il est révélé à la victime si celle-ci établit qu'elle n'en avait pas eu précédemment connaissance »[6]. La règle est différente, et le délai de prescription est de dix ans, lorsque l'action en responsabilité (délictuelle mais aussi contractuelle) a pour objet de faire réparer un préjudice corporel (nouvel art. 2226 qui précise

1. Civ. 1re, 26 févr. 2002, n° 99-19053 ; *RTD civ.* 2002, 809, obs. J. Mestre et B. Fages.

2. Civ. 1re, 10 mai 2005, n° 02-15910 ; *RTD civ.* 2005, 594, obs. J. Mestre et B. Fages ; *RDC* 2006/2, 326, obs. D. Mazeaud.

3. Civ. 1re, 10 mai 2005, précité. La solution est réitérée dans Civ. 1re, 31 mai 2007, n° 05-19978 ; *RTD civ.* 2007, 568, obs. B. Fages et 776, obs. P. Jourdain ; *JCP G* 2007, I, 185, obs. Ph. Stoffel-Munck ; *RDC* 2007/4, 1118, obs. Y.-M. Laithier, et 1140, obs. S. Carval ; *D.* 2007, 2784, note C. Lisanti ; *RLDC* 2007, 2681, obs. C. Le Gallou.

4. *RDC* 2007/4, 1115, obs. D. Mazeaud, qui tempère toutefois la portée de l'arrêt ; *JCP G* 2007, I, 339, note M. Roussille. Civ. 1re, 6 mai 2003, n° 00-17383 : « Le débiteur est tenu du dommage né de l'inexécution de ses obligations, indépendamment de toute mise en demeure antérieure. »

5. Com., 17 févr. 2009, n° 08-13896 ; *RTD civ.* 2009, 322, obs. B. Fages : la convention ayant été conclue le 4 décembre 1992 pour une durée de cinq ans et les relations contractuelles ayant déjà pris fin lorsque l'assignation de la demanderesse avait été délivrée, le 28 décembre 1998, ce dont il résultait que l'exécution de l'obligation était devenue impossible, la Cour d'appel n'aurait pas dû exiger une mise en demeure.

6. Soc., 26 avr. 2006, n° 03-47525 ; *RDC* 2006/4, 1217, obs. J.-S. Borghetti.

que le point de départ de la prescription est alors la date de consolidation du dommage, initial ou aggravé).

2 | Les conséquences de la responsabilité contractuelle

Selon l'article 1149 du Code civil, « les dommages et intérêts dus au créancier sont, en général, de la perte qu'il a faite et du gain dont il a été privé, sauf les exceptions et modifications ci-après ». Cet article ne renseigne en réalité que sur les types de dommages réparables et non pas sur le *quantum* (le montant) de la réparation. Les deux questions doivent cependant être examinées.

1. LES TYPES DE DOMMAGES RÉPARABLES : LA PERTE ÉPROUVÉE ET LE GAIN MANQUÉ

Lorsque le débiteur est déclaré responsable de l'inexécution de ses obligations, il est condamné à verser des dommages-intérêts au créancier. L'article 1149 accorde au créancier le droit à une compensation pour la « perte qu'il a faite » ainsi que pour le « gain dont il a été privé ».

La « perte faite » ou « perte éprouvée » par le créancier, que l'on désigne souvent par l'expression latine *damnum emergens*, correspond à la perte subie par le créancier en raison de l'inexécution par le débiteur de ses obligations. Ainsi, lorsque le créancier a été victime d'un vol malgré l'installation d'un système d'alerte qui s'est révélé défectueux, sa perte s'élève à tout ce qui lui a été dérobé.

Le « gain » dont le créancier a été « privé », que l'on appelle souvent le « gain manqué », et que l'on désigne par l'expression latine *lucrum cessans*, correspond aux profits que le créancier aurait pu tirer de l'exécution du contrat. Au-delà des pertes qu'il a subies, le créancier doit aussi recevoir une compensation pour les profits qu'il aurait pu retirer si le débiteur lui avait fourni la prestation promise.

L'appréciation du montant des dommages-intérêts dus au créancier relevant du pouvoir souverain d'appréciation des juges du fond, la Cour de cassation ne fournit pas de règles précises gouvernant cette évaluation. En outre les juges n'ayant pas particulièrement à motiver leur décision sur ce point, il est très difficile de savoir exactement ce qu'ils prennent en considération pour fixer le montant des condamnations qu'ils prononcent. On trouve en droit comparé, en revanche, où la question est souvent considérée comme une question de droit, contrôlée donc par les juridictions suprêmes, des règles fort instructives sur ce que devrait être le montant de dommages-intérêts accordés au créancier. Elles peuvent nous inspirer pour déterminer avec plus de précision le montant de la réparation due.

2. LE *QUANTUM* DE LA RÉPARATION

À la différence de la responsabilité délictuelle, on ne peut pas vraiment dire, en matière contractuelle, que le principe est celui de la réparation intégrale du préjudice du créancier. Le contrat étant en effet un instrument de prévision pour les parties, son exécution mais aussi son inexécution doivent demeurer dans ce cadre.

a) Les dommages-intérêts positifs. — L'idée générale qui gouverne les dommages-intérêts dus en matière contractuelle est que le créancier doit être mis, dans la mesure du possible, *dans la même situation que si le contrat avait été correctement exécuté*. Il doit donc recevoir une compensation correspondant à tous les avantages qu'il pouvait raisonnablement retirer du contrat. Il faut ainsi non seulement comparer la situation du créancier avant et après l'inexécution contractuelle, mais encore prendre en considération la situation dans laquelle celui-ci aurait été si le contrat avait été correctement exécuté, situation hypothétique puisque, par hypothèse, on ne pourra jamais le vérifier.

On est ici dans les dommages-intérêts dus dans le cadre du contrat, et il s'agit de faire comme si celui-ci avait été correctement exécuté. Le créancier ne peut donc prétendre être remboursé, en sus, des coûts qu'il aurait évités si le contrat n'avait jamais été conclu. En d'autres termes, de deux choses l'une : soit il préfère demander la résolution du contrat et on lui rembourse alors les frais que lui ont coûté la conclusion du contrat, et il peut obtenir la restitution de ce qu'il aurait déjà exécuté ; soit il choisit de mettre en œuvre la responsabilité contractuelle et donc d'être mis dans la même situation que si le contrat avait été correctement exécuté, et il ne peut alors obtenir ni la restitution de sa prestation (puisque par hypothèse il va recevoir une indemnisation correspondant à la prestation de l'autre), ni le remboursement des coûts engendrés par la conclusion du contrat (puisque ceux-ci n'ont pas été à fonds perdus dès lors qu'il retire finalement compensation pour les avantages de ce contrat).

Certains systèmes étrangers distinguent plus nettement ces deux types de dommages-intérêts, qui correspondent à deux situations incompatibles : soit le créancier demande la disparition du contrat, et il est alors mis dans la même situation que si le contrat n'avait jamais été conclu (dommages-intérêts « négatifs » : on fait comme si le contrat *n'avait pas* été conclu), soit il demande à ce que le contrat soit respecté, et il est alors mis dans la même situation que si le contrat *avait été correctement exécuté* (dommages-intérêts « positifs » : on fait comme si le contrat avait été conclu et exécuté). Seul le second type de dommages-intérêts doit donc être ici accordé.

On comprend alors que le créancier demande la mise en œuvre de la responsabilité contractuelle du débiteur lorsqu'il a encore intérêt à se prévaloir de l'exécution du contrat ou lorsque le contrat a déjà été exécuté (et par hypothèse mal exécuté, c'est-à-dire de façon dommageable pour le créancier). Si au contraire l'exécution du contrat ne présente plus aucun intérêt pour le créancier, celui-ci préférera sortir du contrat, donc en demander l'anéantissement, afin de récupérer sa propre prestation (ou d'être dispensé de la verser s'il ne l'a pas encore fournie) : si Pierre achète une voiture à Paul qui pour une raison ou pour une autre ne l'a plus, Pierre n'a alors aucun intérêt à demeurer dans le contrat et à demander que Paul soit condamné à lui verser des dommages-intérêts correspondant aux avantages qu'il aurait retirés de la possession de la voiture tout en devant lui-même alors en verser le prix : il préférera évidemment demander la résolution du contrat et la restitution des sommes qu'il aurait éventuellement déjà versées afin de se procurer une autre voiture ailleurs.

Les dommages-intérêts ici envisagés correspondent donc au cas où le créancier veut se prévaloir du contrat qui n'a pas été exécuté et donc n'en demande pas l'anéantissement. Par exemple le créancier avait demandé que soit installé dans son entreprise un système de sécurité qui n'a pas fonctionné et, comme on lui a volé tout son matériel, il demande réparation pour être mis dans la même situation que si le système avait fonctionné correctement (*i.e.* si le contrat avait été exécuté), c'est-à-dire qu'il demande compensation pour tout le matériel disparu ; ici demander la résolution du contrat serait inopportun puisque le créancier serait alors mis dans la situation où il aurait été si le contrat n'avait jamais été conclu, donc il obtiendrait bien remboursement du prix payé pour ce système défaillant mais il ne pourrait réclamer une indemnisation pour le matériel volé, puisque, si le contrat n'avait pas été conclu, aucun système de sécurité n'aurait été installé, et le vol aurait donc eu lieu de la même manière. De la même façon, si la maison commandée est livrée avec des défauts, l'acheteur peut préférer la garder tout de même (donc il ne veut pas que le contrat disparaisse), tout en souhaitant des compensations pour les malfaçons.

On comprend aussi pourquoi, en principe, l'existence d'un préjudice est une condition de mise en œuvre de la responsabilité contractuelle (sauf attribution d'une somme symbolique ou nominale). En effet, si le créancier ne subit aucun préjudice du fait de l'inexécution, c'est qu'il est déjà dans la même situation que celle où il aurait été si le contrat avait été correctement exécuté. Pour reprendre l'exemple donné plus haut, dans l'hypothèse où le chef d'entreprise qui était créancier d'une obligation de non-concurrence a changé d'activité, il serait exactement dans la même situation si son ancien salarié avait respecté ses obligations. Celui-ci aura donc plutôt intérêt à pouvoir récupérer la contrepartie (aujourd'hui obligatoire) stipulée en échange de l'obligation de non-concurrence et donc à demander l'anéantissement du contrat, probablement sa résolution.

Comme en matière délictuelle, le débiteur n'est tenu de réparer que le dommage direct, ce qui signifie, en matière contractuelle, un dommage qui résulte directement de l'inexécution reprochée. L'article 1151 dispose en effet que « les dommages et intérêts ne doivent comprendre, à l'égard de la perte éprouvée par le créancier et du gain dont il a été privé, que ce qui est une suite *immédiate et directe* de l'inexécution de la convention ».

En revanche en matière contractuelle, la Cour de cassation vise parfois le principe de réparation intégrale du préjudice pour énoncer que le débiteur doit être condamné à remettre le créancier dans la même situation que celle où il aurait été si le contrat avait été correctement exécuté – et pas davantage[1]. Cependant, à la différence de la responsabilité délictuelle, la responsabilité contractuelle est limitée à la réparation des seuls dommages prévisibles.

b) La limitation aux dommages-intérêts prévus ou prévisibles. — Aux termes de l'article 1150 du Code civil, « le débiteur n'est tenu que des

1. Cass. com., 24 mai 2011, n° 10-24869 ; *D.* 2011, 2315, note G. Helleringer ; *Dr. & patr.* 2012, n° 211, 74, obs. Ph. Stoffel-Munck, qui, en visant « le principe de la réparation intégrale du préjudice, ensemble l'article 1143 du code civil », censure l'arrêt d'appel dans la mesure où « la cession d'actions imposée à la société Veolia à titre de réparation de l'inexécution de son obligation de ne pas faire se traduisait par une majoration de la participation de la société Sita France dans le capital de la société Esterra ».

dommages et intérêts qui ont été prévus ou qu'on a pu prévoir lors du contrat, lorsque ce n'est point par son dol que l'obligation n'est point exécutée». Les «dommages et intérêts qui ont été prévus» renvoient aux dispositions conventionnelles ayant évalué par avance, souvent en les limitant (clauses limitatives de responsabilité), les dommages-intérêts dus au créancier en cas d'inexécution. Les dommages et intérêts «qu'on a pu prévoir lors du contrat» visent quant à eux de façon générale les dommages (plutôt que les dommages-intérêts) qui devaient de façon prévisible résulter de l'inexécution du contrat.

Selon l'interprétation qu'en donne aujourd'hui la Cour de cassation, le débiteur n'est condamné à réparer que les dommages qu'il a pu prévoir au moment où il s'est engagé («lors du contrat») : il faut qu'il ait pu en prévoir le type (par ex. le transporteur savait qu'il pouvait perdre le colis qu'il était chargé de transporter) et aussi la quotité (il faut qu'il ait su si les choses qu'il transportait étaient particulièrement précieuses par ex.). C'est ainsi qu'une Cour d'appel ne peut condamner la SNCF à indemniser des passagers qui, à cause d'un retard de leur train n'avaient pu prendre une correspondance aérienne «sans expliquer en quoi la SNCF pouvait prévoir, lors de la conclusion du contrat, que le terme du voyage en train n'était pas la destination finale de M. et Mme X... et que ces derniers avaient conclu des contrats de transport aérien»[1].

Les juges apprécient souverainement cette connaissance. Ils peuvent pour cela prendre en considération ce que le débiteur savait, par exemple parce que le créancier l'avait informé des dommages qu'il subirait en cas d'inexécution (c'est ainsi qu'en matière de transport, il est souvent prévu que celui qui fait transporter ses biens ou marchandises doive en déclarer la valeur au transporteur). Ils peuvent également estimer que, compte tenu des circonstances de la cause, le débiteur ne pouvait pas légitimement ignorer un dommage possible.

La limitation de la condamnation du débiteur aux dommages-intérêts prévus ou prévisibles ne s'applique plus lorsque l'inexécution du contrat est due à un dol de celui-ci : selon l'article 1150, la faveur précitée ne vaut que «lorsque ce n'est point par son dol que l'obligation n'est point exécutée». Le dol est certainement caractérisé en cas d'intention de nuire du débiteur, c'est-à-dire en cas de volonté de lui causer un

1. Civ. 1re, 28 avril 2011, n° 10-15056; *RDC* 20114, 1156, obs. Y.-M. Laithier; *D.* 2012, 459 et s., obs. S. Amrani Mekki et M. Mekki; *CCC* 2011, comm. 154, L. Leveneur; *D.* 2011, 1725, note M. Bacache; *JCP G* 2011, 752, note L. Bernheim-Van De Casteele; *LEDC* juin 2011, 6, obs. O. Deshayes. Dans le même sens, Civ. 1re, 23 juin 2011, n° 10-11539.

dommage. Depuis un célèbre arrêt du 4 février 1969[1] (*Société des comédiens français*), la Cour de cassation a jugé qu'il y a également faute dolosive dans le fait de refuser sciemment d'exécuter ses obligations. Dans cette affaire, un comédien, après s'être engagé pour une pièce de théâtre, avait finalement, face à une proposition plus tardive mais aussi plus alléchante, décidé d'accepter cette dernière : la Cour de cassation jugea alors que « le débiteur commet une faute dolosive lorsque, de propos délibéré, il se refuse à exécuter ses obligations contractuelles, même si ce refus n'est pas dicté par l'intention de nuire à son cocontractant ». Enfin, selon l'adage *culpa lata dolo aequiparatur*, les juges ont toujours retenu que la faute lourde était équivalente au dol[2]. La faute lourde est dépourvue d'élément intentionnel mais se définit par un élément matériel particulièrement caractérisé : elle est celle qui est tellement grave, tellement grossière, que le débiteur aurait dû se rendre compte de ses conséquences et ne peut en être déchargé. Elle est souvent reconnue à la charge de professionnels de qui on pouvait légitimement attendre un comportement plus diligent. Selon la formule de certains arrêts, la faute lourde peut être, pour un professionnel, une « négligence d'une extrême gravité confinant au dol et dénotant l'inaptitude [...] à l'accomplissement de la mission contractuelle qu'il avait acceptée »[3].

Dans l'hypothèse d'une faute dolosive ou même lourde, le débiteur sera ainsi tenu de réparer tout le dommage subi par le créancier de l'obligation inexécutée, même le dommage imprévu (les clauses limitatives de responsabilité sont dans ce cas paralysées) ou même imprévisible au moment du contrat. En revanche, même dans l'hypothèse d'un dol de sa part, le débiteur n'est tenu que des dommages qui résultent directement de l'inexécution invoquée : si l'article 1151 dispose que les dommages et intérêts ne doivent comprendre que ce qui est une suite immédiate et directe de l'inexécution de la convention, il ajoute qu'il en est ainsi « dans le cas même où l'inexécution de la convention résulte du dol du débiteur ».

La solution est satisfaisante, surtout dans son interprétation issue de l'arrêt *Société des comédiens français* de 1969 : elle permet ainsi de

1. Civ. 1re, 4 févr. 1969, *D.* 1969, 601, note J. Mazeaud. Dans le même sens, Com., 19 janv. 1993, n° 91-11805 : la cour d'appel a pu décider que cette société avait commis une faute dolosive faisant obstacle, quant à l'évaluation du dommage, à l'application de la limitation prévue à l'art. 1150 C. civ., dans la mesure où la société débitrice « s'était refusée, de propos délibéré, à exécuter ses obligations contractuelles ».

2. Com., 3 oct. 1989, n° 87-18479, visant la « faute lourde équipollente au dol ». *Adde* L. Mazeaud, L'assimilation de la faute lourde au dol, *DH* 1933, 49.

3. V. par ex. Com., 26 févr. 1985, n° 83-10811.

sanctionner le débiteur dont le comportement est particulièrement répréhensible et, surtout, de faire échec à des comportements opportunistes favorisés au contraire dans la théorie américaine de la « violation efficace du contrat » : le débiteur ne peut ainsi pas souvent tirer profit de la violation d'un premier contrat pour conclure un second contrat plus avantageux qui ne s'est présenté qu'ultérieurement (v. état des questions)

c) Les intérêts moratoires. — La loi du 5 juillet 1985 sur les accidents de la circulation a ajouté, dans le Code civil, un article 1153-1 relatif aux intérêts moratoires sur les condamnations judiciaires à des indemnités. Ce texte s'applique à toutes sortes d'indemnités (dommages-intérêts, astreintes, indemnité de l'article 700 CPC[1], etc.). Selon ce texte, en toutes matières, la condamnation à une indemnité emporte intérêts au taux légal même en l'absence de demande ou de disposition spéciale du jugement. Ces intérêts courent, sauf disposition contraire de la loi, à compter du prononcé du jugement, à moins que le juge n'en décide autrement (il doit dans ce cas motiver sa décision).

Le texte ajoute une règle spéciale pour les indemnités allouées en appel. En cas de confirmation pure et simple par le juge d'appel d'une décision allouant une indemnité en réparation d'un dommage, celle-ci porte de plein droit intérêt au taux légal à compter du jugement de première instance. Dans les autres cas, l'indemnité allouée en appel porte intérêt à compter de la décision d'appel. Le juge d'appel peut toujours déroger à ces règles, et la Cour de cassation estime qu'il s'agit d'une faculté discrétionnaire qu'il n'a pas à motiver.

La question s'était posée de savoir quel était le point de départ des intérêts dus lorsqu'une indemnité judiciairement octroyée devait finalement être restituée (par ex. en raison d'une infirmation d'une condamnation à verser des dommages-intérêts ou d'un vice de procédure). Une divergence s'étant manifestée entre diverses Chambres de la Cour de cassation, l'Assemblée plénière jugea finalement que « la partie qui doit restituer une somme qu'elle détenait en vertu d'une décision de justice exécutoire n'en doit les intérêts au taux légal qu'à compter de la notification, valant mise en demeure, de la décision ouvrant droit à restitution »[2].

1. Qui permet au juge de condamner la partie tenue aux dépens ou, à défaut, la partie perdante, à payer à l'autre partie la somme qu'il détermine, au titre des frais exposés et non compris dans les dépens : par ex. ses frais d'avocat.

2. Ass. plén., 3 mars 1995, n° 91-19497.

Les règles qui précèdent ne s'appliquent que pour les indemnités dont le montant a été judiciairement fixé. Lorsqu'en revanche le juge s'est limité à constater une créance déjà existante (par ex. à ordonner la restitution d'une somme indûment versée à un tiers, ou à faire application d'une clause pénale, même s'il en a modéré le montant), c'est l'article 1153 qu'il convient d'appliquer (dommages-intérêts moratoires) et non pas l'article 1153-1 : les dommages-intérêts ne sont donc dus que du jour de la sommation de payer ou d'un autre acte équivalent, à défaut à compter de l'assignation en justice.

Une question traditionnelle en matière d'intérêts moratoires est celle de l'anatocisme, c'est-à-dire de la capitalisation des intérêts. En d'autres termes, il s'agit de savoir si les intérêts dus par le débiteur peuvent suivre le même régime que le capital (être capitalisés) et donc produire à leur tour des intérêts s'ils ne sont pas payés. Une réponse affirmative permet d'ajuster plus précisément la somme due au préjudice du créancier mais la dette du débiteur peut alors s'accumuler de façon très rapide. Le Code civil admet donc l'anatocisme, mais selon des règles strictes exposées à l'article 1154 (sauf pour le compte courant qui échappe à ces principes). Selon ce texte, les intérêts échus des capitaux peuvent produire des intérêts seulement si cela a été prévu par une convention spéciale ou alors par une demande judiciaire, et en outre à la condition que, soit dans la demande, soit dans la convention, il s'agisse d'intérêts dus au moins pour une année entière. Le débiteur dispose ainsi de fait d'un délai de grâce d'une année pour payer sa dette avant que les intérêts ne produisent eux-mêmes des intérêts. Passé ce délai, des intérêts pourront être dus sur les intérêts non payés, et ce même si la dette principale a quant à elle été acquittée. La règle reçoit exception pour certains fruits dont on estime que le créancier doit pouvoir recevoir immédiatement les intérêts, par exemple certains revenus échus (fermages, loyers, arrérages de rentes perpétuelles ou viagères) qui produisent intérêt du jour de la demande ou de la convention (art. 1155 C. civ.).

Sous-section 2 – Les conventions portant sur la réparation

Le principe de la liberté contractuelle implique notamment la liberté de déterminer le contenu du contrat dès lors qu'il n'est pas porté atteinte à l'ordre public ou aux bonnes mœurs. Il peut arriver, mais cela demeure très rare, que le débiteur s'engage à davantage que ce que prévoit le droit commun. Il pourrait ainsi, alors que le droit commun l'exonère lorsque l'inexécution est due à un cas de force majeure (art. 1147 C. civ.), accepter de garantir l'exécution même face à ce type d'événement. Ces stipulations ne posent en principe pas de problème particulier, sauf à tenter de remettre en cause l'obligation au motif que le consentement du débiteur n'aurait pas été éclairé ou à démontrer qu'il s'est engagé au-delà du raisonnable. Les litiges surviennent bien plus souvent lorsque les débiteurs tentent de limiter leur responsabilité d'une façon ou d'une autre. Plusieurs types de clauses font difficulté.

1 | Les conventions ayant pour objet de limiter ou d'exclure la réparation due

1. LE MÉCANISME DES CLAUSES LIMITATIVES OU EXCLUSIVES DE RESPONSABILITÉ

Le contrat peut, de plusieurs façons, prévoir des dispositions qui auront pour conséquence d'alléger voire de supprimer la responsabilité pesant sur le débiteur d'une obligation.

Les parties peuvent, directement, intervenir pour alléger les obligations pesant sur le débiteur[1]. Elles peuvent également maintenir toutes les obligations pesant sur le débiteur mais en diminuant la réparation due au créancier en cas d'inexécution[2]. On peut parler, dans le premier cas, de clauses allégeant les obligations et, dans le second cas, de clauses limitatives voire exclusives de responsabilité, dans la mesure où le débi-

1. Civ. 1re, 23 févr. 1994, n° 92-11378 ; *D.* 1995, 214, note S. Dion ; *JCP* 1994, I, 3809, obs. G. Viney ; *RTD civ.* 1994, 616, obs. P. Jourdain, pour une mention figurant sur le billet d'accès à un parking stipulant que « les usagers circulent et stationnent à leurs risques et périls » : une inondation ayant endommagé certains véhicules, la Cour de cassation juge la clause inopérante dont le seul objet était de « décharger » l'exploitant du parking « des obligations, étrangères au litige, d'un gardien ou d'un dépositaire ».

2. Civ. 1re, 24 févr. 1993, n° 91-13940, pour une clause de la FNAC prévoyant que « la non-restitution... de tous films, photos ou cassettes confiés donnera lieu à un dédommagement représenté par des films ou cassettes vierges ou par leur contre-valeur, au choix du client ».

teur se dispense alors de répondre de l'inexécution de ses obligations. L'effet de ces deux types de clauses étant souvent très similaire (le débiteur est exonéré), la jurisprudence ne les distingue pas toujours complètement[1] même si, dans certains litiges, la distinction pourrait être pertinente.

2. LES OBSTACLES AUX CLAUSES LIMITATIVES OU EXCLUSIVES DE RESPONSABILITÉ

Pour déclarer nulle et réputer non écrite une clause limitative de responsabilité, les juges disposent de techniques éparses, propres à certains types de relations ou à certains types de contrats. Ainsi, la réglementation des clauses abusives permet de priver de tout effet de telles clauses, mais l'annulation est limitée aux relations entre un professionnel et un consommateur ou non-professionnel[2]. Il existe également des dispositions spéciales propres à certains types de contrat. Le Code civil ne prévoit qu'une exception générale à la validité de ces clauses ; la jurisprudence en a ajouté une seconde.

a) Le dol ou la faute lourde du débiteur. — En droit commun des contrats, le débiteur n'est en principe tenu que des dommages-intérêts prévisibles, c'est-à-dire, selon la formule de l'article 1150, que « des dommages et intérêts qui ont été prévus ou qu'on a pu prévoir lors du contrat ». Le texte confirme donc la validité de principe des clauses limitatives de responsabilité (les dommages et intérêts qui ont été prévus).

Cette limitation des dommages et intérêts ne bénéficie au débiteur que « lorsque ce n'est point par son dol que l'obligation n'est point exécutée ». Dans l'hypothèse d'un dol du débiteur (auquel on assimile, comme nous l'avons vu, sa faute lourde ou l'inexécution délibérée de son obligation), la clause limitative de responsabilité convenue pourra au contraire être écartée à la demande du créancier, lequel pourra ainsi

1. Com., 17 févr. 2009, n° 08-14188 ; *RDC* 2009/4, 1377, obs. O. Deshayes ; *D.* 2009, 1308, note Ph. Delebecque ; *LPA* 29 mai 2009, n° 107, 15, note M. Burgard. Il s'agissait en l'espère d'une clause autorisant le transporteur à délivrer à un destinataire autre que celui indiqué ; selon la Cour de cassation, « cette clause qui tendait à exonérer le transporteur de sa responsabilité était nulle » ; l'expression « qui tendait » montre que c'est l'effet de la clause qui compte principalement.

2. Art. R. 132-1 du Code de la consommation : « Dans les contrats conclus entre des professionnels et des non-professionnels ou des consommateurs, sont de manière irréfragable présumées abusives, au sens des dispositions du premier et du troisième alinéas de l'article L. 132-1 et dès lors interdites, les clauses ayant pour objet ou pour effet de » « 6° Supprimer ou réduire le droit à réparation du préjudice subi par le non-professionnel ou le consommateur en cas de manquement par le professionnel à l'une quelconque de ses obligations ».

obtenir la réparation de tous ses préjudices. La solution ne vaut que pour les clauses limitatives de responsabilité, et non pas par exemple pour les dispositions contractuelles abrégeant le délai de prescription qui doivent donc être appliquées même en cas de faute lourde[1]. C'est au créancier qui souhaite écarter la clause de démontrer le dol ou la faute lourde du débiteur, et le doute sur les circonstances de l'inexécution doit profiter au débiteur[2].

b) L'atteinte à une obligation essentielle du contrat. — Pour contrôler la validité des clauses limitatives de responsabilité, la Cour de cassation, suivant en cela des propositions doctrinales[3], applique également un mécanisme plus général qui trouve son inspiration dans une solution du droit anglais (la théorie du *fundamental breach of contract*) : l'inexécution d'une obligation fondamentale du contrat prive le débiteur défaillant du droit de se prévaloir d'une clause limitative de responsabilité.

L'idée générale est que, en stipulant une clause exclusive ou même seulement limitative de responsabilité, le débiteur peut échapper au moins partiellement à l'une de ses obligations. Or certaines obligations sont si fondamentales et si essentielles, que si le débiteur s'en décharge (ou, ce qui revient au même, se dispense de répondre de leur inexécution), le contrat voulu par les parties s'en trouve disqualifié, c'est-à-dire qu'il ne peut plus recevoir la qualification exprimée par les parties : il y a contradiction entre l'obligation assumée d'une part, et l'absence de responsabilité stipulée d'autre part. Plutôt que d'annuler le contrat, la Cour de cassation règle alors le conflit en invalidant la clause litigieuse[4], ou au moins en la privant d'efficacité[5].

1. Com., 12 juil. 2004, n° 03-10547 et 03-10891 ; *D.* 2004, 2296, obs. Ph. Delebecque ; *RTD civ.* 2005, 133, obs. J. Mestre et B. Fages.

2. Com., 14 oct. 2008, n° 07-16607 et Com., 25 nov. 2008, n° 07-17968, *RDC* 2009/2, 527, obs. O. Deshayes, qui juge le système très défavorable au propriétaire des marchandises transportée et favorisant la mauvaise foi du transporteur ; il suggère dès lors de retenir que le débiteur est de mauvaise foi s'il réclame l'application de la clause limitative de responsabilité alors les circonstances de l'inexécution demeurent inconnues à raison d'un fait qui lui est imputable.

3. Ph. Delebecque, *Les clauses allégeant les obligations dans les contrats,* th. Aix-Marseille, 1981, not. 212 et s.

4. Civ. 1re, 21 mai 1990, n° 87-16299 : ne peuvent recevoir application les exclusions qui « annulaient les effets de la garantie formellement accordée par la police ». Pour des applications de la notion d'obligation fondamentale par des juges du fond, *RTD civ.* 1999, 622, obs. J. Mestre.

5. Civ. 1re, 22 nov. 1978, *JCP G* 1979, II, 19139, note G. Viney, où la clause d'exclusion de responsabilité fut écartée dans la mesure où le produit pesticide vendu pour la protection de greffons de vignes avait entraîné la perte d'une partie des bois porte-greffes.

Une difficulté consiste à définir ce qu'est une obligation fondamentale ou essentielle. La notion n'est pas sans faire écho à de célèbres développements de Pothier. Celui-ci distinguait en effet trois types d'obligations dans un contrat : les *essentialia*, obligations essentielles dont l'absence disqualifiait nécessairement le contrat (un contrat de vente sans transfert de propriété ne peut pas être qualifié de contrat de vente [1]) ; les *naturalia*, obligations naturellement présentes dans un type de contrat donné et que l'on peut donc présumer même si les parties ne s'y sont pas expressément référées, mais dont l'absence (si les parties les ont expressément exclues) ne disqualifie pas nécessairement le type de contrat (par exemple il est une règle supplétive dans la vente, formulée à l'article 1609, selon laquelle c'est en principe au lieu où était la chose au moment de la vente que doit se faire la délivrance ; les parties peuvent néanmoins convenir que le vendeur livrera la chose au domicile de l'acheteur sans que cela ne disqualifie la vente) [2] ; les *accidentalia*, obligations qui peuvent accidentellement se trouver dans un type de contrat donné (où elles ne se trouvent pas d'habitude) sans que cela disqualifie le contrat, mais elles n'y sont alors incluses que si les parties les ont expressément prévues.

Le plus souvent, la Cour de cassation énonce que le manquement du débiteur à une obligation essentielle du contrat est constitutif d'une faute lourde ou dolosive faisant obstacle à la limitation de la responsabilité aux dommages prévisibles posée par l'article 1150 du Code civil [3], et ce même entre professionnels [4].

1. La Cour de cassation a parfois repris ces définitions. Ch. req. 19 janv. 1863 (*DP* 1863, 1, 248) : « Un contrat ne peut légalement exister s'il ne renferme les obligations qui sont de son essence. »

2. Pour un exemple où la Cour de cassation vise la nature du contrat pour qualifier une obligation en réalité essentielle, Civ. 3e, 1er juin 2005, n° 04-12200 ; *RTD civ.* 2005, 780, obs. J. Mestre et B. Fages : « le bailleur est obligé, par la nature du contrat, et sans qu'il soit besoin d'aucune stipulation particulière, de délivrer au preneur la chose louée, d'entretenir cette chose en état de servir à l'usage pour lequel elle a été louée, d'en faire jouir paisiblement le preneur pendant la durée du bail » ; le bailleur ne peut donc, par le biais d'une clause relative à l'exécution de travaux, s'affranchir de ces obligations et notamment de son obligation de délivrer les lieux loués. Quant au locataire, son obligation essentielle est de s'acquitter effectivement du paiement des loyers dus (Civ. 3e, 24 nov. 2004, n° 03-15807 ; *RTD civ.* 2005, 781, obs. J. Mestre et B. Fages).

3. Civ. 1re, 2 déc. 1997, n° 95-21907 : « l'arrêt relève que l'obligation faite à la société Brink's, en cas «d'intervention dynamique», d'appeler «si possible» les responsables du magasin, avait été stipulée au contrat par une clause expresse, de sorte qu'elle en constituait une des conditions substantielles, destinée à renforcer l'efficacité de la surveillance en provoquant la venue immédiate des responsables du magasin et en leur permettant de prendre sans délai toutes les dispositions utiles à la préservation de leurs biens ; que la cour d'appel a, dès lors, pu décider que le manquement constaté constituait une faute lourde engageant la responsabilité de la société Brink's » ; Civ. 1re, 15 nov. 1988, n° 86-18970 et 87-10263.

4. Com., 5 juin 2007, n° 06-14832 ; *RTD civ.* 2007, 567, obs. B. Fages, qui critique la radicalité de la solution, alors que la clause a dû être largement négociée par les professionnels ; *D.*2007, 1720, obs. X. Delpech ; *JCP G* 2007, II, 10145, note D. Houtcieff ; *JCP E* 2007, n° 2234, note C. Paulin ;

Dans une très fameuse affaire *Chronopost*, la Cour de cassation a donné une certaine autonomie à la notion d'obligation essentielle. Une société Banchereau avait confié à la société Chronopost plusieurs plis contenant une soumission à une adjudication. Ces plis n'ayant pas été livrés le lendemain de leur envoi avant midi, ainsi que la société Chronopost s'y était engagée, la société assigna cette dernière en réparation de ses préjudices. Pour s'opposer à cette demande, la société Chronopost invoqua la clause du contrat limitant l'indemnisation du retard au remboursement du prix du transport, soit 122 francs. La Cour d'appel de Rennes débouta la société Banchereau en retenant que, si la société Chronopost n'avait pas respecté son obligation de livrer les plis le lendemain du jour de l'expédition avant midi, elle n'avait cependant pas commis une faute lourde exclusive de la limitation de responsabilité du contrat. La Cour de cassation censura cette décision car « en statuant ainsi, alors que le spécialiste du transport rapide garantissant la fiabilité et la célérité de son service, la société Chronopost s'était engagée à livrer les plis de la société Banchereau dans un délai déterminé et qu'en raison du manquement à cette obligation essentielle, la clause limitative de responsabilité du contrat, qui contredisait la portée de l'engagement pris, devait être réputée non écrite, la cour d'appel a violé » l'article 1131 du Code civil[1].

Le raisonnement en termes de cause se comprend[2]. Lorsqu'un débiteur vide une de ses obligations essentielles de tout contenu par la stipulation d'une clause exclusive ou limitative de responsabilité, il ne fournit en définitive aucune contrepartie sérieuse à l'obligation corrélative de son cocontractant. Un débiteur ne peut pas prétendre à la fois s'engager (en l'espèce à respecter un délai précis de livraison) et, dans le même

RDC 2007, 1121, obs. D.Mazeaud et 1144, obs. S. Carval ; *Dr. & patr.* sept. 2007, 95, obs. Ph.Stoffel-Munck ; *RTD com.* 2008, 174, obs. B. Bouloc.

1. Com., 22 oct. 1996, n° 93-18632 ; *D.* 1997, 121, note A. Sériaux et somm., 175, obs. Ph. Delebecque ; *JCP G* 1997, I, 4025, obs. G. Viney, 4002, obs. M. Fabre-Magnan et II, 22881, note D. Cohen ; J.-P. Chazal, Théorie de la cause et justice contractuelle (à propos de l'arrêt Chronopost), *JCP G* 1998, I, 152 ; *CCC* 1997, n° 24, L. Leveneur ; *RTD civ.* 1997, 418, obs. J. Mestre ; D. Mazeaud, Au nom de la cause : feu la liberté contractuelle des maîtres du temps..., *Defrénois* 1997, 333 ; Ph. Delebecque, Que reste-t-il du principe de validité des clauses de responsabilité ?, *D. Aff.* 1997, 235 ; Ch. Larroumet, Obligation essentielle et clause limitative de responsabilité, *D.* 1997, chron., 145 ; J.-M. Guegen, Le renouveau de la cause en tant qu'instrument de justice contractuelle, *D.* 1999, chron., 352.

2. Ph. Delebecque soutenait ainsi (th. préc., p. 200 et s.) que la notion pouvait être expliquée par la notion de cause, prise dans son sens plus précis de cause catégorique (sur laquelle L. Boyer, *La notion de transaction, contribution à l'étude des concepts de cause et d'acte déclaratif*, th. Toulouse, 1947) ; la cause catégorique est l'ensemble des éléments inhérents à la nature même du contrat passé et qui permettent dès lors de le caractériser.

temps, ne pas s'engager puisque sa responsabilité est exclue ou limitée si ses obligations ne sont pas exécutées (si le pli n'est en réalité pas délivré dans le délai promis) : « donner et retenir ne vaut » et, en particulier, le débiteur ne peut prétendre conclure un contrat si en réalité il ne s'engage pas, et le cas se rapproche donc des conditions potestatives[1].

L'utilisation de la cause est cependant aussi à plusieurs égards audacieuse. Elle est d'abord utilisée, en réalité, pour apprécier et rétablir l'équilibre des prestations là où l'analyse classique requiert du juge qu'il se borne à apprécier l'existence d'une cause, et non pas sa consistance. La sanction de l'absence de cause est également en principe l'annulation de l'entier contrat et non pas, comme le préconise la Cour de cassation, d'une seule de ses clauses. Enfin ce n'est pas ici l'obligation sans cause qui est annulée (celle du client de payer le prix du service non rendu), mais l'obligation limitée du débiteur (afin que celui-ci soit par conséquent tenu d'indemniser l'entier dommage). L'affaire Chronopost aurait pu aussi se régler par application de la notion de clause pénale, qui aurait permis au juge d'intervenir pour augmenter l'indemnisation conventionnelle manifestement insuffisante.

La Cour d'appel de renvoi s'inclina[2], mais la Cour de cassation fut à nouveau saisie. Dans un arrêt du 9 juillet 2002, la Chambre commerciale de la cour de cassation reprocha à la Cour d'appel d'avoir déclaré inapplicables les dispositions du droit commun du transport et, en particulier, le contrat type messagerie ; selon la Cour de cassation, « en statuant ainsi, après avoir décidé que la clause limitative de responsabilité du contrat pour retard à la livraison était réputée non écrite, ce qui entraînait l'application du plafond légal d'indemnisation que seule une faute lourde du transporteur pouvait tenir en échec, la cour d'appel a violé les textes susvisés » (art. 1150 C. civ., art. 8, § II de la loi du 30 déc. 1982 et les art. 1er et 15 du contrat type messagerie, établi par décret du 4 mai 1988, applicable en la cause)[3]. Selon la haute Juridiction, la clause limitative de responsabilité étant écartée, c'est le droit commun qui devait s'appliquer, et donc le contrat type messagerie ; or précisément, ce contrat type limitait la responsabilité du transporteur au prix convenu pour le transport, solution qui était précisément celle que voulait Chronopost et que les juges avaient tenté d'éviter[4].

1. En ce sens Ph. Jestaz, L'obligation et sa sanction : à la recherche de l'obligation fondamentale, in *Mélanges Raynaud*, 1985, 295 et s.

2. Caen, 5 janv. 1999, *D.* 1999, IR, 187 ; *JCP G* 2000, I, 199, p. 71, obs. G. Viney.

3. N° 99-12554 ; D. Mazeaud, Responsabilité civile : petit bilan annuel..., *Dr. & patr.* mars 2003, 64.

4. Chronopost ne semble de toutes les façons pas pour autant modifier sa pratique et ses contrats : N. Molfessis, Remarques sur l'efficacité des décisions de justice (à propos des effets de l'arrêt Chronopost), *RTD civ.* 1998, 213.

La Cour de cassation ne reniait pas pour autant son premier arrêt. Le second arrêt Chronopost énonce en effet clairement que la nouvelle limitation, *légale* cette fois-ci (ce « plafond légal d'indemnisation »), peut être écartée uniquement en présence d'une faute lourde du transporteur, mais il ne supprime pas le recours possible à l'obligation fondamentale (et donc à la cause[1]) pour écarter des limitations *conventionnelles* de responsabilité.

Cette distinction est entérinée par un arrêt du 30 mai 2006[2]. La haute Juridiction reproche en effet aux juges d'appel de n'avoir pas recherché, avant d'en faire application, « si la clause limitative d'indemnisation dont se prévalait la société Chronopost, qui n'était pas prévue par un contrat type établi par décret, ne devait pas être réputée non écrite par l'effet d'un manquement du transporteur à une obligation essentielle du contrat ».

Il apparaît dès lors que, désormais, soit la clause limitative de responsabilité est prévue par un contrat type de transport (limitation légale – au sens large du terme – puisqu'elle est prévue par un décret) et elle ne peut alors être remise en cause qu'en cas de dol ou de faute lourde[3], soit elle est purement conventionnelle et le droit commun des contrats s'applique[4] : dans ce cas, outre le dol ou la faute lourde, la clause peut être écartée en cas de contradiction avec une obligation essentielle[5]. C'est la solution que retiennent certains avant-projets de

1. La nouveauté du premier arrêt Chronopost avait en effet consisté à lier la violation d'une obligation fondamentale uniquement à la notion de cause et non plus à celle de faute lourde. Ce second arrêt fait allusion, dans son premier moyen, et pour approuver la cour d'appel de renvoi, au fait que cette dernière s'est bornée, sur ce point, à « appliquer la doctrine de la Cour de cassation ». Formule à noter et à méditer : la Cour de cassation aurait une « doctrine », et pas seulement une « jurisprudence »... : N. Molfessis, Doctrine de la Cour de cassation et reconnaissance des précédents, *RTD civ.* 2003, 567.

2. N° 04-14974 ; *RDC* 2006/4, 1075, obs. Y.-M. Laithier, 1159, obs. Ph. Delebecque, et 1224, obs. S. Carval ; *D.* 2006, 1599, note X. Delpech. Y.-M. Laithier critique, en se fondant sur des arguments économiques, la « socialisation » des risques à laquelle aboutirait la remise en question des clauses limitatives de responsabilité en l'absence de faute qualifiée du débiteur. Parler de gestion contractuelle des risques entre deux partenaires d'une telle inégalité nous semble pour le moins illusoire, et on peut plutôt penser, comme l'énonce fort bien Denis Mazeaud (obs. *RDC* 2006/3, 694, sous Com., 21 févr. 2006), que ce n'est pas « faire preuve d'excès de moralité que de penser que tout débiteur doit répondre des suites de l'inexécution de ses engagements lorsque ceux-ci constituent la sève et le ferment du contrat qu'il a conclu ».

3. Le Conseil d'État, saisi à son tour d'une demande tendant à voir remettre en cause la validité des plafonds de réparation prévus dans les contrats types de transport, a rejeté ce recours : CE, 6 juil. 2005, *D.* 2005, 2094, note Ph. Delebecque.

4. Il en est différemment lorsque le droit spécial de la vente s'applique, car celui-ci valide les clauses limitant la garantie des vices cachés : Civ. 3e, 13 janv. 2009, n° 07-18777.

5. V. dans le même sens déjà, Com., 5 juin 2007, n° 06-14832 ; *D.* 2007, 1720, obs. X. Delpech ; *Dr. & patr.* sept. 2007, 95, obs. Ph. Stoffel-Munck ; *JCP G* 2007, II, 10145, obs. D. Houtcieff ; *JCP E* 2007, n° 2234, obs. C. Paulin ; *RDC* 2007/4, 1121, obs. D. Mazeaud, et 1144, obs. S. Carval : la

réforme du droit des obligations, faisant de cette troisième hypothèse un cas autonome d'invalidation des clauses limitatives ou exclusives de responsabilité [1].

L'affaire *Faurecia* a permis de clarifier ce dernier point. Dans un premier arrêt *Faurecia I*[2], la Cour de cassation, reprenant la formule de l'arrêt *Chronopost*, et toujours sur le fondement de l'absence de cause, entendait écarter les clauses limitatives de responsabilité à chaque fois qu'un « manquement à une obligation essentielle » pouvait être caractérisé, et ce quel que soit le montant laissé par la clause limitative de responsabilité à la charge du débiteur [3]. Mais un arrêt *Faurecia II*[4], réaffirmant la validité de principe des clauses limitatives de responsabilité, jugea que « seule est réputée non écrite la clause limitative de réparation qui *contredit* la portée de l'obligation essentielle souscrite par le débiteur » [5]. Ce ne sont donc pas toutes les clauses relatives à l'inexécution

Cour d'appel aurait dû rechercher « si l'impossibilité de localiser les marchandises remises à la société Extand pendant leur acheminement ne constituait pas un manquement de celle-ci à une obligation essentielle permettant de réputer non écrite la clause limitative d'indemnisation, contenue non dans un contrat-type, s'agissant d'un commissionnaire de transport, mais dans la convention liant les parties ».

1. Ainsi, l'avant-projet Catala retient qu'« un contractant ne peut exclure ou limiter la réparation du dommage causé à son cocontractant par une faute dolosive ou lourde ou par le manquement à l'une de ses obligations essentielles ».

2. Com., 13 févr. 2007, n° 05-17407 ; *RTD civ.* 2007, 567, obs. B. Fages ; *D.* 2007, 654, obs. X. Delpech et 2975, obs. B. Fauvarque-Cosson ; *RDC* 2007/3, 707, obs. D. Mazeaud, et 746, obs. S. Carval ; *JCP G* 2007, I, 185, n° 10, et *Dr. & patr.* 2007, n° 162, 95, obs. Ph. Stoffel-Munck, et II, 10063, note Y. M. Serinet ; *JCP E* 2008, 1467, n° 4, obs. J.B. Seube ; *RLDC* mai 2007, 6, note G. Loiseau ; *Defrénois* 2007, 1042, obs. R. Libchaber ; *RJ com.* 2008, 187, note H. Alterman et N. Herzog ; *Gaz. Pal.* 2007, n° 290, 30, note J.F. Forgeron et V. Lukic : l'arrêt vise l'article 1131 du Code civil pour reprocher à la Cour d'appel d'avoir fait application de la clause limitative de responsabilité alors que résultait de ses constatations « un manquement à une obligation essentielle de nature à faire échec à l'application de la clause limitative de réparation ». Pour le reste cet arrêt *Faurecia I* a été réformé. En effet, la Cour d'appel de renvoi avait refusé de s'incliner et appliqué la clause limitative de responsabilité : Paris, 26 nov. 2008, *RDC* 2009/3, 1010, obs. Th. Genicon ; *JCP G* 2009, I, 123, n° 11, obs. Ph. Stoffel-Munck, qui déduit de l'analyse du contrat que la clause limitative de réparation ne privait pas la société Faurecia de toute contrepartie et n'avait donc pas pour effet de vider de toute substance l'obligation essentielle incombant à la société Oracle. Un nouveau pourvoi fut alors formé qui fut cette fois-ci rejeté par l'arrêt *Faurecia II* sur lequel v. la note ci-dessous.

3. Dans le même sens, Ch. mixte, 22 avr. 2005, n° 03-14112 ; *CCC* 2005, comm. 150, L. Leveneur, qui énonce qu'il n'existe pas en l'espèce de contrat-type spécifique et commence alors par rappeler qu'« une clause limitant le montant de la réparation est réputée non écrite en cas de manquement du transporteur à une obligation essentielle du contrat ».

4. Com., 29 juin 2010, n° 09-11841 ; *RDC* 2010, 1220, obs. Y.-M. Laithier, et 1253, obs. O. Deshayes ; *D.* 2010, 1832, note D. Mazeaud ; *CCC* 2010, comm. 220, L. Leveneur ; *JCP G* 2010, 787, note D. Houtcieff ; *JCP E* 2010, 1790, et *Dr. & patr.* 2011, n° 200, 70, note P. Stoffel-Munck ; *LPA* 16 août 2010, 7, note N. Dupont-Le Bail, 2010, n°s 178-179, note C. Grimaldi, n° 182, 6, note R. Siri, et n° 195, 6, note C. Barnaud.

5. V. dans le même sens déjà, Com., 9 juin 2009, n° 08-10350 ; *RDC* 2009/4, 1359, obs. D. Mazeaud, qui énonce que « M. X..., ès qualités, qui avait comme obligation essentielle de délivrer le fonds de

d'une obligation essentielle qui sont invalidées, mais seulement celles qui en contredisent la portée, c'est-à-dire qui, de fait, la vident de son contenu (la « vident de toute substance » disent souvent les juges) et donc, précisément, de son caractère prétendument fondamental.

Dans la logique de cette distinction, la Cour de cassation retient que la faute lourde seule de nature à écarter un plafond légal d'indemnisation ne peut se déduire uniquement d'un manquement à une obligation essentielle. Ainsi, dans un arrêt rendu en Chambre mixte le 22 avril 2005, la Cour de cassation a considéré que « la faute lourde de nature à tenir en échec la limitation d'indemnisation prévue par le contrat type ne saurait résulter du seul fait pour le transporteur de ne pouvoir fournir d'éclaircissements sur la cause du retard »[1]. À sa suite, la Chambre commerciale de la Cour de cassation a jugé que « la faute lourde de nature à tenir en échec la limitation d'indemnisation prévue par le contrat type ne saurait résulter du seul fait pour le transporteur de ne pouvoir fournir d'éclaircissements sur la cause de la disparition des marchandises mais doit se déduire de la gravité de son comportement »[2] ; elle a ajouté que cette faute lourde ne peut pas non plus « résulter du seul manquement à une obligation contractuelle, fût-elle essentielle »[3]. L'appréciation de la faute lourde permettant d'écarter les plafonds légaux d'indemnisation est donc assez restrictive[4].

commerce pourvu d'une autorisation d'ouverture, ne pouvait s'en exonérer par une clause élusive de responsabilité qui, contredisant la portée de son engagement, devait être réputée non écrite ». La clause peut être à l'inverse validée en « l'absence de contrariété entre ladite clause et la portée de l'engagement souscrit » : Com., 18 déc. 2007, n° 04-16069 ; *RDC* 2008/2, 262, obs. Th. Genicon.

1. N° 02-18326 ; *RTD civ.* 2005, 779, obs. J. Mestre et B. Fages ; *RDC* 2005/3, 651, avis 1er av. gén. R. de Gouttes, 673, obs. D. Mazeaud, et 752, obs. Ph. Delebecque ; *D.* 2005, 1864, note Tosi, et 2845, obs. B. Fauvarque-Cosson ; *JCP G* 2005, II, 10066, note G. Loiseau ; *CCC* 2005, n° 150, L. Leveneur.

2. Com., 13 nov. 2007, n° 06-18860.

3. L'arrêt *Faurecia II* précité réaffirme également que « la faute lourde ne peut résulter du seul manquement à une obligation contractuelle, fût-elle essentielle, mais doit se déduire de la gravité du comportement du débiteur ». V. déjà Com., 21 févr. 2006, n° 04-20139 ; *RDC* 2006/3, 694, obs. D. Mazeaud, qui rappelle que la faute lourde, comme toute autre faute, suppose l'appréciation subjective d'un comportement et ne peut procéder d'une seule appréciation objective de l'objet de l'inexécution imputable au débiteur. La formule a été reprise par cette même chambre le 13 juin 2006, n° 05-12619 ; *JCP G* 2006, II, 10123, obs. G. Loiseau ; *RDC* 2006/4, 1159, obs. Ph. Delebecque.

4. S. Carval, La faute lourde permettant d'écarter les plafonds légaux et contractuels : persistance de la définition étroite, obs. sous Com., 9 déc. 2008, n° 07-20934, et Com., 10 mars 2009, n° 08-15457 ; *RDC* 2009/3, 1044.

2 | Les conventions ayant pour objet d'évaluer forfaitairement la réparation due

Le Code civil prévoit, à l'article 1152, une possibilité de révision judiciaire pour les clauses prévoyant de façon forfaitaire les indemnités dues en cas d'inexécution de ses obligations par le débiteur. À côté de cela, les articles 1226 à 1233 prévoient le régime juridique «des obligations avec clause pénale». La jurisprudence entretient une certaine confusion entre les deux séries de dispositions qui certes se recoupent; elle qualifie en effet toutes ces clauses de clauses pénales, et elle les soumet au régime juridique de la révision judiciaire de l'article 1152.

1. LA DÉFINITION DES CLAUSES PÉNALES

Au sens strict, une clause pénale est une clause par laquelle les contractants déterminent eux-mêmes forfaitairement une pénalité (souvent une somme d'argent mais pas nécessairement [1]) qui sera due pour compenser le préjudice subi par le créancier du fait de l'inexécution. La clause a donc, comme son nom l'indique, le caractère d'une sanction ou d'une peine privée, et elle revêt un rôle comminatoire (du latin *comminari*, menacer) en ce qu'elle incite le débiteur à exécuter. L'article 1226 du Code civil prévoit ainsi que «la clause pénale est celle par laquelle une personne, pour assurer l'exécution d'une convention, s'engage à quelque chose en cas d'inexécution».

Cela étant dit, la menace pour le débiteur dépend du montant stipulé. Si souvent la clause pénale prévoit une indemnité forfaitaire supérieure au préjudice résultant pour le créancier de l'inexécution (tout au moins au préjudice réparable), il n'en va pas toujours ainsi; le montant forfaitairement convenu pourrait être au contraire inférieur à ce préjudice, jouant alors plutôt comme une clause limitative de responsabilité pour le débiteur [2].

1. Comp. Civ. 3e, 26 janv. 2011, n° 10-10376; *RDC* 2011/3, 817, obs. Y.M. Laithier, qui prévoyait notamment que le vendeur conserverait, en cas de résolution et à titre de pénalité, le bénéfice de toutes les «améliorations» qui auraient été apportées à l'immeuble vendu. *Adde* obs. J.-S. Borghetti sous Soc., 4 mars 2008, *RDC* 2008, 1158.

2. Pour une augmentation par le juge d'une clause dérisoire : Soc., 5 juin 1996, n° 92-42298; *Defrénois* 1997, 737, obs. D. Mazeaud : «Après avoir constaté, par une décision motivée, que l'indemnité convenue était manifestement dérisoire, la cour d'appel a pu l'augmenter dans des proportions qu'elle a souverainement évaluées.»

Selon une partie de la doctrine[1], il convient en toute rigueur de distinguer entre les clauses pénales (régies par les articles 1126 et s.) et les clauses d'indemnisation forfaitaire de l'article 1152, même si le pouvoir de révision judiciaire s'étend à ces deux types de clauses. Seule pourrait recevoir la qualification de clause pénale la clause prévoyant une indemnisation forfaitaire bien supérieure au préjudice prévisible, autrement dit la clause présentant un caractère comminatoire. L'article 1152 vise quant à lui le cas où « la convention porte que celui qui manquera de l'exécuter payera une certaine somme à titre de dommages-intérêts » et il est contenu dans une section intitulée « Des dommages et intérêts résultant de l'inexécution de l'obligation » : ces dernières peuvent dès lors être des clauses pénales (donc de nature à inciter à l'exécution du contrat), mais pas nécessairement, par exemple précisément lorsque l'évaluation est très inférieure au probable préjudice du créancier. La Cour de cassation identifie cependant le plus souvent les deux séries de dispositions et retient qu'il y a clause pénale dès lors qu'un montant de dommages-intérêts est forfaitairement prévu[2] pour le cas où une obligation convenue serait inexécutée, et ce indépendamment du montant convenu[3]. Ce montant peut même être indéterminé, dès lors qu'il est déterminable au jour où la pénalité a lieu de jouer[4]. Ceci étant dit, l'alinéa 2 de l'article 1152 prévoyant le régime particulier de révision judiciaire de ces clauses vise expressément « la *peine* qui avait été convenue » (souligné par nous), et que le juge peut modérer ou augmenter[5].

La haute Juridiction insiste surtout sur le fait qu'il n'y a clause pénale que si l'indemnité prévue est due en cas d'inexécution par le

1. V. surtout l'analyse de D. Mazeaud, *La notion de clause pénale*, LGDJ, « Bibl. dr. privé «, 1992, préf. F. Chabas, n°s 265 et s. ; selon cet auteur, la clause pénale servirait à garantir l'exécution de l'obligation, précisant ainsi l'objectif général des clauses d'indemnisation forfaitaire de garantir l'évaluation de la réparation. Déjà en ce sens, J. Mestre, *RTD civ.* 1985, 372, qui se demande si « la clause qui permet le pouvoir judiciaire de révision dans le cadre de l'article 1152 du code civil est [...] bien la clause pénale ? ».

2. Il faut effectivement qu'il y ait une clause contractuelle prévoyant une telle indemnisation forfaitaire : Soc., 4 mars 2008, n° 06-45221 ; *JCPG* 2008, II, 10095, obs. J. Mouly ; *RDC* 2008/4, 1158, obs. J. S. Borghetti, dans une espèce où aucune indemnisation n'avait été contractuellement prévue pour assurer l'exécution d'une clause de garantie d'emploi.

3. Civ. 1re, 10 oct. 1995, n° 93-16869 ; *D.* 1996, 486, note B. Fillion-Dufouleur ; *JCPG* 1996, I, 3914, n° 9, obs. M. Billiau, et II, 22580, note G. Paisant : « constitue une clause pénale la clause d'un contrat par laquelle les parties évaluent forfaitairement et d'avance l'indemnité à laquelle donnera lieu l'inexécution de l'obligation contractée » ; Cass. civ. 3e, 21 mai 2008, n° 07-12848 ; *RDC* 2008/4, 1257, obs. J.-B. Seube.

4. Civ. 3e, 26 janv. 2011, n° 10-10376 ; *RDC* 2011/3, 817, obs. Y.M. Laithier.

5. La distinction entre les deux types de clauses est supprimée par l'avant-projet Catala (art. 1383) et par le projet de Cadre commun de référence (art.3 :710), comme elle l'était déjà par les Principes du droit européen du contrat (art.9 :509).

débiteur de l'une de ses obligations[1]. Pour reprendre sa formulation devenue classique, « constitue une clause pénale la clause d'un contrat par laquelle les parties évaluent forfaitairement et d'avance l'indemnité à laquelle donnera lieu l'inexécution de l'obligation contractée »[2]. Ce dernier élément est très important pour la qualification de la clause et, partant, pour l'application de son régime juridique propre : ainsi par exemple, si une clause prévoit le paiement d'une somme forfaitaire au créancier au cas où le débiteur serait en redressement judiciaire, il n'y a pas clause pénale dans la mesure où il n'y avait pas pour le débiteur d'obligation de ne pas tomber en redressement judiciaire. De la même façon, ne sont pas des clauses pénales les stipulations prévoyant des indemnités dues à l'une des parties en compensation au contraire du respect de certaines obligations (obligation de non-concurrence par ex.), ou encore de certaines options ou facultés offertes à l'une des parties (indemnité d'immobilisation[3], indemnité de remboursement anticipé, faculté de dédit[4], ou tout autre faculté[5]). En revanche toute clause qui remplit cette définition peut être qualifiée de clause pénale même si les parties n'ont pas retenu cette dénomination[6].

1. Civ. 1re, 19 juin 2008, n° 07-14556, qui, au visa des deux articles 1226 et 1152 du Code civil, énonce que l'indemnité litigieuse, « contractuellement destinée à couvrir la banque «des pertes d'intérêts, des frais et des dommages de toute sorte occasionnés par la nécessité du recours, de la procédure ou de l'ordre», était stipulée à la fois comme un moyen de contraindre l'emprunteur à l'exécution et comme l'évaluation conventionnelle et forfaitaire du préjudice futur subi par le prêteur du fait de l'obligation d'engager une procédure, et constituait donc une clause pénale susceptible de modération en cas d'excès manifeste ». *Adde* J. S. Borghetti, *RDC* 2008/4, 1158 et s.

2. Civ. 3e, 26 janv. 2011 précité, n° 10-10376 ; *RDC* 2011/3, 817, obs. Y.M. Laithier.

3. Civ. 3e, 30 avr. 2002, n° 00-16422 ; Civ. 3e, 5 déc. 1984, n° 83-11788 ; *RTD civ.* 1985, 372. Et ce sauf si c'est improprement que la qualification d'indemnité d'immobilisation avait été retenue par les parties alors qu'elle sanctionnait bien effectivement la violation par l'une des parties d'une de ses obligations (défaut d'obtention du prêt par la faute de l'acquéreur, si bien d'ailleurs que les vendeurs auraient pu préférer, en invoquant l'article 1178 du Code civil, demander à ce que la condition soit réputée accomplie) : Civ. 3e, 24 sept. 2008, n° 07-13989 ; *RDC* 2009/1, 60, obs. D. Mazeaud et 88, obs. J.-S. Borghetti ; *RTD civ.* 2008, 675, obs. B. Fages ; *D.* 2008, 2497, obs. G. Forest ; *Defrénois* 2008, n° 38860, note É. Savaux ; *JCP G* 2009, II, 10016, note Y. Dagorne-Labbé.

4. Com., 18 janv. 2011, n° 09-16863 ; *RTD civ.* 2001, 122, obs. B. Fages ; *RDC* 2011/3, 812, obs. É. Savaux : « En statuant ainsi alors que la clause stipulant une indemnité de dédit ne s'analysait pas en une clause pénale ayant pour objet de faire assurer par l'une des parties l'exécution de son obligation mais en une faculté de dédit permettant à la société Unicoop de se soustraire à cette exécution et excluant le pouvoir du juge de diminuer ou supprimer l'indemnité convenue ». V. déjà Com., 9 janv. 1991, 2 arrêts, n° 89-15780 et n° 89-15781 ; *D.* 1991, 481, note G. Paisant ; Com., 2 avr. 1996, n° 94-13433 ; *D.* 1996, somm., 329, obs. D. Mazeaud.

5. Civ. 1re, 12 juil. 2005, n° 00-18543 ; *D.* 2005, 2218, obs. X. Delpech ; *RTD civ.* 2005, 781, obs. J. Mestre et B. Fages, pour une indemnité forfaitaire convenue en cas d'exercice de la faculté de transférer un plan d'épargne dans un autre établissement bancaire, avec le paradoxe en l'espèce que l'indemnité ne pouvait être réduite en cas d'exercice de cette faculté, alors qu'elle l'eut été en cas de violation du contrat (pour lequel le contrat prévoyait une indemnité de même montant).

6. Civ. 3e, 26 janv. 2011 précité, n° 10-10376 ; *RDC* 2011/3, 817, obs. Y.M. Laithier.

L'indemnisation forfaitaire doit enfin avoir été convenue au préalable par les parties dans leur contrat, et non par une convention collective[1], ni encore par le juge ou le législateur.

2. LE RÉGIME JURIDIQUE DES CLAUSES PÉNALES

La définition des clauses pénales[2] est importante car leur régime est exorbitant du droit commun. En effet, contrairement au principe selon lequel le juge ne peut pas modifier le contenu du contrat, le juge peut, face à une clause pénale, modérer ou augmenter le montant convenu si celui-ci est manifestement excessif ou dérisoire. Si l'article 1152 du Code civil commence par rappeler le principe de l'intangibilité des conventions par le juge (« lorsque la convention porte que celui qui manquera de l'exécuter payera une certaine somme à titre de dommages-intérêts, il ne peut être alloué à l'autre partie une somme plus forte, ni moindre »), c'est pour ajouter, dans son alinéa second issu d'une loi du 9 juillet 1975, que, « néanmoins, le juge peut même d'office modérer ou augmenter la peine qui avait été convenue, si elle est manifestement excessive ou dérisoire ». La règle est d'ordre public puisque le Code ajoute que « toute stipulation contraire sera réputée non écrite ». Le juge ne peut intervenir qu'en présence d'un écart manifeste du montant convenu avec les dommages réellement subis, que ce soit dans son caractère excessif ou dérisoire[3].

Le juge[4] peut alors supprimer les excès de la clause, dans un sens ou dans un autre, mais il ne peut pas se contenter de condamner le débiteur à une somme correspondant exactement au montant des dommages subis par le créancier : il ne doit que réduire les excès de la clause en conservant à celle-ci le sens général qu'elle avait, soit favorable au

1. Soc., 28 mai 2008, n° 07-41079 ; *RDC* 2008/4, 1158, obs. J. S. Borghetti : « la cour d'appel, ayant retenu qu'en application de la convention collective le salarié pouvait prétendre à une indemnité de licenciement égale à deux ans de salaire, a énoncé à bon droit qu'elle ne pouvait exercer le pouvoir modérateur qu'elle tient de l'article 1152 du code civil, l'indemnité étant prévue par la convention collective » ; dans le même sens, Soc., 22 février 1995, n° 93-44268.

2. À nouveau au sens large utilisé par la Cour de cassation, c'est-à-dire comprenant toutes les clauses d'évaluation forfaitaire du préjudice de l'article 1152 qui ne sont pas *stricto sensu* des clauses pénales.

3. Il peut se faire aider par la désignation d'un expert : Civ. 3e, 13 nov. 2003, n° 01.12646, *RTD civ.* 2004, 506, obs. J. Mestre et B. Fages.

4. « Si le juge des référés peut accorder une provision sur le montant non contestable d'une clause pénale, il n'entre pas dans ses pouvoirs de diminuer ce montant à proportion de l'intérêt que l'exécution partielle de l'obligation a procuré au créancier » : Civ. 3e, 19 févr. 2003, n° 01-16991. Est-ce à dire qu'il ne serait pas compétent pour réduire le montant d'une clause pénale manifestement excessive ?

débiteur (dans ce cas d'une évaluation excessivement inférieure au dommage, le juge la ramènera à une évaluation un peu inférieure à ce dommage), soit favorable au créancier (qui conservera alors des dommages-intérêts supérieurs au préjudice qu'il a subi). En revanche le juge n'a pas à motiver sa décision s'il opte pour le maintien de la clause pénale convenue par les parties[1].

Il y a parfois une hésitation sur la date à laquelle le juge doit se placer pour apprécier si la peine convenue est manifestement excessive ou dérisoire au sens de l'article 1152. En principe en effet, ce serait au jour où le juge statue, puisque ce dernier doit apprécier la validité de la clause en comparant son montant avec le préjudice effectivement subi, c'est-à-dire celui dont souffre le créancier à ce jour, mais on note parfois une certaine résistance des juges du fond[2].

Dans l'affaire Chronopost, le litige aurait pu être réglé par application de l'article 1152 du Code civil. En effet, la clause limitant l'indemnisation du retard au remboursement du prix du transport contenait une évaluation forfaitaire des dommages-intérêts dus par Chronopost en cas de violation de l'une de ses obligations, en l'occurrence livrer un pli dans un délai bien précis. La clause litigieuse était ainsi davantage une clause pénale qu'une simple clause limitative de responsabilité *stricto sensu* dans la mesure où le montant convenu était envisagé comme un montant forfaitaire dû en cas d'inexécution et non pas comme un plafond à l'indemnisation : le client était ainsi dispensé de faire la preuve de son préjudice. Dès lors, la somme prévue étant manifestement dérisoire par rapport au préjudice réellement subi, le juge aurait pu la réévaluer, cette hypothèse étant rarement envisagée car, en pratique, les clauses pénales sont plus souvent manifestement excessives. Ce fondement aurait l'avantage d'expliquer que, lorsque le remboursement convenu paraîtrait équitable par rapport au dommage effectivement subi, ce qui peut parfaitement se produire, la clause n'aurait plus de raison d'être annulée ni même révisée. Enfin, la qualification de clause pénale permet de justifier que le montant convenu doive être versé sans que l'expéditeur ait à faire la preuve d'un quelconque préjudice.

Lorsque l'engagement a été exécuté en partie, la peine convenue peut, même d'office, être diminuée par le juge à proportion de l'intérêt que l'exécution partielle a procuré au créancier, sans préjudice de l'appli-

1. Civ. 3e, 26 avr. 1978, *RTD civ.* 1978, 672, obs. G. Cornu. *Adde* CA Aix-en-Provence, 5 nov. 2010, n° 2010/425 ; *RDC* 2011/3, 822, obs. crit. Y.M. Laithier.

2. V. obs. J. Mestre et les arrêts cités par lui, *RTD civ.* 1999, 97.

cation de l'article 1152, c'est-à-dire de la révision de son montant par le juge. Toute stipulation contraire est réputée non écrite (art. 1231).

Enfin la clause pénale pourrait être annulée pour des raisons tenant au droit commun des contrats (si elle a été insérée frauduleusement sans que l'autre partie ait pu en prendre connaissance, en cas de dol ou de faute lourde du débiteur, ou encore par application du droit des clauses abusives).

La clause pénale étant accessoire de l'obligation principale, la nullité de l'obligation principale entraîne celle de la clause pénale, tandis qu'à l'inverse la nullité de celle-ci n'entraîne pas celle de l'obligation principale (art. 1227). La Cour de cassation a jugé cependant que les clauses pénales doivent être appliquées malgré la caducité du contrat qui, à la différence de la nullité, n'entraîne pas une disparition rétroactive du contrat[1]. On rappelle également que les clauses pénales sont maintenues en cas de résolution, puisqu'elles ont précisément pour objet de régler une telle situation[2].

Le créancier, au lieu de demander la peine stipulée contre le débiteur, peut préférer poursuivre l'exécution en nature de l'obligation principale (art. 1228), les deux ne pouvant pas se cumuler, sauf si la clause pénale était stipulée pour le simple retard (art. 1229). En revanche, l'indemnité convenue est due du seul fait de l'inexécution et le créancier n'a pas besoin d'établir l'existence ni le montant de son préjudice[3] : l'évaluation en était forfaitaire. Elle n'est cependant due que si le débiteur a été mis en demeure d'exécuter (art. 1230).

3 | Les conventions ayant pour objet de transiger sur la réparation due

La transaction est un contrat par lequel les parties terminent une contestation née, ou préviennent une contestation à naître (art. 2044

1. Com., 22 mars 2011, n° 09-16660; *RDC* 2011/3, 826, obs. É. Savaux; *D.* 2011, 2179, obs. A. Hontebeyrie, où elle énonce que «la caducité d'un acte n'affecte pas la clause pénale qui y est stipulée et qui doit précisément produire effet en cas de défaillance fautive de l'une des parties».

2. V. Civ. 3e, 26 janv. 2011, n° 10-10376; *RDC* 2011/3, 817, obs. Y.M. Laithier.

3. Civ. 3e, 20 déc. 2006, n° 05-20065; *RDC* 2007/3, 749, obs. S. Carval; *JCP* 2007, II, 10024, note D. Bakouche : «La clause pénale, sanction du manquement d'une partie à ses obligations, s'applique du seul fait de cette inexécution» (censure de la cour d'appel qui refuse de condamner au paiement de la somme stipulée faute de démonstration du préjudice).

C. civ.). En d'autres termes, les parties mettent fin à leur différend en s'accordant sur un règlement de leur litige : chacune d'entre elles fait des concessions à l'autre pour parvenir à un compromis.

La définition du Code civil doit cependant être précisée. Ainsi, la «contestation» visée par l'article 2044 est une contestation judiciaire, ou tout au moins pouvant servir de fondement à une action en justice. Une transaction a ainsi pour objet de mettre fin à un procès ou d'éviter un procès et on transige donc uniquement sur un droit bafoué[1] dont la violation ouvrirait droit à une action en justice. L'élément irréductible est ainsi que la prestation de l'une des parties au moins consiste en la renonciation à une action en justice. C'est ainsi qu'un accord de fin de grève ne peut généralement être considéré comme une transaction[2], dans la mesure où une grève est en principe entamée pour conquérir de nouveaux droits et non pas pour faire respecter des droits acquis que l'employeur aurait méconnus : les salariés ne disposaient donc nullement d'une action en justice pour obtenir la création de ces droits et il n'y a dès lors aucune renonciation à une telle action ; peut en revanche être qualifiée de transactionnelle la clause qui prévoirait une renonciation de l'employeur à poursuivre certains salariés en justice.

La transaction doit être rédigée par écrit. Pour transiger, il faut avoir la capacité de disposer des objets compris dans la transaction (art. 2045). On peut transiger sur l'intérêt civil qui résulte d'un délit, mais la transaction n'empêche pas la poursuite du ministère public (art. 2046).

Les transactions sont considérées comme dangereuses dans la mesure où leur régime juridique est très strict et qu'une fois conclues elles peuvent plus difficilement être remises en cause que le droit commun des contrats. Les transactions ont en effet, entre les parties, l'autorité de la chose jugée en dernier ressort ; elles ne peuvent être attaquées pour cause d'erreur de droit, ni pour cause de lésion (art. 2052). En revanche, elles peuvent être rescindées lorsqu'il y a erreur dans la

1. Ihering, *La lutte pour le droit*, trad. O. de Meulenaère : «Transiger sur un droit bafoué, afin de s'épargner les ennuis et les frais d'un procès, c'est déserter devant un combat nécessaire.»

2. V. cependant Soc., 25 avr. 1979, n° 78-40058, qui entérine la qualification de transaction retenue par la cour d'appel pour un protocole d'accord conclu entre la direction et cinq délégués du personnel ; mais il s'agissait simplement en l'espèce de donner force obligatoire à une clause prévoyant que les heures perdues à la suite de la fermeture de l'entreprise seraient payées à concurrence de huit heures, le surplus devant être récupéré ou restant à la charge des salariés ; le litige était né de ce que certains salariés avaient réclamé plus, c'est-à-dire le paiement de 52 heures qu'ils soutenaient avoir perdues ; la qualification de transaction n'est donc en l'espèce pas aberrante car les salariés, en acceptant l'accord, avaient renoncé à réclamer plus que convenu et le régime strict de la transaction pouvait donc ici leur être opposé.

personne ou sur l'objet de la contestation, ou en cas de dol ou de violence (art. 2053) (pour d'autres causes particulières de nullité ou de réfection de la transaction, art. 2054 à 2058).

Les transactions ne valent que pour leur objet précis : la renonciation qui y est faite à tous droits, actions et prétentions, ne s'entend que de ce qui est relatif au différend qui y a donné lieu (art. 2048). Les transactions ne règlent en outre que les différends qui s'y trouvent compris, soit que les parties aient manifesté leur intention par des expressions spéciales ou générales, soit que l'on reconnaisse cette intention par une suite nécessaire de ce qui est exprimé (art. 2049).

La transaction faite par l'un des intéressés ne lie point les autres intéressés, et ne peut être opposée par eux (art. 2051).

SECTION 2
Les dommages-intérêts dus dans le cadre de l'anéantissement du contrat : les dommages-intérêts négatifs

L'inexécution du contrat peut être sanctionnée par son anéantissement : résolution pour inexécution ou application de la théorie des risques. Cette disparition rétroactive du contrat peut s'accompagner de l'allocation de dommages-intérêts. Mais ceux-ci doivent être soigneusement distingués de ceux qui sont accordés dans le cadre du contrat et qui ont été vus plus haut. En effet, le contrat est ici dissous par le juge et il n'est donc plus question d'accorder au créancier une compensation pour ce qu'il aurait pu retirer de l'exécution du contrat : les juges du fond qui anéantiraient le contrat d'un côté pour en faire produire tous les effets de l'autre verraient leur décision immanquablement censurée.

Lorsque le contrat est anéanti, le créancier ne peut obtenir des dommages-intérêts que pour compenser un dommage qui n'aurait pas été réparé par la seule disparition du contrat. Ces dommages-intérêts sont alors calculés pour permettre de replacer le créancier dans la situation où il aurait été *si le contrat n'avait pas été conclu*. C'est ce que certains droits étrangers appellent fort opportunément des dommages-intérêts négatifs par opposition aux dommages-intérêts positifs déjà examinés. Les deux types de dommages-intérêts sont, pour les raisons examinées, alternatifs, puisque le contrat est soit maintenu (dommages-intérêts positifs), soit anéanti (dommages-intérêts négatifs).

Les dommages réparables en sus de la résolution du contrat sont assez similaires à ceux dont la réparation pouvait être demandée en sus de l'annulation du contrat, dans la mesure où, dans les deux cas, le contrat est censé n'avoir jamais existé et le créancier peut donc obtenir réparation des dommages qui ont résulté pour lui de la conclusion du contrat : c'est ainsi qu'il peut obtenir remboursement des frais de négociation ou de conclusion du contrat. La responsabilité est cependant ici contractuelle (le contrat est résolu mais il était valablement conclu) alors que la responsabilité qui accompagne éventuellement l'annulation du contrat était en principe de nature délictuelle (le contrat était en effet par hypothèse non valablement conclu).

ÉTAT DES QUESTIONS

BIBLIOGRAPHIE

Sur l'anéantissement du contrat : L'anéantissement rétroactif du contrat (colloque du 22 oct. 2007), *RDC* janv. 2008.

Sur la rétroactivité : M.-E. Pancrazi, Les clauses de rétroactivité, RTD civ. 2011, 469; S. Mercoli, *La rétroactivité dans le droit des contrats*, PUAM, 2001, préf. G. Goubeaux.

Sur l'inexécution des contrats en général : F. Rouvière, *Le contenu du contrat; essai sur la notion d'inexécution*, PUAM, 2005, préf. Ch. Atias; Y.-M. Laithier, *Étude comparative des sanctions de l'inexécution du contrat*, LGDJ, « Bibl. dr. privé », 2004, préf. H. Muir Watt, qui, testant l'efficacité économique des règles françaises relatives aux sanctions de l'inexécution des contrats, conclut que l'exécution en nature devrait être écartée lorsqu'une autre sanction, not. l'attribution de dommages-intérêts, serait tout aussi satisfactoire pour le créancier tout en étant moins coûteuse (pour la critique de cette position, *infra*) ; il propose également l'introduction dans notre droit de mécanismes de droit anglo-américain de nature à améliorer l'efficacité du droit français : par ex. l'obligation de minimiser les dommages, ou encore la résolution anticipée du contrat; C. Chabas, *L'inexécution licite du contrat*, LGDJ, « Bibl. dr. privé », 2002, préf. J. Ghestin, av.-propos D. Mazeaud; G. Viney et M. Fontaine (dir.), Les *sanctions de l'inexécution contractuelle, études de droit comparé*, Bruylant-LGDJ, 2001 ; M. Faure-Abbad, *Le fait générateur de la responsabilité contractuelle : contribution à une théorie de l'inexécution du contrat*, LGDJ, 2003, préf. Ph. Rémy; P. Grosser, *Les remèdes à l'inexécution du contrat : essai de classification*, th. Paris I, 2000; *Le juge et l'exécution des contrats*, PUAM, 1993, av.-propos J. Mestre; M. Muller, *L'inexécution pénalement répréhensible du contrat*, th. Paris II,

1976 ; Les remèdes, in *Le contrat aujourd'hui : comparaisons franco-anglaises*, dir. D. Tallon et D. Harris, LGDJ, « Bibl. dr. privé », 1987, rapp. français D. Tallon (271) et rapp. anglais A.-I. Ogus (299) ; J.-M. Mousseron, La gestion des risques par le contrat, *RTD civ.* 1988, 481 ; du même auteur, « Responsable mais pas coupable ». La gestion des risques d'inexécution du contrat, *Mélanges Ch. Mouly*, Litec, 1998, liv. II, 141 ; *Les sanctions attachées à l'inexécution des obligations contractuelles*, Trav. Ass. H. Capitant, t. XVII, 1964, Journ. turques (Dalloz, 1968) ; H. Capitant, Le régime de la violation des contrats, *DH* 1934, chron., 1. *Adde* C. Robin, La *mora creditoris, RTD civ.* 1998, 607, dans certaines législations étrangères, l'institution de la *mora creditoris* interdit au créancier de se prévaloir de l'inexécution du débiteur lorsque c'est par son fait que ce dernier n'a pu s'exécuter.

Sur l'exécution forcée : A. Lebois, Les obligations contractuelles de faire à caractère personnel, *JCP G* 2008, I, 210 ; Y.-M. Laithier, La prétendue primauté de l'exécution en nature, *RDC* 2005/1, 161 ; P. Puig, Les techniques de préservation de l'exécution en nature, *RDC* 2005/1, 85 ; I. Cornesse, L'exécution forcée en nature des obligations contractuelles, *RRJ* 2003/4, 2433 ; O. Morita, L'origine doctrinale de l'article 1142 du Code civil. Essai sur l'adage « Nemo praecise cogi potest ad factum », *Rev. hist. droit* 1995, 201 ; E. Putman, Retour sur « le droit de ne pas payer ses dettes », *In Memoriam Georges Ripert, RRJ* 1994, 109 ; W. Jeandidier, L'exécution forcée des obligations contractuelles de faire, *RTD civ.* 1976, 700 ; S. Strömholm, Le refus par l'auteur de livrer une œuvre de l'esprit cédée avant son achèvement, Étude sur le « droit de divulgation » de la loi du 11 mars 1957, *Études Desbois*, Dalloz, 1974, 73. *Pour des thèses et ouvrages* : Lonis-Apokourastos, *La primauté contemporaine du droit à l'exécution en nature*, PUAM, 2003, préf. J. Mestre ; E. Debily, L'exécution forcée en nature des obligations contractuelles non pécuniaires, th. Poitiers, 2002 ; P. Wery, *L'exécution forcée en nature des obligations contractuelles non pécuniaires. Une relecture des articles 1142 à 1144 du Code civil*, Kluwer, 1993, préf. I. Moreau-Margrève, qui soutient que la formule de l'article 1142 C. civ. ne vise que l'hypothèse d'inexécution par le débiteur du jugement le condamnant à exécuter en nature, et n'est donc pas un obstacle au pouvoir du juge d'ordonner une telle exécution en nature qui doit au contraire être le principe ; J. Taxil, *L'obligation de ne pas faire*, th. Aix, 2003 ; E. Massin, *Droit romain : du caractère pécuniaire des condamnations. Droit civil : de l'exécution forcée des obligations de faire ou de ne pas faire*, Pédone-Lauriel, 1893.

Sur les astreintes : F. Chabas, La réforme de l'astreinte, *D.* 1992, chron., 299.

Sur l'exécution du contrat par un tiers : D. Arteil, *L'exécution du contrat par un non-contractant*, LGDJ, 2006, préf. R. N Schütz.

Sur l'exception d'inexécution : C. Malecki, *L'exception d'inexécution*, LGDJ, « Bibl. dr. privé », 1999, préf. J. Ghestin ; J.-F. Pillebout, *Recherches sur l'exception d'inexécution*, LGDJ, « Bibl. dr. privé », 1971, préf. P. Raynaud ; R. Cassin, *De l'exception tirée de l'inexécution dans les rapports synallagmatiques (exception* non adimpleti contractus*) et de ses relations avec le droit de rétention, la compensation et la résolution*, Sirey, 1914 ; Ch. Atias, Les risques et périls de l'exception d'inexécution (limite de la description normative), *D.* 2003, 1103 ; A. Pinna, L'exception pour risque d'inexécution, *RTD civ.* 2003, 31 ; J. Roche-Dahan, L'exception d'inexécution, une forme de résolution unilatérale du contrat synallagmatique, *D.* 1994, chron., 255.

Sur la résolution : Th. Genicon, *La résolution du contrat pour inexécution*, LGDJ, « Bibl. dr. privé », 2007, préf. L. Leveneur, qui analyse la triple fonction de la résolution, mesure d'assainissement économique (fonction économique), instrument de réparation (fonction de garantie), ou de punition (fonction pénale), et qui en revisite entièrement le régime (not. ses conditions, les restitutions et dommages-intérêts qu'elle entraîne, ou encore son caractère judicaire); F. Rouvière, L'évaluation des restitutions après annulation ou résolution de la vente, *RTD civ.* 2009, 617, qui explique que les restitutions consécutives à la résolution du contrat diffèrent de celles consécutives à son annulation, et qu'elles dépendent du point de savoir si l'inexécution est imputable au vendeur ou à l'acheteur; C. Rigalle-Dumetz, *La résolution partielle du contrat*, Dalloz, «Nouv. bibl. des thèses», 2003, préf. Ch. Jamin; Ch. Paulin, *La clause résolutoire*, LGDJ, «Bibl. dr. privé», 1996, préf. J. Devèze; V. Larribau-Terneyre, *Le domaine de l'action résolutoire. Recherches sur le contrat synallagmatique*, th. Pau, 1989; R. Wintgen, Regards comparatistes sur les effets de la résolution pour inexécution, *RDC* 2006/2, 543; S. Le Gac-Pech, Rompre son contrat, *RTD civ.* 2005, 223; Ph. Reigné, La résolution pour inexécution au sein des groupes de contrats, in *La cessation des relations contractuelles*, PUAM, 1997, 153; D. Tallon, L'article 1184 du Code civil : un texte à rénover?, in *Clés pour le siècle*, Dalloz, 2000; Y. Picod, La clause résolutoire et la règle morale, *JCP G* 1990, I, 3447; D. Plantamp, Le particularisme du remplacement dans la vente commerciale, *D.* 2000, chron., 243; J. Borricand, La clause résolutoire expresse dans les contrats, *RTD civ.* 1957, 433. *Adde* M.-E. Tian-Pancrazi, *La protection judiciaire du lien contractuel*, PUAM, 1996, préf. J. Mestre; Constantinesco, *La résolution des contrats synallagmatiques en droit allemand*, th. Paris, 1940.

Sur la force majeure : L. Thibierge, *Le contrat face à l'imprévu*, Economica, 2011, préf. L. Aynès; P.-H. Antonmattéi, *Contribution à l'étude de la force majeure*, LGDJ, «Bibl. dr. privé», 1992, préf. B. Teyssié; J. Moury, Force majeure : éloge de la sobriété, *RTD civ.* 2004, 471.

Sur le rôle de la guerre sur l'inexécution des obligations contractuelles : la question a préoccupé la doctrine autour de la Première Guerre mondiale puis a été abandonnée; A. Wahl, La guerre considérée comme force majeure, spécialement en matière de vente de marchandise, *RTD civ.* 1915, 383; A. Wahl, Des exonérations et réductions de loyers par suite de la guerre, *RTD civ.* 1916, 5; S. Serbesco, Effets de la guerre sur l'exécution des contrats, *RTD civ.* 1917, 349.

Sur l'équivalent de la «faute de la victime» en matière contractuelle : C. André, *Le fait du créancier contractuel*, LGDJ, «Bibl. dr. privé», 2002, préf. G. Viney.

Sur les dommages-intérêts contractuels : A. Pinna, *La mesure du préjudice contractuel*, LGDJ, «Bibl. dr. privé», 2007, préf. P.-Y. Gautier qui, bien que la question fasse l'objet de très peu de règles dans la mesure où elle relève du pouvoir souverain d'appréciation des juges du fond, dresse un tableau jurisprudentiel très complet, et s'efforce d'en tirer des principes et même une typologie pour le calcul précis des dommages-intérêts contractuels. *Adde* F. Gréau, *Recherches sur les intérêts moratoires*, Defrénois, 2006, préf. F. Chabas, qui approfondit l'analyse juridique des intérêts moratoires en envisageant, à côté des classiques intérêts justifiés par la tardiveté de l'exécution, ceux qui sont en réalité déconnectés de toute idée de responsabilité du débiteur, soit qu'ils concernent une période durant laquelle la créance n'est pas exigible, soit qu'ils exercent une fonction comminatoire; C. Le Gallou, *La notion d'indemnité en droit privé*, LGDJ, «Bibl. dr. privé», 2007, préf. A. Sériaux, qui définit l'indemnité comme la juste compensation pécuniaire d'une perte injustifiée.

Sur la limitation de la réparation au dommage prévisible : O. Bustin, Les présomptions de prévisibilité du dommage contractuel, *D.* 2012, chron., 238 ; I. Souleau, *La prévisibilité du dommage contractuel. Défense et illustration de l'article 1150 du Code civil*, th. Paris II, 1979 ; A. Dumas, Les origines romaines de l'article 1150 du Code civil, in *Études d'histoire juridique offertes à P. F. Girard*, t. II, 1913, 95 et s.

Sur les clauses limitatives de responsabilité : Y.M. Laithier, L'avenir des clauses limitatives et exonératoires de responsabilité contractuelle – Rapport français, *RDC* 2010/3, 1091I ; Gavanon, Validité des clauses limitatives de responsabilité et la salutaire nécessité d'un équilibre contractuel contrôlé par les juges, *JCP E* 2010, act. 331 ; O. Deshayes, *RDC* 2009/4, 1377, et Clauses limitatives de responsabilité contractuelle et répartition des risques d'inexécution, *RDC* 2008, 1008 ; Y. M. Laithier, *RDC* 2009/4, 1325 ; D. Mazeaud, Clauses limitatives de réparation : les quatre saisons, *D.* 2008, chron., 1776 ; Vices et vertus du régime des clauses de responsabilité en droit positif, débat *RDC* 2008/3, 979 et s. ; C. Grimaldi, Les clauses portant sur une obligation essentielle, *RDC* 2008/4, 1095 ; T. Genicon, Le régime des clauses limitatives de réparation : état des lieux et perspectives, *RDC* 2008, 982 ; Ph. Delebecque et D. Mazeaud, Les clauses de responsabilité : clauses de non-responsabilité, clauses limitatives de réparation, clauses pénales, in *Les sanctions de l'inexécution des obligations contractuelles*, dir. M. Fontaine et G. Viney, Bruylant-LGDJ, 2001, 361 ; D. Mazeaud, La réduction des obligations contractuelles, in *Que reste-t-il de l'intangibilité du contrat ?, Dr. & patr.* 1998, 58. Pour deux thèses classiques en la matière : Ph. Delebecque, *Les clauses allégeant les obligations dans les contrats*, th. Aix-Marseille, 1982 ; P. Durand, *Des conventions d'irresponsabilité*, th. Paris, 1931.

Sur les obligations fondamentales : R. Sefton-Green, *La notion d'obligation fondamentale : comparaison franco-anglaise*, LGDJ, « Bibl. dr. privé », 2000, préf. J. Ghestin, qui explique que cette notion, qui a pris sa source en droit maritime anglais, a été développée par la jurisprudence anglaise comme outil d'interprétation pour écarter des clauses limitatives de responsabilité ; le droit anglais l'a cependant utilisée de moins en moins, au moment même où la jurisprudence française commençait à s'y intéresser ; l'auteur montre enfin que ni la cause ni l'objet ne peuvent véritablement servir de fondement à la notion, laquelle demeure néanmoins utile.

Sur les clauses pénales : D. Mazeaud, *La notion de clause pénale*, LGDJ, « Bibl. dr. privé », 1992, préf. F. Chabas ; du même auteur, Les conventions portant sur la réparation, *RDC* 2007/1, 149 ; Les clauses pénales en droit du travail, *Dr. soc.* 1994, 343 ; *RDC* 2009/4, 1325, obs. Y. M. Laithier ; Ph. Malinvaud, De l'application de l'article 1152 aux clauses limitatives de responsabilité, in *Mélanges F. Terré*, Dalloz-PUF, J.-Cl., 1999, 599 ; G. Paisant, Clauses pénales et clauses abusives après la loi n° 95-96 du 1er février 1995, *D.* 1995, chron., 223 ; F. Pasqualini, La révision des clauses pénales, *Defrénois* 1995, art. 36106 ; G. Paisant, Dix ans d'application de la réforme des articles 1152 et 1231 du Code civil relative à la clause pénale, *RTD civ.* 1985, 647 ; S. Sanz, La consécration du pouvoir judiciaire par la loi du 9 juillet 1975, et ses incidences sur la théorie générale de la clause pénale, *RTD civ.* 1977, 268.

Plus généralement sur les remèdes privés : C. Popineau-Dehaullon, *Les remèdes de justice privée à l'inexécution du contrat. étude comparative*, LGDJ, « Bibl. dr. privé », 2008, préf. M. Goré.

Sur la transaction : L. Poulet, *Transaction et protection des parties*, LGDJ, « Bibl. dr. privé », 2006, préf. Y. Lequette ; Ch. Boillot, *La transaction et le juge*, PU Clermont-

Ferrand, LGDJ, Fond. Varenne, 2003, préf. P. Le Cannu ; F. Boulan, *La transaction en droit privé positif*, th. Aix-en-Provence, 1971 ; L. Boyer, *La notion de transaction. Contribution à l'étude des concepts de cause et d'acte déclaratif*, th. Toulouse, Sirey, 1947, préf. J. Maury.

Sur le rôle du juge des référés en matière contractuelle : B. Mélin-Soucramanien, *Le juge des référés et le contrat*, PUAM, 2000, préf. J. Mestre ; obs. J. Normand, *RTD civ.* 2002, 137.

Sur l'influence du droit communautaire : J. Rochfeld, La « communautarisation » du droit contractuel interne : de l'influence des notions forgées par le droit communautaire en général, et de celle de sanction en particulier, *RDC* 2007/2, 223.

Sur l'avant-projet de réforme Catala : M. Faure-Abbad, La présentation de l'inexécution contractuelle dans l'avant-projet de réforme du droit des obligations, *D.* 2007, 165 ; *RDC* 2006/1, 99, Ph. Delebecque, L'exécution forcée ; 105, P. Ancel, Quelques observations sur la structure des sections relatives à l'exécution et à l'inexécution des contrats ; 113, J. Rochfeld, Remarques sur les propositions relatives à l'exécution et à l'inexécution du contrat : la subjectivation du droit de l'exécution.

Pour des perspectives comparatistes : B. Fauvarque-Cosson, Regards comparatistes sur l'exécution forcée en nature, *RDC* 2006/2, 529, qui montre qu'en droit anglais, l'exécution forcée (la *specific performance*) n'est autorisée que dans des cas exceptionnels ; R. Sefton-Green et Fl. Bellivier, Force obligatoire et exécution en nature du contrat en droits français et anglais : bonnes et mauvaises surprises du comparatisme, *Études J. Ghestin*, LGDJ, 2001, 91 ; S. Grundmann, Regulating Breach of Contract – The Right to Reject Performance by the Party in Breach, *ERCL* 2/2007, 121 ; *The Enforceability of promises in European Contract Law*, dir. J. Gordley, CUP, 2001.

THÉORIE JURIDIQUE

a) Le concept de responsabilité contractuelle. — Les manuels contemporains ont pendant longtemps admis sans discussion que lorsque le créancier obtenait des dommages-intérêts pour inexécution de ses obligations par son cocontractant, il mettait en œuvre une « responsabilité contractuelle » dont la comparaison pouvait être faite avec la même institution en matière délictuelle. Seul un auteur (Ph. le Tourneau, *Droit de la responsabilité*, 1re éd., 1982) soutenait que l'expression était impropre, et qu'il y avait en réalité non pas responsabilité mais exécution du contrat par équivalent (analyse reprise dans son ouvrage désormais collectif, *Droit de la responsabilité et des contrats*, Dalloz action). Un autre auteur (D. Tallon, L'inexécution du contrat : pour une autre présentation, *RTD civ.* 1994, 223 ; Pourquoi parler de faute contractuelle ?, *Écrits G. Cornu*, PUF, 1994, 429), spécialiste de droit comparé, en particulier de *Common Law*, soutînt qu'en droit anglais la distinction entre inexécution du contrat et responsabilité était claire, et que les « remèdes » proposés en cas d'inexécution d'un contrat n'interféraient nullement avec la responsabilité ; il serait en outre inutile, voire inexact de parler de faute contractuelle, la simple constatation d'un manquement, c'est-à-dire d'une différence entre le résultat obtenu et le résultat promis, suffisant à entraîner la condamnation du débiteur. Un renversement se produisit alors – et la mode en vînt à nier l'existence de la responsabilité contractuelle – surtout après deux articles publiés en ce sens par un auteur en 1996 puis en 1997 (Ph. Rémy, Critique du système français de responsabilité civile, *Droit et cultures* 1996, 31 ; La « responsabilité contractuelle » : histoire d'un faux concept, *RTD civ.* 1997, 323). En ce sens, L. Leturmy, La responsabilité délictuelle du contractant, *RTD civ.* 1999, 839; M. Faure-Abbad, *Le fait générateur de la responsabilité contractuelle : contribution à une théorie de l'inexécution du contrat*, LGDJ, Fac. Poitiers, 2003, préf. Ph. Rémy, qui tente d'autonomiser la responsabilité contractuelle par rapport à la responsabilité délictuelle. Ce que l'on nomme réparation « par habitude et sans trop y regarder » ne serait en réalité qu'un « mode d'exécution du contrat » par équivalent, et l'action en justice du créancier insatisfait assurerait simplement ce que l'on pourrait appeler « la réalisation contentieuse du contrat » (ouvr. préc. dir. Ph. le Tourneau).

D'importants auteurs contestent cependant cette analyse (G. Viney, La responsabilité contractuelle en question, *Études J. Ghestin,* LGDJ, 2001, 921, ou *Introduction à la responsabilité*, in *Traité de droit civil*, LGDJ, 3e éd., 2008; P. Jourdain, Réflexions sur la notion de responsabilité contractuelle, in *Les métamorphoses de la responsabilité*, 6es journ. R. Savatier, PUF, 1998, 65) ou tout au moins appellent à un moratoire pour peser les arguments avant de prendre la décision radicale de « se débarrasser » de la responsabilité contractuelle (É. Savaux, La fin de la responsabilité contractuelle ?, *RTD civ.* 1999, 1).

Les arguments contre la notion même de responsabilité contractuelle sont multiples. Ils sont notamment tirés de l'histoire, mais celle-ci est diversement interprétée. Pour Ph. Rémy (La « responsabilité contractuelle » : histoire d'un faux concept, *RTD civ.* 1997) la confusion des deux concepts serait relativement récente puisqu'elle remonterait à Planiol (dans les années 1880-1900, Planiol défend dans ses ouvrages l'« unité de la faute »), approuvé sur ce point par Esmein puis par les frères Mazeaud ; ce concept d'une responsabilité contractuelle ayant ainsi « une fonction de réparation des dommages injustement causés » s'opposerait à la doctrine du Code civil selon laquelle, à la suite des travaux de Pothier, les dommages et intérêts dus en cas d'inexécution seraient un effet des obligations contractées et rempliraient donc « une fonction d'exécution par équivalent ». Histoire nuancée par É. Savaux, qui retrouve quelques traces antérieures de la confusion : La fin de la responsabilité contractuelle ?, *RTD civ.* 1999, 1, de même que G. Viney, La responsabilité contractuelle en question, art. préc., 921, qui retrace avec citations à l'appui l'évolution des idées et des usages.

Mise à part l'obligation de payer une somme d'argent pour laquelle une condamnation à des dommages-intérêts est effectivement difficilement dissociable de l'exécution de l'obligation elle-même, il est difficile d'admettre que l'attribution de dommages-intérêts puisse être qualifiée d'exécution par équivalent du contrat. La formule est particulièrement inappropriée : le créancier à qui un vendeur a promis une maison ou que son avocat a promis de défendre serait peu convaincu si on lui expliquait que, malgré l'inexécution caractérisée de leurs débiteurs, les dommages-intérêts qu'il recevra en justice seront une exécution par équivalent de ce qu'il attendait du contrat. L'argent est certes le bien fongible par excellence, mais il ne peut apporter la même satisfaction que les obligations convenues, ce que laisse trompeusement entendre la formule « exécution par équivalent ». Cette formule ouvre par là même la porte à la fort contestable théorie de l'inexécution efficace du contrat (*efficient breach of contract*) qui nécessite, pour sa mise en œuvre, de valoriser la sanction des dommages-intérêts par rapport à la condamnation à l'exécution forcée et précisément de voir les dommages-intérêts comme un équivalent de l'exécution (v. *infra*).

Il y a en réalité une véritable « responsabilité » contractuelle du débiteur qui n'exécute pas ses obligations : celui-ci doit des dommages-intérêts car il doit *répondre* de la parole qu'il a donnée ; il doit assumer les conséquences dommageables du non-respect de sa promesse ce qui est très exactement la signification du terme « responsabilité ». Au demeurant, même les auteurs qui nient le plus radicalement l'existence d'une responsabilité contractuelle retiennent qu'il faut nécessairement un préjudice du créancier pour ouvrir droit à des dommages-intérêts (ouvr. préc. dirigé par Ph. le Tourneau, où le préjudice fait partie des « constantes » de la responsabilité civile, communes aux responsabilités délictuelle et contractuelle), ce qui prouve bien que la responsabilité contractuelle a pour fonction de réparer un dommage ; mais il n'y aurait là selon eux qu'une « pseudo-similitude », le préjudice contractuel n'étant que « la *frustration* du créancier privé de l'exécution de l'obligation convenue » ; mais si cette « frustration » n'existe que s'il y a un préjudice causé par l'inexécution, c'est que la fonction des dommages-intérêts se rapproche fort d'une réparation. En définitive, la « responsabilité » contractuelle remplit bien toutes les caractéristiques d'une véritable responsabilité, dont la cause est le manquement à une obligation (on répond de sa parole donnée) et l'effet la compensation d'un préjudice (qui correspond aux pertes résultant de l'inexécution). Une preuve accessoire peut être encore tirée du droit des assurances : on peut en effet assurer la dette de réparation résultant de l'inexécution du contrat, mais non pas directement l'exécution d'une obligation contractuelle de l'assuré telle que prévue au contrat, par exemple l'obligation de payer le prix convenu (G. Viney et P. Jourdain, *Les effets de la responsabilité*, in *Traité de droit civil*, LGDJ, 2e éd., 2001, n° 361-1) ; les deux types de dette ne sont donc pas de même nature.

Cela ne signifie pas pour autant que la controverse ait été inutile, car elle permet de mettre le doigt sur deux points qui méritent d'être précisés en droit français.

Premier point : les juristes français, contrairement aux juristes de *Common Law*, ne s'intéressent guère à la question du *quantum* de la réparation, en raison principalement du fait que celle-ci relève du pouvoir souverain d'appréciation des juges du fond, alors qu'en réalité des règles beaucoup plus précises pourraient être mises au jour (v. A. Pinna, *La mesure du préjudice contractuel*, LGDJ, « Bibl. dr. privé », 2007, préf. P.-Y. Gautier). On confond souvent, sous les termes de responsabilité contractuelle, deux notions qui doivent être radicalement distinguées : la réparation qui est due dans le cadre du contrat, c'est-à-dire lorsque celui-ci est maintenu, et celle qui accompagne l'anéantissement du contrat (not. sa résolution ou son annulation). Ce n'est que dans le premier cas que le créancier doit être placé dans la même situation que si le contrat avait été correctement exécuté (dommages-intérêts positifs). C'est en ce sens que les arguments des partisans de la suppression de l'idée de « responsabilité » contractuelle au profit de la notion d'« exécution par équivalent » contiennent une intuition intéressante : en effet, dire que le contrat est exécuté par équivalent souligne, à juste titre, d'une part que le contrat n'est pas anéanti et, d'autre part, que le créancier est mis dans une situation équivalente, dans la mesure du possible, à celle où il aurait été si le contrat avait été correctement exécuté. L'expression pèche en revanche, comme nous l'avons déjà dit, dans la mesure où ces dommages-intérêts positifs sont une compensation du préjudice subi par l'inexécution : en d'autres termes, le créancier n'étant pas satisfait (il voulait l'exécution en nature), on ne peut pas dire qu'il reçoit exécution, même par équivalent ; il s'agit bien de responsabilité.

Deuxième point : la controverse a permis de s'accorder sur le fait que le domaine de la responsabilité contractuelle avait sans doute été abusivement étendu au détriment de celui de la responsabilité délictuelle.

La Cour de cassation a jugé que « les dommages-intérêts alloués au créancier au titre de l'inexécution de l'obligation ou d'un retard dans son exécution, constituent une modalité d'exécution de l'obligation de faire ou de ne pas faire» (Soc., 4 déc. 2002, n° 00-44303). Mais on peut penser (et espérer : en ce sens P. Jourdain, *RTD civ.* 2003, 711) qu'elle n'a pas ainsi entendu prendre parti dans la controverse doctrinale, contrairement à ce que soutient un peu hâtivement un auteur (*RDC* 2003, p. 54, obs. Ph. Stoffel-Munck), qui résume en outre l'attendu principal de la Haute Juridiction dans son sommaire en y ajoutant un «par équivalent» (les dommages et intérêts sont une modalité d'exécution «par équivalent» de l'obligation) qui ne figure pas dans l'arrêt et force ainsi un peu son interprétation. En outre, compte tenu du litige, il fallait, pour que les sommes dues par l'employeur soient couvertes par l'assurance de garantie des salaires (AGS), qu'elles entrent dans la qualification légalement prévue à l'ancien article L. 143-11-1 C. trav. visant la garantie des sommes dues «en exécution du contrat de travail». On peut ainsi continuer à croire que, comme d'habitude, la Cour de cassation sait sagement ne pas prendre parti sur des controverses dont la portée est, sinon purement, du moins principalement doctrinale.

Ceci étant dit, l'autre position consistant à assimiler responsabilité contractuelle et responsabilité délictuelle ne nous semble pas complètement satisfaisante. C'est pourtant le parti qu'adopte l'avant-projet de réforme du droit des obligations et de la prescription dans sa partie consacrée à la responsabilité civile. En effet, les deux types de responsabilité sont fondamentalement différents et doivent être soumis à des règles de justice différentes (v. déjà notre introduction sur la distinction à effectuer entre les obligations volontaires et les obligations involontaires). D'un point de vue technique, on retrouve ces différences essentielles. Ainsi, le *quantum* des deux responsabilités est différent : intérêt positif pour l'inexécution contractuelle, et dommages-intérêts limités au préjudice prévisible; réparation intégrale du préjudice pour la responsabilité délictuelle. Mettant parfaitement en lumière ces différences de *quantum* entre les deux types de responsabilité, G. Rouhette, Regard sur l'avant-projet de réforme du droit des obligations, *RDC* 2007/4, 1374 et s. Dans le même sens, M. Bacache, Le dommage prévisible : exécution par équivalent du contrat ou responsabilité contractuelle?, *D.* 2011, 1725. Le fait générateur est aussi fondamentalement différent dans les deux types de responsabilité et résulte de la différence signalée sur la source de l'obligation : il est légalement défini dans la responsabilité délictuelle, tandis qu'il est volontairement délimité dans la responsabilité contractuelle. Il est donc fictif de mettre sur le même plan, comme le fait l'avant-projet Catala, la réparation des faits illicites ou anormaux et l'inexécution d'une obligation contractuelle (art. 1340 de l'avant-projet). Il est enfin regrettable de séparer les dommages-intérêts contractuels des autres sanctions de l'inexécution du contrat où elle aurait trouvé plus naturellement sa place, offrant au lecteur (et au justiciable) une vision globale des conséquences de l'inexécution. Pour d'autres critiques, Ph. le Tourneau, Brefs propos critiques sur la «responsabilité contractuelle» dans l'avant-projet de réforme du droit de la responsabilité, *D.* 2007, chron., 2180.

Sur ce débat : v. le n° spéc. *RDC* 2005/1, publiant les actes d'un colloque sur le thème «Exécution du contrat en nature ou par équivalent».

Bibliographie complémentaire : V. Wester-Ouisse, Responsabilité délictuelle et responsabilité contractuelle : fusion des régimes à l'heure internationale, *RTD civ.* 2010, 419; Ch. Larroumet, Pour la responsabilité contractuelle, *Études P. Catala*, Litec, 2001, 543; A. Desrayaud, Notes historiques. École de l'Exégèse et interprétations doctrinales de l'article 1137 du Code civil, *RTD civ.* 1993, 535; D. Nguyen Thanh-Bourgeais, Contribution à l'étude de la faute contractuelle : la faute dolosive et sa place actuelle dans la gamme des fautes, *RTD civ.* 1973, 496.

Pour quelques thèses et travaux classiques : Ch. Sainctelette, *De la responsabilité et de la garantie*, th. 1884 ; J. Grandmoulin, *De l'unité de la responsabilité ou nature délictuelle de la responsabilité pour violation des obligations contractuelles*, th. 1892 ; J. Huet, *Responsabilité contractuelle et responsabilité délictuelle. Essai de délimitation entre les deux ordres de responsabilité*, th. Paris, 1978 ; P. Esmein, L'obligation et la responsabilité contractuelle, *Études G. Ripert*, t. II, LGDJ, 1950, 101 ; M.-E. Roujou de Boubée, *Essai sur la notion de réparation*, LGDJ, « Bibl. dr. privé », 1974, préf. P. Hébraud ; G. Durry, *La distinction de la responsabilité contractuelle et de la responsabilité délictuelle*, Centre rech. Dr. privé et comp. Québec, 1986.

b) La responsabilité contractuelle du fait des choses et du fait d'autrui. — On s'est souvent demandé si, par analogie avec les catégories de la responsabilité civile délictuelle, il était possible d'envisager une responsabilité contractuelle du fait d'autrui ou du fait des choses. V. R. Rodière, Y a-t-il une responsabilité contractuelle du fait d'autrui ?, *D.* 1952, chron., 79 ; F. Leduc, La spécificité de la responsabilité contractuelle du fait des choses, *D.* 1996, chron., 164. *Adde* G. Viney et P. Jourdain, *Les conditions de la responsabilité*, in *Traité de droit civil*, LGDJ, 3e éd., 2006 ; E. Berry, *Le fait d'autrui*, th. Poitiers, 2003, qui tente de déterminer si le fait d'autrui produit les mêmes effets en matière contractuelle et délictuelle ; S. Bernheim-Desvaux, *La responsabilité contractuelle du détenteur d'une chose corporelle appartenant à autrui*, PUAM, 2003, préf. G. Viney. *Adde* G. Viney, La responsabilité contractuelle du fait d'autrui, sous Civ. 3e, 11 mai 2006, pourvoi n° 04-20426 et Com., 10 mai 2006, n° 04-19133, *RDC* 2006/4, 1214.

c) L'obligation de modérer son dommage. — S. Reifegerste, *Pour une obligation de minimiser le dommage*, PUAM, 2002, préf. H. Muir Watt ; Y.-M. Laithier, *Étude comparative des sanctions de l'inexécution du contrat*, LGDJ, « Bibl. dr. privé », 2004, préf. H. Muir Watt ; *Faut-il moraliser le droit français du dommage ?, LPA* n° spéc. 20 nov. 2002, n° 232.

Comme en matière délictuelle, la question se pose de savoir si le créancier a l'obligation de minimiser son dommage. Cette obligation est connue de nombreux droits étrangers, et not. des systèmes de *Common Law* sous le nom de *duty to mitigate* (M. E. Goldsmith, La « mitigation of damages » en droit anglais, *RD aff. int.* 1987, 347 ; pour le droit américain, § 350 du *Restatement of Contract-Second*, qui traite de « *Avoidability as a limitation on damages* »). D'autres droits l'ont officiellement introduit. V. § 254 (2) BGB (sur la faute conjointe), qui énonce qu'en principe la faute de la victime peut conduire à réduire la réparation due et ajoute (2) que « Cela vaut également lorsque la faute de la victime a seulement été de s'abstenir d'informer le débiteur de l'existence du risque d'un dommage d'une importance inhabituelle, que le débiteur ne connaissait ni ne devait connaître, ou bien *de s'abstenir* d'empêcher la réalisation du dommage ou *de limiter son étendue* » (« *Dies gilt auch dann, wenn sich das Verschulden des Beschädigten darauf beschränkt, dass er unterlassen hat, den Schuldner auf die Gefahr eines ungewöhnlich hohen Schadens aufmerksam zu machen, die der Schuldner weder kannte noch kennen musste, oder dass er unterlassen hat, den Schaden abzuwenden oder zu mindern* »). *Adde* art. 1227 [2] Code civil italien : la réparation n'est pas due pour les dommages que le créancier aurait pu éviter s'il avait usé d'une diligence normale (« *Il risarcimento non è dovuto per i danni che il creditore avrebbe potuto evitare usando l'ordinaria diligenza* »), ou encore l'article 6 :101 du Code civil néerlandais ou les articles 44 et 99 du Code des obligations suisse. Tant les principes Unidroit (art. 7.4.8) que les PECL (art. 9 :505) y renvoient. Elle existe même officiellement en droit français depuis l'entrée en vigueur le 1er janvier 1988 de la Convention de Vienne sur la vente internationale de marchandise, dont l'article 77 dispose que «la partie qui invoque la contravention au contrat doit prendre toutes mesures raisonnables, eu égard aux circonstances, pour limiter la perte, y compris le gain manqué, résultant de la convention» et que «la partie en défaut peut demander une réduction des dommages-intérêts égale au montant de la perte qui aurait pu être évitée» (Cl. Witz, L'obligation de minimiser son propre dommage dans les conventions internationales : l'exemple de la Convention de Vienne sur la vente internationale, in *Faut-il moraliser le droit français du dommage?*, préc. 50).

La doctrine rattache en général cette idée à l'obligation de bonne foi ou de loyauté (v. déjà R. Demogue, *Traité des obligations en général*, II : *Effets des obligations*, t. VI, Paris, Arthur Rousseau, 1931, n°s 12 et s., pour qui le devoir de collaboration incluait l'obligation de modérer le dommage; *adde* Y. Picod, *L'exigence de bonne foi dans l'exécution du contrat*, LGDJ, 1989, préf. G. Couturier, n° 13), mais aussi à la faute de la victime (C. André, sous Douai, 15 mars 2001, *D.* 2002, *Cah. aff.*, 307). La sanction est en principe une réduction des dommages-intérêts auxquels a droit le créancier. B. Hanotiau, Régime juridique et portée de l'obligation de modérer le dommage dans les ordres juridiques nationaux et le droit du commerce international, *RD aff. int.* 1987, 393; J. Ortscheidt, *La réparation du dommage dans l'arbitrage commercial international*, th. Dalloz, 2001, 101 et s.

La jurisprudence n'a pas admis un tel principe. La Cour de cassation a même, en matière délictuelle, expressément refusé de faire peser une telle obligation sur la victime. Si plusieurs projets de réforme semblent vouloir admettre cette règle en matière contractuelle, la Cour de cassation demeure réticente : Civ. 3e, 19 mai 2009, n° 08-16002, obs. Y.-M. Laithier, *RDC* 2010/1, 52, qui explique les avantages de cette obligation. Quelques décisions semblent d'ores et déjà inspirées par ces idées : ainsi, le créancier est tenu de procéder à un remplacement dès qu'il apparaît que l'inexécution est certaine, et avant que le coût de remplacement ne devienne excessif (P. Grosser, *Les remèdes à l'inexécution du contrat : essai de classification*, th. Paris I, 2000, n°s 743 et s.); Douai, 15 mars 2001, *RTD civ.* 2002, 296, obs. J. Mestre et B. Fages; *CCC* 2001, n° 125, obs. Ph. Malaurie; *D.* 2002, *Cah. aff.*, 307, note C. André. Plusieurs règles du droit français permettent d'aboutir à la même solution : par ex. l'art. 1151 C. civ. et, surtout, la possibilité d'exonération partielle du débiteur en cas de faute du créancier (G. Viney, obs. sous Civ. 2e, 19 juin 2003, *JCP G* 2004, I, 101, p. 20).

On a pu parler d'une ouverture avec Civ. 2e, 24 nov. 2011, n° 10-25635; v. H. Adida-Canac, «Mitigation of damage» : une porte entrouverte?, *D.* 2012, 141. Au visa de l'article 1147 du code civil, la Cour de cassation censure la Cour d'appel qui, pour rejeter la demande de M. X... en indemnisation du préjudice matériel résultant de la privation de jouissance de son véhicule, avait énoncé que ce dernier n'établissait pas que le refus de la MAIF de l'assurer l'ait empêché d'utiliser sa voiture en s'adressant à un autre assureur; pour la Cour de cassation, «en statuant ainsi, sans caractériser la faute de l'assuré ayant causé l'aggravation de son préjudice matériel, la cour d'appel a violé le texte susvisé». Il est difficile cependant de voir là une évolution : il est toujours simplement redit, en creu, que la faute du créancier pourrait lui être opposée si elle avait contribué à l'aggravation de son préjudice, ce qui n'est pas le cas ici. La solution nous semble équilibrée car on ne voit pas qu'on puisse reprocher à la victime (au créancier) un comportement qui ne serait pas fautif. On pourrait certes admettre que constitue une faute le fait de laisser accroître son préjudice alors qu'on avait facilement les moyens de le limiter.

d) Résolution et résiliation unilatérale du contrat. — Il manque une étude des relations entre la résiliation unilatérale du contrat et la résolution pour inexécution. Certains s'étonnent que la Cour de cassation ait semblé récemment admettre que la résolution pour inexécution pouvait se faire de façon unilatérale (Civ. 1re, 13 oct. 1998, *D.* 1999, 197, note Ch. Jamin), mais la Haute Juridiction ayant précisé dans cet arrêt qu'il s'agissait pour l'un des contractants de « mettre fin » de façon unilatérale au contrat, c'est-à-dire sans rétroactivité, la solution se comprend : pourquoi en effet un contractant pourrait-il, dans un contrat à durée indéterminée, mettre fin unilatéralement au contrat lorsqu'il ne donne pas de motif, mais devrait passer par le juge dès lors qu'il motive la rupture, qu'il limite à l'avenir, par l'inexécution de ses obligations par son cocontractant ? Un peu dans le même esprit, dans l'affaire du Canal de Craponne, au lieu de demander la révision du prix pour imprévision, les successeurs d'Adam de Craponne auraient dû plutôt demander la résiliation unilatérale de leur contrat ; certes le contrat d'entretien était à durée perpétuelle et non pas exactement à durée indéterminée, puisqu'on lit dans l'arrêt que le sieur Adam de Craponne s'était obligé d'« entretenir perpétuellement et à ses frais le canal » ; mais il est vrai qu'alors le sieur Craponne aurait dû en demander l'annulation, ce qui l'aurait contraint à des restitutions pour le moins hasardeuses. V. T. Genicon, *La résolution du contrat pour inexécution*, LGDJ, « Bibl. dr. privé », 2007, préf. L. Leveneur.

e) Résiliation unilatérale et force obligatoire du contrat. — On ne fait pas souvent le lien entre force obligatoire du contrat et droit de rupture unilatérale. V. cependant J. Flour, J.-L. Aubert et É. Savaux, *Les obligations*, 1. *L'acte juridique*, Armand Colin, « U », 12e éd., 2006, qui lient les deux notions ; P. Ancel, Force obligatoire et contenu obligationnel du contrat, *RTD civ.* 1999, 771, qui évoque cette question p. 789, mais pour conclure que cette faculté ne porte pas atteinte au principe de la force obligatoire du contrat dans la mesure où elle n'est pas rétroactive et où la partie qui l'exerce ne pourra pas faire comme si le contrat n'avait pas antérieurement existé. Pour une opinion radicalement contraire, B. Houin, *La rupture unilatérale des contrats synallagmatiques*, th. Paris II, 1973, 691, selon laquelle « la rupture unilatérale fait donc directement échec au principe de la force obligatoire des contrats ». La réalité se trouve probablement entre les deux. Le droit de résiliation unilatérale porterait atteinte à la force obligatoire du contrat s'il pouvait être exercé à peine le contrat conclu, et avant que l'autre partie n'ait pu profiter un minimum du contrat, c'est-à-dire par ex. avant que celui-ci n'ait reçu un début d'exécution. Or si les tribunaux ont fini par reconnaître dans la plupart des cas que l'auteur de la rupture unilatérale devait respecter un délai de préavis, la question ne semble jamais s'être posée du délai minimum après la conclusion du contrat avant de pouvoir en sortir unilatéralement. Au contraire, la plupart des auteurs énoncent que, dans les contrats à durée indéterminée, la résiliation unilatérale peut se faire à tout moment (sous la seule réserve du respect d'un délai de prévis), ce qui ne peut être entièrement vrai et serait de toute évidence à nuancer. Pour une étude de la question, A. Siri, *La résiliation unilatérale du contrat. Regards sur la force obligatoire du contrat à l'épreuve de la résiliation unilatérale*, Mémoire DEA droit privé, Aix-Marseille, 2003, qui conclut que les limitations des conditions de mise en œuvre de la résiliation unilatérale font que son exercice « constitue une atteinte supportable au principe de la force obligatoire du contrat », et ce à travers les mécanismes de l'abus de droit et de la bonne foi.

f) La suspension du contrat. — J.-F. Aktz, La suspension du contrat à exécution successive, *D.* 1979, chron., 95 ; P.-H. Antonmattéi, *Contribution à l'étude de la force majeure*, LGDJ, « Bibl. dr. privé », 1992, préf. B. Teyssié, n°s 290 et s. Le contrat est suspendu lorsque, pour une raison temporaire, il ne peut plus être exécuté. Il faut supposer que l'exécution du contrat a encore un intérêt pour le créancier après la suspension et aussi que la partie qui en demande le bénéfice n'est pas fautive. La suspension du contrat est un mécanisme classique en droit du travail, par ex. en cas de grossesse de la salariée (art. L. 1225-24 : « Le congé de maternité entraîne la suspension du contrat de travail »), de maladie ou encore de grève (art. L. 251-1 : « L'exercice du droit de grève ne peut justifier la rupture du contrat de travail, sauf faute lourde imputable au salarié »). J.-M. Béraud, *La suspension du contrat de travail*, th. Lyon, 1980. Le droit civil connaît aussi ce mécanisme : c'est bien ce qui se passe avec l'exception d'inexécution : Com., 1er déc. 1992, n° 91-10930, « dès lors, que l'exception d'inexécution, fût-elle fondée, permettait à la société Spenle non pas de rompre le contrat conclu avec la société Donnay mais seulement d'en suspendre l'exécution en distribuant provisoirement en Belgique, par elle-même ou par un tiers, les produits concédés, la cour d'appel a légalement justifié sa décision ». Les PECL reprennent cette notion puisque l'article 8 :108 (2) dispose que « lorsque l'empêchement n'est que temporaire, l'exonération prévue par le présent article produit son effet pendant la durée de l'empêchement. Cependant, si le retard équivaut à une inexécution essentielle, le créancier peut le traiter comme tel ».

PRATIQUE JUDICIAIRE

a) La présomption de dommage. — La jurisprudence présume parfois l'existence du préjudice en matière contractuelle. Ainsi, en matière de concurrence déloyale, la Cour de cassation énonce que la victime d'un tel comportement n'a pas à faire la preuve de détournement effectif de clientèle ni même de baisse de son chiffre d'affaires, car « un trouble commercial s'infère nécessairement d'un acte de concurrence déloyale » (Com., 9 oct. 2001, *RTD civ.* 2002, 304, obs. P. Jourdain), ou encore qu'en retenant qu'une société « avait procédé à une publicité comparative illicite constitutive de concurrence déloyale et ainsi causé un trouble commercial à sa concurrente, la cour d'appel, a, à bon droit, décidé qu'un préjudice s'infère nécessairement du seul dénigrement commis, générateur d'un trouble commercial, et a souverainement apprécié le montant des dommages-intérêts » (Com., 14 juin 2000, n° 98-10689). Il s'agit d'une présomption simple, et si le défendeur démontre qu'il n'y a pas de préjudice, par ex. parce la société prétendument victime était en réalité en sommeil depuis plusieurs années au moment des faits litigieux, et qu'elle avait même saisi la juridiction compétente d'une requête en cessation d'activité, la demande de dommages-intérêts ne peut aboutir (Com., 25 févr. 1992, n° 90-14329).

La solution s'explique par la difficulté de démontrer un préjudice car celui-ci est souvent diffus, et il n'est donc pas excessif de le présumer. La solution fait également penser à la fonction de peine privée du droit de la responsabilité civile. Comme Starck l'avait expliqué, lorsque les dommages sont purement économiques ou moraux, ce qui est typiquement le cas en présence d'actes de concurrence déloyale, la responsabilité civile joue son rôle de peine privée et c'est pourquoi elle ne saurait être admise sans démonstration d'une faute du responsable. On peut alors comprendre que des dommages-intérêts soient prononcés indépendamment même de l'étendue exacte du préjudice, ce qui est le propre des dommages-intérêts punitifs. C'est ainsi qu'en droit anglais, si les *specific damages* supposent la démonstration précise du préjudice, des *general damages* sont accordés par principe lorsque certains faits illicites sont démontrés (diffamation par ex.), sans qu'il soit nécessaire pour les obtenir de faire la preuve exacte de l'étendue de son préjudice : B. S. Markesinis et S. F. Deakin, *Tort Law*, Oxford, Clarendon press, 6e éd., 2007.

Ce type de raisonnement n'est pas limité à la concurrence déloyale. On le retrouve couramment en droit du travail, où la Cour de cassation retient souvent que la faute de l'employeur « a causé nécessairement un préjudice au salarié ». C'est ainsi que « le respect par un salarié d'une clause de non-concurrence illicite lui cause nécessairement un préjudice dont il appartient au juge d'apprécier l'étendue » : Soc., 21 févr. 2008, n° 07-40520 ; Soc., 11 janv. 2006, *JCP G* 2006, n° 39, 131, et E, n° 1417, obs. P. Grosser ; *RTD civ.* 2006, 311, obs. J. Mestre et B. Fages. *Adde* Soc., 27 mars 2001, n° 98-46119, pour le non-respect d'une disposition d'une convention collective prévoyant que l'embauchage définitif d'un salarié devrait être confirmé par écrit « causant ainsi nécessairement un préjudice au salarié » ; Soc., 5 mars 2002, n° 00-41453, pour le non-respect par l'employeur du jour franc prévu par l'article L. 122-14-1, al. 2 du Code du travail, dont il résultait que « le salarié subissait nécessairement un préjudice » ; Soc., 27 juin 2001, n° 99-42216, où, s'agissant de la rupture anticipée d'un contrat à durée déterminée pour faute grave, « l'inobservation des règles de forme cause nécessairement au salarié un préjudice » ; Soc., 18 juil. 2000, n° 98-42542 : « constitue une violation du statut protecteur entraînant nécessairement un préjudice pour l'intéressé le fait par l'employeur de ne pas rétablir dans ses fonctions le salarié mis à pied à titre conservatoire et dont l'autorisation de licenciement a été refusée ». M. Grévy, *La sanction civile en droit du travail*, LGDJ, « Bibl. dr. soc. », 2002, préf. G. Borenfreund, et *Dr. soc.* 2001, 598 ; Ch. Radé, *Droit du travail et responsabilité civile*, LGDJ, « Bibl. dr. privé », 1997, préf. J. Hauser.

b) Le domaine de la résolution judiciaire du contrat. — Après avoir, dans les célèbres arrêts *Perrier* (Ch. mixte, 21 juin 1974, *D.* 1974, 593, concl. A. Touffait ; H. Sinay, Un tournant du droit du travail : les arrêts Perrier, *D.* 1974, chron., 237), exclu la résolution judiciaire du contrat de travail des salariés protégés, la Ch. soc. de la Cour de cassation a prohibé de façon générale ce mode de rupture en droit du travail. Dans un arrêt du 13 mars 2001, *Mulin c/ Sté MFI Créations* (n° 98-46411), elle énonce ainsi, en visant notamment l'article 1134 C. civ., que « l'employeur, qui dispose du droit de résilier unilatéralement un contrat de travail à durée indéterminée par la voie du licenciement, en respectant les garanties légales, n'est pas recevable, hors les cas où la loi en dispose autrement, à demander la résiliation judiciaire dudit contrat » (Ch. Radé, Feu la résolution judiciaire du contrat de travail, *Dr. soc.* 2001, 624). Soc., 22 mars 2006, n° 03-47478.

c) La définition des clauses pénales. — Tant les clauses pénales *stricto sensu* que les clauses d'évaluation forfaitaire de l'article 1152 C. civ., présentent le point commun d'être des sommes dues en cas d'inexécution par le débiteur de l'une de ses obligations. Ainsi, selon la Cour de cassation, « constitue une clause pénale la clause d'un contrat par laquelle les parties évaluent forfaitairement et d'avance l'indemnité à laquelle donnera lieu l'inexécution de l'obligation contractée » (Civ. 1re, 10 oct. 1995, n° 93-16869) ; elle doit donc avoir « pour objet de faire assurer par l'une des parties, l'exécution de son obligation » (Civ. 1re, 21 févr. 1995, n° 92-18988). Quant à l'article 1152 du Code civil, il expressément le cas où « la convention porte que celui qui manquera de l'exécuter payera une certaine somme à titre de dommages-intérêts ».

L'application de cette directive semble connaître quelques écarts du côté de la Chambre sociale de la Cour de cassation. Celle-ci considère ainsi que l'indemnité conventionnelle de licenciement revêt le caractère d'une clause pénale que le juge a le pouvoir de réviser, mais il n'est pas certain que la solution soit pleinement convaincante. Soc., 27 févr. 1986, n° 84-41794. Une indemnité de licenciement avait été contractuellement stipulée en sus de celle prévue par la convention collective en vigueur. La cour d'appel avait refusé de la réduire au motif qu'une indemnité de licenciement ne peut s'analyser en clause pénale dès lors que son fondement repose sur un acte de l'employeur, à savoir le licenciement, qui n'est pas dans sa nature une faute de sa part. La Ch. soc. casse et annule la décision : « Attendu, cependant, que l'indemnité contractuellement prévue à la charge de l'employeur qui met fin au contrat de travail, constituant la réparation forfaitaire d'un préjudice résultant de la cessation de l'exécution du contrat peut être modérée ou augmentée en application du texte susvisé » (l'art. 1152 C. civ.). La solution est constante (Soc., 17 mars 1998, n° 95-43411 : « L'indemnité de licenciement, lorsqu'elle est prévue par le contrat de travail a le caractère d'une clause pénale et peut être réduite par le juge si elle présente un caractère manifestement excessif »). On ne pourrait cependant dire que l'employeur a l'obligation de ne pas licencier ses salariés même si on peut admettre, à la rigueur, que pèse sur l'employeur l'obligation de ne pas licencier ses salariés sans cause réelle et sérieuse.

d) Faute contractuelle et faute pénale. — Par application de l'article 470-1 CPP, la juridiction répressive peut, après relaxe d'un prévenu du chef de blessures involontaires, retenir à la charge de ce prévenu une faute contractuelle en relation de cause à effet avec le dommage consécutif auxdites blessures. Sur cette possibilité de retenir la faute contractuelle malgré la relaxe au pénal, P. Jourdain, *RTD civ.* 2001, 379. *Adde* Crim., 3 mars 1993, n° 92-83293 ; Crim., 20 mars 1996, n° 95-81168 ; Crim., 28 sept. 1999, n° 97-82353.

COMMON LAW

a) Le montant des dommages-intérêts. — L'article américain le plus célèbre et le plus commenté du droit des contrats est sans aucun doute celui de Lon L. Fuller et William R. Perdue, The reliance interest in contract damages, 46 *Yale Law Journal*, 52, 1936, qui concerne la question du *quantum* des dommages-intérêts dus lorsqu'il y a inexécution du contrat (*breach of contract*). Il faut savoir qu'aux États-Unis, l'exécution forcée existe (*specific performance*), mais que cette sanction est encore conçue comme étant marginale, accessoire par rapport à la condamnation à des dommages-intérêts, et ce malgré quelques tentatives doctrinales pour lui donner quelque vigueur. Dans leur article, MM. Fuller et

Perdue (qui était son étudiant) soutiennent que l'on ne peut déterminer le montant adéquat de dommages-intérêts dus au créancier si on n'essaie pas de comprendre la fonction qu'ils remplissent. Or on peut selon eux identifier trois buts ou intérêts essentiels : les expectatives, c'est-à-dire les attentes (*the expectation interest*), la restitution (*the restitution interest*), et enfin, le dernier terme étant sans doute intraduisible, la *reliance* (*the reliance interest*), c'est-à-dire approximativement, comme on l'a déjà vu, la prise en considération de ce que le créancier a fait sur la foi de la promesse. En cas d'inexécution du contrat, le créancier a droit, de façon alternative et non pas cumulative, à ces trois types de dommages-intérêts : les *expectation damages*; les *reliance damages*; ou enfin les *restitutions.*

Le montant le plus large de dommages-intérêts correspond aux *expectancy damages*, qui correspondent aux attentes qu'avait le créancier par rapport à l'exécution du contrat, et donc à la somme nécessaire pour mettre ce dernier dans la situation où il aurait été si le contrat avait été correctement exécuté (ce sont en fait les dommages-intérêts positifs). Mais contrairement au droit français, le droit anglo-américain admet de prononcer la résolution du contrat pour inexécution (*rescission for breach*) tout en accordant au créancier le bénéfice qu'il pouvait attendre de l'exécution du contrat (*the expectation interest* ou, selon la terminologie de certains, *the performance interest*) : l'exécution forcée n'est pas autorisée, mais on admet l'allocation des dommages-intérêts positifs. Ceux-ci sont en revanche impossibles lorsque le contrat est annulé pour vice dans sa formation, car là le contrat est totalement nul, inexistant; il n'y a lieu qu'à des restitutions ou au *reliance interest*; certains tribunaux américains ont cependant accordé des *expectation damages* en cas de fraude, mais sans doute à titre punitif (certains auteurs ajoutent que cette possibilité serait également offerte en cas de *negligent misrepresentation* : Prosser, *Torts*, 1984, p. 768, n. 33). Le droit anglais semble quant à lui admettre sans difficulté le cumul de l'anéantissement du contrat et des dommages-intérêts positifs : S. Whittaker, La résiliation suite à une inexécution contractuelle et ses conséquences : retour sur le droit français à la lumière de l'avant-projet de réforme, *in* J. Cartwright, S. Vogenauer et S. Whittaker (dir.), *Regards comparatistes sur l'avant-projet de réforme du droit des obligations et de la prescription*, SLC, 2010, 211.

Le montant le plus faible serait les *restitution damages*, consistant uniquement à permettre au créancier d'obtenir la restitution de tout ce qu'il aurait déjà versé au débiteur pour l'exécution de ses propres obligations. L'idée qui gouverne ces dommages-intérêts est que le débiteur qui n'exécute pas ne s'enrichisse pas injustement aux dépens du créancier ayant pour sa part exécuté, au moins partiellement. Les Américains, qui ne distinguent pas vraiment selon que le contrat disparaît ou non, étudient ainsi la restitution dans le cas général des dommages-intérêts dus pour inexécution du contrat. En droit français en revanche, la condamnation aux restitutions réciproques n'est envisagée que lorsque le contrat disparaît rétroactivement, soit qu'il soit annulé, soit qu'il soit résolu, et ces restitutions ne sont alors pas à proprement parler des dommages-intérêts, mais les conséquences immédiates de la remise en l'état, du retour au *statu quo ante.* En droit américain, l'une des questions les plus controversées concerne les restitutions dues en cas d'inexécution lorsque la réalisation du contrat aurait été déficitaire (quand le contrat était *a losing contract*, un contrat «perdant»); D s'engage à effectuer un travail pour C pour un prix de 1000; après avoir effectué la moitié du travail, D rompt le contrat et C en obtient la résolution; mais il apparaît que l'exécution partielle déjà accomplie par D vaut en réalité 3000; est-ce que D peut obtenir restitution pour une valeur supérieure au prix total prévu par le contrat? Certaines décisions américaines l'ont admis.

Les *reliance damages* correspondent à une somme intermédiaire. Ils ont pour objectif de remettre le créancier dans la situation dans laquelle il était juste avant que les parties ne contractent, c'est-à-dire de l'indemniser pour toutes les pertes qu'il a subies et toutes les sommes dépensées en raison de sa croyance que le contrat serait exécuté. En raison de l'inexécution du contrat, le créancier est dans une situation moins bonne que si le contrat n'avait pas été conclu et doit donc être indemnisé de la différence entre ces deux situations. Il a droit par exemple à l'indemnisation des sommes dépensées par lui pour apprécier l'opportunité du contrat conclu (par ex. des frais d'expertise sur un bien acheté, ou sur le titre de propriété de ce bien), ou même à l'indemnisation des coûts d'opportunité, c'est-à-dire des occasions manquées par lui du fait qu'il se sentait pour sa part lié par les obligations qu'il avait contractées. La notion est donc proche des dommages-intérêts négatifs, correspondant à ce qui est nécessaire pour remettre le créancier dans la situation où il aurait été si le contrat n'avait pas été conclu. En droit français, cela signifierait que le contrat est rétroactivement anéanti, soit par son annulation (vice de formation), soit par sa résolution (inexécution), mais pas nécessairement en droit anglais ou américain. Ces *reliance damages* ne peuvent jamais être supérieurs aux *expectation damages*, et si l'exécution du contrat avait été en réalité à perte (par ex. un film qui n'aurait fait que très peu d'entrées), le créancier ne peut obtenir plus que ces profits (même si les dépenses faites, donc les *reliance damages*, sont supérieures).

En droit américain, où à nouveau on ne distingue pas vraiment selon que l'on anéantit où non le contrat, le type et le montant des dommages-intérêts accordés dépendent des situations. Dans leur célèbre article de 1936, Lon L. Fuller et William R. Perdue reconnaissent que le montant «normal» de dommages-intérêts est celui fondé sur les *expectation interests*, mais essaient de mettre en lumière tout à la fois le rôle actuel des *reliance interests* (qui, bien que les juges ne le disent pas officiellement, sert souvent en réalité de mesure aux dommages-intérêts accordés en fonction des *expectations*) et aussi leur rôle possible dans un grand nombre d'hypothèses, où ils constitueraient une indemnisation plus complète pour le créancier.

Pour des critiques de cet article, Michael B. Kelly, The Phantom Reliance Interest in Contract Damages, *Wis. L. Rev.* 1755 (1992) : en soutenant que les juges, lorsqu'ils utilisent les *expectation interests*, veulent en réalité protéger le *reliance interest*, Fuller et Perdue auraient fait de ce dernier un «fantôme», opérant de façon invisible, et qui détermine le montant de dommages-intérêts accordé (« *Yet by divorcing purpose from practice, Fuller and Perdue created the reliance interest as a phantom* »); en réalité, les *reliance interests* ne joueraient qu'un rôle tout à fait mineur dans la pratique des tribunaux; enfin il y aurait dans le célèbre article non pas une mais trois conceptions différentes de la *reliance*, ce qui en compliquerait l'application. Craswell, Against Fuller and Perdue, 67 *U. Chi. L. Rev.*, 99, 2000, où l'on voit qu'il a tout de même fallu attendre près de soixante ans pour que l'on ose vraiment remettre en cause les analyses mythiques de Fuller et Perdue... V. égal. la revue juridique créée sur Internet par James Gordley et Robert Cooter et intitulée : *Theoretical Issues in Law*, dont le premier numéro fut entièrement consacré à l'article de Fuller et Perdue.

Adde D. Friedmann, The Performance Interest in Contract Damages, 111 *Law Q. Rev.*, 628, 1995, la formulation de *performance interest* remplace celle moins claire d'*expectation interest* et montre que ce qui est accordé correspond à ce qui aurait été retiré de l'exécution (*performance*) du contrat.

Pour un arrêt de la Chambre des lords ayant condamné à la restitution des profits tirés de la violation du contrat, *Attorney General v. Blake* (2001), commenté par B. Fauvarque-Cosson, *RDC* 2005/2, 479.

b) La théorie de l'inexécution efficace du contrat (efficient breach of contract). — Un débat important soulevé par l'analyse économique du droit des contrats consiste à savoir dans quelle mesure les règles concernant l'inexécution des contrats, c'est-à-dire les sanctions prévues par la loi, doivent inciter les contractants à exécuter correctement leurs obligations. De nombreux auteurs en doutent fortement et développent la théorie dite de l'inexécution efficace du contrat (*efficient breach of contract*) qui a pour principal objectif de justifier l'inexécution du contrat par l'une des parties. Cette thèse a été proposée pour la première fois par R. A. Posner, mais a été largement reprise depuis lors. L'idée générale est la suivante : au moment de la conclusion d'un contrat, chaque contractant étant rationnel accorde plus de valeur (ou au moins autant) à la prestation reçue qu'à la prestation fournie; le contrat est donc par nature «efficace»; mais il peut arriver qu'au moment de l'exécution du contrat, une partie trouve un meilleur moyen de placer ses ressources; si le profit qu'elle peut obtenir de la rupture du contrat est supérieur au profit attendu par l'autre partie de l'exécution du contrat, et si les dommages-intérêts dus à cette dernière sont limités à la perte de ce profit attendu, il y aura une incitation à rompre le contrat. Richard Posner et de façon générale les membres de la *Chicago Law School* jugent un tel résultat économiquement efficace et souhaitent qu'il soit encouragé par la loi. Selon Posner, la *Common Law* classique se conformerait d'ailleurs à cette thèse de l'inexécution efficace puisqu'elle refuse l'exécution forcée des contrats et n'admet, en cas d'inexécution, que des dommages-intérêts judiciaires correspondant au préjudice prévisible ou à des clauses qui les fixent à l'avance.

Illustrons cette théorie. Supposons que A ait conclu un contrat avec B pour la vente d'une quantité de marchandises; si au moment de l'exécution du contrat se présente un tiers C pour lequel l'utilité de ces marchandises est nettement supérieure à celle que leur reconnaît B, il serait préférable, pour l'utilité générale (la somme des utilités individuelles), que A n'exécute pas le contrat le liant à B et qu'il conclue le contrat avec C; en effet, C ayant accepté de payer un prix supérieur à celui convenu avec B, A pourra retirer un bénéfice de l'opération malgré son obligation d'indemniser B du dommage subi par ce dernier du fait de l'inexécution du contrat. Posner donne un autre exemple pour illustrer sa théorie (*Economic Analysis of Law*, Wolters Kluwer, Aspen Casebook Series, 8e éd., 2010) : supposons, dit-il, que je signe un engagement de fournir à A 100 000 pièces fabriquées sur commande à 10 $ l'une pour son usine; après en avoir livré 10 000, B vient vers moi et m'explique qu'il recherche désespérément 25 000 pièces immédiatement car sinon il sera obligé de fermer sa fabrique de pianos à un grand coût et m'offre 15 $ pour chacune des 25 000 pièces; je lui vends ces pièces et en conséquence, ne peux pas délivrer à temps à A, lui faisant perdre ainsi 1 000 $ de profit; ayant obtenu un profit additionnel de 1 250 $ sur la vente à B, je suis en meilleure position, même après avoir remboursé A pour sa perte, et B n'est pas dans une situation pire; la rupture est alors préférable selon un critère de Pareto, supposant que A reçoit une compensation intégrale et que personne d'autre ne subit de dommage du fait de la rupture; certes on pourrait imaginer aussi que A exécute son contrat et livre la marchandise à B lequel se chargera de la revendre à C, mais cette solution sera plus coûteuse en raison d'une étape supplémentaire et donc de coûts de transaction plus élevés.

En définitive, l'inexécution est efficace lorsqu'elle permet un bénéfice global pour les contractants. Une comparaison des prix permet de déterminer les conditions de l'inexécution efficace ; supposons que A ait conclu un contrat de vente de marchandises avec B pour un prix PB. Avant l'exécution du contrat, un tiers, C, propose le prix PC pour ces marchandises ; soit DI le montant des dommages-intérêts que A devra payer à B en cas d'inexécution du contrat. L'inexécution sera efficace pour A si et seulement si : PC – DI > PB. M. Posner souhaite alors que la loi évalue les dommages-intérêts à un montant égal à la perte subie par le premier acquéreur afin de ne pas entraver les inexécutions efficaces. En résumé, on ne devrait plus jamais blâmer un contractant qui n'exécute pas ses obligations. V. R. Posner, *Let us never blame a contract breaker*, 107 Mich. L. Rev. 2008-2009, p. 1349.

La théorie de l'inexécution efficace est devenue la règle en droit américain. Selon une fameuse phrase du juge Holmes, « en droit de Common Law, le devoir de respecter un contrat signifie que vous devez prévoir de payer des dommages-intérêts si vous ne le faites pas, et rien de plus » (« *the duty to keep a contract at common law means a prediction that you must pay damages if you do not keep it, and nothing else* ») : Oliver Wendell Holmes, The path of the law, 10 *Harv. L. Rev.*, 457, 1897. Les partisans de la théorie de l'inexécution efficace du contrat soutiennent que la seule sanction de l'inexécution contractuelle doit être l'attribution de dommages-intérêts ; en effet, l'exécution forcée empêche par définition même le débiteur défaillant d'aller contracter ailleurs : R. A. Posner, *Economic Analysis of Law* précité. Mais d'autres auteurs défendent alors au contraire l'exécution en nature (*specific performance*) : par ex. A. Schwartz, The case for specific performance, *Yale L. J.*, 271, 1979.

Cette théorie de l'*efficient breach* a été critiquée par plusieurs auteurs : D. Friedmann, The efficient breach fallacy, 18 *J. Legal Stud.*, 1, 1989 ; Ian R. Macneil, Efficient breach of contract : Circles in the sky, 68 *Va. L. Rev.*, 947, 1982 ; D. R. Harris et C. G. Veljanovski, The use of economics to elucidate legal concepts : The law of contract, in *Contract and Organisation, Legal Analysis in the Light of Economic and Social Theory*, dir. T. Daintith et G. Teubner, EUI, Walter de Gruyter, 1986, n° 5, 113 ; A.-I. Ogus, rapport anglais sur *Les remèdes*, in *Le contrat aujourd'hui : comparaisons franco-anglaises*, dir. D. Tallon et D. Harris, LGDJ, « Bibl. dr. privé », t. 196, 1987, n° 96, 311.

La théorie de l'inexécution efficace peut en effet recevoir maintes critiques.

En premier lieu, lorsque l'on s'interroge sur l'efficacité de l'inexécution du contrat, l'utilité du débiteur est mesurée au jour de l'exécution du contrat. Dès lors, l'utilité de son cocontractant devrait également être mesurée à cette même date et non pas, comme cela est fait le plus souvent, à la date de la conclusion du contrat. En effet, au jour de l'exécution du contrat, l'utilité attendue par le créancier de la prestation du débiteur a peut-être également augmenté. La question de savoir si le profit escompté par le débiteur de l'inexécution du contrat suffit à compenser la perte que va subir le créancier du fait de cette inexécution devrait donc tenir compte de l'utilité éventuellement accrue de la prestation pour ce dernier depuis la signature du contrat. L'équation présentée plus haut se transforme donc. L'inexécution du contrat est efficace si et seulement si : (PC – DI) > (PB + *d*UB), où *d*UB représente la variation de l'utilité pour B de la prestation de A entre le jour de la conclusion et le jour de l'exécution du contrat, *d*UB pouvant donc être positive ou négative. En outre, par souci d'égalité, le créancier devrait aussi pouvoir décider de ne pas exécuter le contrat.

En second lieu, la théorie de l'inexécution efficace ne prend pas en compte les effets externes de l'inexécution du contrat sur une tierce personne envers laquelle le débiteur n'est pas tenu à des dommages-intérêts. Dès lors, compte tenu de ces effets externes, il se pourrait que l'inexécution ne soit plus efficace.

En troisième lieu, la théorie de l'inexécution efficace, comme d'ailleurs l'analyse économique en général, ignore tous les coûts qui ne sont pas évaluables en argent et qui pourtant ont un prix dans la vie sociale : les coûts psychologiques, la perte de réputation de nature à entraîner des difficultés à trouver dans l'avenir de nouveaux partenaires, la perte de confiance, etc. Sa généralisation conduirait à un délitement des liens sociaux, dans la mesure où il est recommandé à chacun de ne plus se préoccuper que de son profit personnel et de ne plus avoir de vergogne ni de scrupules à violer ses engagements. Le respect de la parole donnée n'est pourtant pas qu'une considération morale dont on pourrait se débarrasser sans conséquences, mais une condition anthropologique de toute vie en société. Sans la confiance, une société ne peut perdurer. La théorie de l'inexécution inefficace prive en outre le contrat de l'une de ses principales fonctions : celle d'être l'instrument indispensable des prévisions individuelles, considération qu'on peut d'ailleurs également rattacher à une analyse économique du contrat (en ce sens, J. Ghestin, *Traité de droit civil*, t. 2 : *Les obligations. Le contrat : formation*, LGDJ, 2e éd., 1988, n° 179-180, où l'auteur montre que, sur le plan social et économique, «la force obligatoire du contrat est nécessaire à la confiance du créancier et au crédit»... «sur lequel repose l'économie libérale moderne»). *Adde* A. Supiot, La valeur de la parole donnée (à propos des chômeurs «recalculés»), *Dr. soc.* 2004, 541; sur cette affaire, v. *supra*.

La théorie de l'inexécution efficace du contrat est fort heureusement largement ignorée en France (pour une défense de l'inexécution efficace, Y.-M. Laithier, *Étude comparative des sanctions de l'inexécution du contrat*, LGDJ, «Bibl. dr. privé», 2004, préf. H. Muir Watt). De nombreuses règles du droit français constituent au demeurant des obstacles à son introduction : en particulier, le domaine de l'exécution forcée est, en droit français, bien plus vaste qu'en droit américain où elle n'est qu'une exception, d'autant qu'elle est aujourd'hui considérée comme un droit pour le créancier qui la réclame, dès lors qu'elle est possible; en outre les dommages-intérêts sont évalués en France de façon bien plus conséquente en cas d'inexécution volontaire du contrat, laquelle est assimilée, depuis l'arrêt *Société des comédiens français* du 4 févr. 1969, à une faute lourde permettant de condamner le débiteur à réparer tous les dommages et non pas seulement ceux qui étaient prévisibles, et aussi à écarter les clauses limitatives de responsabilité; si la théorie de l'inexécution efficace était admise, les créanciers pourraient d'ailleurs insérer des clauses pénales élevées dans le contrat afin d'inciter le débiteur à exécuter son contrat. Sur cette théorie, C. Chabas, *L'inexécution licite du contrat*, LGDJ, «Bibl. dr. privé», 2002, préf. J. Ghestin, av.-pr. D. Mazeaud.

CAS PRATIQUES

Le droit américain contient de nombreux «grands arrêts» sur le calcul des dommages-intérêts en matière contractuelle. On peut en prendre quelques exemples intéressants tirés de l'ouvrage de E. A. Farnsworth, W. F. Young, C. Sanger, *Contracts, Cases and Materials*, Univ. Casebook Series, 2001.

Par exemple le cas *Sullivan v. O'Connor* (Supreme Judicial Court of Massachusetts, 1973, 363 Mass., 579, 296 N.E.2d 183) : une jeune femme subit une opération de chirurgie esthétique du nez qui se révéla désastreuse, nécessita deux autres interventions, et provoqua d'importantes douleurs physiques et morales ; il était acquis que plus rien ne pouvait être fait pour améliorer son apparence. Le droit américain envisage comme il a été dit trois types de dommages-intérêts : *expectations, reliance* ou *restitutions.* L'ouvrage précité propose un calcul de ces dommages-intérêts (p. 16) en prenant les chiffres suivants : honoraires du docteur, 300 $; coûts d'hospitalisation par opération, 100 $; souffrances endurées par opération, 3 000 $; amélioration de l'apparence de la jeune femme si l'opération avait réussi, 20 000 $; défiguration provoquée par l'opération, 10 000 $. Avec ces chiffres, les *expectation damages* s'élèvent à 33 100 $: si le contrat avait été correctement exécuté, la jeune femme aurait vu son apparence améliorée (20 000 $) ; deux opérations auraient dû suffire (mais il en fallait deux avaient constaté les juges) et l'opération supplémentaire aurait été inutile (100 $), ainsi que les souffrances pour cette opération (3 000 $) ; enfin elle ne subirait pas la perte de 10 000 $; le total est donc de 20 000 + 100 + 3 000 + 10 000 = 33 100 $. Pour les *reliance damages,* il faut considérer que, si elle n'avait pas subi l'opération, elle en aurait évité tous les coûts, c'est-à-dire ceux des trois opérations (300 $ + (3 × 100 $) + (3 × 3 000 $)), et aussi la défiguration (10 000 $) ; mais elle n'aurait pas vu son apparence améliorée ; le total est donc de 19 600 $. Enfin les *restitution damages* s'élèvent à ce qu'elle a versé à son cocontractant, soit 300 $. Le juge américain admit que la jeune femme devait recevoir compensation pour le fait que sa situation avait empiré, et aussi pour les souffrances et douleurs liées à la troisième opération ; pour le reste, il hésita entre les *reliance damages* et les *expectation damages,* question qu'il n'avait d'ailleurs pas à régler en l'espèce pour une raison purement procédurale. En droit français, il n'y aurait pas eu cette hésitation dans la mesure où, par le jeu de la responsabilité contractuelle, la jeune femme doit être remise dans la situation où elle aurait été si le contrat avait été correctement exécuté, ce qui correspond ici au montant des *expectation damages* : on laisse ainsi seulement à sa charge les frais qui auraient été nécessaires même si l'opération s'était parfaitement déroulée, donc les honoraires du docteur, ainsi que les frais et douleurs liées à deux des trois interventions ; en revanche elle a droit à ce qu'on l'indemnise du gain manqué (et espéré) de 20 000 $.

Un autre cas très classique est intéressant : le cas *United States Naval Institute v. Charter Communications, Inc.* (United States Court of Appeals, Second Circuit, 1991, 936 F.2d 692). La société Naval, titulaire des droits d'auteurs sur le livre *Red October,* conclut un accord avec la société Berkley par lequel il accordait à cette dernière le droit exclusif de publier une édition de poche du livre (ce que les Anglais et les Américains appellent une *paperback edition,* c'est-à-dire une édition à couverture souple, en papier, par opposition à l'édition initiale, plus chère, qui est faite en *hardback,* c'est-à-dire en couverture rigide), mais « pas avant octobre 1985 » (« not sooner than October 1985 »). Mais Berkley anticipa la fabrication de l'ouvrage, et commença les ventes à compter du 15 septembre 1985, le livre devenant même avant fin septembre le premier sur la liste des best-sellers. Il fut acquis que le contrat avait été violé, et le litige porta alors sur le montant des dommages-intérêts dus à la société Naval. Cette dernière demanda à ce que lui soient reversés tous les profits faits par Berkley sur les ventes antérieures à octobre 1985. Mais les juges américains affirmèrent qu'en principe, la perte du demandeur ne s'élevait pas à tous les profits faits par le défendeur : en effet, de nombreuses personnes qui ont acheté l'édition de poche en septembre n'auraient pas acheté la version *hardback* si le contrat avait été respecté, mais ils auraient attendu la sortie en octobre de l'édition de poche ; dès lors, le préjudice subi par la société Naval correspondait uniquement aux livres supplémentaires qu'elle aurait pu vendre en *hardback* jusqu'à octobre si l'édition en *paperback* n'était pas sortie prématurément ; les premiers juges ont pu pour cela se fier aux chiffres de vente en août, sachant que les ventes n'auraient sans doute plus progressé, le doute devant profiter ici au créancier. Ce n'est qu'à titre punitif que les profits accumulés par le défendeur du fait de la violation de ses obligations contractuelles auraient pu être reversés au demandeur ; or si les dommages-intérêts punitifs existent en droit américain en matière de responsabilité délictuelle, ils sont en principe ignorés en matière de responsabilité contractuelle (en principe car il y a eu parfois quelques exceptions). Sur cette question de la restitution des profits, D. Friedmann, Restitution of benefits gained by a party in breach of contract, 104 *Law Q. Rev.*, 1988, 383. En droit français, la solution aurait été identique : il aurait en effet fallu replacer la société Naval dans la situation où elle aurait été si le contrat avait correctement exécuté, et donc lui attribuer compensation pour tous les livres qu'elle n'a pas pu vendre en *hardback* du fait de la sortie prématurée du *paperback*. Les dommages-intérêts punitifs n'étant pas davantage autorisés, la société Naval n'aurait pas pu obtenir plus que son préjudice effectif. En revanche l'inexécution par Berkley de ses obligations étant volontaire, son attitude aurait pu être qualifiée de faute lourde, ce qui permettrait de dire que Naval a droit à une réparation supérieure au seul dommage prévisible. Les juges étant souverains, ils auraient pu ainsi augmenter la somme due, sans toutefois calquer officiellement la condamnation sur le profit perçu par Berkley. Leur pouvoir d'appréciation est de toute évidence beaucoup plus large que celui des juges américains.

Pour le droit anglais, H. G. Beale, W. D. Bishop, M. P. Furmston, *Contract, Cases & Materials*, OUP, 5e éd., 2008.

SECONDE PARTIE

La volonté d'un seul : l'engagement unilatéral

S'il paraît plus simple de vouloir tout seul que de vouloir à deux, il n'est pas certain que cela soit pour autant plus facile[1] ; la présence de l'autre aide certainement à conforter et à soutenir sa volonté. Dans le contrat d'ailleurs, c'est bien la volonté de l'autre qui produit et justifie la force obligatoire de sa propre promesse.

Il existe pourtant, en droit, des actes juridiques unilatéraux dont l'existence et la valeur juridiques ne sont pas douteuses : un licenciement, un testament, une reconnaissance d'enfant, une renonciation, une démission, etc. Ces actes juridiques unilatéraux sont soumis, *mutatis mutandis*, c'est-à-dire en les adaptant selon ce qui est nécessaire, aux règles relatives aux contrats. Ils produisent donc des effets juridiques et, à la condition d'être valables, ils ne peuvent donc être librement rétractés[2].

En revanche, la question se pose de savoir s'ils peuvent être sources d'obligations. Si on ne peut, par une déclaration unilatérale de volonté, engager autrui, c'est-à-dire de le rendre débiteur (interdiction des promesses pour autrui), on peut en revanche le rendre créancier, c'est-à-dire lui permettre d'acquérir un droit : tel est le cas du testament, acte juridique unilatéral qui aura pour effet, lors du décès de son auteur, de

1. Comp. J. Carbonnier, *Les obligations*, PUF, « Thémis », 22e éd., 2000, 57, selon lequel « il est bien plus naturel à l'homme de vouloir tout seul que de vouloir à deux ».

2. Com., 7 avr. 2009, n° 07-14626; *RTD civ.* 2009, 531, obs. B. Fages : « que, sauf stipulation contraire, la démission d'un dirigeant de société, qui constitue un acte juridique unilatéral, produit tous ses effets dès lors qu'elle a été portée à la connaissance de la société ; qu'elle ne nécessite aucune acceptation de la part de celle-ci et ne peut faire l'objet d'aucune rétractation, son auteur pouvant seulement en contester la validité en démontrant que sa volonté n'a pas été libre et éclairée. »

rendre autrui propriétaire de certains biens. Jusqu'à son décès, le testateur peut néanmoins changer d'avis et modifier ses légataires ; il n'a donc pas été lié par ses premières déclarations. Peut-on admettre que l'on soit engagé par l'effet de ses propres paroles, par la manifestation d'une volonté unilatérale ? C'est la question de la valeur juridique de l'engagement unilatéral de volonté.

L'engagement unilatéral de volonté ne doit pas être confondu avec le contrat unilatéral dans lequel une seule partie s'oblige mais où les deux ont manifesté leur consentement : tel est le cas d'une donation par exemple. L'engagement unilatéral est cependant nécessairement tourné vers autrui ; il est la manifestation de la volonté d'une personne exprimant son intention de s'obliger vis-à-vis d'autrui. En effet, l'engagement fait à soi-même (demain j'arrête de fumer) n'accède pas au droit dès lors qu'il demeure dans le soliloque, c'est-à-dire dans le for interne des (bonnes) résolutions. La question de l'engagement unilatéral de volonté ne se pose que si autrui est concerné par la promesse (je *te* promets d'arrêter de fumer).

La question de l'engagement unilatéral de volonté consiste à savoir si on peut être juridiquement tenu de respecter ses promesses en dehors de leur acceptation par autrui. *A priori*, la classification traditionnelle des cinq sources possibles des obligations (loi, contrat, quasi-contrat, délit, quasi-délit) ne fait nulle place à l'engagement unilatéral comme source générale d'obligation. Si on peut concevoir que, ponctuellement, la loi prévoie qu'un engagement pris unilatéralement devra lier juridiquement son auteur (par ex. la reconnaissance d'un enfant naturel), en dehors d'un texte spécifique, la manifestation unilatérale d'une volonté ne semblait pas pouvoir donner lieu à une obligation juridiquement exécutoire. Les autres sources d'obligations ont pu, ponctuellement, servir à sanctionner juridiquement le non-respect d'un engagement pourtant demeuré unilatéral : c'est ainsi par exemple que le retrait intempestif et dommageable d'une offre de contracter peut être sanctionné par l'attribution de dommages-intérêts sur le fondement de la responsabilité délictuelle ou en caractérisant un avant-contrat.

Aujourd'hui cependant, il n'est plus possible de nier que l'engagement unilatéral de volonté a acquis une valeur juridique autonome, en tant que source d'obligations.

1 | L'existence de l'engagement unilatéral de volonté

Il y a encore, dans la doctrine civiliste, quelque réticence à admettre l'existence (c'est-à-dire la valeur juridique) de l'engagement unilatéral de volonté.

La loi en donne pourtant des exemples. Ainsi, l'acte de reconnaissance d'un enfant entraîne bien des obligations du père vis-à-vis de l'enfant (obligation d'entretien par ex.) et aussi de l'enfant vis-à-vis de son père (obligation alimentaire éventuelle, obligation de respect). De même, depuis la loi du 11 juillet 1985 portant création de l'entreprise unipersonnelle à responsabilité limitée (EURL), il est admis qu'une société puisse être créée non plus seulement par contrat (art. 1832 C. civ. : « la société est instituée par deux ou plusieurs personnes qui conviennent *par un contrat* d'affecter à une entreprise commune... »), mais aussi par la volonté d'un seul (al. 2 du même texte : « Elle [la société] peut être instituée, dans les cas prévus par la loi, par l'acte de volonté d'une seule personne »). Le débat sur l'engagement unilatéral avait été relancé à la suite de ce texte mais, en même temps, la doctrine civiliste pouvait légitimement soutenir que s'il avait fallu une loi spéciale pour donner force obligatoire à un engagement unilatéral, c'est bien que la manifestation unilatérale de volonté n'était pas, de façon générale, une source d'obligations en droit français.

La jurisprudence est cependant loin d'être aussi timide. Il est même un domaine – le droit du travail – où elle a admis de façon tout à fait générale que l'engagement unilatéral de l'employeur lie ce dernier. La doctrine travailliste ne s'interroge dès lors plus sur l'existence de cette source d'obligation et l'envisage tout naturellement, à côté des autres sources du droit du travail[1]. La Chambre sociale de la Cour de cassation a en effet élaboré, depuis plus d'une dizaine d'années, tout un régime juridique de l'engagement unilatéral de l'employeur, et elle se réfère même dans certains de ses visas aux « règles régissant la dénonciation et la mise en cause des engagements unilatéraux de l'employeur »[2]. Les

1. F. Gaudu et R. Vatinet, *Les contrats du travail*, in *Traité des contrats*, LGDJ, 2001, qui indiquent même sur la couverture de leur ouvrage les trois sources de réglementation des contrats du travail : « contrats individuels, conventions collectives et actes unilatéraux ».

2. Soc., 2 mai 2001, n° 99-41264 ; Soc., 25 janv. 2006, n° 04-42792 ; ou encore Soc., 10 mai 2005, n° 03-42494.

Chambres civiles de la Cour de cassation n'hésitent pas non plus, même si c'est de façon beaucoup plus ponctuelle, à admettre la force obligatoire d'un engagement unilatéral de volonté. Il est ainsi depuis longtemps admis que l'engagement unilatéral de payer une obligation naturelle a un effet obligatoire puisqu'il transforme celle-ci en une obligation juridique. De même, l'offre est parfois considérée comme liant son auteur alors qu'elle n'est précisément qu'une manifestation unilatérale de volonté. On peut encore citer les arrêts où la Cour de cassation a jugé qu'en reconnaissant volontairement et en légitimant un enfant qu'il sait ne pas être le sien, par exemple parce qu'il avait préalablement consenti à l'insémination artificielle de sa compagne[1], l'homme contracte, vis-à-vis de l'enfant et de la mère, l'obligation de se comporter comme un père, en subvenant notamment aux besoins de celui qu'il a reconnu, et est responsable en cas d'inexécution de cet engagement[2].

L'utilisation de la notion d'engagement unilatéral reste cependant marginale en droit civil, dans la mesure où ses conditions de validité font que, souvent, il est en réalité possible de caractériser un contrat. Dès lors qu'un engagement unilatéral est caractérisé, il est en effet souvent aisé d'en déduire l'existence d'un contrat : l'offre qu'il contient étant par hypothèse dans l'intérêt exclusif de son destinataire, celui-ci peut être présumé l'avoir acceptée même s'il est demeuré silencieux. Il n'en demeure pas moins que la notion d'engagement unilatéral demeure précieuse lorsque celui-ci est inscrit dans un acte qui, par nature, est demeuré unilatéral[3].

Il est également souvent possible, notamment lorsque le destinataire de la promesse souhaite l'attribution de dommages-intérêts, d'utiliser plutôt le fondement de la responsabilité délictuelle, notamment lorsque l'auteur de la promesse n'avait en réalité aucune intention d'être lié (v. l'exemple des loteries, que la Cour de cassation a pu un moment sanctionner sur le fondement d'un engagement unilatéral[4]).

1. Civ. 1re, 10 juil. 1990, n° 88-15105; *D.* 1990, 517, note. D. Huet-Weiller.

2. Civ. 1re, 21 juil. 1987, n° 85-16887; *D.* 1988, 225, note J. Massip; Civ. 1re, 6 déc. 1988, n° 86-16763.

3. Soc., 27 mars 2001, n° 98-44292, qui retient que la clause d'un règlement de copropriété prévoyant que le concierge affecté à l'ensemble immobilier sera logé gratuitement par les copropriétaires dans les locaux établis à cet effet, emporte engagement unilatéral des copropriétaires de loger gratuitement le concierge, qui peut se prévaloir de cet engagement.

4. J. Mestre, Un superbe exemple d'engagement unilatéral retenu à la charge d'une entreprise de vente par correspondance, *RTD civ.* 1995, 886. V. le 2nd volume du présent ouvrage, *Les obligations, 2. Responsabilité civile et quasi-contrats*, 2010, puisque la jurisprudence la plus récente retient désormais la qualification de quasi-contrat.

L'utilisation de la technique des engagements unilatéraux doit donc sans doute rester subsidiaire par rapport aux fondements plus traditionnels d'obligations, mais leur existence et leur valeur juridique ne peuvent cependant plus être niées. Au demeurant, leur valeur est expressément reconnu par plusieurs projets européens [1].

2 | Les conditions de validité de l'engagement unilatéral

Les conditions de validité de l'engagement unilatéral de volonté découlent des justifications de sa force obligatoire. Avant toute chose, une personne ne peut être liée par son engagement unilatéral que si une autre personne aurait à souffrir du non-respect de sa promesse. Il faut être deux au moins en jeu pour que le droit puisse être convoqué.

Le demandeur doit démontrer qu'il a eu connaissance de la promesse. Il souffrirait, dans le cas contraire, non pas du non-respect de la promesse mais d'un agissement, c'est-à-dire d'un fait, du promettant : ce serait alors le droit de la responsabilité civile qui pourrait être mobilisé et il serait inutile d'invoquer l'existence d'un engagement unilatéral de volonté. Ainsi, en droit du travail, l'engagement unilatéral de l'employeur doit avoir reçu une certaine publicité, soit que les déclarations aient été faites devant des représentants des salariés, soit qu'elles aient été reproduites dans des notes de service rendues publiques ou des courriers adressés aux salariés.

Il faut en outre que celui qui invoque une promesse unilatérale ait pu légitimement y croire. Les paroles de celui qui s'engage doivent donc avoir été suffisamment précises et fermes (comp. avec la définition juridique de l'offre) pour que leur destinataire ait pu compter sur l'engagement du promettant.

1. Art. 1 :103 du projet de Cadre commun de référence qui prévoit qu'« *a valid unilateral promise or undertaking is binding on the person giving it if it is intended to be legally binding without acceptance* ».

3 | Le régime juridique de l'engagement unilatéral

L'engagement unilatéral une fois validé a force obligatoire comme s'il était contenu dans un contrat[1]. Son auteur est donc lié par sa promesse et peut être sanctionné s'il ne la respecte pas. Les sanctions sont celles de la violation de toute obligation : exécution forcée par les juges ou allocation de dommages-intérêts sur le fondement de la responsabilité contractuelle[2]. C'est donc le régime de l'article 1142 du Code civil qui s'applique[3].

On retrouve la même distinction entre les engagements unilatéraux à durée déterminée et indéterminée. Les premiers doivent être respectés par celui qui s'est engagé, sauf à obtenir, de la part du bénéficiaire de la promesse, renonciation à s'en prévaloir (c'est l'équivalent du *mutuus dissensus*). En revanche les engagements unilatéraux à durée indéterminée, les plus fréquents en droit du travail, peuvent être révoqués unilatéralement[4] sous réserve, comme en matière de contrats, de respecter un certain préavis dont la durée dépend des circonstances et, en tout état de cause, d'en informer les bénéficiaires.

L'engagement unilatéral peut, comme un contrat, être transmis, notamment comme conséquence de la transmission des contrats de travail en cours à la suite d'une modification dans la situation juridique de

1. En droit du travail, on assimile le régime juridique des engagements unilatéraux à celui des usages. V. ainsi, parmi de nombreux arrêts, Soc., 25 janv. 2006, n° 04-42792, qui vise « les règles régissant la dénonciation des usages et des engagements unilatéraux » (ou encore Soc., 10 mai 2005, n° 03-42494).

2. En droit du travail, c'est logiquement le régime du licenciement qui s'applique alors : Soc., 18 nov. 1998, n° 96-42932 ; *Dr. soc.* 1999, 97, obs. J.-E. Ray (« l'employeur, qui ne verse pas les rémunérations dues à leur échéance, que ces rémunérations résultent du contrat de travail, de la convention collective, d'un usage ou d'un engagement unilatéral de l'employeur, provoque la rupture du contrat de travail qui s'analyse en un licenciement »).

3. Soc., 25 nov. 2003, n° 01-17501 ; *JCP G* 2004, 1628, obs. G. Viney ; *D.* 2004, 2395, note I. Omarjee ; *RTD civ.* 2004, 733, obs. J. Mestre et B. Fages, qui, au visa de l'article 1142, reproche à la cour d'appel d'avoir prononcé la nullité de la procédure et des plans sociaux effectués en violation d'un engagement unilatéral de l'employeur en faveur de l'emploi, alors que, si le plan comporte des mesures d'accompagnement suffisantes, les salariés licenciés ont seulement la possibilité de demander la réparation du préjudice que l'inobservation de l'engagement de l'employeur peut leur causer.

4. Soc., 16 déc. 1998, n° 96-41627 ; *Dr. soc.*, 1999, 194, obs. F. Gaudu : « Un employeur ne peut revenir sur un engagement qu'il a pris à l'égard de ses salariés en le dénonçant régulièrement que s'il est à exécution successive et qu'aucun terme n'a été prévu. »

l'employeur[1] ; mais la Cour de cassation décide « qu'en cas de transfert d'une entité économique autonome le nouvel employeur n'est tenu d'appliquer les usages et engagements unilatéraux pris par l'ancien employeur qu'à l'égard des salariés dont le contrat était en cours au jour du transfert »[2]. L'engagement unilatéral semble ainsi, comme le contrat, être doté d'un effet relatif : il ne vaut que pour les personnes vis-à-vis de qui il a été pris (où l'on voit qu'il n'y a d'engagement unilatéral qu'en présence de bénéficiaires de cette parole), et n'est pas transmis comme une règle qui s'appliquerait, aussi pour l'avenir, *erga omnes.*

« Le contrat de travail entraîne l'application du statut collectif en vigueur dans l'entreprise, lequel peut résulter d'un engagement unilatéral de l'employeur », et « le salarié ne peut y renoncer dans son contrat de travail, sauf disposition contractuelle plus favorable. »[3]

ÉTAT DES QUESTIONS

BIBLIOGRAPHIE

Au début du XIXe siècle, un débat doctrinal fut engagé sur ce sujet, au cours duquel Saleilles notamment admit la valeur juridique des engagements unilatéraux de volonté : Saleilles, *Obligations,* n°s 141 et s. La notion fut inspirée du droit allemand. M.-L. Izorche a, dans une thèse remarquée, essayé de promouvoir la notion d'engagement unilatéral : *L'avènement de l'engagement unilatéral en droit privé contemporain,* PUAM, 1995, préf. J. Mestre. *Adde* Ph. Jestaz, L'engagement par volonté unilatérale, in *Les obligations en droit français et en droit belge. Convergences et divergences,* Bruylant-Dalloz, 1994, 3. Sur l'acte unilatéral en général : R. Worms, *De la volonté unilatérale,* th. Paris, 1891 ; J. Chabas, *De la déclaration de volonté en droit civil français,* Sirey, 1931 ; J. Martin de La Moutte, *L'acte juridique unilatéral. Essai sur sa notion et sa technique en droit civil,* Sirey, 1951, préf. P. Raynaud ; G. Dupuis, Définition de l'acte unilatéral, in *Hommage à Charles Eisenmann,* 205.

Sur les engagements unilatéraux de l'employeur : E. Dockès, L'engagement unilatéral de l'employeur, *Dr. soc.* 1994, 227, pour qui l'arrêt de principe à retenir en droit du travail serait Soc., 4 avr. 1990, n° 86-42626 ; *Dr. soc.* 1990, 803, obs. J. Savatier ; J. Pélissier, A. Lyon-Caen, A. Jeammaud et E. Dockès, *Les grands arrêts du droit du travail,* Dalloz, 2004, n° 170 : « l'employeur n'est en droit de revenir à tout moment sur un engagement unilatéral que si celui-ci a été pris pour une durée indéterminée » ; E. Dockès, Les engagements unilatéraux de l'employeur, *Dr. soc.* 1996 ; *adde* N. Molfessis, La nature juridique des recommandations patronales, *RTD civ.* 2000, 200.

1. Au sens de l'article L. 1224-1 du Code du travail (ancien art. L. 122-12, al. 2).
2. Soc., 7 déc. 2005, n° 04-44594 ; *D.* 2006, 18567, note G. Loiseau ; *RTD civ.* 2006, 765, obs. J. Mestre et B. Fages.
3. Soc., 18 oct. 2006, n° 04-44602.

Sur le constat du renouveau général de l'unilatéralisme en droit des obligations : R. Encinas de Munagorri, *L'acte unilatéral dans les rapports contractuels*, LGDJ, « Bibl. dr. privé », 1996 ; *L'unilatéralisme et le droit des obligations*, dir. Ch. Jamin et D. Mazeaud, Economica, Études juridiques, 1999. *Adde* C. Mouly-Guillemaud, La sentence « nul ne peut se constituer de preuve à soi-même » ou le droit de la preuve à l'épreuve de l'unilatéralisme, *RTD civ.* 2007, 253.

THÉORIE JURIDIQUE

a) Le fondement de la force obligatoire de l'engagement unilatéral. — Comme pour le contrat, la force obligatoire de l'engagement unilatéral est souvent justifiée par l'autonomie de la volonté : si celle-ci est toute-puissante pour se lier, cela ne doit pas dépendre du fait qu'elle se soit ou non accordée avec une autre volonté. Comme pour le contrat, l'argument trouve sa limite dans le fait que si la volonté était vraiment toute-puissante, elle devrait l'être aussi bien pour se délier que pour se lier, dans l'hypothèse précisément où elle ne voudrait plus (ne voudrait plus exécuter). L'argument est même plus fort que dans le contrat où on peut concevoir que l'expression d'une autre volonté (l'acceptation), soit venue rendre l'offre irrévocable tandis que, dans l'engagement unilatéral, la promesse est demeurée isolée.

Mais, toujours comme pour le contrat, s'il est juste que la parole d'un seul puisse l'obliger, c'est lorsque cette parole a été entendue par un autre, qui y a cru, et qui pouvait légitimement y croire (dans le même sens, A. Sériaux, *Droit des obligations*, PUF, « Droit fondamental », 2e éd., 1998, 29). Il n'est pas nécessaire que le destinataire de la promesse l'ait acceptée, mais simplement qu'il en ait tenu compte et ait agi en conséquence. C'est exactement les formules qui sont utilisées en *Common Law* pour justifier la force obligatoire des promesses (la *reliance* se définit ainsi comme le fait que quelqu'un a fait quelque chose ou a subi une perte sur la foi de la promesse donnée). Simplement en droit des contrats, pour faciliter la preuve au destinataire de la promesse et surtout pour ne pas l'obliger à se précipiter pour faire un acte en considération de cette promesse (afin de lui donner force obligatoire), le droit admet que dès l'échange des consentements, le créancier puisse juridiquement compter sur la promesse qui a immédiatement force obligatoire (cette explication est attribuée à Lon Fuller). Pour l'engagement unilatéral au contraire, c'est dans chaque cas au destinataire de la promesse de faire la démonstration de ce que, sur la foi de la promesse (foi qui doit être légitime, c'est-à-dire que la promesse faite était telle qu'on pouvait légitimement penser que le promettant la tiendrait), il a agi en conséquence d'une façon que le droit doit protéger pour ne pas commettre une injustice.

Le fondement de la force obligatoire de l'engagement unilatéral de volonté peut aussi être rapproché de celui de la responsabilité civile. Les circonstances doivent être telles que, si l'on refusait de donner force obligatoire à la promesse unilatéralement énoncée, un autre subirait un dommage que le droit estime injuste. La meilleure façon de réparer ce dommage est alors, non pas tant d'accorder des dommages-intérêts (ce que permettrait toujours de faire le droit des délits et des quasi-délits) mais, plus directement, de donner force obligatoire à la promesse et de contraindre donc à son respect. Le raisonnement est à ainsi à rapprocher de l'effet obligatoire de l'information (v. *supra*).

À la limite, l'engagement unilatéral doit d'autant plus être respecté qu'on en a soi-même édicté les contours. Le fondement pourrait ainsi également être rapproché de l'adage «*Tu patere legem quam ipse fecisti*» (respecte la loi que tu as toi-même faite). Sur cet adage, H. Roland et L. Boyer, *Adages du droit français*, Litec. *Adde* René Char, *Feuillets d'Hypnos* : «Tiens vis-à-vis des autres ce que tu t'es promis à toi-même; là est ton contrat.»

En droit du travail, l'existence de l'engagement unilatéral de volonté marque l'existence d'un pouvoir quasi réglementaire du chef d'entreprise. Celui-ci dispose de la possibilité de régir son entreprise dans certaines limites cependant.

b) Le quasi-engagement. — C. Grimaldi, *Quasi-engagement et engagement en droit privé. Recherches sur les sources de l'obligation*, Defrénois, 2007, préf. Y. Lequette. Le quasi-engagement y est défini comme la fausse promesse, l'engagement qui sciemment n'est pris qu'en apparence et qui a trompé la croyance de son destinataire; il a dès lors pour objet de rendre obligatoires des engagements *a priori* inefficaces parce que nuls, inopposables ou inexistants; selon l'auteur, la notion aurait été révélée par la jurisprudence sur les loteries. En réalité, la jurisprudence donne maints exemples bien antérieurs où le mécanisme est utilisé, et la notion se rapproche de ce que nous avions appelé l'effet obligatoire de l'information (v. *supra*) : pour sanctionner un débiteur qui a fait fallacieusement croire qu'il voulait s'engager, la sanction opportune est parfois de le prendre au mot et de l'obliger à respecter cet engagement. La terminologie de «quasi-engagement» est meilleure, en ce qu'elle introduit naturellement la notion à côté des autres sources d'obligations que sont les quasi-contrats et les quasi-délits. La théorie de l'apparence suffirait certes à expliquer toutes ces hypothèses puisqu'il s'agit, pour protéger un tiers de bonne foi, de faire coïncider le droit avec ce qu'il a pu légitiment déduire des apparences; tout dépendra du nombre des occurrences, car l'apparence est un mécanisme correcteur qui doit rester marginal. Si la situation est amenée à se multiplier, la notion de quasi-engagement pourrait être intéressante car elle correspond à une unité de situations : elle est ainsi parfaitement adaptée au cas des loteries publicitaires, où il s'agit de sanctionner un comportement trompeur, et ce beaucoup mieux que la notion de quasi-contrat retenue à tort selon nous par la Cour de cassation (v. le 2e volume du présent ouvrage, 2. *Responsabilité civile et quasi-contrats*, 2e éd., 2010). Il ne s'agirait pas cependant de trop élargir la notion, et la Cour de cassation a justement jugé, au visa de l'article 1371 C. civ., «que la seule révélation volontaire faite à l'acquéreur de l'existence d'un contrat conclu entre le vendeur et un tiers n'est pas de nature à créer au profit de cet acquéreur un droit à l'exécution de ce contrat» (Civ. 3e, 15 mars 2006, n° 05-10252, *D.* 2007, 1581, note V. Perruchot-Triboulet). *Adde* A. Danis-Fatôme (auteur d'une thèse sur *Apparence et contrat*, LGDJ, «Bibl. dr. privé», 2004, préf. G. Viney), Quasi-engagement et apparence : proximité ou identité ? (Dialogue entre deux œuvres de jeunesse), *RDC* 2009/1, 32

c) L'analyse économique de la promesse de récompense. — Malgré les nombreux exemples jurisprudentiels, la doctrine civiliste continue souvent à raisonner sur le sempiternel exemple de la promesse de récompense dans lequel une personne annonce qu'elle accordera une récompense à qui lui rapportera son chat. Cette déclaration unilatérale de volonté est-elle de nature à engager son auteur? En d'autres termes, ce dernier est-il tenu de verser la récompense promise à la personne qui lui rapporte ce chat? La solution dépend-elle du point de savoir si la personne qui a trouvé le chat connaissait ou non l'existence de la promesse de récompense? En droit positif français, il est généralement admis que lorsque celui qui a rendu le service ou a rapporté la chose – l'inventeur – avait connaissance de l'offre de récompense, il a droit à celle-ci puisque, semble-t-il, il y a eu dans ce cas contrat (*contra*, Ph. Malaurie, L. Aynès et Ph. Stoffel-Munck, *Les obligations*, Defrénois, qui retiennent que si la récompense est bien due dans ce cas, c'est non pas sur le fondement d'un contrat, mais sur celui d'un engagement unilatéral de volonté). Mais que décider lorsqu'il a agi sans connaître l'offre de récompense? Selon certains auteurs (J. Flour et J.-L. Aubert, *Les obligations*, vol. 1 : *L'acte juridique*, Armand Colin, « U »), l'intérêt social qu'il y aurait à rendre la promesse obligatoire est des plus douteux, si bien qu'aucun argument sérieux ne justifie que la qualification d'engagement unilatéral soit appliquée à la promesse de récompense. Cependant, selon d'autres auteurs, il semble que la récompense soit due à l'inventeur, même s'il avait ignoré la promesse; le promettant est alors tenu de verser la récompense promise du seul fait qu'un tiers lui a rapporté l'objet perdu (en ce sens M. L. Izorche, *L'avènement de l'engagement unilatéral en droit privé contemporain*, PUAM, 1995, préf. J. Mestre, n°s 161 et s.). Certains droits étrangers comme le droit allemand admettent expressément cette dernière solution (Ch. Larroumet, *Droit civil*, t. III : *Les obligations, Le contrat*, Economica).

Les auteurs du mouvement *Law and Economics* ont également souvent raisonné sur ce cas. M. Posner prend l'exemple d'un individu qui offre 10 $ à celui qui lui rapportera son chat. En droit américain, si quelqu'un entend parler de cette récompense et rapporte le chat à son propriétaire, il a le droit de réclamer la récompense, car le fait qu'il ait respecté les termes de l'offre est considéré comme une acceptation (R. A. Posner, *Economic Analysis of Law*, Wolters Kluwer, Aspen Casebook Series, 8e éd., 2010). Ce résultat est satisfaisant selon M. Posner, car ce contrat permet un accroissement des richesses. En effet, le chat vaut plus que 10 $ pour son propriétaire et moins que 10 $ pour son inventeur (ainsi, par exemple, si le chat vaut 30 $ pour son propriétaire et 3 $ pour l'inventeur, l'échange du chat contre la récompense a permis un gain social de 27 $ ((30 $ – 10 $) + (10 $ – 3 $)). Mais en droit américain, les tribunaux n'admettent cette solution que si l'inventeur a connu l'offre de récompense, pour la raison technique qu'il n'y a contrat qu'en cas d'acceptation d'une offre. D'un point de vue économique, il convient alors, nous dit M. Posner, de déterminer si la recherche des objets perdus serait ou non encouragée par une règle exigeant la connaissance par l'inventeur de l'offre de récompense. Il distingue alors selon deux sortes d'inventeurs : d'une part, le chercheur actif, qui n'est incité à rechercher l'objet perdu que parce qu'il a connaissance de l'offre de récompense et, d'autre part, l'inventeur occasionnel (*the casual finder*), qui n'investira pas dans des recherches mais qui rapportera l'objet perdu s'il le trouve, sachant qu'il pourrait y avoir une récompense. Une règle exigeant la connaissance de l'offre de récompense découragera l'inventeur occasionnel (si, et nous dit M. Posner, il s'agit d'un grand « si », il connaît la règle et n'est pas altruiste); cependant, la même règle encouragera le chercheur actif en réduisant la probabilité qu'un inventeur occasionnel rapportera l'objet s'il le découvre en premier. La question est donc de savoir si l'accroissement des restitutions par des chercheurs actifs sera supérieur ou inférieur à la diminution des restitutions par des chercheurs occasionnels. Selon M. Posner, bien que les chercheurs actifs soient moins nombreux que les chercheurs occasionnels, il semble probable que peu de chercheurs occasionnels – qui, par définition, savent seulement qu'il est possible qu'il y ait une récompense – se dérangeront pour rapporter leur découverte. Dès lors, leur donner un droit à la récompense offerte n'est pas de nature à accroître de façon significative le nombre des restitutions par de tels chercheurs. Mais, dans le même temps, cela ne découuragera pas de nombreux chercheurs actifs. Ainsi, il faut donc conclure que selon l'analyse économique du droit, la promesse de récompense ne devrait pas être obligatoire lorsque l'inventeur ne l'a pas connue. Cependant, M. Posner avoue lui-même qu'aucune règle ne lui semble, en réalité, de nature à entraîner de plus nombreuses restitutions. Il conclut alors, de façon toujours aussi méthodique, que dans ce cas, la règle exigeant que l'inventeur ait eu connaissance de l'offre de récompense est de nature à diminuer les revendications devant les tribunaux et – partant – est préférable comme étant en définitive moins chère.

Le raisonnement suivi par cet auteur n'est guère convaincant. En particulier, il n'est pas évident que l'inventeur occasionnel qui précisément n'effectue pas des recherches dans la perspective d'une récompense, soit incité à abandonner ses recherches si le droit subordonne une telle récompense à la connaissance de celle-ci. En revanche, les chercheurs actifs, quant à eux, n'entameront aucune recherche s'ils ignorent l'existence d'une récompense puisqu'ils savent que, même si une telle récompense était prévue, ils n'y auraient pas droit. En définitive, on peut aboutir aussi bien à un résultat opposé à celui de M. Posner : la règle qui refuse de rendre obligatoire la promesse de récompense va entraîner un abandon des recherches par les chercheurs actifs et ne changera rien pour les chercheurs occasionnels ; en revanche, la règle qui valide ces promesses de récompenses va motiver les chercheurs actifs et laisser indifférents les chercheurs occasionnels ; il est donc plus efficace d'un point de vue strictement économique, c'est-à-dire dans la perspective d'un accroissement des objets trouvés, de rendre obligatoire la promesse de récompense même quand l'inventeur ne l'a pas connue. Une fois de plus, il apparaît clairement que l'analyse économique dépend principalement des arguments choisis et de leur interprétation subjective.

Index

THÉMIS

Collection fondée par Maurice Duverger

DROIT

Direction : Catherine Labrusse-Riou - Didier Truchet

AMBROISE-CASTÉROT Coralie, BONFILS Philippe, *Procédure pénale*, 2011, 1re éd.
ATIAS Christian, *Philosophie du droit*, 2011, 3e éd.
AUBY Jean-Bernard, AUBY Jean-François, NOGUELLOU Rozen, *Droit des collectivités locales*, 2009, 5e éd.
BELLESCIZE Diane de, FRANCESCHINI Laurence, *Droit de la communication*, 2011, 2e éd.
BERGE Jean-Sylvestre, ROBIN-OLIVIER Sophie, *Droit européen*, 2011, 2e éd. mise à jour.
BERGEL Jean-Louis, *Méthodologie juridique*, 2001, 1re éd.
BRACONNIER Stéphane, *Droit des services publics*, 2007, 2e éd.
BURDEAU François (†), *Histoire du droit administratif*, 1995, 1re éd.
BUREAU Dominique, MUIR WATT Horatia, *Droit international privé*
Tome I : *Partie générale*, 2010, 2e éd.
Tome II : *Partie spéciale*, 2010, 2e éd.
CADIET Loïc, NORMAND Jacques, AMRANI MEKKI Soraya, *Théorie générale du procès*, 2010, 1re éd.
CHEVALLIER Jacques, *Science administrative*, 2007, 4e éd.
COLLET Martin, *Droit fiscal*, 2012, 3e éd.
COLLET Martin, *Procédures fiscales. Contrôle, contentieux et recouvrement de l'impôt*, 2011, 1re éd.
CONSTANTINESCO Vlad, PIERRE-CAPS Stéphane, *Droit constitutionnel*, 2011, 5e éd.
DAËL Serge, *Contentieux administratif*, 2010, 3e éd.
DAËL Serge, SAISON Johanne, TÜRK Pauline, *Exercices pratiques de contentieux administratif*, 2008, 2e éd.
DESGORCES Richard, AUBRY Hélène, NAUDIN Estelle, *Les grandes décisions de la jurisprudence civile*, 2011, 1re éd.
DORD Olivier, *Droit de la fonction publique*, 2012, 2e éd.
DOUAT Étienne, BADIN Xavier, *Finances publiques*, 2006, 3e éd.
DRAGO Guillaume, *Contentieux constitutionnel français*, 2011, 3e éd.
FABRE-MAGNAN Muriel, *Droit des obligations*
Tome I : *Contrat et engagement unilatéral*, 2010, 2e éd.
Tome II : *Responsabilité civile et quasi-contrats*, 2010, 2e éd.
FROMONT Michel, *Droit administratif des États européens*, 2006, 1re éd.
GIUDICELLI-DELAGE Geneviève (dir.), *Droit pénal des affaires en Europe*, 2006, 1re éd.
GUETTIER Christophe, *Droit administratif des biens*, 2008, 1re éd.
GUETTIER Christophe, *Droit des contrats administratifs*, 2011, 3e éd.

Hennion Sylvie, Le Barbier-Le Bris Muriel, Del Sol Marion, *Droit social européen et international*, 2010, 1re éd.
Huet André, Koering-Joulin Renée, *Droit pénal international*, 2005, 3e éd.
Karpenschif Michaël, Nourissat Cyril (dir.), *Les grands arrêts de la jurisprudence de l'Union européenne*, 2010, 1re éd.
Laborde Jean-Pierre, *Droit de la sécurité sociale*, 2005, 1re éd.
Lachaume Jean-François, Pauliat Hélène, Braconnier Stéphane, Deffigier Clotilde, *Droit administratif. Les grandes décisions de la jurisprudence*, 2010, 15e éd.
Laude Anne, Mathieu Bertrand, Tabuteau Didier, *Droit de la santé*, 2009, 2e éd.
Lokiec Pascal, *Droit du travail*
  Tome I : *Les relations individuelles de travail*, 2011, 1re éd.
  Tome II : *Les relations collectives de travail*, 2011, 1re éd.
Maillard Desgrées Du Loû, *Institutions administratives*, 2011, 1re éd.
Mathieu-Izorche Marie-Laure, *Le raisonnement juridique*, 2001, 1re éd.
Pertek Jacques, *Droit des institutions de l'Union européenne*, 2011, 3e éd.
Picod Yves, *Droit des sûretés*, 2011, 2e éd.
Piedelievre Stéphane, *Droit de l'exécution*, 2009, 1re éd.
Rivier Raphaële, *Droit international public*, 2012, 1re éd.
Rivero Jean, Moutouh Hugues, *Libertés publiques*
  Tome I, 2003, 9e éd.
  Tome II, 2003, 7e éd.
Rochfeld Judith, *Les grandes notions du droit privé*, 2011, 1re éd.
Simon Gérald (dir.), *Droit du sport*, 2012, 1re éd.
Strickler Yves, *Les biens*, 2006, 1re éd.
Sueur Philippe, *Histoire du droit public français (XVe-XVIIIe siècle)*
  Tome I : *La Constitution monarchique*, 2007, 4e éd.
  Tome II : *Affirmation et crise de l'État sous l'Ancien Régime*, 2007, 4e éd.
Sudre Frédéric, Marguénaud Jean-Pierre, Andriantsimbazovina Joël, Gouttenoire Adeline, Levinet Michel, *Les grands arrêts de la Cour européenne des Droits de l'Homme*, 2009, 6e éd.
Truchet Didier, *Droit administratif*, 2011, 4e éd.
Van Lang Agathe, *Droit de l'environnement*, 2011, 3e éd.
Verpeaux Michel, Montalivet Pierre de, Roblot-Troizier Agnès, Vidal-Naquet Ariane, *Droit constitutionnel. Les grandes décisions de la jurisprudence*, 2011, 1re éd.
Wijffels Alain, *Introduction historique au droit. France, Allemagne, Angleterre*, 2010, 1re éd.

Cet ouvrage a été mis en page
par Meta-systems
59100 Roubaix

Cet ouvrage a été achevé d'imprimer en juillet 2012
dans les ateliers de Normandie Roto Impression s.a.s.
61250 Lonrai (Orne)
N° d'impression : 122413
Dépôt légal : juillet 2012

Imprimé en France